新编高等学校公共管理专业精品教材
国家精品资源共享课配套教材

政策科学教程

陈振明　主编

科学出版社
北京

内 容 简 介

本书是国家精品课程“政策科学”的教学用书，内容涉及政策科学的兴起、政策活动者、政策工具、政策过程、政策制定、政策执行、政策评估、政策终结与政策周期、政策变迁、政策分析方法与技术等方面。作者既注重政策科学的基本概念、理论原理和分析方法的介绍，注意吸收近一二十年国内外政策科学发展的最新成果，又紧密联系当代中国的政策实践，突出案例分析，进行政策科学理论本土化的探索。本书的内容丰富新颖，叙述深入浅出。每章的内容结构包括本章重点、正文、小结、思考题、案例材料和拓展阅读资料等，便于教学及学生自学。

本书可以作为公共管理和政治学等学科专业本科生的“政策科学”或“公共政策学”专业基础课的参考教材，也可以作为其他读者了解政策科学的入门书。

图书在版编目(CIP)数据

政策科学教程 / 陈振明主编．—北京：科学出版社，2015
新编高等学校公共管理专业精品教材
国家精品资源共享课配套教材
ISBN 978-7-03-043413-5
Ⅰ.①政… Ⅱ.①陈… Ⅲ.①政策学—高等学校—教材 Ⅳ.①D0
中国版本图书馆 CIP 数据核字(2015)第 029629 号

责任编辑：王京苏 / 责任校对：吴美艳
责任印制：张 伟 / 封面设计：蓝正设计

科学出版社出版
北京东黄城根北街 16 号
邮政编码：100717
http://www.sciencep.com
北京建宏印刷有限公司印刷
科学出版社发行 各地新华书店经销
*
2015 年 3 月第 一 版 开本：787×1092 1/16
2026 年 1 月第十四次印刷 印张：18 1/4
字数：433 000

定价：45.00 元

（如有印装质量问题，我社负责调换）

作者简介

陈振明 教授、博士生导师，现任厦门大学公共事务学院院长、公共政策研究院院长，教育部"长江学者"特聘教授。主要从事公共管理、公共政策和政治学理论等领域的研究与教学工作。国家精品课程"政策科学"负责人。

学术兼职：全国公共管理类本科专业教学指导委员会委员，全国公共管理硕士（MPA）专业学位教育指导委员会委员，国家自然科学基金委员会专家评审组成员，全国行政管理教学研究会副会长，中国行政管理学会常务理事，中山大学行政管理研究中心等四个教育部人文社会科学重点研究基地的学术委员会委员或兼职教授，《政治学研究》、《中国行政管理》等十几家全国性学术杂志的编委或学术委员会委员。

目　录

第一章

政策科学的兴起

【本章重点】

1. 政策科学发展的三个阶段
2. 政策科学与政策分析的争论
3. 实证主义的政策分析
4. 后实证主义的政策分析
5. 中国政策科学发展的现状
6. 中国本土化政策分析模型的建构
7. 实践中的中国公共政策分析

政策科学的源头可以追溯到人类文明之初，而政策科学及政策分析作为一门相对独立的研究领域则是在第二次世界大战后。政策科学首先在美国兴起，是一个跨学科、综合性的新兴研究领域。随着拉斯韦尔等的提倡及开创性的研究，政策科学逐步成为社会科学中不可或缺的、富有成果的和充满活力的研究领域。那么究竟什么是政策科学？它是怎么形成与发展起来的？政策科学有哪些基本理论？西方政策科学的前沿理论是什么？我国的政策科学本土化探索有哪些最新的成果？在本章中，我们将对这些问题进行简要的考察与分析。

第一节　政策科学的历史发展

人们每谈及政策科学，必然会追溯其起源和发展。在历史长河的时间序列探寻其发展脉络，有助于更好地了解政策科学的学科内涵。为了叙述方便，我们将政策科学的发展历程划分为三个阶段，即前政策科学阶段、政策科学形成阶段、后政策科学阶段。前政策科学阶段，可以说是政策科学的起源与孕育时期；随着拉纳和拉斯韦尔主编的《政策科学》一书的出版，政策科学开始形成，并出现"政策科学运动"；而随着后实证主义及后现代主义思潮的兴起，政策科学的发展步入了后政策科学的时代。

一、前政策科学阶段

大体来说，政策科学经历了漫长的历史演化，它的源头甚至都可以追溯到人类文明之初。按照政策科学奠基人拉斯韦尔的观点，政策科学所关注的是政策相关知识，即公共决策过程中的知识。由此定义来看，可以说政策科学源远流长，几乎与人类文明一样古老。随着文明的出现尤其是阶级和国家的产生，就需要处理公共的或社会的问题，就必须有政策研究活动，产生政策相关知识。随着人类社会的发展，作为一种专门化活动的政策研究及其研究者的角色地位，以及政策相关知识产生的方式会发生相应的变化。

当人类文明进化到这样的阶段，即人类开始自觉地反思知识与行动的关系，追求政策相关知识的时候，政策科学就发端了。政策科学在这个阶段的发展流程如表 1-1 所示。

表 1-1 前政策科学阶段的发展流程

前政策科学阶段的时代划分	政策科学的发展历程
上古时代	《汉谟拉比法典》、古希腊的智者阶层、古代中国的士阶层
中世纪时代	职业政治家的出现
工业革命时代	经验的、定量的科学方法的成长
20 世纪中期以前	社会科学职业研究人员的涌现

前政策科学阶段又可分为萌芽时期(起源)与准备时期(先导)。前者从上古时代一直到中世纪。虽然这一时期出现了政策研究的朴素形态，但产生政策相关知识的程序和方法基本上是不科学的，既依赖于经验知识，更依赖于天启和宗教仪式来推测未来的发展趋势。随着工业革命时代和 20 世纪中期以前的理论与实践的铺垫，政策研究的发展为政策科学的兴起做好了理论上的准备。在这一时期，政策研究应用了诸如经验的和定量的科学方法，但新方法应用的主要目的并不是取得科学真理，而是统治者要利用科研产品来控制和管理社会。

总之，政策科学并不是突然降生的，它经历了漫长的历史孕育时期。上古时代和中世纪的政策研究思想和经验是政策科学的早期思想源泉，近现代经验研究的成长、应用社会科学的成长及其职业化是政策科学发展中的重要事件，而近现代社会科学对政策研究理论和方法的讨论则构成当代政策科学的先导。第二次世界大战后社会政治、经济和科技的发展，最终导致了政策科学的诞生①。

① 陈振明：《政策科学——公共政策分析导论(第二版)》，中国人民大学出版社，2003 年，第 5 页。

二、政策科学形成阶段

经过前政策科学阶段的孕育，政策科学运动于20世纪中期兴起了。1951年，拉纳和拉斯韦尔主编的《政策科学》一书问世，这被人们视为现代政策科学诞生的标志。此后，美国兴起了一场所谓的“政策科学运动”。

政策科学运动的兴起是当时社会政治、经济和科技高度发展的必然产物。20世纪中期以来，公众对一些特殊政策问题关注度的日益提高，以及当代社会问题的复杂化所映衬出政府决策时的力不从心，都是政策科学运动产生的原因。

可以这么说，政策科学运动改变了前政策科学时期对诸多问题的认识和定义。拉斯韦尔在《政策科学》一书的《政策方向：范围和方法的最近发展》一文中，首次对政策的对象、性质和发展方向做出规定，奠定了现代政策科学的基础。他认为政策科学应当是致力于一般选择理论的研究。这种以理论为方向的政策科学与前政策科学时代的非科学倾向和在第二次世界大战期间流行起来的那种作为政府“婢女”的实际政策分析的传统是截然不同的。政策科学将关心“社会中的人的基本问题”，它将采取一种全球观点，强调政策的发展脉络，强调对变化、创新和革命的研究。

拉斯韦尔指明了社会科学中的政策科学方向，深刻地影响了后来美国的政策科学运动。许多学者，特别是德洛尔等，沿着拉斯韦尔所规定的作为一门全新的、综合的统一社会科学的政策科学方向前进；而另外一些学者则吸收了拉斯韦尔的有关政策科学的思想，致力于作为一门应用社会科学学科的政策分析的研究。这两个方面合流构成当代美国的政策科学运动①。

德洛尔是现代政策科学发展上的另一个关键人物。他在1968～1971年的短短几年里出版了被后人称为政策科学“三部曲”的著作，即《公共政策制定检讨》(1968年)、《政策科学构想》(1971年)、《政策科学进展》(1971年)。在这些著作中，他继承和发展了拉斯韦尔的政策科学理论，对政策科学的对象、性质、理论和方法等问题做了进一步具体而详尽的论证，使政策科学的“范式”趋于完善，从而形成了拉斯韦尔-德洛尔的政策科学传统。

拉斯韦尔-德洛尔的政策科学传统是美国政策科学运动的主导“范式”之一，为许多政策科学研究者所赞同和遵守。但是也有相当一部分研究者在吸收和借鉴拉斯维尔和德洛尔的政策科学理论的基础上，朝着作为一门应用社会科学学科的政策分析的方向前进，这种政策分析的趋势在20世纪60年代中的政策科学运动中广为流行，大有超越政策科学之势。由此，政策科学与政策分析的争论从未停止。

在拉斯韦尔-德洛尔的政策科学传统中，政策分析只是政策科学的一个组成部分。然而值得指出的是，第二次世界大战后政策科学诞生的最大推动力并非来自社会科学家，而是来自运筹学家、系统分析家和应用数学家。运筹学、管理科学和系统分析的定量方法及技术的发展实际上构成了政策科学特别是政策分析的方法论的基础。这些擅长从事量化分析的专家学者们使政策分析领域在政策科学运动中得到迅速的发展。这导致

① 陈振明：《政策科学——公共政策分析导论(第二版)》，中国人民大学出版社，2003年，第8页。

许多学者背离了拉斯韦尔-德洛尔的传统，转而提倡作为一个应用社会科学学科的独立的政策分析。再加之兰德公司等思想库的示范性影响以及私人基金会对应用社会科学领域的支持，政策分析则更加如火如荼地发展起来。

其实，如果这种朝着政策分析的新方向只是给政策科学传统加上检验备选方案的严格程序的话，那么，这种转变也可以看做对已经确立起来的政策科学传统的一种一致的和潜在的有用补充。这种转变是在实证主义的浪潮下随波逐流的。在这一阶段，政策分析的特点是强调方法、技术和模型，这与当时的学科背景紧密相连。“第二次世界大战后，随着以保罗·拉扎斯菲尔德为代表的一批学者将欧洲的实证主义方法移植到‘向贫穷开战’等重大项目的展开中，社会科学研究所强调的研究设计、科学抽样、数据收集与数理统计、假设检验等经验研究方法确立了自己在政策分析领域中明显的统治地位，准实验研究、多元回归分析、投入产出分析、成本收益分析、运筹学研究和系统分析在政策分析领域更是大行其道。”①

三、后政策科学阶段

大体来说，在后政策科学阶段，在政策科学舞台上引人注目的政策分析也披上了后实证主义的外衣。这件低调而又彰显人性的外衣，更加烘托出政策科学的包容性和与时俱进的哲学属性。

这一阶段的政策分析强调价值、伦理和信念，批判理性主义的政策分析方法。这一特点的形成主要受以下两个方面的影响。一方面，在政治学领域，20世纪70年代兴起了“后行为主义革命”。后行为主义抛弃了行为主义政治学的基本信条，它强调实质重于技术，反对排除价值、否认规范作用的纯描述性研究，主张关注人类价值，重新引入价值及规范研究。另一方面，“后实证主义”越来越受到人们的关注。直到美国联邦政府计划-规划-预算系统(planning programming budgeting system，PPBS)在卫生、教育、福利部门惨遭挫败后，这种以定量分析为基本特征的政策分析方法及其认识论基础才开始受到普遍质疑。随着量子力学的发展、普里高津的混沌理论等的相继提出，“后实证主义”越来越受到人们的关注。

在21世纪的今天，政策科学仍然在后政策科学阶段高歌猛进。我们有理由相信，政策科学会更加彰显人性的光芒。

第二节 政策科学的知识增长

在漫长的发展历程中，政策科学的知识是不断增长的。这一节我们将分两个阶段——实证主义阶段和后实证主义阶段，来介绍现代政策科学的知识积累、增长及演化。

一、实证主义的政策分析

从第二次世界大战结束到20世纪70年代可以称为实证主义的政策科学时代。这一

① 杨诚虎：《西方公共政策研究新进展》，《行政论坛》，2006年第5期。

时期的政策研究以实证主义作为认识论基础，以科学合理性作为方法论基石，以政策过程阶段论作为主要的概念框架，政策科学的理论成就突出地表现在政策分析的理论与方法及技术的成长上。

1. 政策分析的基本模式

1)全面理性模式

全面理性模式认为人在政治和行政决策的活动中是非常理性的，追求“社会收益最大化”。林德布洛姆将全面理性模式概括为：面对一个存在的问题，一个理性的人应首先澄清他的目的、价值或目标，其次在头脑中将这些东西进行排列或用其他方法加以组织，最后列出所有可能达到其目的的政策手段，并审查每项可供选择的政策会产生的所有重要后果，这时他就能将每项政策的后果与目的进行比较，进而选出其目的与后果最为相称的政策①。

全面理性模式强调了用最佳的手段、通过规范的程序来达成理性的政策和既定的目标。然而在现实中，由于受到知识、能力、智慧、经验、资源、时空及其他环境因素的限制，决策者难以对错综复杂的政策方案进行完全理性的比较、权衡和选择。“正如托马斯·戴伊所认为的，理性决策面临如此多的障碍，以至于它很少真正在政府中成为现实。”②但是不能否认全面理性模式的重要意义，它为政策分析提供了一个理想的蓝图，后来的多种模式都是建立在对它的批判的基础上的。

2)有限理性模式

有限理性模式是西蒙和马奇在批判全面理性模式及其在行政决策的研究基础上提出的。西蒙认为，由于受许多因素的制约，决策者在决策过程中选择备选方案时，所追求的不是最优的方案，而是次优或令人满意的方案。其分析步骤是：①确定需要解决的问题或所要预定的目标；②决定最低标准或水准，使所有被接受方案都能符合这一标准；③选择一个可行的方案；④评估这一方案；⑤决定这一方案是否已符合所确定的最低标准；⑥如果此方案无法接受，再检查其他方案，并要逐一通过评估过程；⑦如果这一方案是可行的，即开始行动；⑧执行之后，评定此方案及难易程度，并将资料作为提高或降低标准的参考③。有限理性模式认识到政策分析中能力、信息、时间、知识等因素限制，具有较强的现实可行性。

3)渐进主义模式

林德布洛姆在批评传统的理性决策的基础上，提出了渐进主义模式。

“‘渐进主义’模式经历了几十年的发展演变(1953～1979 年)，这一模式的名称也随着时间的推移而变化。”③渐进主义模式将公共政策看做政府过去行为的延续，只有一些增量性的改动。林德布洛姆这样总结道：“按部就班、修修补补的渐进主义者或安于现状者或许看来不像个英雄人物，但他却是个正在同他清醒地认识到对他来说硕大无朋的宇宙进行勇敢的角逐的足智多谋的问题解决者。”④

---

① 林德布洛姆 C E：《决策过程》，竺乾威，胡君芳译，上海译文出版社，1988 年，第 19～20 页。
② 钱再见：《现代公共政策学》，南京师范大学出版社，2007 年，第 106 页。
③ 陈振明：《公共政策学——政策分析的理论、方法和技术》，中国人民大学出版社，2004 年，第 51 页。
④ 林德布洛姆 C E：《决策过程》，竺乾威，胡君芳译，上海译文出版社，1988 年，第 43 页。

渐进主义模式承认政策分析者缺少时间、信息和其他资源，比较符合政策分析的实际。但它主张对现有项目的修修补补，忽视大的变革，是一个比较保守的模式。

4)混合扫描模式

A. 埃泽奥尼通过大量社会管理活动研究，发现理性决策模式固然存在不足，但渐进决策模式也存在片面性。因此，他主张将理性决策和渐进决策相结合，并在基础上提出了混合扫描模式。理性决策确定了行动的基本方向，而渐进决策的形成过程则为理性决策做准备，并在根本性的决策做出后加以实施。

混合扫描模式是全面理性模式和渐进主义模式的结合，可以提高决策过程的实际说明能力，并根据情况以不同的比重将两者结合，从而可以灵活地适应政策环境。但这一模式只是把原来的合理模型和渐进模型结合起来，没有介绍其如何在实际中运用，因此可操作性不强。

5)最优化模式

最佳决策模型是德洛尔在批判理性主义模式、有限理性模式、渐进主义模式和超合理性模式的基础上提出的。最佳决策模型包括元政策制定、政策制定、后政策制定三个阶段，而这三个主要阶段又分为 18 个次级阶段，包括处理价值、认识现实、界定问题、调查处理与开发资源、设计评价与重新设计政策制定体系等阶段[①]。

德洛尔试图将政策过程中的理性因素与非理性因素结合起来，确定一个更全面的模式。但他没有对最优进行具体的界定，使用了许多模糊的概念。“正如琼斯所说：德洛尔希望尽可能地做好决策，但他的意思却难以理解。‘最优’的意思可能是利用理性和超理性的手段，使决策做得更好，然而好到什么程度，达到什么目标则无法得知”[②]。

2. 政策分析的过程框架

在公共政策的分析模型中，过程模型是应用最广泛的一种模型。政策过程模型，也称公共政策的阶段论和公共政策生命周期理论，它试图通过阶段性描述对政策进行程式化的分析。过程模型又被称做“教科书式的政策过程”或者“启发性的阶段论”[③]。

最早尝试对政策过程进行阶段划分的是拉斯韦尔。他在 1956 年的《决策过程》一书中把政策过程划分为以下七个阶段：①情报，即如何收集并处理引起决定者注意的与政策事务相关的信息；②建议，即如何形成并提出某一问题的建议(或可供选择的方案)；③规定，即如何颁布、由谁颁布具有普遍性的规则；④行使，即由谁决定特定的行为是否违反规则或违犯法律，并要求对规则或法律加以遵守；⑤运用，即如何运用和实施法律和规则；⑥评价，即如何评价政策的成功或失败；⑦终止，包括如何终止最初的规则与法律，或如何通过修改，以改变了的形式继续保留原有的规则与法律[④]。

在拉斯韦尔看来，这七个阶段不仅描述了公共政策事实上是如何制定的，而且描述了应该如何制定公共政策。学者们普遍认为这个模型存在很多不足之处，但是它对政策科学的发展影响非常大，它通过把每个阶段独立起来，减少了公共政策研究的复杂性，

---

① 陈振明：《公共政策学——政策分析的理论、方法和技术》，中国人民大学出版社，2004 年，第 54 页。

② 陈振明：《公共政策学——政策分析的理论、方法和技术》，中国人民大学出版社，2004 年，第 55 页。

③ 蔡守秋：《环境政策学》，科学出版社，2009 年，第 49～51 页。

④ 魏姝：《政策过程阶段论》，《南京社会科学》，2002 年第 3 期。

从而为以后的政策研究者开辟了一条道路。

20 世纪 70 年代中期，拉斯韦尔的学生布瑞沃(Garryn Brewer)提出了政策过程的六阶段论，即创始(invention/initiation)、估价(estimation)、选择(selection)、执行(implementation)、评估(evaluation)和终止(termination)六个阶段。布瑞沃不仅对拉斯韦尔提出的七个阶段进行了修正，而且把政策过程扩展到了政府之外，同时澄清了用以描述政策过程各个阶段的术语①。

此后，不断有学者对政策过程的阶段提出自己的看法，也纷纷提出了自己的模型。其中，邓恩认为，政策分析的过程由一系列知识行为组成，它的执行是一个包含基本政治行为的过程。这些政治行为可以用来描述政策制定过程，因为从时间角度看，它们构成一系列独立的阶段：议程建立—政策形成—政策采纳—政策执行—政策评估。而奎德认为，政策分析的过程与其他系统过程一样，可以看做一个由初始阶段、持续阶段和终结阶段组成的过程；政策分析过程中先做什么、后做什么依赖于被研究的问题及其脉络。他指出分析过程一般包括五个逻辑上相联系的环节。韦默和维宁则提出一个改进了的理性主义政策分析模式。另外，琼斯、帕顿和沙维奇、斯托基和扎克豪斯、西蒙、霍格伍德和冈恩、索伦森以及城市研究所的模型也都颇有价值且具代表性。

在 20 世纪 70 年代和 80 年代西方公共政策研究中，政策过程模型的确立占据了主导地位。进入 20 世纪 90 年代以后，这一理论受到越来越多的批判，并在批判的基础上发展出一批替代性的政策过程理论。虽然过程模型具有线性的僵化思维弊端，但它仍然是目前理解和研究公共政策的基础性分析架构，政策的阶段分析方法在目前的政策过程分析中仍占据主导地位①。

3. 政策分析的方法技术

“在西方，政策分析的核心是建立分析模型和选择分析方法。”②政策分析是在运筹学、系统分析、数学、统计学、概率论、决策论、计量经济学和计算机等学科的知识和方法及技术的基础上发展出来的。或者说，是把这些学科的方法及技术运用到政策研究或政策分析过程之中。因此，政策分析有大量政策的分析方法及技术，这里主要从政策分析过程阶段的角度来介绍政策分析方法与技术。

一是邓恩在《公共政策分析导论》中提出的政策分析各阶段所提出的方法技术。邓恩按照政策分析过程的不同阶段，将政策分析方法分为问题界定的方法、确立目标的方法、规划方案的方法、结果预测的方法、方案比较的方法、政策监测的方法、结果评估的方法等，如表 1-2 所示③。

---

① 蔡守秋：《环境政策学》，科学出版社，2009 年，第 49～51 页。

② 严强：《现代西方政策科学的知识体系》，《南京大学学报(哲学人文社会科学版)》，1998 年第 3 期。

③ 邓恩 W N：《公共政策分析导论(第二版)》，谢明，等译，中国人民大学出版社，2002 年，第 155～454 页。

表 1-2 邓恩对政策分析主要方法的归纳

分析过程中的步骤		方法技术
问题界定、确立目标规划方案		边界分析、类别分析、层级分析、综摄法、头脑风暴法、多角度分析、假设分析、论证图示化
结果预测	外推预测	传统的时间序列分析、线性趋势估计、非线性序列、幂的加权、数据转换、剧变法
	理论预测	理论图形化、理论模型化、因果模型化、回归分析、点和区间的估计、相关分析
	判断性预测	德尔菲法、交叉影响法、可行性评价
方案比较		目标图形化、价值澄清、评价成本要素的构建、成本估计影子价格、制约因素图形化、成本内部化、折现、敏感性分析、Fortiori 分析、合理性分析
政策监测	结果预测的方法	社会系统核算、社会实验、社会审计、综合实例研究
	结果预测的技术	图示法、基尼系数、表格法、指数法、间断时间序列分析
结果评估		伪评估、正式评估

二是卡尔·帕顿和大卫·沙维奇在《政策分析和规划的初步方法》一书中将政策分析过程分为认定和细化问题、建立评估标准、确认备选方案、评价被选方案、展示备选方案并进行分析和监督实施的政策六个阶段，对每个阶段所采用的方法和技术都做了详细说明，如表 1-3 所示①。

表 1-3 帕顿和沙维奇政策分析基本方法的概括

分析过程中的步骤	方法
所有步骤	甄别和搜集资料、文献调查法、政策信息访谈、快速调查、初步资料分析、传播分析
1. 认定和细化问题	简易计算，快速决策分析，产生有效的、可操作的界定，政治分析，问题报告入门分析
2. 建立评估标准	技术可行性、经济和财政可能性、政治可行性、行政可操作性
3. 确认备选方案	研究分析、不作为分析、快速调查、文献评述、理想现实世界经验的比较、被动的搜集和分类、分类的完善、类比、暗喻、群体生态法、头脑风暴法、与理想模式的比较、可行性操作、现有解决方案的修正
4. 评价备选方案	外推法、理论预测、直觉预测、折扣分析、传感性分析、快速决策分析、政治可行性分析、实施分析、脚本写作
5. 展示备选方案并进行分析	成本对比、满意度、排列顺序、非支配性备选方案法、等价备选方案、矩阵展示系统、脚本写作
6. 监督实施的政策	前后对比、有为与无为的试验对比、实际对预期的比较、实验模型、半实验模型、成本取向法

① 帕顿 K、沙维奇 D:《政策分析和规划的初步方法(第 2 版)》，孙兰芝、胡启生译，华夏出版社，2001 年，第55～56 页。

二、后实证主义的转向

1. 对实证主义方法论的批判

公共政策分析方法论中有四个基本范畴，即事实、价值、规范和可行性。与之对应就产生了事实分析、价值分析、规范分析和可行性分析。但长期以来，公共政策分析作为一种典型的实证性研究，偏重于对数学模型、调查统计、心理实验、量化评估等方法的采用，忽视了道德因素等价值问题的讨论，甚至有人竟提出了要求把政策分析置于“价值真空”之中的极端观点，致使“为追求客观真实而回避伦理问题”的倾向至今在公共政策研究领域仍占据着主导地位，从而使现代政策科学从整体上显现出一种单纯追求理性化和技术化的特征①。

从20世纪70年代末开始，随着计划-规划-预算系统在联邦卫生、教育和福利部门的推广和运用中遭遇挫败，这种以定量分析为主的实证主义政策分析方法开始受到人们的质疑。例如，德洛尔说：“尤其需要注意的是，数量化手段与基于经济学的方法，无论其怎样必不可少，都不可能满足逆境中的政策制定以及政策科学所需突破的许多要求。”②弗兰克·费希尔(Frank Fischer)指出，在政策科学领域中强行把事实和价值分开会导致一种“专家暴政”，这种“专家暴政”强调效率和手段，尝试把内在的规范性政治问题和社会问题转换成为技术性问题③。因此，“实证主义的政策分析具有在概念上歪曲政治过程的性质和公共政策的功能的倾向”。邓恩则认为，“‘通过把价值排斥在外根除偏见的做法是一个无望的和被误导的冒险，在社会科学中，除了正视评价并把它们作为陈述明确、具体和充分具体化的价值前提引用外，没有其他排除偏见的方法’，在政策分析中，使价值明确的最好方法是把它们作为理性伦理论证或讨论的一部分”④。可见，对实证主义方法论的批判主要集中在对量化分析方法的局限性和价值中立的批判上，主张重新审视事实和价值的关系，在政策分析中重视价值的地位和作用。

2. 从实证主义向后实证主义的过渡

“当代西方政策学者在批判实证主义政策科学方法论的过程中，摒弃以实证主义方法论为基础的政策科学，逐渐转向以后实证主义方法论为基础的政策研究(policy inquiry)，并且提出了各种各样的政策研究替代性方案。例如，米勒的设计科学理论、林肯和古巴的自然研究方法论、金登的多源流分析框架等。”⑤学者们还对政策分析进行了重新审视，重视政策分析的价值。例如，克雷默的作为理念的政策分析，英格兰姆的民主的政策分析，马琼的政策分析与公共讨论，波恩的政策分析与政治，卡普兰的政策分析与政策分析家的道德责任等。

这些新理论不仅对实证主义的价值中立学说提出了质疑，而且对政策科学中的客观实在假设、基本理论和方法，以及测量工具的可靠性等一系列最为根本性的问题提出了

① 朱光明：《论公共政策分析中的伦理问题》，《理论学刊》，2004年第6期。
② 德洛尔 Y：《逆境中的政策制定》，王满传、尹宝虎、张萍译，上海远东出版社，1996年，第236页。
③ 周超、林丽丽：《从证明到解释：政策科学的民主回归》，《学术研究》，2005年第1期。
④ 邓恩 W N：《公共政策分析导论(第二版)》，谢明，等译，中国人民大学出版社，2002年，第138页。
⑤ 周超：《当代西方政策科学方法论的范式转向》，《武汉大学学报(哲学社会科学版)》，2005年第4期。

批评，动摇了实证主义政策科学方法论的哲学基础。随着以实证主义为认识论基础、以科学合理性为方法论基石、以政策过程阶段论为主流分析方法的政策分析途径受到越来越严厉的批评，代之而起的是以后实证主义为认识论基础、以社会合理性为方法论基石、以替代性政策解释理论为分析方法的政策研究。这表明西方公共政策研究正经历着一场范式变革①。

3. 后实证主义的政策分析

总的来说，在后实证主义方法论指导下的公共政策分析更加关注价值理念、民主与公众参与、政策辩论与政策对话、政策分析的政治性与政策分析家的伦理道德等方面，将政策分析纳入整个民主社会发展的历程中，更具有社会性和现实性。

1)重视公共政策的价值分析

政策科学可以一般地定义为关于选择的研究，而做出选择必须以价值或价值观作为基础，可见公共政策本身就包含价值因素。在个人或组织的层次上，政策过程就是一个寻找和建立它们的价值与实质决定或行动之间满意关系(政策与价值的吻合)的过程；在社会的层次上，政策过程是处理各种拥有不同价值和不同选择权的参与者之间互相影响、互相牵动的正规或非正规程序②。“价值冲突是一种客观的存在，其根源就在于主体多元化及其需要、利益和目标的差别，在于价值的多元化，价值多元论不过是对这种基本事实的确认而已。”③因此，虽然实证主义将事实和价值严格地区分开来，但后实证主义的政策分析却开始重新审视价值的重要性。

美国公共政策领域的著名学者德博拉·斯通的《政策悖论：政治决策中的艺术》是政策分析领域的一部享有盛名的经典之作，展示了作者与一般实证分析不同的独到的政策分析维度，揭示了政策分析背后的价值倾向，关注的是价值的重要性。其认为用来设定政策目标、界定政策问题和判定解决方案的每一个分析标准都是具有政治意义的构造，平等、效率、自由，乃至各种衡量尺度反映不同的利益内涵，这些价值的悖论和调和体现在政策分析和政策制定的全过程。

克雷默则将政策分析作为近似于理念的主张，他将理念界定为“一定的人们把价值或信念体系当做事实或真理来接受”。他明确指出并不是标上价值中立和客观或科学等名义，政策分析就可以与其名相符。分析中总是包含着理念的因素，如果决策者在做出决策时完全依赖分析结果，就会产生两个问题：第一，政策分析主要强调计量化和价值中立，所以在观察政策时会倾向于主要根据科学程序；第二，有关分析背后的社会科学理论的问题。因此，即使再怎么假设政策分析是科学，其仍旧是艺术作品。可以通过一般行政实践家和分析家的共事，或改善他们之间的沟通以及扩宽分析视野，以知识多元主义制度化的方法来克服上述问题④。克雷默的政策分析理论承认政策分析上的多元主张，不同的理念产生不同的解释，最终达到不同的结论，是对政策分析价值中立的否定；所谓政策分析，只不过是在政策讨论中增强自己说服力的论据而已，强调了政策讨

---

① 杨诚虎：《西方公共政策研究新进展》，《行政论坛》，2006 年第 5 期。
② 梁鹤年：《政策分析》，《海外快递》，2001 年第 1 期。
③ 马俊峰：《应重视对价值冲突问题的研究》，《哲学动态》，1999 年第 7 期。
④ 吴锡泓、金荣枰：《政策学的主要理论》，金东日译，复旦大学出版社，2005 年，第 284～289 页。

论。可见，政策分析使价值问题逐渐受到人们的重视和尊重。

2)重视民主和公民参与

拉斯韦尔在创立政策科学时，论述了这门新兴学科的几大特征，其中之一是主张政策科学是关于民主的学问[①]。但是，五十多年来政策科学的发展却没有实现其民主的抱负，反而因为实证主义的方法论阻碍了政策科学对于民主的追求。为了实现拉斯韦尔"民主的政策科学"的宏大抱负，当代西方政策学者开始摒弃以实证主义方法论为基础的政策科学，转向以后实证主义方法论为基础的政策研究，形成了参与性政策分析(the participatory policy analysis)及政策辩论、政策对话等理论。

参与性政策分析。德里翁等认为参与性政策分析建立在这样一种基础上：民主的核心愿望是一个团结的追求共同体利益的公民团体直接参与到政策过程中。费希尔曾经很简略地阐述了参与性民主是一个严格的政治系统，在这个系统里面，每个公民都可以真正地参与到政策制定过程中。对话和辩论是这一过程最基本的媒介，因此每个公民的发言都是重要的。过程的结果是一种建立在最有说服力的辩论基础上的民主决策。费希尔提出了"论证转向"(argumentative turn)的概念，认为政策科学最基本的起点就是：政策分析和政策规划实际上是一个辩论的过程……我们强调的所有的政策分析和规划都是系统性的、模糊的……需要关注它的内容和成效，注意它的技术分析和政策表述。参与性政策分析强调历史情景的特殊性，强调分析者的语言表达能力和听众的思考能力，他认为政策和辩论的方式与权力的运作方式是密切相关的，这种权力的运作方式包括把什么人的利益考虑在内，把什么人的利益排除在外[②]。

政策辩论。费希尔借用哈贝马斯的观点，提出了政策辩论的逻辑，用来形成一个完整的政策辩论框架，即由项目验证、情景确认、社会论证和社会选择四个阶段组成的过程框架。同时，他指出项目验证和情景确认与社会论证和社会选择，可以通过"参与性政策分析"这一概念联系起来。作为一种辩论的方法，它并不是提供正确的或者错误的答案，其主要的作用是推导出为什么一项政策会比另外一项政策更好。作为一种政策分析工具，它的目的是激起辩论以及形成一种开放式的交流，在一个反复质询的过程中来形成一种"学习性的对话"。学习性的对话使知识不再是数据和定量的分析，而是被大家都接受的信念，这种信念不是证明的结果，而是在解释性理论的假设、分析标准和经验证明后出现的，它同时受到学术共同体的保护。这是对事实和价值相统一的分析方法进行的有益的尝试，为我们开辟了一条探讨切实可行的政策分析方法和技术的路径。

政策对话。阿马蒂亚·森认为，公共政策的作用不仅在于实施那些从社会价值标准和认同中产生的优先主次，而且在于推广和保障更充分的公共讨论[③]。公共讨论是民主的基础，可以说，民主的发展历史就是把公共讨论制度化并形成各种调整程序的历史。在民主社会，公众具有对公共政策的话语权利，参与公共政策的讨论，形成公众舆论，对公共政策的制定者和执行者施加强大压力，可能迫使政府采取修改与调整、退出与终

① 严强、王强：《公共政策学》，南京大学出版社，2002年，第49页。

② 周超、林丽丽：《从证明到解释：政策科学的民主回归》，《学术研究》，2005年第1期。

③ 森 A：《以自由看待发展》，任赜、于真译，中国人民大学出版社，2002年，第276页。

止的政策行为，由此进一步捍卫公共性原则。而查尔斯·J. 福克斯和休·T. 米勒在《后现代公共行政——话语指向》一书中，对政策分析在方法上走出困境的出路进行了探讨，提出以“部分人的对话”的方式形成政策话语机制，并把民主参与作为实现政策对话的途径，以此来解决仅凭工具理性难以解决的价值判断等问题①。詹宁斯则号召采取解释的方法重构政策话语，并将这种方法称为政策分析的“委员会”模式。该模式以客观性的“后实证主义”概念为基础，把政策分析家和政策制定者之间的关系重新塑造为多种声音的谈话，由商谈伦理的阶段性标准来裁决。这个带有明显的后现代主义色彩的观点，虽然还不能在方法上实现事实和价值的统一，但却给我们提供了一种启示。政策分析和政策决策必须考虑价值观和意识形态的问题，而民主参与的政策对话是解决价值冲突的重要途径。

3)关注政策分析的政治属性

在决策过程中，分析家集团和政治家集团起着重要作用，但由于其倾向和价值观不同，在经济合理性和政治合理性之间存在着明显的冲突。波恩在《政策分析与政治》一书中论述了这种冲突：分析家重视经济效率，政治家关心分配问题；分析家为了“产出利益”极大化而希望集中投资，政治家却为了“输入利益”而分散使用财源；分析家比较关注机会费用，政治家却表现出要把沉没成本正当化的倾向。为了减少这种冲突对政策分析带来的危害，波恩认为，作为真正意义上的政策分析家，应该同时具备制订方案的合理性能力以及采纳和实施这种方案的政治能力。只有这样的分析家，才能被认为是决策的实际参与者。第一，为了提高分析效果，分析家应积极发现和充分利用关心效率性政策方案的个人和集团；第二，为了形成支持效率性政策的联合体，政治家应该努力把政策分析家的观点很好地传达给这些联合体；第三，政策分析家的责任不仅在于获取经济和统计上的信赖，还要为政策提案被采纳而做出努力②。虽然波恩提出了提高政策分析效果的方案，但该方案缺乏事实的具体可行性，还有待提高。其意义在于将政策分析家置于政治的大环境中，在实证主义工具理性的属性基础上纳入了政治属性，具有社会现实意义。

4)强调政策分析家的职业伦理规范

自德洛尔 1967 年在《公共行政评论》杂志上发表了《政策分析家：一个政府部门中新的职业性角色》以后，“政策分析家”一词已普遍地用以指称那些职业从事政策研究的学术家或实践者，与这一特殊角色密切相关的职业伦理也已引起了人们的广泛关注。

在以实证主义方法论为基础的传统政策科学中，政策分析家的任务是证明与发现规律，然后做出预测。而以后实证主义为基础的政策研究，政策分析家的角色不再是一种价值中立的科学工作者，而是一种公民参与政策过程的辅助性工具，辅助的过程就是要提高公民归纳他们感兴趣的事物的能力以及帮助他们获得解决问题所需要的知识和资源③。以阿奇博尔德、德洛尔为代表的一些学者主张，政策分析家应当是公共利益的代

① 王春福：《论政策科学的三维建构》，《学术交流》，2005 年第 5 期。
② 吴锡泓、金荣枰：《政策学的主要理论》，金东日译，复旦大学出版社，2005 年，第 320 页。
③ 周超：《当代西方政策科学方法论的范式转向》，《武汉大学学报(哲学社会科学版)》，2005 年第 4 期。

言人[①]。通格(Tong)认为，相对于一套道德或伦理规则，政策分析家更需要形成一种道德观，以帮助他们实践一套自己承担的道德理想。她指出，同一伦理可以支配我们的私人或职业两种生活，分析家应被基于个人诚实的高尚品德引导，而且分析家必须培养针对其职业的特定品德。这些道德的高尚品质产生于公平或仁慈[②]。卡普兰则认为，责任是根据对义务共同体的个别回答能力的程度来决定，政策分析家应该有提高关于民主政治结构所具有的矛盾和局限性，以及对与此相关的蔓延在社会上的政治冷淡问题的回答能力的责任。总之，随着民主化浪潮的兴起，政策分析家对于公民参与、政策对话以及民主政治的推动应该负有更多的责任，这也是后实证认识论下政策分析的要求。

4. 实证主义方法论的地位和作用

虽然自20世纪70年代以来，后实证主义动摇了实证主义的统治地位，但实证主义的观念和模式并没有被终结，主要原因是批判者对科学变革和理论的非演绎特征没有提出系统的理论[③]。其中，在实证主义方法论指导下的政策分析的一个重要特征就是政策阶段理论的发展。“迄今为止，阶段途径仍然是一种整合政策科学知识特别是政策过程知识的方便框架，其他途径还没有成熟到足以取代阶段途径而成为新的支配性范式。”[④]“阶段性方法的长处就在于它提供了一种我们赖以考虑真实世界复杂性的理性结构。它的每一个阶段都能够为多种不同的分析模型提供使用的平台，使我们能够以此为线索展开不同的分析模型。”[⑤]因此，虽然对阶段方法存在诸多批判，但实证主义方法却一直被视为政策过程分析的基础方法。

另外，关于实证主义和后实证主义的方法论是可以相互结合的。“公共政策分析，不仅需要事实分析，而且还需要价值分析。价值分析对于发挥政策的导向功能，即端正制定政策的价值观，解决政策中的价值冲突，调节政策制定的全过程以及评价政策效果等方面，都是绝对不可少的。”[⑥]实证主义重视模型、量化的研究，我们需要将“方法”和“方法的利用”区分开来，不能全盘否定。实证主义可以用于一元社会，也可以用于多元社会，并与重视价值伦理、民主对话等后实证主义的范畴结合起来，这样政策分析才能得到良性的发展。

5. 重构政策分析的概念框架

基于以上分析可知，在政策分析中，不能片面地将实证主义和后实证主义对立起来，应该构建一种综合的政策分析框架，将事实调查和价值批判、规范性分析和经验性分析有机地结合起来。这就涉及政策分析概念框架的重构。对此，一些国内学者做了有益的初步探索。

例如，张顺从事实分析和价值分析的视角进行探讨，认为“我们便有这样的政策分析模式：事实分析法与价值分析法是公共政策分析的基本方法与视角，政策问题界定、

① 杨诚虎：《论政策分析者的角色与职业伦理》，《内蒙古社会科学(汉文版)》，2005年第5期。

② 帕顿K、沙维奇D：《政策分析和规划的初步方法(第2版)》，孙兰芝、胡启生译，华夏出版社，2001年，第33页。

③ 贾根良：《演化经济学——经济学革命的策源地》，山西人民出版社，2004年，第33页。

④ 陈振明：《公共政策分析》，中国人民大学出版社，2003年，第63页。

⑤ 谢明：《阶段论：政策分析的理论平台》，《中国行政管理》，1999年第12期。

⑥ 陈庆云：《关于公共政策的理论思考》，《北京大学学报(哲学社会科学版)》，1995年第6期。

政策制定、政策执行与政策评价是分析对象，公共政策分析的目的是探讨政策过程各阶段的各种具体的事实分析法与价值分析法，提高公共政策质量。这一模式是由公共政策本身决定的。公共政策是由某些价值目的主导的社会政治过程，公共政策分析是其'方法论'维度"①。

又如，张康之从宏观和微观上对政策分析模式加以区别。"科学尺度与价值尺度并不是截然对立的，在一门学科的整体中，它们是相互补充的。对于这门学科的研究来说，是侧重于运用科学尺度，还是侧重于选择价值尺度，完全取决于研究对象的情况。从政策分析科学的表现来看，当政策分析的对象是一个微观领域时，科学尺度则是主要的分析标准。这时，分析的严密性、数量模型的可控水平、实际绩效的可准确预测性等，都可以通过政策分析给予科学支持。然而，在宏观政策分析中，价值尺度的意义就被凸现了出来，特别是对于那些关系到国家兴衰和民族命运的宏观政策来说，价值的确认总是优于严密的科学设计。由于宏观政策具有公共性、总体性和战略性的特征，所以宏观政策分析必须突出价值判断。在我国，用以分析一切宏观政策的根本价值尺度是促进生产力的发展。"②

这些关于现代公共政策分析框架的探讨都还处于摸索阶段，需要我们立足于国情，探索具有中国特色的政策分析概念框架，以指导中国的政策分析实践。

第三节 政策科学的本土化

中国是政策科学的发祥地之一，中华民族为全人类留下了极为丰富的政策实践经验与政策研究的思想遗产。中国历代统治者重视政策，留下大量治国安邦方略。在中国漫长的历史中，涌现出一大批与政策和政策研究密切相关的著作。例如，诸子百家尤其是孔子、荀子的著作中有大量治国安邦的至理名言；《孙子兵法》不仅是兵书，而且是"国策"；《史记》、《资治通鉴》等不朽名著记载了许多政策研究的真知灼见。但现代的"政策科学"并没有诞生于中国，而是诞生于西方，因而"政策科学"学科也是一个舶来品。这自然就引出了中国政策科学的发展及其本土化问题。

一、中国政策科学发展的现状

20 世纪 70 年代末 80 年代初，中国开始了对政策科学的研究。经过学界与政界 30 年的共同努力，中国政策科学从无到有，迅速发展，无论是在学术研究及学科建设方面，还是在人才培养和知识应用方面，都取得了显著的成就，但是存在的问题也相当突出，有不少薄弱环节亟待加强，不能过高估计中国政策科学学科的发展水平。

首先，中国政策科学的学术研究取得了可喜的成果，已初步建立起中国政策科学的理论框架。30 年来，特别是近 20 年来，一批政策科学的国家和省部级课题得以完成，在国外政策科学理论和方法成果的评介、引进和消化，马克思主义经典作家以及毛泽

---

① 张顺：《多重视角中的公共政策与公共政策分析》，《理论探讨》，2004 年第 3 期。

② 张康之：《宏观政策分析的价值尺度》，《理论与改革》，2000 年第 4 期。

东、邓小平的政策和策略理论的研究，中国政策系统及其运行，中国政策实践经验的总结以及策略理论的研究，中国政策实践经验的总结以及中国优秀的政策遗产的继承，当代中国及世界现实政策问题的研究等方面，都取得了明显的进展。政策科学的基本概念、理论和方法的探索已见成效，初步确定了中国政策科学的基本理论研究框架。这一理论研究框架有两种主要表现形式：一是围绕政策系统及其运行这一核心，既研究公共政策的实质、原因和结果，又研究政策过程，尤其是通过政策过程的各个基本环节或功能活动(制定、执行、评估、监控和终结等)的研究，建构公共政策学的知识体系；二是采取板块式的体系，将公共政策学的知识分为基本理论、现实政策和分析方法三大块①。

其次，经过30年的发展，中国政策科学依然处在引进和介绍阶段，理论研究水平落后于西方，学科的基础不牢。总体来说，21世纪初中国的公共政策科学研究基本上还停留在西方20世纪80年代以前的水平，片面重视对政策制定过程及其内容的研究，特别是强调围绕所谓政策制定的科学化、民主化，研究有关政策制定的理论、模型、规范、原则和方法等。中国学术界对西方政策科学的引进、消化和吸收的工作做得不够，缺乏对西方政策科学理论和方法的系统了解以及对它的最新趋势的跟踪研究，深入地批判、消化和吸收工作也刚刚开始，许多政策科学的基本理论问题并未得到深入系统的探讨；而且中国政策科学的学科分化程度较低，政策分析方法与技术的探索、开发和引进做得不够。所有这些问题使得中国政策科学的学术研究水平不高、学科基础不牢。因此，虽然国内已有几十本政策科学的论著问世，但能真正融贯中西、特色鲜明、学术水准相对较高的成果并不多见②。

最后，进入21世纪，中国政策分析的研究进一步深入。中国的学者们紧跟西方学术界的脚步，立足政策分析的前沿理论，也意识到国外政策分析理论本土化的重要性。学界指出，当前西方政策科学研究主要围绕政策分析和政策研究、实证主义和后实证主义方法论、科学合理性与社会合理性、政策循环模型与替代性政策解释模型四个方面，并出现了各种新的、相互竞争的政策研究范式、方法和途径；也渐渐掌握了政策科学研究不可能诉诸一个一成不变的分析框架来解决复杂多变的现实问题的客观规律；也意识到了推进中国政策科学自身发展的最核心、最本质的东西就是要努力构建中国自己的政策科学理论体系。否则，中国政策科学将会因其理论既不能解释我们面临的政策现实，又不能指导具体的政策实践而难以成为一门独立的知识。

二、中国政策分析模型的构建

“洋为中用”——中国学术界对西方的政策科学领域一直在进行积极的吸收借鉴，并试图加以运用，但在实际操作中，也发现西方的政策分析模型无法很好地结合中国实际来加以应用、分析。而在中国，基于本土化状况构建政策分析模型正在努力之中。我们试图根据对西方政策分析理论的传统和前沿的把握，并考虑中国的政策实践及学界的研

① 陈振明：《公共政策分析》，中国人民大学出版社，2003年，第2页。

② 陈振明：《公共政策分析》，中国人民大学出版社，2003年，第5页。

究经验，构建一个有中国特色的政策分析的初步模型，如图 1-1 所示。

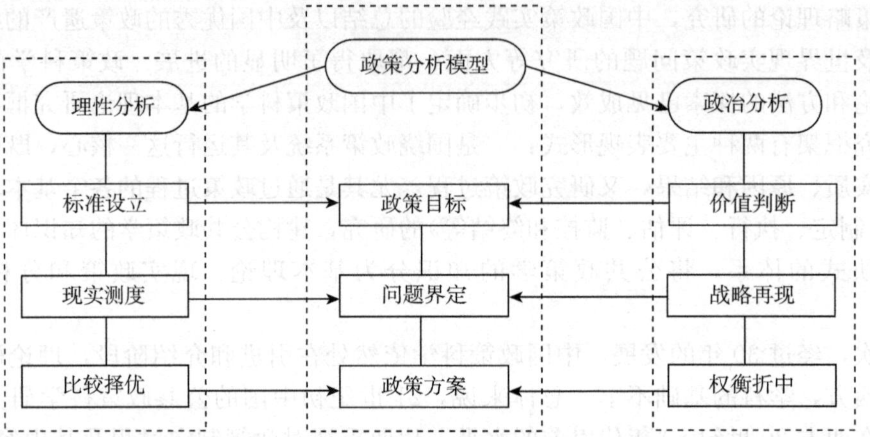

图 1-1 中国政策分析的一个模型

这个政策分析模型可以从下列几个方面来理解。

第一，关于政策分析的对象范围的界定。如前所述，政策分析可以有三种理解，即较狭义的理解、次广义的理解和最广义的理解。我们倾向于采用奎德和邓恩等的次广义的政策分析概念。政策分析所涉及的是整个政策过程，包括问题界定、目标确定、方案选择和效果评估等环节。我们把政策分析过程的基本步骤界定为问题界定—标准设立—方案搜寻—结果预测—方案抉择—政策执行与监测—结果评估七个步骤①。而政策执行与监测、结果评估等环节不是我们构建政策分析模式的重点，我们把政策分析模式的重点放在政策目标、问题界定与方案抉择上来。上述模型虽然没有全面覆盖政策分析的整个过程，但抓住了政策分析的重点，而避免了将政策分析的重点固化在政策执行、政策评估和政策变迁等环节。

第二，关于政策分析视角的选取。我们认为，可以从理性分析和政治分析两个视角来理解分析政策。德博拉·斯通在《政策悖论：政治决策中的艺术》一书中指出：就理性分析来说，每一件事情都有一种也仅有一种清楚的含义。事情也许都是要么好要么坏，要么大要么小，要么多要么少。理性分析的一个标志在于，找到一个共同的指标，即一个用以测度和判断的标尺②。她认为理性是人类思考和感知的一个狭隘概念。从这个角度看，理性分析是一种确定性的分析，而政治分析则带有浓厚的模糊色彩，更加强调模糊性。政治分析是将政策分析的概念、政策问题陈述以及政策工具看做政治主张本身，这种分析重视人头脑的复杂性和差异性，使潜藏在所谓科学真理背后的政治主张变得更加明显③。可以说，在“政策分析模式”中，“理性分析”是客观中立和对真理的追求过程，“政治分析”则是创造性的和有价值的博弈过程。将二者有机地结合起来，在一定意义上有利于使理想和现实共同契合于政策分析。

① 陈振明：《公共政策学——政策分析的理论、方法和技术》，中国人民大学出版社，2004 年，第 51 页。
② 斯通 D：《政策悖论：政治决策中的艺术》，顾建光译，中国人民大学出版社，2006 年，第 15 页。
③ 斯通 D：《政策悖论：政治决策中的艺术》，顾建光译，中国人民大学出版社，2006 年，第 16 页。

第三，关于政策分析模型中政策目标的解释。传统的政策分析者认为问题界定是政策分析过程的逻辑起点，但我们认为，政策目标(如涉及公平、效率、稳定、安全、自由等维度)才是政策分析的逻辑起点，亦是现代政策分析的核心主旨。在理性分析者看来，政策就是要合乎理性地达到目的。“理性分析”在政策目标上的一个信条就是，存在着客观和中立的评价标准，这些评价标准的找寻和设立是不受分析者兴趣偏好或党派团体价值的影响的，从这些标准出发可以对现实世界的“善”做出判断。然而，在政治分析者看来，政策目标或价值在理解上潜伏着模糊、相互矛盾、冲突的解释。按照德博拉·斯通所言，每一个政策标准都包含着一些就名义上看来可信但相互冲突的悖论性主张，即便在不牺牲其共同性的情况下也无法做到精确，但是它却在政治斗争中为竞争者提供了构造自己立场的语言①。为此，“政治分析”的首要任务是解释和澄清潜藏在政策背后的价值争端，以便让人们看到它们之间的差异，然后走向某种折中调和。

第四，关于政策分析模型中问题界定的解释。政策分析往往源于政策问题，有了问题，才需要去分析和解决，正确界定问题通常意味着成功解决问题的一半。依照“理性分析”的观点，对政策问题的界定就是说明在政策目标与实际情况之间的差距。由此，有关政策问题界定的过程也就是观察和计算的过程，即对政策目标与现实情况之间的差异加以测度。但在现实中，政策问题并不仅仅是一种客观的情况或事实，而且也是一种感知互动的过程，涉及人的利益和价值观。而依照“政治分析”的观点，人们对抽象的政策目标有着不同且相互竞争的理论，人们对于现实情况的解释标准也很不相同，现实情况同样也是变幻的、不稳定的。因此，对政策问题的界定就不仅仅是测度现实和目标之间的差距，正如德博拉·斯通所说：“政策问题界定的过程就是对有关情况作战略性再现的过程。”②之所以说是对实际情况再现的过程，是因为对于实际情况的每一种描述都是从许多观点中的一种出发；说政策问题的界定具有战略性，是因为社会群体、个体以及政府机构都会不自觉地、有意识地对所描述的现实加以渲染，以便能够推行它们所乐于见到的行动过程。所以，“政治分析”更为关注的是如何在政治中界定政策问题，并从多个角度去再现那些在政治过程中通常并不清晰表达的事实和价值策略。在政策分析中，将“政治分析”与“理性分析”的两种视角融合起来以更精确地界定问题是我们所追求的目标。

第五，关于政策分析模型中政策方案的解释。政策方案是指处理政策问题的手段和方法。在理性分析者看来，政策方案的确定通常是一个“方案搜寻—结果预测—方案抉择”的择优过程，对备选方案可以通过研究、分析和实验，通过头脑风暴技术和脚本写作等方法来寻找；对政策结果则可以通过概率统计技术、不同的量化模式来加以预测评估；在此基础上，通过对备选方案的比较分析，以确定现有技术、经济和政治条件下的最优方案。然而，在政治分析者看来，政策问题是复杂现实的，不可能通过某一项最优的行动或决策来加以解决，因此人们常常会抱怨政策似乎从没能解决什么问题。相反，社会有赖于广泛的结构和规则，这些结构和规则可能具有“多重的效果”，在没有连续和

---

① 斯通 D:《政策悖论：政治决策中的艺术》，顾建光译，中国人民大学出版社，2006年，第40页。
② 斯通 D:《政策悖论：政治决策中的艺术》，顾建光译，中国人民大学出版社，2006年，第132页。

具体方向的情况下塑造着人们的行为。正如德博拉·斯通所言，“政策工具的战略完全是为了实施权力影响，具有政治性和连续性”[①]。因此，任何政策方案都是人的一种创造，对于任何解决问题的潜在政策都是在政治博弈中加以设计、管理、回应和调整的，并在反复思忖政治合理性和留下足够的安全空间以后才实施。这个过程无不体现了中国特色的“政治折中性”。

在接下来的案例分析中，我们将通过厦门 PX 事件、《城市房屋拆迁管理条例》、孙志刚事件这三个案例来说明、应用并验证我们所提出的政策分析模型。

三、实践中的中国公共政策分析

(一)对厦门 PX 事件的政策分析[②]

1. 政策目标

就当初“厦门 PX 项目”的政策目标分析，我们不仅要看到其具有的经济价值[预计每年能为厦门市的国内生产总值(gross domestic product，GDP)贡献 800 亿元人民币]、环境安全(存在泄漏或爆炸隐患，厦门百万人口将面临危险)，以及政治因素考量(台海复杂的局势关系)，还应进一步厘清潜藏在这些价值目标背后不同立场间的冲突：经济价值——政府干部政绩考核和投资方的利润；环境安全——关系市民健康和对房地产商的利益冲击；政治因素——国家统一利益等。这些目标的相互冲突及其背后所代表的不同利益相关者的竞争，共同影响推动着 PX 政策的问题走向，这是政策目标分析中必须加以探究和判断的。

2. 问题界定

“厦门 PX 项目”的政策问题是在出台但未执行时便产生的。因此，通过“理性分析”对政策目标与现实情况之间的差异进行测度和计算似乎缺乏现实可操作性，因为总不能等该项目真正完全实施后再来测算其(如对环境)产生的影响问题——至少在当时的公众看来，他们是不会同意的。

在此我们可以借用“政治分析”，通过对各个不同利益群体活动情况(如政府的表态、专家学者的反对、市民的“散步”、媒体的关注、投资商和地产商的施压等)作战略性的再现和演绎，进而明晰 PX 政策备受争议的问题焦点在于是否进一步施行，以及如何回应不同行为者相互冲突的诉求。

3. 政策方案

由“厦门 PX 项目”引发的一系列问题和争议，直到最后解决方案(缓建、迁建漳州古雷半岛)的产生和实践，我们仍可以借用“政策分析模式”来加以反思：从“理性分析”的角度加以评判，通过对 PX 项目的环境评估和未来预测，其对环境的潜在危害和影响是客观的、不可避免的，从理想的“比较择优”角度出发，该项目是不宜实施的，这种政策在任何一个区域都应遭到否决；然而从政策实践反馈来看，PX 政策最后并没有被完全否决，而仅仅是迁移出厦门(搬到漳州)，从科学环评和环境保护的角度看这样的结果

① 斯通 D.《政策悖论：政治决策中的艺术》，顾建光译，中国人民大学出版社，2006 年，第 272 页。

② 厦门 PX 事件的具体内容请参见第一章章后案例材料。

并不尽如人意，但从“政治分析”来看这无疑是在政治过程中多方利益权衡、博弈、折中的结果。

（二）对《城市房屋拆迁管理条例》的政策分析

拓展阅读专栏

案例：关于城市拆迁

《城市房屋拆迁管理条例》于2001年6月6日发布并于2001年11月1日起正式施行，各地方政府根据该条例制定地区的房屋拆迁管理办法。

但是，在近年来的操作过程中，随着我国城市化进程的提速，各地拆迁如火如荼，而伴随其中的拆迁中暴力执法与暴力抗法不断发生。2009年11月13日，成都金华村拆迁户女主人唐福珍为了抵抗强制拆迁“自焚”，以死相争。唐福珍的悲剧上演前后，中国的拆迁之战在多处爆发：在上海，被拆迁女住户潘蓉手持自制燃烧瓶阻挡掘进的挖土机；在贵阳，被无奈的拆迁居民用四十多个液化气罐堵路讨要说法；在昆明，因为拆迁一个大型集贸市场，上千商户上街抗议……

《城市房屋拆迁管理条例》受到广泛抨击，2009年12月7日，北京大学法学院的五位教授以公民的名义，通过特快专递与传真的形式向全国人民代表大会常务委员会递交了对《城市房屋拆迁管理条例》进行审查的建议，他们建议全国人民代表大会常务委员会对该条例进行审查，撤销条例或者由全国人民代表大会专门委员会向国务院提出书面审查意见，建议国务院对拆迁条例进行修改。目前，国务院法制办、住房和城乡建设部、国土资源部、农业部、林业局等相关部委，正在进行前期的立法调研工作。

1. 政策目标

在理性分析者看来，对政策目标的选择存在着客观和中立的评价标准，这些评价标准的找寻和设立是不受分析者兴趣偏好或党派团体价值的影响的。然而处于政治冲突核心地位的广泛目标和原则，如平等、效率、自由和安全等，绝不可能被还原为一些绝对的标准——如果那样的话，政策目标也就成了模糊、矛盾和变幻的不固定目标、不固定形态。因此，政策目标在很大程度上需要用“政治分析”去解释。

就《城市房屋拆迁管理条例》而言，我们从该政策中只见拆迁、不见管理，甚至完全无视被拆迁人的合法权益。于是，政策目标在这里则体现为强制性拆迁，破坏了社会和谐，加剧了社会冲突，不能达到良好的政治目标。可见，将政策的基本功能定位于政策目标的观点是与现实不相符合的。真正的政策目标应该是“理性分析”与“政治分析”相结合，甚至应该更多地着眼于政治目标，不仅要注重经济发展，更要注重对公民的权利维护，从而保证社会的和谐发展和国家的长远稳定。从根本上讲，只有政治的良性发展才能保持社会的基本稳定。这种定位，一方面为社会生活的改革提供了政策依据，另一方面又可以解释相关政策的修订与更新现象。

综上所述，先是客观存在的由拆迁引发的利益冲突，然后是公众需要的表达形成政策目标。这种目标与现在的政策结构发生冲突(旧的政策与实际需求间存在巨大的政策距离)，使变更现有政策的必要性凸显。数次的拆迁悲剧就是对这一条例进行修改的必要性的客观呈现，诸多学者呼吁修改条例则是对这种需要的主观表达。在这样的表达中，政策目标就非常明确了，这就是要求修订拆迁条例的政策。

在这个过程中我们可以看到，公共政策表现为一个从政策需要出发，在多极政策主体的互动中发展的过程。这一过程大致包括如下环节：政策需要—政策结构—政策距离—政策发展—政策目标。这一过程有技术的因素存在，如在政策决策中国务院召集专家讨论等，但是政策的政治性是十分明显的。所以，政策分析应从多维的视角看待问题，它的主体、发展与性质都是多因素的共同作用，也就是说，政策分析是一个围绕政策问题产生的系统过程。

2. 问题界定

《城市房屋拆迁管理条例》的政策问题往往集中于如何进行拆迁，却忽视了最为重要的政策本质问题，即对什么是"公共利益"的界定。立法上没有对公共利益进行界定，在一定程度上造成了"公共利益"这一概念在城市房屋拆迁中的滥用。但是即便把政策问题的重点放于界定"公共利益"，我们也会发现，在拆迁中认定什么是"公益利益"是非常困难的，从专家学者、公民的视角看，拆迁中存在着"公共利益"和"商业利益"之分。但是从拆迁的受益者(主要是房地产商)的视角看，在拆迁中划分公共利益与商业利益是不合理的，所有的都应该是公共利益。土地收益是公共利益，实现城市规划是公共利益，商业服务是公共利益，解决就业是公共利益，提供税收是公共利益，危房改造是公共利益，没有非公共利益的拆迁行为。由此可见，政策的问题界定是就有关情况对各利益相关主体做战略性再现的过程。如果从理性分析的视角，仅仅是对现实加以测度，那么就很难真正地界定政策问题，从而达成政策目标。

总之，在新的政策分析中，应该对问题界定过程的情况作战略性再现，对每一个政策问题的表述必须要构造得能够将大多数人争取到自己的一边，要达到这一目标，需要对城市房屋拆迁中的公共利益进行进一步的深入界定。除了运用法律等手段确定什么是公共利益外，还可以在必要的时候召开听证会，由社会各界决定是否符合公共利益。因为有如学者所言，公共利益本身是一个开放的、发展的概念，试图通过立法文本严格界定其范围，一劳永逸地解决政府滥用征收权力的努力可能是徒劳的尝试。

通常认为，当对某个问题的原因做出了描述时，也就界定了该问题，但任何问题都有着深层的、多样的原因。只要人们以较高的成本收集充足的信息去仔细研究，那么便可以寻求原因之所在，如有意图的、无意识的、自然的、偶发性的、历史的等多重因素。因此，问题界定不存在普遍的、科学的或者客观的方法。政策问题是在政治中得到界定的，政治的行为者会采取不同的方法或语言来对政策问题加以界定。我们在问题界定环节应当侧重于政治分析。

3. 政策方案

理性分析往往要求将制定公共政策的权力交给专家组成的管制委员会以及专业的城市管理者，用理性的、分析的、科学的方法来制定政策，对所面临的多种方案进行成本-效益分析、权衡利弊，从中选择出一种以最小代价换取最大效果的公共政策方案。在选择的过程中，强调以一个政策主体决定政策方案的选择，认为加入政治理性的思考则是反复无常、不可预测的，必然要与效率冲突，如果多数人参与，则需要经过较长时间的程序过程，甚至这种过程就是不合理的、浪费资源的，没有实质性意义。

然而就“政治分析”来看，对同一个政策，各方利益主体常存在着相互矛盾的理解与追求，因此政府就有必要从相互冲突中进行选择。城市房屋拆迁是一项社会性、政策性很强的工作，事关群众的切身利益，是一个地方政府、拆迁人(开发商)、被拆迁人(拆迁户)利益博弈的过程，由利益表达、利益综合、利益分配、利益落实、信息反馈(实际上是新一轮的利益表达和综合)及政策的再制定循环而成，在这里，最优化的方案往往转化为各方利益的妥协与博弈。就《城市房屋拆迁管理条例》中的政策方案看，在发生众多的以自焚行为抵制拆迁的事件后，《城市房屋拆迁管理条例》受到新闻媒体及社会各界的广泛抨击。从学者呼吁修改条例到如今已经纳入国务院的修订议程的发展历程可知，政策方案的选择已经不再是单一的主体，而是包括拆迁悲剧的主人、公众人物、社会媒体、政府等几个方面。因此，现实社会的发展使理性分析已经不可能满足政策方案选择由一家确定议程、选择方案并解决问题；相反，其应该是一个多方面、多变量互动决定、互相博弈、互相妥协的政策方案选择过程。

(三)对“孙志刚事件”的政策分析

拓展阅读专栏

案例：孙志刚事件

2003年3月17日，就职于广州一服装公司的大学毕业生孙志刚逛街时因“未携带身份证件”，被广州市黄村派出所带回讯问并以“三无人员”身份被转送到市收容遣送中转站，在收容站内被毒打致死。该事件被披露后，引起社会各界的强烈反响。6月20日，国务院公布《城市生活无着的流浪乞讨人员救助管理办法》，其自8月1日起实施，1982年5月国务院发布的《城市流浪乞讨人员收容遣送办法》同时废止。9月26日，国务院总理温家宝主持召开国务院常务会议，研究城市生活无着流浪乞讨人员救助管理等工作，要求各地区、各有关部门认真研究、妥善解决新办法在实施中出现的新问题，切实把城市生活无着的流浪乞讨人员救助管理工作做好。

从“收容遣送”向“救助”的转变，既是中国依法治国进程中的一个重大标志性事件，也是“以人为本”发展观的鲜明体现。如果说这一新一旧两个办法还有相同之处，那么应该认为，两者都是出于对城市流浪乞讨人员的救助，至少初衷是这样。但两者根本不同之处却在于对受助对象权利的态度上。旧办法多为对受助对象权利的限制，而新办法却是以尊重和赋予权利为核心。也正因此差异，才使新办法处处以权利为本位，处处体现出人道主义的关怀。

1. 政策目标

“孙志刚事件”涉及了两种政策：一是1982年的《城市流浪乞讨人员收容遣送办法》；二是2003年8月1日起实施的《城市生活无着的流浪乞讨人员救助管理办法》。前一种政策的功能定位一开始是社会救济，后来发展为治安管理职能。后一种政策则完全定位在社会救助上，且是自愿救助。前一种政策先后具有发展和稳定两种功能。后一种政策则着眼于发展。可见，将政策的基本目标定位于社会稳定的观点是与现实不相符合的。

而且从根本上讲，只有发展才能保持社会的基本稳定。因此，把政策的功能定位在发展上是合理的。这种定位一方面为社会生活的改革提供了政策依据，另一方面又可以解释在“孙志刚事件”中相关政策的修订与更新现象①。

在这样的职能定位中，政策目标就明确为保障人们自由流动。但是由于现有政策(制度)与这种阐释出来的政策目标之间不相容，在媒体推动下社会出现了巨大的变革呼声。这种呼声在孙志刚案中表现在人们对旧政策的控诉上，如提出要开启违宪审查程序。因此我们可以看到，在这一事件中所涉及的各种利益社会阶层从自己的价值判断出发，形成了不同的利益诉求，从而最终汇成合力，推动了政策过程的进一步发展。

2. 问题界定

“孙志刚事件”本质上是一种社会人员流动问题的客观存在，是在新闻报道中为众人所知的现实问题。这种类型的政策问题是某种客观存在中的情况，当人们感到问题的存在时必定有某些具体的事实呈现在眼前。在“孙志刚事件”中的问题界定主要是由孙志刚悲剧与上书共同完成的。孙志刚的非正常死亡是对自由流动问题的客观描述，上书则是对这种问题的主观表达。

学者林永波和张世贤认为：“所谓的政策问题乃是在一个社群中，大多数人觉察到或关心到一种情况，与他们所持有的价值、规范或利益冲突时，便产生一种需要，受剥夺或不满足感的感觉，于是透过团体的活动向权威当局提出，而权威当局认为所提出者属其权限范围内的事务，且有采取行动，加以解决的必要者。”②

该事件很快在媒体、网络上引起巨大反响，首先是三名法学博士向全国人大常委会递交《审查〈城市流浪乞讨人员收容遣送办法〉的建议书》，认为收容遣送办法中限制公民人身自由的规定与中国宪法和有关法律相抵触，应予以改变或撤销；其次是五位著名法学家以中国公民的名义，联合上书全国人大及其常委会，就孙志刚案及收容遣送制度实施状况提请启动特别调查程序。

在这里，政策问题已经涉及价值、利益、要求的团体冲突，而只有通过团体的活动和努力才能进入政府议程，而后才可能有政府的相关政策出台。由此可见，所谓的政策问题不仅是一种客观存在的事实，更是一种集体行动的产物。

3. 政策方案

从前面的理论阐释中我们可以发现，政策方案的比较择优是一种理性的选择，而与之相对应的权衡折中则是一种政治层面上的抉择，它加进了价值利益等因素的政治考量，包括民意参与等因子。

在该事件发生后的方案择优中，政策制定者参考了专家和专业知识，这些科学的建议能够给政策制定者提供科学的知识、专业的分析，它是政策制定科学化、最优化的前提条件。

而中国政法大学法学院的滕彪在《孙志刚事件：知识、媒介与权力》一文中则写到：我看到人们在“一塌糊涂”等论坛上表达了强烈的悲愤，并呼吁严惩凶手。而讨论很快就

① 刘小年：《“孙志刚事件”背后的公共政策过程分析》，《理论探讨》，2004年第3期。
② 林永波、张世贤：《公共政策》，五南图书馆出版公司，1993年，第72页。

深入到了收容遣送制度自身——它的历史、功能和异化的现状。

在该事件中，我们可以看到来自网络的公众言论或者说民意在政策方案抉择中巨大的影响力量。网络提供了一个重要的渠道：在传统的纸质媒介无法让人们畅所欲言的情况下，网络成为人们发泄不满、表达怨恨、交流意见、揭示真相和监督司法的地方。这些网络上的个人意见表达，最终汇聚成舆论，而网络舆论的形成和汇聚，使民意最终在情绪化、口水化、愤青式的言论表达中彰显。"'孙志刚事件'，正是由于网络的传播与网民的参与讨论使舆论迅速扩大，为最终收容遣送制度的改革产生了积极影响。"①从政治分析的层面上说，这就是一种权衡折中的过程。

通过上述三个案例的分析及验证，我们发现，所构建的中国本土化政策分析模型是比较适合分析中国政策的，也能较好地反映出中国公共政策的政策渐进与政策折中特色。当然，最主要的是，这也为我们提供了政策分析的指导性分析框架，有利于从更深层次来把握和理解我国的公共政策。

➢本章小结

政策科学是第二次世界大战后首先在美国兴起的一个跨学科、综合性的新兴研究领域。在本章中，我们首先厘清了政策科学的历史发展，将其分为前政策科学阶段、政策科学形成阶段、后政策科学阶段三个阶段来加以介绍和解读。我们从中了解到政策科学并不是突然出现的，它经历了漫长的历史孕育时期。第二次世界大战后社会政治、经济和科技的发展，最终导致了政策科学的诞生。

拉斯韦尔是现代政策科学的创立者，他对政策的对象、性质和发展方向做出规定，奠定了现代政策科学的基础。德洛尔等直接沿着拉斯韦尔所规定的作为一门全新的、综合的统一社会科学的政策科学方向前进，而另外一些学者则吸收了拉斯韦尔的有关政策科学的思想，致力于作为一门应用社会科学学科的政策分析的研究。这两个方面合流构成当代美国的政策科学运动。在政策科学发展到后政策科学阶段时，其特点是强调价值、伦理和信念，批判传统的政策分析方法。

我们依据实证主义和后实证主义的阶段分法将政策分析的相关理论分为两个阶段加以介绍：第一个阶段是20世纪50年代至60年代末的政策分析。这一阶段的政策分析是以实证主义为认识论基础，以科学合理性为方法论基石，以政策过程阶段论为主流分析方法的政策分析途径；第二个阶段是后实证主义下的政策分析。对实证主义方法论的批判主要集中在对量化分析方法的局限性和价值中立的批判上，主张重新审视事实和价值的关系，在政策分析中重视价值的地位和作用。

在厘清了政策分析相关理论及其发展脉络的基础上，我们对这一领域最前沿的理论也进行了一定的学习和整理。在此基础上，我们从我国的国情出发，结合政策分析理论前沿(尤其是德博拉·斯通的《政策悖论：政治决策中的艺术》)，尝试建构了一个中国本土化政策分析模型。

通过三个案例的分析及验证，我们发现所构建的中国本土化政策分析模型是比较适合分析中国政策的，也能较好地反映出我国公共政策的"政策渐进"与"政策折中"特色。这也为我们提供了政策分析的指导性分析框架，以便从更深层次来把握、理解和分析我国的公共政策实践。

➢思考题

1. 简述政策科学的历史发展。
2. 如何看待政策科学与政策分析的争论？

---

① 张莹：《公共6政策制定的影响因素分析——以"孙志刚事件"为例》，《山东经济学院学报》，2007年第1期。

3. 实证主义政策分析的理论贡献有哪些?
4. 谈谈后实证主义政策分析的特征和内容。
5. 如何评价中国政策科学30年的发展?
6. 如何构建中国本土化政策分析模型?

➤案例材料

厦门PX事件始末①

厦门PX项目(预计每年能为厦门市的GDP贡献800亿元人民币)本来一帆风顺。2004年2月国务院批准立项,2005年7月国家环保总局审查通过了该项目的《环境影响评价报告》(以下简称环评),国家发展和改革委员会(以下简称国家发改委)将其纳入"十一五"PX产业规划7个大型PX项目中,并于2006年7月核准通过项目申请报告。2006年11月,PX项目开始动工。此前,翔鹭集团的PTA/特种树脂等项目已上马。而就在这两年,二十余万名购房者入住海沧区。周边的居民无法忍受工厂夜间偷排的废气,多次向厦门市环保局投诉。在当地知名的厦门小鱼社区网站和厦门房地产联合网上,关于化工厂的污染问题始终是海沧区居民的讨论热点,PX项目很快成为舆论焦点。那么,是什么让这个投资108亿元的化工项目泡汤了呢?

"PX缓建"——"暗战"中的缓兵之计?

厦门人保卫家园的运动因一份政协委员们的提案而点燃。2007年3月的两会期间,以全国政协委员赵玉芬为首的100余位政协委员,联名提交了一份《关于厦门海沧PX项目迁地建议的提案》。提案认为:由于离居民区较近,PX项目存在泄漏或爆炸隐患,厦门百万人口将面临危险,必须紧急叫停项目并迁址。

厦门官方并没有在第一时间给予委员们直接回复,但百名政协委员拦阻PX项目上马的消息经媒体披露后引起了热议。厦门坊间号召抵制PX的街头涂鸦也相继出现。2007年3月~4月,陆续有多家媒体对市民反对PX项目进行报道。

厦门官方保持了沉默,但不动声色地采取了一系列举措——先关闭了集中讨论PX事件的"厦门小鱼论坛",而后收缴了披露PX信息的杂志。

一个叫吴贤的市民深感愤怒,他坚持认为"其中有见不得人的事"。这位5岁便随父母到厦门生活的"新厦门人"穷尽心力了解PX项目后,发誓对其进行坚决抵制——他建立了名为"还我厦门的碧水蓝天"的QQ群,由于加入人数太多,这些群以1、2、3的序号加以区分。

5月中下旬,一条关于PX危害的短信开始迅速流传——短信号召市民在6月1日上街"散步",呼吁PX项目迁址。

5月28日,厦门市环保局局长用"答记者问"的形式在《厦门日报》上解答了关于PX项目的环保问题。次日,负责PX项目的腾龙芳烃(厦门)有限公司总经理林英宗博士同样以"答记者问"的形式在《厦门晚报》发表长文,解释了PX工厂的一些科学问题。文章纠正了赵玉芬教授把PX项目和"吉化双苯厂爆炸案"相联系的说法,指出PX属低毒化合物,"安全系数与汽油同一等级"。但在说到腾龙芳烃(厦门)有限公司将会采取哪些措施提高安全性的时候,林英宗博士列举了一大堆老百姓根本无法看懂的名词,如集散控制系统(distributed control system,DCS)、连锁式安全仪表系统(safety instrumented interlock system,SIS)等。

5月29日中午12时许,吴贤在家通过QQ群向网友们转达了"散步"的信息,下午警察便将他从家中带走,吴贤写下保证书不再议论PX之事后被释放。当日,厦门市政府声称要保证PX项目顺利

① 上官敫铭:《厦门人反PX之战》,《南方都市报》,2007年12月25日,AA04版。

进行。与此同时，号召抵制 PX 项目的手机短信及网络信息在民间呈几何级数传播。

5 月 30 日，厦门市常务副市长丁国炎召开了一个非常简短的新闻发布会，正式宣布缓建 PX 项目。而吴贤并不相信政府的决定，当天晚上 9 时在离家不远的一家网吧，他再次对网友们发出呼吁：在火车站麦当劳门口集合，举行签名活动反对 PX，“我们要的是还厦门一个碧水蓝天的环境”。三个便衣警察在网吧里找到了吴贤……他在梧村派出所的铁凳子上坐了一夜。政府旋即通过各种渠道宣布，公务员、事业单位和国有企业人员严禁请假、上街，学校停止放假。

“市民散步”——他们以“理性、和平”的方式抗议

6 月 1 日，被押送到厦门第一拘留所的吴贤并不知道，厦门市政府办公楼附近的街道上聚集了上万人，要求 PX 迁离。王佳与同事们走在人群当中，除了手中拿的黄丝带和抵制 PX 的标语外，她的背包里还放着一张完税证明，“如果被抓，就给他们看，这是纳税人的权利”，王佳说。次日，向政府陈情的人群流转到了厦门国际会展中心。对此，厦门市有关部门称，海沧区个别房地产商为了自身利益，煽动、组织市民参加游行。厦门市公安局也发布通告，声称对违法行为将依法予以严肃查处。

厦门人的努力惊动了中央。国家环保总局副局长潘岳表态说，总局将组织有关专家推动厦门市全区域的规划环评。当日下午举行的政府新闻发布会上，厦门市政府副秘书长沈灿煌承认说，五六年前在海沧石化产业区内审批的一些房地产项目不够慎重，与原来的规划没有很好衔接起来。

“我们要给时间让环保总局做事，这么大规模的规划环评需要一个过程，在结果还没出来之前，我们除了积极参与、严加监督，指责就显得多余了。”6 月 11 日，连岳在博客上如此说道。从 3 月起，这位居住在厦门的专栏作家持续在博客及报刊专栏上撰写评论，直接参与推动了反 PX 运动。

6 月 14 日，赵玉芬获得国家环保总局的批准，可以查阅 PX 项目的环评报告。此前，厦门大学教授袁东星也分别向厦门市有关部门发函，从专业科学的角度详细阐述 PX 的相关内容。

短信、网络成为厦门人推动反 PX 运动的主要手段。从“散步”事件以后，赵玉芬、袁东星等专家从公众视野消失。连岳还坚持撰写评论，锲而不舍地反对 PX。身为“还我厦门的碧水蓝天”成员的王佳，觉得缓建决定和区域环评可能是政府的缓兵之计，“我们要继续呛声”。6 月 16 日，被拘留了 15 天的吴贤得以释放。临走时，一名陈姓狱警对他说，“历史会给你们见证”。

“政府变向”——政府和市民在互动中成长

所有的人都在等待区域规划环评的结果，在 6 月暴风骤雨般的公众参与之后，反 PX 运动进入了长达半年的基本静默期。12 月，PX 又重回厦门人的视界。

5 日，中国环境科学研究院厦门市城市总体规划环评工作组、厦门市城市总体规划环评工作领导小组举行新闻发布会。中国环境科学研究院环境影响评价中心主任、厦门市城市总体规划环评工作组专家李彦武强调：“我们将客观、公正、全面地反映‘公众参与’过程收集的市民意见和建议，并提出采纳与不采纳的情况说明，相应内容纳入环评报告。”

8 日晚，厦门市政府主办的厦门网开设“倾听民声科学决策——厦门市重点区域(海沧南部地区)环评报告网络公众参与活动”，让网民对“PX 项目建设与否”进行投票。结果，超过九成的投票者反对 PX 项目。10 日，投票网页消失。网站随即声明，此事与官方无关。官方宣传部相关人士解释称，当时网络投票的程序设计不科学。

厦门官方重新设计了公众参与的环节。7 日，厦门市政府向市民公布报名程序。9 日，在厦门市公证处的监督下，最终进入抽号程序的报名者总共是 519 人。11 日晚，座谈会 100 名参会的代表和 100 名候补代表通过公开随机抽号产生。为了避免让市民产生“暗箱操作”的怀疑，官方安排厦门电视台对随机抽号过程进行全程现场直播，厦门市公证处在现场进行公证，公众在现场观看。坚决反对 PX 落户厦门的人士也被邀在场见证。12 日，随机抽取的 100 名参会代表和 99 名候补代表名单在“厦门网”和《厦门日报》上公布。经过厦门市环评办的联系确认，参会的 100 名市民名单最终确定，并在“厦门网”和《厦门晚报》上公布。当晚，没有抽上号的厦门大学袁东星教授接到政府电话通知，特邀其为增选代表。对此，厦门市政府副秘书长朱子鹭称，破格允许是“为了听到更权威的意见”。对于政府的上述举动，朱子鹭解释说“政府和市民在一起成长”。朱还特别提到了中共第十七次全国代表大会对“生态文明”的阐述。

2007年12月13日至14日，公共参与最重要的环节——“市民座谈会”在厦门宾馆进行。在座谈会上，发言代表各抒己见。在106名与会的市民代表中，近九成反对PX项目落户厦门。而在15位发言的人民代表大会代表和政协委员中，14人反对PX项目。会上，曾一度在公众视野消失的袁东星，用详尽的数据和专业论述，坚持了其“不反对PX项目本身，但是反对它建在厦门海沧，建议它迁址”的一贯立场。“我们是大学教授，我们的头顶上是大学教授的头衔，但之下是我们的良心。”袁的发言赢得了一片热烈的掌声。在座谈会上，支持PX项目的发言者属于劣势。正反双方偶有争执，主持人即反复引用“我反对你的观点，但是我誓死捍卫你说话的权利”来缓和气氛。

在座谈会期间，中国环境科学研究院宣布，已收到了来自厦门各界的3 000多封电子邮件、2 000多个电话记录，还有13封信函。他们将整理分析代表意见，对有关问题予以解答，并尽快在其网站公布。

“PX迁建”——市民和政府达成的“多赢”结局

公众座谈会结束后，包括分管PX环评工作的副市长在内的厦门市主要官员赴福州汇报工作。据称，在14日由所有福建省常委参加的专项会议上，省委书记卢展工对厦门PX项目的态度是：虽然这是一个“大项目、好项目”，“但是那么多群众反对，所以我们应该慎重考虑，应该以科学发展观、民主决策和重视民情、民意的视角来看待这件事”。卢展工还表示，迁建为上策，厦门市民反对上这个项目，说明市民的环保意识在增强。他也肯定了厦门市政府缓建和邀请专家重新进行环境评估的决定，“表现出极高负责任的态度”。

这一闭门会议的内容，随即传播到了坊间。与半年多前的情形一样，许多厦门市民的手机也收到了PX项目迁建的消息。

“后PX时代”——民意政治的开端，漳州迎新？

对于PX迁往何处，福建省官方尚未通过正式渠道向公众发布。熟知内情的人士称，海沧南部区域环评仍未走完，不可能发布迁建的消息；而更为重要的是，为了防止类似厦门反PX运动事件的发生，迁建之地在公布前要走完包括区域环评、项目环评在内的一整套程序(厦门对外贸易经济合作局一官员则透露，PX项目的决定权在中央，厦门及福建省政府都只有建议权，在中央未有明确表态的情况下，任何建议都存有变数的可能)。

对于厦门PX项目迁址一事，福建官方不置可否。2007年12月18日下午，福建省政府新闻办主任朱清通过新华社等媒体发布消息称，“个别境外媒体的报道未经采访和核实，其内容不尽客观、全面和准确，甚至断章取义”，“厦门PX项目建设问题仍在进一步论证审议中”。然而，最具解读中央政策风向标意义的《人民日报》19日则载文称，各方专家意见倾向性一致：在海峡西岸地区择地迁建，是一个上上之选。厦门官方多位相关负责人，对此事的态度惊人一致：现在还属环评阶段，一切都得按着程序来。官方人士亦透露，就是否迁建一事，将择日召开新闻发布会正式宣布。

有说法称厦门PX项目将迁往漳州，漳州市委台湾事务办公室经济科副主任韩金信称，最近才得到比较确切的消息。他同时表示，没有文件通知也是正常，“这么大的项目，不会这么快说迁就迁”。从2007年5月下旬开始，一系列关乎漳州古雷半岛的举动也似乎暗合了迁址的传闻。5月23日，翔鹭集团项目考察组一行来到古雷半岛所在的漳州市漳浦县，实地考察古雷港石化、化纤投资项目。当地媒体《闽南日报》报道，漳浦主要领导向考察组详细介绍了古雷港的地理、区位、发展布局和水电资源情况。考察组一行详细了解了古雷港的总体规划和产业布局后，对古雷港的合理规划、区位优势给予充分肯定，表示回去后将认真研究和评估，寻求在化工产业方面的合作意向。

古雷半岛——除了两个月前落成的管委会大楼，整个开发区内难觅完整工业化迹象。在通过古雷港的公路上，弥漫着一股农药的味道，两旁尽是桉树苗。正在建设中的古雷港，尚未显现大港雏形。

距离港口最近的古雷镇下垵村，柏油路还没铺设，对于港口的准确方位，村民常说在路的尽头。对于经济尚不发达的古雷来说，大项目的到来或可改善当地民众的生活，但村民同样对随之而来的环境改变表现出迷茫。当地一位养殖户说：“化工厂来了，鲍鱼就没得养了”，“听说厦门那边怕污染太大，迁到我们这边来，难道我们就不怕么?”

古雷也很美，也像厦门一样干净，鱼的肚子都是白的；但它远远不及厦门发达，那里的人没有厦门人那么强的环保意识，那里没有为自己利益斗争的市民阶层……

拓展阅读资料

1. Daniel Lerner and Harold D. Lasswell. The Policy Sciences: Recent Development in Scope and Method. Standford: Standford University Press, 1951
2. Aaron Wildavsky. Speaking Truth to Power: The Art and Craft of Policy Analysis. Boston: Little, Brown and Company, 1979
3. Giandomenico Majone. Policy analysis and public deliberation. *In*: Robert B. Rech. The Power of Public Idea. Cambridge: Ballinger, 1988
4. Robert Formaini. The Myth of Scientific Public Policy. Bowling Green: Social philosophy and Policy Center, New Brunswick: Transaction Books, 1990
5. 〔韩〕吴锡泓，金荣枰．政策学的主要理论．金东日译．上海：复旦大学出版社，2005
6. 〔美〕约翰·克莱顿·托马斯．公共决策中的公民参与：公共管理者的新技能与新策略．孙柏瑛，等译．北京：中国人民大学出版社，2010
7. 〔美〕德博拉·斯通．政策悖论：政治决策中的艺术．顾建光译．北京：中国人民大学出版社，2006

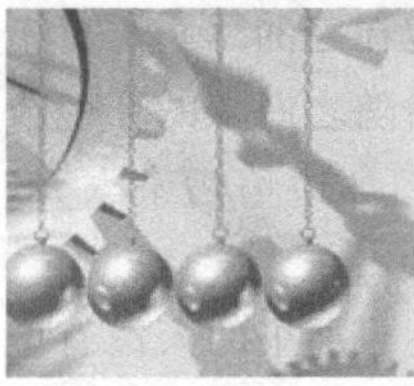

第二章

政策活动者

【本章重点】

1. 政策活动者的分类
2. 官方的政策活动者
3. 非官方的政策活动者
4. 政策网络的理论框架

政策活动者或政策主体可以一般地界定为直接或间接地参与政策制定、执行、评估和监控的个人、团体或组织。由于各国社会政治制度、经济发展状况、历史文化传统等各个方面的不同，各国的政策过程存在着差别，因此，政策活动者或政策主体的构成因素及其作用方式也有所不同。本章介绍政策活动者或政策主体的主要构成要素及其相互作用。

第一节　政策活动者的构成

一、政策活动者的分类

西方学者对政策活动者的研究以西方社会尤其是美国社会为背景，他们一般将政策活动者看做政策过程的参与者，即参与政策过程活动的组织和成员，包括政策制定主体、政策执行主体、政策评估主体和政策监督主体等。国内学者一般认为政策活动者是政策系统的构成要素之一，是相对于政策客体的政策主体。政策活动者的界定涉及两个主要因素，即是否是政策利益的相关者和是否参与政策过程。因此，政策活动者或政策主体是指影响或参与政策的人、团体或组织，它们直接或间接地参与政策的制定、执行、评估、监控的活动过程。

关于政策活动者的构成，学者们有不同的分类。安德森将政策制定者分为官方和非官方两大类：官方包括立法者、行政人员、行政管理人员和司法人员；非官方包括利益集团、政党和作为个人的公民。琼斯和马瑟斯根据政策提案的来源将政策提案者(即政策制定者)分为政府内部和政府外部两大类。政府内部提案者包括行政长官(总统、州长、市长)、官僚、咨询者、研究机构、议员及助手；政府外部的提案者包括利益团体和协会、委托人团体、公民团体、政治党派和传播媒介；罗杰·希尔斯曼将美国的政策制定者分为直接的政策制定者和社会力量两种，前者包括总统和行政系统中同国家安全有关的机构，如国务院、国防部、中央情报局的首脑、国会议员和司法部门等，后者主要包括政党和利益集团等①。国内学者陈庆云将政策活动者分为体制内政策主体和体制外政策主体；钱再见将其分为公共政策直接主体和公共政策间接主体。还有些学者根据主体成员的组织属性、成员的职业特点、在政策过程中发挥的作用、主体成员的法律地位对政策活动者进行分类。

一般地将政策活动者分为官方的政策活动者和非官方的政策活动者两大类。官方的政策活动者包括立法机关、司法机关、行政机关和执政党，非官方的政策活动者包括利益集团、公民、大众传媒和思想库。

二、官方的政策活动者

(一)立法机关

立法机关在西方是指国会、议会、代表会议一类的国家权力机构；在我国则是指全国及地方各级的人民代表大会及其常务委员会。立法机关是政策主体的一个最重要的构成因素，它的主要任务是立法，即履行制定法律和政策这一政治系统中的主要职责。

在西方尤其是美国，立法机关通常能够在独立决策的意义上行使立法权。但是在国防和外交领域，总统拥有比议会更大的权力。美国公民对国会和国会议员存在两种截然不同的态度：可爱的议员与讨厌的国会②。这是由于公众对国会和议员判断的基础是不同的，公众对国会的评价，在很大程度上是基于公共政策的，而这些政策往往是难以处理且容易引起分裂的；而对国会议员的评价则是基于他们的个人风格和选区服务。美国国会议员关注选民服务，这样做可以给选民带来好的印象，从而获得选民的慷慨回报。美国国会中公共政策的出台是个怎样的复杂的过程？在其中哪些政策活动者起着比较重要的作用？在这里，我们着重论述美国国会中常设委员会的作用。

美国国会中的委员会是“国会权力的重镇，它们不仅和总统竞争，和另一院的相似委员会竞争，它们甚至还和本身所属的全院大会竞争”③。众议院实际上分成一些很小的单位进行审议和立法，没有时间讨论收到的全部议案，此项工作被分配处理，大部分交给构成众议院正规组织的 47 个常设委员会，还有一些交给为特殊的临时目的而任命

① 陈振明：《政策科学——公共政策分析导论(第二版)》，中国人民大学出版社，2003 年，第 57 页。
② 沙弗里茨 J、莱恩 K、博里克 C：《公共政策经典》，彭云望译，北京大学出版社，2008 年，第 204 页。
③ Bailey S K. The New Congress. New York：St. Martin’s Press，1966：55.

的小型特别委员会。议案提交后，其命运就算定了，成千上万份议案随着每届国会的期满而无效，虽然没有遭到否决，但是被忽略了。因此，众议院各种委员会的实际作用是，根据适于由各常设委员会考虑的问题，将立法的全部指挥权交给了它们。对于这些问题，一个委员会有动议权，并且所有与这些问题有关的立法活动，都在它的绝对领导之下，它为众议院的决议提供雏形和程序。这一“迷你议会”的形态，出现威尔逊所说的：“国会开会不过是装装门面，而国会在委员会的房间里才正式工作。”①

例如，美国的对外政策主要由参议院对外关系委员会、众议院国际关系委员会以及两院的军事委员会、拨款委员会和情报特设委员会等委员会决定②。有学者归纳出美国的委员会的四项权力：①委员会在日常运作中体现出来的国会“看门人”(gatekeeping)的权力。国会立法和监督的主要工作基本上是在委员会的办公室里产生的，对议案形成起关键作用的就是各个委员会。②协助立法权。常设委员会实际上对立法具有举足轻重的影响力，其真正享有的权力远远大于形式上所赋予的权力。③监督政府权和人事任命建议权，而对政府的监督和对监督的执行都是由专门的委员会来操作。④实际拨款权。现实中，各个常设委员会分享到了拨款的权力，保持了委员会在两院议事程序中的实权②。因此，常设委员会在美国国会中起着举足轻重的作用，这为我们观察政策活动者对政策的影响提供了一个观察的视角。

在我国，人民代表大会是权力机关和立法机关，它是我国的政策制定及立法的主要机关，也是政策执行和监控的制约机构。就其法律地位来说，人民代表大会的地位是至高无上的，它决定着我国社会发展的方向。它有两个重要的职能：一是把执政党即中国共产党对国家和社会的政治领导及其政治路线、政治纲领、政治意志以国家法律的形式体现出来，使其成为国家的意志——国家权力的灵魂；二是建立政府权力体系——国家行政机关、司法机关等。就全国人民代表大会来说，它享有最高的立法权、最高任免权、最高决策权、最高监督权，同时它有两个基本特征，即权威性和强制性。党的第十七次全国代表大会报告指出：“建立健全决策权、执行权、监督权既相互制约又相互协调的权力结构和运行机制。”③

我国存在党、人民代表大会、政府三个主体，人民代表大会曾被批评为“橡皮图章”。针对这一现实，有学者提出了完善人民代表大会作用的途径：第一，进一步完善人民代表大会代表的选举制度，保障人民代表大会代表依法行使职权。第二，加强人民代表大会常务委员会制度建设。各级完善人民代表大会常务委员会现在的人员组成、机构编制、资源配置，以承担决策和监督功能：其一，进一步完善专门委员会制度，建立健全行使监督权力的专门委员会，为加强人民代表大会常务委员会的决策和监督功能提供有力的支撑；其二，积极推进人民代表大会常务委员会专职化的进程，现在的不少常务委员还不是专职的，难以全力以赴履职；其三，进一步优化人民代表大会常务委员会组成人员的知识结构和年龄结构，改变现有人民代表大会常务委员会中年龄偏大、专业

① 沙弗里茨 J、莱恩 K、博里克 C：《公共政策经典》，彭云望译，北京大学出版社，2008 年，第 197 页。

② 赵可金：《美国国会委员会和美国对外政策的制定》，《国际观察》，2003 年第 5 期。

③ 胡锦涛：《高举中国特色社会主义伟大旗帜，为夺取全面建设小康社会新胜利而奋斗——在中国共产党第十七次全国代表大会上的报告》，人民出版社，2007 年，第 32 页。

人员比例少的状况，吸收具有旺盛的精力、必要的知识储备的专业化人才。我们要处理好党和人民代表大会的关系，必须坚持党的领导，坚定不移地发展社会主义民主政治；坚持和完善人民代表大会制度，提高人民代表大会在我国权力结构和运行机制中的地位，加强人民代表大会的决策和监督功能①。

西方公共选择理论分析了西方代议民主制条件下立法或政治家的行为特征及模式。他们指出，政治家或立法者在政策过程中是以“经济人”的面目出现的，即追求自身利益的最大化，这种最大化的利益表现为在选举中当选或再次当选。所以政治家的行为是为了在选举中获得更多的选票或支持率。而为了获得选民的支持就必须许诺制定并执行某些能够给选民带来利益的政策或提供更多的公共服务②。由于国情不同、政府性质各异，中国政府改革不能照搬公共选择学派的制度理念。但是，这不排除可以吸收它的一些有益经验，特别是一些成熟的、经实践检验了的制度安排，在我国社会主义民主建设以及加强人民代表大会作用的过程中，政府必须有能力减少和规避西方代议民主制下必然产生的利益集团分利行为，限制民主制度下官员的短视行为，要避免利益集团、行政官员与民意代表结成利益联盟，形成“铁三角”③。

（二）行政机关

在西方，行政机关包括总统及各级行政系统，即狭义的政府；在中国是指中央人民政府（国务院）和地方各级人民政府。行政机关及其官员是政策主体的一个重要组成部分，尤其是在当代，行政权力扩张，出现了“行政国家”④或“以行政为中心”的时代，行政机关在政策过程中的地位和作用显得更加突出⑤。

在当代，行政机关不仅是政策的执行机关，还日益参与到政策制定的事务中来。它自己可以制定某些法规或政策（尤其是行政法规），而且可以使别的国家机关制定的法律或政策不起作用。在我国，政府部门制定出的政策具有如下两个特征：①具体性——行政机关制定的政策绝大部分是党和国家权力机关政策的具体化，它们要体现党和国家权力机关所制定出的政策的基本精神；②补充性——对党和国家权力机关政策所没有涉及的领域，行政机关有权制定出一些补充性的政策规定，以防止出现政策空白⑥。在英国、美国等西方国家，行政部门还是立法或政策建议的重要来源，它们不仅积极提交法案，而且主动进行游说，向立法机关施加压力，以让它们采纳有关的建议。

美国总统在立法和政策领导方面扮演着权威的角色。国会的立法往往将重大的决策权授予总统。总统最重要的能力实际上是他的说服力。总统的说服力在很大程度上取决

---

① 李景治：《中国权力结构和运行机制中的人民代表大会》，《政治学研究》，2009 年第 1 期。

② 陈振明：《政策科学——公共政策分析导论（第二版）》，中国人民大学出版社，2003 年，第 85 页。

③ 孙发峰：《公共选择学派的制度理论及其对中国政府改革的启示》，《重庆工学院学报（社会科学版）》，2009 年第 10 期。

④ 行政国家是指 19 世纪末 20 世纪初，与垄断的进程相一致，尤其是第二次世界大战以后，在资本主义国家立法、司法、行政三权分立的国家权力体系的关系中，行政权力和活动扩展，具有制定同议会立法效令相当的行政命令权和制定同法院判决效力相近的行政裁决权，大量直接管理和介入国家事务和社会事务，从而起着最活跃、最强有力国家作用的一种国家现象。

⑤ 陈振明：《政策科学——公共政策分析导论（第二版）》，中国人民大学出版社，2003 年，第 86 页。

⑥ 陈振明：《政策科学——公共政策分析导论（第二版）》，中国人民大学出版社，2003 年，第 88 页。

于他的谈判技巧、职业声望和社会威望[①]。他一般扮演两种角色，即处理国内事务的总统角色和处理外交事务的总统角色。一般说来，在决策权难以分散的国防和外交领域，总统拥有的合法权力和行动自由比在内政方面所拥有的权力和自由要大得多。当然，国会并非一定要采取总统提出的任何政策建议，这些建议可能被拒绝，也可能被修改[②]。在分析总统对政策的影响时，要注意以下三点：第一，总统是一个机构，总统在做出某种决策时肯定有制度机制和参谋集团的支持，而且在遵守规定和程序的前提下要履行其职责。在这种意义上，总统具有机构的性质。第二，自然人的一面，即使对决策具有最终责任的总统，也是具有品质、取向及力量的一个自然人，并根据个人偏好对有关政策做出选择，同时与其他机构的关系中会有行为方式上的差距。第三，总统的软弱性，即具有强有力正式权限的总统个人，在不能充分利用其可动员的资源时产生的权限局限性[③]。不只是当政的政府可以影响公共政策，所谓的"影子政府"[④]和"次级政府"[⑤]也竭力想要参与到政策中来。

除了影响政策制定以外，行政机关最重要的作用还是政策执行。没有有效地执行再好的政策也无法得到落实。20世纪70年代兴起的执行运动，以普雷斯曼和韦达夫斯基的《执行：华盛顿的宏愿是如何在奥克兰落空的》一书为标志，使政策执行这一被遗忘的领域得到了人们的关注。但有如葛根所言："学者们经常把关注的重点放在政策形成方面，而将政策执行的实际细节交给行政官员。"[⑥]真正的政策执行者没有得到相关的重视，实际上，真正对政策执行起作用的不是上层的政治领导人，而是那些"位卑权重"的基层官僚。行政机关是公共政策的执行机关，大量的执行工作实际上是由基层官僚来完成的。行政执行部门不仅能够参与一些法律法规和方面性政策的制定，而且能够使其他机构所制定的法律或政策"无的放矢"，其最拿手的办法就是行动拖拉和不作为。政策制定者被淹没在事件和信息之中，大量的决策由官僚机构在政策执行阶段做出，且常常受到官僚机构的扭曲[⑦]。下面，我们着重谈谈基层官僚对政策执行的影响。

街头官僚理论是西方公共行政学的一个前沿研究领域，关注的焦点是街头官僚的自由裁量权及其政策制定能力。1977年，李普斯基在其《街头官僚理论的构建》一文中首次提出"街头官僚"这一概念。街头官僚是指处于基层同时也是最前线的政府工作人员，他们是政府雇员中直接和公民打交道的公务员。典型的街头官僚包括警察、公立学校的教师、社会工作者、公共福利机构的工作人员、收税员等。街头官僚直接决定着对公民的惩罚(如警察的决定)和奖励(如福利机构接受福利申请的决策)，他们在现代社会中占

① 沙夫里茨 J、莱恩 K、博里克 C:《公共政策经典》，彭云望译，北京大学出版社，2008年，第215页。

② 韦斯特 W F:《控制官僚》，张定淮、白锐译，重庆出版社，2001年，第85～93页。

③ 参见沙夫里茨 J、莱恩 K、博里克 C:《公共政策经典》第七章。

④ 影子政府一般由议会中最大的反对党组成，如果该反对党的实力足够的话甚至会有一个影子内阁，反对党的众领袖与政府内阁的部长逐一对应。

⑤ 次级政府是由上下两院议员、议会中的专门委员会、官僚、私人组织和利益集团的代理人等组成的，是政府之外的参与者在决定政策及其具体内容方面发挥影响的重要渠道。

⑥ 黑尧 M:《现代国家的政策过程》，赵成根译，中国青年出版社，2004年，第110页。

⑦ 沙夫里茨 J、莱恩 K、博里克 C:《公共政策经典》，彭云望译，北京大学出版社，2008年，第212页。

有非常重要的地位①。

街头官僚在政策执行中占有举足轻重的地位，政治家和高级管理者制定的政策能否最终实现取决于街头官僚是如何去实施的。街头官僚在实施政策过程中具有如此大的影响，是因为他们拥有相当大的行政自由裁量权以及具有相对于组织权力的某种自主性②。这种自主性意味着他们与政府组织的目标和利益存在差异的时候，可能会通过所掌握的自由裁量权来采取某种不合作的策略抵制组织的命令，所谓“上有政策，下有对策”，从而使政府组织目标在实现过程中出现异化或最终无法实现。如果局限于议会及高级政府官员，是不能够真正理解公共政策的，因为公共政策在很大程度上是由街头官僚控制的。此外，街头官僚机构的顾客不是自愿的，而是被执行公共权力的街头官僚强迫成为他们的顾客的，原因是政府的街头官僚机构垄断了该种服务或利益的供给。由于资源的紧缺与需求的弹性结合在一起，加上街头官僚机构顾客的非自愿性所导致的监督与约束的冷漠，街头官僚可以比较随意地对待他们的顾客，包括忽略他们的需要、滥用职权、不尊重下层民众等。公民则几乎拿街头官僚没有办法，大多只能是毕恭毕敬地接受街头官僚的处置。因此，如果缺乏有效的约束手段，街头官僚就有可能专横、粗暴、随意地对待公民，具体表现如缺乏回应性、漠视公民诉求、侵害公民权益、徇私枉法、滥用职权以及权力寻租等。这不仅损害了政府形象，还制约着政府政策的贯彻与实施。

对于如何控制街头官僚，李普斯基和波文斯等指出了两条途径：一是从管理者的角度进行控制，主要是减少街头官僚的自由裁量权和约束他们可以运用的各种手段，如制定各种各样的工作手册，并希望通过对街头官僚机构及其工作人员的工作进行审计来实施某种严惩。二是从立法的角度进行控制，主要是借助法律手段，强调官僚机构的行政行为必须具有合法性，必须满足认真准备、公平参与等原则。

既然街头官僚处在一个特殊的位置做出影响公众和社会福利的判断和行动，那么他们必须承担起其作为“特殊公民”的道义责任。街头官僚的个体责任，有赖于一种不管在什么情况下都坚守和服务于公共利益的伦理规范和公共精神。特别是随着公共服务理念的兴起，街头官僚越来越在与公民面对面的场景中提供具体而细微的公共服务。公共行政更多的不是一种单方面的权力运用的过程，而是一种交互性的社会建构。在面对面的遭遇中，交往双方应当相互理解、彼此关怀并善待对方。因此，街头官僚不仅要履行政治的、法律的责任，更必须对社会道德有所承担，运用道德的力量去影响甚至是教化公民和社会。

在我国，与所谓“街头官僚”对应的是基层公务员或一线公务员，典型的“街头官僚”是基层的行政执法类公务员(如“城管”)。我国当前理论界对街头官僚理论的注意来得比较晚，对街头官僚的研究还比较薄弱，目前还没有对街头官僚的系统研究。笔者曾在“中国期刊全文数据库”中检索“街头官僚”一词，仅得到 7 条记录，其中 6 篇是研究论文，最早记录的文献是 2003 年的；再检索“基层＋公务员”，“中国期刊全文数据库”和“中国优秀硕士学位论文全文数据库”分别有 33 条记录和 10 条记录，且主要都是近几年

---

① 黑尧 M：《现代国家的政策过程》，赵成根译，中国青年出版社，2004 年，第 177～182 页。
② 唐斯 A：《官僚制内幕》，郭小聪译，中国人民大学出版社，2001 年，第 141～144 页。

来的成果，其中的研究论文主要涉及基层政府公务员的自由裁量权、激励问题、绩效评估、能力建设等方面的议题。总的来说，有关基层政府公务员的研究与街头官僚理论关联度不够，研究对象还不够明晰，研究主题还比较泛化，缺乏系统性和连贯性。显然这与街头官僚的庞大数量和巨大影响力是很不相称的[①]。

在我国地方政府推行服务型政府建设的过程中出现的“政府热，公民冷”现象，主要是因为虽然执行政策的一些基层行政执法人员的服务意识和服务能力不足，却拥有很大的行政自由裁量权，这就制约了服务型政府的建设。提高这些基层行政人员的工作绩效，是创建服务型政府的必经之路，也是政策得以落实的重要前提。

(三)司法机关

作为国家或政府组成部分的司法机关，在公共决策过程中也占有重要的一席之地，它也是政策主体的构成因素之一[②]。下面我们着重从司法能动主义的角度探讨司法机关作为政策活动者的角色。司法能动主义是指法院透过司法判决来制定新的公共政策。其主要表现形式有：推翻或者修改此前的法院判例；宣布立法机构通过的法律无效；或者否决行政部门的某些行为。这一特征在美国表现得尤为明显。司法能动主义者认同广义的宪法解释：“只要目的合法，只要在宪法范围之内，则所有适用的、显然合乎该目的且未被禁止的、与宪法条文和精神相一致的一切手段，都是合乎宪法的。”(由首席大法官约翰·马歇尔在1819年的“麦卡洛克诉马里兰州案”首次提出)[③]正是由于这一解释，司法机关拥有了司法审查权，特别是自20世纪30年代的新政以来，已经出现了一种冲突立法的模式，使司法部门对新法律合宪性的审查，事实上构成了立法机构政策制定过程的一个新的最后阶段。1960年美国联邦最高法院转向司法能动主义，通过司法判例，在选举人的资格规定、堕胎、社会福利、公共任用、土地租赁等许多问题上改变了相应的法律，使政治关系和社会关系日益司法化，司法机关通过判例对经济政策和社会政策产生了重大影响。

新中国成立后，我国的司法机关在经历前30年的“司法谦抑主义”——我国的司法机关通过刑事打击手段(指示、会议与检查)协助党以政治力量来推动经济体制的变革，贯彻执行中共中央的政策；在后30年出现了有限的“司法能动主义”，这种现象的出现有着深刻的社会经济原因，有学者归纳为四点：第一，经济社会发展的需要，即中国经济发展的市场化进程在催生关系多元化和利益纷争诉求激增的同时，也对司法在以社会资源配置为主要内涵的公共政策形成方面提出了权能要求，而司法机关能够比立法机关反应更快，判断更为准确；第二，成文法的局限性，语言上的歧义性、法律漏洞、立法的滞后性、立法周期长，以及我国法律成文化程度较低的需要；第三，立法的“宜粗不宜细”、“成熟一条制定一条”，这使我国司法机关只有发挥一定的司法能动性才能完成裁判的职能；第四，全国人民代表大会常务委员会及其立法机构面临繁重的立法任务(全国人民代表大会每年才开一次会议，一次才15天，全国人民代表大会常务委员会两

① 韩志明：《街头官僚的行动逻辑与责任控制》，《公共管理学报》，2008年第1期。
② 陈振明：《政策科学——公共政策分析导论(第二版)》，中国人民大学出版社，2003年，第90页。
③ 沙弗里茨J、莱恩K、博里克C：《公共政策经典》，彭云望译，北京大学出版社，2008年，第274页。

个月一次会议)，把有限的精力放在完善中国特色社会主义法律体系形成上①，往往形成全国人民代表大会通过一部法律，最高人民法院很快发布与整部法律相适应的司法解释②，这一特征在被称为"宪法司法化第一案"的"齐玉苓批复"中体现得相当明显，司法机关成功地运用宪法来解释保障公民的权利。2001年最高人民法院公布相关司法解释，司法认定成为工商局行政认定我国"驰名商标"的第二条合法途径，直接影响公共政策③。

然而，我国的"司法能动主义"改革毕竟是脆弱的，政治体制结构决定了我国司法机关不可能真正的"独立"，"司法能动"转向"司法克制"。有学者对这一现实做了如下分析：第一，政治体制结构决定了"司法能动"改革的有限性。我国的司法机关是在党的领导之下，并且"法院只是独立行使审判权"④。第二，立法的日趋完备使"司法能动"动力不足。特别是2000年以后随着"社会主义法律体系"的完善，以及"社会主义市场经济体系"的初步建立，我国的司法改革必然要向强调立法权威的大陆法系的法律传统回归。第三，司法腐败没有得到很好的控制，使人们对"司法"及"司法能动"信心不足。第四，金融危机与"司法能动"改革的转向⑤。2008年金融危机爆发，政府出于经济发展的需要，要求我国的司法机关不能单纯追求简单公正，而必须为经济平稳发展提供有力的司法保证。在这一背景下，2008年12月18日公布的《最高人民法院关于废止2007年底以前发布的有关司法解释(第七批)的决定》中，曾经引起中国学者热议的齐玉苓案"批复"被废止了。这一趋势使我国的司法机关对公共政策的影响力又趋于一种保守，不能积极地干预公共政策。

(四)执政党

现代国家的政治统治大都通过政党政治的途径来实现，政党尤其是执政党是政策活动者中的一种核心力量，公共政策在很大程度上可以视为执政党的政策。从世界范围看，各国政党政治发展的趋势是由权力政治转向为公益政治，重点由统治(government)转向治理(governance)。执政党对社会发展方向的把握是责无旁贷的，关键在于争取社会的认同。执政党还必须积极拓宽政策层与民众间联系的渠道，在决策过程中改变以往信息不对称的状况，使民众在政治参与和政策活动中更深刻地理解执政党。执政党还要彻底改进自己的宣传，充分体现对公民、对社会利益关注与预期的尊重和重视，使公民对执政党政策的合法性有充分的认同⑥。在现代社会中，政党常常履行着某种"利益聚合"的功能，即政党努力将利益集团特定的要求转变为一般的可供选择的政策方案。

现代国家的政治统治大都通过政党政治的途径来实现。西方国家一般都采用两党制或多党制，而在我国则采用中国共产党领导下的多党合作制，因而中西方的政党在政策制定过程中的地位和作用是相当不同的。在西方两党制或多党制条件下，政党首先与权

---

① 李仕春：《案例指导制度的另一种思路——司法能动主义在中国的有限适用》，《法学》，2009年第6期。
② 曹士兵：《最高人民法院裁判、司法解释的法律地位》，《中国法学》，2006年第3期。
③ 鞠靖：《"驰名商标"牵出贪案律师、法官联手造假》，《南方周末》，2009年12月17日。
④ 蔡定剑：《宪法精解》，法律出版社，2006年，第436页。
⑤ 张志铭：《中国司法的能动形态：能动司法还是积极司法?》，《中国人民大学学报》，2009年第6期。
⑥ 袁素平：《执政党在公共政策中的主体地位》，《濮阳职业技术学院学报》，2008年第2期。

力而不是与政策相联系。也就是说，政党的主张转变为国家或政府的公共政策是靠选举来实现的，只有在大选中获胜、取得政权的政党才能成为直接的政策制定者，它的纲领、主张才能转变为公共政策。

在我国，中国共产党是全国人民的领导核心，它在政策的制定、执行、评估和监控中起着主导作用。作为执政党，它代表着广大人民群众的根本利益和普遍意志。虽然党和政府在政策制定过程中指导思想和工作相一致，但是，它们的职能和起作用的方式是不同的。中国共产党在政策制定过程中的主要作用是政治领导及向国家机关尤其是政府部门推荐重要干部，政策方面的领导是党的政治领导下的主要内容。中国共产党负责制定具有综合指导性和根本性的总政策。郝首栋在《中国共产党执政基础研究》一书中认为，新时期，随着我国经济的快速发展和国际地位的不断提高，中国共产党的政策活动发生了明显的变化，可以体现为以下几个方面：第一，在价值取向上党的政策逐渐由服务于阶级权力转向服务于社会公益；第二，党对政策领域的控制由高度集中转变为适度放开；第三，从决策的主体构成来看，基本实现了由封闭性决策向开放性决策的转变；第四，党政策活动的关注点实现了从重视有效性到合法性、有效性并重的转变。

在我国实行的共产党领导的多党合作制度下，各民主党派是参政党，而不是在野党。我国的政协是统一的战线组织，主要职能是政治协商、民主监督和参政议政。在我国多党合作体制下，共产党的官方主导地位毋庸置疑。但是各民主党派并不拥有政策决定的强制力，按照张国庆在《现代公共决策导论》中对政策主体的分类，民主党派作为参政党属于社会政治法权主体而并非国家公共法权主体。因而在政策制定中，如何对民主党派进行定位有赖于我们的进一步探讨。

三、非官方的政策活动者

(一)利益集团

在西方政治学中，“利益集团”(interest group)或“压力集团”(pressure group)被定义为“那些具有某种共同的目标并试图对公共政策施加影响的个人的有组织的实体”①。戴维·杜鲁门在他的代表作《政府过程》中，把利益集团界定为一个具有共同态度的群体，通过影响政府而向社会中的其他群体提出一定的利益要求或某种声明②。可以说，利益集团是指在利益多元化的社会中，具有相似观点或利益要求的人们组成的，并企图通过参与政治过程影响公共政策实现或维护其利益的社会团体③。利益集团的存在有着普遍的积极作用，如澄清和明确表达了部分公民的需求，发挥相互制衡的作用；但是也有着一些消极作用，如使用不正当甚至非法的手段获取局部的、特殊团体的利益。

在西方，利益集团影响政策的策略有接近立法者、接近政府、接近司法机关、诉诸公众、示威、暴力抗议等。利益集团对公共决策有着积极的作用，但其消极作用也不容低估：一是由于金钱的作用，利益集团之间存在不平等；二是造成政府工作效率低下；

① Berry J M. The Interest Group Society. Glenview：Scott，Foresman，1989：4.
② Truman D B. The Governmental Process. New York：Knopf，1951：37.
③ 陈振明：《政治学——概念、理论和方法》，中国社会科学出版社，2007年，第234页。

三是集团利益的狭隘性使公共利益遭受损失。

在我国，改革开放之后，利益集团开始出现，并逐渐成为一种重要的力量，影响公共决策的制定。我国利益集团的发展表现出明显的非均衡的特点，各利益集团在相互博弈中分化出较明显的强势利益集团和弱势利益集团。

(1)特权集团。特权集团包括地方政府、掌握一定权力的政府部门、国家与社会管理者等。由于社会政治制度在决定党和国家资源配置中占据着至关重要的位置，占据重要的政治地位则意味着更加接近权力的核心，所以特权集团是当前社会经济发展及市场化改革的主要推动者和组织者，也是主要的受益者①。这一阶层的社会态度、利益及行动取向和品质特性，对于正在发生的经济社会结构的变迁和将要形成的社会阶层结构的主要特征具有决定性影响。

(2)资本集团。资本集团包括垄断利益集团和新兴资本集团，如房地产行业作为新崛起的新兴资本集团主宰着新一轮激烈的财富分配。我国正处于利益分配最激烈的时期：一方面，资本集团会继续为争取更多对其积极有利的政策而努力；但另一方面，改革已进入攻坚阶段，在社会成员收入水平与财产状况有较大差距的情况下，部分已经占据利益制高点的人群不愿在深化改革中失去利益。所以，他们对于深化改革的态度无疑会变得相对保守起来。

(3)知识集团。在经历了改革初期的"脑体倒挂"后，伴随着知识资本和智能资本在改革中发挥的作用越来越大，知识分子的地位正在不断提升，并开始扮演改革"智囊团"的重要角色，其对政策的制定和执行以及实现权力和知识的互补无疑在发挥着重要的作用。尤其值得关注的是越来越多的"海归派"开始出任政府要职和国有企业高职。高端海归人才参与政府决策和经济建设，不仅能够推动社会主义市场经济体制改革不断迈向深入，而且能够从价值层面上影响政府职能转变甚至政治体制改革。

由于特权、资本和知识集团三者之间可通过一定的"途径"实现相互之间的流动甚至转化，这些强势的利益集团正逐渐地"抱成一团"(也有学者将这一过程称为"官商学一体化")，形成更为强大的"压力集团"，使原本已经分化的社会结构定型化或固化，试图影响甚至左右中国改革的进程②。另外，我国的弱势利益集团还没有形成完备的组织形态和固定的组织体系。在与强势利益集团的博弈中，这些弱势利益集团通常被称为"弱势群体"，主要包括贫困的农民、进入城市的农民工以及城市中以下岗失业人员为主体的贫困阶层。

(二)公民

公民作为公共政策主体的一个重要的组成部分，虽没有明确的组织，力量也比较分散，但却是一种最广泛的非官方政策主体。公民不仅通过各种政治参与途径影响或制约政府的公共政策的制定；同时，公民也是政策发生作用的对象，直接影响着政策的执行效果，即公民在政策过程中具有身份的二重性。正是分布的广泛性及身份的二重性等特点，决定了公民在整个政策过程中发挥着举足轻重的作用。

---

① 吕建兵：《中国社会的利益集团及政府政策探析》，《湖北工业大学学报》，2009 年第 3 期。

② 夏永祥：《利益集团博弈与决策均衡点的形成》，《江南大学学报(人文社会科学版)》，2009 年第 3 期。

关于什么是公民，不同的学科的学者给出了不同的定义。例如，法学家认为公民依法享有参与国家政治生活、管理国家以及在政治上表达个人见解和意见的权利；政治学家将公民定义为拥有参与政府管理与影响公共政策之权利或社会成员实现利益分配的资格的人。“参与和影响”反映了公民与公共政策的关系，表明公民参与政策制定并形成了对政策生活的影响。从政策科学的角度来看，公民的主体地位应该体现在政策过程的全过程①。

在现代民主社会中，公民参与政策过程的主要途径包括：①以主权者身份，通过直接投票的方式决定某些重大的政策问题，直接行使个人的权利；②通过代议形式，推选代表参与政策制定，间接行使个人的权利；③使用威胁手段，如参加请愿、示威、罢工、罢课等活动，反对某项政策的出台，迫使政府修改或废止这一政策；④通过参加政治党派和利益集团，借助团体的力量影响公共政策的制定；⑤通过制造社会舆论或进行多方游说等手段，提出政策诉求，影响政策导向；⑥以个人的知识活动为政策制定提供实证依据或理论指导，如各种机构中的政策分析家等。

公民参与政策过程有利于决策的科学化、民主化和合法化。首先，公民参与为公共政策制定提供了多方面的信息来源和智力支持，有利于决策的科学化。政策制定过程就是将各种社会利益需求和社会问题变为“政策议程”进入公共决策者的视野，再通过政策制定系统将其转化为政策输入②。由于精力、时间、技术等各方面的原因，决策者无法掌握所有真实的决策信息，造成信息的片面性，影响政策制定的科学性。而公民则直接面对各种社会问题，可以为决策者提供最真实、最基层的社会信息。同时，广大公民还可以为决策制定建言献策，提供意见或方案。其次，公民参与为公共政策制定提供合理的监督。公民参与到政策的制定中，就需要制定过程的公开化和透明化，从而有利于避免少数决策者追求自身利益或按照自身的主观愿望和价值偏好制定不符合大众利益的政策。最后，公民参与政策制定有利于政策的合法化。政策能否产生好的效果，不仅取决于政策质量和政策执行的力度，还取决于作为政策客体的公民对政策的支持和配合程度③。若公民参与到政策的制定中，使公民利益需求得到合理的表达和事前解释，则会大大提高公民对政府的信任程度和对政策的理解程度，从而以积极的态度推动政策的执行，减少政府执行成本，增加政策的合法性。

当然，公民参与也会为政策制定带来一些消极影响。例如，公民在一些领域自身知识或代表利益的有限性，导致其政策观点短视性、缺乏科学性或代表性等；又如，吸纳公民参与、扩大决策主体范围，也会相应地增加决策成本，影响公共管理绩效。

因为公民参与的重要性和可能产生的消极作用，一个理性的政府为了其自身的权威地位能得到保持或巩固，就必须合理地利用和管理公民参与。学者约翰·克莱顿·托马斯在他的《公共决策中的公民参与——公共管理者的新技能与新策略》一书中构建了一个公民参与的有效决策模型，论述了在面对不同的政策问题时，公共管理者应允许和选择

① 陈振明：《公共政策分析》，中国人民大学出版社，2003年，第83～84页。

② 刘斌、王春福：《政策科学研究(第一卷)》，人民出版社，2000年，第205页。

③ 邹乐：《扩大公共政策过程中的公民参与》，《四川行政学院学报》，2003年第5期。

怎样的公共参与来提高公共管理的有效性。他认为决策者应该首先辨别政策问题对公民参与度的需求，并且将政策质量要求和政策可接受性要求作为界定适宜度的两项指标。如果政策质量要求和政策可接受性要求两种需求都很重要时，就存在要求增加公民参与或者限制公民参与的争议和平衡①。如何选择有效的决策方式吸纳不同程度的公民参与，托马斯在模型中构建了如下五种决策参与途径。

(1)自主式管理决策。政策质量问题处于支配地位，管理者既不需要从公众中获取信息，又不需要公众的接受来保证政策的执行。在这样的情况下，管理者通过自主管理的途径来解决有关决策问题。

(2)改良式自主管理决策。管理者在单独做出决策的同时，引入有限的公民参与。当管理者需要从公众中获取信息而不必获取公众接受时，可以使用改良式的自主管理决策方法，既不需要广泛的公民参与，也不需要与公众分享很多的决策权力。

(3)分散式公民协商决策。当公共管理者面临最困难的决策情景，即某一个结构化问题的解决需要公众的支持，但公众与公共管理机构的目标不一致，并且公众内部还形成了一致的反对意见，在这样的情况下，管理者需要公民参与，但又要限制公民影响力发挥作用的空间，以保证政策质量要求和问题的结构性质。因此，管理者应当把公众分成不同的部分，然后分别与其协商。

(4)整体式公民协商决策。当有部分公民不赞同公共管理机构的决策目标，而这些决策得以执行又需要公民的接受时，可以采用整体式公民协商决策的方式。管理者一方面需要通过公民参与来获得公众的接受和支持，另一方面又要限制公民参与的范围，以确保管理机构决策目标的实现。采用这一途径并不是管理者与公众共同做出决策，而是在做出决策之前与公民整体进行讨论、协商。这样，管理者一方面保留了较大的权力偏好在决策中体现，另一方面也使决策在一定程度上体现了公众的价值偏好。

(5)公共决策。当公民对公共管理机构的目标没有异议时，应尽可能采用最大限度的公民参与即公共决策的途径，与公民共同做出决策。在这种情况下，由于公民赞同公共管理机构的目标，公民参与并不会给政策质量带来太大的威胁。相反，通过有序的公民参与，公民能够理解和支持管理机构的决定，将促成决策的高效和执行的成功。

在确定了公民参与的程度之后，就要选择相关的参与技术来实现公民参与，托马斯在对以往的研究进行总结后，把这些技术分为以获取信息为目的、以增进政策可接受性为目的、当代公民参与的高级形式三大类，并指出在实际操作中，并不是某种方法单独使用的，而是根据问题内在的性质和要求及环境的变化而变化，以便能最大限度地提高公共管理的有效性①。托马斯的公民参与有效决策模型为公共管理者提供了管理的新技能和新策略，也为公共管理学者提供了一条研究公民参与的路径。

在我国，公民参与政策过程程度有了很大的提高。但不可否认相比西方一些国家和社会主义的要求，我们存在着对公民参与的必要性认识不足、民主环境不完善、缺乏机制性保障、参与渠道不畅效果不佳等现象，有待我们进一步的完善和改进。

---

① 周映华：《公共决策中的公民参与——论约翰·克莱顿·托马斯的公民参与的有效决策模型》，《四川行政学院学报》，2006年第3期。

（三）大众传媒

随着社会民主的不断发展、政府职能的逐渐转变，公共政策制定主体越发多元化，政府、公众、大众传媒、利益集团、各种思想库都开始围绕“公共政策”进行对话和协商。而大众传媒由于自身的特性将在这个过程中发挥着越来越重要的作用[①]。现代大众传媒主要是指广播、电视、报纸、杂志、书籍、电子信息网等人们借以表达思想和意愿、传播各种信息的舆论工具。

大众传媒的影响首先表现在它对信息资源的掌握和控制方面。媒体被称为民主社会中的“第四种权力”，新闻工作者被称为“无冕之王”。媒体反映了人民的呼声，监督政府的行为，在一定程度上实现了社会公正。英国传播学者 Brian McNair 在其著作《政治传播学》中提到，在一个理念型的民主社会中，大众传播媒体应具有五个功能：①大众传媒必须“告知”人们周遭正在发生的事情；②大众传媒必须“教育”公众事实的意义与重要性；③媒体必须提供政治论述的“公共领域”，协助民意的形成，并且将民意回报给大众知道；④广泛报道政府及政治的事件让大众了解，即新闻的守门人角色；⑤在民主社会里发挥“鼓吹”政治观点的功能[②]。当今社会，尤其是伴随着互联网的迅速发展，数量庞大的大众传媒在人们的生活中触手可及，对公众产生的影响不亚于任何一种制度化的政治参与和社会参与机制。大众媒体可以有效地反映社会各个阶层的意见，使大众实际参与公共政策过程成为可能，同时也提高了媒体事件的可见度或透明度，直接加强对管理者的公共监督和约束。

另外，媒体的重要作用还可以具体表现在公共政策周期变化中。在政策形成过程中，媒体利用巨大的信息资源和强大的舆论优势，有选择性地通过大而集中的宣传，把一个普通的或非显性的问题上升为危机问题，造成“焦点效应”，从而引起政府的高度重视，从而进入政府议程。从美国女兵“虐待”伊拉克战俘事件曝光到我国多个小煤窑违规事件曝光，媒体的力量越来越大。在政策执行过程中，媒体可以对形成的政策进行大量宣传，起到“上传下达”的作用，便于政策的执行。同时媒体还可以搜集公众对政策的反应以便决策者进行政策调整。

我国大众传媒虽然在公共政策过程中也起着重大的影响和作用，但与西方国家相比，我国大众传媒特别是地方传媒在现实中所发挥的作用还有很大局限性：①自身规模不完善。目前我国不少地方媒体种类单一、总体规模不大、从事相关新闻工作人员的结构也比较单一，从而造成了对社会问题的反映也较局限于某一方面，很多地方问题都没有披露[①]。②价值取向利益化。在媒体实现产业化运作后，受运作成本的压力和利益的驱动，许多媒体内容逐渐转向通俗化、大众化甚至低俗化，越来越多铺天盖地的广告、各样的丑闻八卦，致使公众无法判断报道的真实性和全面性，无法反映出公共政策的诉求，有时甚至会影响公共政策的制定与实施。③观点的不独立性。我国现行传媒制实行“党管媒体”的原则，基本定位为“党的喉舌”，具有事业和企业的双重属性。这就难免会造成媒体在报道分析时的立场偏向，观点不独立，甚至成为政府的“御用发言人”。这样

---

① 沈子扬：《论大众传媒在公共政策制订执行中的作用》，华中科技大学硕士学位论文，2005 年。

② 周昕洁：《论西方传媒在公共政策周期中的角色和作用》，《学理论》，2009 年第 16 期。

对公共政策过程就积极作用而言就大大打折扣了。2007 年在地处边陲的云南掀起了一场媒体与政治互动的风暴，个性官员仇和的"媒体新政"①极大地提高了媒体的监督作用，成为一次改变"御用发言人"的有益尝试。

（四）思想库

现代思想库主要是指由各种专家、学者组成的跨学科的综合性政策研究和政策咨询组织，其主要的工作是进行综合性政策理论研究、政策规划、政策设计、政策分析、政策评估等，帮助政府部门和机构进行决策，以提高公共政策质量。作为"现代国家决策链条中不可或缺的一环"，思想库通过为决策者提供政策建议、学术思想、结果评估及传播政策观点、输送专业人才等，在现代组织特别是在西方国家的决策中发挥着重要的作用，思想库的成熟程度已经成为衡量一个国家公共决策水平高低的重要尺度。

根据其隶属政府及独立性的程度，我国的思想库大致可以分为以下五类：①隶属于党委和政府部门的纯行政性政策研究机构；②行政性和学术性结合的政策研究组织，如中国人民银行金融研究所等；③中国科学院、中国社会科学院及高校下设的相应系、所、室等学术型政策研究组织，如北京大学国家发展研究院、清华大学国情研究中心等；④企业、公司、个人创办的民间政策研究组织，如 1993 年成立至今的天则研究所等；⑤由前政府官员组成的咨询小组、委员会等政策研究组织。

我国的思想库特别是官方和半官方思想库经过几十年取得了长足的发展，为实现决策科学化、民主化提供了机构保障。

由于和政府联系较紧密，这些官方和半官方的思想库对政府的影响途径较为直接些。我们以中央党校和国家行政学院为例子了解这些思想库对政策的影响过程。中央党校经常参与党代会报告中相关理论部分的起草。中共中央党校原副校长龚育之曾撰文说，郑必坚(中央党校原常务副校长)相继参加了中共第十五次全国代表大会报告(负责"邓小平理论的历史地位和指导意义")、中共第十六次全国代表大会报告(负责前面总论部分)的起草，又参加了中共第十七次全国代表大会各次中央全会的理论性纲领性决议的起草。另外引人注意的是，在成员方面，在核心官方思想库中，中央党校和国家行政学院因其学员都为高级官员，发挥了与其他智囊机构不同的作用。两个机构还有就重大问题进行研究和交流的省部级官员专题研究班。国务院一个重大政策出台前夕，往往会先在国家行政学院办一个省部级专题研讨班。经过讨论，汇总研讨班意见，制成简报向国务院领导报。研讨班结束时，大多由国务院领导同学员座谈。他们看了简报，了解了情况，再听学员当面发表意见后，一般会就这个问题做一次讲话。根据研讨班以及国务院领导讲话精神，有关起草小组再对文件进行完善，然后报国务院会议批准决定。中央党校省部级官员专题研究班也有类似作用，不过研讨的话题往往更具理论色彩，带有"党口"的鲜明特色。

民间思想库是指主要从事政策研究与咨询，为政府、企业或社会集团出谋划策，或

---

① 所谓媒体新政，是仇和在 2007 年年底调任云南省委常委、昆明市委书记后，掀起的"支持新闻媒体舆论监督，关键时刻不失语"的政治与媒体互动的风暴。

提供其他思想，相对稳定且独立运作的民间组织[①]，属于非营利机构。在这里我们主要介绍我国的民间思想库，对国外的思想库的分析主要是对比分析。据有关资料，目前我国大约有 2 500 个思想库，研究人员达 3.5 万人，其中官方、半官方占绝大部分，属于民办性质的不到 5%，且研究人员大多身在体制内，兼职参与民间机构组织的活动与研究课题[②]。我国民间思想库的发展分为三个阶段：第一阶段为草创时期(20 世纪 80 年代末)，以北京四通社会发展研究所为代表，其成立是与中国民营经济的发展同时起步的，成立的数量少，并且研究领域非常有限；第二段为初步发展时期(20 世纪 90 年代至 2005 年)，以中国目前最大的民间智库"天则"为代表，这一时期，数目增多，开始扩展其研究领域，但是前两个时期的创始人都有官方背景；第三阶段为困难发展时期(2005 年至今)，2005 年由于政治和政策上的原因，中国的民间思想库不得不以公司法人的方式进行运作，给原本薄弱的民间思想库造成压力，这一时期也出现一个新的特点，即一些思想库的创始人不再有官方背景，以传知行社会经济研究所为代表。国内几个有代表性的民间思想库如表 2-1 所示。

表 2-1 国内几个有代表性的民间思想库

机构	成立时间	负责人	工作方向
天则经济研究所	1993 年	茅于轼、盛洪、张曙光	制度经济学在中国的发展应用
世界与中国研究所	1993 年	李凡	基层民主选举、市民社会、改革开放研究
北京视野咨询中心	1993 年	钟朋荣	为企业和政府制定发展战略
零点研究集团	1993 年	袁岳	民意调查
北京大军经济观察研究中心	2001 年	仲大军	制度、人文对经济和社会的影响研究
上海法律与经济研究所	2002 年	吴敬琏、江平、梁治平	法治环境和市场经济变革的交互作用

资料来源：孙亚菲：《民间脑库的弱势生存》，《南方周末》，2004 年 1 月 15 日

思想库对现代政府决策的科学化、民主化和市场经济体制下政府职能的转换具有重要作用。建设适合于国情的民间思想库，对建设和完善中国思想库体系、促进各级政府决策科学化和民主化，进而提高政府职能具有积极意义。目前我国的民间思想库在数量上不足，且影响力也不够大，对政府决策的影响有限。严格地讲，即使是一些为学界所称道的所谓"民间思想库"也不能称为真正的思想库；有的由于专职人数极少而被称为"思想者"[③]。造成这一状况的原因有内因和外因。内因是民间思想库的力量薄弱、水平有限、研究方法和手段单一，没有形成系统的研究[③]；外因是问题的焦点，在于当前尚未进行合理的制度安排，建立民间政策咨询机构。现代化民主政治的制度安排是大背景，如果党政机构本身开放度不够，没有建立将咨询方案送至决策中枢的制度管道，那

① 薛澜、朱旭峰：《"中国思想库"：涵义、分类与研究展望》，《科学学研究》，2006 年第 3 期。
② 孙亚菲：《民间脑库的弱势生存》，《南方周末》，2004 年 1 月 15 日。
③ 洪伟、邓心安：《中国民间思想库：作用和对策》，《科学与发展》，2008 年第 1 期。

么政策研究就成了徒劳的事，"思想库"也就丧失了生存土壤[1]。我国民间思想库发挥作用的空间也在于中国政治体制的改革以及决策的公开化，目前比较切实的想法是需要政府和学界的合力，充分开拓体制内思想库的能量，不要让资源闲置，民间思想库则可放松管制，让其在体制外慢慢成长，最后当智囊团们觉得内部环境不足以发挥实力时，则与体制外融合。

（五）国际组织

在当代，国际组织也是一种重要的政策活动者。国际组织可分为政府间国际组织和非政府间国际组织，后者在全球性问题解决中的作用和影响越来越大。非政府间国际组织又称国际民间组织，是指各国民间的团体或个人，为了实现在政治、经济、科技、文化、环境保护、人道主义、宗教等方面的共同目标而组成的从事国际活动的非官方国际组织[2]。非政府间国际组织是独立的，它们不但独立于国家，还独立于企业，虽然在议程和资金方面与国家和政府有着一定的联系，但其观点代表着公民社会的某些阶层和群体。一般而言，非政府间国际组织具有民间性、非政党性、非营利性、志愿性、灵活性等方面的特征。非政府间国际组织崛起的内在动力是全球性问题的出现。"所谓全球性问题，是指当代国际社会面临的一系列超越国家和地区界线、关系到人类生存与发展的严峻问题，它涵盖的内容非常广泛，包括人口爆炸、生物圈的破坏、吸毒、粮食危机、地雷、难民以及大规模杀伤性武器的扩散等，进入 20 世纪 90 年代，全球性问题变得更为突出，甚至精神迷乱和道德失落也被列入全球关注的问题之一。"[3]由于全球性问题分散性强、危害性大，仅靠一个国家或一个国际组织是难以应付这种复杂局面的，因此，国际社会联合起来共同应对就变得紧迫而有必要。非政府国际组织以积极的姿态参与国际事务，从联合国这样的国际讲坛，到某个国家的灾民救助，从发达国家的民主建设，到发展中国家的社区建设，从世界和平与裁军，到人道主义活动等，无处不显现着非政府组织的身影，在国际政治舞台上，非政府组织起着重要的作用。

第二节　政策活动者互动的解释框架

当代政策科学已形成了种种解释政策活动者及其互动的理论或概念框架，包括政策网络、议题网络、政策子系统、政策社群、多源流框架、倡导联盟框架、多中心治理、博弈论等。这里，我们选取政策网络这一理论框架来加以评述与分析。

一、政策网络的定义

政策活动者参与到公共政策中来，并不是互相孤立的，他们彼此影响、制约，关系错综复杂。政策网络理论正是基于政策活动者的这种互动展开的研究，它力图描绘真正的政策运作过程，是一种分析在政策参与过程中团体与政府关系的方法。政策网络是一

---

① 胡伟：《思想库：现代政府决策链不可缺失的一环》，《领导决策信息》，2003 年第 33 期。
② 孙斌：《非政府国际组织基本理论问题初探》，《南京大学法律评论》，2003 年第 20 期。
③ 饶戈平：《论全球化进程中的国际组织》，《中国法学》，2001 年第 6 期。

群互赖行动者之间建立某种稳定程度的社会关系形态，以促成政策问题或方案的形成或发展。当团体与政府交换信息，而且此项信息的交换使团体在某种政策领域中获致利益时，即产生政策网络。

政策网络形成的基本动因在于：一是交流信息和意见的需要——利益相关者围绕特定的实质性政策议题或政治效能交流相关信息或者建议；二是交换资源的需要——参与各方交换各种资源，包括资金、人员和服务；三是结盟的需要——参与主体为了寻求拥有共同利益者并结成利益同盟；四是追逐权力的需要——网络主体寻求与有影响的主体建立关系，从而控制关键资源，建立权力网络，扩大自己的影响；五是协调的需要——相关主体试图通过结成网络来协调彼此间在观念、利益等方面的分歧，并在政策过程中采取一致行动。

美国、英国和欧洲大陆的学者对政策网络的理解有所不同。美国学者对政策网络的定义大多以次级政府(sub-government)的概念为基础，强调利益团体、官僚机构与政府的接触。美国学者强调微观层次的不同机构之间的人际关系的互动而不是组织结构关系的互动。英国学者重点研究政府部门之间、政府部门与利益集团之间在政策过程中的部门结构关系对政策后果的影响。其中，罗兹是政策网络研究集大成的学者，在其长期的研究生涯中，他把政府间关系作为研究重点并定位于中观层次的部门结构。欧洲大陆学者的观点以德国、荷兰学者作为代表，将政策网络的研究提升到宏观层面，以考察国家与公民社会之间的关系，视政策网络为一种新的国家治理方式①。一个比较简明扼要的政策网络定义是："由于资源相互依赖而联系在一起的一群组织或者若干群组织的联合体。"②

参照国内外学者的论述，我们可以将政策网络定义为：政府机构与其他利益相关者之间由于共同的利益或资源相互依赖而联系在一起，建立制度化的互动模式，对关心的议题进行对话和协商，使参与者的政策偏好或政策诉求得到重视，以便增加彼此的政策利益。

政策网络的主要特征是：①政策网络是一种过程，具有不同目标的多元参与者是政策网络形成的基本前提。政策网络是各种具有一定资源和不同的利益与目标的主体为实现自己的利益和目标相互影响、相互作用的动态过程。②互赖性为政策网络存在的基本特征。政策网络是主体必须依赖其他主体获得实现自己目标的手段。③政治制度与政治文化造就了政策网络参与者的关系类型。政策网络的参与者的互动动机除了利益驱使外，与其所根植的特定政治制度和政治文化有着紧密的联系，美欧国家政策网络中的关系形态具有深度与持续性的特点。

二、政策网络理论的传统

政策网络理论认为公共行政或者政策过程发生于相互依赖的许多主体形成的各种网络

① 林玉华：《政策网络理论之研究》，瑞兴图书股份有限公司，2002 年，第 55 页。

② Benson K J. A framework for policy analysis. *In*：Rogers D L，Whetten D. Interorganizational Coordination：Theory Research and Implementation. Ames：Iowa State University Press，1982：137～176.

之中，始于美国，经过英国、德国、荷兰等学者的不懈研究，流行于整个欧洲。早期的网络分析主要试图揭示政府机构和利益集团之间的关系，后来学者又将政策网络的概念上升到宏观层面的治理范畴。政策网络是一种隐喻，一般被用来分析一个国家与社会之间复杂的互动关系。关于政策网络模式的研究，国内学者大多认可“三大学派”之划分[①]。

（一）美国学派

美国学者对政策网络的研究是以政策子系统的研究为起点的，从微观层面研究政策过程中的各主体的相互作用和相互影响，尤其是利益和政府在政策过程中的作用。20世纪五六十年代，政策网络似乎被认为是类似次级政府或“亚政府”的概念，政策网络模式秉承多元主义、利益集团理论等美国主流学者的研究，描述美国的利益集团、议会委员会和政府机构在公共政策决策过程中结盟、相互支持、垄断决策的制度。

美国学派具有代表性的观点有：洛威（T. Lowi）的“铁三角”模式，他认为利益集团、议会委员会和政府机构之间存在牢不可破的联盟关系，在政策制定过程中几乎处于垄断地位。后来，赫柯罗（H. Heclo）最早运用议题网络（issue network）的概念与“铁三角”进行比较，他指出：虽然“铁三角”关系存在于某些政策领域，但其他许多政策领域的情况并非如此，松散、开放的议题网络已经在很大程度上取代封闭的“铁三角”关系或者次政府。议题网络和“铁三角”或次政府的主要区别在于“铁三角”和次政府成员稳定、结构封闭、运作严密，其本质上是利益同盟关系；而议题网络则范围广泛，结构松散，成员经常更新，决策过程呈现制度化程度低、非正式化、分散的特征，议题网络的形成和存在的基础是参与者之间相互依赖、相互承诺的共存关系。议题网络的概念更加真实，更能反映现实政策过程中的互动、博弈和纷争。议题网络的提出，标志着政策网络研究进入了一个新阶段。此后，美国一些学者进一步沿着政策子系统的传统，推动和丰富政策网络的研究。本森（J. K. Benson）认为行政与利益团体之间具有相互依赖性，因此网络可以实现资源交换与共同的政策偏好[②]；麦克弗兰德（A. McFarland）认为在政策领域中，关系人或团体在其中持续互动形成议题网络，这些参与者包含国会议员、利益团体、行政官僚、专家学者与媒体，其成员可以自由进出[②]。

（二）英国学派

英国政策网络研究主要定位于中观层次，将政府网络视为一种利益中介模式。研究强调利益集团和政府部门关系的连续性或者所谓的“利益集团的协调”。将政策网络中的参与者主要界定为行政官员与政策利害关系人，重点研究政府部门之间、政府部门与利益集团之间在政策过程中的结构关系对政策后果的影响。

英国的政策网络的代表性观点包括：理查德森与乔丹强调美国政治（政策）科学的发展及其理论观念对英国的影响，重视政策子系统和政策网络中人际关系而不是结构关系对政策过程的影响[③]。他们指出在英国政策制定过程中，政策几乎是在利益团体与政府

① 林玉华：《政策网络理论之研究》，瑞兴图书股份有限公司，2002年，第56～62页。

② 李琦：《中国转型社会的政策网络模式分析——隐喻与现实》，吉林大学硕士学位论文，2009年。

③ Rhodes R A W. Policy networks in British political science. *In*：Rhodes R A W. Understanding Governance：Policy Networks，Governance，Reflexivity，and Accountability. Philadelphia：Open University Press，1997：38～39.

协商中产生的，而非以理性的方式形成；威尔克斯(S. Wilks)与赖特(M. Wright)采用社会中心途径，提出政府与产业关系(government-industry relations，GIR)模型来解释政府与产业界之间的关系，强调的是政策网络中的人际互动关系而非结构关系，如表 2-2所示。

表 2-2 威尔克斯与赖特政策网络分类

政策层次	例子	政策行动者
政策领域	工业、教育、交通、健康等	政策利益相关者
政策部门	化学、通信、制造业等	政策社群(政策共同体)
政策次部门	化学政策中的基本化学、制药、农业化学、油漆、皂妆	政策网络
政策议题	健康安全政策中的药物证照、公司获利、管制名单等	

资料来源：Rhodes R A W. Understanding Governance：Policy Networks，Governance，Reflexivity and Accountability. Philadephia：Open University Press，1997：53

以罗茨(Rhodes)为代表的学者，认为政策网络的研究起源于英国，从更广的角度来理解使用网络概念，研究网络概念在社会学、心理学、社会人类学及政治学中的应用。罗茨认为，政策网络中最关键的构成部分是政治制度间的结构关系。不同的政策领域中拥有不同的组织，这些不同的组织组成网络，这种网络也可以被看做结合而成的一种联盟或利益共同体。同时，他提出了府际关系(inter governmental relations，IGR)模型，以政策网络概念分析中央与地方政府之间的关系①。他认为，按照参与主体资格和资源分配关系的标准，依照网络结构从紧密到松散的顺序，可将政策网络看成一个由五种不同类型网络组成的连续体②。罗茨还强调政策网络存在于部门层面，而不是次部门层面。罗茨的政策网络分类如表 2-3 所示。

表 2-3 罗茨的政策网络分类

网络类型	网络特征
政策共同体/政策社群的网络 (policy community)	稳定、垂直的相互依赖关系，对成员资格要求严格，有限的水平整合，主要表达中央与地方政府利益
职业网络/专业网络 (professional network)	稳定、垂直的相互依赖关系，对成员资格要求严格，有限的水平整合，表达职业人员利益
府际网络/政府间网络 (intergovernmental network)	有限的成员，有限的垂直依赖关系，广泛的水平整合，主要表达地方政府利益
生产者网络 (producer network)	动态的、有限的垂直依赖关系，表达生产者利益
议题网络 (issue network)	不稳定的关系，成员众多，有限的垂直相互依赖关系

资料来源：Marsh D，Rhodes R A W. Policy networks in British politics：a critique of existing approaches. *In*：Marsh D，Rhodes R A W. Policy Networks in British Government. Oxford：Oxford University Press，1992

(三)德国、荷兰学派

德国和荷兰学者把政策网络模式定位于宏观层面，政策网络被用来描述、分析国家和

---

① 李琦：《中国转型社会的政策网络模式分析——隐喻与现实》，吉林大学硕士学位论文，2009 年。

② Rhodes R A W. Understanding Governance：Policy Networks，Governance，Reflexivity，and Accountability. Philadephia：Open University Press，1997：38～39.

市民社会的关系。20世纪七八十年代，欧洲社会发生深刻变化，私营部门迅速发展，政府角色逐渐减弱，公共部门与私营部门之间相互依赖，国家机构和社会的不同部门共同参与公共治理过程。政策网络作为一种新的国家治理方式，主张公、私行动者在政策过程中的非课程互动模式。本质上，“政策网络是在政策决策、方案规划和执行能力分散于广泛的私营与公共主体背景下的一种政策动员的机制”①。

基克特、克利金与科彭扬的观点颇具代表性。在他们看来，政策网络是指介入公共政策制定过程之相互依赖参与者的关系形态，而“相互依赖”是网络途径的核心特征，信息、目标、资源等要素在不断的互动过程中得以交换，这些互动经常重复，于是产生制度化的过程，发展出特有的参与形态、互动规则与共同资源分享。

虽然德国和荷兰学者将政策网络定位于较为宏观的治理层面，但主要观点仍有不同。德国普兰克学派(Max Planck school)认为现代社会日益复杂、动态、多元，国家机构无力单独实施治理，必须依赖其层级控制以外的其他社会主体的资源和协作，国家和社会组织形成相互影响、相互依赖的政策网络。将政策网络看做与市场、官僚等级制三足鼎立的第三种社会结构形式和新的国家治理模式，如表2-4所示。政策网络的参与主体基于经常性的互动和对资源的互相依赖，培养出共同的价值观与互信，形成一套解决问题的机制。因而，政策网络是介于政府和市场之间的治理模式，可以弥补市场失灵和政府失败。荷兰学者则认为在各种国家与社会主体各自拥有资源、共同参与决策过程形成网络的背景下，政府在治理中已不能扮演万能的角色，政策主体之间的协商至关重要，因此，成功治理的关键在于实现有效的网络治理。

表2-4　作为新治理模式的政策网络

复杂性		放松管制/民营化	市场失灵
动态性	政策制定过程中公共与私人行动者渐增的资源互赖性	层级协调的无效率	政府失灵
分歧性		水平的协调	透过政策网络的治理

资料来源：Borzel T A. Organizing Babylon：on the different concepts of policy networks. Public Administration, 1998, 76：264

虽然美国、英国、德国、荷兰等国学者对政策网络定义的视角不同，但从上述学者对政策网络的定义可以看到一些共性的东西：他们普遍认为政策网络是一种分析政策参与过程中团体与政府关系的方法；政策网路是一种跳脱传统官僚阶级的结构；政策网络中公共与私人部门分别扮演重要的角色；政策网络由正式与非正式的关系连接。大体而言，这三个学派的区别如表2-5所示。

表2-5　政策网络理论传统的比较

比较项目	美国传统	英国传统	德国、荷兰传统
分析层次	微观	中观	宏观
理论基础	多元主义	综合主义	治理理论

① Marin B, Mayntz R. Policy Networks：Empirical Evidence and Theoretical Considerations. Westview, Boulder, 1991：41.

续表

比较项目	美国传统	英国传统	德国、荷兰传统
分析对象	人际关系	部门结构关系	治理结构
对政策后果的影响	不确定	确定	确定

政策网络理论在微观和宏观研究方法之间表现出很强的中观研究方法的特征，在分析方法上，政策网络试图联结宏观制度结构与微观的个体行动；在研究策略上，政策网络试图动态分析具体政策过程；在分析内容上，政策网络试图更加具体地阐释政府机构同不同利益团体、经济组织和个人之间的复杂联系①。

理解政策网络的基本元素是行动者、链条和边界。一般来说，政策网络的主要行动者是相对稳定的，可以是公共的，也可以是私人的。链条指的是行动者联系的纽带和沟通的渠道，各种信息、专业知识和其他政策资源都可以通过链条进行交换。政策网络的规模和边界并不是由正式的制度决定的，而是行动者对功能及结构认知的结果。

西方的政策网络理论已有几十年的研究历史，在中国引入、研究和应用则是近十年的事情。目前国内研究文献大多是介绍和评述性的，近年来将之应用于分析和解释中国的现实政策问题的文献开始增加。李瑞昌依据西方多元主义传统和法团主义传统这两大传统的不同，对作为公共政策分析方法的政策网络与作为治理手段的政策网络加以区分，并指出它们分别对应于政策网络两种不同的研究路径②。林震区分政策网络术语的使用有三个主要的方式，即作为政府运作的一种描述、作为分析政府决策的一种理论以及作为改革公共管理的一种处方③。彭勃运用政策网络理论分析中国基层政治，认为“政策网络能够帮助研究者分析基层行政组织与其他的网络成员之间的合作机制，即它们是如何结合起来，基层行政组织出于何种目的，运用何种方式和策略，达成成员之间的合作关系”④，分析国家与基层社会的互动关系对地方治理体系的建构无疑是必要的。唐皇凤运用政策网络与政策后果的关系理论分析了中国农村税费改革中的政策网络主体之间利益分配关系的变化，认为“确保农村税费改革政策带来正面、积极的后果，需要构建政策网络各个参与主体之间协调、均衡与对称的结构性关系以及整体、宏观社会环境的改善”⑤。王春福以政策网络为分析视角对民营企业家政治参与的效度问题进行了研究；胡金荣以政策网络为视角分析了中国素质教育的政策过程；张建伟、娄成武、刘泽照、朱亚鹏等则运用政策网络理论分析了中国住房政策的问题及出路。这些研究成果表明，运用政策网络理论分析中国现实政策问题具有一定的适用性，但是，政策网络作为产生并发展于西方政策科学领域的理论成果，同样存在着本土化的问题，为此要对其适用条件、适用范围有一个准确的把握，对我国现实的文化背景和政治、经济、社会条件有一个清晰的认识，对其借鉴价值和启示意义有一个理性的思考。

① 杨道田、王友丽：《政策网络：范畴、批判及其适用性》，《甘肃行政学院学报》，2008 年第 4 期。
② 李瑞昌：《政策网络：经验事实还是理论创新》，《中共浙江省委党校学报》，2004 年第 1 期。
③ 林震：《政策网络分析》，《中国行政管理》，2005 年第 9 期。
④ 彭勃：《“政策网络”理论与中国基层政治研究》，《中共浙江省委党校学报》，2004 年第 1 期。
⑤ 唐皇凤：《政策网络与政策后果：中国的运用》，《中共浙江省委党校学报》，2004 年第 1 期。

三、政策网络理论的评价

(一)对政策网络理论的批评与回应

政策网络理论及其分析框架受到一些学者的批评。这种批评主要集中在两个方面：一方面是政策网络自身理论的完善，即能否清楚网络产生、发展、变化的内在动力；另一方面是政策网络能否解释和预测政策后果。例如，杜丁(K. Dowding)认为政策网络的概念从比喻出发，更多的是一种描述性的工具；政策网络本身不能成为政策研究的基本理论，因此，杜丁断言政策网络作为一个政策分析的一般性理论的潜力有限①。卡尔松也认为，尽管政策网络分析已经形成了一系列概念，仍然缺乏理论平台，因而使其分析力和解释力打了折扣②。布罗姆·汉森进一步指出，政策网络分析发展到一个关键阶段：一方面，很多学者对政策网络概念的运用及其适用性持坚定的立场；另一方面，越来越多的学者发现其局限性，尤其是在政策网络对政策后果的解释力方面。

对以上学者提出的批评，政策网络理论的倡导学者们做出了回应。罗兹反驳杜丁认为政策网络缺乏理论性的观点，指出“权力依赖是(而且永远是)政策网络的重要特征……网络内部资源的分布和类型解释主体间的相对权力……不同的资源依赖类型解释不同网络之间的差别”。海(Hay)指出，网络之所以形成，在于网络参与者要么为了一个长期战略性的议题，要么为了短期的、目标导向的、战略性的倡议而联合在一起。鲁楠说：造成网络转型的主要因素是权力和资源在网络主体之间的分配状况以及它们之间的冲突；造成网络转型的背景是政策网络面对内外威胁，而在某一个特定的时限内必须实现政策目标的压力，会使业已处于压力之下的政策网络更加不稳定而发生转变。罗兹和马尔斯则认为政策网络的四个特征有助于解释网络变化：①大多数研究表明政策网络的存在会增强其延续性和惰性，而不是创新。②有经济的和专门性的利益占据主导的网络大多抵制变化。③政策变化的程度取决于相关问题的显著程度。④政策网络变化是渐进的，尽管有例外①。马尔斯和史密斯在《理解政策网络》这一论著中提出一种辩证的政策网络框架，指出政策网络内部存在三种辩证关系，即网络结构与主体、网络与网络背景、网络与政策，这三种辩证关系决定了政策网络对政策后果的影响的复杂性。政策网络被理解为结构，它们既能规定网络主体讨论哪些问题，以及如何解决，又“决定这些主体在网络中具体扮演何种角色”。

学者们发现政策网络的结构与政策后果之间有明确关联：一般来说，在组织紧密、较为封闭的网络，成员之间的相互影响非常频繁，使政策网络能够持续、稳定，有助于建立网络的共同价值观和信任。政策网络有很强的规范意义，政策网络研究本身不仅仅是描述性的和解释性的，在本质上，它还试图推动一种更好的政策实践模式。政策网络和民主的诉求联系在一起。任何政策网络的兴起，都是相对于由政府(特别是中央政府)部门主导的、单一的政策制定模式而言的，这是政策网络和治理理论具有紧密关联的原因。

---

① 王光旭：《政策网络研究在公共行政领域中的核心地位和方法错位》，《政策研究学报》，2005年第5期。

② 鲁炳炎：《我国工业专用港转型改制为工商综合港之公共政策观点——政策网络与政策变迁的应用》，《政策科学论丛》，2003年第19期。

（二）政策网络理论的价值

国内外学者对政策网络理论及其分析途径的价值做了充分的肯定。例如，马什和史密斯认为，学者对政策网络理论的多元化发展，使此理论兼备宏观的国家政府与民间社会关系、中观的政府部门结构互动和微观的政策参与者行动和价值等三种层次，更清楚地描绘、分析网络中行动者的互动、组成以及网络的结构功能，逐渐从隐喻式的分类学发展为完整的分析理论。胡伟和石凯认为，“政策网络对公共政策的理解持一种‘结构—后果’的逻辑方法，这一研究途径在国家与社会关系框架的宏观分析与理性选择的微观分析之间开辟出一种中观的空间，在宏观与微观两种研究方法之间架起联系的桥梁，具有相当的理论价值和应用前景”①。朱亚鹏认为，政策网络分析弥补了政策研究的重要不足②。公共政策研究在国内起步较晚，当前的研究侧重于引进和翻译国外相关的教科书和专著，因而亟须引入新的理论和研究方法。重视结构的网络分析方法的引入，无疑可以弥补功能主义阶段研究方法的不足。政策网络提供了一个分析政策过程的新的单元，能够较好地反映国家与社会关系的变化以及这种新背景下政策过程（即治理过程）的特征。伴随着中国经济的快速发展，中国社会利益分配不均衡日益加强，各个社会主体之间利益冲突的矛盾日益明显，各种经济和公共问题不断显现。政府越来越依赖私营部门、单位、个人和其他社会主体的配合来实现政策目标（如解决居民住房问题），因而必须引入网络分析理论，重视正式和非正式主体以及它们之间的网络关系对政策过程的影响，强调通过网络背景下的治理方式而不是科层制下的管治手段来解决公共问题②。鄞益奋认为，政策网络可以为我们解释传统政策失败提供一个分析框架。许多政策失败的原因正是忽略了政策网络的存在，忽略了政府对政策网络中个人和组织的依赖属性。政策网络的思想表明公共政策是公共和私人行动者互动的结果，公共政策的制定和执行是在互相依赖的行动者的网络中完成的。如果过于注重政府单方面的作用，忽视政策行动者的多层次性和异质性，必定会带来公共政策的失败③。

政策网络理论的价值在于：首先，政策网络研究弥补了政策阶段研究的不足。阶段研究方法的优点在于把整个政策过程按照各自阶段负载的功能划分为不同的阶段，这便于理解和研究连续、统一的政策过程，但这种方法忽视了结构对政策过程的影响。政策网络研究弥补了阶段研究在这方面的缺陷，它将政策过程视为参与各种专门政策领域活动场所的政策主体之间反复出现的相互作用与相互影响，通过政策网络分析有利于解释不同政策领域、不同政策部门内形成的不同结构特征对政策过程的影响，从而丰富和推进了对公共政策问题的研究。其次，政策网络研究为政策研究提供了一个全新的视角。以往的政策研究没有摆脱结构和行动优先性的争论，它们或者主张中央政府拥有巨大的权力，政策的制定完全由中央政府主导，或者认为社会在政策过程中高度自主，公共政策的产生很少受到外部限制，是自由地讨价还价的结果。政策网络研究的兴起，为我们提供了一个全新的视角，它以一种较为中观的视角解释与公共政策相关的现象，同时也

---

① 胡伟、石凯：《理解公共政策：“政策网络”的途径》，《上海交通大学学报》，2006年第4期。
② 朱亚鹏：《公共政策研究的政策网络分析视角》，《中山大学学报》，2006年第3期。
③ 鄞益奋：《政策网络的研究边界探析》，《公共管理学报》，2005年第4期。

为宏观的研究视角和微观的研究视角架起了一座沟通的桥梁，使二者之间的对话成为了可能。最后，对现代政策过程具有一定的解释力。20世纪七八十年代以来，随着政府与政策制定活动的成长、社会分化性的加剧以及政策过程参与者的增加，政策网络的分析途径显现出更强的现实解释力，比多元主义、统合主义表现出对现实更多的关照，更适合对现代政策制定与执行的解释。它弥补了自上而下途径的单元决策中心的弱点，也弥补了多元论忽略决策中心的不足。这有助于了解现代社会复杂的多元行动者间互动的政治过程，亦即政策的形成与执行过程包含多元的机构与组织，普遍存在相互依赖或利益冲突关系及必须加以协调的集体行动。

（三）政策网络理论的局限性

杜丁认为，政策网络的应用存在两种挫折：一是对政策网络的界定未能形成一致性观点；二是在利用此概念时，似乎难以超越单纯的描述，仅能作为解释政策结果的工具[①]。因此，仍有一些问题尚待更多的研究来补充其内涵与框架。罗茨也承认网络途径分析仍有许多问题。他认为对复杂网络的掌舵极为困难，因此，英国政府借由加强资源的掌控来弥补执行控制的流失，而且政策网络也腐蚀中央的协调能力。

首先，政策网络研究面临概念的合法化危机。由于政策网络分析发展的分歧，政策网络文献对政策网络的概念和应用众说纷纭，发展出不同的概念，没有一套认定政策网络实际上是什么样的标准，同时政策网络到底构成的单纯是隐喻、方法、分析工具或者是理论也没有共识，以致不断遭遇质疑，甚至有学者认为政策网络缺乏理论基础。

其次，政策网络并不能解决政府实际的治理困境，而网络途径本身增加了政治系统的复杂性[②]。政策网络理论的焦点在于公、私行动者对解决问题的共识和信任，但忽略这些额外的立法常常仍须交由正式的程序与决策去评估。因此，在政策执行层面，实际的法律、制度和现实状况复杂，往往使网络的共识无法实践。此外，网络途径强烈以行动者为焦点取向，期望自我约束与自我治理的“看不见的手”，保证政治系统的主要功能。政策制定与政策执行网络的发展模糊了国家与社会的边界，也因此模糊了政府与社会次级系统的自主功能。边界外的系统越多，问题就越复杂。

最后，政策网络的民主化和代表性也受到质疑。政策网络透过分析跨组织凝聚、信任、亲近的产生和结构等来了解网络的特性，虽然理论典范渐趋完备，但是在实证层面上，政策网络如何确保民主化不受到侵蚀仍是一项重要课题。有学者认为其运作方式很少与民主的价值相似，某些政策网络的特性是低度的开放以及低度的参与。有学者批评，政策网络是一个不透明、难以渗透的利益代表结构，其政策制定过程未受到监督，网络成员不完全具有社会代表性，其利益和社会利益通常有相当落差，阻碍政策改革，威胁公共部门的效能、效率以及民主的合法性。

作为一种概念框架，政策网络理论可以应用于我国政策实践尤其是政策活动者互动的分析。一方面，我国社会不存在类似于西方发达国家的多元决策结构，在我国决策的

---

① Dowding K. Model or metaphor critical review of the policy network approach. Political Studies，1995，43：136～158.

② 杨道田、王友丽：《政策网络：范畴、批判及其适用性》，《甘肃行政学院学报》，2008年第4期。

中心位置是相对清晰可见的。但随着改革的深入，铁板一块的利益格局和决策模式也在很大程度上受到了侵蚀。尤其是今天出现了公共利益部门化的情形。在众多的政策过程中特殊利益群体的影响也凸显出来。另一方面，作为一个关系型社会，我国的决策过程存在比西方更为复杂的政策关系网，运用政策网络的方法对这些关系网进行具体的研究，显然比简单运用法律存在—规范模式或国家—社会模式的研究显得更有解释力，特别是在我国的政策过程中人格化结构比较突出的情况下，政策网络将成为今后我国政治及政策分析领域的一个有用的工具。

➤本章小结

政策活动者(即政策主体)作为政策系统的构成要素之一，是指影响或参与政策的人或组织，这些人或组织直接或间接地参与政策制定、执行、评估、监控等政策过程。本章在探讨了政策活动者的分类之后，重点介绍了九大政策活动者，即立法机关、行政机关、司法机关、执政党、大众传媒、公民、思想库、利益集团和国际组织，我们对这九大主体如何影响公共政策进行了详细描述。而政策活动者参与到公共政策中来，并不是互相孤立的，他们彼此影响、制约，关系错综复杂，而政策网络理论正是基于政策活动者的这种互动展开的研究。

政策网络是指政府机构与其他利益相关者之间由于共同的利益或资源相互依赖而联系在一起，建立制度化的互动模式，对关心的议题进行对话和协商，使参与者的政策偏好或政策诉求得到重视，以便增加彼此的政策利益。

➤思考题

1. 政策活动者包括哪些?
2. 简述约翰·克莱顿·托马斯的公民参与有效决策模型理论。
3. 如何看待现代社会非官方政策活动者在政策制定中的地位和影响?
4. 简述政策网络的理论传统。
5. 比较中西方政策网络的异同。
6. 阅读案例材料，运用政策网络理论对我国房地产政策制定中政策活动者的互动进行分析。

➤案例材料

房地产政策制定中的参与者

中国的政策活动者是如何参与政策制定过程的呢? 房地产业是最贴近民生的行业，1998 年中国实行住房市场化改革，2003 年是中国住房改革的关键一年。2003 年的房地产有两个影响重大的政策，即“121”文件和 18 号令。

针对房地产业存在的投资迅速增长与投资过热、商品房价格迅速上涨、住房供给结构失衡等问题，2003 年 6 月 13 日中国人民银行下发《关于进一步加强房地产信贷业务管理的通知》，简称“121”文件。“121”文件的核心内容有：对于开发商，要求其自有资金不应低于开发项目总投资的 30%，并且楼盘封顶之后才可以预售(其实质是取消了预售制度，也就是阻断了房地产商的资金来源)；对购房人购买第二套住房和高档住房提高首付比例和贷款利率。

“121”文件出台以后在社会上引起巨大反响，特别是在房地产商中引起强烈的震动。不管是大房地产商还是小房地产商都结成了联盟，一致抨击中国人民银行的“121”文件。华远集团总裁任志强把“121”文件的后果描述为“房地产的冬天来了”，称银行已经发生的大量贷款将面临着无法收回的更大风险。同时，任志强还把“121”文件称为“仇富政策”。SOHO中国有限公司董事长兼联席总裁潘石屹列下了“121”文件的负面政策后果，即20个可能性，全都是些负面的评价。

另一个重要的政策活动者——大众媒体，在“121”文件出台以后也大力为房地产商造势，表现在媒体为房地产商提供批评文件的各种平台及舆论阵地。

在各种力量的作用下，2003年8月31日国务院发布了《关于促进房地产市场持续健康发展的通知》，简称18号令。18号令的核心内容有：充分肯定房地产业已经成为国民经济的支柱产业，提出对符合条件的房地产开发企业和开发项目要继续加大信贷支持力度。

从“121”文件到18号令，可以看做政策网络中的一个利益主体群体形成联盟，针对一份可能不利于其阶层利益的文件，通过公开发表言论等方式向政策社群施压；议题网络中一部分市场化色彩相对浓厚的媒体和相关学者不仅为持反对意见的生产者网络代表提供舆论阵地，还为他们提供了讨论批评红头文件的平台。议题网络、生产者网络的意见和舆论干预的合力最终影响了政策的走向。

2003年之后房价开始上涨，很多人只能望房兴叹，随之而来的是各地出现“土地财政”的现象，据《21世纪经济报道》，2009年上海财政收入为25%左右，均来自于房地产行业贡献。所谓的“房地”产，即由商品房交易市场和土地交易市场构成，前者贡献税收收入，后者成为政府性基金的顶梁柱，又被戏称为“土地财政”。把视野放到全国，靠着房地财政赚得盆满钵满的并不只是上海。中新网报道，中国指数研究院在上海公布的最新监测数据显示，2009年，有60个城市土地出让金收入同比增加超过100%。

2008年，全球金融危机波及中国的房地产业，从中央到地方纷纷出台“救市”政策，2010年2月25日，国家统计局公布了《2009年国民经济和社会发展统计公报》，数据显示，70个大中城市房屋销售价格上涨1.5%，其中新建住宅价格上涨1.3%，二手住宅价格上涨2.4%，房屋租赁价格下降0.6%。该数据引发诸多质疑，网友纷纷认为小数点应往后移一位。

拓展阅读资料

1.〔美〕杰伊·沙弗里茨，卡伦·莱恩，克里斯托弗·博里克．公共政策经典．彭云望译．北京：北京大学出版社，2008

2.〔美〕安东尼·唐斯．官僚制内幕．郭小聪译．北京：中国人民大学出版社，2001

3.〔美〕威廉·F. 韦斯特．控制官僚．张定淮，白锐译．重庆：重庆出版社，2001

4.〔美〕弗朗西斯·福山．信任——社会道德和繁荣的创造．李宛蓉译．呼和浩特：远方出版社，1998

5.〔英〕米切尔·黑尧．现代国家的政策过程．赵成根译．北京：中国青年出版社，2004

6. 林玉华．政策网络理论之研究．台北：瑞兴图书股份有限公司，1991

7. 朱旭峰．中国思想库：政策过程中的影响力研究．北京：清华大学出版社，2009

第三章 政策工具

【本章重点】

1. 政策工具的概念
2. 政策工具理论的发展
3. 影响政策工具选择的因素
4. 政策工具选择模型
5. 政策工具效力评价的标准
6. 契约治理工具与合作治理工具

政策工具(policy instrument)是公共物品和服务的供给方式和实现机制，是政策目标与结果之间的桥梁。在执行政策时，如何选取政策工具以及用哪一种标准来评价该政策工具的效力，对政府能否达成既定政策目标具有决定性影响。因此，政策工具的研究具有重要的理论与实践意义。本章将对政策工具的性质、政策工具的选择和评价，以及实践应用等问题加以探讨。

第一节　政策工具概述

一、政策工具的含义

学者们关于政策工具的概念有不同的理解。国外学者关于政策工具概念的代表性观点主要有胡德以工匠业和园艺业的工具来比喻政府的治理工具，认为政府所做的是尽力用各种治理工具来塑造我们的生活，迎合各种目的。胡德认为“工具概念可以通过将其区分为‘客体’和‘活动’而得到更明晰的理解。但这种区分定义在一定程度上模糊了‘政策'和'工具'概念之间的界限"[①]。澳大利亚学者欧文·E. 休斯将政府工具定义为"政府的行为方式，以及通过某种途径用以调节政府行为的机制"[②]。莱斯特·M. 萨拉蒙说："政府治理工具，又称公共行动的工具(a tool of pubic action)，它是一种明确的方法，通过这种方法集体行动得以组织，公共问题得以解决。"[③]豪利特和拉米什则指出："政策工具是政府赖以推行政策的手段，是政府在部署和贯彻政策时拥有的实际方法和手段。"[④]

国内学者对政策工具也做出不同的界定。例如，陈振明将政策工具定义为"人们为解决某一社会问题或达到一定的政策目标而采用的具体手段和方式"[⑤]；张成福认为，"政策工具是指政府将其实质目标转化为具体的行动路径和机制"[⑥]；陈庆云称政策工具是实现政策目标的手段；在台湾学者吴定看来，政策工具指的是为政府机关执行政策以达成政策目标，可以自由应用之各种技术的总称，亦即将政策目标转化具体政策行动所使用的工具或机制。

综合国内外学者的观点，可以看出政策工具内涵有三个：①明确运用政策工具的主体是政府，只有政府采用的工具才能称之为政策工具；②政策工具是政府以实现政策目标为导向采取的；③政策工具是为实现政策目标而采取一系列手段、技术、方法和机制的。因此，可以将政策工具定义为公共物品和服务的供给方式和实现机制，即各种主体尤其是政府为了实现和满足公众的公共物品和服务的需求所采取的各种方法、手段和实现机制，也是为了满足公众需求而进行的一系列的制度安排。

"政策工具"又称"政府工具"(tools of government)或"治理工具"(tools of governance)等，虽然用词或术语有别，但在实际应用中并没有明确的界限。毛寿龙和张成福等学者更多地使用"治理工具"的概念，而陈振明则倾向于采用"政府工具"或"政策工具"的提法。这三个概念使用的差别更多是学科角度的不同：政策科学的学者往往采用"政策工具"的概念；公共行政学的学者们更倾向于使用"政府工具"的概念；"治理工具"的概念则是在治理变革兴起之后产生的提法。虽然在学科领域用词不同，但三者的实质含义相同，作为工具都要求更多落实在操作层面，强调的是可操作、可达成目标的工具手段或技术安排。

二、政策工具研究的演进

政府工具研究并不是一个全新的、突然出现的话题。社会科学的各学科特别是经济学、政治学以及行政学等领域早已关注这一问题。在经济学领域，经济政策工具历来构

① Hood C. The Tools of Government. London：Macmillan，1983：26.

② 休斯 O E：《公共管理导论(第二版)》，彭和平、周明德、金竹青，等译，中国人民大学出版社，2001 年，第 99 页。

③ Salamon L M，Elliott O V. Tools of Government：A Guide to the New Governmence. Oxford：Oxford University Press ，2002：19.

④ 豪利特 M，拉米什 M：《公共政策研究：政策循环与政策子系统》，庞诗，等译，生活·读书·新知三联书店，2006 年，第 141 页。

⑤ 陈振明：《公共政策分析》，中国人民大学出版社，2003 年，第 49 页。

⑥ 张成福、党秀云：《公共管理学》，中国人民大学出版社，2001 年，第 62 页。

成经济政策研究的一个重要方面，工资、价格、利率等往往被当做政策工具看待。第二次世界大战后，在西方社会科学领域中，政府工具成为各学科关注的问题。在政治学领域，达尔和林德布洛姆在《政治、经济和福利》(1953 年)已论及政府工具的基本原理。此后，政治学者们对政策工具的研究遵循着大陆传统和结构功能传统两条不同的路线。大陆传统注重对政策工具的政治属性的研究，以政治文化及意识形态的研究为基础；结构功能传统则力求通过对工具的研究来确定公共政策功能。

政策工具(或政府工具)成为 20 世纪八九十年代西方公共管理学和政策科学研究的焦点之一，并逐步成长为一个新的学科分支或主题领域①。20 世纪 80 年代以后西方公共管理科学和政策科学领域出现了不少政策工具方面的论著。这一时期最有影响的著作是英国学者胡德的《政府工具》(1983 年)一书。20 世纪 90 年代到 21 世纪初，政策工具的研究得到了迅速发展。这一时期的代表作有美国学者盖伊·彼得斯和荷兰学者冯尼斯潘主编的《公共政策工具：对公共管理工具的评价》(1998 年)、莱斯特·M. 萨拉蒙主编的《政府工具：新治理指南》(2002 年)。其中《公共政策工具：对公共管理工具的评价》一书是 1992 年春在荷兰鹿特丹大学举行的政策工具研讨会上的论文集，在众多的论著中较为全面地反映了当时政策工具研究的状况。

随着政策工具研究的进展，政策研究的重点在不同时期呈现出不同的特点。当代国外的政策工具研究可以粗略分为三个阶段。

一是工具至上论阶段。这一阶段认为工具的性质构造了政策过程的路径，政策工具的特性决定了实施的效果。在这一阶段，政策工具研究着重于对政策工具的属性和特征的探讨，着重于构造政策工具的分类学，以便确定、修正和扩展一组“普遍的”工具。政策工具被看做中性的，对政策工具应用于其间的政策环境的复杂性没有做充分的估计，在政策工具的评估中也不存在政治性的空间，影响政策工具选择的因素也相对单一，即主要受政策工具特性的影响。这实际上是一种工具主义至上的观点或工具决定论。

二是政策工具的多种研究途径阶段。随着政策实践的丰富和发展，人们逐渐认识到工具主义至上的观点的局限性。政策工具只是决定政策过程轨迹的影响要素之一。20 世纪 90 年代，国外政策工具研究领域出现了政策工具研究的多种研究途径。布鲁金和霍芬在《研究政策工具的传统方法》一文中，将政策工具研究区分为经典研究、工具环境研究、背景研究三种研究途径，并对政策工具视角研究的优点和不利之处进行了点评。林德尔和彼得斯在《政策工具研究：四个思想学派》一文中，根据不同的研究途径，将政策工具研究划分为工具主义、过程主义、权变主义和建构主义四个学派。巴格丘斯在《权衡政策工具的恰当性与适配性》一文中认为政策工具研究可划分为三种研究方法，即传统政策工具研究方法、经修正的政策工具研究方法、制度性的政策工具研究方法。这一时期的学者们注重于影响政策工具选择的因素分析以及政策工具与政策问题的匹配性研究，注重对政策工具运用的相关环境变数的研究，如实施组织、目标群体，以及与同一政策领域其他政策工具的相互影响②。通过对工具主义的批判与修正，政策工具理论

---

① 陈振明：《政府工具研究与政府管理方式改进》，《中国行政管理》，2004 年第 6 期。

② 黄伟：《试析政策工具研究的发展阶段及主题领域》，《国家教育行政学院学报》，2008 年第 9 期。

得到了进一步的发展。在《公共政策工具：对公共管理工具的评价》一书中，学者们针对工具主义理论不同方面的不足之处，将政策网络、政治利益(价值)、时间属性、国际视野等要素纳入研究框架，成为政策工具研究的发展趋向[①]。

三是新公共管理影响下的政策工具研究阶段。进入21世纪，随着新公共管理思想对西方政府管理方式变革的影响越来越深刻，政策工具研究的重点逐渐转向新公共管理影响下的政府管理方式的变革。这一时期，政策工具研究的代表性著作是美国学者萨拉蒙教授主编的《政府工具：新治理指南》(2002年)。萨拉蒙用“新治理”一词为政府工具研究做出了新的注解。他将政府工具提高到公共治理的高度，概括了“新治理”的两个主要特征：一是公共问题的治理已经成为需要私人部门、非营利部门和政府协同参与的团队工作；二是众多部门的合作治理并非自我运作，它面临着组织和管理方面的巨大挑战。政策工具研究在公共问题的治理方面可以发挥重要作用。新公共管理的兴起，促使研究者必须将政策工具和公共管理方式的研究进行整合。在这一研究阶段，注重与新公共管理相适应的政府治理的新工具研究以及政策工具的绩效评价研究。学者们主张用市场化、社会化的政策工具来再造政府。对于政策工具效果的评估在这一阶段的研究中仍然处于核心的地位，只不过政策工具的效果问题不再成为唯一的关注焦点[②]。

我国政策工具的研究始于20世纪末21世纪初，正处于起步阶段，目前取得了一些探索性成果，代表性的论著有张成福的《论政府治理工具及其选择》(2003年)、毛寿龙和李文钊的《政府职能和管理方式研究》(2003年)、张璋的《政府治理工具的选择与创新》(2001年)和《理性与制度：政府治理工具的选择》(2006年)、顾建光的《公共政策工具研究的意义、基础与层面》(2006年)、陈振明的《政府工具研究与政府管理方式改进》(2004年)和《政府工具导论》(2009年)等。同时，还有一大批讨论政策工具或政府工具的政策科学以及公共管理学教材，如陈振明主编的《政策科学——公共政策分析导论(第二版)》(2003年)、陈庆云主编的《公共政策分析》(2006年)、陶学荣主编的《公共政策学》(2006年)、郭红玲主编的《公共政策学导论》(2007年)、陈潭主编的《公共政策学原理》(2008年)、严强主编的《公共政策学》(2008年)等。

国内政策工具的研究涉及了影响政策工具选择的主要因素、政策工具的优化组合、政策工具效力的评价及其价值标准选择、政策工具选择的未来趋势等。在已有工具类别基础上，林志刚和陈诚主张将政策知识管理作为一种新的政策工具进行研究[③]。李玲玲主张将政策工具与公共行政相结合，对政策工具在公共行政视野下所具有的政治特性进行了分析[④]。唐贤兴分析运动式执法这种类型的政策工具在我国存在的原因，并分析了我国治理困境下的政策工具选择所具有的特殊性[⑤]。吕志奎将政策执行视为政策工具选

① 彼得斯 B G、冯尼斯潘 F K M：《公共政策工具：对公共管理工具的评价》，顾建光译，中国人民大学出版社，2007年。

② 黄伟：《试析政策工具研究的发展阶段及主题领域》，《国家教育行政学院学报》，2008年第9期。

③ 林志刚、陈诚：《政策知识管理——一种新型政策工具研究》，《理论探讨》，2009年第1期。

④ 李玲玲：《论政策工具与公共行政》，《理论探讨》，2008年第1期。

⑤ 唐贤兴：《中国治理困境下政策工具的选择——对“运动式执法”的一种解释》，《探索与争鸣》，2009年第2期。

择的一个实例来研究，政策执行就是工具选择的管理过程①。

三、政策工具的分类

在国内外政策工具的研究中，工具分类一直是重要的基础性研究领域。模型阐释等一些更为深入的研究都是以工具分类为基础的。由于分类所依据的标准不一，研究者们对政策工具的分类也就自然不同。他们从不同的角度出发把政策工具划分成不同的类型，但目前尚没有一种分类框架是完全令人满意和普遍适用的。国外学者的分类如表 3-1所示。

表 3-1 国外学者的政策工具分类

研究者	分类标准	分类
科臣		整理出 64 种一般化的工具，但并未加以系统化的分类
罗威、达尔和林德布洛姆	工具的强制性程度	强制性工具和非强制性工具
萨拉蒙	支出状况	开支性工具和非开支性工具
胡德	工具所使用的资源	信息、权威、财力和可利用的正式组织
麦克唐纳尔和艾莫尔	政策目标	命令性工具、激励性工具、能力建设工具和系统变化工具
施奈德和英格拉姆	政策目标	激励、能力建设、符号和规劝、学习
戴维·奥斯本	工具出现的时间	传统类工具、创新性工具、先锋派类工具
萨瓦斯	排他、消费两个维度	政府服务、政府间协议、契约、特许经营、补助、凭单制、市场、自我服务、用户付费、志愿服务
狄龙	工具特性	监管工具和财政工具、信息转移工具
豪利特和拉米什	工具的强制性程度	强制性工具、混合性工具和自愿性工具
乔丹、乌泽尔和济托	工具特性	强制性工具、市场工具、信息装置、志愿协议

在国外学者的分类中，加拿大学者豪利特和拉米什的“自愿—强制—混合”三分法被认为与其他分类方法相比，互斥地将政策工具分为三个部分，可以涵盖绝大多数的政策工具类型，因此更为合理，也更具有包容性。

国内学者对政策工具分类的代表性观点有：张成福根据政府的介入程度对工具进行了分类，即直接提供、委托其他部门提供、签约外包、补助或补贴、抵用券、经营特许权、贩售特定服务、自我协助志愿服务、现场动作②。王满船根据我国国情将政策工具分为规制手段、经济手段和信息手段三大类③。陈振明也将政策工具分为三大类，即市场化工具、工商管理技术和社会化手段④。陶学荣从政府使用权威的程度、政府介入提供公共物品和公共服务的程度、政府介入社会事务管理的程度，把政策工具划分为以下主要的类型，即经济性工具、行政性工具、管理性工具、政治性工具和社会性工具

① 吕志奎：《政策工具选择——政策执行研究的新视角》，《太平洋学报》，2006 年第 5 期。

② 张成福、党秀云：《公共管理学》，中国人民大学出版社，2001 年第 62 页。

③ 王满船：《公共政策制定：择优过程与机制》，中国经济出版社，2004 年，第 126～128 页。

④ 陈振明：《政策科学——公共政策分析导论(第二版)》，中国人民大学出版社，2003 年，第 172 页。

五类[①]。

到目前为止我们可以发现，对政策工具分类的研究成果可谓相当丰硕，但仍存在许多问题。例如，有些分类方法是采用罗列分类的，没有穷尽；有些分类没有相互区别，相互间并不具有排他性，研究中存在着灰色地带；工具被看成是静态的，工具的微小变化常常被忽略[②]。同时，翻阅国内外的文献可以发现，工具分类的研究主要集中在20世纪90年代之前，而近年来这方面的研究则越来越少，“政策工具研究从整体上进入了一个更高的阶段”。

四、新治理范式下的政府工具

（一）新治理范式

20世纪90年代末以后，公共管理领域出现了所谓的“新治理”(new governance)范式，它将大家的关注点引到通过政府工具的广泛运用来解决这个新世界中的公共问题上来。它将焦点转向不同政府工具的特征及不同工具之间相互作用的复杂网络结构上。

“新治理”是一个新假设、新范式，它更好地引入了对普遍现实问题的关注，以便最终能在问题解决中提供更多的推动力。其核心思想有二：首先，公共问题的解决需要广泛依靠协作关系，而不能只依靠政府本身，因此要用“政府治理”(governance)代替政府管理(government)；其次，与私有化或“新公共管理”理论的观点不同，这些协作关系导致严峻的管理与设计上的挑战，需要公共部门持续且远较以前复杂得多的参与。因此，当代公共管理的核心任务是如何设计上述的参与过程，为公共部门的参与做好准备[③]。具体而言，“新治理”在以下五个方面使政策领域的关注焦点发生了转移，如表3-2所示。

表3-2　“新治理”的五大转变

原来	现在
机构与项目	工具
科层	网络
公私对立	公私合作
命令与控制	谈判与磋商
管理技能	授权技术

一是从机构与项目转移到工具。“新治理”提倡在政策研究和公共管理的分析单元应从公共机构或公共项目转移到解决公共问题、追求公共目标的工具上。每种工具都有自身的操作程序、特有的任务、特别的运作法则，以及自身的实施机构。工具的选择也是对项目实施过程中各个阶段行为主体的选择，这些主体将扮演的角色也会有规定。工具的选择在决定行为主体的同时也会对结果产生重要影响，因此工具的选择就不单纯是技术性的，从根本上讲其应是政治性的。选择了某些主体，就是选择了某个角度、某种价

① 陶学荣：《公共政策概论》，江西人民出版社，2007年，第193页。

② 陈振明：《政策科学——公共政策分析导论(第二版)》，中国人民大学出版社，2003年，第173页。

③ 萨拉蒙 L：《新政府治理与公共行为的工具：对中国的启示》，《中国行政管理》，2009年第11期。

值，也就选择了政策将如何被执行。

二是从科层转移到网络。"新治理"在将解决公共问题的关注点从机构和项目转移到工具时，也把焦点从科层制的机构转移到了组织网络上。新政府治理认为管理网络与管理科层机构完全不同，其中涉及的特别任务包括使网络关系结构化、保证各方对政策目标达成共识、协调价值观/促进互信关系、设定绩效目标、整合激励机制、分享信息/分担风险、评估绩效和管理转变(managing change)①。政策工具塑造了网络：它限定了核心的行为主体以及它们的正式角色。"新治理" 的"工具途径"通过将焦点从科层转移到网络，并且更加明确政策项目所需要的网络类型，为解决具体网络结构将面临的管理挑战提供了明确的线索。

三是从公私对立到公私合作。"新治理"在将公共管理和政策分析的关注点从机构和项目转移到工具和网络时，也为政府及其他部门的关系提供了新的视角。传统公共管理认为政府与私营部门(私营部门和非营利组织)之间存在着冲突。而新治理工具从根本上否定了这些论断。新治理的工具途径认为公共部门与私人部门不能被清楚地区分，它们谁也离不开谁。因此，协作代替竞争成为部门间关系的基本特征。"新治理"将协作视为部门间有利的优势互补。

四是从命令与控制转移到谈判与磋商。传统的行政管理强调"命令与控制"是实施公共项目的金科玉律，新公共管理则完全忽视行政控制的重要性，"新治理"则提供了实现公共目标的第三条道路——谈判与磋商。当今的公共管理者必须学会如何设计合理的激励机制以实现预期目标，而不是只会颁布行政命令。对于各方来说，他们通常因为相互依赖而只掌握一部分的控制权。因此，为实现公共行为的目标，磋商更有必要。

五是从政府管理技能到授权技术。新治理的关注焦点从命令与控制转移到了谈判与磋商，也要求公共部门的管理者及他们的协作方具有不同于科层之下命令与控制式的技能。

传统行政管理从根本上强调的是管理技能，即对科层制官僚机构的内部控制。"新治理"将重点从管理技能以及对官僚机构的控制转移到了"授权"技巧上：它需要在横向上合理安排网络中的各方参与者，整合利益相关者使其在互相依赖中实现共同目标。这需要关注三种不同的技能：首先，激发技能。就是激发网络中行为主体的能力。政策工具维持不同主体的合作，就要能给这些主体提供足够的激励。其次，指挥能力。协调指挥并不意味着命令和控制。这种能力不仅体现在网络的创建，还体现在网络的运作和维持过程中。例如，在一些主要的综合性项目中，政府常把指挥协调者的角色外包给一位总承包人，由他动员次级承包人分别负责提供不同的项目内容①。最后，调控能力。该能力要求管理者能合理使用奖惩手段，以促进复杂的政策工具网络中互相依赖的行为主体之间的合作。为防止行为主体利用项目谋取私人的超额利益，项目管理者既有激励权力也有惩罚权力。

（二）新治理范式下的契约治理工具和合作治理工具

新治理工具的来源有两个方面：一方面是新公共管理范式下的政策工具，以民营化

---

① 萨拉蒙 L M：《新政府治理与公共行为的工具：对中国的启示》，李婧、孙迎春译，《中国行政管理》，2009年第11期。

为代表；另一方面是公民社会发展趋势下公民参与公共政策的多种方式。据此我们把新治理工具分为契约治理工具和合作治理工具，如表 3-3 所示。

表 3-3 新治理工具

契约治理工具	合作治理工具
合同外包	公民会议
特许经营	咨询委员会
凭单制	斡旋调解
政府间协议	
分散化	

1. 契约治理工具

所谓的契约治理工具是指公共事务治理过程中，各行为主体以自由、平等、合作、互惠的理念，在相互达成的契约的规范下参与公共物品的供给。它很大程度上意味着政府治理的协调机制由公法向私法转变。

政府治理中契约的产生源于公共安排者（提供者）角色与生产者角色的分离，如表 3-4所示。

表 3-4 契约工具产生机制

服务安排	安排者	生产者
政府间协议	政府 A	政府 B
合同外包	政府	私人部门 第三部门
凭单制	消费者	私人部门 第三部门
特许经营	政府 消费者	私人部门 第三部门
分散化	决策部门	执行部门

契约就是整合生产者与安排者关系的有效机制。在新治理的契约制理论中，存在着两种基本的契约形式，即政府内部契约与外部契约。外部契约，又称契约外包，它是指政府通过与私营企业或非营利组织签订承包合同的形式来实现某一活动的行为。外部契约包括合同外包、特许经营、凭单制这三种形式，最典型的是合同外包。

(1)合同外包。政府确定某种公共服务的数量和质量标准，对外承包给私人部门或第三部门，私人部门或第三部门按照与政府签订的合同提供公共物品或服务，政府用财政收入购买承包商的公共物品和劳务，如表 3-5 所示。

表 3-5 合同外包

分析维度	合同外包
契约形式	政府与私人部门或第三部门签订承包合同

续表

分析维度	合同外包
适用条件	(1)工作任务能够清楚界定，服务的要求和标准能够清晰地表述 (2)存在潜在的竞争 (3)政府能够监督承包商的工作绩效 (4)承包的条件和具体要求在合同文本中明确规定并落实
应用领域	固体垃圾收集；污水处理；道路修理；公共交通运营；机场维护

(2)特许经营。政府提供某项公共事业的运营权利，准许其通过向用户收费来清偿贷款、回收投资并赚取利润。政府通过特许协议明确双方的权利与义务，承担相应风险，如表 3-6 所示。

表 3-6 特许经营

分析维度	特许经营
契约形式	政府部门与私人部门或第三部门签订特许契约，政府提供某项基础设施运营权利，私人部门或第三部门保证服务的质量及价格
具体模式	租赁 租赁-建设-经营(LBO) 购买-建设-经营(BBO) 外围建设 建设-转让-经营(BTO) 建设-经营-转让(BOT)或建设-拥有-经营-转让(BOOT) 建设-拥有-经营(BOO)

(3)凭单制。政府部门给予有资格消费某种物品或服务的个体发放的优惠券，个体在特定的公共服务供给组织中“消费”他们手中的凭单，然后政府用现金兑换各组织接受的凭单，如表 3-7 所示。

表 3-7 凭单制

分析维度	凭单制
契约形式	政府围绕特定物品与特定消费者之间达成非正式契约，凭单(代金券)是契约的具体形式
特征	(1)围绕特定物品而对特定消费者群体实施的补贴，支持提供教育、医疗卫生等价值物品，为低收入者或社会弱势群体提供生活基本必需品 (2)凭单制不同于补助，是直接补贴消费者而非生产者 (3)凭单通常采用代金券的方式而非现金

内部契约是指政府部门之间或部门与工作人员之间的契约形式。它包括某一政府与同级或非同级的其他政府的契约(政府协议)，某一政府部门内部决策机构与执行机构的契约形式、政府用人的短期契约取代终身雇佣形式(分散化)。

第一，政府间协议。我们把政府间协议(表 3-8)定义为地方政府间横向的合作关系。地方政府为解决共同公共问题，提供共同需要的公共物品，满足共同的公共利益，通过订立正式或非正式的契约或协议形成合作关系。

表 3-8　政府间协议

合作前提	地方自治或分权，地方政府成为独立的利益主体，地方自主权日益扩大刺激了它们寻求合作、追求更大利益的欲望
契约形式	正式或非正式的政府间协议，如政府间委员会、政府论坛、协调会、区域经济区等
合作领域	地区间基础设施建设；地区间环境治理；相邻地区经济协作；地区间技术合作等

第二，分散化。分散化(表 3-9)又称分散决策，它实质上就是分权与权力下放的过程，通过公共组织政治决策角色与行政执行角色的分离来赋予执行者更大的自主权，同时通过建立内部代理机制和短期雇佣合同来保证工作绩效。

表 3-9　分散化

契约形式	内部代理契约：决策与执行部门建立短期明确的委托代理关系，签订正式的代理契约。它包括两个具体形式，即绩效合同和短期雇佣合同
程序(以新西兰公司化改革为例)	(1)对政策部门和提供服务的部门实行职责分离，赋予不同组织不同的职责 (2)对部长和下属执行主管之间的关系重新界定，部长负责结果，主管负责产出，部长选择结果，并从主管那里购买产出 (3)执行主管是合同聘用制，任命的基础是绩效合同

2. 合作治理工具

这里的合作治理特指分散化的公民个体和组织化的公民团体参与公共决策、与政府部门分享公共决策权力的行为及方式。合作治理的现实形式主要是公民决策，它实质是指公共管理者与公众共同探讨问题，而且试图和公众在解决方案上达成共识。

(1)公民会议。公民会议的主要程序是：首先，公民会议应该安排在合适的时间和地点，以便吸引有兴趣的公民参加会议；其次，预先告知和宣传，保证公开化和大众化，尽量让所有可能有兴趣的大众都来参与；再次，可将参与者分为较小的"目标团体"，每个目标团体分别对问题进行讨论，然后汇报给大会进行汇总；最后，管理者可安排一个训练有素的会议"敦促人"来主持会议。

(2)咨询委员会。咨询委员会由政策相关的利益集团代表组成，其中包括商业组织、劳工组织、公共管理者以及公民组织。与公民会议不同，咨询委员会中公民参与被限于那些较大的公众群体利益的少数人或团体，而不是向所有人开放。

(3)斡旋调解。它是争议解决中有效的公民参与方案。当争议各方势均力敌、争议陷入僵局，并且对应各方都有和解意愿时，这种参与方式比较适用。斡旋调解借助于不为任何利益团体效劳的第三方(职业斡旋调解人员)通过调解各方利益的方式寻求争议解决。

第二节　政策工具的选择与评价

政策工具的选择与评价是政策工具研究的一个基本主题。如今，随着政策工具箱内的工具不断得到扩充，如何从众多的政策工具中选择合适的工具，就显得尤为重要。

一、政策工具的选择

1. 政策工具选择的研究途径

根据《公共政策工具：对公共管理工具的评价》一书的说法，政策工具选择存在五种研究途径，即传统工具途径、背景分析途径、制度分析途径、公共选择途径和政策网络途径，如表 3-10 所示①。

表 3-10　政策工具选择的研究途径

研究途径	强调关系	关注焦点
传统工具途径	“目标-工具”关系	政策工具本身
背景分析途径	“背景-工具”关系	工具的背景环境
制度分析途径	“制度-工具”关系	制度结构与风俗习惯
公共选择途径	“偏好-工具”关系	政治家和政府官僚动机
政策网络途径	“网络-工具”关系	网络特性、规范和网络成员

背景分析途径实际上是一种修正的工具论，其研究重点主要在两个方面：一方面，研究不同政策工具之间的张力程度，认为政策工具的选择是在具有利益冲突的不同行为者之间“推”与“拉”的过程，自我利益扮演着主要角色；另一方面，突出了环境在政策工具选择和应用中发挥的重要作用，认为环境是独立于“目标-工具”关系的，对政策工具的评估不仅与政策目标的实现程度相关，还应该从采用政策工具的环境来加以解释。

制度分析途径主张任何一项政策工具的选择都无一例外地是在特定的制度框架下进行的。在选择政策工具时，政策行动者不是受政策的效力引导，而是受恰当的逻辑引导，如传统惯例、风俗、思考与行动的固定方式等做出政策工具的选择的。它的内涵可以概括如下：政策工具的选择具有路径依赖性，过去做出的选择影响甚至限制人们对未来的选择；政策工具的选择部分地能用历史过程来解释，而且在某种程度上，选择政策工具是由政策活动者所决定和控制的一种渐进过程；在探究政策工具选择过程中政策活动者的导向时，不再强调政策工具选择的结果，而是选择的过程。

公共选择途径主张政治家或政策制定者的利益成为选择中的关注焦点。政策工具的选择形成政治“市场”的“铁三角”——特殊利益集团、官僚和立法者，这三种人都遵循“经济人”理性模式，追求自身利益最大化。

政策网络途径认为，政策工具的选择植根于一定的环境，并存在多种因素影响政策工具的选择。这些影响因素主要包括思想体系、惯例和环境背景支配的政策共同体，它们之间通过“工具语言”进行工具的选择，反映社会不同利益群体互动、反复博弈和平衡的结果②。

2. 影响政策工具选择的因素

政策工具的选择是一个复杂的过程，除了规范政策工具选择的过程外，还必须对影

---

① 彼得斯 B G、冯尼斯潘 F K M：《公共政策工具：对公共管理工具的评价》，顾建光译，中国人民大学出版社，2007 年，第 35～41 页。

② 丁煌、杨代福：《政策工具选择的视角、研究途径与模型建构》，《行政论坛》，2009 年第 3 期。

响政策工具有效选择的因素加以系统的考虑。对影响因素的系统分析(表 3-11)，既可以帮助我们更好地理解政策工具选择的复杂性，又有助于了解和解释工具选择的实际情况。

表 3-11　国内外学者对政策工具选择影响因素的观点

代表人物	观点概述
胡德	资源约束、政治压力、法律约束、从过去的工具的规制中得到的教训
林德、彼得斯	政策工具的特性；国家的政治风格和政治文化以及社会分裂程度；所关心的机构的组织文化及其与客户和其他机构的关系；问题所处的环境、它的时机，以及它所包含的行动主体的范围；决策者的主观选择(主观偏好)，基于他们的专业背景、制度背景及其认知因素
罗威、彼得斯	政治因素与政治上的动员影响工具的初步选择；政治经济情境的约束；标的群体的态度、行为、动机，以及对既定政策的反应
施奈德、英格拉姆	决策者对于标的群体享有的权力地位及其社会建构的认知
彼得斯	观念、制度、利益、个人、国际环境
冯尼斯潘	文化或制度因素、时下的流行、增进或抑制某些人的地位、受益者的偏好
陈振明	政策目标、工具的特性、工具应用的背景、以前的工具选择、意识形态
毛寿龙	政策工具应用的背景因素，如历史背景、文化背景、制度环境
王满船	政策工具的特性及其政策工具应用的背景环境
张成福	一是各种政策工具的优劣；二是在选择政府工具时，公共利益是基本的出发点；三是政府工具的选择必须是理性的，而且必须以多元理性为基础；四是在选择和评估不同政府工具时，其标准也应该是多元的；五是政府工具的选择必须考虑到多元利害关系人；六是不同工具的效果取决于各种因素，并不完全取决于工具本身；七是在当代社会，公共问题的复杂性使任何单一的政府治理工具都不足以完全解决某一公共问题

由表 3-11 可以看出，影响政策工具选择的因素是十分复杂的，下面主要介绍几个典型的影响因素。

(1)政策目标。政策目标是政策制定者所期望通过政策实施所达到的效果。政策目标为政策工具规定了方向，为判断政策工具的有效性提供了评判标准。政策目标有单一目标和多元目标，明确目标是政策得以有效实施的前提。此外，还要考虑到政策工具在执行一段时间后，政策目标是否已发生转变。

(2)政策资源。政策资源即系统本身实现目标的条件，包括所有应用于执行活动的经费、信息、设备、权威等。资源的充足与否会直接影响政策工具的选择，直接影响政策执行机构是否有能力执行政策。

(3)目标群体。目标群体是指政策直接作用和影响的对象。目标群体是否能够接受和认可政策工具，是决定政策成败的关键因素。选用不同的政策工具对目标群体具有不同的影响。首先，目标群体会支持对其有利的政策工具，同时抵制那些对其不利的工具，使其无法展开。其次，目标群体的规模会影响政策工具的选择。最后，目标群体的行为的改变程度也影响政策工具的选择。

(4)政策执行机构。公共政策执行是一种典型的组织行为，即需要依托或建立一个坚强有力、行之有效的组织，组织行为会对政策执行的力度和效果产生直接的影响。政策执行机构自身的价值标准、行为能力和团体氛围等都会影响政策工具的选择。

(5)政策工具应用的背景。工具应用的背景是指影响政策工具选择的环境因素，包括政治、经济、社会环境、意识形态因素，以及以前工具选择的限制。首先，政治、经济和社会环境的变化会导致政策工具选择的变化。其次，政策工具的选择很大程度上会受意识形态的影响。不同意识形态阵营的人们会根据其认定的正确的政治主张而采用不同的政策工具。最后，政策工具选择会形成路径依赖，以前选用的政策工具会影响新政策工具的选用。

3. 政策工具选择模型

目前，经济学家和政治学家已经在工具选择问题的领域展开研究，并且为了回答这个问题，他们给出了明显不同的答案。经济学家在很大程度上倾向于把政策工具的选择解释为至少在理论上是一种技术上的操作，这种操作把特定工具的特征同他们最相关的工作联系起来。然而，政治学家倾向于认为，从纯技术角度，工具或多或少都是可替代的，并且将焦点转而放在他们认为支配了工具选择的政治力量上①。

经济学家的研究受到理论上的辩论的影响，即福利经济学家和新古典主义经济学家对国家在市场经济中的恰当作用的辩论。虽然双方都倾向于自发调节的工具，但福利经济学家允许更大范围的强制干预的使用，以及用于纠正市场失灵的混合工具，由此，形成了福利经济学模型；相反，新古典主义经济学家只赞成把这样的工具用在提供纯公共物品上，任何基于其他原因的使用都被视为扭曲了市场过程并导致次优的结果，并在此基础上形成了新古典主义经济学模型②。

首先，我们来了解福利经济学模型。从上文可知，福利经济学家相比新古典主义经济学家，倾向于更大范围内强制工具的使用，就是对国家干预的更大程度的认同，因而他们对工具选择的分析更加系统。然而，他们还是倾向于把工具选择当成一种严格的技术上的操作，它由以下几部分构成：评估各种备选工具的特征；将这些备选工具与不同类型的市场失灵进行匹配；估计这些备选工具的相对成本，可以选用成本收益分析方法；选择能够最有效地克服市场失灵的工具。

其次，我们再来分析新古典主义经济学模型。与福利经济学家倾向于把工具选择当成一种严格的技术上的操作相比，新古典主义经济学家总体来说主要依靠公共选择理论来解释工具选择模式。他们认为，在一个民主政体中，选民、立法者和执行者的动态的自利行为会越来越倾向于增加税收和开支，以及对私人活动的管制和国有化。他们还认为，民主政治会导致国家选择的工具的获益者集中在少数选民身上，而同时又把成本分摊给全国的选民②。为了选举的缘故，政府要选择一个并不反映选民真实成本的工具，而这些选民最终还是要为这个成本买单的。

不管是福利经济学模型还是新古典主义经济学模型，在政策工具选择的方法技术和

① 豪利特 M、拉米什 M:《公共政策研究：政策循环与政策子系统》，庞诗，等译，生活·读书·新知三联书店，2006年，第274页。

② 豪利特 M、拉米什 M:《公共政策研究：政策循环与政策子系统》，庞诗，等译，生活·读书·新知三联书店，2006年，第274～275页。

基础理论上都存在着一些共性和各自的特性。这两种模型的共性主要表现在：都倾向于使用自发性调节工具；提出的政策工具选择的基本原理都基于在政府规范理论(政府做什么和应该做什么)之上，并非实证理论(实际在做什么)之上。尽管这两种模型有上述的共同之处，但它们还是存在着区别，主要体现在对工具的适用范围和程度的理解不一致。从上文可知，福利经济学家允许更大范围的强制干预的使用，以及用于纠正市场失灵的混合工具；然而，新古典经济学家只赞成工具在纯公共物品领域使用，其他领域的使用都会扭曲市场过程，从而导致次优的结果。

对于工具选择的经济学理论，不管是福利经济学家的还是新古典主义经济学家的，都有很强的演绎色彩，而对政府的实际决策缺乏一个坚实的经验基础。他们提出的政策工具选择的基本原理基于他们对政府做什么和应该做什么的理论假设之上，而非对于政府实际在做什么的经验调查①。基于上述经济学模型共有的方法论上的分析弱点，政治学者的视角和研究倾向于表现得更加多样性，最主要的是政治学者更注重实证研究，也就是更加倾向于使用经验分析方法。接下来介绍几种主要的政策工具选择的政治学模型。

(1)布鲁斯·多尔恩模型。布鲁斯·多尔恩模型，是由布鲁斯·多尔恩及其几位加拿大学者共同提出的一个典型模式，在所有工具技术上都可替代的假设基础上，他们认为在一个自由的民主社会，政府倾向于使用最没有强制性的可用工具，但为了克服社会对于有效管制的抵触，在必要的时候会将其“升级”。也就是说，任何工具理论上都可以实现任何选择的目标，但政府会选择强制性较小的工具，除非受到某种力量推动。这种力量可能来自国民的反抗，并且(或者)来自要求改用更有强制性工具的持续的社会压力。

然而，这种模型存在许多局限。首先，没有哪个政府拥有可用的全套工具——社会和政治的约束有利于某些工具的选择而抑制其他的选择。其次，工具选择的改变随着强制的程度而缓慢变动，这样的概念与经验证据不符。例如，许多政府为了应对新技术即将出现的形势，建立公共事业的规模达到极致，而在此之前并未尝试过强制性较小的工具。最后，社会抵制惹恼政府，从而转向更有强制性的工具的想法也是有问题的。虽然在有些政策领域，特别是在经济方面，可能确实经常有社会的抵制导致政府采取进一步的行动，但在许多其他领域并非如此。例如，在社会政策领域，社会压力就刚好相反，会迫切要求政府采取更强的管制，花费更大的开支，而政府可能反而要考虑财政问题和意识形态问题②。

(2)克里斯托弗·胡德模型。在克里斯托弗·胡德模型中，胡德指出工具选择并非是一种技术上的操作，而是一种信仰或是政治的事物。在胡德看来，工具选择取决于国家目标和国家资源的性质，以及作为对象的社会行动主体的组织和能力。他认为，总的来说，这导致了政府倡导“节省地使用官僚机构”的风气，也就是说，明显地倾向于优先

---

① 豪利特 M、拉米什 M：《公共政策研究：政策循环与政策子系统》，庞诗，等译，生活·读书·新知三联书店，2006年，第276页。

② 豪利特 M、拉米什 M：《公共政策研究：政策循环与政策子系统》，庞诗，等译，生活·读书·新知三联书店，2006年，第276～277页。

使用信息工具和权威工具，因为这些工具是“取之不尽，用之不竭”的。胡德的模型部分地改进了多尔恩的理论，但也有它自己的问题：政府为什么会本能地想要节省使用官僚机构呢？为什么像财富和组织这样的资源与信息或组织这样的资源相比，要认为其可补充性更小呢？在胡德的分析里，这些问题都没有回答①。

(3)林德和彼得斯模型。林德和彼得斯模型是由学者林德和彼得斯提出的，这套模型将经济学和政治学著作中提出的工具选择的许多不同的概念整合到了一起。他们把下列因素看做工具选择的形成中起决定作用的因素：首先，政策工具的特征(资源密集度、目标、政治风险、对国家行为的约束)；其次，国家的政策风格和政治文化，以及社会分裂的程度；再次，相关的机构及其组织文化；最后，问题环境也会影响工具的选择。总之，依林德和彼得斯看来，工具选择仍然是决策者的一种主观选择，这种选择基于他们的专业背景、制度关系以及认知因素。他们定义了制约选择的环境，在这个过程中，他们把专业和个人的偏好因素加入了工具选择当中。但是林德和彼得斯集中关注了政策工具的特征、面对的任务，以及国家和社会行动主体的偏好。但他们对于行动主体的偏好如何形成、如何得到实现或者受到阻碍，没有足够的概念化②。

(4)斯蒂尔曼模型。斯蒂尔曼模型是由斯蒂尔曼提出的关于国家类型与政策工具选择的模型，他认为，不同的国家类型导致工具选择的不同，如表 3-12 所示。

表 3-12 斯蒂尔曼模型

国家类型	特征	代表国家	政策工具选择
市场主导国家	主要依靠市场调节，政府的干预被限制在一定范围之内，也就是公共部门角色最小化	英国、美国	规制、大企业国家化等
政府主导国家	政府在社会经济学发展中起主导作用，也就是公共部门角色最大化	日本	直接政府管理
均衡主导国家	在社会经济发展中社会组织和政府都起到重要作用，也就是公共部门角色适中	德国、法国、荷兰、比利时	社会规制、补贴、贷款保证、税收等

资料来源：丁煌、杨代福：《政策工具选择的视角、研究途径与模型建构》，《行政论坛》，2009 年第 3 期

(5)林格林模型。林格林模型，林格林主要从治理模式与政策工具的选择关系的角度构建了这个模型。他认为治理与政治行政环境以及国家的文化相关，不同的治理模式导致了政策工具的选择不同，如表 3-13 所示。

① 豪利特 M、拉米什 M：《公共政策研究：政策循环与政策子系统》，庞诗，等译，生活 · 读书 · 新知三联书店，2006 年，第 277～278 页。

② 豪利特 M、拉米什 M：《公共政策研究：政策循环与政策子系统》，庞诗，等译，生活 · 读书 · 新知三联书店，2006 年，第 276～278 页。

表 3-13　林格林模型

治理模式类型	涉及的行动者角色	政策工具的选择
命令与控制治理模式	中央政府是政策设计者；中央政府命令其他行动者(包括官方和非官方)执行政策	直接规制等
大政方针式治理模式	中央政府仅仅设计大政方针；给予其他行动者具体说明该政策的机会；较多的依靠其他行动者的自我治理能力	社会规制等
选择性治理模式	中央政府仅仅干预改变事件路线的关键事务；其他行动者不得不运用在选择性干预中提供的工具	补贴、契约与其他经济工具

资料来源：丁煌、杨代福：《政策工具选择的视角、研究途径与模型建构》，《行政论坛》，2009 年第 3 期

(6)阿里奥模型。阿里奥模型是由罗伦内·阿里奥等学者提出的政策工具选择模型。他认为政策工具的选择涉及两种视野：一是政策设计视野，政策工具的选择不带有政治性。二是政策过程视野，认为在政策工具的内容与政策体制之间存在着一种基本连接依赖关系，政策工具的选择带有政治性。而阿里奥更赞同后一种视野，他认为政策工具选择的步骤是：需要为政策工具提供足够的政治支持，以便能够在政治上得以通过；政策工具选择的驱动力还可能来自执政党对某些政治目标的追求；无论有多少公共精神，政客们在选择某种政策工具时更可能关注的是他们的政治前途，而不一定是为了促进普通公众的经济福利①。

(7)豪利特和拉米什模型。豪利特和拉米什模型，也叫政策工具的综合选择模型，是豪利特和拉米什在综合各方观点的基础上提出的模型。他们指出，虽然分析家们的方法和背景不同，但他们都同意，虽然工具的数学排列几乎是无穷多的，但执行者可以使用工具类型的真实数目是相当有限的，主要有市场、家庭或社区、管制(公共企业)、混合工具四类。

豪利特和拉米什用两个相互联系的变量将上述四大类工具联系起来，构建了一个新的综合模型，如表 3-14 所示。

表 3-14　豪利特和拉米什模型

		政策子系统复杂性	
		高	低
国家能力	高	市场化工具	受管制的公共企业，或是直接规定工具
	低	自调节的、基于社区或家庭的工具	混合工具

资料来源：豪利特 M、拉米什 M：《公共政策研究：政策循环与政策子系统》，庞诗，等译，生活·读书·新知三联书店，2006 年，第 281 页

这个模型只说明了工具选择观点给政策执行研究所带来的大体预期，但它并没有深

① 丁煌、杨代福：《政策工具选择的视角、研究途径与模型建构》，《行政论坛》，2009 年第 3 期。

入研究工具选择在每一种类别之内的具体倾向，或是个体决策的特定环境。然而，它意味着尽管过程复杂，但在国家和政策部门中还是可以辨认出政策执行的总体模式，而这些模式可以对这个阶段的政策循环的理解给予很大的帮助①。

二、政策工具效力的评价

政策工具选择和运用的过程，也是对各种政策工具的绩效特征进行评价的过程。如何建立一系列对政策工具共同的评价标准，是政策工具研究的一个重要主题。国内外学者提出的政策工具的效力评价标准可以归纳为如表 3-15 所示。

表 3-15　国内外学者的政策工具效力评价标准

学者	标准
萨拉蒙	有效性、效率、公平、可管理性、合法性、政治可行性
胡德	有效性、成本、符合伦理道德
毛寿龙	有效性、效率、公平、可管理性、合法性、政治可行性
朱喜群	有效性、效率、公平、可执行性、合法性、政治可行性
张成福	效果、效率、公平、充分回应
陈振明	帕累托最优、效率、公平、卡尔多-希克斯改进、合法性、政治可行性、适应性、可管理性

从表 3-15 可以看出，在公共政策分析领域，较为普遍的评估工具的标准主要包括有效性、效率和公平这三个方面。

(1)有效性。有效性即社会效益，是判断政府公共行动是否成功最为重要的标准，表明一项公共行动达到了预设的目的。按照这项标准，最好的政策工具就是能够解决公共问题，达到其预设目标的工具。然而，政策工具是否有效，有时很难判断。一方面由于很多项目本身的目的性就非常模糊，我们无法通过具体指标来评价某项公共行动是成功还是失败。另一方面不同的工具适应不同的环境，不同工具有不同的制度基础，我们不能简单地断定某一工具有效或无效。

(2)效率。有效性关注的是结果，而效率关注的是结果和成本的比率，最有效的政府工具不一定就是最有效率的工具。根据效率标准，最好的政府工具是能在收益和成本之间取得最佳平衡的工具。而政府工具的成本不仅仅包括政府的直接成本(即政府运用工具完成公共行动的成本)，还包括其行动对象为接受公共服务或管制所需要付出的代价。

(3)公平性。公平性包含两层不同的含义：首先是基本的公平，也就是我们通常所说的“多劳多得，少劳少得”。其次是再分配的公平，即引导收益不均衡地分配给那些最需要的人们。政策研究者由此对分配项目和再分配项目进行了区分。分配项目实质上是在不同层次的接受者中进行公平的收益分配；而再分配项目是针对弱势群体进行利益的倾斜分配。按照这一标准，最好的政府工具是那些能够满足公平要求的工具。

---

① 豪利特 M、拉米什 M：《公共政策研究：政策循环与政策子系统》，庞诗，等译，生活·读书·新知三联书店，2006 年，第 280～282 页。

第三节 政策工具的实践应用

政策工具是“20世纪八九十年代以来西方公共行政和公共政策领域研究的新途径之一，20年间得到了迅猛的发展，并在环境政策、货币政策和能源政策等领域得到广泛应用”[①]。作为公共政策研究领域的重要发展，本节主要从环境、社会保障等领域探讨政策工具的应用和实践。

一、政策工具应用的新趋势

英特维尔德在《政策工具动力学》一文中认为，政策工具的应用至少受到两个机制的制约。其一，政策工具效果递减规律。他认为政策工具是有生命周期的，政策工具使用一段时间之后，会有一些可预见和不可预见的效果。随着时间的推移会出现一种倾向，那些有意识可预见的效果会逐渐缩小，而那些无意识不可预见的效果则会变得越来越明显。这种倾向被称为政策工具效果递减规律[②]。其二，政策工具积累法则。对于社会问题，政策制定者倾向于以同样的方式做出回应，而不管政策工具是有效还是无效。如果一种政策工具的使用不成功，或者对公众失去影响力，那么政策制定者会加强政策工具的实施。

面对瞬息万变的社会环境，走向“新治理”的政策工具在国内外应用领域得到了充分的发展。金融危机过后，经济形势更加复杂，多元化的货币政策工具成为各国进行经济量化的重要手段。而为应对全球气候变暖，2009年年底哥本哈根世界气候大会的举行，使节能减排、碳交易等环境政策工具的重要应用推广至全球。政策工具不仅渗透到宏观经济、环保等领域，而且在政府治理内部形成了多元化浪潮。政府在具体职能的操作中，更加注重运用政策工具解决与非政府组织的合作与互补关系。近年来政策工具应用主要表现出以下特点。

一是政策工具应用领域多元化，涉及政府外部治理与内部整合。“新公共管理运动”使企业管理的方法、工具、技术及理念不断地被引入政府管理中。政策工具作为政策执行的重要手段，自20世纪90年代以来，应用领域不断拓宽。政策工具新近的研究更多是关注工具的选择，而选择过程中工具在不同领域的优化组合正是实践中最难以操作和把握的关键。因此，从政府治理社会以及政府自身治理的角度考量，政策工具应用领域涵盖政府治理的里里外外。

二是政策工具的应用实践反映出政策执行的绩效。政策工具的应用过程是政策执行的最直接体现，是政策执行的关键环节。从工具的选择、组合、应用到评价及反馈，政策工具可以视为广义上的政策执行。因此，政策工具的应用实践反映出政策执行的效果，也影响政策活动的继续和发展。

---

① 陈振明、何经纬：《政府工具研究的新进展》，《东南学术》，2006年第6期。

② 彼得斯 B G、冯尼斯潘 F K M：《公共政策工具：对公共管理工具的评价》，顾建光译，中国人民大学出版社，2007年，第151～159页。

三是政策工具的实践呈现出动态性。受经济、社会等因素影响，实践是不断发展变化的活动。政策工具的应用也受到内外多重因素的制约，随着因素的调整呈现出动态变化的特征。这种动态性可能是政策工具组合的变化，或者同类型政策工具使用程度的变化，也可能是根据实践的变化创新政策工具。

二、政策工具在环境领域中的应用

环境问题已经成为21世纪全球不得不面对的焦点问题。政策工具在环境领域的应用实践研究对于寻求政策工具的新进展具有举足轻重的作用。

(一)环境政策工具的发展概况

20世纪六七十年代，西方国家长期的工业化积累了大量环境问题，如空气和水污染、能源浪费、物种减少、公害病增加等，人民生命健康受到巨大威胁，各国环保主义随之兴起。德国等欧洲各国甚至成立绿党推进环境保护，环境政策工具也应运而生。20世纪七八十年代，人们所使用的主要是环境影响评价、污染物排放标准、排污申报和许可证制度、污染物排放总量控制等强制手段的管制型环境政策工具。20世纪80年代末，以排污收费、产品收费、使用者收费、补贴政策、环保投资与信贷政策、押金制度和排污权交易等手段为代表的经济激励的环境政策工具发展壮大。20世纪90年代以来，以自愿环境协议、绿色制造联盟、生态工业园、环境会计、环境审计、行业协会协议等为核心的自愿型环境政策工具得到蓬勃发展。三四十年来，环境政策工具逐渐发展成为全球政策工具应用最广泛的领域之一，不同工具应用主体趋向合作、互补、共赢。目前，最受各国追捧的是经济激励型环境政策工具。自经济合作与发展组织(Organization for Economic Co-operation and Development，OECD)1972年提出“污染者付费原则”(polluter pays principles，PPP)以来，OECD国家采用的经济激励的环境政策工具主要类型包括环境税费、补贴、押金退款、建立市场、执行刺激等。

我国环境政策工具最早的是20世纪70年代开始推广的限期治理。经历几十年的发展和向西方发达国家的学习借鉴，我国环境政策工具的类型日益多样化，操作渐趋规范化，同时选择和应用的程序更加民主化。目前，中国环境政策工具运用比较成熟的有排污许可、二氧化硫(SO_2)排放总量控制及排污交易政策、排污交易许可证等。下面以嘉兴市的排污交易为例来分析政策工具在环境问题中的运用。

(二)嘉兴市排污交易模式的实践案例①

2007年11月10日，国内首个排污权交易平台——浙江省嘉兴市排污权储备交易中心揭牌成立。国家环保总局总量控制办公室副主任赵华林说，该平台的成立意味着国内的排污权交易开始实现规模化、制度化。在嘉兴市排污权储备交易中心成立之前，国内不少地区已经有了排污权交易的先例，但都是企业之间点对点的个别行为。嘉兴市排污权储备交易中心的成立将改变这一局面。嘉兴市排污权储备交易中心是在当地环保局授权和指导下从事主要污染物排污权交易的专门机构，它为排污权可转让方和需求方搭

① 案例资料来源：任之、蔡华晨：《浙江嘉兴：排污权交易平台投入运营》，《绿叶》，2007年第12期。

建了一个交易平台。

“举例说，一家企业有 5 吨的排污权可转让，而另一家只需要购买 4.5 吨，这样点对点的交易就比较困难。成立交易中心后，所有可转让的排污权都卖给中心，需要购买的企业只需跟中心签合同，交易变得更加方便。”嘉兴市环保局原副局长沈跃平说。排污权储备交易中心成立后，在嘉兴任何市场主体新增的排污权必须从中心交易获得。而参加排污权交易的市场主体则必须具备一级法人资格。嘉兴市环保局原局长翁建荣说：“无论是出让还是购买排污权，都必须先向排污权储备交易中心提出申请，中心初审受理后，再经环保部门进行审核确认，最后才能同储备交易中心签合同成交。”翁建荣说，排污权储备交易中心的所有资金收益将集中用于环保事业。为探索出一条市场化的治污之路，嘉兴在全国率先开展排污权交易。嘉兴市成立排污权储备交易中心，被看做国内在排污权交易制度建设探索上的一次有益尝试。

经过不到两年的实践，排污权交易机制日趋完善，参与竞拍的企业不断增多，交易价格明显上升，呈现出量价齐升的良好态势。至 2009 年 11 月 6 日，已有 890 家企业参与排污权有偿使用和交易，总交易额达 1.49 亿元。同时，嘉兴市排污权交易的实践和探索得到了企业的普遍认同，据最近的《排污权交易满意度调查》显示：参与调查的 35 家企业，有 66.7%的企业对嘉兴市的排污权交易工作表示基本满意，30.3%的企业表示非常满意；85.7%的企业认为实行排污权交易制度既能优化环境资源配置，又能推进节能减排工作；74.3%的企业认为排污权交易有利于调整产业结构。随着企业对排污权重要性的认识不断增强，排污权交易价格日趋上涨。

嘉兴市的排污权交易是指市场主体将经环境保护行政主管部门确认拥有的可交易排污权，以及经环境保护行政主管部门审批同意的建设项目(包括新建、改建、扩建)需要获取向环境排放的污染物许可权，通过嘉兴市排污权储备交易中心实行有偿交易的行为。嘉兴排污权交易体系如图 3-1 所示。

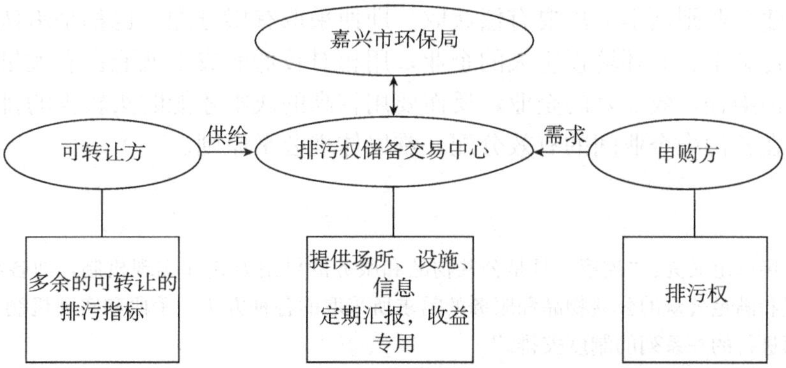

图 3-1　嘉兴排污权交易体系

资料来源：《嘉兴市主要污染物排污权交易办法实施细则(试行)》(内部文件)

如图 3-1 所示，排污交易的主体包括三方：一是排污权储备交易中心，是指在市环境保护局授权和指导下从事主要污染物排污权交易的专门机构，是排污权可转让方和申购方交易的指定平台。二是排污权可转让方，是指通过实施工程治理减排项目、结构调整减排项目和监督管理减排措施，在完成削减任务后，有多余指标可供排污权交易的市场主体。三是排污权申购方，是指需要获取向环境排放污染物许可权的市场主体（包括新建、改建、扩建项目以及无法按照政府规定减排或因减排代价过高而不愿减排的企业）。此外，排污交易的标的是指化学需氧量（chemical oxygen demand，COD）和二氧化硫两项主要污染物排放指标①。

嘉兴在借鉴国外先进经验技术的基础上，构建了一套适合市情的排污交易体系，并且在实践中不断完善，为进一步推广到浙江全省、全国提供了许多宝贵的实践经验。在排污交易体系全国性法律、规章不健全的情况下，嘉兴排污权交易在《嘉兴市主要污染物排污权交易办法（试行）》、《关于进一步规范排污权交易工作的通知》、《嘉兴市主要污染物排污权交易办法实施细则（试行）》等政策的指导下，从2007～2009年成功受理近900家企业参与排污权有偿使用和交易，取得了可喜的成就。初始分配上，嘉兴积极探索有偿制。2007年11月1日之前获得的排污权指标，环保部门认可企业可以无偿占有，承认所有企业既得的排污权。新建项目排污指标必须通过嘉兴市排污权储备交易中心的交易平台购买，否则不予通过环保审批。嘉兴市秀洲区2009年上半年开始尝试初次分配有偿制。在监管上，嘉兴环保局充分应用已经建成的污染源自动监控系统和排污申报制度、飞行监测②等手段，对排污权交易量进行跟踪监督，并邀请专家队伍核定减排量。对于违规企业处以停产、吊销排污许可证等处罚。

嘉兴排污交易制度推进过程中也产生了诸多问题。一是排污权交易缺乏相应法规支撑。目前我国排污权交易尚处于试点阶段，从审批到交易，都没有统一的标准，仅凭各地探索来实施。同时，排污权交易是一个系统工程，必须与配套的排污总量分解计划、排污许可证等制度整体推进。尤其是排污许可证制度的推行，直接关系到排污权交易的成败，而期待了多年的《排污许可证管理办法》至今尚未出台。二是排污权交易初始分配存在障碍。出于历史因素及实施难度的考虑，现有企业的初始排污权大部分都是无偿分配的，而新建企业则基本上均要有偿获取。即便采取有偿分配，也都是承认现有，这就使有些历来污染重、对环境损害大的企业，用相对较低的成本就能占有大量的排污权指标；而一些污染轻、效益好的企业，反而要用较高的成本才能购买较少的排污权，难以实现排污权在各污染企业间的有效分配，难以体现公平原则。

➤本章小结

政策工具可以定义为：“政策工具是公共物品和服务的供给方式和实现机制，即各种主体尤其是政府为了实现和满足公众的公共物品和服务的需求所采取的各种方法、手段和实现机制，也是为了满足公众需求而进行的一系列的制度安排。”

政策工具研究经历了工具至上主义阶段，多途径阶段到新公共管理时期下关注政府管理方式改革的阶段。研究重点由推崇工具至上，注重工具自身特性到关注工具运用的环境等因素至新公共管理时期，新治理理论下多元主体多元工具的选择与应用。较之西方国家，国内政策工具理论研究相对落

① 对《嘉兴市主要污染物排污权交易办法实施细则（试行）》、《关于进一步规范排污权交易工作的通知》整理所得。

② 环保部门预先不打招呼，邀请公众采用暗查方式，对特定企业实行突击性检查和监测，这种方式被称为“飞行监测”。

后，但在实践中西方政策工具理论已得到借鉴引用。

在国内外政策工具的研究中，工具分类一直是重要的基础性研究领域。由于分类所依据的标准不一，学者们对政策工具的分类也就自然不同。他们从不同的角度出发把政策工具划分成不同的类型，但目前尚没有一种分类框架是完全令人满意和普遍适用的。

新治理是一种工具网络的治理结构。工具网络中公私主体由对立走向合作，政府的治理角色由命令控制转向与平等主体间谈判和磋商，广泛授权给内外的治理主体。

新治理范式下的政策工具有两类，即契约治理工具和合作治理工具。契约治理工具是执行的工具，执行的媒介是各种具有私法性质的契约。合作治理工具是决策的工具，决策的方式是协商，是平等的公民参与。

根据《公共政策工具：对公共管理工具的评价》一书的说法，政策工具选择存在五种研究途径，即传统工具途径、背景分析途径、制度分析途径、公共选择途径和政策网络途径。

影响政策工具选择的因素主要有政策目标、政策资源、目标群体、政策执行机构、政策工具应用的背景等。

政策工具选择和运用的过程，也是对各种政策工具的绩效特征进行评价的过程。如何建立一系列对政策工具共同的评价标准，是政策工具研究的一个重要领域。在公共政策分析领域，较为普遍的评估工具的标准主要包括有效性、效率和公平这三个方面。

在政策工具的实际应用中至少受到两个制约因素的影响。首先，一些工具在一段时间以后会变得过时，因为一些政策客体会学会如何应对这些政策工具，那么这些政策工具的效果会随着时间的推移而缩小。其次，政策制定者倾向于以同样的方式做出回应，而不管政策工具有效还是无效。政策工具效果递减规律与政策工具积累法则必然要求政策体制的创新，否则原有政策体制将会崩溃。

政策工具应用实践的特点是应用领域多元化，反映出政策执行的绩效呈现动态性。环境政策工具也应运而生，主要包括管制型环境政策工具、经济激励的环境政策工具、自愿型环境政策工具三种类型。

目前中国环境政策工具运用比较成熟的有排污许可、二氧化硫排放总量控制及排污交易政策、排污交易许可证等。嘉兴市排污交易更多地体现了经济激励环境政策工具的特点。它通过建立排污权储备交易中心中介平台，连接排污权出让方和申购方，进行市场化运作，成为我国排污权交易成功运作的典范。

➢思考题

1. 政策工具的内涵与特征是什么？
2. 简述政策工具研究沿革及趋势。
3. 影响政策工具选择的因素有哪些？
4. 如何构建政策工具选择的模型？
5. 如何确定政策工具效力评价的标准？
6. 契约治理工具与合作治理工具有何区别？
7. 阅读案例材料，运用政策工具理论对我国残疾人社会保障政策制定中政策工具的使用进行分析。

➤案例材料

我国残疾人社会保障现状①

残疾人群体规模庞大，结构复杂，对社会保障的需求巨大。我国现有各类残疾人达 8 296 万人，占全国总人口的 6.34%，有残疾人口的家庭户达 7 050 万户，涉及的家庭人口达 2.6 亿人。

在残疾人口中，按照残疾类型划分，肢体残疾、听力残疾、多重残疾、视力残疾位居前四位，其中：肢体残疾者 2 412 万人，占 29.07%；听力残疾者 2 004 万人，占 24.16%；多重残疾者 1 352 万人，占 16.30%；视力残疾者 1 233 万人，占 14.86%；精神残疾者 614 万人，占 7.40%；智力残疾者 554 万人，占 6.68%；言语残疾者 127 万人，占 1.53%。按照年龄划分，0～14 岁的残疾人为 387 万人，占 4.66%；15～59 岁的残疾人 3 493 万人，占 42.10%；60 岁及以上的残疾人 4 416 万人，占 53.24%，其中 65 岁及以上的高龄残疾人为 3 755 万人，占 45.26%。按照地域划分，主要分布在农村，其中：城镇残疾人 2 071 万人，占 24.96%；农村残疾人 6 225 万人，占 75.04%。如果再根据抽样调查资料做地区分布分析，还可以发现我国残疾人口的分布呈现出西高东低的格局，东部地区平均残疾率为 6.11%，中部地区的残疾率为 6.46%，西部地区的残疾率为 6.67%。按照性别划分，男性残疾人为 4 277 万人，占 51.55%；女性残疾人为 4 019 万人，占 48.45%。按照受教育程度划分，15 岁及以上的残疾人文盲人口(不识字或识字很少的人)为 3 591 万人，文盲率高达 43.29%。按照残疾等级划分，残疾等级为一、二级的重度残疾人为 2 457 万人，占 29.62%；残疾等级为三、四级的中度与轻度残疾人为 5 839 万人，占 70.38%。由此可见，我国残疾人不仅规模庞大、结构复杂，而且老年人居多、农村地区居多、文盲多、重度残疾人多，这些特点客观地反映了残疾人群体对社会保障的巨大需求。

全国第二次残疾人抽样调查资料表明，全国有残疾人的家庭户 2005 年人均全部收入在城镇为 4 864 元、农村为 2 260 元，而当年全国城镇人均收入水平为 11 321 元，农村为 4 631 元，残疾人家庭人均收入不足全国人均水平的一半。在所有残疾人家庭户中，有 12.95%的农村残疾人家庭户年人均全部收入低于 683 元，7.96%的农村残疾人家庭户年人均全部收入为 684～944 元，换言之，有 20%以上的农村残疾人家庭户生活在贫困之中。

从数据中我们可以发现，无论从总体，还是按各标准划分，残疾人的需求是巨大的、多样化的；同时，从年人均收入来看，残疾人明显低于同一地域的平均水平，而且差距相当大，这也客观上表明政府一方包揽残疾人社会保障事业是不现实的。恰恰相反，在我国，从建立残疾人社会保障制度至今，政府在提供残疾人社会保障的公共物品中一直占据着绝对的主导地位。尽管早在新中国成立之初的 1953 年和 1956 年分别成立了盲人福利会、中国聋哑人福利会，作为保障残疾人的专门组织，但直到 1960 年才召开全国盲人聋哑人第一届代表大会。1988 年，在中国残疾人福利基金会和中国盲人聋哑人协会的基础上成立了残疾人联合会。但总的来说，无论是盲人聋哑人协会，或是合并后的残联，都要在政府领导下进行业务展开，完全隶属于政府，是政府实现社会管理职能的职能机构。这种领导与被领导的关系，在一定程度上抹杀了残联作为社会团体的优越性，同样也带给残联浓厚的政府官僚色彩，造成残联既存在民间组织的志愿失灵，也存在作为政府职能部门的政府失灵，政府失灵与残联的双重失灵进而导致残疾人社会保障制度的混乱。其实质是政府包揽整个残疾人社会保障事业。这种大包大揽的结果一方面使政府各方压力极大，另一方面也无法保障残疾人的基本生活需求，广大残疾人仍然处于无保障状态。

---

① 第二次全国残疾人抽样调查领导小组、中华人民共和国国家统计局：《第二次全国残疾人抽样调查主要数据公报(第二号)》，中国残疾人联合会网，2007 年 5 月 28 日。

拓展阅读资料

1.〔美〕B. 盖伊·彼得斯，弗兰斯·K. M. 冯尼斯潘．公共政策工具：对公共管理工具的评价．顾建光译．北京：中国人民大学出版社，2007

2.〔英〕简·莱恩．新公共管理．赵成根译．北京：中国青年出版社，2004

3.〔美〕约翰·克莱顿·托马斯．公共决策中的公民参与：公共管理者的新技能与新策略．孙柏瑛，等译．北京：中国人民大学出版社，2010

4.〔美〕莱斯特·M. 萨拉蒙．新政府治理与公共行为的工具：对中国的启示．李婧，孙迎春译．中国行政管理，2009，(11)

5.〔瑞典〕托马斯·斯德纳．环境与自然资源管理的政策工具．张蔚文，黄祖辉译．上海：上海人民出版社，2005

6. 陈振明．政府工具导论．北京：北京大学出版社，2009

第四章

政策过程

【本章重点】

1. 政策过程及其理论构建
2. 政策过程的阶段论
3. 制度理性选择框架
4. 多源流理论
5. 倡导联盟框架
6. 政策扩散框架
7. 政策过程中的行动者网络

社会学家罗伯特·默顿提出建立中层理论的构想，认为中层理论的意义在于架构抽象理论研究与具体经验分析之间的桥梁，是一种介于抽象的统一性理论与具体经验性描述之间的理论①。德利翁也赞同政策研究应该更好致力于寻求一系列的中观理论而非得到一个政策的大一统的宏观理论②。政策过程理论作为中层理论应该成为政策科学研究和政治理论研究的核心问题之一。

第一节　政策过程的阶段理论

一、政策过程及其理论构建

政策过程可以从两个角度来理解。一是从政治系统论来探究。政策过程是指政策主

① 引自特纳 J H:《社会学理论的结构》(上)，邱泽奇译，华夏出版社，2001 年，第 23 页。

② 引自萨巴蒂尔 P A:《政策过程理论》，彭宗超、钟开斌译，生活·读书·新知三联书店，2004 年，第 36 页。

体、政策客体以及政策环境之间相互联系和相互作用，政策系统呈现的动态运行过程。在伊斯顿看来，政策系统政策环境首先把个人或团体的要求以及其支持传导给政策主体，输入政治体系中，然后经过政治体系内部的转换，输出政策方案，促使环境发生新的变化，而新的要求又随之产生。当这种新的要求重新反馈到政治体系中时，新一轮的政策又得以输出。因此，政策系统的运行表现为一个系统的不断输入、转化、输出的过程，在这种循环往复的过程中，政策系统才得以持续运行。

二是从政策过程的实质出发。政策过程实质上是一种政治过程。公共决策不同于市场决策，公共决策一般是国家、政府及执政党为公共物品的生产及供应，为宏观调控经济及社会的运行而做出决策。其中，公共决策的主体是国家、政府、执政党，它通过政治过程决定资源在不同公共物品之间的配置或决定全社会价值、利益在不同阶层、团体和个人中的分配[①]。因此，政策过程是集体行动的过程，本质是政治权力按照政治程序和规则运转的过程。

政策过程理论的概念至今还比较模糊和混乱，其一开始就被拉斯韦尔提出的“政策过程阶段论”主导，人们甚至将二者等同。拉斯韦尔把注意力特别集中于“政策过程”，或者是某个给定政府政策（或项目）在其整个“政策生命”（policy life）中将经历的功能性的时期或阶段。他特别强调他所定义的“政策过程的知识”以及“政策过程中的知识”，而且还构建了一个“概念图系”（conceptual map），以便指导人们在总体上了解任何集体行动的主要阶段，并且命名了他随后称做的“决策过程”（the decision process）的七个阶段，即情报（intelligence）、提议（promotion）、规定（prescription）、合法化（legalisation）、应用（application）、终止（termination）和评估（appraisal）。起初学者们都遵循这种传统的过程理论，而无意也无能力去构建新的替代理论框架[②]。所以，当其他政策过程理论框架出现和发展起来时，人们对政策过程理论概念的界定则变得措手不及和困难起来。

保罗·萨巴蒂尔把政策过程理论解释为政策过程（分析）框架，认为框架限定研究范围并指导分析者把注意力放在社会或自然的主要特点上。框架就是细化不同类型的变量及其相互之间的一般关系，研究它们如何组成一个固有结构。因此，为了解释或者预测这种政策过程必须构建一个框架，把探索工作组织起来[③]。

英国社会学家米切尔·黑尧把社会科学哲学本体论、认识论与政策过程的经验研究结合起来，在区分了国家与政策过程的三种理论模式的基础上提出了政策过程的研究途径，相应地，将政策过程研究归结为三种途径，即行动者（或行动）、结构主义、自主性国家。这一区分超越了结构-行动“二元论”，代表了西方政策过程理论乃至政治科学理论研究的新成果，为政策过程的理论研究提供了一份较为清晰的“路线图”[④]。

国内学者对政策过程做出不同的理论解释。例如，郑传坤把它解释为政策运行理论。他提出政策运行就是从政策产生到政策实施、政策终结，包括旧政策消亡、新制度

---

① 陈振明：《公共政策学——政策分析的理论、方法和技术》，中国人民大学出版社，2004 年，第 8 页。

② 萨巴蒂尔 P A：《政策过程理论》，彭宗超、钟开斌译，生活·读书·新知三联书店，2004 年，第 22 页。

③ 萨巴蒂尔 P A：《政策过程理论》，彭宗超、钟开斌译，生活·读书·新知三联书店，2004 年，第 7 页。

④ 任勇：《多元主义、法团主义、网络主义、政策过程研究中的三个理论范式》，《哈尔滨市委党校学报》，2007 年第 1 期。

产生的周而复始的运转过程。因此，他的政策运行论认为有效的政策运行分析应该将宏观的政策运行规律、周期与具体的运行过程、环节，政策运行功能、原则等基本理论与政策运行的实证分析、研究有机地结合[①]。石凯和胡伟认为引入范式这个词有益于分析科学史以及知识的创造过程，政策过程理论更主要的是突出政策过程的范式，研究政策过程出现的三种范式，即多元主义、法团主义和政策网络[②]。宁骚借用理论模型或称概念模型来解释政策过程理论，认为理论模型或概念模型指的是一组概念或命题按照其相互间的本质联系被组织在一起，从而形成一个逻辑结构严整的网络或框架；而西方经验的政策过程理论模型分为揭示认识论本质的政策过程理论模型和揭示社会本质的政策过程理论模型[③]。谢明将政策过程描述为政策生命周期，它试图通过阶段性的描述，对政策进行程序化的分析[④]。

政策过程理论的理论构建是指政策研究者基于一定的经验事实，在一定的理论和分析方法的指导下，通过某个或多个维度对政策的逻辑过程或过程中的各要素及各要素之间的关系进行分析和研究，形成的一组本质上相互联系的概念或命题，以及一个逻辑结构严整的框架体系。

二、政策过程阶段论

(一)政策过程阶段论的提出

1956年，拉斯韦尔提出了关于政策过程的七个阶段的划分，即情报、提议、规定、合法化、应用、终止和评估，实际上就是把研究的注意力放在政策过程中的各种功能活动上。

(1)情报。问题情景的信息是怎样收集的，处理又是怎样引起决策者注意的。

(2)提议。基于这一信息之上的政策建议是如何形成并提出的。

(3)规定。普遍的规则是如何通过及由谁颁布的。

(4)合法化。有谁决定特定的行为是否违反规则或法律，并要求对规则或法律加以遵守合法化。

(5)应用。特定案例中的争议是怎样处理和解决的。

(6)评估。怎样评价政策规则及决策过程的成功或失败。

(7)终止。规则与过程是怎样被终止的，或经调整后以改变了的形式继续存在着的[⑤]。

(二)政策过程阶段论的发展

在20世纪70年代中期以后，这种发源于拉斯韦尔的途径被一大批学者纳入研究视野，并将其不断发展，在阶段的划分上不同的学者提出了不同的看法。

① 郑传坤：《公共政策学》，法律出版社，2000年，第161页。
② 石凯、胡伟：《政策网络理论——政策过程的新范式》，《国外社会科学》，2006年第3期。
③ 宁骚：《公共政策学》，高等教育出版社，2003年，第277页。
④ 谢明：《公共政策分析》，中国人民大学出版社，2004年，第90页。
⑤ 钱再见：《现代公共政策学》，南京师范大学出版社，2007年，第132页。

詹姆斯·E. 安德森在《公共决策》一书中认为，前述的这些功能环节虽然被拉斯韦尔称为“决定选择”，但实际上已超过了某一特定的选择范围，并且事实上包括了对某些事物采取行动的过程，因而属于政策范畴。它包括了问题的形成、政策方案的制订、政策方案的通过、政策的实施、政策的评价①。

琼斯在《公共政策研究导论》一书中提出了政策运行六阶段理论，即问题确定、形成建议、决策过程、选定政策、政策执行和政策评估②。这些阶段包括了如下 11 个功能活动环节，即感知/定义、汇集、组织、表述、议程确定、方案形成、合法化、预算、执行、评估、调整/终结③。

巴隆波在《美国公共政策、政府行动》中提出了政策运行的五阶段理论：①政策议程设定阶段。公共问题被立法、司法或行政机构认可为公共议程的一部分；②政策规划阶段。界定问题，对支持和反对的意见进行汇总，设计解决问题的途径；③政策执行阶段。规划政策执行纲领，对政策的缺失部分进行修正；④政策评估阶段。对政策过程和政策影响加以评估；⑤政策终止阶段。政策可能由于失去支持未能实现或因成本过高而停止④。

拉斯韦尔的学生布鲁尔根据拉斯韦尔的思路发表的一篇题名为《政策科学的出现》的论文提出了政策过程的六阶段理论，即政策创议阶段、政策估计阶段、政策选择阶段、政策执行阶段、政策评估阶段、政策终止阶段⑤。

这种阶段途径由拉斯韦尔提出之后，经过了安德森、琼斯、布鲁尔等的论述，在 20 世纪 70 年代成熟起来，成为了解政策过程的基本的甚至是唯一的途径，被称为“教科书式的政策过程”或“启发性的阶段论”。

（三）对政策过程阶段论的评价

作为一种盛行 20 年之久的理论，政策过程阶段论对政策科学发展的贡献是不容置疑的。青木、狄龙、豪利特、拉米什、安德森等都赞同政策过程阶段论所做的贡献。其中，以安德森的评价较为系统。他把政策过程阶段论的优势概括为四点：第一，制定常常伴随上述活动顺序。第二，有序的方法可以变化。例如，经验表明需要列入例外的步骤，那么就可以在实际的分析中引进。第三，它描述了政策过程动态和发展的方面，而不是静态的平面。此外，阶段论强调政治现象之间的关系，而非简单地列举各种要素或提出分类结构。第四，有序的方法不受文化的限制，它能很容易地被用来研究外交决策系统中的决策。同时，它很容易进行比较⑥。

狄龙、豪利特与拉米什在承认其贡献的同时，也指出其局限性，主要集中在以下几点：首先也是遭受指责最多的是这一模型没有提供因果解释，没有解释驱动政策过程向前发展的动力，因此缺少预测的能力；其次它过于简化了纷繁复杂的政策过程，降低了

① 安德森 J E：《公共决策》，唐亮译，华夏出版社，1990 年，第 27～32 页。
② 魏姝：《政策过程阶段论》，《南京社会科学》，2002 年第 3 期。
③ 陈振明：《公共政策学——政策分析的理论、方法和技术》，中国人民大学出版社，2004 年，第 11 页。
④ 吴立明：《公共政策分析》，厦门大学出版社，2006 年，第 93 页。
⑤ 陈振明：《公共政策学——政策分析的理论、方法和技术》，中国人民大学出版社，2004 年，第 10 页。
⑥ 魏姝：《政策过程阶段论》，《南京社会科学》，2002 年第 3 期。

解释效率；最后它缺乏实证的基础。

对政策过程阶段论最有力的批判来自于史密斯(Dencins Smith)与萨巴蒂尔(Pawl A. Sabatier)。他们从六个方面提出了对政策过程阶段论的批判[①]：①阶段模型并非真正是一个因果关系模型；②阶段模型并没有为经验假设检验提供一个明确的基础；③启发式的阶段在构建一系列的阶段时存在描述不严谨的问题；④阶段隐喻法会受繁文缛节主义和自上而下关注等的困扰；⑤阶段隐喻法不适当地将政策周期强调为暂时的分析单元；⑥阶段隐喻法没有能够为整合政策分析与贯穿公共政策过程政策取向研究提供一个好的工具。

罗纳德·布鲁纳(Ronald Brunner)认为萨巴蒂尔的批判存在缺陷，认为这种批判反映了某种经验主义理论应用的褊狭性，忽略了拉斯韦尔所称的有助于整合政策事件的核心理论的存在；并且明确指出政策科学作为“科学”的目的是通过分享洞察力来更多地认识到自由选择的潜能，而不是预测[②]。

这一模型的支持者甚至指出，在批判政策过程阶段论基础上发展出来的许多替代性的政策过程理论事实上仍然可以纳入政策过程阶段论之中，如多源流解释框架(the multiple stream framework)、政策网络(policy network)、倡导联盟解释框架(the advocacy coalition framework)、间断-平衡理论(punctuated-equilibrium)等[③]。因此可以说，政策过程阶段论构成了其他政策过程理论发展的一个平台。甚至包括一些政策研究中的后实证主义的研究也可以整合进这一范式之中，如弗瑞斯特运用哈贝马斯的“交往理性”对政策过程中的交流问题进行的思考也可以被纳入拉斯韦尔所说的“情报”阶段中[④]。

对阶段过程批判并没有削弱它在政策科学领域的地位和意义，它是20世纪七八十年代较好的解释框架。一方面，它使政策科学有了丰富的新内容，如波尔斯比和其他政策学者们就曾强调高度的复杂性，这是在政治科学和经济学中寻找更为有力的假设一发生模型的那些理论家们可能忽略的东西[⑤]。另一方面，对政策过程的强调，使研究不再严格地依附于在政策科学中逐渐增多的公共行政和制度的研究，以及在经济学偏好中的准市场研究。这样，有助于一个新问题的导向视角合理化。也就是它使政策过程框架涵盖社会规范和个人价值观成为可能。

阶段论自然有其缺陷，犹如批判者所言：“阶段论把政策肢解成缺乏联系的几个阶段。”他们中有一部分人主张采用系统分析视角，以用整体的分析方法分析探索其复杂性、联系性的“大图画”。不过，他们所称赞的“圣杯式”的宏大理论固然好，但是正如约翰·梅纳德·凯恩斯所说的“粗略的正确总比精确的错误要好一些”[⑥]。抛弃拉斯韦尔的政策过程阶段论是不可取的，目前为止，还没有哪个理论能替代它。

---

① 萨巴蒂尔 P A:《政策过程理论》，彭宗超、钟开斌译，生活·读书·新知三联书店，2004年，第30～31页。
② 萨巴蒂尔 P A:《政策过程理论》，彭宗超、钟开斌译，生活·读书·新知三联书店，2004年，第30页。
③ 魏姝：《政策过程阶段论》，《南京社会科学》，2002年第3期。
④ 杨诚虎：《西方公共政策研究新进展》，《行政论坛》，2006年第5期。
⑤ 萨巴蒂尔 P A:《政策过程理论》，彭宗超、钟开斌译，生活·读书·新知三联书店，2004年，第27页。
⑥ 萨巴蒂尔 P A:《政策过程理论》，彭宗超、钟开斌译，生活·读书·新知三联书店，2004年，第40页。

第二节　政策过程的新理论框架

一、制度理性选择框架

保罗·A. 萨巴蒂尔在其所编的《政策过程理论》一书中提到“制度性的理性选择是本书所列的各种框架中发展最为完善的一种方法，被证明在美国甚或是德国都能运用”。不过近二十年的经验研究应用表明，这一框架在发展中国家也有广泛的应用前景。学者毛寿龙以及国内一些专家学者认为，这一理论框架可用于分析中国公共管理、公共服务与公共政策发展的制度基础问题[①]。制度理性选择不是单一的框架，而是一类框架。这类框架或途径的焦点是，制度规则是如何改变由物质上的自我利益所激励的自觉理性个人的行为[②]。2009年诺贝尔经济学奖得主之一的伊莉诺·奥斯特罗姆在《制度理性选择：制度分析和发展框架的评估》一文中对这种途径做了很好的说明。本章也将此框架作为重点理论进详细说明。

传统的公共治理理论——政府派和市场派理论在理论上都存在明显的困境，政府和市场都存在着一定的失灵问题。埃莉诺·奥斯特罗姆在此基础上建构了公共池塘资源(the common pool resources)模型，从理论和实证的角度阐述了运用非国家(集权)和非市场(私有化)的解决方案解决公共事务的可能性，认为“利维坦和私有化，都不是解决公共池塘资源的灵丹妙药”，“人类社会中大量的公共池塘资源问题在事实上不是依赖国家也不是通过市场来解决的，人类社会中的自我组织和自治，实际上是更为有效的管理公共事务的制度安排”。她寻找到了第三只看不见的手[③]。她的制度分析方法给予集体行动困境的解决或公共管理危机的克服颇多启示，她的多中心理论和制度理性选择框架等公共治理思想对现实公共事务管理有着相当积极的意义。

奥斯特罗姆分别研究了集权的制度、分权的制度和多中心的制度对可持续发展以及自然资源的管理诸方面的不同绩效和影响，为公共管理研究提出了一个新的视角。由此，我们可以将制度理性选择看做一个“关于规则、自然和物质条件以及共同体属性如何影响行动舞台的结构、个体所面对的对激励以及其结果产出的通用术语”[④]。

制度本身具有多样性与重叠性，由此奥斯特罗姆所提出的制度理性选择框架(图4-1)也是一个多样性与重叠性交织的框架。

制度理性选择框架的最核心部分被称为“行动舞台”。行动舞台是一个社会空间，在此空间内个体因利益或冲突而互动。它由行动情境和相关的行动者两组变量构成。所谓行动情境，是指直接影响作为研究对象的行为过程的结构，是行动和结果的激励因子和阻碍因子。它能够分析制度对人的行为及其结果的影响，能够区别并限定作为研究对象制度同其他制度的不同特点。它由七组变量构成，即参与者集合、参与者担任的具体职

① 毛寿龙：《西方公共政策的理论发展及其对本土化研究的启示》，《江苏社会科学》，2004年第1期。

② 陈振明：《公共管理前沿》，福建人民出版社，2002年，第188页。

③ 匡小平、肖建华：《埃莉诺·奥斯特罗姆公共治理思想评析》，《当代财经》，2009年第11期。

④ 朱华：《浅析埃莉诺·奥斯特罗姆的制度理性选择框架》，《科教文汇》，2009年第2期。

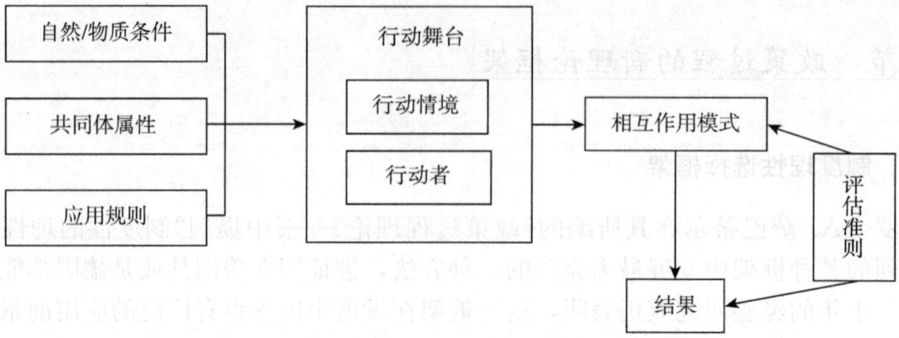

图 4-1 制度理性选择框架

务、容许的行为集合及其产生的关联、与个体性行动相关联的潜在产出、每个参与者对决策的控制层次，以及参与者可得到的关于行动情境结构的信息、成本和收益①。所谓行动者，是指处于行动情境中的独立个体或共同行为体。在奥斯特罗姆看来，在制度分析中对人类行为做出最好构建的是“经济人”模型，但是这种极端的假设由于当事人获取信息的能力以及其他众多因素的影响不可能达到，所以分析人员应通过对行动者的信息的获得能力、信息量的多少、成本-收益计算及具体体制的研究，建立一个行动者的有限理性模型，并将该模型与行动情境的相关结构相结合，做出关于行动者可能的行为及产生结果的预测。

制度理性选择框架的影响因素。制度分析者的兴趣并不仅仅在于关注作为基础单位的行动舞台，同样在于深入挖掘和探究影响舞台结构的因素。埃莉诺·奥斯特罗姆提出了三个因素，即应用规则、自然和物质的条件以及共同体的属性。

应用规则是指参与者制定的关于能做或不能做某事的强制性协定。所有规则都是为了维持良好的秩序和实现可预期的结果。依据规则对行动情境要素的影响，应用规则可划分为进入和退出规则、职位规则、权威规则、范围规则、聚合规则、信息规则、偿付规则等。

世界状态的属性指的是自然和物质的条件。与规则不同，自然和物质的世界属性主要影响可能的行为方案和结果，以及两者间的联系等。因此，同样的一组规则可以产生截然不同的行动情境。

共同体的属性是影响舞台结构的第三组变量，其主要内容包括“在共同体中普遍接受的行为规范、在构成共同体的人们取向上的认同程度、成员之间进行资源分配情况、在认识结构上的类似程度等”。通常用文化概念予以表达①。

制度理性选择框架的互动模式。由于在现实情况下，多个相连接的舞台的情形远远超过单一行动舞台。任一分析层面上存在多重和嵌套的行动舞台，在多层分析之间也有舞台重叠、嵌套现象，任何一者的改变方式都会受其他行为者的制约。因此即使一个行动舞台内的关系可能已经足够复杂，制度理性主义的研究仍然需要跳出单一舞台的局限，从全局出发对研究对象进行整体的把握。

① 朱华：《浅析埃莉诺·奥斯特罗姆的制度理性选择框架》，《科教文汇》，2009 年第 2 期。

制度理性选择框架是一个"关于规则、自然和物质条件以及共同体属性如何影响行动舞台的结构、个体所面对的激励以及其结果产出的通用术语"。它最主要的功能之一便是为行动者的行为做出解释与预测。奥斯特罗姆制度理性选择框架在多个领域内得到了广泛的应用，一个广泛的领域是美国城市地区的警察服务；另一个广泛的领域则是对公共池塘资源的研究。除此之外，制度理性选择框架还影响了其他许多问题研究。

二、多源流框架

多源流理论是由美国学者金登提出的，他于1976～1979年对美国联邦政府的多个部门进行了247次访谈，主要聚焦于卫生领域与运输领域，同时也进行了大量的案例研究和资料的收集，写出了《议程、备选方案与公共政策》一书。在这本书中，他主要探讨和回答了两个方面的问题：问题是如何引起政府官员的关注以及决策据以选择的备选方案是怎样产生的。

多源流理论的出发点是迈克尔·科恩、詹姆斯·马奇和约翰·奥尔森的"组织选择的垃圾桶模型"。垃圾桶模型是用以解释组织中决策制定的过程，强调的是一种"有组织的无序"，包含巨大的模糊性①。"有组织的无序"主要具备三个特征：①未定偏好。人们通常不知道自己需要什么。②不清楚的技术。组织成员对于该组织的过程没有很好的理解。③不固定参与。相关的参与者在决策过程中"漂进漂出"。他们认为大学和国家政府就属于这样的组织，贯穿其中的是四条分离的溪流，即问题、解决办法、参与者以及选择机会。这四条溪流是彼此独立、没有太多联系的。选择机会就是各种问题和解决办法在其产生时都会被参与者填入其中的一个垃圾桶，这几种要素在一个垃圾桶中彼此混合与作用，结果就是以这几个要素为自变量的函数。

金登沿用了垃圾桶模型的"有组织的无序"，但是他更强调的是"有组织的"。"有组织的无序"的三个属性是显见的，金登没有做出修改，但是他对溪流的看法有所不同，认为贯穿组织和决策过程的溪流是问题流、政治流、政策流三流。

(1)问题流。不管什么时候，人们总会意识到一些问题和情况的发生。那么人们是怎样了解实际情况的呢？有三种方法，即指标，焦点事件、危机与符号，以及反馈。首先，指标可以明显表示一个问题的存在。指标主要是指各种统计数据，像死亡率、GDP增长率、居民消费价格指数(consumer price index，CPI)等，国家统计年鉴就是各类指标的一个汇总。其次，一些问题引起政府内部及其周围人们的关注是由一些事件推动的，这些事件叫做焦点事件、危机与符号。例如，海啸会促使人们考虑建构自然灾害的预警机制。最后，反馈常常会推动人们对问题的关注。例如，一个项目运行到一定阶段，发现成本远远超过预期，那么就会促使相关人员对其进行重新分析。

(2)政策流。政策流涉及一个重要的概念——政策共同体。政策共同体是一个网络，包含学者、官僚、国会委员会委员和思想库中的研究人员等，他们共同对某一政策领域中的问题进行关注。不同的共同体团结程度不一样。如果共同体有着共同的思维方式、取向和事业等，则成员之间团结紧密；相对的，如果共同体由于这几个方面的不同而产

① 萨巴蒂尔 P A：《政策过程理论》，彭宗超、钟开斌译，生活·读书·新知三联书店，2004年，第94页。

生分裂，则会影响自身稳定。政策共同体中的倡议者被称做政策企业家，政策企业家提出倡议或者说他们愿意投入精力、时间、金钱来参与这一过程的诱因包括增进个人利益(保住饭碗、扩大机构、提升职位)、宣传自身的价值观或者只是纯粹的政策追星族[①]。金登认为，在共同体中，备选方案和政策建议的产生过程类似于生物自然选择的过程，最初的状态被描述为一盆政策原汤，在它的周围漂浮着各种意见主张。意见主张通过听证会、论文和会谈等进行试验和检验，或者变异，或者重组，只保留几个政策建议。留存下来的政策建议一般符合几个标准：一个是技术的可行性，就是政策建议是可以被执行的。第二个是价值的可接受性，幸存下来的政策建议往往与决策者的价值观念相一致。第三个是对于未来约束条件的预期应该符合一些未来的检验标准，如预算的约束、公众的默认和民选官员的批准。

(3)政治流。政治流包括：①国民情绪。国民情绪是指在一个国家里有大部分的民众都倾向于沿着某些共同的路线和方向进行思考，而且会经常地以比较明显的方式发生变化。政府参与者对国民情绪的意识使他们促进适合国民情绪的项目和妨碍一些不适应国民情绪的项目受到关注。在国民情绪促成项目提上政策议程过程中，公共舆论确定了公共政策的基本范围和方向[②]。②有组织的政治力量。这里主要是指各类利益集团。如果所有利益集团都存在一种共识，那么政府官员就会朝着那个方向运动。如果有组织的政治力量存在冲突的话，那么支持者与反对者之间的平衡就被打破，政府官员就需要对平衡做出评估，这取决于他们对各种群体的资源所进行的全面分析。③政府本身。其主要涉及关键人事的调整和管理权限问题。人事的调整不仅产生新的议程项目，而且还会使一些在别的时间可能被认为是值得考虑的项目得不到重视[③]。管理权限问题即议程的建立受地盘争夺战的影响。地盘之争一方面妨碍了政府采取行动的可能性(一个问题被两个部门共管，需要解决时需要协商或者产生互相推诿，造成拖延与妨碍)，另一方面常常促进一个项目被提上议程(争夺荣誉、权限和选民支持等)。

当三个源流都具备了以后，政策之窗就有了打开的可能性。政策之窗是政策建议的倡导者提出其最得意的解决办法的机会，或者是他们促使其特殊问题受到关注的机会[④]。政策之窗之所以会打开可能是因为政治溪流的变化(行政当局的变更、国民情绪的变化、政党或意识形态的改变)，也可能是因为一个新的问题或重大问题引起了人们的关注。政策之窗的敞开时间不会太久，当窗口被打开以后，政策企业家应该抓住机会。他们必须要有针对问题的可行的解决方案，并且要符合决策者的价值观。如果这三种因素缺少一种，即如果无法找到一个解决办法，不能够发现问题或问题不太紧迫，或者缺少来自政治溪流的支持，那么该主题在决策议程中的机会就会转瞬即逝。如果三个源流同时发生作用，则问题被提上议程的可能性大大增加。

金登的研究已经能够将原先的垃圾箱模型应用到国家层面的政策制定过程当中。但

① 金登 J W：《议程、备选方案与公共政策》，丁煌、方兴译，中国人民大学出版社，2004 年，第 155 页。
② 桑玉成、刘百鸣：《公共政策导论》，复旦大学出版社，1991 年，第 129 页。
③ 金登 J W：《议程、备选方案与公共政策》，丁煌、方兴译，中国人民大学出版社，2004 年，第 194 页。
④ 金登 J W：《议程、备选方案与公共政策》，丁煌、方兴译，中国人民大学出版社，2004 年，第 209 页。

是他的观点涉及的只是美国决策前的过程——议程确定和备选方案的细化[①]。扎哈里尔迪斯对金登的理论做出了三个方面的扩展和一个方面的修正。

三个方面的扩展：一是扎哈里尔迪斯将多源流框架运用到整个政策形成的过程(议程确定和决策)。他把决策过程定义为，政策制定者从一系列已经产生的可供选择的方案中做出具有权威性选择的过程。二是扎哈里尔迪斯认为多源流分析在政策比较研究中同样适用。金登以美国作为研究对象来对多源流的理论进行检验，十分强调模糊性。扎哈里尔迪斯的研究对象是英国、法国两国的三个部门，他认为虽然英国、法国在模糊性上不如美国明显，如决策者的偏好趋向不存在什么问题、成员流动性相对较少，但是仍然适用于多源流分析。三是对于分析单元的变化。扎哈里尔迪斯试图将单一问题模型化，聚焦于私有化问题。

一个修正：扎哈里尔迪斯将金登政治流包含的三个变量整合为一个概念变量——执政党的意识形态，这种整合更加符合相对集权的国家的情况。在许多其他的国家，政策会受到中央更加集权条件的限制，政党在限制政策选择中的作用相对较大[②]。

多源流理论被萨巴蒂尔誉为更有希望的理论性框架之一，它曾在很大范围的政策舞台上得以应用，社会科学引用目录中显示其年均被引用约 80 次[③]。金登运用多源流理论分析了卫生领域和运输领域，扎哈里尔迪斯则用其分析石油部门、电信部门和铁路部门。在国内的公共管理与公共政策研究领域中，近两年出现了一些学者运用“多源流框架”对中国公共政策制定过程进行分析(主要研究领域集中在教育、社会治安等)，并使用“多源流框架”对中外政策过程进行理论比较[④]。可见，多源流理论确实是被广泛地运用到许多领域。

对于多源流理论，学者们也提出了诸多的质疑，涉及的问题包括多源流的源流之间是否真正独立？政策之窗究竟在耦合过程中发挥着什么样的作用？活动家的战略对耦合过程有何影响？政策源流中的解决办法是否遵循渐进演化的规律？这种方法是否仅仅是一种启发式的手段？穆希尔劳尼认为源流之间是相互依赖的；夏普认为存在某些因素会使一个问题持续受到关注；扎哈里尔迪斯认为活动家的地位对其采取战略很重要；杜兰特和狄尔认为政策的演进形式既可以是种类过渡又可以是完全突变[⑤]。批评者的质疑促进了多源流理论的发展和完善，并拓展了其适用范围。

中国学者对多源流理论框架做了某些方面的修改。例如，关于三个源流的独立性，金登认为三个源流是独立的，有自己的生命，而国内的相关文献都倾向于认为三个源流是相互影响的，如“针对江浙跨行政区水污染事件的政策过程的演变，问题源流、政策

---

① 萨巴蒂尔 P A：《政策过程理论》，彭宗超、钟开斌译，生活·读书·新知三联书店，2004 年，第 101 页。

② 萨巴蒂尔 P A：《政策过程理论》，彭宗超、钟开斌译，生活·读书·新知三联书店，2004 年，第 104 页。

③ 萨巴蒂尔 P A：《政策过程理论》，彭宗超、钟开斌译，生活·读书·新知三联书店，2004 年，第 13 页。

④ 毕亮亮：《“多源流框架”对中国政策过程的解释力——以江浙跨行政区水污染防治合作的政策过程为例》，《公共管理学报》，2007 年第 2 期。

⑤ 萨巴蒂尔 P A：《政策过程理论》，彭宗超、钟开斌译，生活·读书·新知三联书店，2004 年，第 106～116 页。

源流及政治源流三者并非彼此独立，且各源流的出现存在一定的先后顺序”①。关于政治流，扎哈里尔迪斯将政治流中的国民情绪、有组织的政治力量以及政府本身三个变量整合为执政党的意识形态，以期更符合相对集权的国家的情况，而中国就是属于相对集权的国家，因而在运用多源流时，国内学者都比较重视对于政治流做出适应中国国情的修改与调整。

多源流理论有其缺陷和不足，如过分强调模糊性、不具有预测性等是后来批评者所主要针对的地方。但是正如《议程、备选方案与公共政策》一书的译者丁煌在前言中所说：“此书正是通过对作为公共政策形成过程之重要组成部分的议程建立过程进行深入、系统的探讨，在一定程度上弥补了公共政策研究领域的这一缺憾。”②

三、倡导联盟框架

正如政策科学由注重经验证实原则的实证主义发展到注重非理性的价值信仰的后实证主义的过程一样，政策分析理论从注重科学理性、强调价值中立的进步主义模型，发展到注重组织利益、强调经济理性计算的利益组织竞争模型，再到关注意识形态、强调价值与信仰的意识形态冲突模型。当代政策科学学者认识到之前被忽略的意识形态的重要性，并开始关注意识形态的研究。倡导联盟框架就是在这样的大背景下产生的，它突出地强调价值观和信仰在公共政策过程中的关键作用，具有鲜明的后实证主义色彩。

20 世纪 80 年代初，美国政策学者萨巴蒂尔和詹金斯-史密斯共同提出倡导联盟框架。在短短的十几年中，这个框架先后被美国、加拿大、澳大利亚、英国等学者广泛地运用，并且在大多数的政策领域获得了成功，特别是对于经济发展与环境保护政策领域具有很强的解释力③。目前，它已经成为政策科学发展的新动向和十分流行的趋势之一。

萨巴蒂尔在《政策过程理论》一书中写道，倡导联盟是来自不同职位的人，他们共享一个特定的信仰系统，即一套基本价值观、因果假设和对问题的感知，并且这些人长期对一项协调行动毫无争议④。简单地说，倡导联盟就是指具有某种共同信仰体系、长期协调行动的政策行动者群体。

从这个概念界定中我们可以发现，倡导联盟最重要的整合力量不是相同的利益而是相同的信仰体系，这也是它最主要的特征。萨巴蒂尔认为，信仰体系比利益更具有包容性和可验证性。因为虽然利益常表现为直观的实际利益，但在政策过程中，它最终要被观念化为人们的政策偏好或政策目标，政策过程就是信仰体系相互竞争实现过程。所以说信仰体系是该框架的中心之所在⑤。

倡导联盟框架把一个联盟的信仰系统构造为一个具有等级特征的三维结构，类似于

---

① 毕亮亮：《“多源流框架”对中国政策过程的解释力——以江浙跨行政区水污染防治合作的政策过程为例》，《公共管理学报》，2007 年第 2 期。

② 金登 J W：《议程、备选方案与公共政策》，丁煌、方兴译，中国人民大学出版社，2004 年，第 6 页。

③ 余章宝：《政策理论中的倡导联盟框架及其应用》，《厦门大学学报》，2009 年第 1 期。

④ 萨巴蒂尔 P A：《政策过程理论》，彭宗超、钟开斌译，生活 · 读书 · 新知三联书店，2004 年，第 190 页。

⑤ 余章宝：《政策科学中的倡导联盟框架及其哲学基础》，《马克思主义与现实》，2008 年第 4 期。

奎因的科学整体网络，处于中心的是深层核心信仰。它是一套远离经验世界的抽象的哲学信仰，是不易改变的，是个人从孩提时代逐渐形成的一套人生哲学信仰，如有关人性本善还是人性本恶的信仰等。这种信仰犹如宗教信仰一样难以改变，正是因其深层性，深层核心信仰实际上对所有的政策领域都有影响。最外围是第二层面的信仰，它直接与有关经验相关联，并随着新的经验事实不断进行调整和改变，是针对某个具体问题的具体的、工具性的策略。处于中间的是政策核心信仰，包括基本的价值偏好、问题的严重性等方面。它不像深层核心信仰那么抽象，也不像第二层面信仰那么具体，因此具有相对稳定性和一定的可变性。

倡导联盟框架认为，当人们对某个重要政策议题加以关注时，如加州水资源议题，就会形成一个有关该问题的政策子系统。在这个子系统中，存在着多个倡导联盟。不同的联盟由于信仰体系不同，政策偏好和政策目标也不同。他们都设法让自己的内核信仰转变为公共政策，因而公共政策主要反映了处于主导地位联盟的信仰体系。在案例中，当经济发展主义信仰系统占上风时，政府就兴建水利工程，当环境保护主义信仰占上风时，新建水利工程方案则很难被通过。

那么，如果政策子系统中的倡导联盟信仰体系影响力势均力敌时，会怎样呢？这时候就会产生政策僵局。在政策僵局中，联盟总想竭力扩大自己信仰体系的影响力，他们会借助各种专业论坛平台与竞争对手进行对话和辩论。就像我们刚刚的公共辩论一样。在对话过程中，联盟一方面设法维护自己深层核心信仰，另一方面会吸收竞争对手某些合理的因素，修改自己联盟的信仰(当然主要是第二层面的)。这种吸收竞争对手某些合理因素的过程就是政策学习的过程。所以可以说“正是由于价值观的冲突才产生了政策学习”。另外，在政策僵持中，来自不同联盟的冲突性策略还可以被第三方行动者协调，这个第三方称之为经纪人，经纪人的目的是找到一种能够减少冲突的合理的折中的办法。在这些因素相互作用下，政府最终形成政策产出，政策产出又反过来反馈到不同的政策倡导联盟①。

从 1987 年首次公开发表至 1999 年，倡导联盟框架已经作为一种关键的分析方式被应用到至少 34 个案例中。这些案例中有 23 个涉及环境和能源政策，其他还涉及教育、国防、电信管制等领域。应用的国家和地区包括西欧、加拿大、澳大利亚和一些发展中国家。我国目前对这一前沿理论还处于理论介绍引进阶段。

国外学者所做出的这一系列的应用案例，一方面证实了倡导联盟框架的科学性和广泛实用性，另一方面又对这个框架提出了许多批评。萨巴蒂尔与詹金斯-史密斯对自己的框架进行了反思和修正。例如，关于美国汽车污染的案例研究揭示了系统分析联盟的结构和稳定性状况的必要性，因为一个新生的联盟可能是易变和无形的，而经过一段时间，就可能发展成一个非常稳定的成熟联盟。

倡导联盟框架从一般的概念性框架出发，发展成为一个广泛应用的精致的框架。倡导联盟框架的策略是发展一个相对一致的理论，它能够解释很长一段时间内大多数的政策变迁与创新，而不是一个误导人们去解释百分之百的政策变迁的修正性的混合物。

---

① 余章宝：《政策理论中的倡导联盟框架及其应用》，《厦门大学学报》，2009 年第 1 期。

四、政策扩散框架

政策扩散框架(policy diffusion framework)由贝里夫妇在他们的两篇论文《作为政策创新的州彩票抽奖法》和《州的税制改革》中首先提出，也被称做公共政策创新的扩散。例如，朱德米将政策扩散定义为，“公共政策扩散(the diffusion of innovations)通常指的是政策创新的扩散”[①]。它是指一项政策或理念创新经由不同渠道，在不同主体之间被相互借鉴、采纳或不予采纳的过程。贝里夫妇认为政策扩散取决于两组决定因素。第一组因素是“内部因素”，包括社会、经济、政治以及其他能决定政府创新的特性；第二组是“区域扩散”，即如果临近的政府已经采取了某项政策，本政府采取该项政策的可能性更高[②]。贝里夫妇力图通过这个框架来解释跨州或跨地在采纳政策创新时的不同，他们将这个过程归纳为不同制度的特点和扩散过程的函数。

作为一种政策创新的传播或扩散，这个过程首先需要的是一项或一系列与政策有关的新质，以及这些新质向外传播所要具备的特定条件。所以，要厘清政策扩散的具体含义，应该从政策扩散的前提开始。

政策扩散至少应该具备以下几方面：①具体的政策创新。埃弗雷特·M. 罗杰斯将创新解释为一种思想、一种实践或是一个被个人或其他采纳团体认为是崭新的东西。政策创新是政策扩散的必要条件，如果仅仅是一项旧的政策，则不存在扩散的必要。在罗杰斯看来，扩散是创新通过一段时间，经由特定的渠道，在某一社会团体的成员中传播的过程，它可以被定义为社会系统的结构和功能发生变化的过程。这样的变化可能通过其他方法发生，如通过一场政治创新，通过干旱或地震之类的自然灾害，或者通过一项政府法令[③]。②信息传播。信息传播是政策扩散的主要介质，可促进或阻碍政策扩散，贯穿于扩散的全过程。可以说信息传播在政策扩散中占据了相当重要的地位，起到了桥梁的作用。就像声音无法在真空中传播一样，如果没有信息传播，政策将无法从一个区域扩散到另外一个区域。而在信息传播中，大众媒介更是充当了核心的作用。研究者之所以要探讨大众媒介在创新扩散中的作用，主要就是由于大众媒体的“把关人”功能。要理解把关人功能，必须先弄清两个概念——来源和渠道。来源是指产生一种信息的个人或社会事业机构；渠道是指从来源获得信息并输送给接收者的手段或方式。政策扩散从内容的来源到传播对象，必须经过媒介这一关，它是唯一的渠道。因此，大众媒介是政策扩散研究中最为重要的一个方向。③政策实践。政策实践过程往往伴随着政策的扩散，它是政策主体间相互学习、借鉴与融合的过程。如果在某一区域内缺乏政策实践，即使具备政策创新与信息传播，政策也无法扩散。

因此，政策扩散只有在此三者兼备的情况下才可能成功地进行。政策创新是政策扩散的中心，信息传播与政策实践是政策扩散的必备条件，特别是大众媒介在信息传播中扮演着十分重要的角色。当这三者协调有序地发生时，政策扩散就能够顺利地进行，直

---

① 朱德米：《公共政策扩散、政策转移与政策网络——整合性分析框架的构建》，《国外社会科学》，2007年第5期。

② 转引自：郑丽兰：《大众媒体在公共政策扩散中的作用》，同济大学硕士学位论文，2008年。

③ 罗杰斯 E M：《创新的扩散》，辛欣译，中央编译出版社，2002年，第118页。

到产生相应结果。

当一项政策的扩散面临巨大的诸如社会环境、大众媒介等一系列的阻力时，政策很可能根本无法进行扩散，也就是说扩散的信息传播渠道并未完全打开，抑或是政策实践缺失。此时就需要政策主体给予适当的推力，打通关键节点，使信息沟通上的障碍得以消除，使其能够完成必要的扩散。在此条件下的扩散结果，也许能超过预期，也许会低于预期，甚至进展十分缓慢。以极具中国特色的政策试点模式为例，该模式为一种试错方法，先由上至下，再由下至上进。如在我国的某个地区进行某项新政策的实验，在达到目标效果的前提下，将该政策从试点范围扩展开来，由点到面，直至覆盖能够覆盖到的范围。我国的政策试点与政坛上的苏州现象就是很好的成功实例。

政策扩散框架作为一种新的政策过程视野，虽然与传统的政策阶段理论并未完全对应，但是也较为完善地涵盖了基本的政策过程。以上的分析更是证明了这一点。政策扩散是从不同的角度入手研究政策过程的，研究的对象主要是扩散过程和扩散速度。通过以上分析，我们可以看到大众媒体在政策扩散的过程中发挥了相当大的作用：从横向上来看，大众媒体在政策扩散的整个系统中均发挥着作用，包括传播系统、搜寻系统、选择系统和学习系统；而作为一个中介，大众媒体很好地将这几个系统连接起来，使之成为一个聚合的整体。

目前，关于创新扩散的研究仍主要集中于技术创新的扩散，而在政治、政策等领域，由于政策的创新与扩散的界定、度量、量化以及跟踪都很难有一个精确的标准，以及存在着方法论上的问题，如不容易在物质方面跟踪或者观察等条件的制约，以至于政策扩散的发展受到了制约，涉足的人仍然十分有限。具体到我国，关于政策扩散的译著、著作几乎为空白，仅仅在公共管理学政策过程框架中稍稍提及。在美国，研究对象也聚焦在具体领域和个案的研究方面，尤其是关注 OECD、欧盟等成员国之间的政策扩散，其主题有中央银行的独立性、管制影响评价、新环境治理工具、移民政策、汇率政策、税收政策、新公共管理运动等①。

第三节 政策过程中的行动者网络的案例分析

中国同西方国家的政治、经济、社会、文化环境都有一定程度的区别，因此在理论的运用过程中，只能部分地解释政策问题，为了更好地分析和解读中国的政策过程，必须对西方学者的理论进行本土化。应用多源流理论对我国学术界两起较大的剽窃事件进行分析，出现了相似的问题流、政策流、政治流政策之窗开启情况不相同的现象，针对这样的问题，寻找适合解释中国政策过程的本土化理论。

一、理论说明

对本章后面的案例材料运用金登的多源流进行分析，问题流、政治流和政策流都非常的相似，但是政策之窗的开启情况正好相反，如表 4-1 所示。

---

① 郑丽兰：《大众媒体在公共政策扩散中的作用》，同济大学硕士学位论文，2008 年。

表 4-1 李富斌事件、汉芯事件多源流比较

事件	李富斌事件	汉芯事件
问题流	举报、相关部门报道、报纸披露	举报、报纸披露
政治流	大众媒体、相关部门	大众媒体、相关部门
政策流	对李富斌进行处罚	对陈进进行处分
政策之窗	未开启	开启，出台处理办法

国内有学者对这样的情况进行分析，提出了多层流理论，该理论由清华大学人文社会科学学院科技与社会研究中心王程韡博士在 2008 年中国政策过程理论与实践研讨会上提出，他认为三个源流并不是一成不变的，而仅仅作为触发机制或备选方案去等待着耦合的时机；相反，问题本身就是一个复杂的演化过程，从而决定着政策议程的形成也呈现出多层流演变的态势，如图 4-2 所示。

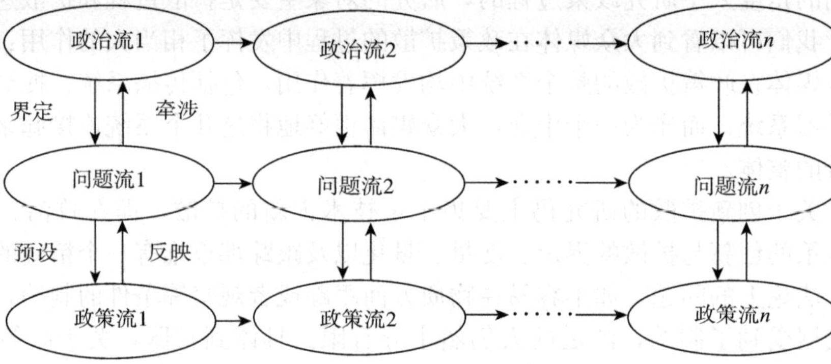

图 4-2 多层流演变

二、案例分析

笔者根据多源流理论、多层流理论、触发机制，以及拉图尔的行动者网络理论对中国的政策过程中的行动者网络加以理论说明。

根据《公共政策的制定——程序和原理》的作者拉雷·格斯顿的说法，公共政策是由那些掌握和影响官方政府职能的人们所做出的基本决策、承担的义务与其行为的结合。在多数情况下，这些组合由那些要求变化者、决策者和受到该政策影响的人们之间相互的作用而产生。由合法当局做出的决定——最为普遍的是一个或多个政府办公室——为了回应政府外部和内部的人的压力，被迫重新做出合理的决定①。

公共政策的产生，是问题到了社会第一个部门或若干部门要采取行动的程度，在政治过程的背景中，一种处罚机制就是一个重要事件(或整个事件)，该事件把例行的日常问题转化成一种普遍共有的、消极的公众反应。公众反应成为政策问题的基础，而政策问题随之引起触发时间。当一个事件把一种消极状况催化为要求变化的政治压力时，就会因触发机制的持久性而发生性质改变。作为公共政策的催化剂，触发机制的价值来自

① 格斯顿 L N:《公共政策的制定——程序和原理》，朱子文译，重庆出版社，2001 年，第 5 页。

于三个因素的相互作用，即范围、强度和触发时间。这三个因素共同构成要求政治变化的核心因素。每个因素的出现与其他因素结合起来，形成触发机制对公共政策过程的潜在影响，以及发生变化的可能性。范围是指受到触发机制影响的人的数量，强度是指公众感觉的时间紧迫感，而触发时间是指一个重要时间展开的时间段①。

政策过程中有着不同的行动者，他们形成行动者网络。首先，政策行动者需要一个脚本，也就是要告诉别人需要建立一个什么样的网络，而这样的脚本的建立是采取行动的一个体现，也是政策行动者对问题的一个界定。通过这样的一个脚本去吸引其他人的目光，然后，政策行动者对所要建立的这个网络确定特定的主张和目标，要使其他行动者接受其对问题的界定。同时，行动者为了达到其政治追求也会招募其他行动者，激发其他行动者的兴趣，从而扩大政治影响力。政策行动者问题的界定，以及目标和主张会吸引其他行动者进入或者淡出网络，通过以上过程，在网络中可以形成不同的范围、强度，以及触发时间，政策行动者最终的结果是形成了一个有特定的目的、动态的行动者网络，如图 4-3 所示，*A* 代表行动者，*A*1 代表非人行动者，*A*2 代表人类行动者，*S* 代表脚本，*O* 代表主张、目标。

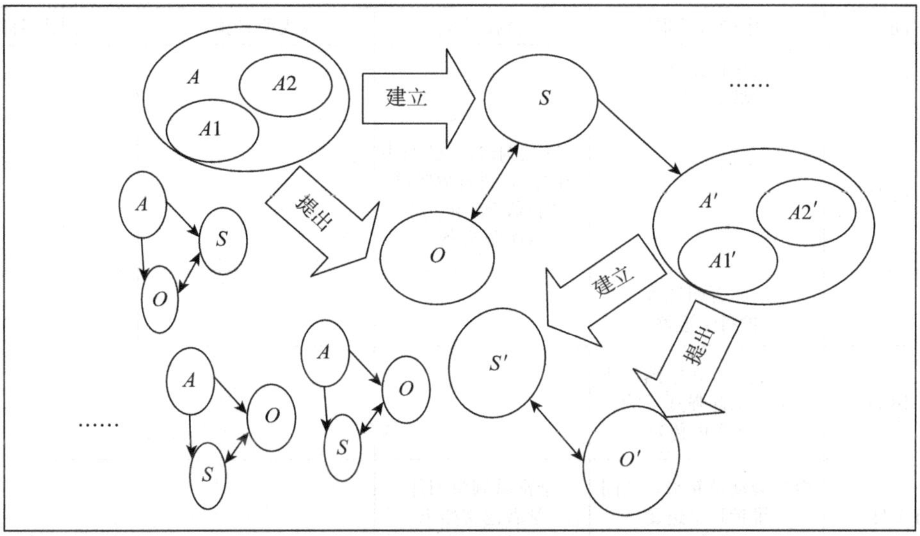

图 4-3 政策过程行动者网络

下面我们从政策过程行动者网络来看李富斌事件和汉芯事件。

1. 李富斌事件

对于李富斌事件，网络中的非人行动者有学术道德、学校荣誉等，人类行动者主要有学者、科学技术部、中国矿业大学、民众、媒体，他们背后的主要信念体系有异，不同的行动者的脚本不尽相同，但对待李富斌抄袭论文基本都是将问题界为剽窃、个人道德败坏，提出的主张和目标是对他进行批判、处理。

具体分析如下，以学者及科学技术部为代表的行动者网络中，非人行动者学术道德

① 格斯顿 L N：《公共政策的制定——程序和原理》，朱子文译，重庆出版社，2001 年，第 22～27 页。

通过科技界的关键人物表达出来：①中国科学院数理学部委员何祚庥对所涉文章进行核对，希望该事件能得到科技界的普遍关注，共同来谴责和制止这种不正当行为；普遍提高对科技界里出现的"假冒伪劣产品"的识别能力。②国家自然科学基金委员会副主任陈佳洱教授认为，李富斌的剽窃行为是一种侵权的犯罪行为。③原国务委员、国家科委主任宋健两次就李富斌事件给国家自然科学基金会批示，"李多次抄袭，弄虚作假，骗取名誉，不仅损害了中国科学界的信誉，而且是一种犯罪行为。对这种行为必须给予公开揭露和严肃处理"，"只有对那些以科学之名行骗的人给予公开的、毫不留情的揭露，才能在科学界建立起真正的马克思主义的科学精神"。但是他们所建立的网络中脚本是对李富斌进行道德的批判，也就是说是定性为道德问题，因此在这个行动者网络中，所设定的目标也就是对李富斌个人的处理。

同时以揭露真相为行动准则的媒体所做出的行为是大篇幅地报道李富斌的造假事件，其目标是引起民众和有关部门的重视，解决相关问题，从报道的内容上可以看出，媒体的脚本也是针对李富斌个人的，如表 4-2 所示。

表 4-2 国内媒体对李富斌事件的报道情况①

时间	《中国科学报》	《科技日报》	《光明日报》	《人民日报》
1 月 13 日	首次揭露李富斌剽窃行为			
1 月 14 日		李富斌剽窃论文"两头在外"，科技界呼吁"打假"整顿学风（头版头条）		
1 月 15 日	旗帜鲜明地维护科学道德			
1 月 18 日	李富斌事件在中国矿业大学引起强烈反响（4 篇电传）			
2 月 1 日	全社会动员起来，共同维护科学道德（8 篇）	李富斌剽窃国外学者论文始末（第一版）		
2 月 3 日		李富斌剽窃成果被严肃处理——国家基金委采取措施杜绝弄虚作假（头版）	剽窃科研成果者戒——李富斌受到严肃处理并调离教师岗位（头版）	对科学骗子发现一个处理一个——中国矿业大学给予李富斌开除留用查看处分（第三版）

中国矿业大学作为行动者，在其行动者网络中维护学校荣誉、保证学术道德是其背后的理念，因此在处理李富斌事件上，从前面多源流的分析中可以看出是一开始就选择了将问题大而化小的低调处理办法。

① 王程韡：《从多源流到多层流演化：以我国科研不端行为处理政策议程为例》，《科学学研究》，2009 年第 27 卷第 10 期。

2. 汉芯事件

汉芯事件的非人行动者主要有学术道德、学校荣誉，此外还有国家形象和管理体制，人类行动者主要有学者、科学技术部、教育部、上海市政府、上海交通大学、民众、媒体，对事件的界定，也就是脚本为虚报科研成果、立项审批问题、资金审计与监督、科技成果验收鉴定与评审，因此提出的主张和目标也不仅仅是处理陈进，而有更深层次的科研体制的改善。

汉芯事件对于处理陈进的行动者网络与李富斌事件大致相同，因此在此不再重复论述，在汉芯事件被举报的同时，问题也被推到体制的层面，学者和相关的科技部门在对待汉芯事件上提出了不同的疑问，如陈进曾获得大量科技项目巨额资金支持，都是经过专家评审与主管部门审查批准的，我国科技项目的立项评审存在哪些不尽完善的地方？陈进许多项目的验收和成果鉴定，都经国内权威机构测试和著名专家评审，我国现行的科技成果验收鉴定和评审是否存在问题？“汉芯”作假大量转移国家资金，是否进行了审计与监督？媒体也对此事件有着不同于李富斌事件的后续报道，如7月19日的《工人日报》果敢地抛出了这样的论述：“从表面上看，陈进过五关斩六将的骗术确实太高明……陈进通过哪些手段，又都搞定了哪些知名专家，这难道不值得追问吗？……‘汉芯一号’事件是一次集体性的科研造假和学术腐败事件，没有对相关责任人的全面追究，科研领域甚嚣尘上的学术腐败就难以真正禁绝。”可以看出“汉芯事件”涉及国家公信力，媒体又将矛头指向了科技管理部门的合法性或者说科技管理体制中存在的问题。

通过表4-3可以看出，李富斌事件和汉芯事件能够取得不同的政策结果的原因是政策行动者网络不同，汉芯事件的网络远远比李富斌事件要大，从而触动了政策制定者，需要对该事件进行有效的收敛，出台政策。

表4-3 政策过程行动者网络理论比较

		李富斌事件	汉芯事件
行动者	非人行动者	学术道德、学校荣誉、真相	学术道德、学校荣誉、国家形象、管理体制、真相
	人类行动者	学者、科学技术部、中国矿业大学、民众、媒体	学者、科学技术部、教育部、上海市政府、上海交通大学、民众、媒体
脚本		剽窃、个人道德败坏	虚报科研成果、立项审批问题、资金审计与监督、科技成果验收鉴定与评审
目标		批判、处理	处理陈进、科研体制的改善

综上，分析中国的政策过程不仅仅是要考虑行动者网络，而且需要考虑一个事件的触发机制、演变过程以及行动者本身的有限理性，它们都会受到技术、经济和文化等社会因素的影响，在分析任何一个政策的出台时都要从更广阔的社会背景中去思考，这需要广大从事公共政策研究的学者们共同努力。

➤本章小结

19世纪70年代，拉斯韦尔提出的“政策过程阶段论”开启了这个神秘而又深邃的通向政策过程之门。此后，它被一大批学者纳入研究视野，并将之不断发展。虽然在最近二三十年，政策过程阶段论受到诸多质疑和批判，学者们并提出了若干政策过程的新理论框架，但是迄今为止，还没有哪个理论能替代它。

制度理性选择框架作为较有代表性的模型，从规则、自然和物质条件，以及共同体属性的角度出发，为政策过程研究提供了一套不同于以往的框架。通过探讨这些因素对行动者的影响，较为全面、直观地展示了政策活动的整体过程。

多源流理论通过三个相互独立的源流对政策过程做出了理论的分析，多源流理论在西方公共政策过程分析中应用较为广泛，对我国公共政策过程分析的发展也起到了重要作用。多源流理论在未来还有很大的发展潜力，被保罗·A. 萨巴蒂尔归为更有希望的关于政策过程的理论性框架之一。

倡导联盟框架产生于20世纪80年代初，是由美国政策学者萨巴蒂尔和詹金斯-史密斯共同提出的。这个框架解释了那些具有某种共同信仰体系、长期协调行动的联盟的行动，以及联盟间相互影响是如何影响政府决策，最终导致政策产出和变迁的过程。

政策扩散框架是贝里夫妇首先提出的。它是指一项政策或理念创新经由不同渠道，在不同主体之间被相互借鉴、采纳或不予采纳的过程，因此也被称做公共政策创新的扩散。

本章最后运用政策过程中的行动者网络对李富斌事件及汉芯事件进行案例分析。

➤思考题

1. 什么是政策过程?
2. 如何评价政策过程阶段理论?
3. 简述政策过程的几种新理论框架。
4. 如何看待政策过程理论的本土化?
5. 运用政策过程新理论框架分析李富斌事件、汉芯事件。

➤案例材料

李富斌事件和汉芯事件①

一、李富斌事件

李富斌，1968年12月兰州大学现代物理系原子核物理专业毕业，先后在宁夏回族自治区银川市新市区8039部队农场、原冶金部第四冶金建筑公司第五公司第五中学、中国科学院兰州近代物理研究所、西北建筑工程学院基础课部等单位工作，1985年3月调入淮北煤炭师范学院物理系任教，1991年2月调入中国矿业大学数学力学系任教。

1. 李富斌剽窃论文前后

1990年，李富斌在美国权威杂志《数学物理杂志》发表题为《在直接相互作用中N个相对论粒子的非相互作用定理的证明》论文；又在《瑞士物理学报》发表题为《标量粒子和旋量粒子的非相对论超对称二体方程》论文。但这两篇论文后来被证实“几乎逐字抄袭”意大利人 G. Marmot、J. Samuel、A. Simoni、F. Zaccaria 和土耳其人 Z. Aydin、U. Yilmazer 的文章。1991年，李富斌以“关于库仑系统中电流的非平衡涨落的研究”为题，申请国家自然科学基金，其项目号19175146，获准1.5万元资助。他在该项目申请书中列出论文目录51篇，其中外文论文25篇。经查实，李富斌公开发表的外文论文只有6篇，其中3篇已有问题；其他19篇未发表，却编造了年代、卷期号、杂志名称和论文题目。是年2月，土耳其安卡拉大学工程物理系致函淮北煤炭师范学院，认为李富斌1990年发表在《瑞士物理学报》第63期第922～928页上的文章，完全抄自于与另一位意大利学者两年前在《新试验》杂志第

---

① 羌著：《李富斌事件始末》，《现代物理知识》，1993年第3期；王程韡：《从多源流到多层流演化：以我国科研不端行为处理政策议程为例》，《科学学研究》，2009年第27卷第10期。

99A期上的文章，公式和参考文献完全相同。来信认为："这位作者的态度完全违背了我们物理学者所信奉的科学与诚实的宗旨。"同年，《瑞士物理学报》编辑部发表声明："Z. Aydin和U. Yilmazer教授告诉我们，李富斌在《瑞士物理学报》1990年第63卷第922页上发表的题为《标量粒子和旋量粒子的非相对论超对称二体方程》的论文，实际上是逐字逐段地抄写了他们三年前发表在*NUOVO CIMENTO*上的文章——《欧几里得超对称与相对论二体系统》(1988年第99A卷)。我们感到遗憾的是，这一事实没有被审稿人和编辑注意到。为此，我们不得不谴责这种不能容忍的剽窃论文、侵犯著作权的行为。"1992年，美国《数学物理杂志》编辑部在该刊第33卷第2938页上发表如下声明："我们得知，中国淮北煤矿师范学院的李富斌在《数学物理杂志》(1990年第31卷第1395～1339页)发表的《在直接相互作用中 N 个相对论粒子的非相互作用定理的证明》一文，实质上是G. Marmot、I. Samuel、A. Simoni和F. Zaccaria等发表在1990年第100A卷第447～461页上文章的抄件。李富斌承认，他的文章是'弄错了'才提交的。因此，我们决定把他的文章从记录中撤销。"同年9月，中国科学院数理学部委员、中国科学院理论物理所所长郝柏林致信《中国科学报》，披露李富斌剽窃论文一事："最近，两位正在国外访问的青年学者，介绍我读了两则国际刊物的编辑部声明。一则在《瑞士物理学报》1991年第64卷211页上，另一则在《数学物理杂志》(美国)1992年第33卷2938页上。两者都揭露中国淮北煤矿师范学院教师李富斌，分别把土耳其和意大利作者已经发表的文章几乎逐字抄来，冒充自己的文章，混过审稿人和编辑发表出来。我查阅了所涉文章，情况属实。"他认为："老老实实是科学工作者的第一要求，我们必须谴责一切剽窃行为。"据报载：中国科学院数理学部委员何祚庥费尽周折，找到所涉文章，发现李富斌"几乎是一字不差地抄袭了原文"。同年11月前后，国家自然科学基金委员会相继接到国内学者反映，揭露李富斌上述抄袭行为。

2. 科技界对李富斌事件的反应

1)国内权威报刊报道

率先向国内读者披露李富斌事件的，是《中国科学报》。该报在1993年1月13日第二版，以整版篇幅刊登学部委员郝柏林致《中国科学报》信函，以及学部委员何祚庥题为《科技界也要打假》的重要文章。该报还刊登了《瑞士物理学报》编辑部、美国《数学物理杂志》编辑部的声明，以及土耳其作者的论文与李富斌抄袭后的论文的对照片段、意大利作者发表在《瑞士物理学报》上的论义导语部分与李富斌抄袭后的导语部分。该报在"编者按"中写道："我们认为，'李富斌事件'不能不引起我们的警惕，对科技界、教育界更是具有普遍教育意义。对此，李富斌本人，淮北煤矿师范学院及其主管部门和科技界广大读者，不知作何感想，我们热切期待下文。"

第二天，《科技日报》在头版头条发表题为"李富斌剽窃论文'两头在外'，科技界呼吁'打假'整顿学风"的有关报道。还在显著位置发表国家自然科学基金委员会主任张存浩题为《应该旗帜鲜明地维护科学道德》的文章，以及国家自然科学基金委员会的《对李富斌严重剽窃行为的处理公告》。

第三天，《中国科学报》在第二版"科技界对李富斌事件的反应"栏目上，发表学部委员张存浩的文章。文章认为："科学界凡了解李富斌逐句逐字抄袭他人成果等丑陋欺骗行为的人，无不义愤填膺，一致认为不对其严肃处理，就无法以儆效尤。"文章还说："不要说李富斌之流，就是曾经卓有成就的科学家，如果后来一旦发表了不诚实的著作，同样会为科学界所不齿。如果合伙狼狈为奸，或制造发表假成果，或谎报虚报成绩，或互相包庇，那就更加恶劣。到那时，科学界的公正舆论一定会起来予以严正揭露。尽管科学界还有待消除门户之见或其残余，但总地说，科学界的舆论是公正的，这种公正性是科学繁荣的一个保证。"

1993年2月1日，《科技日报》在第一版发表记者谢宁题为《李富斌剽窃外国学者论文始末》报道，通报了1月13日下午在中国矿业大学某会议室举行的"科学道德法庭"上，国家自然科学基金委员会宣布：中国矿业大学讲师李富斌弄虚作假，肆意剽窃，严重败坏了科学道德，丧失了一个科学工作者起码的品质，在国内外学术界造成十分恶劣的影响。根据国家自然科学基金项目管理有关规定，决定撤销李富斌国家自然科学基金项目，并无限期取消其申请国家自然科学基金的资格。报道认为：这是我国自实行科学基金制度以来，所发生的第一起因科学道德问题而进行严厉处罚的事件；也是自新中国成立以来，自然科学领域基础研究方面少有的一次“科学道德法庭”的庄严宣判。

1993年2月3日，各报纷纷报道处理结果。《人民日报》在三版所用标题是《对科学骗子发现一个处理一个》，附题是《中国矿业大学给予李富斌开除留用察看处分》。《光明日报》在头版所用标题是《剽窃科研成果者戒》，附题是《李富斌受到严肃处理并调离教师岗位》。《科技日报》在头版所用标题是《李富斌剽窃成果被严肃处理》，附题是《国家基金委采取措施杜绝弄虚作假》。

《物理学报》杂志在1993年第2期上同时报道李富斌事件。《现代物理知识》杂志在1993年第3期发表芫茗的题为《李富斌事件始末》长篇报道。

2)有关单位与权威人士态度

中国矿业大学校长彭世济研究员认为：“李富斌在国际学术界明目张胆地进行剽窃，其影响很恶劣，败坏国家声誉、败坏学术界和所在单位的名誉。”他呼吁：“加强科学道德观的同时，制定有关的‘反科技成果及论义剽窃’的有关法规，使一切诚实的劳动者受到保护，使剽窃者能受到谴责以外的法的制裁，该是我们行动起来抵制科技界的假冒行为的时候了。”

中国矿业大学副校长黄志正研究员表示：坚决拥护国家自然科学基金委对李富斌的处理决定。中国矿业大学科研处处长崔广心教授希望“前车之鉴，后事之师”。该校钱鸣高教授建议通过这个事件教育科技界，树立真正的科学道德。

中国科学院数理学部委员何祚庥研究员表示：“我们支持这两个国际刊物对李富斌的批评和谴责，并希望能得到科技界的普遍关注，共同来谴责和制止这种不正当行为!”“科技界也有假冒伪劣产品!这也许是在商品经济社会里所必然伴随出现的现象，并不值得大惊小怪。但是，更重要的是要发扬严肃、严格、严密的学风，讲求科学道德，普遍提高对科技界里出现的‘假冒伪劣产品’的识别能力。”“揭发李富斌抄袭行为的报道，我以为是极有价值的，它对我国讲求科学道德、整顿科技市场，将产生长远的影响!”

国家自然科学基金委员会副主任陈佳洱教授认为，李富斌的剽窃行为是一种侵权的犯罪行为；国内外科学工作者向国家自然科学基金委员会反映情况，充分说明我国科技界正气凛然，对剽窃和欺骗行为绝不姑息，我向他们表示敬意和感谢。

中国统配煤矿总公司教育局局长鲍恩荣在一次新闻发布会上表示：李富斌的剽窃和弄虚作假行为是极不道德的，是一种犯法行为。他不仅玷污了人民教师的光荣称号，而且在国际上严重损害了我国科学界的信誉，影响十分恶劣。他还表示，中国统配煤矿总公司决定，向全煤炭系统的高等学校和科研设计部门通报李富斌剽窃、作假事件，要求各级领导、全体师生和科技工作者都应当从李富斌事件中吸取深刻教训。

国家自然科学基金委员会有关负责人认为：李富斌错误的主要表现，一是剽窃外国作者论文，在国际上造成恶劣影响，严重损害了我国科学界的声誉；二是在申报国家自然科学基金项目过程中弄虚作假，谎报成绩，骗得科学基金资助。

国务委员、国家科委主任宋健两次就李富斌事件给国家自然科学基金会批示，认为，“李多次抄袭，弄虚作假，骗取名誉，不仅损害了中国科学界的信誉，而且是一种犯罪行为，对这种行为必须给予公开揭露和严肃处理”，“只有对那些以科学之名行骗的人给予公开的、毫不留情的揭露，才能在科学界建立起真正的马克思主义的科学精神”。

3. 所在单位对李富斌问题的处理

中国矿业大学副校长黄志正，在1993年2月2日举行的新闻发布会上宣布了该校对李富斌问题的处理决定。处理决定的主要内容是：对李富斌的问题向全校予以公布，公开揭露，并开展一次提高科学道德水平、遵守科技法规的教育；给予李富斌“开除留用察看”的行政处分；取消李富斌申报教师高级职务的资格；调离教师岗位，安排其他工作。

二、汉芯事件

2003年2月26日上海市人民政府举行新闻发布会宣布，上海交通大学近日成功研制国内首个完全具有自主知识产权的、据专家认定为国际先进水平的“汉芯一号”高性能DSP芯片。次日，《人民日报》、《科学日报》等国内重要媒体对该消息进行了报道，2004年1月，《人民日报》再次报道了“汉芯”研发的最新进展。

然而，2006年1月17日，一神秘举报人在清华BBS上指责中国首款自主知识产权高端DSP芯片——“汉芯一号”发明人陈进弄虚作假，骗取国家上亿元无偿拨款。匿名信称：上海交通大学教授博士生导师、上海交通大学微电子学院院长、上海硅知识产权交易中心实际负责人陈进，在2002年8月从美国买回10片MOTO-freescale“56800芯片”，将芯片表面的MOTO等字样全部用砂纸磨掉，然后加上了“汉芯”的标识。此后，陈进通过各种手段搞定国内集成电路行业的知名专家，一致鉴定“汉芯一号”是达到国际先进水平的高端大规模集成电路。该匿名人士还称，“汉芯一号”在问世3年时间内，向国家各部门成功申报项目40多次，累计骗取无偿拨款突破1亿元。

1月25日，《21世纪经济报道》刊出了国内第一篇“‘汉芯一号’造假传闻调查”，披露了对陈进演示所用芯片乃是购买美国MOTO公司芯片并雇佣民工磨掉其标识的举报。《21世纪经济报道》又在2006年1月27日至4月21日的近三个月内发表“夜会‘神秘人’”、“陈进与Jin Chen的对敲游戏”、“陈进被限制出境?”、“陈进其人”、“陈进背后的六家公司”、“一个神秘公司的汉芯生意”、“汉芯核心成员爆料：陈进与台湾公司秘密交易”、“陈进财富拼图：一个‘失败’商人的7个剪影”、“‘汉芯五号’技术迷宫”等10篇“汉芯造假案”系列调查。3月5日的《IT时代周刊》的网络民意调查显示，有近58.6%的民众认为造假是事实；随后4月《电子经理世界》网络民意调查的数据更将这个比例提高到81.5%。很多网友还进一步认为，“汉芯事件”的处理很可能会“不了了之”(45%)或仅仅是“查明真相，内部处理”(30%)。

虽然举报人称早在2005年12月就向科学技术部、总装备部等40多家与“汉芯”项目相关的单位，以及有关部委发去举报信，直到2006年3月6日第十届全国人民代表大会第四次会议上开幕前夕，国家科技主管部门才首次承认“汉芯事件”正在调查之中。关于调查的更多信息是到了5月12日上海交通大学通报了“汉芯”系列芯片涉嫌造假的调查结论后，才在次日出版的《人民日报》中有所披露——报道称，科学技术部、教育部和上海市政府成立专家调查组并开始工作始于1月28日。

最终，上海交通大学对“汉芯事件”的定性为“以虚假科研成果欺骗了鉴定专家、上海交通大学、研究团队、地方政府和中央有关部委，欺骗了媒体和公众”，并对陈进个人进行了严厉的处分。然而，媒体和公众却并不仅仅满足于这种程度的处理，7月19日的《工人日报》果敢地抛出了这样的论述：“从表面上看，陈进过五关斩六将的骗术确实太高明……陈进通过哪些手段，又都搞定了哪些知名专家，这难道不值得追问吗？……‘汉芯一号’事件是一次集体性的科研造假和学术腐败事件，没有对相关责任人的全面追究，科研领域甚嚣尘上的学术腐败就难以真正禁绝。”全国政协委员、重庆大学教授黄尚廉院士也提出疑问：陈进曾获得大量科技项目巨额资金支持，都是经过专家评审与主管部门审查批准的，我国科技项目的立项评审存在哪些不尽完善的地方？陈进许多项目的验收和成果鉴定，都经国内权威机构测试和著名专家评审，我国现行的科技成果验收鉴定和评审是否存在问题？“汉芯”作假大量转移国家资金，是否进行了审计与监督？9月5日，全国政协常委、北京大学教授甘子钊院士在全国政协“落实国家中长期科学和技术发展规划纲要”专题协商会上感慨，“有时候在科研上搞个虚假成果，还会比搞个豆腐渣工程好搞一些”。终于在社会的强力呼声下，相关处理办法在2006年9月14日的科学技术部第25次部务会议上得以审议通过；11月7日，又以科学技术部令第11号令的形式向社会公布。至此，“汉芯事件”也才告一段落。

拓展阅读资料

1.〔美〕保罗·A. 萨巴蒂尔．政策过程理论．彭宗超，钟开斌译，北京：生活·读书·新知三联书店，2004

2.〔美〕约翰·W. 金登．议程、备选方案与公共政策．丁煌，方兴译．北京：中国人民大学出版社，2004

3.〔美〕詹姆斯·E. 安德森．公共决策．唐亮译．北京：华夏出版社，1990

4.〔美〕查尔斯·E. 林德布洛姆．政策制定过程．朱国斌译．北京：华夏出版社，1988

5.〔美〕托马斯·R. 戴伊．理解公共政策．彭勃，等译．北京：华夏出版社，2004

6.〔美〕埃弗雷特·M. 罗杰斯．创新的扩散．辛欣译．北京：中央编译出版社，2002

7. 王绍光，樊鹏．中国式共识型决策："开门"与"磨合"．北京：中国人民大学出版社，2013

第五章

政策制定

【本章重点】

1. 政策制定的内涵
2. 政策制定研究的现状
3. 政策议程定义、种类及建立途径、模型
4. 方案规划的含义、原则及程序
5. 政策合法化的定义、主体及程序
6. 中国政策制定实践模式的嬗变

政策制定(policy-making)是政策过程的起始阶段。对于政策制定，学者有广义与狭义两种不同的理解。大多数学者所采取的是阶段启发法，将政策制定理解为由若干个相互独立但又相互联系的阶段组成，差异主要体现在对阶段过程的划分和界定上。有些政策科学家(如赫伯特·西蒙)将政策制定的过程界定为包括议程的建立、阐明备选方案、选择方案和决策执行一系列阶段的整个政策过程。本书从狭义上来理解政策制定，即把它理解为从问题界定到方案抉择以及合法化的过程。本章将介绍政策制定理论的基本理论，讨论我国政策制定实践模式的变化。

第一节　政策制定概述

一、政策制定的概念

何谓政策制定？国内外不同的专家学者对于公共政策的制定阶段(过程和环节)有不同的理解和看法。不仅划分阶段的数量不同，而且内容方面也存在分歧。表 5-1 列举了

几种有代表性的观点。

表 5-1 对政策制定概念的不同理解

人物	出处	观点
哈罗德·拉斯韦尔	《决策过程》	政策过程分为情报、建议、规定、行使、应用、终结和评价七个阶段。这是关于政策过程阶段划分的起源
叶海卡·德洛尔	《逆境中的政策制定》	提出了对政策过程及政策制定系统的改进，按照他的理解把政策制定过程划分为政策制定进行的诊断、议程安排和备选方案的创新等几个阶段
赫伯特·西蒙	《行政行为》	认为公共政策制定可以被视为一套过程，包括议程的建立、阐明备选方案、选择方案和决策执行
詹姆斯·E. 安德森	《公共决策》	政策的形成和通过包括三个方面：公共问题是怎样引起决策者注意的；解决特定政策问题的政策意见是怎样形成的；某一建议是怎样从相互匹敌的可供选择的政策方案中被选中的
威廉·N. 邓恩	《公共政策分析导论》	政策制定过程，从时间角度看，由一系列独立的阶段组成，即议程建立、政策形成、政策采纳、政策执行、政策评估
托马斯·R. 戴伊	《自上而下的政策制定》	以自上而下的独特视角，描述了政策的制定过程，“通过由基金会、政策策划组织和媒体组成的网络系统，政策制定的议事日程得到确定，于是政策的制定过程开始自上而下从精英集团那里流向政府”
陈振明、陈庆云、张国庆等大多数国内学者		对政策制定做了狭义的理解，即把它理解为政策形成（policy formation）或政策规划（policy formulation），是指从问题界定到方案抉择以及合法化的过程

根据以上对公共政策制定过程的各种不同理解，对政策过程的阶段性认识可以划分为两类：一类是广义上的公共政策制定过程，或者叫政策过程，从政策问题的确认开始，一直到政策评估和政策终结为止；另一类是狭义上的公共政策制定过程，是指从问题界定到方案抉择以及合法化的过程。它们分别是从宏观和微观视角进行阐述的，要注意区分政策过程与政策制定过程的区别，如图 5-1 所示。

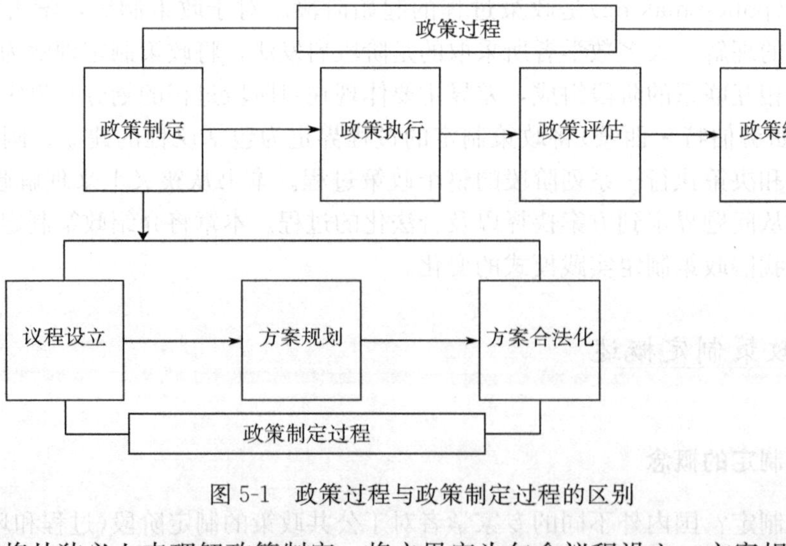

图 5-1 政策过程与政策制定过程的区别

我们将从狭义上来理解政策制定，将之界定为包含议程设立、方案规划和政策合法化三个功能活动环节或阶段的活动过程。

二、政策制定的代表作及观点

国外学界有大量关于政策制定的研究论著，表 5-2 列举了几本有中译本的代表作及其主要观点。

表 5-2　政策制定的代表作及观点

作者	书名	主要观点
詹姆斯·E. 安德森	《公共决策》	政策周期理论
查尔斯·E. 林德布洛姆	《政策制定过程》	政策分析、互动的政策制定、权力角逐
拉雷·N. 格斯顿	《公共政策的制定——程序和原理》	政策制定过程的催化剂——“触发机制”，政治决策的焦点——“公共议程”
托马斯·R. 戴伊	《自上而下的政策制定》	探讨了公共政策制定的过程模型和方法； 自上而下的概念、精英理论； 政策合法化
托马斯·R. 戴伊	《理解公共政策》	政策过程模型
威廉·N. 邓恩	《公共政策分析导论》	以问题为中心的政策分析：“正确建构问题实际上就等于解决了一半的问题”
约翰·W. 金登	《议程、备选方案与公共政策》	多源流框架、问题溪流、政策溪流、政治溪流
杰弗里·维克斯	《判断的艺术：政策制定研究》	不同的情境中的政策制定：心智技能的政策制定；机构过程的政策制定；决策情景中的政策制定；人类生态系统中的政策制定

拓展阅读专栏

拉雷·N. 格斯顿《公共政策的制定——程序和原理》

该书把政策问题分为实质性的问题(全面影响)和象征性的问题(令人不快的公共问题)，认为“任何官方机构都不会认可对社会问题的一种解释”。

触发机制：在政治过程的背景中，一种触发机制就是一个重要的事件(或整个事件)，该事件把例行的日常问题转化为一种普遍共有的、消极的公众反应。公众反应反过来成为政策问题的基础，而政策问题随之引起触发事件。触发机制分为内部触发机制(自然灾害、经济灾难、技术突破、生态迁移、环境污染、资源消耗)、社会演变(社会的大多数部门对价值、行为和政府责任的态度的改变)和外部触发机制(战争行动、间接冲突、经济对抗、军备增长)。外部事件与国内影响的联系表明主权国家受到国际事务决定的程度，当各国试图从讨厌的或有争议的国外事态中置身事外时，就存在这一事实：外部-内部关系可能导致外部事件转变成国内问题。触发机制是公共政策制定过程中的决定性前兆(催化剂)。

格斯顿还指出，除了像经济萧条、军事侵略和自然灾害这类明显的破坏之外，大多数触发机制对公共政策过程的影响都通过事件本身的反应过程的事后观察而得到确定。如果一种进步或一种行动引起公众的明显关注和公众对变革的普遍要求，那么它就被认为是一种触发机制。而如果一种过程未引起显著反应，则其不是触发机制。

作为公共政策的催化剂，触发机制的价值来自于三个因素的相互作用，即范围(受到触发机制影响的人的数量)、强度(公众感觉的事件的强度，尤其是以担心或愤怒的形式关注)和触发时间(日本袭击珍珠港1941年和美国内战1861～1865年，两者触发机制的范围和强度都很高，但触发时间差别却很大)。

公共议程：政策决策的焦点。公共政策随着公共优先级和价值的转移而变化，同样，公共议程也是动态的存在。公共议程是不断变化的重大问题的集合体，通常无法预料，反复无常，有待政策制定者采取行动。

公共议程的构建来源是公共官员、大量的媒体、利益集团和官僚机构。

公共议程的构成(分类)是象征性议程、实质性议程。

从政策的制定过程来看，触发机制和公共议程联系紧密。触发机制在公众中爆出曾经是私人或被掩盖的事情之后，这些问题就会与公共议程中正在考虑的问题(处在解决、僵持或分解阶段)牵连在一起。

目前国内也有不少关于政策制定论著，如陈振明的《政策科学——公共政策分析导论》，王满船的《公共政策制定——择优过程与机制》，张金马的《政策科学导论》，陈庆云的《公共政策分析》，金炯烈、朴贞子的《政策学概论》等。国内对政策制定的研究主要有两个特点：一是研究视角多是过程视角，尽管对于政策制定过程的阶段划分有所区别，但都是基于公共政策的生命周期理论或者说是政策过程的阶段启发法框架；二是主要以政策科学教科书章节的形式出现，把它理解为政策过程的一个环节，专门研究政策制定的专著较少。

三、政策制定的模式

关于政策制定及其过程，国外学者已提出若干基本模式，如表5-3所示。

表5-3 政策制定的基本模式

基本模式	提出者	年份	代表作	观点(内容)	缺陷
全面理性模式	集体的智慧			问题、目标、备选方案、结果都明确	实际中难以做到
有限理性模式	赫伯特·西蒙、马奇	1957	《管理行为》	"满意"标准和有限理性	为学术理论而非实际的政策分析服务
渐进主义模式	林德布洛姆	1959	《渐进调适的科学》	政策是在过去政策基础上的修正	保守主义，安于现状，适用范围有限
混合扫描模式	A. 埃泽奥尼	1967	《混合扫描：决策的第三条途径》	渐进主义和理性主义的结合	仅限于理论探讨

续表

基本模式	提出者	年份	代表作	观点(内容)	缺陷
最优化模式	叶海卡·德洛尔	1968	《公共政策制定的再考察》	决策过程的理性因素和非理性因素、定性分析相结合	政策创议机制难以建立、协商一致难以实现等
公共选择决策模型	詹姆斯·布坎南和丹尼斯·缪勒	1962	《同意的计算》	政策是追求自我利益的个人进行的集体决策	对经济人假设在政治领域适用性的怀疑
制度决策模型	埃利诺·奥斯特罗姆	1999	《制度性的理性选择：对制度分析和发展框架的评估》	政策是政府制度或政府活动的产物	制度是人们行为的规范化模式，明显存在对价值的偏好排序和侧重
系统模型	戴维·伊斯顿	1953	《政治系统论》	政策是政治系统的输出	忽视了系统内部各个部分的作用以及各个子系统之间的互动
集团决策模型	戴维·D. 杜鲁门	1951	《政府过程》	政策是团体利益的平衡	仅将政府理解为一种利益集团，忽视了政府的主导地位
精英理论	托马斯·R. 戴伊	2001	《自上而下的政策制定》	精英集团影响和左右政府的政策	忽视了公民参与的要求和能力，以及这种参与对公共政策的影响
垃圾桶模式	迈克尔·科恩、詹姆斯·马奇和约翰·奥尔森	1972	组织抉择的垃圾桶模式	模糊性假设前提问题、解决方案、参与者以及选择机会四大源流	因果解释能力较差，三大源流并不相互独立
公共决策的子系统模式	约翰·福里斯特	1984	《有限理性和蒙混的政治》	提出选择决策类型的五个参数、五种可能的决策类型	分类中的很多情况在实践中难以区分
倡导联盟模型	保罗·A. 萨巴蒂尔、詹金斯-史密斯	1988	《政策变化和政策取向的学习》	主要关注政策次属系统中支持联盟的相互作用	关键术语都被清楚地界定并显示出内在的一致性，适用范围广泛
新制度主义模式	诺斯	1990	《制度、制度变迁和经济绩效》	政策制定过程是政治组织在竞争中努力调整制度框架以改进自身位置并追求自身目标的过程	制度决定论

续表

基本模式	提出者	年份	代表作	观点(内容)	缺陷
交易成本模式	阿维纳什·迪克西特	1996	《经济政策的制定：交易成本政治学的视角》	政策制定过程是一个委托代理博弈，各利益集团或选民是委托人，授权政府机构(代理人)制定政策	过分关注以降低政治交易费用作为促使社会希望的制度变迁出现的策略，在政治领域，效率不是唯一或最高的标准

四、政策制定的若干新理论

(一)政策悖论[①]

德博拉·斯通(Deborah Stone)在她1996年出版的《政策悖论：政治决策中的艺术》一书中，以一种不同合理性政策过程的角度分析了政策在制定过程中出现的一系列矛盾，并提出了自己的独到见解。她认为，合理性的政策过程是经由一系列相当有序的步骤产生的：①确定政策目标；②搜寻实现目标的各种可行方案；③预测每一种方案的可能结果；④评价每一种方案的可能结果；⑤选择一个目标成果最大化的方案。

这几乎成为一种固定模式，而且政策过程一定是遵循了这种"流水线式"的过程而产生的。因此，它无法解释为什么有时候会出现用政策解决方案寻找政策问题的现象。而且，合理性的政策过程没有抓住政治共同体中政策制定的关键要素——基于理念的政治争执[②]。她认为不应该把政策制定看成是经过一定的程序而能够得到解决的过程，而应该把它理解成界定制约人们行为的理念、制定分类的范围、制定规范而不断地较量的产物。她从下列三个方面分析了政策过程的悖论。

一是关于政策问题的界定。斯通认为政策过程中的目标往往带有模糊性并具有多种功能。例如，公平不是同等对待；效率标准难以明确；安全的概念并不能很好地界定公共需求是什么；自由平等的概念在具体条件下又会有不同的解释。这些标准只不过是在政策过程中不断重新解释并重新构成的概念而已。

因此，政策过程中的目标并不明确，往往是模糊、相互矛盾、相互交叉的，所以不能用客观的标准来衡量它，而应该把它看成是政治过程的产物。

二是政策问题必须在政策过程中得到解释。界定政策目标与现实问题之间有很大的差距，但可以通过政策问题的各种要素的表达来解释现状。她把这些问题要素划分成了象征、数字、原因、利益和决策等概念。例如，象征可以在政策过程中，形象地描述政策问题；数字可以对政策理论提供客观的解释；原因可能是政策参与者为了制定出有利于自己的政策而产生的；利益问题会引起政策矛盾；政策的决策由于不断被重新解释和重新组合而成为一个政治游戏的产物。

三是关于如何选择政策的解决方案。选择政策的解决方案并不意味着政策问题一下

---

① 吴锡泓、金荣枰：《政策学的主要理论》，金东日译，复旦大学出版社，2005年，第47～54页。

② 沙夫里茨J、莱恩K、博里克C：《公共政策经典》，彭云望译，北京大学出版社，2008年，第61～70页。

子能够得到解决。政策是否能得到解决还要看政策的解决方案如何被选定和人们对此做出的评论。她把选定政策方案的手段分为诱因、规章、提供事实、权利和权力。这些政策手段似乎简化了政策过程，但忽视了政策手段在现实情况中具体运用的情况。例如，连续使用同一种类型的诱因往往会改变政策对象对政策的看法；规章有时候会发生所谓执行者的裁量权问题；提供事实通常经过了过滤而产生完全不同内容的信息；权利只不过是个人或群体为最大限度地满足自身利益而重新组合并使用的政策手段而已；权力意味着重新组合的政策过程和政策现象的职能。因此，她认为政策过程中很重要的概念，并不是以合理性为前提客观地被使用，而是在政治游戏的过程中重新得到解释，并以政策的结果表现出来。

一般把政策过程简单地看做合理性的过程，而德博拉·斯通的《政策悖论：政治决策中的艺术》给这种想法以不少冲击。它在分析社会科学知识的客观性和合理性的错误方面具有很强的优点，但它也有不足，没有考虑如何将这种理论运用到实际当中。因此，我们在批评合理性决策过程的同时，还应该将德博拉·斯通的理论具体运用到实际的政策过程当中。

（二）新制度主义政策网分析理论

J. 布罗姆·汉森（Jens Blom Hansen）于 1996 年提出了新制度主义政策网分析理论①。

1. 理论假设前提

政策网分析是政策制定过程的一种研究方法。它假设政治体制是由很多碎片化和分权化了的子系统组成的政策网。并且，随着社会所面临的政策问题复杂化，各子系统之间的相互协作变得更加重要。因此，现代政治体制的最重要的功能，就是充分利用由既独立又相互依赖的各子系统来构成的政策网，从而保持各子系统之间的相互协作。

2. 政策网发生作用的机制

汉森首先界定了制度的概念：制度是在反复和相互依赖的关系上制约个人行动的规则。他同时将政策网看做一种制度，即政策网是“规定中央政府、地方政府以及各种民间组织之间相互作用的、正式和非正式的规则总和”。

政策网的类型可以由政策共同体和政策问题网透过不同的规则来说明，如表 5-4 所示。

表 5-4　政策网发生作用的机制

规则＼活动者	政策共同体	政策问题网
地位规则	正式成员	受影响的当事者
境界规则	相互承认	自由地出入
范围规则	政策	政策
权威规则	协助	强制

① 吴锡泓、金荣枰：《政策学的主要理论》，金东日译，复旦大学出版社，2005 年，第 96～102 页。

续表

活动者 规则	政策共同体	政策问题网
集合规则	一致通过	主导主体的单方面决定
信息规则	交换专业知识和判断	表达意见
报酬规则	影响	传达意见

J. 布罗姆·汉森认为政策网是在一定政策领域中的、拥有最大政治权力的当事者为自己的利益极大化而想出来的制度，因而政策制定过程是由少数精英统治的。

政策制定者掌握权力和外部的不稳定会引起政策网的变化。J. 布罗姆·汉森认为，政策网只要提供可分配性利益给拥有权力的参与者，就会继续存在下去。那么，即使环境因素不稳定，政策网也不发生变化而继续存在。同时政策网是否发生变化取决于交易费用的大小。即使拥有权力的参与者因政策变化而可以得到利益，如果政策网变化的交易费用更大，那么政策网就不会发生变化。

3. 评价

J. 布罗姆·汉森把政策过程理解为行动的场所，即把政策过程看做游戏状况，并分析参与者的诱因结构，可以说是很有效的政策分析工具。其不足在于，政策网分析强调政策过程参与者之间的结构性不平等。政治权力并不是永久性的，所以现在拥有不能保障未来拥有。如果民主化和公开化进一步发展，政策网参与者的政治权力可以发生变化。因此，政策过程参与者之间的结构性不平等并不是本质性的，人们是可以建立公正政策网的。

(三)决策过程评价标准理论①

S. 凯尔曼(Steven Kelman)提出了决策过程评价标准理论，认为政府的政策过程为发挥正确的作用，决策过程参与者应该具备公共精神。公共精神是指政策承担者为制定好政策而做出认真努力的倾向及姿态。因此，S. 凯尔曼评价决策过程中的两条标准都以公共精神为基础。

1. 好的决策过程虽然不是十全十美，但应该能产生好的公共政策

政策的好坏评价，只能依赖关于决策过程的评价。如果决策过程具备如下两个特征，那么就有可能产生好的政策。其一，在决策体制上能够表达相当程度的公益优先精神。这种公共精神的个人行动动机是来自要制定好政策的正直努力，而且决策者之间必然有不同意见，但决策者应该在说服和学习上相互开放。其二，能够把已经做出的政治选择体现为实际政府行动的组织能力。

基于公共精神产生的政策一定是好的吗？S. 凯尔曼认为，根据公共精神而产生的政策即使产生负面结果，但整体上看是正面效果。因为，出现意外结果的可能性会随着积累决策经验的增加而逐渐趋于减少。

2. 为人的尊严和塑造人格做出贡献的决策过程

S. 凯尔曼认为，政府的意义不只是简单地制定和执行政策，还要教会人们做出有

① 吴锡泓、金荣枰：《政策学的主要理论》，金东日译，复旦大学出版社，2005年，第256～263页。

道德的行为。政府的功能之一就是对国民的尊严和价值的社会承认。

政府的另一个功能就是作为公开讨论多种生活方式价值的场所。因此，政府在做出决策的同时，必须作为认可某种社会价值和尊严的主体作用，强调公共精神的重要性。同时，政府应该发挥教化公民道德行为并塑造公民人格的功能。

3. 评价

S. 凯尔曼从哲学及伦理学的角度对政府政策做出论述，并提出了自己独到的见解。这对当前中国重建政府官员和政策参与者的公共精神提供了很好的理论基础。

第二节　政策制定过程

研究政策制定的最普遍的一种视角，也是目前发展最成熟的一种分析视角——基于阶段启发法的框架，将政策制定理解为一个由多个环节构成的行为过程，不同学者对政策制定过程的阶段有不同的理解。我们采用陈振明的分类方法，将政策制定过程概括为议程设立、方案规划(formulation)和方案合法化等功能活动。

尽管保罗·A. 萨巴蒂尔在《政策过程理论》一书中将“阶段启发框架”描述为“不符合科学标准和不切实际的”，但由于任何其他框架都不能完全取代阶段启发法，而且还需借助于它对政策过程各阶段的划分，所以本部分仍采取阶段划分的方法介绍政策制定过程。

一、政策议程

(一)政策议程的定义

社会向政府提出了大量的需要采取行动的要求，而在这成千上万的要求中，只有少数受到政策制定者的注意、被决策者关注，使决策者感到必须加以处理而提上议事日程。简言之，政策议程就是将政策问题提上政府议事日程，纳入决策领域的过程。国内外学者对政策议程的定义如表 5-5 所示。

表 5-5　政策议程的定义

学者	定义
安德森、科布、埃尔德	那些被决策者选中或决策者感到必须对之采取行动的要求构成了政策议程
张金马	政策议程就是将公共政策问题纳入政治或政策机构进行的行动计划的过程，它提供了一条政策问题进入政策过程的渠道和一些需要给予考虑的事项

(二)政策议程的种类

对于政策议程的种类，不同学者有不同的划分，琼斯按政策活动的功能把政策议程种类划分为：使问题得到积极的和严肃的研究和认可而提出的问题确定议程；能确定从问题进展到发现解决办法的提案议程；协议或讨价还价的议程，使提案得到支持并能积极和严肃地发展；持续议程，使问题得到持续的检验。张金马把政策议程分为公众议程和正式议程；科布、埃尔德把政策议程分为系统议程和政府议程(早期的分类)；科布把政策议程分为外在创始型议程、政治动员型议程和内在创始型议程(对原来分类的修改和完善)；拉雷·N. 格斯顿把政策议程分为实质性议程和象征性议程。

我们认为科布和埃尔德的分类方法比较合理，下面简要介绍这两种议程①。

1. 系统议程

系统议程是由那些被政治社区的成员普遍认为值得公众注意，并由现存政府权威中的立法范围内的事务相关的一切问题组成。其本质上属于讨论议程，表现众说纷纭。

系统议程必须具备的条件：①该问题必须在社会上广泛流传并受到广泛注意，或者至少必须为公众所感觉；②大多数人都认为有采取行动的必要；③公众普遍认为，这个问题是某个政府机关权限范围内的事务，而且应当给予适当的关注。

2. 政府议程

政府议程是由那些引起公共官员密切而又积极关注的问题组成的。它是行动的程序，是决策机关和人员对有关问题依照特定程序予以解决的实际过程，比系统的程序更具体、更明确。

政府议程的项目分为旧的事项和新的事项。旧的事项是那些以某种常规的形式出现在政策议程上的事项，如公务人员工资的增加、社会保障的增加以及预算拨款。新的事项是由于特定的情景和事件而产生的，也可能因社会上越来越多的人要求政府对某些问题采取行动而引起，如某国的军事政变对相关国家外交政策的影响、外交方面出现的危机等。

3. 两种议程的区别与联系

我们可以得出系统议程和政府议程的关系，二者既相互联系，又相互区别。其区别在于：首先，它们是政策议程的两个不同阶段，有着本质的区别。系统议程一般由一些较抽象的项目组成，其概念和范围都很模糊，只是发现问题和提出问题，可以不提出政策方案或解决办法。而政府议程则较特定而具体，它是对政策问题进行界定或陈述的阶段。问题经过一定描述被决策系统正式接受，并采取具体方案试图解决时，系统议程就转入政府议程。其次，系统议程中的问题并不一定成为政府议程的问题。同时提上政府议程的问题，也不一定是系统议程的问题。

(三)政策议程的建立途径

政府所面临的社会问题非常多，有些社会问题能够顺利进入政策议程，而另一些则难以进入，甚至完全被排除在政策议程之外。那么社会问题究竟如何才能进入政策议程呢？是通过什么途径和渠道进入政策议程的呢？国外学者的观点如表 5-6 所示。

表 5-6 国外学者关于建立政策议程途径的观点

作者	书名	主要观点
安德森	《公共决策》	(1)政治领导人 (2)危机、引人注目的事件 (3)抗议活动 (4)大众传播媒介

① 张金马：《政策科学导论》，中国人民大学出版社，1992 年，第 146 页。

续表

作者	书名	主要观点
科布和埃尔德	《美国政治中的参与：确定议程的动因》	内部：自然大灾难、人为事件、技术变革、民权抗议、工会罢工、生态变化 外部：战争行为、武器技术革新、国际冲突、世界联盟变化
琼斯	《公共政策研究导论》	(1)政治运动 (2)对大量人员造成威胁的事件 (3)大规模的宣传 (4)个人的努力 (5)先前的政策的应用

国内学者也概括了建立政策议程的途径。例如，陈振明在《公共政策分析》中归纳出十种方式和途径，分别是政治领袖、政治组织、代议制、选举制、行政人员、利益集团、专家学者、公众、大众传播媒介、危机和突发事件[①]；谢明在《政策透视——政策分析的理论与实践》[②]一书中借用了格斯顿的触发机制理论，分析了政策议程的触发机制——公共政策的催化剂的类型。议程建立的内在触发机制有自然灾害、经济灾难、技术突破、生态变迁、社会变迁等；议程建立的外在触发机制有战争行动、地区与国际冲突、经济对抗、新式武器与力量失衡等。

(四)政策议程建立的模型[③]

罗杰·科布在《比较政治过程的议程制定》一书中，根据政策问题的提出者在议程中的不同作用，以及扩散及影响力的范围、方向和程序，把政策议程的建立分为三种类型，即外在提出模型、政治动员模型、内在提出模式。

1. 外在提出模型

政策问题的察觉和提出者是执政党和政府系统以外的个人或利益群体，一般先将问题扩散到更广的范围，引起公众的广泛注意，进入公众议程然后再通过公众诉求、公众压力等途径引起政府的高度关注，从而使问题最终进入政府议程。

2. 政治动员模型

政治领袖自己提出政策问题，并把它列入政策议程的过程。当政府宣布一个新政策时，就等于将这个问题列入了正式议程，而且它也可能是政府的最后决定。在此，政策已被决定，之所以还要建立政策议程，是为了寻求社会大众的理解和支持，以便更好地贯彻实施政策。动员模型旨在说明决策者为了执行行政命令，如何将问题从正式议程扩散到公众议程的意图。

3. 内在提出模型

内在提出模型的主要内容是政策建议或政策方案起源于执政党和政府内部的某个具体部门，或者起源于接近执政党和政府的某个团体，问题扩散的对象是与这个团体或单位有关的团体或单位，而不是一般公众，目的是形成足够的压力或影响，促使政策制定者将问题列入正式议程。在将问题列入政策议程的过程中，社会团体和公众的参与不会

① 陈振明：《公共政策分析》，中国人民大学出版社，2003年，第186～187页。
② 谢明：《政策透视——政策分析的理论与实践》，中国人民大学出版社，2004年，第190～193页。
③ 朱志宏：《公共政策》，三民书局，1995年，第132页。

太多，而且影响也不大，主要是由政府和政党系统内部的力量起作用。

以上是政策议程最典型的模型。在实际政策议程建立过程中，它们往往会形成各种各样的组合，研究任何一个政策议程建立的过程，都要具体问题具体分析，寻求政策议程建立的不同途径。

二、方案规划

一个社会问题一旦被列入政策议程，就会成为政策问题。但是一个政策问题进入政策议程之后并不意味着一定会为之制定政策，而是只有经过方案规划后才有可能形成政策方案，并最终得以解决。可以说方案规划在整个政策过程中是政策制定环节的核心。大到国家的外交政策及战略规划，小到与身边生活息息相关的各项政策的出台都离不开政策制定中的方案规划。所谓方案规划，指的是对政策问题的分析研究并提出相应的解决办法或方案的活动过程，它包括问题界定、目标确立、方案设计、后果预测、方案抉择五个相互关联又相互区别的环节。

（一）问题界定

政策问题的分析、界定是政策制定的起点。关于什么是政策问题，学者们有不同的看法，表 5-7 举例说明之。

表 5-7 关于政策问题的定义

学者	定义
迪里	政策问题是未实现的需要、价值或可以通过公共行动来追求的改善机会
琼斯	政策问题是一种人们的需要被剥夺或不满足，可由自己认定或他人认定，且要加以解决的公共问题
富勒、迈耶尔	社会问题是一种情境，即一种被相当数目的人们认定为与他们所持的某些社会规范产生偏离的情形，社会学者所研究的不应该只限于社会问题的客观情况，同时应该研究人们对同一情况所下的定义，以及所依据的价值判断。这两位学者强调社会问题的客观条件和主观感知，这两方面是社会问题存在的充分必要条件
布鲁默	社会学家往往将社会问题错置于客观情况之上，其实社会问题存在于一个集体界定的过程之中。他将社会问题的形成过程分成五个阶段：①社会问题的出现；②社会问题取得合法性；③动员各种活动研讨该问题；④形成官方行动；⑤将官方计划付诸实际的执行
林永波、张世贤	所谓的政策问题乃是在一个社群中，大多数人觉察到或关心到一种情况，与他们所持有的价值、规范或利益相冲突时，便产生一种需要受剥夺或不满足的感觉，于是透过团体的活动向权威当局提出，而权威当局认为所提出者属其权限范围内的事务，且有采取行动，加以解决的必要者
胡宁生	公共政策问题要能成为公共政策分析人员、公共政策制定与执行人员处理的对象，还必须经过一个认识上的逻辑发展过程：问题—社会问题—公共社会问题—公共政策问题
陈振明	所谓政策问题不仅是一种客观存在的“事实”或状况，而且是一种主观感知及集体行动的产物。它是一种由相当数量的社会成员感觉到的与人的利益、价值和要求相联系的，并由团体活动所界定的，以及为政府所认可，认为必须加以解决的社会问题

可以说，问题是指实际状态与期望状态之间的差距，或者说是指各种各样的需加以解决的矛盾。一般说来，政策问题各种各样，有的是社会普遍存在的、为社会各界共同

关注的普遍性问题，如我国当前存在的环境污染问题、收入分配不公、失业问题。这些问题普遍存在，已成为社会公众关注的焦点，都属于政策问题的范畴。

对政策问题的界定即问题的"诊断"阶段，通过诊断，了解其症状，查明其病因。方案规划者只有善于从纷繁复杂的问题群中，区分出轻重缓急，抓住所要解决的主要问题，判明问题的性质及症结之所在，挖掘其产生的背景和原因，才能有的放矢，对症下药，真正解决问题。政策问题的诊断包括如下两个方面。

一是政策问题的症结分析。问题产生于社会现状与社会期望之间的差距，而这个差距，也正是政策问题的症结之所在。能否准确地找出这个差距，是制定出良好政策的基本前提。为此，对问题的诊断不能仅仅停留于一般化的模糊感觉上，对问题产生的时间、地点和条件，问题的性质、范围、程度及其价值或影响等，都要有一个明确的界定。

二是政策问题的原因分析。问题的原因有主观原因和客观原因、主要原因和次要原因、直接原因和间接原因、近期原因和远期原因等。只有弄清原因，才能对症下药，找出解决问题的方案。为此，要对问题产生的原因作纵向分析和横向分析。纵向分析是指从问题的表层原因入手，由表及里，由浅入深，一层一层地作深入的解剖，直到弄清不同层次原因之间的关系，找出根本原因。对问题及其原因的正确的分析，必须充分掌握信息。只有深入调查研究，广泛搜集资料，从而准确完整地掌握问题的各种相关信息，才有可能对问题做出全面深入的分析；必须运用科学的手段和方法，定性分析和定量分析相结合，全面分析和重点分析相结合，才能对问题有正确全面的认识。

（二）目标确立

政策目标是决策者凭借决策手段所要取得的东西。它是政策的出发点和归宿，制约着公共决策及政策分析的全过程。目标涉及"是什么"和"应该是什么"的问题，对不同政策目标的澄清和认定是分析者所要解决的中心问题①。政策目标就是有关主体为了解决相关社会公共问题而采取的政策行为所要达到的目标、指标和效果。

政策目标的确定离不开事实前提和价值前提。根据西蒙等的看法，目标选择无非是根据前提引申出结论，这类前提主要涉及两个方面的内容，即价值因素和事实因素。所谓事实因素是指决策活动中所依据的客观事实；价值因素是指决策者的个人好恶。我们可以笼统地认为，决策中价值因素与事实因素的区分大致相当于目标与手段的区分，越是低层次的、技术性较强的决策，事实因素所占的比重越大；反之，越是高层次的、战略性的决策，价值因素所占的比重越大。

（三）方案设计

方案设计就是针对政策问题，依据政策目标，设计实现目标的各种可能性方案的过程。这一过程被形象地称为"大胆假设，小心求证"的过程，也就是首先大胆设想，提出各种方案的设计轮廓，其次对方案轮廓进行严格细致的具体加工。

轮廓勾画是方案设计的第一步。轮廓勾画，就是要从不同角度、不同途径提出多种

---

① 陈振明：《公共政策学——政策分析的理论、方法和技术》，中国人民大学出版社，2004年，第115页。

多样的方案设想。轮廓勾画主要包括两个方面的内容：一是为实现既定的政策目标，大致可提出多少个政策方案；二是将各方案的轮廓勾画出来，如行动原则、指导方针、政策的发展阶段等。

对于轮廓设想所产生的备选方案，还必须进行初步筛选，淘汰那些明显不可行的设想，留下一些较为可行的方案，进行精心的设计，这就是政策方案设计的第二步——细节设计。政策方案的细节设计，就是将政策方案具体化，确定实现政策目标的各种措施，如政策界限的规定和相关机构的设置、人员配备和物资经费的保证等。轮廓设想需要的是勇于创新的精神和丰富的想象力，而细节设计需要的则是冷静的头脑和求实的精神，就方案的各个细节进行严格的论证、反复的计算和细致的推敲。

（四）后果预测

政策方案总是面向未来的，方案后果往往要经过一段时期之后才能出现。为了正确地评估方案，必须对方案的后果进行科学预测，这是方案规划过程的一个重要环节。

方案后果的预测应当包括两个方面：一是对客观条件变化的预测；二是对方案在各种可能的客观条件下预期效果的预测。客观条件分为有利条件与不利条件，条件的有利与不利，直接影响着政策实施所付出的代价以及所产生的效果的不同。方案规划者在设计方案时主观上当然愿意从有利条件出发，然而条件是不断变化的，有时从有利变为不利，有时从不利变为有利。制定政策时，必须对这种变化的可能性事先做出充分的估计，这就有必要进行预测。

方案的预期效果的预测，对于评选方案尤为重要。因为只有知道了方案的预期效果，才能辨别方案的好坏优劣，才能使政策制定者在选择方案时做到胸有成竹。方案预期效果的预测包括：该方案是否可能达成目标？能在多大程度上达成目标？差距有多大？该方案执行过程中会遇到什么困难或阻力？有什么风险？可能产生什么消极后果？如何补救？哪些人将受到该方案的影响？他们的反应将会怎样？谁对这项方案的最终成果负责？方案对本地区、本部门会有什么影响？方案在整个社会可能引起什么反应？对方案预期效果的预测，必须全面具体，深谋远虑。预测越全面、越具体、越深远，政策方案的选择就越有把握，选出的方案就越可靠。

（五）方案抉择

在对各备选方案进行后果预测之后，要对各方案进行评选，以抉择出或综合出一个最佳方案或满意方案。政策方案的评估是方案择优的前提。评估要科学客观，才能做出优化选择。所谓评估，就是采用一定的标准，将备选方案按优先顺序加以排列。

政策方案的可行性分析包括以下几方面内容：①政治可行性，是指政策方案获取政治资源支持的程度及对政治价值的影响，这是方案论证的最重要、最基本的内容。②经济可行性，是指执行方案所需一般性资源（财力）和特殊资源（人力、物力、信息等）的获取和支持程度。③行政可行性，是指政府行政部门执行力的大小和效能高低。④法律可行性，是指方案是否符合宪法、法律的有关条款及其精神。⑤技术可行性，是指方案在现有的技术水平下能够实现目标的程度。这几种可行性是相互联系、相互制约的，其中一种可行性不成立，都可能降低其他的可行性，政策也难以收到预期效果。成功的政策往往要充分考虑到各方面的可行性，找出一个最佳结合点。

三、政策合法化

(一)政策合法化的概念与作用

从字面上看，合法化作为动词，意为“使具有合法性，给予法律力量，使具有权威性，核准或批准”。德国著名学者哈贝马斯(J. Harbermas)认为合法化是指一种政治秩序被认可的价值，这一概念与政治秩序相关，只能运用于政治领域，只有政治秩序才拥有或丧失合法性，只有它们才需要合法化。查尔斯·琼斯在《公共政策研究导论》中说，对于任何一个政治系统而言，至少可以辨别出两种合法化：第一种是那种使政治过程包括批准解决公共问题的特定建议过程的合法化；第二种包括那些政府项目被批准的特殊过程。前者可称为合法化，后者可称为批准①。托马斯·戴伊在《理解公共政策》一书中把政策合法化分解为三个功能活动，即选择一项政策建议，为这项建议建立政治上的支持，将它作为一项法规加以颁布②。朱志宏在《公共政策》一书中所下的定义是，“政策合法化，就是赢得多数立法人员对政策方案的支持。在美国，政策合法化的过程，就是政策方案经参、众两院多数议员同意，并经总统签署的一个行为过程。合法化的定义是：‘遵循一般所认知的原则或一般所接受的准则。’”③

我们认为，政策合法化是指法定主体为使政策方案获得合法地位而依照法定权限和程序所实施的一系列审查、通过、批准、签署和颁布政策的行为过程。

政策合法化在政策过程中占有举足轻重的地位，在实践上也具有重要意义。一是政策合法化是政策制定过程的重要阶段，又是政策执行的前提；二是政策合法化是决策民主化、科学化和法制化的具体体现；三是政策合法化是依法治国的需要。依法治国是现代国家的基本标志。

(二)政策合法化的主体

根据上文对政策合法化两个层面合法化的分析我们可以知道，在第一层面的政策合法化过程中，政策合法化的主体是依法有权使政策方案获得合法地位的国家机关(包括立法机、行政机关、司法机关等国家权力机构)；而在第二个层面的政策合法化过程中，则要求政策在合法化过程中必须充分体现人民的利益和诉求，充分发挥公民在政策合法化中的主体作用。故政策合法化的参与主体主要有民意代表、行政人员、司法机关、利益集团、政党、专家学者、大众传播媒介。

政策合法化的主体具有两个显著的特征，即宏观上的广泛性和微观上的特定性④。宏观上的广泛性是从总体上来看的，有权使政策方案获得合法地位的国家机关，都可以成为政策合法化的主体。它既包括国家立法机关，也包括其他国家机关；既可以是中央

① Jones C O. An Introduction to the Study of Public Policy(3rd ed.). Monterey：Brooks/Cole Publishing Company，1988：110～111.

② Dye T R. Understanding Public Policy (6th ed.). Englewood Cliffs：Prentice-Hall，1987：24.

③ 朱志宏：《公共政策》，三民书局，1995 年，第 184、223 页。

④ 陈振明：《公共政策分析》，中国人民大学出版社，2003 年，第 200 页。

国家机关，也可以是地方各级国家机关。所谓微观上的特定性，是指每一项政策方案的合法化主体是特定的，虽然总体上政策合法化的主体是广泛的，但这并不意味着任何一项政策方案的合法化活动都可以由任意的国家机关来进行。不同的国家机关只能进行特定的在其法律权限之内的政策合法化活动，如只有全国人民代表大会才有权对宪法进行制定和修改。应该注意的是，政策合法化主体的特定性并不等同于每一项政策的合法化主体都是单一的。政策所涉及的受众不同、权力效应不同、政策初衷不同，政策合法化的主体也会不尽相同，表现为不同国家机关之间的组合与合作。政策合法化主体如何确定，关键看法律对国家机关的权限如何规定，法律针对不同的国家机关规定了相应的、不同的职权，主体只能在其合法权限内实施政策合法化行为。

（三）政策合法化的程序

政策合法化与政策规划有时很难截然分开，没有严格意义上的政策合法化过程的起点，政策合法化的程序是相对的。

1. 立法机关的政策合法化

现如今大多数国家的立法机关既行使立法职能又行使其他职能，如批准政府提出的计划、预算、决算、质询、罢免和弹劾有关人员，对政府提出不信任案等。在我国，人民代表大会是国家权力机关，人民代表大会常务委员会是它的常设机构。国家权力机关包括最高权力机关，即全国人民代表大会和地方各级国家权力机关，即地方各级人民代表大会。立法机关或权力机关的政策合法化程序不可能完全一致，但基本上包括提出议案、审议议案、表决和通过议案、公布政策，每个过程都有相关的程序及规则上的要求，故政策合法化的过程必须按照法定的机构经过法定的程序来进行①。

2. 行政机关的政策合法化

行政机关的政策合法化及行政立法，是用来补充立法的不足及使立法规定更具体。但这些法规的订定(即行政部门的政策决定)并非依据多数原则，它是行政机关在立法机关的授权之下作技术的、专业的考量，因此比较起立法过程，法规订定过程的政策制定政治考量的程度较少。但即便如此，行政首长都仍须考虑到上级长官、社会大众、服务(管制)对象、国会、其他行政部门的可能反应，如在美国有许多的独立管制委员会(Independent Regulatory Committees)，亦难避免要考量被管制对象的反应，以获得组织生存的政治支持，而沦为“被俘虏的组织”(captive organization)。在美国，一个法规的订定过程须加以开放，使受法规影响的人皆可表达其意见，其程序为：公告拟订定某一法规之意图；为期三个月的征求意见及受理法规内容建议；公布草拟法规；为期三个月的等待以接收各方反应；基于各方反应及本身所认定何者才是法规的适当性加以颁布。通常，从头至尾，一个法规的订定需费时 18 个月。

中国国家行政机关的政策合法化通常要经过下列程序：一是法制工作机构的审查。法制工作机构对政策方案进行审查具有重要意义，它可以保证政策符合法律要求，不会与现行法律发生冲突。但法制工作机构的审查只是辅助性的、咨询性的。二是领导会议决策的决定。对一般性政策方案由主管的行政领导拍板后颁布；对重大政策的方案则可

① 陈振明：《公共政策分析》，中国人民大学出版社，2003 年，第 205～206 页。

召开领导常务会议、全体会议、行政首长办公会议讨论，由行政首长行使最后决定权。三是行政首长签署发布政策。由于在实行行政首长负责制的地方，行政首长处于核心位置，拥有领导权与最高决策权，政策必须由行政首长签署发布。

3. 司法机关的政策合法化

在民主宪政架构下，司法机关的功能之一是透过司法审查判决一个法律是否违宪或合宪，法院可以做出裁决接受或拒绝接受一项要求政府赔偿的诉讼案件，从而赋予或否定政策的合法性。在此种政策合法化的过程中，所进行的诉讼固然是某些人因政策使其受损而谋求保护其个人权益，但有时却是借诉讼来迟滞政策的执行，往往带给行政机关很大的困扰。尽管如此，一旦法院做出裁决为合法，则其他相同的行为人亦一并获得合法性，或反之被否定其合法性。

法院以上述方式实际介入了政策制定，它的裁决因与宪法权威性有着深深的关联，以及它是最高上诉机关，因此此种政策合法化更有权威性，也少有如立法机关般的议价及换票行为。但一如行政立法，其“法官造法”(judge-made law)仍不时有人批评。

（四）政策法律化

政策法律化就是将政策向法律的转化，具体说，就是指享有立法权的国家机关依照立法权限和程序，将成熟、稳定而有立法必要的政策转化为法律，实际上是一种立法活动，所以又称政策立法。其过程就是立法的过程，其程序也就是立法的程序①。

政策法律化的条件包括：①对全局有重大影响的有立法必要的政策。《香港特别行政区基本法》就是“一国两制”政策的法律化体现。它是关系到国家的、国家组织的全局性的重大策问题，对解决香港与内地的关系、特别行政区与中央政府的关系，以及维持香港稳定与繁荣、促进祖国统一等方面无疑具有立法必要。至于对社会不具有普遍适用性，如民族、宗教领域中的许多问题，宜用政策加以引导，没有必要化为法律。②成熟的或具有长期稳定性的政策。法律总在一定社会现象多次出现，或对某种社会关系调整趋于固定化时才被制定出来，这说明法律相对于政策而言具有明显的滞后性。而政策对社会实践反应灵敏，在制定法律的条件尚不成熟时，可以先行制定政策，在实践中经过反复修改、评估、完善，经过实践证明是成功的、成熟的政策，才由国家机关制定为法律。同时法律又具有稳定性的特点，并非朝令夕改，因而只有那些适用时间较长、调整比较稳定的社会关系的政策，才有必要转化为立法。例如，对外开放是我国的一项长期的基本国策，《中华人民共和国外资企业法》、《中华人民共和国涉外经济合同法》等法律就是对外开放政策的法律化。

第三节 中国政策制定实践模式的嬗变

政策制定是政策过程的首要阶段，它因依赖于既有的政府与社会的关系模式而在不同社会发展阶段呈现出不同的特征。就我国而言，伴随着政府与社会的关系模式的悄然转变，政策制定模式也呈现出阶段性的特征。本节将主要以改革开放这一对我国产生深

① 陈振明：《公共政策分析》，中国人民大学出版社，2003年，第206页。

远影响的国策为时间界点来探索其前后我国政策制定模式的转变以及未来走向。

一、政策制定模式的转变

在传统社会中，政府是凌驾于社会之上最具权威性的公共机构，也是推动社会公共治理、制定公共政策的垄断性力量①。在改革开放以前，我国公共政策制定权力基本掌握在政府手中，主要依靠官僚系统的等级制原则来划分政策制定权限。在议程设立、方案规划和政策合法化三个环节中，公民参与的机会都有限。

传统的公共政策制定模式呈现以下特征。

一是政策制定主体，即政治领袖和少数政治精英。政策制定主体是指通过不同的方式直接或间接地介入政策制定的组织、团体和个人。改革开放前，我国政策的制定主体主要是处在执政地位的中国共产党，并且集中体现于各级党组织中的领导者，即政治领袖和少数政治精英。

二是政策制定权过于集中。权力是决策的基础，决策是权力的表现。传统的政策制定权力主要是集中在政府手中的。由于缺乏市民社会传统，政府行政的力量强有力地统治着社会的所有领域，社会的所有要素都被纳入政府的体系之中，政策制定权力过分集中于政府，从而造成公民和社会失去了独立行为的领域。

三是政策制定过程的单向性的议程设立、政府单向运作的方案规划。在传统政策制定过程中，由于人民内部利益的高度统合而表现出明显的单向性，即政策问题从发现问题情势、感知问题、建构问题一直到政策议程的确立都表现出明显的政府主导型特征。传统社会中，方案规划往往采取官僚系统单独规划并根据自己的主观认定进行抉择、政府部门单向运作的传统决策模式②。传统的公共政策方式都是以经验决策为主，在科学性、可行性方面往往缺乏充分的科学论证。

四是政策的内部合法化。在传统政策制定过程中，政策合法化过程仍主要局限于政府系统的内部协商与认可，公民的参与十分有限，也无法真正与政府系统的内部意见相抗衡。

改革开放后，随着社会主义市场经济体制的逐步确立，“社会”重新开始产生，国家与社会间的界分开始显现。国家对社会资源的控制开始减弱，个人自由不断增大，公民自主性得到提升，民间组织开始兴起，数量快速增长，并广泛涉及社会生活的各个领域，其中一些重要的社团已经开始影响政府部门政策或法律的制定过程。在这样的大背景下，我国公共政策制定实践也发生了变化。

在现阶段的政策制定结构中，中国共产党是各级公共政策的制定核心，基本的大政方针要由各级党组织制定，这也是党作为现代化事业领导核心地位的具体体现。“当代中国的决策者是共产党领导层的权力精英……决策过程基本取决于权力精英的作用，特别是深受人格化权力结构的影响。”③宪政结构中的各级人民代表大会和政治协商会议还

---

① 刘良：《中国公民社会的兴起与公共政策制定的范式转换》，《中共天津市委党校学报》，2006 年第 1 期。

② 刘昌雄：《改革开放前中国政策制定的模式分析》，《理论探讨》，2004 年第 6 期。

③ 胡伟：《政府过程》，浙江人民出版社，1998 年，第 254～255 页。

是有广泛的代表性的，是公众参与的有利、有力的制度平台。但受其在现阶段政策制定结构中的位置所限，其在推动公众参与公共政策制定方面的作用和功能发挥还不到位。

现阶段的政策制定过程的各个环节也产生重要变化。例如，在议程设立方面，与改革开放前不同，公共问题进入政策议程不再完全依靠政治领袖的言论，而是公众的政策诉求真正地得到表达并被政府加以重视。改革开放后，以公有制为主体多种所有制共同发展的社会主义初级阶段的经济制度和我国高速发展的经济，已经而且正在塑造出人民内部的多元利益主体①。这些主体已经开始积极参与社会生活尤其是政治生活，在宪法和法律允许的范围内争取个人权利和其他合法权益。因而越来越多的政策诉求进入政府视野从而被纳入政策议程中去。同时，随着政治民主化的进程，利益集团参与我国公共政策的制定过程，并在其中扮演着不可忽视的角色。社会利益分化和利益聚合速度的加快，必将促使政策问题建构和议程确立过程由政府统合转向人民内部不同利益群体之间的利益博弈，即在人民内部不同利益之间的竞争、妥协、合作中形成社会各界和各利益团体均可接受的问题认定结果，并确立与此相适应的政策议程。另外，特殊性社会事件的发生，往往能够引发社会问题进入政府议事日程。这是中国“内部输入”政策议程设置之外的途径，现已被越来越广泛的应用。这是因为，日益多元化的社会中，存在大量不同的诉求，通过原有的内输入途径已经远远不能满足其表达诉求的需要，大量的诉求处于制度途径所能覆盖的范围之外，因此各种制度外途径被开发出来并被广泛应用。利益集团、社会精英以及民众通过此种方式将其所关注的公共问题推向政策议程中去。

二、案例分析：“985 工程”的政策制定

考虑到现阶段政府与社会关系的变化，尤其是社会利益的分化与特殊性社会事件的多发，以及这些因素日益影响和作用于特定的政府过程，我们构造提出了以特殊性社会事件为中心的议程设置的简单模型，如图 5-2 所示。

我们认为，当某一社会问题满足以下四个要素时，它会以最快的速度进入我国政策议程并出台，这四个要素分别是：其一，明确的能够引起决策者共鸣的政策诉求；其二，利益集团的积极参与；其三，符合政府的政治理想——更易获得主管政府部门的积极支持；其四，特殊性社会事件——引起政府关注。

下面，我们用这个模型来简要分析我国“985 工程”政策的议程设置②。

1998 年 12 月 24 日，教育部出台《面向 21 世纪教育振兴行动计划》，把支持部分高等学校创建具有世界先进水平的一流大学和一流学科列为优先的战略目标。上述决定被称为“985 工程”，即创办世界一流大学工程。

“985 工程”政策是一项涉及的资源分配数量十分之大的政策。在“985 工程”建设的初期，中央政府支持的大学只有两所，即北京大学和清华大学。国家在三年内(1999～2001 年)对两校各投入建设经费 18 亿元人民币。该政策的实施极大地震动了中国教育界，引起了其他大学、一些省市政府和部门的高度关注。随后多名大学相继提出申请进

---

① 刘良：《中国公民社会的兴起与公共政策制定的范式转换》，《中共天津市委党校学报》，2006 年第 1 期。

② 参见章后案例材料。

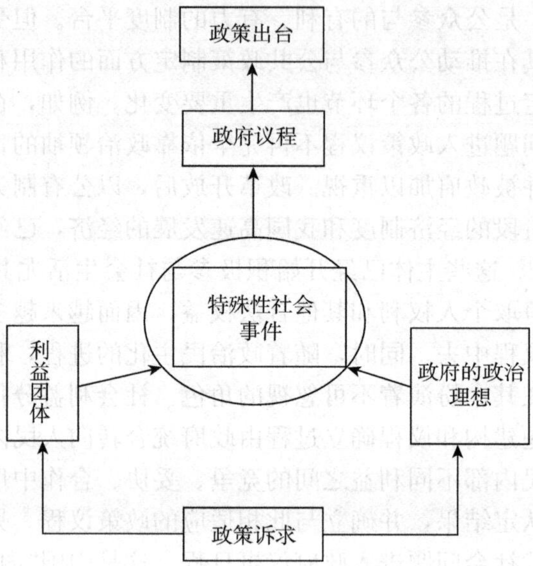

图 5-2 以特殊性社会事件为中心的议程设置模型

入“985 工程”建设学校，形成了一个强有力的“985 工程”政策倡导联盟（advocacy coalition）①。

从“985 工程”政策制定过程（图 5-3）中可以看出，“985 工程”政策顺利出台，有四个方面的助力。

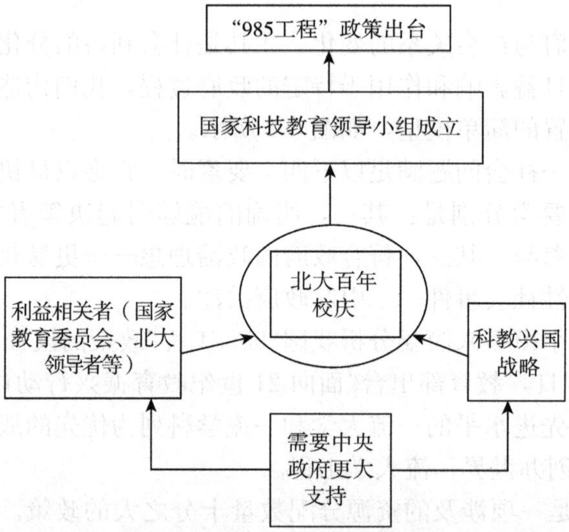

图 5-3 “985 工程”政策制定过程

其一，明确的政策诉求。1986 年，北京大学校长丁石孙在总结改革建设工作时即

① 陈学飞：《理想导向型的政策制定——“985 工程”政策过程分析》，《北京大学教育评论》，2006 年第 4 卷第 1 期。

明确提出“创办世界一流大学”的办学思想[①]。1994 年 7 月，北京大学第九次党代会首次确定了把“创建一流大学”作为学校的整体建设目标，将政策诉求转变为政府政策声明。

其二，利益集团的积极参与。包括一些政府官员、高级政策研究人员、知名学者、资深校友、学校的主要管理人员等政策企业家们。正是因为这些人的建言献策、积极活动，“985 工程”政策诉求及路径才逐渐清晰明确。

其三，主管部门的支持。主管部门是指当时的北京市政府和国家教育委员会。北京市政府在人民大会堂为北京大学百年校庆举办盛大招待会，国家教育委员会把北京大学的百年校庆列入自己的工作日程，并通过教育委员会开启了高校的政策诉求通向国家最高决策层的渠道。纪念活动结束后，国家教育委员会迅即组织了大规模的政策宣传活动，并积极主动、自上而下地推行这一政策。在“985 工程”政策形成的过程中，国家教育委员会(后改为教育部)始终是积极的倡导者、推动者，与学校处于同一个利益共同体，与北京大学构成了共同策划的关系。

其四，北京大学百年校庆及领导人的讲话。北京大学百年校庆作为一个具有重大象征意义的事件，为“政策之窗”开放提供了一个机会。“985 讲话”作为政府最高领导人的正式讲话，实质上是向全社会公布公共政策的一种形式，具有了合法性，其发表过程可以看做政策议程的建立，同时也是政策合法化的过程。

三、政策制定的未来模式

如前所述，在传统的“政府一社会”关系模式下，政府是凌驾于社会之上的最具权威性的公共机构，也是推动社会公共治理、制定公共政策的垄断性力量，公民社会应有的作用未能得到有效发挥。然而，有如岳经纶所说：“可能全世界政策最多的国家就是中国，但我们有政策，却没有公共政策。为什么有政策而没有公共政策呢？因为政策过程是精英决策，不是大众参与，很多都是注重专家决策。无论领导决策，还是专家决策，实质都是精英决策，还不是真正意义上的公共政策。”[②]真正的公共政策需要公众的广泛有效的参与，真正的公共政策制定需要实现“政府一社会”的良性互动模式。

市民社会(也称民间社会、公民社会)是国家或政府之外的所有民间组织或民间关系的总和，它是相对独立于国家的民间公共领域，它的主体是各种各样的民间组织。市民社会的组成要素是各种非国家或非政府所属的社会组织，包括非政府组织(Non-Governmental Organization，NGO)、公民的志愿性社团、协会、社区组织、利益团体和公民自发组织起来的运动等，它们又被称为介于政府与企业之间的“第三部门”[③]。

改革开放以来，以个人权利为基础、以民间组织为主要特征的现代公民社会逐渐兴起[④]。人民的权利自觉意识开始萌发，多元利益主体逐步发展，这些利益主体发展到一定的阶段便会以各种不同的方式要求在政治上表达他们的利益；同时，公民社会还可以

---

① 赵恒力：《北京大学与世界一流大学》，《高等教育论坛》(北京大学)，1988 年第 2 期。

② 岳经纶：《公共政策的价值取向》，《中国审计》，2003 年第 10 期。

③ 俞可平：《中国公民社会的兴起与治理的变迁》，载俞可平：《治理与善治》，社会科学文献出版社，2000 年，第 328 页。

④ 刘良：《中国公民社会的兴起与公共政策制定的范式转换》，《中共天津市委党校学报》，2006 年第 1 期。

通过各种非官方的渠道对国家的各项决策予以重大影响，进而实现民主决策的目标。因此我们说，公民社会的兴起必然影响到公共政策制定过程，推动公共政策制定过程逐步发生范式转移。然而，现阶段我国的公民社会发展程度还不高。因此，在实现"政府一社会"良性互动式政策制定模式的道路上，我们还有很长的路要走。我们尝试构建一种"政府一社会"良性互动的理想政策制定模式，其主要内容及特征包括以下几个方面。

1. 政策制定的主体：从政治领袖到公众参与

传统"政府一社会"关系模式下，我国政策制定的主体主要是执政的中国共产党，并且集中体现于各级党组织中的领导者，即政治领袖和少数政治精英。随着改革开放进程的不断推进，国家与社会的关系不断发生调整，我国的公民社会开始兴起，公民参与的广度与深度也随之发展。公民社会的形成将使我国公共政策制定过程的主体发生转换。

盖伊·彼得斯指出，在传统的官僚体制内部，专家无法获得政策所需要的全部信息，甚至得不到正确的信息，因此，如果排除公众对重要决策的参与，将会造成政策上的失误。"不论是公共部门还是私人部门，没有一个个体行动者能够拥有解决综合、动态、多样化问题所需要的全部知识与信息；也没有一个个体行动者有足够的知识和能力去应用所有有效的工具。"[①]所以，必须让更多的公民参与到公共政策制定的过程中来，也就是说，政策制定过程应该更加开放，而不应仅仅局限在少数政治领袖、政治精英的身上。

在公民参与扩大的同时，公民参与的方式也将由分散的个人参与向集团参与转型，从而形成所谓的"利益集团"。理性经济人的假设告诉我们，每个人都是自身利益最大化的合理追求者。但同时，每个个体的自我利益又与周围人的利益以及公众利益密切相关，且只有当这种利益关系相互统一协调时，公民个人的利益才可以长期保持。这种寻求自身利益稳定性的心理将促使个人寻求并加入利益同盟。同时，现代团体理论认为，公共政策是利益集团间利益均衡的结果，是公民社会组织从自身利益出发参与社会价值分配的过程。因此，在这个过程中，公民的个人参与固然重要，但公民的集团参与更具有实质意义[①]。公民一旦加入这个组织，不管他是否亲自参与了该组织影响政策制定的过程，其参与组织这一事实本身就是一种参与方式。公民社会组织会在政策制定过程中通过游说、宣传、支持民主选举活动、示威游行等多种方式表明其在政策制定中的态度和意见，并以自身所掌握的民意和特定群体的支持对政府施加压力，迫使公共政策反映该集团的利益诉求[①]。

这一趋势已在我国公众参与政策制定过程的实践中有所体现。我国公众参与政策制定的方式通常是选派利益集团或利益群体的代表参加到决策过程中来。利益群体既可以是政策目标群体，也可以是非政策目标群体。他们的作用是在政策制定过程中，及时表达公众的政策要求，同时对不同公众的利益进行协商。在我国现实的条件下，社会自治组织(城市社区的社委会、乡村的村民委员会等基层公众的自治组织)和中介组织(法律援助组织、律师事务所、消费者保护协会等)在这方面能够发挥较大作用。这些组织正在某些公共领域中逐步取代政府履行公共服务的职能，同时也扮演着公共利益表达者的角色。

---

① 彼得斯 B G：《政府未来的治理模式》，吴爱明、夏宏图译，中国人民大学出版社，2001年，第62页。

但我国改革中出现的各种社会自治组织、中介组织并不游离于政府之外，而是更多地融入政府体系之中，或者至少与政府体系发生着密切的关系，具有“准政府”或半官方的性质，其组织结构和运行机制仍然受到政府一定程度的控制，其中最为明显的就是担当政府政策的“传送带”，保证政策在经济和社会领域中得到认同和贯彻①。

2. 政策制定的权力平移：从政府垄断到政府与社会合作

传统“政府一社会”关系模式下，中国的政策制定权高度集中于政府，社会处于政府的支配之下，政策需求与支持来自政府系统内部，呈现出典型的“内输入”政策制定特征。而在一个完善的公民社会中，社会的地位应当得以凸显，公民社会与国家的二元分立格局应当形成。公民社会与国家的二元分立标志着双方的对峙状态，对峙状态的形成意味着公民社会趋于成熟和稳定。这种二元分立格局实质上意味着个人与政府、自由与权威、私权利与公权力的对峙，也说明公民社会具有制衡政府的力量。因此，在公民社会发生作用和影响的范围内，公共政策的制定权必然会随之出现平移，即由政府垄断政策制定权到政府和社会在公共政策制定的过程中充分分权，并在双方合作和竞争的过程中确立政策议程、制订政策方案、推动政策合法化。

3. 政策制定过程的程序的改进

第一，议程确立阶段的从政府统合到利益博弈。传统政策制定过程中，政府或国家精英单方面就其所关心或认为对整个社会影响程度大的社会问题进行探讨分析，以确定是否将之作为政策议程而提出，具有明显的政府主导型特征。由于人民内部利益高度统合，所以被政府提上议事日程的问题基本上符合多数人民的利益，公众之间较少经过利益互动和竞争。但随着改革开放和社会主义市场经济体制的建立，人民间的利益发生分化和聚合，不同的利益群体开始形成，政府统合的前提条件——人们内部利益高度统一不复存在，公共政策议程的确立势必发生变化。社会力量的培育和成长本质上反映着一定社会利益结构的变化，人民内部开始不断分化成不同的多元利益主体，每个公民及其所在利益主体都渴望积极有效地参与到政治生活中来，尤其是能够实现自身和团体利益的公共政策制定中来，成为实际意义上的政策制定者。由于政策问题建构和议程确立过程实质上是政策制定者从自身利益出发而对客观情势进行的主观认定，所以不断分化的利益群体之间基于各自不同的价值取向、利益追求，将会产生利益集团之间的利益博弈，以使政策问题的认定和政策议程的确立能够符合自身的利益。这样，在人民内部不同利益之间的竞争、妥协、合作中，社会各界和各利益团体均可接受的问题认定结果即将形成，相应的政策议程也将随之确立。在问题界定和议程确立阶段，公民参与途径广泛，可选择性较大。公民可以通过代议、咨询、信访等方式表达自己的愿望要求，参与政策问题的确定；通过大众传媒渠道制造舆论压力，引起政府对某些公共问题的注意，确定为政策议题；通过游说、宣传、助选、抗议和施压等手段迫使政府将其列入政策议程②。

① 胡宁生：《现代公共政策研究》，中国社会科学出版社，2000年，第150～151页。

② 关于公众参与议程确立的方式，可参见陈振明：《政策科学——公共政策分析导论(第二版)》，中国人民大学出版社，2003年，第214～217页。

第二，方案规划阶段的从政府的单向运作到主张对话与讨论的决策模型。后现代行政学认为在传统的政策制定模式中，政府与公民的关系并不具有对等性，政府在政策制定过程中处于话语霸权或强权地位，对公民在政策制定中参与的话语权是设限的①，政策方案的规划与抉择是一种政府部门的单向运作，广大公众被排除在方案规划与抉择的框架之外。然而，对于一个既定的政策问题来说，可供选择的方案数目非常多，单纯依靠政府掌握的信息、资源等是很难做出正确、有效的选择的。公民社会的产生使以前被限制在政府框架之中的种种能动性和依赖性走出限制，露面于公共领域。政府和社会权力分配格局由此也发生了变化，从政府垄断公共权力逐渐发展为政府与公民社会组织分享公共权力②。这种变化有助于建立主张对话与讨论的新的决策模型。后现代行政学就主张公共政策应在“公共能量场”中制定，这个“公共能量场”中公民和政府话语权是对等的，公民在政策制定中体现的是与政府合作性质的完全参与①。在这种模型下，公民社会的作用将得以充分体现。首先，公民社会可以提供可供选择的政策方案。作为政府和公众之间的联系桥梁，公民社会可以利用自身的“利益聚合、统一表达”的功能，将考虑中的备选方案数目减少为少数几个依据处理的方案，也就是使政策有效地反映来自不同利益集团的利益，从而向政府组织提供全面有效的信息，帮助政府组织做出正确的选择。其次，公民社会可以参与政策评估、影响政策选择。由于公民社会组织对涉及本组织利益的政策问题有极大的兴趣和投入，掌握的信息比较充分，同时，它们拥有大批涉及本组织关心的问题领域的专家，理解涉及本组织利益政策问题的枝节。因此，它们可以就政策意见的性质和可能出现的结果向政策制定部门提供大量的信息，影响方案选择。主张对话与讨论的模型充分体现了公众参与的价值取向，可以使来自不同公众组织、利益集团的所有意见都具有平等的价值，有助于政府在和公众的对话与讨论中做出正确的方案选择。然而在该模式下，决策很难及时做出，也不容易做出。所以政府就需要在及时决策和公众参与之间做出平衡，同时制定出采纳未来参与者提出的相关意见的标准，以此来保障公民和公民社会组织在政策制定过程中合理地表达其意见和利益诉求，并有效参与到方案规划和决策的整个过程中来。

第三，政策合法化阶段的从政府内部合法化到公众认可。政策合法化包含两层含义，一是指政策通过法律的形式被确定下来，二是指通过各种途径促使政策得到民众的认同，而后者才是政策合法化的根本含义之所在。但是长期以来，“政府一社会”一直处于“强政府一弱社会”的关系模式之下，公民很难对政府形成制衡，而且公民经常性地参与政治生活的组织机制并不成熟，公民利益聚合和意见表达的方式也相当有限。因此，政策制定过程中的合法化过程仍主要局限在政府系统的内部协商与认可上，公众的参与十分有限，也无法真正与政府系统的内部意见相抗衡。然而，只有被公众认可、接受的政策方案才具有真正意义上的合法性，也才能够在政策执行过程中实现预期效果和目标。因此，随着公民社会的兴起，公共政策合法化必须实现一个从政府内部合法化向公众认可的转化。公民社会的萌芽与兴起，使这种转化开始具备实现的条件。在人民内部，随着利益的分化与聚

① 林莉：《公民在公共政策制定中的参与范式分析》，《江西行政学院学报》，2006年第4期。
② 刘良：《中国公民社会的兴起与公共政策制定的范式转换》，《中共天津市委党校学报》，2006年第1期。

合，利益主体正朝着多元化和组织化的方向发展，他们开始积极参与政策制定的过程，以维护或实现其合法权益。与之相伴，整个社会对于政策制定的公开性、开放性、参与性以及遵循法治原则的要求也越来越明显、越来越强烈，这就意味着任何一项关涉面较广的政策方案欲获得政治合法性则必须经过利益相关者的同意和认可，在经过相应的公民社会组织之间、公民之间的利益平衡和协调之后方可付诸执行。

总之，政策制定结构的转型需要总体的社会转型来支撑，而总体的社会转型也必然包含政策制定结构的转型。在我国目前处于转型期的大背景下，我国公民社会从无到有、从弱小到壮大，并终将会有稳定存在的那一天。因此，研究传统公共政策制定模式、转型期公共政策制定模式以及未来的公共政策制定模式，是具有十分重要的现实意义和指导意义的。传统的政策制定模式、转型期的政策制定模式、未来的政策制定模式的比较如表 5-8 所示。

表 5-8　三种政策制定模式的比较

模式		传统的政策制定模式	转型期的政策制定模式	未来的政策制定模式
政策制定主体		政治领袖和少数政治精英	中国共产党领导层的权力精英	公众参与(个人参与向集团参与转换)
政策制定权		集中于政府	集中于政府	政府与社会合作
政策制定过程	议程设立	·单向性 ·主要推力为政治领袖的言论	·基于政策诉求 ·利益集团的推动 ·政府的政治理想 ·特殊性社会事件	·公民参与 ·群体利益博弈
	方案规划	·政府单向运作 ·经验决策为主	·社会精英崛起 ·有限公民参与	·利益聚合，统一表达 ·对话与讨论的决策模型
	政策合法化	·政府内部合法化	·政府内部合法化 ·公众认可	·公众认可

➢本章小结

国内外学者对公共政策制定过程有各种不同的理解，对政策过程的阶段性认识可以划分为两类：一类是广义上的公共政策制定过程，或者叫政策过程，从政策问题的确认开始，一直到政策评估和政策终结为止；另一类是狭义上的公共政策制定过程，是指从问题界定到方案抉择以及合法化的过程。它们分别是从宏观和微观视角进行阐述的。

政策议程实际上也就是政治组织，尤其是国家(政府)确定政策轻重缓急，简言之，政策议程就是将政策问题提上政府议事日程，纳入决策领域的过程。政策问题不仅是一种客观存在的“事实”或状况，而且也是一种主观感知及集体行动的产物。它是一种由相当数量的社会成员感觉到的与人的利益、价值和要求相联系的，并由团体活动所界定的，以及为政府所认可、认为必须加以解决的社会问题。

方案规划指的是对政策问题的分析研究，并提出相应的解决办法或方案的活动过程，它包括问题界定、目标确立、方案设计、后果预测、方案决策五个环节。

政策合法化是指作为对社会、团体、个人行为的规范和指导，政策得到所涉及对象的认可、接受。政策合法化分解为三个功能活动，即选择一项政策建议，为这项建议建立政治上的支持，将它作为一项法规加以颁布。

在我国，伴随着政府与社会关系模式的悄然转变，政策制定模式也呈现出阶段性的特征。我们将改革开放前称为传统的政策制定模式，现阶段称为转型期的政策制定模式，发展趋势称为未来的政策制定模式，这三个阶段及三种模式各有其特征。

➤思考题

1. 什么是政策制定？如何评价国内外政策制定研究的进展？
2. 简述政策议程的种类、议程设置的途径及模型。
3. 方案规划有哪些基本步骤？
4. 什么是政策合法化？如何看待它与政策法律化的关系？
5. 从理论与实践的结合论述我国政策制定实践模式的变化。
6. 请对“985 工程”政策的出台的案例做出你自己的分析。

➤案例材料

“985 工程”政策的出台①

“985 工程”政策制定过程大致如下。

(1)北京大学建校 100 周年校庆筹办委员会采纳国家教育委员会以及全国教育科学规划领导小组、国家教育发展研究中心的建议，在国家实施科教兴国战略的大好时机下，北京大学应参照中国科学院发起“知识创新工程”的经验，向中央政府提出政策诉求，争取得到中央政府对今后发展的更大支持。

(2)依照常例，北京大学负责起草国家领导人在校庆大会上的讲话稿。北京大学负责起草工作的小组在讲话稿中明确提出“为了实现现代化，我国要有若干所世界先进水平的社会主义一流大学”。草稿报送中央审定时，国家领导人将“世界先进水平的社会主义一流大学”改为了“世界先进水平的一流大学”。

(3)1998 年 4 月 29 日，江泽民主席在校庆前夕来到北京大学考察，在讲话中再次强调“要坚定不移地实施科教兴国战略”。1998 年 5 月 2 日，李岚清副总理在北京大学举办的“面向 21 世纪的高等教育——世界著名大学校长论坛”开幕式上发表讲话，强调加快发展高等教育对实施科教兴国战略的重要作用。

(4)1998 年 5 月 4 日，北京大学在人民大会堂隆重举行庆祝建校 100 周年大会，国家党政主要领导人全部出席了大会。时任国家主席江泽民发表了被称为“科教兴国的动员令”的著名讲话。江泽民以中央政府的名义郑重宣布：“为了实现现代化，我国要有若干所具有世界先进水平的一流大学。这样的大学，应该是培养和造就高素质的创造性人才的摇篮，应该是认识未知世界、探求客观真理、为人类解决面临的重大课题提供科学依据的前沿，应该是知识创新、推动科学技术成果向现实生产力转化的重要力量，应该是民族优秀文化与世界先进文明成果交流借鉴的桥梁。”

(5)1998 年 5 月 4 日当天，教育部向全国教育系统发出《关于深入学习江泽民同志在庆祝北京大学建校一百周年大会上的重要讲话精神的通知》。1998 年 5 月 5 日，教育部召开会议，学习江泽民 4 月 29 日和 5 月 4 日的讲话，研究部署学习贯彻两次重要讲话精神的意见和措施。

(6)1998 年 6 月 25 日，国家科技教育领导小组正式成立，当时的国务院总理朱镕基任组长，副总理李岚清任副组长。1998 年 10 月 28 日，国家科技教育领导小组召开第二次工作会议，审议并原则通

---

① 资料来源：陈学飞：《理想导向型的政策制定——“985 工程”政策过程分析》，《北京大学教育评论》，2006 年第 4 卷第 1 期。

过了教育部报送的《面向21世纪教育振兴行动计划》。1998年12月24日，教育部发布《面向21世纪教育振兴行动计划》，决定在推行“面向21世纪教育振兴行动计划”中，重点支持部分高等学校创建具有世界先进水平的一流大学和一流学科。

(7)1999年1月13日国务院批转了该项计划。至此，“985工程”正式启动。

拓展阅读资料

1.〔美〕叶海卡·德洛尔．逆境中的政策制定．王满传，尹宝虎，张萍译．上海：上海远东出版社，1996

2.〔美〕查尔斯·E. 林德布洛姆．政策制定过程．朱国斌译．北京：华夏出版社，1988

3.〔美〕威廉·N. 邓恩．公共政策分析导论(第二版)．谢明，等译．北京：中国人民大学出版社，2002

4.〔美〕德博拉·斯通．政策悖论：政治决策中的艺术．顾建光译．北京：中国人民大学出版社，2006

5.〔美〕拉雷·N. 格斯顿．公共政策的制定——程序和原理．朱子文译．重庆：重庆出版社，2001

6.〔美〕托马斯·R. 戴伊．自上而下的政策制定．鞠方安，吴忧译．北京：中国人民大学出版社，2002

7.〔德〕尤尔根·哈贝马斯．合法化危机．刘北成，曹卫东译．上海：上海人民出版社，2000

8.〔美〕阿维纳什·K. 迪克西特．经济政策的制定：交易成本政治学的视角．王元春译．北京：中国人民大学出版社，2004

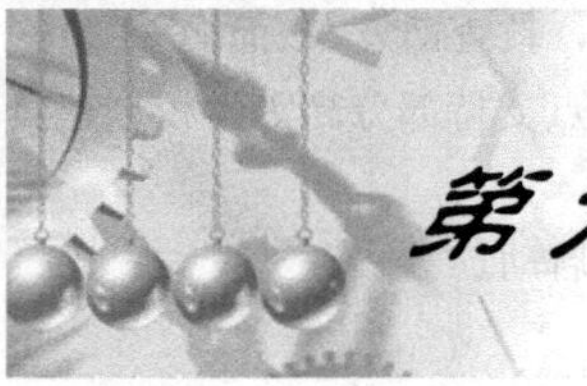

第六章

政策执行

【本章重点】

1. 政策执行研究的发展历程
2. 政策执行过程的诸环节
3. 政策执行的若干理论模式
4. 街头官僚理论
5. 政策执行的互动理论

政府为了有效地管理国家和社会事务，必须根据社会政治、经济、文化发展的需要和态势，针对现实生活中的重大政策问题，及时、正确地制订政策方案。而正确的政策方案要变成现实，则必须靠有效的执行。政策执行是政策过程的中间环节，它是将政策目标(理想)转化为政策现实的唯一途径，是检验政策正确与否的唯一标准。总之，政策执行的有效与否事关政策的成败。本章将讨论政策执行的一系列基本概念、原理与方法问题，并着重对中外政策执行理论进行深入研究。

第一节　政策执行概述

美国政策学者艾利森才说，在实现政策目标的过程中，方案拟订的作用只占10%，而其余的90%取决于有效地执行。因此，我们必须对政策执行加以认真、全面和深入的分析研究，为此，首先必须弄清政策执行的含义、过程及创造性执行等问题。

一、政策执行的含义

何谓政策执行？许多国内外政策科学学者从不同角度加以界定，兹列举几个具有代表性的例子。

普雷斯曼和韦达夫斯基认为，执行是在目标的确立与适应于取得这些目标的行动直接的一种相互作用过程①。

琼斯认为，执行是一系列指向使一个项目生效的行动，其中尤以组织(资源、机构和使项目生效的方法的建立或重新安排)、解释(将项目语言转变成可接受和可行的计划和指示)和应用(服务、款项、工具等日常供应)三种活动为要②。

萨巴蒂尔和马兹曼尼安认为，将政策执行视为用法律、上诉法院决定、行政命令，或用议会决定、内阁政令的形式，实施一种基本政策决定的过程③。

林水波和张世贤认为，政策执行可谓一种动态的过程，在整个过程中负责执行的机关与人员组合各种必要的要素，采取各项行动，扮演管理的角色，进行适当的裁量，建立可行的规则，培养目标共识与激励士气，应用协商化解冲突，期以成就某特殊的政策目标④。

谢明认为，所谓政策执行，就是政策方案被采纳以后，政策执行者通过一定的组织形式，运用各种政策资源，经解释、实施、服务和宣传等行动方式，将政策观念形态的内容转化为现实效果，从而使既定的政策目标得以实现的过程⑤。

综上所述，我们认为：政策执行是政策执行者通过建立组织机构，运用各种政策资源，采取解释、宣传、实验、实施、协调与监测等各种活动，将政策观念形态的内容转化为实际效果，从而实现既定政策目标的活动过程。

作为政策过程的一个重要阶段，政策执行不仅具有政策生命过程的各个阶段所具有的共性，而且也具有其自身的特殊性。具体来说，政策执行主要具有以下八个特征⑥：对象的适用性；范围的有限性；影响的广泛性；过程的动态性；决策的多层次性；执行的阶段性与连续性；执行的协调性与同步性；目标的统一性与途径的多样性。

二、政策执行的过程

政策执行是一个复杂的过程，它包含了一些基本环节或一系列的功能活动，还包含在政策执行过程中所要运用的功能要素、各种资源和工具选择，而这些活动的完成必须依靠一些必要的执行手段。对政策执行过程的研究是政策执行理论的一个重要组成部分。

政策执行过程包括政策宣传、政策分解、物质准备、组织准备、政策实验、全面实施、协调与监控等环节。

---

① Pressman J L, Widavsky A B. Implementation(2nd ed.). Berkeley: University of California Press, 1979: XX～XII.

② Jones C O. An Introduction to the Study of Public Policy(3rd ed.). Monterey: Brooks/Coles Publishing Company, 1984: 166.

③ 那格尔 S S:《政策研究百科全书》，林明，等译，科学技术文献出版社，1990 年，第 112 页。

④ 林永波、张世贤:《公共政策》，五南图书出版股份有限公司，2006 年，第 264 页。

⑤ 谢明:《公共政策导论》，中国人民大学出版社，2002 年，第 200 页。

⑥ 张金马:《公共政策分析：概念、过程与方法》，人民出版社，2004 年，第 384～386 页。

1. 政策宣传

政策宣传是政策执行过程的起始环节和一项重要的功能活动。要使政策得到有效执行，必须首先统一人们的思想认识。政策宣传就是统一人们思想认识的一个有效手段。执行者只有在对政策的意图和政策实施的具体措施有明确认识和充分了解的情况下，才有可能积极主动地执行政策。因此，各级政策执行机构要努力运用各种手段，宣传政策的意义、目标，实施政策的方法和步骤。

2. 政策分解

政策分解就是通常所说的制订计划，它是政策实施初期的另一项功能活动，是实现政策目标的必经之路途。制订执行计划，应遵循下列原则：一是客观性原则。编制计划要切实可行、积极可靠、排除臆断；计划的各项指标不保守也不冒进，既不是唾手可得的，也不是经过努力仍然高不可攀的；对有关人力、物力、财力等条件，必须做到"心中有数"，切不可含糊笼统。二是适应性原则。编制的计划要有适应环境变化的弹性机制，特别是要有应对意外情况发生的防范机制。三是全面性原则。编制计划要能够统筹方方面面，理顺各种关系，切忌顾此失彼。计划前后衔接、轻重缓急有层次，不同管理层次的计划各有侧重。四是一致性原则。执行机构内部各职能部门要做到工作目标和政策目标保持一致，上下级的政策目标保持一致，以增强组织上的统一性和方向上的一致性。

3. 物质准备

物质准备主要是指必需的财力(经费)和必要的物力(设备)两方面的准备。执行者应根据政策执行活动中的各项开支编制预算。预算报经有关部门批准后，才算落实了经费。必要的设备包括交通工具、通信工具、技术机械设备、办公用品等，是政策执行的物质手段。只有具备了必不可少的设备条件，政策执行才有可能顺利进行。

4. 组织准备

组织准备工作是政策具体贯彻落实的保障机制。组织功能的发挥情况直接决定着政策目标的实现方式。首先，确定政策执行机构，这是组织准备中首要的任务。常规性、例行性政策的执行，应由常设的执行机构承担，不必另建机构，但有时也可用提高常设机构地位的方式或者改组机构的方式来保证政策顺利进行。如果遇到非常规性或者是紧急而重大的牵涉面较广的政策，则可组建临时执行机构，但应在政策目标实现后予以撤销。其次，选人用人。从政策执行者的素质来说，要求具有专业管理方面的知识技能和实践经验，具有较强的政策理解能力以及沟通、协调能力；善于用人，做到人尽其才；具有宽广的胸怀，善于处理人际关系；讲求工作效率，善于从实际出发，采取机动灵活、随机应变的方式方法，有步骤、有次序地推行政策实施。最后，制定必要的管理法规。这些法规应包括目标责任制、检查监督制度和奖励处罚制度。

5. 政策实验

政策实验是政策实施过程中的重要步骤。政策实验一定要按照科学方法来进行，其步骤大致包括三个阶段：首先，选择实验对象。选择实验对象或"试点"，要根据政策方案的要求进行。试点必须在全局情况中具有典型性条件，这些典型条件应具有普遍性，所以试点也成为典型实验。其次，设计实验方案。用于实验的政策方案可以是一个，也可以是两个或多个。对于范围较广、变化较大的复杂问题，应该有在相同条件下的对照组，以便从比较中得出科学的结论。在某些情况下，试点还可以采取不公开的方式进行，称为"盲试"，这主要是为了避免各种人为因素的干扰，防止失去试点的科学性。最后，总结实验结果。分析和总结实验结果是政策实验过程最关键的一个阶段。因为总结阶段要根据实验的整个过程和最后结果，检验、评估、修改、补充或者否定政策方案。在这个阶段要注意以下几个问题：一是总结经验要实事求是；二是对成功经验要进行理性思考；三是要重视失败的经验。

6. 全面实施

政策的全面实施是政策实施过程中操作性、程序性最强，涉及面最具体、最广泛的一个环节。全面实施政策要求严格遵循政策执行的基本原则，充分发挥政策执行的功能要素，以保证政策目标的圆满实现。

7. 协调与监控

政策的协调与监控贯穿于政策实施全过程。协调工作做好了，才能使执行人员及其他有关人员做到思想观念上的统一和行动上的一致，才能保证执行活动的同步与和谐，才能提高工作效率，减少或杜绝人力、物力、财力、时间等方面的浪费。监控是政策实施过程的保障环节。在实际的政策实施过程中，常常由于政策执行者认识上的差异等原因，造成对政策理解的失当，或者政策制定者与执行者之间存在的利益差别的影响，往往会使政策执行活动偏离政策目标，因而必须对整个实施过程加强监督和控制，以保证政策的全面贯彻和落实。

上述诸环节构成政策执行的功能活动过程。只有每项功能活动都做好了，政策执行才能顺利进行，政策方案才能取得预期的政策效果。

在政策执行过程中，有三个功能要素在发挥作用：一是指挥，即领导者运用组织权责，发挥领导权威，推动下属为实现既定政策目标而努力的过程。二是沟通，即政策执行过程中各级组织人员进行信息交流、传递的过程，是对于这次目标及其相关问题获得统一认识的方法和程序。三是协调，即管理机体为了顺利实现政策目标，而谋求自身统一和谐，谋求自身各相关要素匹配调剂、协作分工的一种行为方式。

在政策执行过程中，要运用以下四种资源①：一是经费资源。经费是政策执行的基础性物质资源。二是人力资源。执行都是靠人来进行的，人员保证是政策执行的必要前提。三是信息资源。信息同样是影响政策执行的一个重要变量。四是权威资源。权威是执行工作任务的权力来源，是政策执行的特殊资源。

在政策执行过程中，还需要运用一定的手段。政策执行手段是指政策执行机关及其执行者为完成一定政策任务，达到一定的政策目标，而采取的各种措施和方法，主要包括以下四类②：一是行政手段，是指依靠行政组织的权威，采用行政命令、指示、规定及规章制度等行政方式，按照行政系统、行政层次和行政区划来实施政策的方法，具有权威性、强制性、对象的有限性和时效性等显著特点。行政手段构成任何一种政策执行

① 谢明：《公共政策导论》，中国人民大学出版社，2002 年，第 210～211 页。

② 陈振明：《政策科学——公共政策分析导论(第二版)》，中国人民大学出版社，2003 年，第 266～269 页。

的不可缺少的基本因素，但要把它限制在一定范围内，切不可滥用。二是法律手段，是指通过各种法律、法令、法规、司法、仲裁工作，特别是通过行政立法和司法方式来调整政策执行活动中各种关系的方法，是政策执行活动得以进行的根本保障。法律手段具有权威性、强制性、稳定性和规范性等特点。法律手段是政策执行活动得以进行的根本保障。三是经济手段，是指根据客观经济规律和物质利益原则，利用各种经济杠杆，调节政策执行过程中的各种不同经济利益之间的关系，以促进政策顺利实施的方法。经济手段具有间接性、有偿性和关联性三大特性。四是思想诱导，思想诱导是一种以人为中心的人本主义管理方法，它通过运用非强制性手段，诱使政策执行者和对象自觉自愿地去贯彻执行政策，而不从事与政策相违背的活动。常用的思想诱导手段有制造舆论、说服教育、协商对话、奖功罚过。思想诱导手段在对象上具有多元性，在方式上具有协调性，在作用上具有宏观控制性的特点。政策执行手段随着社会的发展而变化，在政策执行过程中，应根据不同的情况采用不同的手段，注意将以上四种手段有机结合使用，以取得更佳的政策效果。

政策工具是政府治理的手段和途径，是政策目标与结果之间的桥梁。在执行政策时，选用何种政策工具以及用哪一种标准来评价该政策工具的效果，对于政府能否达成既定的政策目标具有决定性的影响。因此，政策执行中的工具选择问题十分重要。

许多国内外学者都对政策执行工具进行了归纳总结。

豪利特和拉米什认为，根据政策工具的强制性程度，可将政策工具分为自愿性工具（非强制性工具）、强制性工具、混合性工具三类①。

欧文·E. 休斯认为，绝大多数的政府干预往往可以通过四方面的经济手段得以实现，即供应、补贴、生产和管制②。

林德和彼得斯认为，政策工具是多元的，包括命令条款、财政补助、管制规定、征税、劝诫、权威和契约等③。

迄今为止，对政策工具分类的研究成果可以说是丰硕的，但可为工具理论奠定基本构架的令人信服的分类似乎并不存在。我们认为，可以将基本的政策工具分为市场化工具、工商管理工具和社会化手段三类。市场化工具是指政府利用市场这一资源有效配置手段，来达到提供公共物品和服务的目的的具体方式，民营化、用者付费、合同外包、特许经营、凭单制、分散决策、放松管制、产权交易、内部市场等都可以用来帮助政府达成政策目标。工商管理技术是把企业的管理理念和方式借鉴到公共部门中来，吸取有效经验达成政府的政策目标，包括战略管理技术、绩效管理技术、顾客导向技术、目标管理技术、全面质量管理技术、标杆管理技术和企业流程再造技术等。社会化手段是指政府更多地利用社会资源，在一种互动的基础上来实现政策目标，如社区治理、个人与家庭、志愿者组织、公私伙伴关系、公众参与及听证会等。

要达成政策目标，不仅要正确地执行政策过程，还要在政策执行过程中依靠各种功

---

① Hewlett M，Ramesh M. Studying Public Policy：Policy Cycles and Policy Subsystems. Oxford：Oxford University，1995：85.

② 休斯 O E：《公共管理导论（第三版）》，张成福、王学栋，等译，中国人民大学出版社，2007 年，第 98 页。

③ Linder S，Peters B G. The study of public policy instrument. Policy Current，1992，2(2).

能要素、运用各种资源、采取各种手段、使用各种工具，才能达到政策的预期效果。

三、创造性执行政策的问题

政策执行有一些基本要求，或者说必须遵循某些基本原则。国内有的学者将这些原则概括为典型性与普遍性相结合原则、追踪决策原则、实践检验原则；另一些学者则概括为严肃性原则、创造性原则、协调性原则、反馈性原则等。我们认为，政策执行中最基本的要求(原则)是如何将原则性与灵活性相统一的问题，也就是如何创造性执行政策的问题。

在政策执行过程中，坚持原则性与灵活性相结合的原则，不仅是理论与实践的需要，而且是政策本身提出的要求。坚持这一原则才能使政策得到有效执行，才能保证政策目标得以顺利的实现。

所谓政策执行中的原则性，是指执行政策必须遵循政策的精神实质，保证政策的统一性、严肃性和权威性，严格按照政策规定的要求去做，全面地、不折不扣地实现政策目标。执行政策要坚持原则性，这是由政策本身固有的属性决定的。政策是党和国家为了指导社会实践，调整社会关系，实现一定的政治路线、方针而制定的行动准则。政策作为一种政治行为，就决定了它有很强的原则性。政策执行的首要条件就是要在精神实质上忠实地执行政策。

所谓灵活性原则，是指在不违背政策原则精神和保持政策方向的前提下，坚持从实际出发，采取灵活多样的方式方法，因时因地制宜，使政策目标得以真正实现。灵活性的核心是具体情况具体分析。执行政策坚持灵活性原则，也就是要有创造性，这也是由政策固有的属性决定的。首先，政策总是针对特定的问题，以时间和条件为转移；其次，政策具有层次性，从纵向看，从中央到地方层次依次降低，从横向看，各部门制定的政策相互关联和交叉；最后，任何政策都需要逐步完善。

因此，在政策执行中坚持原则性与灵活性相统一的原则，就是要把政策的精神和实际情况相结合，既要创造性地实施政策，又要正确地把握政策的界限。灵活是在原则所允许的范围内的灵活，而不是违反政策的随心所欲；灵活性的临界点是原则性。在政策执行过程中，如果抛弃了政策的原则性，滥用灵活性，就会产生“上有政策，下有对策”的现象，使党和国家政策难以得到如实的执行。反之，如果在实际工作中把政策的原则性理解为照抄照搬，不结合实际情况灵活运用，同样也不能真正落实党的政策。我国正在进行中国特色社会主义建设，许多事情还处于探索阶段，必然会遇到许多新情况新问题。因此，把原则性与灵活性结合起来，创造性地实施中央和上级政策，就显得更为必要。

当然，在政策执行的过程中，还有其他需要遵循的原则和要求，包括实事求是与开拓创新相结合、迅速果断与注重效益相结合、强制执行与说服教育相结合等。

中国共产党在长期的革命和建设实践中，高度重视政策执行问题，积累了丰富的政策执行经验，形成了若干具有中国特色的政策执行的原则与方法。一是注重政策宣传。通过强化政策宣传的途径让各级干部和广大群众充分了解和深刻认识党的各项方针政策，是党的方针政策得以正确、顺利贯彻实施的重要前提和行之有效的方法。二是重视政策实验。重要政策在我国全面实施之前，都要在局部地区或试点中加以试验，以取得经验，再全面铺开。三是强制执行与说服教育相统一的执行手段。政策执行活动涉及面广、对象多，是一项复杂的活动，仅有说服教育或仅有强制执行手段都是不够的，中国共产党人历来重视两者相结合的方法，既能有效防止片面强调思想教育而造成放任自流、过分迁就的不良倾向，又能避免不做耐心说服教育工作而滥发命令、胡施惩罚的不良倾向。四是抓中心工作、以点带面的领导方法。抓中心工作就是要善于从纷繁复杂的工作头绪中找到并紧紧抓住最能影响全局、可以带动整个工作链条前进的中心环节，也就是抓住主要矛盾；以点带面就是发现、培养和树立典型，以典型示范促进和推动面上工作发展的一种工作方法。

第二节　政策执行的理论及模型

自20世纪七八十年代兴起以来，政策执行理论的倡导者和追随者分别从不同角度对政策执行进行研究，提出了关于政策执行的各种理论和模型。本节将着重介绍几种比较有影响的理论和有代表性的模型。

一、政策执行研究的兴起

政策执行研究是一种相对新的现象，它的兴起以1973年普雷斯曼和韦达夫斯基对美国联邦政府的为失业者创造就业机会、为城市公共设施建设和企业贷款方面提供财政支援的政策项目——“奥克兰计划”执行的跟踪研究而写成的报告《执行》一书的出版作为标志。他们的研究表明：奥克兰计划并不是按正常制定者所想的那样被执行的，它并没有取得预定的目标，问题就出在它被执行的方式上，尤其是“联合行动”的困难上。这一研究引发了政策执行的热潮，导致了20世纪七八十年代所谓“执行行动”的兴起。

政策执行研究的兴起并不是偶然的，而是有其深刻的理论和实践上的原因。从理论上看，在美国，20世纪60年代末70年代初政策科学取得突飞猛进的发展，政策科学研究视野的拓宽，要求对政策系统和政策过程的各种因素和环节作全面深入的研究。过去人们偏重于政策制定或规划的研究，而忽视了对政策执行、评估和终结的研究，这制约着政策科学的发展，必须加以纠正。从政策实践来看，20世纪60年代由约翰逊政府发起的“伟大社会”改革的许多政策项目并没有取得预期的结果，这在客观上向人们提出这样一个问题，即为什么好的或比较理想的政策方案及项目也不能取得预期的结果？这促使人们去评估政策，并寻找政策执行方面的原因。正是在理论和实践的双重作用下，政策执行在20世纪70年代初以后成为美国及西方政策科学研究的一个焦点或热门话题。

西方的“执行运动”持续近二十年，政策科学家们写下了大量的论著，做了大量的实证案例分析，提出了种种关于政策执行研究的途径、理论和模型。纵观这一时期的执行研究，西方学界对政策执行的研究可分为三个阶段①。

---

① 王海峰、马斌：《公共政策执行研究评述》，《河北企业》，2009年第3期。

第一代政策执行研究：从1973年到20世纪70年代末期。在这一阶段，学者们把重点放在细节性地描述某项特定政策是怎样在一个或几个地区得到执行的过程。其典型特征是：第一，偏重于政策执行实务及个案研究；第二，坚持“自上而下”的政策执行分析途径。第一代政策执行研究拓展了政策科学的研究视野，引发了研究政策执行的热潮，推动了20世纪七八十年代“政策执行运动”的兴起和发展。代表人物有佩尔兹曼、威尔达夫斯基、苏珊·巴雷特、科林·佛杰、托马斯·史密斯、卡尔·范·霍恩、唐纳德·范·米特、丹尼尔·马兹马尼安、保罗·萨巴蒂尔等。

第二代政策执行研究：从20世纪70年代末期到20世纪80年代末期。在这一阶段，学者们把重点放在开发为分析复杂的政策执行现象所需要的分析框架上，研究了影响执行的主要变量，也有强调州政府在政策执行中重要性的研究。第二代政策执行研究并非从政策制定者的角度研究政策执行，而是从政策执行运作阶段对于某一特定问题进行互动的多元者着手，分析它们如何影响政策目标，如何重新形成公共政策；相反地，焦点集中于多元行动者追求目标的策略。代表人物有迈克尔·利普斯、理查德·埃尔默、本尼·贺恩和大卫·波特等。

第三代政策执行研究：从20世纪90年代至今。在这一阶段，学者们把重点放在研究政府间的政策执行上。第三代研究试图综合和超越第一代和第二代的理论，具有研究方法和理论工具的多样性的特征。就执行研究而言，自上而下和自下而上的争论已经结束，取而代之的众识是两种途径各有优势。有一些理论研究已经试图将两者综合起来。第三代研究扩大了研究范围，将执行扩展到府际关系的范围和分析层面。代表人物有唐纳德·门泽尔、马尔科姆·郭锦、保罗·萨巴蒂尔、理查德·麦特兰德、文森特·奥斯特罗姆等。执行研究途径已经进入了一个综合和多元的时代。

西方学者们所提出的政策执行研究途径主要有如下几种。

一是“自上而下”途径，或称为“以政策为中心的途径”或“政策制定者的透视”途径。这种途径假定政策是由上层规划或制定的，然后它们被翻译或具体化为各种指示，以便由下层的行政官员或职员执行。依照这种途径，政策过程被看做一种指挥链条，其中政治领导人形成政策偏好，而这种偏好随行政层次的降低而不断被具体化，为下层行政官员所执行。萨巴蒂尔和马兹曼尼安在《政策有效执行的条件》一文中将政策看做处于形成系统“最高层”的决策者的专属权，他们所要解决的主要问题有：政策的性质、执行结构、避免外来的干预和控制执行主体。这种途径关注的焦点是政策制定者，要考察他们做什么以及如何将政策付诸实践而生效。普雷斯曼和韦达夫斯基的《执行》一书所采取的正是这种途径。

二是“自下而上”途径。与“自上而下”途径相反，“自下而上”途径以组织中的个人(即参与政策过程的所有行动者)作为出发点，政策链条中的较低及最低层次被当做政策执行的基础；它强调政策或项目的成功与否依赖于参与执行项目的行动者的承诺与技巧。“自下而上途径的倡导者们认为，与自上而下途径相比，自下而上途径没有预先设定的假设，在自下而上途径中，很少有可能暗含着有关因果关系，有关主体和机构之间的层级化的，或者任何其他的结构关系，或者应该在主体和机构之间发生什么的假设。”“它以个人行动作为起点，使行动可以看做对问题的一种反应，是在各种可供选择的方案之间进行选择。”[1]这一途径以韦瑟利和利普斯基的《基层官僚与制度创新》一文为代表[2]。

三是“政策/行动连续统”途径，该途径或多或少有作为“自上而下”和“自下而上”两种途径综合的意味。按巴雷特和富奇的说法，应该将执行“当做一种政策/行动的连续统”，其中，在那些寻找将政策执行付诸实践者与那些采取行动者之间随时发生相互作用和谈判的过程[3]。在这个意义上，这一过程可以看做“自上而下”，也可以看做“自下而上”，政策制定者将做出限制其他行动者权力的决策，而行动者将做出规避决策者权力的决策。因而这一途径也可以说是以权力作为焦点的。

四是工具选择途径。这种途径从这样一个观察开始——政策执行在很大程度上包含了将一个或更多的政府的基本工具应用到政策问题上，这些基本工具被称为政策工具。不管我们是以“自上而下”设计的方式，还是以“自下而上”的更传统的行政管理方式来研究政策过程，给予政策决策的实质或形式的过程总是包含着在可利用的政策工具箱中选择一种或几种工具[4]。这种途径可以回答为什么政府从许多可供利用的工具中选择特定的工具，以及是否可以在政策执行过程中探明工具选择的模式或风格等问题。

“执行运动”的倡导者和追随者们提出了各种执行理论，较有影响的有如下七种，见表 6-1。

表 6-1　政策执行的各种理论

理论	基本内容
行动理论	政策执行被视为对某项公共政策所要采取的广泛行动
组织理论	强调组织在政策执行中的地位，认为只有了解组织是怎样工作的，才能理解所要执行的政策以及它在执行中是如何被调整和塑造的
因果理论	将政策看做一种假设，将政策执行看做引导人们到达目的地的地图，关心政策过程中的因果关系
管理理论	强调政策执行是一个管理过程
交易理论	认为政策执行是一个政治上讨价还价的过程
系统理论	将政策执行理解为政策行动者与环境的相互作用
演化理论	主张在政策执行中重新设计目标和修正方案，政策的制定与执行是一个演化的过程

“执行运动”的倡导者和追随者们还提出了各种理论模型，主要有以下十种，见表 6-2。

① 黑尧 M.《现代国家的政策过程》，赵成根译，中国青年出版社，2004 年，第 25～26 页。

② Weatherley R，Lipsky M. Street level bureaucrats and institutional innovation：implementing special education reform. Harvard Educational Review，1975，47(2).

③ Barrett S，Fudye C. Policy and Action. London：Methuen，1981：25.

④ Hood C C. The Tolls of Government. Chatham：Chatham House，1986；Linder S H，Peters B G. The logic of public policy design：linking policy actors and plausible instruments. Knowledge in Society，1991，4.

表 6-2　政策执行的理论模型

模型	创始人	基本内容
过程模型	T. 史密斯	一个描述政策执行过程的模型，涉及理想化的政策、执行机构、目标群体、环境因素四个重大因素
系统模型	范·米特、范·霍恩	说明政策执行过程中影响政策产生的几个相关因素，即政策标准与目标、政策资源、执行机构特性、经济与政治环境、执行人员的意向等
互适模型	M. 麦克拉夫林	政策执行过程是执行组织和受影响者之间就目标手段作相互调试的互动过程，政策执行的有效与否取决于两者相互调试的程度
循环模型	雷恩、拉宾诺维茨	把政策执行过程分为纲领发展、资源分配、监督这三个相互循环的阶段，强调每一阶段必须奉行合法、理性官僚、共识这三项原则
主体模型	保罗·波曼	在政策执行过程中，政策执行者发挥着重要的作用，主要是研究政策主体是如何影响政策执行的
综合模型	萨巴蒂尔、马兹曼尼安	认为影响政策执行各个阶段的因素可分成政策问题的可办性、政策本身的规制能力、政策本身以外的变数三大类
执行模型	爱德华	政策执行过程受四项主要因素的影响，即沟通、资源、执行者偏好和官僚组织结构。四个要素相互影响，其互动状况影响着政策执行的效果
博弈模型	尤金·巴达克	以近代政治学中“博弈”的概念观察执行过程中相关参与者就政策目标的达成所做的谈判、评价与妥协的互动情形
组织模型	R. 埃尔默尔	从组织学中整理出体制管理模型、管理过程模型、组织发展模型和冲突协商模型这四种组织模型，并用此来观察政策执行过程
沟通模型	高金	认为政策执行是一种极为繁杂的过程，因此政策执行研究不应该忽视各种层次中执行动态面的探讨

西方的“执行运动”大大地拓展了早期政策科学的研究范围，将长期被人们忽视的政策执行这一环节或阶段纳入政策科学的视野；政策执行的学者们从不同的途径、不同的方面来探讨政策执行过程，并提出了种种理论，尤其是力图系统地了解影响政策有效执行的各项因素及其相互关系，构造相关的政策执行过程模式，这大大地丰富了政策科学的理论内容。执行研究在某种意义上可以看做一种力求取代传统公共行政学的新行政管理研究途径，它从传统公共行政学的以机构(官僚体制)为焦点转向以项目及其结果为焦点，即把项目而不是机构作为基本分析单位。然而，由于作为研究对象的执行过程涉及的因素多而复杂，执行实践千差万别而执行研究显得十分困难，执行运动并没有形成成熟和得到公认的理论及范式；并且，执行研究的倡导者们往往得出消极、悲观的结论，给人描绘出政策或项目很少能起作用或取得预期目标的令人失望的图景。

20 世纪 80 年代末 90 年代初，随着政策科学和公共行政科学的发展，尤其是政策分析与管理合流的趋势以及(新)公共管理学派的兴起，作为一种思潮或时髦的执行运动便衰落了。尽管执行运动的理论遗产肯定留给了政策科学、公共行政学以及公共管理学，然而，耐人寻味的是有的公共管理学者如凯特尔声称公共管理“拒绝传统的公共行政学和执行研究”，并将此作为公共管理的一个基本特征①。看来，公共管理途径有着

① Kettl D F. Searching for clues about public management: slicing the onion different way. *In*: Boreman B. Public Management: The State of the Art. San Francisco: Jossey-Bass Publishers, 1993: 55～68.

不同于执行研究的某些新的东西。

二、政策执行的若干理论

20世纪七八十年代，西方政策研究领域掀起的“政策执行运动”将政策执行这一环节纳入政策科学的视野，其追随者提出了各种执行理论，其中比较有影响的理论主要有七种，即行动理论、组织理论、因果理论、管理理论、博弈理论、系统理论和演化理论。同时在这一时期，政策执行者也从自下而上的微观视角出发，关注到政策执行与政策制定之间有着紧密的联系，政策执行中存在着上下级、政府与社会之间的互动，街头官僚理论正是这一理论研究的深刻体现。下面，我们将着重探讨行动理论、组织理论、博弈理论和街头官僚理论。

(一)行动理论

行动理论学派将政策执行视为对某项公共政策所要采取的广泛行动。这一理论强调在政策执行过程中，行动主体的行动过程和行为性质对政策执行的效果产生关键的影响。政策执行过程包括六类行动：①权威性行动；②目的性行动；③组织性行动；④公益性行动；⑤持续性行动；⑥创造性行动[①]。这一学派的代表人物及其著作包括：范·霍恩和范·米特，其著作有《政府间的政策执行》、《政策执行过程》等；史密斯的《政策执行过程》等书；查尔斯·琼斯的《公共政策研究导论》等书；爱德华三世的《执行公共政策》一书。

在对政策执行的定义上，不同学者围绕行动是政策执行的关键这一核心，做出了不同的论述。范·霍恩和范·米特认为：“政策执行指公私个体和团体为了实现政策目标所采取的行动。这些行动一方面包括政策方案要求的具体化，另一方面包括连续地努力去实现政策方案要求的目标。”[②]查尔斯·琼斯认为：“政策乃是将一项政策付诸实施的各种活动。在诸多活动中，要以解释、组织和实施最为重要。”[③]史密斯认为，政策执行过程包括四个因素，即理想化的政策、执行机构、目标群体和环境因素。

政策执行的行动理论指出了在政策执行过程中，执行方法切实可行，执行手段灵活有效，就可以较好地实现政策目标，这就一定程度上弥补了政策决定的失误和有限性。但这一理论在阐述政策执行的过程中，忽略了执行主体的研究，并且在分析政策执行的因素时，没有更加全面地考虑到其他社会因素的影响。

(二)组织理论

组织理论强调组织在政策执行中的地位，认为只有了解组织是怎样工作的，才能理解所要执行的政策以及它在执行中是如何被调整和塑造的。组织理论的代表人物及著作有：埃尔默尔的《社会规划执行的组织模式》；佛瑞斯特的《预期性执行：规划与政策分

① 徐家良：《公共政策分析导论》，北京师范大学出版社，2009年，第186页。

② van Horn C E，van Meter D S. The implementation of intergovernmental. *In*：Jones C O. Public Policy Making in Federal System. Beverly Hills：Sage Publications，1976：45.

③ Jones C O. An Introduction to the Study of Public Policy(3rd ed.). Monterey：Books/Coles Publishing Company，1984：166.

析中的规范研究》；蒙太和欧托尔的《政策执行的有关理论：组织观念》；若尔克的《官僚、政治和公共政策》等。

组织理论的主要观点在于：①组织是政策执行的主体，一项良好的政策要真正得到落实，就必须依托于一定的组织机构，机构内的组织成员相互合作、遵循一定的组织原则和组织理念是实现政策目标的有效保证。埃尔默尔指出："任何一项观念转化为行动，都要涉及重要的具体工作，组织是从事具体工作的主体。其处理问题的方法，是将问题分成具体的管理项目，再将这些项目分配给专业机构负责执行。因此，只有了解组织的运作，才能认清原初政策设计是否在执行中被修正或赋加新意。"①②从组织的视角分析政策执行，为研究公共政策的过程和特征提供了桥梁。公共政策过程本质上是一种政治过程，是政策组织的运作过程，政策执行组织的研究能够深入地反映公共政策的政治过程。③通过对组织的研究，能够更好地找出影响政策成功与否的关键环节和因素。在政策执行过程中，执行组织的组织结构、组织人员的整体素质、组织文化、组织的运作方式等因素都会影响政策执行的效果。若尔克(F. E. Rouke)在《官僚制、政治与公共政策》②一书中指出：负责执行的组织，其正式与非正式的属性，往往影响到该组织执行政策达到目标的能力。

(三)博弈理论

博弈理论强调政策执行是一种政治上讨价还价的交易过程，是决策者与执行者、执行者与执行者基于各自利益的博弈过程。博弈理论认为，在冲突和竞争的情况下，每一参加者都寻求得到最大的收获，并把损失减少到最低。

美国公共政策学者金·巴达克(E. Bardach)是博弈理论的主要代表。他在其著作《执行博弈》一书中，将政治学中的博弈理论应用来研究公共政策的执行问题。他把政策执行过程视为一种赛局，其中包括下列因素：①竞赛者，即政策执行人员和相关人员；②竞赛可能的原因，即利害关系；③竞赛的资源，包括策略与技术等软资源和财经、权威等硬资源；④竞赛的规则，即取胜的条件；⑤公平竞赛的规则，即不得作弊；⑥竞赛者之间信息沟通性质；⑦所得结果的不确定程度。巴达克认为政策执行的成功与否，取决于各方参加者的"战略"选择。同时，巴达克在《执行游戏》③一书中也指出：执行博弈的研究构成了政策执行研究的重要分水岭，它使人们对于政府运作的认知逐渐扬弃了传统静态的层级节制观点，并进而转变为以动态的府际关系为核心的观点。政策执行的博弈理论从动态的视角出发，分析了政策执行中各相关利益主体的互动对政策效果的重要影响，强调了政策主体的作用，从而进一步深化了对政策执行过程的研究。博弈理论研究的焦点在于上下级博弈双方各自的策略选择，以及由此所形成的利益冲突。

(四)街头官僚理论

街头官僚理论是以一种自下而上的视角，通过对基层政府工作人员的研究来分析政策执行的。该理论最早是由李普斯基在《街道层官僚制组织》一书中首先提出来的，并且

① Elmore R F. Organizational model of social program implementation. Public Policy，1978，26(2).

② Rouke F E. Bureaucracy，Politics and Public Policy. Boston：Little Brown and Co.，1967.

③ Bardach E. The Implementation Game. Cambridge：MIT Press，1977.

由威瑟利和普罗特斯进一步发展，是目前流行于西方学界的政策执行理论之一。

1. 街头官僚的基本概念

街头官僚，也称为街道层官僚，是指那些在其工作进程中直接与市民互动的公共服务人员，以及对任务执行具有实质性判断力的公职人员①。典型的街头官僚包括公职教师、警官及其执法人员、社会工作者、法官、公职律师及其他司法官员、医疗保健工作人员，以及其他有权核准政府计划适用对象和执行相应公共服务的诸多公共雇员。这些工作人员不仅在政府雇员中占有较大的比重，而且由于他们控制和管理着许多公共资源，他们的决策直接影响着许多公民的生活福利。街头官僚在现代社会中占有非常重要的地位，在大多数情况下他们被形象地理解为在政府机构的“门口”或“窗口”执行公务的政府公务员。

2. 街头官僚的重要性

街头官僚占据着政府雇员的大多数，他们的行为很大程度上体现了政府的形象。同时，街头官僚作为公共服务的直接提供者，他们又是公民直接接触的对象。作为一个整体，街头官僚汲取了大部分的公共资源，公众期待他们能够在公共服务的供给和公共开支的合理负担之间维持平衡；作为一个个体，街头官僚承载着公众对于政府公正和有效对待的希望，直接体现着政府的形象。

3. 街头官僚的典型特征

一般而言，街头官僚具有六个方面的典型特征。

(1)处于政府“金字塔”的最底层，数量庞大。街头官僚通常只有上级，没有下级，他们人数众多，由政府机构最主要的人员构成。

(2)直接面对公众。与政府机关中从事内部行政的政府公务员不同，街头官僚工作的一个核心特征是直接与公民打交道，其工作通常直接构成政府机关的产出。

(3)面临资源和公众期望的双重压力。由于处于政府“金字塔”的最底层，街头官僚成了公众对政府期望的直接寄托者，同时街头官僚所能支配的资源又是有限的。

(4)具有一定的自由裁量权。自由裁量权是指政府工作人员在一定法律法规规范之下从事行政管理活动所享有的自由酌量完成任务的方式和解决问题的权力。利用手中的自由裁量权，街头官僚一方面可以根据具体情况采取不同的行为，另一方面又造成了裁量标准的不一致。

(5)政府形象最直接的体现者。街头官僚在国家与社会之间、国家权力与公民权利之间的交界面执行工作任务，其工作质量和绩效表现直接决定着行政能力、政府形象和官民关系等，主导着公众对政府的评价。

(6)决定具有分配和再分配的属性。街头官僚对受益资格的判断，意味着在支持某些人对于政府物品和服务要求权的同时，损害了其他纳税人和申请者的利益，他们通过增加或减少各收入人群的受益量控制社会财富的分配和再分配。

4. 街头官僚的行为逻辑

街头官僚所拥有的特殊角色特征、工作性质，使他们表现出特殊的行动逻辑。街头

---

① Lipsky M. Street-level bureaucrats as policy makers. *In*：Lipsky M. Street-level Bureaucracy Dilemmas of the Individual in Public Services. New York：Russell Sage Foundation，1980：244.

官僚这些独特的行为逻辑通常可以归因为个体利益、信息优势和认知差异三个方面。

(1)个体利益。在劳动还是人谋生手段的前提下，街头官僚必须通过工作获得适当的物质利益以满足生存和发展的需要。“理性人”假说认为每个人都是追求个人利益最大化的行动者。在组织利益和个人利益不一致的情况下，街头官僚可能会牺牲组织利益来满足个人利益。

(2)信息优势。信息优势是街头官僚自由裁量权的重要来源。信息传递分自上而下和自下而上两个过程。在信息自上而下传递的过程中街头官僚最终所接受到的信息已丧失部分重要内容，甚至有的已失去原意或者已改变本质；在自下而上的传递过程中，街头官僚获得的信息最能反映真实的公众意愿，街头官僚可以向上级隐瞒或虚报这些信息。

(3)认知差异。认知模式系指个人根据已有知识结构和所处环境情况来看待现实、理解现实，从而表现出一定的心理状态、行为动机和意向等。由于知识结构、官僚等级和工作环境三方面认知模式的差异，街头官僚一般会采取不同于上级所期待的行为方式来完成任务，简言之，他们会进行再决策。

5. 街头官僚与自由裁量权

街头官僚的一个最典型的特征是拥有自由裁量权，也是街头官僚理论研究的焦点。在公共服务提供的过程中，需要人的判断，而人的判断是无法加以规划，也无法由机器替代的，因此自由裁量权是街头官僚提供服务所必须拥有的一项权力。

一方面，街头官僚的自由裁量权可以使街头官僚在面对不同情况时采取不同的应对措施，有效满足公共事务的复杂性与不确定性的需求，因而自由裁量权是提高行政效率的必然需要，其运行起到了维护公共利益、满足社会需要、实现国家权能的作用。但另一方面，街头官僚的自由裁量权又意味着在法律未涉及的范围内，街头官僚享有某种程度的决定空间，权力可能在法律规定的幅度内被滥用，从而对公众的权益造成侵害。李普斯基认为，相对于组织的权力来说，街头官僚具有某种自主性。这意味着街头官僚机构中的下级会有着与上级不同的利益和目标，并且下级可以采取某种不合作的措施来抵制上级和组织的命令。也就是说，街头官僚会利用他们的自由裁量权来为他们自己的利益服务，造成公众利益受损的危害。在行使自由裁量权时，对硬性的政策，他们避重就轻地有选择执行；对于弹性较大的政策，则根据个人利益细化政策；对于有损其利益或执行难度大的政策，他们往往会采取“软抵抗”或象征性地执行，甚至不惜进行硬抗。因而，对于街头官僚的自由裁量权必须加以规范和约束。可以采取的措施有量化自由裁量权、伦理教育和法律控制等。

拓展阅读专栏

街头官僚理论的发展历程及研究焦点

“街头官僚”这一概念的出现比人们对街头官僚这一现象的研究要晚。在“街头官僚”一词正式出现(1977 年)之前，许多研究者已经开始了对街头官僚行为与决策的研究，只不过这些研究者都没有运用“街头官僚”这个现在非常通用的概念而已。例如，米勒、克洛格、爱肯和海基、瓦斯曼等，都曾从社会学的角度研究过街头官僚们的行为，但它们都对公共行政学的影响不大。

直到1977年，李普斯基发表《建立一个街头官僚理论》一文，才开始出现"街头官僚"这一概念；1978年，普罗塔斯也发表《公共服务官僚机构的街头官僚的权力》一文。在1980年，李普斯基正式出版了《街头官僚：公共服务中个人的困惑》一书，标志着街头官僚理论的正式建立。

此后的二十多年，许多研究者从不同角度对李普斯基的街头官僚理论进行了发展与修正。1983年，摩尔提出主张用一种"政治话语"的理论来分析和理解街头官僚的决策与行为。根据1997年斯科特的概括，研究街头官僚的文献主要有三类，它们分别关注不同的影响街头官僚决策的因素，即官僚的个人特征、组织特征、顾客(或服务对象)特征。

目前，西方街头官僚理论除了关注街头官僚所拥有的自由裁量权外，还将焦点集中在街头官僚所具备的政策制定能力、信息时代街头官僚的嬗变，以及街头官僚的控制与激励。

(1)街头官僚的政策再制定。街头官僚在政策制定和执行的过程中，与其他层次的官僚存在着明显的不同。为了应对复杂的工作环境，他们需要某种程序来简化工作流程。从这个意义上看，街头官僚实际上是在制定政策。他们必须不断做出大大小小的决策，这些决策涉及某些法律或规则的运用，有时还涉及对这些法律或规则的解释，并且这些决策往往是直接针对个人的。总之，街头官僚机构的自由裁量权及其设计出来的管理工作环境的工作程序都表明，街头官僚实际上是政策制定者。李普斯基一言以蔽之，"街头官僚的决策、他们建立的工作程序以及它们设计来对付不确定性和工作压力的机制有效地成为他们实行的公共政策"。

(2)街头官僚在信息时代的嬗变。李普斯基指出的"街头官僚之所以能够拥有如此大的自由裁量权，部分是因为社会不想将公共服务'计算机化'，以及以牺牲对于个别情况的回应为代价来僵硬地运用标准"。然而，在过去的20年中，随着信息和通信技术的进步、电子政务的出现，许多政府组织正在经历着一场根本性的变革。其结果是，街头官僚正利用这些信息工具逐渐向"屏幕官僚"转变。许多官僚的决策不再是在街头做出的，而是已经被编入了计算机的软件程序。随着"屏幕官僚"的出现，街头官僚机构正在逐渐地转化成为"系统官僚"。在这个新的官僚体系中，信息和通信技术起着决定性的作用。

三、政策执行的模型

20世纪70年代中期以后，随着对公共政策执行研究的深入，学者们逐渐形成了各种不同的政策执行模型。我们在这里根据各模型所强调的影响因素不同，按其产生的时间顺序着重介绍八种主要的政策执行模型，它们分别是史密斯的政策执行过程模型、范·米特和范·霍恩的政策执行系统模型、麦克拉夫林的政策执行互适模型、雷恩和拉宾诺维茨的政策执行循环模型、保罗·波曼的政策执行主体模型、萨巴蒂尔和马兹曼尼安的政策执行综合模型、埃尔默尔的政策执行组织模型、高金的府际间政策执行沟通模型。

1. 史密斯的政策执行过程模型

1973年，史密斯在《政策执行过程》[①]一文中提出了一个描述政策执行过程的模型，这是关于政策执行最早的一个模型[②]，如图6-1所示。

史密斯认为，政策发布以后即在社会上产生一种"张力"，政策付诸实施以后这种张力可能会引起激烈的抗议或抗争。这种张力的产生主要源于四个因素间的互动：一是理

① Smith T B. The policy implementation process. Policy Science，1973，4(2).

② 陈潭：《公共政策学》，湖南师范大学出版社，2003年，第186页。

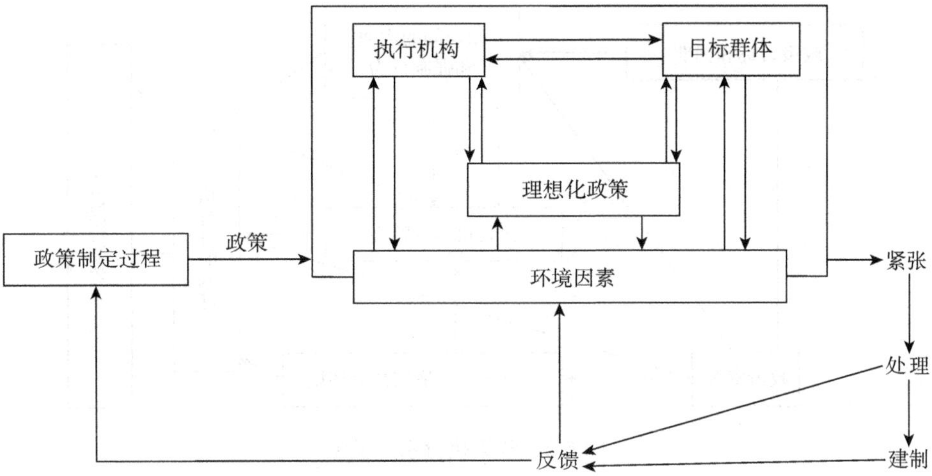

图 6-1　政策执行过程模型

想化的政策；二是执行机构；三是目标团体；四是环境因素。要顺利实现政策目标，就必须对这种紧张关系进行处理。如果处理时发生问题可立即进行反馈；如果处理时没有发生问题可以直接进行建制。

史密斯模型的创新之处在于他认为政策要得到有效的执行除了要有理想的政策外，还依赖目标群体、执行机构和环境这三种因素；同时他提出了目标群体、执行机构与环境因素之间的互动关系，比较符合现实中的政策执行过程。但是他却忽视了执行人员在政策执行中的重要作用。

2. 范·米特和范·霍恩的政策执行系统模型

1975 年，范·米特和范·霍恩在《政策执行过程》[①]中构建了政策执行系统模型。

在这个模型中，范·米特和范·霍恩认为影响政策决定和政策效果的因素既有系统本身的因素也有系统环境的因素。具体来说，在政策执行中存在着六大要素：一是政策目标和标准，它包括政策目标的清晰性、可行性以及政策标准的合理性；二是政策资源，它包括政策执行所必需的人力、设备、经费、信息、权威等；三是组织间的沟通和强制行为，包括组织内部的规范、奖励和惩罚等组织活动；四是执行机构的特性，包括组织机构的层次、权责状况、人员特性等因素；五是政治、经济和社会环境；六是执行者的偏好，执行者的偏好一般从执行者对政策的认知、对政策的反应态度几方面来考察。这六个影响因素之间存在着相互影响的关系，具体关系如图 6-2 所示。

政策目标和标准的清晰可行性影响着组织间的沟通和协调(现实中的政策标准过于主观化，如用“生产力的提高”等语言作为衡量标准是造成政策执行不力的重要原因)；组织间的沟通状况与执行机构特性是相互影响的关系，如果组织内部的权责分配不清晰则会严重影响组织的沟通和协调，同样组织的层次和规模大小等因素也会影视组织间的沟通状况。执行机构的特性还受政治经济环境的影响，如较为民主的政治环境则会产生

① van Meter D S，van Horn C E. The policy implementation process：a conceptual framework. Administration and Society，1975，6(4).

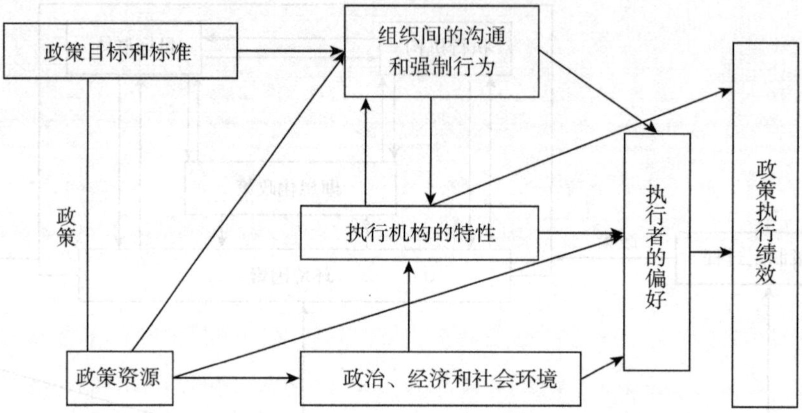

图 6-2 政策执行系统模型

较为松散的机构组织体系。政策执行者的偏好同时要受到组织间沟通状况、政策资源、执行机构和政治经济社会环境的影响。这六种因素之间通过互动共同影响着政策执行绩效。

政策执行系统模型的创新之处和优点主要是它强调了政策执行影响因素之间的互动关系，强调政策执行绩效受各因素互动关系的影响。它的不足之处在于它忽视政策执行中目标团体的作用。

3. 麦克拉夫林的政策执行互适模型

1976 年，美国斯坦福大学教育与公共政策教授麦克拉夫林在《互相调适的政策执行》一文中提出了相互调适模型①。

范·米特和范·霍恩的政策执行系统模型没有注意到目标团体在正常执行中的重要作用，而麦克拉夫林的政策执行互适模型的特点之一就是强调政策执行效果受到政策执行者和受影响者之间互动关系的影响。麦克拉夫林认为政策执行是一个动态平衡的过程，是政策执行者和受影响者之间就目标和手段做相互调适的一个过程。政策执行是否有效受政策执行者和目标群体间调适程度的影响。两者之间的调试过程如图 6-3 所示。

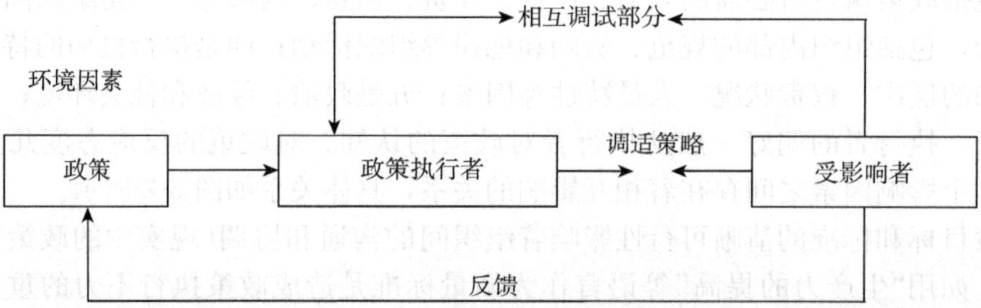

图 6-3 政策执行互适模型

受影响者的利益价值反馈到政策上通过环境因素影响政策执行者，两者通过对目标

① McLaughin M W. Implementation as mutual adaptation：change in classroom organizations. *In*：Williama W，Elmore R F. Social Program Implementation. New York：Academic Press，1976：167.

和手段的协商对政策进行调适。在这个模型里，麦克拉夫林隐含着四项逻辑认定：一是政策执行者和受影响者之间的需求、观点并不一致；二是执行者和受影响者之间是一种平等交流的过程，而非传统理论上的"上令下行"的关系；三是执行者存在着相当的自由裁量权，可随着环境的变化而变化；四是受影响者的利益和价值能够反馈到政策上去，对政策执行有一定程度的影响。

政策执行相互调适模型的创新之处在于他将政策看做政策执行者和受影响者共同作用产生的，认为政策执行成功与否很大程度上受影响者的影响。但这也是他的不足之处之一，由于过分看重受影响者，看重受影响者和执行者之间的互动而忽视了影响政策执行的其他因素。

4. 雷恩和拉宾诺维茨的政策执行循环模型

1978 年麻省理工学院雷恩和拉宾诺威茨在《执行：理论的观点》[①]一文中提出了政策执行循环模型，如图 6-4 所示。

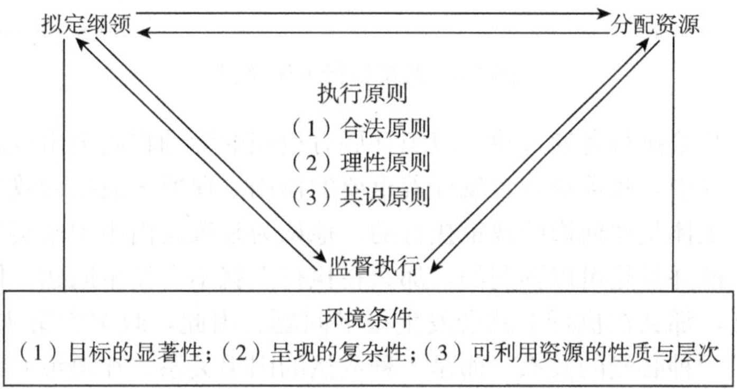

图 6-4　政策执行循环模型

雷恩和拉宾诺威茨认为政策执行是一个将意志转换为行动的过程，这一过程分为三个阶段：拟定纲领阶段、分配资源阶段和监督执行阶段。这三个阶段是双向循环的过程，即每一个过程都受到其他两个过程的影响，同时这个过程还要受到环境因素的影响。这里所说的环境因素包括目标的显著性、呈现的复杂性和可利用资源的性质与层次。在政策执行循环的过程中必须要遵循合法性、理性和共识性的原则。

政策执行循环模型的创新之处在于它强调了政策监督对执行过程的影响，这与我们公认的政策是一个价值分配，因此必须要与维护其公正性的理念相一致。但它的不足之处在于它过分强调了政策执行机构的影响，而忽视了目标团体的作用；同时对于各个机构之间的互动和原则应如何遵循也没有明确的指出。

5. 保罗·波曼的政策执行主体模型

1978 年，保罗·波曼在他的《宏观与微观的政策执行研究》一文中提出了政策执行主体模型[②]，如图 6-5 所示。

---

① Rein M，Rabinovitz F. Implementation：a theoretical perspective. *In*：Burnham W D，Weinberg M W. American Politics and Public Policy. Cambridge：The MIT Press，1978.

② 陈潭：《公共政策学》，湖南师范大学出版社，2003 年，第 188 页。

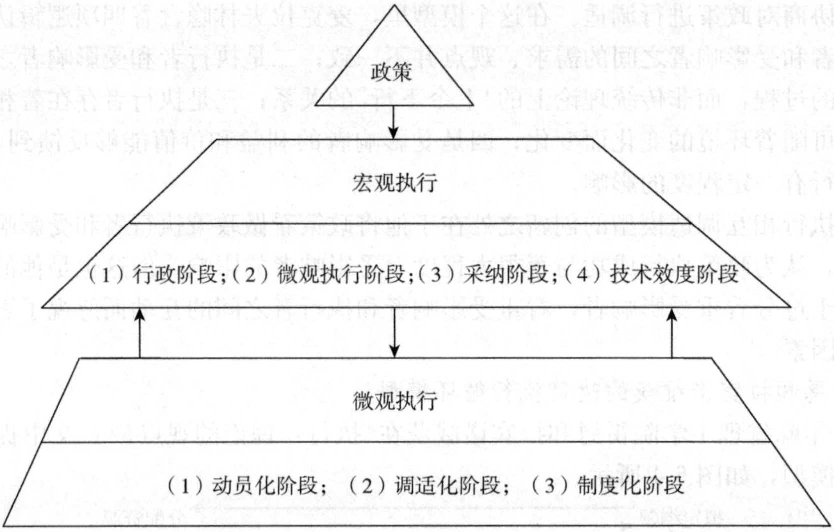

图 6-5　政策执行主体模型

政策执行是政策执行者通过建立组织开展有组织的活动将政策由意念转换为现实的活动。在这个过程中，政策执行者发挥着重要的作用。保罗·波曼的政策执行主体模型主要是研究政策主体是如何影响政策执行的。他认为政策是由组织来实现的，如果所采纳的政策是硬性的并且是可以预测的，那么在执行上就不会发生问题；但如果政策涉及众多不可确定性，那么在执行上就会发生很多问题。因此，政策方案 P 与预期的政策后果之间并不是一种必然的关系，而是一种或然的因果关系。在政策方案和政策结果之间存在着一种函数关系，即 $I=f(P,\ \mathrm{inst})$，其中，I 为政策计划的执行；P 为政策选择方案；inst 为制度基础。制度基础是由正式的和非正式的组织来构成的。之所以要考虑这种关系是因为很多社会服务是通过地方组织来传达到市民的，而地方组织既拥有一定程度裁量权同时各个组织遇到的执行问题也都不同。在这里，宏观执行是中央政府为了贯彻政策所采取的行动，微观执行是地方政府的反应。保罗·波曼认为宏观执行是一个松散的连锁结构，它由四个阶段构成，分别是行政阶段、采纳阶段、微观执行执行阶段和技术效度阶段。其中微观执行阶段由于其自由裁量性和结果测量的复杂性，在宏观执行中又起着很重要的作用。

保罗·波曼的执行主体模型与以往政策执行自上而下的研究途径不同，它强调在政策执行中地方政府的重要性，同时他所构建的理论分析框架具有很强的逻辑性。但其局限性在于它的研究主要是建立在对社会服务政策方面的研究基础之上，在其他政策领域能否适用还有待考证，同时，微观执行过程中的调适过程如何进行模型中也没有清晰地表示出来。

6. *萨巴蒂尔和马兹曼尼安的政策执行综合模型*

1979 年在《公共政策执行：一个分析框架》一文中，美国政策科学家保罗·A. 萨巴蒂尔和丹尼尔・A. 马兹曼尼安提出了政策执行综合模型[①]，如图 6-6 所示。

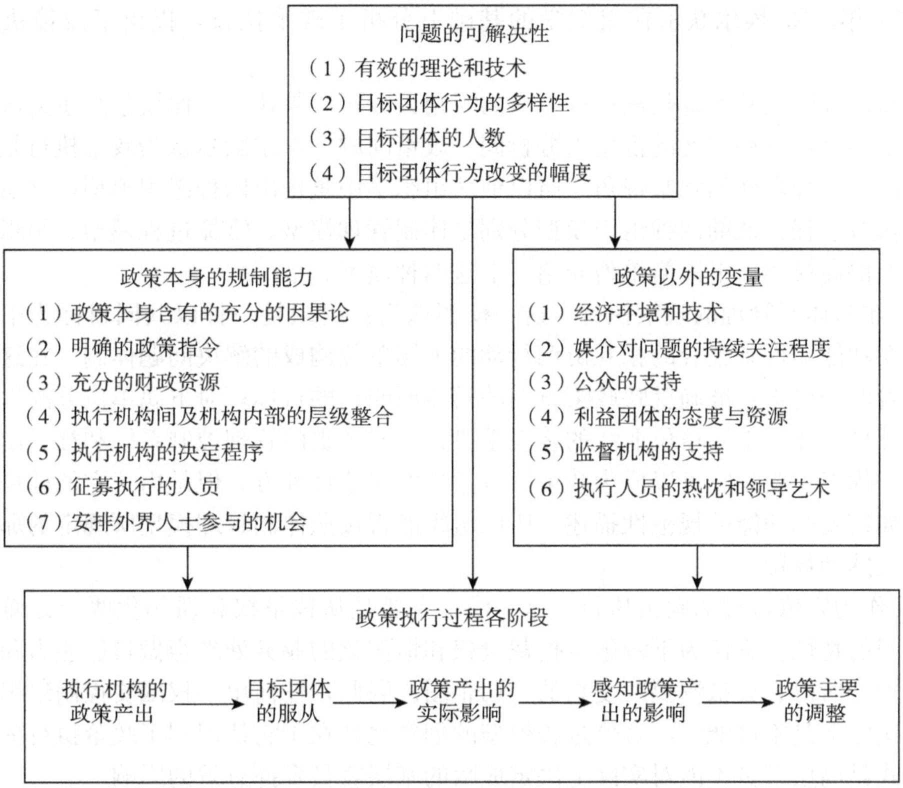

图 6-6　政策执行综合模型

对于影响政策执行效果的因素，萨巴蒂尔和马兹曼尼安可以说是对前面各种模型的因素进行了一个综合并且进行了分类。萨巴蒂尔和马兹曼尼安认为政策执行主要受三类因素的影响：第一类是问题的可解决性，它又细化为现存的能对政策问题加以处理的有效的理论和技术及其运用时的难度；目标团体行为的多样性；目标团体的人数和对目标团体行为进行改变的幅度。第二类因素是政策本身的规制能力。它包括政策是否建立在充分的因果关系基础之上；政策指令的明确性；财政自由的充分性；执行机构内部的沟通协调以及决定程序；执行人员的素质和社会各方的政治参与。第三类的因素是政策以外的因素，具体包括：经济环境与技术；媒介的关注；公众的支持度；利益集团和监督机关的态度；执行人员的素质。这三大类因素对政策执行的各个过程都存在着影响。

政策执行综合模型的创新之处在于它对影响政策执行的因素划分得比较全面，同时强调这些因素对政策执行的各个阶段都存在着影响。但这个模型的不足之处在于它对各个因素与执行阶段的影响关系没有清晰的表明。

① 陈振明：《政策科学——公共政策分析导论(第二版)》，中国人民大学出版社，2003 年，第 288 页。

7. R. 埃尔默尔的政策执行组织模型

1987 年，R. 埃尔默尔在组织学的基础上分析了政策执行，提出了政策执行组织模型①。

前面几种模型基本都是从一种单一的视角去分析政策执行，而埃尔默尔的政策执行组织模型却是从一种多元的视角去分析同一政策问题。埃尔默尔认为政策执行是复杂的过程，需要多种多样的观察视角。所以他从组织学中整理出四种组织模型，并用此来观察政策执行过程。他的四种组织模型分别是体制管理模型、官僚过程模型、组织发展模型和冲突协商模型。下面简单地介绍一下这四种模型。

(1)作为体制管理的政策执行。这一模型认为：组织是一种以共同目标为中心，并由能够在功能上得到整合的相互协调行动的下属单位构成的解决问题体制。在这个模型中包含着四个要素：准确反映政策意图的具体而明确的目标；对下属单位分配任务标准的管理计划；评价下属单位业绩的客观手段；下属负责的管理控制系统和社会制裁。这一模型的优点主要是它可以成为政策执行过程的规范性处方。但是由于它的前提只是关于组织如何发挥功能的规范性描述，所以组织能否按照体制管理模型所规定的那样构成仍然让人感到怀疑。

(2)作为官僚过程的政策执行。这一模型主要是从裁量权和惯例化两个方面来寻找官僚组织的特性。它认为下级组织把裁量权和惯例化的业务处理当做自己能力和地位的具体表现，所以它会抵制要改变它的一切企图。因此，任何单一权威要控制组织的一切决定，实际上是不可能的。官僚过程模型的创新之处在于它认识到了政策执行失败最普遍的方式是高层官员不能对实际上决定成败的基层官员发挥有效的影响。

(3)作为组织发展的政策执行。这一模型主要是以组织成员的要求作为出发点的。它主张要是组织成员尽自己最大能力完成工作就要对组织内部结构进行改造，使组织成员对自己做的事情拥有最大的控制权，并且要有相应诱因使之最大限度地投入组织目标中。组织发展模型的优点在于它把注意力集中到提高或阻碍下级执行者投入的组织内部结构上。但它主要适用于存在合意的条件上，对于冲突性条件存在时并不适用。

(4)作为冲突和协商的政策执行。这一模型认为政策执行活动是不同利益和影响力的参与者之间的协商和冲突的结果；并且结果很少是最佳的，成员之间的满意也只是暂时的。冲突协商模型的创新之处在于它认为执行过程并不依赖于等级控制或意见一致，而是通过协商过程来进行的。但是它把组织中发生的混沌提高到原则层次，这对政策执行的改进不能提供实用的建议。

埃尔默尔的组织模型实际上是由四个子模型构成的一个模型体系。他的创新之处在于通过不同的模型对同一事物进行分析，可以从不同视角提出解决问题的不同方法。但是他只是个别地介绍了这四种模型，并没有形成一种具有内在逻辑的整体性执行理论。

8. 高金的府际间政策执行沟通模型

1990 年，美国布鲁金斯学会的麦尔科姆·L. 高金等在《政策执行理论与实务：迈

① 吴锡泓、金荣枰：《政策学的主要理论》，金东日译，复旦大学出版社，2005 年，第 337 页。

向第三代政策执行模型》一书中提出了府际间政策执行沟通模型①。

高金等认为政策执行是一种极为繁杂的过程，因此政策执行研究不应该忽视对各种层次中执行动态面的探讨。他们提出的府际间政策执行沟通模型即着重于探讨政策执行的动态过程。在这一模型中，高金等认为中央政府决定启动政策执行的过程，这一决定多多少少都会约束政策执行人员的选择和行为。地方政府回应中央政府的约束的方式是不同的，这主要取决于地方政府偏好的性质、强度和地方政府行为的能力。而且，政府决策并不再是一种单一的理性人的行为，而是一种团体间讨价还价的结果，如图 6-7 所示。

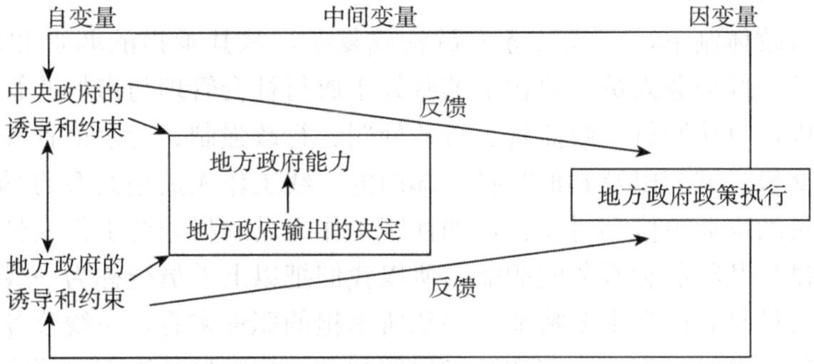

图 6-7　政策执行沟通模型

在这一模型中，影响政策执行的因素分为两类：一类是独立的自变量，包括联邦政府的诱导和约束、地方政府的诱导和约束；另一类是半独立的中间变量，包括地方政府能力和地方政府输出的决定。

府际间政策执行沟通模型突出地强调了地方政府的相对独立性，这一点在研究政策执行效果上非常重要。现实政策执行过程中经常会出现中央政府和地方政府之间进行利益博弈的状况，如我国现在经常发生的小煤窑事件。同时它也区分了影响因素之间的相互影响，这同第一代政策执行和第二代政策执行研究途径有着显著的不同。但是对于影响政策执行的其他因素，这个模型没有给予相应重视。

第三节　政策执行理论的本土化探索

作为政策过程的一个重要环节，政策执行的有效与否关系到整个政策的成败，政策科学的研究已经充分认识到这一点，从而加深了对政策执行的研究并且形成了各种理论和模型，以求提高政策执行水平。在我国，政策科学的研究除了对西方理论的介绍和应用之外，更加注重同国内政策实践的结合，从而形成了本土化政策执行理论。

一、政策执行中的一线公务人员

当前国内对政策执行的一个重点是对政策执行中的基层执行人员的研究，无论是中

① 徐家良：《公共政策分析引论》，北京师范大学出版社，2009 年，第 238 页。

央还是地方的政策最终都要通过基层执行人员的执行活动来完成。前文介绍了西方街头官僚理论以及对政策执行的影响。西方街头官僚理论是近二十年来公共行政学中的一个重要研究领域，然而我国目前尚没有对“街头官僚”的专门研究。一方面，由于国情，西方的“街头官僚”无法概括我国相对应的公务人员；另一方面，缺乏从基层政策执行主体角度分析政策执行的研究。在对西方街头官僚理论的研究和我国基层政策执行人员的考察中，我们将街头官僚定义为“一线公务人员”。一线公务人员处于政策执行的最底层，并且对政策执行的效果产生直接的影响。

（一）一线公务人员的主体

在我国的行政体制下，一线公务人员构成复杂，从其承担的职责和所处的地位来看，我们定义的一线公务人员主要包括那些处于履行社会管理与市场监管职能的行政机关的基层部门中，直接履行行政监管、行政处罚、行政强制、行政稽查等现场执法职责的公务人员。交警、城管以及其他“窗口”部门的一线工作人员是典型的“街头官僚”。在我国，还有大量的事业单位和村委会，如社区工作人员和村委会工作人员，因为这部分人员也承担提供公共物品和服务的职能，所以我们把以上人员统称为一线公务人员。

一线公务人员具有两个主要特征：一从所承担的职责来看，一线公务人员的执行活动决定政策执行的效果，直接决定政策对象的利益，从而最终决定政策能否实现，同时决定公众对政策和政府的评价。二从所处的地位来看，一线公务人员处于官僚科层制的最底层，直接面对服务对象，这就决定了一线公务人员缺少晋升的机会。由于晋升机会的限制，他们的利益实现方式不同于上级官员。一线公务人员更加注重物质满足，其精神满足主要来自于自由裁量权，即在政策执行中对于政策对象的利益可以根据自己的判断做出自由裁量。自由裁量权的存在可能会使作为“经济人”的一线公务人员违背政策目标，追求自身利益。

（二）政策执行环境的特殊性

一线公务人员处于政策执行的最底层，直接将政策作用于政策对象，因此其对政策执行的效果会产生重大的影响，执行效果的好坏既与一线公务人员自身素质有关，也与当前我国的特殊制度环境有关，主要表现在以下三个方面。

(1)行政执法程序。行政执法活动程序化能够使一线公务人员在服从某项决定前，充分听取各方意见，强化行政权威，提升行政决定的合理性，缩小在执行过程中的自由裁量权，从而保障政策得到有效的执行。我国至今尚无统一的《行政程序法》，某些法律、法规中虽有程序规定，但多数规定很笼统、原则简单。部门具体的程序规则主要由行政机关自主制定，行政机关具有较大的裁量权。同时，我国的行政执法程序对处于被管理地位的相对人的约束力很强，而对于行政主体通常不会影响其实施行政行为的效力。这些因素的存在使一线公务人员不重视行政程序，在执行政策过程中，出现超越权限处罚、先处罚后取证、先处罚后裁决或处罚不履行告知义务等行为，从而使政策执行出现偏差。

(2)行政执法的监督制度。行政监督既要对行政机关及其工作人员进行行政管理的职务行为监督，也要对某些与其职务相联系的个人行为进行监督。目前我国的行政执法监督存在以下特点：首先，从形式上看，我国行政执法监督检查重视突击性的监督检查，忽视经常性的监督检查；其次，从程序上看，重视事后监督，忽视事前和事中监督；最后，从监督主体上看，监督主体没有充分发挥监督的作用，主要表现在自上而下的监督强，自下而上的监督则较弱。对一线公务人员的监督主要依靠一线公务人员的上级和社会公众，但这种监督的有效性很难得到保证。

(3)行政执法的法律制度。完备的法律依据能够为政策执行提供准确的尺度，一定程度上限制行政自由裁量权的滥用。目前，我国基层行政执法的法律依据主要是地方性法规和地方政府规章，这些法律规章较之法律不具有稳定性，若发生变动，执法依据也发生变动。各地区各自为政，在全国范围内对某些重要问题没有进行统一，导致混乱产生。同时，部分法规之间存在矛盾，致使执法人员在具体政策执行过程中缺乏必要的法律依据，自由裁量权大，影响政策的有效执行。

(三)自由裁量权应用中出现的问题

通过上面的分析可知，一线公务人员拥有很大的自由裁量权，以及我国当前政策执行制度设计上的缺失使自由裁量权在应用中出现了很大的问题，主要表现在以下四个方面。

一是执法方式不当。在现实中，一线公务人员为了达到执法目的，往往采取多种不同的执法方式，其中很多方式是不适当的，我们经常看到的城管暴力执法，殴打执行对象就是最典型的事例。

二是目的和手段混淆。一线公务人员拥有较大的自由裁量空间，但是相关法律程序的规定却是缺失的，这就容易造成一线公务人员在执行公务过程中把执行目的当做手段，为达到目的而滥用手段。

三是缺乏公平性和透明度。李普斯基在研究西方街头官僚的时候注意到西方街头官僚都有区别对待目标群体的倾向，在我国一线公务人员中也普遍存在着这种区别对待的现象。这种“不同人不同处理方式”现象的存在使一线公务人员的执法丧失了公平性，同时在执行公务过程中，由于对自由裁量权缺乏相关的约束，一线公务人员的执行存在着很大的模糊性，透明度不够。

四是以权谋私，追求个人私利。公共选择理论认为官员同样是经济利益的追求者，同样是为了实现自身利益最大化而进行活动。西方街头官僚在执行公务过程中会追求部门及个人利益，我国一线公务人员在执行公务的过程中也同样会追求部门及个人利益。为了部门及个人利益而损害公众利益的事件在一线公务人员执行公务的过程中经常发生。

(四)改进建议

针对政策执行中的自由裁量权存在的问题，国内进行了大量的理论与实践上的研究，形成了一批高质量的专著和论文，其中我们要特别关注信息管理对政策执行的重要性。2009 年 3 月 5 日，国务院总理温家宝在第十一届全国人民代表大会第二次会议上作《政府工作报告》时强调，要“规范行政行为，做到合法行政、合理行政、程序正当、高效便民、城市守信、权责统一”。他还特别提出，“要健全社会矛盾纠纷调处化解机制，引导群众以理性合法的方式表达利益诉求；要推进政务公开，增加透明度，保障人民群众的知情权、参与权、表达权、监督权，让人民群众知道政府在想什么、做什么，赢得人民群众的充分理解、广泛支持和积极参与”。要规范政策执行行为，解决上述自由裁量权产生的问题，就要完善信息链和责任链。

在一线公务人员自由裁量权应用的过程中，实际上涉及三种链条，它们之间相互作用、相互影响，最终影响自由裁量权的应用效果。

第一种链条是利益链。政策执行是社会利益、政府人员利益及伴生的市场微观主体利益的组合，一线公务人员执行公务的过程中同样也要涉及这三种利益，它们之间相互组合就构成了自由裁量权应用中的利益链。在这条利益链上，其他利益总有侵蚀公共利益的冲动，从而导致自由裁量权在应用过程中出现偏差。

第二种链条是责任链。当自由裁量权的应用主要是为了谋求私利时，公共利益必然受到严重损害，利益链传递到终点即社会公众时，必然引起强烈的社会不满。这一不满会通过各种渠道反馈到政府上层，政府上层则通过本系统层级往下进行追诉，直至对人民的不满做出回应。这一过程就构成了一条责任链，责任链通过对自由裁量权进行约束可以达到利益链的一种平衡。

第三种链条是信息链。政策执行过程中，信息的收集处理应用始终贯穿于其中，在政策执行过程中存在着一条信息链。它向上传递的终点是政府顶层，向下传递的终点是公众底层。他们之间信息的有效传递和沟通构成了一条完整的信息链，自由裁量权的应用过程中同样存在着一条信息链。它直接影响着责任链的明晰水平，进而影响着对政策执行利益链的平衡机制的运作。

在我国一线公务人员自由裁量权的应用过程中，信息链是不完整的。由于对自由裁量权缺乏相应的约束，我国一线公务人员的自由裁量权应用就存在着很大的弹性空间，政府顶层和公众底层获得的信息都是不全面的，这就导致信息链在沟通政府顶层和公众底层时出现障碍。信息链的不完整直接导致责任链的运行不畅，进而影响利益链的平衡。因此，要应对自由裁量权应用中出现的问题，就必须对自由裁量权的信息链和责任链加以完善，通过信息的明确保证责任的明确，进而解决自由裁量权应用中出现的问题。对自由裁量权进行规范化就是完善信息链和责任链的一种可选择的行为①。

拓展阅读专栏

漳州市规范自由裁量权的经验

为了解决自由裁量权在应用过程中出现的透明度不足、手段不当等问题，漳州市从 2007 年开始就对自由裁量权进行量化，完善自由裁量权应用过程中的信息链和责任链。具体做法有以下几点。

第一，细化自由裁量权。在法定范围内，根据违法行为涉案金额、人数，综合考虑情节是否恶劣、危害后果轻重等因素，将每个裁量项目划分为数个等级，并列明给予每个等级处罚的具体情形。经过全面梳理规范，10 个单位共梳理出本部门实施的带有裁量幅度的法律、法规、规章 240 部，涉及行政处罚条款 937 条、行政许可条款 63 条；清理、确定行政自由裁量权 915 项，从中选取使用频繁的 578 项细化为 3 987 个裁量等级。

① 周联兵：《我国政策执行中的信息管理问题探析》，西北大学硕士学位论文，2005 年。

第二，量化自由裁量权。制定出新的裁量标准和程序，对执行对象对号入座处理，如《福建省劳动合同管理规定》第 20 条规定：用人单位故意拖延不订立劳动合同的，给予警告，并可处 1 000 元以上 1 万元以下的罚款。这一规定在实际操作过程中就较容易出现“振幅”过大的现象。市劳动和社会保障局将此项处罚的违法行为划分为积极配合限期改正、再次督促签订率 60%以上、再次督促签订率 60%以下、再次督促拒不整改四种情形，分别给予免予处罚，警告并处 3 000 元、6 000 元、1 万元的处罚，这样执法人员就能做出恰如其分的裁决，避免人情因素的干扰。

第三，刚化自由裁量权。2007 年漳州市对规范自由裁量权进行试点时，自由裁量弹性空间趋于零的项目有 434 项，占到 75.1%，其余项目的裁量弹性空间也有较大程度的压缩和控制。10 个试点单位着手建立健全行政自由裁量公开、说明理由、行政执法职能分离、行政执法回避、行政执法听证、行政执法投诉、重大或复杂裁量事项集体讨论决定、过错责任追究等监督制度和执行措施，目前已建立 33 个，力求形成有效的监督约束机制，保障行政自由裁量权合法、公正行使。

第四，简化自由裁量权。各试点单位依法采取适用简易程序、充分授权、“一审一核”等方式，快速办结执法事项，进一步提高了执法效率。例如，木材运输许可和森林植物调运检疫许可，原先办结时间分别为 3 个工作日和 15 个工作日，市林业局在试点工作中对这两项办证量大的许可项目，规定只要提供材料齐全，授权市行政服务中心林业窗口工作人员当场予以办结。市国税局对个人处 50 元以下、单位处 1 000 元以下罚款的，采取简易程序，授权一线执法工作人员可以当场做出处罚决定。在采取了这些措施后，漳州市的自由裁量权使用大大规范化了，并且取得了较好的效果。据统计，2007 年漳州市 10 个试点单位执行新的裁量标准以来，已办理行政处罚案件 4 000 多起，处罚金额 600 多万元，仅有 1 起提出行政复议，接受处罚的当事人普遍表示满意。

从漳州市的做法中我们可以看到，通过对自由裁量权进行规范，可以保障信息的透明度，实现政府顶层和公众底层信息的有效传递沟通，可以完善自由裁量权应用过程中的信息链和责任链，进而可以在很大程度上防止自由裁量权应用中所出现的问题。因此，解决一线公务人员在自由裁量权应用过程中出现的问题可以通过对信息链和责任链上的完善，去实现利益链上的平衡。

二、政策执行过程中的互动模型

西方的各种政策执行理论和模型分析了政策执行过程中的众多影响因素和影响方式，但实践中的政策执行过程和影响因素错综复杂，而且由于国情的不同，政策执行的背景、主体和行为方式都有显著不同。因此，要分析我国的政策执行过程，不仅要借鉴西方现有的研究成果，更重要的是从实际出发，从实际的政策执行过程出发，这样才能了解政策执行过程中的影响因素和影响方式，从而真正地提高政策执行水平。

（一）概念界定

1. 全国利益分配性政策

现代国家或政府面临着众多复杂的多层次、多方面、多角度的问题，与之相应，公共政策的范围也十分广泛，按照不同的标准可分为不同类型。按政策对社会和有关人员之间关系的影响可分为分配性、调节性、自我调节性和再分配性的政策。同时因为不同类型的政策会涉及不同类型的利益相关者，因此我们选择全国性的分配性政策。全国利益分配性政策：在全国范围内将公共物品和服务分配给社会中的特定群体一个人、团体、公司或社区，也就是运用公共资源去援助特定团体。

2. 政策执行参与者的划分标准

就全国利益分配性政策执行中的参与者进行区分，那么选择划分标准就是首要的。根据戴维·伊斯顿对公共政策的定义，政策是对全社会的价值的权威性分配，那么政策执行过程就是对价值的实现过程，在此过程中同时又会产生目标群体以外的利益相关者，这些利益相关者同样影响政策执行。

同时，我们参考了联合国开发计划署(United Nations Development Programme, UNDP)对重要利益相关者的界定：目标群体，即从计划/项目的结果中最终受益的那部分目标群体；直接受益者，一般是指在承担由特定目标群体所指导的开发任务的同时，可加强其能力的、直接的受益群体；直接管理者，是指那些负责保证按计划产生结果的计划管理者及政府职员或联合国执行机构的雇员；资源提供者，即负责向计划/项目提供资源的国家政府以及预算部门、UNDP、投资人和其他开发合作伙伴；外部咨询机构、供应商以及其他对计划/项目提供支持的人或机构；在本计划/项目环境中可能受到计划/项目结果影响或对其感兴趣的其他机构(私人实体机构、社会组织)。

可以看到，UNDP 对利益相关者做了广义上的界定，不仅包括直接利益相关者，还包括对政策感兴趣者这种间接利益相关者。因此，在这里我们采用了 UNDP 划分的原则，以利益为原则对政策执行参与者做了广义上的界定，即政策执行中的利益相关者。

(二)模型建构

界定相关概念之后，按照全国利益分配性政策执行过程中可能产生的利益相关者以及行为选择和互动进行模型构建与分析。该模型如图 6-8 所示。

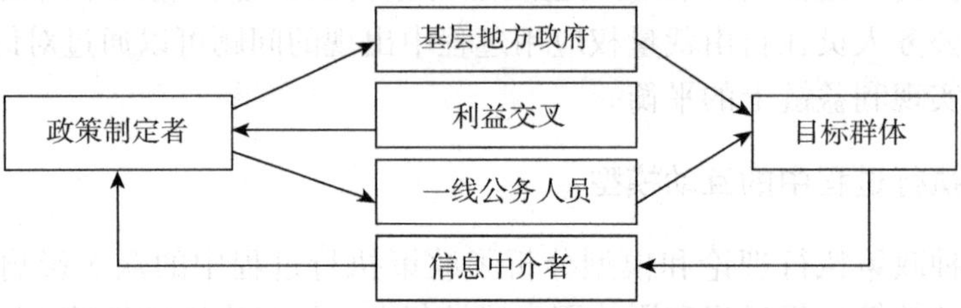

图 6-8 政策执行互动模型

最简单的政策执行是制定者执行政策，执行者利用资源、手段作用于目标群体，但是实际的政策执行过程远比此复杂，下面我们加以简要分析。

1. 政策制定者

政策是政策执行的依据和起点，那么政策制定者理应成为政策执行过程的利益相关者。全国利益分配性政策，如经济适用房政策中的住房和城乡建设部、财政部等各部门以及基本医疗保障制度中的卫生部等。在这类政策执行过程中，因为政策覆盖全国范围，虽然中央政府也有某些执行工作，但是大量的执行任务是由各级地方政府来完成的。因此，可以说全国利益分配性政策的制定主体是中央政府。

中央政府是我国的全国利益分配性政策制定的主体，为政策执行提供权威、信息、财政等资源，同时约束政策执行者的行为选择。制定者的资源提供与制约机制的调整也会影响制定者的行为选择。例如，保障性住房的建设过程中中央投资 9 000 亿元，6 000 亿元用于经济适用房，3 000 亿元用于廉租房，但是 6 000 亿元不是中央直接投资，而 3 000亿元是直接投资，这促使地方政府在政策执行过程中重点转向廉租房而不是经济适用房。

地方政府利用政策执行中的信息不对称增强同中央政府的博弈能力，但主要集中在向中央政府争取更多的财政支持。当前地方政府和中央政府之间存在一定的互动过程，但其互动关系是不对称的，地位是不平等的，当前我国该层次的政策执行主要还是自上而下的过程，是以政策制定者为中心，体现为中央政府对地方政府的领导和监督，缺乏对政策内容共同制定的机制。

2. 政策执行者

政策执行者包括两层含义。首先是基层地方政府。我国公共政策的执行主体主要是指各级政府机构，而大量具体的政策执行是由省、市、县、乡等地方行政机构执行的。其次，在我国还有大量的第三部门组织以及民间力量承担一定的政策执行的作用，如本章案例材料中房地产商参与经济适用房的提供。

政府间的组织结构影响政策执行。纵向上，政策执行过程中不同层次的政策执行者从上往下对政策进行细化，从而形成多层委托代理关系；横向上，一项政策的执行包括多个执行主体，而各个主体之间存在竞争博弈，具体表现就是争功诿过。不同层次、不同类型的政策执行者之间产生了复杂的互动关系。

按照委托代理关系，由于信息不对称以及追求目标的差异，代理人可能违背委托人的意愿，而且委托代理链越长，“道德风险”和“逆向选择”的可能性越大。例如，经济适用房中，在资格审查阶段，部分政策执行人员躲避监管，串通中介机构从中牟利，从而导致“六连号”等恶劣事件；房地产商违反《经济适用房管理办法》的要求，建设超大面积的经济适用房和劣质住房。

综上所述，纵向和横向上的分工一方面有利于政策在全国范围内的执行，另一方面也成为政策执行制度上的漏洞。政策执行主体具有公益性与个人性的双重特性：一方面，执行主体执行的是全国利益分配性政策，代表了目标群体的整体利益；另一方面，政策执行总是以具体的人为执行主体的，个人则受个人意志和利益的作用。具有双重特性的执行者的行为具有不确定性，存在除政策执行者之外的其他身份的可能性。

传统理论认为组织内的个人是严格按照组织规定的行为方式执行政策，但是前面的官僚理论说明了行为的偏差，因此我们有必要对一线公务人员的行为进行分析。我国目前尚没有对“街头官僚”的专门研究。参照《中华人民共和国公务员法》，西方的“街头官僚”在我国主要是指那些履行社会管理与市场监管职能的行政机关基层部门中直接执行行政监管、行政处罚、行政强制、行政稽查等现场执法职责的公务人员，主要包括交警、城管以及其他“窗口”部门的一线工作人员。同时在我国，还有大量的事业单位和村委会，如社区工作人员和村委会工作人员，他们也承担提供公共物品和服务的职能。对于这些直接面对公众的执行人员，我们将他们定义为“一线公务人员”。

一线公务人员具有两个主要特征：一是他们处于官僚科层制的最底层，直接面对服务对象。由于晋升机会的限制，他们的利益实现方式不同于上级官员，其精神满足主要来自于自由裁量权，在履行公务过程中也会出现资源供给不足与公众需求扩大的矛盾。二是他们具有一定的自由裁量权，这就使部分一线公务人员基于"经济人"假设，侵犯公共利益，牟取个人利益。

3. 目标群体

有效的政策执行需要有明确的目标群体，只有针对目标群体执行主体才能将政策转化为具体的执行方案或行动。目标群体是指政策直接作用、影响的对象。全国利益分配性政策的目标群体是指政策规定的接受援助的特定群体。

目标群体具有以下的特点：一是目标群体的不确定性，即目标群体界定不明确导致利益的扩散，如案例中，经济适用房是解决中低收入家庭的住房问题，而中低收入者的界定不明确，导致一些高收入者浑水摸鱼，最终使针对中低收入者的经济适用房制度的执行不力。二是目标群体本身的不明确性，如经济适用房中的"夹心层"问题，假如地方政府在执行经济适用房过程中规定年收入5万元以下为申请经济适用房的标准，年收入49 000元的可以申请，那年收入51 000元难道就不算中低收入者吗？显然中低收入者本身具有不明确性。三是目标群体并不是消极的政策接受者，他们也参与政策执行的互动，虽然目前我国的政策执行过程中缺乏民众参与的制度化渠道，但因目标群体具有分散性的特点，还未造成太大的问题。

4. 其他利益相关者

制度上的漏洞、执行主体的双重性、目标群体的不确定性以及不明确性都可能使政策执行偏离，在利益分配性政策中表现为特定的公共物品及公共服务无法或只能部分地到达目标群体。那么存在哪些因素呢？这些因素掌握在哪些群体的手中呢？互动关系又是怎样的呢？下面尝试分析这些问题。

首先是利益受损者。分配性政策是指提供公共物品或服务提供给特定的群体。但是当前提供的公共物品或服务很多都是混合公共物品。混合公共物品存在竞争性，所以对其的提供会产生一定的挤出效应，会产生利益受损者。一类如经济适用房案例中的房地产商，经济适用房的供给会减少商品房的需求，低价则可能拉低商品房的价格；另一类如经济适用房案例中部分地方政府因为建设经济适用房而减少卖地收入，从而没有认真执行经济适用房政策，导致经济适用房供给不足。以上利益受损者要么掌握经济力量，要么是政策执行的主体，利益恐将受损的他们使政策执行不力。

其次是有利可图者。公共物品因为具有非排他性而会产生"搭便车"者。监管制度缺失、目标群体的不确定性、审查制度问题等导致一些非目标群体利用非法手段窃取利益。对此，如何通过加强组织外的信息来完善责任链，实现责任链和利益链的平衡是值得深入探析的问题。在此，引入民众参与的理论和信息中介者这一概念。

5. 信息中介者

信息中介者主要包括相关政策研究咨询机构与人员及媒体。相关研究咨询机构不仅充当执行者的智囊团，而且关注政策执行，进行政策评估及问题反馈，是传递目标群体利益的中介。当今世界处于信息化时代，媒体十分发达且独立性日益增强，因此它们成为很重要的信息中介者。

从以上的分析中我们可以得到，通过信息中介者打破组织对政策执行信息的垄断，信息链的完整使责任链能够清晰，最终实现责任链和利益链的平衡，从而使政策能够顺利执行。

（三）改进建议

通过对政策执行过程中的相关主体之间的利益互动分析，我们可以看到：首先，政策执行者内部出现利益分化，即部分政策执行者执行政策并不是为了完成政策目标，实现公共利益，而是为了实现自身利益，存在侵害公共利益的倾向。其次，政策本身有明确的目标群体，但是在实际的政策执行过程中，由于政策、制度等漏洞，其他人员也会参与到政策执行中来牟取自身利益，这会干扰甚至阻碍政策的顺利执行。再次，上面提到的两部分人员由于某些共同利益而走到一起，形成利益合谋，一方面，共同牟取自身利益；另一方面，当出现问题时，共同遮掩问题，屏蔽负面信息。这使政策执行中出现的问题更难以被发现和纠正。

因此，应该加强组织外部的信息反馈机制。如同引入的信息中介者的概念，媒体和外部的咨询机构应该发挥其在政策执行中的信息反馈作用，及时收集目标群体的信息，反馈到政策制定者和执行者手中，从而为政策执行的监督和调整提供依据，最终有利于政策目标的实现。

➢本章小结

20 世纪七八十年代“执行运动”开始在西方兴起，这一时期的研究主要分为三个阶段：第一代政策执行研究；第二代政策执行研究和第三代政策执行研究，主要通过“自上而下”、“自下而上”、“政策/行动连续统”和工具选择途径进行研究，提出了各种执行理论和理论模型。

政策执行是政策执行者通过建立组织机构，运用各种政策资源，采取解释、宣传、实验、实施、协调与监测等各种活动，将政策观念形态的内容转化为实际效果，从而实现既定政策目标的活动过程。

政策执行是一个复杂的过程，包括政策宣传、政策分解、物质准备、组织准备、政策实验、全面实施、协调与监控等环节。只有每项功能活动都做好了，政策执行才能顺利进行。

在政策执行过程中，要积极发挥指挥、沟通、协调三个功能要素的作用。同时要运用以下四种资源，即经费资源、人力资源、信息资源和权威资源。在政策执行过程中，要综合运用诸如行政、法律、经济和思想诱导等手段，以及市场化、工商管理和社会化手段三类工具，以取得更佳的政策效果。

在政策执行过程中，要坚持原则性与灵活性相结合的原则，既要创造性地实施政策，又要正确地把握政策的界限，还要遵循其他的原则和要求，如实事求是与开拓创新相结合、迅速果断与注重效益相结合、强制执行与说服教育相结合等。

比较有影响的政策执行理论主要有七种，即行动理论、组织理论、因果理论、管理理论、博弈理论、系统理论和演化理论。

街头官僚，也称为街道层官僚，是指那些在其工作进程中直接与市民互动的公共服务人员，以及对任务执行具有实质性判断力的公职人员。由于其特殊地位，街头官僚发挥着重要的作用，具有典型的特征，其最典型的特征是拥有自由裁量权。

在个体利益、信息优势和认知差异三方面原因的驱动下，街头官僚表现出特殊的行动逻辑。

根据影响因素的不同，政策执行主要分为以下八种模型，即政策执行过程模型、政策执行系统模型、政策执行互适模型、政策执行循环模型、政策执行主体模型、政策执行综合模型、政策执行组织模型、府际间政策执行沟通模型。

一线公务人员是我们对我国基层政策执行人员的定义，主要包括那些处于履行社会管理与市场监管职能的行政机关的基层部门中，直接履行行政监管、行政处罚、行政强制、行政稽查等现场执法职责的公务人员。其具有两大特征：一是直接影响执行效果；二是更加注重物质的满足。一线公务人员对政策效果的影响与我国的特殊制度环境有关，并且产生一系列问题。

➤思考题

1. 什么是政策执行？为什么要研究政策执行？
2. 政策执行包含哪些基本功能活动环节？
3. 政策执行要坚持什么原则？联系实际给予说明。
4. 街头官僚理论中的“街头官僚”和我国的“一线公务人员”有何区别？
5. 联系实际分析我国的“一线公务人员”构成。
6. 分析章后的案例材料，说明我国经济适用房政策执行中的影响因素。

➤案例材料

开发周期比商品房长1到3年，建保障房为何“蜗牛化”①

从经济适用房到廉租房，从限价房到政策性租赁房……一方面是房价持续攀升、居高不下，另一方面则是买不起房子的中低收入阶层、“夹心层”只能在大中城市“蜗居”，解决这部分群体的居住条件问题成为中央高度关注的问题。

近年来，随着国家相关措施频频出台，越来越多的保障性住房受到全社会的高度关注。然而，记者深入采访时发现，保障性住房建设的“蜗牛化”依然是不容回避的事实。一些专家学者表示，虽然中央政府明确提出保障性住房建设进程要加快，但相当一部分地方政府往往采取“乾坤大挪移”的办法，“淡化”保障性住房这一“民生工程”的重要性。

“蜗牛化”成保障性住房“惯例”

据统计，2009年国家下达的保障性住房建设计划，全国共需投入1 676亿元，其中，中央投入493亿元，占29.4%；地方配套1 183亿元，占70.6%。但从实际操作上看，由于一些地方配套资金不到位和征地、拆迁等前期工作准备不足，无法完成当年的建设计划。

常年在珠三角从事房地产开发的开发商刘雪丽说：无论是经济适用房，还是限价房、廉租房，整个项目从“规划确定—地块拍卖—楼盘动工—物业入住—开发商交楼”，时间上要比同期开发的商品类型楼盘少则长一年，多则三年。

刘雪丽说：“一至三年时间意味着保障性住房建设的‘利润’能够成倍地增加。”

首先是开发周期和进入市场周期的延长，意味着将有多方从中受益。地方政府负责项目运作的部门往往是受益最大的环节，一般而言，一至三年的开发，周围地块能够迅速升值，地方政府可以取得丰厚的财政收入。以南宁市快环时代城经济适用房为例，从2004年开始运作到2009年交房为止，周围的地块价格几乎翻了一倍，同期开发的商品房楼盘售价也从每平方米1 800元飙升到4 500元。

其次是房地产开发商能够将保障性住房项目“拉大旗作虎皮”，作为自己参与竞标周边其他项目的

① 资料来源：何丰伦：《开发周期比商品房长1到3年，建保障房为何“蜗牛化”》，《经济参考报》，2010年1月15日。

"核心竞争力"。愿意配合政府搞保障性住房开发的房开商肯定不是"傻子"，在确定参与竞标之前，房开商往往已经掌握了经济适用房周边的地块，剩下的问题是，如何通过以经济适用房为代表的保障性住房项目与自己开发的楼盘"整合"，将由政府负责承担的公共设施、绿化水电等"纳入"自己开发的楼盘领域中，最大限度地减少商品性楼盘开支。

最后是开发商"隔三岔五"地"放盘"，把经济适用房作为市场"温度计"，最大限度地掌控楼盘价格，获取丰厚利润。

目前，以经济适用房、廉租房为组成部分的保障性住房，大多采取与商品房地块、商品房楼盘"结伴"开发和销售的方式，这确实是避免在我国城市化进程中出现"贫民窟"的关键环节。但这一做法也同时被房开商利用。房开商往往与房地产中介公司联手，在楼盘即将放盘前半年时间，就在网页、社区论坛等公布"经济适用房转手、转租"信息，从中试探市场的最高承受价格，从而在放盘之后能够最大限度地获取利润。

保障性住房缘何成鸡肋

"食之无味，弃之可惜；既要腰包鼓，又要名声响；住房难解决，自然成'鸡肋'。"这是一位常年在政府房管部门工作的公务员黄立仁对保障性住房编出的顺口溜。他说，无论是经济适用房还是廉租房、限价房，在财政、政府工作报告中都是必不可少的一个组成部分，但问题的关键在于，报告中的"白纸黑字"还是会被地方政府和相关部委办局视为"鸡肋"。

(1)考核还是靠GDP、靠财政收入，政府收入增长方式有限，一把手任期有限，谁也不愿做"前人栽树后人乘凉"的事情。

对于地方党委政府的一把手来说，如何确保经济快速稳定发展，尤其是在应对金融危机情况下，确保GDP数字看着漂亮，财政收入稳步增收，是树立好自己名声的关键。保障性住房属于典型的"有投入无回报"项目，从立项到论证，一个项目下来最快也要3～5年时间。即使是上任伊始想为民造福，等到保障性住房尘埃落定的时候，一二把手可能已经换了一批人。因此，保障性住房的立项、规划、审批，往往每三个月到半年才上一次党委政府办公会。一二把手不重视，自然会一拖再拖。

(2)"卖地财政"导致保障性住房成为"鸡肋"。

保障性住房能够真正上下一致地推行实施，在地方政府层面遇阻的最大问题就是土地财政。中国指数研究院推出的《2009年中国土地出让金年终大盘点》显示，2009年中国土地出让金总额达1.5万亿元。其中，国内70个大中城市土地出让金共计10 836亿元，比2008年增加140%。卖地已经成为地方政府财政收入的主要支柱。

恰恰是由于地方政府的财政收入被一轮高过一轮的房价左右，相当一部分地方政府纷纷采取各种对策，变相"鼓励"、"扶持"购房行为。就在"国十一条"发布的同一天，杭州市政府出台意见，在购房入户、财政补贴、购房住房公积金及交易税费等方面制定优惠政策。随后，一些地方政府也相继出台省区、城市的购房补贴办法，以最大限度地减少调控的力度。

(3)"民生细则"未纳入考核，导致保障性住房成为"鸡肋"。

保障性住房是彻头彻尾的"民生工程"、"民心工程"，但现有的自上而下的官员政绩考核、提拔、管理机制恰恰忽略了这些事关民生的"细枝末节"。地方官员乃至直接主管土地、税务、房地产的官员，不会因为少建、缓建、漏建多少面积的保障性住房遭到问责处置，倒是会因为征地拆迁不及时，收入巨大的重大项目未能及时竣工而遭到处罚。这样的方式导致保障性住房很容易沦为政府发展目标的"鸡肋"。

(4)地方政府高调提出保障性住房目标还是看重中央投资。

地方政府对保障性住房的热情是醉翁之意不在酒，真正看重的是中央政府的投资部分，不是保障房本身。这也就很好理解很多地方政府保障房配建的措施，转嫁负担给商品房项目，以增大商品房开发成本，商品房用地配建成为地方政府解决保障房问题的首选，至于申请的廉租房中央投资，地方政府不会没有热情。

学者冷菊弁认为："地方政府过分依赖中央投资的心态，其结果必然就是在具体实施过程中'矮化'、'淡化'需要地方财政拿钱的保障性项目，而高度关注中央财政出钱的项目，这对于保障性住房建设来说，不是一件好事。"

民生工程仍需民意投票

多位接受记者采访的专家学者认为，由于保障性住房缺少"阳光运作"，这就需要采取一系列方式，推动保障性住房从地方整体规划到具体项目运作的"透明化"，同时建立完整的监管制度，确保"民生工程"的"民意投票"。

首先是建立完善的"阳光模式"。地方人民代表大会、政协等部门应该对政府的保障性住房项目从规划开始进行检查，规划的目标是与整个城市发展步伐相适应，保障性住房的地块、开发面积、绿化率、容积率、楼面价格、建安成本、水电路网等配套设施的成本状况，都应该逐一落实。政府也应将整个工程的进展状况逐月在媒体上公布，相关部委办局随时接受来自人民代表大会的监督、政协的质询和媒体的监督。

广西师范大学博士江田祥说："只有将所有的环节全部曝晒在阳光下，才能使政府在这一民生工程中真正取信于民。"

其次是实行完善的"倒查制"。截至2009年年底，全国房地产开发企业手中已经拥有近300万亩(1亩≈666.7平方米)的土地，全国各级土地储备中心储备土地22万公顷以上。这意味着未来三年内房地产商并不缺少可供开发的商品房用地。但形成鲜明对比的，则是保障性住房迟迟未能顺利实施。

黄立仁说："只有实行倒查制度，将2009年未能顺利完工的保障性住房进行逐一排查、分析原因，必要时追究责任，才能形成'杀一儆百'的效果，确保未来几年保障性住房的顺利实施。要将倒查制在各级政府和部委办局中形成制度，以建立保障性住房供应的长效机制。"

最后是将保障性住房建设纳入官员政绩考核体系，甚至采取一票否决的方式，确保民生工程真正赢得民意。

广西师范学院学者方邦超认为，保障性住房的建设将是未来10～20年中国解决城镇化进程无法逃避的重大课题，这就意味着必须高度重视保障性住房的建设。但目前的官员政绩考核升迁体系，尚无法承担这一重任。这就需要将地方官员和部委办局将这一关乎国计民生的领域纳入官员的考核体系中。他说："在透明化的状态下，推动民生工程的'民众投票'，才能确保保障性住房建设成为经济社会稳定发展的'稳压器'。"

拓展阅读资料

1.〔美〕威廉·N. 邓恩．公共政策分析导论(第二版)．谢明，等译．北京：中国人民大学出版社，2002
2.〔美〕迈克尔·豪利特，M. 拉米什．公共政策研究：政策循环与政策子系统．庞诗，等译．北京：生活·读书·新知三联书店，2006
3. 李允杰，丘昌泰．政策执行与评估．北京：北京大学出版社，2008
4. 丁煌．政策执行阻滞机制及其防治对策——一种基于行为和制度的分析．北京：中国人民大学出版社，2002
5. 莫勇波．公共政策执行中的政府执行力问题研究．北京：中国社会科学出版社，2007
6. 曹堂哲．政策执行研究三十年回顾——缘起、线索、途径和模型．云南行政学院学报，2005，(3)：
7. Graham T. Allison. Conceptual models and the cuban missile crisis. American Political Science Review, 1969，63(3)

第七章

政策评估

【本章重点】

1. 政策评估及其内涵
2. 四代政策评估发展历程
3. 政策评估标准和方法
4. 政策评估最新理论
5. 政策评估模型
6. 我国政策评估研究现状
7. 我国政策评估模型建构与完善

政策评估是政策过程的一个重要环节，对检验政策效果，提高决策质量发挥着重要作用。我国的政策评估研究起步较晚，与西方国家政策评估研究前沿相比，我国的政策评估无论在理论研究还是在具体的实践分析方面，都存在着很大的差距。本章对这一领域最前沿的理论和模型进行了系统的学习和整理，根据我国国情和政策评估的实际情况构建出具有中国特色的“结果-价值”综合导向政策评估模型。

第一节　政策评估概述

自 1951 年美国学者拉斯韦尔提出“政策科学”的概念以来，各国学术界、政界对政策研究的重视程度与日俱增，政策研究的范畴也从决策前的政策分析逐渐扩展到政策制定、执行、评估等各个方面。20 世纪 60 年代后，政策评估逐渐成为一项“成长工业”(growth industry)，成为监督政府公共开支、促进政策规划成效的系统工程。

公共政策评估是公共部门绩效管理过程中的重要工具和手段，通过对某一公共政策的科学评估，人们可以判断该公共政策本身的价值，从而决定该公共政策的延续、革新或终结，同时，还能够对政策过程的各个阶段进行全面考察和分析，总结经验，吸取教训，为以后的政策实践提供良好的基础。可以说，能否对某一公共政策进行科学的评估是该公共政策能否顺利执行的基础，也是公共部门以后制定公共政策的重要参考。基于公共政策评估在整个公共政策制定、实施过程中的重大作用，近几年来，对公共政策评估进行研究的学者越来越多，研究成果也不断涌现。

一、政策评估的兴起

国内外学者对政策评估内涵有着不同的观点。威廉·邓恩认为政策评估是这样一个领域的工作，通过努力用多种质询和辩论的方法来产生和形成政策相关信息，使之有可能用于解决特定政治背景下的公共问题。托马斯·R. 戴伊认为政策评估研究是对实施中的政策、方案，相对于他们的预期目标而言，作用于目标群体的效果进行的客观、系统和经验性测量。弗兰克·费希尔认为政策评估作为一种社会科学主要是"政策分析"或"政策科学"的应用活动。在国内，陈振明认为政策评估是依据一定的标准和程序，对政策的效益、效率及价值进行判断的一种政治行为，目的在于取得有关这些方面的信息，作为决定政策变化、政策改进和制定新政策的依据。林水波、张世贤认为政策评价是有系统地应用各种社会研究程序，搜集有关资讯，用以论断政策概念与设计是否周全完整，知悉政策实际执行情形、遭遇的困难，有无偏离既定的政策方向，指明社会干预政策的效用。

通过对众多学者关于政策评估内涵的研究，笔者认为公共政策评估是指公共政策评估主体根据一定的政策评估标准和程序，对政策系统、政策过程和政策结果的质量、效益、效果等方面进行评价或判断的一系列活动，其目的是改善公共政策系统，提高公共政策决策质量，保证政策目标实现。

国外学者的政策评估分类

按工作程式分：前端分析、评估性测定、过程评价、效力评估、方案和问题监控、综合评估。

——美国评估研究协会

按问题过程分：系统评估、投入评估、过程评估、总结评估、预测评估。

——R. M. 克朗、R. 施赖德

按评估问题的不同分：需求评估、项目理论评估、项目过程评估、影响评估、效率评估。

——彼得·罗西、霍华德·弗里曼、马克·李普希

按政策发展过程分：策略评估、顺服评估、政策设计评估、管理评估、干预效果评估、影响评估。

——D. N. T. 德尔金斯

政策评估可以分为三个大类：行政评估（管理绩效和预算制度）、司法评估（司法审查和行政裁量权）和政治评估（政策子系统和公众咨询）。

——迈克尔·豪利特、M. 拉米什

国内学者的政策评估分类

林水波、张世贤把政策评估分为：政策执行评估、影响评估、经济效率评估、推测评估。

陈振明根据不同的标准把政策评估分为：按评估组织活动形式分为正式评估和非正式评估；按评估机构地位分为内部评估和外部评估；按评估在政策过程中所处的阶段分为事前评估、事中评估和事后评估。

二、政策评估发展阶段

20世纪50年代政策科学最早在美国产生，随着政策科学的发展，政策评估理论也在不断发展，对于政策评估的发展阶段，学术界没有统一的划分，本节梳理了一些学者对政策评估发展的研究成果，以政策评估在不同时期关注的核心内容为标准将国外政策评估基础理论发展划分为四个阶段。

第一阶段：关注效果的政策评估，强调的是政策实施的效率和政策目标的实现程度。这一评估是政策评估发展的最初阶段。由于受当时管理科学思想的影响，而且政府刚刚从“守夜人”的最小政府转型为广泛参与社会问题解决的政府，因此政策评估的重点是行政投入、行政过程、行政产出和部门效率，而不是政策所产生的结果。政府职责的扩大和管理事务的增加使政府的评估焦点放在了效率上，并且认为效率越高，结果的实现程度和公民的满意度越高，政策结果成为效率的附属品，从而忽略了政策结果和政策有效性问题。由美国的彼得·罗西(Peter H. Rossi)、霍华德·弗里曼(Howard E. Freeman)和马克·李普希(Mark W. Lipschitz)合著的《项目评估：方法与技术》是最早对评估进行研究的著作之一。它从社会科学研究的角度介绍了评估的发展历史和评估内容及方法，具体包括需求评估、项目理论评估、过程评估、结果评估、效率评估。其评估理论与方法对美国乃至世界评估事业的发展产生了深远影响。美国学者托马斯·戴伊认识到了这一阶段政策评估取向存在的不足，提出了他对政策评估的更深入的理解。他认为，政策评估是探寻法律通过后会发生什么。他以美国的政治体制为分析基础来研究政策评估，指出过去人们认为的政策一旦由法律通过，投入了人力、物力、财力实施，那么政策效果就是可以预期的，也是可以感觉到的，但事实并非如此。因此政策评估是必需的，它的作用是了解公共政策的各种效果，并且戴伊提出了“政策效用”概念。政策效用就是政策对现实世界产生的所有效果，包括对目标群体或现状的作用、对目标群体或状况以外的溢出效应，以及对未来情况的作用、直接和间接成本(含机会成本)。而且戴伊强调政策效用与政策输出不统一。

第二阶段：使用取向的政策评估，关注的是评估结果的价值和实用性分析。20世纪60年代以来，美国在“伟大的社会”口号下出现了许多政府项目，使政策评估出现了发展的高潮期。但是虽然评估投入了许多人力和费用，但其研究结果在政策过程中利用率并不高，20世纪70年代出现了政策的评价危机，因此人们把政策评估的焦点转向了评估结果的利用。这一时期的政策评估理论有：D. 帕隆博(D. Palumbo)和D. 纳茨米亚斯(D. Nachmias)的“理想的政策评价理论”，探讨政策评估取得预期效果的理想范式；

M. 帕顿(M. Patton)的"以利用为中心的评价理论"，对"为了获得实际可用的评估结果应该怎么做"的问题进行研究，提出了以利用为中心的评估过程、评估核心和评估前提；帕顿在他的著作中强调评估的终极目的在于利用，从而唤醒了人们对评估结果的利用的重要性的认识①；E. 戈登堡(E. Goldenberg)在他的"关于政策评估目的的理论"中对政策评估的目的进行了研究，他认为政策评估的目的因政策活动的不同会呈现出不同的目的，政策评估是通过关于政策效果的评价来改进政策的，因此要充分理解政策评估活动的本质②。

第三阶段：批判的政策评估，关注的是政策价值取向，即政策所体现的社会公平、公正问题。针对过去的政策评估由于过分关注政策效率而忽视了社会民众真正的需求，造成了政策在解决公共问题的同时使公民受益不均，出现了分配不公、贫富差距拉大的现象。20 世纪 70 年代，以罗尔斯(J. Rawls)的《正义论》(*Theory of Justice*)为标志，开始对传统的政策评估合理性提出质疑，进而对政策目标的合理性、正当性进行了深入的讨论③。这一阶段的代表学者有豪斯(E. R. House)，豪斯认为，政策评估的本质基本上是一种政治活动。其在为决策者提供服务的同时，主要目的是推动资源与利益的再分配。评估不但是真实的，更应该是正义的。正义应该成为政策评估的一项重要标准。从罗尔斯的观点出发，认为政策评估的首要任务是评判公共政策的公正性，在公正的前提下再去衡量效率和效能。

第四阶段：建构主义取向的政策评估，关注的是政策评估过程中的多方需求、多元互动，综合了对政策效率、政策公正性的共同关注，以及多种评估技术和方法运用的综合性评估。该阶段以古巴(E. G. Guba)和林肯(Y. S. Lincoln)的"第四代评估"理论为代表，他们认为以前的评估理论都缺乏对政策的价值、目标、内容、过程、方法的深刻思考。他们提出的第四代评估，即回应式评估，又叫建构主义的评估，在方法论上采用注释型方法，强调复述、分析、批判、再复述、再分析等不断的辩证，期望能产生案情的共同建构。古巴和林肯的"第四代评估"理论实质上是批判的评估理论的进一步发展，在批判理论基础上强调围绕评估的政策方案产生的多元认识向共同认识的转变。转变的过程就是批判性评估的过程。

四代政策评估的比较见表 7-1。

表 7-1 四代政策评估

项目	第一代政策评估	第二代政策评估	第三代政策评估	第四代政策评估
时间	1910 年至第二次世界大战	第二次世界大战至 1963 年	1963～1974 年	1974 年至今
标志	实验测量	实地试验	社会试验	以定性研究为主

① 戴伊 T R：《理解公共政策》，彭勃，等译，华夏出版社，2004 年。

② 吴锡泓、金荣枰：《政策学的主要理论》，金东日译，复旦大学出版社，2005 年。

③ Rawls J. A Theory of Justice. Cambridge：Harvard University Press，1971：3.

续表

项目	第一代政策评估	第二代政策评估	第三代政策评估	第四代政策评估
特点	以测量为主； 通过实验测量公共政策的效率与效果	具有高度的目标导向在实地进行调研	评估模式不仅偏重测量与评述，而且提出评估者本身的判断重要性；强调评估公共政策能否有效地解决社会问题	突出评估者的角色，并肯定社会中存在多元价值观
评估模式与方法	测量评估	目标取向评估 决策导向评估	实验模式 执行评估理论	目标中立评估模式 回应性评估模式

第四代政策评估至今的代表人物及其理论

1. G. 古巴、S. 林肯(第四代评估)
2. 彼得·罗西、霍华德·弗里曼、马克·李普希(评估方法与技术)
3. E. 韦唐(政策评估的八种模式)
4. 弗兰克·费希尔(批判主义的公共政策评估)
5. 斯塔夫比姆
6. D. 帕隆博和 D. 纳茨米亚斯(理想的政策评估)
7. R. 霍弗博特(决策变量)
8. C. 维斯(政策评估研究上的政治倾向)
9. M. 巴顿(以利用为中心的评估)
10. E. 戈登堡(政策评估目的论)
11. J. 布鲁德内和 R. 英格兰德(城市政策评估)

三、政策评估标准

政策评估标准就是政策评估的参照系或基本依据，其实质就是对政策进行评判的价值准则。政策评估的价值标准可以区分为基本价值标准和具体价值标准，基本价值标准决定和制约着具体的价值标准。在基本价值标准上的取向不同，也就产生了不同的政策评估理论和相应的评估路线。自公共政策科学产生以来，政策评估理论大体上经历了两个阶段，即实证主义政策评估与后实证主义政策评估。与其理论相应的评估路线是事实评估到事实评估与价值评估的结合，具体价值标准体系上也由坚持价值中立的纯技术标准发展到技术标准与社会政治价值标准的统一。

实证主义以政策效果实证测量或科学预测作为评估对象，不对主观性的价值和标准进行探讨，所以提出的政策评估标准都是能定性测量的标准，主要有效率标准、效益标准、效能标准和充分性(adequacy)标准。萨茨曼将政策效果评估标准与政策执行过程评估标准结合起来考察，并概括出政策评估的五项标准，即效果、效果的充分性、效率、工作量、执行过程。这是后实证主义对实证主义评估标准的首次“扬弃”。但无论是评估政策效果、效率与效能，还是评估政策执行过程，最终都无法回避“评估是为谁服务”的问题。在众多学者的推动下，公共政策评估开始突破单一的技术标准，政策相关者的价值观与政策评判标准开始进入评估者的视野，以技术理性为核心的政策评估理念也转向更为广泛的政治、价值的分析与评估。与这一现实要求相呼应，鲍斯特提出了政策评估的七项标准，即效能、效率、充分性、适当性、公平性、反应度和执行能力；斯图亚特·那格尔从政策过程评估的角度，提出了“3P”标准，即 participation(公众参与度)、predictive(可预见性)、procedural fairness (程序公正性)；威廉·邓恩将政策评估标准分为六个方面，即效果、效率、充足性、公平性、回应性、适宜性；卡尔·帕顿、大卫·萨维奇将政策评估标准分为四个方面，即技术可行性、政治可行性、经济和财政可能性、行政可操作性。国内学者对政策评估也都提出了自己的标准，张金马提出的标准包括有效性、效率、公平性、可行性(政治可接受性、经济可承受性、社会可接受性、管理可行性)；陈振明提出五项标准，即生产力标准、效益标准、效率标准、公平标准、政策回应度；宁骚提出七项标准，即政策效率、政策效益、政策影响、回应性、社会生产力的发展、社会公正、社会可持续发展。

根据前文政策评估概念的界定，结合国内外学者的观点，笔者把政策评估的标准分为三大类，即政策系统的评估标准、政策过程的评估标准和政策结果的评估标准。政策系统的评估标准包括政策主体、政策客体、政策环境、政策工具四个方面的评估标准，如合法性、合理性、适当性、有效性、回应性、适宜性、充分性、社会发展总指标等；政策过程的评估标准包括政策制定、执行、监控、评估、终结等过程的评估标准，如执行能力、反应度、充分性、适当性、公众参与度、可预见性、程序公正性、可行性、执行力、政治可接受性、经济可承受性、社会可接受性、政策影响、社会可持续发展等；政策结果的评估标准包括效率、效益、效能、工作量、公平性、充足性、回应性、适宜性、绩效、有效性、生产力等。上述这些政策评估标准，针对不同公共政策进行评估还有一个选择、排序和组合的过程，如政治性公共政策以过程评估为重点，相应的评估标准选择也就侧重于公众参与度、程序公正性、政治可接受性、社会可接受性等评估标准。这些标准中哪些作为主要标准，哪些作为次要标准，要根据政策环境来进行排序。排序组合一般遵循如下原则：一是可行性标准与可接受性标准相结合；二是定性标准与定量标准相结合；三是直接标准与间接标准相结合；四是总量标准与具体标准相结合。

四、政策评估方法

政策评估方法是针对政策的某个环节或某个方面进行评估的手段、方式，有时也用于对政策的全面评估，但一般而言，对公共政策的全面评估都要用到多种评估方法。政策评估理论发展的每一阶段，都是政策评估方法的革新和应用，政策评估方法的创新也是政策评估理论和实践发展的动力。

20 世纪 50 年代，系统科学方法、数理统计方法、运筹学方法和经济学方法在政策科学中的广泛应用，推动了实证主义评估理论的诞生。20 世纪 70 年代以来，价值分析、政治学和社会学分析方法在政策评估实践中的恢复和发展，政策评估的方法从内容和形式上都已走向多元化、多样化，政策评估理论也由实证主义走向后实证主义。

自公共政策学产生以来，政策理论和实践工作者使用的政策评估方法至少有上百种。根据政策评估对象，可以分为政策系统的评估方法、政策过程的评估方法和政策结果的评估方法；根据分析手段，可以分为定性评估方法和定量评估方法。定性评估方法是评估者根据经验和知识，应用逻辑思维，对评估对象的性质进行的分析和判断，如价值分析方法、制度分析方法、因果分析、目标分析、专家咨询(如德尔菲法、头脑风暴法)、主观概率预测和超觉理性预测等。定性评估方法对不能进行量化的政策评估对象，如政治、文化、社会伦理等领域的政策评估具有定量方法所不具有的优势，有利于克服政策可行性与政策可接受性之间的矛盾。定性评估方法由于依靠评估者的经验和主观认识，甚至是直觉的判断，得出的结论普适性和可靠性都值得怀疑，这也是定性评估方法的弱点或局限性，弥补这一不足需要应用定量的分析方法。

定量评估方法是指根据评估对象的数据信息或量化的数据信息，运用运筹学、统计学、计量经济学、系统工程理论等学科的理论和方法，建立政策评估的数学模型，再借助电子计算机等手段进行计算来求得答案的方法和技术，如回归分析、成本收益分析、马尔科夫分析、随机分析等。定量评估方法以理性主义为其方法论基础，以数据资料作为评估的依据，通过严密的逻辑推理、精确的数学计算为评估的基本工具，是政策评估领域最富于生命力和应用最多的评估方法。定量评估方法克服了评估活动中的主观倾向，评估结果更客观、更科学，这些优势推动了政策评估从传统的政策判断向现代科学评估的转变。现代政策评估都遵循定性评估与定量评估相结合的原则，经验主义与理性主义走向融合。

第二节 政策评估理论及模型

本节将主要对国际上主流的政策评估理论和模型进行介绍和评价，不仅包括理论和模型产生的背景，还包括它们的创新和不足。最后结合我国的具体情况，对这些理论和模型在我国的适用性做出分析。

一、D. 帕隆博和 D. 纳茨米亚斯的“理想的政策评价理论”①

1. 背景

评价研究兴起于 20 世纪 60 年代以后，并在社会科学研究领域迅速扩散。不过，随着评价研究的发展，它遇到了如下危机：许多人认为这种评价虽然投入了很多人力和费用，但其研究结果在政策过程中的利用率并不高。美国政策学研究者 D. 帕隆博和 D. 纳茨米亚斯考察了这种危机，提出了“理想的政策评价理论”，其中主要有以下四点主张：在政策决定过程中评价的作用；评价研究方法论；研究方法与组织行为之间的适合性(即符合决策现实的理想方法论)；评价研究者与执行人的关系等。

2. 关于决策的评价的理想作用

一般来说，在决策中评价的作用是：首先，对计划项目的终结或继续的影响；其

① 参见吴锡泓、金荣枰：《政策学的主要理论》，金东日译，复旦大学出版社，2005 年，第 435～443 页。

次，对计划项目改善决定的影响；再次，提供一部分关于决策所需要的信息；最后，为社会提供信息及启蒙等①。至今为止，学者在决策的评价作用上没有取得共识，但强调评价在改善计划上的作用这一观点逐渐得到更多学者的支持，他们认识到在很多情况下评价结果并不能确定，而计划是因对象集团的需要程度而改变的，所以，他们认为评价的理想作用应该在于不断的、渐进的项目改善方面。

3. 评价研究的理想方法论

在评价研究方法论的问题上，学者们已经有了某种程度的共识。目前，评价研究的主要方法是行为主义。这种方法是以目标为导向的，而且具有使用实验设计或准实验设计，并依赖计量化的资料等特征。但其近年来逐渐表现出如下倾向，即作为上述方法的替代方案，要接受质量评价研究、自然询问方法或参与观察等方法论。这种倾向产生的原因在于使评价研究者叙述在评价过程中产生的一切重要的价值立场，从而能够消除评价者在研究工作中有关价值问题上所遇到的困难。

4. 符合决策现实的理想方法论

关于符合决策现实的理想方法论，笔者阐释了两种不同的评价范式，首先是分析优先型决策过程(综合范式)，它的理想评价条件如下：①对评价对象项目要有一种一切参与者都能同意和可操作的目标；②要有可以实现项目目标的技术并可以执行；③能够确定项目结果的影响范围，并具有一种可以控制外在变量的方法；④评价对象项目的执行人要对达到其项目目标具有很强的热情；⑤对评价结果，决策者要具有充分利用的意志。

但现实中很难具备上述条件。因为：第一，计划项目的目标往往是不确定的和多样的，而且相互冲突；第二，在很多情况下不具备达到项目目标的技术；第三，很难完全控制外部效果或外在变量；第四，不诚实的执行者也有很多；第五，决策者要充分利用评价结果的意志也很难确定，在评价结果不确定或同政治目标和理念倾向相背时更是如此。总之，以前的评价范式缺乏现实基础。

为此，他们又提出在决策优先的逆向政策过程中的理想评价条件：①计划项目的一部分执行结果被一部分利益集团得到肯定的评价；②计划项目的肯定结果，哪怕是间接地也要同组织的正式目标有关；③评价把重点放在项目的肯定性评价之上；④对项目执行者予以信任；⑤评价结果的利用程度可以根据评价结果而有所不同。

可以看出，这些条件比上述条件更现实，而且有望提高评价结果的利用程度。可以把这种逆向型决策过程中的前提条件的评价称为“政治性评价”。就理想而言，提高组织的合理性当然是好的，但在这种目标得到实现以前，政治性评价范式比科学性评价更符合现实。

5. 评价

传统的评价研究理论以目标为导向，受行为主义传统的影响，把评价作用范围划定得比较狭隘，两位学者的理想的政策评价理论研究要求这种传统范式的变化。他们的研

① Palumbo D J，David Nachmias D. The preconditions for successful evaluations：is there an ideal paradigm? Policy Science，1983，16.

究从整体上诊断评价的实际情况，并揭示了评价研究的理想范式，这有助于推动评价研究的发展。

对于我国政策评估，两位学者的理想的政策评价理论有一定的适用性，特别是我国目前的政策评估也存在研究结果在政策过程中利用率不高的问题，很多的政策评估只是流于形式，评估的过程被当做民主程序的一种形式，没有从根本上起到促进政策变迁和政策调整的作用。

二、R. 霍弗博特的"决策变量理论"①

1. 背景

R. 霍弗博特一方面强调要敦促政治学者们研究政策，另一方面认为，以前的观点是政治变量作为自变量对政策变化起重要作用，政治对政策的变化发挥积极而重要的影响，但没有想到政治也会被动地因政策的变化而发生变化。

2. R. 霍弗博特的模型

R. 霍弗博特认为，在政策评价中最为重要的课题，就是寻找影响政策评价的控制变量。在政治和社会政策环境上，可以当做控制变量来使用的可以分为以下五个方面：①被提出来的政策问题的属性；②政策手段的技术适合性；③政策手段的执行性；④对政策对象集团的顺应程度；⑤导致所意图的和与此相反结果的政策及错误计划。

如果能够正确地分析以上这些变量，不仅可以明确学科分工，而且能够让政治学者认识到能够参与政策研究范围的广度。基于这种想法，笔者揭示了把政治当做因变量的模型。

$$Y_{tn}=a+bY_{t-1}+bX_1+bX_2+bX_3+bX_4+e$$

其中，a 为截距(intercept)；Y_{t-1}为以前的政策目标；X_1 为分析对象政策在时间上和空间上的变化；X_2 为政策执行上的条件(执行上的变化、条件、行政)；X_3 为政策需要者的条件(达到目标的程度、顺应度)；X_4 为表示 bX_1 的虚伪效果或反作用的其他政策条件；e 为误差[没有测量到的混乱变量(confounding factors)之影响]。

3. 模型中各变量的意义与政治学者参与的必要性

在提出以上模型及其变量后，R. 霍弗博特分析了各个变量的意义及其政治学者参与其中的必要性。

(1)以前的政策目标变量(Y_{tn})。为了使新的政策得到正确执行，应该要有一个实现这一政策目标的环境。在这种政策环境中，在原先政策的执行过程中所派生的惯性起着重要作用。

(2)分析对象政策在时间上与空间上的变化变量(X_1)。特定领域的专家们通常只关注其领域的技术效果，而忽略在政策过程中出现的时间上和空间上的变化，导致政策效果减弱。因此，为了使政策执行走上正确的轨道，应该要更重视时间上和空间上的因素。

(3)政策执行的条件(执行上的变化、条件、行政)(X_2)。由各执行机构之间分工不

① 参见吴锡泓、金荣枰：《政策学的主要理论》，金东日译，复旦大学出版社，2005 年，第 441～447 页。

明确、利益冲突等原因导致执行条件发生改变，在政策执行方面，泛政策性的问题比具体政策问题更重要，制度性问题比管理上的问题更重要，在这方面政治学家和行政学家比政策学者的分析更为有用。

(4)政策需要者的条件(达到目标的程度、顺应度)(X_3)。政策评价中不论出于什么理由，如果最终政策需要者对政策执行不抱有什么好感，那么政策目标就很难达到。所以过分地执著于具体政策本身，就会忽略社会政治上的整体层次，从而减少政策效果。

(5)政策的虚伪效果或反效果变量(X_4)。如果特定政策以明确的目的得到了执行，那么就必然影响其他政策。所以大部分的政策很可能对其他政策起负作用或表现出完全出乎意料的作用。还有，有些政策效果也可能影响好几代人①。因此，为了正确地作政策评价，必须把类似的政策或有可能受影响的政策包括到政策分析的模型中来。

(6)误差(没有测定的错乱变量之影响)(e)。分析模型中的最后一项是误差。这是一个我们完全无法知道的因素，意味着它和其他因素不相关，有可能是测量上的误差，也有可能是在收集信息和分析资料上的误差。一般来说，这种误差值都比零大。

4. 评价

首先，R. 霍弗博特强调了政治学者在政策分析中的作用，尤其在泛政策效果分析领域。因为，在具体部门中的政策分析者很可能忽略或做不到这种泛政策层次上的政策评价研究。

其次，R. 霍弗博特认为截然分开政策评价研究和民主主义理论政治研究的做法并不妥当，因为，研究民主机制或民主市民精神的政治学者也可以充分利用政策评价方法。

再次，政策评价的研究设计和方法对民主化过程研究具有很大的意义，因为政策可以成为对民主化进程起重大作用的自变量，政策的诸多因素能够带来政治变化并对民主化进程做出重大贡献。

最后，R. 霍弗博特的理论模型揭示了政治是政策因变量的新观点，与传统理论即政治因素是政策的主要变量形成了较大的反差，不仅丰富发展了政策评估中决策变量的理论，而且对政治学和政策科学两门学科的相融与发展做出了重要贡献。

三、弗兰克·费希尔的政策评估逻辑模型

1. 背景

许多西方国家的政策分析已经发展成为一项事业而广受重视，但弗兰克·费希尔认为：社会科学不能解决紧迫和规范的社会问题与政治问题的例子数不胜数，特别是在紊乱和快速变革的时期，政策分析花费了无数的美元，却没有产生太多明显的效果。为了解决这些问题，弗兰克·费希尔在《公共政策评估》一书中提出了将事实和价值结合起来进行评估的全新的方法论框架结构。

2. 实证与规范相结合的政策评估模型

弗兰克·费希尔的模型分析了评估公共政策方法论框架的四种讨论形式，即项目验

① Hofferbert R I，Sharkansky I. State and Urban Politics. Boston：Little，Brown and Company，1971：17～18.

证、情景确认、社会论证和社会选择[①]，这四种具体的方法被分为两个层次，见图 7-1。

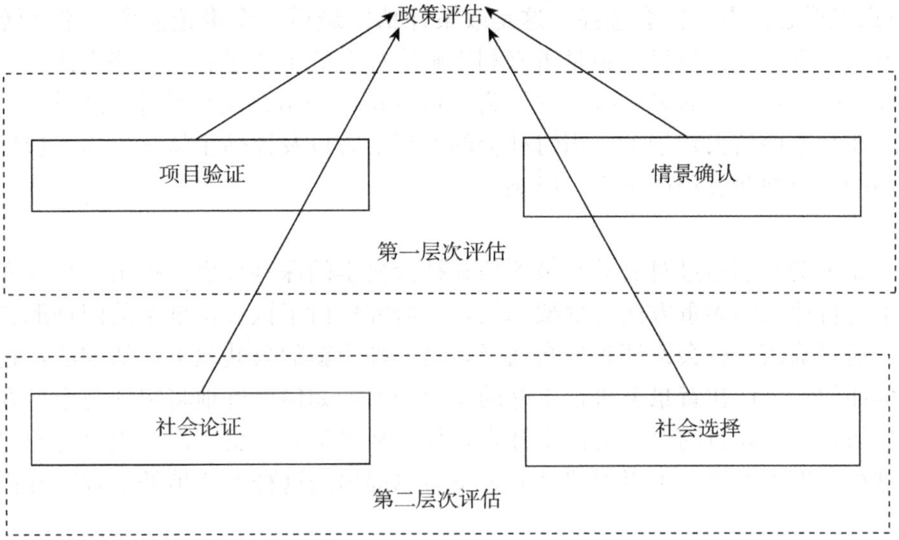

图 7-1 弗兰克·费希尔的公共政策评估框架

“第一层次评估”由项目验证和情景确认构成。着重于研究政策发起者的特定的行动背景，探究特定项目的结果和这些结果出现的情景(或者情形)。“第二层次评估”由社会论证和社会选择构成。评估转换到了更大的社会系统之中，项目自身的论证仅仅是其中的一个部分，它着重于研究政策目标对社会系统的影响，强调项目的社会价值。每一种论证都有自己特定的要求。

(1)技术-分析论点：项目验证。利用传统政策评估通行的工具对项目结果的效率进行测量。验证的基本问题是项目是否达到了既定的目标。验证项目结果的两个主要方法是成本-效益分析方法和实验项目研究方法，前者包含两个主要变体，即成本-效率分析和风险-效益分析，后者设立了“实验组”和“控制组”对比一组在政策影响下和另一组不在政策影响下不同政策效果。

(2)相关论点：情景确认。确认的焦点是特定的项目目标与发起项目的情景的关系；确认检测的不是项目目标，而是项目要影响的情景背后的认识和设想；确认的基本问题是项目目标与问题情景的相关性。为了达此目的，评估过程把重点从经验主义的定量研究转向了规范讨论和定性分析的阐述方法。弗兰克·费希尔认为情景确认也即情景分析应该更多地使用定性的方法，如直接观察、局部调查、二手资料、案例研究、详细描述、现场记录和深入访谈等方法。

(3)系统论点：社会论证。在该层面上，政策评估由第一层次转到第二层次，也就是说，从具体的情景转向作为一个整体的社会系统。其主要任务是表明政策目标为现实社会提供了价值。论证方法：此时基于系统层面的政策假设，政策评估论证要体现一定的社会系统规范制度目标和价值，从民意调查、大范围横截面分析、成本-效益数据、

① 费希尔 F：《公共政策评估》，吴爱明、李平，等译，中国人民大学出版社，2003 年，第 16～22 页。

系统模拟、访谈、案例分析以及受到控制的社会实验等方法来进行论证。

(4)意识形态论点：社会选择。这是政策评估的最后一个推论阶段，论证转向了意识形态方面，重点分析项目实施是否有利于解决社会的价值矛盾。一些人认为意识形态与政策评估毫不相关，而另一些人则认为政策分析应当最终为检验意识形态服务①。笔者认为，在政策评估大背景下，当时社会的意识形态以及评估主体个人的意识形态偏好会对他们的分析判断过程产生重大影响。

3. 评价

弗兰克·费希尔通过对公共政策评估和社会科学的深刻反思，提出了将事实和价值结合起来进行评估的多重方法论框架结构，并研究探讨了该理论框架的四种形态，即项目验证、情景确认、社会论证和社会选择，是一种全新的公共政策评估方法，它可以更好地理解如何在全球化背景下进行更好的文化沟通，如何更好地将定性与定量方法结合起来，如何将手段和目的更好地区别开来，如何从更深入、更广泛、更综合的层面对公共政策进行反思和辩论，可以说弗兰克·费希尔提出的这种方法填补了政策分析方法论的空白。

四、韦唐的10种政策评估模型

对某项政策的评估到底应该持什么样的标准？瑞典学者韦唐(Vedung)在其专著*Public Policy and Program Evaluation*中针对政策评估标准问题，归纳出了政策评估的10种模型(图7-2)②。这里主要介绍前六种模型。

目标获取模型：将政策目标作为评估时所持的唯一标准是不合适的，目标可能是模糊的，也可能有多个目标，因而对目标实现情况的评估很难进行；该模型要求政策执行者是严格按照决策者的意旨行事的，而不去考虑政策的实施过程，也便会导致“政策扭曲”、“上有政策，下有对策”等现象。

附带效果模型：一项政策实施后将会带来非预期的附带效果影响，对于这些影响能够评价的就给予评价，不能评价的列举出来，留给决策者自行评价。而评估者所得附带效果影响的信息对于决策者制定新的政策或计划是非常重要的。

无目标评估模型：让评估者在没有任何目标约束的条件下开展评估，全面考察政策实施带来的方方面面的影响，不论它们是预期的，还是非预期的。

综合评估模型：评价一项政策仅看它取得的最终结果，有失偏颇。综合测评模式除了关心结果，也包括判断政府干预的计划、决策和执行阶段。评估结论能够较好地反映决策民主化程度，以及政策执行程序的公开、公平、公正性；对政策实施后出现或不出现某个结果的原因能够给予较好的解释。

顾客导向模式(用户导向模型)：最大优点在于体现了民主参与。顾客自主选择，并且可以表达对服务提供者的不满和要求。顾客导向评估主要应用于公共物品和公共服务的提供领域。但是这种方法没有确定用户调查的内容，并且要花费很多的时间，因此顾

① 费希尔F:《公共政策评估》，吴爱明、李平，等译，中国人民大学出版社，2003年，第21页。

② Vedung E. Public Policy and Program Evaluation. New Brunswich: Transaction Publishers, 1997: 6～8.

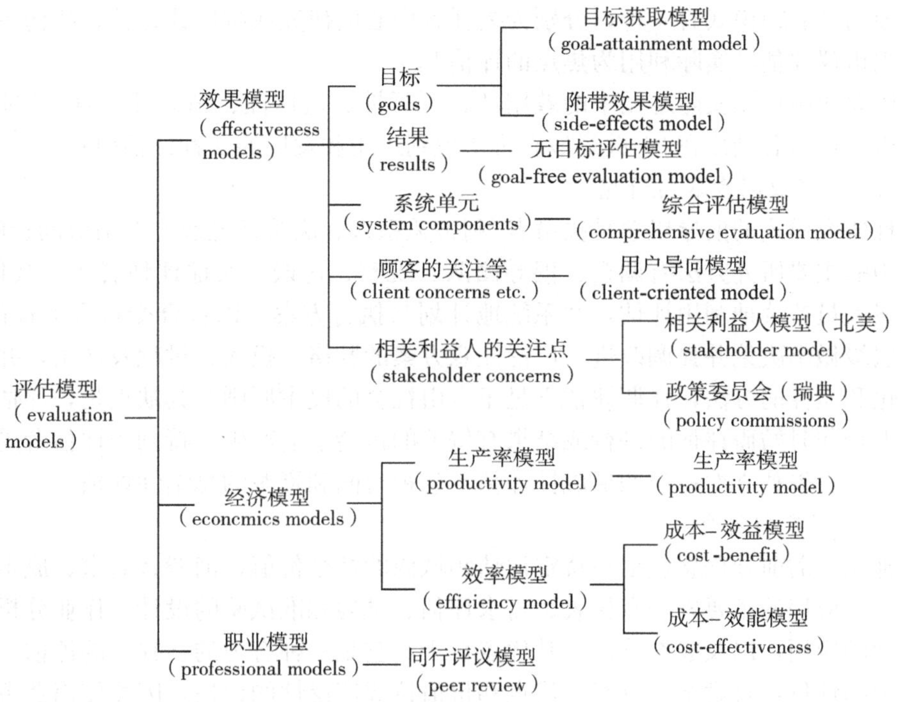

图 7-2 韦唐 10 种评估模型

客导向模式不能成为评估的唯一模式，只能起一种补充的作用。

相关利益人模型：在“顾客导向模型”的基础上发展来的，其优点是评估者必须对相关利益人的需求、关注点十分敏感，把握得非常准确，否则调研工作很难进行。但是评估者通过与相关利益人密切地交流，不仅可以解决这一难题，也将各方面的意见都反映到评估报告之中，其政策建议最易于操作。该方法综合考察政策制定、实施过程中涉及的各种因素，最大化地反映了现实情况。其缺陷：首先，需要的信息搜集面很广，真正实施很不容易；其次，“相关利益人”不明确，影响评估结论的权威性；最后，相关各方过分强调自己的利益，会出现不少难以调和的矛盾，正所谓“公说公有理，婆说婆有理”，各执一词难以反映现实情况。

五、丹尼尔·斯塔弗比姆的政策评估模式

政策评估专家丹尼尔·斯塔弗比姆(Daniel Stufflebeam)总结了 20 世纪 60 年代以来的政策评估模式，并对其进行了分门别类，共归纳出四大类 22 种模式。其中，假评估模式有两种，分别为启发公共关系研究和政治控制的研究；问题/方法取向评估模式有 13 种，分别为目标本位研究(目标达成模式)、绩效问责、客观测量方案、结果评估作为附加价值的评价、绩效测验、实验研究、管理信息系统、成本收益分析模式、澄清听证、个案研究评估、批判与鉴赏(强调专家或权威的作用)、方案理论本位评估、综合方法研究；改善/绩效问责取向评估模式有 3 种，分别为决策/绩效问责取向研究、消费者导向研究(顾客导向模式)、认可/检定模式(组织的自我评估和专家评估的结合)；社

会议题导向(倡议)模式有4种，分别为委托人中心的研究或响应式评估、建构主义者评估、民主审议评估、实际利用为焦点的评估①。

斯塔弗比姆根据实际运用中的效用性、可行性、适切性、精确性对这22种模式进行了分析，最后总结出在21世纪最有希望得到运用和发展的9种评估模式。

1. 决策/绩效问责取向研究

这种研究模式的前导概念是决策者/利害关系人、决策情境及方案绩效问责的条件。其所应用的主要研究方法有调查、倡导团队、观察、访谈、实地评估者等。其优点是，鼓励方案人员持续地利用评估，并系统地计划与执行方案，以符合受益人的标的需求，协助各层级做出决策并强调改进，广泛注意方案的脉络、投入、过程及产出，并均衡地运用量化和质性的方法，强调评估立足于自由社会的民主原则。其缺点是，评估者和利害关系人合作时妨碍评估的进行或结果有偏差的机会也会产生，特别当评估者受政治影响时，容易丧失独立性；强调形成性评估，忽视时间和资源的总结性评估。

2. 消费者导向研究

这种模式的前导概念包括在特定评估领域内的社会价值、消费者需求、成本及良善的准则。它应用的主要方法有核表、需求评估、试验和准试验的设计、作业分析、伦理行为准则的应用，以及成本分析。其优点在于，它是一种有力的、独立的评估，强调独立、客观的评价，且尝试对方案的优点和价值达成广泛性的评估，因而使消费者团体对其产生高度信任。其缺点是，太独立于从业人员之外，可能无法协助他们在服务消费者工作上做得更好。如果总结性评估实施得太早，可能会胁迫方案发展并抹杀其创造力，如果太迟，则很难获得充分的证据。

3. 认可/检定模式

这种模式的前导概念包括一些认可或检定团体所采用的指导方针准则。它所应用的主要方法有调查、访谈、专家小组访查、内部调查等。其优点包括，协助外行人对于组织与方案的品质以及个别人员的资格在信息充足的情况下做出判断。其缺点在于，认可及其检定团体的指导方针通常太强调输入及过程，而非成果；认可制度所采用的自我研究和访谈产生了许多无用和不当执行的机会。

4. 实际利用为焦点的评价

这种模式的前导概念包括可能的使用者及被提供的用途。它所应用的方法包括各种评估方法。该模式的优点是，使评估达到最大的影响，促使利害关系人决定评估的目的和程序，并利用他们的参与以促进研究发现的利用；强调价值澄清并注意脉络动态，且符合所有相关评估标准的需要。其缺点在于，参与方案评估使用者的变动使目标不清晰，严重延缓评估过程，所有信息的搜集是困难的；评估人员未能有重组的训练与经验符合此模式评估者的条件。

5. 委托人中心的研究或响应式评估

这种模式的前导概念包括利害关系人对方案本身，以及方案的理论基础、背景、执

① Daniel L. Stufflebeam，George F. Madaus，Thomas Kellaghan：《评估模型》，苏锦丽，等译，北京大学出版社，2007年，第41页。

行、成果、标准及判断的关注和议题。其主要使用的方法包括个案研究、表意目标、目的取样、观察、反向报告、讲故事、社会剧及叙事式的报告。其优点是，纳入行动研究，密切关注利害关系人，广泛收集信息，有效运用质性方法，从不同的来源三角检测研究发现。其缺点是，易伤害外部信度；评估者和利害关系人在一起工作，可能丧失其独立性的观点；相对的观点及分歧的性质可能会在利害关系人之间产生困惑并引发争端，而不是带来结束，有时这种每况愈下、正在演化的模式可能为了多元的投入与阐释，而陷入毫无效益的泥沼之中。

6. 民主审议评估

这种模式的前导概念包括民主参与、进行对话以检验及证实利害关系人的投入，以及进行审议，来达成关于方案优点和价值的可辨明评估。它所应用的主要方法有利害关系人讨论、调查及辩论。其优点在于，尝试使评估直接达到公正，努力使利害关系人民主地参与，运用对话以检视及证实利害关系人的投入意见。其缺点在于，民主对话的模式在此时是不切合实际的，且时常不能完全的应用。

7. 建构主义者的评估

这个模式的前导概念包括，探究采取开放的态度，进行持续的沟通，以及收集、分析与综合未来的建构。它所使用的方法是，最初先是分歧，然后聚合，通过运用诠释学，评估者收集和描述各种评估问题，并确保每一个叙述都能得到响应者的赞同。其优点在于，完全揭露整个评估过程及其发现的示范作用，以参与者为评估工具，利用他们相关的经验、知识及宝贵的看法；这大大地减低了在使用信息收集工具前所需发展、实地测试及证明的负担。其缺点在于，分歧和聚合的阶段都需要完全的投入和持续的互动，故经常很难及时地完成资金补助者和决策者所要求的报告；这种模式若要运作得更好，就需要各种利害关系人的关注和负责任地参与，故此模式运作似乎是不切合实际的乌托邦。

8. 个案研究评估

这个模式的前导概念包括方案的定义、地理的和组织环境的特色、检验的历史时期、方案的受益人及其需求、有关方案运作和生产力的基本逻辑，以及参与方案的关键角色。其所应用的方法包括档案分析、人工制品的收集、独立的和参与式的观察、访谈、焦点团体、测验、问卷、听证会、论坛等。其优点在于，不需要控制实验处理或研究对象，通过运用及三角检测多元的观点、方法及信息来源，提出正确议题；在脉络下观看方案，并描述脉络对方案的影响；可全面、深入地观看方案等。其缺点在于，评估者误解其开放性及缺乏控制，以随意的模式加以实施并规避一些步骤，以致无法确保研究发现及解释的精确性和相关性。

9. 结果评估作为附加价值的评价

在这一评估模式中，前导概念是指预期成果的指针及对于学生分数的获得与分类的计划，检视政策议题或方案的效果。该模式应用绩效问责制、标准化测验等方法。其优点是系统化和制度化的成果数据库可以随时加以运行，并以标准化的方法来研究及发现改进成果的工具。但其也存在政治上是易变的、易用来将成功和失败的责任推卸给下级等缺点。

10. 政策评估的发展趋势

通过对政策评估研究新发展理论和模型进行归纳与总结，我们认为公共政策研究具有以下发展趋势：第一，从政策阶段评估走向政策全过程评估。第二，从专家评估走向多元主体评估。第三，从单维度评估走向多元标准评估。第四，从实证逻辑走向"实证辩论"的评估逻辑。第五，从数量技术评估走向多种方法综合评估。第六，公共政策评估的观念从"理性科学观"走向整合的"艺术社会观"。

第三节 推进中国政策评估研究

一、国内政策评估研究的现状

我国的政策科学研究起步较晚，经过多年的发展，无论是对学科基础理论的建设，还是对现实公共政策问题的研究，都取得了可喜的成绩。但是，它是一个发展中的学科，是一个还不够成熟的学科，其自身尚存在着明显的弱点①。在我国，政策评估一直未受到足够重视，人们往往热衷于制定政策、宣传政策，却忽视了政策效果，漠视政策评估，客观上大大助长了决策的随意性，给经济、社会带来了一定的不良后果。表 7-2 是 2003～2008 年我国政策分析研究的文献统计。

表 7-2 2003～2008 年国内著名样本期刊中公共政策分析研究的整体情况②

分析项目	2003 年	2004 年	2005 年	2006 年	2007 年	2008 年	频数	比重/%
公共政策问题的建构	1	7	12	3	15	13	51	47.2
公共政策的制定	0	1	0	2	3	6	12	11.1
公共政策的执行	2	0	3	0	2	2	9	8.3
公共政策的评估与监控	0	2	2	4	2	16	26	24.1
公共政策的变动、终结与周期	0	1	2	1	0	0	4	3.7
公共政策分析方法研究	0	0	1	0	1	4	6	5.6

从表 7-4 中可以看到，政策评估已经成为我国政策科学研究的关键领域，但就目前的研究水平来看，政策评估研究依然还是我国政策科学研究的薄弱环节，亟待改善。

(1)评估标准。现有的评估标准并不唯一，对同一政策采用不同的评估标准进行评估会产生不同的结果，因此应该对评估标准问题进行深入研究。在 21 世纪，行政环境的变化对政策评估提出的要求使评价标准一致成为非常重要的课题。

(2)研究方法。随着中国政府行政体制改革的不断深入，人们逐渐认识到政策评估的现实意义和重要作用。政策评估方法的局限性也使越来越多的学者投入政策评估研究

① 乔永忠：《公共政策评估基本问题研究综述》，《理论前沿》，2008 年第 16 期。

② 引自傅广宛等：《量化方法在我国公共政策分析中的应用——以最近六年来的进展为研究对象》。著名样本期刊包括《新华文摘》、《中国行政管理》、《政治学研究》、《公共管理学报》、《公共行政》、《学术研究》、《中州学刊》、《行政论坛》、《江汉论坛》、《清华大学学报》、《北京大学学报》、《中国人民大学学报》、《中山大学学报》、《复旦大学学报》、《南开大学学报》、《武汉大学学报》、《上海交通大学学报》、《吉林大学学报》、《国家行政学院大学学报》、《北京师范大学学报》共 20 本刊物。

中来。自然科学的发展、社会技术的进步、信息技术特别是计算机的广泛应用，为政策评估提供了科学、客观、可信的技术基础，使政策评估摆脱了过去以定性分析为主、作用范围有限的局面，越来越呈现出多样化、系统化、数量化的趋势。

(3)评估领域。国内许多专家从自身的研究领域出发，进行了公共政策评估定量方法的有益探索，尝试用数学方法、经济计量方法等进行政策评估，如苏州大学的刘进才尝试用模糊数学方法对政策效果进行定量分析，建立了一套评估模型和评估指标体系，运用模糊数学中的隶属度使众多的指标在同一个尺度下统一起来，再根据“排序打分法”给每一个指标的隶属度分配权重，然后建立政策评估模型，并以十一届三中全会前后的农村政策为实例进行实测评估，得出政策效果分值，结果证明政策的制定和执行是颇有成效的。国家商务部通过“雷达模型”对我国区域投资环境进行评估和监测，为国内外的投资者选择理想的投资环境提供了决策依据，为国家监测各区域环境，为投资创造有利的条件提供了科学的方法。在肯定我国政策评估研究领域取得进展的同时，也要看到国内专家彼此之间的研究相关性和系统性不强，缺乏整体规划。

(4)研究目的。在现有国内研究专著中，大多数(95%)均为明确论述政策评估这一政策环节的研究目的究竟是什么。Charles O. Jones 认为：“政策评估的意义在于当再次开始执行已解决问题时，决定政策制定当初所定下的目标是否已达成。”笔者认为政策评估本土化对于我国主要有检验政策效果、决定政策未来走向、合理配置有限资源、促进政策的科学化进程等意义。

近几年我国对公共政策评估的研究主要集中在以下几个方面：第一，关于公共政策评估内涵的研究；第二，关于公共政策评估方式和方法的研究；第三，关于公共政策评估标准的研究；第四，关于公共政策评估过程的研究；第五，关于公共政策评估功能和意义的研究；第六，关于当前中国公共政策评估中存在及要注意问题的研究；第七，关于完善我国公共政策评估的对策研究。

当前中国政策评估研究的不足主要表现在以下几个方面：首先，现有政策评估概念体系对评估标准界定不明，缺乏可操作性及系统性，指标难以量化。其次，现有研究对评估主体尚存争议，主体的角色定位及其担负的职责、合作模式、原则还需进一步明确。再次，现有政策评估方法缺乏必要的适用性分析、缺乏可操作性及实际指导意义。目前中国国内对公共政策评估的研究多数停留在政策评估的重要性和必要性、评估主体、评估的价值取向和伦理等方面，而对更为重要的评估方法却研究甚少。用国内学者李静芳的话说就是，“目前从事官方评估工作的人士绝大部分都非‘内行人’，即使从事政策研究的专家学者大多数都是研究社会科学出身的，很少有人兼备自然科学和社会科学知识，其知识结构和思维方式比较单一，难以兼有思辨和公理化思维方式的长处”①。因此，他们在进行政策评估时不可避免地倾向于用价值判断代替事实分析，用定性分析取代定量结论。最后，现有政策评估概念体系对政策评估在政策制定环节中的逻辑关系交代不明。同时，现有研究对政策评估结论所应包含的具体信息阐述不明。

---

① 周德祥：《公共政策评估研究述评》，《宁夏党校学报》，2008 年第 10 期。

二、推进政策评估研究的路径

21世纪的政策环境、利益的多元、参与主体的多元、政策诉求的不断增加是对政府治理最重要的影响因素，也是政策评估理论研究中要充分考虑的因素。今后的评估理论与实践研究应在全球化的背景下，结合中国特殊的国情和传统的儒家文化特色以建立达成共识的评估模型，探索科学的评估方法，在现存国内研究缺陷的基础上，完善评估理论体系建设，促进理论与实践的结合，这也是我国政策评估事业发展的方向。

1. 评估主体上坚持多元评估

公共政策评估有两种形式：一种是政府部门内部评估，即在同级政府部门之间、上下级之间进行；另一种是由外部中立的社会组织实施的评估。坚持多元评估能够打破政府单方垄断评估权力的弊端，提高评估的公正、公开、公正，促进评估技术的科学化、专业化发展，进而提高评估结果的准确度。

2. 坚持实证研究与规范研究相结合

各种实证本位和规范本位的评估模式都有一定的优缺点，各自方法的适用场合也不尽相同，因此应该坚持实证研究与规范研究相结合的方法。笔者认为，从主流政策评估方法的趋势和中国研究者在评估方法上的落后局面综合来看，大力学习、应用实证主义以假设检验、经验数据、定量分析为主要内容的政策评估方法，应是未来中国公共政策评估方法的努力方向①。应该更多地采取案例分析的评估方法推进我国政策评估事业的发展。

3. 设计政策评估指标

事实上，西方政策评估之所以在今天的社会和政治生活中发挥着重要作用，不仅源于其扎实的理论根基和评估范式的演进，更是得益于指标法的科学运用。科学运用指标将使政策评估紧密地与社会现实的变迁结合起来。

4. 建立公共政策评估标准体系

结合国内外学者的观点，笔者把政策评估的标准分为三大类，即政策系统的评估标准、政策过程的评估标准和政策结果的评估标准②。针对不同公共政策进行评估有一个选择、排序和组合的过程，如政治性公共政策以过程评估为重点，相应的评估标准选择也就侧重于公众参与度、程序公正性、政治可接受性、社会可接受性等评估标准。

5. 优化公共政策评估环境

(1)提高对评估的认识。人们对政策评估往往缺乏应有的重视。因此，当务之急是切实转变人们的观念，提高人们对政策评估的认识。

(2)加大对评估的投入。首先，加强对评估人才的培训和教育；其次，加大对政策评估的经费投入；最后，加快政策评估配套制度的建设。

(3)拓宽评估的信息渠道。首先，建立起覆盖全社会的信息网络系统，最大限度地实现决策中心、评估组织和公众之间的有效沟通；其次，加快发展各类非政府组织；最

---

① 和经纬：《中国公共政策评估研究的方法论取向：走向实证主义》，《财会经纬》，2008年第9期。

② 王雪梅、雷家骕：《政策评估模式的选择标准与现存问题述评》，《科学学研究》，2008年第5期。

后，鼓励公民参与，并设计相关保障。

6. 合理选择政策评估方法与评估模式

政策评估方法是针对政策的某个环节或某个方面进行评估的手段、方式，有时也用于对政策的全面评估，但一般而言，对公共政策的全面评估都要用到多种评估方法。政策评估模式是各种评估方法的选择与组合，一般用于对政策进行全面的评估，但一项公共政策的评估也可能是多种评估模式的综合应用。

7. 规范公共政策评估过程

所谓规范公共政策评估(表 7-3)指的是政策评估主体有计划、有步骤地对评估客体进行评价的一系列活动，它包括评估规划设计、评估规划实施和评估终结三个阶段。明确政策评估各个阶段的目标，从而设立相应的评估标准，确定评估的内容，将评估内容与这一阶段的现实情况进行比较，最后得出评估的结论。只有严格规范政策评估的过程，才能保证我国政策评估的效果。

表 7-3 政策评估的内容说明

政策阶段	政策的制定	政策的实施	政策的绩效
该阶段的标准	制定的政策要合理	政策的实施要高效	政策要有效地达到预定的目标
该阶段评估的内容	该政策的目标、方案、决策程序、手段设计等	实施主体的态度、素质和能力；政策作用对象的接受态度、能力和政策执行度；政策执行的监督机制的能力等	政策的预定目标的实现程度和政策功能的发挥程度
现实情况说明	与这一阶段的活动或事件相关的资料描述	政策的实际落实情况	政策执行后实际产生结果的数据资料
评估	根据内容将现实情况与标准进行比较		

8. 结合我国实际广泛开展研究

一项研究的创新和发展，不仅需要理论上的经验研究，更需结合各国实际进行实证研究。因此要想实现政策评估研究的本土化，必须结合我国的实际开展广泛的研究。对于另外一些问题却很少有学者去研究，如关于公共政策评估的法律规范和保障的问题，关于公共政策评估的类型问题，关于公共政策评估中评估模式建构的问题，关于公共政策的评估主体、评估客体、评估要素等方面的问题。更重要的是，我们应该从不同的视角来研究这方面的问题。

三、中国政策评估模型的建构

在对我国现阶段政策评估研究取得的成果、存在的问题以及发展趋势进行深入探讨之后，为了进一步推进我国政策评估研究的发展，笔者结合西方国家政策评估的经验、发展趋势，并根据我国国情和政策评估的实际情况构建出具有中国特色的“结果-价值”综合导向政策评估模型，如图 7-3 所示。这一尝试不仅有助于实现西方先进理论本土化的目标，也有助于构建和完善我国的政策评估体系。

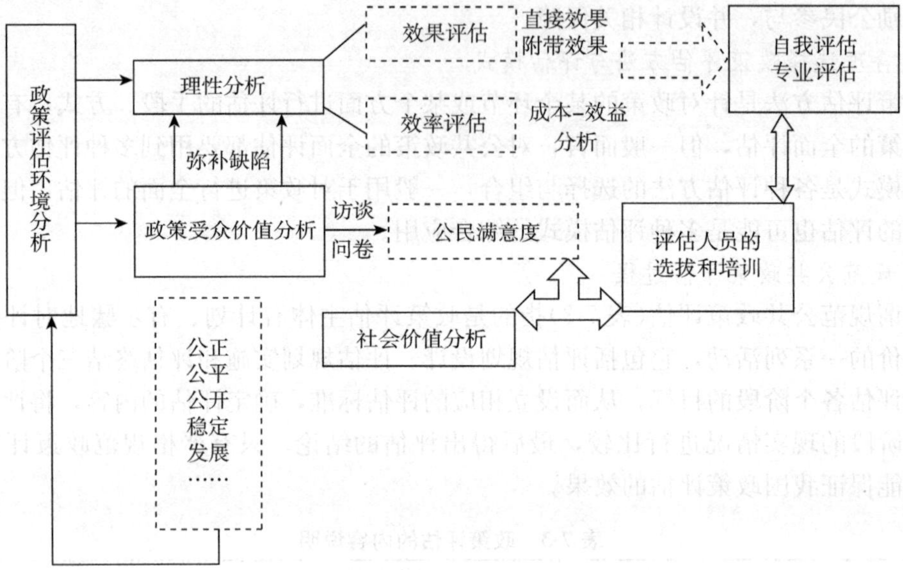

图 7-3 “结果-价值”综合导向评估模型

图 7-3 中构建的“结果-价值”综合导向评估模型，克服了我国政策评估在评估方法上既缺乏必要的实证评估研究和经验，又缺乏完整规范研究的缺点，将事实和价值结合起来，进行结果和价值综合评估。该政策评估模型框架将着重从理性分析、政策受众价值分析和社会价值分析三个方面进行研究。

在理性分析方面，主要进行实证研究，对一项政策的效果和效率进行评估。在效果评估方面，不仅关注政策所产生的直接效果，而且关注由于政策的实施所产生的附带效果。在效率评估方面则通过成本-收益分析对政策进行评估。规范研究则包括政策受众价值分析和社会价值分析两个方面。首先，通过访谈和问卷调查，获取政策受众对于政策实施结果的满意度，在此基础上，对政策进行是否符合社会公平、公正、稳定等社会价值分析，完成社会论证的步骤。同时，在政策评估的过程中，不论是政府自我评估、专业机构的评估还是民众对政策的评估，为了保障评估的效果，都涉及评估人员选拔和培训的问题，这也是笔者构建的模型所关注的又一重要方面。

四、中国政策评估模型的实际应用——对厦门市全民医保政策的评估

(一)厦门市全民医保政策

2007 年厦门市率先在全国开始推行全民医保政策(表 7-4、图 7-4)，在各方的努力下，厦门市全民医保参保人数不断上升，居民的医疗保险待遇也得到较大的改善，取得了很好的成绩，厦门市的相关做法也被国家认定为“厦门模式”。

表 7-4 厦门市全民医保政策

时间	内容
2006 年 11 月	厦门市下发了《厦门市城镇居民医疗保险暂行办法》和《厦门市未成年人医疗保险暂行办法》

续表

时间	内容
2007 年 1 月 1 日	老年居民、未成年人、残疾人、低保户等原本属于医保“真空地带”的“无收入人群”纳入医保体系，拉开了“全民医保”的大门
2007 年 1 月	将城镇居民和未成年人纳入社会医疗保障体系
2007 年 9 月	厦门全民医保政策和做法，被国务院城镇居民基本医疗保险部联席会议确定为“厦门模式”，在全国进行经验介绍并加以推广，各地的医保部门纷纷来厦门取经
2007 年 11 月	厦门市委、市政府出台了《关于进一步健全和完善城乡居民基本医疗保险制度的实施意见》，厦门拉起了一张有效覆盖全市每个角落的“医疗保障网”
2008 年 7 月	厦门市率先构建起城乡一体化的城乡居民基本医疗保障制度
2009 年	在校大学校被纳入全民医保政策，全民医保的目标基本实现

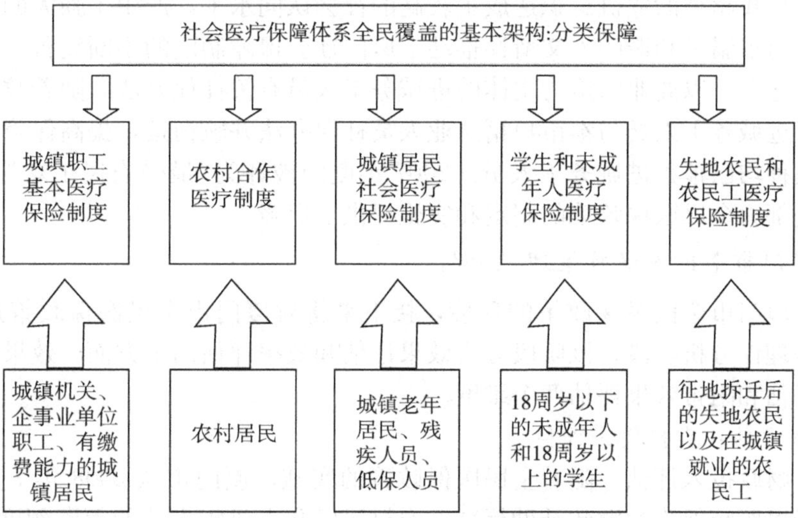

图 7-4　厦门市全民医保政策框架

(二)厦门市全民医保政策环境分析

政策在制定和执行的过程中都会受到所处社会环境的影响，因此对一项政策进行评估，首先需要就政策的环境进行分析。接下来就对厦门市全民医保政策制定实施过程中的环境进行分析，以确保评估的准确性。

(1)社会环境分析。改革开放以来，厦门经济快速发展。但随着厦门经济变革的不断提速，社会变革却日益滞后，并出现了结构性的矛盾，社会保障制度的缺失，已不能满足各类群体的需求，反而制约着社会经济的发展。例如，不完善的农村养老、医疗不能解决农民的疾苦，使农民对城市化心存抵触；越来越多的进城务工人员涌入厦门，他们在养老、就业、医疗、工伤、生育等方面不能享受与市民同等的待遇，造成“工作越中心化，生活越边缘化”的新社会矛盾；社保低层次统筹制约了人才与劳动力的自由转移等。因此，建立完善的社会保障制度，不仅是为了亡羊补牢，有效消除“市场失灵”，更是为经济发展提供一个稳定有序的社会环境。

(2)经济环境分析。改革开放以来，厦门经济社会的发展令人瞩目。1978～2008

年，全市GDP总值年均递增17.1%，经济长期平均增长率位居全国大中城市前列。按户籍人口和常住人口计算，人均GDP分别达到13 538美元和9 304美元。财政总收入2008年达到410.1亿元，年均递增20.6%，全市财政总收入占GDP的比重达到了26%[①]。良好的财政状况和充实的财力，保证了社会保障改革所需，社会保障财政支出逐年增长。城镇居民人均可支配收入和农民人均纯收入2008年分别达到23 948元和8 475元，年均递增15.2%和14%。居民收入的稳定增长使社会保险个人缴费率处于可承受范围，社会保障支出预期处于相对较低的水平，有利于巩固和稳定社会保险费的收支水平，防止大起大落。

(3)城市文化环境分析。第一，特区创办以来形成的敢为人先的创新精神激励着社会保障制度的改革与探索，使厦门有机会在更宽视野、更高站位上谋划社会保障等改革。第二，自我超越的危机意识达成了较高的社会认同水平，产生了强大的社会动员力量。第三，追求温馨和谐的人文情怀推动了厦门社会保障制度的不断完善。例如，厦门较早在全国建立了以商业保险为主体的进城务工人员有关社保办法，随着政府财力的壮大，不断将进城务工人员与本市户籍从业人员社保办法并轨衔接，提高保障水平。目前厦门五大险种均已覆盖进城务工人员。2007年厦门被评为“最受农民工欢迎十大城市”之一。这些都为全民医保政策的制定和实施提供了保障。

(三)厦门市全民医保政策理性分析

分析了厦门市全民医保政策的环境，接下来将对厦门市全民医保政策进行深入评估。首先是理性分析阶段，该阶段分为效果评估和效率评估两个方面。效果评估又包括直接效果评估和附带效果评估两个维度。

1. 效果评估：直接效果评估

第一，财政投入评估。随着全民医保政策的实施，厦门市从2008年7月起全面提高了城乡居民医疗保险的财政补助标准，农村居民和未成年人总的筹资额度提高到240元，其中财政补助标准190元，个人缴纳的医疗保险费为50元，新生儿出生后一年内亦可参保。城镇居民以上年度全市职工平均工资为基数，个人按0.7%缴纳医疗保险费，财政按1.8%补助，2008年度个人缴纳203元，财政补助521元。并且规定低保、残疾人员免缴个人缴纳的医疗保险费，免缴部分分别由政府和残疾人就业保障基金承担。2008年厦门市城乡居民参保人数74万人，财政需每年至少拿出1.5亿元的补助资金[②]。城乡居民低标准进入，困难人员免缴保费，从根本上解决了城乡居民的参保难题。同时，厦门市政府向参保农民免费发放首张社会保障卡，财政须拿出1 500多万元的资金。厦门市政府在财政上给予的大力支持，确保了全民医保政策的顺利推行，也在很大程度上减轻了市民参保的顾虑和负担。

第二，医保覆盖范围和人群评估。厦门市在推行全民医保的过程中，随着经济发展和政府能力的提升，不断调整公共物品的供给规模，扩大全民医保的覆盖范围和人群，直至全民医保目标的实现。2007年1月，厦门市启动城镇居民和未成年人医疗保险，

① 厦门统计局：《厦门经济特区年鉴》，中国时代经济出版社，2009年，第26页。

② 数据来源于厦门市劳动和社会保障局内部资料《厦门市城镇居民基本医疗保险工作开展情况自查报告》。

首次将老年居民、未成年人、残疾人、低保户等原本属于医保“真空地带”的“无收入人群”纳入医保体系。2007 年 11 月，厦门市开始实现城乡统筹、一体管理的全民社会医疗保险制度。2008 年 7 月又将全民医保的范围扩大到所有的城乡非从业人员，实现了城乡居民医疗保险制度安排的全覆盖。2009 年大学生也被纳入全民医保的范畴，可以说，一个容纳全体厦门市民的真正意义上的“全民医保”时代已经来临。

在看到全民医保政策实施具有扩大医保覆盖范围和人群效果的同时，我们也要清楚地认识到，厦门市全民医保政策虽然涵盖了所有厦门市的人群，但是并没有真正使每个厦门市市民都加入医疗保险之中。据调查，厦门市总的户籍人口中男 60 周岁、女 55 周岁以上，未参加职工基本医疗保险的城镇居民有 60 880 人，残疾人员有 5 573 人，城市低保人员有 5 833 人，学生和未成年人有 418 729 人，上述人员合计 491 015 人未享受任何社会医疗保障，可见没有纳入社会医疗保保障的人数总量仍然是庞大的，这在很大程度上影响了全民医保政策的实施效果。

第三，市民医疗保险待遇评估。伴随着厦门市全民医保政策的实施和厦门市政府基本公共物品供给能力的提升，厦门市的居民享受的基本医疗保险待遇要不断提高。这可以通过厦门市城镇居民、未成年人、农村居民所享受的基本医疗保险待遇上得到体现，如表 7-5～表 7-7 所示。与此同时，在厦门市的外来务工人员所享受的基本医疗保险待遇也随着厦门市政府实力的增强得到改善，与厦门市本地居民的差距正在不断缩小。这些改变不仅使厦门市民的医疗保险待遇有了较大的提升，也使厦门市深受外来务工人员的喜爱，成为最受外来务工人员欢迎的十大城市之一。

表 7-5 厦门市城镇居民参保后门诊医疗待遇对比情况①

2007 年 12 月 31 日前政策		2008 年 1 月 1 日后政策	
医疗费用额度/元	报销比例/%	医疗费用额度/元	报销比例/%
5 000 以下部分	0	1 500 以下部分	0
5 000～10 000 部分	50	1 500～5 000 部分	30
		5 000～10 000 部分	50
10 000 以上部分	70	10 000 以上部分	70

表 7-6 厦门市未成年人参保后门诊医疗待遇对比情况①

2008 年 6 月 30 日前政策		2008 年 7 月 1 日后政策	
医疗费用额度/元	报销比例/%	医疗费用额度/元	报销比例/%
1 000 以下部分	0	1 000 以下部分	35
1 000～5 000 部分	20	1 000～5 000 部分	45
5 000～10 000 部分	50	5 000～10 000 部分	55
10 000 以上部分	60	10 000 以上部分	65

① 厦门市劳动和社会保障局内部资料《关于构建覆盖城乡全体居民的社会医疗保障体系》。

表 7-7 厦门市农村居民参保后门诊医疗待遇对比情况①

2008 年 6 月 30 日前新农合政策		2008 年 7 月 1 日后政策	
医疗费用额度/元	报销比例/%	医疗费用额度/元	报销比例/%
5 000 以下部分	0	1 500 以下部分	0
5 000～10 000 以上部分	0	1 500～5 000 部分	30
		5 000～10 000 部分	40
10 000 以上部分	0	10 000 以上部分	60

2. 效果评估：附带效果评估

第一，导致医疗保险费用增加。全民医保政策实施之后，全市的医保费用不断增加。截至 2007 年年底，厦门市参保居民和未成年人就诊刷卡 33 509 人次，其中城镇居民 4 476 人次，未成年人 29 033 人次；住院 5 198 人次，其中居民 1 974 人次，未成年人 3 224 人次；居民医疗保险基金支出 1 466 万元，其中城镇居民 918 万元，未成年人 548 万元。例如，2006 年一刘姓老年参保居民就医发生医疗费 11 万多元，其中非医保支付的费用 2 万多元，医保基金报销了 5.3 万元；一林姓新生儿就医发生医疗费 7 万多元，其中非医保支付费用 1 万多元，报销了 4 万多元。自 2007 年 1 月至 2008 年 6 月 30 日，城镇居民基本医疗保险医疗费支出 7.106 万元，其中门诊医疗费支出 1.632 万元，占支出总额的 23%，人均次门诊医疗费用 123 元。全民医保政策的实施，一方面使老百姓得到了真正的实惠，使原先不敢看病的市民敢于就医；另一方面也产生了医疗费用支出增多、医疗资源资源浪费的问题，甚至出现利用医保政策骗取医保费用的犯罪事件。

第二，促进医保配套设施完善。厦门市全民医保政策的实施在客观上还推动了相关医保配套设施的完善。厦门市依托城镇职工基本医疗保险信息管理系统，建立全市统一的城乡居民医保系统，实现全市城乡定点医疗机构联网；同时向参保的城乡居民免费发放社会保障卡。城乡居民看病就医时均可凭本人的社会保障卡，通过城乡居民一体的基本医疗保险信息管理系统刷卡结算医疗费用，个人只支付应由个人自付的费用，其他费用由社保机构负责与定点医疗机构结算，这样就不需要本人先由现金垫付，然后凭发票去社保经办机构报销，参保人员在网上就直接刷卡报销，极大地方便了城乡居民看病就医，不仅大大节省成本，同时能够提高管理的效率。

第三，居民身份难以界定。厦门市“村改居”政策推行之后，实际上已取消了城乡户籍标志，因此全民医保政策在经办操作上已很难划定参保人员是城镇居民还是农村居民。同时，由于农村居民的筹资水平低于城镇居民，因此，农村居民个人支付的比例要小于城镇居民。这也导致更多的城镇居民选择参加农村居民医疗保险，为医保政策的推广和实施带来很大的难度。

3. 效率评估：成本-效益分析

成本-效益分析即将项目的输入与输出进行比较，其根本目的在于决定对某个项目

① 参见《厦门经济特区年鉴》(2009 年)，中国统计出版社，2009 年，以及厦门市劳动和社会保障局内部资料《关于构建覆盖城乡全体居民的社会医疗保障体系》。

的投资从经济的角度来讲是否有利可图[①]。全民医保政策实施成本包括显性成本和隐性成本。显性成本可用财政投入来衡量，而隐性成本主要包括机会成本等，在本节中主要计算显性成本。

在表 7-8 和表 7-9 中，我们可以大体上测算出厦门市全民医保政策所需要的资金数量。并且随着医保范围的不断扩大，参保人数的不断增加，厦门市每年还会新增约 1.5 亿元的医保经费支出。

表 7-8　厦门市城镇居民医疗保险基金支出测算

指标	应参保人数/人	医保该年龄段年人均住院医疗费用/元	居民医疗保险拟定自付比例/%	年均住院自付金额/元	居民医疗保险自付比例/%	年均住院自付金额/元	住院医疗费基金支出总额/元
数值	72 286	1 634.10	47.83	781.59	52.17	852.51	61 624 535.69

表 7-9　厦门市未成年人医疗保险基金支出测算

指标	应参保人数/人	该年龄段年人均医疗费用/元		未成年人医疗保险拟定自付比例/%		年均自付金额/元		医疗保险基金支出总额/元		
		门诊	住院	门诊	住院	门诊	住院	门诊	住院	合计
数值	418 729	234.72	205.74	80	50	185.38	102.87	19 405 576.78	43 074 652.53	62 480 229.01

从效益上看，首先，厦门市社会保险基金安全性良好，收支总体平衡并有结余。到 2008 年年底，全市社会保险基金累计结余 135.06 亿元[②]。这不仅保证了医疗保险制度的正常运行，也有助于支付提供更高水平的医疗保险。其次，全民医保政策的实施，减轻了人们的生活负担，激发了人们工作的动力，使厦门市财政收入逐年快速上升。最后，全民医保政策具有明显的社会效益。厦门市政府借此赢得了市民的支持和拥护，取得了外来务工人员的喜爱，最重要的是全民医保政策的实施，改善了厦门市社会公平的状况，加快了和谐社会建设的进程。

通过效果评估和效率评估两个方面对厦门市全民医保政策进行理性分析，不难发现全民医保政策的推行取得了不错的效果，但是也带来了如医疗费用激增、公民诚信等社会问题，这些都是厦门市医保政策在今后实施过程中需要继续完善的地方。

（四）厦门市全民医保政策受众价值分析

就公民满意度来说，一般可以通过定量分析和定性分析获得。定量分析主要通过一定数量的调查问卷，通过赋值以及评价分值的加权计算得到；定性分析主要是通过深入访谈，提炼受访者的观点、态度，从而对受访者的满意度进行描述性分析。由于本节调查的对象主要为全民医保政策实施以来，新加入医保体系的政策受众体，包括残疾人、

① 张舜：《安徽省森林公园建设评估分析——基于弗兰克·费希尔的公共政策评估理论》，《理论与现代化》，2007 年第 29 期。

② 参见《厦门经济特区年鉴》（2009 年），中国统计出版社，2009 年，以及厦门市劳动和社会保障局内部资料《关于构建覆盖城乡全体居民的社会医疗保障体系》。

低保户、中小学生、大学生、外来员工等，相当大的一部分人员受教育程度低，对全民医保政策了解不甚透彻，从而进行问卷调查存在一定困难。故在此主要采取定性研究的方法，通过上访、电话访问、入户访谈、街头随机调查等方式，了解了厦门市全民医保政策实施的基本现状，初步掌握了公民的满意度。

1. 低收入群体以及残疾人

通过对厦门市劳动和社会保障局相关负责人的访谈，以及笔者收集到的关于厦门市全民医保政策的文献资料，了解到全民医保最主要是解决低收入等弱势群体的看病问题，保障低收入群体较为完整的医保福利。因此，低保户、残疾人等群体成为本次调研对象的最大群体。调查结果显示，绝大部分低收入群体，特别是低收入老年人和残疾人均已加入厦门市全民医保行列，残疾人和部分老年人已经开始使用该全民医保卡进行疾病就诊。他们在接受访谈的过程中对全民医保政策的实施表示高度赞扬，纷纷就自身享受医保福利的经验谈了诸多感想，谈到"政策很好"、"报销很快，很容易"、"除了政府报销，社区还给补助，最后自己不用花一分钱"、"看病住院花了4万多元，国家给报了2.3万多元"，对政策的出台表现出较高的满意度。但他们同时也表示，全民医保只报销住院费用，门诊费自付，这使他们不敢轻易上医院就诊，特别是一些小疾病，普遍认为"小病保障体系不完善"。小部分未加入医保的低收入人员表示，对全民医保政策不甚了解，或者认为只有住院产生费用，且自己交了钱，卡里才会有政府补贴的那部分钱，因此对全民医保卡使用存在疑虑。

值得一提的是，厦门市思明区除了全民医保外，还推出了一项叫做"安康医保"的医保政策，在全民医保的基础上，由区政府出一部分钱，街道出一部分钱，进一步保障那些低收入人群。"安康医保"最高可报销80%。这个政策不是商业保险，是一项医疗补助政策，是思明区特有的，全市主要还是实行全民医保，所以思明区政府的低保户们的待遇更好。也因此，调查结果显示，思明区低保户民众对全民医保政策实施的满意度均高于其他区域。

2. 学生群体

厦门市中小学生是全民医保实施以来，优先完成申报录入、享受的群体之一。访谈的结果显示绝大部分小学生并不了解全民医保政策，只是通过学校的通知将相关资料交到家长手中，由家长出钱学校统一办理。部分高年级学生表示，看病能得到政府的补贴很好，可以减轻父母的负担，很欢迎这项政策。大学生是该项政策实施以来最后的受益群体，调研时，大学生申办医保卡的工作还在进行最后的审核录入中，学生暂时还无法拿到医保卡，但学生看病可以在医院先自行付费、开发票，等医保卡发放后再进行报销。据了解，目前大学生的医保卡已陆续发放，这政策也越来越受到学生的欢迎和喜爱，表现出极大的满意度。

3. 外来员工

在厦门外来员工的子女可与本市市民子女一样，在校申办学生医保卡，但是政策规定，必须父母双方有一方参加了厦门市的全民医保，因此需要对参保条件进行审核。外来员工当中的技术工、管理人才等具有固定收入和较高学识水平的人员，对此项政策深表欢迎和满意，对厦门市刷卡看病的便利性、快捷性表示高度赞扬。但部分接受访问的外来务工人员，包括餐厅工作人员、出租车司机、保安、道路清洁工、小摊贩等较低收入群体，由于文化水平普遍较低，对厦门市全民医保政策了解较少，加上户口迁移、本外地区别等复杂问题，仍未申办全民医保。但他们表示，对此医保制度很感兴趣，希望有朝一日，能够加入厦门市全民医保体系，真正成为厦门市的一员，享受国家政府提供的医保福利。

总体来说，全民医保实施以来，在一定程度上解决了老、低、残、幼等弱势群体看病难的问题；医保卡制度的实施，方便了市民就医手续，绝大部分业已参加全民医保的厦门市民对该项政策表现出了较高的满意度，对政策实施的争议主要集中在门诊是否该报销、报销的比例等问题上。调查发现，收入固定、知识水平较高的群体对政策了解较全面，能够理性看待政策的施行，满意度相对较高；而收入较低或不固定、知识水平较低的群体对政策不甚了解，甚至不知道，对全民医保存在一定疑虑。这就需要政府在政策宣传方面苦下工夫、多下工夫，保障人民群众能够完全掌握利民、便民的公共信息。

（五）厦门市全民医保政策社会价值分析

对一项政策进行评估，不仅要关注政策带来的结果，还要注重政策是否符合社会价值，需要进行规范分析。国内已有学者从多个角度探讨了全民医保政策。郑功成强调公平、正义、共享是社会保障制度的核心价值理念。王欢等建议将底线公平理念引入全民医保目标下的医疗保障制度建设，强调政府的基本责任。朱俊生从罗尔斯的正义论以及阿马蒂亚·森关于社会公正的理论出发，认为必须用正义原则来规范社会保障制度，无论城市还是农村，应选择一体化的社会保障制度。此外，国外许多经济学家对医疗保障制度在筹资和服务利用两方面的垂直公平和水平公平进行了深入研究。从中不难发现，公平、公正、公开、发展等是社会价值分析的重要方面。

1. 社会价值分析：公正、公平

全民医保政策本身无疑是具有很强社会公平价值倾向的一项政策。厦门启动基本医疗保险时，就本着公平的理念，打破了单位所有制、职工个人身份和居住地域之间的壁垒，将所有人群都作为全民医保政策的目标人群。

在厦门，除了本市市民外，进城农民工和他们的子女也享受到医疗保险这把“保障大伞”的荫庇。厦门市不仅不断缩小外来工与本市职工在门诊医疗待遇上的差距，而且外来工在门诊就医个人医疗账户用完后发生的医疗费用，其中一部分可由社会统筹基金承担。此外，农民工夫妇中有一方与用人单位签订劳动合同、缴交社会保险，并办理一年以上暂住证的，他们未满 18 岁的子女也可以参加基本医疗保险，而且享受和厦门孩子一样的医保待遇。

在医疗费用的缴纳上，农村居民和未成年人总的筹资额度分别由 80 元、130 元统一提高到 240 元，其中财政补助标准 190 元，个人缴纳的医疗保险费为 50 元；城镇居民 2008 年度个人缴纳 203 元，财政补助 521 元，并且规定低保、残疾人员免缴个人缴纳的医疗保险费。以上厦门市的做法，无疑是符合社会公平价值的，但是从中也能发现，厦门市不同区域和不同人群在医疗保险上并没有实现真正的公平。

2. 社会价值分析：公开

厦门市在全民医保政策实施之初，开展了相关的政策宣传活动，使民众对这一政策有了一定的了解。但是在调研的过程中，我们发现仍有一部分民众对全民医保政策并不了解，尤其是对政策的具体实施方法了解的更少。外来务工人员对全民医保政策更是缺少必要的认识，这也导致一部分人不愿意加入全民医保。

在全民医保政策推行之后，厦门市能够及时通过网络、电视、广播、报刊等媒介向市民公布政府最新的举措，以及今后的发展计划。同时，厦门市每年还会定期召开全民医保政策的经验交流会和民意采集会，听取民众有关医疗保险的心声和建议，不断改进全民医保政策。可以说厦门市的有关做法，比较好地体现了公开这一社会价值要求，加快了厦门市政府信息公开的进程。但是上文中也提到一部分民众由于对政策不了解，而对该政策的满意度不高，这也反映出厦门市还需要持续、公开地对全民医保政策进行宣传。

3. 社会价值分析：稳定、发展

在制度的稳定和发展方面，相对于福建和全国许多地区而言，厦门的社会保障改革是超前的，同时又具有明显的区域性特征，它在制度框架、筹资模式、支出办法、保障标准、运作机制等方面拥有一套厦门自己的做法，并形成了自身制度的稳定性。

从社会的稳定和发展方面看，厦门全民医保政策有助于消除社会不公平的现象，提高人们的生活水平，实现社会的稳定和发展。作为海峡西岸中心城市，从社会保障性住房到全民医保，厦门成为海峡西岸经济区乃至全国的示范。由于厦门市始终能够提供适当规模的基本医疗保险公共物品，厦门市政府受到本地居民和外来员工的大力支持，城市经济发展迅速，财政收入不断增加。同时，厦门市政府也从中获得了更多的经验、智慧和信心，提高了执政能力，这些都有助于实现厦门城市的稳定和发展。对于海峡东岸而言，交流频繁的厦门就是他们感知大陆的一扇窗，覆盖面大的厦门医疗保险等社会保障体系，对于展示祖国大陆这些年经济发展成果、执政水平提升、社会福利改善，意义极为重大。

总的来说，厦门市全民医保政策是一项符合社会价值的政策，在政策实施的过程中，厦门市政府的很多做法和最终政策实施的效果也都反映了社会价值的要求。但是，在全民医保政策中政府的保障水平、医疗保险均等化等方面还需要进一步的社会论证。

五、"结果-价值"综合导向评估模型的完善

通过对厦门市全民医保这个案例的分析，表明书中构建的模型比较适用于中国的政策评估，具有推广应用的价值。为了推进我国政策评估事业的发展，在设计和应用模型的过程中还需要从以下几个方面来加以改善。

1. 采取多种评估，正确处理各种评估的关系

为了更好、更全面地对中国政策进行评估，书中采用理性分析、政策受众价值分析、社会价值分析相结合的多元评估方法，集中体现360度评估特色。这能较准确地对相关政策进行评估，增强评估的信度和效度①。但是，这一评估模型在实际运用中也存在一定的困难。公众作为政策最直接的体验者，却缺乏相关政策、数据的信息和专业知

① 孙晓娟：《政府组织绩效评估的障碍分析及路径探究》，《学术交流》，2007年第8期。

识，因此，公众在评估过程中带有一定程度的主观性。相应的，政府部门作为政策的制定者和执行者，对于所辖领域有更加丰富的信息资源，但是在自我评估过程中很难摆脱部门利益的约束。于是，各种评估的意见被综合，评估效果下降。为了克服这一问题，该模型在今后的应用中，要更加注重采取自我评估、专业评估、独立评估、民众评估等相结合的综合评估方法，正确处理各种评估方法之间的关系，以政策受众价值分析、社会价值分析为主，以理性分析为辅对政策进行评估。

2. 注重对评估人员的选拔和培训，提高民众参与评估的热情

要使所有的公民都参与到决策中是不可能的，这就要求政策分析者要挑选一些有代表性的公民参与其中。本章所构建的模型，虽然认识到了需要对参与政策评估的人员进行选拔和培训，但是并没有指出政策分析者如何选择和教育被挑选出来的参与者，即对挑选的标准是什么、如何对被挑选者进行培训这一问题并没有加以解决。同时，由于政策评估在实际操作中往往忽视这一点，因此在案例分析中，这一重要的环节也无法得到体现。这需要我们在今后结合案例进行更长时间的实证分析。

同时，这一模式似乎无法提高公民参与的热情，公民参与政策制度需要很多的时间和精力，如果没有利益补偿机制，政策又与自己的利益不太相关的话，作为理性人的公民在成本大于收益的情况下，往往会选择回避。因此，一方面需要加强对评估人员的教育，另一方面也需要给予参与评估的群众相应的报酬。

3. 正确处理效率和公平的关系，提高模型应用的现实意义

本章建构的模型，强调民众参与评估的重要性，但是参与性政策不是万能的，参与性政策分析的过程是很耗时的，它所花费的时间往往超出政策决策的过程应该启用的时间。阿罗不可能定理认为不存在达成一致的投票方法，同时，丹尼斯·穆勒在《公共选择理论》中指出，参与的公民越多，达成一致的时间和货币投入就越多，往往会造成大量的浪费，而且在处理危急问题的时候，参与性政策分析往往不能启用。因此，模型在强调公民满意度分析、社会价值分析重要性的同时，也需要注意公民参与的规模和效率，注重时间成本和物质成本，提高模型应用的现实意义。

➢本章小结

政策评估是依据一定的标准和程序，对政策的效益、效率及价值进行判断的一种政治行为，目的在于取得有关这些方面的信息，作为决定政策变化、政策改进和制定新政策的依据。

国外政策评估研究的发展可以划分为四个阶段(或四代评估)：关注效果的政策评估(第一代评估)；使用取向的政策评估(第二代评估)；批判的政策评估(第三代评估)；建构主义取向的政策评估(第四代评估)。

政策评估标准是政策评估的参照系或基本依据，其实质在于对政策进行评判的价值准则。政策评估的价值标准可以区分为基本价值标准和具体价值标准，基本价值标准决定和制约着具体的价值标准。

政策评估方法是针对政策的某个环节或某个方面进行评估的方式或手段，目前有上百种方法可用于政策评估。根据政策评估对象，可以分为政策系统的评估方法、政策过程的评估方法和政策结果的评估方法；根据分析手段，可以分为定性评估方法和定量评估方法。

近一二十年，国外的政策评估呈现出新的发展趋势，并形成了种种新理论及模型，本章介绍了其

中的若干典型理论，包括D. 帕隆博和D. 纳茨米亚斯的“理想的政策评价理论”、R. 霍弗博特的“决策变量理论”、弗兰克·费希尔的政策评估理论及模型以及韦唐政策评估十种基本模型的分类。

我国政策评估研究已经起步，但存在诸多问题及不足。本章以中国的国情为出发点，借鉴国外政策评估的理论和方法成果，尝试建构一个具有本土特色的政策评估模型，并通过厦门市全民医保政策这一案例的实际应用，对这个模型加以检验验证，并就如何推动中国政策评估研究事业做出思考。

➤思考题

1. 什么是政策评估？
2. 四代政策评估划分的标准是什么？
3. 简述政策评估标准和方法。
4. 政策评估有哪些基本模型？
5. 结合中国国情谈谈进行政策评估研究有什么意义？
6. 案例中对政策进行价值分析的意义何在？
7. 你自己如何从政策评估的角度分析“厦门全民医保政策”这个案例？

➤案例材料

厦门全民医保政策

2009 年 1 月 21 日，国务院常务会议审议通过了《关于深化医药卫生体制改革的意见》和《2009—2011 年深化医药卫生体制改革实施方案》，明确提出：到 2011 年基本医疗保障制度全面覆盖城乡居民，在三年内使城镇职工和居民基本医疗保险以及新型农村合作医疗参保率提高到 90%以上。这是我国医疗保障发展的一大进步，在社会主义市场经济体制下首次将“全民”纳入基本医疗保障制度之内，满足了被排除在医疗保障制度之外群体的诉求。

厦门市多次对群众“看病难、看病贵”问题进行调查研究，在完善城镇职工基本医疗保险制度的基础上，重点解决好老、低、残、幼等社会弱势群体能看得起病的问题，直接推动了城乡居民医保制度的建立。

在国内仍对全民医保是否可行争议不休时，厦门的“全民医保”探索开始进入“深水区”。2006 年 11 月，厦门市下发了《厦门市城镇居民医疗保险暂行办法》和《厦门市未成年人医疗保险暂行办法》，并于 2007 年 1 月 1 日起施行。老年居民、未成年人、残疾人、低保户等原本属于医保“真空地带”的“无收入人群”纳入医保体系，拉开了“全民医保”的大门。2007 年 11 月，厦门市委、市政府出台了《关于进一步健全和完善城乡居民基本医疗保险制度的实施意见》，这标志着厦门市率先实现了城乡统筹、一体管理的全民社会医疗保险制度，厦门市基本医疗保险制度向更高层次、更宽领域、更好保障的道路上继续探索和创新。厦门拉起了一张有效覆盖全市每个角落的“医疗保障网”。

2007 年 9 月，厦门全民医保政策和做法被国务院城镇居民基本医疗保险部联席会议确定为“厦门模式”，在全国进行经验介绍并加以推广，上海、南昌等地的医保部门纷纷来厦门取经。

有媒体评价：“厦门作为中国东南沿海的中等城市，率先通过‘全民医保’的方式打破了医改禁区，其破解之法或可成为中国医疗制度改革的一个鲜活‘蓝本’。”也有媒体说：“在厦门，今后拿着社会保障卡刷卡看病将不再是有工作的‘上班族’所享有的‘特权’。厦门同样以制度的创新，在全国率先实行‘全民医保’。”

拓展阅读资料

1. Daniel L. Stufflebeam，George F. Madaus，Thomas Kellaghan. 评估模型．苏锦丽，等译．北京：北

京大学出版社，2007
2. Piric A，Reeve N. Evaluation of public investment in R&D —towards a contingency analysis . Policy Evaluation in Innovation and Technology：Toward Best Practices（OECD Proceedings），1997
3. Vedung E. Public Policy and Program Evaluation. New Brunswick：Transaction Publishers，1997
4. Papaconstantinou G，Polt W. Policy evaluation in innovation and technology ：an overview. Policy Evaluation in Innovation and Technology：Toward Best Practices （OECD Proceedings），1997
5. Georghiou L. Issues in the evaluation of innovation and technology policy. Policy Evaluation in Innovation and Technology ：Toward Best Practices （OECD Proceedings），1997
6.〔韩〕吴锡泓，金荣枰 . 政策学的主要理论 . 金东日译 . 上海：复旦大学出版社，2005
7.〔美〕小约瑟夫·斯图尔特，戴维·M. 赫奇，詹姆斯·P. 莱斯特 . 韩红译 . 公共政策导论 . 北京：中国人民大学出版社，2004
8.〔美〕托马斯·R. 戴伊 . 理解公共政策 . 彭勃，等译 . 北京：华夏出版社，2004
9.〔美〕弗兰克·费希尔 . 公共政策评估 . 吴爱明，李平，等译 . 北京：中国人民大学出版社，2003

第八章

政策终结与政策周期

【本章重点】

1. 政策终结的方式及类型
2. 政策周期的分类
3. 公共政策运行的周期
4. 政策周期与政治周期的关系
5. “政治-经济周期”理论
6. 我国政治-经济周期的特点

政策终结研究兴起于20世纪50年代的美国，最早由美国政治学家拉斯韦尔提出。随后经过20世纪70年代的延续发展，随着20世纪90年代西方国家新公共管理运动的开展而得到了广泛的重视。政策终结作为政策过程运行的一个关键衔接点，既是旧政策结束的标志，又是新政策开始的起点。而政策过程的不断运行往复就形成了完整的政策周期。本章讨论政策终结与政策周期的基本理论及实践。

第一节　政策终结

政策终结是政策周期的最后一个环节，同时起着承上启下的作用。它既是一个周期的结束，也是新的政策周期的开始。政策终结既是综合运用政策过程各阶段成果的环节，也是总结各阶段成果、指导下个政策周期的环节。

一、政策终结研究的现状

公共政策具有周期性，政策终结是政策过程中不可或缺的一个环节，是政策不断更新和发展的重要前提。鉴于政策终结对政策过程的重要价值，国内外学者对政策终结进行了研究，并取得了一系列成果。

西方国家关于政策终结的研究可分为三个阶段。

第一阶段：20 世纪 50 年代至 60 年代末。拉斯韦尔于 1956 年最早提出，政策终结是政策过程中非常重要的阶段之一[①]。这一时期政策科学有趋前倾向，即重视政策制定而忽视政策执行后的状况研究，对政策终结的研究严重不足。

第二阶段：20 世纪 70 年代中后期。这一时期西方国家由于经济滞涨，政府的社会治理策略开始从凯恩斯主义向新自由主义的方向转变，旧的政策存在已经成为社会变革的阻碍因素，因此，这时期出现了政策研究的趋后倾向，即注重政策终结。1976 年，巴达克发表了《作为一种政治过程的政策终结》一文，首次试图对政策终结的原因、形式、障碍与对策等问题进行了分析；贝恩通过案例研究和分析提出了关于政策和组织终结 12 点建议；狄龙提出了政策终结障碍的理论框架[②]。

第三阶段：20 世纪 90 年代。随着新公共管理运动的开展，20 世纪 90 年代政策终结才真正受到人们的广泛重视，随后发展成为政策科学研究的一个热点问题和领域。这一时期的特点是主要研究社会现实问题和组织终结。

中国政策终结的研究状况可从两个方面来看：一方面，目前中国关于政策终结的研究还存在巨大的理论空白，关于政策终结的研究都是在西方国家学者就该领域进行研究的基础上进行的，且关于政策终结并没有出现专著性作品，而是散见于各种公共政策学的教科书以及学术论文中。另一方面，对政策终结的重视程度逐渐增强，研究人数不断增加，代表学者有林元苍、聂元军、詹国彬等，并且逐渐重视实证研究。

二、政策终结的理论基础

政策终结是政策过程中不可或缺的一个环节。政策也有产生、发展、消亡的过程，当旧的政策被终结，新的政策会随之产生，这样便形成一个循环往复的周期现象。因此，对政策终结的重视是政策周期运行的必然要求。下面将对政策终结的相关理论进行简述。

(一)政策终结的概念界定

所谓终结，顾名思义，即事物、组织或项目等在时间和空间上的终止和结束。公共政策作为一项活动，当然也有终结之时。对于政策终结的概念不同学者各有侧重。狄龙认为政策终结是政府当局对某一项特殊功能、计划、政策或组织，经过审慎评估而加以结束或终止的过程[③]。他的定义强调了政策评估作为政策终结依据而存在的重要性。丹尼尔斯认为政策终结是对政府项目、政策、组织的终结，也是组织为削减预算对自身的

---

① 阮蓁蓁：《公共政策终结理论研究综述》，《广东行政学院报》，2009 年第 8 期。

② 张康之、范绍庆：《从公共政策运动到公共政策终结问题研究》，《东南学术》，2009 年第 1 期。

③ Deleon P. Policy evaluation and program termination. Policy Studies Review，1983，2(4).

调适和政府服务民营化而产生的削减[①]。这一界定的突出特点是一方面强调政策终结是组织的一项自主活动；另一方面提出了政府服务民营化，而这种服务的民营化正切合公共管理变革的精神，是政策终结典型的体现。我国学者陈振明认为政策决策者通过对政策或项目进行慎重的评估后，采取必要的措施，以中止那些过时的、多余的、不必要的或无效的政策或项目的一种政治(或政策)行为[②]。这种界定思路与狄龙的界定有共同之处，即都强调政策评估的前提性，但陈振明的定义大大扩宽了政策终结的范围。

综合国内外学者的观点，我们认为政策终结是指在经过对政策进行审慎评估后，发现政策问题已经解决、政策效率低下或政策实施引发重大不良后果等，导致政策没有继续存在的必要，因此采取措施和手段，终止不必要政策的一种政策行为。

(二)政策终结的方式及类型

政策终结的方式决定着政策的成功与否，终结方式的选择随着政策环境的不同而变化。

1. 政策终结的方式

政策终结涉及面广、影响大，而且直接关系到某些当事人的切身利益，所以在实施中，很少采取全面、彻底的结束方式，而多采取一些阻力较少的局部和渐进终止的方式。具体来看，终结的方式有以下几种。

(1)政策废止。政策废止是政策终结的一种最果断也是最为迅速的方式。政策的废止就是宣告某项政策立即中断和停止实施。

(2)政策替代。政策替代就是用新政策替代旧政策，但所面对的政策问题和政策目标基本没有改变。其目的是更好地解决旧的政策没有解决或根本解决不了的问题，以满足目标群体的政策需求，实现原定的政策目标。

(3)政策合并。政策合并指的是旧的政策虽被终止，但政策所要实现的功能并不取消，而是将其合并到其他的工作中。

(4)政策分解。政策分解是指将旧政策的内容按照一定的原则分解出几个部分，每个部分各自形成一项新政策。虽然原来的政策从形式上看不再存在，但政策的实际内容却通过各个新政策的实施而保留下来。

(5)政策缩减。政策缩减就是采用渐进的方式，一步步对政策进行终结，其目的是有效缓解因政策终结所带来的巨大冲击，逐步协调各方面的关系，比较稳妥地实施终结，减少那些不必要的损失。

(6)政策法律化。政策法律化，即一项经过长期实行确实有效的政策，为了提高其权威性和强制力，经立法机关或授权立法的行政机关审议通过，上升为法律或行政法规[③]。

2. 政策终结的类型

政策终结并不是指具体政策的终结，而是几种终结类型的统称。狄龙根据政策层次

---

① Daniels M R. Terminating Public Policies Programs：An American Political Paradox. Amonk：M. E. Sharp, Inc.，1997：5～6.

② 陈振明：《公共政策学——政策分析理论、方法和技术》，中国人民大学出版社，2004 年，第 327 页。

③ 陈振明：《公共政策学——政策分析理论、方法和技术》，中国人民大学出版社，2004 年，第 330 页。

把政策终结分类为功能、组织、政策、项目的终结。功能的终结是政策所承载的价值的终结，而组织或机构的撤销或缩减是组织终结的表现。政策终结顾名思义就是一项具体政策的终止和结束。具体项目及其执行措施的终结是所谓的项目终结。四种类型的政策终结的难度是依次递减的①。

3. 政策终结的必要性

作为政策周期最后一个环节的政策终结既是政策的终点，又是新政策的起点，因此只有政策的适时终结，才能保证政策活动进入一个更加完善、有效的层次。具体来说，政策终结的必要性可以概括为三个方面。

(1)有利于节省政策资源。政策失效会导致资源配置的无效率，浪费社会资源。因此，当政策失效时，就需要政府权威部门对该政策进行主动的、及时的终结。

(2)有利于提高组织绩效。政策空间是有限的，只有及时终结不合时宜的政策才能为更有效的政策的形成和实施提供政策空间，同时可以避免组织僵化，有利于组织绩效的改进。

(3)可以促进政策优化。政策优化包括政策人员的优化和政策组织的优化。政策人员不仅包括政策制定者，还包括政策执行者以及参与政策过程的其他人员。终结旧政策有利于分流、淘汰和优化现有政策人员，提高政策主体素质。且政策终结伴随着组织机构的裁撤、更新和发展，必然有助于政策组织的优化。

三、政策终结的可行性与障碍

政策主体要想政策得以终结，首先必须分析现行政策安排下的力量对比情况，这就是所谓的力场分析。在任何政策终结的过程中，其实都存在两种力量，即推动政策终结的推理和阻碍政策终结的阻力。力场分析就是要通过对这两种力量的对比分析来寻求顺利实现政策终结的途径。

(一)政策终结的可行性

政策终结的推力大于政策终结的阻力，为此政策终结的主体就要努力挖掘和充分利用有利于政策终结的要素。有利于政策终结的要素主要有五个②。

1. 触发机制

政策终结的触发机制是政策终结的导火线。当一个触发事件影响的人数足够多，且此事件引起了公众以担心或愤怒的形式关注，那么公共政策的制定者就会考虑是废除过时的、无效的政策，还是制定一个全新的政策来取代旧的政策。因此，政策终结的可行性之一就在于当出现了触发事件时，政府的决策者或政策的制定者能抓住这一契机，将已经引起公愤的过时的、无效的政策予以废止。

2. 政策评估

政策评估是政策过程中的一个重要环节，它既是政策终结的前提和依据，同时也是政策终结的可行性因素之一。这里所讲的作为政策终结可行性因素之一的政策评估专指

---

① 吴锡泓、金荣枰：《政策学的主要理论》，金东日译，上海：复旦大学出版社，2005年，第493～494页。
② 陶学荣、王峰：《公共政策终结的可行性因素分析》，《内蒙古社会科学》，2005年第5期。

事后评估，即对政策实施后的影响的评估。

政策评估可由政府自身进行评估，亦可雇佣社会组织进行评估，或第三部门自发无偿地进行评估，在经过这些多元评估主体的评估之后，政府政策的制定者就可综合它们的评估结果从而得出比较公正、客观的结论，以此作为决定是否终结过时的、无效的政策的依据。

3. 利益的分化与聚合

一个社会处于常态运行的情况下，既定的政策已经对社会各个领域和各个层面上成员的利益结构做了安排，但某些个体为了谋求更多的利益而导致利益分化，使原有的利益结构出现松动，随之产生政策松动和政策创新，一旦个体能获得比原来更多的利益，具有这种相同行为的个体就会聚合起来以抵抗旧政策，维护新的政策，保护新的利益。当某种利益分化与聚合进行到一定程度时，就会形成新的利益集团，就会对政策制定者施压，要求改变或废止不利于其利益的旧政策，从而促成了某些旧政策的终结。

4. 政治领导者的领导力

政治领导者的领导力越强，意味着其对形势的判断能力、对新事物新情况的分析能力以及创新能力越强，因而也就越有可能促成过时的、无效的政策的终结。英明的政治领导者会倾听来自专家学者、普通民众等各方面的呼声，且能敏锐地觉察到过时的、无效的政策所带来的弊端和危害。因此，他们会向政策制定者施加强大压力，从而促使那些过时的、无效的政策及时地予以废止。

5. 公共舆论的推力

赞同政策终结的人借助媒体制造出的公共舆论就是推动政策终结的因素。公共舆论直接引导着政府决策者，指示他们必须关注哪些问题，并进而解决哪些问题。故要促使那些过时的、无效的政策能得以终结，就需要发动或借助媒体，使媒体首先关注那些过时的、无效的政策，关注这些政策的弊端和危害，进而引起公众的广泛关注，从而促使政策制定者关注并终结那些过时的、无效的政策。

(二)政策终结的障碍

通过力场分析可知，在政策终结过程中，存在阻止政策终结的阻力。一般来说，一项政策的终结可能会遇到的障碍因素包括以下几个方面。

1. 心理上的抵制

政策终结必然涉及对原有利益格局的打破和调整，这就必然会损害一部分既得利益者，他们会对政策终结产生心理抗拒；此外，出于对过去状态的一种默认以及对新政策效果的不确定性，人们也会产生抵制心理。

2. 机构的持续性

政策组织机构具有自我扩张的本性，即使机构的使命已经完成，机构也会争取存活，具有很强的存活力，当面临消亡时，机构会做出动态的调整以适应变化的环境，这就使政策终结的难度加大。

3. 反终结的联盟

当政策终结迫在眉睫时，反对终结的势力往往会不自觉地联合起来以抵制终结。那些反对终结的行政组织，一方面要求其内部成员齐心协力共同抵制终结，另一方面则极力接近和拉拢政府内外有影响的人士，并有意识地培养一些固定的服务对象，以形成一个利益集团，共同抵制终结[①]。

4. 法律上的障碍

政策的终止和政策组织的撤销，必须按照法定程序来办理。这一过程不仅耗时费力，而且操作起来难度极大，特别是一些已经法律化的政策，要使其终结更是大费周折。另外，将政策的失败通过立法机关予以曝光，又常常会使人们对立法活动本身的科学性、有效性产生怀疑，这也会给政策终结造成障碍。

5. 社会舆论的压力

在现代社会，社会公众可以更便利地借助报刊、互联网等媒体影响公共政策。当一项惠及大多数公众的政策被宣布终结时，必然会由于强大的舆论冲击力而受到阻碍。

6. 高成本的执行

政策终结的成本一般包括两方面的内容：一是现有政策的沉淀成本；二是终结行为本身要付出的代价[②]。面对高昂的沉淀成本，政策决策者往往进退两难。一方面政策已被证明是无效的或失败的，继续追加投入只会扩大损失。另一方面，如果不继续投入，那么已经投入政策的巨额资金将由于政策终结而彻底落空。另外，终结本身也需要付出高昂的代价，不仅要筹措终结所需的各项费用，还得对反对力量进行补偿。

四、政策终结的策略

由于政策终结行动的复杂性和困难性，政策终结者需要运用高度的智慧和技巧，采取灵活的策略，妥善加以处理。否则，政策终结行动不仅达不到终结的目的，甚至会适得其反，引起政治危机和冲突。终结一项政策的具体策略包括以下几方面。

1. 利益补偿机制的建立

政策终结会打破原有的利益分配格局，然而新的利益分配格局尚未建立，因政策终结而利益可能受损的个人或团体会意识到威胁而团结起来阻止政策终结，如果能够对政策终结的受损者进行适度的利益补偿就可以减少政策终结的阻力。利益补偿的范围较广，有直接的经济补偿，如一次性经济了断性补偿，还有间接的经济补偿，如组织撤销后安排人员的去向。

2. 闪电策略

一些事关重大的政策，从国家、民族整体利益角度出发，耽误了就会造成严重后果或错失良机，而预期该政策的终结会因各种影响因素，如放出试探性信息采取渐进措施反而可能遭到强大阻力，政府就事先对有关信息保密[③]。

3. 旧政策终结与新政策出台并举

为了缓和政策终结的压力，可以采用新政策出台与旧政策终结并举的方法，及时地采用新政策代替旧政策，使人们在丧失对旧政策期望的同时得到一个新的希望。这种做

① 陈振明：《公共政策学——政策分析理论、方法和技术》，中国人民大学出版社，2004年，第332页。
② 张金马：《公共政策分析——概念、过程与方法》，人民出版社，2004年，第273页。
③ 陈振明：《公共政策学——政策分析理论、方法和技术》，中国人民大学出版社，2004年，第337页。

法通常可以大大减少关于政策终结的争议和阻力，削弱反对者的力量。

目前，从政策终结的研究现状可知，政策终结是政策科学的前沿理论，政策终结无论是理论上的突破还是实践中的成功运行都尚需时日，因此，仍需相关学者不遗余力地研究探索，需要实践活动的反复检验。

五、中国政策终结的实践案例——一胎化政策终结的必要性分析

并不是所有的政策在经过评估后都会实现政策终结。在经过慎重的评估后政策会受到各种力量的博弈，当政策终结的阻碍力大于或等于推动力时，政策会继续维持下去，反之则实现终结。然后在终结的"策略操作箱"中进行一系列的必要性分析，并采取针对性的终结策略。最后政策终结以替代、废止、合并、分解、缩减、法律化等各种形式实现。这意味着一个政策暂时告一段落，但同时也意味着一项新政策的孕育，然后新政策又经过制定、执行、评估、监控等一系列循环过程形成了一个政策周期，如图 8-1 所示。

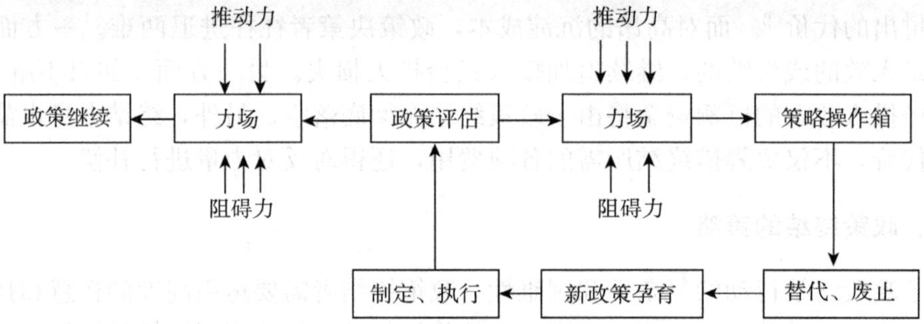

图 8-1　政策终结模式

(一)一胎化政策与现行计划生育政策的比较

一胎化政策与现行计划生育政策的区别主要体现在三个方面：从内容上，一胎化政策的核心内容是，全国不分城乡，每个家庭养育一个小孩，没有考虑到地域的差别性与民俗习惯的各异性；而现行计划生育政策的核心内容是"居民有自由而负责地决定生育子女的时间、数量和间隔的权利"①。它更强调的是一种权利，而不是生育的数量和地域的规定。从性质上，一胎化政策是特定时代的产物，带有行政强制性的意味；现行计划生育政策是分类指导、有区别的政策。从权威性上，计划生育政策是我国的一项基本国策，一胎化政策却绝非基本国策，它是"拍脑袋决策"、高指标盛行下的时代产物。

所以我们所说的终结，只是对一胎化政策的终结，是现行计划生育政策对一胎化政策的替代，并不是对中国计划生育政策的整体否定。

(二)我国计划生育政策发展过程

第一阶段：孕育和缓慢发展阶段(1949～1977 年)。这一阶段特征是人口和计划生育问题处于次要地位，上层在计划生育政策上也有思想反复。

---

① 张维庆：《中国计划生育不是一胎化政策》，新浪网，http://news.sina.com.cn/c/2007-01-23/121512115296.shtml，2007 年 1 月 23 日。

第二阶段：历史性转折阶段(1978～1982年)。这一阶段最突出的特征是国家逐步形成明确清晰的计划生育政策，计划生育成为我国基本国策。

第三阶段：坚决贯彻实施和大力推行阶段(1982～2006年)。这一阶段总体特征是计划生育的制度化建设达到空前程度，计划生育进入国策时代。

第四阶段："后计划生育国策时代"(2007年至今)。这是量变转为质变的关键时期，当前对计划生育政策的发展又出现一种新的变化态势，各界也提出了一些新的争议与讨论，计划生育政策发展的过程呈现出一种周期性的特点①。

(三)一胎化政策形成发展阶段

形成时期：1978年开始，计划生育管理部门开始提出"一对夫妇生育子女数最好一个最多两个"的口号，几个月后又转变为"只准生一个"。这就形成了我们一般称为"一胎化"的生育政策。

逐步演进：1980年出现了计划生育发展史上标志性的事件，即中共中央发表了一个《关于控制我国人口增长问题致全体共产党员、共青团员的公开信》②，随后更进一步地推行一胎化政策。

大力发展：在同期的人口生育政策问题上，当时的中央政府采取了与经济体制相同的改革策略，即在20世纪末将中国人口控制在12亿人以内的奋斗目标，而这个奋斗目标又是与人均GDP 1 000美元的追求相联系的③。所以在《关于控制我国人口增长问题致全体共产党员、共青团员的公开信》发出以后，全国不分城乡地大力推行"一胎化"生育政策。

(四)一胎化政策的政策评估——地区视角

本章主要从全国420个执行不同类型计生政策地区(1990年口径)的政策生育率情况进行了统计，认为可以将这些地区分为四类，即严格实施一胎化政策地区、混合实施地区、政策相对宽松的地区和准许实行两胎以上的地区。为了突出可比性与差异性，主要选取了第一类地区(以四川为代表)与第四类地区(以云南为代表)进行比较④，见图8-2和图8-3。

从图8-2和图8-3中，可以看出横向比较和纵向分析的数据都支持同一个结论，即从生育率的角度来看，一胎化政策使我国的生育率水平迅速降低并大大低于理想水平。

因此，从以上评估中也可以得出如下三个结论：首先，一胎化政策使我国的生育率水平迅速降低并大大低于理想水平。其次，实行两胎化的地区往往也能达到一胎化的成效。最后，允许生二胎与一胎化相比，更符合人们的需求，因此也更人性化，更尊重本土生育文化和民俗习惯。

(五)一胎化政策的力场分析

1. 障碍力分析

一胎化政策的终结，主要受到三个方面的阻碍。

---

① 张心侠：《建国以来我国计划生育政策的演变》，《人口学刊》，1984年第6期。

② 邓科：《计划生育跨入法治时代》，《南方周末》，2002年8月29日。

③ 梁中堂：《一胎化政策形成的时代背景》，香港中文大学《二十一世纪》，2009年第112期。

④ 包蕾萍：《中国计划生育政策50年评估及未来方向》，《社会科学》，2009年第6期。

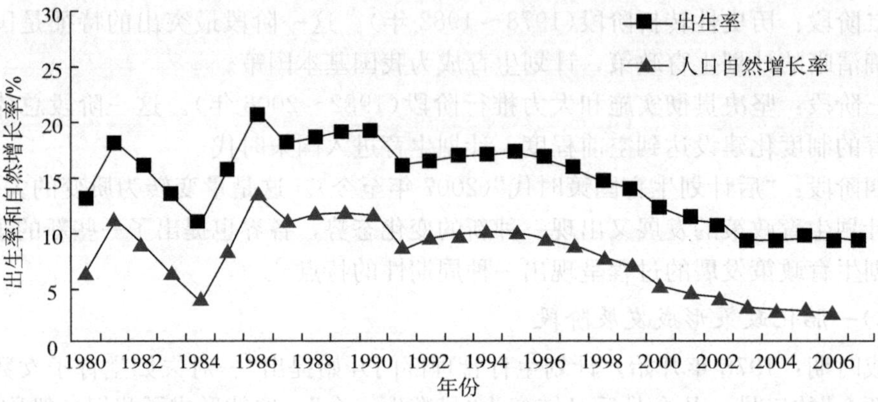

图 8-2　四川主要年份出生率和自然增长率的变化

资料来源：《四川统计年鉴 2008》，中国统计出版社，2008 年

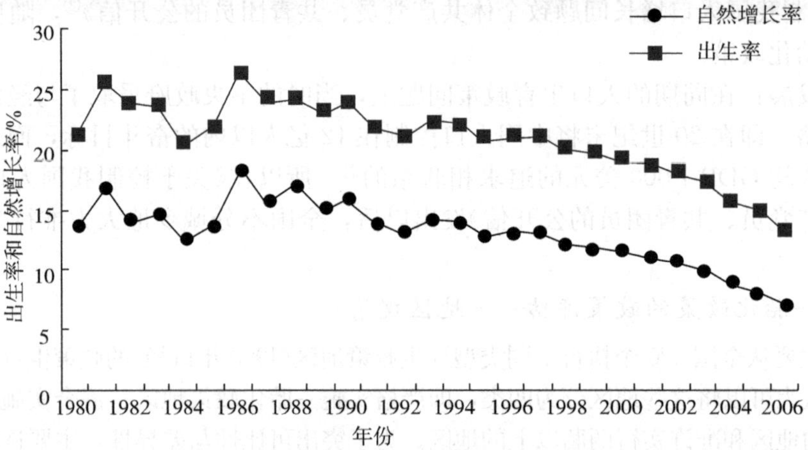

图 8-3　云南主要年份出生率和自然增长率的变化

资料来源：《云南统计年鉴 2008》，中国统计出版社，2008 年

一是政策制定者的抵制。这与特定的时代背景是分不开的，当时处在转折时期的政策制定者们要完成的历史使命非常之多，许多重大的问题可能都来不及做，“一胎化”就属于这类性质的问题。一方面，在我们党和国家的工作事务中，经济工作一直都属于工作重心，人口问题只是部门性工作。另一方面，当时国家许多事务都由“长官意志”决定，所以很容易产生高指标。“一胎化”就属于这种高指标的政策。而要终结这样一个期望值很高的政策，在当时来说是非常困难的。

二是政策执行者的阻碍。1981 年的计划生育座谈会上，梁中堂教授曾提出对一胎化政策的质疑，但当时计生小组的成员们都习惯了在那个时期只听一种声音，很难接受不同的批评观点[①]。由此可见一胎化政策的根基深厚坚固，党内领导们对其喜爱程度也可见一斑。

① 梁中堂：《一胎化政策形成的时代背景》，香港中文大学《二十一世纪》，2009 年第 112 期。

三是法律上的制约：首先，一胎化政策的终结会有损于国家法治的权威。当时在内部许多会议上，“一胎化”已经上升到法律的高度，被解释成为解决我国人口问题唯一科学和正确的选择。如果直接终结，无疑会有损于国家法治的权威。其次，法律程序上的复杂性也导致了终结的困难。最后，法律认识上的误区也加重了终结的负担。在通常意义的认识上，人们都将计划生育政策等同于一胎化政策，认为一胎化政策的终结就是要终结我国的计划生育国策，这一认识上的误区也导致了终结上的困难。

2. 可行性分析

一胎化政策终结的可行性也表现在三个方面：第一，政策评估。政策评估既是政策终结的现实依据，又是其可行性因素的重要组成部分，前面已经有过详细分析。第二，政治领导者的领导力。梁中堂教授从一胎化政策形成期就开始参与中国人口政策讨论，并明确反对一胎化政策，在他的力争下，胡耀邦、赵紫阳特批他选择山西翼城县试点二胎理论，成为中国人口政策的特区，并开始逐步推广①。然后有了1984年的反思，即“要把计划生育政策建立在合情合理、群众拥护、干部做好工作的基础上”②。第三，公共舆论的推力。从报纸媒体、专家分析以及社会民众的普遍心声各个角度都能反映出一胎化政策的实行已经不得民心，而这种来自社会各方面的舆论最终汇合成一股强大的力量，推动了一胎化的终结。

(六)一胎化政策终结的必要性与策略分析

1. 一胎化政策终结的必要性分析

一胎化政策的终结不仅是可行的，也是必要的。从一胎化政策对社会发展所造成的几个问题可以看出对其进行终结的必要性。

(1)个人权利侵犯问题。美国学者罗尔斯的现代正义论强调是“权利优先于善好”。该理论认为公权不应以侵犯私权为前提。一胎化政策属于典型的公权侵犯私权的事例。它开了一个很坏的头，即让政府有权决定公民生育孩子的数量，这在古今中外的历史中几乎是绝无仅有的。

(2)独生子女成长问题。一是成长的风险，主要是夭折、重病的风险。唯一性极大程度地加剧了风险性。万一成长中途出现意外而孩子的父母年事已高，那么这对家庭来说无疑是毁灭性的打击。二是成才的风险。我们常说“独柴难烧、独子难教”。由于父母的爱过分聚焦、期望过高等原因，如果孩子不成器，老无所依而且反受其累。

(3)人口结构性矛盾问题。这一方面表现在人口老龄化加速，家庭养老功能急剧弱化；另一方面生育率下降过快，出生性别比例严重失调，这无疑加剧了社会结构的分化，产生了更多的社会矛盾与不稳定因素。

(4)中国文化安全问题。独生子女群体不仅在改变人口结构、社会结构，也在改变文明结构。与多子女家庭出身的人群相比，独生子女身上的中国传统价值观的色彩显得更为淡薄。为此，应促使独生子女家庭在全国家庭数量中的比重逐渐减小，以保证中国传文明传统不至于在一两代人之间就完全断绝。

---

① 杨正莲：《山西翼城试点二胎化20年，人口出生率接近零增长》，《中国新闻周刊》，2009年2月6日。

② 国家计划生育委员会党组：《关于计划生育工作情况的汇报》，1984年4月13日。

(5)国家安全和社会发展问题。独生子女必然要走向社会，除了上述风险外，他们的个性问题、缺乏团队合作精神等也可能使未来社会的协作力和凝聚力受到挑战。而且一旦发生战事或抗击自然灾害等，需要独生子女及其家庭奉献的时候，可能就是一个非常“严峻的话题”了。

2. 一胎化政策终结的策略分析

针对这些问题，1981 年，国家计划生育委员会举行了两次计划生育政策座谈会。会议承认了一胎化政策执行后产生的各种问题，并提出一些针对策略，在当时形成了两种方案：一是提倡每对夫妇只生一胎，允许生两胎，杜绝三胎。二是一般提倡每对夫妇只生一胎，有实际困难的，可以批准生两胎。

在 1982 年中央下发的 11 号文件中，以第二方案为核心，逐渐替代了一胎化政策，并逐渐完善修补，形成了我们现在所熟悉的计划生育政策。

第二节 政策周期

一、政策周期的概念

所谓周期，按照词典的解释，是指“事物在运动、变化的发展过程中，某些特征多次重复出现，其接续两次出现所经过的时间”①。政策周期的内涵是指，政策经过制定—执行—评估—监控—终结这几个阶段后形成了一个周期。其表明新的政策往往不是凭空产生的，而是原有政策的延续，是为了适应新情况对原政策加以修改或调整，从而形成政策的一个新周期，实现新老政策的交替循环②。

与之紧密联系的是政治周期和经济周期。一般意义上政治周期是指政府更迭所导致的一国内外政策的周期性变化。目前，学者对政治周期的内涵并没有一个统一的说法，大体上有两重含义：一是指中央政府的发展战略和经济政策反复不定，形成“政策周期”；二是指上层政治冲突和社会政治运动周期性地爆发，形成“权力更迭周期”或“运动周期”。经济周期也称商业周期，是指经济运行中周期性出现的经济扩张与经济紧缩交替更迭、循环往复的一种现象，具体表现为经济扩张因受到资源供给约束或消费约束而出现经济收缩，经济收缩又因资源供给充裕或消费需求拉动而重新进入经济扩张，周而复始。其一般分为繁荣、衰退、萧条和复苏四个阶段。

政策过程与政策周期关系密切，一般认为，公共政策过程主要包括政策制定、政策执行、政策评估、政策监督和政策终结五个方面。两者区别主要体现在以下两个方面：一是政策过程是指从政策制定到政策终结的全过程，而政策周期则将终结看做新周期的起点，如此循环形成政策周期；二是政策周期意味着新旧政策的循环，其理论的研究除了诸政策过程的构成要素外，还包括对新旧政策两者之间关系的研究，如旧政策成功或失败的原因以及新政策应如何吸取旧政策的经验教训等。对于政策周期理论来说，新旧

---

① 中国社会科学院语言研究所词典编辑室：《现代汉语词典》(修订本)，商务印书馆，1996 年，第 1636 页。

② 陈振明：《政策科学——公共政策分析导论(第二版)》，中国人民大学出版社，2003 年，第 403 页。

政策之间的关系才是研究工作的重点[①]。

二、政策周期的分类

公共政策本身就是一个动态的、周期性的演变过程。其不仅被看做“一种连贯的和反复运用的行动模式”，而且政策过程就像一个“传送带”，周而复始、运转不息。因此，依据不同的分析视角，可以将政策周期分为政策生命周期和政策变动周期。

(一)政策生命周期

所谓政策生命周期，也就是一个完整的政策过程，指的是公共政策经历了从问题的认定到政策的出台，再经过执行、评估、监控、调整诸环节，最后归于终结。此历程可以独立存在，但在政策活动中，却往往是前后衔接、不断发展的，旧周期的结束通常意味着新周期的开始。不过，不同的学者对公共政策在一个周期中所经历的阶段有不同的看法。

最早对公共政策的周期性现象进行研究的是美国学者哈罗德·拉斯韦尔，其在1956年的《决策过程》中将政策过程划分为如下七个阶段，即情报、建议、规定、行使、运用、评价、终止。这七个阶段不仅描述了公共政策是如何制定的，而且描述了应该怎样制定公共政策。

最早形成政策周期理论和政策周期分析框架的则是美国政策学家C.O.琼斯，他在分析政策过程时，提出一种旨在合理系统地考察公共政策的制定与实施的分析框架，这个分析框架便构成了政策周期理论的雏形。政策过程的分析框架包含认知/界定、聚合、组织、表达、议程设定、规划、合法化、预算、执行、评估以及调整/终结等11个环节。而后又从系统分析的角度，将政策分析过程分为五个阶段，即问题认定、政策发展、政策执行、政策评估、政策终结[②]。但是，琼斯的这种划分方法受到学者的质疑，并招致种种抨击。原因为：一方面，由于政策科学研究的深入而形成不同的研究学派和不同研究视角；另一方面，这种“教科书式”的划分难以描述纷繁复杂的政策现象。但其并没有过时，目前尚未有哪种划分方法可以完全取代它，因此，我们仍然采用这一方法。

日本公共政策学者宫川公男，在1995年《政策科学入门》中认为，公共政策过程包括政策制定、政策执行(实施)、政策评价、政策终结等阶段[③]。澳大利亚学者布里奇曼和戴维斯则认为，政策过程不仅是一个完整的动态运行过程，而且还具有周期性的特点。公共政策过程包括政策问题认定、政策分析、政策工具、政策咨询、政策协调、政策决定、政策执行、政策评估等阶段和功能环节，从而构成有序的、周期性的政策发展结构。同时，他们还指出，政策发展并不是一个线性的过程，也不是整齐地、可预料地按部就班发展，而是一个积极的、互动的过程[④]。而布鲁尔和德龙的六阶段又有所不

---

① 陈振明：《政策科学——公共政策分析导论(第二版)》，中国人民大学出版社，2003年，第404页。

② 陈振明：《政策科学——公共政策分析导论(第二版)》，中国人民大学出版社，2003年，第403~404页。

③ 宫川公男：《政策科学入门》，东洋经济新报社，1995年，第173页。

④ 钱再见：《公共政策学新编》，华东师范大学出版社，2006年，第233页。

同，它们是创始、估算、选择、执行、评估和终结①。

国内学者对此也有各自不同的观点：宁骚认为，政策周期包括公共政策问题的形成和认定、公共政策的制定、公共政策的执行、公共政策的评估和监控，以及公共政策的变动和终结五大阶段②。陈庆云则认为，公共政策分析的基本框架包括如下几个方面，即公共政策问题的构建、公共政策方案的制订与通过、公共政策内容的实施、公共政策效果的评价③。

综合各学者观点，我们认为：所谓政策的生命周期，也就是一个完整的政策过程，应包括政策制定、执行、评估、监控、终结这几个阶段。其中，政策制定是核心；政策执行是关键；政策评估是对政策方案合理性的最权威的检验；政策监控是政策运行中不可缺少的一个环节，贯穿于政策过程的始终；政策终结则意味着一个旧周期的结束和新周期的开始④。

（二）政策变动周期

所谓政策变动周期，是指公共政策在一定的时间范围内，同样或相似的政策现象有规律地反复出现。影响公共政策产生周期性变动的因素有以下几种：第一，政策主体的周期性更迭。就像亚瑟·施莱辛格在他的周期型政策变动模式中所指出的那样，在两党制或多党制国家中，政府的政策往往随着执政党的轮流更替而呈现明显的周期性波动。第二，客体的周期性变化。指的是公共政策所指向的问题具有周期性，如某些自然灾害的出现具有周期性。第三，经济等外部环境的周期性波动。经济的研究和时间都表明，经济发展会产生周期性波动，经济的繁荣和衰退常常交替存在。其结果是导致公共政策，尤其是经济方面的政策发生相应的变化，经济周期决定政策周期，政策周期反过来引导着经济周期的运行。第四，与人们的认识规律有关。一方面，由于受到认识的主体和客体及其相互作用的限制，人们对客观世界的认识需要经过实践、认识、再实践、再认识多次反复的过程。因此，一项政策从不完善到完善的螺旋式发展过程是必然的。另一方面，人类社会是多元的，人们的利益也存在着差异。因此，人们的政策偏好会受自身利益和意识形态的驱动而左右摇摆，从而导致政策的周期性变更⑤。

三、政策运行的周期

构成政策过程的各个要素时刻都处在运动之中，其组合而成的结构动态地表现出政策运行的周期性特征，即公共政策运行的周期理论。

公共政策运行的周期主要涉及三个方面的问题：一是单个或单项公共政策的运行周期；二是公共政策集群运行的周期；三是公共政策周期间的转换。

1. 单项政策运行的周期

对于单项公共政策的运行周期，研究视角有两个，即管理的视角和问题的视角。

---

① 转引自宁骚：《公共政策学》，高等教育出版社，2003年，第480页。
② 宁骚：《公共政策学》，高等教育出版社，2003年，第480页。
③ 陈庆云：《公共政策分析》，中国经济出版社，1996年，第53～54页。
④ 陈振明：《公共政策分析》，中国人民大学出版社，2003年，第350～351页。
⑤ 宁骚：《公共政策学》，高等教育出版社，2003年，第480～481页。

(1)单项政策的管理周期。从政策管理的角度，政策活动从总体上和逻辑上总是包含规划、实施和评估的基本要素，从旧政策过程的某个具体阶段到新政策过程的对应阶段，即构成了政策的周期性循环。例如，从第一轮政策规划到下一轮政策规划，就是经过了一个政策规划周期。同理也存在政策实施周期和政策评估周期。这种以政策规划、政策实施和政策评估为内容的政策周期是一种政策的要素周期，它包含在单项政策的问题周期中。

(2)单项政策的问题周期。从问题的存在到问题的解决所确定的政策周期就是政策的问题周期。进行政策问题周期研究，有利于及时终止那些已经完成问题周期的政策，并及时建立新的问题周期议程。

2. 政策集群运行的周期

由于实践中大量存在的是政策集群的活动，因此在单项政策过程周期研究的基础上，还要深入研究政策集群的运行周期。政策集群所要解决的是一个时期中多方面的社会公共问题，而且从政策过程的特点来看，政策集群的运行并不是若干单项政策运行的累加。从社会经济发展模式和战略更替上，我们将其分为政策集群的战略周期和战术周期。

(1)政策集群的战略周期。从政策集群的战略周期来看，随着社会发展模式的更替(如我国从计划经济模式过渡到改革开放时期)，社会经济问题大量出现，社会治理的权威机构就会适时地制定新的发展战略，以便推动社会经济向更高的水平前进。在新的战略下，原先在政策集群中的政策，与新的发展战略相一致仍旧运行，其余的与新的发展战略不相一致甚至抵触的政策，则需通过分解、合并、终止等途径加以终结，这说明原先的政策集群的运行周期结束了。在新的战略指导下，应当重新组织和建构新的政策集群，启动新运行周期。

(2)政策集群的战术周期。有时社会经济发展在同一模式下也会出现战略上的更替，为了与前面讲的战略周期相区别，我们称之为战术周期。例如，从20世纪90年代初开始到2002年，中国经济的总括性政策为“赶超、效率、增长”，片面追求GDP高速增长，忽视了社会公平、环境保护以及节约资源，结果导致环境破坏、能源短缺、社会出现两极分化。而从2003年开始，中国政府提出了“协调、持续、和谐”的新的科学发展观，这是一次重大的战术调整。同时也说明旧的政策集群的运行周期终结了，代之而起的是新的发展观指导下的新的政策集群的运行周期。

3. 公共政策运行周期的转换

在讨论政策集群运行的周期变化时，必须研究前后两个周期转换时两组政策集群的变迁管理问题。从中国社会转型时期的实践来看，社会变革和发展的战略转换所促成的公共政策集群运行周期的转换是以多种方式实现的，其中主要的方式为主导性政策的转移、部分旧政策的终止和出台新政策。

(1)主导性政策的转移。在一个政策周期中，处于同一政策集群中的领域政策在地位上并不是同等的，其中总有某个领域政策处于主导地位，它统率并支配着其他领域政策，以实现既定的社会经济发展战略。在新中国成立的最初三十多年中，政治政策一直都占据主导地位，但从20世纪70年代末80年代初的社会转型起，经济领域的政策则作为主导性的政策，产生了以经济建设为中心的政策集群运行周期，从而促使政策集群运行的战术周期发生转换。

(2)部分旧政策的终止。除了通过确定新的主导性政策外，我们还必须对那些支持旧战略的重要政策采取果断的方式来改变政策集群的结构和性质。谨慎的做法是先破除和终止那些直接阻碍新政策周期运行的政策，随着新政策周期的确立，再去破除和终止其余的旧政策。

(3)出台新政策。新的政策周期与旧的政策周期的区别在于后者具有新质，这种新质不能通过上述两种途径来实现，而必须进行政策创新，用新的政策实现新社会经济发展战略。在我国改革开放中，经济特区政策、经济开发区政策、大力发展非公经济政策等都是政策创新的产物①。

四、我国政策周期的特点

我国目前尚处于社会主义初级阶段，体制、制度还不完善，一项政策并非完全按照制定—执行—评估—监控—终结的程序进行，而常常表现为传达期、贯彻期和变通期。这是我国政策周期表现出来的一个显著特点②。所谓传达期，就是“传达动员”阶段，其形式有自上而下的有组织的内部传达和全国范围内的公开动员。所谓贯彻期，就是“贯彻实施”阶段，即贯彻中央提出的发展目标。所谓变通期，即通常意义上的“上有政策，下有对策”阶段，地方政府因地制宜，对中央政策进行调整，从而进入下一轮政策传达期、贯彻期和变通期③。

五、研究政策周期的意义

首先，有助于建立完整的政策科学学科理论体系。研究政策周期对于理解公共政策的动态过程及其运行的客观规律有重大的促进作用，但在我国现有的研究成果中，对政策周期的探讨屈指可数。因此，加强对政策周期的研究将填补我国政策科学研究中的一个理论空白，并为促进政策科学的发展及其运用起到不可估量的作用。

其次，有助于促进公共政策决策的科学化，提高政策制定的科学性。政策周期反映的是人们认识发展的规律和政策本身的发展规律，其有助于我们通过对已往政策周期的研究，吸取经验教训，克服政策制定上的缺陷，促进有中国特色的政策制定体系的建立。

最后，有助于加强对公共政策本质的理解，保持政策的连贯性和稳定性。通过对政策周期的研究，政策制定者可以从动态视角全面把握公共政策发展过程和运行规律，以此作为维持或改进原政策的依据，从而保持政策的持续稳定。

公共政策过程与经济过程不可分离，相互作用、相互影响，尤其是在市场经济条件下，二者之间的相互关系就更为密切了。由于政策本身是一个运动的周期过程，周期性

---

① 胡宁生：《现代公共政策学：公共政策的整体透视》，中央编译出版社，2007年，第189～195页。

② 胡鞍钢：《中国政策周期与经济周期》，《中国社会科学季刊》(香港)，1994年第8期。

③ 王强：《国家公务员公共政策读本》，中国人事出版社，2005年，第131～132页。

的政策变化必然会对经济发展产生影响，使经济发展随着周期性的政策变化呈现出不同的发展周期。在政策周期与经济周期的关系问题上，西方学者提出了著名的“政治-经济周期”理论。

第三节 政治-经济周期

“政治-经济周期”理论的研究，是随着公共选择理论的发展而逐渐兴起的，它是在分析政策周期与经济周期的关系问题上提出的。因此，对于何谓“政治-经济周期”，首先必须对政策周期、政治周期以及经济周期彼此间的关系有所认识。

一、政策周期、政治周期与经济周期的关系

就政策周期、政治周期与经济周期三者之间的关系而言，可以说它们之间是相互影响、相互作用的，下面对它们彼此间的关系进行具体的分析。

1. 政治周期与经济周期的关系分析

就政治周期和经济周期的关系而言，可以将其阐述为：政治周期既是经济周期的原因，又是经济周期的结果。在这里，主要是引入政治周期理论对二者的关系进行分析。按照政治周期理论的观点，政治家的动机主要不是从长期经济发展的角度来考虑经济政策的，他们更多的是把精力集中在下一轮选举的短期目标上。这便导致了这样一种现象，即在每一次大选来临之前，执政党为了取得选民支持以求连任，把制定经济政策变成吸引选票的方法，往往采取扩大财政支出、减少失业、增加福利等政策，以使经济出现繁荣景象。一旦选举结束，新政府上台，为了弥补赤字、提高效率、抑制通货膨胀，又会采取紧缩政策。这一过程要延续到下次大选之前。因此，随着大选和经济政策重点的变化，国民经济便呈现出周而复始的周期性波动①。

2. 政策周期与政治周期的关系分析

下面主要以美国为例分析二者间的关系。之所以选择美国，是因为政治周期作为美国政坛上一个较为独特的现象，具有更加具体的含义，即由每四年一度的总统大选和每两年一次的国会中期选举所导致的美国内外政策的周期性变化②。美国的大选决定了其“政治大周期”，而中期选举则决定了其“政治小周期”。由于中期选举所产生的“政治小周期”内含于“政治大周期”之中，因此，这里着重分析美国的“政治大周期”对华贸易政策的影响。

美国的大选深刻地打上了美国政治文化的烙印，攻击、指责中国的人权问题和政治制度的目的是为候选人争取更多的选票。因此，在每一次大选来临之前，竞选双方便会在对华贸易政策上大做文章，指责对方的对华政策过于软弱，强调谁的对华政策更为强硬成为竞选的主题。于是，在这样的游戏规则下，便呈现出这样的“周期性”变化：在大

---

① 王成兰、郭春甫：《中西“政治-经济周期”理论发展历程与比较分析》，《世界经济和政治论坛》，2006 年第 1 期。

② 梁碧波：《经济周期、政治周期与美国对华贸易政策》，《学术研究》，2007 年第 10 期。

选前和大选后初期，美国的对华贸易政策总会在某种程度上“向右转”，一些强硬的对华贸易政策往往会在这个时候出台。而随着大选的尘埃落定和政府新班子对公共资源的完全掌控，美国的对华贸易政策便会逐渐向“务实”的方向回归。克林顿政府和小布什在对华贸易政策上的“定位”、“转变”、“再定位”，就是这一规律的极好注脚①。

3. 政策周期与经济周期的关系分析

公共政策作为国家干预社会经济生活的主要手段，影响着社会经济的发展过程。特别是在当今市场经济条件下，公共政策的运用使政策过程与经济过程彼此间的关系更为密切。当政策干预符合经济发展的要求时，经济就蓬勃发展；当政策干预与经济发展相悖时，经济就呈现出波动、萎缩乃至停滞状态。由于政策本身是一个运动的周期过程，周期性的政策变化必然会对经济发展产生影响，使经济发展随着周期性的政策变化呈现出不同的发展周期②。

二、“政治-经济周期”理论

在政策周期与经济周期的关系问题上，西方学者提出了著名的“政治-商业周期”或“政治-经济周期”理论。所谓政治-经济周期，是指周期性的政策变化使经济发展处于经济扩张期与经济紧缩期的交替变换中，使经济发展随着周期性的政策变化呈现出不同的发展周期③。在西方，对于该理论的研究是随着公共选择理论的发展而迅速发展起来的。在公共选择理论中，经济学家们开始将政府行为视为宏观经济的内生变量，开始考虑政治家的目标函数。而这种方法在经济周期理论研究中的应用直接导致了“政治-经济周期”理论的产生。下面我们来考察政治-经济周期的相关模型。

对于模型的分析，首先要明确两个非常重要的微观行为主体：一是选民，二是政党。对于选民的行为有两种假设：如果选民的投票行为是回顾性的，即选民对政党的评价依据的是其过去的成绩，同时选民对通货膨胀的预期是适应性的，那么选民的行为是非理性的；如果选民的投票行为是前瞻性的，即选民对政党的评价不仅仅是依据政党过去的成绩，更主要是依据政党现在的能力和将来的政策取向，那么选民的行为则是理性的。

对于政党而言，同样有两种行为假设：一种假设认为，参选政党在竞选中的唯一目标是竞选获胜。因此，其追求的是选票的极大化。另一种假设则认为，参选政党主要为了实现某种经济目标或者是某些集团的利益，有一定的意识形态纲领，并非仅仅为了获取尽可能多的选票。

根据选民和政党的不同行为特征，经济学家们发展了四种主要的“政治-经济周期”模型，即诺德豪斯的机会主义模型、罗格夫和赛伯特的理性机会主义模型、希布斯的党派模型和阿莱西纳的理性党派模型，如表 8-1 所示。

---

① 梁碧波：《经济周期、政治周期与美国对华贸易政策》，《学术研究》，2007 年第 10 期。

② 陈振明：《公共政策分析》，中国人民大学出版社，2003 年，第 109 页。

③ 陈振明：《政策科学——公共政策分析导论(第二版)》，中国人民大学出版社，2003 年，第 428 页。

表 8-1　"政治-经济周期"模型

选民＼政党	机会主义	党派主义
非理性	机会主义模型	党派模型
理性	理性机会主义模型	理性党派模型

在诺德豪斯建立的机会主义模型中，主要有以下八种假设：①该政治体制中包含两个政党，且这两个政党之间有完全的政策趋同性。②两个政党均对政治利益最大化感兴趣，而不是对意识形态纲领感兴趣。对于这些机会主义的非党派政治家而言，只有选举结果是重要的。③选举时间是外生固定的。④总体失业和通货膨胀出现在每个投票人的偏好函数中，并且喜欢低通货膨胀率和低失业率。政策制定者完全了解投票人的偏好。⑤投票人根据在位政治家当政期间管理经济的表现做出政治选择。投票人不仅会回想起他们的投票行为，而且他们的记忆在衰退，亦即他们是短视的。⑥宏观经济系统可以用一条附加预期的菲利普斯曲线来描述。其中，短期的取舍关系不如长期的取舍关系受欢迎。投票人不了解宏观经济框架。⑦通货膨胀预期是适应性地形成的。⑧政策制定者可以通过采用财政货币政策操纵总需求来控制失业水平。

三、"政治-经济周期"的本土化理论

在对西方国家的"政治-经济周期"理论进行介绍之后，我们来对中国的"政治-经济周期"理论进行梳理。

1. 内生决定论

一直以来，经济学家都将经济波动的动因归结于经济体制内部要素——价格、供给与需求、工资与就业、投资与消费，但却较少地将经济政策作为经济波动的一个内生变量来考虑。为此，不同的学者提出了不同的观点。很多学者认为，中国经济非均衡的基本根源在于政府保持了过高的固定资产投资水平。而樊纲认为，中国经济周期性波动的根源在于过度消费和过度投资。林毅夫则指出，实际利率过低对中国经济的周期性行为具有重要作用①。

2. 外生变量论

经济波动的实践推动人们进行理论上的思考，特别是在改革开放前中国经济表现出明显的"大起大落"特征，逐渐引起理论界对政策因素的重视。经过对经济波动的影响因素全面性考虑后，理论界逐渐将政策周期性波动纳入影响经济波动的重要变量之中①。有的学者从政策是否是构成经济波动要素的角度出发，认为经济政策一般应列入影响经济周期波动的内在因素②。有的学者从政策对经济波动的作用的角度出发，认为政府政策对于经济运行的基本状况具有加强、阻碍及发动的作用，并进而认为政府的各项政策带有平抑波动或加强波动的双重作用③。有的学者从政策周期性波动与经济波动关系的

① 王成兰、郭春甫：《中西"政治-经济周期"理论发展历程与比较分析》，《世界经济和政治论坛》，2006 年第 1 期。

② 王志伟：《中国经济周期及其理论的比较研究》，经济科学出版社，1998 年，第 103 页。

③ 刘树成：《中国经济周期波动的新阶段》，上海远东出版社，1996 年，第 273 页。

角度出发，认为中国经济波动的根源主要就是来自于政策周期性变动形成的外部冲击①。这些都表明我国理论界已经将政策的周期性波动看做影响经济波动的一个重要变量。

四、中西“政治-经济周期”理论的比较

综观中西方“政治-经济周期”理论的梳理可以发现，无论是西方还是我国的理论界，对经济波动影响因素的认识都有着相似性，即都是从不考虑政策变量到把政策变量作为影响经济波动的一个重要参数来看待。但由于我国国情与西方国家不同，因而对“政治-经济周期”理论所进行的种种探讨与西方国家存在着一定的差异，试比较如下。

1. 认识过程不同

西方国家没有我国所涉及的理论上的障碍，即社会主义存不存在经济波动的问题。我国首先要突破的就是这个问题，所以我国的“政治-经济周期”理论从起步阶段就要比西方国家多跨越这个理论障碍②。

2. 理论前提假设不同

诺德豪斯的模型主要研究了西方国家政治周期对经济波动的影响。在此，有几个适用于西方国家的前提假设③：①政治家与其他人一样，可以根据他们的状况描绘其特征，他们也相应地表达他们的偏好与利益。更准确地说，政治家的主要目的是保住他们的职权，从而他们会以一种使他们可望获得的选票数最大化的方式来干预经济。②假定选举结果明显受到当前经济状况的影响。③假定政府在短期内将使用货币和财政工具来扩张经济能力。

相对而言，由于我国是在中国共产党领导下的一党执政、多党参政的政治体制，也就不存在中国共产党为了自己能够顺利再次当政而人为地拉动经济、刺激经济发展而扭曲经济发展的本来规律。因为我们党的宗旨是全心全意为人民服务，这就决定了我国在政治层面上(选举)主要体现为各层级领导人的更迭变动，而且也主要是人事变动，大政方针没有很大的变化⑤。

3. 理论平台不同

西方国家“政治-经济周期”理论建立的平台是较为完善的市场经济体制，它们遵循以市场调节为主的观点，变动的主要是政府调控经济手段的强弱。若干时间段政府调控要强些，而若干时间段政府则采取自由主义的态度。

在我国，正在健全与完善的社会主义市场经济成为我国“政治-经济周期”理论建立的平台。自 1978 年改革开放以来，我国已逐步建立起社会主义市场经济，政府对经济的管理以宏观调控为主，其所采取的方式不再仅仅局限于行政命令，各种手段，如法律手段、经济手段等，逐渐占据了重要地位。但是，由于我国的市场经济不是完全在市场化改革中发育的，发展的市场不是一种自然演进的市场，而是一种以行政政策催发的

---

① 胡鞍钢：《中国政策周期与经济周期》，《中国社会科学季刊》(香港)，1994 年第 8 期。

② 郭春甫：《“政治-经济周期”理论梳理与初步思考》，《云南行政学院学报》，2006 年第 2 期。

③ 阿克塞拉 N:《经济政策原理：价值与技术》，郭庆旺、刘茜译，中国人民大学出版社，2001 年，第 213 页。

“人造市场”，这是一种不完全意义上的市场。因此，政策性指令仍具有一定的影响力[①]。

目前，在我国理论界，对于“政治-经济周期”理论的研究仍旧处于起步阶段。因此，如何对该理论进行本土化的研究成为了我国理论界所要面临的一大重要课题。

4. 分析模式不同

中西方“政治-经济周期”分析模式的不同主要表现在以下几个方面。

首先，理论出发点不同。西方政治-经济理论的基础是多党轮流执政，在该理论的本土化中，党代会(或重要人代会)的召开对经济增长率的影响相当于政党轮流执政所产生的影响。

其次，政党的目的和动机不同。西方“政治-经济周期”理论中，选举前后政策变动的政治日的和指向相当明确——为选举造势和积累政治资本。选举之前为获得选民支持而出台扩张性经济政策，当选后为抑制通胀而出台紧缩政策，使经济出现衰退，同时也为下一轮的扩张政策做准备。而中国的政治动员冲击和政治命令冲击直接目的和指向仍然是经济。在党代会召开后，在新的思想方针指导下会紧锣密鼓出台一系列经济利好政策，再加上政治上的动员和鼓动，经济增长率就会出现大幅度的上升，继而随着对通胀的预期出台抑制经济过热的政治命令冲击[①]。

再次，表现形式不同。西方“政治-经济周期”理论中政策变动周期的直接表现是造成经济繁荣景象的扩张政策以及抑制膨胀和减少赤字的紧缩政策，党代会召开产生的政治动员冲击和政治命令冲击所起的经济波动也类似。在这里，西方政党制度下，政党根据对选民行为和预期的判断，主动选择扩张性政策，刻意制造经济繁荣的景象。政治动员冲击是基于党代会对新形势的判断而出台政策的，通常政治动员冲击伴随和实行经济扩张政策，政治命令冲击也是出于给政治动员冲击造成的经济过热降温的目的而出台新政策的，而政治命令冲击伴随和实行经济紧缩政策[②]。

最后，产生机制不同。西方“政治-经济周期”理论中，会涉及对选民套票行为的判断，中国“政治-经济周期”的运行也会涉及民众的判断，但政策是基于经济形势做出而影响民众预期的，这不同于西方该理论所主张的，政策是基于对选民行为和预期判断做出的。具体地讲，即在党代会召开的当年及下一年，政策对民众预期的影响和导向会表现得非常明显，因此才会出现党代会引起的经济增长率大幅提升。

总之，西方政治-经济周期产生于政治，其目的也是政治，而中国的政治-经济周期原因来自于政治，但其着眼点却是经济的持续增长。

五、我国“政治-经济周期”的特点

我国的政治-经济周期有着与西方政治－经济周期类似的表现形式，同时也有着与之不同的内在动因。

---

① 郭春甫：《“政治-经济周期”理论梳理与初步思考》，《云南行政学院学报》，2006 年第 2 期。

② 黄险峰：《西方政治经济周期理论新发展》，《经济学家》，2000 年第 2 期。

(一)对我国政治-经济周期的理论描述

西方国家的“政治-经济周期”理论是从多党制出发，把多党轮流执政对经济的周期性冲击作为这一理论的切入点，作为本土化的“政治-经济周期”理论与西方理论有所区别。国内外学者对中国的政治-经济周期(表 8-2)有许多不同的观点。埃克斯坦很早就发现中国的“政策周期”现象，他认为中国经济波动是农业收成周期与政策周期相互作用的结果。胡鞍钢则认为中国存在明显的政策周期，且与经济周期波动基本一致，并将这种政策变动称之为“政策舞蹈”(dance of the policy)①。他认为，中国具有政治-经济周期的特点，即中国经济周期可视为政策周期和政治周期，政策变动或政治变动强烈影响和作用于中国经济波动。陈振明认为，周期性的政策变化必然会对经济发展产生影响，使经济发展随着周期性的政策变化呈现出不同的发展周期②。

表 8-2 中国的政治-经济周期

期次	时间	党代会或人代会	主要内容	经济影响
第一次周期	1953～1957 年	七届四中，八大	抗美援朝结束一五计划	1956 年高峰，随之温和衰退
第二次周期	1958～1962 年	八届二次会议，八届八中	“大跃进”、“人民公社运动”	1958 年历史最高增长率，1961 年衰退
第三次周期	1963～1968 年	三届人大一次会议，庐山会议	实现四个现代化、“文化大革命”	1964 年高峰，1967～1968 年经济负增长
第四次周期	1969～1972 年	九届一中，二中	四五计划、批林批孔	1970 年高峰，1972 年低谷
第五次周期	1973～1976 年	党的十大，四届人大一次会议	以阶级斗争为纲，随后改为以三项指示为纲，后邓小平下台	1973 年高峰，1974 年衰退，1975 年高峰，1976 年衰退
第六次周期	1977～1981 年	党的十一大，十一届三中全会	十年规划，邓小平重新上台	1978 年高峰，1981 年低谷
第七次周期	1982～1986 年	党的十二大	七五计划	1984 高峰 1985 温和衰退
第八次周期	1987～1990 年	党的十三大	政治、经济体制改革	1987 年高峰，1990 年低谷
第九次周期	1991～1996 年	党的十四大	市场经济改革	1992 年高峰，随后温和衰退

① 胡鞍钢：《中国政策周期与经济周期》，《中国社会科学季刊》(香港)，1994 年第 1 期。

② 陈振明：《政策科学——公共政策分析导论(第二版)》，中国人民大学出版社，2003 年，第 434 页。

续表

期次	时间	党代会或人代会	主要内容	经济影响
第十次周期	1997～2002年	党的十五大	金融危机	1997～1998年持续衰退，随后好转

资料来源：宁骚：《公共政策学案例精选》，高等教育出版社，2006年

(二)表现形式上的特点

第一，中国的政治-经济周期中所表现出的政策周期性波动(即扩张政策和紧缩政策的交替重复出现)没有西方表现得那么明显。通常的政治动员伴随和实行经济扩张政策，政治命令冲击伴随和实行紧缩政策。周期性的政策变化使经济发展处于经济扩张期和经济紧缩期的交替变换之中。第二，从政治动员冲击来看，政治动员冲击引起GDP增长率大幅攀升的政策是不是扩张性经济政策难以界定，如一些涉及制度改革的政策对经济增长率的促进作用也会非常明显，虽然政治动员冲击引起的政策变化并不一定是周期性的政策变化，但其产生的经济周期性变化的结果与西方扩张性财政政策一致。第三，从政治命令冲击来看，政治命令冲击中的紧缩性财政政策比较容易区分，也表现出明显的周期性变化，这和西方采取的紧缩性政策在形式上和效果上一致。

(三)内在动因上的特点

1. 党代会是我国“政治-经济周期”理论研究的重要理论基础

回顾我国经济体制改革几十年来的历史，中共已经召开过七次党的代表大会，每一次党代会的召开，都极大地推动了经济体制改革的进程。党代会具有很强的政治动员作用，产生新的领导人，动员全党、全国响应领导人的号召，掀起新的经济建设高潮。这种政治动员往往是新的一轮政策周期开始以及政策大幅放松的信号，对经济扩张具有十分明显的作用①。

每一次党代会的召开，在推动经济体制改革进程的同时，也极大地促进了我国经济的发展。有关研究证明，在前三十多年中，每一次党代会的召开，都与经济的增长存在着密切的对应关系。除了1997年党的第十五次全国代表大会大召开前后，受东南亚金融危机的影响，我国的经济增长率略有下降外，几乎在每一次党代会召开的当年或者下一年，我国经济都呈现出大幅上升的趋势，见表8-3和图8-4。

表8-3 历届党代会前后GDP增长率变动

党代会	召开前一年	GDP/%	召开当年	GDP/%	召开第二年	GDP/%
十一大	1976	−2.7	1977	7.8	1978	11.7
十二大	1981	5.2	1982	9.1	1983	10.9
十三大	1986	8.8	1987	11.6	1988	11.3
十四大	1991	9.2	1992	14.2	1993	13.5
十五大	1996	9.7	1997	8.8	1998	7.8
十六大	2001	7.3	2002	7.8	2003	7.0

① 宁骚：《公共政策学案例精选》，高等教育出版社，2006年，第35页。

续表

党代会	召开前一年	GDP/%	召开当年	GDP/%	召开第二年	GDP/%
十七大	2006	10.7	2007	11.4	2008	9.0

资料来源：《中国统计年鉴 2009》

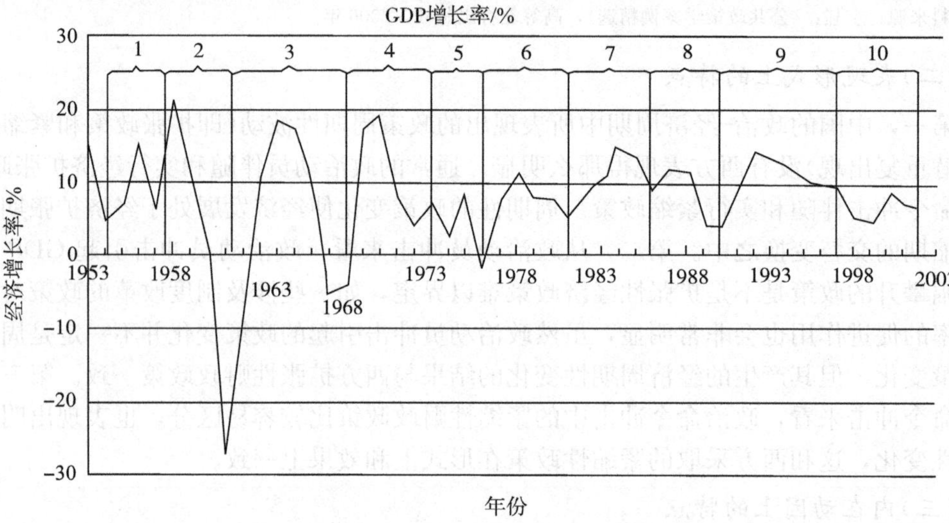

图 8-4 党代会与经济增长率关系

资料来源：宁骚：《公共政策学案例精选》，高等教育出版社，2006 年，第 381 页

党代会造成政府换届和领导人的更迭。从国家层面上讲，虽然中国共产党领导下的多党合作制在很大程度上避免了西方政治制度中政党更迭对政策的冲击。但是，由于领导人个人意志和注意力差异以及对经济社会发展不同阶段的认识不同，不同的领导人在主政时期会有自己不同的指导思想，会提出新的奋斗目标，拟订新的经济计划，制定新的经济政策，发出新的战斗动员口号。例如，在经济发展的不同阶段，分别有邓小平理论、“三个代表”重要思想以及科学发展观来指导我国经济体制改革和经济政策制定，这些不断深化的认识使我国的经济政策表现出不同于西方的变化过程，进而影响了我国的政治-经济周期。从地方政府的层面上讲，地方行政长官对地方经济周期性变化的影响表现得更为明显，地方官员的政绩观深刻地影响着他们制定地区发展政策的过程。在我国，地方官员虽然不会有类似于西方对选民负责的压力，但他们会在传统政绩观的驱使下产生向下获得支持和拥戴，向上赢得信任和展现能力的观念。在现有的任期制和唯GDP是从的官员考核标准下，就会从主观上缩短经济运行周期，制定出尽可能容易执行、周期尽可能短、容易彰显他们功绩的经济发展政策。同时，地方官员出于自身目的考虑而对上报经济数据的夸大和修整，也会使中央政府对经济形势做出错误的判断而产生决策失误。从长期看，这些行为加剧了地方经济运行周期的无规律性和不稳定性。

2. 重要人大会议影响我国经济周期

人民代表大会在经济计划制订过程中的地位和作用：经济计划(“十一五”之后称为经济规划)是由国务院起草、拟订，以建议的形式提交党代会通过，在反复研究、平衡、测算，然后以正式计划(规划)的形式提交人民代表大会会议审议批准。在计划(规划)的施行期间人民代表大会可以进行修整。

➢本章小结

政策终结是指在经过对政策进行审慎评估后，发现政策问题已经解决、政策效率低下或政策实施引发重大不良后果等，导致政策没有继续存在的必要，因此采取措施和手段，终止不必要政策的一种政策行为。

政策终结的主要方式有政策替代、政策合并、政策分解、政策缩减和政策法律化等；政策终结包括功能、组织、政策、项目的终结等类型。

政策终结的力场分析是指通过对这两种力量的对比分析来寻求顺利实现政策终结的途径。政策终结涉及5个要素，即触发机制、政策评估、利益的分化与聚合、政治领导者的领导力和公共舆论的推力。

政策终结可能会遇到的障碍因素，包括心理上的抵制、机构的持续性、反终结的联盟、法律上的障碍、社会舆论的压力和高成本的执行等。而政策终结策略包括利益补偿机制的建立、闪电策略、旧政策终结与新政策出台并举、正确处理政策终结与政策稳定、政策发展的相互关系等。

政策周期是指政策经过制定—执行—评估—监控—终结等阶段形成的一个循环。政策生命周期是指一个完整的政策过程，指的是公共政策经历了从问题的认定到政策的出台，再经过执行、评估、监控、调整诸环节，最后归于终结。政策的变动周期指的是公共政策在一定的时间范围内，同样或相似的政策现象有规律地反复出现。

我国政策周期有自身的特点。目前我国的政策并非完全按照制定—执行—评估—监控—终结的程序进行，而常常表现为传达期、贯彻期和变通期，这是我国政策周期表现出来的一个显著特点。

“政治-经济周期”理论一直是国内外学界研究的一个热点。西方国家两党多党制的政治体制下的政治-经济周期表现得非常明显。“政治-经济周期”理论在中国的适应性如何，以及是否可以将西方“选举周期”的研究理论用于解释我国的“政治动员冲击”、“政治命令冲击”以及“政治运动周期”现象则是一个需要认真研究的问题。

➢思考题

1. 解释政策终结与政策周期概念。
2. 简述政策终结的可行性、障碍及策略。
3. 我国政策周期有哪些特点？
4. 比较中西“政治-经济周期”的异同。
5. 阅读案例材料，运用政策终结、政策周期的相关理论分析美国航空政策的变化。

➢案例材料

航空管制与撤销管制①

对一项公共政策进行自始至终的全程追踪，也许是结束对政策过程讨论的一种比较合适的方法。正式算来，对商务航班服务的全国性管制，是从1938年开始的，直到1978年撤销管制的立法被通过。尽管如此，政府仍以其他形式继续对航空业进行干预——航空交通安全运动、机场管理和财政援助。1978年前，放任政策还未进入航空业，航空业也不想采用这一政策。这个案例将使读者从整体上了解政策周期过程，并且可以识别和整合各个政策阶段。它也有助于我们了解为什么会有今天这样

① 安德森 J E：《公共政策制定》，谢明译，中国人民大学出版社，2009年，第328～348页

的航空政策。

有人说“政策制定既没有起点，也没有终点，它是一个极端复杂的过程”。说它复杂的确不错，但是说它无始无终却未必尽然，像《民航法案》一样，我们可以有效界定出政策的起点和终点。理解对商务航班的政府管制，我们并不必回顾伊卡罗斯那次不幸的飞行，也不必追溯到莱特兄弟制造飞机的那个年代，从20世纪30年代开始考察即可。对航班的经济管制随着《放松航空管制法案》的实施而告终。至于放松管制之后，人们对航空状况的不满是否能导致重新实施管制，则是其他篇章所要探讨的问题，它是政策过程的又一个周期，与1938～1978年那段时间有着明显的区别。

美国航空运输行业开始于1925年《航空邮递法案》的出台，该法案授权邮政部通过竞标，将航空邮政业务承包给私营的航空公司。政府向航空公司支出的费用常常超过航空邮政业务所赚取的收入。尽管如此，许多航空公司在运营上仍然存在亏损，放弃此项业务的呼声渐起。于是，增加航空邮政补助的新立法于1930年被通过。

由于在20世纪30年代乘客服务刚刚启动，因此投递邮件依然是航空公司的主要收入来源。但到了20世纪30年代中期，由于受到经济大萧条的冲击，各个航空公司再度陷入财政困境之中，于是要求政府采取果断措施以帮助这些航空公司渡过难关的呼声再次高涨。

航空行业与政府部门达成了广泛的共识，即需要在经济和安全方面进行新的管制。由于可获取到的航空收入有限，现有的航空公司的数量似乎已经超过饱和状态，于是人们便担心航空行业的小公司之间无节制的竞争，有可能会蜕化为“破坏性的竞争”。这些航空公司自身也联合起来支持进行限制性的立法。但在1934～1938年，两个议题上的意见分歧推迟了限制性立法的颁布：一是到底是应该由原来的州际商务委员会实施管制，还是应成立一个新的独立委员会来接管，富兰克林·罗斯福总统的立场是支持前者；二是经济管制和航空管制是否可由同一个机构来进行。这些问题最终在1938年的《民航法案》中得以解决，该法案在国会中以压倒性多数得以通过。我们下面将回顾这部法案的历史。

1940年的总统行政命令修正了《民航法案》，根据该法案，新成立的民航委员会负责进行经济方面的规制，而商务部下属的民航局则负责进行安全管制和空中交通控制，并负责维护全国的航空系统，包括导航系统和机场等。1956年，两架客机在大峡谷相撞，这一事件引发了公众对航空安全管制以及空中交通控制可靠性的质疑。于是，国会通过了1958年的《联邦航空法案》，来代替《民航法案》，并新成立了一个独立机构——联邦航空管理局，该机构拥有更大的航空安全管理权。后来，联邦航空管理局成为交通部的一个下属单位，仍然负责空中交通控制与安全管理。

民航委员会是一个由五位成员组成的独立的管制委员会，这些成员的任期为六年。任命过程为，参议员同意后由总统任命，来自同一个政党的委员会成员数目不能太多。民航委员会通过发放符合“公共便利与必需”的资格证书，对进入航空行业的公司进行管制，委员会还根据符合“公共便利与必需”的原则，来决定某次航班的具体航线。退出该行业也要经过民航委员会的批准。航班的机票价格必须符合“公正而合理”的原则，如果民航委员会认为这些航班的机票价格过高或过低，并且违背了“公正而合理”原则，该委员会就有权对其做出调整。民航委员会还被授权对邮政支出及其运营补贴进行管理。但现存的16条干线(这些航班在大城市之间提供客运服务)免受该项法案的限制。在后来的40年中，民航委员会没有再批准任何一条新的航空干线。这被视为航空管制体系的一个弊端。

《民航法案》的政策声明指导了民航委员会应如何运用自己的权力来完成以下事情：为航空运输“培育安全而经济的环境”；“在合理的收费水平上，提供充足、经济而有效的航空服务”；保证“在航空运输系统健康发展的前提下进行竞争，使该系统有效适应美国国内外贸易发展的需求”；此外，还要“促进、鼓励以及发展民用航空学”。从本质上讲，该项法案列出了许多理想化的目标，而重点应该实现哪些目标的问题则由民航委员会自己做出决定。但是，对该委员会的众多授权常常遭到谴责。

根据航空业的经济状况，民航委员会的管制政策在其存在的40年中，一直徘徊于支持竞争与反对竞争两种倾向之间。当航空业的利润很高或达到“超额”水平时，民航委员会会增加对竞争性航线的援助，它会鼓励航空公司降低收费或对机票打折。相反，当利润很低时，民航委员会则会采取反对竞争的立场，它会鼓励或批准航空价格的上涨，以此来抵消乘客数量的减少所造成的损失。至于服务竞争，包括航班飞行的次数、座位的安排、食物的供应，以及其他一些康乐设施等，则不属于民航委员会的管理范围。由于禁止在价格上进行竞争，各个航空公司有时候会通过在飞机上供应香槟酒和精美的食品等来招揽乘客。不管是航空公司，还是接受航空服务的公众，他们大都认为民航委员会的管制政策还是比较合理的。

20 世纪 70 年代，经济大萧条使乘客数量大大减少，能源危机导致燃油价格上涨，通货膨胀降低了航空公司的利润空间，这些状况迫使民航委员会采取强硬的反对竞争的立场。在很多人看来，事实似乎再明白不过了，即民航委员会被航空公司“操纵”了，该机构只为这些公司的利益服务，却把公共利益扔在了一边。事实上，民航委员会并非如人们所指控的那样是一个被人操纵的“傀儡”，它并没有完全听命于航空公司。

20 世纪六七十年代，经济学家通过一系列的研究得出结论，通过限制飞行机票价格的竞争，民航委员会的政策保护了那些效率低下的航空公司。结果，乘客们承担了比理想竞争状态下更高的费用。后来，又有人对被民航委员会规制限制的州际航班的运营情况进行了分析，并将其与得克萨斯州以及加利福尼亚州不受民航委员会管制的州内航班进行了比较，研究结果进一步证实了前面的结论。

1974～1975 年，航空管制(以及放松管制)的问题进入国家政策议程。1977 年，吉米·卡特取代福特当选为总统。虽然他在竞选时对航空管制发表的言论不多，但他上台后不久，就将放松航空管制作为本届政府立法规划中的一个具有很高优先权的项目。不过，卡特政府并没有自己提交提案，而是通过支持国会立法的方式毫不费力地取得立法成功。卡特政府的官员还强调了管制与通货膨胀之间的关系。

在参议院，肯尼迪和参议院商务委员会下属的航空附属委员会主席霍华德·坎农，共同提交了一份题为“航空运输管制改革法案”的提案。坎农最初并不是航空管制改革的支持者，他一开始还对肯尼迪的听证会颇为恼火。但后来，在强烈的改革压力下，他改变了自己的立场，开始支持改革。

按照《肯尼迪-坎农议案》，航空公司能比较容易地获得开辟新航线的授权，并且在定价方面拥有较大的回旋余地，这样可以加强航空行业内的竞争。管制改革立法在难以达成共识的众议院遇到比在参议院要大得多的阻力。

针对管制改革问题，形成了支持派和反对派两大阵营。在改革的支持者阵营中，有政府部门、一些消费者群体、拉尔夫·纳德、大多数的经济学家，以及其他一些保守性的团体等。此外，支持改革的还有联合航空公司，该公司认为在确定航线的问题上，它们受到民航委员会不公正的对待。众多的改革支持者认为，更多的竞争会同时给乘客和航空公司带来利益。前者会获得低价的机票，且乘客数量也会增多，从而反过来为航空公司带来更大的利润。

改革的反对派包括大多数的大型定期航班及其工会组织。不同的利益将它们联合在一起。航空公司担心，民航委员会在航线和机票价格管制方面的大变革，会导致“致命性的竞争”，会引发该行业的不稳定；这些工会认为放松管制会对工作安全、工资水平以及它们的雇员代表地位造成威胁；一些机场工作人员则担心一旦放松管制，机场的业务就会减少。

说到这里，我们有必要捡起有关放松管制的另外一些往事。20 世纪 70 年代中期，民航委员会成为支持放松管制的主导力量。这一变化始于 1975 年中期福特总统任命约翰·罗伯逊担任该部门的主任。在罗伯逊的领导下，民航委员会开始反思其制定的管制政策，并开始站在亲市场的立场上。罗伯逊还向国会表明了取消当前的航空管制体制的必要性，这一举动让很多人感到惊讶。

1977 年 6 月，民航委员会内部的变化进一步加速，当时卡特总统任命了康奈尔大学的经济学教授埃尔弗雷德·卡恩取代罗伯逊担任民航委员会主任。不久，经济学家伊丽莎白·贝利也加入进来成为该委员会的一员。接着，在贝利的领导下，民航委员会采取了各种各样的有力措施，减少了其对航空公司的机票价格及航线的控制，以增加该行业的竞争性。总体来看，民航委员会的一些动议违反了《联邦航空法案》(该法案已经取代了《民航法案》)。事实上，就有一家航空公司将民航委员会告上了联邦法庭，该公司声称，委员会没有履行《联邦航空法案》规定的义务。

行政上的放松管制在两个方面有利于改革立法的颁布。第一，很多改革政策得到了民航委员会的快速执行，这些政策提交到国会并被纳入立法考虑。不管是由于民航委员会的政策变化，还是由于好转的经济状况，航空公司对管制改革的抵制大大减少了。事实上，到了1978年夏末，这些公司的反对几乎就不存在了。

参议院在1978年4月通过了航空管制改革的议案，但众议院直到9月才完成了对此项议案的审批工作。众议院的议案中有一项条款，要求在1983年年底撤销民航委员会。这一条款最初包含在众议院的一个替代议案中，但由于"日落评估"(对机构的周期性评估，以决定该机构是否能继续存在)的强烈倡议，它进入了众议院的最终议案，这是对放松管制的支持者的一种让步，是用更加温和的方式削减民航委员会的职权，而在参议院的议案中，削减该部门职权的方式则激进得多。然而在协调委员会上，众议院差不多全盘接受了参议院激进的改革条款。这项后来被称做《放松航空管制法案》的议案在参众两院获得通过，并由吉米·卡特总统签字成为法律。"十多年来第一次，"他说，"我们放松了对一个大型行业的管制"。

《放松航空管制法案》使航空公司可以更加容易地进入一个新的航线，并在定价方面拥有很大的灵活性。该法案还继续向那些为中小地区提供"重要航空服务"的公司提供补贴，并且一直持续了十年。该法案对那些失业者、工资下降或者被迫重新调配工作的人，给予至少六年的补偿。最为重要的是，该法案提出了放松管制的日程表。除非国会方面出现变动，民航委员会对国内航线的管理权将于1981年12月31日终止；其对国内机票价格的管理权，将在1983年1月1日到期；该委员会将在1985年1月1日被撤销。

《放松航空管制法案》标志着商务航空领域的公共政策发生了根本性的变化，也就是说，从原来借助具体的行政管制，转变为依靠市场力量和竞争实现对航空公司经济行为的控制。这种做法与经济管制理论刚好背道而驰，该理论认为"行业需要管制，管制的设计以及运作主要是对行业自身有利"。如果要用这一理论来解释1938年的《民航法案》，虽然并非具有充分的说服力，但表面上还是能说得通的，但决不能简单地用它来解释解除航空管制政策。航空解除管制政策一开始遭到该行业的大部分航空公司的强烈反对，这种态度将一直持续到放松管制的法案被通过。

那么，我们到底如何解释《放松航空管制法案》呢？玛莎·德西克和保罗·夸克为我们提供了一个很好的解释。第一，学术界和政治领域对放松管制有着广泛的支持。"亲市场的改革导向……具有广泛的吸引力：它吸引着自由派，这一派强调降低价格将对消费者所产生的收益，他们主张减少政府对商业的保护；它同时也吸引着保守派，这一派强调减少对私人市场进行政府管制所能带来的收益。"第二，许多担任领导职务的公共官员，包括总统、委员会主席以及民航委员会主席等，都提倡放松管制。第三，即使国会没有做出反应，很多放松管制的行为仍然可以实施，这一点可以从民航委员会的行为中推断出来，在20世纪70年代中期，该委员会通过一系列行为向公众表明：该委员会并不是航空公司的傀儡。第四，虽然大多数的航空公司强烈反对，但国会中强硬的多数派仍然支持航空管制改革。他们这样做不仅仅是对行政及立法领导的回应，而且还出于其他的考虑，即通过出台该政策对公众关心的通货膨胀以及"不可信的政府"等问题做出回应。第五，经济学家以及其他政策分析专家做的大量研究表明：市场和竞争可以有效地替代经济管制。这正应验了那句古老的谚语"没有金刚钻，别揽瓷器活"。第六，航空行业无法保持一个反对管制改革的统一战线。第一联合航空公司临阵脱逃了，其他的航空公司也开始分裂，尤其当民航委员会取消控制的速度加快时，其分裂更为严重。结果，航空公司的反对阵线彻底崩溃了，国会颁布彻底的放松管制法案的道路从此畅通无阻。

1978年之后，航空业发生了哪些变化呢？航空业解除管制是成功的么？根据常规的看法它是成功的——航空费用降低了，各航线的竞争也增加了。但是记录并不是很清楚。据说航空业和公共政策都有新的进展。但这些进展是否都是放松管制带来的直接后果，还不得而知。

国内航空旅游业渐渐集中在几家公司手里。几家主要的航空公司——布兰尼夫、东方、泛美和其他，或破产或被兼并。1978 年，全国最大的 8 家航空公司控制了 81％的市场份额；1999 年，7 家大公司包揽了 89％的乘客。另外，航空业将继续集中。

放松管制之后，很多新的航空公司进入该行业，但几年过后，这些新公司要么失败，要么被大公司兼并。20 世纪 90 年代，出现了新公司进入该行业的第二次高潮。不过，每一家公司在国内市场中所占的份额非常小。现在几乎不可能出现能同美国航空公司、联合航空公司、德尔塔航空公司以及其他大型航空公司进行竞争的新公司。这种寡头垄断的局面，也不可能是 20 世纪 70 年代那些支持放松管制的人当时所能预料得到的。埃尔弗雷德·卡恩说这并非是他所愿意看到的局面。

而且在这种“轮毂-轮辐”式的系统中，各个航班从很多的“轮毂”城市汇聚到“轮毂”城市，德尔塔航空公司和美国航空公司独揽了从亚特兰大市至匹兹堡市的大部分乘客业务。联合航空公司和大陆航空公司分享了丹佛的航运业务。通过掠夺性的价格和关于中心轮毂城市过量航空服务的规定性条款足以把大多数低成本的航运业务挤出市场。

机票价格的前景并不清晰。一份研究发现，从 1979～1989 年的 10 年间，整体航空费用平均下降了 25％，这有效地控制了通货膨胀带来的各种影响。不过，如此低廉的平均价格掩盖了很多其他方面的变化。与竞争性较强的机场相比，那些由一两家大公司操纵的机场其费用更高。打折机票的受益对象通常包括提前 14～30 天就开始预订机票的人和愿意在周六晚上在外过夜的人，与那些购票匆忙、想在家过周末的生意人或其他人相比，休闲的游客们往往能买到比较便宜的机票。打折机票的这些附加条件给一些乘客造成了许多不便。

自从放松航空管制后，根据“基本航空服务计划”，政府为地方和短途航运公司提供了大量的补贴，尽管如此，很多小城市的航空业务仍大大减少了，有的甚至完全没有了，人们再也享受不到这种服务了。尽管有人担心，没有节制的竞争可能使航空公司设法节省维护费用，从而引发安全问题，但航空旅行的安全措施看起来似乎也得到了改善。这里有必要区分安全设备和安全两个概念。

不断有人呼吁要求政府进行管制，以消除由某家航空公司单独控制一个中心商业城市航空所导致的问题，如不断下降的服务质量、昂贵至令人费解的票价。国会注意到了这些问题并将其提上议事日程。但是政治环境并不利于新管制计划的通过。另外，“9·11”恐怖袭击事件对航空经济衰退的影响被夸大了，在短短几天之内国会就为航运公司提供了 150 亿美元的紧急援助金。

拓展阅读资料

1.〔德〕G. 加比希，H. W. 洛伦兹．经济周期理论——方法和概念通论．薛玉炜，高建强译．上海：上海三联书店，1993

2. 陈振明．政策科学——公共政策分析导论(第十章政策的终结、周期与变化)(第二版)．北京：中国人民大学出版社，2003

3. 胡鞍钢．中国政策周期与经济周期．中国社会科学季刊，1994，(8)

4. Mark R. Daniels. Terminating Public Programs：An American Political Paradox. Amonk：M. E. Sharp，1997

第九章

政策变迁

【本章重点】

1. 政策变迁的概念
2. 时间、空间维度的政策变迁
3. 常规政策变化和范式转移的政策变化
4. 政策范式变化的影响因素
5. 中国政策范式的变迁

政策变迁关注的焦点是一个国家、地域内短期、中期、长期政策变化的规律性，以及在中长期形成的政策风格、政策范式及其变化。本章从政策变迁的时空维度分析入手，探索政策变迁在时空维度的表现形式，介绍政策范式变化的一般规律，并尝试用西方的政策范式理论来分析我国新中国成立以来公共政策变迁的一般特点。

第一节　政策变迁概述

一、政策变迁的概念

在安德森看来，政策变迁是指以一个或多个政策取代现有的政策，包括新政策的施行和现存政策的修正或终止，并提出政策变迁可能以以下三种形式出现：现有政策的渐进改变；特定政策领域内新政策的制定；重大政策的转变①。胡伍德与彼得斯两位学者在《政策的动态性》一书中指出，所有的政策都是政策变迁，如同所有事物都是流动的，

① 杨代福：《西方政策变迁研究：三十年回顾》，《国家行政学院学报》，2007年第4期。

没有任何事物是静止的，它随时都在不断地改变[①]。

台湾学者林水波根据政策行动者对政策变迁的主导程度，将政策变迁定义为：政策行动者通过对现行政策或项目进行慎重的评估后，采取必要的措施，以改变政策或项目的一种政策行为[②]。厦门大学教授陈振明在《公共政策学——政策分析的理论、方法和技术》一书中认为：决策者通过政策评估及监测，在获得政策执行及政策结果的信息之后，需要对政策去向做出维持、延续、调整还是终结的判断和选择，而政策的这一发展变化过程统称为政策变迁[③]。

国内外的学者从不同的角度和侧重点出发对政策变迁做了不同的概念界定。但是学界对政策变迁的概念界定主要还是从短期的政策变迁视角出发的，也就是从一个政策周期里解释政策变迁。显然，这样的概念界定不能解释中长期的政策变迁和空间维度的政策变迁。为此，我们对政策变迁从更宏观的层面做了一个界定：从时间的维度看，政策变迁是公共政策在短期、中期、长期这一时间历程的演变过程；从空间维度看，政策变迁是公共政策由点到面、由一个地区到另一个地区不断扩散、移植、发展的过程。总之，政策变迁是公共政策在时空维度中演变和发展的过程。

当然，政策变迁的时间和空间维度是不能全然分开的，时间维度的政策变迁需要在一定的空间、地域里发生，而空间维度的政策变迁也是需要一定的时间的。但为了从不同侧面全面深刻认识了解政策变迁，对政策变迁做时间和空间维度的划分还是必要的。接下来，将从时间维度和空间维度对政策变迁的基本内涵进行论述。

二、时间维度的政策变迁

从时间的维度来看，我们认为政策变迁可以分为短期的政策变迁和中长期的政策变迁。在我们看来，短期的政策变迁是指一个政策周期里政策变迁的动态的过程，它是指决策者根据已掌握的政策评估及监测信息，对政策去向做出判断和选择，进而采取必要措施改变政策的行为，包括政策调整、政策终结等内容。而中长期的政策变迁可以界定为政策变化的一般化规律和变化模式，它涉及政策范式、政策风格，以及范式和风格的转移变化。

(一)短期的政策变迁

据前所述，短期的政策是指一个政策周期里的政策变化过程，包括政策调整、政策终结等内容。

所谓的政策调整，也就是在政策监督和控制所获得的有关政策系统运行(尤其是政策执行的效果)反馈信息基础上，对政策方案、方案与目标之间的关系等不断地进行修正、补充和发展，以便达成预期政策效果的一种政策行为[④]。在某种意义上说，这是政策方案重新制订和执行的过程，或者更准确地说，这是政策方案局部修正、调整和完善的过程。

---

① Hogwood W B, Peters B G. Policy Dynamics. New York: St. Martin's Press, 1983: 25.

② 林水波、张世贤：《公共政策》，五南图书出版公司，2006年，第337页。

③ 陈振明：《公共政策学——政策分析的理论、方法和技术》，中国人民大学出版社，2004年，第321页。

④ 陈振明：《公共政策学——政策分析的理论、方法和技术》，中国人民大学出版社，2004年，第322页。

从这个定义中我们可以看出，政策调整具有以下几个特点[①]。

第一，渐进性。政策调整的目的是保证政策的稳定和连贯，这就要求政策的调整不宜过于剧烈。在实际的政策实施过程中，需要针对政策运行中经常出现的无序状态，对原有政策进行修正和发展，使公共政策的合理内容在变动中得以保留，并及时纠正政策制定和执行中的偏差，其目的正是在不影响稳定的前提下，保持政策的连续性和稳定性。

第二，局部性。政策调整一般只涉及政策系统中的某个部分，如政策目标、政策方案的调整，或者是政策主体、政策客体的调整。倘若政策的调整导致政策系统发生根本性的变动，我们更倾向于把它叫做政策变革而不是政策调整。

第三，动态性。政策调整是政策系统对内外部环境的变化所做出的主动或被动的适应，而这种对环境的认知是通过评估和监控环节实现的。由于决策者的有限理性、决策者所掌握的决策信息的不充分以及政策环境的不断变化，决策者所制定的政策都有可能是不适宜、不完善的。这就要求决策者必须根据政策系统运行的反馈信息，适时调整公共政策，在发展变化中更好地解决问题，达成政策目标。

1. 政策调整的内容

公共政策的调整是对政策系统本身的调整，其内容多种多样，主要包括以下内容。

第一，政策目标的调整。在政策的实施过程中，由于公共政策环境和条件的变化，政策问题会随之发生改变。与之相对应，原定的政策目标也变得与客观实际不相适应(有的目标定得过高，在短期内难以实现；有的目标又定得过低，难以有效解决社会问题)，这些都要求政策制定者根据政策运行的实际情况，对原有目标进行不断校正、修订或再确立。

第二，政策方案的调整。政策方案是实现政策目标的具体安排，政策的调整很大程度上是政策方案不完善引起的。这里面有多种情况：对基本可行的方案加以修正，使之更合理和适应变化了的现实；拓宽原有方案的适应范围或加强应付紧急事态能力；对证明基本是行不通的方案加以重新制订[②]。

第三，政策关系的调整。政策系统内部和不同政策之间存在着各种纵横交错的复杂关系。在同一时间、同一范围内会有不同的政策同时出台，而且这些政策通常来自于不同类别或不同层级的部门。各个部门自身的经济人属性，使各项政策往往只顾及各部门自身的利益，使不同政策以及各个部门之间存在矛盾和利益冲突。这时就需要对各项政策以及不同部门之间的关系进行调整，明确各项政策作用范围以及不同部门的职能范围，减少不必要的摩擦，避免公共资源的浪费。

此外，政策调整还包括对政策效力、政策主体和客体的调整。对政策效力的调整是指对政策发挥作用的范围和程度进行扩展或限制。例如，原来作为实验的政策方案由于试验成功具有可行性，所以将其推广。政策主体和客体的调整指的是政策的实施是一个动态的过程，其主体总是处于不断变化之中，有些客体也处于变化之中，为保证政策运

① 宁骚：《公共政策学》，高等教育出版社，2003 年，第 459 页。

② 陈振明：《公共政策学——政策分析的理论、方法和技术》，中国人民大学出版社，2004 年，第 322 页。

行的连续性须及时调整政策主体，为保证政策的相对性，也须及时调整政策的客体[①]。

2. 政策调整的原因

政策的调整既有客观原因，也有主观原因。客观原因是指社会的政治、经济和文化的发展变化，即政策环境及政策问题本身的发展变化，使原来的政策问题发生了改变，或者解决了，或者出现了新情况、新矛盾，这就需要依据新的政策环境和变化了的问题，对政策做出调整。一方面，政策总是针对特定的问题，以时间和条件为转移。任何政策都是针对一定时空条件下的特定问题制定的。随着时空条件的变化，政策问题会发生改变，政策也会失去效力，成为过时的政策，因此必须对政策做出调整。另一方面，任何政策的执行总会遇到新情况、新问题，这就需要根据实际，针对新情况、新问题，对政策加以修正、补充，使之逐步完善。

主观原因是指人们对政策问题、政策环境以及政策方案等认识的深化，决定了人们总是要不断地重新认识、界定政策问题、政策目标和政策方案，以使政策真正达到解决社会问题的目的。任何一项政策都是在政策制定和执行主体一定认识水平的基础上形成和运行的。而人的认识总是从低级向高级、从片面向全面、从不完善向完善发展演化的。当政策主体对政策问题、目标、功能、环境等的认识提高和深化以后，就需要对原来的政策加以纠正、补充、更新，使之更加完善[②]。

3. 政策调整的作用

首先，政策调整有利于保证公共政策的科学性。由于政策的制定受到一系列主客观环境的影响，如决策者的有限理性、决策者无法掌握所有的决策信息以及政策环境的动态性等，决策者所制定出的政策不可能是完美无缺的。在现实的政策运行过程中，总是会出现政策与现实情况不一致的情况，也就是人们所说的偏差。当偏差在允许范围内时，政策的执行效果还处于决策者的预期之内。如果偏差超出了一定范围，就需要决策者根据政策的实际运行状况，对政策进行调整，及时纠正偏差，保证政策的科学性。

其次，政策调整有利于保证公共政策的稳定性。一个国家政策稳定与否，直接关系到国家的政治、经济和社会稳定。这就要求尽量避免政策的大幅度改变，使政策在一定时间和空间范围内具有相对稳定性。但是，强调政策的稳定性并不意味着政策的绝对不变，相反，政策制定者需要根据反馈信息不断地修改、补充和完善政策，使公共政策的合理内容在变动中得以保留，不合理部分及时得到纠正，使公共政策始终处于一种相对协调的状态[③]。

最后，政策调整有利于保证公共政策的动态发展性。任何一项政策总是针对特定时空条件下的政策问题而提出的。随着时空条件的变化，政策问题会相应地发生变化，政策会失去效力。而政策调整可以根据客观环境的发展变化及时调整政策措施，以应对政策环境的新变化。从这个意义上说，适度政策调整可以使一项公共政策与时俱进，保持较长的生命力，从而保证了公共政策的动态发展性。

---

① 刘春、王军：《公共政策概论》，当代世界出版社，2004 年，第 168、171 页。

② 陈振明：《公共政策学——政策分析的理论、方法和技术》，中国人民大学出版社，2004 年，第 323 页。

③ 刘斌、王春福：《政策科学研究(第一卷)》，人民出版社，2000 年，第 331 页。

但是，公共政策的调整既能对政策产生积极的影响，也会产生某些消极的影响。政策的调整会在不同程度上浪费一部分已经投入的政策资源；政策调整也会挫伤一部分公众的积极性，并对公共机构的形象产生负面影响。如果政策发生调整，原先获得利益的公众可能不会再得到这些利益，甚至可能丧失已经得到的利益，因此这部分公众就会变得消极，甚至对公共机构不满。政策调整中产生某些消极影响是不可避免的，对这些消极影响应采取积极的措施，包括进行宣传、把握时机、控制力度等，将消极影响控制在最低限度，并让调整后的政策迅速发挥作用，将消极影响化解掉[①]。

(二)中长期的政策变迁

中长期的政策变迁的内涵可以界定为政策变化在很长的时间内所体现出的规律性和一般特征，它涉及政策范式、政策风格，以及范式和风格的转移变化。

“范式”概念最先由库恩提出，他认为，“范式”指的是“特定社区成员共同拥有的理念、价值和技术的总和”。而“政策范式”概念是政治学家彼得·霍尔在研究公共政策制定的过程中，借鉴库恩的科学范式概念提出来的。他认为政策范式是“一个由各种理念和标准组成的框架，它不仅指明政策目标以及用以实现这些目标的工具类别，而且还指明它们需要解决之问题的性质”。广义而言，任何一种哲学的或理论的框架都可以称为范式。根据霍尔的定义，政策范式是镶嵌在政策制定者头脑中的知识框架，它不仅支配着政策目标和政策工具的选择和设置，而且还决定着政策制定者对其想要解决的问题的认识[②]。

政策范式可以在一个国家一定历史时期的整体政策中体现，也可以在某个特定的政策领域中体现，它一旦形成就具有相当的稳定性，难以轻易改变。但它并非不接受挑战，一个稳定的范式如果不能提供解决问题的适当方式，它就会变弱，从而出现范式转移。按照库恩的定义，范式转移就是新的概念传统，是解释中的激进改变，科学据此对某一知识和活动领域采取全新的和变化了的视角。事实上，范式转变概念作为描述显著的政策变化的一种比喻，准确地抓住了政策活动者(特别是政策制定者)对于问题的性质及其解决办法的信念、价值和态度的基本的、长期的变化。但范式转移不是一件容易的事，按照霍尔的分析，范式转移是社会学习过程的一部分。所谓社会学习就是为了解决政策问题而进行的对新理念集体的探索。参与这个学习过程，不仅有政府官员、政治家，还有媒体，甚至大众[②]。

同一批政策参与者或团体长期主宰相关领域政策的制定与执行，相关的政策问题总是被放在相似或相同的脉络和途径中来加以处理。这就形成了所谓的政策风格[③]。

理查森认为，政策风格是政府解决问题的途径和政府在政策过程与其他行动者之间相互作用的产物，也就是说，政策风格由政府解决问题途径和政府与社会团体关系的模式这两种因素决定。他就此进一步将政府解决问题的一般途径分为“前瞻式/主动式以及回应式”两种。例如，英国政治文化的一个特征是经验主义，由于过去的一套做法使英

---

① 陈振明：《公共政策学——政策分析的理论、方法和技术》，中国人民大学出版社，2004 年，第 324 页。
② 岳经纶、郭巍青：《中国公共政策评论》(第一卷)，上海人民出版社，2007 年，第 1～3 页。
③ 陈振明：《公共政策学——政策分析的理论、方法和技术》，中国人民大学出版社，2004 年，第 340 页。

国获得过辉煌的成就，因而在事件发生时，政府总是根据过往经验选择一些熟悉的方式去处理问题，而不是尝试采用一种新的、但可能更有效的方式处理问题。大多数的改革家都明确表示他们最喜欢英国这种“中庸、宽容，以及妥协和贯彻始终的能力”，这是他们的共识。但是，这样虽然可以给英国人民带来相对安宁的社会、值得信赖的政府，提供舒适生活的政治经济，但这种生活水平比不上其欧洲邻国，也达不到政治家所许诺的标准，使政府不得不打起精神来对政策进行改革，回应社会的需要。这种既保守又进取的状况，使英国的政策风格以回应和共识为特征。

事实上没有什么政府的政策是完全主动式或者完全回应式的，也没有什么政府总是以一致意见式或者强迫接受式来处理一切问题的。对政府解决问题有个更好的途径，就是根据政策循环每个阶段中所有影响公共政策的变量来考虑它，而不是提前就假定政策风格。

综合起来看，影响政策风格两个重要的变量是：①政策主体的构成，包括行动者及其观念、价值观、思维方式；②国家所具有的自主性，包括它的行政管理能力，以及政策运行所受到的资源约束的性质。

三、空间维度的政策变迁

20 世纪 60 年代末以来，西方学者致力于政策传播的研究，关注政策为什么从一个政府机构传到另一个政府机构。而最近十多年来，由于经济全球化与信息化的推动，一个民族国家学习和转移其他民族国家政策的现象也层出不穷，这些都可以看做政策在空间层面上的变迁。这一现象引起了政治学家的浓厚兴趣，政治学和国际组织研究中有越来越多的文献直接或间接地讨论并分析了这一现象，相关的学术术语有许多，如政策转移(policy transfer)、政策移植等。虽然其中的术语和焦点经常变化，但是所有这些研究都是关于一个相似的过程，即政策在空间范围内的变迁。

(一)空间维度的政策变迁相关概念

1. 政策转移

道洛维茨和马什认为，政策转移是指“一个政治体系的政策、行政配置、机构和思想观念被其他的政治体系用以发展其政策、行政配置、机构和思想观念的过程”[①]。

在道洛维茨和马什看来，政策转移的过程包括自愿的转移、强制的转移和混合类型的转移。自愿的转移试图把罗杰斯的“教训吸取”纳入里面；而“强制的转移”是指一个民族国家的政府或超国家机构鼓励，甚至向另一个政府施加压力以采纳某项政策；混合类型的转移是介于强制的转移与自愿的转移两者之间的转移。

2. 政策扩散

罗杰斯认为扩散是创新通过一段时间，经由特定的渠道，在某一社会团体的成员中传播的过程。并提出扩散是一种社会变化，它可以被定义为社会系统的结构和功能发生变化的过程。当新的方法被发明出来后，随之被传播、被接受或拒绝，并导致一定的结

① Dolowitz D, Marsh D. Who learns what from whom: a review of the policy transfer literature. Political Studies, 1996, 44(2).

果，在这当中，社会发生了变化[①]。

与外国学者强调政策扩散(policy diffusion)式创新型政策的传播不同，我国学者宋卫清认为，政策扩散与仿效和经验吸取指的是同一个过程，也就是关于某一时间或地点的政策、行政安排、制度等的知识被用于发展另一时间或地点的政策、行政安排和制度。这一概念后来又被修改为“一个(过去或现在的)政治系统中的政策、行政安排、制度和想法被用在另一个政治系统的政策、行政安排、制度和想法的发展”。后者与前者的最大不同在于：它强调了政策转移是发生在不同政治系统之间的空间维度的转移过程，而不包括同一政治系统中时间维度上的从过去到现在的转移；同时，转移的对象也扩大到包括对于某一政策的相关想法[②]。

根据我国学者的定义，我们认为政策转移与政策扩散在本质上无实质性的差别，它们都是指一个地点或政治系统的政策被应用于另一个地点或政治系统的过程。

3. 政策移植

政策移植是寻求和实现政策价值、政策理念与政策知识的时空转移并促使其在新的政策环境和政策受众中产生效用的过程。政策移植是政策创新优化的重要路径之一，是公共决策的一项重要内容。

政策移植是将在某种政策环境下产生的政策知识、政策价值和政策理念移植到另一政策环境并使其产生预期效用的现象。西方学者所指的“政策转移”强调的是一个过程。“在这个过程中，某一时空中的关于政策、行政安排或制度的知识被用于另一时空下政策、行政安排或制度的发展。”显然，政策转移的概念更强调政策知识的转移与流动，因而是一种“过程说”；而政策移植则既关注政策转移的过程，更注重政策在受体组织和应用地域发挥的效用，是一种“过程结果并重说”。据此可以认为，将其他地方已产生作用的政策转移到异地是实现了政策知识的转移；如果政策没有在新的政策环境下产生预期的效用，那么就不能说政策移植已经完成，更不能说政策移植已经成功[③]。

政策转移、政策扩散、政策移植是政策创新的重要途径和方式。政策创新是政府因公共管理使命之需求与政策环境变化，以新的理念为指导，完善与优化公共政策，以实现社会资源的优化配置和有效解决社会公共问题的一项重要政策行为。公共政策创新是政策主体的一种自主性的政策优化行为，是以较好的政策取代已被证实不合时宜应予以摒弃的政策，从而更好地实现政策目标的过程。政策创新并非等同于政策发明，即构建原创的政策理念的过程。只要某一政策主体接受对它来说是新的政策观念或政策工具就是创新，政策创新可能发生在一个政治主体发布的一项新的计划或政策，尽管这些计划或政策已经被其他政治主体采用过[③]。

4. 政策学习

通过以上介绍，我们对政策转移以及与其高度相似的政策扩散和政策移植有了一个比较详细的了解，它们所涉及的都是政策在空间范围内的变迁过程。我们认为可以把政

---

① 罗杰斯 E M：《创新的扩散》，辛欣译，中央编译出版社，2002 年，第 118 页。

② 宋卫清：《国家间公共政策的转移——概念、研究态势和理论》，《公共管理学报》，2008 年第 5 期。

③ 黄健荣、向玉琼：《论政策移植与政策创新》，《浙江大学学报》，2009 年第 3 期。

策变迁还原为这么一个过程，即政策学习(policy learning)—政策转移、政策扩散、政策移植—政策集中(政策趋同，policy convergence)。在这个过程中，政策学习是政策转移的起点，或者说是诱发因素，而政策集中则是政策转移所要达到的结果。

霍尔认为政策学习是正式公共政策议程的一个构成部分。政策学习就是根据过去政策的后果和新的信息，有意识地调整政策技术和政策目标，从而获得最终治理的目标[①]。

休·赫克拉将政策学习看做政策决定者基于外部政策环境变化的反应所采取的一种活动。外部环境发生了变化，政策决定者要获得成功，必须相应地调整自己的行为[②]。据他看来，“可以认为学习是由经验导致的在行为上相对持久的变化；通常这种变化被定义在应对某些可感知的刺激所做出的反应中的改变”。按他的观点，学习就是在过去经验的基础上对于新形势的反应。而理查德·罗斯则直接将政策学习视为教训吸取，即“面对相同的问题，决策者会从其他地区或其他国家中撷取成功的经验或汲取失败的教训，作为本国之参考或借鉴”[③]。这种学习发生于小的、集中的政策网络，它的目标是学习政策背景或政策工具，只涉及政策范式、模式和目标的部分改变。

5. 政策集中

英国学者科林·班尼特认为，政策集中是指公共政策在结构和过程方面日益增长的相似性。它包括在政策目标、政策内容、政策工具、政策结果和政策风格方面的政策集中。要了解政策转移与政策集中的关系，首先要知道政策集中是如何发生的。根据班尼特的观点，通过其确认的“四重过程框架”政策集中可能发生：“仿效，国家官员复制采纳了别处的政策；精英网络，集中源于跨国的政策共同体；通过国际的社会制度而融和；通过国外的参与者和利益集团渗透。”班尼特关于集中的发生原因说明了政策转移是政策集中的原因之一，政策集中是政策转移的结果[④]。

(二)西方的政策转移的理论

政策转移的理论基础为政策学习理论。政策学习理论产生于20世纪70年代，最早的研究者是彼得·霍尔与休·赫克拉。他们在《政策范式、社会学习和国家——英国经济政策制定案例》中认为，在公共政策领域，政府通过政策学习可以达到获得更好的政策目标的目的。政策学习就是根据过去政策的后果和新的信息，有意识地调整政策技术和政策目标，从而获得最终治理的目标[①]。与霍尔的定义相反，休·赫克拉在《英国和瑞典的现代社会政治：从救济到收入保持》中则认为政策学习经常是政府在以往经验的

---

① Hall P A. Policy paradigms, social learning and the state: the case of economic policymaking. Comparative Politics, 1993, 25(3).

② Heclo H. Modern Social Politic in Britain and Sweden : From Relief to Income Maintenance. New Heaven : Yale University Press , 1974: 300.

③ Rose R. What is lesson drawing? Journal of Public Policy, 1991, 11(1).

④ Bennett C J. Review article: what is policy convergence and what causes it? British Journal of Political Science, 1991, 21(2).

基础上对某些类型的社会或环境刺激所做出的回应，而很少是一种有意识的行为[①]。

在此基础上，保罗·萨巴蒂尔等提出了“政策学习”模式。其灵感一方面来自政治学研究中的集团理论，另一方面来自赫克拉在20世纪70年代对政策学习的研究。集团理论把政策变动看做不同集团间权力斗争的结果，赫克拉则认为应该从学习和适应的角度来进行政策分析，萨巴蒂尔、詹金斯-史密斯综合并发展了这些观点，他们强调信念和政策学习的动态变化是理解和预测政策变动的关键所在，“政策取向的学习包括相对持久的思想或行为动机的转变，这种转变来自经验并且关系到个人或集体信念体系规则的达成或修改”[②]。他们构建了一个政策变动的概念框架，把政策变动看做以下三方面因素相互作用的结果：①政策亚系统内竞争性的“政策倡议联盟”之间的互动。例如，拥有自己的信念体系和资源的联盟运用一定的策略对公共政策制定——集体选择、政策产出——施加各种影响，而政策产出后的政策影响又反过来影响联盟的信念体系及资源的变化。②亚系统外部的变化，即社会经济环境和技术的变化、整个统治集团的变化、其他亚系统的政策决定及其影响。③稳定的系统因素的影响，即问题的基本属性、自然资源的基本分配制度、基本的社会文化价值观和社会结构、基本的宪政结构等。这个框架至少包含三个基本前提：第一，要理解政策变动的过程(包括政策学习在其中的作用)需要十年或更长的时间跨度，这也是为了观察一个完整的政策周期。第二，探讨这段时间内政策变动的最有效的办法是关注由“政策倡议联盟”组成的“政策亚系统”。第三，公共政策的变动应该通过“信念体系”来考察。政策精英的信念体系按照变动的难易程度分为“深层核心”、“政策核心”和“次级方面”，信念的深层核心最难以改变，而次级方面，即执行层面，则较容易发生变化。学习型模式的基本观点是：政策取向的学习是政策变动的重要方面，它能够经常使联盟信念体系的次级方面发生变动；而政策核心方面的变化通常是亚系统外部客观因素变动的结果，如宏观经济环境的改变、新的统治集团或联盟的兴起[③]。

政策学习是政策转移的基础和前提，政策转移是政策学习的结果。从概念的内涵来看，政策学习包括政策转移。沃尔曼认为政策转移是政府采取的政策学习的一种形式，是一种“组织的学习形式”。学习可能导致政策变革或终结、转移与集中。因此，政策学习构成了政策转移的理论基础。

(三)政策转移的功能

政策转移作为政策主体的一种理性活动，具有特定的功能，其主要功能如下。

第一，促进政策变迁。当政策转移发生后，国外新的政策移入，其对政策的直接功能是促进政策变迁。政策变迁是公共政策发展的常态表现，它是政策适应环境、与时俱进的表现。政策转移加速政策议程建构，扩大政策供给的选择范围，能以较低的成本和较高的效率形成优质政策要素的配置，这些都有利于避免政策创新的僵化与滞后，提升

① Heclo H. Modern Social Politic in Britian and Sweden: From Relief to Income Maintenance. New Heaven: Yale University Press, 1974.

② 宁骚：《公共政策学》，高等教育出版社，2003年，第456～457页。

③ 魏淑艳：《中国公共政策转移研究》，东北大学出版社，2006年，第45页。

政策的科学性与有效性，有利于促进政策变迁。按照政策变迁的强度，可以把政策变革分为“断裂型和渐变型”两种类型，全盘的政策转移会导致断裂型政策变迁，有限的政策转移多导致渐变型政策变迁。政策转移可能带来的突破性的政策变迁，有利于改变渐进主义决策所形成的路径依赖，破解政策演进的“锁定”状态。

第二，促进不同程度的政策创新。政策变迁表现为政策创新。一种观点认为，政策转移（政策传播）就是政策创新的重要内容。另一种观点认为，政策转移可以为一国的政策制定者提供解决问题的新思路与新视野。政策转移虽不属于政策发明，“但当政策转移发生时，很少全盘照搬照套，往往都要与本国实际相结合，因而会产生不同程度的政策创新”[①]。政策转移意味着新的政策观念、内容、工具、手段等方面的知识流动，治理过程中的社会问题可能通过对政策方案的模仿与创新而有了解决的可能，从而被政府纳入政策议程予以解决。这是一种“问题→搜寻解决方案”式的政策议程。但也存在另一种情况，政策转移所带来的政策观念、思想火花促成某种问题意识，推动问题溪流的形成。对于有限理性的政策主体而言，搜寻解决办法比搜寻问题要容易得多。“解决办法→搜寻问题”的模式可以让政策主体对于关注什么问题、如何界定这些问题享有更多的控制权，并以更少的成本发现问题，这些都更贴近政治主体的偏好，因而更容易触发政策议程。

第三，促进公共政策发展。在开放的政策系统中通过政策的交流与传播，能够实现政策的持续优化与发展。不同国家或地区的决策者和社会成员通过相互学习，共享政策知识与政策理念资源，有利于促进各地适应本地需求的优质政策要素的配置与整合。从政策发展道路上来看，一个民族国家的公共政策发展可以有三种道路选择：一是内生型道路；二是外生型道路；三是内生与外生整合型道路。只有第三条道路——内生与外生整合型道路才是公共政策发展的可行之路。而政策转移则是政策外生与内生相结合的有力工具之一，政策转移可以使一个民族国家的政策吸收外来文明的一切积极成果，实现国家公共政策的理性化与科学化。

（四）政策转移的障碍及可行性

政策转移实现的前提条件为政策转移地区之间存在相似的公共政策问题。通常原创性政策的发明和实施时间成本风险都非常高昂，此时，政策制定者的目光就投向其他地区解决相似的公共政策的经验，在这个过程中其他国家和地区的政策信息的传入非常重要。

根据英国学者道洛维茨等的研究，政策转移失败的原因主要有三种：第一，借入国对于政策或机构的信息和该政策在被转移的国家里是如何运行的了解不足，这被称为未获充分信息的转移。

第二，虽然政策转移发生了，但是在发起国造成政策或制度结构成功的关键因素却没有被转移，导致政策失灵，这被称为不完全的转移[②]；政策转移并非完全由转移者自

---

① 魏淑艳：《中国公共政策转移研究》，东北大学出版社，2006年，第32页。

② Dolowitz D P，Marsh D. Who learns what from whom：a review of the policy transfer literature. Political Studies，1996，44(2).

身的政策需求推动，有时只是由于外在政策比较优势带来的压力或对其短期效益的羡慕导致政策转移的冲动。由于这样的政策转移是出于获取短期收益或缓解压力的需求，政策转移者的行为会更多地表现出对政绩荣誉光环的追求，从而致力于对显性政策的追捧，更多地关注外围的或短期的政策供给，忽视核心政策或内在制度的变迁。政策知识的传播能解决表面上相似的政策问题或政策困境。但是，短视的政策供给会使那些能产生长效机制的核心制度的变迁处于被忽视的状态，从而带来政策结构变迁的不合理性，甚至会使具有重大意义的政策体系的变革陷入锁定状态。

第三，对政策移出国和移入国之间的经济、社会、政治和意识形态背景的差异关注不足，这被称为不适当的转移。从目前的政策转移案例来看，这三种导致政策转移失败的原因都是存在的。

政策转移虽然是一个并不复杂的概念，但其实践活动极为复杂，政策转移与政治权力和政策过程的复杂性有着密切的关系。政策转移的发生及其成功要受到诸种因素的制约，如经济、政治、法律、意识形态、文化、地理、社会、宗教等诸多因素的影响和制约，还要受各种不确定性因素的影响。各种复杂因素的相互作用很可能使政策转移的设想胎死腹中，或者使转移来的政策失效①。

成功地进行政策转移，必须充分考虑以下因素：首先，潜在的采纳者们应该首先认清政策用来针对什么问题以及与政策或它的变量相关的目标。换言之，考虑问题和目标的相似性，理性选择政策转移目标。在转移之前必须充分研究本土相关政策及政策环境现状，明确是否需要进行政策转移、转移的目标，以及需转移政策植入的程度、步骤与方式。从政策创新的整体目标出发，通过全方位宽领域选择、多视角论证和多方面比较，理性选择适合本国、本地区或本部门实践的政策。其次，要了解政策在原环境中的效果与执行方法，政策转移者应该判断他们期望仿效的政策达到何种程度算是成功的，或是在哪些方面政策是成功的。对引入政策应首先进行局部试验，在进行基于获取政策转移绩效的相关数据的论证后，决定是否予以全面推广。政策转移应分步骤进行，不应同时进行多个政策转移，即在一个转移政策融入原有的政策系统并形成新的政策需求之后，再进行新一轮的政策转移，这样有助于增强政策转移的可控性。最后还要考虑政策转移的环境因素，包括政治—行政结构、财力资源、文化传统、利益集团的影响等。

总之，政策转移者需要了解政策在移出国的运作机制及效果；了解本土政策环境中的机会与限制性因素；还要弄清政策转移的动机与目标、政策转移的内容、政策转移的策略与风险等，只有系统地考虑政策转移的相关因素，才能提高政策转移成功的几率。并且在促进政策转移时，要同时鼓励政策自主创新实践。政策转移促进政策创新的扩散，是以较低成本实现政策优化的方式，但是在促进对先进政策进行转移的同时，必须注意鼓励内生政策创新。上级主管部门应积极支持创新，制定相关激励措施；同时各政策主体应强化创新意识，增强政策创新的使命感。内生政策的积极创新能够与政策转移相辅相成，并有利于激活后者。

① 魏淑艳：《中国公共政策转移研究》，东北大学出版社，2006 年，第 35 页。

（五）政策转移的结果[1]

我们应该看到政策转移的初衷是解决政策问题，提供政府治理的有效工具，实现政策变迁。虽然政策转移初衷与动机良好，但由于移入国存在种种限制和约束条件，转移来的政策可能存在与本土政策资源的冲突而产生不适应性，从而导致政策的低效或无效，甚至产生政策灾难。因此，必须对政策转移的作用有明确的认知，在实施政策转移过程中做好相应准备。

政策转移导致国家之间同类公共政策的趋同化现象。在处理全球化所产生的共同性政策问题时，政策转移势必导致移入国与移出国公共政策的趋同现象，如 20 世纪 80 年代以来英国与美国在福利政策领域的政策趋同性，WTO 成员在贸易政策领域的趋同性。一般情况下，政策趋同的影响是中性的，但在某种情况下，它是否有损于政策趋同国家的主权与利益，需要具体分析。

政策转移可能不同程度地影响民族国家的主权与文化，导致文化变迁。特别是当政策转移在不同意识形态国家渐次发生后，随着时间的延续，转移来的政策融入移入国的社会之中，随着政府对这种政策修辞的强化宣传，政策观念会沉淀附着于社会成员的内心，导致社会成员价值观的潜在改变，促进社会成员政治心理与社会心理的渐进变化，潜移默化地改变国家的政治文化与社会文化，导致文化变迁的发生。

第二节 政策变化

辩证唯物主义认为任何事物都是在不断发展变化的。公共政策从产生之日起，就在时空维度中不断发展变化。随着主客观条件的变化，政策也总是处于不断发展变化之中。不同国家或地区、不同公共部门政策变化的模式是本节关注的重点。

一、政策变化研究的进展

依据库恩的观点，科技进步表现为“前科学—常规科学—反常—危机—科学革命—新的常规科学”的发展过程，而其中的“常规科学—反常—危机—科学革命”则是科学革命的结构性模式[2]。常规科学是指严格根据一种或多种已有科学成就所进行的科学研究，某一科学共同体承认这些成就是一定时期内进一步开展活动的基础[3]。反常表示出现了与范式预期不相符合的现象[1]。于是对反常的觉察就开辟了一个调整理性范畴的时期，一直调整到最初的反常现象成为预期现象为止[4]。由此我们可以看出，常规科学的目的虽然并不在于寻求新事物的产生，起初甚至还倾向于反对创新，但也同样能够引起新事物的产生。任何一门新科学理论的产生都是在已经存在的常规科学的基础上发展而来的。至于危机，库恩认为“科学像制造业一样——更换工具是一种浪费，只能留到需

---

① 参见魏淑艳：《中国公共政策转移研究》，东北大学出版社，2006 年，第 86 页。

② 陈振明：《公共政策学——政策分析的理论、方法和技术》，中国人民大学出版社，2004 年，第 338 页。

③ 库恩 T S：《科学革命的结构》，李宝恒、纪树立译，上海科学技术出版，1980 年，第 8 页。

④ 库恩 T S：《科学革命的结构》，李宝恒、纪树立译，上海科学技术出版，1980 年，第 53 页。

要的时候进行，危机的意义就在于：它可以指示更换工具的时机已经到来”。因而我们可以看出，危机是新科学理论出现所必需的前提条件，危机常常会产生新的发明。就如同社会主义这种新思想的发明是产生于资本主义本身的危机之中一样。库恩认为，科学革命被当做那些非积累的发展事件，在其中一套较陈旧的规范全部或局部被一套新的不相容的规范代替①。可以这样说：科学革命也就是一种范式转换，是少部分人在广泛接受的科学范式里，发现现有理论解决不了的“例外”，尝试用竞争性的理论取而代之，进而排挤掉“不可通约”的原有范式②。

政策范式概念的提出者彼得·霍尔在研究公共政策制定的过程中，参照库恩的思想，对不同种类的政策变迁进行定位。他把简单变化的学习过程与那些潜在的、更激进的政策基本工具和总体性目标的改变区别开来。建立在这些区别上，霍尔确认了三种不同的政策变迁，即政策的第一序列变化过程、第二序列变化过程和第三序列变化过程。第一序列变化过程是指总体目标和政策工具保持不变，同时工具设置依据经验和新知识做出调整的过程。第二序列变化过程是指政策总体目标保持原样，政策工具及其配置按照过去经验进行调整的变化。第三序列变化则是政策的三个组成部分同时发生变化，工具设置、工具自身和政策背后的目标层次都发生大规模的变化③。

霍尔将第一和第二序列变化称为“常规的政策变化”，即在不对既定政策范式整体条件带来挑战的情况下进行政策调整的过程，这与“常规科学”很相似。然而，第三序列变化可能要反映一个非常不同的过程，其特征是与某一政策范式有关的政策话语的整体条件有了根本的改变。第一和第二序列变化并不自动引发第三序列的变化，就像在科学变化中的例子一样，常规的政策制定可以持续一段时间而不一定促成一个范式转移。霍尔认为，政策的第一序列变化可能呈现出渐进主义、例行公事式决策等通常与政策过程相联系的特点。政策的第二序列变化和新的政策工具的发展则是朝着战略行动方向前进了一步。第三序列变化是最根本的，因为它代表了政策制定的知识框架的显著转移。霍尔指出，这个框架就是“政策范式”，也就是“一个由各种理念和标准组成的框架，它不仅指明政策目标以及用以实现这些目标的工具类别，而且还指明它们需解决之问题性质”④。

从库恩的科学革命理论和霍尔等西方公共政策分析学者对于政策变化规律的研究，我们可以看出政策变迁一般存在着两种不同的变化模式，即常规的政策变化和范式转移的政策变化。

二、常规的政策变化

常规政策变化模式(第一和第二序列变化)即政策在保持基本方向或目标前提下发展演变，或新旧政策之间保持较大程度的连续性⑤。公共政策有着惊人的连贯性，大量的公共政策是在某种程度上对以往的政策和实践的延续。例如，扩大教育机会通常是在现

---

① 库恩 T S：《科学革命的结构》，李宝恒、纪树立译，上海科学技术出版，1980年，第76页。
② 陈振明：《公共政策学——政策分析的理论、方法和技术》，中国人民大学出版社，2004年，第338页。
③ 岳经纶、郭巍青：《中国公共政策评论》(第一卷)，上海人民出版社，2007年，第7页。
④ 岳经纶、郭巍青：《中国公共政策评论》(第一卷)，上海人民出版社，2007年，第49页。
⑤ 陈振明：《公共政策学——政策分析的理论、方法和技术》，中国人民大学出版社，2004年，第339页。

有政策的基础上开办新的学校；增加卫生服务通常是在现有政策基础上开办新的医院；现在计划生育政策是在之前一胎化政策基础上的补充和完善。这一类政策变化就是"常规的政策变化"。在这种变化模式中，允许在没有改变政策基本方向的情况下对现有政策做出修改和补充。

为什么政策会保持这种连贯性呢？林德布洛姆的渐进主义认为：通常政治上可行的政策只与现行的政策有渐进、轻微的差异，差异巨大的政策是不合时宜的；由于决策者以及其他参与者为达成共识，必定要进行讨价还价、相互妥协，就不可能导致全新的、最优的政策的产生[①]。鲍姆加特纳和琼斯认为子系统倾向于建立政策垄断，使其中对某个问题的解释和常规的解决途径或多或少都是固定的。只有当新的成员或者子系统出现使这种垄断被打破，一项政策才可能在重大的意义上发生改变[②]。以上两种解释都表明：在正常的环境下，政策问题的处理都是依据被讨论问题已经存在的解决方式来进行的。这在某些研究中被描述为政策风格。

三、范式转移的政策变化

间断均衡模式(第三序列变化)即政策连续过程中出现中断或飞跃，新政策取代旧政策。这种类型的政策变化发生的不那么频繁，并且涉及政策风格的显著改变。根据库恩的观点：科学社群或基于其他知识的社群的观念不仅在变革，而且在以一种独特的方式变革。在他看来，科学的进步是革命性的，而不像过去的许多哲学家和科学历史学家所认为的那样，在本质上是进化的。因此，库恩著作中的范式与一种独特的变革模式相联系。这是一种独特的变革过程，被称为间断均衡模型[③]。

为什么会发生变革呢？库恩强调了变革的内生来源：他认为异常现象或不能被已有范式充分解释的事件观察的日积月累，导致了一些人致力于以一种全新的方式来理解现象，最终导致了新范式的出现。但库恩的陈述回避了几个问题：为什么科学社群的一些成员试图调和异常现象，而另一些成员却创立出新的范式？为什么有些成员抵制新的范式，而另一些成员却乐意接受了它？[④] 这是库恩研究成果中不够理论化的一面。

霍尔接受了政策变革是以一种"间断性均衡"的方式进行的总体思想，也接受了库恩主义的观点。然而，和库恩不一样的是，霍尔认为范式间的转移源自一个社会学的而非纯粹理智的过程。过渡期的长短取决于现有秩序建立的牢固程度，也取决于旧有秩序的辩护者所能达到的高度。因而，他将政策范式的变革过程划分为六个阶段[⑤]。

(1)范式稳定阶段。在这个阶段，占统治地位的正统学说被制度化，政策的调整在很大程度上是由一个封闭的专家和官员群体做出的。

(2)异常现象的累积阶段。在这个阶段，"真实世界"出现的发展既不能用正统学说来预测，也不能被充分解释。

---

① 陈振明：《公共政策学——政策分析的理论、方法和技术》，339页，北京，中国人民大学出版社，2004。
② 豪利特M，拉米什M：《公共政策研究》，庞诗，等译，生活·读书·新知三联书店，2006年，第321页。
③ 豪利特M，拉米什M：《公共政策研究》，庞诗，等译，生活·读书·新知三联书店，2006年，第325页。
④ 豪利特M，拉米什M：《公共政策研究》，庞诗，等译，生活·读书·新知三联书店，2006年，第327页。
⑤ 豪利特M，拉米什M：《公共政策研究》，庞诗，等译，生活·读书·新知三联书店，2006年，第330页。

(3)试验阶段。在这个阶段，现有范式被用于牵强地解释异常现象。

(4)权威的分裂阶段。在这个阶段，专家和官员出现分裂，新的参与者挑战现有范式。

(5)论战阶段。在这个阶段，争论扩大到公众，并且牵涉到更大范围的政治过程，包括选举因素和党派因素。

(6)新范式的制度化阶段。在这个阶段，在一段或长或短的时期之后，新范式的倡导者确立了权威地位，并且改变现有的组织安排和决策安排，以将新的范式制度化。

霍尔认为，范式之间的竞争不能仅通过科学质疑和理智争论的内生影响来解决，还要借助于关键行动主体与社会中竞争性利益集团之间广泛权利斗争的外生转移。但霍尔并没有具体指明导致变革的外生因素。萨巴蒂尔精确地定义了这些外生因素，他提出政策子系统中显著变革的发生最终要归因于倡导者联合的转移，即子系统内持有类似的核心信念的成员们的转移。虽然这种变革可以通过内生的学习或者对异常现象的发展和察觉而发生，但核心信念的变革还是必须等待合适的外部事件。这些外部事件包括：①社会经济条件的变化和技术上的变革；②系统的统治联盟的改变；③其他子系统的政策决定和影响。鲍姆加特纳和琼斯还认为，非子系统成员的行为是关键因素，因为那些没有受益的以及不同意政策既定方向的人，会试图把他们的利益和想法与其他的机构和环境联系起来。他们认为，这种行为有时候会和子系统成员一道，共同导致问题的扩大化，并因此导致问题处理方式的显著变化[①]。

由此我们可以看出，范式转移的最终发生是因为异常现象在范式与其声称要描述的现实之间逐步积累。这种变革的推动者是致力于创新的个体在子系统内作为对变化的环境的适应以及他们自己的职业进取心的驱策。范式变革的过程在开始时是很不稳定的，因为相互冲突的思想纷纷出现，并且为取得统治地位而竞争。当一套新的思想击败其他思想，并且被政策子系统的大多数成员或至少是最有权力的成员接受的时候，这个过程便宣告结束，并至少会持续到下一次剧变发生之前。新范式的统治地位最终得到确立，它的正统性被充分到这种程度，因而它以标准的形式出现，与其不相容的其他范式看起来都是异常的[②]。政策范式变革的一个显著例子是第二次世界大战结束后的经济政策，即凯恩斯主义范式的出现和 20 世纪 80 年代货币主义范式取代凯恩斯主义范式。

四、影响政策范式变化的因素

影响政策范式变化的因素可分为两类，一是国家、地区政策系统内部影响政策范式变化的因素和一个国家、地区政策系统之外部影响政策范式变化的因素。二是国家、地区政策系统内部影响政策范式变化的主要因素有政策目标的变化、异常事件的累积、政治权威的变化；政策系统外部影响政策范式变化的因素主要是政策扩散(政策转移、政策移植)。这里的政策系统是指由政策主体、政策客体及其政策环境相互作用构成的社会政治系统[③]。政策范式变化的影响因素模型可以用图 9-1 来表示。

---

① 豪利特 M，拉米什 M:《公共政策研究》，庞诗，等译，生活·读书·新知三联书店，2006 年，第 331 页。

② 豪利特 M，拉米什 M:《公共政策研究》，庞诗，等译，生活·读书·新知三联书店，2006 年，第 332 页。

③ 陈振明:《公共政策学——政策分析的理论、方法和技术》，中国人民大学出版社，2004 年，第 5 页。

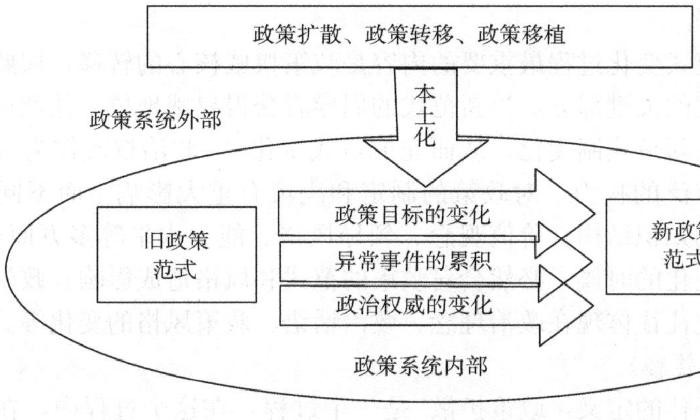

图 9-1 影响政策范式变化的因素模型

1. 中长期政策目标的变化

所谓政策目标，是决策者凭借决策手段所取得的东西，它是政策的出发点和归宿①。霍尔的政策的三个序列变化里的第三序列的变化指的正是由于政策目标的改变而导致的政策所有构成要素的变化，第三序列的变化是最根本的变化，因为它代表了政策制定的知识框架的显著转移，也就是政策范式的转移。因此，一个国家和地区的中长期政策目标一旦发生变化，政策工具也必须做相应的变化以达到决策者所追求的新的政策目标，而政策工具作为政策范式的重要内容之一，政策工具的改变也会影响到政策范式的转移。国家的中长期政策目标的变化突出地表现在国家发展战略、国家中长期发展规划关于政策目标的变化。这些战略和规划的发展变化，设定了国家在较长时间内的新的政策目标，将影响到较长时间内的政策工具选择、政策风格等，也就影响到了政策范式的变化。

2. 异常事件的累积

所谓异常事件，也就是在现行范式中被证明异常的事件，不符合现行政策范式下的理念、价值观、假设等知识框架。根据霍尔的理论，范式变化是由特定类型的事件，也就是在现行范式中被证明异常的事件所引发的过程。由于异常事件在现行范式下不断积累，政策制定者为了纠正这些问题，就会改变政策工具的设置并实验新的政策工具①。异常事件的累积和政策问题的积累相关，可以说异常事件是政策问题的表现形式。政策问题是指一种由相当数量的社会成员感觉到的与人的利益、价值和要求相联系的，并由团体活动界定的，以及为政府所认可、认为必须加以解决的社会问题。异常事件和危机事件、焦点事件、触发事件有着紧密的联系。当异常事件累积到一定程度的时候，往往通过一个触发事件表现出来，加快和促进政策范式的转移。政策范式的转移作为政策长期的变迁，异常事件长期的累积是其变化的动力所在，而短期的出现的突发事件、触发事件往往是政策范式变化的突破口。

---

① 岳经纶：《中国发展概念的再定义：走向新的政策范式》，载岳经纶、郭魏青：《中国公共政策评论》(第一卷)，上海人民出版社，2007 年，第 49 页。

3. 政治权威的变化

霍尔认为，政策范式变化过程最重要的内容是政策权威核心的转移，权威核心的转移似乎是范式变化过程的关键部分，当新范式的倡导者获得权威地位，他就可以通过现有的组织和决策安排使新范式制度化，从而完成范式变化[①]。政治权威作为最重要的政策主体，由于其拥有广泛的权力，对政策的制定和决策有重大影响。而不同的政治权威，由于其权威主体的知识结构、价值观念、领导风格、能力水平等多方面存在差异，所以当政治权威发生变化的时候，必然会对政策的范式和风格造成影响。政治权威的变化导致的政策范式变化往往体现在政治理念、政治话语、政策风格的变化等。

4. 政策扩散(政策转移)

按照道洛维茨和马什的定义，政策扩散“是一个过程，在这个过程中，在一个时间或地点存在的政策、行政管理措施或机构被用于在另一个时间或地点来发展有关政策的知识、行政管理措施和机构”[②]。和政策扩散高度相关的名词还有政策转移、教训汲取、政策学习、政策移植、政策集中等。虽然这些名词在表述上各异，但都涉及本质的一点，那就是一个政治系统的政策范式向其他政治系统自愿接受或者是被动强制接受其他政治系统的政策目标、政策工具等，从而将影响到这个国家或地区政策范式或风格的转变。

政策扩散、政策转移对一个国家和地区政策范式变化的影响一般通过本土化机制得以实现。本土化是指对外来知识体系的反思和批判[③]。对国外的政策范式，包括政策目标、政策工具等有一个“本土化”过程，需要对国外的经验、政策做适当的调试，以使经过“本土化”过程的国外政策范式更能解决接受政策移植政策系统内的实际问题。在转移别的国家和地区的政策范式的时候，必须注意以下两个方面：一方面，要避免在政策转移过程中“照抄照搬”国外经验和模式。由于各个国家和地区的实际情况不一样，“照抄照搬”的政策不能有效促进国内相关政策问题的解决，甚至造成重大损失。另一方面，要重视政策转移过程中的政策创新。政策转移并不是简单地把他国的经验直接复制于本国的政策实践，也不能仅仅局限于细枝末节的调整与改变。这样的话，就永远处于模仿别人、借鉴他人的地位。在移植他国的政策范式的过程中，要重视政策的创新，要大胆借鉴国外政策的合理之处，更要在本土化的基础上大胆创新。在此基础上形成优秀的政策范式，并通过政策扩散、政策转移等渠道，将这些优秀的政策范式传播出去，提升本国的影响力。

一个政策系统范式的变化还有很多其他影响因素，如政策环境的变化、政策问题的变化等。范式变化的最直接、最重要的因素应该是包括政策目标的变化、异常事件的累积、政治权威的变化、政策扩散和政策转移在内的四个内外部因素。这些政策系统内外部因素的变化，将最终影响政策系统的政策范式发生或大或小、或多或少的改变，这种

① 岳经纶：《中国发展概念的再定义：走向新的政策范式》，载岳经纶、郭魏青：《中国公共政策评论》(第一卷)，上海人民出版社，2007年，第50页。

② Dolowitz D，Marsh D. Who learns what from whom：a review of the policy transfer literature . Political Studies，1996，42(2).

③ 叶启政：《社会理论的本土化建构》，北京大学出版社，2006年，第21页。

改变用霍尔的政策变化理论来说，就是政策的第一序列、第二序列、第三序列的变化。

第三节 中国政策范式的变迁

国内许多学者在借鉴国外的政策范式理论和政策范式的转移理论的基础上，对新中国成立以来中国的政策范式变化进行了分析和总结。王学杰认为，新中国成立以来的公共政策发展分为两个阶段，以1978年党的十一届三中全会为标志，他认为我国公共政策发展的两个阶段代表了两种不同的政策范式，代表了中国政策范式的变化[①]。岳经纶认为，中国的政策范式可以分为明显的三个范式阶段，即赶超发展范式(1949年新中国成立至1979年)、单纯经济增长范式(1978年十一届三中全会之后至2003年)、以"以人为本"的新政策范式正在形成阶段(2003年SARS危机之后至今)。他从政策目标、政策工具、政策问题界定、政策取向、政策制定风格和政策语言等多个维度对各个阶段的政策范式特征进行了详细的分析[②]。王绍光认为中国当前公共政策格局正在从经济政策到社会政策发生历史性的转变[③]。

我们在霍尔政策范式理论的基础上，通过分析新中国成立以来四代领导集体的范式特征、政策目标、政策工具、政策制定风格、政策话语，将我国的政策范式分为两个阶段：前一阶段是改革开放以前以毛泽东为核心的第一代领导集体政策范式，后一阶段是改革开放以后以邓小平、江泽民和胡锦涛为核心的第二、三、四代领导集体政策范式，这两个阶段之间发生了第三序列的变化。本节将对新中国成立以来的政策范式变化做详细的论述。

一、改革开放以前的政策范式

改革开放以前，以毛泽东同志为核心的第一代中央领导集体，领导全党和全国各族人民，经过长期奋斗，夺取了新民主主义革命的胜利，进而建立起社会主义基本制度，解放和发展了生产力，把半殖民地半封建的旧中国，变成了独立自主的社会主义新中国。

新中国成立伊始，国家通过没收官僚资本、建立国营经济、稳定物价、统一财经、合理调整工商业和领导人民恢复和发展生产取得了巨大成就，把经济推上了正轨，为摆脱长期以来经济落后的局面和强烈的民族主义情绪驱动，1955年秋毛泽东第一次提出要赶上和超过美国的想法。他的说法是准备100年，力争50年，计划75年。1956年中共第八次全国代表大会他再次提出这一设想，明确提出要力争五六十年赶超美国。1957年社会主义阵营受到苏联成功发射人类第一颗人造地球卫星的鼓舞，相继提出了赶超世界发达西方国家的奋斗目标。毛泽东表示，中国要用15年时间赶上和超过英国，这一指标最终在高层被压缩到了七年，并随后提出10年赶上美国。紧接着，为实现这一梦想，"大跃进"在全国全面展开，各地立即发动生产大跃进，力图赶英超美。

---

① 王学杰：《范式转变：我国公共政策的发展与前瞻》，四川行政学院学报，2002年，第5期。
② 岳经纶、郭巍青：《中国公共政策评论》(第一卷)，上海人民出版社，2007年，第51页。
③ 岳经纶、郭巍青：《中国公共政策评论》(第一卷)，上海人民出版社，2007年，第29页。

从1957年起，毛泽东多次论述中国的阶级斗争情况，论述他的阶级斗争理论，并成为后来“无产阶级专政下继续革命”理论的核心内容。这一时期，党、政府、军队的领导人，通过发布政治动员令、宣言、声明、告人民书等，提出鲜明、生动的政治纲领或口号，如“赶英超美”、“开展全国全面的阶级斗争”、“以阶级斗争为纲”等，进行普遍的动员和教育。这些对阶级斗争夸大化、绝对化的提法，一度成为流行口号。此外，上层领导还通过通讯社、广播电台、报刊等宣传工具，运用标语、传单等宣传手段，采取报告会、动员会、文艺演出等形式，对群众进行宣传教育。阶级斗争和政治动员成为推动经济增长的主要手段。

1958～1960年的“大跃进”运动和1966年5月至1976年10月的“文化大革命”，给党、国家和各族人民带来了严重灾难。这与当时的决策方式密切相关。1958年，毛泽东严厉批评了周恩来主管下的国务院经济部门搞分散主义，提出“大权独揽，小权分散，党委决定，各方去办”。这在一定程度上阻隔了地方干部、民主党派和群众的政策参与，主要领导人控制政策制定、国家发展计划、发展政策和发展项目的制定和实施。这是在1957年整风运动中说服党外人士放下包袱、轻装上阵、建言献策的理念之后发生的重大逆转，并在此后一直成为民主化进程的桎梏。“大跃进”运动是中共在全国范围内开展的极“左”路线的运动，是在中共八届三中全会及其以后不断地错误批判1956年反冒进的基础上发动起来的，是“左”倾冒进的产物。“文化大革命”由领导者错误发动，被反革命集团利用，主要论点既不符合马克思列宁主义，也不符合中国实际。

以毛泽东为核心的第一代中央领导集体，在政治上建立了一个崭新的社会主义政权，在经济上通过政治权威使用指令性计划来构造国民经济体系，采取各种干预性和政府主导的政策，如建立国有企业、约束市场力量，对私人经济实施国有化政策等发展本国经济，取得了突出的成就。虽然陈云提出的“三个主体、三个补充”(国家经营和集体经营是主体，一定数量的个体经营为补充；计划生产是主体，一定范围的自由生产为补充；国家市场是主体，一定范围的自由市场为补充)的思想突破了传统观念，但这一探索适合中国特点经济体制的重要举措并未被采用。随着阶级斗争扩大化，公共政策范式与中国实际状况脱节，“文化大革命”正是这种范式没落的突出表现。“赶英超美”的目标没有实现，依然没有摆脱贫困落后的局面。随着邓小平的上台和十一届三中全会的召开，标志着新的政策范式的产生。

二、改革开放以后的政策范式

十一届三中全会以来，我国实行了改革开放的国策。以邓小平、江泽民和胡锦涛为核心的第二、三、四代领导集体政策范式较改革开放以前的政策范式明显发生了转变。本部分从这一阶段的政策范式特征、政策目标、政策工具、政策风格、政策话语五个方面对这一阶段的政策范式进行分析。

(一)政策范式特征

一场“十年浩劫”使我们党和国家蒙受了巨大的损失。1978年党的十一届三中全会在全面总结我们党和国家历史经验的基础上，根据我国的实际情况，果断地停止了使用“以阶级斗争为纲”的口号，重新确立了马克思主义的思想路线，全面分析了当前的主要矛盾和主要任务，做出了把工作重点转移到社会主义现代化建设上来和实行改革开放的战略决策，恢复了党的民主集中制的优良传统，决定在党的生活和国家政治生活中加强民主和法制建设，明确党的思想路线，加强党的领导机构和成立中央纪律检查委员会。1979 年 4 月中央工作会议提出对国民经济实行“调整、改革、整顿、提高”的方针。具体来说，就是在农村实行“统分结合”的家庭联产承包责任制，在城市进行经济体制改革探索。1980 年 5 月中央决定在深圳、珠海、汕头、厦门设立经济特区。

1992 年 6 月 9 日，江泽民在中央党校省部级干部进修班上发表讲话，明确提出“社会主义市场经济体制”的论断。1992 年 10 月 12 日至 18 日，党的第十四次全国代表大会在北京召开，通过了江泽民做的《加快改革开放和现代化建设步伐，夺取有中国特色社会主义事业的更大胜利》的报告。大会确立了邓小平建设有中国特色社会主义理论在全党的指导地位，概括了建设有中国特色社会主义理论的主要内容，提出我国经济体制改革目标是建立社会主义市场经济体制。以邓小平南方谈话和党的第十四次全国代表大会为标志，改革开放和现代化建设事业进入从计划经济体制向社会主义市场经济体制转变的新阶段，由此打开了中国经济、政治、文化发展的崭新局面。2000 年 2 月 25 日江泽民同志在广东省考察工作时，从全面总结党的历史经验和如何适应新形势新任务的要求出发，首次对“三个代表”重要思想进行了比较全面的阐述。“三个代表”的重要论述具有鲜明的时代特征，不仅是党的建设的重大课题，同时，它事关改革开放和两个文明建设的成败，事关全党全国工作大局，事关党和国家的前途命运，是我们党的立党之本、执政之基、力量之源。

2003 年春，党中央和国务院领导全国人民取得了防治“非典”和促进发展的双胜利，积累了应对突发公共事件的经验。2003 年 7 月，胡锦涛在全国防治“非典”工作会议上，阐述了加强经济社会协调发展、统筹城乡经济社会发展的要求。

2003 年 10 月召开的中共十六届三中全会，正式提出了坚持以人为本、全面协调可持续的科学发展观。2004 年 9 月，党的十六届四中全会提出构建社会主义和谐社会的战略任务。2005 年 2 月，胡锦涛在中央党校省部级主要领导干部专题研讨班上，对构建社会主义和谐社会的重大战略思想做了全面论述。2005 年 10 月召开的党的十六届五中全会，指出科学发展观是推动经济社会发展、加快推进社会主义现代化建设必须长期坚持的指导思想。2006 年 10 月，党的十六届六中全会审议通过了《中共中央关于构建社会主义和谐社会若干重大问题的决定》。2007 年 10 月 15 日，胡锦涛在党的第十七次全国代表大会报告中，全面论述了科学发展观的科学内涵和精神实质。

党的第十七次全国代表大会报告指出：中国特色社会主义理论体系，就是包括邓小平理论、“三个代表”重要思想以及科学发展观等重大战略思想在内的科学理论体系。这个理论体系坚持和发展了马克思列宁主义、毛泽东思想，凝结了几代中国共产党人带领人民不懈探索实践的智慧和心血，是马克思主义中国化的最新成果，是全国各族人民团结奋斗的共同思想基础。中国特色社会主义理论体系是不断发展的、开放的理论体系。

（二）政策目标

1987 年党的第十三次全国代表大会正式制定了社会主义现代化建设“三步走”的战略部署：第一步，实现国民生产总值比 1980 年翻一番，解决人民的温饱问题，这个任务已经基本实现。第二步，到 20 世纪末，使国民生产总值再增长一倍，人民生活达到小康水平。第三步，到 21 世纪中叶，人均国民生产总值达到中等发达国家水平，人民生活比较富裕，基本实现现代化。为了更好实现“三步走”战略，邓小平还提出了“台阶式”发展思想。

1997 年，党的第十五次全国代表大会确定了“新三步走”战略：21 世纪第一个十年实现国民生产总值比 2000 年翻一番，使人民的小康生活更加宽裕，形成比较完善的社会主义市场经济体制；再经过十年的努力，到建党 100 周年时，使国民经济更加发展，各项制度更加完善；到 21 世纪中叶新中国成立 100 周年时，基本实现现代化，建成富强民主文明的社会主义国家。

第四届领导集体对全面建设小康社会提出新要求：一是要转变发展方式，在优化结构、提高效益、降低消耗、保护环境的基础上，实现人均 GDP 到 2020 年比 2000 年翻两番；二是使中国成为工业化基本实现、综合国力显著增强、国内市场总体规模位居世界前列的国家，成为人民富裕程度普遍提高、生活质量明显改善、生态环境良好的国家，成为人民享有更加充分民主权利、具有更高文明素质和精神追求的国家，成为各方面制度更加完善、社会更加充满活力而又安定团结的国家，成为对外更加开放、更加具有亲和力、为人类文明做出更大贡献的国家。

这三代领导集体的政策目标是在尊重中国实际、遵循客观规律、秉持人民至上的理念下制定的。政策目标的内容体现出循序渐进的特点，三代领导集体既保持了目标的连续性，又根据新的情况和条件充实了奋斗目标，增强了目标的针对性，形成了一个更高、更综合的要求。总体目标没有发生变化，都是为了建设中国特色社会主义。中国特色社会主义就是要求把马克思主义的普遍真理同本国的具体实际结合起来，走适合中国特点的道路，逐步实现工业、农业、国防和科学技术现代化，把中国建设成为富强、民主、文明、和谐的社会主义国家，即一方面要坚持马克思主义的基本原理，走社会主义道路，另一方面必须从中国的实际出发，不照抄照搬别国经验、模式，而是走自己的路，具有中国特色。经过改革开放三十多年的艰苦奋斗，我们完成了从温饱到小康的历史性跨越，经历了从建成“低水平的、不全面的、发展很不平衡的”小康到建设“全面小康”的历史性进步，社会主义中国在现代化的道路上，迈出了前所未有的坚实步伐。

(三)政策工具

早在 1979 年邓小平就指出：“社会主义也可以搞市场经济。”[①]1982 年的中共第十二次全国代表大会明确提出了以计划经济为主、市场调节为辅的原则。1984 年的中共十二届三中全会做出《关于经济体制改革的决定》，认为社会主义经济是在公有制基础上的有计划的商品经济。1987 年的中共第十三次全国代表大会提出社会主义有计划商品经济的体制应该是计划与市场内在统一的体制，计划和市场的作用范围都是覆盖全社会的。20 世纪 80 年代初，政策导向出现了亲市场的根本转移。20 世纪 80 年代末采取了如创立私人市场、国企改制、精简机构、放松市场管制等一系列市场导向的政策。1989 年的第七届全国人民代表大会第二次会议上，政府提出“坚决贯彻治理整顿和深化改革

① 中共中央文献研究室：《邓小平文选》(第 2 卷)，人民出版社，1994 年，第 236 页。

的方针”。其后，主张市场取向改革的意见一度受到批判。在此背景下，1990年12月和1991年1月，邓小平两次谈到了计划和市场的问题。这一段的经济运行机制，总体上来说应当是“国家调节市场，市场引导企业”的计划与市场相结合的机制。

20世纪90年代以来，随着市场化进程的加快，政府采购、合同外包、用者付费等市场化工具被引入。这一时期，中国的民营化进程在速度和广度上都有所深化。这一自发的民营化的基本逻辑是：放权导致了地区间竞争，地区间竞争又反过来引发了民营化①。

随着市场经济的不断成熟和加入世界贸易组织(World Trade Organization，WTO)，行政体制改革的深化，在政策工具选择方面，政府开始更加重视公民社会和工商界的角色。目标管理、绩效评价、全面质量管理、战略管理、顾客导向等工商管理技术以及社区治理、个人与家庭、志愿者服务、公私伙伴关系、公众参与听证会等社会化手段逐步推广使用。近几年我国开展的行政审批制度改革正在逐步破除以行政干预为主要内容的旧的行政管理方式，为新的政策工具的引入以及改进政府管理方式创造了条件。

政策工具的运用越来越注重多样化的选择，主要是为了提高行政效率、改善管理绩效、增强回应性等。政策工具的变化体现了政府加强职能转变的决心。

(四)政策风格

邓小平时期，在决策体制上形成了以中央决策为主、地方决策为辅、还经济决策权于企业的格局。邓小平曾指出，要“充分发扬人民民主，保证全体人民真正享有通过各种有效形式管理国家、特别是管理基层地方政权和各项企业事业的权力，享有各项公民权利”②。他主张采取切实措施，不断扩大人民实际参与决策的机会和条件。在他的倡导下，改革开放以来，党和政府采取多种措施不断健全人民代表大会制度，充分发挥各民主党派和政协的参政作用，健全人民来信来访制度等，使群众意见要求能及时为领导机关所把握。同时还建立健全各种监督制度，创造条件发挥人民群众的监督作用。这就从根本上保证了人民群众在决策过程中的主体地位。

江泽民在党的第十五次全国代表大会报告中指出：“逐步形成深入了解民情、充分反映民意、广泛集中民智的决策机制，推进决策的科学化、民主化，提高决策水平和工作效率。”

《科学发展观读本》中指出：人民群众是改革的主体，是推动经济社会发展的决定力量。要坚持从实际出发，遵循经济社会发展的客观规律，以最广大人民的根本利益作为改革的基点和决策的依据，把总结我国改革的实践经验与吸收国外的有益做法结合起来，把广泛征询群众意见与认真进行专家论证结合起来，努力使改革决策兼顾到各方面利益、回应到各方面的关切，真正得到广大人民群众拥护和支持。在这一时期，除了发动广大人民群众和专家学者的积极参与政策制定之外，国家和社会的伙伴关系、分权授权、学习型组织、问责开始兴起。

---

① 张维迎、栗树和：《回答顾郎之争：中国经济民营化是历史的选择》，金羊网-民营经济报，http://finance.sina.com.cn，2004年9月3日。

② 中共中央文献研究室：《邓小平文选》(第2卷)，人民出版社，1994年，第322页。

(五)政策话语

十一届三中全会提出“改革开放”的理念。1978 年 9 月 20 日，邓小平在天津视察时第一次明确地提出“先让一部分人富裕起来”。三个月后的 12 月十一届三中全会召开，在会议期间，邓小平再次提出了“先富”的思想，当时的提法是“允许一部分人先富起来”，这“一部分人”包括“企业、地区、社员”，邓小平认为“这是一个大政策”。会后，邓小平关于“先富”的标准说法被表述为“允许一部分人先富起来，以先富带后富，实现共同富裕”。此外“不管黑猫白猫，捉到老鼠就是好猫”、“摸着石头过河”、“实践是检验真理的唯一标准”这样的新术语开始流行。

20 世纪 90 年代初，随着苏联解体和东欧剧变，国际社会主义运动出现低潮，党和国家的发展处于一个十分紧要的关头。以邓小平南方谈话和党的第十四次全国代表大会为标志，中国社会主义改革开放和现代化建设事业进入新的发展阶段。以江泽民为核心的党的第三代领导集体适时提出“建设社会主义市场经济体制”和“市场化改革”，这个时期“现代企业制度”、“股份制”、“民营企业”等成为曝光度较高的词汇。

2003 年 10 月，中共十六届三中全会召开。会议提出了“科学发展观”的概念。2004 年 9 月 19 日，中国共产党第十六届中央委员会第四次全体会议上正式提出了“构建社会主义和谐社会”的概念。随后，在中国，“和谐社会”便常作为这一概念的缩略语。2005 年以来，中国共产党提出将“和谐社会”作为执政的战略任务，“和谐”的理念要成为建设“中国特色的社会主义”过程中的价值取向。另外“以人为本”、“环境友好型社会”、“资源节约型社会”、“共同富裕”、“民生”等词语在政策话语中流行。

总之，新中国成立以来，以毛泽东同志为核心的党和国家第一代领导集体的政策范式和改革开放之后的党和国家的第二、三、四代领导集体范式发生变化，也就是出现的范式的转移，是霍尔政策变化里的第三序列的变化。范式的变化表现在：在范式特征上，从以阶级斗争为纲转变为走中国特色社会主义道路；政策目标从赶英超美、多快好省建设社会主义到建设中国特色社会主义；政策工具从国家主导政治动员到政府逐渐退出主导地位，采取多样化的治理工具；政策风格从精英决策到群众、专家和其他社会团体的进入；政策话语从“赶英超美”、“革命”、“阶级斗争”等转变为更加注重经济和民生的“改革开放”、“允许一部分人先富起来”、“摸着石头过河”、“市场经济”、“现代企业制度”、“和谐社会”、“以人为本”、“民生”等，如表 9-1 所示。这些方面根本性的变化推动了政策范式的变化。而第二、三、四代领导集体则没有出现明显的政策范式变化和转移，属于霍尔关于政策变化理论的第一、第二序列的变化。

表 9-1 中国政策范式的变化

<table>
<tr><th>四代领导集体
范式变化</th><th>以毛泽东为核心的第一代领导集体</th><th>以邓小平为核心的第二代领导集体</th><th>以江泽民为核心的第三代领导集体</th><th>以胡锦涛为核心的第四代领导集体</th></tr>
<tr><td rowspan="2">范式特征</td><td rowspan="2">以阶级斗争为纲</td><td colspan="3">走中国特色社会主义道路</td></tr>
<tr><td>改革开放</td><td>市场经济、“三个代表”</td><td>科学发展观、和谐社会</td></tr>
</table>

续表

四代领导集体 范式变化	以毛泽东为核心的第一代领导集体	以邓小平为核心的第二代领导集体	以江泽民为核心的第三代领导集体	以胡锦涛为核心的第四代领导集体
政策目标	赶英超美、多快好省建设社会主义	建设中国特色社会主义		
		旧的三步走战略目标	新的三步走战略目标	全面建设小康社会新要求
政策工具	国家主导政治动员	市场化工具的兴起	市场化工具的广泛使用	除市场化工具外，工商管理技术、社会化手段广泛使用
政策风格	精英决策	政府主导、公民和专家参与		国家和社会的伙伴关系、分权授权、学习型组织、问责
政策话语	赶英超美、革命、阶级斗争等	改革开放、允许一部分人先富起来、摸着石头过河等	市场经济、现代企业制度等	和谐社会、以人为本、民生等

➤本章小结

政策变迁是公共政策在时空维度中的演变和发展的过程，关注的焦点是一个国家、地域内短期、中期、长期政策变化的规律性，以及在中长期形成的政策风格和政策范式及其变化。

政策调整是一个政策周期里的短期的政策变迁，是对政策方案、方案与目标之间的关系等进行不断地修正、补充和发展，政策调整涉及政策目标的调整、政策关系的调整、政策方案的调整。政策调整有利于保证公共政策的科学性、稳定性、动态发展性。

政策范式、政策风格，以及范式和风格的转移变化是中长期的政策变迁的内涵。政策范式是镶嵌在政策制定者头脑中的知识框架，它不仅支配着政策目标和政策工具的选择和设置，而且还决定着政策制定者对其想要解决的问题的认识。

同一批政策参与者或团体长期主宰相关领域政策的制定与执行，相关的政策问题总是被放在相似或相同的脉络和途径中来加以处理。这就形成了所谓的政策风格。

政策学习、政策转移、政策扩散、政策移植、政策集中等名词是空间维度的政策变迁领域内的概念。它们所涉及的都是政策在空间范围内的变迁过程：政策学习—政策转移、政策扩散、政策移植—政策集中(政策趋同)。在这个过程中，政策学习是政策转移的起点，或者说是诱发因素，而政策集中则是政策转移所要达到的结果。

常规政策变化、范式转移性政策变化是国内外学者关于政策变化的两种基本模式的经典概括。一个国家、地区政策系统内部影响政策范式变化的主要因素有政策目标的变化、异常事件的累积、政治权威的变化；政策系统外部影响政策范式变化的因素主要是政策扩散(政策转移、政策移植)。

新中国成立以来的我国公共政策范式变迁历程可以分为两个阶段，以改革开放为界限，前一阶段是改革开放以前以毛泽东为核心的第一代领导集体政策范式，后一阶段是改革开放以后以邓小平、江泽民和胡锦涛为核心的第二、三、四代领导集体政策范式，这两个阶段的政策范式从政策范式特征、政策目标、政策工具、政策风格、政策话语等方面存在明显变化和不同。

➤思考题

1. 解释政策变迁的概念。
2. 简述政策调整的内容、特点和作用。
3. 简述政策转移的过程、功能和条件。
4. 如何评价政策变化的两种基本模式？
5. 政策范式变化的影响因素有哪些？
6. 简述我国政策范式的变化。
7. 分析本章案例，运用政策范式理论分析我国农村医疗政策的变迁历程。

➤案例材料

农村医疗卫生事业60年政策变迁

何谓农村合作医疗？“卫生部和WTO中国农村合作医疗改革”课题组认为合作医疗制度可以界定为：“农村合作医疗制度是政府支持，群众互助，具有社会保险特性，为农村居民提供基本医疗保障服务和一定经济补偿的农村健康保障制度。”①

何谓全民医保：“全民医保是一个由中央政府和各级地方政府主导、覆盖到社会所有公民的公共卫生、基本医疗服务和重大疾病治疗的全方位医疗保障体系。在这个体系中，所有的国民都能享受基本的医疗保障，并能在一定条件下享受全面的医疗保障。”②

一、传统合作医疗的兴衰

1949年以前，中国长期处于战乱之中。经济凋敝，科技、文化、卫生事业发展十分落后，人民生活水平低下，传染病、寄生虫和地方病大面积流行。全国80%的地区有地方病，受威胁的人口达4亿多人。全国人口的死亡率超过2%，其中半数以上死于传染病，婴儿死亡率更高达20%。根据在20世纪30年代的调查中，出生婴儿能够活到1岁的只有84%左右，能活到15岁的男性为56.2%，女性为57%，表明近一半的未成年人在15岁之前死亡，中国人均寿命在35岁左右，是当时世界上平均寿命最低的国家之一③。卫生服务能力低下，普遍“缺医少药”，是当时中国农村卫生状况的真实写照。1949年中国卫生专业技术人员只有50.5万人，在人口中的密度仅为0.029%；拥有医院2 000所，病床80 000张(平均每千人仅0.15张)，而且这些医疗设施还主要集中在城镇，占全国人口85%以上的农村地区，仅有病床20 133张，医疗设备严重缺乏，药品供应严重不足④。

中国的传统农村合作医疗就是在这样的缺医少药的背景下启动和建立起来的，并经历了一个曲折发展的过程。

合作医疗的萌芽是20世纪40年代在陕甘宁边区出现的医药合作社(或卫生合作社)。20世纪50年代随着新中国成立后农业合作化运动的发展，一批由农业生产合作社举办的保健社取得重大发展。20世纪60～70年代，传统农村合作医疗得到推广和普及。

1965年6月，毛泽东做出“把医疗卫生工作的重点放到农村去”的指示。传统农合走向高潮，20世纪70年代末全国农村有90%的大队(行政村)实行合作医疗制度。

1982年中国政府宣布解散政社合一的“人民公社”，全面推行家庭联产承包责任制，同时，农村

---

① 邹开文：《农村新型医疗保障政策研究》，湖南人民出版社，2008年，第17页。
② 邹开文：《农村新型医疗保障政策研究》，湖南人民出版社，2008年，第302～303页。
③ 陈佳贵：《中国社会保障发展报告》，社会科学出版社，2002年，第268～269页。
④ 黄永昌：《中国卫生国情》，上海医科大学出版社，1994年，第21页。

原有的卫生所(室)大都逐步实行了承包经营，传统农村合作体系迅速瓦解：1985年的调查显示全国实行合作医疗的行政村由过去的90%骤降至5%，1989年的统计表明继续坚持合作医疗的行政村仅占全国的4.8%。20世纪90年代初期，全国95%以上的农民又重沦为疾病医疗的自费群体。

传统农合体系崩溃的根本原因，除了家庭联产承包责任制导致合作医疗缺乏了社区组织依托和集体经济的财力支持之外，还有一个重要原因是财政分灶吃饭和医院市场化使原有的大量公共福利性质的医疗机构逐步萎缩或变性，还有就是20世纪70年代末80年代初，知识分子(农村专业医疗专业人才)纷纷落实政策回城，而原来“赤脚医生”式的本土人才培养途径也已丧失，使农村医疗人才严重短缺。

至此，农村合作医疗赖以生存的制度、机构和人才这“三大法宝”都逐步完全丧失了①。

二、新型农村合作医疗的兴起与困境

1986年中国政府承诺要在2000年实现人人享有卫生保健的目标。为实现这一目标，从20世纪90年代开始，我国政府曾几次力图恢复农村合作医疗。这一阶段的工作，后来被学者们称为“第二次合作医疗”。但是长达10年的努力收效甚微。卫生部1998年进行的“第二次国家卫生服务调查”显示，当年合作医疗覆盖的全国农村人口仅占6.5%。这一形势要求中央政府采取新的政策，设计新型的农村合作医疗模式，以取得突破口。下面列出特定时期的参合率：20世纪70年代末为90%；1990年为4.8%；1997年为23.5%；2002年为12%。

2002年10月，《中共中央、国务院关于进一步加强农村卫生工作的决定》明确指出：要“逐步建立以大病统筹为主的新型农村合作医疗制度”，“到2010年，新型农村合作医疗制度要基本覆盖农村居民”。根据2009年统计年鉴的数据，从2003年起，中央财政对中西部地区除市区以外的参加新型合作医疗的农民每年按人均10元安排合作医疗补助资金，地方财政对参加新型合作医疗的农民补助每年不低于人均10元。

2008年参合人数有8.15亿人，参合率达到91.53%。2009年第一季度，全国参合人数已达到8.3亿人。

虽然新农合取得了重大发展，但是其自身还是存在很多的问题：在新农合的政策试验中，无论是相对贫困的中西部还是相对富裕的东南沿海地区，新农合都暴露出了如筹资成本高、实际补偿水平低、补偿标准确定和基金管理不科学、发展不稳定等问题。传统农合保障水平低对农民吸引力不够、投保率低、风险难以分担，而且人民群众对于农合组织者缺乏信任，过去社队干部和家属往往多拿药、拿好药，带头欠费。普通群众报销很难，有时候还需要找人情、送礼才能报销，丧失对农合医疗的信心。20世纪90年代以后，农民有了自主权，不满意、不参加的人增多，风险更加难以分担。新农合一样存在着类似的这些问题，而且农民筹资问题变得更难，医疗价格的不合理增长也削弱了政策的效果。现行的医疗政策始终无法完全满足农民群众的需要，最根本的问题还是在于基于城乡二元结构下的合作医疗，始终是无法实现人人平等享有高水平的医疗保障水平的目标。

新农合制度存在的问题突出地表现在：新农合设计具有明显的传统合作医疗路径依赖；新农合设计具有严重的城市路径依赖；新农合产生的第三条路径依赖是商业保险机制；新农合与农村社会机构、传统文化环境等难以调和②。

三、走向全民医保

农村医疗卫生制度最根本的问题在于农村医疗卫生事业的不平等的城乡二元化格局始终存在。走

---

① 丁少群、李桢：《我国新型农村合作医疗制度及其可持续发展研究》，厦门大学出版社，2007年，第72～73页。

② 丁少群、李桢：《我国新型农村合作医疗制度及其可持续发展研究》，厦门大学出版社，2007年，第115～121页。

向全民医保才是我国农村医疗卫生事业现代化的必由之路。

正当全国都在争论我国是否已经具备了实行全民医保的条件的时候，各地区都纷纷开始试点，厦门走在了全国的前列。

在国内仍对全民医保是否可行而争议不休时，厦门的“全民医保”探索开始进入“深水区”。2006年11月，厦门市下发了《厦门市城镇居民医疗保险暂行办法》和《厦门市未成年人医疗保险暂行办法》，并于2007年1月1日起施行。老年居民、未成年人、残疾人、低保户等原本属于医保“真空地带”的“无收入人群”纳入医保体系，拉开了“全民医保”的大门。

2007年11月，厦门市委、市政府出台了《关于进一步健全和完善城乡居民基本医疗保险制度的实施意见》，这标志着厦门市率先实现了城乡统筹、一体管理的全民社会医疗保险制度，厦门市基本医疗保险制度向更高层次、更宽领域、更好保障的道路上继续探索和创新。厦门拉起了一张有效覆盖全市每个角落的“医疗保障网”。2007年9月，厦门全民医保政策和做法，被国务院城镇居民基本医疗保险部联席会议确定为“厦门模式”，在全国进行经验介绍并加以推广，上海、南昌等地的医保部门纷纷来厦门取经。全民医保政策的新范式还在酝酿转型之中，还远没有实现制度化。

“新农合”正处在迅猛发展之中，与此同时，城乡一体化的“全民医保”已露端倪，更有甚如神木县的“全民免费医疗”，农村的医疗卫生事业正经历着深刻的变化和发展，一个完全符合时代和人民要求而又稳定的政策范式还未成型，正在发展之中。

无论是厦门城乡一体的“全民医保”政策实验，还是陕西省神木县“全民免费医疗”的政策尝试，都是在新的历史条件下，“着力解决人民最关心、最直接、最现实的利益问题”，“覆盖城乡的社会保障体系，人人享有基本的生活保障”进行的有益的探索性的政策实践。

拓展阅读资料

1. 岳经纶，郭巍青．中国公共政策评论(第一卷)．上海：上海人民出版社，2007
2. 魏淑艳．中国公共政策转移研究．沈阳：东北大学出版社，2006
3. 杨代福．西方政策变迁研究：三十年回顾．国家行政学院学报，2007，(4)
4. 王骚，靳晓熙．动态均衡视角下的政策变迁规律研究．公共管理学报，2005，(4)
5. 娄成武，魏淑艳．西方国家政策转移理论研究综述．国家行政学院学报，2006，(5)
6. 黄健荣，向玉琼．论政策移植与政策创新．浙江大学学报，2009，(2)
7. David P. Dolowitz，David Marsh. Learning from abroad：the role of policy transfer in contemporary policy making. Governance：An International Journal of Policy，Administration and Institutions，2000，13(1)

第十章

政策分析的方法与技术

【本章重点】

1. 政策分析的基本方法
2. 政策分析方法的本土化
3. 后现代主义分析方法在政策领域的应用
4. 积极话语分析方法及评价系统模型的应用

“方法”一词，来源于希腊文的“沿”与“途”。因此，对正确方法的解读和掌握有助于沿着正确的道路行进。在政策分析的过程中，各种政策分析方法均有利弊，选用何种分析方法和技术将直接关系政策分析和政策执行的效果。从这个意义上说，研究政策分析方法与技术是非常有必要的。目前我国国内对政策分析方法的研究方兴未艾，而国外早已把后现代哲学的分析方法和思路运用在政策分析领域。本章将介绍政策分析的基本方法，并简要探讨后现代视角下的政策分析方法。

第一节　政策分析的基本方法

“政策分析”一词是美国经济学家林德布洛姆在1958年发表的《政策分析》中首先使用的，用来表示一种将定性与定量相结合的渐进比较分析的类型。随着定量分析方法不断成长，在20世纪五六十年代乃至整个七十年代的政策科学运动中，这个以量化分析为主导的政策分析传统得到迅速发展，政策科学的中心向政策分析倾斜，反映出这一研究领域的范式转变。

一、运筹学分析方法

政策科学和政策分析的形成与发展在很大程度上要归功于现代科学方法尤其是运筹

学和系统分析的发展与成熟。

运筹学是系统分析的基础，它是用定量化方法了解和解释运行系统、为管理决策提供科学依据的学科。它把有关的运行系统首先归结成数学模型，然后用数学方法进行定量分析和比较，求得合理运用人力、物力和财力的系统运行最优方案。运筹学的具体内容包括规划论(包括线性规划、非线性规划、整数规划和动态规划)、图论、决策论、对策论、排队论、存储论、可靠性理论等。

产生和发展运筹学的朴素思想，可以追溯到公元前400年之前。但运筹学作为一门现代科学，是在第二次世界大战期间首先在英国、美国两国发展起来的，战后研究的重点转向民用部门，也获得成功。到20世纪50年代末期，发达国家已对企业中的一些普遍性问题进行研究，并成功地应用到建筑、纺织、钢铁、煤炭、石油、电力、农业诸行业，20世纪60年代，又将运筹学应用到服务性行业和社会公用事业。

运筹学的特点是只能用于处理目标明确的、可用数学模型表达并进行量化计算的问题。而现实中大量的社会问题其目标本身就不甚明确，甚至很多目标相互冲突，而且难以量化，故需要凭借直觉和主观判断来解决问题。正是针对这类运筹学难以处理的问题，美国的兰德公司在20世纪40年代创造了一种使用范围更广，并且能够进行目标分析的系统分析方法。

二、系统分析方法

系统分析方法是政策科学及政策分析的基础。系统分析最早是由美国兰德公司在第二次世界大战结束前后提出并加以使用的。系统分析是根据客观事物所具有的系统特征，从事物的整体出发，着眼于整体与部分、整体与结构及层次、结构与功能、系统与环境等方面的相互联系和相互作用，以求得优化的整体目标的现代科学方法及政策分析方法。从20世纪40年代末到70年代的30年中，系统分析沿着两条明显不同的路线得到迅速发展。一条路线是运用数学工具和经济学原理分析和研究新型防御武器系统。20世纪60年代初期，美国国防部长麦克纳马拉把这套方法应用于整个军事领域，并很快在各政府部门推广，形成了著名的PPBS方法。在军事和政府部门的带动下，在通信、交通、医疗、电网、导航等领域，系统分析方法也得到了广泛的应用。另一条路线体现在与大学相联系的研究与教学的活动之中。沿着这一路线，存在一种把众多的学科加以系统理论化的倾向。到了20世纪70年代中期，系统分析从作为分析经济合理性的应用和作为研究对象的理论体系这种相互分离状态，逐步走向相互结合、相互补充，发展成为一种有效的方法体系①。

随着应用数学以及运筹学的进一步发展，高容量、多功能的电子计算机的出现，系统方法自身及应用范围不断深化和扩展，它构成了政策研究以及政策分析的主导性或基础性的方法。

一般来说，系统分析的各种技术方法可以分为定性和定量两大类，按照美国政策科学家克朗的分类，系统分析可以被视为由定性、定量或者两者相结合的方法组成的一个

① 陈振明：《公共政策分析》，中国人民大学出版社，2003年，第416～417页。

集合体①。

(一)定量分析

系统分析中的定量分析，就是借助于经济学、数学、计算机科学、统计学、概率论等来进行逻辑分析和推理的，主要包括以下几种。

1. 线性规划

线性规划形成于20世纪30年代末40年代初，是运筹学中研究较早、发展较快、应用广泛、方法较成熟的一个重要分支，它是辅助人们进行科学管理的一种数学方法。线性规划所研究的是：在一定条件下，合理安排人力、物力等资源，使经济效果达到最好。

2. 排队论

20世纪50年代发展起来的排队论，是研究系统随机聚散现象和随机服务系统工作过程的数学理论和方法，又称随机服务系统理论。这种方法用概率论的方法，分析所要服务的客流状况，预测服务阻塞的程度，在经济上进行合理的设计或改善服务系统。排队系统包括三个组成部分，即输入过程、排队规则和服务机构。

3. 动态规划

动态规划是美国数学家贝尔曼和丹齐格在20世纪50年代提出来的一种数学规划方法。它是在动态条件下，使用多重决定或多级问题借以实现最优弧化而采取的一种数学方法。

4. 计划-项目-预算制度

计划-项目-预算制产生于20世纪60年代，是在绩效预算的基础上发展起来的，它是依据国家确定的目标，着重按项目和运用定量分析方法编制的预算。计划-项目-预算制能较好地把政府活动的长期计划和年度预算所包括的各项活动规划结合起来，利用各种数量分析法对方案进行分析，参照各种成本和效益的数据，选择出最佳预算方案，是完善预算编制方法的有效手段。

(二)定性分析

定性分析方法是为了解决政策问题中不能定量分析的部分而发展出来的分析方法。系统分析中的主要定性方法包括以下几种。

1. 因果分析法

因果分析法是以结果作为特性，以原因作为因素，逐步深入研究和讨论项目目前存在问题的方法，按事物之间的因果关系，知因测果或倒果查因。因果分析法是通过因果图表现出来的，用此图分析产生问题的原因，便于集思广益。因为这种图反映的因果关系直观、醒目、条例分明，用起来比较方便，效果明显。

2. KJ 法

KJ 法又称 A 型图解法或亲和图法，是将未知的问题，或者未曾接触过领域的问题的相关事实、意见或设想之类的语言文字资料收集起来，并利用其内在的相互关系作成

① 克朗 R M:《系统分析和政策科学》，陈东威译，商务印书馆，1985年，第20页。

归类合并图，以便从复杂的现象中整理出思路，抓住实质，找出解决问题的途径的一种方法。KJ 法所用的工具是 A 型图解，A 型图解就是把收集到的某一特定主题的大量事实、意见或构思语言资料，根据它们相互间的关系分类综合的一种方法，它有利于打破现状，进行创造性思维，从而采取协同行动，求得问题的解决。

3. 目标-手段分析法

目标-手段分析法就是将要达到的目标和所需要的手段按照系统展开，一级手段等于二级目标，二级手段等于三级目标，以此类推，便产生层次分明、互相联系又逐渐具体化的分层目标系统。

三、经济学分析方法

(一)经济学中的定量分析方法

随着美国战后的重建，尤其是随着约翰逊总统的“大社会计划”以及“向贫穷开战”等重大项目的展开，政策科学的研究和应用范围得到了迅速的发展。在跨学科研究的号召下，最先进入政策科学研究领域的是运筹学家和经济学家。

经济学家认为政策科学应该是植根于经济学而不是政治学。他们努力把各种经济学理论和分析方法运用于政策过程的分析，产生了成本-效益分析法、成本-效能分析法、公共定价法等一系列政策分析方法①。

1. 成本-效益分析

成本-效益分析法是通过对政策实施所需投入的全部成本和因政策实施带来的全部效益进行计算、对比，从而确定政策价值的方法。常用于评估需要量化社会效益的公共事业项目的价值。成本收益分析的三种主要方法包括以下几种。

(1)净现值法。该方法是利用净现金效益量的总现值与净现金投资量算出净现值，然后根据净现值的大小来评价投资方案。净现值法是一种比较科学也比较简便的投资方案评价方法，净现值取决于未来现金流(方向/数量)和资金的机会成本。

(2)现值指数法。该方法是通过计算比较现值指数指标判断决策方案好坏的方法。所谓现值指数是指未来收益的现值总额和初始投资现值总额之比，其实质是每一元初始投资所能获取的未来收益的现值额。

(3)内涵报酬率法。内涵报酬率又称内含报酬率、内部报酬率，是指能够使未来现金流入量现值等于未来现金流出量现值。内涵报酬率法的特点是：内涵报酬率是由特定的现金流量确定的，无论实际再投资多少，内涵报酬率都是确定的；内涵报酬率的计算与基期无关；内涵报酬率假定各个方案的所有中间投入可按各自的内涵报酬率进行再投资而进行增值。

2. 成本-效能分析

成本-效能分析法起源于 20 世纪 50 年代初美国国防部的工作，最初是用来设计评价不同的军事战略和武器系统的方案，20 世纪 60 年代被美国和其他国家的政府机构广泛地加以应用。成本-效能分析法是根据方案或项目预期经过的成本与效能来评估每个

---

① 陈振明：《公共政策分析》，中国人民大学出版社，2003 年，第 473～482 页。

方案或项目的效果的，不用货币单位来计算备选的方案的社会效益，只需计算每个备选项的有形成本，并以成本最低为择优的标准的方法①。

3. 公共定价法

公共定价法是针对政府提供的满足社会公共需要的“市场性物品”，通过选择适当的定价方法，合理地确定价格，从而使这些物品和服务得到最有效的使用，提高财政支出效益的一种方法。公共定价法包括三种具体方法。

平均成本定价法：是指政府在保持企业收支平衡的情况下，采取尽可能使经济福利最大化的定价方式。

二部定价法：由两种要素构成定价体系，一是与使用量无关的按月或年支付的基本费，二是按使用量支付的从量费。

负荷定价法：根据不同时间段或时期的需要制定不同的价格②。

尽管不少政策分析家本身开始意识到这种实证主义政策分析方法论的局限性，但是由于“计划-项目-预算决策系统”在国防部的大力倡导和推动下，迅速在美国联邦政府各部门推广和应用，使成本-效益分析、系统分析和定量分析模型几乎成为当时政策科学的代名词，这类基于理性原则的政策分析方法在政策科学领域影响甚大，它构建了政策分析的基础架构。

(二)定量分析的理论基础——理性主义

理性分析尤其是定量分析方法在政策分析中占有重要地位，是政策科学形成和发展的一个主要的基础性的方法论，理性主义是定量分析的理论基础。

理性是指人们为达到预定的目的，运用客观和准确的计算，利用掌握的信息和资料，对目的和手段进行分析，以求得最适当的手段或解决问题的方法，最终达到预期的目的。

以理性主义为思维基础的政策分析家，主张经济理性，运用量化方法，分析工具则青睐定量分析工具，如作业研究、系统分析、计划预算、线性规划、管理科学等。理性分析尤其是定量分析是当代政策分析的主流。

西方政策分析中的理性方法是立足于某些基本假定的。一个基本假定是决策者都能进行合理的选择或决策者具有选择的合理性。理性方法所立足的另一个假定是决策者都能进行客观的选择或决策者具有选择合理性。这种选择客观性所依据的原则是决策者能避免个人偏见，能坚持政治中立与价值中立。但是，大量的政策分析活动表明，理性方法并不是最好的方法。

(三)从理性主义到反理性主义

在“政策分析”这一公共政策研究方法论的发展过程中，先后经过了理性的方法、有限理性的方法和“反理性”的方法。

理性决策方法的局限性，使西方的政策分析转而去寻找新的方法。人们首先找到的

① 刘丽霞：《公共政策分析》，东北财经大学出版社，2006年，第470页。

② 王国清、马骁、程谦：《财政学》，高等教育出版社，2006年，第47页。

是有限理性的方法。这一方法是20世纪40年代公共行政学家西蒙在其著作《行政行为》一书中提出来的。有限理性方法认为，人类理性是有条件的，是相对的。虽然在数学中理性可能是无与伦比的，但在实际的社会活动过程中，人们难以避免地会受到直觉或判断、经验、信息的准确程度、价值判断取向等因素的影响。当然，有限理性并未全盘否定纯粹理性的作用，只是强调了非理性因素在政策分析中的重要性。

而渐进主义则提出了与理性决策方法完全不同的政策分析途径。如果说西蒙主要是从理性的角度来修正、补充理性概念及理性主义的模式的话，那么林德布洛姆则是另起炉灶，提出了一种完全不同的决策模式。林德布洛姆认为，政策制定绝不是理性主义者所宣称的那样是一种理性的分析过程，由于时间、信息和成本等诸多因素的限制，政策制定者几乎不可能完全按照理性主义的原则进行最优化政策方案的选择。政策制定被看做各种政治力量和利益团体相互作用、讨价还价的过程，是对过去政策加以修正、补充，而非重新开始一项新的政策制定过程。林德布洛姆认为公共政策绝对不是在"真空"的条件下制定和执行的，考虑到政治体制、行政文化、传统惯性等因素，那种完全的数理分析，对社会问题进行成本、收益的计算往往很难精确，鉴于理性决策成本过高，彻底的理性政策也未必那么有效①。

在西方的政策分析中，除了研究理性的与有限理性的方法外，还重视对"反理性"方法的探讨。"反理性"的方法反对运用客观的、科学的、精确计算的、价值中立的方法作为政策分析的手段。坚持"反理性"方法的人认为基本政策的决定是一种价值选择和善恶选择问题。对于价值与善恶是无法用理性去计算的。"反理性"包括的面很广，从而产生多种决策模型，即受宗教支配的决策模型、受伦理思想支配的决策模型、受意识形态支配的决策模型、受传统习惯支配的决策模型、受例行的法规与程序支配的决策模型等。

四、伦理学分析方法

随着计划-项目-预算决策系统在联邦卫生、教育和福利部门的推广和运用中遭到挫败，这种以定量分析为主的政策分析方法开始遭到人们的质疑。人们认为经济学的分析方法太过于简化人类行为，忽视了政策目标和政策问题的复杂性。最为重要的是，失去政治学、心理学和社会学支持的政策分析把政策问题的规范研究内容给忽略了，把政策过程完全看成是技术过程。而且，以经济学为主导的政策分析强调效率而忽视公平，这对于整个社会来说都是不可接受的，此外，有的学者认为定量分析的方法必须在价值中立的背景下做出。在20世纪60年代末和70年代初，这种价值中立被认为是一个恰当的职业规范，从事公共政策分析研究的是一群技术精英，他们的政策研究完全是一种纯技术性的研究活动，此时技术的理性完全统治着这一领域。但是到了20世纪70年代的水门事件以后，随着人们对政府机构的信任下降，政策中的伦理问题才重新成为公共政策领域关注的主题。20世纪70年代后期，实证主义的这种价值和事实相区分的主张受到许多学者的严厉批评。费希尔认为，在政策科学领域中强行地把事实和价值分开将会导致一种"专家暴政"，这种专家暴政强调效率和手段，尝试把内在的规范性政治问题和

---

① 徐凌、张继：《公共政策分析》，湖南人民出版社，2004年，第230页。

社会问题转换成为技术性问题。

到了20世纪80年代，建筑在实证主义基础上的政策分析方法论的许多假设都遭到人们的拒斥。科恩巴切和米勒指出，那种企图通过大量的样本研究、精确的科学方法以及大量的变量分析就能导致社会问题解决的想法是行不通的。随着人们对实证主义方法论信心的丧失，人们普遍认识到，价值问题是政策研究中一个不可分割的组成部分。针对这一问题，政策学家提出了各种各样的解决方案，其中比较有代表性的观点有两种：一种观点认为，只需在原有应用社会科学方法论的基础上加上规范研究就行了；另一种观点则认为，必须抛弃价值中立原则、客观政策研究和在既定的意识形态立场上确定解决问题的方法。这种观点在20世纪八九十年代以后逐渐流行起来，并受到理论界和社会的广泛关注。

虽然伦理学是政策科学的一个重要的学科基础，但是在政策科学或政策分析发展的相当长时期，政策价值分析是被忽略或被有意排除在外的。原因在于，第二次世界大战战后迅速发展起来的政策分析这一学科动力主要来自于运筹学、系统分析和应用经济学，而这几个学科特别抵制和反对作伦理分析。大部分的政策分析者都坚持实证观点或理性主义观点。在20世纪70年代中后期出版的有影响的政策分析教科书或专著都采取这一种态度，如斯托基和扎克豪斯的《政策分析入门》(1975年)、托马斯·戴伊的《理解公共政策》(1978年)、维达夫斯基的《向权利讲真理：政策分析的艺术和技巧》(1979年)等。20世纪70年代末80年代初以来，由于对理性分析方法的不断质疑，价值分析逐步受到人们的重视。

价值分析在于确认某种目的是否值得为之争取、采取的手段是否能被接受，以及改进系统的结果是否“良好”，它要回答的问题包括“因为什么？为了什么目的？为谁？许诺什么？多大风险？应优先考虑什么？”等。价值分析的作用主要是制定和应用评价标准来评价政策价值观与政策选择，力求给予政策实践的人们以指导。价值分析的内容主要是提出并评价价值论点正确性的判断标准，它的中心问题是用什么标准证明政策行为是正确、有益或公正的[①]。

克朗在《系统分析和政策科学》一书中将价值分析看做政策分析(系统分析)方法论的一个方面，他认为系统分析方法论包括三个相互关联的基本范畴，即行为研究、价值研究、规范研究。在政策分析中，价值分析常用的方法技术是：对各种价值表征(基本信念、系统选择、资源分配优先顺序、奖惩、目标、系统意向等)加以分析，对作为规范性的价值系统即社会政治意识形态进行分析；决策分析；预算分析；面谈；利用德尔菲法进行调查；识别出目标个人或团体的价值观的基本含义和范围等。

当代西方政策学者在批判理性主义、实证主义政策科学方法论的过程中，逐渐转向以后现代、后实证主义方法论为基础的政策研究，并且提出了各种各样的政策研究替代性方案，如米勒的设计科学理论、林肯和古巴的自然研究方法论、金登的多源流分析框架等。这些新理论在方法论上，不仅对实证主义的价值中立学说提出了质疑，而且对政策科学中的客观实在假设、基本理论和方法，以及测量工具的可靠性等一系列最为根本

---

① 陈振明：《公共政策分析》，中国人民大学出版社，2003年，第506～507页。

性的问题都提出了最为激烈的批评。这些新理论的产生和发展，已从根本上动摇了实证主义政策科学方法论的哲学基础。曾经一度被视为政策科学方法论基石的科学合理性理论，也因此被一种外延更为宽泛的社会合理性理论取代，这种政策研究方法论上的范式转向，导致了政策研究从“政策科学”向“政策研究”(policy inquiry)转换。

第二节 政策分析方法的本土化应用

一、系统分析方法的应用

“政策科学的演进历史表明，现代公共政策分析是在运筹学和系统分析的基础上形成和发展起来的。随着政策科学体系的建立和完善，系统分析方法已经成为公共政策研究的主要方法之一”①。随着20世纪60年代系统工程在我国导弹和空间事业发展中得到广泛的应用，系统分析这一政策研究方法进入了我国公共政策领域学者的研究视角。在这一时段里出现了大量的关于系统分析的著作。到目前为止涉及系统分析在公共政策领域应用的著作有112本之多。

通过比较各位学者对于系统分析方法的介绍可以发现，学者们对系统分析方法的介绍是比较深入的。

克朗的《系统分析与政策科学》是我国较早介绍政策科学中系统分析方法的著作，这部著作介绍了系统分析的内容以及系统分析的具体的方法，包括定量分析方法与定性分析方法。在其后各位学者的著作中，也大体是遵循这个框架。例如，陈振明在其《公共政策分析教程》中也是详细地介绍了系统分析的内容，包括整体分析、结构分析、逻辑分析和环境分析。对于其具体方法主要包括系统分析中的定量分析和定性分析方法。同时陶学荣在《公共政策概论》中讨论了系统分析方法的几个层次，包括整体分析、环境分析、结构分析、层次分析、动态过程分析等。同时他还介绍了政策系统分析中的过程分析模型等。陈庆云在《公共政策分析》中介绍了系统分析的概念，以及整体性、综合性、最优化等要求。在此书中还介绍了系统分析的过程主要内容涉及系统分析的构成、模型化、最优化和综合评价。在具体步骤方面则是吸收了克朗《系统分析与政策科学》中的内容。虽然我国对系统分析的引入较早，对其介绍的书籍也较多，但是对于系统分析的创新应用不足。我们在中国知网上搜集了有关系统分析与公共政策的文章仅有13篇。其中仅有一篇文章涉及系统分析的本土化应用。但是这篇文章也只是对于政策创新模式评价的系统分析。因此在系统分析的本土化进程方面，我们还有很多地方亟待改善和加强。

二、经济学分析方法的应用

在当今“经济学帝国”的时代背景下，中国的公共政策分析领域更是彰显了这一主题。在我国涉及经济学在政策分析应用的著作达600多本。其中较早的有刘树成的《经

---

① 贠杰：《公共政策研究的理论与方法》，河南人民出版社，2003年，第282页。

济计划·管理·预测·决策的现代化——数量经济学技术经济学文摘汇编》(1985 年版)、郭霖的《经济学行为与政策分析》(1996 年版)、王曙光等编写的《公共政策学》(2008 年版)和张昕的《公共政策与经济分析》(2004 年版)。经济学分析方法包括很多,如公共选择理论、成本-效能分析法、成本-效益分析法、公共定价法等。在文献搜索中我们找到 634 篇关于具体政策的经济学分析文章,内容涉及环保、房地产、货币政策、财政政策、医疗、对外贸易等各个领域。而在我国主要的政策研究机构中也有相当一部分是以经济政策研究为主要内容的。经济学途径的分析方法在我国获得了较好的发展。在这里我们选取了几本国内比较有代表性的公共政策学科的教材,就其中关于经济学途径分析方法的内容进行比较。

陈振明教授在《政策科学——公共政策分析导论》中主要介绍了经济学与政策分析的相关性,政策研究的经济学途径内容以及公共政策分析的经济学分析的框架包括微观经济学框架、宏观经济学框架、福利经济学框架和制度经济学框架。在具体的方法方面,陈振明教授介绍了成本-效益分析、成本-效能分析和公共定价法。

徐晨在《公共政策》一书中主要介绍了政策分析与经济学的相关性,以及政策分析经济学途径的主要内容。具体方法上面,他主要介绍了公共选择理论和成本-效益分析法、成本-效能分析法、公共定价法。

王曙光在《公共政策学》中也阐述了经济学与公共政策的关系、公共政策经济学分析的基础涉及福利经济学、新制度经济学、公共选择理论。但是他在书中提到了萨缪尔森的迭代模型理论对公共政策分析的作用。在公共政策经济分析的具体方法方面,他介绍了成本-效益分析法、最低费用选择分析法和公共定价法。

张昕在《公共政策与经济分析》中着重介绍了经济学作为一种公共政策研究的学科途径,其内部分支学科对公共政策分析的作用。内容涉及公共选择理论、福利经济学、宪制经济学、公共部门经济学、公共项目评估、管制的政治经济学等方面。可以看出张昕对公共政策的经济学分析途径进行了详细的论述。

吴鸣在《公共政策的经济分析》中则是将经济学的分析方法运用到具体的政策当中。他将经济学的分析方法深入人口政策、就业政策、教育政策、公共卫生政策、科技政策、环境保护政策、反贫困政策、反周期政策、产业政策、经济周期政策。

在经济学分析途径中,值得注意的是新制度主义学派的兴起。目前对于制度分析在中国公共政策的实际应用著作有 67 本之多。在中国知网上涉及制度分析与公共政策的文章有 405 篇之多。同时以毛寿龙为代表的学者们在这一领域进行了探索。他们所使用的制度分析与公共政策(institutional analysis and public policy, IAPP)方法已经取得了一定的成效。虽然这些文章和著作涉及的主题和范围不同,但是我们可以看到制度分析在我国得到了良好的应用与发展。尤其值得欣慰的是,尽管旧制度分析途径停留在政府制度的结构和功能的层面,没有对制度和公共政策产生了什么样的影响进行深刻分析。但"新制度主义着力对这个问题进行了探讨,新制度主义把制度当成一个变量,并着重探讨了不同的制度安排对于公共政策的影响是如何不同的。在这方面,以埃莉诺·奥斯特罗姆为代表的制度学派有着重要的贡献,她分别探讨了集权的制度、分权的制度及多中心制度下对于可持续发展及自然资源的管理诸方面的不同绩效和影响,结合理性分析方法，为公共政策的研究提供了一个新的视角”[①]。

三、伦理学分析方法的应用

早在克朗的《系统分析与政策科学》中就涉及了公共政策价值分析方法。到现在有52本书涉及公共政策的价值分析法，并无专门论述公共政策价值分析法的著作。

陈振明教授在《政策科学——公共政策分析导论》中关于价值分析方法在公共政策中的运用在国内具有代表性。书中详细论述了价值分析的具体标准原则以及价值分析的方法和关于价值分析的难点问题。而其他学者关于价值分析方法的介绍和陈振明教授的观点并无很大差异。只是在内容的安排上稍有不同。例如，学者陈潭在《公共政策学》中主要论述了价值分析方法的内容、标准以及步骤。王梅达、张文礼在《公共政策分析的理论与方法》一书中也是论述了价值分析的含义与目的、标准、原则，以及价值的分析的难点。

而在中国知网上我们共找到28篇关于公共政策价值分析的文章，内容涉及教育政策、刑事政策、国家竞争理论、“一费制”、“两免一补”政策和公共政策价值分析等。其构成情况如图10-1所示。

图10-1　关于价值分析文章内容统计

从图10-1我们可以看出：对于公政策价值分析方法的应用，我国学者大部分集中于对于教育政策的研究，而忽视了对于其他政策领域的研究。同时对于价值分析方法的发展与本土化改进方面仍然缺乏力度。

四、创造性思维方法的应用

关于政策分析中的创造性思维，陈振明教授在《政策科学——公共政策分析导论》中对创造性思维的特征和作用有较为详细的论述，书中还介绍了几种具体的较为成熟的创造性思维方法。我们从近80本关于公共政策分析的书中找到了8本比较有代表性的述及创造性思维方法的书籍(同一作者在多本书中提到的情况并未重复计算)，如表10-1所示，但是大多数都只是简单提到一种或几种具体方法，其中较常提到的是预测法和德尔菲法。

① 陈庆云：《公共政策分析》，北京大学出版社，2005年，第318页。

表 10-1　关于创造性思维的著作

编号	书目	作者	出版社	出版年份
1	《公共政策学——一种政策系统分析新范式》	周树志	西北大学出版社	2000
2	《公共政策分析》	张国庆	复旦大学出版社	2004
3	《政策科学——公共政策分析导论》	陈振明	中国人民大学出版社	2003
4	《公共政策分析：概念、过程与方法》	张金马	人民出版社	2004
5	《现代公共政策分析》	郭巍清	中山大学出版社	2000
6	《公共政策研究》	胡宁生	中国社会科学出版社	2000
7	《政策科学论纲》	孙效良	经济科学出版社	2006
8	《政策科学》	郑敬高	山东人民出版社	2005

五、心理学分析方法的应用

美国自 20 世纪 60 年代开始，心理学就开始进入了政策分析领域。美国公共政策分析已从政治分析、经济分析发展到心理分析，目前心理分析已广泛运用于美国的公共政策制定过程之中，并且产生了较为广泛的影响。美国公共政策制定中心理分析应用的领域主要包括公共健康政策、环保政策、司法政策和社会保障政策。而且经过近半个世纪的发展，公共政策制定过程中对心理分析的运用愈发成熟而有效。在实践上，过去的几十年中，“美国涌现了许多针对鼓励心理分析与公共政策分析相结合的专门培训机构，如耶鲁大学的布什中心、密歇根大学等，此外许多大学和培训机构都进行了学位授予，积极地鼓励和促进直接与心理分析和公共政策相关的科研行为。虽然从这些大学或培训机构毕业的学生还不多，但他们都做好了为促进相关领域发展准备并采取更广泛的行动”①。而且这些人在做好了充分的理论知识准备之后，正积极地进行实践探索。他们坚信公共政策的心理学研究必将迎来更光明的前景！

然而相比之下我国公共政策制定中的心理学应用的发展就不尽如人意。目前尚无专门关于政策分析心理学方法的著作，而在学术文章方面，我们也仅于中国知网找到 6 篇文章。内容涉及宏观经济政策、政策执行、心理分析应用、决策认知和美国决策心理分析发展状况介绍。

虽然我国关于公共政策领域心理分析方法的研究尚不多，但是宁国良等学者已经将心理因素的分析引入了对政策过程的研究当中。他在《公共政策执行阻滞产生的心理因素分析》一文中通过对政策执行者的个性心理、价值追求、思维定式等因素的分析，提出了从心理、制度、文化等方面改进公共政策执行有效性的基本对策，是对公共政策领域心理分析方法应用的一次有益探索。

因此，我国在政策科学领域中心理学分析方法的研究上，与美国尚有较大差距。但是随着公共政策心理学分析方法的逐渐进步，我国学者的研究视野、未来的政策心理学分析方法尚有很大的发展空间。

---

① 胡象明、陈萌：《简论美国公共政策制定中的心理分析》，《中国行政管理》，2008 年第 7 期。

第三节　后现代主义的政策分析

一、从现代主义到后现代主义

现代主义发端于18世纪的启蒙运动，它以反对传统和历史，主张科学、权威和进步。在三个多世纪的时间里，现代主义理论对人类社会的发展起了很大的推动作用。但同时，过程中也暴露出现代主义很多的缺陷与不足。现代主义的继续发展所造成的一些恶果，以及它在解决一些问题上的瓶颈形成了后现代主义兴起的背景。20世纪60年代，后现代主义首先发端于文学、艺术领域，之后向各个学科扩展，包括社会科学。从此，现代主义开始向后现代主义转变，并成为西方社会发展的一个趋势，从而成为学术界最炙手可热的研究重点。后现代主义的哲学基础可以追溯到尼采、索绪尔、海格德尔等，但是在现代主义向后现代主义转变的过程中，维特根斯坦的语言游戏理论起到了非常大的推动作用。

我们首先需要回答什么是后现代性或者后现代主义。对此，国内外不同的学者有不同的定义。例如，利奥塔在《后现代状况》一书中指出“后现代主义就是反对现代主义的‘元话语’的，包括知识建构的宏大叙事和相信人类进步的解放的叙事等”[①]；而美国学者伊哈布·哈桑在《后现代景观中的多元论》一文中则抓住后现代主义的多元性特征，阐述了后现代主义的“不确定性”和“内在性”；我国学者王岳川则认为“后现代主义具有四种理论范式，即反主体性和等级权威性、反中心主义话语和理性的霸权、反理性和形而上学、反绝对乌托邦等”[②]。综合其他的文献，我们认为后现代主义就是对现代主义的批判，具有反理性、多元、不确定、变化、非中心、差异、语言游戏等特征。

作为20世纪最重要的社会思潮之一，后现代主义的兴起是有一定的社会背景的，主要有科技和理性极端发展、人的异化、资本主义经济危机、对环境的严重破坏。就是在这样的背景下，后现代主义对现代主义的理性霸权、微观权利和科学权威进行了揭露和批判，并在此基础上形成了自己的一些观点，归结起来，主要包括以下几点：第一，拒斥一体化、总体化和普遍化性的方案，而强调差异、多样性和复杂性。第二，抛弃封闭的结构、固定的意义和僵硬的秩序，而赞同游戏、悬而不决、非完整性、不确定性、暧昧、偶然性和混沌。第三，放弃天真的现实主义和再现认识论，以及无中介的客观性和真理，支持反本质主义、解释学、相对主义。第四，强调打破不同学科内部和学科间的界限。

在福克斯和米勒所著的《后现代公共行政——话语指向》一书中，他们将现代主义和后现代主义的差别用各种形式表述了出来，包括“整合与分离、中央集权与地方分权、向心与离心、总体化与碎片化、元叙事与异类文本、熔炉式与凉拌式、可通约与不可通

---

① 利奥塔 J F：《后现代状况》，岛子译．湖南美术出版社，1996年，第5页。

② 王岳川：《后现代主义文化研究》，北京大学出版社，1992年，第11页。

约、统一的冲动与多元论、普遍主义与相对主义、牛顿与海森堡”①。

后现代主义是作为一种对现代主义的反动出现的，它在分析、批判现代主义时主要采用了三种分析方法，即解构主义分析方法、诠释学分析方法、话语分析方法。这三种分析方法在加以修改后是可以广泛运用到社会科学领域的，以用来分析后现代社会状况下的社会问题。但前提是我们要了解它们的内涵及应用要点。

（一）解构主义分析方法

解构主义是由法国哲学家德里达创始和命名的。“解构主义用差异的统治批判现代主义对同一性的追求，它以德勒兹的‘差异’，特别是德里达的‘延异’、利奥塔的反对‘宏大叙事’观为哲学基础，以多元政治观为基线，颠覆和解构大一统或同一性的现代宏大政治，强调多元的‘小叙事’政治”②。在用解构主义的分析方法进行分析时，首先要建立一种差异的逻辑，把差异从整体性的“同一逻辑”中解放出来，高扬差异和非中心；其次就是要废除元叙事、大叙事，消除话语独霸天下的局面；最后就是批判现代主义追求的共识、一致。

（二）诠释学分析方法

诠释学指的是对于文本之意义的理解和解释的理论或哲学，涉及哲学、语言学、文学、历史学、宗教、艺术、人类学、社会学、法学等问题，反映出当代人文科学研究领域的各门学科之间相互交流、渗透和融合的趋势。它起源于解释者和历史文本之间的二元对立，因此，如何说明这种对立能最终走向调和就成为诠释学的核心任务。要理解诠释学，就要知道它的核心问题是对文本的理解，它所要达到的是对意义的理解，理解的媒介是语言。基于此，诠释学分析方法的要点包括以下几点：首先，要做好文本选择，这是核心问题，在这一过程中我们要反对文本中心主义和文本虚无主义，这都是不对的。其次，要注意问题意识的影响，运用自己的问题意识去解读文本，在与文本的对话过程中达到视阈融合，从而发现和揭示文本的意义。最后，就是通过解释循环来达到对意义更深层次的理解。

（三）话语析方法

对于话语，各个学科、各个流派有不同的理解。例如，哲学中的话语是指特定社会语境中人与人之间从事沟通的具体言语行为；政策科学将话语视为关于集体行动的规划的语言表述，是一种能够传递到相关的集体成员并被他们理解、认同和遵从（当然也可能是反对和抵抗）的符号信息。话语分析分为批评话语分析和积极话语分析（positive discourse analysis，PDA）。

积极话语分析是由澳大利亚悉尼大学的马丁在一次批评话语分析国际研讨会上提交的题为 *Positive Discourse Analysis*：*Solidarity and Change* 的论文中谈及的。针对批评话语分析理论的种种不足，他认为语言分析不但要集中精力去解读那些含有不平等现象的“坏

---

① 福克斯 C J、米勒 H T：《后现代公共行政——话语指向》，楚艳红，等译，中国人民大学出版社，2002 年，第 45 页。

② 李素艳：《“差异”的统治——解构主义政治哲学的一个维度》，《学术交流》，2008 年第 11 期。

新闻”，还应该去以积极的态度和视野去观察那些主张和平、平等的“好新闻”。

以马丁为代表的积极话语分析学家们与批判话语分析学者们一样受到了西方马克思主义的影响，把语言看做社会基础而不是上层建筑，因而其哲学基础同样是西方马克思主义。但积极话语分析在批判话语分析的基础上主张用更加积极向上的态度对待各种社会矛盾和不平等现象，主张以积极的态度来解决各种社会冲突，并期望通过话语分析来构建一个和谐的社会。因而其对待各种矛盾和冲突所采取的积极的态度更具建设性意义。如果说批判话语分析是对社会的一味批判和解构的话，积极话语分析就是在此基础上对社会的积极建构。

在语料选择上，积极话语分析特别重视对“地域”（site)的选择。这里所说的“地域”不是指某个事件发生的地点，而是话语所涉及的领域。除了社会冲突外，积极话语分析还关心外交、斡旋、谈判、会议和咨询等话语。在这些话语中，最受重视的是那些政治性强、涉及重大社会问题的，如我们将要分析的朝核问题。

目前，对积极话语分析的定义还不明确。我们在对其做了初步的探讨之后认为，积极话语分析是“从批评性话语分析发展而来，采用积极的态度对话语进行解读，旨在建立一个和谐的人类社会的话语分析方式”。

评价理论是积极话语分析的理论基础。马丁对评价理论的定义是：评价理论是关于评价的，即话语中所协商的各种态度、所涉及的情感强度，以及表明价值和联盟读者的各种方式。在马丁和罗斯的评价系统理论中，态度是整个评价体系的中心，而级差和介入都是为评价态度服务的。级差是用来强化或弱化态度，而介入则用来考察态度的来源，在评价体系中起辅助或支撑作用。

1. 语篇的态度系统

态度，和我们的感觉相联系，包括情感反应、行为裁决和对事物的评估(鉴赏)。态度系统(图 10-2)又分为三个子系统，即情感系统、裁决系统和鉴赏系统。情感系统是整个态度系统的核心，由它导出裁决和鉴赏系统。情感资源是三种态度资源中表达态度最直接、主观性最强的一种资源。情感涉及对情绪反应的解释说明。

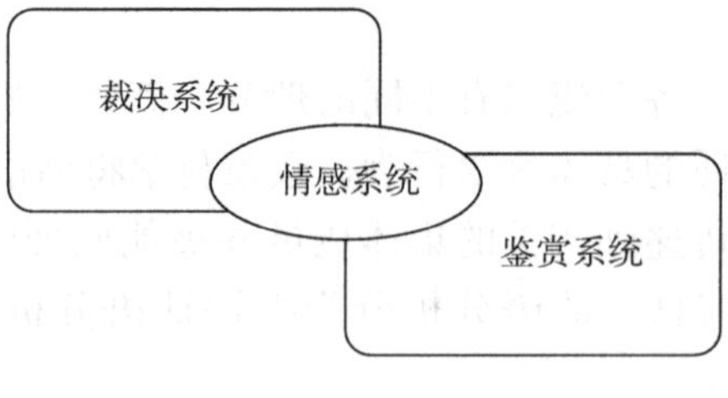

图 10-2　态度系统

2. 语篇的介入系统

在马丁等的研究基础上，怀特进一步发展了介入系统，如图 10-3 所示。他提出单声介入和多声介入模式，并将实现多声介入模式的语言资源归类为“对话延展”型和“对话紧缩”型。所谓对话延展，是指说话人在表达自己的观点、立场和态度时能容纳或接受，甚至鼓励对话人表述与自己不同的观点。换言之，说话人为对话人留有一定的话语空间。而对话紧缩是指说话人在表达自己的观点时直接或间接地否定、反对或拒绝对话人不同的观点，缩小或剥夺对话人的话语空间。

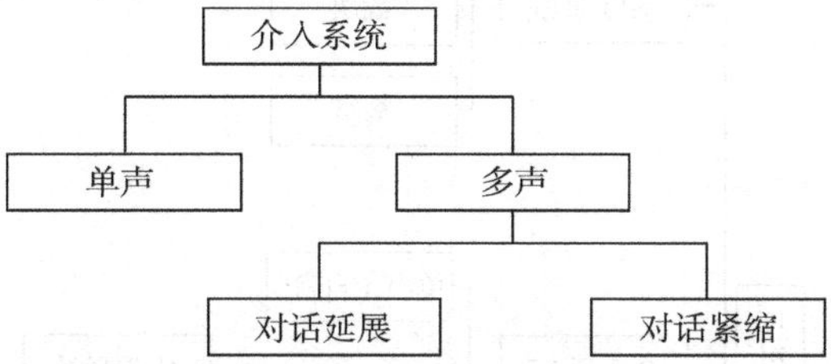

图 10-3 怀特的介入系统

王振华对评价理论及其介入系统做了较为系统的引介和评价。他将单声介入称为“自言”，多声介入为“借言”，并指出：介入可以由自言和借言实现。自言意味着排除对话性，往往能体现出语言使用者的主观性。借言能让所说的话显得十分客观。

总之，介入是指说话人对话语所持的观点。这些观点的鲜明与否直接影响或控制对话者不同的声音。关于介入系统，虽然各家所持观点和所用术语不尽相同，但他们都有一个共识，即说话人在表白个人态度和立场的同时，给对方的不同立场和观点留有多大的“辩驳”空间。

3. 语篇的级差系统

级差系统贯穿于整个态度子系统，它表示评价意义的不同层次，体现了评价意义的精密度。级差系统的本质是衡量感情的强烈程度，是对态度介入程度的分级资源，跨越整个评价系统，包括语势(force)和聚焦(focus)两个子系统。语势涵盖强势和弱势；聚焦涵盖明显和模糊。一般说来，政治新闻对介入程度相当高的主体或需要凸现的主体会使用属于级差系统中表示强化语势或聚焦明显化的词汇。

4. 评价系统模型

评价系统模型如图 10-4 所示。

这些方法主要来源于尼采的哲学、索绪尔的语言学、维特根斯坦后期的哲学、胡塞尔的现象学以及存在主义。尼采的哲学是反理性和支持视角主义的，而这成为后现代主义反对现代主义对理性的滥用和中心主义的一个重要理论来源。索绪尔的语言学认为由于语言自身形成一个相对独立的符号系统，符号之间处于无限的相互指涉中，因而永远不会达到某种固定的意义。这其实摈除了客观知识和真理的可能性，是对传统观念的一系列颠覆和解构。也正是基于此，解构主义开始发生。维特根斯坦后期的哲学的主要内容就是“语言游戏”，这一论断对社会科学产生了极大的震动。“‘语言游戏’意即我们的语言是按照一定的规则在一定的场合中使用的活动，任何一个语词概念的含义，并不在于它所意指的对象中，而在于它按照一定的规则与其他的语词的组合方式中”[①]。“语言游戏”论推动了后现代主义的反本质主义理论内核的形成，同时它还推动解释学向后现代解释学方向的转变与发展。胡塞尔的现象学把意识看做最核心的课题加以研究，他求助于先验意识的主体来看待这个世界，但是这容易陷入一种绝对的主观主义。后来海德

① 张志伟：《从维特根斯坦的“语言游戏”说看哲学话语的困境》，《中国人民大学学报》，2001 年第 11 期。

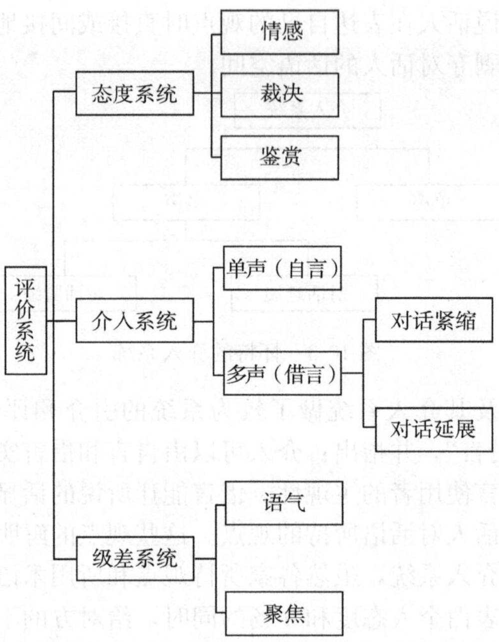

图 10-4　马丁的评价系统模型

格尔弥补了他的这个缺陷，把意蕴和世界的展开建基于生存，而非超验的意识之上。他们都批判二元建构论的认识论，这就瓦解了传统哲学的观念与实在、主体与客体对立的二元论，大大启发了后现代主义者的理论建构。存在主义围绕着“存在先于本质”这一观点，强调人的生存的孤独性、虚无性及不确定性，从而在不同的方面，如批判现代性、解构主体性、颠覆客观性等，为后现代主义的产生提供了理论来源。

（四）后现代主义的局限

一是分析场域的局限性。后现代理论回避了政治经济学，也未对国家做出系统的说明，没有对经济、国家及其他社会领域与过程之间的关系做出任何实质性的分析。

二是非理性主义。理性存在批判理性和技术理性两种基本形态。但是后现代理论家混淆了这两者，从而使后现代理论陷入了非理性主义的泥潭。

三是总体化倾向。后现代理论家一方面强调要重视差异和非中心性，另一方面自己对理性、启蒙思想等持一种单面性的批判眼光，没有很好地把握其复杂性、差异性和多面性。

四是相对主义与虚无主义。后现代主义放弃基础主义的做法，会招引虚无主义的幽灵；放弃认识论和道德的确定性也必然会产生相对主义。

五是忽视社会结构。后现代理论家大都忽视社会和社会结构的概念，并提出了社会已死的口号。实际上正如福山在《历史的终结》所言，终结的并不是历史，而是某种特定的历史观。因为作为社会实质内涵的人与人之间的互动和关系仍然存在。

二、后现代主义背景下的政策分析

作为一种首先发端于文学和建筑领域的社会思潮和思考方式，后现代主义的思想后来也逐步渗透到了公共行政，甚至公共政策领域。它引发了我们对传统的官僚体制的批判、对政策的内涵的重新认识，并对现代政策分析进行了批判。从而引导政策分析从实证主义走向了后实证主义，不断加深诠释和批判在政策分析中的权重。

(一)对政策内涵的认识转变

传统上我们把政策奉为由政府经过理性建构以用来解决社会问题的有效办法。不过在后现代主义的影响下，政策被视为符号性和解释性的，是事后解释、故事以及论证。政策的过程被视为在我们援引的符号和我们将不同的问题与解决方案所归的类属之间的艰难挣扎，因为这些符号和类属最终将决定我们所采取的行动。“政策制定的艺术不是回应预先存在的公共需求，而主要在于为那些没有完全表达出来的恐惧和希望而呼吁，并使其具体化为关于其来源及其所代表选择的令人信服的故事”①。

(二)对现代政策分析的批判

1. 公共对话赖以进行的符号系统已经成为自我指涉和副现象化

这使公共对话的张力让位于单向度的独白，因此公共政策和公共行政日益变得独断专行。这样，现代政府科层制结构一方面强化了言说者的语言与其真实意图的分离，使“单向度的独白”普遍化了；另一方面又使对话、交流之间必然的张力被严重遮蔽了。

2. 异质性的“次文化”的盛行，使跨群体的公共对话具有不可通约性

后现代主义者对“他性”和“差异”的承认与合法化，对现代主义的宏大叙事的消解，必然导致跨群体的公共对话的难度加大，这也是对社群主义理想的一种解构。

3. 不稳定的娱乐性符号话语以及以虚拟现实为取向的大众思考模式的盛行

这使基于宪政主义的政策的所指(原本的含义)与能指(大众的理解)之间存在着巨大的张力。其结果，正如福克斯和米勒所指出的，一方面作为公共政策的理论基础的政治学正受到拟真或虚拟现实倾向的感染，而这一点对于政府通过政策来解决实际问题没有什么益处；另一方面，对于大众而言，政策在人们的眼里变得只有了文字游戏的意义。对于政府的政策目标的实现来说，基于传统宪政主义的政策思路，只能使它脱离现实的弊端更加明显，提供的只是与大众的兴趣和要求相去甚远的一些毫无效果的政策。

4. 促使政策分析方法实现转变

实证主义发端于19世纪初，是由社会学家孔德创始的。它主要基于这样一个假设，通过竭力逃离我们自己的历史和文化建构的预设，我们能更好地理解和评价世界。其基本主张是，“感官认知是所有人类知识的基础，而且，通过客观的观察，我们能够洞悉事实，这些事实被认为与现实是一一对应的”②。在实证主义中，理论讨论是通过科学推理的演绎逻辑来定义的，而摒弃了诠释性和批判性的研究。但是后现代主义对科学和理性行进了猛烈的批判，从波普对实证主义的批判开始，到维特根斯坦语言游戏理论提出，这些理论使社会科学知识受到了极大的质疑，于是政策分析也开始由实证主义向后

---

① 怀特 J D、亚当斯 G B:《公共行政研究——对理论与实践的反思》，刘亚平、高洁译，清华大学出版社，2005年，第164页。

② 怀特 J D、亚当斯 G B:《公共行政研究——对理论与实践的反思》，刘亚平、高洁译，清华大学出版社，2005年，第165页。

实证主义转变，由原来注重实证的经验验证转向了对政策的诠释性和批判性的研究的重视。在这个过程中，公共政策的内涵发生了改变，公共政策成为一种事后解释、故事、论证；政策的目的也发生了改变，由原来的回应预先存在的公共需求演变为为那些没有完全表达出来的恐惧和希望而呼吁，并使其具体化为关于其来源及其所代表选择的令人信服的故事。

三、后现代主义对政策分析的影响

后现代主义的分析方法包括解构主义、诠释学、话语分析等分析方法，下面我们将围绕后现代主义的分析方法对我们有什么启示，我们又该如何应用这两个主题展开讨论。

(一)解构主义

解构的概念对于公共行政理论研究人员和实际工作者都是一种重要的资源。

(1)利用解构来拒绝给予源自官僚制的权力话语以任何特权地位。这样做就是要打破官僚制的话语霸权地位，让其他的话语体系也参与到从政策议程的建立到政策变迁的整个政策过程，从而使后现代语境下的公共政策更具合法性。

(2)解构可以被用来质疑我们据以建立现代主义公共政策的前提基础。现代主义公共政策都是建立在技术理性的基础之上的，这实际上是相信科学能够提供普适性原则来指导公共政策的制定。而在解构主义看来，技术理性就是一种隐含的宏大叙事。一方面它批判这种宏大叙事会造成话语霸权的形成，另一方面，它质疑科学在揭示我们的政治和组织生活时作用是非常有限的。

(3)解构为一种试图使公共政策思维摆脱官僚等级观念和偏见束缚的解放准则扫清道路。解构主义以差异为其基本的逻辑，强调打破一元的宏观的国家权力政治，转向多元的微观权力政治。这势必会把传统的以等级官僚制为中心的政策制定主体解构，使公共政策思维摆脱官僚等级观念和偏见的束缚。

(二)诠释学

(1)诠释性推理是一个参照性的推理过程，所以，我们可以使用这种方法在既有的知识体系下去理解公共政策的结论和其意义。

(2)诠释性推理也是一个循环性的推理过程。因此，我们可以采用它的这一逻辑将新的公共政策和已知的更广阔的政策之间切换，通过不断地解释循环来理解新公共政策的意义。

(三)话语分析

1.“能量场”的概念是真正的公共政策对话的发生地和竞技场

“公共政策的形成和管理必然是一种‘重复性的实践’的活动，因此它必须在不同观点中经过不断地被讨论、协商甚至冲突后才能获得”[①]。正是在这个意义上，福克斯和米勒在《后现代公共行政》中提出了公共“能量场”的概念。“‘能量场’概念的提出实际上

---

① 冯锋：《重塑公共政策话语机制的后现代尝试》，《中国行政管理》，2003 年第 12 期。

是围绕话语理论的基本要求为公共政策的对话机制倡导和创设一种氛围，更进一步说，形成一种制度，在这种条件下将为能够比较好地克服传统治理模式及其替代物的弊端提供极大的可能”①。

2. 公共政策基于话语的合法性

只要公共政策的话语形式具备真实性、使用合理的言语，并造成某种对抗性的紧张关系，就能够把握公共政策的要义。

3.“部分人的对话”及其原则是公共政策话语理论的核心

福克斯和米勒强烈地肯定公共对话的重要地位，那么接下来的问题就是如何在众多的对话形式中发现或创造某种形式来真正推动公共政策问题的有效解决。根据关于形成真正的政策对话的诉求，福克斯和米勒确立了四个判断话语正当性的原则：①真诚；②切合情境的意向性；③自主参与；④具有实质意义的贡献。在福克斯和米勒发现的三种对话形式中，他们认为，“部分人的对话”与其他两种对话形式相比较，虽然在一定程度上限制了参与，但是“一些人的对话优于少数人的对话和多数人的对话，它的针对特定语境的话语和不愿遭受愚弄与任意差遣……切合情境的意向性和真诚性的提高大大超过了它的缺点”①。

4. 操作层面

(1)政策网络代替单一的制定网络。政策网络就是一种多角色的协调关系，不同于市场的价格机制，也不同于官僚科层的命令服从关系，而是一种平面化的互动和协调。

(2)注重公共政策议程的多元参与。话语理论认为公共政策议程并不是单一的政府主导模式，专家、具体问题的对话者，只要遵循话语正当性的规则，都可以影响公共政策议程。

(3)强调公共政策角色的转换。传统而言，公共行政人员是一个管理者、命令者、发号施令者和政策执行者。在话语理论中，公共行政人员是一个对话者、倾听者，一个程序通才和维持正当话语持续的支持者。

(四)若干注意事项

在运用后现代主义的分析方法来分析公共政策时不能孤立地使用某个或者某些分析方法，因为这些分析方法虽然理论来源是相似的，但是它们的侧重点是不同的，应该在政策分析中得到综合应用。所以，我们应该将这些方法整合在一起。我们认为，在运用后现代的分析方法时应该遵循一个基本的思维逻辑。首先是解构，运用解构主义的方法，我们可以打破官僚制在政策分析中的主体地位，使政策主体更加多元，并且解构还打破了我们对技术理性的崇拜，使我们的政策更加贴近政策相关者的诉求；其次是对话，各种话语体系在“能量场”中围绕着政策议题展开讨论、协商、争辩等，提出自己的政策诉求，然后建立符合话语合法性的政策；再次就是诠释，这主要是对政策意义的解读和论证，以努力拓展政策的意义；最后是批判，对制定的政策的意义、有效性、合法性等进行质疑，最终实现理想的政策。可以看出，这不是一个阶段性的政策分析方法，而是一个整体性的政策分析思维逻辑，且这四个要点是一个不断循环的体系，直到实现

① 福克斯 C J、米勒 H T：《后现代公共行政——话语行政》，楚艳红，等译，中国人民大学出版社，2002 年，第 143 页。

理想的政策。

目前我国涉及后现代公共行政话语理论的著作主要有《后现代公共行政——话语指向》、《公共行政的合法性——一种话语分析》、《公共行政研究——对理论与实践的反思》等几部著作。而且以上几本也仅是基本后现代主义与公共行政相联系的著作，涉及公共政策与后现代思潮的著作也仅是《后现代公共政策——重塑宗教、文化、教育、性、阶级、种族、政治和经济》，而且这本著作也是由我国学者李际等翻译而来的。由此可见在我国对于后现代思潮下公共政策的研究尚有较大发展空间。在中国知网中得到以下资料：其中关于话语分析的文章总共有 42 925 条，涉及人文与社会科学的有 16 567 条，涉及后现代与公共政策并且找到的文章有 40 篇。在这 40 篇文章中有 23 篇涉及话语权与公民参与，有 10 篇主要论述了后现代的公共行政理论。然而讨论政策文本话语分析的仅有 5 篇，另外有 2 篇涉及了后结构主义与政策网络。其中关于后现代和公共政策研究的文章相对较少，文章绝大多数是笼统地强调要加强话语民主、话语权。理论阐述很少也缺乏理论深度，而且虽然有很多学者对教育政策的内容进行了文本分析或者话语分析，但是真正公共行政意义上的话语分析实为少数。虽然存在着以上几点不足，但是我们也要看到程亿等学者对农民在农村公共能量场中话语权的丧失原因的分析，迈出了对后现代公共行政话语理论应用的实质性的步伐。这些都是后现代公共行政论在我国本土化的进程中具有一定意义的探索。

后现代主义方法在中国的政策分析中有所体现。谢明在其著作《政策分析概论》中则是把政策分析的基本方法分为了比喻的方法、示意图的方法、观察与解释的方法。这种分析方法很明显是不同于以往各个学者对政策分析方法的介绍的。虽然谢明并没有明确指出比喻的方法、示意图的方法、观察与解释的方法是否属于后现代思潮下政策分析的方法，但是我们明显地可以看到这种方法中所隐含的对于政策的解释性和诠释性的分析。另外王梅达、张文礼编著的《公共政策分析的理论与方法》一书中也涉及了公共政策中的后现代主义思潮。但他们仅是在其公共政策分析的性质一章里，基于对理性政策分析的批判介绍了作为讨论的政策分析这一观点。后现代主义思潮下政策分析产生了哪些分析方法，并无实质性的探索。

四、话语分析的一个案例——应用积极话语分析解读中韩两国对朝核问题的政策趋向

我们选取了韩国和中国的一篇关于“4·5 朝鲜卫星发射事件”的新闻报道为语料，见章后案例材料，采用新兴的积极话语分析理论，以建构的视角来分析语篇中的观点，来揭示中韩两国对朝鲜核问题的态度、立场、政策的差异，以及朝核问题的发展趋势。

案例综合几种理论方法，尝试建立一套简单实用的积极话语分析方法，引进语境理论揭示语篇中的各种态度、立场或观点产生的背景，将马丁的评价模型作为具体的分析工具对词汇以及小句过程进行系统的评价分析。在此基础上，采用 Fauconnier 和 Turner 的概念整合理论对此分析结果进行论证，希望能通过认知方面的解释来弥补因评价理论缺乏统一标准而在分析中可能存在的随意性和不足之处。

(一)韩国对朝核问题的政策分析：积极话语分析的视角

任何语篇都是特定语境的产物。韩礼德指出人类所有的语言活动都是在一定的语境

中发生的。语篇语境包括情境语境和文化语境两大类。所谓情境语境是指篇章产生时的环境，其构成要素有三，即语篇场、语篇基调和语篇方式。语篇场是指实际发生的环境，包括正在被谈论的话题、讲话者及其他参与者所参加的整个活动。语篇基调是指参与者的身份以及他们之间的关系，包括参与者的社会地位以及他们之间的角色关系。语篇方式是指语言交际的渠道或媒介。

本语篇属于新闻报道语类，语篇场是报道中提到的 2009 年 4 月 5 日朝鲜发射卫星一事。语篇基调应属于记者立场所作的政治报道。语篇基调是书面的、单向的、非面对面的口头交际。

此外，我们也应该关注语篇产生的文化语境：朝鲜出于本国安全以及提升自身实力与地位的需要发射卫星；美国基于地缘战略(均势)和安全战略(发射卫星针对美国)，坚决反对朝鲜发射卫星；韩国出于安全因素的考虑，当然反对朝鲜发射卫星；中国出于经济利益、政治因素，还有和平崛起和谐世界的理念需要，表示朝鲜有发射卫星的权力。

对于语篇的评价系统分析如下。

首先，语篇的态度系统分析。在态度系统中，包括三大子系统，即情感、裁决和鉴赏，如表 10-2 所示。在情感子系统中，我们可以发现“失望”、“忧虑”等词，还有“韩国国会绝不容忍朝鲜发射远程火箭的行径”；在裁决子系统中，韩国政府声明中提到“朝鲜发射的火箭明显违反了联合国安理会决议”，就是对朝鲜发射卫星行为的评定；在鉴赏系统中，如“朝鲜发射火箭是严重的挑衅行为”，就是对于发射卫星过程的价值认定。

表 10-2 语篇的态度系统统计(一)

子系统	正面频数	负面频数	频数	正面频率/%	负面频率/%
情感子系统	2	3	5	40	60
裁决子系统	1	8	9	11.1	88.9
鉴赏子系统	0	3	3	0	100
统计	3	14	17	17.6	82.4

从表 10-2 中可以看出，负面评价占 80%以上。朝核问题显示了朝韩的尖锐对立，因此报道中充斥着韩国评判朝鲜的负面裁决词，极力谴责朝鲜对世界安定的负面影响。但占主导地位的是负面鉴赏，认为朝鲜发射火箭是“威胁世界安全”的“错误行为”。即使是正面评价，更多的是表示积极寻求和平解决问题的意愿。其中裁决系统中唯一的正面评价——火箭发射虽然以失败告终，但是朝鲜的意图，也就是在对外展现其载运火箭发射能力方面可以说取得了预期的成果。用“虽然……但是……”句式，实际上是为了强调后句——朝鲜政府已经得逞。报道显示出强烈的谴责不满之意。尽管如此，报道最后依然想表明“对话协商”解决问题的意愿。这说明：当今世界格局不再只是统治和斗争，更多的是相互影响和牵制，需要的是对话和沟通，这种变化为世界动荡局面的走向带来了积极的思考。

其次，语篇的介入系统分析，如表 10-3 所示。

表 10-3 语篇的介入系统统计(一) 单位:%

自言	决议案	柳明桓	政府声明	专家
63.40	9.80	7.30	13.40	6.10

将此报道 64 个小句进行分类后，可看出此报道所使用的介入手段中大多属于自言方式，借言方式比较少。借言方式主要是间接引述，有来自韩方官员的声明、柳明桓的言论、《谴责决议案》的内容、专家的看法等。他们的声音透露的信息是：朝鲜发射火箭是种挑衅行为，应当受到谴责。目前对朝鲜的政策等制裁(1718 号决议)效果不大，需要更猛烈的经济制裁，但要求和平解决。语篇中还直接引用了官员的原话：“韩国不仅将加强针对朝鲜任何挑衅的应对态势，而且还将和有关国家进行协商，积极采取朝鲜发射火箭的应对措施。”协商、积极等词显示出韩国政府和平解决这次事件的态度。

借言中的第三种实现方式是让步，也叫“反期望”，是借助连词和延续词来制止或控制调节说话者的期望以引进不同声音而增强语言的说服力。报道中使用的连词多表示转折让步。通过介入不同的声音来否定读者原有的期望，反而加强了读者的印象，增强了语言的说服力，使读者慢慢受到韩方态度的影响。所使用的连接词多在句中，如但是、最终、最后时刻等，用来调节读者已有的期望以起到增强报道说服力的作用。例句：在朝鲜发射导弹的最后时刻，韩国与美国、日本、中国和俄罗斯等有关国家还在要求朝鲜取消发射火箭的计划。但是朝鲜则对此置之不理，悍然发射火箭，韩国对此深表忧虑。

介入系统分析结果表明：介入的强势方是韩国，新闻的政治倾向非常明显。但不管是报告各方的观点还是直接引用原话，中心都是围绕“和平解决”。而让步手法的使用突出了语篇多声协商的特点。“多声”体现了社会的多元发展，“协商”预示了和平解决问题的可能。这就是通过积极话语分析所看到的积极一面。

最后，语篇级差系统分析。对此报道的 16 个句子中所有涉及态度介入程度的词语进行分析后发现，政治新闻对介入程度相当高的主体或需要凸显的主体都会使用属于级差系统中表示强化语势和聚焦明显化的词汇。具体来讲，报道中有强化语势作用的词语多是用来修饰对朝鲜的谴责。例如，韩国政府与国际社会对此深感失望。韩国国会绝不容忍朝鲜发射远程火箭的行径。

这是韩方想要凸显的主题。强化和聚焦的另一对象还有韩国积极寻求和平解决这一事件的立场。但显然这不是本篇报道的重点，文章中没有相关的强化语势。报道中只是表明了韩国政府的不满、“失望”、“忧虑”，韩国并没有提及将要采取行动之类，这体现了韩国“重制裁、轻动武”的态度：韩国得知朝鲜并没有停止核建设并出现“挑衅行为”之后，并没有像以前或者美国对伊拉克那样“一跳三丈高”，而只是呼吁加紧制裁，这表明韩国政策的转变和软化，昭示了和平解决问题的可能性。

可以看出，朝鲜、韩国两国一直在冲突和统一的过程中曲折前进。在最后的发展阶段，我们看到虽然恶性的局部冲突不断，但是统一和平解决问题的意愿依然清晰可见。这就是积极话语分析看到的积极一面。

(二)中国对朝核问题的政策分析：积极话语分析的视角

首先，语篇的态度系统分析。在情感子系统中，我们可以看到这样的表述：在当前情况下，我们也希望有关各方能够保持冷静、克制，慎重行事。在裁决子系统中，我们可以看到明显的信号词“本着上述精神……”对态度系统各个子系统进行统计之后发现：裁决系统的比较多，情感系统和鉴赏系统比较少，如表10-4所示。其中，正面裁决占主导地位。正面裁决主要是对于对安理会的要求方面“应着眼于发展稳定的大局”，“慎重、适度”。负面裁决主要是中方认为安理会的反应过激的“中方不赞成安理会就此次朝鲜发射问题通过决议”。为数不多的情感评价词也主要是围绕安理会以及各方国家：正面评价词要求安理会及有关各方“慎重、适度”，“顾全大局”。几乎没有明显的负面评价词。

表10-4　语篇的态度系统统计(二)

子系统	正面频数	负面频数	频数	正面频率/%	负面频率/%
情感	3	0	3	100	0
裁决	8	3	11	72.7	27.3
鉴赏	1	0	1	100	0
统计	12	3	15	80	20

本次朝鲜卫星发射从开始宣布到最后发射，可谓一石激起千层浪。从一开始发射导弹到火箭卫星，从朝鲜的“发射成功”举国欢腾到其他国家专家称发射失败，形形色色的话语中其实体现的是各国的政治利益。而中国在其中扮演着冷静的中立角色，在各国纷纷谴责联合国加紧制裁朝鲜的时候适时提出“慎重、适度”，“制裁不是目的，更主要的是要有利于半岛的稳定和大局”。报道采用“不赞成”、“更不赞成”的句式，目的是引导读者产生共鸣：此次安理会行为有点太过了。笔者认为，一方面中国与朝鲜有长期的政治上的、经济上的交往；另一方面，和中国和平崛起的国家利益不无关系，体现了和谐社会的积极话语分析思路。

其次，介入系统分析，如表10-5所示。

表10-5　语篇的介入系统统计(二)　　单位：%

安理会	姜瑜	张业遂	自言
7.80	39.2	51	2

本篇报道和前面一篇不同，更多地使用借言方式来引用转述官方言论，减少自身责任的同时增强了报道的客观度和权威性，主要是引用张业遂和姜瑜的观点，他们的声音透露的信息都是：安理会应该慎重考虑，制裁不是目的，和平与稳定才符合“共同利益”。文章直接引用官员的原话，但是用词上还是比较注意的。例如，最鲜明的表达中方观点的“本着上述精神，中方不赞成安理会就此次朝鲜发射问题通过决议”报道只是用了“不赞成”，而不是“反对”一词，在语气的表达上较后者更为委婉，这与中国的中庸传统不无关系，但更多的是对安理会的尊重以及留下一个可协商调解的空间。在借言中更多地说的是“应该……”，表述相对委婉。同时注意报道中同样有“反期望”的体现。“本着上述精神，中方不赞成安理会就此次朝鲜发射问题通过决议，更不赞成对朝鲜实施新的制裁”，明显更强调后者。

最后，语篇的级差系统分析。语篇几乎没有采用强化语势和聚焦明显化的词汇，用词比较委婉。但聚焦的主体主要是安理会和相关各方。

(三)分析结果的认知认证

马丁的评价理论虽能发掘语篇中的态度立场，但理论本身也存在一定的缺陷。虽然用语境理论来补充说明产生话语的整体语境，但评价理论缺乏统一的评价标准，使分析过程表现出随意性。因此，借鉴概念整合理论对分析结果进行阐释，论证中韩两国对朝态度的异同。

图 10-5 是四个心理空间的整合，一个类属空间，两个输入空间和一个整合空间。在类属空间里可知语篇是一评价者对被评价者就某个问题进行评价以达到某种目的。这两篇报道一篇来自 KBS，还有一篇来自新华网，左边输入空间是有关韩方的，是韩国对朝鲜就发射卫星问题作的评判，目的是呼吁更为严厉的制裁来迫使朝鲜放弃核计划；而右边的输入空间可以看出，中国在对待这件事情上的分歧。评价对象不仅有朝鲜，更有安理会，围绕的话题变成了安理会对朝鲜采取的政策，讨论是否要对其进行制裁。在最后形成的整合空间里，多方讨论的结果是积极寻求解决的办法，制裁不是目的，更重要的是在多方的利益博弈中和平解决朝核问题。这表明各方已经在“动武”抑或“和平”问题上达成一致，虽然事实上朝韩局部冲突可能发生，事实也已经发生，但很显然，和平协商、共建和谐已成为人心所向和未来世界的发展趋势。

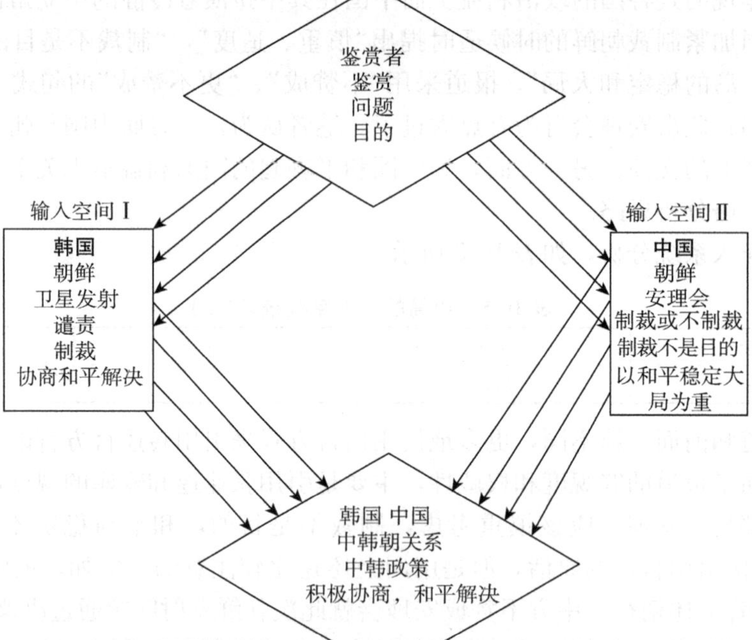

图 10-5 概念整合理论的应用

(四)对积极话语分析方法的本土化应用的评价

首先，因为涉及对语言文本的分析，这种“抠字眼”式的分析方法颇有些局限性，因为它仅仅针对已经对语言理论知识体系非常通晓的分析者。正因为专业水平的限制直接导致了我们的分析不够深入，得出的最后结论无聊又让人沮丧。

其次，关于语料的选择方面。朝鲜问题相当复杂，虽然我们的切入点比较小，但查阅资料之后才发现里面涉及很多大国的“小九九”。考虑到时间关系和主题的限制，一些重要国家的语料没有囊括进来，如最重要的美国和日本。另外，虽然报道出处很权威，但仅从一篇报道中得出结论显然是难以让人信服的。

再次，就方法本身来说，积极话语分析的缺陷是比较明显的。它所谓的评价模型缺乏统一的标准。为此，我们加入语境理论和概念整合，试图从系统的角度对这一方法进行完善。即便如此，评价系统依然显得比较单薄。

最后，从我国目前的情况来看，对中方语料的分析之后，我们发现文章中对聚焦明显的主题并没有什么强势语势的聚焦。这一方面与中国的中庸传统文化不无关系，另一方面，虽然我国改革开放已有三十多年，但显然政治自由的空气较其他国家尤其是西方国家并没有那么浓厚，且语料政治倾向很强。而且因为这一理论来自西方，本身西方的语篇中就有各种时态，如现在完成时、过去完成时等，以及各种语态、各种情态动词，如 should、could 表示态度的强烈程度。相对而言，中文涉及比较少。为此，在原先模型的基础上，我们另外构建了一个多模态模型。

（五）多模态综合分析框架的构建及应用

1. 多模态分析模型

如图 10-6 所示，在原有模型的基础上，我们加上了形式层面，就是背景（前景）图像、声音的分析，对身体语言的分析，以及对媒体的分析。如果说原有的理论是基于一维的视角，加上图像、声音、音频、视频资料之后的分析模式显得更完整。在我们国家的新闻文本政治倾向比较严重、话语空间相对狭窄的情况下，视频、音频资料可能泄露信息。话语的概念不再仅仅限于语言层面，更多是一种多维的视角、综合系统的分析方法。

2. 对资料的尝试性分析

该视频资料包括两部分内容，都是关于中方对朝鲜发射卫星事件的报道和评价。其中，第一段视频剪辑属电视访谈；第二段则是官方（秦刚）的发言。

1）电视访谈

这篇电视访谈时长 2 分 38 秒。与日常谈话相比，作为事先精心准备的职业话语，其目标受众主要是不在现场的电视观众。主持人与嘉宾不仅是以个人身份出现的，而且还是访谈话语中的话语角色。因此他们的交谈在接近日常谈话的同时，具有比较正式的特点。作为职业语境中的主持人，地位和权力使他成为该部分的主角。

基于对职业话语和电视访谈的分析，我们提出这样的假设：作为有准备的谈话，电视访谈的职业话语性质决定了其具有完整的话语结构：访谈背景介绍；访谈开始；访谈主体和访谈结束构成了访谈的形式结构；受职业话语语境限制的以主持人提问、嘉宾作答为主的互动性话语结构是电视访谈主体的决定性结构特征。在互动过程中展开的话语的主题结构和叙事结构在受这一特征制约的同时形成了自己的话语结构特征。访谈的背景介绍构成访谈话语结构的骨架，访谈的开始和结束勾勒出访谈的框架，它们共同服务于访谈主体的话语互动部分，为突出访谈主题和实现预先设定的访谈目标服务。

第一，背景介绍。

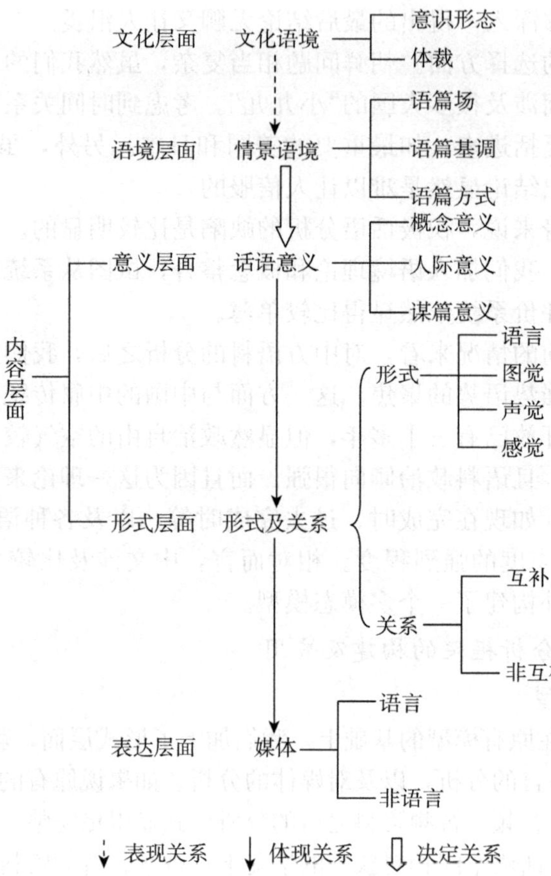

图 10-6　多模态模型

主持人：自朝鲜宣布发射卫星以来，引起国际社会的持续关注。不管是卫星还是导弹，朝鲜这次发射行动的目的究竟是什么？

可以看出，通过对当前背景的介绍，提升访谈的价值和意义，激发观众的收视热情，同时为观众理解即将展开的访谈内容做铺垫，使访谈顺理成章地进入开始部分。

第二，嘉宾承接话题。

嘉宾：我认为朝鲜主要想通过这次发射来提高自身的实力和军事方面的威慑力。对内可以增强它的凝聚力，显示科技方面的成就；对外可以吸引美国奥巴马政府的关注，将来在谈判中可以增加筹码，力求掌握主动权。

在嘉宾回答主持人问题的时候，我们注意到电视访谈节目预先为观众准备的、在主持人的引导下展开的由声音、字幕、图像等多媒体共同组成的多维空间。至此，观众的角色由一般的故事听众转变为集听众、观众、读者等多重身份于一身的参与者。

第三，互动展开话题。

主持人还问，那么朝鲜发射行动将会对朝鲜半岛乃至整个东北亚地区的局势产生什么样的影响呢？联合国即将对朝鲜发射一事召开紧急会议，那么这个会议可能会有怎么样一个结果呢？

在嘉宾的回答中，我们可以发现诸多“我认为”等信号词，评价贯穿故事的始终。从一开始的背景介绍，主持人扮演介绍者的话语角色；之后的目的分析，再到对局势的影响，主持人俨然成为访谈进程的设计者、引导者。在一问一答式的互动中，谈话的内容层层深入。谈话到这里，我们注意到主持人在访谈内容中又加入了背景介绍，并抛出下一个问题。

第四，话题结束评估。

在内容的介绍中，我们可以看到很明显的叙事结构：事件的背景介绍，目的分析，对局势的影响。当叙事完整结束之时，主持人的角色也相应发生变化。

嘉宾：我认为对朝鲜进行制裁理由不是很充分，各方应该保持冷静克制的态度。通过恢复六方会谈和对话来解决这样的问题。

主持人：好的，谢谢崔主任。

可以看到，谈话进行到这里，访谈的主题和目标已经达到，向观众传递这样的信息：我们并不支持对朝鲜进行制裁，希望通过谈话和平解决此次事件。这是对整个话题的总结和评估。其实在主持人刚才说联合国召开会议的时候就在按照事先安排的时间进程将访谈推向结束。由此看来，主持人在这里成为访谈的评价者、引导者和总结者。

2)话语的形式层面分析

刚开始的电视访谈主要是对话语结构的研究。在秦刚 15 秒钟的谈话中，我们将对广义的话语做出诠释。

秦刚：那么在当前形势下，有关各方都应该保持克制和冷静。

可以看到，在讲这句话的过程中，秦刚语速明显放慢，下颚略微下倾，这是一种克制情绪的表现，和话语的内容正好相符。同时，秦刚说话的时候，眼珠向左边转动。常人的大脑皮层左侧负责逻辑分析、推理和数据，右侧负责听觉、视觉和触觉。如果目光向左侧旋转，表示当事人正在推理和分析，可以推考：秦刚的发言是经过反复推考和分析的。而且在整个过程中，秦刚没有什么肢体语言，面部肌肉紧张，表情也很少。可以得出初步结论：秦刚是个沉稳的人，而且他的话语是慎重考虑的结果，他所说正是他所想，可信度较高。

➢本章小结

政策科学作为一门独立的研究性学科，它的成立与发展和哈罗德·拉斯韦尔的名字是分不开的。1951 年，拉斯韦尔第一次详尽阐述了政策科学的学科性质、研究内容、研究方法以及发展方向等学科构建的基本要素。西方学术界，普遍认为该著作的出版标志着政策科学作为一门独立的学科诞生。在“政策分析”这一公共政策研究方法论的发展的过程中，先后经过了理性的方法、有限理性的方法、非理性的方法和“反理性”的方法。目前关于政策分析方法的分类角度多种多样，本章根据不同的学科视角以及政策分析方法的发展历程，将政策分析方法归纳为运筹学、系统分析、经济学、伦理学等方法。

20 世纪中后期，政策科学的研究方法逐步传入我国。其中应用最早也是最为广泛的是系统分析方法；与此同时，经济学、伦理学，甚至心理学的研究途径也陆续得到应用和发展，政策科学愈发显示出其综合性、包容性的跨学科特色。然而，各种研究方法在我国仅仅只是机械地引入，明显表现出创新不足、研究领域过于狭隘。

20世纪60年代，后现代主义作为现代主义的反面开始在西方国家兴起，并因为其不同于现代主义的反理性、多元、不确定、变化、非中心、差异等特点而迅速成为西方世界的学术热点，对包括政策科学在内的各社会科学形成了强大的冲击。具体说来，后现代主义思潮首先改变了原先对政策内涵的认识，进而扩展到整个现代政策分析领域，由此带来政策分析方法从实证主义向后实证主义的转变。在这种变化中，我们也从后现代主义的分析方法中发现了一些对政策分析有益的启示。在后现代背景下的政策分析过程，将是一个包含解构、对话、诠释、批判的循环。但是，后现代主义作为一种理论思潮，当然也有其理论上的局限，认识到它的这种局限，才能辩证地、合理地在政策科学的范畴内理解、运用后现代主义的思想及其方法。目前，我国介绍后现代政策分析方法的著作相对较少，应用领域大多集中在话语民主、公民权利等方面。

积极话语分析是马丁教授首先提出的，在批判话语分析的基础上主张用更加积极向上的态度对待社会矛盾和不平等现象，与我们目前建立和谐社会的要求不谋而合。其中，评价理论是积极话语分析的理论基础。在马丁和罗斯的评价系统理论中，态度是整个评价体系的中心，而级差和介入都是为评价态度服务的。

通过引进语境理论和概念整合理论对积极话语分析的结果进行反复认证，我们将试图通过认知方面的解释来弥补评价理论因缺乏统一标准而可能存在的随意性和不足。然而，专业水平的限制、语料的政治性以及我国话语空间的相对局限，导致积极话语分析所得出的结论略显单薄和令人沮丧。

在积极话语分析的基础上，引入多模态的分析模型，加上对形式、背景、身体语言、媒体的分析，从而突破了原先一维的视角，力求使分析模式更完整，分析方法更为系统和综合。在我国新闻文本政治倾向比较严重、话语空间相对狭窄的情况下，采用多模态的方法作为积极话语分析的补充，是对这一方法不足的一种尝试性修正。

➤思考题

1. 经济学分析有哪些具体分析方法?
2. 为什么说伦理学是政策分析的一个重要学科基础?
3. 什么是价值分析? 价值分析法包括哪些基本内容?
4. 论述后现代主义分析方法在政策分析中的应用与价值。
5. 你是如何看待朝鲜发射火箭事件的。

➤案例材料

中韩对朝鲜发射火箭事件的反应

一、韩方语料

朝鲜发射火箭使韩半岛和东北亚安全局势加剧恶化，自身将遭受国际社会的相应制裁。

朝鲜提高运载火箭发射能力将引发周边国家军备竞争，威胁地区安全稳定；朝鲜不顾居民温饱，投入巨资研发火箭，将难以取得国际社会的粮食援助等人道主义援助。

国际社会对朝鲜发射火箭表示忧虑，并设法阻止朝鲜发射火箭，是因为卫星和导弹的推进装置大致相同。朝鲜在此次发射的火箭上搭载的像是朝鲜主张的人造卫星，并且第一阶段和第二阶段推进器坠落地点并不在朝鲜当初通知的范围，最终卫星进入轨道失败。

此前，朝鲜悍然实施核试验，加剧了韩半岛和东北亚紧张局势。综观这些情况和过程，朝鲜是以发射人造卫星为由进行导弹开发的。因此，火箭发射虽然以失败告终，但是朝鲜的意图，也就是在对外展现其载运火箭发射能力方面可以说取得了预期的成果。

今后，如果朝鲜开发成功小型核弹头并装配在火箭上，就能确实拥有核武器了。问题是这种情况

葡萄与葡萄酒工程专业系列教材

葡萄保护学

主　编　顾沛雯（宁夏大学）
副主编　辛　明（宁夏大学）
赵　磊（西北农林科技大学）
参　编　胡祖庆（西北农林科技大学）
靖湘峰（西北农林科技大学）
刘　巍（西北农林科技大学）
李正男（内蒙古农业大学）
史　丽（内蒙古农业大学）
徐国前（宁夏大学）
任　斌（宁夏大学）
贾　龙（宁夏大学）
史　娟（宁夏大学）
闫思远（宁夏大学）
鞠明岫（宁夏大学）
姜建福（中国农业科学院郑州果树研究所）
孙　磊（中国农业科学院郑州果树研究所）
王国珍（宁夏农林科学院植物保护研究所）
张　怡（宁夏农林科学院植物保护研究所）

科学出版社

北　京

内 容 简 介

本教材分为植物保护学原理和葡萄病虫害发生及防治两大部分，系统介绍了葡萄品种及生长发育、葡萄栽培学概述、植物病害病原学、昆虫学概述、植物病虫害流行与预测、植物有害生物防治策略与技术等植物保护学基础理论知识，在此基础上，主要介绍了生产中重要的葡萄病虫害的分布与为害状、病原与昆虫形态特征、发生规律与生活习性以及防治方法等，并附有病虫形态、为害状和防治年历等插图，可扫码查看彩图。章末附有复习题，书末列有主要参考文献。

本教材是高等农业院校葡萄与葡萄酒工程专业的必修课教材，也可作为相关专业的选修教材，同时也是农业科技工作者及基层农业技术人员的重要参考书。

图书在版编目（CIP）数据

葡萄保护学 / 顾沛雯主编. —北京：科学出版社，2021.12
葡萄与葡萄酒工程专业系列教材
ISBN 978-7-03-070089-6

Ⅰ. ①葡… Ⅱ. ①顾… Ⅲ. ①葡萄栽培－保护地栽培－病虫害防治方法－教材 Ⅳ. ① S628

中国版本图书馆CIP数据核字（2021）第211198号

责任编辑：席 慧 马程迪 / 责任校对：严 娜
责任印制：张 伟 / 封面设计：蓝正设计

科学出版社出版
北京东黄城根北街 16 号
邮政编码：100717
http://www.sciencep.com
北京凌奇印刷有限责任公司印刷
科学出版社发行 各地新华书店经销
*
2021年12月第 一 版 开本：787×1092 1/16
2025年 1月第五次印刷 印张：22
字数：563 000

定价：79.80 元
（如有印装质量问题，我社负责调换）

前　言

“葡萄保护学”课程是高等农业院校葡萄与葡萄酒工程专业的必修课。本教材内容包括植物保护学原理和葡萄病虫害发生及防治两大部分。根据构建“十四五”教材建设和人才培养的需求，本教材编委会组织了宁夏大学、西北农林科技大学、内蒙古农业大学、中国农业科学院郑州果树研究所和宁夏农林科学院植物保护研究所的18位长期在教学和科研一线从事葡萄保护学的专家、教授进行教材编写，丰富了教材的内容。参与本教材编写的人员及分工如下：全书统稿（顾沛雯）、绪论（顾沛雯、王国珍）、第一章（徐国前、姜建福）、第二章（徐国前、孙磊、姜建福）、第三章（李正男、顾沛雯、任斌）、第四章（史丽、靖湘峰）、第五章（刘巍、胡祖庆、顾沛雯）、第六章（顾沛雯、史娟、胡祖庆）、第七章（顾沛雯、鞠明岫、闫思远）、第八章（顾沛雯、鞠明岫、闫思远）、第九章（顾沛雯、赵磊、鞠明岫、闫思远）、第十章（李正男、赵磊）、第十一章（辛明、靖湘峰、胡祖庆、张怡）、第十二章（靖湘峰、辛明）、第十三章（靖湘峰、辛明、胡祖庆）、第十四章（贾龙）、第十五章（孙磊、徐国前、姜建福）和附录（胡祖庆、顾沛雯）。

本教材考虑到植物保护学、葡萄学和栽培学等学科的迅速发展和当前葡萄生产的需要，注意反映国内外新的研究成果，增加了生产上的新成果、新知识和新技术，以求教材的科学性、先进性和实用性。本教材力求做到重点突出、内容先进、文字简练、图文并茂，旨在提高学生自主学习的主观能动性及分析问题和解决问题的能力。尤其是葡萄病虫害发生与防治部分，附有大量病虫形态、为害状和防治年历等插图，可扫码查看彩图，极大地增强了本教材的趣味性。本教材是高等农业院校葡萄与葡萄酒工程专业的必修课教材，也可作为相关专业的选修教材，同时也是农业科技工作者及基层农业技术人员的重要参考书。

本教材的编写、出版是在多方努力下取得的成果。在此感谢在百忙之中编写稿件的编者，感谢国家重点研发计划项目和宁夏回族自治区重点研发计划项目对本教材出版经费的资助，感谢宁夏大学食品与葡萄酒学院和科学出版社对出版本书提供的大力支持。

在本教材的编写过程中，编者虽然尽了最大努力提高编写质量，但因编者水平所限，书中难免存在疏漏和不足之处，诚请读者不吝赐教，以便再版时修正。

《葡萄保护学》编写委员会

2021年8月

目　录

下篇 葡萄病虫害发生及防治

《葡萄保护学》教学课件索取单

凡使用本书作为教材的主讲教师，可获赠教学课件一份。欢迎通过以下两种方式之一与我们联系。本活动解释权在科学出版社。

1．关注微信公众号“科学 EDU”索取教学课件

关注→“教学服务”→“课件申请”

科学 EDU

2．填写教学课件索取单拍照发送至联系人邮箱

姓名：	职称：	职务：
学校：	院系：	
电话：	QQ：	
电子邮件（重要）：		
通讯地址及邮编：		
所授课程 1：		学生数：
课程对象：□研究生 □本科（　年级）□其他		授课专业：
所授课程 2：		学生数：
课程对象：□研究生 □本科（　年级）□其他		授课专业：
使用教材名称 / 作者 / 出版社：		
贵校（学院）开设的相关专业课程还有哪些？ 使用教材名称 / 作者 / 出版社：		

扫码获取食品专业教材最新目录

联系人：席 慧　　咨询电话：010-64000815　　回执邮箱：xihui@mail.sciencep.com

绪　论

第一节　葡萄生产的意义和特点

葡萄（*Vitis* L.）是世界上最古老的栽培果树之一，与苹果、柑橘和香蕉并列为世界四大水果。中国的葡萄和葡萄酒生产历史悠久，是世界上葡萄属植物重要的起源地之一。在葡萄属植物中，有近40种起源于中国，如山葡萄（*V. amurensis*）、秋葡萄（*V. romanetii*）、刺葡萄（*V. davidii*）等是中国特有的葡萄属植物。

葡萄具有适应性强、结果早、寿命长、产量高、用途广的特点，在世界各地广泛栽培，据联合国粮食及农业组织（FAO）统计，世界葡萄种植面积和产量在果树生产中位居前列。葡萄的耐旱性、耐盐碱性、耐涝性远强于苹果、梨、桃等果树，所以在瘠薄的荒山、砂地、滩涂、轻盐碱地都可以种植。

中国葡萄栽培历史悠久，3000多年前就有关于葡萄栽培的文字记载，中国古诗中也有“葡萄美酒夜光杯”的美丽诗句。20世纪末，中美两国联合考古发现：在9000多年前，中国中原地区就有葡萄和葡萄酒的存在。但是，长期以来中国特有的历史条件和饮食文化，使得中国葡萄和葡萄酒发展一直比较缓慢。改革开放40多年以来，中国葡萄和葡萄酒生产发生翻天覆地的变化。据统计，目前我国是世界上最大的鲜食葡萄生产国和消费国，葡萄产业已成为许多地方农业经济高速发展的支柱产业，在乡村振兴、精准扶贫工作中发挥着重要作用。2007～2015年是葡萄种植面积快速增长阶段，种植面积从43.9万hm^2扩展到79.9万hm^2。2016～2018年趋于平稳发展，种植面积稳定在80.0万hm^2左右。在产量方面，我国葡萄产量持续快速增长，2018年达到1366.7万t，2019年达到1419.5万t，已成为世界上葡萄产量第一大国。据国家统计局数据显示，在葡萄酒生产上，2019年中国葡萄酒产量达45.1亿L，截止至2020年底为5.7亿L，同比下降26.9%。与葡萄酒生产和消费大国，如法国、美国和智利等相比，中国葡萄酒生产还存在较大差距，但在葡萄酒消费上中国已成为全球葡萄酒第五大消费市场。

一、葡萄用途广，营养丰富

葡萄的用途很广，除主要酿造不同类型的葡萄酒外，还大量用以鲜食，加工成葡萄干、葡萄汁和葡萄罐头等。葡萄风味优美，是人们最喜爱食用的水果之一，尤为重要的是它含有丰富的营养物质。成熟的葡萄一般含有15%～25%的葡萄糖和果糖，0.5%～1.5%的苹果酸、酒石酸，以及少量的柠檬酸、琥珀酸、没食子酸、草酸和水杨酸等，0.15%～0.90%的蛋白质和丰富的钾、钙、钠、磷、锰等无机盐等（李华等，2005）。每日食用100 g葡萄，可以满足人体一昼夜所需钙量的4%、镁量的1.6%、磷量的0.12%、铁量的16.4%、铜量的2.7%和锰量的16.6%（李华，2002）。葡萄汁含有维生素A、维生素B（B_1、B_2、B_6、B_{12}）、维生素

C、维生素 P、维生素 PP（烟酸）、肌醇和 10 多种氨基酸。葡萄干含有 65%～77% 的葡萄糖和果糖，1 kg 的产热量达 13 598.0～14 225.6 J（李华等，2012）。用葡萄酿造的白兰地、香槟酒等各种葡萄酒，除含有一定的糖（干型酒除外）和乙醇外，也同样含有多种维生素、有机酸和对人体有益的无机盐类。

二、有医疗保健功效

葡萄及其产品含有多种维生素，特别是维生素 B_{12}、维生素 PP 和肌醇。因此，多吃葡萄、喝葡萄汁和适量饮用葡萄酒，有益于防治贫血、肝炎，降低血脂和软化血管。葡萄的含糖量中一半是果糖，果糖不经过消化腺分解即可被人体吸收利用，因此葡萄及其产品对预防糖尿病有重要意义。国内外学者认为，葡萄及其产品均具有抗病毒的能力，红葡萄酒抗病毒的能力强，鲜葡萄和葡萄汁又比葡萄酒的能力强（冯永红和许实波，1996）。有学者在分析了包括美国在内的 18 个西方国家人口死亡与饮食的关系后发现，葡萄酒消费量与因心脏病死亡之间有密切的关系。喜欢喝葡萄酒的意大利人和法国人，因心脏病而死亡的比例最低，但烈性酒和啤酒却没有这种好处（郭金英等，2005）。有研究进一步证明，红葡萄酒含有类黄酮化合物，特别是其中的槲皮酮能够降低血小板的黏性，适量饮用红葡萄酒能起到保护心脏的作用（李华等，2005）。

三、结果早，经济效益高

在果树中，葡萄是进入结果期最早的树种之一，在良好的栽培条件下，一般栽后第二年就可开花结果，第三年每公顷产量可达 15 000 kg，第四年以后就可进入盛果期，每公顷产量可稳定在 30 000 kg 左右。葡萄树寿命较长，一般可正常结果 20～30 年。山西清徐县仁义村曾有一株‘黑鸡心’葡萄，树龄高达 180 余年，占地约 667 m^2，年产葡萄 2000 kg。因此，葡萄可称得上高寿高产的果树。

葡萄不但结果早、产量高，经济效益也高。露地栽培每公顷经济收入 3.0 万～7.5 万元，保护地栽培每公顷效益在 30 万元左右。因此发展葡萄生产是贫困地区农民脱贫致富、增加收入的好途径。近年来，很多地区农民都靠发展葡萄生产走上了致富的道路。

四、适应性强，更新、繁殖容易

葡萄比苹果、桃等果树抗旱、抗盐碱，对土壤要求不严格，且对土壤的适应性很强，既可栽在肥沃的平地，又可在砂地、河滩地、缓坡地、微酸性土壤、微碱性土壤上栽植。条件差的土壤如盐碱土、黏土经过改良后，葡萄也能在其上正常生长结果。我国从南到北、从东到西，只要选择适当的品种及相应的管理措施，葡萄都能生长结果。因此，葡萄是适应性较强的树种之一。

葡萄与其他果树相比，既可扦插繁殖、压条繁殖，又可嫁接繁殖和播种繁殖，并且繁殖材料丰富，方法简单，成活率高，便于大量育苗。

葡萄虽不抗寒，但冬季埋土容易。例如，新疆北部、东北地区的中北部不宜栽培西洋苹果的地区，可以大面积栽培葡萄。此外，葡萄又适宜房前屋后和盆栽，是发展庭院经济和美化环境的重要果树。

葡萄的隐芽多，寿命长，数十年老树每年都会从主蔓基部萌发出新枝。一旦老蔓衰老或因天灾、机械损伤，丧失结实能力，就可随时用新枝更新，恢复正常结实力。

五、需要架材，建园一次性投资较大

葡萄需要立架，如建园后不能及时设架，则达不到早结果、早丰产的目的及获得良好的经济效益。一般每公顷葡萄需要架材投资30 000元左右。

第二节 我国葡萄产业发展现状和存在问题

葡萄在我国果树生产中具有举足轻重的地位，与香蕉、柑橘、苹果、梨和桃等并称为我国六大水果。

一、我国葡萄产业现状

（一）生产进入稳定阶段

从栽培面积变化来看，2017年我国鲜食葡萄产量达到1120万t，种植面积为81.2万hm^2，略高于2016年，在经过多年快速扩张之后逐渐稳定下来，增长速度明显放慢，处于结构调整阶段。非适宜区和适宜区内栽种非适宜品种地区以及管理技术落后、经济效益低下地区的栽培面积大幅减少，而优势生态区及我国南方经济效益较高地区的栽培面积稳定增加。在产量和单产提高的同时，由于市场需求变化及栽培技术的提高，果品质量逐年改善，葡萄生产开始由数量效益型向质量效益型转变，栽培面积渐趋合理，生产进入产业化新阶段。

（二）区域优势逐步显现

近10年来，我国葡萄生产逐渐向资源禀赋优、产业基础好、出口潜力大和比较效益高的区域集中，促进葡萄优势产业带的形成。目前初步形成了环渤海湾葡萄产业带、西北及黄土高原葡萄产业带、黄河故道葡萄产业带、长三角南方葡萄产业带、东北及西南特色葡萄产业带等优势产业带或产业群，其中环渤海湾和西北及黄土高原两大优势产业带种植面积占全国葡萄总种植面积的66.23%，产量占全国葡萄总产量的69.2%。

（三）栽培形式多种多样

目前葡萄栽培已从单纯的露地栽培模式发展到露地与设施栽培模式并存，而且设施栽培模式又分为促成栽培、延后栽培及避雨栽培等多种形式。到目前为止，葡萄设施栽培面积已经超过4万hm^2。葡萄设施栽培的发展，不仅扩大了栽培区域，延长了果品上市供应期，而且显著提高了葡萄产业的经济效益。

（四）品种结构趋于优化

目前，随着市场竞争的日益激烈，品种结构趋于优化，而且品种更新换代速度加快。鲜食葡萄中，‘巨峰’‘红地球’‘玫瑰香’‘藤稔’‘夏黑’‘无核白鸡心’和‘无核白’等优新品种栽培面积已经占到葡萄栽培总面积的70%以上，而且‘巨玫瑰’‘早黑宝’‘醉金香’‘火焰无核’‘克瑞森无核’等品种及刺葡萄也发展很快。酿酒葡萄中，‘赤霞珠’‘梅鹿辄’‘霞多丽’和‘西拉’等优良品种（简称“良种”）已成为我国酿酒葡萄的主栽品种，栽培面积约占到全国酿酒葡萄的 80%，而且山葡萄和刺葡萄的酿酒利用也进一步增多。

（五）产业链条不断延伸，出口创汇持续增加

随着整个葡萄产业不断走向成熟，产业链中各个环节不断加强。采后贮藏能力得到很大提高，2016 年鲜食葡萄贮藏保鲜总量为 1460 万 t 左右，占总产量的 90% 左右。葡萄酒生产能力迅速提高，2016 年全国葡萄酒产量达 114 000 万 t。随着产业化水平的提高，逐步形成了一大批葡萄生产、销售和加工的龙头企业，对葡萄的产业化经营发挥了龙头作用。与此同时，我国葡萄出口量逐年增加，2019 年我国鲜食葡萄出口量达 36 万 t，占世界总出口量的 1.54%，而葡萄干出口量达 4.02 万 t，占世界总出口量的 21.2%。

二、我国葡萄产业存在的问题

（一）品种结构有待进一步优化，亟须培育有自主知识产权的优新品种

我国葡萄品种结构存在的问题主要是主栽品种比较单一（以‘巨峰’和‘红地球’为主）、成熟期搭配不合理（中晚熟品种比例过高，早熟、中熟品种比例过低）、鲜食与酿酒品种比例不协调（鲜食品种比例过高，酿酒品种比例过低）。目前生产上的主栽品种基本都是从国外引进品种，随着品种商业化趋势的增加，我国品种更新面临越来越多的知识产权障碍，阻碍了我国葡萄产业国际竞争力的提升，迫切需要培育具有国际市场竞争力的优新品种来促进我国葡萄产业的发展。

（二）良种苗木繁育体系不健全

葡萄良种苗木繁育体系建设滞后和苗木生产、销售秩序混乱是我国当前葡萄产业中的突出问题。长期以来，葡萄种苗的生产和销售缺乏强有力的监督，检疫形同虚设，苗木质量参差不齐，尤其是品种纯正的标准化脱毒良种苗木生产尚未启动。

（三）平均单产低，总体质量较差

虽然我国葡萄单产 20 多年来持续增长，但整体与世界先进水平差距仍较大。我国葡萄品质与出口要求仍有一定差距，加之产后包装业与国外有较大差距，削弱了我国葡萄的国际竞争力，一般靠低价位竞争市场，出口目的国主要是东南亚和俄罗斯，出口到欧美国家的量很少。无公害、绿色果品生产刚刚起步，滥用激素现象时有发生，仍有不同程度的农残超标，直接影响了我国葡萄在高端市场上的竞争力。

（四）果品采后商品化处理与深加工落后，效益较差

葡萄先进生产国鲜食葡萄都经机械化分级与包装后，再投放市场，而我国鲜食葡萄商品化处理比例低，仅占总产量的 8%～10%。鲜食葡萄贮藏保鲜总量仅占总产量的 12.2%，由于采后保鲜处理不当，每年有 15%～20% 的产品腐烂变质。葡萄先进生产国已基本上实现采后的冷链流通（包括运输、贮藏和销售），虽然我国鲜食葡萄的冷链流通占总流通量的 70%，

但其中70%为简易冷藏（预冷后，用棉被或草苫覆盖保冷）流通。以葡萄酒为主产品的葡萄加工业近年快速发展，但是由于原料质量差，葡萄酒质量不高，影响了企业效益。同时由于企业不能拿出较高的收购价格，葡农也不愿意为企业生产高质量的酿酒葡萄。

（五）标准化、组织化程度差，产业化体系薄弱

我国葡萄生产标准化程度低，缺乏统一规范的操作标准，与国际市场的要求差距甚大。20世纪90年代欧洲开始在果树上推行水果生产综合管理技术体系（IFP），其基本目标是生产优质、安全果品，以促进生态环境的改善和保护人类健康。其关键技术主要包括果园病虫害综合防治技术体系、果园精确化施肥技术和水果质量保证制度体系，目前IFP生产制度在发达国家果树生产中已大面积展开。

我国葡萄产业的组织化程度低，基本上是以家庭为单位，规模小，投入不足，缺乏组织性，品牌意识薄弱。从生产到销售市场各环节关联性差，“小生产与大市场”的矛盾突出，很难实现产、运、贮、销一体化，削弱了终端产品的竞争力。龙头企业或专业合作社规模小、数量少，市场竞争能力不足，对产业的带动能力不够，影响了果树产业的健康发展。

（六）信息化建设任重道远，产业经济研究落后

过去我国一直注重生产环节，信息体系建设投入严重不足。20世纪90年代以来，美国政府连年拨款15亿美元建设农业信息网络和推广在线应用，现已建成世界最大的农业计算机网络应用系统；英国建立了覆盖全国的农业计算机信息网络系统；法国建立了覆盖全国的病虫测报计算机网络系统；日本国内82个农产品中央批发市场和564个地区批发市场及海关等都已实现联网，使农产品生产者和销售商及时、方便地从网上查出每天、每月及年度的各种农产品的销售量等信息。

国外果品销售一般由专门的营销公司负责，或者由果农联合起来的果品协会负责统一销售。他们有科学的销售策略和方法，能够及时、准确地了解国内外市场信息变化和主要贸易伙伴国出台的相关政策法规，及时做出相应的调整，真正实现以市场为导向。而我国的果农一家一户独立经营居多，营销企业规模小，大多经济实力不足，缺乏人才，缺乏正规管理，各自为政，无序竞争，缺乏信息化服务，对产品销路、消费者口味习惯、国际市场变化趋势等知之甚少。

三、我国葡萄产业发展对策

我国葡萄产业发展的总体对策是依靠葡萄管理技术创新和新技术推广，实行规模化、标准化生产，大力提升我国葡萄的市场竞争力，促进农民增收，农业增效，实现我国由葡萄生产大国向产业强国转变。促进我国葡萄产业可持续发展的主要对策如下。

（一）加强葡萄优良品种的选育、引进和苗木标准化繁育体系建设

各国均在利用自己的优势参与竞争，发达国家靠技术（品种、专利）和资本换得利润，而发展中国家主要利用劳动力、土地优势获得收益。我国要保持葡萄产业的国际竞争优势必须坚持品种“自育为主、引种为辅”的指导思想，充分利用我国丰富的葡萄资源，选育适于我国葡萄生产的优良品种和抗性砧木，加大国外葡萄优良品种及砧木的引进与筛选，为我国

葡萄产业发展提供品种资源支持。我国葡萄良种苗木繁育体系极不健全，品种名称炒作繁多，乱引乱栽、假苗案件时有发生，葡萄检疫性虫害——根瘤蚜有逐步蔓延之势，许多苗木自繁自育，脱毒种苗比例不足2%，出圃苗木质量参差不齐，严重影响了葡萄生产的建园质量及果园的早期产量和果实品质。加强我国葡萄良种苗木标准化繁育体系建设已势在必行。

（二）研发推广葡萄节本、优质、高效、生态、安全生产技术体系，加强葡萄果品采后处理与深加工的研究与应用

加强葡萄节本、优质、高效、生态和安全生产理论与技术体系的研究与推广，实现葡萄的优质丰产和可持续发展。加强葡萄果品采后商品化处理技术，主要包括贮藏保鲜、冷链物流、分级包装等的研究与应用，维持葡萄果品良好的品质，提高葡萄鲜果的商品价值。加强葡萄深加工特别是葡萄酒、葡萄汁和葡萄干等的研究与应用，延伸葡萄产业链，提高葡萄产品的附加值。

（三）加强葡萄产业经济研究，开拓国际市场

积极培育龙头企业，建立健全农业合作组织，实施产业化发展战略，积极创造有利环境，壮大龙头企业。进一步完善企业与生产者的利益联结机制，鼓励企业与科研单位、生产基地建立长期的合作关系。积极发展经济合作组织和农民协会，不断提高产业素质和果农的组织化程度。

加强葡萄产业经济研究，建立我国葡萄产业经济信息系统，研究世界葡萄主产国的相关信息和政策，长期跟踪世界葡萄市场变化与我国葡萄产业发展趋势，制定我国外向型葡萄产业的政策支持体系，以此大力提高我国葡萄质量和国际竞争力，巩固和扩大国外市场占有份额。通过增加葡萄出口，带动整个葡萄产业的发展。同时，把开拓国际市场与国内市场结合起来，逐步完善市场体系，大力搞活流通，扩大产品销量。

（四）加强葡萄信息化技术的研究与应用，重视葡萄产业技术研发中心与技术推广体系的有效对接

研究葡萄生产数字化技术，开展农村果树信息服务网络技术体系与产品开发应用研究，构建面向葡萄研究、管理和生产决策的知识平台，为葡萄生产的科学管理提供信息化技术。重视国家葡萄产业技术研发中心与技术推广体系的有效对接，保证基层果树生产技术人员与时俱进，掌握葡萄现代生产技术，为葡萄产业的可持续发展提供科技支撑，加快葡萄新品种、新技术等信息的进村入户和推广。

第三节　现代植保技术体系建设

一、现代植保技术体系发展方向

（一）突出病虫害测报公益性，大力扩展预报信息覆盖面和入户到位率

病虫害测报工作要突出测报公共服务性质，健全测报体系，稳定测报队伍，完善测报

技术手段，进一步推进病虫害测报法治化管理、规范化监测、数字化预警和可视化预报。要以加快重大病虫害网络信息化监测预警建设为重点，全面提升重大病虫害监测预警现代装备水平，以自动化、现代化的手段突破当前测报工作面临的困境，进一步提高预测预报准确率；同时创新预报发布方式，充分利用广播、电视、网络和手机等现代媒体发布预报信息，扩大预报信息覆盖面和入户到位率，全面提升重大病虫害监测预警水平和服务生产的能力。

（二）着力病虫害防控的防灾性，努力实现防控重点、防控策略和防控方式的转变，积极推进病虫害绿色防控和专业化统防统治

病虫害防控重点要由粮食作物向统筹抓好粮食作物和经济作物转变，特别是要注重园艺作物病虫害的防控工作；病虫害防控策略要由主要依赖化学防治向综合防治和绿色防控转变，特别是要注重生物防治和物理防治等非化学措施的应用；病虫害防控方式要由分散防治方式向专业化统防统治转变，特别是要注重提升防治工作的组织化程度和科学化水平。以上“三大转变”的目标是“虫口夺粮、保棉、添果、增菜、加油”，保障农产品的有效供给。要切实扭转病虫害防控过度依赖化学农药的局面，服务绿色农业，提供绿色农产品，满足绿色消费。在园艺作物上，要大力推进病虫害绿色防控措施。重点在大中城市蔬菜基地和农产品出口基地，特别是园艺作物标准园和南方冬菜基地建立绿色防控示范区，实施农业、物理、生物、生态调控等技术措施，减轻病虫害发生程度，最大限度地控制化学农药用量。通过绿色防控技术的展示和发展方式的探索，树立样板典型，以点带面，加以推广。

病虫害专业化统防统治符合现代农业发展方向，是解决农民防病治虫难、减少农药污染的有效途径，也是提升植保技术水平的重要抓手和保障农业生产安全、农产品质量安全和农业生态安全的重要措施。要强化政策支持，大力扶持发展专业化防治组织，搞好规范管理，强化指导服务，广泛宣传培训农民，抓好典型示范带动，强化技术装备支撑，提升专业化统防统治现代化水平。力争通过若干年的努力，实现主要作物、重点地区、重大病虫统防统治全覆盖。

（三）确保农药与药械应用的安全性，加强安全用药监管指导

当前和今后一段时期，病虫防治还离不开农药，关键是要做到合理用药、安全用药、科学用药。要充分利用电视广播、手机短信、微信等途径宣传农药管理法规、农药安全使用知识；编印农民看得懂、学得会、记得住的安全用药宣传图册，提高农民安全用药自觉性；要搞好新农药的试验示范，因地制宜组织制定一批农药推荐目录；要采取多种形式，加强农民安全用药技能培训，动员农业科技人员深入田间地头，指导农民正确识别病虫害、合理选用农药，提高农民安全用药水平。

（四）关切植物疫情蔓延的毁灭性，加强植物检疫监管和重大疫情监控阻截

加强植物检疫监管，重点强化苗木、种子繁育基地的产地检疫和调运检疫，严格执行国外引种审批制度，防范疫情的入侵和传播。切实加大葡萄病毒病、线虫病、根瘤蚜等重大疫情的监控阻截力度。对新发现的疫情，要切实做好封锁控制工作，零星疫点要进行铲除，尽快消除对贸易的不良影响。

二、加快现代植保技术体系建设的对策措施

（一）强化病虫害测报体系与信息网络建设，提升测报装备和技术水平

1. 加强测报体系建设 一要健全测报体系。要采取有效的措施，不断加强和巩固基层植保体系建设，力争全国主要农业县（市）全部建立功能完善的植保机构，主要农业乡镇农技推广机构有专人负责植保测报工作。二要稳定测报队伍。各级植保机构都要高度重视、加强研究，通过改善条件、提高待遇等途径，稳定测报队伍，争取通过政策保障，确保基层县（市）植保机构至少配备2名专职测报人员，其中国家和省级病虫区域测报站专职测报人员不少于3人。三要加强测报技术培训。举办各种类型的测报技术培训班，使广大测报技术人员更新知识，提高利用现代科技服务测报工作的水平。

2. 完善测报信息网络 一要完善国家系统。在完成全部国家测报对象数字化监测预警系统建设的基础上，完善专家咨询、决策支持、多媒体展示等功能，探索开发重大病虫害模型预测功能和物联网实时监控系统，进一步提升系统的监测预警功能。二要健全省级系统。通过制定省级系统建设标准，力争各省级系统开发建设上与国家系统衔接，以提高系统的使用效率。三要建设县级系统。各地要因地制宜，创造条件，在建立县级植保数据库的基础上，逐步实现病虫调查监测数据采集、信息传输、分析处理、结果展示的网络信息化。四要推进全国联网。通过统一规划设计，统一建设内容和标准，推进全国各系统的联网，加快构建全国上下相连、左右相通、无缝对接的农作物病虫害数字化监控网络体系，实现数据共享，深入推进病虫测报信息化发展。

3. 提升测报装备水平 一要加强测报场点建设。县级植保机构必须建设标准观测场，安装自动虫情测报灯、病菌孢子捕捉仪、田间小气候观测仪、害虫性诱监测器等基本测报工具。同时，要根据作物种植布局、生态类型和病虫害发生情况等因素，每个乡镇至少设立1个（或每县设立5～10个）病虫害观测点，并配备必要的监测设备和交通工具，加大病虫害调查监测工作力度。二要试验应用现代测报工具。应加快推广应用病虫害远程实时监测系统等物联网技术设备，以及病害预警系统等现代测报工具，不断提高病虫测报装备水平。三要加强先进设备的研发。要加强与相关企业合作，积极研发和推广应用先进、实用、简便的自动测报工具，提升测报自动化、智能化水平。

4. 加强测报技术研究 一要完善测报标准体系。对于一些重大的病虫害和新发严重的病虫害，要通过规律研究，制定测报技术标准，以便于进行大范围的联合监测和预报。同时，要简化测报调查内容，减轻测报调查工作强度。二要提升测报技术水平。要加大重大病虫害尤其是新发主要病虫害发生流行规律的研究，明确其发生流行关键环节、主要影响因素，提出预测指标和方法，提高预测预报的科学性和准确性。三要创新预报发布方式。病虫预报是具有时效性的信息产品，只有及时到位，才能发挥预报应有的作用。要在准确预测的基础上，进一步研究利用各种现代媒体发布病虫预报的技术和方式，加强预报信息发布工作，充分发挥预报信息在重大病虫害防控中的指导服务作用。

（二）加强病虫害防控技术支撑与推广能力建设，创新推广模式，大力推进绿色防控

1. 加强病虫害防控技术支撑能力建设 加强病虫发生流行规律、暴发成灾机理等基

础理论，以及病虫分子诊断、植物疫苗等高新技术的研发，着力解决病虫害持续治理的前沿科技与共性技术等问题。加强重大病虫害生物防治、生态调控、高效器械和环境友好型药剂的研发，着力解决迁飞性、流行性、暴发性，以及新发病虫的防控关键技术与集成应用问题。针对近年来病虫害发生复杂多变的新情况、新问题，要加强农科教合作，充分利用农业行业科技等项目，尽快摸清葡萄斑叶蝉、斑衣蜡蝉、根结线虫等新发生和新上升病虫的发生规律，开发切实可行的综合防治技术措施，为病虫防控技术集成推广提供技术支撑。

2. 加强病虫害防控技术集成推广能力建设 首先，要加大植保基础设施建设力度。要科学制定新一期植保工程规划，合理布局和规范实施植保工程，进一步加大植保基础设施的投资力度。各地也要结合实际，积极争取地方基建项目和财政资金支持，不断提升病虫害防控技术集成推广能力。其次，要大力开展多层次、全覆盖的植保技术人员培训，培养防控技术集成推广技术骨干。最后，要分级制定重大病虫害防控技术规程等技术标准。

3. 强化病虫害防控技术体系推广模式创新 要积极探索以基地、作物、靶标病虫草鼠害等为主线的防控技术体系推广模式。加强与财政、农业行政、科研教学、推广和企业等部门间的协调与配合。要争取财政部门加大投入，力争将防控技术集成与推广纳入专业化统防统治补贴或农业生态补偿的范围。

4. 大力推进病虫害绿色防控 要重点抓好大中城市蔬菜基地和农产品出口基地，特别是园艺作物标准园区和冬菜基地的绿色防控。在有条件的地区，建成一批有影响的绿色、有机农产品生产基地。要加强关键技术的示范引导、培训和政策扶持，建立一批绿色防控的示范区，以生物低毒农药等绿色防控投入品补贴为导向，扶持发展一批天敌繁育、微生物农药和防虫专用设备生产企业。要在特定区域病虫害发生规律研究的基础上，掌握病虫害发生的机理和绿色防控的理论，加强生物防治、物理防治、生态调控和环保型农药等绿色防控措施的集成与示范推广应用。大力提倡围绕农产品质量安全的绿色防控技术体系集成创新，力争以主要农作物为主线，以单个病虫草鼠害为单元，建立和实施一批安全、简便、经济有效的绿色防控技术体系。

（三）全面推进农药与药械产品应用技术研发推广和专业化统防统治

1. 加强农药应用技术研究和新农药试验示范 针对不同农药品种、不同作物开展配套的应用技术研究，努力实现延长农药使用寿命、提高防治效果和有效利用率，减少对环境影响的目标。大力筛选重大病虫害防控农药品种，持续开展病虫害抗药性监测和治理技术示范推广，科学开展轮换用药和混合用药。

2. 狠抓科学安全用药指导和大力推广减量用药技术 强化农药与药械使用技术培训指导，重点针对种植大户、农药经销商和基层农技人员，特别是新型农业经营主体开展技术培训，增强科学安全使用和环保意识，普及科学使用技术，指导农民科学使用农药，提高防效和减少药害发生。建立果树病虫害农药减量控害技术示范区，优化药剂使用方法，组装和推广成熟的病虫害防控技术，综合利用各种非化学防治手段，形成作物全生育期减量控害技术规程，积极推广生物农药和高效环境友好型农药，使示范区内生物农药使用量增长5%以上，化学农药使用总量减少10%以上，病虫危害损失控制在5%以下。

3. 积极引进研发大中型植保机械，加速植保机械更新换代进程 通过引进国外农用直升机、自走式大型冠层喷雾机等机型，自主研发高射程喷雾机、循环喷雾机及多功能风送式自动对靶喷雾机等大中型植保机械，并研究循环喷雾技术、气流辅助喷雾技术、智能喷雾技术和相应机型，逐步实现精准化施药。力争2025年基本实现植保机械的更新换代。

4. 大力发展专业化统防统治 遵循“政府支持、市场运作、农民自愿、因地制宜”的原则，大力扶持发展专业化防治组织，加大政策扶持力度，加强服务和管理，积极引导专业化防治组织开展规范化防治服务，积极开展全程承包防治服务，真正将综合防治落到实处，鼓励专业化服务组织不断拓宽服务领域，提高服务水平，使之成为能为政府分忧、为农民解难的病虫防控的主力军。力争在2025年，专业化统防统治成为病虫防控的主导模式。

（四）加大植物检疫技术研发和执法监管力度

1. 加快植物检疫监管的现代物联网建设 以全国植物检疫审批平台为基础，深入开展植物检疫应用现代物联网技术的研究，构建集植物疫情信息收集、数据处理、风险分析、封锁控制指挥、检疫审批为一体的植物检疫监管现代物联网系统，实现疫情监测、报告、处置等信息化管理，严防植物疫情扩散蔓延。

2. 加大植物检疫技术研究和推广力度 在继续强化原有联合监测与防控协作机制的基础上，整合多方资源，积极开展国内国际合作，有计划、分步骤地针对重点检疫性有害生物组织开展其发生危害规律、风险分析、检测鉴定、无害化处理、监测防控等新技术研究，组装集成全国植物检疫标准化技术体系。

3. 强化植物检疫执法监管 以严格种子检疫、防范疫情传播、提升执法水平为重点，加强全国植物检疫执法检查力度，规范检疫执法程序，依法开展产地检疫和调运检疫，防止重大植物疫情传播蔓延，保障农业生产安全。

4. 依法科学开展植物疫情阻截 强化疫情监测。严格按照统一的方法和标准，准确监测、调查、记录和报告，力求做到“早发现、早报告、早控制”。严格疫区监管。在明确疫情管制区域基础上，强化管制手段。开展疫情源头治理。按照封锁控制及扑灭方案，集中人力、物力，组织开展跨区域的统一专项治理，实现联防联控。

第四节 葡萄生产中病虫害管理

在如此大面积集中种植同一农作物的地区，自然灾害这个不断变化的因素成为影响葡萄优质高效的关键因素，而病虫害则是其中之一。虽然我国有些北方地区，如新疆、内蒙古、甘肃、宁夏等降雨少，病虫害相对其他省区略少，但大面积单一种植葡萄，为寄生性病虫的繁殖提供了良好的空间，也为病虫害的发生、流行创造了良好的条件。加之，随着葡萄种植年限的不断延续，病原菌和虫口基数也在逐年积累和变化，势必引发多种葡萄病虫害的大发生。另外，葡萄病虫周年活动、发生和流行频繁，为害方式和分布格局发生变化，老病虫害有加重的趋势，同时出现了一些新的病虫害，葡萄病虫害已成为制约我国葡萄产业可持续发展的重要因素之一，也是制约葡萄产业健康发展的重要瓶颈问题之一。

一、葡萄生产中病虫害的种类及为害概况

迄今，全世界已报道的葡萄病虫害有100多种，我国已报道的有80多种，其中葡萄霜

霉病、白粉病、白腐病、炭疽病、灰霉病、葡萄斑叶蝉和瘿螨等是葡萄生产上的主要病虫害，其他危害严重的病虫害有葡萄蔓枯病、根癌病、褐斑病、穗轴褐枯病、黑痘病、扇叶病毒、线虫、粉蚧、斑衣蜡蝉及绿盲蝽等。随着葡萄种植区域的扩大，人类活动空间的增大、交往的频繁，病虫害传播的概率加大。另外，随着环境条件及气候变化，一些病虫为害程度和为害规律也发生变化。葡萄霜霉病、白粉病、褐斑病、斑叶蝉、缺节瘿螨、绿盲蝽等主要为害叶片，严重时叶片焦枯早落，枝梢扭曲畸形，果实瘦小酸涩，对树势和产量均有较大影响。葡萄白腐病、灰霉病、炭疽病、黑痘病、房枯病、酸腐病等主要为害果穗，流行年份白腐病、灰霉病造成果实损失高达60%以上，炭疽病也可造成50%以上的损失。葡萄黑痘病主要为害葡萄绿色幼嫩组织，使新梢和叶片枯死，果实品质变劣。近年来，从国外大量引进酿酒及鲜食葡萄品种，国内地区间苗木流动也很频繁，苗木传带的病害蔓延迅速。例如，引进的法国酿酒葡萄中，有的品种卷叶病发病率高达100%，从日本引进的‘巨峰’系品种扇叶病等很普遍，栽培几年后植株便出现严重的退化现象。设施栽培葡萄的灰霉病和霜霉病的发生也有加重的趋势。因此，有效地防治葡萄病虫害对提高葡萄品质、产量及稳定葡萄酿酒工业具有重要的意义。

二、我国葡萄病虫害的变化与演替

（一）栽培方式的改变，导致病虫害发生种类和为害程度变化

任何一种作物，连片规模种植同一品种，都可能由于适应该区域、该品种的病虫害流行而发生病虫灾害，葡萄也不例外。葡萄连片种植比较容易引起霜霉病、白粉病等病害的流行。同时，不同的栽培模式，也会导致病虫害的种类和为害程度有所变化。例如，避雨栽培的葡萄，减轻或避免了霜霉病、炭疽病和黑痘病等病害的发生，但白粉病、灰霉病、一些虫害等为害会加重，成为主要病虫害；套袋栽培，会减少中后期果实病害的侵染和发生，但会引起气灼病、粉蚧类害虫的发生。我国露地栽培、避雨栽培、促成栽培、延迟栽培、套袋栽培等栽培模式多样，任何一种栽培形式，都会面临特殊的病虫害问题。因为新的栽培区域、新的栽培模式，在开始几年病虫的种群需要积累，危害比较轻，容易造成“新的栽培模式没有病虫害或危害轻”的假象，如一年两熟栽培技术，二熟果上的蓟马类害虫危害加重。

（二）病虫害的遗传变异

一般情况下，病虫种群本身有丰富的多样性，会随着环境和生存条件的变化，调整种群的遗传基质组成和结构；并且物种面对环境的变化和生存压力，会发生变异。在病虫害的防控实践中，我们会不断面对新问题和新压力，如葡萄霜霉病为什么30年前不侵染果穗而如今侵染果穗成为正常现象？葡萄炭疽病、灰霉病等病害为什么危害越来越重且防治效果越来越差？研究结果表明，霜霉病、炭疽病、灰霉病等病害，在种群进化上出现了明显甚至非常大的遗传变异。这些变异体现在侵染性、寄主专化性、致灾规律变化、抗药性、形态变化等方面，对抗病品种选育和鉴定、防控对策、有效药剂种类选择等都会有很大的影响。例如，通过近几年对葡萄霜霉病的监测发现，长期侵染山葡萄的霜霉病菌不侵染‘红地球’和‘巨峰’，长期侵染‘红地球’和‘巨峰’葡萄的霜霉病菌不侵染山葡萄。所以，对于霜霉病的

抗性品种选育和鉴定，变得更加复杂和艰苦。因此，以前认为山葡萄比一般的欧亚种葡萄抗病的观点就有问题了。

（三）生物因素变化导致的病虫害种类变异

在自然界，一个物种的种群繁衍离不开生态的作用，物种的种群繁衍是整个生态系统的一部分，其他物种的变化也会导致生态系统的改变，从而影响病虫害的发生和危害程度。在葡萄上，著名的例子就是鸟害加重，从而导致酸腐病危害加重；盲蝽象类害虫的危害加重，成为葡萄上最重要的虫害；抗药性种类增加和抗药性强度加大，如霜霉病的抗药性增强，导致防控效果降低或失效等。

（四）气候变化导致的病虫害种类和致灾规律变化

气候变暖及灾害性天气的频繁发生，也导致病虫害种类和危害程度发生变化。病虫害的越冬越夏、繁殖世代等，一般会随着气候变化而变化。一般小型昆虫和蜘蛛纲的害虫繁殖速度加快、世代增加、危害加重。在葡萄上，红蜘蛛类、叶蝉、蓟马等小型害虫都表现出危害加重的趋势。

（五）人为因素导致的病虫害发生种类和致灾规律变化

人类是生态系统中最强势的物种，影响着生态系统的变化，也影响着病虫危害种类和危害程度。影响最重要的方面包括人为传播危险性病虫害、使用农药导致的抗药性等方面。葡萄根瘤蚜、病毒病等在全国传播危害存在巨大风险，叶蝉、粉蚧等葡萄害虫传播到新的种植区的风险也普遍存在。

（六）种植区域扩大，导致为害种类的增加和病虫害的传播

自然界存在种类巨大的寄生性广的微生物和植食性昆虫，有寄生和为害其他物种的可能；葡萄作为营养丰富的水果，果树在种植到新的区域后，有可能成为当地微生物和植食性昆虫的寄主。在云南文山，黑腿后缘叶甲、豆蚜和桃蚜开始为害葡萄，甘肃和新疆蠹虫类害虫可以蛀食葡萄枝蔓等，这些都与种植区域扩大有关。

三、葡萄生产中病虫害防治的现状

面对病虫危害，使用化学防治方法进行防控是最重要的手段之一。在世界上，化学防治在葡萄园的有害生物综合防治（IPM）中占的比例在60%～80%。我国的情况也基本一样。对于葡萄上的有些重要病虫害，化学防治是唯一能有效控制其流行成灾的措施。在农产品生产过程中要科学合理使用农药，在农药选择上要优先选择生物农药和低毒化学药剂，使用时要严格按农药安全间隔期使用，并尽量降低剂量和使用次数，按照科学的施药方法施用，从而控制农药残留，发展绿色农业，严禁使用高毒高残留农药。因此，安全使用是农药使用中的一个非常重要的环节，也能将农药残留控制在食品安全要求的范围内。农药是人类进步的产物，是人类文明的产物，是人类应对自然灾害和保证食品供应、保证食品安全的有力武器。既然是武器，就必须谨慎使用、准确使用、科学使用，否则可能出现“误伤”事件。目前在葡萄病虫害的防治中存在的问题主要表现在以下几个方面。

问题之一：化学农药的应用依然是葡萄病虫害防治依赖的重要手段，而农业防治技术对病虫害的控制作用常常被忽视，特别是不同施肥水平、修剪方式、合理负载量对病虫害的控制作用。

问题之二：缺乏葡萄主要病虫害灾变发生的预报预警体系。例如，目前对葡萄霜霉病预测仅能对 7～10 d 发生的霜霉病进行预测预报，尚未解决葡萄霜霉病大发生的中长期预报技术问题，致使防治有时处于被动状态。

问题之三：缺乏有效的种苗繁育管理体系。葡萄是多年生果树，一经种植多年环境不会改变。但在葡萄基地建设时期，由于缺乏有效的、全面的种苗繁育及检疫性病虫害监管体系，病毒病在早期所建园中发病率较高。就目前葡萄病虫害综合防治体系的建立而言，依然缺乏病毒病检测和无毒苗木的繁育制度。

问题之四：农药的施用规范化程度较低，规范、安全性施用农药还有待提高。面对葡萄病虫害的发生，部分果农反复多次用药，随意提高用药浓度，缩短用药间隔期，以期彻底防治病虫害，甚至有果农急功近利，喷洒绿色食品生产禁用的农药。

问题之五：施药器械仍以跑、滴、漏的老式喷药机械为主。浪费药剂，造成环境果品污染的同时还加大了抗药性产生的风险。

四、葡萄生产中病虫害规范化防控技术

（一）源头控制技术

包括植物检疫和检测，避开病虫源，利用无病毒的材料，开展无病毒苗木繁育技术的研究。充分利用生物学、血清学、分子生物学的检测手段，建立葡萄病毒病的脱毒技术体系，其中包括脱毒、病毒检测、无病毒苗木繁育圃的建立等，避免或减少因带毒材料在大田的繁殖、传播而带来的损失。

（二）过程阻断技术

提倡以“自然控制为主，人工防治为辅”，开展增强树体抗性保健栽培模式，减轻病虫害发生：①通过控制葡萄病虫害发生的耕作制度和栽培技术措施的实施，强化果园可控生态因子，通过果园生态调控减少因化学农药使用而造成的环境、产品的污染，使病虫害的发生、数量相对稳定地保持在较低水平，将其危害长期控制在经济允许的水平之下。②采用形式多样的物理防治，如采用频振式杀虫灯诱捕害虫，悬挂黄板诱捕斑叶蝉等，控制早期虫害的发生。③通过区域病虫害监测、预警信息系统的建立，及时阻断流行性病虫害的危害。

（三）末端治理技术

加强关键期药剂的应用，在生态区连片集中种植的区域提倡“统防统治”，鼓励建立植保在内的农业技术服务中心，统一使用喷药器械、统一用药、统一规范施药方法，以提高病虫害防治效果和生产效率。

葡萄生产中病虫害规范化防控技术如图 0-1 所示。

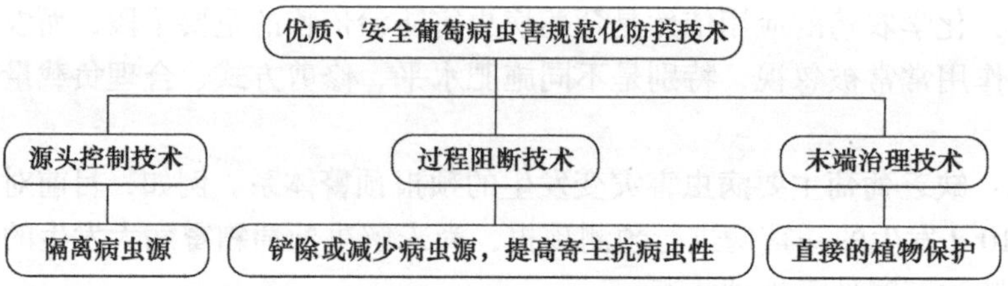

图 0-1　葡萄生产中病虫害规范化防控技术

第五节　葡萄保护学的研究内容

葡萄保护学以葡萄为研究对象，其研究的内容包括基础理论、应用技术、植保器材和推广技术等，主要是要能清楚葡萄不同有害生物的生物学特性、与环境的互作关系、发生与成灾规律，建立准确的预测预报技术，以及科学、高效、安全的防治措施与合理的防治策略，并将其顺利实施。

一、有害生物的生物学

与植物保护学一样，葡萄保护学也涉及从非细胞生物到种子植物和哺乳动物等多种潜在有害生物，它们各自具有不同的生物学特性，在农业生态环境不断变换的情况下，它们都可能危害成灾。因此，研究它们的遗传变化、结构功能、新陈代谢、生长发育、生活史、生物学习性与发生发展规律是有害生物防治的基础。它不仅可以找到有害生物适于防治的薄弱环节，而且可以为开发安全、高效、高选择性防治技术提供必要的依据和思路。例如，针对葡萄苗木等繁殖体带毒而开发的脱毒苗病毒病防治技术，以及根据昆虫信息通信开发的行为调节剂，都是以生物学研究成果为基础的现代植物保护技术。因此，植物保护学在基础研究领域不断向微生物学、动物学、植物学、生态学、生理学、毒理学等相关学科渗透，形成了植物病毒学、植物细菌学、植物真菌学、植物线虫学、农业昆虫学、园艺昆虫学、杂草学、农业鼠害学、化学保护学等许多分支学科研究领域。此外，现代生物化学和分子生物学的发展，为研究有害生物的生理生化及遗传变异机制提供了有利的技术支撑，使有害生物分子生物学和分子毒理学迅速崛起，成为现代农药分子设计与植物保护高新技术开发的重要组成。

二、有害生物发生规律与灾害预测

有害生物只有在环境条件适宜时，才能大量发生并侵染危害导致生物灾害。研究农田生态学，弄清环境因子对有害生物发生的影响，并根据环境因子的变化准确预测有害生物的发生期、发生量及危害损失程度，才能实施及时、有效和经济合理的防治措施。影响有害生物大发生的环境因子种类很多，包括气候因子、寄主及天敌等生物因子，以及土壤、肥料等其他非生物因子，它们都会影响农田生态，直接或间接地影响有害生物的种群消长及侵染危害。因此，与植物保护学一样，葡萄保护学研究还涉及气象学、生态学、葡萄栽培学及土壤肥料学等学科，尤其是生态学，研究有害生物与环境的关系，不仅是有害生物预测和灾害预警的基础，同时也是有害生物综合治理的基础。现代信息学技术和计算机的应用，为环境信息采集和综合处理提供了有力手段，有害生物发生规律与灾害预测研究逐步深入，有害生物预测，尤其是中、长期预测的准确率不断提高，以计算机地理信息系统（geographic information system，GIS）、全球定位系统（global positioning system，GPS）和神经网络系统为基础的植物灾害预测学正在崛起。

三、有害生物防治对策与措施

有害生物防治实际上是防和治两者的结合，但在不同时期或不同情况下有不同的偏重，如 20 世纪 40 年代出现有机合成农药后，人类过度依赖化学防治，一般很少考虑早期害虫的种群数量控制，而大都是进行发生后的治。“3R”［残留（residual）、抗药性（resistance）和再增猖獗（resurgence）］问题出现后，人们认识到有害生物防治的艰巨性和单项技术的局限性，逐步形成了有害生物综合治理的对策，将预防提高到更重要的位置。中国于 1975 年将“预防为主，综合防治”确定为植物保护的方针，旨在加强植物保护的预防措施。事实上，植物病害的防治由于技术的原因，一直处于被动防御。在现代农业有害生物综合治理实践中，为了避免生物灾害，大都采用预防为主的防治对策，即使是化学防治，在不少情况下也采用药剂预处理，如种子处理、土壤处理等。应该说预防是积极的植物保护对策，但应加强灾情预测的指导，以免造成投入浪费。

葡萄保护措施包括农业防治、物理防治、化学防治、生物防治、抗病品种选育和利用，以及植物检疫等。它们在长期的植物保护实践中均已得到较充分的利用，如农业防治中的水肥管理、田园卫生、合理修剪等，物理防治中的灯光诱杀、防虫网罩等，化学防治中的杀虫剂、杀菌剂、除草剂和杀鼠剂等的使用，生物防治中的天敌保护与利用等。随着科学的发展和植物保护学研究的深入，植物保护引进现代科学研究成果，不断研究开发出新的、高效安全的技术措施和器材，如微波处理技术，同位素不育技术，高效、低毒、无残留生物农药及有害生物行为控制技术，工程天敌微生物，植物免疫技术，脱毒技术，转基因抗性植物品种，以及酶联免疫吸附试验（enzyme-linked immunosorbent assay，ELISA）和 PCR 植物检疫技术等。为更好地达到植物保护的目的，并满足现代农业对植物保护的要求，综合利用现代科技成果，不断开发高效、经济、安全的植物保护技术措施及器材仍然是目前植物保护学研究的重点。

此外，葡萄保护学不仅有基础理论研究和应用研究，还包括技术应用推广。由于植物保护涉及的学科面较广，理论与应用研究逐步形成了许多专业化的分支学科，这些分支学科对植物保护的学科发展是至关重要的。葡萄保护需要大量掌握综合植物保护技能与作物栽培知识，进行田间植物病虫害诊断，并指导有害生物防治的一线专家。不仅如此，植物保护的技术和器材的应用推广，还需要政府和必要的法律支持，如植物检疫就是由检疫系统通过政府立法而实施的，农药的生产、销售及使用则是由政府的药品监督管理部门负责。在国外有不同的植物保护咨询机构进行技术推广，在中国，政府建立了从中央到地方的植物保护技术推广系统。这些都是植物保护技术推广的保证，也是植物保护教学、科研的支撑。

（顾沛雯　王国珍）

复 习 题

1．简述我国葡萄生产的现状和存在的问题。结合当地葡萄生产情况，谈谈如何解决。

2．谈谈如何构建现代植保技术体系。

3．论述目前葡萄病虫害防治存在的问题有哪些，以及如何进行规范化防治。

4．简述葡萄保护学研究的内容。

上篇

植物保护学原理

第一章 葡萄品种及生长发育

第一节 葡萄品种概述

一、葡萄品种

栽培葡萄属于被子植物门双子叶植物纲蔷薇亚纲（Rosidae）鼠李目（Rhamnales）葡萄科（Vitaceae）葡萄属（*Vitis* L.）植物，广泛分布于温带和亚热带地区。葡萄属的70余种中，我国有39种，34个为特有种。葡萄属植物为多年生木质藤本或攀缘灌木，单叶互生，全缘或3～5裂，叶的对面着生卷须或花序，多数种类具间歇性卷须，仅美洲葡萄（*V. labrusca* L.）具连续卷须，花序为复总状花序或圆锥花序，花单性或两性，所有野生种类皆为雌雄异株，栽培品种多为两性花，完全花由花梗、花托、花萼、蜜腺、雄蕊和雌蕊等构成。果实为浆果，内有种子1～4粒。

依据不同的分类方法，葡萄可分成不同的类别。按染色体数目，葡萄属植物分为麝香（圆叶）葡萄亚属（*Muscadinia* Planch.）和真葡萄亚属（*Euvitis* Planch.）两个亚属。二者主要有以下区别。麝香葡萄亚属植物染色体数目为$2n=40$；一年生枝有皮孔，节部无横隔；卷须不分叉，花序和果穗小；果实大而成熟，不整齐，易落果；种子卵球形。生长在北美热带和亚热带森林中，生长势强，对葡萄根瘤蚜完全免疫，对真菌性病害和线虫有高度抗性，是抗性育种的优质材料。包括圆叶葡萄（*V. rotundifolia* Michaus）、鸟葡萄（*V. munsoniana* Simpson）和墨西哥葡萄（*V. popenoei* Fennel.）3种。真葡萄亚属植物染色体数目为$2n=38$；树皮无皮孔，老时枝条裂纤维状；枝蔓节部有较发达的横隔，卷须多分支；种子梨形；果穗大、果实品质优良。真葡萄亚属有68种葡萄，约有20种用于栽培，包括常见的栽培葡萄品种，目前生产果实和用作砧木的一些种类均属于此亚属。

除按植物学特征对葡萄进行分类外，按生产管理的目的不同，也可把葡萄分成不同的类别。例如，为便于管理按浆果成熟期把葡萄分为极早熟、早熟、中熟、晚熟和极晚熟品种。按浆果用途分为鲜食品种、酿酒品种、制干品种、制汁品种、制罐品种和砧木品种等。另外，根据品种起源和地理分布，各种可分别归属于欧亚种群、美洲种群和东亚种群三个种群，以及通过杂交培育的杂交种群，如欧美（法美）杂种和欧山杂种。目前主栽葡萄品种为欧亚种群和欧美杂种。

（一）欧亚种群

欧亚种群为栽培价值最高的种群，有5000多个品种，广泛分布于世界各地。有欧亚种葡萄（*V. vinifera* L.）一种，又名欧洲葡萄，分为两个亚种：野生类型森林葡萄（*V. vinifera* ssp. *siluestris* Gmel.）和栽培类型葡萄（*V. vinifera* ssp. *sativa* D.C.）。本种优点是果粒中大、果皮薄、肉质硬、果汁少、品质优、耐贮运，成为目前主要的栽培种。也是栽培历史最早、品种最多、经济价值高的种类，如‘红地球’‘玫瑰香’等鲜食品种；‘赤霞珠’‘品丽珠’‘霞多丽’等酿酒品种。

欧亚种群起源于欧洲和西亚一带，原产地夏季温暖且雨水较少，植株抗石灰能力较强，在栽培条件上，要求气候温暖、阳光充足和较为干燥的环境。易感染真菌性病害，不抗葡萄根瘤蚜，不适宜在我国多雨的南方地区露地栽培，有根瘤蚜地区需要栽培嫁接苗；在抗寒方面较美洲种群和东亚种群差，在寒冷地区栽培时，冬季需要埋土防寒才能越冬。

根据欧亚种群的起源特性又可分为三个生态地理群。

1. 东方品种群　分布在中亚、中东和黑海沿岸，是在沙漠、半沙漠干燥地带形成的品种群。共同特征是：幼叶无绒毛，叶背光滑无绒毛，或仅有刺毛；新梢多为赤褐色，粗壮。植株生长势强，生长期长，果枝结实力较低；果穗大、松散，多呈分枝形；果粒中或大，形状多样，椭圆、卵圆、倒卵或长圆形，果肉多为肉质或脆质，少数多汁，无香味；植株发育旺盛，生长期长，抗寒性弱，有强的抗旱性、抗盐碱性，对沙漠热风有较强的抵抗性。适宜在雨量稀少、气候干燥、日照充足、有灌溉条件的地区栽培，宜用棚架整形和长梢修剪。

绝大多数品种适于鲜食或制干，主要品种有‘无核白’‘无核黑’‘牛奶’‘粉红太妃’‘尼木兰’‘亚历山大’等，原产我国的‘龙眼’‘瓶儿’‘白鸡心’‘黑鸡心’等是选育大粒、鲜食和无核品种的主要原始材料。

2. 黑海品种群　分布在格鲁吉亚、摩尔多瓦、罗马尼亚、保加利亚、希腊和土耳其等黑海沿岸各国。特点是叶背密生绒毛；植株生长中庸或旺盛；与东方品种群比较，生长期较短，抗寒性较强，但抗旱性较差；果穗中大，多紧密，果粒中大，多圆形，果肉多汁。

主要适于酿酒，少数用于鲜食；可用作酿酒、鲜食品种选育的原始材料。优良的酿酒品种有‘晚红蜜’‘白羽’‘富明特’等；鲜食品种主要有‘花叶白鸡心’‘保加尔’等。

3. 西欧品种群　分布在西欧的一些国家，如法国、西班牙、意大利、德国、葡萄牙、荷兰等国。是在较好的生态条件下形成的品种群，特点是幼叶绒毛密生，呈桃红色；新梢较细，呈淡褐色；果穗小而紧密，圆柱或圆锥形；果粒小或中，圆形；果肉多汁；原产地纬度高，生长期较短，抗寒性较强。

绝大多数品种适于酿酒或用作酿酒品种选育的原始材料。优良的酿酒品种有‘黑比诺’‘白比诺’‘赤霞珠’‘小白玫瑰’‘小红玫瑰’‘法国蓝’‘佳利酿’‘雷司令’‘品丽珠’等；少数品种适于鲜食，如‘皇帝’‘阿芳’‘粉红葡萄’‘阿美亚’等。

此外，还有很多起源较晚，属于这三个品种群间相互杂交育成的中间型品种。

（二）美洲种群

美洲种葡萄起源于美洲葡萄及美洲种群内各个种间杂种，也是一个品种较多、栽培地区广、经济价值较高的种，包括28种，因美洲种抗病、抗线虫和根瘤蚜能力强，是砧木品种的一个重要来源，仅有几种在栽培和育种中加以利用。常用的种如下。

1. 美洲葡萄　又称狐葡萄，起源于美国东部、东北部和加拿大东南部，也是一个品种较多、栽培地区广、经济价值较高的种，果实具有强烈的麝香味。主要用于制葡萄汁，有名的品种如‘伊莎贝拉’‘康可’‘卡托巴’等。该种抗寒力强，可耐－30℃低温，抗病力中等，抗线虫和根瘤蚜能力强，与美洲种群内的河岸葡萄、冬葡萄等属品种杂交选育出了重要的砧木品种，如‘101-14’‘3306C’‘3309C’等。

2. 河岸葡萄 原产于美国的中部和东部地区，生长在河岸及冲积土壤上，抗寒力强，可耐－30℃低温，抗真菌病害和根瘤蚜能力很强，易于扦插和嫁接繁殖，生长期短，但抗石灰质土壤的能力差，在石灰质土壤上种植，易因缺铁而患失绿症。可直接用作砧木，也可用作培育抗根瘤蚜的砧木育种材料。常用的抗寒砧木品种‘贝达’为此种和美洲葡萄的杂交后代。

3. 沙地葡萄 原产于美国中部和南部地区，生长在干旱的峡谷、丘陵和砾石土壤上，在原产地有多种品种。沙地葡萄抗根瘤蚜能力强，抗寒，耐旱，扦插易于生根和嫁接繁殖，生长期较长，但抗石灰质土壤的能力很差。主要用于培育抗根瘤蚜的砧木或直接用作砧木，如砧木品种‘久洛’属于沙地葡萄，它也可用作培育砧木品种的亲本。

4. 冬葡萄 又译为伯兰氏葡萄，原产于美国南部和墨西哥北部地区，生长在河岸、丘陵的石灰质土壤上，是美洲种群中最抗石灰质土壤的种，可耐可溶性石灰65%以下。抗根瘤蚜能力强，生长期很长，但不易扦插繁殖。冬葡萄不能直接作为砧木品种利用，主要用于培育抗根瘤蚜和抗石灰质土壤砧木的杂交亲本。目前用的一些著名的砧木品种，如‘5BB’‘SO4’是本种与河岸葡萄的杂交后代。

（三）东亚种群

生长在中国、朝鲜、日本、越南、印度尼西亚、印度、俄罗斯远东等地的森林、山地、河谷及海岸旁。雌雄异株；叶大、果穗及果粒小；抗寒、耐湿热。包括39种以上，起源于中国的有30种，主要作为砧木和抗寒、耐热的育种材料。常见的种如下。

1. 山葡萄 产于中国东北、俄罗斯东部和朝鲜，葡萄中最抗寒一种，枝蔓能耐－40℃低温，根系可耐－16～－14℃；不抗根瘤蚜和真菌病害；雌雄异株，果穗小、圆柱形或圆柱圆锥形，果粒小、球形，黑色或蓝色，果实生食，也可酿酒。是培育抗寒葡萄的良好亲本，如‘长白5号’‘长白6号’‘长白9号’‘通化1号’‘左山一’‘左山二’和两性花品种等；20世纪中国科学院植物研究所用山葡萄与欧亚种葡萄（‘玫瑰香’）杂交培育出‘北醇’‘北玫’‘公酿1号’‘公酿2号’等抗寒酿酒葡萄品种，生产中有少量栽培。

2. 刺葡萄 原产于浙江、江西、湖南等省，生长势强，嫩梢密被皮刺，多年生枝皮刺变粗硬；果粒圆形、黑色；抗病、抗湿性较强；可用作抗病、抗湿育种的优良原始材料，又是抗湿砧木。例如，‘高山1号’‘高山3号’‘湘刺1号’等在生产上有少量推广应用。

3. 毛葡萄 原产华中、华东、西南、华南北部等省区，是我国分布最广泛的野葡萄种类之一。叶片背面、枝条密被灰色或褐色绒毛，果粒圆形，黑色，抗湿性较强，生产上用其与欧亚种葡萄杂交，选育出了‘凌丰’‘凌优’等酿酒品种并少量推广应用。

另外，还有很多原产我国的种野生资源未开发利用，如抗病的华东葡萄（*V. pseudoreticulata*），以及耐旱、抗寒的燕山葡萄（*V. amurensis* var. *yanshanensis*）等都有待于开发利用。

（四）杂交种群

由美洲葡萄与欧洲葡萄杂交，育成欧美杂种。因欧美杂种不仅保留了抗寒、抗病性，又耐夏日高温多湿气候，且改善了果实品质，不少品种成为各地的主栽品种。由于果粒大、果皮厚、肉质软、果汁多、品质中、贮运性差，适宜于鲜食或加工制汁，如‘巨峰’‘藤稔’‘京优’等，可在我国多雨的南方地区露地栽培，而葡萄酒质量较差。

二、葡萄的生长发育

在葡萄植株的整个生命过程中，有规律地进行着一系列形态和生理变化，其间经历不同的发育阶段，包括从实生苗的种子萌发或营养繁殖苗的芽萌动开始，经过生长、结果、衰老到死亡为止的整个过程。这种过程称为年龄时期，或称生命周期。同其他果树一样，按照葡萄在生产中生长和结果的明显转变，可将其年龄时期划分为胚胎期、童期或幼树期、结果期（结果初期、结果盛期、结果后期）、衰老死亡期 4 个时期。

生长期是指一年中植物显著可见的生长时期，也称为生长季。生长期与温度条件有着密切的关系，葡萄在日平均温 10℃以上可继续生长。葡萄植株的一生由既相互独立又相互联系的年生长周期构成，葡萄年生长周期是由生长期和休眠期组成的。春天葡萄的芽可以发育成带叶的新梢，从而进入营养生长周期，如果有花芽分化，也可以发育成结果枝从而进入营养 - 生殖生长周期。且成年葡萄植株在一年中的生长发育期是分阶段按规律进行的，每年既有营养生长周期，又有生殖生长周期。由于这两个周期在同一年周期中同时进行，且各周期中各时期有交叉重叠，它们对营养的需求就不可避免地产生竞争。因此，营养在营养器官和生殖器官间的分配不仅影响到当年的产量和质量，而且影响葡萄枝条的营养状况，进而影响到越冬及下一年的长势和产量。

（一）营养生长周期

营养生长周期包括营养器官（新梢、叶片、卷须和根）的生长发育、多年生部分所需的养分储备（木质化）及芽的休眠。成年葡萄植株的营养生长周期可分为伤流期、萌芽期、新梢生长期、新梢成熟（木质化）期和落叶期 5 个时期。

（二）生殖生长周期

生殖生长周期是植物生殖器官（花序、花和果实）的分化、形成和生长发育及其成熟的一段时期。而花芽分化是营养生长到生殖生长的转变期。栽培上用苗均为无性繁殖的自根苗或嫁接苗，已经渡过了童期，管理好的葡萄园在定植后第 2 年即可开花结果，进入结果期后，营养生长和生殖生长是同时进行的，因此要加强管理才能保证葡萄的持续生产。

葡萄生殖器官的发育周期，是从上年冬芽中花序的形成和当年春天萌芽时花芽分化开始，经历开花、坐果、浆果生长膨大、转色直到成熟的这段时期。葡萄植株结果后会经历较长的结实阶段，此阶段不断地进行着营养生长和生殖生长，且在年生长周期中同时进行（图 1-1）。实际上，在葡萄的年生长周期中，所发生的形态和生理的有规律的变化是与外界环境条件密切相关的，不同产区对应的时间有所不同。因此管理上用物候期更加方便。

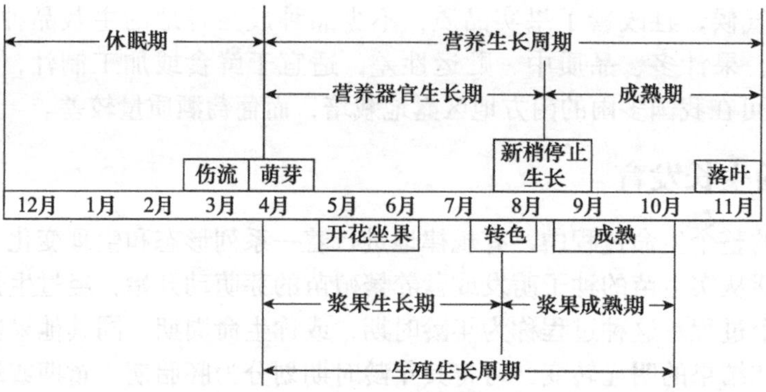

图 1-1 北半球葡萄的营养生长和生殖生长周期大致时间

（徐国前）

第二节 葡萄物候期

葡萄年生长发育的形态和生理变化与外界环境气候条件变化相适应，并呈现规律性变化。这种与季节性气候相适应的果树器官动态变化时期称为生物气候学时期，简称物候期。物候期是观察了解葡萄生长发育规律的重要方法，也是制订葡萄园周年管理技术措施、控制生长和结果的主要依据之一。不同种和品种的物候期不同，其萌芽或开花期有一定的差别，这些特性都是其长期进化过程中所获得的一种遗传性特征。

不同地区，或同一地区外界条件的变化，如温度、降雨量等气象因子，在一定范围内也能改变物候期的进程。而不同栽培技术措施，如葡萄园生草、葡萄架式等能够改变葡萄园微气候的管理方法，也可改变物候期，特别是设施栽培可极大地改变葡萄的物候期，从而达到控制生长和结果的目的，使葡萄提前或推迟成熟，实现葡萄周年供应。因此，生产上按物候期制订相应的栽培管理技术措施，编制病虫害防治历，达到对葡萄园的精准管理。管理上分为树液流动期、萌芽期、新梢生长期、开花期、浆果生长期、浆果成熟期、落叶期和休眠期8个物候期进行管理。

一、树液流动期

当春季气温回升，地温达到一定温度后葡萄根系开始吸收水分和养分，直到萌芽。我们把树液流动开始到芽萌发结束这段时期称为树液流动期。在这段时期，根系吸收了水分和无机盐后，树液向上流动，植株生命活动开始运转，如果此时枝蔓上形成伤口，树液可通过伤口外流（伤流），所以这个时期又称为“伤流期”。在良好条件下，葡萄成年植株的伤流液可达2～3 L或更多，随着萌芽和新梢的生长，伤流即停止。

不同种类葡萄根系活动温度不同，山葡萄需要温度最低，在4.5～5.2℃，欧山杂种为4～4.5℃、欧美杂种为5～5.2℃、欧亚种为7～9℃。需要温度高的萌芽晚，因此对于面积较大的葡萄园，为了便于管理，春天出土或葡萄萌芽前喷石硫合剂时，依据品种伤流期进行，早萌芽的品种先出土或喷药，这样既避免葡萄在土内萌芽，又延长喷药时间，增加人均管理面积，且可避免发生药害。

葡萄的伤流液与生长季中的树液在成分上有所差异，它的有机物（糖、酸）含量更高，而矿物质含量较低，这说明伤流液主要是由贮藏养分构成的。发生伤流后，营养流失，影响葡萄生长势，因此在伤流期内葡萄园田间操作时尽量减少对枝蔓造成损伤，更不能修剪。

二、萌芽期

葡萄从萌芽到开始展叶的这段时期称为萌芽期。当气温继续回升，日平均气温稳定在10℃以上时，葡萄根系发生大量须根，芽眼萌动、膨大和伸长。萌芽期又可分为：①萌芽始期（绒球期），芽体膨大，鳞片裂开，绒球状芽露出；②冬芽开绽期（绿尖期），芽体变长，膨大，露出绿色梢尖。

在萌芽时芽内的花序原基继续分化，形成各级分枝和花蕾。此时营养的好坏，将影响到后期花序的质量，要及时采取上架、喷药、灌水等管理措施。特别是绒球期是清理越冬菌虫源的关键时期，最好能结合扒老树皮，喷一次3～5°Bé石硫合剂，预防黑痘病、白腐病、炭疽病、穗轴褐枯病。

此期外界气候变化较大，时常发生晚霜冻，冻伤嫩芽，影响结果，注意防止晚霜；北方埋土防寒区要把握出土时间，出土时间越晚萌芽越晚，但必在萌芽前出土。

三、新梢生长期

从展叶到新梢停止生长的这段时期称为新梢生长期。此期内新梢上各器官（叶片、节间、卷须和花序）不断出现和逐渐发育。新梢的生长速度受温度和土壤湿度的影响，温度低，土壤干燥，生长速度较慢。

新梢开始生长缓慢，以后随气温升高而加快，到开花期以后才减缓，直至果实转色期停止生长。如果温度为25℃左右，在土壤较湿润条件下，最快日生长速度可达5 cm。

新梢的顶芽保证了新梢生长，如果除去顶芽（摘心或自然脱落），新梢生长就会停止，而促进副梢生长。如果新梢生长过旺，就会与花序争夺养分，导致落花落果，并推迟新梢停长期的到来，影响果实和枝条的成熟。

新梢生长的同时，夏芽也迅速萌芽并长出副梢。此时如营养条件良好，新梢健壮生长，将对当年葡萄产量、品质和次年花序分化起到决定性作用。此时栽培上要做到及时追肥，抹芽定枝，剪除多余的营养枝及副梢，增加通风透光，促进花序分化，也可防止雨季到来导致的霜霉病、黑痘病、穗轴褐枯、灰霉病等病害，同时也需要防治绿盲蝽、金龟子、斑衣蜡蝉等害虫。

当顶芽干枯脱落后，新梢生长停止，一般出现在7月末至8月初，新梢生长期一般为100～120 d。

四、开花期

从始花期到终花期止这段时间为开花期。发育完全的花，在雌、雄蕊形成后，花瓣基部形成离层，此时花瓣变为黄绿色。由于温度升高和空气湿度降低，花瓣外侧收缩，基部从离层处开裂并向外、向上卷曲，且在花丝向上和向外伸长的作用下，葡萄的帽状花冠脱落，这个过程称为开花。开花时并不是所有的花都能同时开放，同一株树，或者同一花序上的花都有所不同，一般持续10～15 d。一个花序上开花顺序一般为中部→基部→顶部，生产上去副穗、掐穗尖主要目的是留中部优质的花序。

每天上午 8～10 时开花，在天气晴好，20～25℃环境下开花最多。如气温低于 15℃或连阴雨天，开花期将延迟。盛花后 2～3 d 和 8～15 d 有 2 次落花和落果高峰，落花率、落果率达到 50% 左右，这是正常情况。但在多雨地区，像‘巨峰’‘玫瑰香’等品种，如生长过旺会严重落花落果。为提高坐果率，应在花前、花后施肥浇水，花前及时对结果枝摘心，促进营养向花运转，提高坐果率。

此期，如遇恶劣气候条件和病害等不利因素，会加重落花落果，应根据不同情况采取相应的防止措施。例如，春天低温、干旱影响雌、雄孢子的发育，可导致严重落花落果；花期阴雨，妨碍授粉和花粉的萌发，使花粉管生长和受精过程延缓；春季的晚霜低温可能使花的发育停止，大小孢子形成受阻，不能正常受精而形成单性结实的小果；花期干旱、大风使柱头液很快变干，不利于花粉管的发育；连续的阴雨则使柱头液被冲掉，对需异花授粉的雌花品种影响更大。对雌雄配子发育良好、进行闭花授粉的品种来说，阴雨天对受精作用的影响较小。葡萄园内的微气候条件也有重要的影响。在通风透光不良的葡萄园内，坐果较差，且小果较多。一些真菌病害直接损害花序而引起脱落，某些病毒病和缺素症也使葡萄落花落果，并呈现大小粒现象。此期重点防治对象是灰霉病，花前是预防花蓟马（花期隐性损伤，膨大后成“麻皮果”）最有利时机；开花后期如遇高温阴雨，特别容易形成烂花、烂穗，花前喷药就显得尤为重要。

五、浆果生长期

从子房膨大至浆果着色前的这一段时期称为浆果生长期。一般可延续 40～100 d，其长短因品种和种植地区而异，一般早熟品种 40～50 d，中熟品种 60～70 d，极晚熟品种甚至需要 100 d。坐果以后，幼果迅速生长、膨大，并保持绿色，质地硬，具有叶绿素，能进行同化作用，制造养分。在这一时期，浆果表现为生长的绿色组织，有两次生长高峰。

当幼果长到绿豆大小（2～4 mm）时，部分幼果因授粉不良等原因落果，主要是因为除了浆果生长、种子形成外，新梢加粗、副梢生长，花芽开始分化，各器官间发生营养竞争。这时新梢生长渐缓，而加粗生长，枝条下部开始成熟，叶腋中冬芽开始分化。

此期也是副梢发生高峰，在生产上应追肥、绑蔓，也可通过控水抑制葡萄枝蔓过旺生长，并及时去除副梢，提高浆果品质、防治病虫害、促进花芽分化。重点预防霜霉病，兼防白腐病、褐斑病，保护叶片，如遇高温阴雨，特别容易形成烂果。鲜食葡萄要进行套袋工作，套袋前彻底杀菌，避免套袋后烂果。

六、浆果成熟期

浆果成熟期指从浆果着色起（转色期）至完全成熟止的阶段，又称生理成熟期，可延续 30～60 d。浆果成熟期与品种有关，分极早熟、早熟、中熟、晚熟和极晚熟品种；同一品种也因产区不同有较大的差异。在此期间，外观上，表皮内叶绿素大量分解而褪绿，红色品种开始积累花色苷着色；黄绿品种的绿色变淡，逐渐呈乳黄色；白色品种果皮渐透明。

果实体积进一步膨大，增长量约占总增长的 1/3，并逐渐达到其品种特有的颜色和光泽。除表皮颜色变化外，内部主要生理变化是浆果的营养物质积累，内部物质成分含量发生变化：含糖量迅速增加，含酸量减少，果实变软有弹性。种子渐变为深褐色，最后表现出品种特征，此时浆果完全成熟。如果成熟后不采收，浆果再继续变化，进入过熟期。

葡萄成熟期不仅关系到当年葡萄的品质、色泽及产量，还关系到来年的树势和花果情况，所以做好管理是关键。部分早熟和中熟品种的成熟期正好赶上雨季，园中易涝，果实着色差，极易感染各种果实病害。管理上应注意排水防涝，疏叶，去掉无用副梢，科学合理地使用生物农药或矿物源农药预防病害的发生。此期主要任务是保果保叶，防治霜霉病，兼防灰霉病、白腐病、褐斑病、炭疽病和房枯病等果实病害。此期必须严格注意农药使用的安全间隔期，且以保护剂为主，避免使用高残留农药。

七、落叶期

果实采收至叶片脱落的这段时期称为落叶期。果实采收后，树体制造的营养转向枝蔓和根部贮藏。自转色期开始枝条自下而上逐渐成熟，后期叶片颜色也发生变化，白色品种的叶片开始变黄；红色品种的叶片变红。随着气候变化，叶片的叶柄基部形成离层，叶片脱落。

此时管理主要是及时补充养分，施足基肥，防止叶片早衰，延长光合作用时间，增加贮藏营养，促进花芽分化，为来年稳产打下基础。同时应加强越冬防寒措施，预防提前出现早霜危害，为葡萄安全越冬做好准备。

八、休眠期

从落叶到第二年春天根系活动树液开始流动为止，这段时期称为休眠期，也称冬眠期。我国幅员辽阔，各地葡萄进入休眠日期不一。葡萄休眠并不是假死，植株体内仍微弱地进行着生理活动，休眠是相对的。休眠期管理主要是进行冬季修剪、灌水，清理病虫叶、枝，减少来年菌群基数。埋土防寒区还要做好埋土防寒工作，埋土后时刻检查土内枝条的鼠害及其覆盖物有无被风刮落等情况。

（姜建福）

复　习　题

1. 葡萄科植物分为哪两个亚属？其主要区别是什么？
2. 葡萄属植物在分类上属于什么门、纲、亚纲、目和科？
3. 栽培品种按起源和特性分为哪几类？在栽培和育种上各有何价值？
4. 葡萄的生长发育过程有哪些？
5. 什么是葡萄物候期？
6. 栽培葡萄分为哪几个物候期进行管理？

第二章　葡萄栽培学概述

第一节　葡萄园选址与规划

葡萄质量的好坏，受土壤、气候、品种（包括砧木品种）以及栽培管理技术和加工工艺（葡萄加工产品）等因素的综合影响。葡萄病虫危害及其他灾害发生程度与葡萄园位置、品种布局、栽培方式、防护林方向及组成都紧密相关。葡萄园规划、建园所采用的技术规范以及建园当年对幼苗的管理，都对葡萄产量、质量及葡萄树长寿性、实现机械化管理和葡萄园美观等产生深远的影响。因此，在建园时，应对建园区域的气候、土壤进行综合评价，选择合适的品种和栽培方式，降低生产成本，提高葡萄及其加工产品的产量和质量。

一、葡萄园选址

在规划前，必须对准备建葡萄园土地周围的土壤、水源、气候等环境条件进行分析，判断是否符合生产优质原料的条件。一般要求葡萄园远离电厂、电站、化工厂、水泥厂、冶金厂、供暖锅炉、炼焦厂、窑厂等企业单位，以减少粉尘、二氧化硫、二氧化氮及氟化物的污染。要达到上述要求，不但应使葡萄园远离造纸厂、制碱厂、电镀厂、洗染纺织厂、化工厂、医院等单位，而且应检查水质状况。

另外，应避免沼泽地和重盐碱、重黏土地；尽量选择平地或缓坡地，地势开阔，坡度小于 10°；离低洼地边缘大于 15 m；距离重点工业污染源、生活垃圾场不小于 5 km。

二、葡萄园规划

葡萄园规划包括栽植区划分、土壤改良、管理方式选择和道路设置、防护林建设、排灌系统、管理用房和附属设施建设等内容。在此主要讨论与葡萄灾害相关的建园问题。

（一）防护林建设

葡萄园周围或主道两旁防护林，可以减轻大风、霜冻、暴雨等对葡萄园的危害。当然防护林离葡萄园太近会影响葡萄植株正常生长，出现林带胁地现象。

防护林一般按主林带、副林带两级配置，主林带宽不少于 15 m，与主要风害方向垂直，副林带宽不少于 6 m，与主林带垂直。并在建园前或同时建设，与渠道和道路相结合。风害小的地方，林带间隔 500 m，风害大的地方间隔 200～300 m。林网内乔灌结合，配置 3～5 行乔木，株行距为 2 m×3 m，林缘边配置 2～3 行灌木，株行距为 1 m×0.5 m。

宜选择生长迅速、抗性强、防护作用及经济价值和收益都较大的树种。避免选择和葡萄有相同病虫害，或为早期寄主的树种。乔木可选择新疆杨、胡杨、小叶杨、毛白杨、白蜡、旱柳、刺槐、白榆等树种，灌木可选紫穗槐、柽柳、锦鸡儿、柠条、梭梭等。

（二）品种选择

新建葡萄园选择什么品种，首先取决于葡萄的利用方式，即葡萄园的生产方向。如果生产鲜食葡萄，在色、香、味、形等质量方面就要有严格的选择，要求果穗大、果粒大，果穗松紧度适中，着色好，甜味浓、香味足，同时还要兼顾当地消费者的习惯性爱好，合理搭配适宜的早、中、晚品种，也就是依据市场确定品种，以期获得最佳效益。对酿酒葡萄的要求，根据葡萄酒种类而有所差异，要求具有一定糖度、酸度，清香味，色泽好、出汁率高，酒质醇厚。制汁葡萄要求糖度高，出汁率高。制罐品种宜用肉脆，味甜、不易裂果的大粒品种。制干品种则最好选择无核或少核品种。促成或延后设施栽培选择相应的品种，如选择容易提前成熟或延后采摘、挂果期长的品种。

选择品种时，还应根据当地的气候条件，早、中、晚熟品种配置适当。主栽品种不宜过多，以3～5个品种为宜。同一小区内栽植相同的品种，避免品种混杂栽培，这样不仅有利于生长季管理、病虫害预防和果实采收，还能提高葡萄生产的商品化程度，充分体现优良品种的特性，提高工效，降低成本。

在选择品种时，还应注意以下几个方面。

在一个地区，可以栽培的品种可能很多，但应根据生产方向的要求，逐步推广那些最适应当地自然条件和生产方向的优质、高产品种，淘汰其他品种。

在一个地区，由于立地条件的不同和小气候条件的影响，品种的成熟期也有所改变。例如，在一定的纬度条件下，如果中熟品种能在阳坡正常成熟，在平原上就必须栽种早熟品种。低洼地霜冻发生率高，栽种晚萌芽、成熟早品种，避开早晚霜危害。

（三）砧木选择（嫁接苗）

自1868年根瘤蚜随葡萄苗木传入法国后，很快扩展到欧洲和几乎所有的葡萄产区，几乎摧毁了所有的葡萄园，导致历史上前所未有的葡萄产业危机。直到后来筛选出抗根瘤蚜砧木，进行嫁接栽培，才挽救了世界葡萄产业。嫁接栽培不仅具有抗虫能力，还有抗旱、耐涝、抗寒、耐瘠、耐盐碱等能力。

栽培嫁接苗扩大了葡萄栽培区域，如果用嫁接苗栽培，应选择与品种有较高亲和性，并适应当地土壤的砧木品种，以应对特殊的土壤条件或提高抗逆性。我国西北碱性土壤地区不能选用不耐盐碱的砧木，如‘贝达’，否则会发生生理缺素症（图2-1）。有线虫危害地区选

图2-1　葡萄植株黄化

扫码见彩图

择抗线虫砧木。

（徐国前）

第二节　葡萄架式与整形修剪

栽培模式是葡萄种植中一整套系统的方法，是葡萄栽培过程中的各种技术措施的综合，包括栽培密度（株行距）、行向、架式及整形修剪方式等多个因素，除受气候、地形和土壤等自然条件，以及品种等生物因素的影响外，也受生产方向、管理技术水平等人为因素影响。

一、栽培架式

葡萄是多年生藤本植物，蔓柔软，不能直立，必须依靠卷须附着于各种支撑物生长，自然状态下附着于树木生长，人工栽培时，必须设立支架，对其枝蔓进行绑缚引导其定向生长，才能形成良好的树形，从而实现优质、丰产。葡萄栽培上，人们把支撑树体骨架的不同结构和样式称为葡萄的架式。按支架的有无，葡萄架式分无支架栽培和有支架栽培两种架式。无支架栽培生产上使用较少，有支架栽培使用广泛，又可分为柱式架、篱架和棚架等形式。目前，采用最多的是篱架和棚架两种形式。选择何种架式一定要根据本地区的土壤条件、地势、气候特点、品种特性及生产技术水平等因素来确定。

（一）篱架

在葡萄行内每隔一定距离设立一根立柱，立柱地上部高度以 1.7～1.9 m 为宜，其上平行地面拉 3～6 道铁丝构成的支架，将葡萄枝蔓绑缚在拉丝上生长，形成一个篱状架面，形状像篱笆，所以称为“篱架”。篱架的架面一般与地面垂直或者略倾斜，枝条和叶面均匀分布在支撑物上。根据篱架形状又可分为单篱架和双篱架（“U”形双篱架、“V”形双篱架），以及单篱架的一种变形——宽顶单篱架（高宽垂栽培）。

1. 单篱架　每行设一个架面，架面的高矮、铁丝的多少依据品种、行距、整形方式而定。一般架高为 1.5～2.0 m，柱间距 5～8 m，柱上拉 3～4 道铁丝。由于单篱架具有管理省工、便于采用机械化和规模管理等优点，是目前使用最广泛的一种架式，世界各地广泛应用。我国南方多雨区，该架式下部叶幕离地面过低易感染病虫害，应用较少。

2. 宽顶单篱架　又称高宽垂栽培、“T”形架。即在单篱架支柱的顶部加一横梁，横梁长 0.8～1.0 m，和立柱构成“T”形，在立柱上拉 1～2 道铁丝，在横梁两端各拉一道铁丝。这种架式适合于长势较强的品种，缓和树势。高宽垂栽培不进行新梢的绑缚，使新梢自然下垂，支架仅用于支撑主干和双臂。主干高 1.3～1.6 m，铁丝的高度为 1.3 m 或 1.5 m。这种架式的优点：一是简单、经济，下层空气流通好，病虫害轻；二是架面小而有效架面大，较单篱架增产，而品质又优于棚架；三是这种架式夏季修剪、采收等比较方便。在南方多雨区得到了广泛的应用，但由于树冠荫蔽影响果实质量。

3. 双篱架　是沿行向建立相互靠近的两排单篱架，由两排支架和铁丝构成，葡萄植株可定植成一排或两排，其枝条向两边分别引缚。架高 1.5～2.2 m，双篱基部间距为 0.5～0.8 m，顶部间距至少 1.0 m。因叶幕量增加了近 1 倍，结果枝量和结果部位也相应增多，可充分利用行间空地，提高产量。夏季修剪、中耕除草等作业相对费工，在埋土防寒区很难实现机械化埋土，如果夏季修剪不及时，便会出现架面郁蔽，通风透光不佳，增加病虫害风险，降低果实品质，因此埋土防寒区目前很少采用这种架式。双篱架根据其形状又可分许多种，常见的有“U”形双篱架和“V”形双篱架。

1）“U”形双篱架　又称双柱双篱架。在一行内立 2 排立柱，两排立柱基部相距 0.5～0.7 m，顶部相距至少 1 m，柱上各拉 4 道铁丝。

2）“V”形双篱架　又称单柱双篱架、双十字架。立柱设置与单篱架相同，在篱架柱上 1.0 m 和 1.4 m 各设横梁一根，下横梁长 0.6 m，上横梁长 0.8～1.0 m。在立柱 0.8 m 高两侧拉 2 道铁丝，两根横梁的两端各拉一道铁丝，共拉 6 道铁丝。新梢向行间倾斜生长，叶幕呈“V”形，与棚架和单篱架相比较，具有叶幕层受光面积大、产量高等优点；夏季修剪、中耕锄草、喷药、施肥和冬季埋土防寒等管理工作比双柱双篱架方便。

（二）棚架

棚架的架面与地面平行或有小倾角，葡萄枝蔓分布在距地面较高的棚面上，架的高度一般为 2 m。在两根立柱中间架一横梁，横梁上每隔 0.5～0.6 m 拉一道铁丝，共拉 5～9 道铁丝，搭成荫棚形。一般架梁长 4～6 m，称架长。距葡萄 0.7～1.0 m 处架一排立柱，称架根，高 1.2～1.5 m，柱间距 2～3 m。距第一排 4～6 m 再平行竖立第二排立柱，称架梢，高 2 m 左右。还可再竖第三排，行内柱间距 2～3 m。

这种架式的特色是架面大，而土肥水管理可以集中在较小的地面进行，它很难保证叶片正常铺开。这种架式只能用于日照充足的地区，适合山地、庭院的鲜食葡萄种植，酿酒葡萄上应用较少。根据形状又可分为大棚架、小棚架和棚篱架。

二、整形修剪

葡萄整形修剪是栽培管理中的一项重要技术环节，不仅关系到当年浆果的产量和品质，也影响植株的寿命及稳产性。目的在于调节生长和结果之间矛盾，控制树形，使其枝蔓在架面上合理分布，方便管理，健壮树势，延长寿命。

葡萄的整形就是通过对葡萄植株施行一定的修剪措施使葡萄植株具有一定的结构形态；修剪则是全部或部分地去除葡萄的某些器官（如芽、茎、枝、叶、花、果、根）的具体操作（剪截、疏除或其他处理）。二者之间是密不可分的，整形是通过修剪来实现的，而修剪又是在一定的整形基础上，根据某种目的要求而实施的。因此，架式、整形和修剪是决定葡萄栽培方式的主要方面。

（一）整形修剪的作用

1. 控制树势　树体生长能力一般以树势来衡量，一般以 1 年生枝条生长量定量计算。幼树（1～5 年）在自然生长状态下树势要强于修剪的树，即不修剪树枝条的生长量大于修剪树。但后期由于不修剪树，多芽萌发导致枝条细弱，同时不控制产量也会导致树体的衰弱，最终导致树势的衰弱。同时前期不进行修剪，后期就很难进行整形。不同品种的树势强弱不同，‘品丽珠’‘马瑟兰’‘蛇龙珠’‘威代尔’‘克伦生’等鲜食品种树势较强，而‘佳美’‘神索’树势较弱。

2. 调节枝势 枝势即枝条的生长势，与其分生角度和芽的着生位置有关，枝条越直立，生长势越强，顶端优势使上部的芽生长旺盛。中短梢修剪控制了芽的数量，刺激了所有芽的萌发，保持了良好的枝条生长势；长梢修剪后结果母枝如果保持直立，则上部的芽萌发，而下部的芽不萌发或者生长势弱，但如果将长梢拉平，则枝条的芽都能萌发，生长势相差不大。

3. 保持树形 葡萄是多年生树体，寿命可以超过百年，一旦架式和树形确定，很可能终生采用，但其每年都进行生长，通过修剪可以保持树形。控制结果部位外移，对于基芽结实能力差的品种，需要长梢修剪来调整。由于顶端优势，枝条顶部的芽生长势强，下部的芽生长势弱，如果长梢修剪，用上部芽结果，就会导致结果部位外移，树很难保持原有形状。如果短梢修剪，下部枝条较弱，发育不良，结实能力差。为了保持树形必须长短梢修剪结合。

4. 调节产量和质量 在葡萄经济栽培的情况下，必须设立专门的支架，使葡萄在一定空间内生长发育，充分利用光能，保证良好的生长与结实，同时便于田间管理。不同的架式对光能的利用率不同，如与单篱架相比，双篱架由于具有更多的叶幕，产量也会更高。但双篱架主要用于生长势旺盛的品种。

控制枝条和树形的伸长，保持树形，以减缓衰老，并且使植株在预定的空间内生长；控制芽（或新梢）的数量，以调节和平衡植株的产量和长势。

（二）常见整形方式

1. 单干双臂整形 垂直主干顶端向两边水平分叉而形成双臂，双臂上有规律地着生多年生枝及其短结果母枝。这种整形修剪适于矮密栽培，其绑蔓、夏季修剪和冬季修剪及采摘等措施均可实现机械化省工管理；果穗较为分散，通风、透光条件好，也可用于高宽栽培。因此，该整形方式在各产区得到广泛应用。其缺点是整形时间较长而且较难，双臂两端的枝条长势旺，而中间的长势弱，较难使之生长平衡。

2. 居约整形 在主干上直接着生一个或两个结果枝组，每个结果枝组由一个中、长梢修剪的结果母枝和一个短梢修剪预备枝组组成，且长梢在上，短梢在下。留一个结果枝组的称单居约整形，两边各留一结果枝组的称双居约整形。这种修剪方式可以在最大程度上防止植株下部的秃裸，常用于矮密栽培，但如果留芽量过多，会造成植株的早衰。另外，不能实现机械化冬剪。

在埋土防寒区，通过缩短主干高度或倾斜主干等方法，变成无主干或倾斜主干的居约整形方式，可以适合埋土栽培需要。

3. 扇形整形 葡萄植株由主干（或无主干）和分散在同一垂直面上的臂（蔓）构成，主蔓数量一般为3～5个，主蔓上着生结果枝组或侧蔓（其上着生结果枝）。目前有多种类型，如小扇形、自由扇形、规则扇形等。扇形整形由于主蔓多，这样年生长量小，每个主蔓粗度较小，所以这类树形可以用于埋土防寒产区。扇形整形容易培养结果枝组，更新容易，要求结果枝均匀分布。如果不能合理地控制结果枝的数量，树体容易造成郁闭，同时造成高产，导致葡萄品质下降；扇形的主蔓虽然增粗较慢，但由于数量较多，在树龄比较大的时候如果不及时更新，往往造成冬季不易埋土。

4. 龙干形 就是在无分支主蔓上，直接均匀分布结果母枝的一种整形方法。冬季修剪按短梢修剪方式进行，主蔓长度和架高相当，根据蔓多少可分为“一条龙”（独龙干形）、“两条龙”“三条龙”。我国河北、新疆等埋土地区的篱架和棚架栽培广泛采用这种树形。龙干形一般都是直立树形，也有为了埋土方便变化的倾斜龙干形。龙干形属于不规则树形，主要是结果枝排列随意性较大，种植者往往为了高产而留过多的结果枝，在密植时容易产生郁闭的情况，影响葡萄质量。

独龙干形和多主蔓扇形一样，是两种传统整形方式，在我国埋土防寒区得到了广泛应用。但这两种整形方式均为非标准化的整形方式，结果部位不整齐，植株上强下弱，葡萄成熟度不一致，不利于机械化、集约化管理。

5.“厂”字形整形 主干沿行向与地面保持30º左右夹角倾斜，再上架一道铁丝，末端相连的单臂水平绑缚在一道铁丝上，其形状与汉字的“厂”字形状相似，所以称为“厂”字形。这种树形广泛地应用到酿酒葡萄生产中，臂上着生结果枝组，冬季采取短梢修剪，单枝或双枝更新方式，生长季新梢向上生长与臂垂直，叶幕成篱形，实现通风带、结果带、营养带三带的有效分离（图2-2），可实现机械化绑缚、修剪、除老叶、采收。叶果比大，保证了葡萄的品质；主干倾斜近地面，冬春埋出土更加容易，减少枝组的损伤。该树形适宜于基芽结实性强的品种。

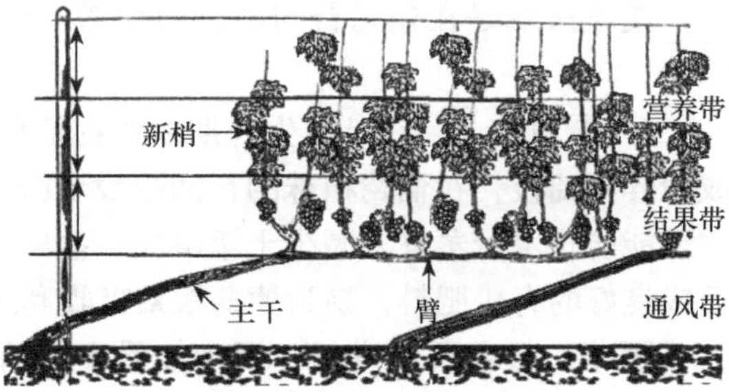

图2-2 “厂”字形整形示意图

（孙 磊 徐国前）

第三节 葡萄土肥水管理

一、葡萄园土壤管理制度

土壤是葡萄生长发育的基础，它为葡萄植株提供必要的水分和营养，因此土壤的结构及其理化特性与葡萄生产有着密切关系。土壤状况决定了葡萄生产的性质、植株的寿命、果实的产量、质量及葡萄酒的质量与风格。土壤管理的主要目的是保持土壤的良好状态、促进根系生长，为葡萄的生长发育和栽培管理提供良好的条件，达到增收、减灾、节支的目的。具体是增加土壤有机质含量，提高土壤肥力及防除杂草等。

中耕主要起到疏松土壤、消除土壤板结状态、改善其通气透水条件、改善土壤的物理化学和生物特性的作用；在干旱的地区，可起到防止水分蒸发、保墒作用，能减少土壤肥力消耗；盐碱地葡萄园，可防止盐碱上升；同时可以除去杂草，防止病害，有利于葡萄的生长发育。缺点是破坏土壤结构，有利于土壤病害（如根腐病、病毒病等）的传播，因为中耕会破坏一部分根系，降低近地面气层的温度（因为中耕将湿土上翻），特别是在早春、花期和成熟期对植株产生不良影响。因此，葡萄园土壤管理在葡萄周年管理中占有重要的地位，下面介绍几种常见的土壤管理制度。

（一）葡萄园清耕

葡萄园清耕即园内不种其他作物，经常耕作，使土壤保持疏松和无杂草状态。优点是兼有中耕疏松表土的作用，能改善土壤中的水分、空气和营养状况，能促进微生物活动和有机物的氧化分解，起到增加营养的作用。便于果园管理和病虫防治。

缺点：只能除去浅根杂草；容易引起表土流失，特别是暴雨冲刷；雨后不利于人和机械通行；降低地表温度；如果人工锄草，劳动强度大，用工多。

（二）覆盖法

覆盖法就是在葡萄行间或行内覆盖一些无毒物质，保护土壤水分，防止生草，减少耕作等。

1. 覆草法 在杂草生长期以作物秸秆（包括玉米秸、麦秸、稻草及其他绿肥秸秆等）或粉碎葡萄枝，在葡萄植株的行间覆设 10 cm 以上，使土壤被严密覆盖，杂草无法生长；同时还能防止水分蒸发，减少土壤淋失，盐碱地还可起到抑盐作用。覆盖的有机物经腐烂分解后成良好的有机肥料，易为葡萄根系吸收利用。

覆草一般在夏季进行，因为如果在花前进行，会增大土壤湿度，降低土温，有延迟开花、加重落花的危险，还会使根系集中于浅土层，易受旱害和冻害。埋土区的关键问题是保证在埋土前草要腐烂，以便埋土。

2. 覆盖除草布（地膜） 在建园定植时使用地膜，主要可防止水分蒸发，起到保墒和增温作用，提高成活率，有利于根系和新梢的生长，使植株生长健壮，提早结果。在黏重、潮湿的土壤上不宜进行地膜覆盖，因为容易造成无氧条件。

以后每年最好在春天萌芽前进行覆盖，通过覆盖，可显著改善土壤理化结构，提高地温，使发芽提早而且整齐。生长期还可减少多种病害的发生，增加田间透光度，并促进早熟及着色，减轻裂果。但这是一种消耗栽培法，土壤养分会逐渐减少，因此在后期通过增加肥料用量，尤其是有机质的投入，才能有更大的增产和改良品质的效果。与覆草法相比，其可以增加土壤疏松度，防止土壤板结。在埋土区生长季减少水分蒸发，埋土前收起便于埋土。

3. 葡萄园生草 葡萄园生草是指在葡萄园行间或全园长期种植多年生植物代替覆盖物的一种土壤管理方法。其具有改良土壤结构，提高土壤有机质含量；防止水土流失，保肥、保水、抗旱；改善葡萄园生态环境，提高果品质量；减少葡萄园管理用工，便于机械化作业等优点；为病虫害的生物防治和生产绿色果品创造了条件；在风沙大的沙荒地与坡地果园，可起到防风固沙护坡的作用。因此，世界各国果园已广泛采用葡萄园生草栽培，我国果园则刚刚起步，因此需要积极推广此法。

葡萄园生草可以采取人工种草或自然生草两种方式，一般采用行间生草和株间清耕的形式。一般选用与葡萄树体肥水竞争矛盾小，对葡萄郁闭程度低，与葡萄无共生病虫害，且不易感染病虫害，能吸引或适于葡萄害虫天敌寄宿，耐阴性和耐践踏性强，有一定产草量及覆盖率高的草种。在埋土防寒区，应选用耐寒、耐旱和耐瘠薄的种类，提倡自然生草法，生长季根据葡萄园长出的各种草，通过自然竞争和刈割，最后选留几种适于当地自然条件的草种。在生草的葡萄园要注意控制杂草，生长高度不超过 0.4 m，不能让草与树体争夺肥水，也不能带入病虫害。

（三）免耕法

免耕法又叫作最少耕作法。主要利用除草剂防除杂草，保持田间没有杂草也不进行耕作的状态。这只适宜在土层深厚、土质较好、有机质含量丰富的果园利用。优点是能够保持土壤自然结构，降低劳动强度，减少生产成本。缺点是某些除草剂对人畜有毒，或者污染环境及为害土壤微生物，造成葡萄中毒。使用除草剂要掌握除早除小，在杂草 1～3 叶期喷布，使用浓度低，用药省，效果最好。

（四）清耕覆盖作物法

以上各种方法各有利弊，所以综合各方因素，在葡萄需肥水最多的生长前期保持清耕，后期或雨季种植覆盖作物或自然生草，待长成后适时翻入土壤作绿肥。此法兼有清耕与生草法的优点，并克服两者的缺点。覆盖作物除具备间作条件外，还需生长期短，前期生长慢，后期生长快，枝叶茂盛，耕入土中易腐烂分解，并具有一定的耐阴能力等。覆盖作物播种期因地而异，选用何种植物还需要进行科学试验。

二、葡萄园施肥

成年葡萄树每年要吸收土壤中一定量的矿质元素，在自然状态下，果实、叶片落在地上后腐烂，各种矿质元素又回到土壤中，并提高了有机质含量。但在人为因素下，果实、枝条、叶被带出葡萄园，园内有机质得不到有效补充；在降雨或浇水过大的情况下，还有部分土壤矿质元素被淋溶。如果不适当施肥以补充这部分消耗和淋蚀的矿质元素，葡萄土壤会越来越贫瘠。所以，为了保持土壤肥力，保证优质稳产，在采收果实后应及时补充营养元素。

施肥前必须计算年和各单次施肥量，应先测出葡萄每年从土壤中吸收各营养元素的量，扣除土壤中能供给的量，再考虑肥料的损失，其差值就是理论施肥量。计算公式如下。

施肥量＝（果树吸收肥料元素量－土壤供肥量）/肥料利用率

土壤供肥量中氮为吸收量的 1/3，磷、钾约为吸收量的 1/2；撒施肥料利用率，氮为 50%，磷为 30%，钾为 40%，但肥水一体化灌溉方式的葡萄园肥料利用率相对较高。另外，施肥量应根据土壤类型、砧木种类及产量要求而定。

一般高产园的施肥量：氮肥为 30～70 kg N/（hm^2·年）；磷肥为 10～30 kg P_2O_5/（hm^2·年）；钾肥为 60～150 kg K_2O/（hm^2·年）。

生产优质葡萄酒的葡萄园，应降低施肥量，以在一定范围内降低产量，保证质量：氮肥为 20～40 kg N/（hm^2·年）；磷肥为 10～30 kg P_2O_5/（hm^2·年）；钾肥为 50～70 kg K_2O/（hm^2·年）。

此外，每年补充一定量的钙、镁、硫，以及铁、锰、硼、铜、锌等一些微量元素。每三年施入有机肥 20～30 t/hm^2，以改善土壤理化性能，活化土壤，增加团粒结构。

三、葡萄园水分管理

水是植物生命活动的基础，体内一切生命活动只有在一定含水量的条件下才能进行。水不仅是有机物质合成的原料，也是营养物质在体内运输的载体，植物体内无机物和有机物必须溶解在水中才能运输；另外，植物吸收的95%的水通过蒸腾作用散发到大气中，以降低叶表面温度，避免高温带来的灼伤。同其他作物相比，葡萄由于其强大的根系，耐旱性要强得多，但也需要稳定、适量地从土壤中获取水分，以获得最佳经济产量。水分条件的剧烈变化，对葡萄常产生不利的影响，如果在长时间下雨后，突然出现炎热干燥的天气，叶片可能干枯和脱落，新梢，特别是嫩尖可能萎蔫和部分干枯。相反，如果在长期干旱后，突然大量降雨，则常常引起裂果；大雨后突然变晴可能造成气灼；连阴雨天，或多雨天气则易引起真菌性病害的流行。因此，在葡萄的栽培管理中，根据气候变化情况、不同土壤水分状况及不同品种需水规律，对葡萄园采取综合水分管理，有效地调节灌排方式，建立最优化的灌排制度，对稳定葡萄产量和质量，防止葡萄生理性病害、真菌性病害的发生都有重要意义。

南方葡萄种植区主要任务是排除降水，降低病虫害发生率；西北干旱区注意结合降雨，进行人工灌溉，防止春季缺水造成抽条。一般萌芽前灌足一次催芽水，特别是春季干旱少雨区，须结合施催芽肥灌透水。花期前后10 d各灌一次透水，浆果膨大期若干旱少雨，可隔10～15 d灌一次透水。秋施基肥后如雨量偏少、土壤干燥，可灌一次透水。但灌水应视天气情况及土壤墒情确定，遇大雨要及时排水。有一定条件的果园，最好采用滴灌，结合水肥一体化，高效又省水，土壤也不易板结、盐碱化，并可结合施肥，效果明显。一年中应掌握下列关键灌水时期。

1）催芽水　在葡萄萌芽前结合施肥灌水，使树体有着良好的营养状况，对萌芽及花芽的进一步分化有重要作用，每亩①40 m^3 左右。

2）催花水　在开花前10 d左右灌水，以满足新梢和花序生长的需要，为开花坐果创造良好的肥水条件。

3）催果水　在坐果后到浆果着色前需多次灌水，使坐住的果迅速膨大，着色良好，每亩15～20 m^3。

4）下架水　采收后灌水，树体正处于营养物质积累阶段，对次年的生长发育关系很大。

5）封冻水　于土壤结冻后在防寒沟内灌水，利用冰层封闭，减少防寒土堆侧冻，有利于葡萄根系安全越冬，每亩40 m^3 左右。

实际上视葡萄园土壤墒情进行灌水，原则上少灌水，形成适度干旱，这样有利于根系下扎，提高葡萄的抗旱能力。

（姜建福）

复　习　题

1. 简述葡萄栽培的特点及发展趋势。
2. 葡萄园选址与规划需要注意什么？
3. 葡萄整形修剪的作用是什么？
4. 简述葡萄园土壤管理制度。

① 1亩≈666.7 m^2

第三章 植物病害病原学

第一节 植物病害的概念与症状

一、植物病害

植物在适于其生活的生态环境下，一般都能正常生长发育和繁衍。但是，当植物在其生命过程中受生物病原侵害或不良环境影响，在生理、细胞和组织上发生一系列病理变化过程，外部呈现不正常状态，引起产量降低、品质变劣，甚至死亡，从而造成一定的经济损失，这种现象称为植物病害（plant disease）。

植物病害的形成有一系列病理变化过程，因而有别于虫伤、雹伤、风灾、电击及其他机械损伤等所造成的各种伤害，也不同于植物本身由于遗传原因而出现的病变（如白化苗、先天不孕等）。

引起植物病害发生的原因很多，既有不适宜的环境因素，又有生物因素，还有环境与生物互相作用的因素等。引起植物偏离正常生长发育状态而表现病变的因素统称为“病因”。植物病害的形成是寄主植物与病原物在外界环境条件下相互影响、相互作用的结果，因而寄主、病原物和环境条件三者是构成植物病害的基本因素。

从微观方面看，寄主和病原物在外界环境条件影响下的相互作用，似乎仅限于生物学范围内，但从宏观方面分析，寄主和病原物以外的环境因素是多方面的，还包括自然因素和社会因素等。随着社会的发展，人类的生产活动所引起的植物病害不仅仅局限于农田内，人在农田以外的各种活动与植物病害的发生和流行也有着密切的关系。人们的生产和商业活动、社会活动，如培育抗病品种，改良耕作栽培制度，远距离调运带病的种苗，甚至旅游等，都会抑制或导致病害的发生发展。因此，植物病害的发生和流行除了涉及植物、病原物和环境三个因素外，还应加上“人”的因素（图 3-1）。绝大多数植物病害在多数情况下最终都会导致植物产量的减少和品质的降低，给人类带来一定的经济损失。然而，有些植物病害对人类生活也有可利用的方面，如茭草（*Zizania latifolia*）幼茎组织受黑粉病菌（*Ustilago esculenta*）侵染后，膨大而鲜嫩，称为茭白，可作为蔬菜食用；再如观赏植物郁金香感染郁金香碎色病毒（*Tulip breaking virus*，TBV）后，形成杂色花瓣，花冠色彩斑斓，极具观赏价值等。因此，人们通常将这类“病态”不作为病害来看待。

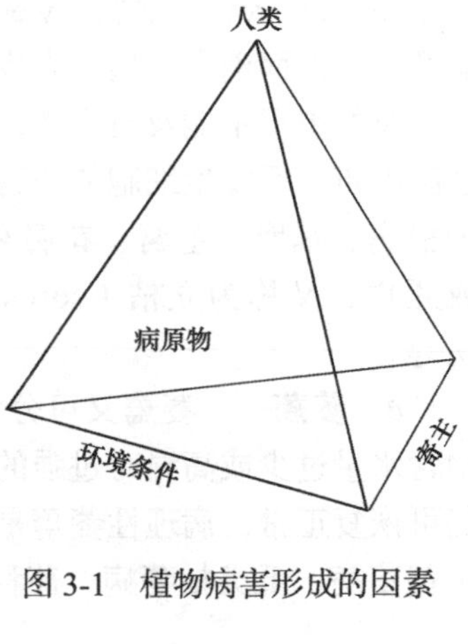

图 3-1 植物病害形成的因素

二、植物病害的症状及对植物的影响

植物病害经过一系列病变过程，最终导致植物上显示

出肉眼可见的某种异常状态，称为症状，通常分为病状（symptom）和病征（sign）两类。病状是指在植物病部可看到的异常状态，如变色、坏死、腐烂、萎蔫和畸形等；病征是指病原物在植物病部表面形成的繁殖体或营养体，如霉状物、粉状物、锈状物、粒状物和菌脓等。许多真菌和细菌病害既有病状，又有明显的病征，有些病害如病毒和植原体病害，则只能看到病状，而无病征。各种病害大多有独特且稳定的症状表现，因此人们认识病害首先从病害症状开始，症状又是田间诊断的重要依据。但是，不同的病害可表现出相似的症状，而同一病害由于发生在不同的寄主部位、生育期、发病阶段和环境条件下，也可表现出不同的症状，某些病毒病害因为高温还会出现症状消失的现象（隐症）。

（一）病状及类型

植物病害病状有很多种表现，变化多样，常见的有变色（discoloration）、坏死（necrosis）、腐烂（rot）、萎蔫（wilt）和畸形（malformation）等多种类型。

1. 变色 变色是指植物发病后局部或全株失去正常的绿色或发生颜色变化的现象。变色大多出现在病害症状的初期，通常又有几种表现类型。植物绿色部分均匀变色，即叶绿素合成受到抑制，称为褪绿或黄化（chlorosis）。植物叶片发生不均匀褪色，黄绿相间，形成不规则的杂色，称为花叶（mosaic）。叶绿素合成受抑制，花青素生成过盛，叶色变红或紫红，称为红叶（leaf reddening）。叶脉变半透明称为脉明，沿叶片主脉两边出现有规则的浅绿或深绿组织，称为脉带（vein banding）。

2. 坏死 坏死是指植物的细胞和组织受到破坏而死亡的现象。坏死在植物表面可形成各种各样的病斑（spot），可以发生在植物的根、茎、叶、果等各个部位，其形状大小和颜色不同。根据病斑的颜色可分为褐斑、黑斑、灰斑、白斑等，根据病斑的形状可分为圆形、椭圆形、不规则形等。此外，有的病斑受叶脉限制形成角斑（angular spot）；有的病斑上具有轮纹，称为轮斑或环斑（ring spot）；有的病斑呈长条状坏死，称为条纹（stripe）或条斑（streak）；有的病斑可以脱落，形成穿孔（shot hole）；有的病斑还会不断扩大或多个联合，形成叶枯、枝枯、茎枯、穗枯等；有的病组织木栓化，病部表面隆起、粗糙，形成疮痂（scab）；有的树木茎干皮层坏死，病部开裂凹陷、边缘木栓化，形成溃疡（canker）。

3. 腐烂 腐烂是指植物细胞和组织发生较大面积的消解和破坏的现象。腐烂可以分为干腐（dry rot）、湿腐（wet rot）和软腐（soft rot）。若细胞消解较慢，腐烂组织中的水分能及时蒸发而消失，病部表皮干缩或干瘪，就会形成干腐，如马铃薯干腐病；若细胞消解较快，腐烂组织不能及时失水，则形成湿腐，如葡萄白腐病；若胞壁中胶层先受到破坏，出现细胞离析，后发生细胞的消解即形成软腐，如大白菜软腐病。根据腐烂发生的部位，又可分为根腐、基腐、茎腐、花腐和果腐等。其中因幼苗的根腐或茎腐，引起地上部分迅速倒伏或死亡，又称为立枯（soreshin）或猝倒（damping-off），如棉苗立枯病、蔬菜苗期猝倒病等。

4. 萎蔫 萎蔫又可分为生理性萎蔫和病理性萎蔫两种类型。生理性萎蔫是由于土壤中含水量过少或高温时过强的蒸腾作用而使植物暂时缺水而引起的，此时若及时供水，植物仍可恢复正常；病理性萎蔫是指植物根或茎的维管束组织受到破坏而引起的凋萎现象，如茄子黄萎病、瓜类枯萎病、茄科植物青枯病等，这种凋萎大多不能恢复，甚至导致植株死亡。

有些根腐、基腐或其他根茎病害所引起的萎蔫均属于病理性萎蔫。

5. 畸形　畸形是指由于病组织或细胞生长受阻或过度增生而引起的形态异常的现象。例如，植物发生减生性病变（hypoplasia），生长发育不良而出现植株矮缩（dwarf）、片叶皱缩（crinkle）、卷叶（leaf roll）或蕨叶（fern leaf）等；有的病组织或细胞发生增生性病变（hyperplasia），生长发育过度，造成病部膨大，形成肿瘤（gall）等；有的枝条或根过度分枝，产生丛枝（rosette or witch's broom）或发根（hairy root）等；有的病株比健康株明显高而细弱，形成徒长；有的沿叶脉的组织增生，形成耳突（enation）；有的花器变成叶片状结构，不能正常开花和结实，成为变叶（phyllody）。

（二）病征及类型

病征是指寄主在发病部位出现的病原物的子实体。由于病原物不同，植物病害病征常表现出不同的形状、颜色和特征。其中常见的有霉状物（mold）、粉状物（powder）、锈状物（rust）、粒状物（granule）和脓状物（bacterial ooze）等。

1. 霉状物　在发病部位形成的各种毛绒状的霉层，其颜色、质地和结构变化较大，常见的有霜霉、绵霉、青霉、绿霉、黑霉、灰霉和赤霉等。例如，真菌中的霜霉菌引起的霜霉病，病部可见大量霜状霉层。

2. 粉状物　在寄主病部形成的白色或黑色粉层，如多种植物的白粉病和黑粉病等。

3. 锈状物　在病部表面形成的小疱状突起破裂后散出白色或铁锈色的粉状物，常见的如十字花科白锈病和豆类锈病等。

4. 粒状物　在寄主病部产生大小、形状及着生情况差异很大的颗粒状物。有的是针尖大小的黑色或褐色小粒点，不易与寄主组织分离，如真菌的子囊果或分生孢子果；有的是较大的颗粒，如真菌的菌核、线虫的胞囊等。

5. 脓状物　在潮湿条件下在寄主病部所产生的黄褐色、胶黏状、似露珠的菌脓，干燥后常形成黄褐色的薄膜或胶粒，是许多细菌病害的病征。

（三）病害对农业生产的影响

植物病害对农业生产的影响是重大的，也是多方面的。首先，植物病害的发生降低了产量。1845 年，爱尔兰因马铃薯晚疫病大流行，几乎造成马铃薯绝收，导致数十万人死于饥饿，近百万人流离失所。1880 年，法国波尔多地区葡萄种植业因遭受葡萄霜霉病的危害而使酿酒业濒临破产。1910 年，美国南部佛罗里达州的柑橘园因溃疡病的流行而被迫大面积销毁病树，损失了 1700 万美元。1943 年，印度发生水稻胡麻斑病，导致 200 多万人因饥饿而死。1950 年我国小麦锈病大流行，减产 60 亿 kg。1996 年玉米弯孢菌叶斑病在中国辽宁大流行，绝收 1.7 万 hm^2，损失 2.5 亿 kg。据统计，全世界每年农作物因病害减产粮食达 10%，蔬菜达 40% 以上。其次，植物病害的发生会降低农产品的品质。例如，水稻发生稻瘟病使碎米率增加。甜菜患褐斑病后，含糖量大大减少。小麦患锈病后，面筋减少。某些植物病害能引起人、畜中毒，如食用了麦角菌感染的黑麦、燕麦和牧草后，能引起人、畜中毒和流产；得甘薯黑斑病的甘薯会产生有毒物质甘薯酮及其衍生物，用病薯喂牛羊会导致牲畜气喘和死亡；用患小麦赤霉病的小麦生产面粉（含毒素赤霉烯酮），人食用后会头昏、呕吐、腹泻，严重时死亡。再次，植物病害的发生还会限制某些地区的作物栽培。例如，19 世纪后期咖啡锈病几乎摧毁了当时斯里兰卡广泛栽培的咖啡树，导致人们改种茶树。在我国辽宁省由于红麻炭疽病的发生导致 40 年未能种植红麻。广东省由于木瓜病毒病至今不能栽植木瓜。此外，植物病害的发生影响农产品的运输和贮藏，因防治病害投入的人力、物力和各种设备，既增加了开支，又降低了经济效益，并且环境、食品的污染不断加剧。

三、侵染性病害和非侵染性病害

引起植物病害的病因可分为两大类，即生物因素和非生物因素，由它们引起的病害分别为侵染性病害和非侵染性病害。

（一）侵染性病害

生物因素可引起各种植物病害的发生，又称为病原生物。由病原生物侵染引起的植物病害称为侵染性病害（infectious disease）或传染性病害。引起植物侵染性病害的病原物有真菌、细菌、病毒、病原线虫和寄生性植物等。因此，按其病原生物的类型又可分为真菌病害、细菌病害、病毒病害、线虫病害和寄生植物病害等。

（二）非侵染性病害

由于植物自身的生理缺陷或遗传性疾病，或由于生长环境中有不适宜的物理、化学等因素直接或间接引起的一类病害称为非侵染性病害（non-infectious disease）。按其病因不同，又可分为以下三类：第一类是由于植物自身遗传因子或先天性缺陷引起的遗传性病害或生理病害；第二类是由环境因素变化所致的病害，如低温或高温形成的冻害或灼伤，土壤水分不足或过量引起的旱害或涝害，光照过弱或过强引起的黄化或叶烧等；第三类是由于化学因素恶化所致的病害，如肥料或农药使用不当引起的肥害或药害，氮、磷、钾等营养元素缺乏引起的缺素症，大气与土壤中有毒物的污染与毒害，农事操作或耕作栽培措施不当所致的病害等。非侵染性病害由于没有病原生物的参与，因而不能在植株个体间互相传染，也称作非传染性病害或生理性病害。

侵染性病害能够在植株间相互传染。非侵染性病害和侵染性病害通常是相互联系、相互影响的，非侵染性病害常常能够诱发侵染性病害的发生。例如，冬小麦返青时遭受春冻后，非侵染性的冻害引起麦苗陆续死亡，也可诱发由根腐病菌引起的侵染性烂根；再如，由真菌引起的叶斑病，可造成果树早期落叶，削弱树势，降低寄主在越冬期间对低温的抵抗力，导致果树易发生冻害。

（李正男）

第二节　植物侵染性病害的病因

引起植物侵染性病害的病原物有多种，与农作物病害有关和比较重要的病原物有菌物、原核生物（细菌、植原体等）、病毒、线虫和寄生性种子植物等。

一、植物病原物的寄生性和致病性

植物病原物的寄生性和致病性是不同的性状。寄生性是指病原物在寄主植物活体内取得营养物质而生存的能力；致病性是指病原物所具有的破坏寄主和引起病变的能力。寄生物从寄主植物获得养分有两种不同的方式：一种是寄生物先杀死寄主植物的细胞和组织，然后从中吸取养分；另一种是在自然条件下，只能从活的寄主中获得养分，并不立即杀伤寄主植物的细胞和组织。前一种营养方式称为死体营养（necrotroph），采取这种生活方式的生物称为死体寄生物，而后一种则称为活体营养（biotroph），采取这种生活方式的生物称为活体寄生物。

寄生物的两种营养方式，事实上也反映了病原物的不同致病作用。属于死体营养的病原物，从寄主植物的伤口或自然孔口侵入后，通过产生的酶或毒素等物质杀死寄主的细胞和组织，然后以死亡的植物组织作为营养物质继续生活，再进一步伤害周围的细胞和组织。死体营养的病原物腐生能力一般都较强，它们能在死亡的植物残体上生存，营腐生生活，有的还可以利用土壤或其他场所的有机质与无机物长期存活。这类病原物对植物的细胞和组织的直接破坏强烈而迅速，在适宜条件下只要几天甚至几小时，就能杀伤植物的组织，对幼嫩多汁的植物组织破坏更大。此外，死体营养的病原物寄主范围一般较广。例如，立枯丝核菌（*Rhizoctonia solani*）、齐整小核菌（*Sclerotium rolfsii*）和胡萝卜软腐欧氏菌（*Erwinia carotovora*）等，可以寄生几十种甚至上百种植物。

活体营养的病原物是更高级的寄生物，它们可以从寄主的自然孔口或直接穿透寄主的表皮侵入，侵入后在植物细胞间蔓延，常常形成特殊的吸收营养的机构，称为吸器，由吸器来吸取寄主细胞内的营养物质（如霜霉菌、白粉菌和锈菌），甚至有的病原物生活史的一部分或大部分是在寄主细胞内完成的（如芸薹根肿菌）。这些病原物的寄主范围一般较窄，有较强的寄生专化性。它们的寄生能力很强，但是对寄主细胞的直接杀伤作用较小，这对它们在活细胞中的生长繁殖是有利的，一旦寄主细胞和组织死亡，它们也随之停止生长和发育，甚至死亡。活体营养的病原物不能脱离寄主营腐生生活。

有时，人们将只能活体寄生的寄生物，称为专性寄生物（obligate parasite）。而将兼具寄生与腐生能力的，称为兼性寄生物（facultative parasite）或兼性腐生物（facultative saprophyte），前者以腐生为主，后者以寄生为主。

植物病原物大多是寄生物，只能营腐生生活的生物（腐生物）对植物没有直接的致病作用。一种寄生物是否能成为某种植物的病原物，取决于能否通过对该种植物的长期适应，克服该种植物的抗病性。如能克服，则两者之间具有亲和性（compatibility），寄生物有致病性，寄主植物表现感病。如不能克服，则两者之间具有非亲和性（incompatibility），寄生物不具致病性，寄主植物表现抗病性，因而致病性也被视为病原物对不同种类寄主植物的致病能力。有些病原物虽然在种的水平上与其寄主植物可以发生亲和关系，但其群体内不同的组分（菌系、株系）对该种植物不同品种的致病能力可能有很大不同，有的致病力强，有的致病力弱，有的甚至不能致病。因此，可根据对不同品种的致病力强弱，将该种病原物划分为多个小种，有时将这种小种 - 品种水平上的致病力特称为毒力（virulence）。专性寄生菌，如锈菌、白粉菌、霜霉菌等，往往具有高度的致病性分化，有众多的小种。

二、植物病原菌物及其所致病害

菌物是生物中的一个庞大类群，在自然界分布极广，种类很多，已描述的约10万种，在淡水、海水、土壤及地面的各种物体上都有菌物的存在。菌物是真核生物，无叶绿素，不能进行光合作用，属于异养型生物，其营养体通常是丝状分枝的菌丝体，细胞壁的主要成分是几丁质或纤维素，典型的繁殖方式是产生各种类型的孢子。菌物大多数是腐生的，少数可寄生在植物、人和动物体上引起病害。在植物病害中有80%以上是由菌物引起的。不同类群植物病原菌物的形态、生物学特性和生活史不同，因而所引起病害的发生规律和防治措施也不相同。

（一）病原菌物的一般性状

1. 菌物的营养体　菌物营养生长阶段所形成的结构称为营养体。真菌典型的营养体是细小的具分枝的丝状体，单根丝状体称为菌丝，多根菌丝交织成团称为菌丝体。菌丝通常呈圆管状，细胞壁无色透明，细胞内除细胞核和原生质外，还有内质网、核糖体、线粒体、类脂体、液泡和油滴等细胞器和内含物。原生质无色透明，所以菌丝多数是无色的。有些真菌的原生质内含有多种色素，致使菌丝体呈现不同颜色。各种菌物的菌丝粗细差异很大，多数直径在5～6 μm，其细胞壁主要成分除卵菌为纤维素外，大多是几丁质。低等菌物的菌丝一般没有隔膜，内含许多细胞核，称为无隔菌丝；高等菌物的菌丝有隔膜，将菌丝分隔成多个细胞，称为有隔菌丝（图3-2）。菌丝一般由孢子萌发形成的芽管发展而成，以顶端部分生长和延伸。菌丝的每一部分都有潜在的生长能力，每一节断裂的小段菌丝均可继续生长。菌丝在生长过程中还可产生繁茂的分枝，形成交织的菌丝体。

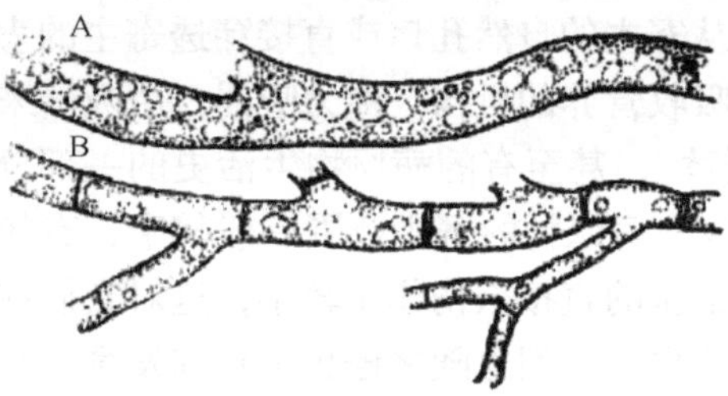

图3-2　菌物的营养体（引自徐洪富，2003）
A. 无隔菌丝；B. 有隔菌丝

菌丝体是菌物获得营养的结构，寄生菌物以菌丝体侵入寄主的细胞间或细胞内。生长在寄主细胞内的真菌，其菌丝的细胞壁与寄主细胞的原生质直接接触，营养物质和水分通过渗透作用和离子交换作用进入菌丝体内。生长在寄主细胞间的真菌，特别是专性寄生真菌，可在菌丝体上形成吸收养分的特殊结构——吸器，伸入寄主细胞内吸收养分和水分。吸器的形状因真菌的种类（图3-3）不同而异，有掌状、丝状、指状和球状等。

菌物的菌丝体一般是分散的，但有时也可聚集形成菌组织。菌组织有两种类型：一种是由菌丝体组成比较疏松的疏丝组织；另一种是由菌丝体组成比较紧密的拟薄壁组织。有些菌物的菌组织，还可形成菌核（sclerotium）、子座（stroma）和菌索（rhizomorph）等特殊结构（图3-4）。

菌核是由菌丝紧密交织形成的一种休眠体，内层是疏丝组织，外层是拟薄壁组织。其形状大小、菌丝交织的紧密程度在不同菌物中差异很大。初期为白色或浅色，成熟后呈褐色或黑色，表层细胞壁厚而色深，较坚硬。菌核具有贮藏养分和渡过不良环境的功能。当条件适宜时，菌核可萌发产生菌丝或繁殖器官。

子座是由菌组织形成的能容纳子实体的垫状结构，有时其中还混有部分寄主组织，称为假子座。子座的主要功能是形成产生孢子的机构和渡过不良环境。

菌索是由菌丝体平行交织构成的长条形绳索状结构，外形与高等植物的根相似，又称为根状菌索。菌索对不良环境有很强的抵抗力，还能沿寄主根部表面或地表延伸，起蔓延和侵入的作用。

有些菌物的菌丝体或孢子通过某些细胞膨大、原生质浓缩和细胞壁加厚而形成厚垣孢子（chlamydospore）（图 3-5），以抵抗不良环境，待环境条件适宜时再萌发成菌丝。

2. 菌物的繁殖体　菌物在生长发育过程中，经过营养生长阶段后，即进入生殖阶段，形成各种繁殖体即子实体（fruiting body）。大多数菌物只以一部分营养体分化为繁殖体，其余营养体仍然进行营养生长，少数低等菌物则以整个营养体转变为繁殖体。菌物一般可通过无性繁殖和有性生殖两种形式进行繁殖，分别产生不同类型的无性孢子或有性孢子。

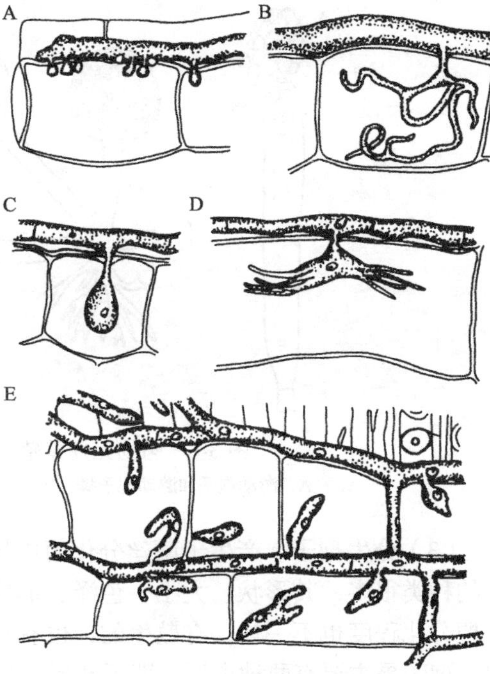

图 3-3　菌物的吸器（引自花蕾，2009）
A. 白锈菌；B. 霜霉菌；C，D. 白粉菌；E. 锈菌

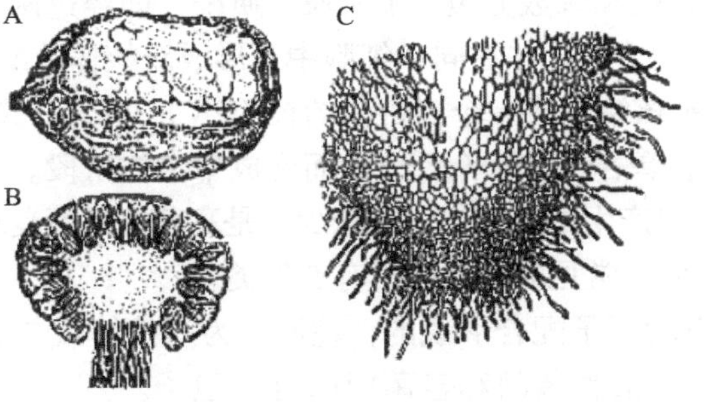

图 3-4　菌物的菌组织（引自许志刚，2016；徐洪富，2003）
A. 菌核；B. 子座；C. 菌索

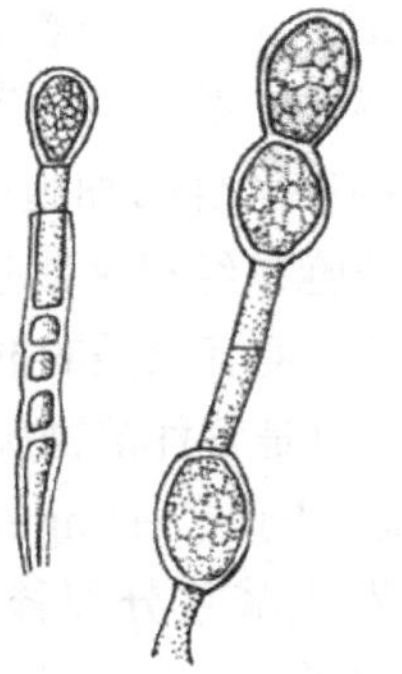

图 3-5　菌物的厚垣孢子（引自陆家云，2004）

1）*无性繁殖及无性孢子类型*　无性繁殖（asexual reproduction）是指不经过性细胞或性器官的结合而直接由菌丝分化形成孢子的繁殖方式。菌物的无性孢子常见的有游动孢子（zoospore）、孢囊孢子（sporangiospore）和分生孢子（conidium）3 种类型（图 3-6）。

（1）游动孢子。是产生于游动孢子囊内的孢子。游动孢子囊由菌丝或孢囊梗顶端膨大而成。游动孢子无细胞壁，具 1～2 根鞭毛，成熟后从孢子囊内释放出来，能在水中游动。

（2）孢囊孢子。是产生于孢子囊内的孢子。孢子囊由菌丝分化成的孢囊梗顶端膨大而成，成熟后孢子囊壁破裂释放孢囊孢子。孢囊孢子有细胞壁，无鞭毛。

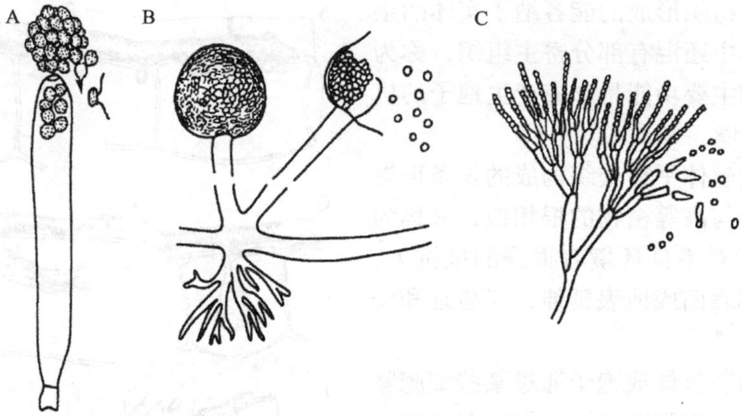

图 3-6　菌物无性繁殖产生的孢子（引自陆家云，2004）

A．游动孢子和游动孢子囊；B．孢子囊和孢囊孢子；C．分生孢子和分生孢子梗

（3）分生孢子。产生于菌丝分化而成的分生孢子梗上，成熟后从孢子梗上脱落。分生孢子的种类很多，其形状、大小、色泽、形成和着生方式等都有很大差异。不同菌物的分生孢子梗分化程度也不一样，有散生的，也有丛生的。有些菌物的分生孢子梗着生在分生孢子果内，孢子果主要有两种类型，即近球形、具孔口的分生孢子器（pycnidium）和杯状或盘状的分生孢子盘（acervulus）。

2）有性繁殖及有性孢子类型　有性繁殖（sexual reproduction）是指菌物通过性细胞或性器官的结合而产生孢子的繁殖方式，有性繁殖产生的孢子称为有性孢子。多数菌物在菌丝体上分化出性器官进行交配，菌物的性细胞称为配子（gametc），性器官称为配子囊（gametangium）。菌物的有性繁殖可分为质配、核配和减数分裂 3 个阶段：质配，即经过两个性细胞或性器官的融合，两者的细胞质和细胞核（N）合并在同一细胞中，形成双核体（$N+N$）；核配，即在融合的细胞内两个单倍体的细胞核结合成一个二倍体的核（$2N$）；减数分裂，即二倍体的细胞核经过两次连续的分裂形成 4 个单倍体的核（N），从而变成单倍体阶段。有性孢子对不良环境有较强的抵抗能力，往往 1 年只产生 1 次，数量也较少，是真菌渡过不良环境的休眠体，也是各种植物病害初侵染的重要来源。常见的有性孢子有 5 种类型。

（1）休眠孢子（resting spore）。是由两个游动配子配合形成的，壁厚，为双核体或二倍体，萌发时发生减数分裂释放出单倍体孢子，如根肿菌门和壶菌门的有性孢子。

（2）卵孢子（oospore）。是由两个异型配子囊——雄器和藏卵器结合形成的。两者接触后，雄器的细胞质和细胞核经授精管进入藏卵器，与卵球核配后发育成厚壁的、二倍体的卵孢子，如卵菌门霜霉菌的有性孢子（图 3-7 A）。

（3）接合孢子（zygospore）。是由两个同型但性别不同的配子囊结合经过质配和核配后形成的二倍体的厚壁孢子。接合孢子是接合菌门菌物的有性孢子（图 3-7 B）。

（4）子囊孢子（ascospore）。一般是由两个异型配子囊——雄器和产囊体相结合，经质配、核配和减数分裂后形成的单倍体孢子，是子囊菌门真菌的有性孢子。子囊孢子多数着生在无色透明、棒状或卵圆形的囊状结构的子囊（ascus）内。每个子囊内一般形成 8 个子囊孢子。子囊通常产生在有包被的子囊果内。子囊果一般有 4 种类型：球状而无孔口的闭囊壳；瓶状或球状且有真正壳壁和固定孔口的子囊壳；在子座中形成的、瓶状或球状、有或无孔口的子囊腔；呈盘状或杯状的子囊盘（图 3-7 C）。

（5）担孢子（basidiospore）。是担子菌门菌物的有性孢子。由性别不同的两条菌丝相结合形成双核菌丝，双核菌丝的顶端细胞膨大成棒状的担子，在担子里的双核经过核配和减数分裂最后在担子上产生外生的单倍体的担孢子（一般为 4 个）（图 3-7 D）。

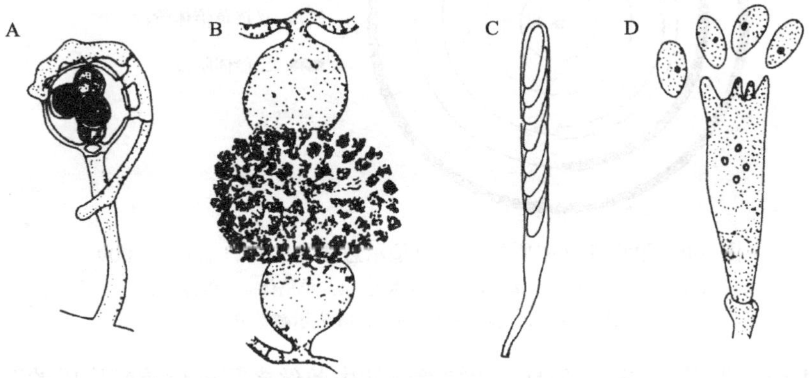

图 3-7 菌物有性繁殖产生的孢子（引自陆家云，2004）

A．卵孢子；B．接合孢子；C．子囊孢子；D．担孢子

菌物有性孢子的形状是多种多样的，有单细胞、双细胞和多细胞的，其颜色、形状、大小差异很大。有性孢子的形态特征是鉴定植物病原菌物和识别菌物病害的重要依据。

（二）菌物的生活史

菌物的生活史是指菌物从一种孢子萌发开始经过一定的营养生长和繁殖阶段，最后又产生同一种孢子的过程。菌物的典型生活史包括无性和有性两个阶段。有性阶段产生的有性孢子萌发后形成菌丝体。菌丝体在适宜条件下进行无性繁殖产生无性孢子，无性孢子萌发形成新的菌丝体。菌丝体一般在植物生长或病菌侵染后期进入有性阶段，产生有性孢子，完成从有性孢子萌发开始到产生下一代有性孢子的过程。无性阶段往往在一个生长季节可以连续循环多次，产生大量的无性孢子，对于扩大其生存领域及病害的传播和流行起着重要作用。有性阶段在一个生长季节一般只产生 1 次有性孢子，其作用除了繁衍后代外，主要是渡过不良环境或作物生长的中断期，并成为次年病害初侵染的来源。

从菌物生活史过程中细胞核的变化来看，一个完整的生活史由单倍体和二倍体两个阶段组成。两个单倍体细胞经质配、核配后形成二倍体阶段，再经减数分裂进入单倍体阶段。有的菌物在质配后不立即进行核配，而是形成双核的单倍体细胞，这种双核细胞有的可以形成双核菌丝体并单独生活。根据单倍体、二倍体和双核阶段的有无及长短可将菌物的生活史分为 5 种类型（图 3-8）。

1. 无性型 只有无性阶段，缺乏有性阶段，即单倍体时期，如半知菌无性型。

2. 单倍体型 营养体和无性繁殖体为单倍体，有性繁殖过程中，质配后立即进行核配和减数分裂，二倍体阶段很短，如根肿菌、壶菌和一些低等子囊菌。

3. 单倍体 - 双核体型 生活史中出现单核单倍体和双核单倍体菌丝，如高等子囊菌和多数担子菌。一些子囊菌有性生殖过程中形成的产囊丝是一种单倍双核体结构，但这种双核体结构存在的时期较短，且不能脱离单核菌丝体单独生活，一旦子囊开始形成就进行核

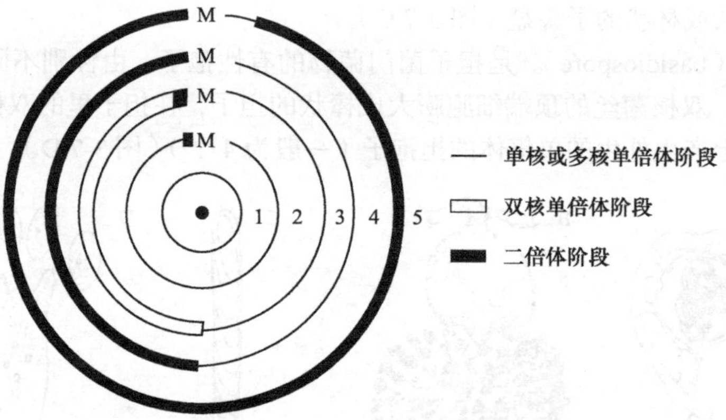

图 3-8　菌物 5 种主要生活史类型示意图（引自许志刚，2009）
1. 无性型；2. 单倍体型；3. 单倍体 - 双核体型；4. 单倍体 - 二倍体型；5. 二倍体型
图中每一圆代表一种生活史，M 表示减数分裂

配。而许多担子菌则不同，由性孢子与受精丝或初生菌丝之间进行质配形成的双核细胞可以发育成发达的单倍双核菌丝体，并可以独立生活，双核体阶段占据了整个生活史的相当长时期，如锈菌，直至冬孢子萌发才进行核配和减数分裂。

4. 单倍体 - 二倍体型　生活史中出现单倍体和二倍体营养体，有明显的单倍体和二倍体世代交替现象，这种现象在菌物中很少见，如异水霉等。

5. 二倍体型　营养体为二倍体，二倍体阶段占据生活史的大部分时期，只有在部分菌丝细胞分化为藏卵器和雄器时，细胞核在藏卵器和雄器内发生减数分裂形成单倍体，随后藏卵器和雄器很快进行交配又恢复为二倍体，如卵菌。

在菌物生活史中，有的菌物能产生 2 种或 2 种以上的孢子，这种现象称为菌物的多型现象（polymorphism），如典型的锈菌可以形成性孢子、锈孢子、夏孢子、冬孢子和担孢子共 5 种孢子。多数菌物在一种寄主植物上就可完成生活史，称为单主寄生（autoecism）。而有的菌物，不同的寄生阶段必须在两种不同的寄主植物上生活才能完成其生活史，称为转主寄生（heteroecism），如梨胶锈菌的冬孢子和担孢子产生在桧柏上，性孢子和锈孢子则产生在梨树上。

（三）菌物的分类与命名

过去，人们将生物分为动物界和植物界，认为真菌是失去叶绿素的植物而将其归在植物界。随着科学研究的深入，生物分界也不断发生变化。1969 年，Whittaker 提出了五界分类系统，将生物分为原核生物界（Procaryotae）、原生生物界（Protista）、植物界（Plantae）、真菌界（Fungi）和动物界（Animalia）。以五界系统为基础，Ainsworth（1973）提出的真菌分类系统被较多的人所接受。这个系统根据营养体的特征将真菌界分为两个门，即营养体为变形体或原质团的黏菌门（Myxomycota）和营养体主要是菌丝体的真菌门（Eumycota）。植物病原真菌几乎都属于真菌门。根据营养体、无性繁殖和有性生殖的特征，真菌门又分为 5 个亚门，即鞭毛菌亚门（Mastigomycotina）、接合菌亚门（Zygomycotina）、子囊菌亚门（Ascomycotina）、担子菌亚门（Basidiomycotina）和半知菌亚门（Deuteromycotina）。它们的主要特征如下。

鞭毛菌亚门：营养体是单细胞或没有隔膜的菌丝体，无性繁殖产生游动孢子，有性繁殖产生卵孢子或休眠孢子囊。

接合菌亚门：营养体是无隔菌丝体，无性繁殖产生孢囊孢子，有性繁殖形成接合孢子。

子囊菌亚门：营养体发达，多为有隔菌丝体，有性繁殖形成子囊孢子。

担子菌亚门：营养体为发达的有隔菌丝体，有性繁殖形成担孢子。

半知菌亚门：营养体是有隔菌丝体或单细胞，无有性繁殖阶段，但有可能进行准性生殖。无性繁殖产生各种类型的分生孢子。

进入20世纪80年代后，电子显微镜、分子生物学的发展促进了生物分类系统的理论更新。1981年，Cavaliaer-Smith首次提出了细胞生物八界分类系统，将生物分为真菌界、动物界、植物界、原始动物界、真细菌界、古细菌界、原生动物界（Protozoa）、藻物界（Chromista）。无论是五界分类系统，还是八界分类系统，都主张将真菌独立成为一个界。根据生物八界分类系统，卵菌和丝壶菌被放入藻物界，而黏菌、根肿菌被放入原生动物界。因此，1992年，Bur建议把原来隶属于真菌而目前分属于三个界的生物，称为菌物（union of fungi），把真菌界的生物称为真菌（true fungi），把隶属于藻物界的卵菌称为假真菌（pseudofungi）。

《菌物辞典》从第八版（1995）开始，接受了生物八界分类系统，将原属于鞭毛菌亚门的卵菌纲和根肿菌纲分别放入藻物界和原生动物界，成立了卵菌门和根肿菌门，真菌界分为壶菌门、接合菌门、子囊菌门和担子菌门，半知菌则归无性态真菌。

为了将旧真菌界与现在的新真菌界（也叫真真菌）区分开，过去旧真菌界称为菌物，因此菌物包括根肿菌、卵菌和真菌。

考虑到国际菌物分类系统的发展趋势，本书参考《菌物辞典》的分类系统，同时考虑到教师教学的便利和人们的习惯，仍用真菌一词替代“菌物”，采用的分类系统如下（仅列出与植物病害有关的类群）。

- 原生动物界（Protozoa）
  - 根肿菌门（Plasmodiophoromycota）
- 藻物界（Chromista）
  - 卵菌门（Oomycota）
- 真菌界（Fungi）
  - 壶菌门（Chytridiomycota）
  - 接合菌门（Zygomycota）
  - 子囊菌门（Ascomycota）
  - 担子菌门（Basidiomycota）
  - 半知菌类（fungi imperfecti）（无性态真菌）

菌物的最基本分类单位是种。若干相近的种归在一起组成属。菌物的种仍然是生物学意义上的种，与其他高等真核生物的种的含义是一致的。菌物种的建立主要以形态特征为基础，种与种之间在主要形态上应该有显著而稳定的差别。但是在菌物上划分某些寄主性菌物的种时，即使形态相似，有时也根据寄主范围的不同而分为不同的种。例如，许多锈菌和黑粉菌的种，如果不知道它们的寄主植物是很难鉴定的。有些菌物（如酵母菌等）种的建立，除形态学的依据外，还必须辅助以生物化学或其他非形态学性状。种的下面可以根据一定的形态差异分为亚种或变种。

同一个菌物的种的形态相似，但种内不同个体（菌株）之间的生理性状有时会有明显的差异，对植物病原菌物，特别表现在对不同种或品种的寄主植物的寄生专化性或致病能力有差异。因此，有些植物病原的种，可以根据对不同属的寄主植物的寄主专化性，在种的下面分为若干个专化型（forma specialis，缩写为 f. sp.）。例如，禾柄锈菌（*Puccinia graminis*）为害多种禾谷类作物，至少可分为6个专化型，为害小麦的是其中一个专化型（*P. graminis* f. sp. *tritici*）；专化型以下有的可以根据对不同品种（一般是一套鉴别寄主品种）的致病能力，即病菌与寄主抗病或感病的互作表型，分为不同的小种（race）。小种一般用编号表示，如禾柄锈菌为害小麦的专化型，已鉴定的小种数目300个以上。有些病原菌物的种下面不明显分化为专化型，但是可以分为许多小种。许多为害麦类的黑粉病菌，大都是在种以下直接分小种的。有些植物病原菌还可以根据营养体亲和性，在种的下面或专化型下面划分出营养体亲和群（vegetative compatibility group，VCG）或菌丝融合群（anastomosis group，AG）。

菌物的命名与高等动植物一样采用拉丁双名法。前一个名称是属名，后一个名称是种名。属名是名词，第一个字母要大写，种名常是形容词，第一个字母不大写。学名之后加定名人的名字（通常是姓，可以缩写），如果原学名不恰当而被更改则将原定名人的名字放在学名后的括号内，在括号后再加上更改人的名字，如小麦散黑穗病病菌的拉丁学名为 *Ustilago tritici*（Pers.）Jens.。如果在种下还分变种或专化型时，应在种名后附加相应的变种或专化型的名称，如小麦条锈病菌可写作 *Puccinia striiformis* West. f. sp. *tritici* Eriks.。生理小种多用编号来表示。

有些菌物有两个学名，如葡萄黑痘病菌有性阶段学名为 *Elsinoe ampelina*（de Bary.）Shear.，无性阶段学名为 *Sphaceloma ampelinum* de Bary.，因为该菌的有性阶段很少发现，所以常用无性阶段的学名。

（四）植物病原菌物的主要类群

1. 根肿菌门 根肿菌门又称原质菌门，营养体为原质团，生活在寄主细胞内。寄生于真菌、藻类、高等植物。寄生于维管束植物地下部时常常引起根肿（细胞膨大和组织增生）。无性繁殖产生具鞭毛的游动孢子，有性生殖形成休眠孢子囊。

根肿菌属（*Plasmodiophora*）的特征是休眠孢子游离分散在寄主细胞内，不联合形成休眠孢子堆。该属真菌都是细胞内专性寄生物，寄主范围很广。为害植物根部引起手指状或人参块状的膨大，称为根肿病，如为害十字花科植物的芸薹根肿菌（*P. brassicae*）（图 3-9 A）。

2. 卵菌门 卵菌门大多为水生，少数是两栖和陆生。营养体发达、菌丝没有隔膜，细胞壁的主要成分为纤维素。无性繁殖形成游动孢子囊，其中产生多个双鞭毛的游动孢子；有性生殖产生卵孢子。与植物病害关系密切的类群如下。

1）腐霉属（*Pythium*）和疫霉属（*Phytophthora*） 孢子囊在孢囊梗上形成，产生游动孢子。有性繁殖在藏卵器内形成1个卵孢子。两个属的主要区别是：前者孢囊梗丝状，成熟后一般不脱落，萌发时产生泡囊，原生质转入泡囊内形成游动孢子；后者孢囊梗分化由不显著至显著，孢子囊成熟后脱落，萌发时不形成泡囊，在孢子囊内产生游动孢子或直接萌发长出芽管。腐霉菌多生于潮湿肥沃的土壤中，如引起多种植物幼苗根腐病、猝倒病及瓜果腐烂病的瓜果腐霉（*P. aphanidermatum*）（图 3-9 B）等。疫霉菌的寄生性较强，多为两栖生或陆生。重要的病原菌有马铃薯致病疫霉（*P. infestans*）（图 3-9 C）、黄瓜疫病菌（*P. melonis*）、辣椒疫病菌（*P. capsici*）和芍药（牡丹）疫病菌（*P. cactorum*）等。

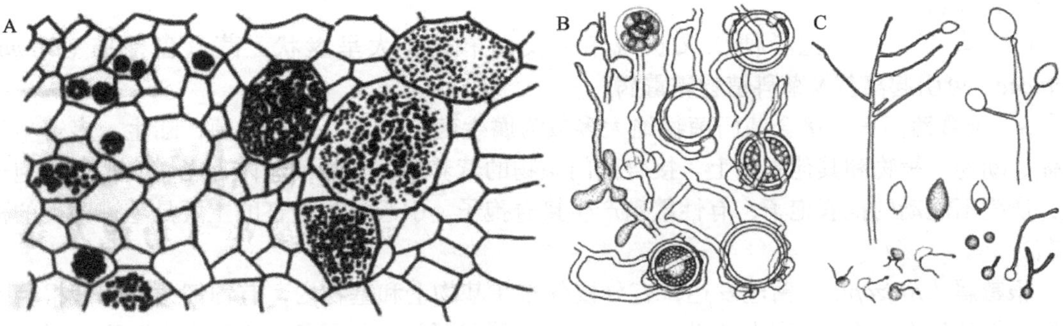

图 3-9 芸薹根肿菌（A，引自许志刚，2016）、瓜果腐霉（B，引自许志刚，2009）和马铃薯致病疫霉（C，引自李怀芳，2001）

2）霜霉菌类 霜霉菌是高等的卵菌，寄生于植物的地上部幼嫩绿色组织，可侵染叶、茎和果等。菌丝蔓延在寄主细胞间，以吸器伸入寄主细胞内吸收养分。孢囊梗有限生长，孢囊梗的分枝特点及其尖端的形态是分属的重要依据。孢子囊在孢囊梗上形成，孢子囊呈卵圆形，顶端有或无乳头状突起，萌发时产生游动孢子或直接产生芽管。有性繁殖在藏卵器内形成 1 个卵孢子。霜霉菌主要包括霜霉属（*Peronospora*）（图 3-10 A）、假霜霉属（*Pseudoperonospora*）（图 3-10 B）、指梗霉属（*Sclerospora*）（图 3-10 C）和单轴霉属（*Plasmopara*）（图 3-10 D）等。引起的病害病征明显，病部表面产生大量霜霉状物，即霜霉菌的孢囊梗和孢子囊，由此所致病害称为霜霉病。引起重要植物病害的霜霉菌类有十字花科植物霜霉病菌（*Peronospora parasitica*）、瓜类霜霉病菌（*Pseudoperonospora cubensis*）、谷子白发病菌（*Sclerospora graminicola*）和葡萄霜霉病菌（*Plasmopara viticola*）等。

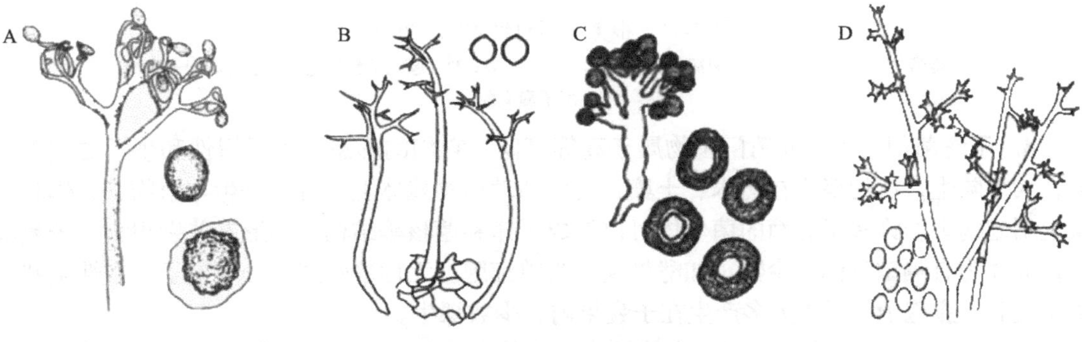

图 3-10 霜霉类菌物重要的属

A. 霜霉属（引自许志刚，2016）；B. 假霜霉属（引自陆家云，2004）；C. 指梗霉属（引自许志刚，2009）；D. 单轴霉属（引自许志刚，2016）

（1）霜霉属。孢囊梗二叉状锐角分支，末端尖锐，寄生霜霉（*P. parasitica*）可引起十字花科霜霉病。

（2）假霜霉属。孢囊梗主干单轴分支，然后做 2～3 回不完全对称的二叉状锐角分支，末端尖细。古巴假霜霉［瓜类霜霉病菌（*P. cubensis*）］可引起瓜类霜霉病。

（3）指梗霉属。孢囊梗主轴粗短，顶端二叉状分支；藏卵器壁与卵孢子壁愈合。禾生指梗霉（谷子白发病菌）引起谷子、狗尾草等白发病。

（4）单轴霉属。孢囊梗单轴直角分支，末端平钝。葡萄生单轴霉（葡萄霜霉病菌）可引起葡萄霜霉病。

（5）盘梗霉属。孢囊梗二叉状锐角分支，末端膨大呈盘状。莴苣盘梗霉（*Bremia lactucae*）可引起莴苣及菊科植物霜霉病。

3. 接合菌门 接合菌门菌物绝大多数为腐生菌，少数为弱寄生菌，陆生。多寄生于人体、动物、植物和其他真菌上。接合菌门菌物的营养体为无隔菌丝体，无性繁殖形成孢子囊，产生不能动的孢囊孢子，有性繁殖产生接合孢子。引起植物病害的主要是毛霉菌类的根霉菌。

根霉属（*Rhizopus*）菌丝发达，有分枝分布在基物上和基物内，有匍匐菌丝和假根。孢囊梗从匍匐丝上生出，与假根对生，顶端产生球形孢子囊，孢子囊内产生大量孢囊孢子。有性繁殖产生球形接合孢子，表面有瘤状突起（图 3-11）。主要在成熟期和贮藏期引起果、薯的软腐病和瓜类花腐病等，如桃软腐病菌（*R. stolonifer*）、南瓜软腐病菌（*R. nigricans*）和甘薯软腐病菌（*R. stolonifer*）等。

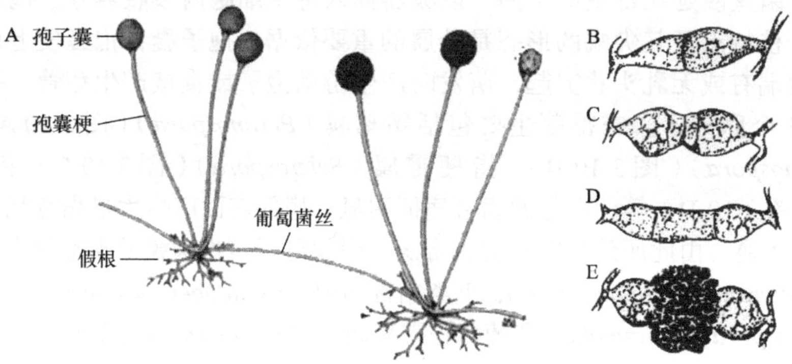

图 3-11 根霉（引自许志刚，2016）

A. 孢囊梗、孢子囊、假根和匍匐菌丝；B，C. 原配子囊；D. 原配子囊分化为配子囊和配子囊柄；E. 配子囊交配

4. 子囊菌门 子囊菌门菌物属于高等真菌，它们的形态、生活习性和生活史差别很大，大多陆生，有的腐生在朽木、土壤、粪肥和动植物残体上，有的寄生在植物、人体和牲畜上引起病害。许多子囊菌的菌丝体可以形成子座和菌核等结构，其形态差别很大。子囊菌的营养体为有隔菌丝体，少数（如酵母菌）为单细胞。无性繁殖产生分生孢子。有性生殖产生子囊和子囊孢子。子囊大多产生在子囊果内，少数裸生。

1）白粉菌类 白粉菌都是高等植物的活体寄生物，寄生于植物的叶片、嫩梢、花芽及果实等部位。由于菌丝体与分生孢子梗及分生孢子在寄主表面形成白粉状的病征，因此这类病原引起的植物病害统称为白粉病。病菌菌丝体表生，以吸器伸入表皮细胞中吸取养料。无性阶段由菌丝分化成直立的分生孢子梗，顶端串生分生孢子。有性生殖产生的子囊果为球状、无孔口的闭囊壳，内生 1 个或多个规律排列的子囊，闭囊壳外部有不同形状的附属丝。闭囊壳内的子囊数目及外部附属丝的形态是其分属的依据。白粉菌主要包括叉丝壳属（*Microsphaera*）、球针壳属（*Phyllactinia*）、白粉菌属（*Erysiphe*）、布氏白粉属（*Blumeria*）、钩丝壳属（*Uncinula*）、单丝壳属（*Sphaerotheca*）和叉丝单囊壳属（*Podosphaera*）等。引起重要植物病害的白粉菌类有禾谷类作物白粉病菌、瓜类白粉病菌、苹果白粉病菌、板栗白粉病菌、核桃白粉病菌和葡萄白粉病菌等。

（1）叉丝壳属。附属丝刚直，顶端多轮二叉状分枝，闭囊壳内子囊多个。山田叉丝壳（*M. yamadai*）引起核桃、丁香、榛树、栗树等白粉病（图 3-12 A）。

（2）球针壳属。附属丝球针状，基部半球形。闭囊壳内子囊多个。榛球针壳（*P. corylea*）引起梨树、桑里、柿树等白粉病（图 3-12 B）。

（3）白粉菌属。附属丝菌丝状，闭囊壳内含多个子囊。二孢白粉菌（*E. cichoracearum*）引起烟草、芝麻、向日葵、瓜类等白粉病。

（4）布氏白粉属。附属丝不发达，短菌丝状或退化，闭囊壳内含多个子囊。分生孢子梗基部膨大。禾布氏白粉菌（*B. graminis*）引起禾本科植物白粉病（图 3-12 C）。

（5）钩丝壳属。附属丝顶端卷曲呈钩状，闭囊壳内子囊多个。葡萄钩丝壳（*U. necator*）引起葡萄白粉病（图 3-12 D）。

（6）单丝壳属。附属丝菌丝状，闭囊壳内一个子囊。单丝壳（*S. fuliginea*）引起瓜类、豆类等多种植物白粉病（图 3-12 E）。

（7）叉丝单囊壳属。附属丝刚直，顶端多轮二叉状分枝，闭囊壳内仅有一个子囊。白叉丝单囊壳（*P. leucotricha*）引起苹果、桃树和山楂白粉病（图 3-12 F）。

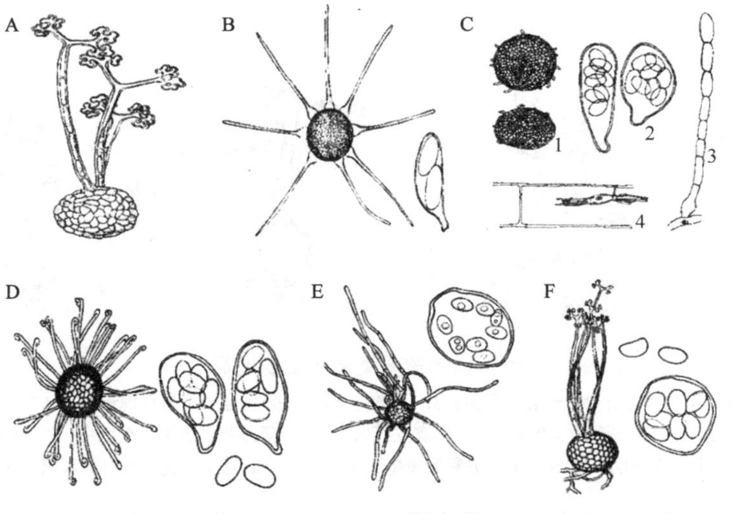

图 3-12　白粉菌类菌物重要的属

A．叉丝壳属闭囊壳（引自李怀芳，2001）。B．球针壳属闭囊壳及子囊（引自许志刚，2009）。C．布氏白粉属。1．闭囊壳；2．子囊和子囊孢子；3．分生孢子梗和分生孢子；4．吸器（引自陆家云，2004）。D．钩丝壳属闭囊壳、子囊及子囊孢子。E．单丝壳属闭囊壳及子囊（引自许志刚，2016）。F．叉丝单囊壳属闭囊壳、子囊壳及子囊孢子（引自许志刚，2016）

2）核菌类　该类菌物所包括的种类较多，形态变化较大，其共同特征是子囊着生在具有孔口的子囊壳内，子囊壳散生或聚生，着生在基质表面，或半埋于寄主组织中，或埋生于子座内。子囊成束或成排地着生在子囊壳的基部。子囊内一般含有 8 个子囊孢子。子囊孢子单胞、双胞或多胞，有色或无色。子囊间大多有侧丝，也有很早就消解或没有侧丝的。无性阶段非常发达，产生大量的分生孢子，病害的发生和流行主要靠作物生长季节中无性孢子多次再侵染。引起植物病害的重要属有长喙壳属（*Ceratocystis*）、小丛壳属（*Glomerella*）、黑腐皮壳属（*Valsa*）、赤霉属（*Gibberella*）和顶囊壳属（*Gaeumannomyces*）等。

（1）长喙壳属。子囊壳具球形的基部和细长的颈，子囊近球形或圆形，不规则地散生在子囊壳内。子囊壁早期消解，子囊孢子小，单胞、无色，多椭圆形、帽形和蚕豆形等。引起重要病害的有甘薯黑斑病菌（*C. fimbriata*）等（图 3-13 A）。

（2）小丛壳属。子囊壳小、壁薄，多埋生于子座内，无侧丝。子囊棍棒形，子囊孢子单胞、无色、椭圆形。引起重要植物病害的有葡萄炭疽病菌（*G. cingulata*）和菜豆炭疽病菌（*G. lindemuthianum*）等（图 3-13 B）。

（3）黑腐皮壳属。子囊壳具长颈，成群地埋生于寄主组织中的子座基部。子囊孢子单胞、无色、腊肠形。主要侵染木本植物的皮层，引起树皮腐烂，如苹果树腐烂病菌（*V. mali*）和梨树腐烂病菌（*V.ambiens*）等（图 3-13 C）。

（4）赤霉属。子囊壳单生或群生于子座上，子囊壳壁蓝色或紫色，子囊孢子有 2～3 个隔膜、梭形、无色，如寄生于麦类、玉米等多种禾本科植物的赤霉病菌（*G. zeae*）和水稻恶苗病菌（*G. fuijikuroi*）等（图 3-13 D）。

（5）顶囊壳属。子囊壳壁厚、色深，埋生于寄主组织中或突出单生或群生。子囊孢子线形，多分隔。多寄生于水稻、小麦、大麦等，引起禾谷类作物全蚀病，如小麦全蚀病菌（*G. graminis*）。

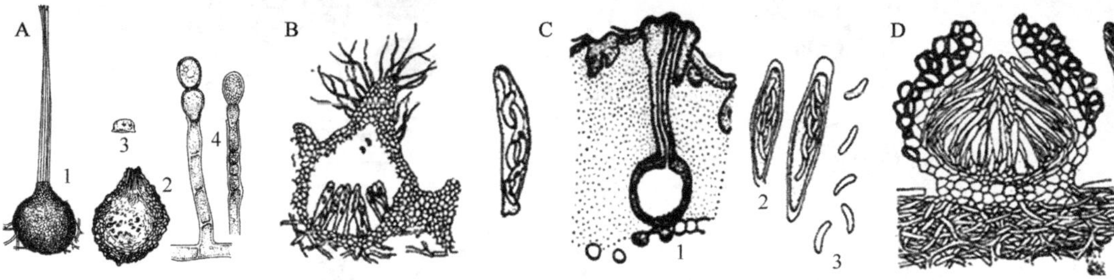

图 3-13 核菌类菌物重要的属

A. 长喙壳属。1. 子囊壳；2. 子囊壳剖面；3. 子囊孢子；4. 分生孢子（引自魏景超，1979）。B. 小丛壳属子囊壳及子囊（引自陆家云，2004）。C. 黑腐皮壳属。1. 子囊壳着生于子座组织中；2. 子囊；3. 子囊孢子（引自许志刚，2009）。D. 赤霉属单生于子座上的子囊壳及子囊（引自徐洪福，2005）

3）腔菌类　该类菌物的子囊果为子囊座，即子囊着生在子座消解形成的腔中。子囊间无真正的侧丝，有的子囊间有子座消解形成的丝状残余物即拟侧丝。许多单个子囊散生在子座组织中，或成束地成排生在子座的子囊腔内。子囊具有双层壁。子囊孢子多为双细胞，或有纵横隔膜，仅有少数子囊孢子是单细胞。子囊在子囊腔内的排列情况及有无拟侧丝，是分类的重要依据。腔菌的无性阶段形成各种形状的分生孢子，并主要以该阶段侵染植物引起病害。大都为害植物的叶片，有的也能为害枝条和果实。引起植物病害的重要属有黑星菌属（*Venturia*）、痂囊腔菌属（*Elsinoe*）、球座菌属（*Guignardia*）等。

（1）黑星菌属。假囊壳大多在病残组织的表皮下形成，孔口周围有少数黑色、多隔的刚毛。子囊棍棒形，平行排列，其间有拟侧丝，易消解。子囊孢子椭圆形、双胞、大小不等，无色或淡黄褐色。主要为害果树和林木的叶片、枝条和果实。引起的植物病害常称为黑星病，如苹果黑星病菌（*V. inaequalis*）等（图 3-14 A）。

（2）痂囊腔菌属。每个子囊腔中只有 1 个球形的子囊。子囊孢子大多长圆筒形、无色，有 3 个横隔。主要侵染寄主的表皮组织引起细胞增生和组织木栓化，使病斑表面粗糙或突起，所引起的病害多称为疮痂病，如葡萄黑痘病菌（*E. ampelina*）等（图 3-14 B）。

（3）球座菌属。子囊座球形或亚球形，暗色，子囊座顶端有孔口，无喙，子囊棍棒形，束生，子囊间无侧丝，子囊孢子单胞、无色、椭圆形。大都侵染寄主植物的茎、叶和果实，引起干腐和果实腐烂，如引起葡萄房枯病的浆果球座菌（*G. baccae*）和引起葡萄黑腐病与白腐病的葡萄球座菌（*G. bidwellii*）等（图 3-14 C）。

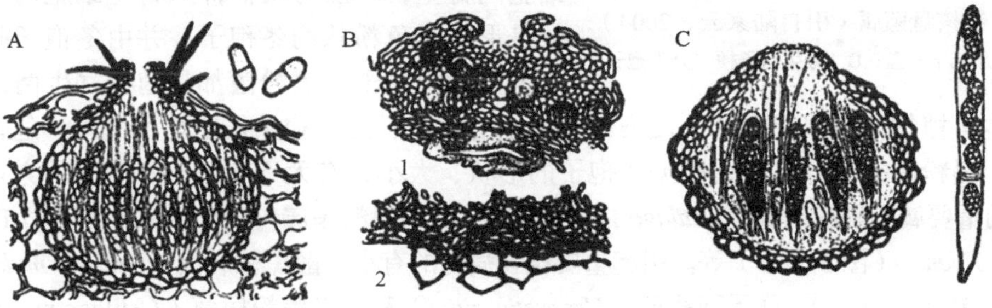

图 3-14　腔菌类菌物重要的属

A. 黑星菌属子囊腔及子囊孢子（引自徐洪福，2005）。B. 痂囊腔菌属。1. 子囊果剖面；2. 分生孢子盘（引自许志刚，2009）。C. 球座菌属子囊腔及子囊（引自谢联辉，2013）

4）盘菌类　该类菌物的子囊果为子囊盘。子囊盘多呈盘状或杯状，有或无柄，内生子囊，许多排列整齐的子囊与不育的侧丝组成子实层（hymenium）。子囊盘的大小、色泽、结构及子囊孢子的形态差异很大。无性阶段不及子囊菌发达，多不产生分生孢子。多为腐生菌，少数寄生于植物引起病害。重要类群有核盘菌属（*Sclerotinia*）和链核盘菌属（*Monilinia*）等。

（1）核盘菌属。菌丝体多在病株表面或腔隙内形成球形或鼠粪状的菌核。菌核萌发产生具长柄的褐色子囊盘。子囊与侧丝平行排列于子囊盘的开口处，形成子实层。子囊棍棒状，子囊孢子椭圆形或纺锤形，为无色单细胞，如十字花科蔬菜菌核病菌（*S. sclerotiorum*）等（图 3-15）。

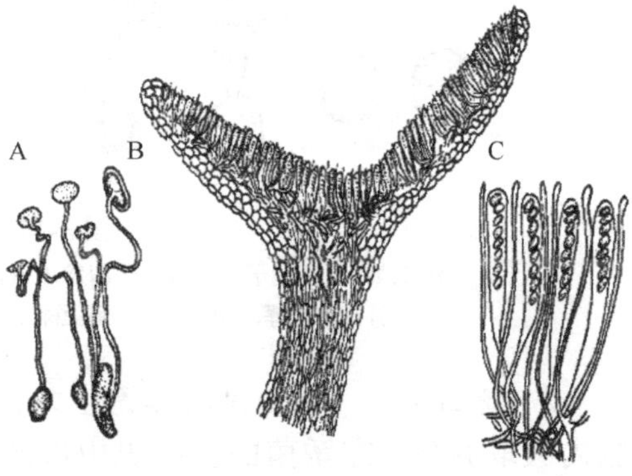

图 3-15　核盘菌属（引自韩召军，2001）

A. 菌核萌发形成子囊盘；B. 子囊盘；C. 子囊及侧丝

（2）链核盘菌属。子囊盘呈盘形或漏斗形，由假菌核上产生。子囊圆筒形，子囊有侧丝。子囊孢子单胞、无色、椭圆形，如引起桃、梨和苹果等核果褐腐病的核果链核盘菌（*M. laxa*）（图 3-16）。

5. 担子菌门　担子菌门菌物是最高等的真菌类群，种类较多，寄生或腐生，其中包括可供人类食用和药用的真菌，如平菇、香菇、木耳、银耳、竹荪、猴头、灵芝和茯苓等。担子菌的主要特点是菌丝发达，有隔膜，营养菌丝的细胞一般双核，故称双核菌丝体。双核

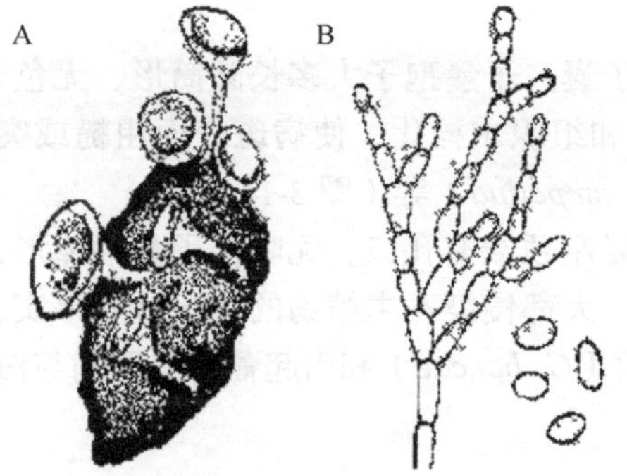

图 3-16 链核盘菌属（引自陆家云，2004）
A. 菌核发形成子囊盘；B. 分生孢子梗与分生孢子

菌丝体可以形成菌核、菌索和担子果（basidiocarp）等结构。除某些锈菌和黑粉菌外，大多数担子菌不形成无性孢子，而是由双核菌丝体的细胞直接产生担子和担孢子。高等担子菌的担子上着生4个小梗，每个小梗上着生1个担孢子。担子散生或聚生在担子果上（如蘑菇、木耳等）。引起植物病害的主要有黑粉菌类、锈菌类和层菌类。

1）黑粉菌类　黑粉菌以双核菌丝在寄主的细胞间寄生，一般有吸器伸入寄主细胞内。典型特征是形成黑色粉状的冬孢子，并由冬孢子萌发形成先菌丝和担孢子。黑粉菌都是植物寄生菌，主要寄生于禾本科植物，多引起全株性侵染，在寄主的花期、苗期和生长期均可侵入，危害部位产生黑粉。黑粉菌类的分属主要根据冬孢子的形状、大小、有无不孕细胞和萌发的方式等。为害植物的重要属有黑粉菌属（*Ustilago*）（图 3-17 A）、条黑粉菌属（*Urocystis*）（图 3-17 B）、腥黑粉菌属（*Tilletia*）（图 3-17 C）等。引起重要植物病害的有小麦散黑穗病菌（*Ustilago nuda*）、腥黑穗病菌（*Tilletia caries*）、秆黑穗病菌（*Urocystis tritici*）和玉米黑粉病菌（*Ustilago maydis*）等。

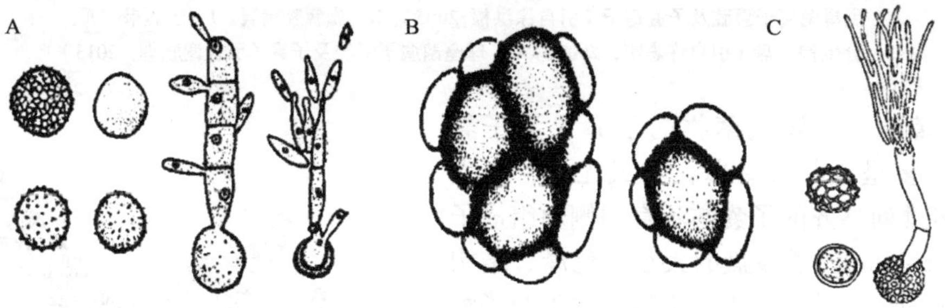

图 3-17 黑粉菌类重要的属
A. 黑粉菌属厚垣孢子及厚垣孢子萌发（引自徐洪富，2003）；B. 条黑粉菌属厚垣孢子集结的孢子球（引自谢联辉，2013）；C. 腥黑粉菌属厚垣孢子及厚垣孢子萌发（引自许志刚，2009）

2）锈菌类　锈菌是活体寄生菌，菌丝在寄主细胞间隙中扩展，以吸器伸入寄主细胞内吸取养分。在锈菌的生活史中可产生多种类型的孢子，如性孢子（pycniospore）、锈孢子（aeciospore）、夏孢子（urediospore）、冬孢子（teliospore）和担孢子（basidiospore）等。锈菌主要以冬孢子越冬休眠，冬孢子萌发产生的担孢子，是病害的初侵染源，锈孢子和夏孢子是再侵染源。冬孢子在形态上变化很大，是锈菌分类的主要依据。有些锈菌有转主寄生现象。由锈菌引起的植物病害，多在病部可见铁锈状物（孢子堆）。锈菌侵染叶片时，一般产生黄色斑点；侵染枝梢时，可引起肿瘤症状。与植物病害有关的重要属有柄锈菌属（*Puccinia*）、单胞锈菌属（*Uromyces*）、层锈菌属（*Phakopsora*）、多胞锈菌属（*Phragmidium*）和胶锈菌属（*Gymnosporangium*）等。

（1）柄锈菌属。冬孢子有柄、双细胞、深褐色、单主或转主寄生，性孢子器球形，锈孢子器杯状或筒状，锈孢子单细胞、球形或椭圆形，夏孢子黄褐色、单细胞、近球形，壁上有小刺、单生、有柄。引起重要病害的有小麦条锈病菌（*P. striiformis* f. sp. *tritici*）、叶锈病菌（*P. recondita* f. sp. *tritici*）、秆锈病菌（*P. graminis*）和葱类锈病菌（*P. allii*）等（图 3-18 A）。

（2）单胞锈菌属。冬孢子单细胞、有柄、顶端较厚，夏孢子单细胞、有刺或瘤状突起。引起主要植物病害的有菜豆锈病菌（*U. appendiculatus*）、豇豆锈病菌（*U. vignae*）和蚕豆锈病菌（*U. fabea*）等（图 3-18 B）。

（3）层锈菌属。冬孢子无柄、椭圆形、单细胞，在寄主表皮下排列成数层，夏孢子表面有刺。引起重要病害的有枣树锈病菌（*P. ziziphivulgaris*）、葡萄锈病菌（*P. ampelopsides*）等（图 3-18 C）。

（4）多胞锈菌属。冬孢子 3 至多个细胞，壁厚，表面光滑或有瘤状突起。引起主要病害的有玫瑰多胞锈病菌（*P. mueronatum*）、月季多胞锈病菌（*P. rosae-multiflorae*）等（图 3-18 D）。

（5）胶锈菌属。冬孢子双细胞、具长柄、柄无色、遇水膨胀易胶化；冬孢子堆舌状或垫状，遇水常胶化膨大，近黄色至深褐色；锈孢子器长管状，锈孢子串生（图 3-18 E）、近球形、黄褐色，壁表面有小的疣状突起。引起重要植物病害的有苹果锈病菌（*G. yamadai*）、梨锈病菌（*G. haraeanum*）等。

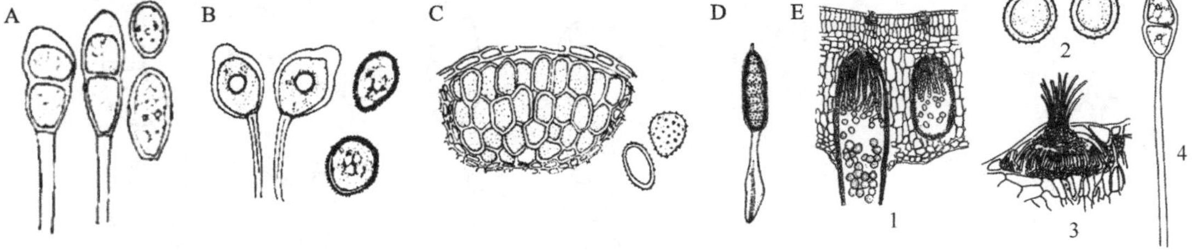

图 3-18 锈菌类重要的属

A. 柄锈菌属冬孢子（左）及夏孢子（右）（引自许志刚，2009）。B. 单胞锈菌属冬孢子（左）及夏孢子（右）。C. 层锈菌属冬孢子堆（左）及夏孢子（右）（引自魏景超，1979）。D. 多胞锈菌属冬孢子（引自陆家云，2004）。E. 胶锈菌属。1. 锈孢子器；2. 锈孢子；3. 性孢子器；4. 冬孢子（引自徐洪福，2005）

3）*层菌类*　层菌一般有发达的担子果，大多腐生，少数为植物病原菌。担子在担子果上整齐地排列成子实层，担子有隔或无隔，一般外生 4 个担孢子。层菌通常只产生有性孢子即担孢子，很少产生无性孢子。病害主要通过土壤中的菌核、菌丝或菌索进行传播和蔓延。层菌一般都是弱寄生菌，经伤口侵入植株根部或枝干的维管束，主要破坏木质部，引起根腐或木腐。常见的引起重要病害的有苹果紫纹羽病菌（*Helicobasidium mompa*）、桃木腐病菌（*Fomes fulvus*）等。

6. 半知菌类　自然界中有许多真菌只有无性阶段或有性阶段尚未发现，因而人们把这类真菌归为半知菌类，但事实上有些子囊菌和少数担子菌，即使发现了有性阶段，也将其无性阶段归入半知菌，原因是这些真菌的有性阶段在自然条件下很难发现，或在植物病害发生发展过程中无性阶段起重要作用。一般半知菌与子囊菌的关系较为密切。半知菌的主要特征是营养体为分枝繁茂的有隔菌丝体，有些种类的菌丝体可形成子座或菌核，无性繁殖产生各种类型的分生孢子。无性繁殖方式是从菌丝体上形成分化程度不同的分生孢子梗，梗上产生分生孢子。有的分生孢子梗散生、束生或着生在分生孢子座（sporodochium）上，有的分生孢子梗着生在近球形、具孔口的分生孢子器（pycnidium）内或盘状的分生孢子盘（acervulus）上（图 3-19）。

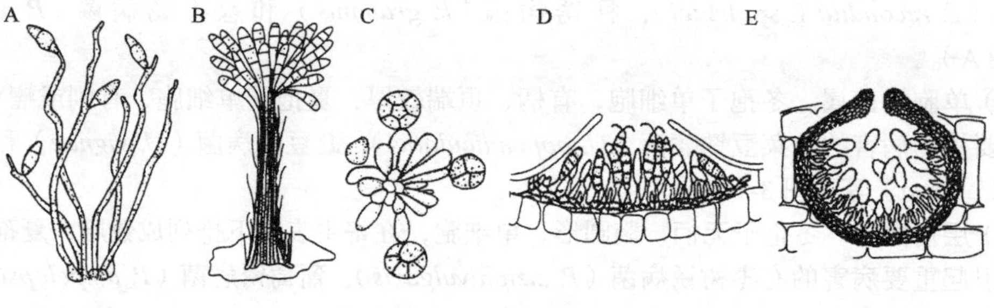

图 3-19 半知菌的载孢体类型（引自许志刚，2009；谢联辉，2012）

A. 分生孢子梗；B. 分生孢子梗束；C. 分生孢子座；D. 分生孢子盘；E. 分生孢子器

半知菌的种类繁多，分布广泛，有些是腐生菌，有些是重要的工业真菌和医药真菌，有的寄生于动、植物而引起多种疾病。植物发病后多表现为局部性坏死，常见的症状有种子和果实霉烂、叶斑、炭疽和疮痂、枝干溃疡、根部腐烂及植株萎蔫等。分类主要依据分生孢子梗着生的方式、分生孢子的主要产生方式（图 3-20 A）和分生孢子的形态类型等（图 3-20 B）。

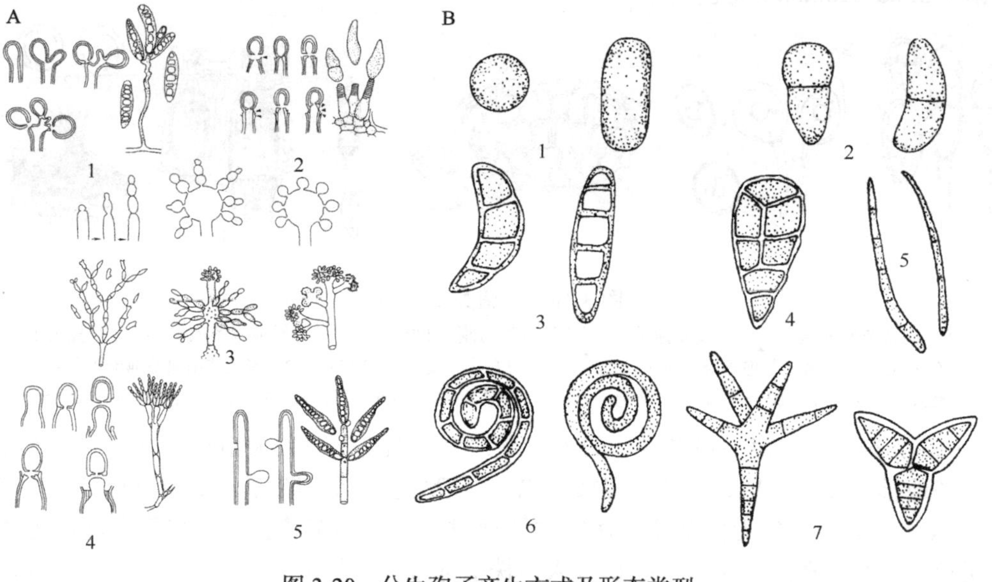

图 3-20 分生孢子产生方式及形态类型

A. 芽殖型分生孢子的主要产生方式。1. 合轴型；2. 环痕型；3. 芽生型；4. 瓶颈型；5. 孔生型（引自陆家云，2004）。B. 分生孢子形态类型。1. 单胞孢子；2. 双胞孢子；3. 多胞孢子；4. 砖隔孢子；5. 线性孢子；6. 螺旋孢子；7. 星状孢子（引自方中达，1998）

1）丝孢菌类　分生孢子着生在散生的分生孢子梗上，也可着生在孢梗束或分生孢子座上。分生孢子有色或无色，单胞或多胞。引起植物病害的重要类群有轮枝孢属（*Verticilium*）、葡萄孢属（*Botrytis*）、梨孢属（*Pyricularia*）、尾孢属（*Cercospora*）、链格孢属（*Alternaria*）、内脐蠕孢属（*Drechslera*）、突脐蠕孢属（*Exserohilum*）和平脐蠕孢属（*Bipolaris*）等。

（1）轮枝孢属。分生孢子梗直立、纤细有分枝，部分分枝呈轮枝状。分生孢子卵圆形至椭圆形、无色、单胞、单生或丛生。引起植物病害的有棉花黄萎病菌（*V. alboatrum*，*V. dahliae*）、茄子黄萎病菌（*V. dahliae*）等。

（2）葡萄孢属。分生孢子梗细长、灰褐色、有分枝，分枝顶端常明显膨大呈球形，丛生聚集成葡萄穗状分生孢子。分生孢子卵圆形，单胞，无色或灰色。菌核不规则，黑色。*B. cinerea* 可导致番茄、辣椒、瓜类、菜豆、葡萄、桃、梨、秋海棠等植物产生灰霉病等。

（3）梨孢属。分生孢子梗无色、细长、不分枝，呈屈膝状。分生孢子梨形至椭圆形，2 或 3 个细胞。引起重要植物病害的有稻瘟病菌（*P. oryzae*）。

（4）尾孢属。分生孢子梗黑褐色，丛生于子座组织上，不分枝，直或弯曲，有时呈屈膝状，顶端着生分生孢子。分生孢子单生，无色或深色，线形或蠕虫形，直或微弯，多胞。引起重要植物病害的有花生褐斑病菌（*C. arachidicola*）、柿角斑病菌（*C. kaki*）和瓜类白斑病菌（*C. citrullina*）等。

（5）链格孢属。分生孢子梗淡褐色至褐色、不分枝，弯曲或成屈膝状。分生孢子单生或串生，褐色，卵圆形或倒棍棒形，有纵横隔膜，顶端常具喙状细胞。引起重要植物病害的有苹果斑点落叶病菌（*A. alternata* f. sp. *mali*）、梨黑斑病菌（*A. kikuchiana*）、白菜黑斑病菌（*A. brassicae*）和番茄早疫病菌（*A. solani*）等。

（6）内脐蠕孢属。分生孢子梗圆柱状，顶部合轴式延伸。分生孢子芽生型、圆筒状、多细胞、深褐色、脐点腔孔状，凹陷于基细胞内。分生孢子的第 1 个隔膜分隔出基细胞。引起植物病害的有大麦条斑病菌（*D. graminea*）和大麦网斑病菌（*D. teres*）等。

（7）突脐蠕孢属。分生孢子梗形态与产胞方式与内脐蠕孢属相似。分生孢子梭形至圆筒形或倒棍棒形，直或弯曲，深褐色，脐点显著突出。分生孢子的第 1 个隔膜出现在孢子的亚中部。引起重要植物病害的为玉米大斑病菌（*E. turcicum*）。

（8）平脐蠕孢属。分生孢子梗形态和产胞方式与内脐蠕孢属相似。分生孢子的第一个隔膜出现在孢子中部至亚中部。引起植物病害的有玉米小斑病菌（*B. maydis*）、水稻胡麻叶斑病菌（*B. oryzae*）等。

2）瘤座孢菌类　分生孢子梗着生在垫状的菌丝结构（分生孢子座）上。分生孢子梗短，分生孢子座的颜色、质地因菌类不同而异。引起病害的重要属为镰孢霉属（*Fusarium*）。

镰孢霉属分生孢子梗聚集成垫状的分生孢子座，分生孢子梗形状大小不一。大型分生孢子多胞、无色、镰刀形。小型分生孢子单胞、无色、椭圆形（图 3-21）。引起主要植物病害的有棉花枯萎病菌（*F. oxysporum* f. sp. *vasinfectum*）、小麦赤霉病菌（*F. graminearum*）、西瓜枯萎病菌（*F. oxysporum* f. sp. *niveum*）、番茄枯萎病菌（*F. oxysporum* f. sp. *lycopersici*）、香石竹和大丽菊枯萎病菌（*F. sambucinum* var. *coeruleum*）等。

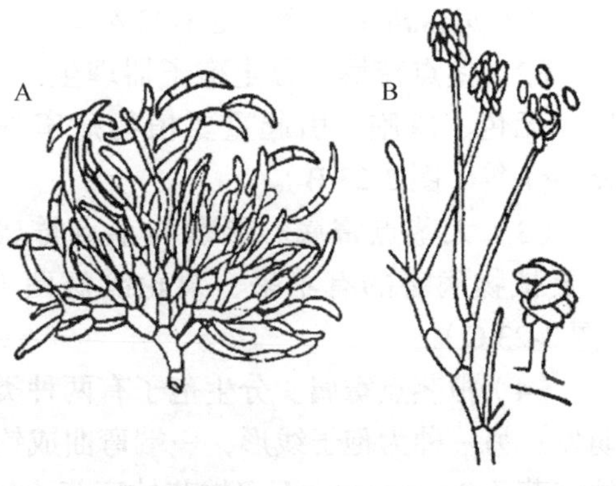

图 3-21　镰孢霉属（引自谢联辉，2012）
A．分生孢子梗及大型分生孢子；B．小型分生孢子着生状

3）黑盘孢菌类　分生孢子梗通常单细胞，很短，集生在分生孢子盘上，其上着生分生孢子。有的分生孢子盘，在分生孢子梗中间有暗色坚硬的刚毛。许多孢子群集在盘上时，常呈白色、乳白色、粉红色、橙色或黑色。黑盘孢菌可引起多种植物病害，造成枝枯、炭疽和疮痂等症状。与植物病害关系密切的属有炭疽菌属（*Colletotrichum*）、痂圆孢属

（*Sphaceloma*）、盘二孢属（*Marssonina*）等。

（1）炭疽菌属。分生孢子盘生于寄主表皮下，有时生有褐色、具分隔的刚毛。分生孢子梗无色至褐色，短而不分枝，分生孢子无色、单胞长椭圆形或新月形，如胶孢炭疽菌（*C. gloeosporioides*）可引起苹果、梨、葡萄、黄瓜、辣椒及茄子等多种植物的炭疽病（图 3-22 A）。

（2）痂圆孢属。分生孢子梗短、不分枝，紧密排列在分生孢子盘上。分生孢子较小，单胞、无色，椭圆形。引起重要植物病害的有葡萄黑痘病菌（*S. ampelinum*）、大豆疮痂病菌（*S. glycines*）等（图 3-22 B）。

（3）盘二孢属。分生孢子盘极小，生于寄主角质层下。分生孢子卵圆形或椭圆形，无色，双细胞大小不等，分隔处缢缩。引起主要植物病害的有苹果褐斑病菌（*M. coronaria*）、核桃褐斑病菌（*M. juglandis*）、杨树黑斑病菌（*M. populi*，*M. Populicola*）等（图 3-22 C）。

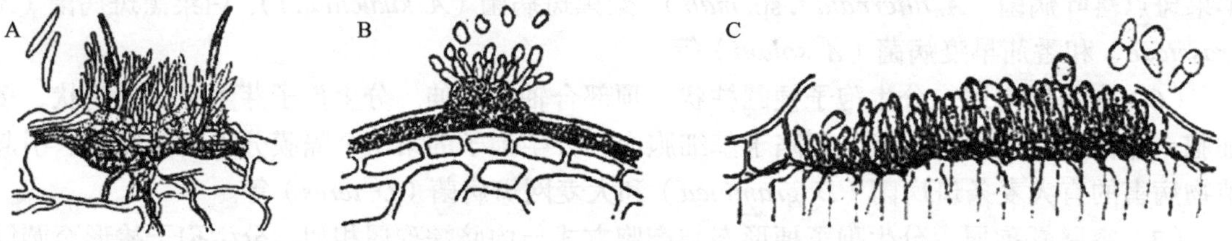

图 3-22　黑盘孢菌类重要的属

A．炭疽菌属分生孢子盘及分生孢子（引自方中达，1998）；B．痂圆孢属分生孢子盘及分生孢子（引自徐洪福，2005）；C．盘二孢属分生孢子盘及分生孢子（引自许志刚，2009）

4）球壳孢菌类　分生孢子梗着生在分生孢子器中，分生孢子器由拟薄壁细胞组成，形态多种多样，多数呈球形、瓶形，器壁颜色较深，质地较硬。分生孢子梗自孢子器内壁细胞上生出，通常极短、不分枝。多寄生于叶片上，也可侵染茎秆、枝条和果实，引起叶斑、溃疡和腐烂等症状。重要的病原类群有叶点霉属（*Phyllosticta*）、茎点霉属（*Phoma*）、大茎点霉属（*Macrophoma*）、拟茎点霉属（*Phomopsis*）、壳囊孢属（*Cytospora*）和壳针孢属（*Septoria*）等。

（1）叶点霉属。分生孢子器埋生，有孔口。分生孢子梗短，分生孢子小，单胞、无色，近卵圆形。主要寄生于植物的叶部，引起枯斑，如棉花褐斑病菌（*P. gossypina*）和辣椒灰星病菌（*P. physaleos*）等（图 3-23 A）。

（2）茎点霉属。分生孢子器埋生或半埋生。分生孢子梗短，不分枝。分生孢子小，卵形、无色、单胞。引起重要植物病害的有甘蓝黑胫病菌（*P. lingam*）、甜菜蛇眼病菌（*P. betae*）等（图 3-23 B）。

（3）大茎点霉属。形态与茎点霉属相似，但分生孢子较大，一般超过 15 μm。引起主要植物病害的有苹果、梨轮纹病菌（*M. kawatsukai*）和葡萄房枯病菌（*M. faocida*）等（图 3-23 C）。

（4）拟茎点霉属。分生孢子有两种类型：一种为常见的孢子，卵圆形，单胞、无色，能萌发；另一种为孢子线形，一端弯曲成钩状，单胞无色，不能萌发。引起植物病害的有茄褐纹病菌（*P. vexans*）、石刁柏茎枯病菌（*P. asparagi*）等（图 3-23 D）。

（5）壳囊孢属。分生孢子器形状不规则，产生于子座内，分为数室，有 1 个共同的长喙状孔口。分生孢子梗无色，分枝或不分枝。分生孢子单细胞，无色、腊肠形。主要为害树木，引起树皮腐烂，如苹果树腐烂病菌（*C. mandshurica*）、杨树烂皮病菌（*C. chrysosperma*）等（图 3-23 E）。

（6）壳针孢属。分生孢子器黑色，圆形或扁圆形。分生孢子梗短，不分枝。分生孢子细长筒形、针形或线形，直或弯曲，一端较细，有数个分隔，无色。引起主要病害的有芹菜斑枯病菌（*S. apii*）、小麦叶枯病菌（*S. tritici*）等（图 3-23 F）。

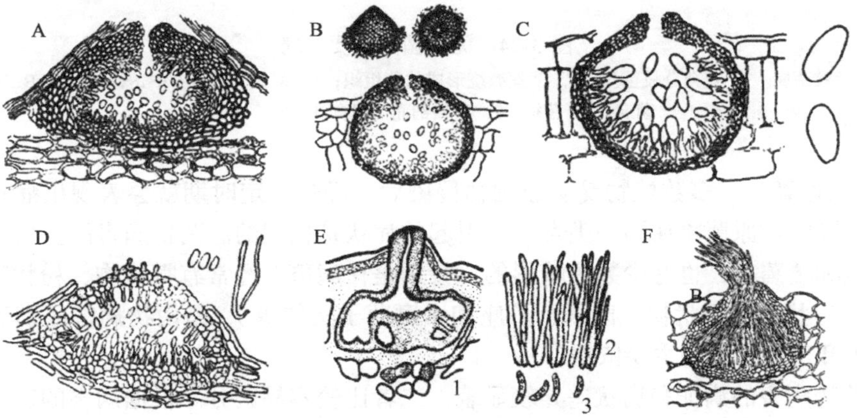

图 3-23　球壳孢菌类重要的属

A. 叶点霉属分生孢子器（引自陆家云，2004）。B. 茎点霉属分生孢子器及其剖面（引自方中达，1998）。C. 大茎点霉属分生孢子器及分生孢子（引自许志刚，2009）。D. 拟茎点霉属分生孢子器、甲型分生孢子及乙型分生孢子（引自谢联辉，2012）。E. 壳囊孢属。1. 分生孢子器生于子座内；2. 分生孢子梗；3. 分生孢子（引自董金皋，2016）。F. 壳针孢属分生孢子器及分生孢子（引自李怀芳，2001）

5）无孢菌类　　菌丝体发达，但不产生分生孢子。有的能形成厚垣孢子，有的只能形成菌核。常引起植物的根和茎基腐烂。与植物病害关系密切的有丝核菌属（*Rhizoctonia*）、小核菌属（*Sclerotium*）等。

（1）丝核菌属。菌丝褐色，多为近直角分枝，分枝处有缢缩。菌核结构疏松，褐色或黑色，表面粗糙，形状不一，表里颜色相同，菌核间有丝状体相连。不产生分生孢子。是一类重要的具有寄生性的土壤习居菌，主要侵染植物的根、茎，有可引起棉花、大豆、茄子等多种作物和蔬菜猝倒或得立枯病的病菌（*R. solani*）、水稻和玉米纹枯病菌（*R. solani*）、小麦纹枯病菌（*R. cerealis*）等（图 3-24 A）。

（2）小核菌属。菌核圆形、椭圆形至不规则形，初呈白色，老熟后呈褐色至黑色。表面粗糙或光滑，结构紧密，表面细胞小而色深，内部细胞大而色浅。菌丝无色或浅色。主要侵染植物地下部分，如 *S. rolfsii* 可引起苹果、梨、山楂、菜豆、花生和君子兰等多种植物的白绢病（图 3-24 B）。

（五）菌物病害的诊断

植物菌物病害的诊断是指采用必要的鉴定技术和方法，运用病理学和真菌分类学知识确定植物真菌病害的病原和病名。这是植物病害防治的首要环节。只有正确地诊断病害，才能对症治疗，有效地开展防治工作。

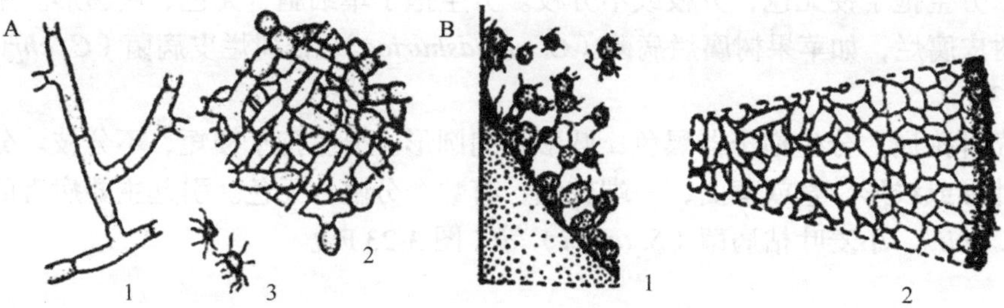

图 3-24 无孢菌类重要的属

A. 丝核菌属。1. 直角分枝菌丝；2. 菌丝缠绕形成的菌组织；3. 菌核（引自方中达，1998）。B. 小核菌属。1. 菌核；2. 菌核剖面（引自许志刚，2009）

1. 症状诊断 多数植物受病原菌物侵染后，经过一定时期就会表现出症状来。通常情况下，相同的病原菌物在同一类寄主上引起的症状是相同的。菌物病害的主要症状表现有坏死、腐烂和萎蔫等，也有少数为畸形的，特别是在病斑上经常有霉状物、粉状物、粒状物等病征（如霜状物、锈状物、菌核、子座和木腐菌子实体等），是菌物病害区别于其他病害的重要标志和田间诊断的主要依据。

植物菌物病害的病征和病状差异较显著，二者比较容易区分。根据病害的表现症状，联系寄主植物、发病部位和发病条件等，就可进一步明确是哪一种病害。但是，有时由于受时间和条件的限制，有些病害的症状特点表现不够明显，难以确定，这时就需要进行连续的系统观察，或人工提供必要的条件（如保温、保湿等），使之充分表现后，再进行诊断。观察症状时要进行简明准确的描述、照相或绘图，有时还需要采集一定数量的标本，供保存和进一步鉴定之用。

有些病害的症状并不是固定不变的。同一病原物在不同的寄主上，或在同一寄主的不同发育阶段，或处在不同的环境条件下，都可能表现出不同的症状。例如，梨胶锈菌为害梨和海棠叶片时产生叶斑，而在为害桧柏时可引起小枝肿大并形成瘤状菌瘿；立枯丝核菌侵染木质化之前的针叶树幼苗时表现为猝倒，而侵染发生在幼苗木质化以后时则表现为立枯。因此有些病害单纯根据症状做出诊断，有时并不完全可靠，在许多具体的病例中还需要进行系统的综合比较观察，进一步分析发病的原因，才能做出准确的鉴定。

2. 显微镜检查诊断 检查菌物病害时，标本的症状要典型，感病植物上没有产生子实体时，可以用保湿培养法促使其子实体的形成。子实体裸生在植物体表的菌物，通常用解剖针直接从病组织上挑取病原物制片观察。而对许多子实体长在植物组织内的菌物，通常还需采用徒手切片法或石蜡切片法制片检查，以观察其完整的形态特征，并根据病菌繁殖结构和孢子的形态、大小、颜色及着生情况等，查阅有关真菌分类文献，确定病原真菌的属名和种名。对新病害的病原菌物还必须进行致病性测定。

3. 病原物致病性的测定 进行植物病害诊断时，对于新发现的病害，在鉴定其病原时，仅根据病部的镜检判断是不够的。为了排除腐生生物的混淆，还应进行致病性测定。测定病原物致病性的一般步骤（科赫法则）如下：从病组织上分离病原物并进行纯培养；将纯培养的病原物接种到相同的健康植物上，给予适宜发病条件，观察其是否引起与原来相同的病害症状：从接种后发病的植物上，能否再分离出与原来接种的相同病原物。

三、植物病原原核生物及其所致病害

原核生物（prokaryotes）是指含有原核结构的单细胞生物，一般是由细胞壁和细胞膜或只有细胞膜包围细胞质所组成的单细胞微生物。它的遗传物质（DNA）分散在细胞质中，没有核膜包围，也没有明显的细胞核。细胞质中含有小分子的核蛋白体（70 S），但没有内质网、线粒体等细胞器。原核生物界的成员很多，包括细菌、放线菌、蓝细菌及无细胞壁仅有一层单位膜包围的菌原体等。

植物病原原核生物是仅次于菌物和病毒的第三大类病原生物。能引起植物病害的主要有两类，即细菌（bacteria）和菌原体（mycoplasma）。其中能侵染植物，形态和大小类似于动物和人类菌原体的生物称为类菌原体（mycoplasma like organism，MLO），现称为植原体。植物病原原核生物侵染植物可引起许多重要病害，如茄科植物青枯病、十字花科植物软腐病、果树根癌病、水稻白叶枯病和枣疯病等。

（一）植物病原原核生物的一般性状

细菌的形态有杆状、球形、椭圆形、螺旋形、弧形或丝状等，但植物病原细菌大多为杆状和球形。杆状细菌菌体的大小为 0.5～0.8 μm，球状细菌为 0.5～1.3 μm，多为单生，也有双生或串生。绝大多数植物病原细菌具有细长的鞭毛（flagellum），着生在菌体一端的鞭毛称为极鞭，着生菌体四周的称为周生鞭毛（图 3-25）。鞭毛的有无、数目和着生位置是细菌分类的重要依据。细菌的细胞壁由肽聚糖、脂类和蛋白质组成，菌体细胞壁外有厚薄不等的黏质层，但一般不形成荚膜细菌，没有固定细胞核，其遗传物质集中在细胞质中央，形成近圆形的核质区。在有些细菌中，还有独立于核质之外呈环状结构的遗传因子，称为质粒（plasmid）。细胞质中有异染粒、中心体、气泡、液泡和核糖体等（图 3-26）。

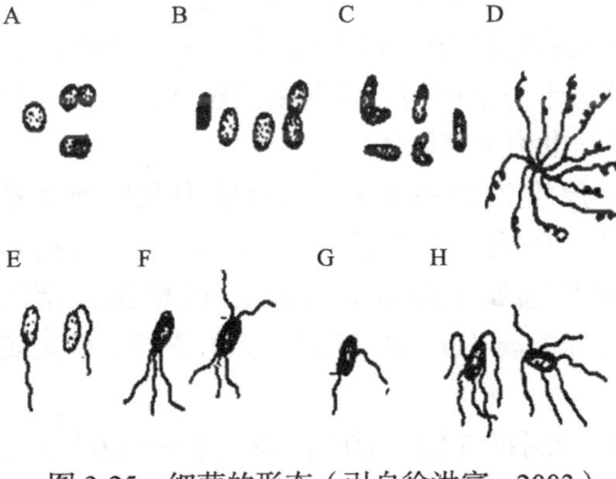

图 3-25　细菌的形态（引自徐洪富，2003）

A. 球菌；B. 杆菌；C. 棒杆菌；D. 链丝菌；E. 单鞭菌；F. 多鞭毛极生；G，H. 周生鞭毛

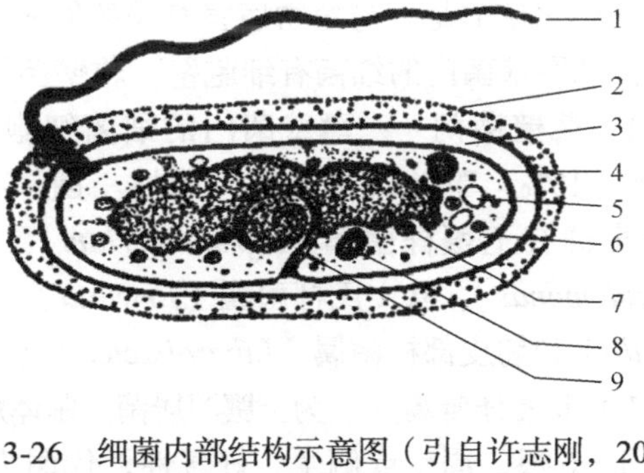

图 3-26　细菌内部结构示意图（引自许志刚，2009）

1. 鞭毛；2. 荚膜；3. 细胞壁；4. 原生质膜；5. 气泡；6. 核糖体；7. 核质；8. 内含体；9. 中心体

细菌的核糖体分散在细胞质中，与真菌和菌原体相似。一些芽孢杆菌在菌体内可以形成一种称为芽孢的内生孢子。芽孢的抗逆力强。一般植物病原细菌的致死温度在 48～53℃，有些耐高温细菌的致死温度，最高不超过 70℃，而要杀死细菌的芽孢，一般需要 120℃左右的高压蒸汽处理 10～20 min。染色反应是细菌很重要的性状，其中最重要的是革兰氏染色。植

物病原细菌革兰氏染色反应大多为阴性，少数为阳性。原核生物多以裂殖方式繁殖。杆状植物病原细菌以二分裂的方式进行繁殖，分裂时菌体先稍微伸长，自菌体中部向内形成新的细胞壁，最后母细胞从中间分裂为两个细胞。细胞质和遗传物质在细胞分裂时，先复制后平均分配在子细胞中。因此分裂后的子细胞仍能保持原有的性状。螺原体繁殖时由芽生长出分枝，断裂而成子细胞。

细菌的繁殖速度很快，大肠杆菌在适宜的条件下每 20 min 就可以分裂 1 次。在其他条件适宜时，温度对细菌的生长繁殖影响很大，植物病原细菌生长适温为 26～30℃。少数细菌在高温和低温下生长较好，如茄科青枯菌需 35℃，马铃薯环腐病菌需 20℃。细菌生长最适宜 pH 为 6～7，在 pH 4.5 以下难以生长。

大多数植物病原细菌为非专性寄生菌，对营养要求不严格，可在人工培养基上生长。在固体培养基上形成的菌落颜色多为白色、灰白色或黄色。大多数是好氧的，只有少数为兼性厌氧的。但有一类寄生于植物维管束的细菌，在人工培养基上难以培养或不能培养，特称为维管束难养细菌。而植原体至今不能人工培养，螺原体在含有甾醇的培养基上才能生长，在固体培养基上形成煎蛋形菌落。

原核生物经常发生变异，这些变异包括形态变异、生理变异和致病性变异等。发生变异的原因目前还不完全清楚，但一般有两种不同性质的变异：一种是由细胞的突变引起的，但自然突变率很低，通常为十万分之一，但由于细菌的繁殖速度快、繁殖量大，也就增加了这种变异的可能性；另一种是两个性状不同的细菌菌体通过结合、转化和转导，一个细菌的遗传物质进入另一个细菌体内，使后者的 DNA 发生部分改变，在分裂繁殖时形成性状不同的后代。

（二）植物病原原核生物的主要类群

由于原核生物的形态差异较小，许多生理生化性状也较相似，加之对其遗传学性状了解尚少，所以关于原核生物界各成员间的系统与亲缘关系还没有完全明确，但有关属和种的性状特征已比较清楚。与植物病害有关的原核生物分属于薄壁菌门、厚壁菌门和软壁菌门。薄壁菌门和厚壁菌门的细菌有细胞壁，软壁菌门的类群也称为菌原体。

1. 薄壁菌门 薄壁菌门的细菌细胞壁薄，厚度为 7～8 mm，细胞壁中肽聚糖含量为 8%～10%，革兰氏染色反应阴性。菌体有球形、杆状、丝状或螺旋形等。重要的植物病原类群有土壤杆菌属（*Agrobacterium*）、黄单胞杆菌属（*Xanthomonas*）、假单胞杆菌属（*Pseudomonas*）、欧文氏杆菌属（*Erwinia*）、布克氏杆菌属（*Burkholderia*）、木质部小杆菌属（*Xyella*）和韧皮部杆菌属（*Liberobacter*）等。

1）土壤杆菌属　为土壤习居菌。菌体短杆状，大小为（0.6～1.0）μm×（1.5～3.0）μm，鞭毛 1～6 根，周生或侧生。好气性，代谢为呼吸型，无芽孢。营养琼脂上菌落为圆形、隆起、光滑，灰白色至白色，质地黏稠，不产生色素。氧化酶反应阴性，过氧化氢酶反应阳性。DNA 中 G+C 含量为 57%～63%。大多数植物病原菌还含有独立于核质之外呈环状结构的双链 DNA，称为质粒，它控制着细菌的致病性和抗药性等性状。例如，侵染寄主植物引起肿瘤症状的质粒称为“致瘤质粒”（Ti 质粒），引起寄主产生不定根症状的称为“致发根质粒”（Ri 质粒）。如果一个菌体在分裂过程中丢失了这种与致病性有关的质粒，其后代就会丧失致病性。相反，如果一个无致病力的菌体获得了这种能致病的质粒，其后代就会变成有致病性的菌系。土壤杆菌属的代表是根癌土壤杆菌（*A. tumefaciens*），又称冠瘿病菌，其寄主范围极广，可侵害90多科300多种双子叶植物，尤以蔷薇科植物为主，引起桃、苹果、葡萄和月季等的根癌病。

2）黄单胞杆菌属　菌体短杆状，大小为（0.4～0.6）μm×（1.0～2.9）μm，多单生，单鞭毛、极生。严格好气性，代谢为呼吸型。营养琼脂上的菌落圆形，隆起，米黄色，产生非水溶性黄色素。氧化酶阴性，过氧化氢酶阳性，DNA中G+C含量为63%～70%。黄单胞杆菌属的成员都是植物病原菌，可引起植物的叶斑、叶枯等症状，少数引起萎蔫症状，如引起甘蓝黑腐病的野油菜黄单胞菌（*X. campestris* pv. *campestris*）。

3）假单胞杆菌属　菌体短杆状或略弯，大小为（0.5～1.0）μm×（1.5～5.0）μm，单生，鞭毛1～4根或多根、极生。严格好气性，代谢为呼吸型，无芽孢。营养琼脂上的菌落圆形、隆起、灰白色，多数具有荧光反应，有的产生褐色素扩散到培养基中。氧化酶多为阴性，少数为阳性，过氧化氢酶阳性，DNA中G+C含量为58%～70%。该属中的重要病原菌是丁香疫病假单胞菌（*P. syringae*），其寄主范围很广，可侵害多种木本植物和草本植物的枝、叶、花和果，在不同寄主植物上引起各种叶斑、坏死及茎秆溃疡等，如侵害桑叶的桑疫病菌（*P. syringae* pv. *mori*）和黄瓜角斑病菌（*P. syringae* pv. *lachrymans*）。

4）欧文氏杆菌属　菌体短杆状，大小为（0.5～1.0）μm×（1～3）μm，绝大多数都有多根周生鞭毛。兼性好气性，代谢为呼吸型或发酵型，无芽孢。营养琼脂上菌落圆形、隆起、灰白色。氧化酶阴性，过氧化氢酶阳性。DNA中G+C含量为50%～58%。重要的植物病原菌有胡萝卜软腐欧文氏菌（*E. carotovora* subsp. *carotovora*），俗称白菜软腐病菌，寄主范围很广，可侵害十字花科、禾本科、茄科等多种果蔬和大田作物，引起肉质或多汁组织的软腐，在厌氧条件下危害更重，如十字花科蔬菜软腐病。欧文氏杆菌侵害植物可引起腐烂、萎蔫、坏死、叶斑、溃疡、肿瘤等多种症状。

5）布克氏杆菌属　基本特征与假单胞杆菌属相同。DNA中G+C含量为64%～68%。重要的植物病原菌是茄青枯布克氏菌（*B. solanacearum*），寄主范围广，可为害30科的100多种植物，尤其是在烟草、番茄、茄子等作物上发生严重，引起的典型症状是萎蔫。

6）木质部小杆菌属　菌体短杆状，大小为（0.25～0.35）μm×（0.9～3.5）μm，单生，细胞壁波纹状，无鞭毛。好气性，氧化酶阴性，过氧化氢酶阳性。对营养要求严格，在一般细菌培养基上不能生长，实验条件下，可在含血清蛋白的谷氨酰胺蛋白胨培养基上生长。菌落有两种类型：一种为枕状凸起，半透明，边缘整齐；另一种为粗糙脐状凸起，边缘波纹状。DNA中G+C含量为49.5%～53.1%。目前已确认的病原菌是由叶蝉传播的难养木质部菌（*X. fastidiosa*），可引起葡萄皮尔氏病、苜蓿矮化病、桃伪果病等，侵染木质部后在导管中生存、蔓延，使全株叶片边缘焦枯、叶灼、早落、枯死，生长缓慢、植株萎蔫等，严重时导致全株死亡。

7）韧皮部杆菌属　该属是一个新属，寄生在植物韧皮部内，至今尚未能人工培养。菌体多为圆形、椭圆形或短杆状，少数呈不规则形，大小为（50～100）nm×（170～600）nm，细胞壁波纹状。主要在韧皮部筛管中生长繁殖，引起柑橘黄龙病和柑橘青果病等。病害的主要症状是初期枝梢发黄，叶片呈黄绿相间的斑驳或花叶，叶脉黄白色，叶质硬化，秋季叶脉变成黄色网纹状，果实保持青绿色不成熟。

2. 厚壁菌门　厚壁菌门的细胞壁厚，厚度为20～80 nm，细胞壁中肽聚糖含量高，可达 50%～80%，革兰氏染色反应阳性。重要植物病原类群有棒形杆菌属（*Clavibacter*）、链霉菌属（*Streptomyces*）、芽孢杆菌属（*Bacillus*）等。

1）棒形杆菌属　菌体短杆状至不规则杆状，大小为（0.4～0.75）μm×（0.8～2.5）μm，无鞭毛，不产生内生孢子。好气性，呼吸型代谢。营养琼脂上菌落呈圆形、光滑、凸起不透明，多为灰白色。氧化酶阴性，过氧化氢酶阳性。DNA 中 G+C 含量为 67%～78%。马铃薯环腐病菌（*C. michiganensis* subsp. *sepedonicum*）主要为害马铃薯的维管束组织，使维管束变褐，地上部萎蔫，发病严重时可引起维管束组织坏死，薯块沿环状的维管束内外分离，并有黄色菌脓溢出。

2）链霉菌属　与放线菌关系密切，但放线菌属于厌气性的，而链霉菌则属于好气性的类群。营养琼脂上菌落圆形、紧密，多灰白色。菌体丝状，螺旋形纤细，无隔膜，直径 0.4～1.0 μm，辐射状向外扩散。可形成基质内菌丝和气生菌丝，并产生不同颜色的色素。气生菌丝顶端可产生链球状或螺旋状分生孢子，孢子的形态、色泽等是分类的重要依据。DNA 中 G+C 含量为 69%～73%。链霉菌多为土壤习居菌，常产生抗生素类次生代谢物质，对多种微生物有拮抗作用。少数链霉菌可侵害植物引起病害，如马铃薯疮痂病菌（*S. scabies*）侵染马铃薯块茎后在薯块表皮上形成瘤状疮痂。

3）芽孢杆菌属　菌体直杆状，大小为（0.5～7.5）μm×（1.2～10）μm，周生多根鞭毛，好气性或兼性厌气性。营养琼脂上菌落扁平，灰白色，有时淡红色或灰黑色，边缘波纹状或有缺刻，较黏稠。氧化酶阴性，过氧化氢酶阳性。DNA 中 G+C 含量为 32%～39%，少数可达 69%。芽孢杆菌在许多腐烂或坏死的植物组织中均可分离到，能促进病组织的腐烂或坏死；少数也能侵染植物引起病害，如禾草巨大芽孢杆菌（*B. megaterium* pv. *cerealis*）在美国引起小麦白叶条斑病。许多芽孢杆菌能产生细菌素或毒素，对多种微生物有拮抗作用，可开发用于病害的生物防治药剂。

3. 软壁菌门　软壁菌门又称为柔壁菌门或无壁菌门。菌体无细胞壁，只有原生质膜包围在菌体四周，膜厚 8～10 nm，无肽聚糖成分。菌体大小为 80～800 nm，多为球形或椭圆形。对营养要求苛刻，对四环素类敏感。革兰氏染色阴性，DNA 中 G+C 含量为 23%～41%。引起植物病害的称为植物菌原体，主要包括植原体属（*Phytoplasma*）和螺原体属（*Spiroplasma*）。

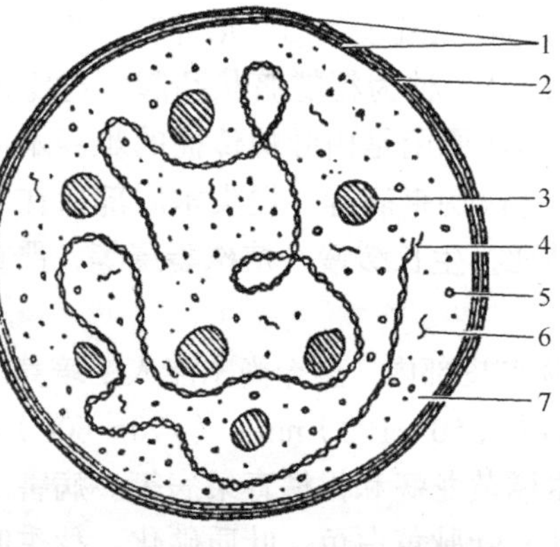

图 3-27　植原体模式图（引自董金皋等，2016）
1，2. 三层单位膜；3. 核糖体；4. 核酸链；5. 蛋白质；6. 可溶性 RNA；7. 细胞质

1）植原体属　植原体属即原来的类菌原体。菌体的基本形态为圆球形或椭圆形，但在韧皮部筛管中或在穿过细胞壁上的胞间连丝时，可以成为变形体状，如丝状、杆状或哑铃状等（图 3-27）。菌体大小为 80～1000 nm，目前还不能人工培养。植原体病害多由叶蝉传播。常见的植原体病害有小麦蓝矮病、桑萎缩病、泡桐丛枝病、枣疯病、水稻橙叶病和甘薯丛枝病等。

植原体是一类韧皮部寄生的植物致病细菌，它于 1967 年被日本学者土居养二首次发现。植原体由韧皮部取食的刺吸式口器昆虫在不同植物寄主间传播，截至目前已经在超过1000种植物上引起病害并造成巨大经济损失。由于不能离体培养且个体微小，植原体在生物学上的分类研究进展缓慢。直到20世纪90年代，随着分子生物学和相关技术的巨大进步，才得以在分子水平上对植原体进行分类、鉴定和进一步研究。迄今为止，基于对植原体的16S rRNA的核酸一致性、限制性片段长度多态性（RFLP）和生物学研究，植原体被划分为33个组、40种和3个暂定种（表3-1）。葡萄是多年生藤本落叶果树，主要靠人工扦插枝条的方法进行无性繁殖。因此，葡萄上植原体病的发生和危害十分严重。野生和栽培葡萄上的植原体病害症状表现为叶片黄化而被称为葡萄黄化病（grapevine yellows，GY）。1971年，Caudwell等证明葡萄黄化病由植原体引起。1986年Bagard和Felici报道，葡萄黄化病在法国科西嘉岛和意大利北部出现，并于20世纪八九十年代扩展到法国南部和西班牙北部。目前，葡萄黄化病在法国和意大利广泛分布，而且已经扩展到西班牙、葡萄牙、塞尔维亚等国家。欧洲和西亚的主要葡萄种植区都有分布。西班牙、罗马尼亚、阿尔巴尼亚、美国、澳大利亚、新西兰、希腊、以色列、黎巴嫩、瑞士、摩尔多瓦、匈牙利、斯洛文尼亚和克罗地亚、突尼斯和南美的智利都有分布，南非可能也有发生。目前，侵染葡萄引起葡萄黄化病的植原体主要有16Sr Ⅰ组的A、B、C亚组，16Sr Ⅱ组的A、B亚组，16Sr Ⅲ组，16Sr Ⅴ组的C、D亚组，16Sr Ⅶ组和16Sr Ⅻ组的A、B亚组。

表3-1　植原体分类现状

组	组	组
16Sr Ⅰ：翠菊黄花组	16Sr Ⅻ：僵顶组	16Sr XXⅢ：巴克利山谷葡萄黄化组
16Sr Ⅱ：花生丛枝组	16Sr XⅢ：墨西哥长春花绿变组	16Sr XXⅣ：高粱丛枝组
16Sr Ⅲ：X病组	16Sr XⅣ：百慕大草白叶组	16Sr XXⅤ：垂枝茶树丛枝组
16Sr Ⅳ：椰子致死性黄化组	16Sr XⅤ：木槿丛枝组	16Sr XXⅥ：毛里求斯甘蔗黄化D3T1组
16Sr Ⅴ：榆树黄化组	16Sr XⅥ：甘蔗黄叶症组	16Sr XXⅦ：毛里求斯甘蔗黄化D3T2组
16Sr Ⅵ：三叶草增殖组	16Sr XⅦ：木瓜束顶组	16Sr XXⅧ：哈瓦那飞虱植原体组
16Sr Ⅶ：白蜡树黄化组	16Sr XⅧ：美国马铃薯紫顶萎蔫组	16Sr XXⅨ：决明子丛枝组
16Sr Ⅷ：丝瓜丛枝组	16Sr XⅨ：日本栗树丛枝组	16Sr XXX：柽柳丛枝组
16Sr Ⅸ：木豆丛枝组	16Sr XX：鼠李丛枝组	16Sr XXXⅠ：黄豆僵顶组
16Sr Ⅹ：苹果增殖组	16Sr XXⅠ：松树短枝增殖组	16Sr XXXⅡ：马来西亚长春花绿变组
16Sr Ⅺ：水稻黄矮组	16Sr XXⅡ：尼日利亚椰子致死性黄化组	16Sr XXXⅢ：木麻黄丛枝组

2）螺原体属　菌体的基本形态为螺旋形，繁殖时可产生分枝，分枝也呈螺旋形。生长繁殖时需要提供甾醇，螺原体在固体培养基上的菌落很小，煎蛋形，直径1 nm左右，常在主菌落周围形成更小的卫星菌落。菌体无鞭毛，但可在培养液中做旋转运动，属兼性厌氧菌，DNA中G+C含量为24%～31%。植物病原螺原体主要侵染双子叶植物，也是由叶蝉传播。例如，柑橘僵化螺原体（*S. citri*）可侵染柑橘和豆科等20多科的寄主，柑橘受害后表现为枝条直立，节间缩短，叶片变小，丛枝或丛芽，树皮增厚，植株矮化，结果小而少、多畸形、易脱落。

（三）植物病原原核生物病害的诊断

植物受原核生物侵害以后，在外表显示出许多特征性症状。细菌病害的症状类型主要有坏死、萎蔫、腐烂和畸形等，褪色或变色的较少，有的还有菌脓溢出。在田间，细菌病害还有如下特点：一是受害组织表面常为水渍状或油渍状；二是潮湿条件下，病部有黄褐或乳白色、胶黏、似水珠状的菌脓；三是腐烂型病害往往有恶臭味。

植物病原细菌一般通过伤口和自然孔口侵入寄主植物，侵入寄主后，先在寄主细胞间繁殖，然后在组织中进一步蔓延。植物菌原体可直接进入寄主细胞内繁殖，并通过胞间连丝侵入附近细胞，进入筛管组织后进一步扩散蔓延。在田间，病原细菌主要通过流水（包括雨水、灌溉水等）进行传播。当暴风雨造成大量寄主伤口时，更有利于细菌的侵入和病害的传播。细菌病害的诊断除根据寄主表现的症状特点外，更可靠的方法是观察喷菌现象（bacteria exudation，BE）。因为由细菌侵染引起的植物病害，无论是维管束组织受害还是薄壁组织受害，病原细菌都大量存在于感病组织内，所以在显微镜下观察时，病组织内的大量细菌即会呈水雾状从病部喷出。喷菌现象既是植物细菌病害诊断的可靠方法，同时也是区别细菌病害、真菌病害和病毒病害的最简便有效的手段之一。

植原体病害的症状主要是引起寄主变色和畸形，包括病株黄化、矮化或矮缩、枝叶丛生、叶片变小和花变叶等。传播介体主要是叶蝉。植原体和木质部细菌性病害，在症状表现上往往与某些病毒病害难以区别，目前诊断主要依据电子显微镜观察菌原体的形态、分子生物学手段检测、血清学反应检测等。

四、植物病毒及其所致病害

植物病毒（plant virus）病害是仅次于植物真菌病害的第二大类作物病害。绝大多数植物都受一种或几种病毒危害，而且一种病毒可侵染多种植物，如烟草花叶病毒可侵染36科236种植物。

病毒含有一套DNA或RNA分子作为遗传物质，该遗传物质只能依赖寄主细胞进行复制表达，成熟病毒粒子的遗传物质通常由衣壳包被形成病毒粒子，有的病毒粒子还具有包膜。植物病毒可引起植物病害，是活体专性寄生物，只有在适合的寄主细胞内才能完成其增殖。

（一）植物病毒的一般性状

1. 植物病毒的形态及化学组成 植物病毒的基本形态为粒子（virion, virus particle），大部分病毒的粒子为球状、杆状或线状，少数为弹状、杆菌状或双联体状等。球状病毒的直径大多在20～35 nm，少数可以达80 nm。球状病毒是由很多（典型的有20个）正三角形有规则地排列组合而成的，因而又称为多面体病毒或二十面体病毒。杆状病毒多为（20～80）nm×（100～250）nm，两端平齐，少数两端钝圆，病毒粒子刚直，不易弯曲，如烟草花叶病毒（*Tobacco mosaic virus*，TMV）（图3-28）。线状病毒多为（11～13）nm×750 nm，少数可达2000 nm以上，两端也平齐，但粒子呈不同程度的弯曲，如苹果茎沟病毒（*Apple stem grooving virus*，ASGV）（图3-29）。

植物病毒的主要化学成分是核酸和蛋白质，核酸在内部，外部由蛋白质包被，称为外壳，合称为核蛋白或核衣壳。核酸是病毒的核心，组成了病毒的遗传信息基因组，决定着病

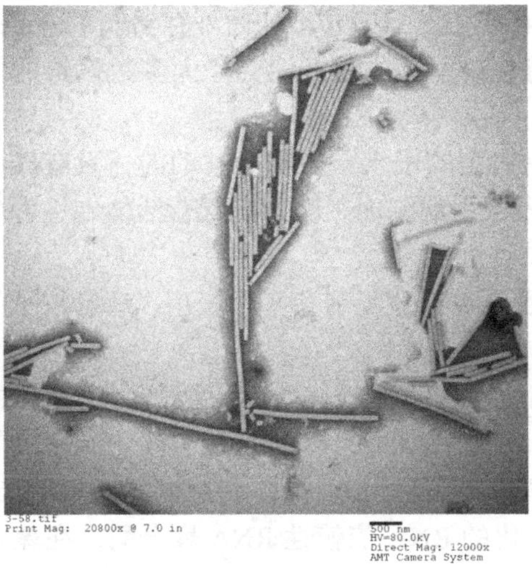

图 3-28　烟草花叶病毒粒子形态
（赵磊摄，2017）

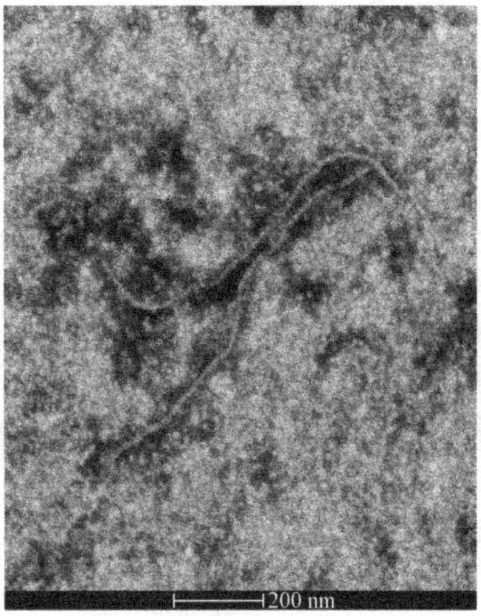

图 3-29　苹果茎沟病毒粒子形态
（李正男摄，2019）

毒的增殖、遗传、变异和致病性。植物病毒的核酸绝大多数是核糖核酸（RNA），少数是脱氧核糖核酸（DNA），并有单、双链两种结构。常见的引起重要植物病害的病毒大多是正单链 RNA 病毒。正单链 RNA 病毒存在多分体现象，即病毒的基因组分布在不同的核酸链上，分别包装在不同的病毒粒子里。由于遗传信息被分开，所以单独一个病毒粒子不能引起侵染，而只有当一组中的几个粒子同时侵染时，才能全部表达遗传特性。这种分段的基因组称为多组分基因组，含多组分基因组的病毒称为多分体病毒。常见的烟草花叶病毒属、马铃薯 X 病毒属和马铃薯 Y 病毒属的病毒为单分体病毒；烟草脆裂病毒属（*Tobravirus*）和螨传病毒属（*Nepovirus*）的病毒为双分体病毒；黄瓜花叶病毒属的病毒为三分体病毒。在某些多分体病毒中还存在小分子质量的 RNA，这种核酸与病毒 RNA 没有同源性，也不能单独侵染，必须依赖病毒的核酸才能侵染和增殖，特称为卫星 RNA（satellite RNA，sRNA），其依赖的病毒称为辅助病毒。卫星 RNA 和辅助病毒包被在同一衣壳内，并能抑制辅助病毒的复制，降低其浓度和改变其致病力。

植物病毒的蛋白可分为结构蛋白和非结构蛋白两种。结构蛋白是构成一个完整的病毒粒子所需要的蛋白，主要是衣壳蛋白（coat protein，CP）和囊膜蛋白。非结构蛋白是指病毒核酸编码的非结构必需的蛋白，包括病毒复制需要的酶，病毒传播、运动需要的功能蛋白等。

2. 植物病毒的生物学特性　植物病毒是专性寄生的分子寄生物，其主要生物学特性包括传播性、滤过性、增殖性、移动性及其他理化特性等。传播性是指病毒可以通过非介体传播或介体传播途径由病株传播到健株，引起健株植物的发病。滤过性是指病毒极其微小，可以通过阻止细菌滤过的微孔滤膜。增殖性是指病毒能在活的寄主植物体内增殖。移动性是指病毒能在细胞间做短距离移动和在维管束内做长距离移动。物理化学特性主要表现在不同病毒对外界条件的稳定性不同，因而也是区别不同病毒的重要依据。植物病毒的理化特性包括稀释限点、钝化温度和体外存活期等。稀释限点（dilution end point，DEP）是指病毒能保持侵染力的最高稀释浓度（通常用 10^{-1}、10^{-2}、10^{-3} 等表示），它反映了病毒的体外稳定性和侵染能力。钝化温度（thermal inactivation point，TIP）是指恒温处理 10 min 后，使病毒丧失活性的最低温度。大多数植物病毒的钝化温度在55～70℃。体外存活期（longevity *in vitro*，LIV）是指病毒汁液在离体条件下，保持侵染能力的最长时间。大多数病毒的体外存活期为数天至几个月。

3．植物病毒的侵入、复制及传播 植物病毒的侵入一般都是被动的，只有通过由传播介体（如昆虫）或机械造成的微伤口才能侵入寄主细胞内。因为病毒营活体专性寄生，所以这些微伤口必须是不引起寄主细胞死亡的伤口。

植物病毒的复制和增殖，一般需要经过脱衣壳、核酸复制和基因表达、病毒粒子的组装和移动等过程。

脱衣壳（uncoating）是指病毒侵入寄主细胞后，病毒的核酸随后从其蛋白衣壳中释放出来。

核酸复制和基因表达，即脱壳后的病毒核酸直接作为mRNA，利用寄主提供的核糖体、tRNA、氨基酸等物质和能量，翻译形成病毒专化的RNA依赖性RNA聚合酶，在聚合酶的作用下，以正链RNA为模板，复制出负链RNA，再以负链RNA为模板复制出大量的子代（+）RNA病毒RNA和一些亚基因组RNA（mRNA），亚基因组RNA再翻译出蛋白质（衣壳蛋白和运动蛋白等）。

病毒粒子的组装和移动，是指待寄主细胞内含有充足的衣壳蛋白亚基和新合成的病毒基因组后，病毒便自动组装成病毒粒子，子代病毒粒子可不断增殖，并通过胞间连丝在寄主体内进行局部移动。植物病毒的传播是指病毒从某一植株转移或扩散到其他植株的过程。根据自然传播方式，可把病毒的传播分为介体传播（vector transmission）和非介体传播（non-vector transmission）两类。植物病毒近距离有效传播，主要靠活体接触摩擦引起，而远距离传播则依靠寄主繁殖材料和传毒介体的传播。

植物病毒的介体种类很多，主要有昆虫、螨类、线虫、真菌和菟丝子等。其中以昆虫最为重要。目前已知的昆虫介体有400多种，且绝大多数是刺吸式口器的昆虫，其中蚜虫、叶蝉和飞虱是最主要的传播介体。介体传毒过程可分为以下几个时期：①获毒（取食）期，即介体获得病毒所需的取食时间；②潜伏期，是指介体从获得病毒到能传播病毒的时间；③接毒（取食）期，是指介体传毒所需的取食时间；④持毒期，即介体能保持传毒能力的时间。介体与所传病毒之间的关系比较复杂，主要根据病毒是否在虫体内循环和增殖，以及介体持毒时间的长短来划分。病毒经口针、消化道，进入血液循环后到达唾液腺，再经口针传播的过程称为循回，这种病毒与介体的关系称为循回型关系。在循回型关系中，潜伏期也叫作循回期。其中可循回的病毒称为循回型病毒，其传播介体称为循回型介体。在循回型相互关系中，又可根据病毒是否在介体内增殖而分为增殖型和非增殖型。病毒不在介体内循环的相互关系称为非循回型关系。根据介体持毒时间的长短又可分为非持久性、半持久性和持久性3种相互关系。非循回型关系全是非持久性的，而循回型关系则为半持久性和持久性的。

非介体传播主要包括机械传播、无性繁殖材料传播、嫁接传播、种子和花粉传播等。机械传播也称为汁液摩擦传播，田间的接触或室内摩擦接种均属机械传播。田间传播主要是植株间接触、农事操作、农机具及修剪工具污染、人和动物活动等造成的，如烟草花叶病毒和马铃薯X病毒主要通过此种方式进行传播。以球茎、块根、块茎、枝条繁殖的植物，如马铃薯、大蒜、甘薯、菊花、苹果、柑橘和葡萄等可通过无性繁殖材料传播病毒。

（二）植物病毒的分类与诊断

1. 植物病毒的分类 目前，病毒的分类主要采用两个系统：经典系统和巴尔的摩（Baltimore）系统。在经典系统中，将所有的病毒纳入林奈分类系统，但是仅采用了目、科、属和种等分类单位。另一种是由戴维·巴尔的摩建立的以病毒的基因组和转录mRNA的方式为区分的病毒分类系统。在国际病毒分类委员会（ICTV）2012年的第11次报告中，列出了7目、96科、420属的2618种病毒（包含类病毒）。根据巴尔的摩系统，可以将病毒分为7个组，分别是双链DNA病毒（Ⅰ）、单链DNA病毒（Ⅱ）、双链RNA病毒（Ⅲ）、正义单链RNA病毒（Ⅳ）、负义单链RNA病毒（Ⅴ）、正义单链RNA逆转录病毒（Ⅵ）和双链DNA逆转录病毒（Ⅶ）。2020年3月ICTV批准的最新2019病毒分类系统，全面采用了十五级分类阶元，分别为域、亚域、界、亚界、门、亚门、纲、亚纲、目、亚目、科、亚科、属、亚属、种。寄主为植物的病毒包括植物病毒和亚病毒感染因子（类病毒、卫星病毒和卫星核酸）。植物病毒共有1608种，涉及2域、3界、8门、13纲、16目、31科、8亚科、132属、3亚属。亚病毒感染因子包括33种类病毒，涉及2科、8属；6种卫星病毒，涉及4属；142种卫星核酸，涉及2科、2亚科和13属。侵染植物的31科植物病毒中人们比较熟知的有花椰菜花叶病毒科（*Caulimoviridae*）、双生病毒科（*Geminiviridae*）、双分病毒科（*Partitiviridae*）、植物杆状病毒科（*Virgaviridae*）、乙型线状病毒科（*Betaflexiviridae*）、芜菁黄花叶病毒科（*Tymoviridae*）、弹状病毒科（*Rhabdoviridae*）、雀麦花叶病毒科（*Bromoviridae*）、马铃薯Y病毒科（*Potyviridae*）、番茄丛矮病毒科（*Tombusviridae*）、伴生豇豆病毒科（*Secoviridae*）、长线病毒科（*Closteroviridae*）、黄症病毒科（*Luteoviridae*）等。

在正式的分类学用法方面，病毒目、科、亚科、属和种名用斜体（或下画线）印刷或书写，并且第一个字母需要用大写；种名的其他词不用大写字母，除非它们是专有名词或专有名词的一部分。此外，在正式使用中，分类单位名（科、属或种）应嵌放在病毒名称之前，如“the family *Caulimoviridae*”“the genus *Mastrevirus*”和“the species *Potato virus Y*”。在非正式使用时，科、亚科、属和种名用小写正体书写，分类单位不包括正式的后缀，而且分类学的单位名称置于病毒名后面，如“caulimovirus family”“mastrevirus genus”和“potato virus Y species”。在更不正式（但是广泛使用）的情况下，分类单位名称可省略，并且级别更高的分类单位可以用复数，如“caulimoviruses”“mastreviruses”“potato virus Y”等。

2. 植物病毒病害的诊断 由于植物病毒个体微小，结构简单，对寄主的依赖性强，因此植物病毒的鉴定难度大，技术性强。过去大多采用病毒间生物学特性的差异，如所致病害的症状类型、传播方式、寄主范围等进行鉴定和诊断；现在则增加了病毒核酸、蛋白质分子生物学、生物化学等技术和方法。植物病毒病害诊断的步骤主要包括田间症状观察、病毒粒子形态观察和大小测定、寄主范围测定、传播方式测定、细胞病理学鉴定和血清学鉴定等。

田间症状观察是当植物受病毒危害时，在田间观察其引起的表现症状，包括变色（如花叶、斑驳、脉明或黄化等）、坏死（如环斑、环纹、蚀纹等）、畸形（如矮缩、矮化、丛枝或蕨叶等）症状。常见的宏观症状包括卷叶、褪绿斑驳、环斑、坏死、萎蔫等（图3-30）。然而，植物病毒所造成的危害或许比我们认识到的要严重得多。很多病毒的侵染具有潜隐性，这决定了我们对病毒危害的认识会有很大局限性。例如，病毒可能会引起植物生长缓慢，导致产量降低；造成植物生长势减弱，进而使植物对霜冻、干旱等逆境变得敏感并容易遭受其

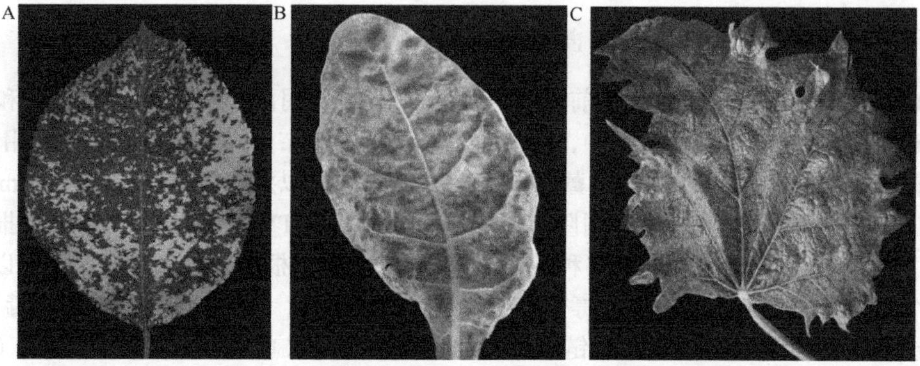

图 3-30 常见病毒的宏观症状（李正男摄，2019）

A. 苹果坏死花叶病毒（*Apple necrotic mosaic virus*，ApNMV）引起海红果（*Malus micromalus* Makino）叶片表现花叶症状；B. 苹果茎痘病毒（*Apple stem pitting virus*，ASPV）引起西方烟（*Nicotiana occidentalis*）叶斑表现褪绿斑驳症状；C. 在叶片表现褪绿症状的‘阳光玫瑰’葡萄中检测到了葡萄灰比诺病毒（*Grapevine pinot gris virus*，GPGV）和葡萄斑点病毒（*Grapevine fleck virus*，GFkV）

扫码见彩图

他病原物和害虫的侵袭等。此外，病毒病害在寄主体内通常是持久存在的，这在多年生和无性繁殖的作物上表现尤为突出。例如，苹果褪绿叶斑病毒（*Apple chlorotic leaf spot virus*，ACLSV)、苹果茎沟病毒（*Apple stem grooving virus*，ASGV）苹果茎痘病毒（*Apple stem pitting virus*，ASPV）等，能在多数栽培种内潜隐性存在，但嫁接的时候可能会导致高接病出现，而造成巨大的经济损失。总之，病毒对植物的危害除了明显的症状和产量、品质等经济损失之外，由于诸多限制因素，还有很多不容易辨析的影响有待研究。

病毒粒子形态观察和大小测定必须借助放大数万倍的电子显微镜进行。

寄主范围主要是利用鉴别寄主谱来确定。鉴别寄主是指鉴别病毒或株系具有特定反应的植物，即病毒侵染后能产生快而稳定并具有特征性症状的植物。组合使用的几种或一套鉴别寄主称为鉴别寄主谱。鉴别寄主谱中一般包括可系统侵染的寄主、局部侵染的寄主和不受侵染的寄主。鉴别寄主谱的方法简单易行，反应灵敏，只需很少的毒源材料，但工作量较大，通常需在温室内种植大量植物，且有时因气候或栽培等原因，有些症状反应难以重复。

传播方式主要是采用机械传播、嫁接传播、菟丝子传播和介体传播等实验方法进行研究。不同属的病毒通常具有不同的传播方式，了解植物病毒的传播方式不仅可以鉴别病毒种类和诊断病害，还可为病毒病的有效防治提供重要依据。

细胞病理学鉴定的原理是，当植物受病毒侵染后，植物的细胞会发生一系列病变，如受侵害细胞的叶绿体、线粒体及内质网膜系统的病变，特别是内含体（植物病毒基因组的某些翻译产物与病毒核酸、寄主的蛋白等聚集而成的产物）的形成等，并以此作为区分病毒类别的依据。内含体有不同的形状和大小，从不定形结构到精细的晶体结构，大的可在光学显微镜下看到，小的只能在电子显微镜下观察。内含体又可分为核内含体和细胞质内含体两类。不同属的植物病毒往往产生不同类型和形状的核内含体。细胞质内含体主要包括不定形内含体、假晶体、晶体内含体和风轮状内含体等，如风轮状内含体是马铃薯 Y 病毒属的主要特征（图 3-31）。

血清学鉴定是利用植物病毒衣壳蛋白的抗原特性，先将纯化的植物病毒注射入小动物

（兔子、小白鼠、鸡等）体内，待一定时间后取血，即可获得病毒特异性的抗血清。抗血清制备的关键是病毒的纯化，纯度高的病毒才能获得特异性强的抗血清。植物病毒与其血清的反应有好多种，但依据的原理都是抗原与抗体的特异性结合。最常用的测定方法是琼脂双扩散法和酶联免疫吸附法。

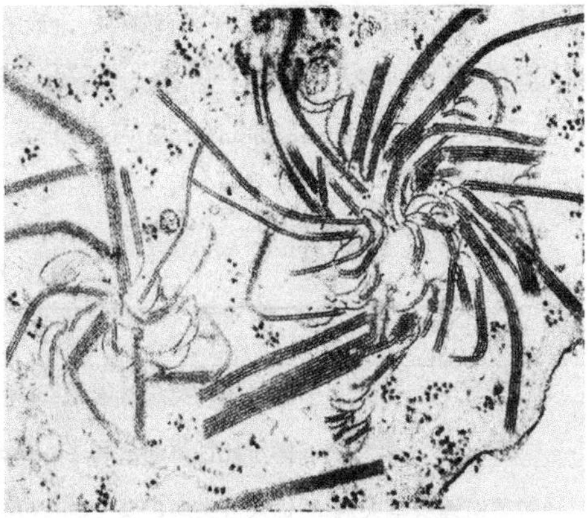

图 3-31 马铃薯 Y 病毒的风轮状内含体（引自吴云锋，1999）

琼脂双扩散法是指在一定浓度的琼脂凝胶中，使抗体和抗原互相扩散，在适当的位置形成沉淀，并以沉淀线的形状说明抗原与抗体的相互关系（图 3-32）。

酶联免疫吸附法利用酶的放大作用，可使免疫检测的灵敏度大大提高。与其他检测方法相比，其突出优点是灵敏度高、快速、专化性强、重复性好、检测对象广，以及适用于处理大批样品等（图 3-33）。此外，核酸检测技术也是鉴定植物病毒的可靠方法。血清学鉴定技术利用的是病毒衣壳蛋白的抗原性，检测的目标是蛋白质。由于核酸才是有侵染性的，仅仅检测到蛋白质并不能肯定病毒有生物活性（如豆类、玉米种子中的病毒大多失去侵染活性，但保持血清学阳性反应）。在核酸检测技术中，较为常用的是核酸杂交和聚合酶链反应（PCR）法。

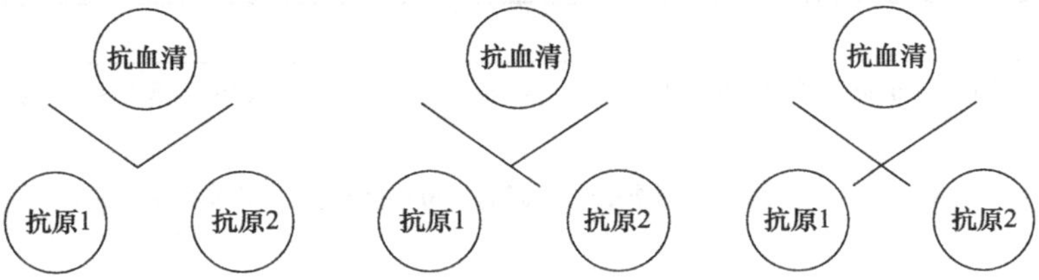

图 3-32 琼脂双扩散法示意图（引自吴云锋，1999）

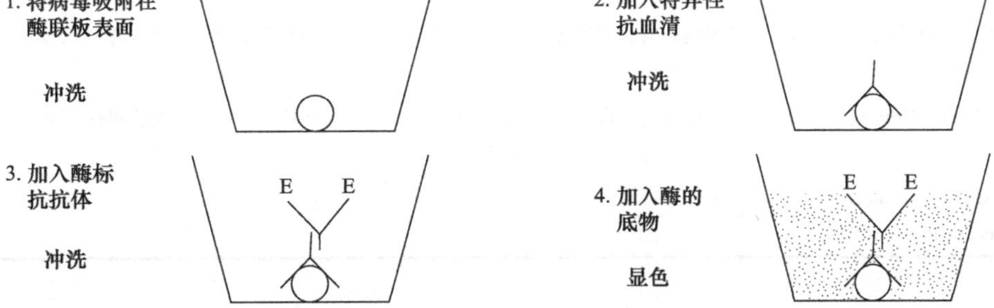

图 3-33 酶联免疫吸附法示意图（引自谢联辉，2008）

（三）类病毒

类病毒（viroid）病害过去一直是作为病毒病来研究的，但由于始终不能看到病毒粒子，而不能确定病毒的归属。后来提纯得到核酸，证明了核酸的侵染性，最后才确定为一类新的病原。类病毒是指存在于植物中，无衣壳蛋白包被、相对分子质量低的单链环状RNA分子。引起的病害症状主要有变色、坏死、畸形等类型。目前已发现的类病毒主要分为2科8属（表3-2），其中感染葡萄的类病毒主要有6种，详见表3-3。葡萄感染类病毒后主要表现为黄斑或脉明等症状（图3-34），类病毒是目前葡萄生产中重要病原之一。

表3-2 植物类病毒分类系统

科	属	代表种	种
马铃薯纺锤块茎类病毒科（*Pospiviroidae*）	苹果锈果类病毒属（*Apscaviroid*）	苹果锈果类病毒（*Apple scar skin viroid*）	10
	椰子死亡类病毒属（*Cocadviroid*）	椰子死亡类病毒（*Coconut cadang-cadang viroid*）	4
	锦紫苏类病毒属（*Coleviroid*）	锦紫苏类病毒1号（*Coleus blumei viroid 1*）	3
	啤酒花矮化类病毒属（*Hostuviroid*）	啤酒花矮化类病毒（*Hop stunt viroid*）	2
	马铃薯纺锤形块茎类病毒属（*Pospiviroid*）	马铃薯纺锤形块茎类病毒（*Potato spindle tuber viroid*）	9
鳄梨日斑类病毒科（*Avsunviroidae*）	鳄梨日斑类病毒属（*Avsunviroid*）	鳄梨日斑类病毒（*Avocado sunblotch viroid*）	1
	茄潜隐类病毒属（*Elaviroid*）	茄潜隐类病毒（*Eggplant latent viroid*）	1
	桃潜隐花叶类病毒属（*Pelamoviroid*）	桃潜隐花叶类病毒（*Peach latent mosaic viroid*）	3

表3-3 感染葡萄的类病毒种类

种	属	科
啤酒花矮化类病毒（*Hop stunt viroid*）	啤酒花矮化类病毒属（*Hostuviroid*）	马铃薯纺锤块茎类病毒科（*Pospiviroidae*）
柑橘裂皮类病毒（*Citrus exocortis viroid*）	马铃薯纺锤形块茎类病毒属（*Pospiviroid*）	马铃薯纺锤块茎类病毒科（*Pospiviroidae*）
葡萄黄化斑点类病毒1（*Grapevine yellow speckle viroid-1*）	苹果锈果类病毒属（*Apscaviroid*）	马铃薯纺锤块茎类病毒科（*Pospiviroidae*）
葡萄黄化斑点类病毒2（*Grapevine yellow speckle viroid-2*）	苹果锈果类病毒属（*Apscaviroid*）	马铃薯纺锤块茎类病毒科（*Pospiviroidae*）
澳大利亚葡萄类病毒（*Australian grapevine viroid*）	苹果锈果类病毒属（*Apscaviroid*）	马铃薯纺锤块茎类病毒科（*Pospiviroidae*）
葡萄潜伏类病毒（*Grapevine latent viroid*）	苹果锈果类病毒属（*Apscaviroid*）	马铃薯纺锤块茎类病毒科（*Pospiviroidae*）
葡萄纺锤类病毒（*Grapevine hammerhead viroid-like RNA*）	暂无	暂无

五、植物病原线虫及其所致病害

线虫（nematodes）隶属于无脊椎动物中的线形动物门，在自然界种类多、分布广、数量大，通常生活于海洋、淡水和土壤中，有的是人和动物的寄生物，有的则寄生于植物体内。植物受线虫危害后所表现的症状与一般病害症状相似，称为线虫病。常见的如小麦粒线虫病、水稻干尖线虫病、花生根结线虫病、大豆胞囊线虫病和甘薯茎线虫病等。

图 3-34　葡萄感染类病毒后主要症状

A. 葡萄黄斑类病毒 1（GYSVd-1）和葡萄黄斑类病毒 2（GYSVd-2）侵染葡萄后引起叶片黄斑症状；B. 葡萄黄斑类病毒 1（GYSVd-1）、葡萄黄斑类病毒 2（GYSVd-2）和葡萄扇叶病毒（GFLV）侵染葡萄后引起脉明症状

扫码见彩图

（一）线虫的形态结构

植物病原线虫体细长，圆筒状，表面光滑，头尾稍尖。虫体长一般为 0.3～1.0 mm，宽 0.015～0.035 mm（图 3-35）。多数线虫雌、雄同形，少数雌、雄异形。雄虫蠕虫形，雌虫成熟后膨大常为梨形、柠檬形或肾形（图 3-36）。

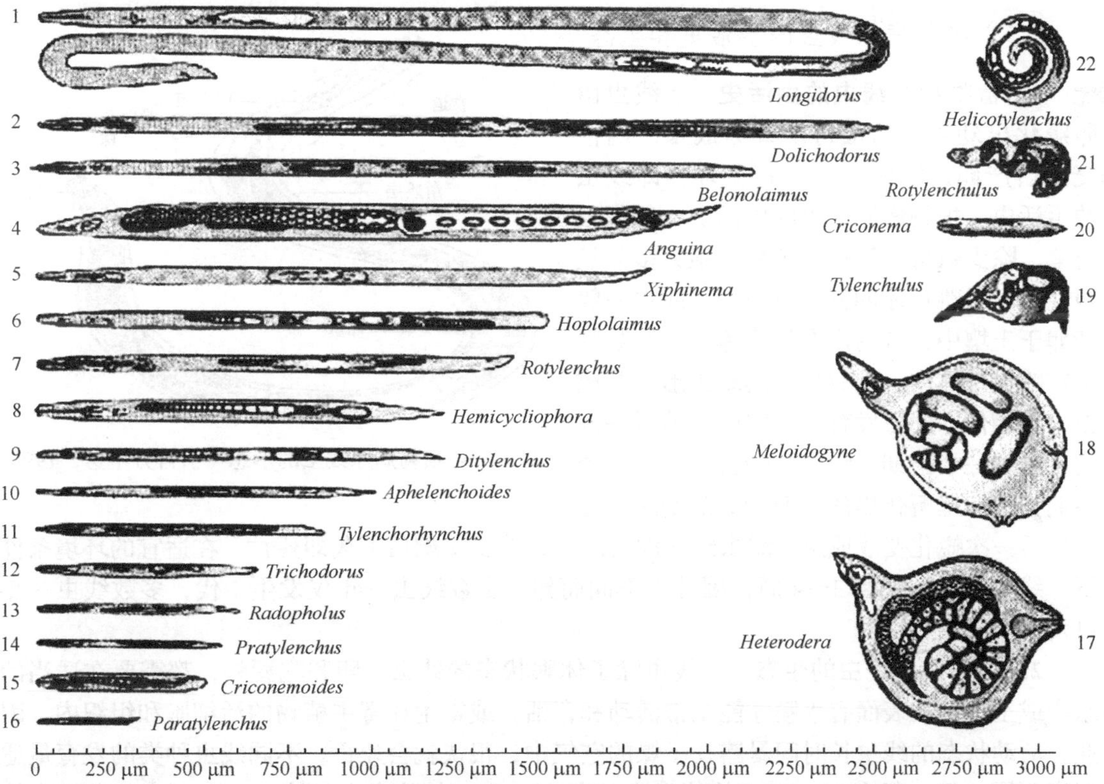

图 3-35　重要的植物寄生线虫属的形态大小示意图

（引自董金皋等，2016）

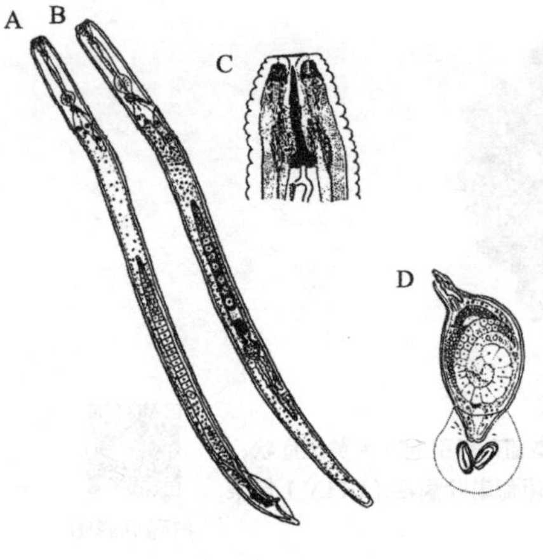

图 3-36 典型的植物寄生线虫
（引自谢联辉，2008）
A. 雄虫；B. 线形的雌虫；C. 线虫头部；D. 梨形的雌虫

线虫的虫体构造较简单，虫体有体壁和体腔，体腔内有消化系统、生殖系统、神经系统和排泄系统等器官。体壁的最外面是一层平滑而有横纹或纵纹或突起不透水的表皮层，俗称角质层；其内是下皮层，再下面是使线虫运动的肌肉层。线虫的体壁几乎是透明的，所以能看到其内部结构。体腔内充满了体液，浸浴着所有内脏器官，并供给代谢所需的营养物质和氧气。线虫的消化系统和生殖系统最发达。消化系统是从口孔连到肛门的直通管道，最前端是口腔，口腔中有一根骨化了的针刺状的口针（或称吻针）。植物线虫以口针穿刺寄主组织，分泌消化酶，消解寄主细胞中的物质，再吸入消化系统。线虫成虫的生殖系统占据了体腔的很大部分，性的分化明显。雌虫有 1 个或 1 对卵巢，通过输卵管连到子宫和阴门。雌虫的阴门和肛门是分开的。雄虫有 1 个或 1 对精巢（多为 1 个），连接输精管和虫体末端的泄殖腔，泄殖腔内有 1 对交合刺，有的还有引带和交合伞等附属器官。雄虫的生殖孔和肛门是同一开口，称为泄殖孔（图 3-37）。

（二）植物病原线虫的生活史和生态

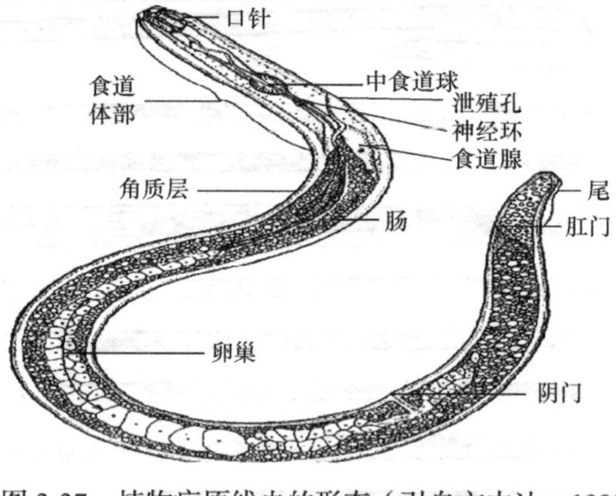

图 3-37 植物病原线虫的形态（引自方中达，1998）

1. 植物病原线虫的生活史 线虫由卵孵化出幼虫，幼虫再发育为成虫，两性交配后产卵，完成一个发育循环，即线虫的生活史。植物病原线虫的生活史一般都很简单，除少数可营孤雌生殖外，绝大多数经两性交配后雌虫才能排出成熟卵。线虫一般产卵于土壤中，有的产在植物体内，少数则留在雌虫母体内。刚孵化出的幼虫形态与成虫大致相似，幼虫发育到一定阶段就脱一次皮，增加一个龄期。线虫的幼虫一般有 4 个龄期，从卵里孵化出的一般为 2 龄幼虫，经过最后一次蜕化变成成虫，雌虫经交配后产卵，雄虫交配后不久即死亡。在适宜的环境条件下，线虫完成一代需 3～4 周，因种类不同而异。少数线虫一年仅发生 1 代，多数线虫一年可发生多代。

2. 植物病原线虫的生态 线虫除了休眠状态的幼虫、卵和胞囊外，都需要在适当的水中或土壤颗粒表面有水膜才能正常活动和存活，或寄生在寄主植物的活细胞和组织内。因此，活动状态的线虫长时间暴露在干燥的空气中，很快就会死亡。不同线虫种类的发育最适温度不同，但一般在 15～30℃均能发育。在 40～45℃的热水中保持 10 min，大部分线虫均可被杀死。

植物病原线虫在其生活史中，有一段时期生活在土壤中；有的只是很短的时间在植物上取食，而大部分时间生活在土壤中，因此土壤是线虫最重要的生态环境。在土壤环境中，温度和湿度（水分条件）是影响线虫的重要因素。线虫大都生活在土壤的耕作层中，从地面到地下 15 cm 的土层中数量最多，特别是在根周围的土壤中更多。这主要是由于有些线虫只有在根部寄生后才能大量繁殖，同时根部的分泌物对线虫有一定的吸引力。植物线虫都是专性寄生物，只能在活的植物细胞或组织内取食和繁殖，在植物体外主要依靠其体内储存的养分生活或休眠。植物细胞和组织是许多线虫的生活环境，只有植物正常生长和发育，才能为病原线虫提供适宜的生态环境。线虫在土中可主动做近距离爬行，但速度很慢。灌溉、耕作、人畜践踏和旋风飞沙等是线虫远距离扩散的主要方式。

（三）植物病原线虫的寄生性和致病性

1. 植物病原线虫的寄生性 植物病原线虫都是专性寄生的，少数寄生在高等植物上的线虫也能寄生真菌，可以在真菌上培养。但到目前为止，植物病原线虫还不能在人工培养基上很好地生长和发育。植物病原线虫可通过口针穿刺寄主细胞和组织，并从中吸收养分，同时也能向寄主体内分泌唾液。线虫的寄生方式有外寄生和内寄生，外寄生线虫的虫体大部分留在植物体外，仅以头部穿刺到寄主组织内吸食，类似蚜虫的吸食方式；内寄生线虫的虫体全部进入植物组织内吸食，有的固定在一处寄生，但多数在寄生过程中是可以移动的。

线虫可寄生植物的各个部位。有的寄生植物的根和地下茎、鳞茎和块茎，有的可以寄生植物地上的茎、叶、芽、花和穗等。根结线虫就是典型的根部内寄生线虫。

植物寄生线虫有一定的寄生专化性，其寄主范围不同，有的只能寄生在少数几种植物上，如小麦粒线虫（*Anguina tritici*）只能为害小麦，偶尔寄生黑麦；有的寄主范围较广，如根结线虫的一种可以寄生许多分类上很不相近的植物，如起绒草茎线虫（*D. dipsaci*），根据其寄主范围不同可分为不同的小种和生物型等。

2. 植物病原线虫的致病性 线虫对植物的致病作用，除了直接造成损伤和掠夺营养外，主要是通过食道腺分泌的各种酶或毒素，引起寄主植物的各种病变（图 3-38）。植物地上部的症状有顶芽和花芽的坏死，茎叶的卷曲或组织坏死，叶瘿或种瘿的形成等。根部受害后，有的生长点停止生长或卷曲，根上形成肿瘤或过度分枝，根部的组织坏死和腐烂等，并引起地上部生长受抑制，表现为植株矮小、色泽失常等症状，严重时整株枯死。

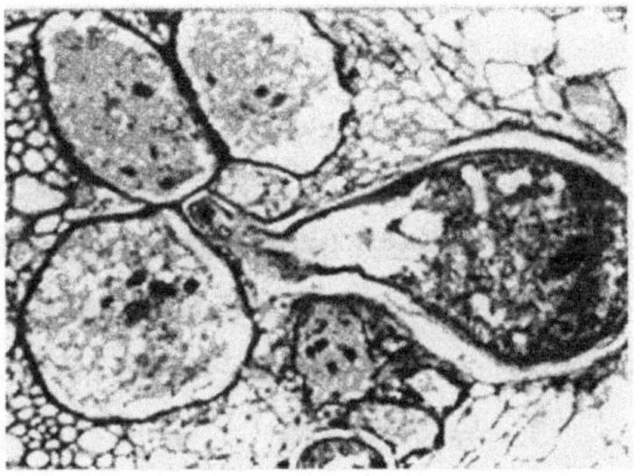

图 3-38 根结线虫及附近的巨型细胞
（引自许志刚，2009）

另外，线虫侵染造成的伤口还可引起真菌、细菌等其他病原生物的次生侵染，或作为真菌、细菌和病毒的传播介体造成复合侵染。例如，小麦蜜穗病是一种细菌病害，但病原细菌本身不能侵入寄主，只有伴随小麦粒线虫的侵染才能侵入小麦，引起发病。

（四）植物病原线虫的主要类群

据估计，全世界有 50 多万种线虫，在种类和数量上是仅次于昆虫的第二大类动物。根据侧尾腺口的有无，可把线虫分为侧尾腺口亚纲和无侧尾腺口亚纲，植物病原线虫主要分属于其中的垫刃目和矛线目内（图 3-39）。其中的重要类群如下。

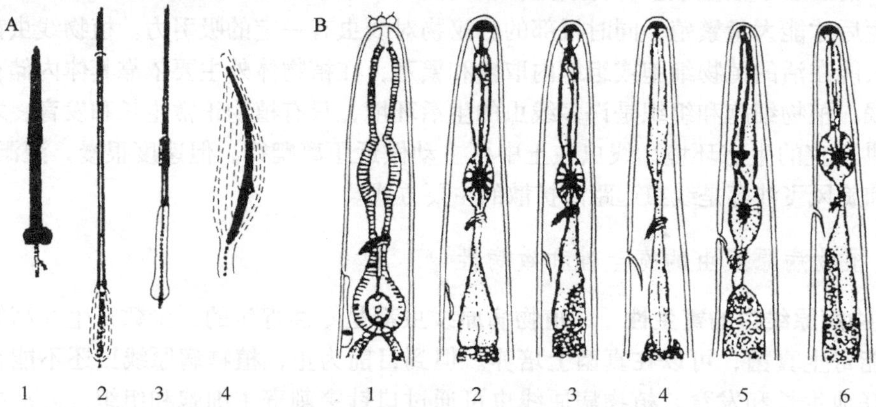

图 3-39 线虫口针类型及食道类型

A. 口针类型。1. 垫刃型；2. 长针型；3. 剑型；4. 毛刺型（引自谢联辉，2008）。B. 食道类型。1. 小杆型；2，3 垫刃型；4. 拟茎型；5. 环线型；6. 滑刃型（引自许志刚，2009）

1. 粒线虫属 粒线虫属（*Anguina*）线虫大都寄生于小麦等禾本科植物的地上部，在茎、叶上形成虫瘿，或破坏子房形成虫瘿。雌虫和雄虫均为蠕虫形，虫体较长，在植物寄生线虫中是个体最大的类群。雌虫稍粗长，大小为（3～5）mm×（0.1～0.2）mm；雄虫仅（2.0～2.8）mm×（0.07～0.10）mm。两性均为垫刃型食道，口针较小。雌虫多呈卷曲状，单卵巢，向前伸长 1 或 2 次转折；雄虫稍弯，但不卷曲，交合伞几乎包到尾尖，交合刺粗而宽，如引起小麦蜜穗病的小麦粒线虫（*Clavibacter tritici*）等。

2. 茎线虫属 茎线虫属（*Ditylenchus*）线虫主要寄生于植物茎、块茎、球茎和鳞茎，有时也为害叶片。引起寄主组织坏死、腐烂、矮化、变色和畸形。虫体细长，尾端尖细，垫刃型食道。雌虫稍粗大，大小为（0.90～1.86）mm×（0.04～0.06）mm，单卵巢，阴门在虫体后部；雄虫（0.9～1.6）mm×（0.03～0.04）mm，交合伞包至尾长的 3/4，不达尾尖。雌虫和雄虫的尾端都很尖细，侧线 4 条。危害严重和常见的有起绒草茎线虫（甘薯茎线虫）（*D. dipsaci*）和马铃薯茎线虫（*D. destructor*）。

3. 异皮线虫属 异皮线虫属（*Heterodera*）又称胞囊线虫属，是危害植物根部的一类重要病原线虫。成熟雌虫呈柠檬状、梨形，双卵巢，阴门和肛门位于尾端，有突出的阴门锥，阴门裂两侧双模孔，成熟后角质层变厚，变深褐色，称为胞囊（cyst）；雄虫细长，尾端无交合伞。引起植物病害的重要种类有甜菜胞囊线虫（*H. schachtii*）、燕麦胞囊线虫（*H. avenae*）和大豆胞囊线虫（*H. glycines*）等，在我国尤以大豆胞囊线虫病发生普遍而严重。

4. 根结线虫属 根结线虫属（*Meloidogyne*）线虫的性状与胞囊线虫相似，主要区别是根结线虫危害能引起植物的根部肿大，形成瘤状根结，雌虫的卵全部排出体外进入卵囊中，成熟雌虫的虫体不变厚，不变为深褐色。根结线虫属是一类危害植物最严重的线虫，可以为害单子叶和双子叶植物，广泛分布于世界各地。其中最重要有南方根结线虫（*M. incognita*）、北方根结线虫（*M. hapla*）、花生根结线虫（*M. arenaria*）和爪哇根结线虫（*M. javanica*）等。

5. 拟滑刃线虫属　拟滑刃线虫属（*Aphelenchoides*）线虫可以在植物的叶片、芽、茎和鳞茎上营外寄生或内寄生，引起叶片皱缩、枯斑、死芽、茎枯、茎腐和全株畸形等。虫体细长，滑刃型食道。雄虫尾端弯曲呈镰刀形，交合刺强大，呈玫瑰刺状，无交合伞；雌虫尾端不弯曲，从阴门后逐渐变细，单卵巢。重要的植物病原线虫有水稻干尖线虫（*A. besseyi*）、草莓叶芽线虫（*A. fragariae*）、菊花叶线虫（*A. rizembosi*）和毁芽滑刃线虫（*A. blastophthorus*）等。

6. 剑线虫属　剑线虫属（*Xiphinema*）隶属于矛线目（Dorylaimida）长针科（Longidoridae），是长针科同时也是矛线目中最重要的一个属，至今全世界描述的属内种已达296余种。因该属线虫形态特征存在不同程度的变异现象，有关其内若干种分类地位的争议时有出现。剑线虫是一类重要的植物外寄生线虫，这些类群在水中或潮湿的土壤中可以自由生活，活动性强。主要为害植物的根部，尤其是根尖，但不固定在根部取食，取食以后即离开寄主在土中活动。植物受害后，生长受到抑制，根尖变色或略变粗，有时还引起根部发生畸形分枝，影响正常生长发育。此外，多数种类还可传播病毒，引起植物病毒病，如剑线虫可传播葡萄扇叶病毒、烟草环斑病毒、番茄环斑病毒等。

（五）植物寄生线虫病害的诊断

线虫对植物的危害，除以口针造成对寄主组织的机械损伤外，主要是穿刺寄主时分泌各种酶和毒素，引起植物的各种病变。植物受线虫危害所表现出的主要症状有生长缓慢、衰弱、矮小、色泽失常或叶片萎垂等类似营养不良现象；局部畸形，植株或叶片干枯、扭曲、畸形、组织干腐、软化及坏死，籽粒变成虫瘿等；根部肿大、须根丛生、根部腐烂等。田间症状主要有瘿瘤、变色、黄化矮缩和萎蔫等。有的线虫病害可以在病变的部位找到线虫，如瘿瘤、坏死症状类型的线虫病。而表现黄化、矮缩、萎蔫症状类型的线虫病，只能在地下部的根或根围土壤中才能找到线虫。

不同属的线虫引起的植物病害有不同的田间表现症状，如茎线虫主要为害地下的块茎、块根等；胞囊线虫主要在根部的支根或须根上外寄生；根结线虫则主要寄生在支根、侧根上引起根结；粒线虫和滑刃线虫主要为害地上部的茎秆生长点或穗部等。诊断线虫病害和鉴定线虫时，一般可在植物受害部位，特别是根结、种瘿内分离出线虫，然后进行镜检。

六、寄生性植物及其所致病害

植物大多数都是自养的。但少数植物由于根系或叶片退化，或缺少足够的叶绿素而营寄生生活，称为寄生性植物。营寄生生活的植物大都是高等植物中的双子叶植物，能开花结籽，俗称寄生性种子植物。寄生性植物的寄主大多是野生木本植物，少数是农作物或果树。田间的杂草、观赏植物、药用植物到果树林木和行道树等，均可受到不同种类寄生植物的危害。

（一）寄生性植物的寄生性

寄生性植物按其对寄主的依赖程度可分为半寄生性植物和全寄生性植物两类。有叶绿素、能进行正常的光合作用，但根多退化，导管直接与寄主植物相连，只需从寄主植物吸收部分营养物质的，称为半寄生性植物，如寄生在林木上的桑寄生（*Loranthus parasitica*）

等；没有叶片或叶片退化成鳞片状，缺乏足够的叶绿素，不能进行光合作用，其导管和筛管与寄主植物的导管和筛管相连，依靠寄主植物供给碳水化合物和其他营养物质的，称为全寄生性植物，如菟丝子和列当等。按其寄生部位不同，还可将寄生性植物分为根寄生和茎寄生两类，前者如列当，后者如菟丝子等。

寄生性植物对寄主植物的影响，主要是抑制其生长。草本植物受害时，主要表现为植株矮小、黄化，严重时全株枯死。木本植物受害时，生长也受到一定抑制，而引起树叶早落，次年发芽迟缓等。树木和果树受害时，有时还会引起顶枝枯死，叶片缩小，延迟开花或不开花，落果或不结实等。

（二）寄生性植物的主要类群

1. 菟丝子 菟丝子是菟丝子科菟丝子属（*Cuscuta*）植物的通称，俗称“金线草”。是一类缠绕在木本和草本植物茎叶部营全寄生生活的草本植物。菟丝子也是传播某些植物病害的媒介或中间寄主，除本身有害外，还能传播植物菌原体和病毒等，引起多种植物病害。菟丝子分布范围很广，在我国以中国菟丝子（*C. chinensis*）和日本菟丝子（*C. japonica*）最为常见。

菟丝子为一年生的缠绕性草本植物，叶片退化成鳞片状，茎黄色、丝状，缠绕在寄主植物的茎和叶部，吸器与寄主的维管束系统相连接，不仅吸收寄主的养分和水分，还造成寄主输导组织的机械性障碍。受害作物一般减产10%～20%，重者达40%～50%，甚至颗粒无收。菟丝子以种子繁殖和传播，种子小而多，1株菟丝子可产生近万粒种子。种子寿命长，可随作物种子调运而远距离传播。缠绕在寄主上的丝状体能不断伸长，蔓延繁殖。中国菟丝子寄主范围较广，可为害大豆、花生、马铃薯等，日本菟丝子主要侵害木本植物，如垂杨、银白杨等。

中国菟丝子以危害大豆最重。菟丝子种子或混于大豆种子之间或落于土壤中，是第二年发生危害的主要来源。翌年菟丝子种子萌发生出白黄色丝状幼茎，下端固定于土壤中，上端在空中旋转或伸长，遇大豆植株即缠绕其上，并在与寄主接触处形成吸盘或吸根，侵入寄主茎部。当寄生关系建立后，菟丝子就与其原来固定于土中的地下部分脱离，缠绕于寄主的茎上，并生出很多分枝，向四周蔓延，缠绕侵害其他健株。

控制菟丝子的危害，最基本的防治措施是采用清洁种子，严禁调运带有菟丝子种子的种苗。此外，利用寄生菟丝子的炭疽病菌制成生物制剂，在菟丝子危害初期喷洒，也可减轻危害；在以营养生长为主的菟丝子生活史的早期，进行人工拉丝防除也能起到一定的效果。

2. 列当 列当是一类在植物根部营全寄生生活的列当科植物的总称，狭义的列当是指列当科列当属（*Orobanche*）的植物。在我国，列当科植物主要分布于新疆等较寒冷的地区，如主要寄生在瓜类、豆类、番茄、花生、马铃薯和向日葵等植物上的埃及列当（*O. aegyptica*）和向日葵列当（*O. cumiana*）等。列当为一年生根寄生草本植物，无真正的根，只有吸盘吸附在寄主的根表，以短须状次生吸器与寄主根部的维管束相连，吸取根内养分；以肉质嫩茎伸出地面，偶有分枝，嫩茎上被有绒毛或腺毛，浅黄色或紫褐色；叶片退化成小鳞片状、无柄，呈螺旋状排列在茎上。大多数列当的寄生性较专化，有固定的寄主，一般不为害单子叶植物。列当种子受到寄主植物根部分泌物的刺激，在水分充足时萌发长出芽管，芽管顶端吸附在寄主的侧根上，吸收寄主的营养物质和水分。植物受害后长势差，细胞膨压降低，经常处于萎蔫状态，被害植株细弱矮小，不能开花或花小而瘪粒增加。

列当的蒴果球形，成熟后开裂，散出大量细小种子，散落在土中，或随风扩散传播。落入土中的种子，在 5～10 cm 深的土层中可存活 5～10 年。

（顾沛雯　李正男）

第三节　植物非侵染性病害的病因

植物的非侵染性病害没有病原物的侵染，而是由植物自身的生理缺陷或不适宜的环境因素引起，因而不会引起植物个体间的相互传染。引起非传染性病害的病因很多，其中主要有营养失调、温度和湿度（水分）不适、土壤次生盐渍化、有害物质毒害等。

一、营养失调

营养失调包括营养缺乏、各种营养间的比例失调和营养过量等，这些因素都可诱发植物的各种病态。植物由于养分不足而引起的各种缺素症是最常见的。例如，缺氮时表现为生长弱、叶色浅，下部叶片发黄或呈浅褐色；缺磷时叶片蓝绿或发紫，生长缓慢；缺钾时叶色浅绿，在叶尖、叶缘及脉间叶肉上产生褐色枯斑或局部枯焦；缺铁时新叶失绿；缺硼时组织坏死；等等。但由于不同作物对缺乏某一元素的敏感性不同，缺素症往往因作物种类或品种不同而异，如缺钾引起的颜色变化，在棉花上是紫红褐色，在马铃薯上是青黑色，而在苜蓿叶缘则是白色斑点。缺硼在几种观赏植物上表现不同的畸形症状，香石竹茎上出现侧枝增生，金鱼草幼叶变形类似于螨的危害，而在菊花上则出现明显的卷缩叶。缺素症有时是由于土壤中该相应元素含量不足所致，有时则是可溶性部分或可吸收态元素太少，而后者又受土壤理化和微生物因子所控制。

土壤中某些元素特别是微量元素或有害物质含量过多，也会对植物造成毒害。例如，土壤中硼的含量过多，就会抑制种子的萌发或引起幼苗死亡、叶片变黄焦枯、植株矮化等。

二、温度不适

各种植物的生长和发育都有其最低、最适和最高温度，出了这个适应范围，就可能造成不同程度的损害。

在自然条件下，高温往往是与强光照和干旱同时存在的。高温常造成植株矮化、不正常早熟或其他伤害。例如，番茄、辣椒、葡萄等作物的大量落叶和落花以及果实的日灼伤，都是高温造成的直接伤害，许多作物和林木的幼苗因高温发生的灼伤也是常见的。

低温对植物的影响主要是冷害（0℃以上的低温）和冻害（0℃以下的低温），使植物的生长受到抑制。喜温作物如黄瓜、水稻及保护地栽培的植物较易受冷害，常见的症状是变色、坏死和表面斑点等，木本植物则出现芽枯、顶枯。例如，小麦在孕穗至抽穗期若受冷害，以后的抽穗就会畸形，并引起顶部的小花不育。冻害的症状主要是幼茎或幼叶出现水渍状暗褐色的病斑，之后组织逐渐死亡，严重时整株植物变黑、枯干甚至死亡。早霜常使木质化的植物器官受害，而晚霜常使嫩芽、新叶甚至新梢冻死。剧烈变温对植物的危害往往比单纯的高温或低温更大。

三、湿度（水分）不适

植物的光合作用及对营养元素的吸收和运输，都需要水分，水分在调节植物体温上也起着重要作用。当植物吸水不足时，营养生长受到抑制，叶面积减小，花的发育也受到影响。一些肥嫩的器官如果实、根部等，缺水严重时，植株萎蔫，蒸腾作用停止，气孔关闭，下部叶片变黄或变红，叶缘枯焦，光合作用降低，造成落叶、落花和落果，甚至整株凋萎枯死等。

土壤湿度过高可影响土壤中氧的供应，致使根部不能得到正常生理活动所需的氧，须根容易发生腐烂。根部细胞膜的半渗透选择性也受到破坏，而使一些有害的元素或其他有害物质被吸收到根内。土壤缺氧还可促进其中的厌氧微生物的生长，产生一些对植物根部有害的物质。

四、土壤次生盐渍化

在保护地栽培条件下，常大量施用化学肥料，造成多余肥料及其副成分在土壤中积累，并与土壤中其他离子结合成各种可溶性盐，土壤可溶盐浓度过高，超过了作物正常生长的浓度范围就会造成土壤次生盐渍化。

土壤次生盐渍化对作物的危害因土壤盐分的种类、浓度及作物种类而异。高浓度的钠、镁硫酸盐，影响土壤水分的可利用性和土壤的物理性质，使植物吸水困难，而表现萎蔫症状。过量的钠盐可引起土壤 pH 升高，使植物表现褪绿、矮化、叶焦枯和萎蔫等症状。土壤盐分浓度在 0.3% 以下时，仅少数作物表现盐害，土壤盐分浓度升高到 0.5%～1.0% 时，多数作物均可受害，并表现出明显的植株矮小，叶色浓绿，心叶叶缘黄化、萎缩，中部叶边缘出现坏死斑等症状，严重时根系发黄，不长新根，植株萎蔫、枯死。据调查，我国多数使用年限在 3 年以上的保护地，土壤表层盐分含量在 0.1%～0.5%，所种作物已不同程度地受到土壤次生盐渍化的危害。

此外，土壤的酸碱度还直接影响许多矿质元素的溶解度，进而影响植物对矿质元素的吸收。

（顾沛雯）

第四节　植物病原物致病性和寄主的抗病性

植物侵染性病害的发生，实际上是寄主植物与病原物在一定的外界环境条件影响下相互作用的结果。病原物之所以能引起植物病害，是因为其具有致病性；而与此相对应，寄主植物也具有抵抗病原物致病的能力，即具有抗病性。

一、寄主与病原物的识别

识别是一种普遍而重要的生物现象。在植物与病原物的相互关系中，共栖、共生和寄生等都涉及植物与有关病原物之间的识别。

（一）识别的类型

寄主与病原物之间的识别，可分为多种不同的类型。若按病理过程，可分为接触识别和接触后识别。接触识别是在寄主植物表面发生的识别作用，主要是以细胞对细胞识别的形式进行。例如，真菌孢子在植物表面的吸附、芽管的生长及对气孔的侵入都属于接触识别。植物表面分泌的化学物质，如氨基酸、维生素和生物碱等对引诱真菌芽管的定向生长具有重要作用，这种作用又称为真菌的趋化性生长。还有一些真菌的芽管生长受植物表面结构的影响，如菜豆单孢锈菌（*Uromyces phaseoli*）芽管的生长方向受寄主表皮细胞角质层脊状突起的引导，称为趋触性。接触后识别是指病原物在寄主植物上定殖后发生的特异性反应。例如，某些病原真菌能产生寄主专化性毒素，从而引起致病作用。若根据寄主与病原物间相互作用的性质，可把识别分为亲和性识别和非亲和性识别两种类型。亲和性识别是指能导致有效定殖和感病反应的识别作用。例如，小麦纹枯病菌（*Rhizoctonia cerealis*）能侵染小麦就是因为两者的互作发生了亲和性识别。非亲和性识别是指病原物引起寄主植物或非寄主植物产生抗病反应的识别作用。

（二）识别的机制

寄主与病原物识别的机制，可发生在细胞 - 细胞识别和分子 - 细胞识别等层次上。细胞 - 细胞识别是通过分子识别对细胞生理生化功能的活化，从而实现细胞间的特异结合。受体分子分布在一方的细胞上，在另一方，配体分子或分布在细胞上，或以游离状态扩散出来，受体与配体间的分子识别导致细胞识别的发生。例如，甘薯黑斑病菌（*Ceratocystis fimbriata*）存在致病性分化，甘薯产生的孢子凝集素可以凝集非亲和菌株的孢子，但对亲和菌株无作用。孢子凝集素主要成分是聚半乳糖醛酸，孢子表面起作用的成分是糖蛋白。凝集作用受 pH 和 Ca^{2+} 的调节，只有在 pH 6.5 和 Ca^{2+} 存在时，凝集作用才表现出专化性。在植物与细菌的识别中，植物外源凝集素（lectin）是一类重要的植物识别分子。凝集素是一类蛋白质或糖蛋白，结构中含有碳水化合物的结合位点。在烟草等双子叶植物与青枯假单孢菌（*Pseudomonas solanacearum*）的互作中，凝集素能使非亲和菌株凝集固定而不能侵染植物。在豆科植物 - 根瘤菌的识别中，凝集素导致亲和性识别，使细菌吸附到寄主细胞上。

分子 - 细胞识别是发生在病原物的分子与寄主细胞间的识别作用。病原物产生的分子与寄主细胞表面的受体分子发生特异性结合，从而引发一系列的细胞反应。

二、病原物的致病机制

（一）病原物的致病作用

健康植物的细胞和组织进行着正常有序的代谢活动，病原侵入后，寄主植物细胞的正常生理功能就遭到破坏。病原物对寄主的影响，除了夺取寄主的养分和水分外，还对植物施加机械压力以及产生对寄主正常生理活动有害的代谢产物，如酶、毒素和生长调节物质等，诱发一系列病变，产生病害特有的症状。除病毒和类病毒外，其他各类病原物都能产生酶、毒素和生长调节物质。这些在病害发生过程中发挥重要作用的病原物寄生能力、机械压力和代谢产物被称为病原物的致病因素（pathogenicity factor）。

1. 夺取寄主的生活物质 各种病原物都具有寄生性，能够从寄主上获得必需的生活物质。寄主体内或体表的寄生物越多，消耗的养分也越多，从而造成寄主植物的营养不良、黄化、矮化，甚至枯死等症状。半寄生植物对寄主的依赖主要是水分，因此对寄主的影响一般较小，危害较轻；全寄生植物对寄主的损害极大，很快就使寄主黄化致死。

2. 机械压力 病原真菌、高等寄生植物和线虫可以通过对植物表面施加机械压力而侵入。真菌菌丝（芽管）和高等寄生性植物的胚根首先接触并附着在植物表面，继而其前端膨大，形成附着胞，由附着胞产生纤细的侵入钉（penetration peg），对植物表皮施加巨大的机械压力，并分泌相应的酶类，软化并穿透角质层和细胞壁而侵入。线虫则先利用口针（stylet）反复穿刺，最后穿透植物表皮细胞壁，头部或整个虫体进入植物细胞中。一些病原真菌在植物表皮下的组织中形成子实体时，也施加相当大的机械压力，致使细胞壁角质层扩展、突起和破裂，子实体外露。

3. 酶的作用 病原物能产生角质酶、果胶酶、纤维素酶、半纤维素酶和蛋白酶等多种降解酶类，这些酶类在病原物的侵入、植物组织浸离和细胞死亡中起着重要作用。植物表面最外层的角质层是由蜡质覆盖的非溶性角质多聚体组成的，一些病原真菌如镰孢菌在穿透植物表面时，可分泌角质酶，破坏角质层蜡质分子之间的脂键，从而降解角质层，使得病原物更容易侵入。植物的细胞壁主要由纤维素、半纤维素和果胶质等多糖类物质和富含羟脯氨酸的糖蛋白所组成，植物病原真菌和细菌能分泌多种酶分解寄主细胞壁中的多糖类物质，因而使植物细胞崩溃，组织表现软腐、腐烂、茎秆软化倒伏等症状。

不同种类的病原物在致病过程中起主要作用的酶类不同。例如，大多数软腐病菌在致病过程中起主要作用的是果胶酶，大多数立枯丝核菌起主要作用的是纤维素酶，能引起草本植物茎秆的软化倒伏。

4. 毒素的作用 毒素是病原物产生的除酶和生长调节物质以外的对寄主有明显损伤和致病作用的有害代谢产物。许多植物病原真菌和细菌在植物体内或人工培养条件下都能产生毒素。毒素是一种非常高效的致病物质，它能在很低的浓度下诱发植物病害。

根据毒素对寄主的影响范围，通常将毒素划分为寄主专化性毒素和非寄主专化性毒素两大类。寄主专化性毒素只对产生该毒素的病原物感病寄主表现毒性，而对抗病寄主或非寄主植物不表现毒性。目前已鉴定出的寄主专化性毒素主要是由植物病原真菌产生的，如引起玉米小斑病的玉米平脐蠕孢T小种产生的“T毒素”，这种毒素只对T型雄性不育胞质的杂交玉米高度致病，而对其他玉米品种毒性很弱。非寄主专化性毒素不仅对寄主植物有毒性，对一些非寄主植物也都有一定的毒性。这类毒素为多数植物病原细菌和少数病原真菌所产生，目前已在115种植物病原细菌和真菌中发现了120种非寄主专化性毒素，如烟曲霉毒素、稻瘟菌素、镰孢菌类毒素等。

毒素的作用位点主要是在植物细胞的质膜、线粒体和叶绿体膜上，对植物的生理影响包括膜透性改变、氧化磷酸化解偶联、光合作用和代谢酶的活性改变等。膜透性改变是许多毒素作用于植物细胞后最普遍的反应。

5. 生长调节物质及作用 植物的生长在一定程度上受植物体内生长调节物质的控制，这些生长调节物质主要有生长素、赤霉素、细胞分裂素、乙烯和脱落酸等。植物病原菌可以产生许多与植物生长调节物质相同或类似的物质，从而引起植物体内生长调节物质的不平衡，造成植物生长的病态反应，如矮缩、丛生、畸形、过量生长或芽生长受抑制等。

1）生长素 最重要的生长素是吲哚乙酸（IAA），其主要生物活性与细胞生长、组织分化、根和芽的生长以及叶片、果实的脱落等有关；其病理效应是诱发肿瘤、过度生长、偏上性和形成不定根等。通常许多被真菌、细菌、病毒、植原体和线虫侵染的植物中，吲哚乙酸水平都有所增加，但也有一些病原物能降低寄主生长素的水平。玉米黑粉病菌、根癌土壤杆菌、根结线虫等，不仅能够引起寄主吲哚乙酸水平增高，而且它们自身也可产生吲哚乙酸。还有一些病原菌可产生类似吲哚乙酸氧化酶作用的酶类，能快速降解吲哚乙酸，最后导致寄主组织离层而落叶。

2）赤霉素 赤霉素的主要生理作用是引起植物节间伸长、促进开花等。很多真菌、细菌和放线菌能产生赤霉素类物质，其中最重要的是赤霉酸 GA_3，如引起水稻恶苗病的藤仓赤霉菌产生的赤霉素，能使稻苗节间伸长、引起徒长。而一些病毒、植原体和黑粉菌侵染植物后，则引起寄主体内赤霉素含量下降，导致病株生长迟缓、矮化或腋芽受抑制。

3）细胞分裂素 细胞分裂素具有延缓组织衰老、加速细胞分裂、抑制蛋白质和核酸降解等作用，其病理效应是引起带化、肿瘤、过度生长、形成绿岛及影响物质转移等。多种植物接种根癌土壤杆菌后，细胞分裂素含量都有显著提高。

4）乙烯 乙烯是一种能促进成熟和衰老、抑制生长的生长调节物质，其病理效应包括抑制生长、失绿落叶、偏上性、刺激不定根产生和促进果实成熟等。植株受病原菌侵染或创伤后乙烯含量明显增加。

5）脱落酸 脱落酸的生理作用是诱导植物休眠、抑制种子萌发和植物生长、刺激气孔关闭等，引起的主要病理效应是矮化和落叶。棉花黄萎病菌落叶型菌株侵染棉株后脱落酸含量显著增加，可促进叶离层的产生，引起落叶。脱落酸也是导致感病植物矮化的重要因素之一，如烟草花叶病、黄瓜花叶病、番茄黄萎病等病株表现出不同程度的矮化，都与病株体内脱落酸含量较高有关。

（二）病原物的致病性分化

不同病原物对寄主的致病性不同，同一种病原物对不同寄主的致病性也有明显差别。例如，病原物种内可分为不同的专化型和生理小种。一般来说，寄生性程度越高的病原物，其致病性分化程度越高，如麦类锈病、白粉病等。寄生性程度越低的病原物，其致病性分化程度越低，如一些兼性寄生菌。同一种病原物由于致病力不同，可以分成不同的种下类群，如变种、专化型、生理小种和生物型等。

病原菌种内对不同种或属的植物致病力不同的类群，称为不同的致病变种（varity，var.）或致病专化型（forma species，f. sp.）。通常对细菌病原物称为致病变种，对真菌和线虫等病原物称为致病专化型，如为害多种禾谷类作物的禾柄锈菌（*Puccinia*），可分为为害小麦的禾柄锈菌小麦专化型（*P. graminis* f. sp. *tritici*）、为害燕麦的禾柄锈菌燕麦专化型（*P. graminis* f. sp. *avenae*）和为害黑麦的禾柄锈菌黑麦专化型（*P. graminis* f. sp. *secalis*）。

在病原物的种内，形态上相同，但在培养性状、生理、生化、致病力或其他特性上有差异的生物型或生物型群称为生理小种。生物型是指由遗传上一致的个体所组成的群体。生理小种一般用数字编号或其他形式表示。

三、寄主植物的抗病性

寄主的抗病性是指寄主植物抵抗病原物侵染的性能。一种病原物所能侵染的植物在植物界总是少数，多数植物是非寄主，对病原物侵染表现抗性反应。抗病性是由植物本身的遗传特性决定的，同一植物的不同品种间对某一病原物可以表现出不同程度的抗病能力，同一品种的单株间抗病性有时也不同。

（一）抗病性的类型

根据抗病能力的大小，可将植物的抗病性分为免疫、抗病、感病、耐病和避病等几种类型。

免疫（immune）是指植物对病原物侵染的反应表现为完全不发病，或观察不到可见的症状。抗病（resistance）是指寄主对病原物侵染的反应表现为发病较轻，根据抗病能力的差异，又可进一步分为高抗和中抗等类型。感病（susceptible）是指寄主对病原物侵染的反应表现为发病较重，根据感病能力的差异，植物的感病性也可进一步分为高感和中感等类型。耐病是指植物忍耐病害的能力，耐病品种的发病情况类似感病品种，但对产量的影响较小。避病是指在一定条件下，植物可以避开病原物的侵染，如寄主植物的易感病期与病原物的盛发期或适于发病的环境条件错开从而避免病害的发生等。

（二）小种专化抗性和非小种专化抗性

根据寄主植物的抗病性与病原物小种的致病性之间有无特异性相互作用，可将植物的抗病性分为小种专化抗性（race-specific resistance）和非小种专化抗性（race-non-specific resistance）两大类。

小种专化抗性又称为特异抗性或垂直抗性（vertical resistance），是指寄主品种与病原物小种之间有特异的相互作用，即寄主品种能抵抗某一病原物的某些生理小种的侵害，而对病原物其他一些小种没有抗性。具有这种抗性的品种多表现为免疫或高度抗病，但其抗病性往往不能持久，常因病原物小种群体组成发生变化而表现为感病。在遗传学上，小种专化抗性是由个别主效基因或寡基因控制的，抗性遗传表现为质量遗传。

非小种专化抗性也称为非特异性抗性或水平抗性（horizontal resistance），是指寄主与病原物之间没有特异的相互作用，即寄主品种对病原物所有小种的抗性反应是一致的。具有这种抗性的品种多表现为中等抗病，抗病性较为稳定持久。在遗传学上，非小种专化抗性是由多个微效基因控制的，抗性遗传表现为数量遗传。

（三）抗病性机制

植物在与病原物长期的共同演化过程中，形成了复杂的抗病性机制。植物的抗病性机制是多因素的，有的是先天具有的，称为固有抗性或被动抗性；有的是由于病原物的侵染或其他因素诱发产生的，即所谓诱发抗性或主动抗性。但无论是哪一种抗性，均可根据抗病因素的性质划分为形态的、机能的和组织结构的物理抗病性因素，以及生理的和生物化学的抗病性因素。

1. 固有抗性 植物的固有抗性主要是以其机械坚韧性和对病原物酶作用的稳定性而

抵抗病原物的侵入和扩展。植物表皮被覆的蜡质层和角质层等，不利于病原菌孢子的萌发和侵入，因而有减轻和延缓发病的作用，植物表皮的蜡质层和角质层越厚，抗侵入的能力就越强。一般植物幼嫩组织表面的角质层较薄，而成熟器官的角质层较厚，因此后者的抗侵入能力更强，如小麦品种中的无蜡品种比有蜡品种更易感病，或发病程度严重。

对于从气孔、皮孔、水孔或蜜腺等自然孔口侵入的病原菌（特别是细菌）来说，这些孔口的结构数量和开闭程度等，也与抗侵入有关，如中国柑橘的气孔上有角质突起，气孔下室呈狭缝状，使病原细菌不能随连续水膜进入气孔，因而比没有角质突起的葡萄柚更抗溃疡病。

植物表面某些结构和器官的形态等，也可影响病原物的侵入，如植物表面的表皮毛不仅不利于真菌的侵染，还由于能阻止蚜虫等传毒昆虫的刺吸，对病毒的传播也形成了屏障。此外，植物细胞的木栓化、木质化、硅质化及钙化程度等，也与抗病性密切相关，如水稻叶片组织中的硅质化程度越高，就越能抵抗多种真菌病害的侵入和扩展。

植物固有的生理生化抗性主要与其体内的某些化学物质有关。植物体内存在的某些有机酸、酚类及其衍生物可以抑制病原物的生长和侵染，如棉花表皮毛中的棉酚和其他组织内的半棉酚是寄主体内预先合成的抑制物，它们在抵抗病菌的侵染中有一定作用。植物中常见的有毒物质还有皂角苷、芥子油、含氰和酚的葡萄糖苷等次生代谢产物，它们与抗病性密切相关。

2. 主动抗性　病原物侵入寄主植物后，往往引起寄主细胞壁的修饰，主要表现为木质化过程加强和富含羟脯氨酸的糖蛋白的积累，其作用是阻遏病原菌的扩展。抗病品种受真菌的侵染或吸器侵入时，在细胞壁内侧和原生质膜之间常形成含胼胝质的乳头状突起，以阻止病菌的侵入和扩展。植物抗维管束病害的主要保护反应是产生维管束阻塞，以防止病原物随蒸腾液流上行扩展，以及导致寄主抗菌物质积累和防止病菌酶与毒素扩散。维管束阻塞的主要原因之一是病原物侵染诱导产生了胶质（gum）和侵填体（tylose）。胶质的主要成分是果胶和半纤维素，侵填体是导管相邻的薄壁细胞在导管腔内形成的膨大球状体，如在棉花、番茄及甘薯等抗萎蔫病的品种中，当受到病原物侵染后，侵填体的产生既快又多。

在诱发生理生化抗性中，植物保卫素（phytoalexin）是最重要的一类抗菌物质。当植物受到病原物侵染或多种生理的、物理的刺激后，就会产生并积累这类低分子质量的抗菌性次生代谢产物。例如，甘薯受长喙壳菌（*Ceratocystis fimbriata*）侵染后，其体内类萜植保素含量增加，抗性强的品种比抗性弱的品种产生的既快又多，并且越接近侵染部位含量越多。植物保卫素对病原物的作用主要是抑制真菌孢子萌发、芽管和菌丝伸长以及细菌的生长等。目前已鉴定的植物保卫素多来源于豆科和茄科植物，其中以类异黄酮和类萜保卫素研究得最多。

植物受病原物侵染或经一些物理、化学因子诱导后，体内还可产生病程相关蛋白（pathogenesis related protein）。有些病程相关蛋白具有几丁质酶和β-1, 3-葡聚糖酶活性，可以对含几丁质和葡聚糖的真菌细胞壁进行降解。

四、寄主与病原物相互作用的遗传变异

植物的抗病性与病原物的致病性，是植物病害形成过程中的两个对立的概念。植物不会因病原物的致病性而灭绝，病原物也不会因植物的抗病性而消失。这种对立是由双方的遗传

特性所决定的。

（一）基因对基因学说

寄主植物中控制抗病或感病的基因与病原物中控制无毒或有毒的基因是相对应的。针对寄主植物中的每一个抗病基因，病原菌迟早会产生相对应的毒性基因。寄主的抗病基因（*R*）和病菌的无毒基因（*A*）是显性的，而寄主的感病基因（*r*）和病菌的毒性基因（*v*）是隐性的。只有当具有抗病基因（*R*）的植物品种与具有无毒基因（*A*）的病菌小种互作时才表现抗病，而其他情况均表现为感病，这说明基因对基因的相互作用是专化的。在寄主植物与病原物的协同进化过程中，两者经过长期的相互作用、相互适应，形成了共同进化和并存的关系。在寄主和病原物的相互作用中，二者都有选择作用。有时某些病原物虽然在流行中占优势，但当其对寄主产生选择压力时，寄主迟早会通过变异产生抗病性基因。当某种抗病性基因在寄主群体中增加，并对病原物产生选择压力时，又会引起病原物群体迟早通过变异产生能克服寄主抗病性的致病性基因。

根据基因对基因学说，寄主的抗病性基因和病原物的致病性基因的相互作用是相对应的。对于由多基因控制的抗病性，病原物必须有多基因控制的致病性才能克服，所以这种抗病性一般表现得比较稳定和持久。因此，在培育抗病育种时，把多种抗病基因集中到一个品种中或在一种作物的群体中部署多种抗病性基因，可延缓植物抗病性的丧失，而不是只注重选择免疫和高抗品种，即单基因或寡基因控制的抗病性。目前生产上对稻瘟病的控制，采取了部署多种抗病性基因的品种，已经取得明显效果。

（二）病原物的致病性变异

引起病原物致病性变异的途径有主要有有性杂交（sexual hybridization）、无性重组（asexual recombination）、突变（mutation）和适应性（adaptation）等。

有性杂交是指病原物通过有性生殖，基因进行重新组合，新产生的后代致病性发生变异。真菌的有性杂交可以发生在小种间、变种间、种间甚至属间，如小麦秆锈菌与黑麦秆锈菌杂交，可以产生对大麦致病的大麦秆锈菌。

无性重组是指有些病原物可以在无性繁殖或生长阶段，通过体细胞染色体或基因的重组而发生的变异。这种变异经常出现在真菌特别是许多半知菌中。在真菌的菌丝体或孢子的每个细胞中，有的含多个细胞核，含有不同遗传性细胞核的菌丝或孢子萌发产生的芽管可通过融合，形成异核体。在异核体中，来自不同亲本的异核是经过重新组合的，因此新形成的菌体，其致病性可与其亲本不同。例如，小麦秆锈菌单倍体的单孢子只能侵染小檗而不能侵染小麦，单倍体菌丝只能在小檗上生长；而双核体的锈孢子和夏孢子可以侵染小麦而不能侵染小檗，双核菌丝可以在小麦和小檗上生长。此外，还有一种类似于无性重组的准性生殖（parasexuality）变异途径，即真菌异核体中的不同细胞核融合形成杂合二倍体，杂合二倍体在有丝分裂过程中通过单倍体化和有丝分裂交换，最后产生新的遗传性不同于亲本的单倍体后代。

突变是指病原物的遗传物质发生突然改变的现象。从分子水平上看，突变是基因内的遗传物质不同位点的改变。引起突变的外界因素有物理的，也有化学的，如紫外线、亚硝基胍等都能引起病原物的基因突变，从而改变病原物的致病性等。突变是可以遗传的。

适应性变异是指病原物在适应某种生存环境而调节自己的过程中所发生的变异。适应性变异可分为表现型适应和遗传型适应两种不同情况，表现型适应不涉及遗传物质的改变，是非遗传性的和可逆的；遗传型适应的某些遗传性状是可遗传的和不可逆的。例如，在含有亚硝酸钙的人工培养基上培养玉米黑粉菌，开始时在 2400 mg/L 的浓度下所有菌株都生长不好，以后逐渐适应而生长较好，当逐渐加大亚硝酸钙浓度和连续转移培养 10 代后，所有菌株在 12 000 mg/L 的浓度下也都能良好生长；当把这些菌株转回到没有亚硝酸钙的培养基上经 5 代或更多代培养后，又能恢复到原来的状态；若将其再转移到含有亚硝酸钙的培养基上，它们又丧失对有毒物质亚硝酸钙的适应能力，需要再逐渐地适应。

（三）植物的抗病性变异

植物的抗病性变异可以由植物本身遗传物质的改变所引起（如天然杂交），也可由外界条件的改变而引起。前者在抗病育种中具有重要意义，后者在病害的发生和防治上极为重要。

首先，植物在不同的生长发育阶段，不同部位或器官所表现的抗病性不同。例如，小麦有些品种在苗期表现对秆锈病感病，但在成株期则表现抗病；水稻在苗期、分期和抽穗期较感稻瘟病，而在其他生育期则表现较抗；小麦叶锈病、烟草赤星病等，往往都是下部叶片易感病，而上部叶片较抗病。

其次，病原物致病性的变异是引起植物抗病性变化的重要因素。一个抗病品种会因为出现病原物新的生理小种而表现为不抗病，但更多情况下，植物品种抗性的丧失是由于病原物小种群体组成发生变化，有强毒性的小种成为优势小种所致。例如，在我国每次小麦条锈病菌优势小种的形成，均会导致一批小麦品种抗锈性的丧失。

最后，不适宜的环境条件也可导致植物的抗病性明显下降。影响植物抗病性的环境条件包括气候因素和栽培措施等，其中以温度和水肥条件的影响最大。温度过低，大多数植物幼苗易发生病害，如水稻烂秧病、小麦根腐病、棉花苗期轮纹病和茎枯病等，都是在低温下易发的病害；温度过高，也会引起多种植物的抗病性下降，如小麦幼苗生长需要较低的土温，温度超过 28℃时由赤霉病菌引起的苗枯病就会发生严重；氮肥过多时，有利于多种病害的发生，如稻田氮肥过多就容易诱发稻瘟病的流行；植物受到淹水或渍害时，根系往往发育不良，植株抗性下降，病害也发生严重。

（任 斌）

复 习 题

1. 什么是植物病害的症状？病状和病征的类型有哪些？请举例说明。
2. 简述植物病害对农业生产的影响。请举例说明。
3. 简述侵染性病害和非侵染性病害（生理性病害）的概念，区分它们的病因有何不同。
4. 侵染性病害病因有哪些？请举例说明。
5. 植物病原菌物无性孢子和有性孢子的类型有哪些？简述植物病原真菌的无性繁殖和有性生殖的

特点及其在病害发生和流行中的作用。

6. 霜霉菌、白粉菌、黑粉菌、锈菌等所致病害各有何特点？各举一例说明。

7. 简述原核生物所致病害的特点，并举例说明。

8. 简述植物病毒所致病害的特点、诊断方法，并举例说明。

9. 如何防治菟丝子的危害？

10. 简述侵染性病害诊断要点。

11. 解释下列名词：菌丝体、子实体、子囊果、吸器、转主寄生、多型现象、真菌生活史、死体营养型和活体营养型。

12. 简述生理性病害病因，并举例说明。

13. 简述侵染性病害和非侵染性病害诊断要点。

14. 为什么说植物病原物的寄主性和致病性是其最基本的两个属性？它们之间有何联系？

15. 简述植物的抗病机制。

16. 什么是病原物的致病性分化？病原物致病性变异有哪些途径？

17. 什么是垂直抗性和水平抗性？各有何特点？

18. 什么是基因对基因学说？如何理解基因对基因学说对抗病育种和病害防治的意义？

第四章 昆虫学概述

第一节 昆虫的形态结构与生物学

昆虫属于节肢动物门昆虫纲，其成虫期主要特征是：①躯体分为头、胸、腹三段；②头部有 1 对触角和 1 对复眼，有的还有单眼，是感觉和取食中心；③胸部有足 3 对，常具翅 2 对，是运动中心；④腹部由多节组成，内含内脏和生殖系统，末端着生外生殖器，是代谢和生殖中心（图 4-1）。了解昆虫一般体躯构造和生理功能，对于掌握昆虫生活习性、生活环境和害虫综合防治，具有重要意义。

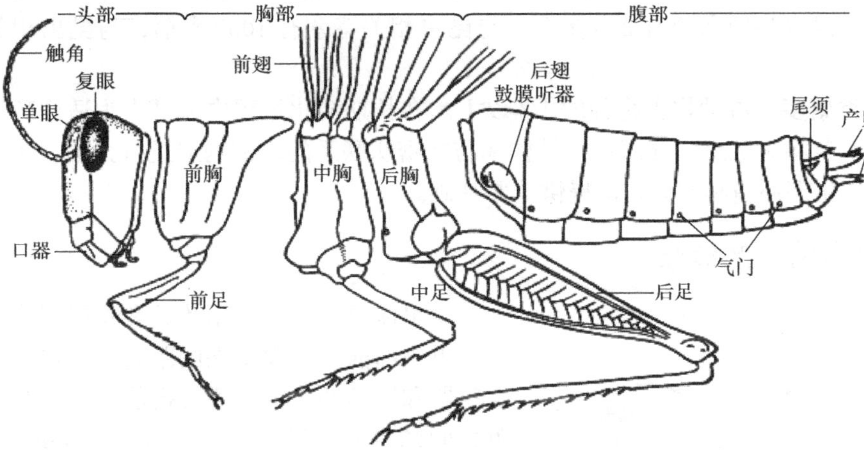

图 4-1 昆虫的基本构造图（引自花蕾等，2014）
以雌性蝗虫为例

昆虫对人类社会生存和发展有重大影响，人类的衣食住行均与昆虫形成了密切而复杂的关系。根据对人类社会的影响，将昆虫分为有害昆虫和有益昆虫。

有害昆虫可以直接或间接地造成经济损失或影响人类健康；而影响农业生产的害虫也称为农业害虫，是植物保护学课程的重点内容。根据联合国粮食及农业组织（FAO）报道，全世界 5 种重要的农作物（稻、麦、棉、玉米、甘蔗）每年因虫害所造成的损失达 2000 亿美元。估计全球每年约有 20% 粮食被害虫直接损毁。除直接危害外，有的昆虫还可以传播植物病毒，有时造成的经济损失比直接危害更严重，如半翅目昆虫蚜虫可以传播 275 种植物病害。我国已知农业害虫 1000 多种，主要作物害虫 100～400 种，每年因虫害造成的损失占农作物总产值的 1/5。有些昆虫可危害人类和动物健康，称为卫生害虫，如蚊、蝇、蚤、虱、臭虫、锥猎蝽等叮咬人畜。卫生害虫还可传播疾病，非洲每年因疟疾（蚊虫传播）而丧生的人数达 80 万。

许多昆虫能直造福于人类，通称为有益昆虫，简称益虫。蜂类、蝇类、蝶类、蛾类、甲虫类等访花昆虫为植物授粉。据统计，蜜蜂传粉可使棉花增产12%～15%，油菜增产40%～60%，果树增产50%，瓜类增产50%～60%，温室蔬菜增产30%～70%等。天敌昆虫在自然抑制害虫中起重要作用。全球有600多种天敌用于防治害虫，如1888年美国引进澳洲瓢虫防治吹绵蚧，成功挽救了柑橘产业。家蚕、柞蚕提供的蚕丝，蜜蜂提供的蜂蜜和蜂王浆，白蜡虫产生的虫蜡等，都是重要的工业原料。许多昆虫富含蛋白质、不饱和脂肪酸、微量元素等营养物质，并且容易饲养，可用于食品或饲料，如蝇蛆的蛋白质含量超过60%，必需氨基酸是鱼肉的2.3倍，含有铁、锌等微量元素，是优良的家禽饲料。目前，非洲、亚洲、大洋洲、拉丁美洲等地区主要食用昆虫有1000多种。昆虫入药已经有3600多年的历史，我国记载的药用昆虫约300种，如冬虫夏草、蝉蜕、僵蚕、蚂蚁、蜂毒等。自然界中，腐食性昆虫种类约占17.3%，它们以动植物尸体、残骸或排泄物为食，在物质和能量循环过程中起重要作用。昆虫可以为仿生学、生物学等提供研究材料。黑腹果蝇（*Drosophila melanogaster*）是一种经典的模式动物，相关研究曾多次获诺贝尔奖。昆虫还可以作为环境监测指示动物，如蜉蝣目、褶翅目、毛翅目等昆虫对水质变化敏感，可用于监测水质污染程度。许多昆虫与人类文化、审美、民俗等精神生活息息相关。美丽的甲虫可以做成饰物，鸣叫的蝈蝈为大家所喜爱，发光的萤火虫让人们享受美好的夜晚。此外，中国以虫为偏旁的字达300多个，以虫为地名的有200多个，与昆虫相关诗歌有1000多篇，与昆虫相关节日有100多个。

昆虫种类繁多，占动物界物种的1/3以上。在长期演化过程中，昆虫为适应环境而形成各种形态。本节将对昆虫的外部形态结构和与之密切联系的内部构造进行介绍，为掌握昆虫的生活习性、生态环境和害虫防治提供重要基础。

一、昆虫的外部形态

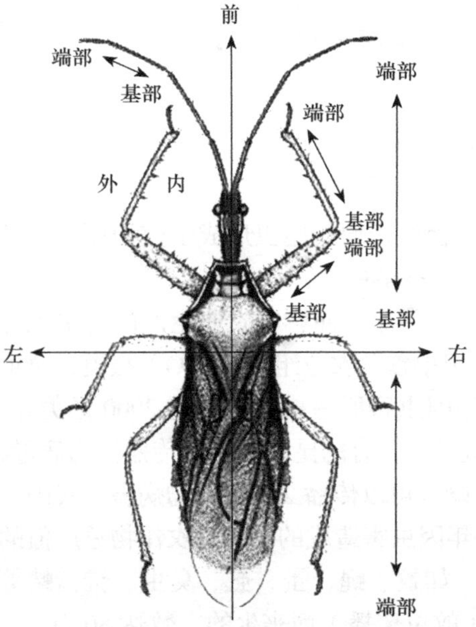

图4-2 昆虫的体向（引自彩万志等，2011）

昆虫体躯的大小常用体长和翅展来表示。体长指昆虫头部前端到腹末端的距离，不包括触角、外生殖器和尾须的长度。翅展指前翅展开时，两翅顶角之间的距离。昆虫体长多在5～15 mm，翅展多在15～45 mm。不同物种昆虫的个体大小差别很大。根据昆虫体躯的大小可把昆虫分为5类：微型，体长在2 mm以下；小型，体长在3～14 mm；中型，体长在15～39 mm；大型，体长在40～99 mm；巨型，体长在100 mm以上。中国巨足节虫体长为361 mm，是现今体长最长的昆虫。

昆虫的体躯多呈圆筒形，可分为4个面，即背面、腹面和两个侧面。昆虫身体各部分的位置和方向称为体向（图4-2）。一般以昆虫重心（多为胸部）为中心，常用前、后、背、腹、左、右、内、外、基、端等术语描述形态。前方（头向）：沿体躯纵轴趋向头端。后方（尾向）：沿体躯纵轴趋向腹部末端，与头向相反。腹向：向着虫体腹面。背向：向着虫体背面。侧向：向着虫体两侧，分为左向和右向。内方和外方：侧向上，近体轴者为内方，远体轴者为外方。基部与端部：昆虫身体的附器或外长物，靠近虫体的部分称为基部，远离虫体的部分称为端部。对于腹部和小盾片，靠近体前方者为基部，远离体前方者为端部。前缘与后缘：昆虫的体部和附器与体躯纵轴垂直的部分，离头部较近的一侧为前缘，离头部较远的一侧为后缘。形态上描述常用到的术语还有背侧方、腹侧方、侧前方、侧后方等。昆虫躯体分为头、胸、腹3个体段，每个体段都有其特定的结构和功能。

（一）昆虫的头部

昆虫的头部是体躯的第一体段，着生触角、复眼、单眼及口器，口器上也有感觉器，是感觉和取食的中心。昆虫头壳坚硬，多为球形或半球形。一般认为头部由6节组成，在胚胎发育完成之后各体节已经愈合。头壳表面的蜕裂线和沟把昆虫头壳分成了若干区域。蜕裂线是位于头部背面呈倒“Y”形的线，昆虫蜕皮时沿这条线裂开。沟是头壳向内折陷而成。头壳通常分为头顶、额、唇基、颊和后头等（图4-3）。

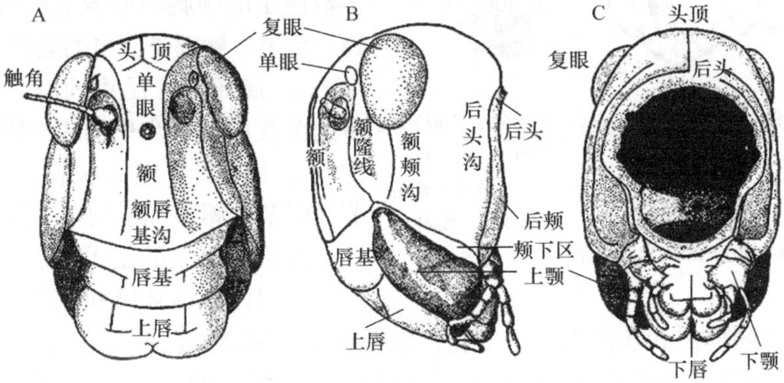

图4-3 蝗虫头部构造（引自陆近仁和虞佩玉，1957）

A. 正面；B. 侧面；C. 后面

1. 触角 昆虫一般具有1对触角，着生在额两侧；由柄节、梗节和鞭节三个部分组成（图4-4）。触角形态随昆虫种类而异，常见类型有刚毛状、线状（丝状）、念珠状、锯齿状、棍棒状（球杆状）、锤状、羽状（双栉状）、具芒状、鳃叶状、环毛状等。触角表面具有感觉器，行嗅觉、触觉和听觉功能，在化学通信、声音通信及触觉通信中起重要作用。

2. 眼 昆虫的眼分为复眼和单眼。成虫或不全变态昆虫的幼体具有复眼。复眼位于头部侧上方，多为圆形或卵圆形，由许多小眼组成。复眼能辨别近距离物体，特别对运动的物体非常敏感。昆虫的单眼分为背单眼和侧单眼，只能感受光线的强弱与方向，不能成像。

3. 口器与头式 口器位于头部的下方或前端。昆虫因食性和取食方式不同，形成不同类型的口器。咀嚼式口器和刺吸式口器较为常见。咀嚼式口器由5个部分组成：上唇、上颚、下颚、下唇和舌（图4-5）。蝗虫的口器是典型的咀嚼式口器，主要特点是具有发达而坚硬的上颚以嚼碎固体食物。刺吸式口器是取食液体食物（植物汁液和动物血液）的昆虫所具有的口器，如蝉、蚊子、蚜虫等；其上颚或下颚特化为口针并形成食物道和唾液道，以取食液体食物。其他口器类型还有蝇类成虫的舐吸式口器、蝇类幼虫的刮吸式口器、鳞翅目成虫

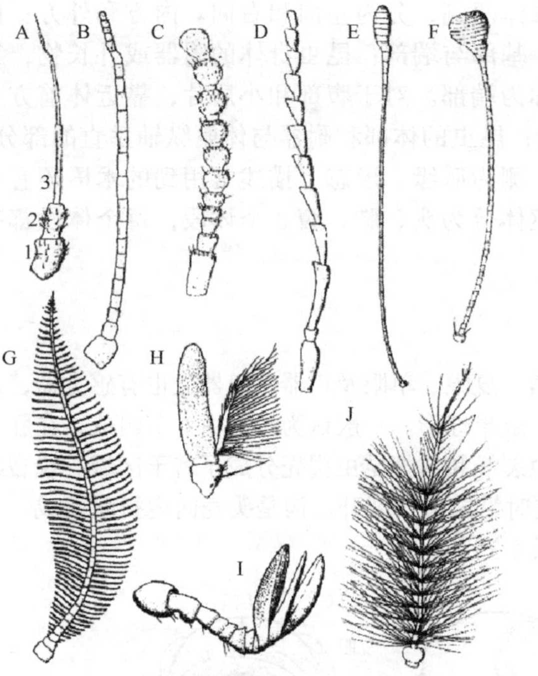

图 4-4 昆虫触角的各种类型（引自李照会，2004）

A. 刚毛状（蜻蜓）；B. 线状（蝗虫）；C. 念珠状（白蚁）；D. 锯齿状（锯天牛）；E. 棍棒状（白粉蝶）；F. 锤状（长角蛉）；G. 双栉状（樟蚕蛾）；H. 具芒状（绿蝇）；I. 鳃叶状（鳃金龟）；J. 环毛状（库蚊）

的虹吸式口器、缨翅目昆虫（蓟马）的锉吸式口器、脉翅目幼虫的捕吸食式口器等。

根据口器着生的位置不同，可将昆虫分为下口式、前口式和后口式三种头式（图 4-6）。头式反映昆虫的取食方式，用于区分昆虫类别。下口式常见于植食性咀嚼式口器昆虫，前口式多见于捕食性昆虫，而后口式一般指刺吸式昆虫的头式。

（二）昆虫的胸部

胸部是昆虫体躯的第二个体段，由前胸、中胸和后胸 3 个胸节组成。每个胸节由背板、腹板、2 个侧板组成（图 4-7）。每个胸节具 1 对足，分别称为前足、中足和后足。多数昆虫的中胸与后胸上各具 1 对翅，即前翅与后翅。胸部是昆虫的运动与支撑中心。

1. 胸足 昆虫的胸足是着生于各胸节的侧腹面基节窝里的成对附肢。昆虫成虫的胸足由 6 节组成：基节、转节、腿（股）节、胫节、跗节和前跗节（图 4-8）。

大部分昆虫的足用于行走移动，称为步行足；但因生活环境和生活方式的不同，不同种类昆虫的足的形态和功能发生了变化，如开掘足（如蝼蛄的前足）、跳跃足（如直翅目昆虫的后足）、捕捉足（如螳螂的前足）、携粉足（如蜜蜂的后足）、抱握足（如龙虱雄性的

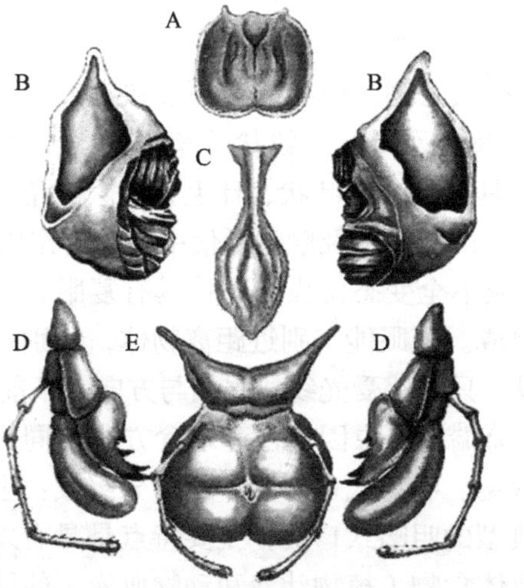

图 4-5 昆虫的咀嚼式口器（引自陆近仁，1957）

A. 上唇；B. 上颚；C. 舌；D. 下颚；E. 下唇

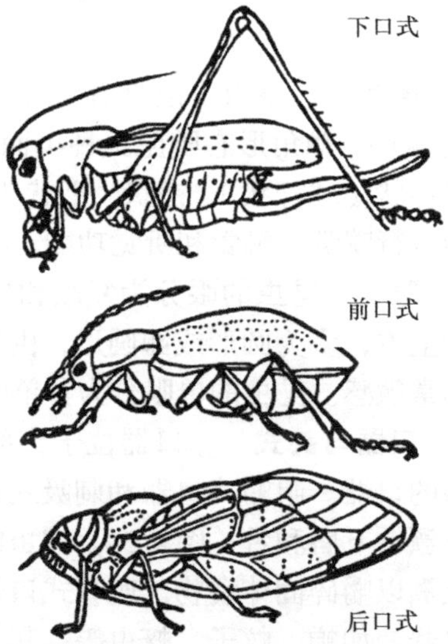

图 4-6 昆虫的头式（引自张世泽等，2009）

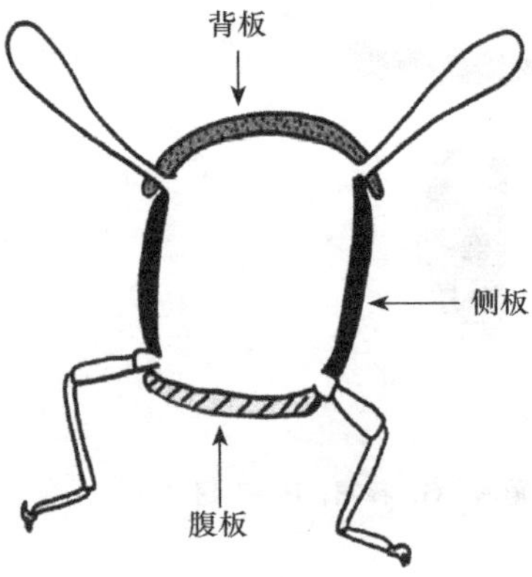

图 4-7 昆虫胸节的主要结构

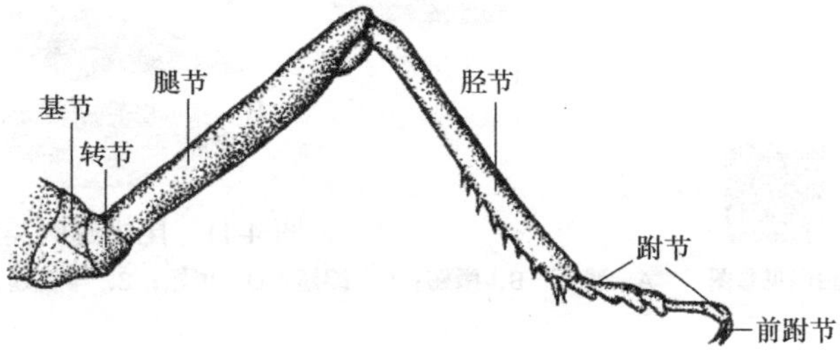

图 4-8 昆虫足的基本结构（引自彩万志等，2011）

前足）、攀握足（如虱类的足）、游泳足（水生昆虫的足）等（图 4-9）。

2. 翅 翅的主要功能是飞行。昆虫的翅一般为近三角形，有 3 边 3 角。翅展开时，翅的前方边为前缘；靠近腹部的一边为内缘或后缘；在前缘与后缘间，与翅基部相对的为外缘。前缘与外缘之间的夹角为顶角，外缘与内缘之间的夹角为臀角，前缘和内缘之间的角为基角或肩角（图 4-10）。为了适用飞行和折叠，翅上常有褶和线，把翅面分为 4 个区域。翅基部具有腋片的三角形区域称腋区；腋区外侧的褶线为基褶；腋区以外的部分称为翅区。从腋区的外角发出的臀褶和轭褶把翅区分为 3 个区：臀前区、臀区和轭区。一般臀前区占翅的面积较大。

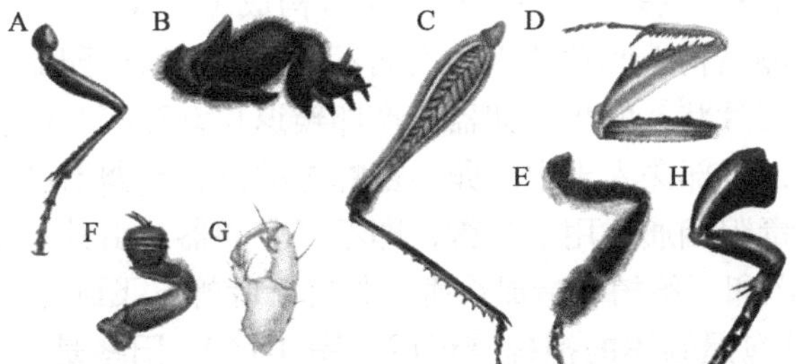

图 4-9 昆虫足的类型

A. 步行足；B. 开掘足；C. 跳跃足；D. 捕捉足；E. 携粉足；F. 抱握足；G. 攀握足；H. 游泳足

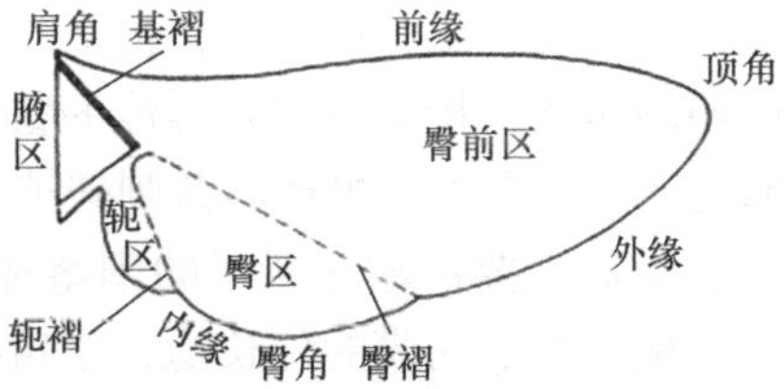

图 4-10 翅的形状及分区

（引自张世泽等，2009）

根据翅的形状、质地与功能可将翅划分为不同类型，常见的有 9 种（图 4-11）：膜翅（如膜翅目的前后翅）、鳞翅（如蝶与蛾的翅）、缨翅（如蓟马的翅）、覆翅（如直翅目昆虫的前翅）、半鞘翅或半翅（如大多数蝽类的前翅）、半覆翅（如大部分竹节虫的后翅）、鞘翅（如鞘翅目的前翅）、棒翅（如双翅目昆虫与介壳虫雄性的后翅和捻翅目昆虫的前翅）、毛翅（如石蛾的翅）。

翅面纵横分布的管状加厚构造称为翅脉，对翅表起着支架的作用。翅脉主要分为纵脉与横脉。前者是从翅基部伸向翅边缘的长脉；而后者是分布于两纵脉间的短脉。翅脉在翅面上的排布形式叫脉序，又叫脉相（图 4-12）。不同类群的脉序差别较大，在同一类群中又相对

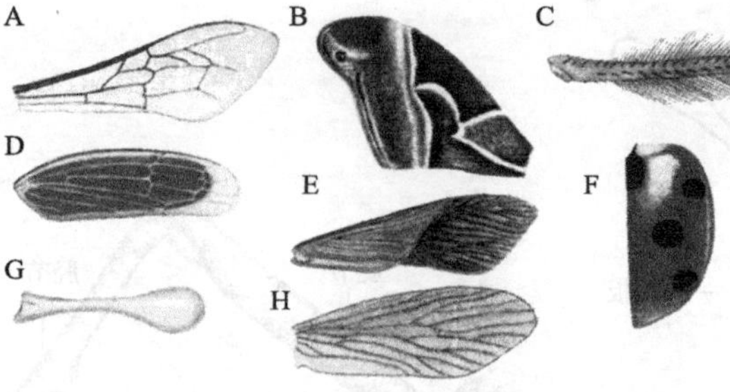

图 4-11 昆虫翅的类型

扫码见彩图 A. 膜翅；B. 鳞翅；C. 缨翅；D. 覆翅；E. 半覆翅；F. 鞘翅；G. 棒翅；H. 毛翅

稳定，是鉴定昆虫的重要依据。

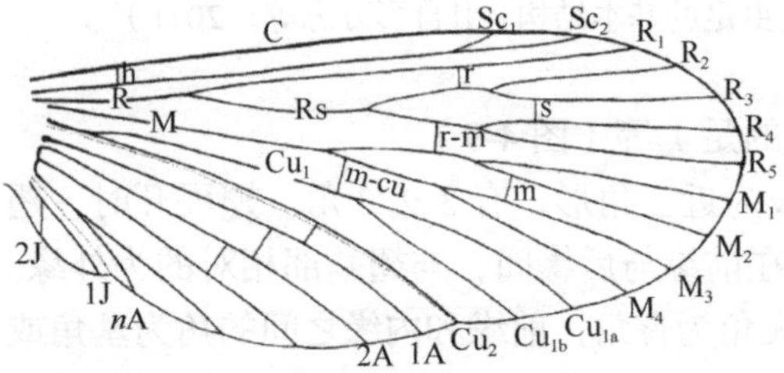

图 4-12 昆虫的假想模式脉序图

（引自 Ross，1982）

h. 肩横脉；C. 前缘脉；Sc. 亚前缘脉；R. 径脉；M. 中脉；Rs. 径分脉；Cu. 肘脉；A. 臀脉；J. 轭脉；r. 径横脉；r-m. 径中横脉；s. 分横脉；m. 中横脉；m-cu. 中肘横脉

（三）昆虫的腹部

腹部是昆虫躯体的第三个体段，内部包藏内脏及生殖器官，是昆虫新陈代谢和生殖的中心。腹部一般为 10～11 节，具有背板和腹板，无侧板。腹末具有尾须和外生殖器。外生殖器是用于交尾和产卵的器官，雌性称产卵器，雄性称交配器。

产卵器一般为管状，通常由背产卵瓣、内产卵瓣和腹产卵瓣 3 对产卵瓣构成（图 4-13）。产卵器构造和功能因种类而不同，如螽斯产卵器为刀片状；蝗虫产卵器内产卵瓣退化，背腹产卵瓣粗短，闭合成锥状，产卵时，借 2 对瓣张合，腹部深入土中产卵。蜜蜂等类群，产卵器已失去产卵的功能，特化为注射毒液的螯刺，与毒腺相通，用于防御；卵不经产卵器，由其基部产卵孔产出。有些昆虫产卵器刺破植物组织产卵，给植物造成伤害，如蝉、叶蝉、飞虱等。

交配器主要由输送精子的阳茎和交配时抱握雌体的抱握器组成（图 4-14）。阳茎是第 9 腹节腹板后的节间膜的外长物，生殖孔开口于它的末端。第 9 腹节的腹板特化，扩大或向后延伸成为下生殖板，阳茎所在的节间膜内陷，在下生殖板之上，形成生殖腔，阳茎不用时，缩在腔内。阳茎一般为管状或锥状，交尾时深入雌虫生殖器，排入精子。抱握器为第 9 腹节上的棒状、叶状等突起物，一般不分节，常为 1 对对称的构造，雄虫交尾时以其抱握雌虫。

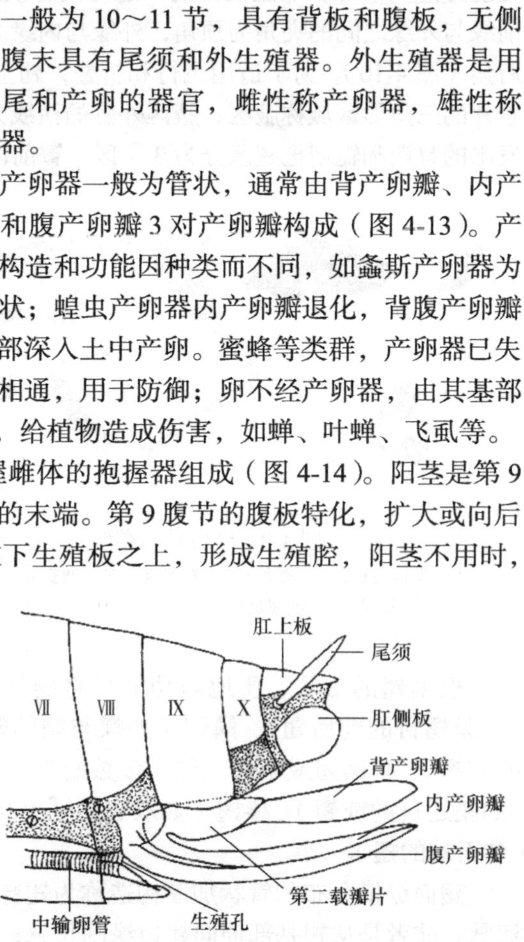

图 4-13 昆虫的产卵器（引自 Snodgrass，1935）

（四）昆虫的体壁

昆虫的体壁是体躯的最外层组织，由单一的细胞层及其分泌物组成。大多数昆虫成虫羽化后体壁很快硬化，这一过程称为骨化。体壁形成昆虫的骨骼系统以保持昆虫的

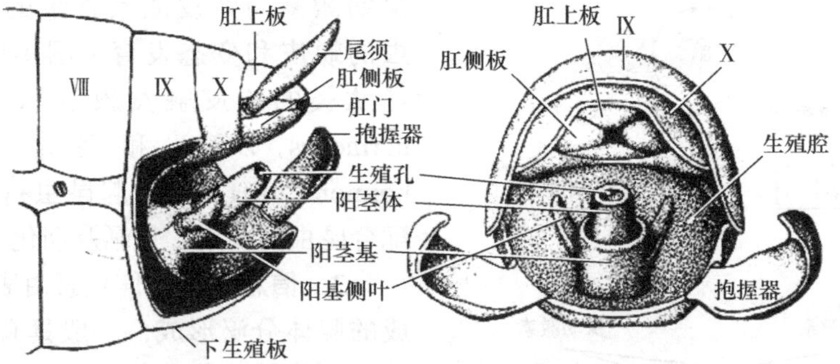

图 4-14 昆虫的交配器（引自 Snodgrass，1935）

体形，肌肉着生在骨骼里面，因此也称为外骨骼。体壁是内部器官和外界环境之间的保护性屏障，主要功能是保护内脏，防止体内水分蒸发和外来物质如病原体及有害物的入侵。体壁也是营养成分的贮备库，在虫体饥饿和新表皮形成时，内表皮可以消化利用。体壁还可以特化为感觉器官和腺体，接受外界刺激，分泌种间和种内信息化合物，调节和控制昆虫生理和行为反应；并内陷为虫体的其他器官，如气管系统、消化道前后肠、部分生殖系统等。

昆虫的体壁来源于外胚层，由内向外可分为底膜、皮细胞层和表皮层 3 部分。体壁的衍生物有两类。一类是非细胞性外长物，仅由表皮层形成，如突起、小毛等。另一类是细胞性外长物，如毛、刺、距，鳞翅目昆虫的鳞片便是由毛结构特化而成。

了解昆虫体壁构造和特性，对于化学防治害虫有指导意义。首先，许多杀虫剂需要穿透体壁而达到作用位点。但是，昆虫体表的蜡层可有效降低药液的附着，降低体壁的通透性；虫体的微毛、鳞片、小刺等覆盖物也能阻止药液接触虫体，这会大大降低杀虫剂的效果。因此，如何提高杀虫剂的附着性和对体壁的穿透力是增加杀虫剂效果的重要因素。其次，昆虫体壁以及蜡层厚度会随龄期的增长而增厚，因此相较于老龄幼虫，幼龄幼虫体壁薄，是化学防治的关键时期。最后，同一昆虫各部分体壁厚度不同，如膜质区比骨片部分薄，感觉器官最薄，因此口器、触角、翅、跗节、节间膜和气孔等是药剂进入虫体的重要通道。

（五）激素与信息素

内分泌系统指全身内分泌腺以及相关组织和细胞，可通过分泌特殊的化学物质来实现对昆虫的控制与调节，是神经系统以外的另一重要机能调节系统。根据生理作用和作用范围，这些微量的化学物质可分为激素（hormone）和信息素（pheromone）。

1. 激素 激素是昆虫体内腺体分泌的微量化学物质，通过与细胞上的受体结合而作用于目标细胞或器官，进而调节昆虫自身生长发育和行为活动。激素种类多样，其中控制昆虫蜕皮和变态发育的激素最为重要，主要有三种，即前胸腺激素（prothoracicotropic hormone，PTTH）、保幼激素（juvenile hormon，JH）和蜕皮激素（ecdysterone）。前胸腺激素为神经肽，由昆虫脑中的神经分泌细胞分泌，经神经轴突运输到心侧体或咽侧体贮存备用。保幼激素由咽侧体分泌，可抑制昆虫的蜕皮和成虫特征的发育。蜕皮激素的前体为固醇，由前胸腺激素调控前胸腺分泌，其作用是促使表皮细胞分泌形成新的表皮。昆虫体内

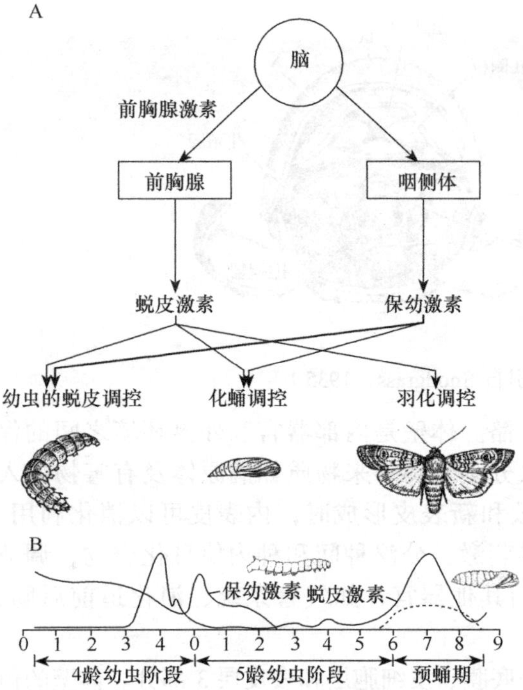

图 4-15　全变态昆虫蜕皮和变态发育的激素调控（引自 Richards，1981；Riddiford，1991）

A. 激素对发育的调控；B. 激素的浓度变化，其中虚线表示保幼激素消失

保幼激素与蜕皮激素含量的变化，调控昆虫的蜕皮和变态发育（图 4-15）。此外，神经肽类的蜕皮触发激素（ecdysis-triggering hormones，ETH）和羽化激素（eclosion hormone，EH）可引起昆虫行为的变化，以配合昆虫的蜕皮、化蛹及羽化过程。

2. 信息素　信息素由表皮细胞特化形成的腺体分泌形成，一般具有挥发性，用于种内个体间的信息传递。信息素多用于调控同种其他个体的行为，如性信息素、聚集信息素、标记信息素、示踪信息素和告警信息素等；但有些信息素也可作为信号因子，通过级联反应影响其他个体的生理变化。例如，性成熟的沙漠蝗雄成虫可释放信息素加速种群内其他个体的性成熟；蜂后可产生信息素以抑制工蜂的卵巢发育。此外，有的昆虫分泌的他感化合物（allelochemical）可影响不同物种个体的行为。

性信息素是指昆虫性成熟后分泌的具有远距离引诱同种异性个体前来交配的挥发性物质。多数情况下，雌虫分泌性信息素引诱雄虫，但也有相反的情况，如一些椿象、象甲、大蜡螟等昆虫。性信息素分泌腺多位于翅上、后足或腹部末端，如蛾类性信息素的分泌腺是上表皮内陷而成的囊状体，通常在第 8、9 腹节的节间膜背面。此外，昆虫表皮中常含有不挥发的性信息素，用于雌雄个体的接触识别。挥发性和不挥发的性信息素相结合，促进了同种昆虫的交配繁衍。

聚集信息素是指能够促进同种个体群集的化学物质。聚集常常能够改变昆虫种群的生存环境，有利于整个种群的生存。例如，谷斑皮蠹可分泌聚集信息素招引其同类群集在一处共同取食，以降低植物防御力。个体聚集在一起有利于交配，因此有时聚集信息素与性信息素的区分不明显。然而，以下情况是聚集信息素所特有的现象。例如，常见的椿象一龄若虫聚集取食的现象；蜜蜂蜂后上颚分泌信息素，以吸引工蜂到蜂后周围的现象。

许多植食性昆虫和内寄生性昆虫通过标记信息素标记已产卵的寄主，从而降低该寄主被重复产卵的概率以及种内幼虫的竞争；蜂类可通过标记信息素标记已采过的花朵，以提高采集效率。白蚁工蚁的腹腺能分泌示踪信息素以便同伴找到食源；蜜蜂工蜂的上颚分泌示踪信息素，用于标记蜂巢与蜜源植物之间的枝叶，以便于其他工蜂找到食源。蚂蚁受到外界侵害时会释放告警信息素，其他蚂蚁识别后会前来参加防御；而蚜虫受到天敌攻击时，腹管排出告警信息素，其他蚜虫感受到后会纷纷跌落逃生。

许多信息素的功能需要两个以上的化学成分共同起作用。信息素可应用于害虫防治，这种防治方法具有专一性高的优势，可减少对非生物靶标的影响并降低农药使用。

二、昆虫的生物学特性

昆虫的生物学特性包括昆虫生殖、生长发育、生活史、习性和行为等个体发育规律。了解昆虫生命活动规律，对昆虫灾害管理和环境保护具有重要意义。

（一）昆虫的生殖方式

在长期进化过程中，昆虫适应复杂的生态环境，演化出多种生殖方式。大多数昆虫是雌雄异体，通过雌雄交配，雌虫的卵子与雄虫的精子结合后发育成新个体，称为两性生殖。两性生殖是最常见的生殖方式，其优点是通过雌雄个体遗传信息的交换，能让子代有更高的多样性。有的昆虫行特殊生殖方式，如孤雌生殖、卵胎生和多胚生殖等。孤雌生殖指雌虫的卵不经受精直接发育成新个体的现象，这种生殖方式可让昆虫在没有雄虫的情况下延续种群。卵胎生指卵在母体内完成胚胎发育并孵化出幼体，再产出体外的方式，其优点是提高胚胎和幼体的存活率。多胚生殖指一个卵发育为两个或多个胚胎，每个胚胎发育成一个新个体的生殖方式，多见于寄生性的膜翅目昆虫及捻翅目昆虫等。寄生性昆虫寻找适宜的寄主比较困难，多胚生殖使其一旦有适宜的寄主就能繁殖较多的子代。

（二）昆虫的个体发育

1. 卵期 卵自母体产出到孵化所经历的时期叫作卵期。对于大多数昆虫，卵是个体发育的第 1 个虫态，胚胎发育是在卵内进行的。卵最外面是卵壳，起保护作用；卵壳下为卵黄膜，包围着原生质、卵黄及卵核。卵的端部常有一个或若干个贯通卵壳的小孔，称为卵孔。受精时精子可通过卵孔进入卵内，又称为受精孔。

大多数昆虫的卵纵径长 0.5～2.5 mm，其大小与昆虫大小有关。昆虫卵的形态多样。常见的为卵圆形或肾形，如许多直翅目、鳞翅目、双翅目、膜翅目昆虫的卵。有的卵呈桶形、瓶形、纺锤形、哑铃形等。大部分昆虫的卵初产时呈乳白色或淡黄色，后颜色加深，呈绿色、红色、褐色等。昆虫的产卵方式多样，有的单产，有的卵聚产在一起形成卵块或卵囊；有的卵产在寄主或猎物的表面，有的产在隐蔽的场所，如土中、树皮下、寄主组织中等。

2. 幼虫期 幼虫期指昆虫幼虫或若虫从卵内孵化而出，到蛹（全变态昆虫）或成虫（不全变态昆虫）之前的整个发育阶段。幼虫期昆虫取食量大，生长速率快，如家蚕老熟幼虫的体长比初孵幼虫增长约 24 倍，体重增加到 10 000 倍。因此大多数农业害虫的危害期主要是幼虫期，其是防治的重点时期。

孵化（hatching）是昆虫完成胚胎发育后，幼体破卵壳而出的过程。昆虫破卵的方式多种多样，大多要靠内部张力与肌肉活动产生的压力借助破卵器（刺、骨化板、能翻缩的囊等）刺破卵壳或顶开卵盖，鳞翅目的幼虫则大多用上颚直接咬破卵壳而出。从卵内孵出到取食之前的幼虫称为初孵幼虫。昆虫幼体生长过程中会受到外表皮的限制，需蜕去旧表皮并形成新表皮，这个过程称为蜕皮（moulting）。脱下的旧表皮称为蜕（exuviae）。幼虫期昆虫一般需要经过多次蜕皮，但蜕皮次数因种类而异。虫体的大小或生长的进程可用虫龄（instar）表示。从卵中孵化出来至第一次蜕皮以前的幼虫或若虫，称为 1 龄幼虫；第一次蜕皮后至第二次蜕皮前的幼虫或若虫称为 2 龄幼虫；依次类推。相邻两次蜕皮间隔的时间称为龄期（stadium）。昆虫的生长和蜕皮交替进行，掌握其特点对害虫的预测预报和防治具有重要

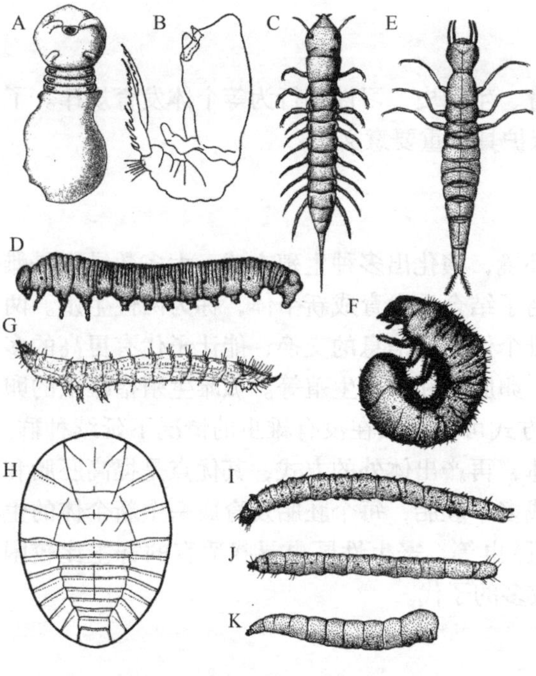

图 4-16 昆虫幼虫的类型（引自彩万志等，2011）
A. 寡节原足型；B. 多节原足型；C. 蚋型幼虫；D. 蠋型幼虫；E. 步甲型幼虫；F. 蛴螬型幼虫；G. 叩甲型幼虫；H. 扁型幼虫；I. 全头无足型幼虫；J. 半头无足型幼虫；K. 无头无足型幼虫

意义。

由于全变态类昆虫种类繁多，生境、食性、习性等都十分复杂，因此幼虫形态上变异很大。通常将全变态类的幼虫分为四大类：原足型、多足型、寡足型、无足型（图 4-16）。

3. 蛹期 全变态类昆虫的末龄幼虫蜕皮变为蛹的过程称为化蛹（pupation）。从化蛹一直到羽化所经历的时间称为蛹期（pupal stage）。蛹（pupa）是全变态类昆虫所特有的虫态，很多昆虫以蛹渡过不良环境或季节，如越冬或越夏。通常昆虫在化蛹前要选择适宜的场所，以保护其安全渡过蛹期。有的蛹具有特殊的保护性结构，如茧、土室等；有的蛹无保护性结构，但常有较好的拟态或保护色（如鳞翅目蝶类的蛹）。根据蛹壳、附肢与体躯的接触情况等，蛹通常分为3类（图 4-17）。

1）离蛹 又称裸蛹，附肢和翅不贴附于体上，可以活动，腹节也可活动。脉翅目、鞘翅目、毛翅目、膜翅目的蛹属于这种类型（图 4-17 A）。

2）被蛹 附肢和翅等粘在体上不能活动，腹部仅少数体节可活动，蛹体外被有一层薄膜。鳞翅目、鞘翅目的隐翅虫、双翅目直裂亚目（蚊、蚋、蠓、虻）的蛹都是被蛹（图 4-17 B）。

3）围蛹 蛹本身是离蛹，但末两龄幼虫所蜕的皮形成一个角质化外壳将蛹体包围起来。双翅目环裂亚目（蝇类）的蛹、部分介壳虫的蛹为围蛹（图 4-17 C 和 D）。

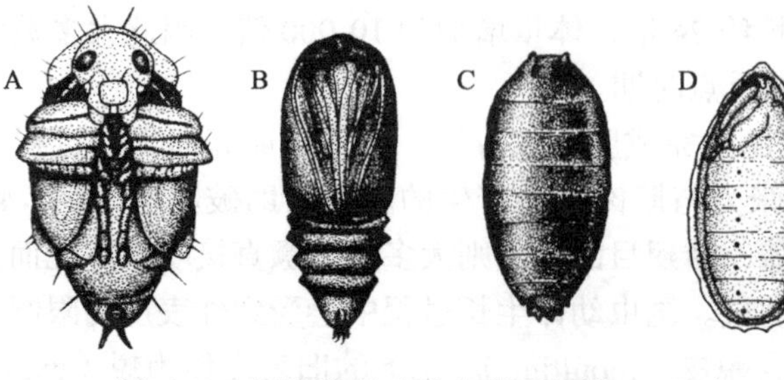

图 4-17 蛹的类型（引自彩万志等，2011）
A. 离蛹；B. 被蛹；C. 围蛹；D. 围蛹的透视

4. 成虫期 成虫（adult）从它的前一虫态脱皮而出的过程称为羽化（emergence）。成虫是昆虫个体发育的最后一个虫态。成虫从羽化到死亡所经历的时间称为成虫期（adult stage）。不全变态类的末龄若虫蜕皮时用胸足攀附在其他物体上，不食不动，不久便开始脱皮。成虫的头部先从胸部的开裂处外伸，接着整个身体脱出。全变态类昆虫的蛹羽化时，成虫以体躯和附肢的扭动增加体内压力，迫使蛹皮沿背中线或附肢黏附处裂开，然后成虫从裂口处脱出。有的还需要虫体本身的重力来帮助成虫蜕出蛹皮。在树干、卷叶中化蛹的鳞翅目昆虫，羽化前常借蛹体腹节的扭动和其上刺列的帮助，爬到羽化孔或卷叶外羽化。

成虫的生殖系统和感觉器官得到了充分发育，雌雄性别分化明显，成虫的一切生命活动都是围绕着生殖进行。生殖细胞发育成熟后雌雄可进行交尾。不同种类或同种不同性别，其性成熟时间不同。一般雄虫性成熟早于雌虫。成虫期性成熟的早晚，很大程度上取决于幼虫期的营养。有些昆虫羽化后，生殖细胞已经成熟，可行交尾和产卵，如家蚕、三化螟等。但多数昆虫，如直翅目、半翅目、鞘翅目、鳞翅目夜蛾科等，刚羽化成虫的生殖细胞还没有发育成熟，尤其是雌虫。因此，成虫需要继续取食，以补充生殖系统发育所需的营养。这种对生殖细胞发育不可缺少的成虫期营养称为补充营养。此外，蚊子等昆虫必须经过吸血后才能性成熟；许多迁飞性昆虫需要经过长距离迁飞才能性成熟。

1）性二型现象　同种昆虫的雌雄个体除生殖器官外，在大小、颜色和结构等外部形态方面存在明显差异的现象称为性二型现象（sexual dimorphism）。例如，锹甲科昆虫雄性上颚显著大于雌性。有些个体雌性体长显著长于雄性，如短额负蝗雌性个体的体长是雄性的2倍。蝶类中雌雄两性颜色常不同，如丝带凤蝶雄性个体的前翅基色为白色，雌性个体的前翅基色为黑褐色。

2）多型现象　在蚂蚁、蜜蜂、白蚁等社会性昆虫和蚜虫等群聚性昆虫中，常出现同种昆虫同一虫态的个体在大小、体形、颜色等外部形态上存在明显差异的现象，即多型现象（polymorphism）。多型现象出现在幼虫期、蛹期、成虫期，成虫期较多，雌性更普遍。例如，蜜蜂的雌蜂，有专职生殖的蜂后和负责工作的工蜂；白蚁雌性有长翅型、短翅型、无翅型；蚜虫有干母、干雌、有翅孤雌胎生蚜、无翅孤雌胎生蚜、雌蚜、卵生雌蚜等。

三、昆虫的变态及其类型

昆虫发育包括胚胎发育和胚后发育。昆虫发育过程中，会经历的一系列内部结构和外部形态的变化，称为变态（metamorphosis）。昆虫有多种变态类型，最常见的是不完全变态和完全变态，此外还有表变态、原变态、增节变态。

不完全变态（incomplete metamorphosis）的特点是个体发育经过卵、幼虫、成虫3个阶段。幼虫与成虫的外部特征和生活习性等方面相仿，翅于体外生长；但是若虫的翅和生殖器官发育不完全。随着幼虫的生长发育，成虫特征逐步显现。这类昆虫的幼虫又称为若虫，如直翅目、竹节虫目、螳螂目、蜚蠊目、革翅目、等翅目、啮虫目、纺足目、半翅目等昆虫。完全变态（complete metamorphosis）的特点是个体发育经历卵、幼虫、蛹、成虫4个阶段，翅在幼体体内发育。幼虫外部形态、内部器官及生活习性等与成虫差异明显，如鳞翅目、鞘翅目、膜翅目、双翅目等昆虫。

四、昆虫的生活史

（一）昆虫的世代

昆虫的生命周期是从新个体（卵或幼虫）离开母体开始，到性成熟产生新后代为止的发育过程，称为一个世代（generation）。完成一个世代所需要的时间称为世代历期。有的昆虫，如蜉蝣成虫只能存活 1～2 d，其世代历期和寿命基本相同。而有的昆虫，如许多鞘翅目昆虫，成虫产卵后能存活半年至一年，其寿命显著长于世代历期。同种昆虫寿命一般雌虫长于雄虫。

（二）昆虫的年生活史

昆虫生活史（life history）是一种昆虫在一定阶段的发育史，常以 1 年或 1 个世代为时间范围。在一年中的生长发育史为年生活史，一般从每年的越冬虫态复苏后开始，至翌年越冬复苏前的全过程。昆虫生活史的基本内容包括某种昆虫在某地 1 年内发生的代数，各世代中各虫态出现的时期，越冬虫态及始终时间等。了解昆虫生活史是进行昆虫有效管理的基础。昆虫生活史的记载可用文字描述、公式、表格、图示或图表结合等方法，其中表格较为常用，如烟草甲生活史（表 4-1）。

昆虫在 1 年内发生的世代数，称为化性（voltinsim）。一年发生 1 代的昆虫为一化性（univoltine）昆虫，如大豆食心虫、麦红吸浆虫等；一化性昆虫的年生活史与世代基本相同。一年发生 2 代的昆虫为二化性（bivoltine）昆虫，而一年发生 2 代以上的昆虫为多化性（polyvoltine）昆虫。二化性和多化性昆虫的年生活史包括几个世代，由于发生期及产卵期较长，或越冬出蛰分散，常造成不同世代在同一时间段内出现的现象，称为世代重叠。两年或两年以上才能完成 1 代的昆虫称为部化性（partvoltine）昆虫，如大黑鳃金龟 2 年发生 1 代；沟金针虫、华北蝼蛄约 3 年发生 1 代；十七年蝉则需 17 年发生 1 代。部化性的昆虫年生活史只包含部分虫态的生长发育过程。昆虫化性由种的遗传性和环境条件共同决定。很多昆虫化性受环境因素，特别是温度的影响，因而随地理位置的不同而异，如亚洲玉米螟在黑龙江省一年发生 1 代，在山东省一年发生 2～3 代，在江西省一年发生 4 代，在广东、广西等省（自治区）一年发生 5～6 代。

五、昆虫的习性和行为

习性是不同昆虫物种具有的生物学特性。行为是昆虫神经系统接受外界刺激后做出的一系列反应。了解和掌握昆虫的习性和行为，对于害虫防控和益虫利用有重要指导意义。

（一）休眠和滞育

昆虫遇到高低温等不良环境时，生长发育会暂时停滞，即越夏和越冬。这种现象主要分为休眠和滞育两类。

1. 休眠　休眠（dormancy）是由不良环境条件直接引起的昆虫生长发育停滞的现象；当不良环境条件消除后，昆虫马上恢复生长发育。休眠不是物种本身的遗传性适应，一般休眠的虫态不固定。

2. 滞育　滞育（diapause）是受某些信号刺激诱导，在周期性的不良环境到来之前昆虫便停止生长发育的现象。滞育具有一定的遗传稳定性，在外界信号刺激（如光周期）下，昆虫通过内分泌调节进入滞育状态；即使不良环境条件消除，昆虫也不能马上恢复生长发育。昆虫的滞育虫态因种类而异；但对于特定昆虫，滞育的虫态基本固定。

1）专性滞育与兼性滞育　滞育可分为专性滞育（obligatory diapause）和兼性滞育

表 4-1　烟草甲（*Lasioderma serricorne* Fabricius）在安徽省合肥市的年生活史（引自彩万志，2011）

世代	4月			5月			6月			7月			8月			9月			10月			11月至翌年3月
	上旬	中旬	下旬	上旬	中旬	下旬	上旬	中旬	下旬	上旬	中旬	下旬	上旬	中旬	下旬	上旬	中旬	下旬	上旬	中旬	下旬	上旬至下旬
三（越冬代）	(—)	—	—	—	—	—																
				△	△	△	△															
				+	+	+	+	+	+	+												
一					●	●	●	●	●	●												
						—	—	—	—	—	—	—	—	—	—							
										△	△	△	△	△	△							
										+	+	+	+	+	+	+	+					
二											●	●	●	●	●	●	●	●				
												—	—	—	—	—	—	—	—	—	—	—(—)(—)
															△	△	△	△				
																+	+	+	+	+		
三（越冬代）																	●	●	●	●		
																	—	—	—	—	—	—(—)(—)

注：●为卵；—为幼虫；△为蛹；+为成虫；越冬虫态用括号括起来

(facultative diapause)两种类型。专性滞育又称绝对滞育，是昆虫在每一代的固定虫态都发生的滞育，该类滞育常为一化性昆虫所具有，如舞毒蛾一年发生1代，在6月下旬至7月上旬产卵，此时尽管环境条件仍然适宜，但也不再进行生长发育，以卵进入越冬状态。兼性滞育常见于二化性、多化性昆虫，昆虫只在某一世代的特定虫态遭遇不利环境条件才进入滞育，否则继续生长发育。兼性滞育的虫态固定，但世代不定，如桃小食心虫在北方，主要以一代幼虫越冬，少数以二代幼虫越冬。

2）影响滞育因子　昆虫的滞育由其遗传基础决定，同时还受光周期、温度、湿度、食物等环境因子的影响。光周期是指一昼夜中的光照时数与黑暗时数的节律，一般以光照时数表示。光周期变化规律最稳定，是昆虫滞育诱导和解除的主要影响因子。引起昆虫种群中50%的个体滞育的光照时数为临界光周期。不同种或同种不同地理种群的昆虫，其临界光周期不同。温度是仅次于光周期影响昆虫滞育的重要因子。例如，对兼性滞育的昆虫，低温能诱导冬季滞育的发生，高温能诱导夏季滞育的发生。通常，滞育是不同影响因子共同作用下发生的。例如，温度大致每升高或降低5℃，昆虫的临界光周期减少或增长1～1.5 h。再如，夏季气温升高，蚜虫数量减少而导致七星瓢虫成虫食物不足时，雌虫卵巢停止发育或退化，而导致滞育。环境条件对滞育的影响，必须通过激素来调节。影响昆虫滞育的激素包括促前胸腺激素、卵滞育激素、蜕皮激素和保幼激素等。

（二）食性

昆虫的食性是昆虫在自然条件下的取食习性。根据食物的性质，可将昆虫分为植食性、肉食性、腐食性和杂食性4类。植食性昆虫主要以植物为食，这类昆虫约占已知昆虫种类的45.6%。肉食性昆虫主要以其他昆虫或动物为食，在害虫生物防治上有重要意义，又可分为捕食性昆虫（24.7%）和寄生性昆虫（12.4%）。捕食性昆虫是捕食其他昆虫或动物作为食物的昆虫，如七星瓢虫、草蛉等。寄生性昆虫是寄生于其他昆虫或动物体表或体内的昆虫，如寄生蜂、寄生蝇等。腐食性和杂食性昆虫约占已知昆虫种类的17.3%。腐食性昆虫以动物的尸体、粪便或腐败植物为食，如埋葬虫、果蝇和舍蝇等，在生态循环中起重要作用。杂食性昆虫则兼食动物性和植物性食料，如蜚蠊和蠼螋。

根据食物的种类范围，昆虫的食性可分为多食性、寡食性、单食性。多食性是以多科植物或动物为食料的食性，如棉铃虫可取食茄科、豆科、十字花科、锦葵科等30科200种以上的植物。寡食性是以1科或少数近缘科植物或动物为食的食性，如菜粉蝶取食十字花科植物、棉大卷叶螟取食锦葵科植物等。单食性是以1种植物或动物为食的食性，如豌豆象只取食豌豆等。

（三）趋性

趋性是指昆虫对外界刺激产生正向或反向的定向行为活动。正向为正趋性，而反向为负趋性。根据刺激源可将趋性分为趋热性、趋光性、趋化性、趋湿性等。夜行性昆虫一般对光源都有正趋性，可以利用这个特点来诱集杀灭这类害虫。趋化性是昆虫对化学刺激所表现出的定向行为活动，常与觅食、求偶、避敌、寻找产卵场所等有关，如许多夜蛾科成虫对糖醋溶液有正趋性，可行诱集杀灭。趋温性和趋湿性是昆虫对温度和湿度刺激所表现出的定向活动。

（四）群聚和迁移

1. 群聚　群聚（aggregation）是指同种昆虫的个体高密度聚集在一起的习性。根据聚集时间的长短分为临时性聚集和永久性聚集。临时性聚集是昆虫在某一虫态和一段时间内聚集在一起，过后分散，如一些叶蜂的幼虫孵化后会暂时聚集取食。永久性聚集是昆虫终生生活在一起的群聚现象，如蜜蜂和蚂蚁等社会性昆虫。

2. 迁移　迁移是昆虫受到一定环境条件影响，发生空间位置变动的行为活动，包括昆虫正常生命活动和适应环境的行为反应。昆虫迁移主要方式为扩散和迁飞。

扩散（dispersal）是昆虫个体在一定时间内发生位置移动而导致昆虫的分布区域扩大的现象。根据引起扩散的原因，分为主动扩散和被动扩散两类。主动扩散是昆虫群体因密度效应或因觅食、求偶、寻找产卵场所等原因，"主动"地由原发地向周边地区转移、分散的过程。被动扩散是由于风力、水力、寄主或人类活动而导致昆虫"被动"地由原发地向周边地区转移、分散的过程。被动扩散使昆虫突破地理阻隔，扩大分布和危害范围，造成害虫在新的区域危害猖獗。

迁飞（migration）是昆虫成群而有规律地从一个发生地长距离转移到另一个发生地的现象。迁飞是有一定规律的，主要受光周期、激素的调节，如帝王蝶的迁徙。

（五）拟态与假死

1. 拟态　一种生物模拟另一种生物或环境中的其他物体的状态的现象叫作拟态（mimicry）。这一现象广泛见于昆虫中，可发生在种群水平和个体的不同发育阶段。拟态对昆虫的取食、避敌、求偶等有着重要的生物学意义。一些昆虫的体色与其生活环境中的背景相仿，称为保护色。

2. 假死　假死是指昆虫在受到突然刺激时，立即身体蜷缩，静止不动或从原停留处突然跌落下来，呈"死亡"状态，稍后又恢复常态。假死性是昆虫逃避敌害的一种有效方式，如象甲、蚜虫、小地老虎等。利用昆虫的假死性，我们可以通过触动或震落法采集标本或进行害虫的测报与防治。

（史　丽　靖湘峰）

第二节　昆虫纲的分类

昆虫系统学是研究昆虫命名、鉴定、描述和系统发育及进化的科学。研究昆虫首先要认识和了解昆虫。通过昆虫系统学，我们能够把种类繁多的昆虫分析得条理清晰，通过一定线索认识以前不认识的昆虫，进而推断和哪些已知种类的生活习性相似，了解其发生规律和防治方法，为害虫预测预报、防治和利用益虫服务，其是一门基础科学。

一、分类的基本原理与方法

昆虫系统学是以昆虫形态学、生物学、生态学、生理学、细胞学等特征为基础，根据共性和特性的辩证关系，运用比较分析和概括归纳的思维方法进行分类。通过比较分析找出特异性，区分不同种类。运用概括归纳找出昆虫共性，将亲缘关系相近的种类或类群抽象概括为更高阶元。

（一）物种的概念

物种是分类的基本单元，是系统学的核心问题，是昆虫学的研究基础。从现代生物学角度来看，物种是由可以相互培育的自然居群组成的繁殖群体，和其他群体生殖隔离着，占有一定的生态空间，拥有一定的基因遗传型和表型，是生物进化和分类的基本实体单元。

（二）分类阶元

在昆虫系统学中，根据形态相似性和亲缘关系对种进行归类，一些形态相似、谱系关系较近的种（species）集合在一起组成属（genus），特征相近的属组成科（family），近缘的科组成目（order），目上又归为纲（class），纲上并为界（kingdom）。这些界、门、纲、目、科、属、种等的排列等级或水平称为分类阶元（category）。分类阶元按照其在分类研究中的重要性和应用分为：基本阶元（种）、主要阶元（界、门、纲、目、科、属）、次要阶元［主要阶元和基本阶元加总（super-）或加亚（sub-）构成的阶元］、种下阶元（亚种）。而分类单元是指排列在一定分类阶元上的具体分类类群，有特定的名称和分类特征（表 4-2），如膜翅目（Hymenoptera）就是一个排在目级阶元上的具体分类单元。

表 4-2　分类阶元和分类单元

分类阶元（category）	分类单元（taxon）	分类阶元（category）	分类单元（taxon）
界（kingdom）	动物界（Animalia）	总科（super-family）	蚜总科（Aphidoidea）
门（phylum）	节肢动物门（Arthropoda）	科（family）	蚜科（Aphididae）
总纲（super-class）	六足总纲（Hexapoda）	亚科（sub-family）	蚜亚科（Aphidinae）
纲（class）	昆虫纲（Insecta）	族（tribe）	蚜族（Aphidini）
亚纲（sub-class）	有翅亚纲（Pterygota）	属（genus）	蚜属（*Aphis*）
目（order）	半翅目（Hemiptera）	种（species）	大豆蚜（*Aphis glycines* Matsumura，1917）
亚目（sub-order）	胸喙亚目（Sternorrhyncha）		

（三）命名法

昆虫系统学现行使用的命名法是 1999 年修订的《国际动物命名法规》（第四版）（图 4-18），从 2000 年 1 月 1 日起施行。

1. 学名　昆虫学名（scientific names）是按照国际动物命名法规给昆虫命名的拉丁文或拉丁化的科学名词。学名多数来源于拉丁语或希腊语，通常表示昆虫特征、采集地或寄主、人名等。昆虫种的学名由两个拉丁词或拉丁化的单词构成，属名在前，种名在后，称为双名法（binomen），属名首字母必须大写。

印刷时学名排成斜体，抄写时在学名下加横线以示区别。学名后面通常还加上定名人的姓氏，第一个字母大写，如棉蚜的学名为 *Aphis gossypii* Glover。

亚种的学名则在种名后再加一个亚种名，即三名法（trinomen），如东亚飞蝗的学名为 *Locusta migratoria manilensis*（Meyen）。

如果一个种只鉴定到属而尚不知道种名，则用 sp. 表示，如 *Aphis* sp. 表示蚜属的一种；多于一种时用 spp.，如 *Aphis* spp. 表示蚜属的两种或多种。

种名在同一篇文章中再次出现时，属名可以缩写。

有些昆虫的学名，定名人姓氏外加括号，表示这个种的属级组合发生了变动。

科的学名由模式属名加词尾 -idea 构成，亚科加词尾 -inae，族加词尾 -ini，总科加词尾 -oidea 等。

图 4-18　《国际动物命名法规》（第四版）封面

2. 优先律　动物命名法规的核心是优先律（priority），属级和种级分类单元的有效名是最早给予它的可用名，并以林奈《自然系统》（第 10 版）的出版时间（1758 年 1 月 1 日）作为有效学名的起始日期。只有使用该学名最早的种有效。一个学名一经发表，无特殊情况，不能修改，这样就保证了一种昆虫只能有一个学名。

二、农林昆虫重要各目概述

农林昆虫种类繁多，狭义的昆虫纲包括 31 目（各目物种数参考彩万志等，2011），以下 7 目包括了与农林业害虫防治和益虫利用关系密切的类群。

（一）直翅目（Orthoptera）

直翅目昆虫因其前、后翅的纵脉直而得名，包括螽蟖、蟋蟀、蝗虫、蚱、蜢和蝼蛄等。世界已知约 27 344 种，我国已知约 2900 种。

1. 主要识别特征　后足善跳直翅目，前胸发达前翅覆；雄鸣雌具产卵器，蝗虫、螽蟖、蟋蟀谱。

体小到大型（图 4-19）；头下口式，口器为典型咀嚼式；触角丝状；复眼发达，单眼 2～3 个或无（螽蟖科）。前胸背板发达，向下延伸盖住侧区，马鞍形；翅 2 对，前翅狭长，加厚成皮革质，为覆翅，后翅膜质、扇形；翅脉直；后足跳跃足（蝼蛄科例外）；尾须发达；常具发音器，前足胫节基部（螽蟖、蟋蟀、蝼蛄）或腹部第 1 节具听器（蝗虫、蚱、蜢）；雌虫产卵器发达。

2. 生物学特征　陆生。多数蝗虫、螽蟖生活在地表或植物上，蝼蛄生活在土壤中。多数种类白天活动，少数（蟋蟀、蝼蛄）则夜间活动。卵为圆柱形或长圆形，单产或成卵块。蝗虫、蝼蛄产卵在土中小室内，螽蟖产卵于植物组织中。

渐变态。若虫与成虫生活习性和外形相似。若虫 5～7 龄，第 3 龄出翅芽。多一化性或二化性，以卵越冬。

多数为植食性，少数为杂食性或捕食性，许多种类是农、林、园艺作物的重要害虫。

3. 分类及重要科　直翅目昆虫分为 2 亚目 12 总科 26 科。

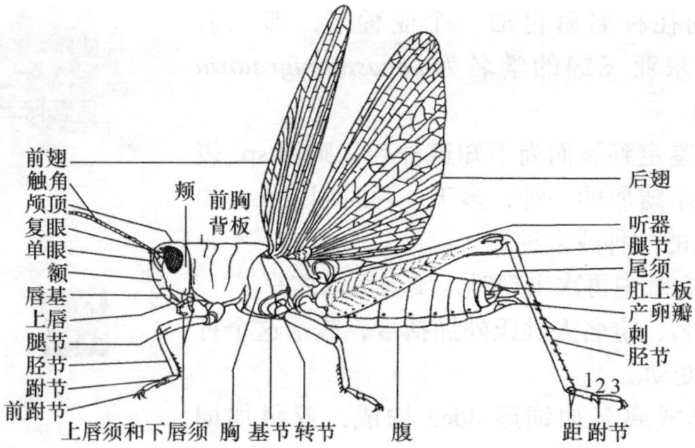

图 4-19　直翅目（蝗科）特征图（引自 Essig，1942，彩万志等，2011）

1）螽蟖亚目（Ensifera）　触角丝状，长于或等于体长；听器在前足胫节基部；雄虫以左右前翅摩擦发音；跗节 3 或 4 节；产卵器长，剑状、刀状或长矛状。

（1）螽蟖科（Tettigoniidae）。触角长丝状，跗节 4-4-4 式，产卵器刀片状，尾须粗短坚硬（图 4-20 A）。一般绿色，少数暗褐色。多为鸣虫，多植食性，少数肉食性或杂食性。世界已知约 7559 种。常见种：变棘螽［*Deracantha onosh*（Pallas）］为害谷子、玉米、棉花、牧草；中华露螽（*Phaneroptera sinensis* Uvarov）为害豆、瓜及各种蔬菜；纺织娘（*Mecopoda elongata* L.）为害桑、豆。

（2）蟋蟀科（Gryllidae）。触角长丝状，跗节 3-3-3 式，产卵器针状、长矛状或长杆状，尾须长，不分节。前翅在身体侧面急剧下折（图 4-20 B）。多数植食性，为害各种作物。多数种类的雄虫为著名的鸣虫。世界已知约 3150 种。常见种：南方油葫芦（*Gryllus testaceus* Walker），北京油葫芦（*G. mitratus* Burmeister），大扁头蟋（*Loxoblemmus doenitzi* Stein）。

（3）蝼蛄科（Gryllotalpidae）。触角短于体长；前足为开掘足，前足胫节上的听器退化，状如裂缝；后足非跳跃足；跗节 3-3-3 式；前翅短而后翅长，后翅伸出腹末如尾状；尾须长；产卵器退化（图 4-20 C）。蝼蛄在潮湿的土中蛀道，咬食播下的种子或靠近地面的嫩茎，常造成缺苗断垄，是重要的土壤害虫。世界已知约 115 种。常见种：单刺蝼蛄（*Gryllotalpa unispina* Saussure），东方蝼蛄（*G. orientalis* Burmeister）。

2）蝗亚目（Caelifera）　触角丝状、剑状或棒状，短于体长的一半；听器在第 1 腹节背面两侧；雄虫以足摩擦前翅内侧或腹部背板发音；产卵器短，凿状；跗节 3 节或少于 3 节。

（1）蝗科（Acrididae）。体大型；触角丝状、棒状或剑状；前胸背板较短，仅盖住胸部背面；跗节 3-3-3 式；爪间有中垫；腹部第 1 节背板两侧有 1 对鼓膜听器（图 4-20 D 和 E）。世界已知约 6703 种。常见种：短额负蝗（*Atractomorpha sinensis* Bolivar），中华蚱蜢（*Acrida cinerea* Thunberg），短星翅蝗（*Calliptamus abbreviatus* Ikonn），中华稻蝗［*Oxya chinensis*（Thunberg）］。历史上的蝗灾主要由飞蝗造成。飞蝗（*Locusta migratoria* L.）世界已知 6 亚种，我国分布 3 亚种：东亚飞蝗（*L. migratoria manilensis*）分布于我国东部平原，亚洲飞蝗（*L. migratoria migratoria*）分布于蒙新高原的低洼地带，西藏飞蝗（*L. migratoria tibetensis* Chen）分布于西藏。

（2）蚱科（Tetrigidae）。体小型；前胸背板特别发达，向后盖住整个腹部，末端尖，菱

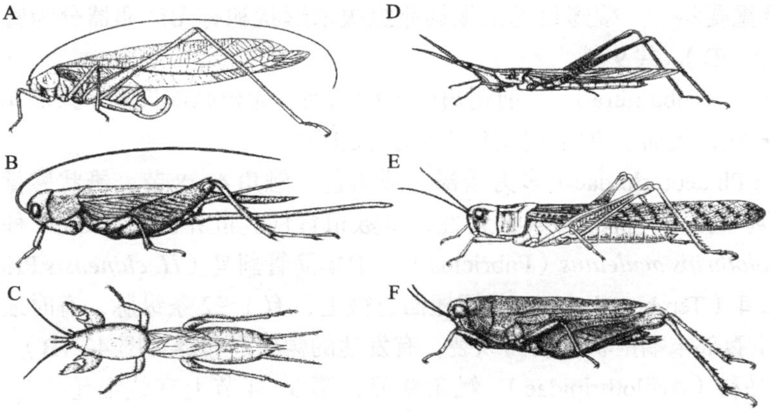

图 4-20　直翅目昆虫常见科（引自周尧，2002）
A. 螽蟖科；B. 蟋蟀科；C. 蝼蛄科；D，E. 蝗科；F. 蚱科

形，故名菱蝗；前翅退化，鳞片状或缺如；后翅发达；跗节 2-2-3 式，缺中垫（图 4-20 F）；无摩擦发音器和听器。以菌类、地衣、苔藓、杂草种子及植物或腐败物质为食。世界已知约 2032 种。常见种：日本菱蝗［*Tetrix japonica*（Bolivar）］。

（二）缨翅目（Thysanura）

缨翅目昆虫因其翅缘具缨翅而得名。一些种类常见于蓟花上，俗称蓟马。世界已知约 6222 种，我国已知约 580 种。

1. 主要识别特征　钻花蓟马缨翅目，体小细长常翘腹；短角聚眼口器歪，缨毛围翅具泡足。

体微小型，细长，0.5～5 mm；口器锉吸式；触角线状，6～9 节；复眼为聚眼式，单眼 3 个或无；翅 2 对，边缘有长缨毛，翅脉极少或无，最多只有 1～2 条纵脉；足粗壮，跗节 1～2 节，前跗节有翻缩性"泡囊"；产卵器锯状或管状。

2. 生物学特性　过渐变态。蓟马多数为植食性，少数为捕食性。多数种类生活在花中，取食花蜜和花粉粒；部分种类取食汁液；少数种类生活在枯枝落叶中，取食真菌孢子、菌丝；生活于叶片上的种类，可致发育中的叶片扭曲变形，形成虫瘿；个别种类捕食其他蓟马、粉虱、螨类等。蓟马不仅通过直接取食为害植物，也能传播病毒。例如，烟蓟马（*Thrips tabaci* Lindeman）传播斑枯萎病毒，引起番茄、烟草、菠萝、莴苣和马铃薯枯萎，胖黑蓟马（*Melanothrips obesa* Franklin）能传播菌核病菌。

蓟马的生殖方式有两性生殖和孤雌生殖。大多数植食性蓟马有产卵器，卵产于绿色植物组织内；而管蓟马无产卵器，卵产于叶片表面或植物缝隙内。锥尾亚目若虫共 4 龄，管尾亚目若虫共 5 龄。世代周期短，大多数种类 1 年发生多代，以 5～7 代者居多。在干旱的季节繁殖特别快，易形成灾害；潮湿及降雨，特别是暴雨，可降低其发生密度，减少危害。

蓟马也是重要的传粉昆虫，在生物防治方面也有明显作用。例如，斐济用食叶性的蓟马（*Liothrips urichi* Karny）成功控制杂草［*Clidemia hirta*（L.）］，我国利用捕虱管蓟马［*Aleurodothrip fasciapennis*（Franklin）］控制柑橘红圆蚧［*Aonidiella aurantii*（Maskell）］。

3. 分类及重要科 缨翅目昆虫根据雌虫腹末形状和有无产卵器分为管尾亚目和锥尾亚目（图 4-21 A～D），共 9 科。

1）管尾亚目（Tubulifera） 前翅翅面光滑无毛，无翅脉或仅有 1 条简单缩短的中脉；雌虫腹部末端管状，腹面不纵裂（图 4-21 A）。仅 1 科。

管蓟马科（Phlaeothripidae）多为暗褐色或黑色。触角 4～8 节，锥状感觉器，第 3 节最大。多数取食真菌孢子，部分种类捕食性，少数植食性。世界已知约 3699 种。常见种：稻简管蓟马［*Haplothrips aculeatus*（Fabricius）］，中华简管蓟马（*H. chinensis* Priesner）。

2）锥尾亚目（Terebrantia） 前翅翅面有微毛，有 1～2 条纵脉，有时还有横脉，翅脉上有刚毛；雌虫腹部末端锥状，腹面纵裂，有发达的锯状产卵器（图 4-21B）。常见 2 科。

（1）纹蓟马科（Aeolothripidae）。触角 9 节，第 3～4 节上有线形感觉器；翅较阔，前翅末端圆形，有横脉，2 条纵脉从基部伸到翅缘；产卵器锯状，末端向上弯曲（图 4-21 C）。多数种类为捕食性。世界已知约 207 种。常见种：横纹蓟马［*Aeolothrips fasciatus*（L.）］。

（2）蓟马科（Thripidae）。触角 7～8 节，第 3～4 节上的感觉器细叉状或为简单的感觉锥；雌虫腹部末节圆锥形，产卵器末端向下弯曲（图 4-21 D）。多数种类为植食性。世界已知约 2132 种。常见种：烟蓟马（*Thrips tabaci* Lindeman），稻蓟马［*Stenchaetothrips biformis*（Bagnall）］，温室蓟马［*Heliothrips haemorrhoidalis*（Bouche）］。

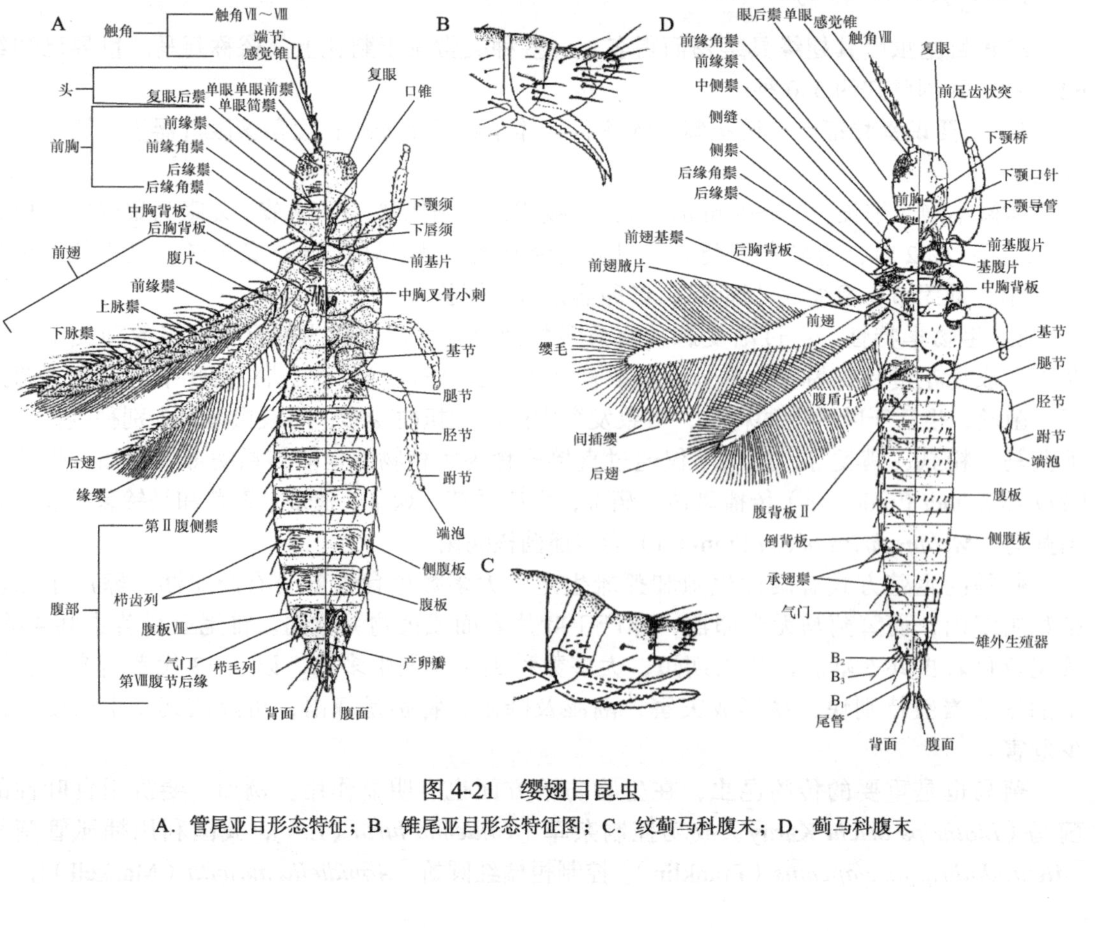

图 4-21 缨翅目昆虫

A. 管尾亚目形态特征；B. 锥尾亚目形态特征图；C. 纹蓟马科腹末；D. 蓟马科腹末

（三）半翅目（Hemiptera）

半翅目昆虫因其异翅亚目的前翅为半鞘翅而得名，包括蝽、蝉、蚜、蚧、粉虱、飞虱、木虱等。世界已知约 104 165 种，我国已知约 12 300 种。

1. 主要识别特征 刺吸口器半翅目，水陆取食动植物；叶蝉飞虱蚜蚧蝽，常害农林和果蔬。

体小型至大型（图 4-22）；头后口式，口器刺吸式，喙出自头部腹面后方（近两前足基节之间）或头部后下方或头部前下方，通常喙 1～4 节；触角线状、刚毛状或念珠状，伸出

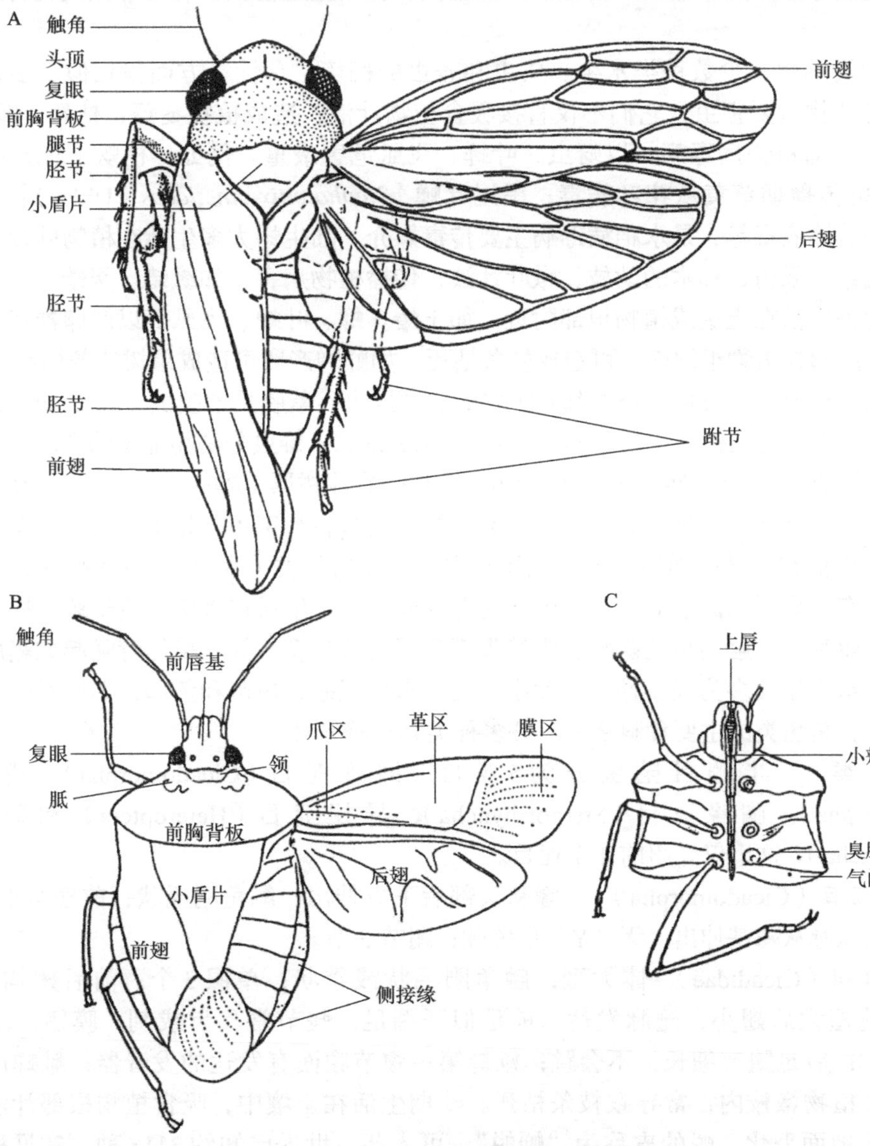

图 4-22 半翅目昆虫的特征

A．蝉亚目（引 Triplehorn and Johnson，2005）；B．异翅亚目整体，背面观（引自周尧，2002）；C．异翅亚目头部和胸部，腹面观（引自周尧，2002）

或隐藏在复眼下的沟内；前胸背板大，中胸小盾片发达，外露；2对翅，前翅为半鞘翅或质地均匀，革质或膜质，休息时常呈屋脊状置体背面。有的类群有长翅型、短翅型和无翅型，而雄性介壳虫后翅退化成平衡棒；足跗节1～3节；无尾须；雌虫具有发达的产卵器；常有蜡腺或臭腺。许多种类有臭腺，开口于胸部腹面两侧和腹部背面等处。

2. 生物学特性 多数为渐变态，少数为过渐变态。多数种类为两性卵生，但蚜虫、介壳虫可行孤雌生殖。卵单产或聚产在土壤、植物组织内、植物表面或缝隙中。卵圆筒形、鼓形或肾形，陆生种类卵多有帽和卵盖。部分种类卵壳表面具长呼吸角，可改善卵的呼吸。若虫一般4龄，少数3龄或5～9龄，1年发生1代或数代。蝉类、飞虱等生活史简单；蚜虫、粉虱、介壳虫等生活史非常复杂，包括两性世代和孤雌生殖世代，有时有世代交替或季节性寄主交替。

多数种类陆生，少数种类水生。成虫和若虫的栖境、食性等方面很相似。多数为植食性，是经济植物重要害虫。它们不仅直接吸食植物汁液，造成植物萎蔫、枯死、畸形生长、虫瘿，还能传播植物病毒病，以蚜虫、叶蝉、飞虱危害最重。例如，桃蚜［*Myzus persicae*（Sulzer）］可传播烟草黄瓜花叶病毒；黑尾叶蝉［*Nephotettix cincticeps*（Uhler）］传播普通矮缩病毒和黄矮病毒等，是水稻病毒病主要传毒媒介。陆生蝽大多生活在植物叶片上，吸食农作物、蔬菜、果树、林木的幼枝、嫩叶汁液，传播植物病害，如缘蝽、网蝽、盲蝽、长蝽等。部分种类生活在土壤或植物根部附近，如土蝽。蝉、叶蝉、飞虱等以产卵器切开植物枝条、叶片，产卵在植物组织内，可造成枝条枯死，如蚱蝉产卵可造成果树枝条枯死。

紫胶虫、白蜡虫、五倍子蚜等都是重要的资源昆虫。紫胶是紫胶虫（*Laccifer lacca* Kerr）雌虫分泌物；白蜡是白蜡虫［*Ericerus pela*（Chavannes）］雄虫分泌物加工的产品；五倍子是倍蚜类的五倍子蚜［*Schlechtendalia chinensis*（Bell）］在漆树属（*Rhus*）叶片上所产生的虫瘿。

捕食性种类如猎蝽、姬蝽、花蝽和少数盲蝽，捕食各种害虫，是重要天敌。臭虫吸食血液。水生蝽生活在水塘、稻田、溪流或海水中。水面的种类（水黾），身体腹面有一层银白色绒毛，可有效降低水的表面张力，因此能在水面行走。生活在水中的负子蝽、蝎蝽等多为流线型，体躯扁平，触角短而隐藏，蝎蝽腹部末端有呼吸管。仰泳蝽体背隆起如船底，腹面平而向上。水生蝽类多为捕食性，捕食小动物、水生蝇蛆、鱼苗和鱼卵；划蝽科的一些种类个体数量多，是鱼类的主要食料之一。许多种类具有趋光性。

3. 分类 半翅目昆虫分为5亚目，即蝉亚目（Cicadomorpha）、蜡蝉亚目（Fulgoromorpha）、胸喙亚目（Sternorrhyncha）、异翅亚目（Heteroptera）和鞘喙亚目（Coleorrhyncha）。这里仅介绍前4个亚目。

1）蝉亚目（Cicadomorpha） 喙从头部后下方伸出；触角刚毛状；前翅基部无肩片，至少有4条纵脉从翅基伸出，无“Y”形臀脉；跗节3节。

（1）蝉科（Cicadidae）。体大型，触角刚毛状或鬃状；单眼3个；前后翅均为膜质，常透明，前翅大后翅小，翅脉发达。前足似开掘足，腿节常具齿或刺；膜翅，围脉发达（图4-23 A）；后足腿节细长，不会跳；雄蝉第一腹节腹面有发达的发音器；雌蝉产卵器发达，产卵于植物嫩枝内，常导致枝条枯死。幼期生活在土壤中，吸食植物根部汁液。若虫老熟后钻出地面羽化，蜕的皮称为“蝉蜕”，可入药。世界已知约3118种。常见种：蚱蝉［*Cryptotympana atrata*（Fabr.）］，蟪蛄［*Platypleura kaempferi*（Fabr.）］，鸣蝉［*Oncotympana maculicollis*（Motsulsky）］，为害多种果树枝条。

（2）叶蝉科（Cicadellidae）。体长3～15 mm，单眼2个；触角刚毛状；前翅革质，后翅膜质；后足胫节有棱脊，棱脊生有3～4列刺状毛，末端不膨大（图4-23 B）。主要取食植物叶片，有些种类传播植物病毒病，是农牧业重要害虫。世界已知约19 462种，我国已知约2000种。常见种：大青叶蝉［*Cicadella viridis*（Linn.）］为害多种农作物和果树。

（3）沫蝉科（Cercopidae）。体小至中型，触角刚毛状；单眼2个；后足胫节具1～2个侧刺，末端膨大，有1、2列显著的冠刺（图4-23 C）。若虫分泌泡沫，称为“泡泡虫”，泡沫是第7和8腹节的表皮腺分泌的黏液从肛门排出时混合空气形成的。多数为害禾谷类和草本植物，少数为害木本植物。世界已知约1486种，我国已知100余种。常见种：稻赤黑沫蝉［*Callitettix versicolor*（Fabr.）］是水稻的重要害虫。

2）蜡蝉亚目（Fulgoromorpha） 喙从头部后下方伸出；触角刚毛状，梗节膨大成球形或卵形，上有许多感觉器；前翅基部肩片发达，至少有4条纵脉从翅基伸出，2条臀脉在端部相接成“Y”形；跗节3节。

（1）蜡蝉科（Fulgoridae）。中到大型；肩板大；前、后翅发达，膜质，臀区多横脉，翅脉网状；前翅爪片明显（图4-23 D）。世界已知约759种，我国已知20余种。常见种：斑衣蜡蝉［*Lycorma delicatula*（White）］为害椿树、葡萄等。

（2）飞虱科（Delphacidae）。体小型，长2～9 mm，多灰白色或褐色；触角锥状；后足胫节外侧有2刺，端部有1个能动的大距（图4-23 E）。主要为害禾本科植物，有些种类传播植物病毒病，是重要农业害虫。世界已知约2166种，我国已知100余种。常见种：褐飞虱（*Nilaparvata lugens* Stål），白背飞虱［*Sogatella furcifera*（Horvath）］，灰飞虱［*Laodelphax striatellus*（Fallén）］，是水稻毁灭性害虫。

3）胸喙亚目（Sternorrhyncha） 喙出自前足基节之间；触角丝状；前翅有至多3条纵脉从基部伸出；跗节1～2节。

（1）木虱科（Psyllidae）。触角10节，末节端部有2刺；单眼3个；前翅R脉、M脉、Cu_1脉基部愈合，近翅中部分成3支，近翅端部每支再各分2支（图4-23 F）。世界已知约1172种。常见种：中国梨木虱（*Psylla chinensis* Yang & Li），主要为害鸭梨等梨树；柑橘木虱（*Diaphorina citri* Kuwayama）为害柑橘和香料植物。

（2）根瘤蚜科（Phylloxeridae）。体表常有蜡粉；无腹管；触角3节，无翅蚜（图4-23 G）及若蚜只有1个纵带状感觉孔，有翅蚜（图4-23 H）有2个纵带状感觉孔；前翅具3斜脉，中脉不分叉，后翅缺斜脉；无腹管，尾片半月形。停息时两翅平叠于背面。世界已知约71种。常见种：葡萄根瘤蚜［*Viteus vitifolii*（Fitch）］是葡萄的重要害虫，梨黄粉蚜［*Aphanostigma jakusuiensis*（Kishida）］是梨的重要害虫。

（3）蚜科（Aphididae）。触角6节，少数4～5节，最后2节上有圆形感觉孔；前翅具4斜脉，中脉分叉1～2次；爪间毛毛状，腹部第5节背侧面有1对腹管，长管状，有的膨大，少见球状或缺如；尾片形状多样，但不呈瘤状，尾板末端圆（图4-23 I）。蚜虫为周期性孤雌生殖。大多生活在叶片、嫩枝、花序或幼枝上，少数在根部，是农业重要害虫。世界已知约5241种。常见种：棉蚜（*Aphis gossypii* Glover）为害棉花和瓜类；麦二叉蚜［*Schizaphis graminum*（Rondani）］为害麦类、高粱等禾谷类作物，传播小麦黄矮病；桃蚜［*Myzus persicae*（Sulzer）］为害桃、李、杏、十字花科蔬菜、烟草等多种经济植物，传播烟草黄瓜花叶病毒和蚀纹病毒。

（4）粉虱科（Aleyrodidae）。触角7节，单眼2个，前翅纵脉1～3条，后翅纵脉1条；成虫（图4-23 J）和4龄若虫腹部第9节背板有1个凹陷称皿状孔（图4-23 K）。世界已知约1562种。常见种：温室粉虱（*Trialeurodes vaporariorum* Westwood）是温室和大棚蔬菜害虫，烟粉虱［*Bemisia tabaci*（Gennadius）］为害大豆、烟草等。

（5）绵蚧科（Margarodidae）。雌虫无翅（图4-23 L）；体肥大，分节明显；体背附有白色的卵囊；触角11节；口器和足发达；腹部腹面常有腹疤，数量多达几百个；腹末肛管长，内端硬化并具有成圈蜡孔，无肛环。雄虫（图4-23 M）触角10节，第3节以上每节常呈双瘤式或三瘤式；前翅膜质，黑色或烟煤色，能纵褶；后翅棒翅；腹末有1对向后突出的肉质尾瘤。世界已知约427种。常见种：吹绵蚧（*Icerya purchasi* Maskell）为柑橘毁灭性害虫；草履蚧［*Drosicha corpulenta*（Kuwana）］为害苹果等果树。

（6）粉蚧科（Pseudococcidae）。雌虫无翅，卵圆形，分节明显，被粉状或绵状蜡质分泌物（图4-23 N）；触角5～9节；胸足发达；腹末有臀瓣及臀瓣刺毛（图4-23 O）；肛门周围有骨化的肛环和肛环刺毛4～8根，通常6根；自由生活。雄虫常有翅；腹末有1对白色长蜡丝。世界已知约1970种。常见种：柑橘粉蚧（*Planococcus gahani* Green）为害柑橘等多种植物。

（7）蚧科（Coccidae）。雌虫体被蜡质（图4-23 P），分节不明显，腹部无气门；足和触角退化；腹末有深臀裂（图4-23 Q），肛门上有2块三角形肛板，盖于肛门之上。雄虫无复眼，触角10节；足发达；腹部末端有2长蜡丝；交配器短。多数种类是农林园艺害虫。世界已知约1101种。常见种：朝鲜球坚蚧（*Didesmococcus koreanus* Borchs）（图4-23 R）为害各种果树。

（8）盾蚧科（Diaspididae）。雌虫无翅（图4-23 S），盾状蚧壳是由1龄和2龄若虫的两层蜕皮和一层丝质分泌物叠成；腹部第4～8节或5～8节愈合成臀板。雄成虫（图4-23 T）有翅；雄虫幼期盾状蚧壳由1龄若虫的蜕皮和一层分泌物组成。触角10节；腹末无蜡丝；交配器狭长。主要为害乔木和灌木，很多种类是果树、林木害虫。世界已知约2377种。常见种：矢尖蚧［*Unaspis yanonensis*（Kuwana）］，梨圆蚧［*Diaspidiotus perniciosus*（Comstock）］。

4）异翅亚目（Heteroptera） 体小至大型，扁平。喙出自头部前端；触角常4～5节；前翅半鞘翅；常有臭腺，具防御和报警等作用。

（1）负子蝽科（Belostomatidae）。中至大型，体卵圆形；前足捕捉式，中、后足为游泳足；腹末呼吸管短而扁（图4-24 A）。雌虫产卵于泥底或水草上，有些种类卵产在雄虫背上，故名负子蝽。世界已知约160种，我国已知约10种。常见种：褐负蝽［*Diplonychus rusticus*（Fabr.）］捕食其他小动物，又是鱼类的食料；大负蝽［*Kirkaldyia deyrollei*（Vuillefroy）］生活在较深的水中，为害鱼苗。

（2）蝽科（Pentatomidae）。体扁平，盾型，前胸背板六边形；触角5节，偶有4节；小盾片发达，三角形或舌状，盖住腹部长度的1/2；膜区一般5条纵脉，多从一基横脉上发出（图4-24 B）。臭腺发达。大部分种类植食性，有很多重要农林害虫。世界已知4700余种，我国已知400余种。常见种：斑须蝽［*Dolycoris baccarum*（L.）］，横纹菜蝽（*Eurydema gebleri* Kolenati）。

（3）龟蝽科（Plataspidae）。体小至中型，小盾片发达，将腹部完全覆盖或腹部仅微露边缘（图4-24 C）；触角5节；前胸背板中部前方有横缢；前翅大部分膜质，可折叠在小盾片下；足较短，跗节2节；腹部腹面两侧具黄色纹，第6腹板后缘中央成角状或弧形。植

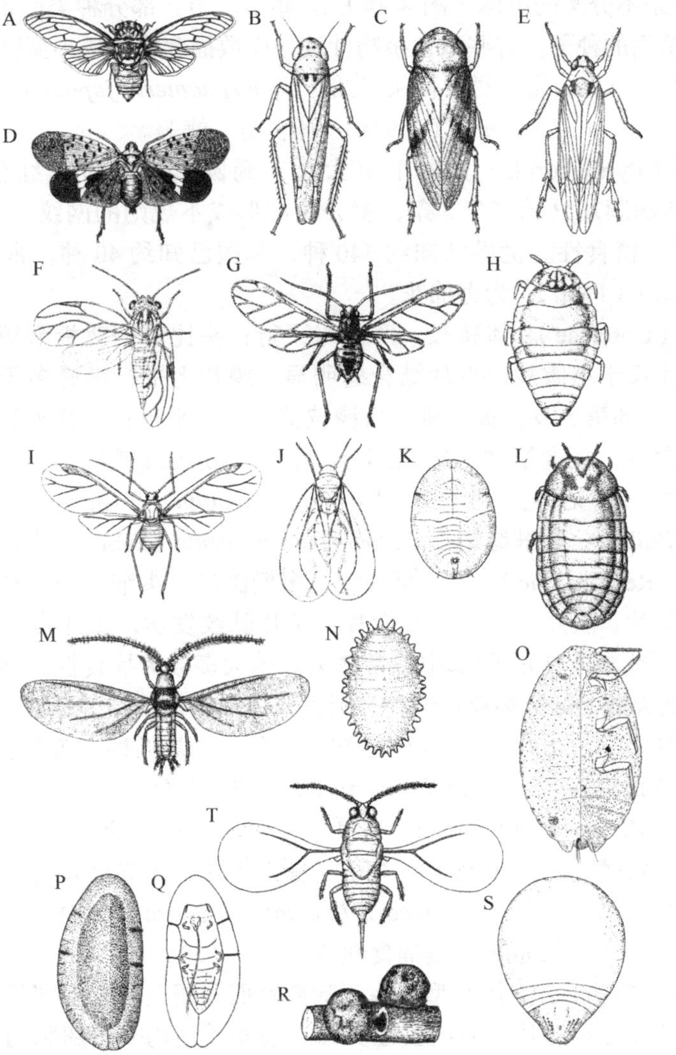

图 4-23　半翅目昆虫常见科（一）（引自周尧，2002）

A. 蝉科；B. 叶蝉科；C. 沫蝉科；D. 蜡蝉科；E. 飞虱科；F. 木虱科；G, H. 根瘤蚜科；I. 蚜科；J, K. 粉虱科；L, M. 绵蚧科；N, O. 粉蚧科；P, Q, R. 蚧科；S, T. 盾蚧科

食性，为害豆科、菊科、茄科、蓼科等植物。世界已知500余种，我国已知40余种。常见种：筛豆龟蝽［*Megacopta cribraria*（Fabr.）］是大豆、菜豆、绿豆等的重要害虫。

（4）盾蝽科（Scutelleridae）。体中小至大型，椭圆或长椭圆，背面圆隆；多数种类具有艳丽的色斑和金属光泽，毛少。上颚等于、长于或短于前唇基；触角5节，第2节短，少数4节；喙4节，伸达或超过后足基节。小盾片"U"形（图4-24 D），盖住整个腹部和前翅的绝大部分。跗节3节，后胸侧板臭腺沟缘及挥发域发达。植食性，生活于木本植物上。世界已知450余种，我国已知约50种。常见种：丽盾蝽［*Chrysocoris grandis*（Thunberg）］为害柑橘、油桐、柚、板栗等果树和经济林木。

（5）长蝽科（Lygaeidae）。体小至中型，椭圆形或长椭圆形。头短，触角4节，单眼2个。

前翅膜片有4～5条不分叉的纵脉（图4-24 E）。跗节3节，部分种类前足腿节粗大，下方具刺。大多数取食植物的种子，有些取食植物汁液，少数捕食螨类或小型昆虫。世界已知4000余种，我国已知约400种。常见种：高粱长蝽（*Dimorphopterus japonicus* Hidaka）为害高粱，大眼蝉长蝽［*Geocoris pasllidipennis*（Costa）］捕食蚜、螨等。

（6）红蝽科（Pyrrhocoridae）。体中至大型，椭圆形，多为鲜红色而有黑斑。触角4节，无单眼。前翅膜片纵脉多于5条，多分枝或形成不规则的网纹，基部形成2～3个大翅室（图4-24 F）。植食性。世界已知约340种，我国已知约40种。常见种：棉二点红蝽［*Dysdercus cingulatus*（Fabr.）］为害棉花。

（7）缘蝽科（Coreidae）。体狭长，两侧缘平行；头比前胸背板窄短；触角4节，有单眼，喙4节；爪片长于小盾片，爪片结合缝明显；膜片上平行纵脉多于5条，基部常无翅室（图4-24 G）；腹部第5节背板前缘、后缘波浪形，但平行；有些种类后足胫节膨大成树叶状。大多数植食性，吸食植物的幼嫩部分，引起植物萎蔫或死亡。世界已知约2567种，我国已知200余种。常见种：粟缘蝽［*Liorhyssus hyalinus*（Fabr.）］为害谷子，稻棘缘蝽（*Cletus punctiger* Dallas），稻蛛缘蝽［*Leptocorisa varicornis*（Fabr.）］为害水稻。

（8）猎蝽科（Reduvioidae）。体小至大型，多椭圆形。头细且长，在眼后细缩如颈状；前翅分为革片、爪片、膜片，无缘片和楔片，革片脉纹发达，膜片常有两大翅室，翅室端部伸出1条长脉（图4-24 H）；腹部中段常膨大。绝大多数为捕食性，捕食其他昆虫、马陆等，是农林害虫的天敌。锥猎蝽亚科的种类吸食人体或其他动物的血液，部分种类是锥虫病的传播媒介。世界已知约7000种，我国已知400余种。常见种：黄足直头猎蝽（*Sirthenea flavipes* Stål），环斑猛猎蝽［*Sphedanoletes impressicollis*（Stål）］。

（9）盲蝽科（Miridae）。触角4节，喙4节；无单眼；前翅有楔片；膜片1～2个闭室（图4-24 I）。多数植食性，少数捕食性，多农业重要害虫。世界已知约11 138种，我国已知700余种。常见种：苜蓿盲蝽［*Adelphocoris lineolatus*（Goeze）］为害豆科牧草，食虫齿爪盲蝽（*Deraeocoris punctulatus* Fallén）是捕食性益虫。

（10）网蝽科（Tingidae）。体小型，头、胸部背面和翅上有许多网状花纹（图4-24 J）；前胸背板向后延伸盖住小盾片，向前盖住头部。前翅质地均一，翅脉网状。跗节2节。大多数为植食性，少数为捕食性。世界已知约2338种，我国已知200余种。常见种：梨网蝽（*Stephanitis nashi* Esaki & Takeya），茶脊网蝽（*Stephanitis chinensis* Drake）。

（11）姬蝽科（Nabidae）。体瘦长，褐灰或黑色。触角4～5节，喙4节。前胸背板狭长。前翅膜片常有2～3小室，并有少数横脉（图4-24 K）。前足捕捉式，跗节3节，无爪垫。雌虫产卵器显著。捕食小昆虫和动物。世界已知约500种，我国已知70余种。常见种：暗色姬蝽（*Nabis stenoferus* Hsiao），华姬蝽（*N. sinoferus* Hsiao）。

（12）花蝽科（Anthocoridae）。体小型，长椭圆形，常有单眼；触角4节，喙第1节极长，似3节。前翅具楔片和缘片，膜片仅有不明显的2～4条纵脉或缺翅脉（图4-24 L）。雌虫有针状产卵器。多数捕食昆虫卵和幼虫，少数取食植物汁液或花粉。世界已知500余种，我国已知90余种。常见种：东亚小花蝽［*Orius sauteri*（Poppius）］。

（四）鞘翅目（Coleoptera）

鞘翅目昆虫因其前翅鞘质而得名，占昆虫纲40%以上，是昆虫纲第一大目。世界已知约 392 415 种，我国已知约 28 500 种。

1. 主要识别特征 装甲护体鞘翅目，触角多变单眼无；前胸发达小盾露，幼虫寡足或无足。

体小至大型，体壁坚硬。触角多为 11 节，形状多样；口器咀嚼式，上颚发达（图 4-25 A）；前胸背板发达，中胸仅露出小盾片；前翅为鞘翅，后翅膜质，翅脉少，休息时折叠在鞘翅下；跗节 3～5 节（图 4-25 B～E）；腹部可见 5～8 节。幼虫寡足型，少数无足型。

2. 生物学特性 完全变态，芫菁、大花蚤为复变态。绝大多数两性生殖，少数孤雌生殖、幼体生殖或卵胎生。一般 1 年 1～4 代，或数年 1 代，仓库害虫几乎全年繁殖，少数天牛可生活 25～30 年。多数以成虫越冬，少数以幼虫或卵越冬。

多数陆生，少数水生。多为植食性，部分种类捕食性、腐食性、粪食性、尸食性、菌食性，少数种类寄生性。多数甲虫有假死性。

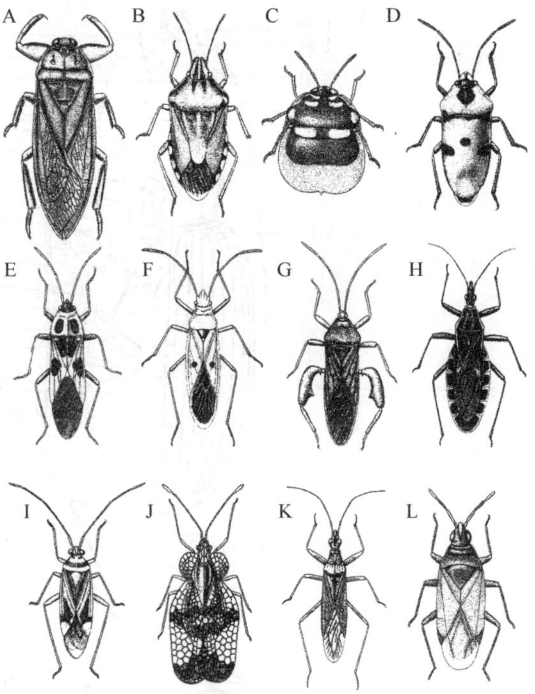

图 4-24 半翅目昆虫常见科（二）

（引自彩万志等，2011）

A. 负子蝽科；B. 蝽科；C. 龟蝽科；D. 盾蝽科；E. 长蝽科；F. 红蝽科；G. 缘蝽科；H. 猎蝽科；I. 盲蝽科；J. 网蝽科；K. 姬蝽科；L. 花蝽科

3. 分类 鞘翅目分为 4 个亚目：肉食亚目（Adephaga）、多食亚目（Polyphaga）、原鞘亚目（Archostemata）、菌食亚目（Myxophaga）。这里仅介绍前两者。

1）肉食亚目 前胸有背侧缝；后翅具小纵室；后足基节固定在后胸腹板上，不能活动；第 1 腹板中央完全被后足基节窝所分开（图 4-25 F）；幼虫蛃型；上颚无臼齿区；胸足 5 节；大部分种类具分节的尾突。绝大多数捕食性，仅少数植食性。

（1）虎甲科（Cicindelidae）。中型，具金属光泽和鲜艳斑纹；头比前胸略宽，下口式；下颚长，有 1 个能动的齿；触角着生在复眼之间，触角间距小于上唇宽度（图 4-26 A）；鞘翅上无沟或刻点行。后翅发达，能飞行。幼虫头和前胸大，第 5 腹节背面突起上着生 1～3 对倒钩，无尾突。捕食小昆虫。幼虫生活于土中隧道内，头在入口处，背钩防止捕食时被拖出。世界已知约 2000 种，我国已知 120 余种。常见种：中华虎甲（*Cicindela chinensis* DeGeer），杂色虎甲（*C. hybrida* L.）。

（2）步甲科（Carabidae）。头前口式，窄于前胸；触角位于上颚基部与复眼之间；下颚无能动的齿；鞘翅表面具纵沟或刻点行（图 4-26 B）。成虫后翅常退化，不能飞，仅能在地面行走，故称为步甲。幼虫为典型的蛃型幼虫，黑色，足长，活跃，第 9 节尾突发达。捕食性。世界已知约 40 000 种，我国已知 1700 余种。常见种：金星步甲（*Calosoma chinense* Kirby），谷婪步甲［*Harpalus calceatus*（Duftschmid）］。

2）多食亚目 前胸无背侧缝；后翅无小纵室；后足基节可动，不固定在后胸腹板上；第 1 腹板不被后足基节窝完全分开（图 4-25 G），其后缘横贯整个腹部。

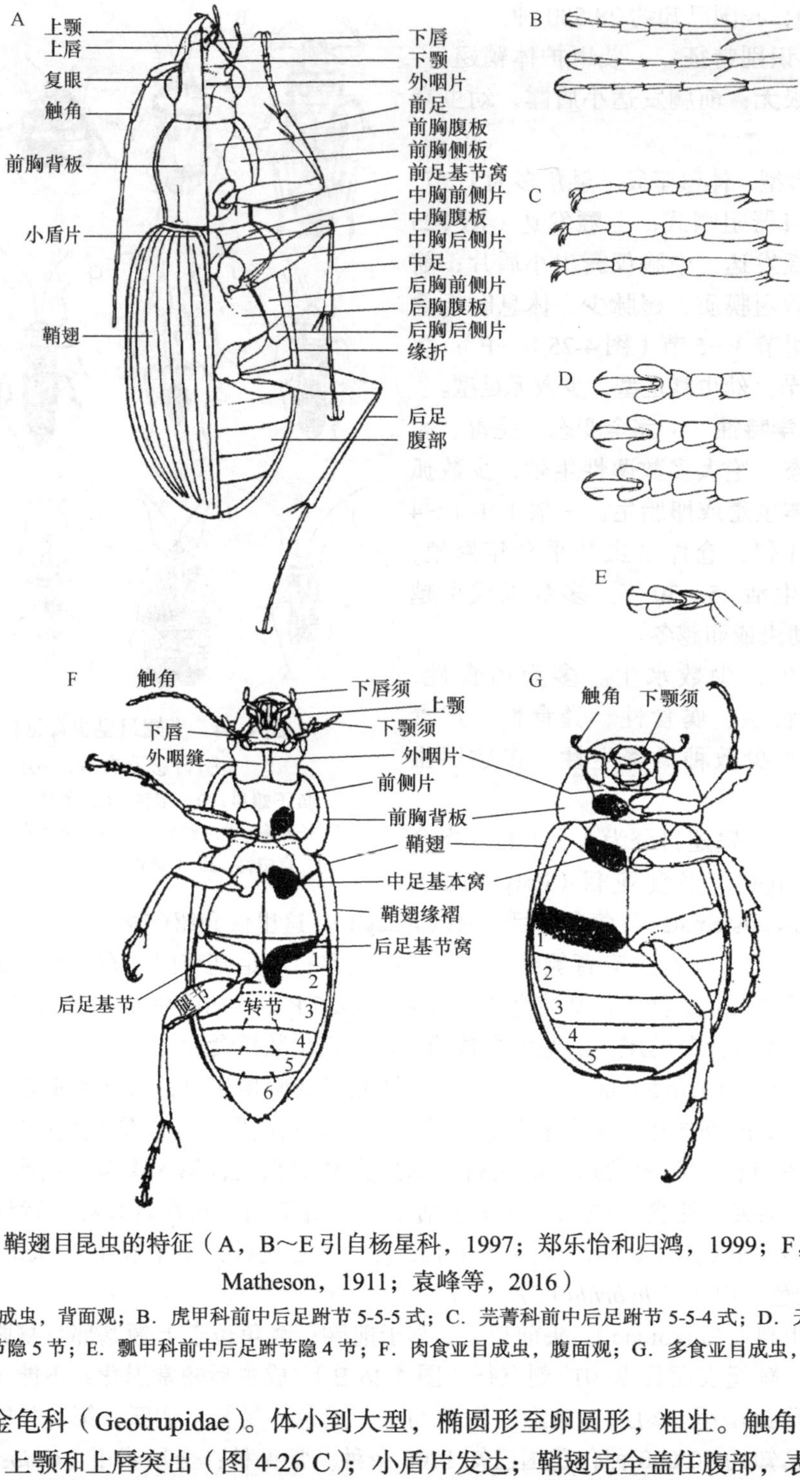

图 4-25 鞘翅目昆虫的特征（A，B～E 引自杨星科，1997；郑乐怡和归鸿，1999；F，G 引自 Matheson，1911；袁峰等，2016）

A. 鞘翅目成虫，背面观；B. 虎甲科前中后足跗节 5-5-5 式；C. 芫菁科前中后足跗节 5-5-4 式；D. 天牛科前中后足跗节隐 5 节；E. 瓢甲科前中后足跗节隐 4 节；F. 肉食亚目成虫，腹面观；G. 多食亚目成虫，腹面观

（1）粪金龟科（Geotrupidae）。体小到大型，椭圆形至卵圆形，粗壮。触角 11 节，末端 3 节鳃片状；上颚和上唇突出（图 4-26 C）；小盾片发达；鞘翅完全盖住腹部，表面偶有明显沟纹，少数种类无后翅；后足胫节端距 2 个，跗节细长；气门在侧膜上。有些属雄虫头部、前胸背板有发达的角突和横脊状突。成虫、幼虫均为粪食性。世界已知约 550 种，我国已知约 100 种。常见种：粪堆粪金龟（*Geotrupes stercorarius* L.）。

（2）金龟科（Scarabaeidae）。体小至中型，卵圆形或长形，粗壮；触角 8～9 节，末端 3 节鳃片状，多毛；前足开掘式；中足左右远离；后足着生于体后部，而远离中足，中、后足胫节端部膨大，胫节有 1 端距；跗节 5 节；常无小盾片，鞘翅盖住气门；腹部腹板 6 节。世界已知约 27 000 种，包括花金龟亚科（Cetoniinae）、犀金龟亚科（Dynastinae）、鳃金龟科（Melolonthinae）、丽金龟亚科（Rutelinae）、金龟亚科（Scarabaeinae）。其中，下列 3 个亚科的种类危害较重。

花金龟亚科（Cetoniinae）体艳丽，有花斑或粉层；中胸后侧片从背面可见；鞘翅外缘在肩后微凹；中胸腹板有圆形突出物前伸（图 4-26 D）。成虫常害花，称为花潜。常见种：白星花金龟（*Potosia brevitarsis* Lewis），小青花金龟［*Oxycetonia jucunda*（Faldermann）］。

鳃金龟亚科（Melolonthinae）触角 8～10 节；后足跗节一对爪大小相等，均 2 分叉；腹部仅 1 对气门露出鞘翅边缘。成虫常夜间活动，为害作物、果树、林木的叶、花或果实；幼虫取食幼根。常见种：大黑鳃金龟［*Holotrichia oblita*（Fald.）］，暗黑鳃金龟（*H. parallela* Motsch）。

丽金龟亚科（Rutelinae）体常有金属光泽；后足跗节 1 对爪大小不等，外爪大、分叉，内爪短、不分叉；腹部气门 3 个在侧膜上，3 个在腹板上。常见种：铜绿丽金龟（*Anomala corpulenta* Motsch.），日本弧丽金龟（*Popillia japonica* Newman），中华弧丽金龟（*P. quadriguttata* Fabr.）。

（3）皮蠹科（Dermestidae）。体小，卵圆形，暗色，体表常具鳞片；额常有 1 中单眼；前足基节窝开式；后胸腹板无横沟；腹部只有 5 个骨化腹板。幼虫长圆柱形，背面覆盖有长短不一的簇状毛被，毛常聚集于末端或侧面的毛簇上；腹部第 9 节常有 1 对尾突。成虫、幼虫取食干的动植物材料，包括毛皮、标本、衣服、谷物、地毯、奶酪等。世界约 1000 种，我国已知约 100 种。常见种：花斑皮蠹（*Trogoderma persicum* Pic），黑皮蠹［*Attagenus piceus*（Olivier）］。

（4）瓢甲科（Coccinellidae）。身体半球形，头后部被前胸背板所覆盖；触角棒状；跗节 4-4-4，为隐 4 节；第 3 节极短，第 2 节双瓣状（图 4-26 E）。色彩鲜艳，并常有斑点。捕食性的上颚基部有齿，端部叉状；而植食性的基部无齿，末端及内侧有多个小齿；菌食的上颚末端分裂成 5～8 个小齿。鞘翅缘折发达。捕食性幼虫体软，色暗，有黄、白斑点，3 个侧单眼，上颚镰刀形，足细长，背面各节有瘤突和刺，腹末较尖，但无尾突。植食性幼虫体壁上有长而分叉的刺突。多数为捕食性，捕食蚜虫、介壳虫和螨类等。世界已知约 6000 种，我国已知 500 余种。常见种：七星瓢虫（*Coccinella septempuctata* L.）捕食蚧、蚜等，马铃薯瓢虫［*Henosepilchna vigintioctomaculata*（Motsch）］取食马铃薯叶片。

（5）吉丁甲科（Buprestidae）。体长，常有金属光泽；头下口式，嵌入前胸；触角 11 节，多为锯齿状；前胸背板宽大于长，与鞘翅相接处在同一弧线上；后胸腹板有 1 个明显的横沟；鞘翅长，侧缘向末端渐狭（图 4-26 F）；中足基节球形或锥形，后足基节扩大成板状；跗节 5 节；可见腹板 5 节，第 1、2 节腹板愈合。幼虫无足型，前胸背板两面呈盾状，宽于头部，有“V”形中沟。钻蛀枝干或根部，生活于树木的形成层中，是林木、果树重要害虫。世界已知约 14 886 种，我国已知 450 余种。常见种：柑橘吉丁甲（*Agrilus auriventris* Saunders），苹果吉丁甲（*A. mali* Matsumura）。

（6）叩甲科（Elateridae）。体狭长，两侧平行；前胸背板后角锐刺状，前胸腹板突长刺状，伸入中胸腹板的凹窝内；后胸腹板上无横沟；前胸和鞘翅相接处凹入，后侧角突出成锐刺；跗节5节（图4-26 G）。幼虫圆柱形，略扁，黄褐色，蜕裂线呈倒“凸”字形，腹部10节，有尾突，称为金针虫。生活在土壤中，取食植物的根、块茎、幼苗、种子，对草场、禾谷类、块根块茎作为等危害极大，是重要的农业害虫。世界已知约10 000种，我国已知约600种。常见种：沟叩头甲［*Pleonomus canaliculatus*（Fald.）］，细胸叩头甲（*Agriotes fusicollis* Miwa）。

（7）拟步甲科（Tenebrionidae）。头前口式（图4-26 H），前唇基明显；触角棍棒状或丝状；鞘翅有发达的假缘折，后翅退化；前足基节窝闭式；跗节5-5-4式，爪不分叉；幼虫细长，略呈圆筒形，形似金针虫。成虫取食植物种子、根、菌类等。世界已知约25 000种，我国已知约2000种。常见种：沙潜（*Opatrum subratum* Fald.）是北方常见地下害虫。

（8）芫菁科（Meloidae）。头下口式，宽于前胸，后头急缢如颈（图4-26 I）；鞘翅柔软，末端分歧；前足基节窝开式；触角丝状或锯齿状；跗节5-5-4，爪裂为2叉；可见腹板6节。成虫为害豆科、藜科等，幼虫捕食蝗卵或寄生于蜂巢，食蜂卵、蜂蜜、花粉等。成虫体内含有斑蝥素，是重要的药用资源昆虫。世界已知约3000种，我国已知约130种。常见种：中国豆芫菁（*Epicauta chinensis* Laporte）。

（9）天牛科（Cerambycidae）。触角线状，能向后伸，超过体长的2/3，着生在额突上；触角第2节特别短，长度仅为第1节的1/5；复眼肾形，环绕触角基部。跗节隐5节（图4-26 J）。幼虫乳白色，无足型；头圆，缩入前胸；腹部前6～7节背、腹面常具肉质突起，第9节具1对尾突。植食性，多数幼虫钻蛀木质部，是果树、林木钻蛀性害虫。成虫需补充营养，取食植物柔嫩部分、花、汁液或菌类。世界已知约30 079种，中国已知约2200种。常见种：光肩星天牛［*Anoplophora glabripennis*（Motschulsky）］是杨、柳、榆等林木害虫。

（10）叶甲科（Chrysomelidae）。小至中型，椭圆形，体色鲜艳或有金属光泽，常称为金花虫。触角短于体长的一半（图4-26 K），第2节不特别短；复眼圆形。幼虫多变，多数为蛴螬型或伪蠋型，足和触角短，体表常有瘤突或毛丛；第10腹节末端具1对刺突。植食性，成虫主要取食花和叶片；幼虫取食叶片、根、茎等，是栽培植物的重要害虫。世界已知约32 500种，我国2000余种。常见种：黄守瓜［*Aulacophora femoralis*（Motsch.）］，黄曲条菜跳甲［*Phyllotreta striolata*（Fabr.）］。

（11）小蠹科（Scolytidae）。体小型，椭圆形或长椭圆形，色暗。半头露于体外，窄于前胸；触角略呈膝状，端部3、4节锤状；上唇退化，上颚强大；前胸背板发达；鞘翅多宽短，两侧近平行，具刻点，端部多皱坡，周缘多具齿或突起；足粗短，胫节发达。世界已知6000余种，我国已知约500种。常见种：落叶松小蠹（*Scolytus morawitzi* Semenov）。

（12）象甲科（Curculionidae）。额和颊向前延伸形成明显的喙（图4-26 L），口器位于喙顶端；触角膝状，其末端3节膨大呈棒状；前足基节窝闭式；可见腹板5节，第1、2腹板愈合。幼虫身体柔软，肥胖而弯曲，无足。植食性。幼虫常在植物组织内取食，成虫在果实及其他植物器官中钻蛀。世界已知约82 251种，我国已知约6000种。常见种：谷象［*Sitophilus granarius*（L.）］，玉米象（*S. zeamais* Motschulsky），稻象甲（*Echinocnemus sguameus* Billberg）。

（五）双翅目（Diptera）

双翅目昆虫因其前翅发达，后翅退化为平衡棒而得名。包括蚊、蠓、蚋、虻、蝇。世界已知约 160 591 种，我国已知约 15 700 种。

1. 主要识别特征 蚊蠓虻蝇双翅目，后翅平衡五节跗；口器刺吸或舐吸，幼虫无足头有无。

成虫微小至中型。复眼发达；单眼3个；触角或细长多节，或短而少节，丝状、短角状或具芒状等形态多样；前翅膜质、发达，后翅为棒翅；口器为刺吸式、刮吸式、舐吸式、切舐式等；足有长短不等的鬃，跗节5节；雌虫无产卵瓣。幼虫无足型（图 4-27）。

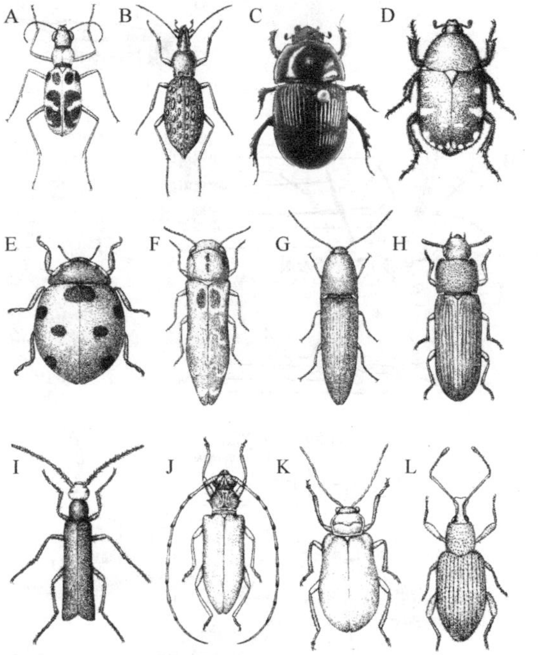

图 4-26 鞘翅目昆虫常见科（C. 史丽图；I. 仿彩万志等，2011；余仿周尧，2002）

A. 虎甲科；B. 步甲科；C. 粪金龟科；D. 金龟科；E. 瓢甲科；F. 吉丁甲科；G. 叩甲科；H. 拟步甲科；I. 芫菁科；J. 天牛科；K. 叶甲科；L. 象甲科

2. 生物学特征 全变态，但长吻虻科、蜂虻科、小头虻科、拟长吻虻科等的一些种类为复变态。多数陆生，喜欢潮湿的环境；少数水生。

多数两性生殖，一般为卵生，麻蝇、家蝇和寄蝇等卵胎生，一些瘿蚊和摇蚊有幼体生殖的现象。蚊类雄虫有成群婚飞现象；雌虫产卵几十至数百粒，寿命1～2个月。蚊类幼虫4龄，虻类5～8龄，蝇类3龄。蚊和虻为离蛹或被蛹，蝇类为围蛹。成虫白天活动。取食液体食物，如花蜜和其他植物渗出液，或经常取食腐烂的有机物。幼虫食性多样化。多数种类取食腐败的有机质，包括腐烂的动植物残体和粪便，在降解有机质中起着重要作用，一些种类在尸体的法医鉴定中有非常重要的价值，已被应用在刑事案件的调查和侦破中，是法医昆虫学研究的最重要内容；有些为捕食性，如食蚜蝇捕食蚜虫；有些为寄生性，如寄蝇寄生在其他昆虫体内；有些取食脊椎动物的血液，危害人和动物的健康，同时也是重要的传病媒介昆虫；少数为植食性，如瘿蚊、实蝇、潜蝇等蛀食根、茎、叶、花、果实、种子或引起虫瘿，是重要的农林害虫。双翅目由于繁殖力强，在科学研究和饲料开发中有非常重要的价值，如果蝇、家蝇和麻蝇等。

3. 分类 双翅目昆虫根据触角特征、羽化孔形状、蛹的类型、幼虫形态，分为长角亚目（Nematocera）、短角亚目（Brachycera）、环裂亚目（Cyclorrhapha）。Yeates 等（2007）、Wiegmann 等（2011）和杨定等（2021）均认为环裂亚目应归入短角亚目。

1）长角亚目 通称蚊类。触角丝状、羽状或环毛状，6节以上，长于头部和胸部之和；口器刺吸式；下颚须4～5节。幼虫头部发达，上颚侧向活动；多数生活于水中或潮湿生境。被蛹。

（1）大蚊科（Tipulidae）。小至大型。触角长丝状，有时锯齿状或栉状；中胸背板有一个“V”形的盾间缝（图 4-28 A）；翅上常有斑纹，有9～12条纵脉伸达翅缘（图 4-29 A），A脉2条。幼虫表皮粗糙；腹末通常有6个肉质突起。世界已知约 4019 种，我国已知约1000种。常见种：稻大蚊（*Tipula aino* Alexander）。

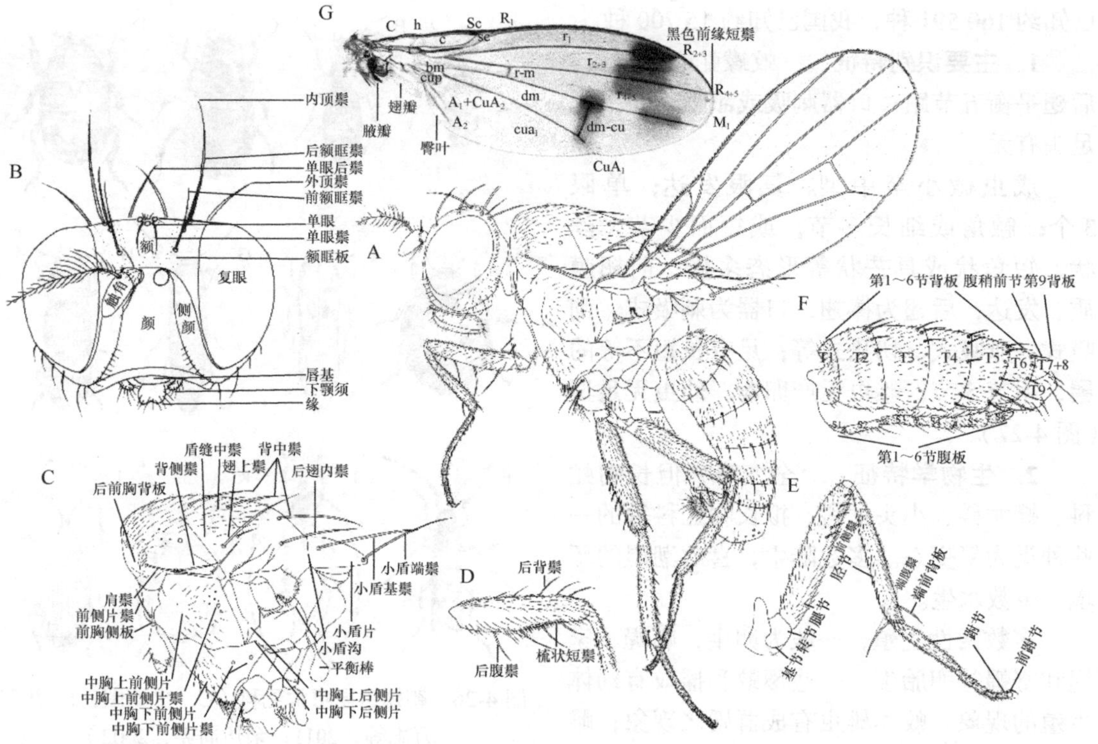

图 4-27 双翅目昆虫的特征

缟蝇科：A．整体；B．头部；C．胸部；D，E．前足和中足；F．腹部；G．翅

（2）瘿蚊科（Cecidomyiidae）。体小型，足细长；触角长，念珠状，雄虫触角节具环状毛（图 4-28 B）；无单眼；翅脉退化（图 4-29 B）。幼虫纺锤形，头小；老熟幼虫前胸腹板上常有“Y”或“T”形胸骨片；色彩鲜艳，多为红色、橘黄色、粉红色或黄色。成虫喜早晚活动。多数植食性少数腐食性或捕食性。植食性幼虫常造成虫瘿，特别是禾本科、菊科、芸香科和杨柳科一些植物。世界已知约 6146 种，我国已知 100 余种。常见种：麦红吸浆虫［*Sitodiplosis mosellana*（Gehin）］和麦黄吸浆虫［*Contarinia tritici*（Kirby）］是我国重要的小麦害虫。

（3）蚊科（Culicidae）。体表与附肢被鳞片（图 4-28 C）；口器刺吸式，喙长；翅狭长，6 条纵脉达翅缘，翅脉上各有两列鳞片，后缘具有缘毛和鳞片（图 4-29 C）；跗节长。幼虫水生，称为“孑孓”，体细长，头大，茎细，多毛丛。胸部 3 节愈合、膨大；腹部第 1～7 节侧生毛，第 8 节有圆柱形呼吸管。成虫黄昏及夜间活动，雄虫食花蜜或植物汁液，雌虫吸食动物血液，部分种类传播疾病。世界已知约 3679 种，我国已知 370 余种。常见种：中华按蚊（*Anopheles sinensis* Wiedemann），淡色库蚊（*Culex pipiens pallens* Coquillett）。

2）短角亚目　体小至大型，光滑或多毛，包括虻类和蝇类。触角 3 节，第 3 节分几个环状节或末端常具端刺或基部有触角芒；口器刺舐式、舐吸式、刮舐式、刮吸式，下颚须 1～2 节。虻类幼虫半头式，蝇类幼虫无头式；虻类多数为裸蛹，但水虻为围蛹；蝇类为围蛹。蝇类又分为无缝组和有缝组。有缝组又分为前翅无下腋瓣的无瓣类和前翅有下腋瓣的有瓣类。多数成虫捕食性，幼虫捕食性或寄生性。

（1）虻科（Tabanidae）。体粗壮，中至大型；头部半球形；雄虫复眼为合眼式，雌虫为离眼式，复眼常色彩鲜艳或有彩虹；触角第3节延长，牛角状（图4-28 D）；口器刺舐式；前翅透明或具斑纹，纵脉 R_4 与 R_5 基部合并，端部分别伸达翅的顶角前和顶角后；翅中央有长六边形的中室（图4-29 D）；爪间突垫状。幼虫纺锤形；各节有轮环状隆起；尾端有一条呼吸管。雌虫吸血，是人和家畜的重要害虫；雄虫主要取食花蜜和花粉。世界已知约4402种，我国已知460余种。常见种：华虻（*Tabanus mandarinus* Schiner），牛虻（*Tabanus amaenus* Walker）。

（2）食虫虻科（Asilidae）（盗虻科）。体多毛和鬃（图4-28E）。头大，头顶凹陷；触角鞭节端部1～3节形成端刺；雌雄虻的复眼均为离眼；胸部粗，足粗长；腹部细长；翅狭长，前翅 R_5 脉多伸达翅的外缘（图4-29 E）；爪间突刚毛状或缺。成虫和幼虫均捕食性。世界已知约7464种，我国已知250余种。常见种：中华盗虻（*Cophinopoda chinensis* Fabricius）。

（3）蜂虻科（Bombyliidae）。体多毛，形似蜜蜂、熊蜂或姬蜂。头部半球形或近球形；喙长（图4-28 F）；触角鞭节基部1节较粗大，端部3节形成端刺；前翅 R_{2+3} 与 R_4 多明显弯曲，R_5 多终止于翅端后（图4-29 F）；臀室在翅后缘附近关闭或窄的开放。飞行迅速，能在空中停留。幼虫寄生于鳞翅目幼虫、蛴螬、膜翅目幼虫、蝗虫卵等。世界已知约5291种，我国已知约360种。常见种：大蜂虻［*Bombylius major*（L.）］。

3）环裂亚目

（1）食蚜蝇科（Syrphidae）。体色鲜艳，似蜜蜂或胡蜂；体宽扁或细长，常蓝黑色间黄橙色条纹（图4-28 G）；前翅R脉与M脉间有1条游离的伪脉（图4-29 G）。幼虫无足型，体平滑或有圆锥突起及刚毛；腹部具皱纹、刺或毛，侧区具短而柔软的突起或末端有长的呼吸管。幼虫有捕食性、腐食性、植食性。世界已知约6005种，我国已知约956种。常见种：黑带食蚜蝇（*Episyrphus balteatus* De Geer）。

（2）潜蝇科（Agromyzidae）。体小，淡黑或淡黄色。触角芒光裸或具刚毛；C脉在Sc脉末端或接近于 R_1 脉处有1个折断（图4-29 H）；Sc脉末端变弱，止于脉折断处，或在伸达C脉之前与 R_1 脉合并；有臀室（图4-28 H）；雌虫第7节长而骨化，不能伸缩。多数幼虫潜叶，受害叶片的叶肉被食尽，留下表皮，形成各种形状的蛀道。世界已知约2988种，我国已知约169种。常见种：豌豆潜叶蝇（*Phytomyza horticola* Gourean）。

（3）秆蝇科（Chloropidae）。体小型或微小型，黑色或黄绿色有黑斑。C脉在Sc脉末端折断；Sc脉缺或端部退化；Cu脉中部略弯折（图4-29 I）；无臀室（图4-28 I）。幼虫蛀食禾本科植物茎，少数捕食性或寄生性。世界已知约2869种，我国已知约315种。常见种：麦秆蝇（*Meromyza saltatrix* Linnaeus）。

（4）实蝇科（Tephritidae）。体小至中型，色彩鲜艳。翅上有特殊斑或带纹；亚前缘脉在亚端部几乎呈直角折向前缘（图4-29 J），逐渐消失；臀室末端成锐角突出（图4-28 J）。幼虫植食性，潜食茎、叶、花托、花或蛀食果实与种子，是坚果类、柑橘类、蔬菜类和菊科等植物的重要害虫。世界已知4703种，我国已知约623种。常见种：柑橘小实蝇［*Dacus dorsalis*（Hendel）］。

（5）果蝇科（Drosophilidae）。体小，黄色；触角芒羽状，后顶鬃会合，具额框鬃；前缘脉2个折断处（图4-29 K），臀室小而完整（图4-28 K）；腹部短。成虫喜腐败发酵味，产卵于腐败果实或植物上，繁殖快，生活史短，易于人工养殖。世界已知约4002种，我国已知约 953 种。常见种：黑腹果蝇（*Drosophila melanogaster* Meigen）是遗传学研究的常用材料。

（6）丽蝇科（Calliphoridae）。体中到大型，具蓝、绿金属光泽。触角芒一般为长羽状；背侧鬃 2 根（图 4-28 L）；前翅有下腋瓣，纵脉 M_{1+2} 呈直角状向前弯折。多数丽蝇为腐食性。成虫污染食物，传播伤寒、痢疾等传染病；幼虫生活于动物尸体、腐肉或粪便当中。世界已知约 1474 种，我国已知约 313 种。常见种：亮绿蝇［*Lucilia illustris*（Meigen）］。

（7）麻蝇科（Sarcophagidae）。似丽蝇，黑色胸部背面具灰色纵条纹（图 4-28 M）；多毛和鬃，有粉被；触角芒裸或仅基半部羽毛状；背侧鬃 4 根；前翅有下腋瓣，纵脉 M_{1+2} 呈直角状向前弯折（图 4-29 L）。幼虫食腐败动植物或粪便。世界已知约 3043 种，我国已知约 332 种。常见种：麻蝇（*Sarcophaga naemorrhoidalis* Fallén）。

（8）寄蝇科（Tachinidae）。小至中型，多毛，有斑纹；触角芒多光裸；中胸后小盾片发达、凸出，侧面观明显；中胸下侧片鬃和翅侧片鬃发达；腹部有多根粗大鬃（图 4-28 N）；前翅有下腋瓣，纵脉 M_{1+2} 呈直角状向前弯折（图 4-29 M）。幼虫蛆形，多寄生于鳞翅目幼虫、鞘翅目幼虫和成虫、叶蜂、实蜂等。世界已知约 9554 种，我国已知约 1247 种。常见种：日本追寄蝇（*Exorista japonica* Townsend），稻苞虫赛寄蝇（*Pseuaoperichaeta insidiosa* Robineau-Desvoidy）。

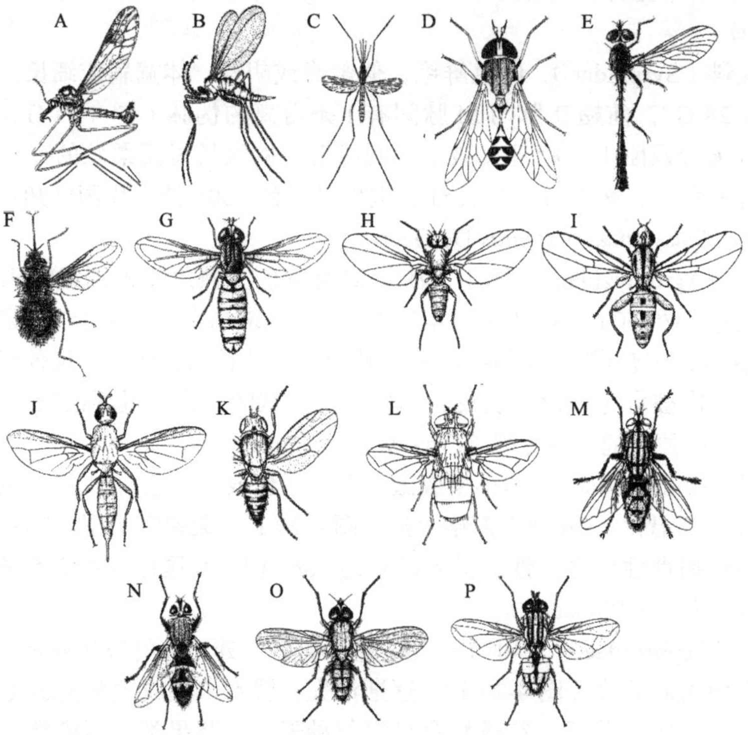

图 4-28　双翅目昆虫常见科

A. 大蚊科（引自杨定和杨集昆，1990）；B. 瘿蚊科（引自周尧，1956）；C. 蚊科（引自李凤荪，1952）；D. 虻科（引自许荣满和王遵明，1993）；E. 食虫虻科（引自素木得一，1954）；F. 蜂虻科（引自素木得一，1954）；G. 食蚜蝇科（引自彩万志等，2011）；H. 潜蝇科（引自彩万志等，2011）；I. 秆蝇科（引自周尧，1980）；J. 实蝇科（引自周尧，1977）；K. 果蝇科（引自江崎，1952）；L. 丽蝇科（引自范滋德，1965）；M. 麻蝇科（引自范滋德，1965）；N. 寄蝇科（引自彩万志等，2011）；O. 花蝇科（引自范滋德，1965）；P. 蝇科（引自范滋德，1965）

（9）花蝇科（Anthomyiidae）。似蝇科，Cu_2+2A 到达翅后缘，中脉不向前弯曲，达到后缘（图 4-29 N）；体色暗、细长、多毛；触角芒裸或有毛；下侧片无鬃列，腹侧片鬃 2～4 根（图 4-28 O）。幼虫称为根蛆，食腐败动植物和粪便，一些危害发芽的种子，食根茎叶，造成死苗、烂种。世界已知约 1894 种，我国已知约 664 种。常见种：灰地种蝇［*Delia platura*（Meigen）］。

（10）蝇科（Muscidae）。体粗壮；多灰黑色或具有黑色纵条纹；触角芒羽状；下侧片鬃不成行，腹侧片鬃 1 根在前，2 根在后（图 4-28 P）；M_1 向前弯曲，Cu_2+2A 不到达翅后缘（图 4-29 O）。世界已知约 5170 种，我国已知约 1711 种。常见的家蝇（*Musca domestica* L.）能传播霍乱、伤寒、痢疾等 50 余种疾病，幼虫生活在粪便或腐烂有机质上。

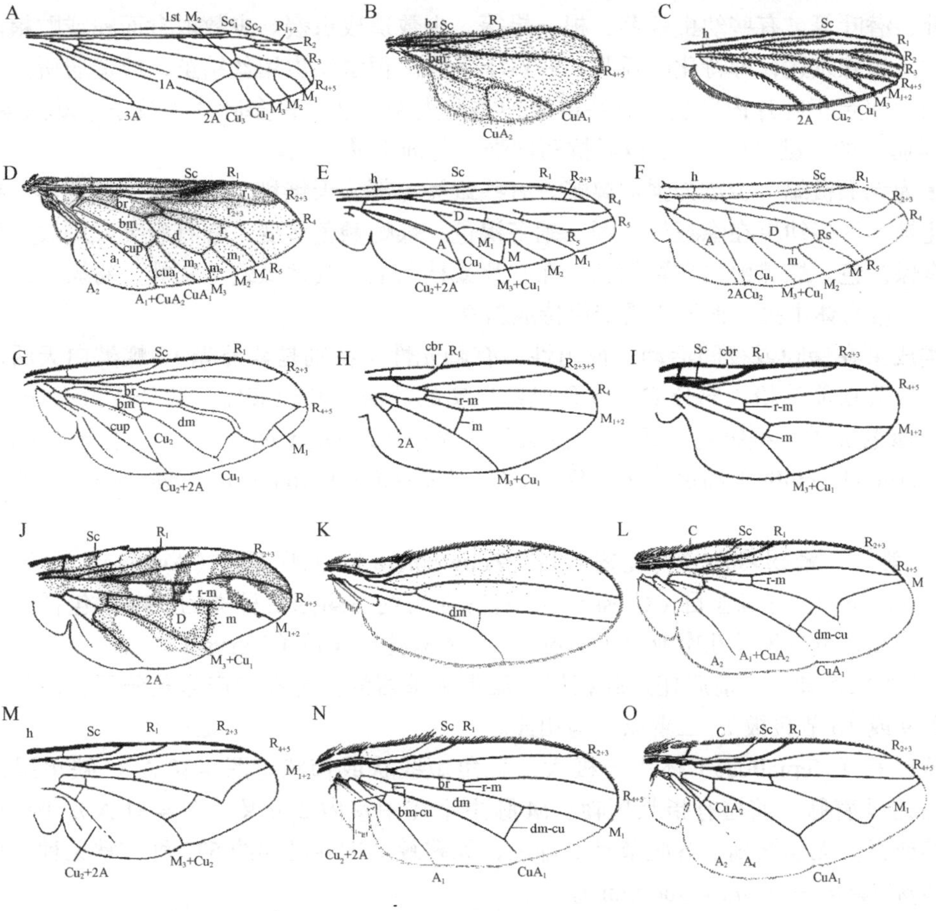

图 4-29　双翅目昆虫的翅

A. 大蚊科（引自 Brues et al.，1954）；B. 瘿蚊科（引自薛万琦等，2009）；C. 蚊科（引自 McAlpine，1981）；D. 虻科（引自 McAlpine，1981）；E. 食虫虻科（引自素木得一，1954）；F. 蜂虻科（引自 Borror et al.，1981）；G. 食蚜蝇科（引自孙彩虹，1980）；H. 潜蝇科（引自李学骝等，1982）；I. 秆蝇科（引自周尧，1980）；J. 实蝇科（引自周尧，1977）；K. 果蝇科（引自 McAlpine，1987）；L. 麻蝇科（引自 McAlpine，1987））；M. 寄蝇科（引自 Borror et al.，1981）；N. 花蝇科（引自 McAlpine，1987）；O. 蝇科（引自 McAlpine，1987）

（六）鳞翅目（Lepidoptera）

鳞翅目昆虫因其翅面具鳞片而得名，是昆虫纲的第二大目，包括蛾和蝶。全世界已知约

158 571 种，我国已知约 9000 种。

1. 主要识别特征 虹吸口器鳞翅目，四翅膜质鳞片覆；蝶舞花间蛾扑火，幼虫多足具趾钩。

成虫翅膜质，2 对，翅脉少；体、附肢及翅上密被鳞片；口器为虹吸式，由下颚外颚叶特化形成，上颚退化或消失。幼虫蠋形，侧气门，咀嚼式口器，腹足一般 5 对，少数退化。腹足端部具趾钩。

2. 生物学特征 全变态。生活史 1～2 个月，或 2～3 年。产卵数粒至数千粒。散产或聚产于寄主植物的叶片、枝条、果实等处。卵块上有胶质分泌物或体毛。

幼虫期是危害期，植食性，为农林重要害虫。危害方式多样。食叶种类有自由取食、卷叶、缀叶、潜叶等。有些幼虫蛀茎、根、果等，少数造成虫瘿。少数取食面粉或贮粮。极少数捕食性。丝腺发达，即特化的唾腺，开口于下唇。很多幼虫用丝结茧，或造居所。卷叶或缀叶者用丝固定于叶片内取食。有些群居种类造大网，涉及许多叶片和枝条。幼虫期 5 龄，1～2 龄是防治的关键时期，3 龄以后抗药性强，药剂不易杀死。

蛹多为无颚被蛹，少数为强颚离蛹。有些蛾类（部分天蛾科、螟蛾科、夜蛾等）在地下造土室化蛹。许多幼虫在隐蔽处化蛹。蛹多褐色。蝶蛹颜色多变，常有瘤突或刻纹。蝶蛹不结茧，有保护色。蛱蝶由体末臀棘悬挂在叶片或枝条上，其他蝶蛹（灰蝶、粉蝶、凤蝶）由臀棘固定，被身体中央一根丝质腰带保持成斜立。

蛾类成虫在傍晚或夜间活动，夜出性，有趋光性（特别是紫外光）。蝶类白天活动，昼出性。多数成虫能传粉，部分成虫取食成熟果实的汁液或其他液体。部分成虫有迁飞习性，如黏虫、地老虎类、稻纵卷叶螟和一些蝶类。家蚕［*Bombyx mori*（L.）］、柞蚕（*Antheraea pernyi* Guerin-Meneville）和蓖麻蚕［*Samia Cynthia ricina*（Donovan）］等，是重要的产丝资源昆虫。

3. 分类 鳞翅目常分为轭翅亚目（Zeugloptera）、无喙亚目（Aglossata）、异蛾亚目（Heterobathmiina）、有喙亚目（Glossata）。有喙亚目约占鳞翅目种类的 99%，包括大多数蛾类和全部蝶类，可分为外孔次亚目（Exoporia）和双孔次亚目（Ditrysia）。

1）外孔次亚目 前后翅翅脉相似，雌虫生殖器的交配孔和产卵孔分开，但位于同一体节（第 9 或 10 节腹板），二者以一沟相连。

蝙蝠蛾科（Hepialidae）体小至极大，触角短线状或栉状（图 4-30 A）。缺单眼，喙退化。前后翅具肩脉，前翅有指状翅轭；M 脉主干在中室内 2 分叉（图 4-31 A）；胫节无距。幼虫蛀茎或根。无颚被蛹，各腹节具 2 排刺，无臀棘。世界已知约 577 种。常见种：虫草蝙蝠蛾（*Hepialus armoricanus* Oberthur）。

2）双孔次亚目 前后翅脉序不同，翅连锁为翅缰型和翅抱型；雌虫生殖器有 2 个生殖孔，交配孔在第 7～8 腹板上，产卵孔位于第 9～10 腹板上。

（1）巢蛾科（Yponomeutidae）。小型，无单眼；翅窄（图 4-30 B），常有鲜艳斑纹，前翅主脉各分支分离（图 4-31 B）。幼虫一般吐丝做巢，群居危害。世界已知约 595 种。常见种：苹果巢蛾（*Yponomeuta padella* L.）为我国北方苹果园的重要害虫。

（2）麦蛾科（Gelechiidae）。触角线状；下唇须长，上翻，末节长而尖；前翅广披针形，A 脉 1 条，基部分叉，R_4 脉与 R_5 脉共柄，R_5 脉达顶角前缘；后翅外缘常向内凹入，顶角尖突（图 4-30 C），后缘有长缘毛，Rs 脉与 M_1 脉基部共柄或很接近（图 4-31 C）。幼虫通常缀叶或嫩枝，并在其间取食。世界已知约 4640 种。常见种：麦蛾［*Sitotroga cerealella*（Oliver）］，取食小麦、玉米等。

（3）木蠹蛾科（Cossidae）。个体较大，喙消失；触角线状（图 4-30 D）、单栉状或至少基半部为双栉状；中脉主干在中室内分叉，Cu_2 发达（图 4-31 D）。世界约 1067 种。常见种：芳香木蠹蛾（*Cossus cossus* L.）和咖啡豹蠹蛾（*Zeuzera coffeae* Nietner）等，是多种树木的蛀干害虫。

（4）卷蛾科（Tortricidae）。前翅略呈长方形，肩区发达，前缘弯曲（图 4-30 E）；休息时两前翅平叠在背上成吊钟形；前翅翅脉均从基部或中室直接伸出，不合并成叉状；后翅 $Sc+R_1$ 脉与 Rs 脉不接近（图 4-31 E）。幼虫隐蔽生活，生境多异，可卷叶、潜叶、蛀茎、造瘿等。世界已知约 8692 种。常见种：梨小食心虫［*Grapholitha molesta*（Busck）］和苹小卷叶蛾［*Adoxophyes orana*（Roslerstamm）］为害多种果树。

（5）透翅蛾科（Sesiidae）。翅极其狭长（图 4-31 F），常有无鳞片的透明区（图 4-30 F），极似蜂类。前后翅有特殊的、类似膜翅目的连锁机制；腹末有 1 个特殊的扇状鳞簇。白天活动，色彩鲜艳。幼虫钻蛀乔木和灌木的主干、树皮、枝条、根部，或草本植物的茎和根。世界已知约 1142 种。常见种：苹果透翅蛾（*Conopia hector* Butler）和葡萄透翅蛾（*Paranthrene regalis* Butler）。

（6）刺蛾科（Limacodidae）。成虫体粗壮（图 4-30 G），多夜出性。单眼缺如。翅通常短、阔、圆，中脉主干在中室内存在，并常分叉（图 4-31 G）。幼虫短粗，蛞蝓状，长有毛疣或枝刺，无腹足，经常在卵圆形石灰质茧内化蛹。世界已知约 1412 种。常见种：褐边绿刺蛾（*Parasa consocia* Walker）和黄刺蛾［*Cnidocampa flavescens*（Walker）］。

（7）蛀果蛾科（Carposinidae）。触角柄节无栉毛；前翅宽，正面有直立鳞片簇（图 4-30 H）；后翅中等宽（图 4-31 H）。幼虫蛀食果实、花芽、嫩枝等，以老熟幼虫在土中结圆茧越冬。世界已知约 287 种，我国已知约 18 种。常见种：桃蛀果蛾（*Carposina sasakii* Matsumura）为害多种果树。

（8）螟蛾科（Pyralidae）。体小至中型，触角丝状，有单眼；下颚须和下唇须都发达，形成长鼻状，伸出头前或上弯曲；前翅长三角形（图 4-30 I），R_1 与中室等长，或较长，R_3 与 R_4、R_5 常共柄；后翅臀区发达，A 脉 3 条，$Sc+R_1$ 脉有一段在中室外与 Rs 脉愈合或接近（图 4-31 I），M_1 脉与 M_2 脉基部分离。与草螟科的主要区别在于：后翅缺肘栉毛；腹部第 1 节两侧有鼓膜器，鼓膜腔几乎闭合，节间膜与鼓膜位于同一平面；连接左右两侧鼓膜器的龙骨片缺。幼虫多数植食性，也有部分种类取食贮藏物品、植物腊叶标本等。世界已知约 5973 种。常见种：蜡螟（*Galleria mellonella* L.）为害蜂巢。

（9）草螟科（Crambidae）。与螟蛾科的不同之处在于：后翅有肘栉毛；腹部第 1 节两侧有鼓膜器，鼓膜腔中部前方有裂缝，节间膜与鼓膜在不同平面上，形成一个明显夹角；腹基左右、两鼓膜器间有龙骨片。其余特征（图 4-30 J 和图 4-31 J）同螟蛾科。幼虫蛀茎，部分种类群集作巢，为害植物顶梢。世界已知约 9678 种。常见种：亚洲玉米螟（*Ostrinia furnacalis* Guenee）严重为害玉米。

（10）尺蛾科（Geometridae）。体细弱，缺单眼；四翅宽薄，平展，常有细波纹（图 4-30K），鳞片细密；前翅 R_5 脉与 R_3 脉和 R_4 脉共柄（图 4-31 K）；后翅具 1 个小基室，$Sc+R_1$ 脉在基部弯曲。幼虫细长，通常仅第 6 和第 10 腹节具腹足，行动时一曲一伸，故称尺蠖、步曲或造桥虫。许多种类是森林、行道树或果树的重要害虫。世界已知约 21 260 种，我国已知约 2000 种。常见种：柿星尺蛾［*Percnia giraffata*（Guenee）］，春尺蛾（*Apocheima cinerarius* Erschoff），枣尺蠖（*Sucra jujube* Chu）等是果树害虫。

（11）枯叶蛾科（Lasiocampidae）。成虫体粗壮，灰色或褐色，体、足、复眼多毛。喙退化，无单眼；触角双栉状（图 4-30 L）；后翅肩角极度膨大，并通常有 2 条或多条粗肩脉从 Sc 和 R_1 基部之间的亚缘室伸出（图 4-31 L）；无翅缰。幼虫有浓密的次生毛，取食树木叶片，常造成严重危害。世界已知约 1708 种。常见种：天幕毛虫（*Malacosoma neustria testacea* Motsch.）和苹果枯叶蛾（*Odonestis pruni* L.）。

（12）天蛾科（Sphingidae）。中大型，体纺锤形，触角棒状，末端弯成细钩状（图 4-30 M）；前翅狭长，后缘近端处常内凹，M_1 脉与 Rs 脉共柄；后翅较小，Sc+R_1 脉与中室有 1 条横脉相连（图 4-31 M）；成虫飞行迅速，能停留在空中。幼虫尾角型，第 8 腹节背面有一向后上方斜伸的尾角，侧面常有斜条纹，从背面斜向前一节。世界已知约 1224 种，我国已知约 200 种。常见种：甘薯天蛾［*Herse convolvuli*（L.）］和豆天蛾（*Clanis bilineata tsingtauica* Mell.）。

（13）舟蛾科（Notodontidae）。成虫喙发达，无单眼；前翅 M_2 从中室端部中央伸出，肘脉似 3 叉式（图 4-30 N）。后缘亚基部常有鳞簇；后翅 Sc+R_1 与 Rs 靠近但不接触，或由 1 条短横脉相连（图 4-31 N）。幼虫圆筒形，或有各种瘤突，臀足常退化或特化成细突起或刺状构造。惊动时抬起身体前后端凝固不动，以身体中央的 4 对腹足支撑，故称为“舟形毛虫”。主要为害果树、森林和行道树。世界已知约 3976 种。常见种：苹果舟蛾［*Phalera flavescens*（Bremer et Grey）］和杨扇舟蛾［*Clostera anachoreta*（Fabr.）］。

（14）毒蛾科（Lymantriidae）。成虫无单眼，喙与下唇须退化；触角丝状或双栉齿状；胸腹部被长鳞毛（图 4-30 O）；后翅基室大，伸达翅中室中央，Sc+R_1 脉与 Rs 脉在中室约 1/3 处相接或接近（图 4-30 O），M_2 脉非常靠近 M_3 脉；雌虫有浓密特化鳞片束，用于覆盖卵块；幼虫被浓密长毛，并常成毛丛或毛刷，第 6 和第 7 腹节背面常有 2 个毒腺。主要为害树木。世界已知约 2683 种，我国已知 360 余种。常见种：舞毒蛾［*Lymantria dispar*（L.）］为世界性森林和行道树害虫。

（15）灯蛾科（Arctiidae）。体色鲜艳，通常为红色或黄色，且多具条纹或斑点（图 4-30 P）。触角丝状或羽状。前翅 M_2、M_3 与 Cu 接近，似自中室下角分出；后翅 Sc+R_1 与 Rs 自基部合并，至中室中部或以外才复分开（图 4-31 P）。幼虫有长次生毛，常以毛丛形式生长于毛瘤上，背面无毒腺。幼虫植食性，取食多种植物叶片。世界已知约 9588 种。常见种：红缘灯蛾［*Amsacta lactinea*（Cramer）］。

（16）夜蛾科（Noctuidae）。体多色暗（图 4-30 Q），多鳞片和毛。复眼大；喙发达，有单眼；前翅 R_3 脉与 R_4 脉常基部共柄，有的种类有副室，M_2 脉靠近 M_3 脉；后翅 Sc+R_1 脉与 Rs 脉在中室基部短距离相接，形成一个小基室（图 4-31 Q）。多数是农林重要害虫。世界已知约 23 129 种。常见种：棉铃虫［*Helicoverpa armigera*（Hübner）］为害棉花的花蕾和番茄果实，烟夜蛾［*Helicoverpa assulta*（Guenee）］为害烟叶、辣椒果实等。

（17）弄蝶科（Hesperiidae）。体色暗。触角基部远离，末端呈钩状（图 4-30 R）；前翅三角形，R 脉 5 分支，不共柄，直接从中室伸出（图 4-31 R）；后足胫节 2 对距。幼虫头大，前胸小，有明显的颈部，体末较尖，呈纺锤形；肛门上方有臀栉。幼虫一般隐蔽取食，把叶片缀在一起做一居所，夜晚出来取食。世界已知约3430种。常见种：直纹稻弄蝶［*Parnara guttata*（Bremer & Grey）］和曲纹稻弄蝶（*P. ganga* Evans）。

（18）凤蝶科（Papilionidae）。前足正常，有前胫突；前翅R脉5条，A脉2条，中室与A脉基部有1条横脉相连接；后翅Sc脉与R脉在基部形成1个小室（图4-31 S），在M_3脉处有尾状突或外缘呈波纹状（图4-30S），A脉1条。幼虫体光滑，前胸有1个翻缩性“Y”形腺；部分幼虫前端有眼状斑。世界已知约554种，中国已知约100种。常见种：柑橘凤蝶（*Papilio xuthus* L.）。

（19）粉蝶科（Pieridae）。体中型，通常为白色、黄色或橙色，常有黑色斑纹（图4-30 T）。前足正常，爪分2叉；前翅R脉3～4条，A脉1条；后翅A脉2条（图4-31 T）。幼虫体密生细而短的次生毛。多数种类以十字花科、豆科植物等为食。世界已知约1108种，我国已知130余种。常见种：菜粉蝶［*Pieris rapae*（L.）］严重为害十字花科蔬菜。

（20）眼蝶科（Satyridae）。体小到中型，体躯较细，色多暗。翅面多具眼状斑或环纹（图4-30 G）；前足退化，折在胸下而不用于行走；前翅ScCu_1A脉基部膨大（图4-31 U）。幼虫纺锤形，头大。世界已知约3000种，我国已知260余种。常见种：稻黄褐眼蝶（*Mycalesis gotama* Moore）。

（21）灰蝶科（Lycaenidae）。体小，翅正面蓝色、铜色、暗褐或橙色，反面较暗，有眼纹或细纹。触角有白环，复眼四周围绕一圈白色鳞片环；前翅R脉3～4条（图4-31 V），后翅经常有纤细尾突（图4-30 V），A脉2条；雌虫前足正常，雄虫前足缩短，跗节愈合。幼虫一般取食叶片、花或果实。世界已知约6339种，中国已知560余种。常见种：豆灰蝶［*Plebejus argus*（L.）］和蓝灰蝶［*Everes argiades*（Pallas）］。

（22）蛱蝶科（Nymphalidae）。体具各种鲜艳色斑（图4-30 W）。触角上有鳞片，腹面有3条纵脊，末端棒状膨大非常明显；前翅R脉5条常共柄；后翅A脉2条（图4-31 W）；雌雄前足退化，无爪，常折叠在前胸上，胫节短，被长毛。蛹由臀棘倒悬。世界已知约6431种，我国已知320余种。常见种：大红蛱蝶［*Vanessa indica*（Herbst）］。

（七）膜翅目（Hymenoptera）

膜翅目昆虫因其前、后翅均为膜翅而得名，包括蜂类和蚂蚁。世界已知约152 677种，我国已知约12 600种。

1. 主要识别特征 后翅钩列膜翅目，蜂蚁细腰并胸腹；捕食寄生或授粉，害叶幼虫为多足。

体微小型至大型。口器咀嚼式或嚼吸式；复眼大；单眼3个；触角形状多样；膜翅，前翅大，后翅小，以翅钩列连锁，翅脉特化；多数具并胸腹节；雌性有发达的产卵器，如锯状、刺状或针状，或特化为螯针。幼虫主要可分为原足型、蠋型和无足型。

2. 生物学特征 全变态。繁殖方式有两性生殖、孤雌生殖、多胚生殖。取食叶片的叶蜂幼虫属伪蠋型幼虫；蛀茎和潜叶种类胸足退化，无腹足，如茎蜂科；细腰亚目幼虫无足式。离蛹，结茧或在寄主体内，或在特殊蛹室内。

细腰亚目多数种类为寄生性和捕食性，是重要天敌和传粉昆虫，如蜜蜂总科、蚁科、姬蜂科；少数种类植食性，如广腰亚目的部分幼虫取食植物叶片或钻蛀茎秆。生活方式有独栖和群栖。植食性和寄生性种类一般营独栖生活。蜜蜂和蚂蚁常营群栖生活，是社会性昆虫。

图 4-30 鳞翅目昆虫常见科

A. 蝙蝠蛾科；B. 巢蛾科；C. 麦蛾科；D. 木蠹蛾科；E. 卷蛾科；F. 透翅蛾科；G. 刺蛾科；H. 蛀果蛾科；I. 螟蛾科；J. 草螟科；K. 尺蛾科；L. 枯叶蛾科；M. 天蛾科；N. 舟蛾科；O. 毒蛾科；P. 灯蛾科；Q. 夜蛾科；R. 弄蝶科；S. 凤蝶科；T. 粉蝶科：U. 眼蝶科；V. 灰蝶科；W. 蛱蝶科（A 引自彩万志等，2011；H 引自黄可训；其余引自周尧，1999）

3. 分类 根据胸部和腹部之间的连接方式，分为广腰亚目（Symphyta）和细腰亚目（Apocrita）。

1）广腰亚目 腹基部不缢缩（图 4-32 A）；原始第一腹节不与后胸合并；前翅至少有 1 个封闭的臀室（图 4-32 B）；后翅基部至少有 3 个闭室；产卵器锯状。除尾蜂科等寄生于天牛和吉丁虫幼虫外，都为植食性种类。

（1）叶蜂科（Tenthredinidae）。体粗短。触角丝状，常 9 节，少数 7 节或多达 30 节；前胸背板前缘向前凸出（图 4-33 A），后胸背板后侧有 1 对淡膜区；前足胫节有 2 个端距，内距常分叉；各足胫节无端前距；后翅常有 5～7 个闭室；腹部第 1 背板常具中缝，无侧缘脊。幼虫胸足 3 对；腹足 6～8 对，无趾钩（可与鳞翅目幼虫区别）。世界已知约 5500 种。常见种：黄翅菜叶蜂［*Athalia rosae japanensis*（Rhower）］和梨实叶蜂（*Hoplocampa pyricola* Rhower）。

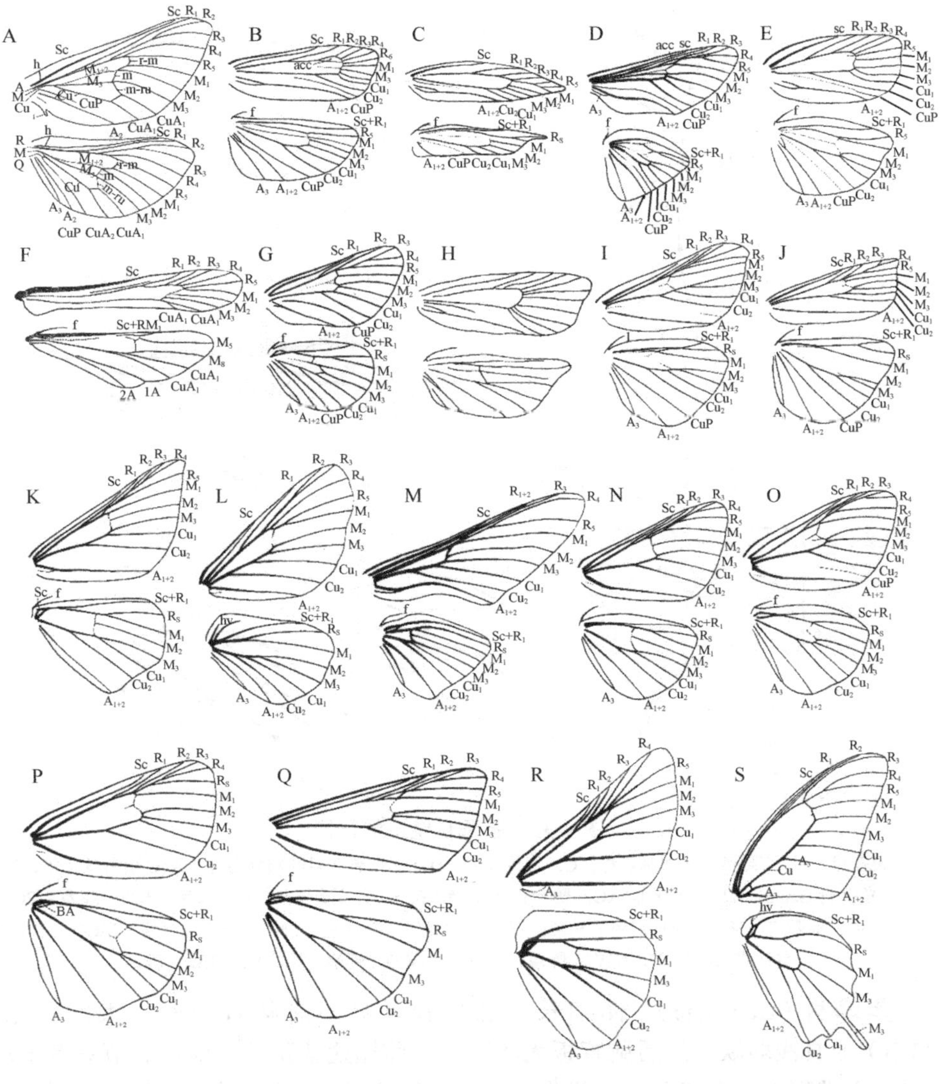

图 4-31 鳞翅目昆虫常见科的翅脉

A. 蝙蝠蛾科；B. 巢蛾科；C. 麦蛾科；D. 木蠹蛾科；E. 卷蛾科；F. 透翅蛾科；G. 刺蛾科；H. 蛀果蛾科；I. 螟蛾科；J. 草螟科；K. 尺蛾科；L. 枯叶蛾科；M. 天蛾科；N. 舟蛾科；O. 毒蛾科；P. 灯蛾科；Q. 夜蛾科；R. 弄蝶科；S. 凤蝶科；T. 粉蝶科；U. 眼蝶科；V. 灰蝶科；W. 蛱蝶科（F引自蔡邦华，1973；H引自武春生，1999；其余引自 Triplehorn et al.，2005）。各分图的上下图分别代表前翅和后翅

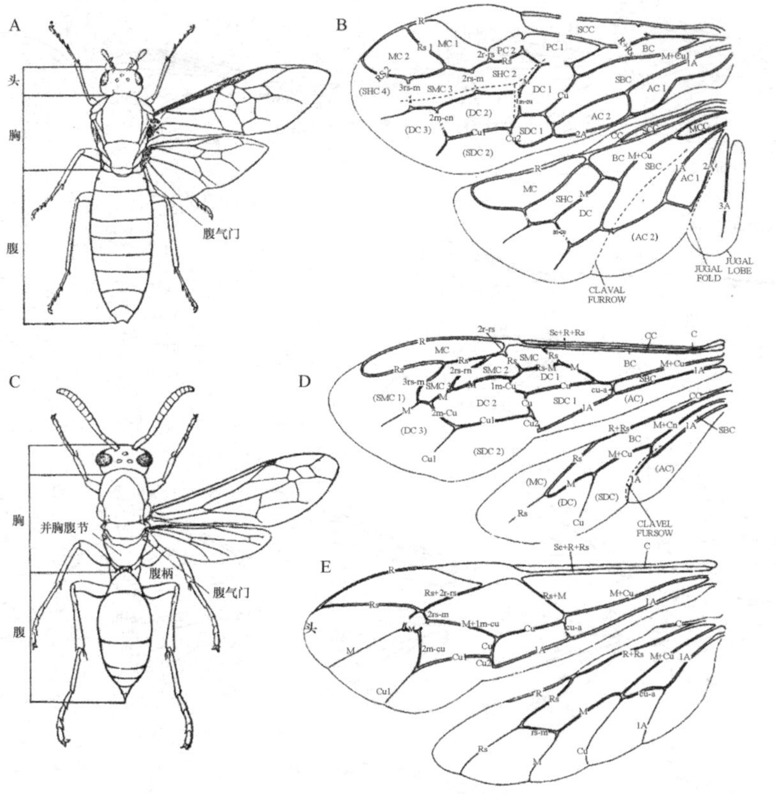

图 4-32　膜翅目昆虫的特征

A．广腰亚目。B．广腰亚目的翅脉名称。C．细腰亚目。D，E．细腰亚目的翅脉名称（A，C 引自蔡邦华，1985；B，D，E 引自 Gauld et al.，1988）。AC．臀室；BC．基室；CC．前缘室；DC．盘室；MC．缘室；PC．邻痣室；SBC．亚基室；SCC．亚前缘室；SDC．亚盘室；SMC．亚缘室；SHC．第二亚缘室；MCC．中肘脉翅室；CLAVAL FURROW．臀褶；JUGAL FOLD．轭褶；JUGAL LOBE．轭区

（2）茎蜂科（Cephidae）。体细长。触角长丝状。前胸背板长、大，后缘近平直（图 4-33 B）或具浅弱缺口。后胸背板无淡膜区。前翅翅痣狭长。前足胫节只有 1 端距。腹部稍侧扁，末端膨大，产卵器短，能收缩。幼虫钻蛀禾本科等植物茎秆，体弯曲呈“S”或“C”形，胸足退化，无腹足。世界已知约 160 种。常见种：梨茎蜂（*Janus piri* Okamoto & Muramatsu）。

2）细腰亚目　　腹基部缢缩成细腰状（图 4-32 C）；原始第一腹节并入后胸；前翅无封闭的臀室；后翅基部少于 3 个闭室（图 4-32 D 和 E）；产卵器为针状或鞘管状。除瘿蜂总科和蜜蜂总科部分种类为植食性外，其他均为肉食性。

（1）姬蜂科（Ichneumonidae）。翅发达，翅脉明显。前翅常有第 2 回脉和小翅室（图 4-33 C）；第一盘室和第一亚缘室合并；腹部细长，圆形或侧扁；腹部第 2 与第 3 节不愈合，柔软可动。世界已知约 24 025 种，中国已知约 1500 种。常见种：螟蛉悬茧姬蜂［*Charops bicolor*（Szepligeti）］和棉铃虫齿唇姬蜂（*Campoletis chloridea* Uchida）。

（2）茧蜂科（Braconidae）。成虫相对小，较粗壮；前翅只有 1 条迴脉，无小翅室；第一盘室和第一亚缘室不合并（图 4-33 D）；腹长卵圆形或平扁；腹部第 2 与第 3 节愈合，坚硬不可动。幼虫老熟时在寄主体外结白色丝茧化蛹。世界已知约 19 205 种，我国已知 1000 余种。

常见种：中华茧蜂［*Bracon chinensis*（Szepligeti）］和螟蛉绒茧蜂［*Apanteles ruficrus*（Haliday）］。

（3）小蜂科（Chalcididae）。体微小至小型，多为黑色或褐色，无金属光泽。头胸部背面常有粗大刻点；前胸背板不伸达翅基片；触角 11～13 节；后足腿节膨大，腹缘有刺或锯齿状，胫节向内弧状弯曲，末端有 2 距；跗节式 5-5-5；产卵器短；休息时翅不能纵向折叠（图 4-33 E）。寄生于鳞翅目、双翅目、鞘翅目等。世界已知约 1469 种，我国已知 160 余种。常见种：广大腿小蜂［*Brachymeria lasus*（Walker）］是多种农林害虫的天敌。

（4）金小蜂科（Pteromalidae）。体微小，常具绿、蓝金属光泽；头胸部背面密布细刻点；触角 8～13 节，具环状节；前胸背板不伸达翅基片（图 4-33 F）；后足胫节具 1 个端距；并胸腹节中部一般有明显的刻纹；产卵器不突出或微突出。多数寄生于其他昆虫的幼虫和蛹，少数寄生于卵和成虫。世界已知约 3544 种，我国已知 200 余种。常见种：蝶蛹金小蜂［*Pteromalus puparum*（L.）］寄生于玉带凤蝶、菜粉蝶的蛹。

（5）赤眼蜂科（Trichogrmmatidae）。体微小。触角 5～9 节，柄节长，与梗节呈肘状弯曲；雄虫触角上常有长毛轮，雌虫毛一般短；前后翅有长缘毛（图 4-33 G）；前翅无痣后脉，翅面上微毛常排列成行，呈放射状分布；跗节式 3-3-3；腹部无柄。卵寄生蜂。世界已知约 881 种，我国已知 150 余种。常见种：松毛虫赤眼蜂（*Trichogramma dendrolimi* Matsumura）和玉米螟赤眼蜂（*T. ostriniae* Pang & Chen）。

（6）蚜小蜂科（Aphelinidae）。体扁平，多为黄褐色，无金属光泽；触角 5～8 节；前胸背板不伸达翅基片；中胸盾片纵沟深而直（图 4-33 H）；中胸侧板常斜向划分，略鼓起；前翅缘脉长，亚缘脉及痣脉短，后缘脉不发达；中足胫节端距长。主要以蚜虫、介壳虫和粉虱为寄生。世界约 1078 种，我国约 100 种。常见种：苹果棉蚜蚜小蜂［*Aphelinus mali*（Haldeman）］是苹果棉蚜等的天敌，丽蚜小蜂（*Encarsia formosa* Gahan）用于防治温室粉虱。

（7）土蜂科（Scoliidae）。体中至大型，多毛；中后胸腹板平坦，其片状突盖住中后足基节的基部（图 4-33 J），中胸与后胸腹板间有 1 条横沟；翅上有多条纵皱纹，前翅有 2～3 个亚缘室（图 4-33 I）；后足腿节不伸达腹末；腹部长，各节后缘有长毛；雄蜂腹末节的腹板端部具 3 根刺。其幼虫是蛴螬的外寄生者。世界已知约 560 种。常见种：白毛长腹土蜂（*Campsomeris annulata* Fabr.）寄生于多种金龟子幼虫。

（8）蛛蜂科（Pompilidae）。体细长，触角线状；前胸背板向后延伸达肩板；中胸侧板被 1 条横缝分成上下两部分（图 4-33 L）；足细长，多刺毛，基节相互靠近或接触，后足腿节常伸过腹末；翅带有颜色或虹彩，翅脉不伸达翅外缘；前翅常有 1 个缘室和 3 个亚缘室（图 4-33 K），第一盘室短；后翅有轭叶；腹柄不明显。多数成虫狩猎蜘蛛，带回巢中供子代取食。常在地下、石块缝隙或朽木中筑巢。世界已知约 4855 种。常见种：强力蛛蜂（*Batozonellus lacerticida* Pallas）和背弯沟蛛蜂（*Cyphononyx dorsalis* Lepeletier）。

（9）蚁科（Formicidae）。体小，光滑或有毛；触角膝状，柄节很长，末端 2、3 节膨大；腹部第 1 或第 2 节柄状，有向上直立的结节（图 4-33 M）。多态型社会性昆虫，多数群落包括蚁后、雄蚁、工蚁等品级，个体数量极大。世界已知约 12 199 种，我国已知 1200 余种。常见种：黄猄蚁（*Oecophylla smaragdina* Fabr.）用于防治柑橘害虫。

（10）胡蜂科（Vespidae）。体型较大，色泽鲜艳，体黄色或红色，有黑色或褐色的斑和带；上颚短，完全闭合时呈横形，不交叉；前胸背板后缘深凹，伸达肩板；前翅第一盘室狭

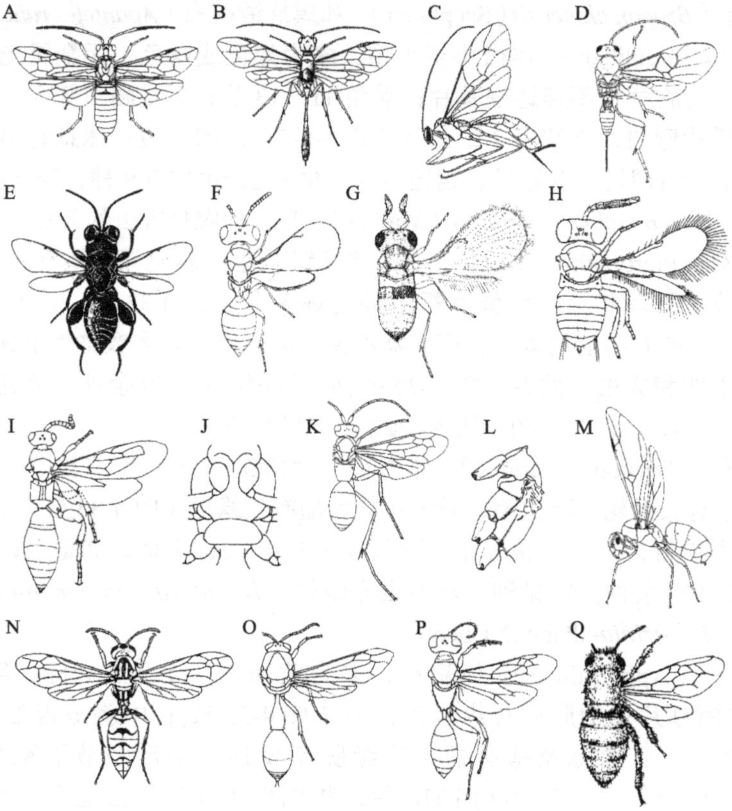

图 4-33 膜翅目昆虫常见科

A. 叶蜂科（引自魏美才，1999）；B. 茎蜂科（引自魏美才，1999）；C. 姬蜂科（引自何俊华等，1999）；D. 茧蜂科（引自何俊华等，1999）；E. 小蜂科（引自侯伯鑫，2011）；F. 金小蜂科（引自何俊华等，1999）；G. 赤眼蜂科（引自何俊华等，1999）；H. 蚜小蜂科（引自 Nikol，1952）；I. 土蜂科（引自 Borror et al.，1970）；J. 土蜂科腹部腹面（引自 Borror et al.，1970）；K. 蛛蜂科（引自何俊华等，1999）；L. 蛛蜂科胸部侧面（引自 Richards, 1977）；M. 蚁科（引自 Borror et al.，1976）；N. 胡蜂科（引自周尧，2002）；O. 蜾蠃科（引自 Borror et al.，1976）；P. 泥蜂科（引自 Kratochvil，1957）；Q. 蜜蜂科（引自 Borror et al.，1970）

长，远长于亚基室，后翅常无轭叶（图 4-33 N）；停息时 2 对翅纵褶；中足胫节 2 端距；爪不分叉。有简单社会组织，筑巢群居，蜂群中有蜂后、职蜂和专司交配的雄蜂。世界已知约 4932 种，我国已知 100 余种。常见种：普通长足胡蜂（*Polistes olivaceus* De Geer）。

（11）蜾蠃科（Eumenidae）。似胡蜂科，区别在于上颚长，刀状，完全闭合时相互交叉；中足胫节 1 端距；爪 2 分叉；腹部第 1 节多长柄状或粗短，第 1 和第 2 节间常有缢缩（图 4-33 O）。成虫捕食鳞翅目等昆虫的幼虫，经刺螫麻醉后带回巢室内贮存产卵。世界已知约 4222 种，我国已知 120 余种。常见种：北方蜾蠃［*Eumenes coarctatus*（L.）］和中华蜾蠃（*E. labiatus* Giordani & Soika）。

（12）泥蜂科（Sphecidae）。黑色，有黄色或红色斑纹；复眼大，其内缘略平行；触角丝状；咀嚼式口器；前胸背板后缘平直，侧面观两侧膨大，不伸达肩板；前翅有 1～3 个亚缘室（图 4-33 P），后翅常具轭叶；足细长，胫节和跗节具刺或栉；腹部一般具柄，有时柄很长，呈细杆状。多捕食性，于土中筑巢，独栖性。常捕食鳞翅目幼虫、蜘蛛等并封存，供子代幼虫食用。世界已知约 10 000 种，中国已知 1000 余种。常见种：黑足泥蜂（*Sphex subtruncatus* Dahlbom）和赤腰泥蜂（*Ammophila clavus* Fabr.）。

（13）蜜蜂科（Apidae）。小到大型，体多毛；一些体毛（尤其是胸毛）分枝或羽毛状；前胸背板不向后伸达肩板；前足基跗节具净角器；后足胫节及基跗节扁平，为携粉足（图 4-33 Q）；口器嚼吸式。成虫植食性，筑巢并采集花粉、花蜜，是著名的传粉昆虫。世界已知约 5749 种，我国已知约 1000 种。常见种：中华蜜蜂（*Apis cerana* Fabr.）和意大利蜜蜂（*A. mellifera* L.）。

（史　丽　靖湘峰）

复　习　题

1. 昆虫的主要特征是什么？
2. 昆虫的触角主要由哪几部分组成？常见类型有哪些？
3. 咀嚼式口器和刺吸式口器的基本构造和危害症状有何不同？
4. 昆虫的足主要由哪几部分组成？常见类型有哪些？
5. 昆虫翅的基本结构如何？常见类型有哪些？
6. 昆虫体壁的构造与化学防治有什么关系？
7. 什么是昆虫激素和信息素？主要有哪些？功能分别是什么？
8. 昆虫主要的生殖方式有哪些？
9. 全变态昆虫和不全变态昆虫的个体发育分别由几个阶段组成？
10. 幼虫和蛹的主要类型有哪些？
11. 昆虫主要的变态类型有哪两种？
12. 休眠和滞育有何异同？影响昆虫滞育的因素有哪些？
13. 直翅目主要鉴别特征有哪些？常见直翅目农业害虫有几类？
14. 缨翅目主要鉴别特征有哪些？常见缨翅目农业害虫有几科？
15. 半翅目主要鉴别特征有哪些？常见半翅目农业害虫有几类？
16. 鞘翅目主要鉴别特征有哪些？常见鞘翅目农业害虫和益虫有几科？
17. 鳞翅目主要鉴别主要特征有哪些？常见哪些农业害虫？
18. 双翅目昆虫有哪些共同特征？怎样区分蚊、蝇、虻？
19. 膜翅目共同特征是什么？常见哪些害虫和益虫？
20. 重要概念：孵化、羽化、补充营养、性二型、多型现象、世代、生活史、休眠、滞育、食性、趋光性、趋化性、假死性、群聚性、扩散、迁飞、拟态、假死、物种、双名法。

第五章 植物病虫害流行与预测

第一节 病原物的侵染过程和侵染循环

植物侵染性病害的发生与流行，是寄主植物与病原物在一定环境条件影响下相互作用的结果。植物受病原物侵染而发病，以及病害从一个生长季节发病到下一个生长季节再度发病，都需经过一定的过程。了解病害的发生与流行规律，是制订病害防治策略和方法的重要依据。

一、病原物的侵染过程

病原物的侵染过程（infection progress）也叫作病程，是指病原物在寄主植物的感病部位从接触开始，在适宜的环境条件下侵入植物，并在植物体内扩展蔓延，最后引起植物发病的过程。一般将侵染过程分为 4 个阶段，即接触期（侵入前期）、侵入期、潜育期和发病期。

（一）接触期

接触期（contact period）也叫作侵入前期（preinfection period），是指病原物的繁殖体等以各种方式到达植物体表面，并与植物的感病部位接触的时期。例如，真菌的孢子、细菌的菌体等可以通过气流、雨水及各种生物带到植物体表。特别是土壤中的病原物，在接触寄主植物前就受到寄主植物根分泌物的影响，促使病原物休眠体的萌发，如寄生线虫及某些真菌游动孢子向根部聚集等。接触期病原物由休眠状态变为活跃状态，受到各种生物竞争因素的影响，病原物必须克服各种不利因素才能实现侵入。在植物病害的生物防治中，可将具有拮抗作用的微生物施入土壤来防治土传病害，或应用对寄主植物有益的微生物，提前占领病原物的侵染位点，使病原物不能在侵染部位立足。

病原物通常以休眠体或繁殖体借助气流、雨水、虫媒、农事操作等达到寄主感病部位，如土壤中的植物病原线虫和真菌的游动孢子可以主动地向感病点移动。当植物表面聚集水滴时，寄主伤口或自然孔口附近的病原细菌可以向伤口或自然孔口部位游动，但这些病原物主动移动的距离是很有限的。

有的病原物与寄主植物接触后，并不立即侵入寄主，而是在植物表面或根围有一生长阶段。在此阶段，植物表面的理化性状和微生物组成对病原物的影响很大。除此之外，环境条件特别是温度和湿度等，也起着重要作用。

侵入前期也是病原物与寄主相互识别的时期，尤其是在活体营养病原物中，某个生理小种的孢子与寄主通过识别，会表现出亲和与非亲和反应。亲和反应可使病原与寄主相互接触，而非亲和反应则表示寄主不能接受病原物的接触。

（二）侵入期

1. 侵入期的概念和侵入途径 侵入期（infection period）是指病原物从寄主体表进入体内，与寄主建立寄生关系的一段时期。植物病害的病原物多数为内寄生菌，只有极少数是外寄生菌。内寄生菌与寄主接触后，在适宜的环境条件下就会侵入植物体内；而外寄生菌，如引起煤污病的小煤炱科真菌则是以附着枝附着在植物的表面寄生，主要以寄主或昆虫的分泌物为营养物质，而不形成典型的吸器。

不同病原物的侵入途径也不同，真菌大都是由孢子萌发形成的芽管或菌丝从自然孔口或伤口侵入，有时也可从角质层或表皮直接侵入，高等担子菌还能以侵入能力很强的根状菌索侵入；细菌主要通过自然孔口和伤口侵入寄主，一般不能从角质层或表皮细胞直接侵入；植物病毒能从寄主细胞的轻微伤口侵入；线虫和寄生性种子植物可以直接从表皮侵入寄主。

1）直接侵入 直接侵入是指病原物直接穿透角质层和细胞壁，是病原物（如许多真菌、寄生性种子植物和寄生性线虫等）对寄主的主动侵入方式。真菌直接侵入的典型过程如下：落在植物表面的真菌孢子，在适宜的条件下萌发产生芽管，其顶端可以膨大而形成附着胞，附着胞以其分泌的黏液将芽管固定在植物表面，然后从附着胞上产生较细的侵染丝，再通过侵染丝穿过植物的角质层（图 5-1）。一部分真菌还可以从健全的寄主表皮直接侵入，如苹果黑星病菌的分生孢子的直接侵入；寄生性种子植物，如菟丝子可以利用吸盘突破寄主的表皮组织；线虫则以锋利的口针刺破表皮直接侵入。

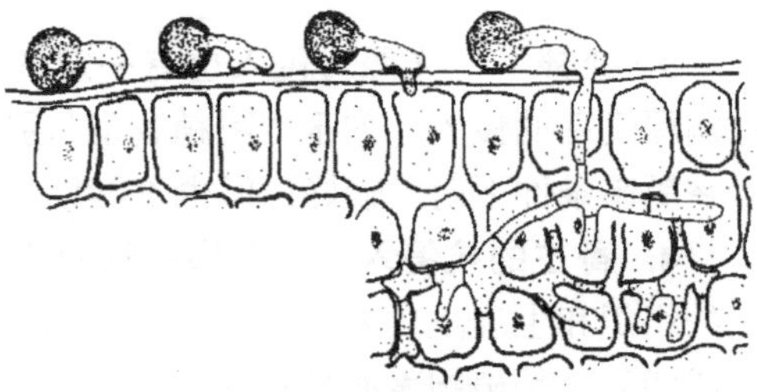

图 5-1 植物病原真菌孢子萌发后侵入寄主表皮（引自 Agrios，1997）

2）自然孔口侵入 植物表面的自然孔口有气孔、皮孔、水孔、柱头和蜜腺等，都可能是病原菌侵入的途径，许多真菌和细菌都是从自然孔口侵入的。例如，真菌中多种锈菌的夏孢子、霜霉菌的游动孢子以及许多引起叶斑病的细菌等，多从自然孔口侵入。由自然孔口侵入的病原细菌都有较强的寄生性，只要寄主自然孔口上有水滴和水膜，这些细菌便能在水中游动并侵入寄主。梨的火疫病细菌可以由蜜腺和柱头侵入。

3）伤口侵入 植物表面如虫伤、机械伤、冻伤和各种外界因素造成的伤口，以及叶片脱落后的叶痕和侧根穿过表皮层时所形成的伤口等，都可能成为病原物的侵入途径。许多病菌既可以从伤口侵入，又可以从自然孔口侵入，而有些病菌只能从伤口侵入。伤口侵入菌常常需在伤口表面进行短期生长（真菌）或繁殖（细菌），然后才能侵入健康组织。病毒是专性寄生物，通过伤口侵入的方式比较特殊，在植物细胞受伤而不丧失活力时，才能侵入。由介体昆虫、机械摩擦或嫁接等造成微伤口，也能将病毒引入细胞内。植物寄生线虫有外寄生和内寄生两种类型。外寄生线虫，只以口针吸取植物汁液，线虫不进入植物体内，而内寄生线虫多从植物的伤口或裂口侵入。

2. 侵入所需时间和数量 病原物侵入所需要的时间通常是很短的。短的只需几分钟，长的也不过几小时。病原物侵入后必须与寄主植物建立寄生关系，才能引致植物发病。病原物成功侵入所需的最低数量称为侵染剂量（infection dosage），因病原物种类、寄主的抗性和侵入部位而不同。病原物侵入寄主后，需要获得必要的营养物质和突破寄主防御，才能迅速生长并与寄主植物建立寄生关系。一般来说，病原物的侵入量大、繁殖较快，就容易突破寄主的防御并引起发病。

3. 侵入与环境条件的关系 病原物的侵入与环境条件有关，其中与湿度和温度的关系最为密切。

1）湿度 引起病原物侵入的湿度主要是植物体表的水滴、水膜和空气湿度。病原细菌只有在水滴、水膜覆盖伤口或充润伤口时，才能萌发和侵入。如大雨过后，当气孔从外到内形成一个连续的水道时，细菌就更易侵入；绝大多数真菌孢子萌发，都需要吸收水分，雨、露、雾在植物体表形成水滴和水膜是其侵入的必要条件；土壤湿度过高，影响氧气供应，就不利于土壤中病原菌孢子的萌发；病毒的侵入对湿度要求不十分严格；土壤湿度适中有利于线虫侵入。

2）温度 温度主要影响孢子的萌发和侵入速度。真菌、细菌和线虫特别是真菌的侵入，受温度的影响和制约最为明显。各种真菌孢子的萌发和侵入都有其最低、最高和最适温度。

3）光照 光照对侵入也有一定的影响。光照可以影响气孔的开闭程度，进而影响某些病原真菌的侵入，如禾本科植物的气孔在黑暗条件下是完全关闭的，禾柄锈菌的夏孢子尽管在黑暗条件下萌发较好，但也不能侵入寄主。

4. 寄主的抗侵入 在病原物侵入寄主前和侵入后，寄主植物可以凭固有的或诱发产生的组织和生理生化方面的障碍，来阻止病原物的侵入或侵入后建立寄生关系。例如，角质层或蜡质层是植物表面最外一层，可使病原物难以侵入或不能侵入；植物分泌到体外的对微生物有毒性的物质，如酚类化合物、有机酸等，能抑制病原真菌孢子的萌发。

（三）潜育期

潜育期（incubation period）是指病原物从侵入和建立寄生关系，到植物表现明显症状所经历的时期，即病原物在寄主体内繁殖和蔓延的时期，也称为扩展期。在此过程中，寄主对病原物的侵入常表现出一定的反应，因而使得侵入成功的病原物并不一定能与寄主建立寄生关系，或即使建立了寄生关系，也必须在适宜的环境条件下，才能引起寄主发病。

病原物侵入寄主后，从寄主体内获得营养物质的方式有两种：一是病原物先杀死寄主的细胞和组织，然后从死亡的细胞中吸收营养，该类病原物都是非专性寄生物，它们产生酶或毒素的能力很强，所以对寄主的破坏性很大。这种获取营养的方式称为死体营养型（necrotrophic）。二是病原物从活的寄主细胞和组织中吸收营养，并不立即引起寄主细胞死亡，因而称为活体营养型（biotrophic），这类病原物习惯上称为专性寄生物。

各种病原物在植物体内繁殖和蔓延的部位不同，有的仅局限在侵染点附近的细胞和组织中，形成局部的点发性感染，称为局部性侵染，由此引起的病害称为局部性病害。多数病害属于该类。这类病害虽然是局部发生，但往往也会对整株形成一定的影响。有的病原物侵入寄主细胞和组织后，从侵染点向各个部位蔓延，甚至引起全株性感染，即系统侵染，由此所引起的病害称为系统性病害。

病原细菌侵入寄主后，先在薄壁组织的细胞间繁殖，产生各种酶类，分解细胞间的中胶层，使细胞分离、细胞内的可溶物质外渗，进而引起寄主细胞的死亡，细菌便进入细胞内吸取营养物质。有的细菌从薄壁细胞组织进入维管束，并在其中繁殖蔓延。病毒、类病毒等病原物进入植物细胞后，在寄主细胞内增殖。有些病毒的运转仅局限在侵入点附近的细胞和组织中，有的则进入韧皮部在筛管中迅速运转，从而引起全株性感染。

不同植物病害的潜育期长短不同，一般为 10 d 左右。较短的如水稻白叶枯病的潜育期，在适宜条件下不过 3 d，而较长的如大、小麦散黑穗病的潜育期可达近一年。影响潜育期长短的环境因素主要是温度，在适宜的温度范围内潜育期短，如葡萄霜霉病，日均温 15～16℃，潜育期 5 d；日均温 17～18℃，潜育期 4 d；日均温 20～25℃，潜育期 3 d。一般来说，局部侵染的病害潜育期短，再侵染次数多，发生流行严重；而系统侵染的病害潜育期长，不易引起严重的发生与流行。

（四）发病期

发病期（disease period）是指植物受侵染后，经过一定的潜育期，从显症出现，到生长季节结束为止所经历的时期。许多病害症状不仅表现在病原物侵入和蔓延的部位，有时还可以影响到其他部位，甚至引起整株死亡。随着症状的发展，真菌性病害往往在受害部位产生大量孢子。孢子的形成有早有晚，有的在潜育期终了时即产生孢子，而大多数真菌则是在发病中后期的病组织上产生子实体或孢子。细菌性病害通常在寄主体外出现黏状菌脓（或称溢脓），即从病组织中溢出的细菌。病毒只在寄主体内增殖和运转，表现病状而无病症。

二、侵染循环

每一种侵染性病害都要经历几个不同的发展阶段，使病害和病原物得以发展和延续。这种从前一个生长季节开始发病，到下一个生长季节再度发病的过程称作侵染循环或病害循环（disease cycle）。主要涉及三个问题：病原物的初侵染和再侵染，病原物的越冬和越夏，以及病原物的传播。例如，梨黑星病菌在受侵染的枯死落叶上以腐生方式越冬并产生子囊果，春季子囊果成熟，产生的子囊孢子随气流传播到生长的叶片和果实上引起初侵染；在适宜的条件下，由初侵染发病部位产生的无性孢子经过气流传播引起再侵染，再侵染可以发生多次；秋季梨落叶后，病菌又在落叶上越冬；越冬后的病菌，经传播又引起下一生长季节的发病。

研究病害循环是病害防治中的一个重要问题，因为植物病害的防治措施主要是根据病害循环的特征拟定的。

（一）初侵染和再侵染

越冬或越夏的病原物，在植物开始生长以后引起最初的侵染称为初侵染（primary infection）。受到初侵染的植物发病后，病原物在植物体外或体内产生大量繁殖体，通过传播又可侵染更多的植物，这种重复侵染称为再侵染（reinfection）。

根据再侵染的有无，可将侵染性病害分为单循环病害和多循环病害两类。单循环病害（monocyclic disease）是指在病害循环中，只有初侵染没有再侵染或虽有再侵染，但危害作用很小的病害。该类病害多为土传、种传的系统性病害，如葡萄根癌病、葡萄病毒病等。多循环病害（polycyclic disease）是指病原物在一个生长季节中能够连续繁殖多代，从而发生多次再侵染。该类病害多是局部侵染病害，病害的潜育期短，病原物的增殖率高，寿命较短，对环境敏感，如葡萄霜霉病、白粉病、灰霉病、褐斑病等。一种病害是否有再侵染，涉及这种病害的防治方法和防治效率。只有初侵染而没有再侵染的病害，只要防治初侵染，病害就能得到控制。对于可以发生再侵染的病害，在注意初侵染的前提下，还要加强再侵染各个环节的控制，防治方法和效率的差异也较大。

（二）病原物的越冬和越夏

病原物的越冬或越夏，是指其渡过寄主休眠期而引起下一季节初侵染的现象。这一现象与寄主生长的季节性有密切关系。病原物越冬或越夏后，就成为初侵染的来源。

1. 越冬或越夏方式 病原物越冬或越夏有休眠、腐生和寄生 3 种方式。例如，病原真菌，有的只能在病株内越冬或越夏（如一些专性寄生真菌），有的可以休眠孢子或其他休眠体在寄主的体外存活，有的甚至可在病株残体或土壤中以腐生方式生活。病原细菌可在种子、块茎或块根内越冬，有些在土壤中越冬；少数细菌在土壤中不能长期存活，但如果以结成细菌团的方式或在病残体中，就能长期存活；有些病原细菌还可在昆虫体内或其他植物上越冬。病毒、类病毒、植物菌原体一般只能在植物活体内存在，但由于其寄主范围较广，因而也可在寄主以外的其他植物体内越冬或越夏。

2. 主要越冬和越夏场所 引起初侵染的植物病原物的越冬或越夏场所主要有田间病株，种子、苗木及其他无性繁殖材料，土壤，病株残体，粪肥、昆虫等传播介体等。

1）田间病株 病原物可在一年生、二年生或多年生植物的体内越冬或越夏，如小麦叶锈病菌在冬小麦收割后，转移到田间自生麦苗上寄生越夏，秋天再转回冬苗上寄生，冬季又以菌丝体在麦叶内潜伏越冬。小麦秆锈病菌的夏孢子在春麦地区通常不能越冬，翌年发生的小麦秆锈病的菌源，是来自在南方越冬的秆锈病菌。

2）种子、苗木及其他无性繁殖材料 病原物可以休眠机构与种子混杂在一起，如小麦线虫的虫瘿、菟丝子的种子、麦角病的菌核等；或以休眠孢子附着在种子上，如黑粉菌的冬孢子等；有的还可潜伏在种子、苗木及其他繁殖材料内部，如大、小麦散黑穗病菌的菌丝体可潜伏在种子的种胚内；带毒的葡萄种苗（条）是田间病毒病滋生蔓延的重要来源等。

3）土壤 土壤是病原物越冬或越夏的主要场所，病原物的休眠体或休眠孢子可以在土壤中长期存活，如鞭毛菌的休眠孢子囊、卵菌的卵孢子、黑粉菌的冬孢子、线虫的卵和幼虫以及菟丝子和列当的种子等。在土壤中存活并越冬的病原物，可分为土壤寄居菌和土壤习居菌两类。土壤寄居菌在土中病株残体上存活期较长，当病残体分解腐烂后就不能在土壤中存活，大部分植物病原真菌和细菌都属于这一类；土壤习居菌对土壤的适应性强，在土壤中可长期存活并繁殖，如小麦全蚀病菌、葡萄根癌病菌等。

4）病株残体 绝大部分非专性寄生的真菌和细菌，都能在病株残体中存活或以腐生方式生活一段时间。因此，这类病原物也能在各种病株残体，如根、茎、叶、穗、铃或果等潜伏或越冬。许多病原菌，如葡萄灰霉病菌、炭疽病菌、房枯病菌等，都以病株残体作为主要越冬场所。但是当作物残体分解后，多数病原物就会死亡。专性寄生的病毒，有的也能在残体中存活一定时期。病原物的休眠机构或休眠孢子，一般都是先存活在病株残体内，当残体腐烂分解后，再散落在土壤中，如十字花科根肿菌的休眠孢子囊产生在根部的肿大组织内，当根组织腐烂以后再散落在土壤中。温度和湿度对休眠孢子的萌发或病株残体上孢子的产生都有很大影响。

5）粪肥 粪肥特别是未经腐熟的带有病残体的粪肥，常带有大量的病原物，有些病原物甚至可以在其中长期存活，因而是引起多种植物病害初侵染的重要来源，如玉米黑粉菌就主要是由肥料传播的，其冬孢子可以在肥料中存活。

6）昆虫等传播介体　某些昆虫可以传播多种持久性病毒，在寄主收割后，这些病毒可在传毒昆虫体内越冬，如水稻黄矮病毒就是在传毒昆虫黑尾叶蝉体内越冬的。

（三）病原物的传播

越冬或越夏的病原物，必须传播到植物体上才能发生初侵染，在植株之间也只能通过传播才能引起再侵染。病原物的传播方式主要有气流传播、雨水和灌溉水传播、昆虫和其他介体传播、土壤和粪肥传播、人为因素传播等。

1. 气流传播　孢子是真菌的主要繁殖形式，且数量大、体积小、重量轻，很容易随气流传播。通过气流传播的病害，传播距离一般较远，有时在10 km以上的高空和远离海岸的海洋上空都可以发现真菌的孢子。由于其传播距离远，覆盖面积大，因而常易引起病害流行。例如，小麦锈病菌的夏孢子，可随气流传到1000 km以外，造成病害的大区流行；葡萄霜霉病菌的孢囊孢子随气流传播造成为害；附着在尘土或病组织碎片内的细菌、线虫的胞囊和卵囊也可随风传播。病原物的有效传播距离与其传播体的生物学特性、寄主的抗病性及环境条件等多种因素有关。

借气流远距离传播的病害防治比较困难，因为除去注意消灭当地越冬的病原体以外，更要防止外地传入的病原物的侵染，有时就有必要组织大面积联防，以得到更好的防治效果，采用抗病品种最为有效。

2. 雨水和灌溉水传播　病原细菌和真菌中某些种类的分生孢子都是由雨露传播的。因为这些病原体之间大多都有胶质，胶质遇水膨胀和溶化后，病原体才能从子实体或植物组织上散出，随着水滴的飞溅而传播。尤其是在风雨结合的情况下，更容易引起病原物在田间较大范围的传播，如水稻白叶枯病往往在暴风雨后，田间发病面积迅速扩大。此外，存在于土壤中的病原物，如烟草黑胫病菌和其他真菌病害的菌核、孢子、病原细菌及植物病原线虫等也都能随雨水或灌溉水传播。

3. 昆虫和其他介体传播　昆虫和螨类与病毒病害的传播关系密切，如蚜虫、叶蝉和飞虱等是多种植物病毒病害的重要媒介，不少通过伤口侵入的真菌和细菌性病害的病原物也可借昆虫传播。昆虫不仅可以携带病原物，还可造成伤口，为其他病原物侵入开辟途径。

4. 土壤和粪肥传播　土壤和粪肥传播病原物，实际上是土壤和粪肥被动地被携带到异地而传播病原物。土壤能传播在土壤中越冬或越夏的病原物；带土的块茎、苗木等可远距离传播病原物；农具、鞋靴等可做近距离传播。粪肥混入病原物，如未充分腐熟，其中的病原物接种体可以长期存活，并传播病害。

5. 人为因素传播　各种病原物都能以多种方式通过人为因素传播。在人为传播因素中以带病种子、苗木和其他无性繁殖材料的流动最重要。人为传播往往都是远距离的，而且不受自然条件和地理条件的限制，也不像自然传播那样有一定的规律，如葡萄卷叶病毒、水稻白叶枯病菌、棉花枯黄萎病菌和马铃薯环腐病菌等，都是通过人类的生产活动或商业活动如调运种苗等做远距离传播的；许多病害的病原物是通过农事操作，如耕地、间苗、移栽、施肥、灌溉、整枝、打杈、脱粒和使用带菌的工具等进行传播的，如烟草花叶病毒可通过移苗、打顶去芽传染，棉花枯黄萎病等可通过耕地扩大病区，马铃薯环腐病可在播种前通过切薯从病薯传至健薯。因此，有时候人为因素更容易造成病害的传播和病区的扩大。

（顾沛雯）

第二节　植物病害的流行

植物病害的流行是指病害在较短时间内大面积严重发生与发展，并造成较大损失的过程或现象。病害少量发生时，一般对农业生产不会造成大的影响，但如果大量发生，就会造成严重损失乃至灾害。植物病害流行的时间和空间动态及其影响因素是植物病害流行学的研究重点。病原物群体在环境条件和人为干预下与植物群体相互作用导致病害流行，因而病害流行是一个极其复杂的生物学过程，需要采用定性与定量相结合的方法进行研究，即定性描述病害群体性质和通过定量观测建立关于群体动态的数学模型。

一、植物病害的计量

植物群体的发病程度可以用多种指标计量，其中最常用的有发病率、病害严重度和病情指数。

发病率是发病植株或植物器官（叶片、根、茎、果实、种子等）占调查植株总数或器官总数的百分率，用以表示发病的普遍程度。但是，病株或器官间发病轻重程度可能有相当大的差异。例如，同为发病叶片，有些叶片可能仅产生单个病斑，另一些则可能产生几个甚至几十个病斑。这样，发病率相同时，发病的严重程度和植物蒙受的损失可能不同。为了更全面地估计病害数量，便需要应用病害严重度指标。

病害严重度表示植株或器官的罹病面积（如病斑面积）占总面积的比例。严重度用分级法表示，即将发病的严重程度由轻到重划分出几个级别，分别用各级的代表值或百分率表示。调查统计时，以整株或者以个别器官为单位，对照事先制订的严重度分级标准，找出与发病实际情况最接近的级别。

表 5-1 列出葡萄霜霉病以叶片为调查单位，以罹病面积占叶面积的百分比估算发病严重度进行病情分级，该标准将严重度分为 6 级。严重度分级标准除用文字表述外，还可制成分级标准图。

病情指数是全面考虑发病率与严重度两者的综合指标。若以叶片为单位，当严重度用分级代表值表示时，病情指数计算公式为

病情指数＝$\sum$（各级病叶数 × 各级代表值）/（调查总叶数 × 最高一级代表值）×100

表 5-1　葡萄霜霉病严重度分级标准（引自 GB/T 17980.122—2004 标准）

严重度分级	各级代表值	分级标准
0 级	0	无病斑
1 级	1	罹病面积占整个叶面积的 5% 以下
3 级	2	罹病面积占整个叶面积的 6%～25%
5 级	3	罹病面积占整个叶面积的 26%～50%
7 级	4	罹病面积占整个叶面积的 51%～75%
9 级	5	罹病面积占整个叶面积的 75% 以上

二、植物病害的流行类型

植物病害流行是指一种病害在数量上由少到多、由点到面的发展过程。病害流行需要足够的接种体数量作为基础，不同病害菌量积累过程所需时期长短有很大不同，根据病害流行的特点，可将其分为单循环病害（monocyclic disease）和多循环病害（polycyclic disease）两类。

（一）单循环病害

单循环病害是指在病害循环中只有初侵染而没有再侵染或虽然有再侵染，但作用很小的病害。此类病害多为种传或土传的全株性病害，其自然传播距离较近，传播效能较小。病原物可产生抗逆性强的休眠孢子越冬，越冬率较高，较稳定。单循环病害每年的流行程度主要取决于初始菌量。寄主的感病期较短，潜育期长，在病原物侵入阶段易受环境条件影响，一旦侵入成功，则当年的病害数量基本已成定局，之后的病害发展受环境条件的影响较小。此类病害在一个生长季节中菌量增长幅度虽然不大，但能够逐年积累，稳定增长，若干年后导致较大的流行，因而也称为“积年流行病害”（ployetic disease）或单利病害。

单循环病害包括小麦腥黑穗病、棉花枯黄萎病、玉米丝黑穗病、水稻恶苗病、水稻干尖线虫病及多种果树病毒病等。对于单循环病害的防治策略，应以控制初侵染数量和初始病情为主。种植材料上和土壤中病原物的数量，常常是预测预报的主要因子。

（二）多循环病害

多循环病害是指在一个生长季中病原物能够连续繁殖多代，从而发生多次再侵染的病害。这类病害绝大多数是局部侵染的，寄主的感病时期长，病害的潜育期短，病原物的增殖率高，但其寿命不长，对环境条件敏感，在不利条件下会迅速死亡。病原物越冬率低而不稳定，越冬后存活的菌量（初始菌量）不高。多循环病害在有利的环境条件下增长率很高，病害数量增幅大，具有明显的由少到多、由点到面的发展过程，可以在一个生长季节内完成菌量积累，造成病害的严重流行，其病害流行取决于病害增长速率，因而又称为“单年流行病害”（monoetic disease）或复利病害。

气象因素、寄主的抗逆性、栽培措施是多循环病害预测预报的重要因子。对于多循环病害的防治，应采取以种植抗病品种为主，以农业措施和药剂防治为辅的综合防治策略，以降低病害增长速率。

三、植物病害的流行因素

植物病害的发生是在环境条件影响下，寄主与病原物相互作用的结果。人们通常用“病害三角”来描述寄主、病原物和环境条件三者之间的关系。而病害流行是指植物群体发病的现象，即病原物群体和寄主植物群体在环境条件影响下相互作用，引起病害在植物群体中发生的现象。导致病害流行必须同时具备3个因素：大量感病寄主植物的大面积集中种植；病原物致病性强，繁殖量大；环境条件有利于病原物的侵染、繁殖和传播等。但有时人类活动也会造成某些病害的流行。所以，近年来人们常用“病害四角”来描述这种关系，即除了寄主、病原物和环境条件以外，还加入了人为因素。

（一）病害流行的基本因素

1. 寄主植物

1）*感病寄主植物*　种植感病品种是病害发生和流行的先决条件。在感病品种上病害的潜育期短，病原物繁殖量大，多循环病害循环周期短，在有利的环境条件下，病害易发生和流行。

2）*作物感病品种的栽培面积及分布*　植物病害的流行和危害程度与感病品种栽培面积的大小和分布有关。特别是单一种植感病品种，就会为病原物的繁殖积累和扩展传播创造有利条件，从而导致某些病害在短期内迅速流行。感病寄主植物群体越大、分布越广，病害流行的范围就越大，危害也越严重。例如，1960 年后，高感锈病的小麦品种‘碧玛 1 号’在我国西北和华北地区大面积种植，1964 年前后气候条件有利于条锈病的流行，仅河北等 7 省统计，损失小麦达 10 多亿千克；1970 年美国大面积种植含 T 型雄性不育胞质的玉米杂交种，由于该品种对玉米小斑病菌 T 小种特别敏感，因而引起了玉米小斑病的大流行。

2. 病原物

1）*病原物的致病力*　病原物致病力强弱不同，当存在致病力强的菌系时，就会造成病害流行与危害。例如，棉花黄萎病菌菌株有致病力强的落叶型和致病力弱的非落叶型之分，两者所引起的发病强度存在很大差异。再如，小麦条锈病菌、稻瘟病菌和马铃薯晚疫病菌等常常发生变异，而产生致病力不同的生理小种，小麦条锈病中的条中 1 号小种对‘碧蚂 1 号’等品种具有毒性。

2）*病原物的大量繁殖和有效传播*　病害的蔓延有赖于病原物群体的迅速增长。各种病原物的繁殖能力不同，有的具有较高的繁殖力，在短期内可以形成大量的后代，为病害的流行提供大量的病原物。例如，小麦条锈菌的一个夏孢子侵入小麦后，可以产生 10～100 个夏孢子堆，每个夏孢子堆可以产生 3000 个夏孢子。有些病原物，如引起棉苗立枯病的丝核菌，只以菌丝体在土中蔓延；油菜菌核病菌和小麦全蚀病菌只形成有性孢子而不形成无性孢子，它们的增长都较缓慢，病原物需要多年积累才能引起病害流行。在一个生长季节中，病原物繁殖的代数和每代繁殖所需要时间的长短，与病原物数量的增长有关。例如，马铃薯晚疫病为多循环病害，在适宜温度下，只需 2～3 d 就能完成一个循环；而小麦散黑穗病为单循环病害，需要一年才能完成一个循环。病原物的越冬菌量直接影响其初侵染的菌源。一般来讲，病原物越冬菌量多、初侵染发生早、再侵染次数多、环境条件适宜，病害就会提早和严重流行。

病原物的传播扩散，必须在有效的介体和动力下才能完成。气流、雨水特别是暴风雨和媒介昆虫等，与病害的流行和传播有着密切的关系，如水稻白叶枯病往往在暴风雨后暴发。风雨不仅可以传播病原细菌，还会引起病叶与健叶的接触与摩擦，从而造成伤口，更有利于细菌侵入。田间流水可以引起病原物在田间广泛传播，如水稻白叶枯病和烟草黑胫病等的流行，都与流水传播有关。在小麦抽穗后，如遇大风后随之降雨，常常会引起叶锈病和秆锈病的流行。许多植物病毒病，当媒介昆虫大发生时，就会引起严重流行传播，如小麦黄矮病、油菜花叶病等蚜传病毒病的流行，与蚜虫的发生程度密切相关。

3. 环境条件　影响病害流行的环境条件包括气象因素（如温度、湿度、雨量、雨日、雾、露和光照等）、土壤因素、生物因素及耕作和栽培因素等。环境条件既影响病原物的繁殖、传播和侵入，又影响寄主的抗病性。在具备致病性的病原物和感病寄主的条件下，环境条件就会成为影响病害流行的主导因素。

温度和湿度是病原物生命活动的重要生态因子。各种病原物的生长发育都有其适宜的温湿度范围。在适宜温度下，更有利于病原物的生长、繁殖和病害的流行。温度过高或过低都会直接影响病原物的生存及越冬和越夏。高湿通常是许多病原真菌，如霜霉病菌、稻瘟菌、炭疽菌等孢子萌发与侵入的重要条件，也是病原细菌传播、侵入的必要条件。频繁降雨、寄主组织上结水时间长或天气持续高湿，对多种病害的流行有利。此外，环境条件不利还会引起寄主植物的抗性下降，从而加重病害的流行。例如，棉花、水稻均为喜温作物，如遇持续低温阴雨天气，就容易诱发棉苗立枯病、黑斑病及水稻穗颈瘟病；高湿对马铃薯晚疫病流行有利；春季低温易诱发小麦根腐病。

土壤和栽培条件是影响病害局部流行的重要因素。例如，砂质土壤有利于多种线虫病的发生；十字花科植物的根肿菌在酸性土壤中发生较重；茄科青枯病在偏酸性土壤中发生较轻；施用石灰能有效地防治多种病害等。

（二）引起病害流行变化的主导因素

病害的流行和流行程度因时因地而异。同一种病害，在不同地区或不同年份，其流行程度可全然不同。在寄主植物、病原物、环境等多种因素中，任何一种因素的改变都可能导致病害流行的变化。通过对病害流行变化进行具体分析，就会找到其主导因素。

地区和年际之间主要流行因素及各因素之间相互作用的变动，可以引起病害流行的地区差异和年际波动。根据病害的流行程度和流行频率，可把病害流行区划分为常发区、易发区和偶发区；根据流行程度和损失情况的年度波动可划分为大流行、中度流行、轻度流行和不流行等类型。

病害大流行往往与某一流行因素的剧烈变动有关，如我国 20 世纪 50 年代大面积种植抗病小麦品种‘碧蚂 1 号’，曾一度控制了条锈病的发生。但是由于后来条中 1 号小种的产生和大量增殖，致使‘碧蚂 1 号’品种抗性丧失，导致条锈病大流行。另外，当寄主植物与病原物都具备时，气象条件波动就会成为病害流行的主导因素，如稻瘟病、麦类赤霉病、马铃薯晚疫病以及葡萄霜霉病等多种病害，都曾由于异常气象条件引起大流行；由昆虫传播的病毒病，常常通过气象条件对传毒昆虫的影响而间接地影响着病害的流行。

耕作栽培措施的变化可以通过改变田间的生态环境和小气候，从而影响病原物的越冬、越夏、传播和侵染，以及传毒昆虫的活动与繁殖。寄主抗病性的变化，可引起病害流行程度的变化，如华北地区由灰飞虱传播的小麦丛矮病，凡棉田套种小麦发病就重，这与棉田有利于虫媒繁殖和活动有关。水稻在密植和高肥条件下，纹枯病发生重；若水肥管理不当，稻瘟病发生就重；水稻生育后期氮肥不足或土壤状况不良，胡麻斑病就容易流行。苹果树腐烂病的大流行也往往是由于栽培管理不善所诱发的，当果树长期缺肥或结果负担过重而引起树势衰弱时，就会造成腐烂病大流行。温室或冬暖大棚蔬菜栽培，常因光照不足且湿度高，而造成白粉病、疫病和灰霉病等发生严重。

四、植物病害的流行动态

植物病害流行的过程是病害和病原物消长的动态变化过程。病害流行的时间动态是指病害从开始发生，随着时间的推移，使寄主群体中发病普遍率和严重度不断增加，直到病害衰退的过程。病害流行的空间动态是指病害发生后，由于病原物不断繁殖与传播，随着传播距离的延伸发病的范围不断扩大，直到病害停止发展的过程。

（一）病害流行的时间动态

病害流行的时间动态可分为季节流行和逐年流行等。在整个生长季节中，如果对病害进行定期系统调查，以调查时间为横坐标、病害数量（普遍率或病情指数）为纵坐标，即可绘制成病害随时间推移的消长曲线，即季节流行曲线。曲线的起点为初始病情，曲线的最高点表示病害的流行程度，曲线的斜率是病害经多次再侵染后的流行速度。流行曲线因病害种类不同和环境条件的变化而有所不同，可表现为“S”形、单峰型、双峰型和多峰型等多种类型（图 5-2），其中以“S”形最为常见。

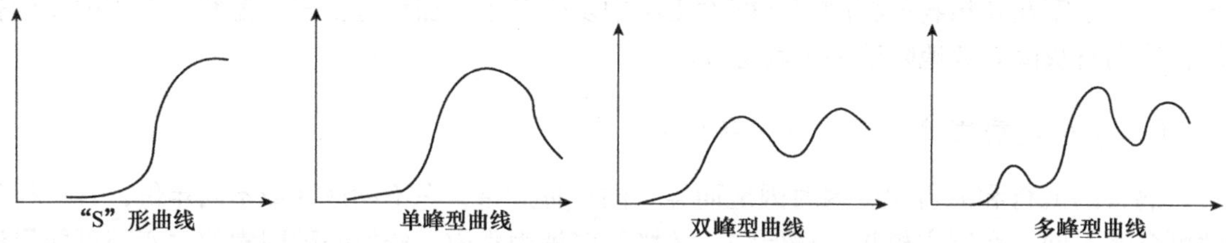

图 5-2 季节性流行曲线的常见形式（引自 Agrios，1988）

病害的流行过程可分为 3 个阶段，即始发期、盛发期和衰退期。上述 3 个阶段中，一般始发期时间较长，也最为重要，这一时期是病原微生物数量积累的关键时期，也是病害预测预报和病害防治的重要时期。由于此时期病情轻微，故往往容易被人们忽视，当病情指数发展到 0.05 以上时，病害流行多半已成定局。

（二）病害流行的空间动态

1. 病害在田间的扩展和分布形式

1）中心传播　中心传播是指病原物早期侵染的植株在田间形成发病中心，病害呈聚集分布的空间格局，然后再由发病中心向外扩展的一种传播方式。中心传播的初侵染来源一般是本地菌源，如病原物经种苗传带，或存在于土壤及病残体上。病原物初侵染后田间出现中心病株，经再侵染发展为中心病点或发病中心，继而扩及全田以至周围的田块，如葡萄霜霉病、白粉病、锈病等的传播。中心传播早期，病害往往呈现梯度分布，即发病中心的病害数量最大，随着离发病中心距离的增大，病害逐渐递降。中心传播一般是近距离的田块内传播，也有田块间的传播。中心传播病害在田间扩展的过程，大体上经过点片发生期、普遍发生期和严重发生期 3 个阶段。点片发生期大致与季节流行曲线的始发期同步，其时间的长短取决于初菌量的大小和环境条件。菌量大、发病中心多、环境条件有利时，各发病中心就会迅速联合，从而引起全田普遍发病；菌量小、发病中心少、环境条件不适宜时，病害就会长期停滞在点片期。点片发生期是病害药剂防治的有利时机。

2）弥散式传播　弥散式传播是指由病原物的初侵染即可引起病害全田普遍发病的传播方式。病害在田间形成随机分布或均匀分布，通常是由气流远距离传播且菌量大时的病害分布形式。本地区或本田的菌源在初侵染菌量大时，也会出现发病中心不明显的均匀分布，如小麦赤霉病、油菜菌核病、小麦纹枯病等。

2. 病害的传播　植物病害流行的空间动态反映了病害数量在空间中的发展规律。病害传播的距离，因病原物种类及其传播方式而异。气传病害的自然传播距离相对较大，其变化主要受气流和风的影响。土传病害自然传播距离较小，主要受田间耕作、灌溉等农事活动及线虫等生物介体活动的影响。虫传病害的传播距离和效能主要取决于传病昆虫介体的种群数量、活动能力及病原物与介体昆虫之间的相互关系。病害的传播距离也因种类而不同，可分为近程传播、中程传播和远程传播。一次传播距离在百米以内的称为近程传播；传播距离为几百米到几千米的，称为中程传播；传播距离达到数十千米乃至数百千米及以外的为远程传播。中、远程传播受上升气流和水平风力的影响。

（刘　巍）

第三节　昆虫的种群动态

在自然界中，同种昆虫是以群体（种群）的形式存在和适应环境变化的。研究昆虫种群特征及其数量在时间和空间上的发展趋势及其原因，掌握昆虫种内和种间的基本特征，是预测预报害虫防治和保护利用天敌昆虫的重要理论基础。

一、昆虫的种群及其特征

（一）种群的概念

种群（population）是种下的分类单元，是指在一定的生活环境内、占有一定空间的同种个体的总和，是种在自然界存在的基本单位，也是生物群落的基本组成单位。种群是通过种内关系组成的一个有机的统一群体，它除具有种的一般生物学特性（如相同的形态结构、生活方式、遗传特性，以及与其他种存在严格的生殖隔离）外，还具有群体自身的生物学特性，如出生率、死亡率、性比、平均寿命、年龄组成、基因频率、繁殖速率、密度及数量变动、空间分布、迁移率和滞育率等。种群是一个自动调节系统，具有群体的信息传递、行为适应、数量反馈控制的功能。在种群生态学上是一个抽象概念，而对某种害虫而言是指具体种群。同一种的不同种群在长期的地理隔离或寄主食物特化的情况下，也会在生活习性、生理及生态特性，甚至在形态结构或遗传性上发生一定的变异。所有这些都充分反映了种群水平的生物学、生态学和遗传学特性。

同种昆虫由于长期的地理隔离而形成的种群，称为地理种群或地理亚种。不同的地理种群在形态、发生规律上发生一些变异，但仍可交配和繁殖后代。因寄主食物的不同而形成的不同种群，称为食物种群或食物宗。

有时需要研究两种或两种以上的种群，特称为混合种群，如在研究害虫生物防治或综合防治时，就需要考虑害虫和天敌等两种或两种以上种群的数量变动。

（二）种群结构

种群结构（population structure）即种群的组成，是指种群内不同状况的个体所占的比例，主要包括性比和年龄组配等。

1. 性比 性比是指一个种群内雌雄个体的比例，通常以雌虫率表示。就大多数昆虫的自然种群而言，雌雄个体的比例常为1：1左右。但环境条件的改变，如极端温度、食料不足等，有时也会引起种群性比的变化。有些昆虫一生能多次交配，即一头雄虫常可与多头雌虫进行有效的交配，此时，种群中雌性个体数量可能显著多于雄性的个体数量。许多营孤雌生殖的昆虫，在全年大部分时间只有雌性个体存在，而雄性个体只在短暂的有性生殖阶段出现。对这类昆虫，在进行种群组成分析时，可以不考虑其性比。

2. 年龄组配 年龄组配是指种群内各年龄组（成虫、蛹、各龄幼虫、卵等）的个体数量比例或所占总体的百分率。种群的年龄组配随着种群的发展而变化。对于连续增长并世代重叠的种群来说，年龄组配是反映种群发育阶段并预示种群发展趋势的一个重要指标。

同样，种群中成虫的性比、滞育个体比例和处在生殖阶段的个体数量等，对于昆虫的数量动态也有重要影响。此外，对某些具有形态多型现象的昆虫，其各型个体的比例也是种群结构的一个重要指标。

二、种群的消长类型

昆虫种群的消长类型主要是指昆虫种群的季节消长类型。昆虫的种群数量是随季节变化而消长波动的，这种波动在一定空间内常有相对的稳定性。一年发生1代的昆虫，其季节消长类型比较稳定；一年发生多代的昆虫则较复杂，而且常因地理条件和在当地一年发生代数不同，其种群数量的消长变化较大。现将一些重要的植物害虫种群数量的季节消长归纳为以下3个类型。

1. 单峰型 单峰型是指一年内种群数量只出现1次高峰，又可分为前峰型（斜坡型）和中峰型（抛物线型）两类。前者是在生长季节前期出现种群数量高峰，如麦叶蜂、稻蓟马、稻小潜蝇、豌豆潜叶蝇和桃小食心虫等；后者是在生长季节中期出现高峰，前、后期种群数量较少，如稻苞虫高粱蚜、大豆蚜、斜纹夜蛾、银纹夜蛾和甜菜夜蛾等。

2. 双峰型 双峰型是在生长季节前、后期（春、秋季）各出现1次高峰，故又称为马鞍型，如小地老虎、麦长管蚜、菜粉蝶、萝卜蚜和桃蚜等。

3. 多峰型 多峰型是指种群数量逐季递增，出现多次峰期，故又称为阶梯上升型或波浪形，如三化螟、亚洲玉米螟、棉铃虫和棉红铃虫等。

属于上述季节消长类型的昆虫，其种群数量常因分布的地区、年份及耕作制度等不同而有所变动，应研究找出引起变动的主导因素，作为测报和防治的依据。

三、种群的生长型

种群的生长型又称为“种群在时间上的分布”。它是在一定条件下，单种种群在时间序列上数增减的变化形式。在实验条件下，它主要有两种类型：“J”形生长型，即种群数量开始时增加迅速，后因环境因素抑制，数量突然下降。“S”形生长型，即种群数量开始增加缓慢，随即迅速增加，呈直线上升，然后又增加逐渐缓慢，最终达饱和状态，种群数量不再增加。但这两种生长型也常因不同物种和环境而发生改变或联合。

四、种群的数量变动

昆虫种群的数量变动主要取决于种群基数、繁殖速率、死亡率和迁移率等。种群基数是指前世代或时期昆虫在一定空间内的平均个体数量，是估测下一世代或时期种群数量的基础数据。繁殖速率是指昆虫种群在单位时间内个体数量增长的最高理论倍数，繁殖速率的大小取决于种群的生殖力（出生率）、性比和一年发生代数。种群的死亡率和生殖力（出生率）一样，是指在一定环境条件下和时间内种群死亡个体数占群体总数的百分率；有时也用存活率（1－死亡率）表示。迁移率是指在一定时间内迁出与迁入个体数量之差所占种群总数的百分率。迁移率主要表示具翅成虫特别是迁飞性昆虫的活动对种群数量变动的影响，一般情况下，种群无明显的迁移，其迁移率可视为零。昆虫种群数量变动的基本模式为

$$N_n=\left[e\cdot\frac{f}{m+f}(1-d)\cdot(1-M)\right]$$

式中：N 为种群基数；e 为生殖力（单雌产卵量）；m 为雄虫数；f 为雌虫数；d 为死亡率；M 为迁移率；n 为世代数。

五、昆虫与生物群落

（一）群落的概念

群落（community）是在一定空间或一定生态环境中各种生物种群相互松散结合的一种单元。群落是生态系统中有生命部分的组合，包括植物、动物和微生物等各个物种的组成。每个群落都有自己的分布区，结构具有一定的完善性，可相对独立区别于邻近的群落。

在一个生物群落中，各个种群不是偶然散布在一定空间的孤立的生物，而是通过食物和能量转换的联系，形成复杂而有序的关系。因此，群落的特征绝不是其组成物种或种群特征的简单总和，而是具有群落水平上特有的一些特征，包括物种的多样性和相对丰富度、群落的优势种、群落的生长形式及其结构、营养结构和群落的演替等。

（二）群落的结构

生物在环境中的分布状况及其与周围环境之间的相互关系，称为群落结构。群落中物种的结构和丰富度不仅是群落分类的依据，而且可借助结构的分析去认识群落与环境的关系。大多数群落都有垂直分化现象，即在不同的水平高度分布着不同的物种。物种的垂直分布主要取决于生境小气候与食物的选择。例如，在森林中，就昆虫种群分布来讲，为害树冠部分的大多是食叶性鳞翅目和同翅目昆虫，为害树干的为蛀茎的鞘翅目、膜翅目昆虫，而蚂蚁、跳甲、步行虫等主要栖息在地表的枯枝落叶层。在自然群落中，由于亲代的散布、环境的差异、种间相互关系等原因，也会使物种表现出明显的水平分化。此外，由于群落中物种的活动性不同，群落在时间上也会有一定的分化，如在同一块农田中，白天的昆虫群落结构与晚上的不同，不同季节中物种的分布也不同。

由于生物影响因素的连续变化，而引起的生物生活场所的连续变化，称为生境梯度。不同植物的分布经常影响动物的分布，昆虫的分布则更易受其栖息地和食物分布的影响。一般生境生态梯度包括海拔、温度、湿度、土壤、风和光等因素。在群落中，由于生境梯度与物

种的生物学特性的不同，而形成了不同类型的物种种群空间分布格局。

（三）群落的多样性和稳定性

群落多样性是衡量群落的一个重要属性，它包括群落内物种数的多少和各物种个体数的多少及它们之间的比例关系，可反映出群落内种间或种内的竞争关系和发展趋势。群落稳定性是指自然群落抑制物种种群波动或受干扰后恢复平稳状态的能力。因此，群落多样性是衡量群落稳定性的重要尺度。一个群落内如果物种数多，而且各物种间个体分布较均匀，说明该群落具有较高的多样性，群落就较稳定；反之，如果群落内物种数较少，各物种间个体分布不均匀，即优势度明显，就说明该群落的多样性低，群落就不稳定。

在自然群落内，少数物种往往表现为个体数量多、生物量或生产力大，能充分体现群落的能流或生产力，这些物种称为优势种；而绝大多数物种的个体数量少、生物量或生产力小，称为稀有种。稀有种占有群落物种数的比例，决定着群落多样性的高低。

群落多样性常因受环境的影响而发生变化，如过多地使用农药，可使农田内生物群落的多样性明显降低。生物群落的多样性可以反映环境的污染程度，故也被用作环境监测的一种生物学指标。

（四）群落的发展和演替

群落演替是指群落经过一定的发展历史时期及物理过程或随着环境条件的改变，从一种群落类型逐渐演变成另一种类型的顺序过程。群落演替在时间、空间上具有定向性，因而是不可逆的，演替的顶点是顶极群落的组成。顶极群落的特点是物种数最多、结构最完善、总生物量最大、信息最为丰富和稳定性最强。

根据演替出现的起始点，可将群落演替分为初级演替和次级演替两种类型。初级演替又叫作原生演替，发生在从未被生物占据过的区域，通常发展速度缓慢，所需时间漫长。次级演替又称为次生演替，发生在曾被生物占据过但已经被移走的区域，发展速度较快，所需时间较短。农业上通常所说的演替都是次级演替，如一个果园的建立等。

（胡祖庆）

第四节 植物病虫害预测

植物病虫害预测是在认识其发生和发展规律的基础上，利用已知规律展望未来的思维活动。预测的本质是将未来事件发生的可能性空间缩小到一定的程度，或者说是对某一尚不确知的病虫害事件发生的概率做出相对准确的推测。病虫害预测是实现科学管理的先决条件，在现代有害生物综合治理中具有重要地位。

一、病虫害的调查方法

面对成千上万的病虫害，要了解其发生程度，只能抽查一定的单位并计算一些统计值。而要使调查结果具有较好的代表性，探讨客观、合理、简便、经济又省时的抽样方法十分必要。

1. 病虫害空间格局 病虫害空间格局是指某一时刻在不同的单位空间内病原物或有害昆虫数量的差异及特殊性，它表明该种群选择栖境的内在特性和空间结构的异质性。受种群特性、种群栖息地内各种生物种群间的相互关系和环境因素的影响，某一种群在空间散布的格局会有所不同。调查病虫害的空间格局有助于了解其传播规律。病虫害的空间格局又称为空间分布型、田间分布型，是确定取样调查方式的重要依据。

2. 常见的用来描述病虫害空间分布格局的数学模型 常见的用来描述病虫害空间分布格局的数学模型有4种，即二项式分布（均匀分布）、泊松分布、奈曼分布（核心分布）和负二项式分布（嵌纹分布）。

二项式分布的个体之间相互排斥，并且相互关系基本一致，空间距离相等；泊松分布表示小概率随机事件，其个体都是独立的，个体间无相互作用，个体之间的距离可以很不相同；奈曼分布的个体之间有一定的相互吸引关系，如同亲子关系一样世代之间亲疏程度不同可以表现为距离的远近，也就形成了一些核心或中心；负二项式分布的个体间也有一定的关系，但这种相互关系可以分成两种或多种，在空间上可以分布疏密不同的区域，同一区域内的个体之间保持基本相同的关系，而不同区域内的个体之间的关系则明显不同。

形成不同空间格局的原因是多方面的，包括病虫害的增殖（生殖）方式、活动习性和传播方式、发生阶段等，也与环境的均一性有关。了解病虫害本身的生物学特性，有助于初步判断它们的分布格局。如果病虫害来自田外，传入数量较小，无论是随气流还是种子传播，初始的分布情况都可能是泊松分布；而当病虫害经过1至几代增殖后，每代传播范围或扩展速度较小时，即围绕初次发生的地点就可以形成一些发生中心，就会呈奈曼分布；其后，特别是随着病虫害的大量增殖，又会逐步过渡为二项式分布。当大量的小麦条锈病夏孢子传入或蝗虫大量迁入时，也可能直接呈现二项式分布。由于肥、水、土壤质地等成片、成条带的差异可能造成作物长势和抗病性的差异，进而引发病原物侵染和害虫取食、产卵的差异，也会出现负二项式分布。

判别病虫害空间分布格局的数学方法大体有两类。第一类是比较常用的判别指标法，如计算聚集度和平均拥挤度等，主要是判断病虫害聚集与否，即隶属随机分布、均匀分布和聚集分布的程度。More（1954）提出的以方差（V）与平均密度（M）为基础，计算$I=V/M-1$是目前较通用的判断聚集度指标方法，即当$I=0$时，判断为随机分布；当$I<0$时，判断为均匀分布；当$I>0$时，判断为聚集分布。第二类是根据实际观测的频次数据计算均数和方差，将均数和方差分别代入泊松分布、奈曼分布和负二项分布的理论公式，再对理论值与实际值的一致性进行卡方测验，判断属于何种分布型。

3. 取样调查方法 选择取样调查方法既要以病虫害空间分布型为基础，又要符合统计学的基本要求。病虫害取样调查方法可以大体划分为典型取样、随机取样、顺序取样和分层取样四大类。

典型取样在很大程度上依赖调查者的经验和判断能力，在归纳典型和选择样本时都会受到主观因素的影响，所以也称“主观取样”。由于典型取样不必进行随机取样，所以无法估计取样误差，只适用于大面积生产性调查随机取样。随机取样数据是进行数理统计的基础。基本做法是先将总体划分成若干个相同的单位，并按次序编号，然后根据随机数抽取样本。科学试验经常采用的五点法、对角线法、棋盘式法、“Z”字形法等均属于顺序取样法，另外还有分层取样、两级或多级取样等。采用分层取样法，首先要大体观察要调查的田块，按病虫害密度划分成若干层次（等级或类型），然后从每一层次中随机抽取样本，计算每层次的样本平均数，最后根据各层次的比例，用加权平均法计算总体的代表值。这样就能在获得代表值的同时，对取样误差做出估计。针对随机分布、均匀分布的病虫，采用哪种方法都可以。针对符合奈曼分布和负二项式分布的病虫害则应采取分层取样法。

二、病虫害的预测技术和方法

由于农作物病虫害的发生、危害受作物布局、栽培耕作制度、品种抗性、害虫的迁飞、滞育规律、病害的流行规律、农田小气候及气象条件等诸多因素的影响，所以病虫害的预测除具有其特定的复杂性外，还具有很强的时效性。植物病虫害的发生危害动态、测报防治决策以及农药、药械的供求信息等必须及时传递，否则就会造成难以挽回的损失。

病虫害的预测方法有多种。按预测期限可分为短期（1周以内，以天为单位）、中期（1个生长季内，以天或旬为单位）、长期（下1个生长季，以年为单位）和超长期（若干年）预测；按预测内容可分为发生期、发生量、损失量、防治效果和防治效益预测；按预测依据的因素可分为单因子预测和复合因子预测，前者如依据种子带菌率预测小麦腥黑穗病、依据降雨情况预测小麦赤霉病或水稻稻瘟病，后者如根据品种抗病性、越冬菌源数量和重要气象数据预测小麦条锈病等；按预报的形式可分为0～1（发生与不发生）预测、分级预测（成数预测）、数值预测和概率预测；按预测机理和主要特征可分为专家评估法、类推法、数理统计模型法和系统模拟模型法等。现主要按照后种分类方法简要说明如下。

1. 专家评估法 该方法是广泛采用的预测方法，是以专家为对象索取信息并利用专家的直观判断能力、经验和特有的思维推理方式，并采用科学的方法归纳专家意见，进行病虫害预测的方法。此法比较适合因素多、关系复杂，且难以取得定量数据和难以建立模拟模型的病虫害预测。

2. 类推法 该方法是长期观察到的一些现象的简单归纳，比较适用于环境相对稳定的特定地域和病虫害系统结构比较简单或有明显的主导因素或阈值，利用与病虫害发生有相关性或同步性的某种前兆现象或明显的生物、物理现象作为指标，推测病虫害发生始期或发生程序。一般以定性的短期预测为主，常用的如物候预测法、指标预测法、发育进度预测法和预测圃法等。

物候是指自然界中反映气候季节变化的生物和非生物现象，能够提供自然界季节中的多因素和一定时段的综合信息。在生物的长期演化过程中，植物各器官的发育变化与病虫害及气候3者之间有着紧密的相关。物候预测就是利用预测对象与预测指标之间的某种内在联系，或利用二者感受到环境的某些变化而发生同步变化的现象，通过类推原理，利用变化明显的现象推测变化不明显的或将要发生的现象。例如，禾谷缢管蚜与小麦赤霉病对环境条件（特别是湿度）的要求相反，所以如果前者重，就可预测后者轻；许多谚语，如“柏子叶里白，明年好小麦”，是说乌柏树果实开裂时如果叶片尚有50%未落，就可以预测来年小麦赤霉病轻。

病害预测的指标可以是气候指标、菌量指标或寄主抗病性指标等。例如，在欧洲很早就在归纳大量的马铃薯晚疫观察结果的基础上，提出标蒙氏预测法，该指标规定，春天若连续48 h气温高于10℃、空气相对湿度大于75%，3个星期后将会在田间出现马铃薯晚疫病的发病中心。再如，我国苏北地区根据 12 年的观察结果，提出预测小麦赤霉病的气候指标是温度和雨日，病害流行的温度在日平均温度 15℃以上，当扬花至灌浆期的雨日数占该期总日数的 75% 以上时，病害就会大流行，占 50%～70% 时为中度流行，小于 40% 时不流行。

在病害的长期预测和超长期预测中，经常利用某种气候现象作为指标。例如，根据多年的统计，如果东太平洋出现厄尔尼诺现象，第二年我国长江中、下游麦区小麦赤霉病大流行的概率为 0.7，而且厄尔尼诺现象持续时间越长，则下年赤霉病的发生越严重。

3. 数理统计模型法 该方法是将系统当作“黑盒”处理，不一定追求内部机理，只要寻找相关的调查数据之间的相关性、相似性和周期性便可进行预测。建立预测公式需要大量规范的调查数据、数理统计方法和一定的计算能力，其中最重要的是充足的和高质量的数据。此方法适用于那些只有 1 个或少数几个流行主导因素、有限的地域和时期的短、中、长期定量预测。需要注意的是，数理统计方法注重共性和一般状况，预测特殊情况下病虫害的发生能力较差。

4. 系统模拟模型法 该方法是在对病虫害系统进行深入分析的基础上，将理论知识和定量模型按照客观系统的结构重新组装成能够仿真的计算机模型，并通过运行这种模型进行预测的方法。由于有计算机支撑，因而可以吸收多方面的变化因素，又由于程序体现了病虫害发生的连续过程，所以能够解析流行机制和做到多时段多方面的预测，也就更加适应病虫害的科学管理。建立系统模拟模型，需要进行一些基础的生物学实验和一些事实上的编程能力；应用时则需要输入有关的实况资料。该方法适用于流行因素多、关系复杂、相互关系中既有线性关系也有逻辑关系的病虫害预测，其缺点是建立模型比较繁难。

以上 4 类方法各有优缺点。专家评估法以专家为提取信息的对象，专家的头脑中蕴涵了大量的信息和丰富的思维方式，因而最能体现预测的本质，然而也不能排除预测专家的主观性；类推法最简单，但应用的局限性很大；数理统计模型法是目前应用最广的一种方法，但在特殊情况或极端情况下预测能力较低；系统模拟模型法解析能力强，适用范围广，但构建比较困难。因而在实践过程中，应根据具体病虫害情况、现有认识和资料、预测者的能力来选择使用。如果仅就数学方法和专家评估法之间进行比较，预测问题复杂而内部机理不甚明了、预测期限长、预测精度要求不高时，可以考虑采用专家评估法。反之，就应考虑数学方法。预测实践是检验预测方法的唯一标准。在遇到一种新病（虫）害、一时又找不到十分可靠的预测方法时，也可同时试用两三种方法，以便相互补充和印证，待以后经过多次检验和修正后，再确定一种最好的方法。

（胡祖庆 顾沛雯）

复 习 题

1. 侵染过程包括几个时期？病原物的侵入途径有哪些？
2. 侵染循环涉及哪些问题？简述病原物越冬越夏的方式及场所。
3. 病原物的传播途径有哪些？举例说明。
4. 什么是病害的季节性流行曲线？其类型有哪些？举例说明。

5．病害在田间的扩展和分布形态有哪些？有何特点？

6．单年流行和积年流行病害的特点有什么不同？列表比较并举例说明。

7．病害流行的因素有哪些？什么是病害流行的主导因素？并举例说明。

8．种群消长型有几种类型？种群生长型有几种类型？常见的昆虫空间分布格局有几种类型？怎样判定昆虫的空间分布格局？

9．什么是生境梯度？影响因素有哪些？

10．群落的多样性和稳定性之间有什么相关性？

11．昆虫种群变化取决于哪几种因素？

12．病害流行预测的类型有哪些？流行预测的依据是什么？

13．病虫害预测方法按照不同方式划分为几种？

14．病虫害预测方法按预测机理和主要特征划分为几种？各自的优缺点是什么？

15．名词解释：病程、病害循环、初侵染、再侵染、单循环病害、多循环病害、地理种群、性比、种群结构、群落、年龄组配、群落结构、群落演替、种群生长型、群落多样性、群落稳定性。

第六章 植物有害生物防治策略与技术

第一节　有害生物的防治策略

防治策略是人类防治有害生物的指导思想和基本对策。现代有害生物的防治策略主要是综合治理，即综合考虑生产者、社会和环境利益，在投入与效益分析的基础上，从农田生态系统的整体性出发，协调应用农业、生物、化学、物理等多种有效防治技术，将有害生物控制在经济危害允许水平以下。

一、防治策略的演变

随着人类的进步、科技的发展、人类对自然的认识和控制能力的提高以及信仰和哲学观念的改变，在社会发展的不同时期有不同的有害生物防治策略。

（一）古代“修德减灾”的防治策略

古代农业由于对自然的认识以及科技的落后，人类控制自然灾害的能力较差。尽管当时也已发现不少防治有害生物的矿物、植物、天敌，施行了一些农业措施及人工机械技术，但没有形成完整的植物保护体系。朴素唯物主义者积极采用已有的各种技术措施，对有害生物进行防治，并总结记录各种成功的经验，开拓新的防治技术。这一时期称为多重防治或朴素的综合防治时代。在此期间，虽然有害生物防治也取得一定成效，但总体上人类对生物灾害常表现出无能为力，认为作物的病虫害是上天对人类劣迹的惩罚。因此，“修德减灾”是当时的主导防治策略。

（二）近代以消灭为主的防治策略

随着人类对自然认识水平的提高以及有害生物治理技术的发展，人类发现了自身对有害生物的控制能力和“消灭”有害生物的可能性，特别是19世纪引进天敌控制有害生物技术的成功，以及20世纪40年代有机合成农药的出现，给人类提供了前所未有的有力武器，人类控制生物灾害的能力大大加强。突飞猛进的植物保护技术，神奇的农药防治效果，加之与有害生物长期斗争的敌对心态，以及对有害生物的复杂性及其防治的艰巨性认识不足，使人类产生了彻底消灭有害生物的强大自信心，认为完全有能力且应该彻底消灭有害生物，从而形成了以化学防治为主的彻底消灭有害生物的防治对策。例如，中国1958年提出的植物保护方针就是“全面防治，土洋结合，全面消灭，重点肃清”。这一时期，人类防治有害生物的主要特点是，对农药的集中研究和过分依赖，削弱了对其他防治技术的研究与利用，在促进了化学防治技术迅猛发展的同时，也形成了几乎完全依赖化学防治的防治策略。

（三）现代的综合防治策略

过分依赖化学防治，最终导致农药的残留污染对生态环境造成危害，使非靶标生物尤其是有益生物和人类自身面临健康和安全的威胁；而化学农药杀伤天敌，破坏了农田生态对有害生物的自然控制；过度使用则导致了有害生物的抗药性和再猖獗等。人类开始认识到有害生物防治的复杂性和艰巨性，以及单纯化学防治的局限性和弊端，这加速了人们对集约化化学防治的反思。在分析了化学防治中出现的各种矛盾和问题以后，人们逐步认识到，防治有害生物不能也没有必要以“消灭”为目标，防治有害生物不仅涉及有害生物本身，同时还涉及其他生物、环境和生态系统及农业投入收益的经济学问题，因而有害生物防治不应该固定使用某类技术。在此认识的基础上，针对用何种对策才能做到既能长期、经济、有效地控制有害生物的危害，又能避免因化学防治不当带来的不良作用的问题，经过数年探讨和经验的总结，逐步形成了综合治理的观点。1967 年联合国粮食及农业组织在罗马召开的有害生物综合防治专家会议上，提出了有害生物综合防治的概念。随后经过补充和完善，于 20 世纪 70 年代初形成了人们普遍接受的有害生物综合防治策略。我国在 1975 年召开的全国植物保护工作会议上，将“预防为主，综合防治”确定为植物保护方针，从而结束了集约化化学防治时代，开创了有害生物综合防治的新纪元。综合防治策略的提出，促进了农业基础生物学的研究以及各种不同植物保护技术的发展。这一时期，人类对生态系统、人类与环境的关系有了更深刻的认识，对有害生物防治及人类自身能力的认识也更客观、更理智。

综合防治策略突出了经济学、生态学和环境保护学的观点以及防治方法的选择和协调应用，维护了生产者、社会和环境利益。随着科学技术进步和农业现代化进程，这一策略将会在理论上得到进一步完善，并在有害生物防治中发挥更大的作用。

二、综合防治策略

实施综合防治必须了解农田生态系统的组成及各种因素之间的相互关系，明确不同防治措施对生态系统中各种因子的影响，确立有害生物防治的范围和目标，建立综合的信息收集、防治决策和防治措施实施体系。

（一）综合防治的类型

在综合治理策略的发展与实施过程中，先后出现过 3 个不同水平的综合防治，即单病虫性综合防治、单作物性综合防治和区域性综合防治。

1. 单病虫性综合防治 单病虫性综合防治是以某种主要病虫害为防治对象的综合防治，是综合治理发展初期实施的类型。主要是针对某种作物上的 1～2 种重要有害生物，根据其发生和流行规律，以不同防治措施为特点，采用生物防治和化学防治相结合的办法，达到控制有害生物，以获得最佳经济、环境和社会效益。该策略强调尽量减少化学农药的使用量，降低其对环境的污染，但由于过多地考虑了有害生物的危害或上升危害，从而影响了综合防治的效果。

2. 单作物性综合防治 单作物性综合防治是以某种作物为保护对象的综合治理，是为了克服单病虫性综合防治的缺点发展起来的，即综合考虑一种作物上的多种有害生物，并将作物、有害生物及其天敌作为农田生态系的组成部分，利用多种防治措施的有机结合，形成有效的防治体系，进行系统治理。该策略涉及的因素繁多，需要广泛合作，采集各种必需的信息，了解各种有害生物及其发生规律，不同防治措施的性能及其对农田生态系统的影响，明确治理目标，筛选各个时期需要采取的具体措施以组成相互协调的防治体系，通常还需利用计算机模型协助进行管理。

3. 区域性综合防治　区域性综合防治是以生态区内多种作物为保护对象的综合治理，因而是在单作物性综合防治基础上更广泛的综合。由于一种作物的有害生物及其天敌受所处生物环境的影响，作物之间常出现有害生物和天敌的相互迁移，因此对一种作物的有害生物综合防治效果常受其他作物有害生物防治的影响。区域性综合防治通过对同一生态区内各种作物的综合考虑，进一步协调好作物布局，以及不同作物的有害生物防治，可以更好地实现综合防治的目标。

（二）综合防治体系的管理目标

有害生物综合防治是以获得最佳经济、环境和社会效益为管理目标的。但是，怎样才能取得最佳的经济、环境和社会效益？综合防治首先引进经济危害允许水平和经济阈值来确保防治的经济效益。

经济危害允许水平又称经济损害水平，是农作物能够容忍有害生物危害，不产生经济损害所对应的有害生物种群密度。在此种群密度下，防治收益等于防治成本。经济危害允许水平是一个动态指标，它随着受害作物的品种、补偿能力、产量、价格及所使用防治方法的成本变化而变化。一般可先根据防治费用和可能的防治收益确定允许经济损失率，然后再根据不同有害生物在不同密度下可能造成的损失率确定经济危害允许水平。

经济阈值又称防治指标，是有害生物种群增加到造成农作物经济损失而必须防治时的种群密度临界值。确定经济阈值除需考虑经济危害允许水平所要考虑的因素外，还需考虑防治措施的速效性和有害生物种群的动态趋势。经济阈值是由经济危害允许水平衍生出来的，两者的关系取决于具体的防治情况。若采用的防治措施可以立即制止危害，经济阈值和经济危害允许水平相同；若采用的防治措施不能立即制止有害生物的危害，或防治准备需要一定的时间，而种群密度处于持续上升时，经济阈值就小于经济危害允许水平；当考虑到天敌等环境因子的控制作用，种群又处于下降趋势时，经济阈值常大于经济危害允许水平。此外，有一些危害程度取决于关键侵染期的有害生物，如水稻三化螟和小麦赤霉病等，一旦侵染必然会对作物的产量或品质造成严重影响。对于这类有害生物，需要根据其侵染期制订在特定时段和种群密度下需要进行防治的时间经济阈值，也就是防治适期及其防治指标。显然，经济危害允许水平可以指导确定经济阈值，而经济阈值需要根据经济危害允许水平和具体防治情况而定。

利用经济危害允许水平和经济阈值指导有害生物防治是综合防治的基本原则，它不要求彻底消灭有害生物，而是将其控制在经济危害允许水平以下。因此，它不仅可以保证防治的经济效益，同时也可取得良好的生态效益和社会效益。首先，据此进行有害生物防治，不会造成防治成本上的浪费，也不会使有害生物的危害造成大量经济损失；其次，保留一定种群密度的有害生物，有利于保护天敌，维持农田生态系统的自然控制能力；最后，在此基本原则指导下的防治有利于充分发挥非化学防治措施的作用，减少用药量和用药次数，降低残留污染，延缓有害生物抗药性的产生。

生态效益和社会效益主要是通过发挥非化学防治措施的作用，减少农药用量来实现的。因此采用多种技术措施协调防治，尽量减少农药用量，是综合防治的又一基本原则。生态效益是指依据生态平衡规律实施植物保护，对人类的生产、生活和环境条件所产生的有益影响和有利效果。显然，造成环境污染，引起有害生物抗药性，并形成恶性循环，阻碍农业可持续发展的防治措施是不符合生态效益观的。从保证生态效益的角度，要求使用的防治措施既能有效地保护作物，又对非靶标生物和生态环境影响小，但这有时与经济效益是相矛盾的。例如，用人工机械捕捉有害动物，虽然对环境和非靶标生物影响小，但由于其防治成本过高或效率过低，而对绝大多数有害生物来说是不适用的。此外，有些防治措施对生态的副效应是很难估计的，如有机氯类农药 DDT 的副作用，是在大量推广应用多年以后才发现的。因此，综合防治只能是通过充分发挥非化学防治措施，尤其是生态系统自然控制的作用，尽量减少农药用量来实现和保证生态效益。社会效益是指所采取的措施对社会发展产生的有益影响或有利效果，是社会整体的根本利益。因此，制订综合防治体系应从社会的整体角度出发，既要考虑生产者的利益，又要考虑到消费者的利益。但一般来说，有了经济效益和生态效益，也就有了社会效益。

（三）防治体系的构建

防治体系包括信息收集、防治决策和防治实施三个主要部分。信息收集主要包括收集农产品、农资和劳动力等市场经济信息、气象信息、农田生态系统内作物的生长发育状况、有害生物和天敌的种类、密度和发育状态信息及环境信息等，以指导防治决策。防治决策主要是利用各种信息及基础农业、生物、经济和环境等知识，对有害生物的种群密度变动、可能的受害程度及不同防治措施可能产生的效果，通过计算机模拟等手段进行预测和评估，以确定何时采取措施、采取何种措施进行防治。而防治实施，主要是由农民或专业植物保护部门根据综合防治决策建议进行，显然构建防治体系的关键是确立防治决策系统。

构建综合防治体系，必须符合安全、有效、经济和简便的原则，即对人畜、作物、天敌和其他有益生物和环境无污染和伤害，能有效地控制有害生物，保护作物不受侵害或少受侵害，费用低，消耗性生产投入少，因地因时制宜，方法简单易行。

此外，组建综合防治体系还必须进行一系列调查研究，以弄清作物上的主要有害生物及其发生动态和演替规律，确定主要防治对象及其防治关键时期。还必须了解有害生物种群动态与作物栽培、环境气候的关系，确定影响有害生物发生危害的关键因子和关键时期，制订主要有害生物种群动态的测报方法。同时，还要研究作物生长发育的特点及其对有害生物的反应，制定考虑天敌因素在内的有害生物复合防治指标等。在此基础上，从综合防治的目标出发，本着充分发挥自然控制因素作用的原则，筛选各种有效的、相容的不同防治措施，按作物生长期进行构建形成作物多病虫害优化管理系统。

（顾沛雯　史　娟）

第二节　有害生物的防治技术

农业有害生物防治技术是控制有害生物，避免或减轻农作物生物灾害的技术。具体措施可归纳为防和治两类，主要包括植物检疫、农业防治、抗害品种的利用、生物防治、物理防治和化学防治等。

一、植物检疫

植物检疫（plant quarantine）是国家或地方政府，为防止危险性有害生物随植物及其产品的人为引入和传播，以法律手段和行政措施强制实施的植物保护措施，通过阻止危险性有害生物的传入和扩散，达到避免植物遭受有害生物危害的目的。

（一）植物检疫的实施内容

植物检疫依据进出境的性质，又分为对国家间货物流动实施的外检（口岸检疫）和对国内地区间实施的内检。虽然两者的偏重有所不同，但实施内容基本一致，主要包括有害生物风险分析与检疫对象的确定、疫区和非疫区的划分、植物及植物产品的检验与检测、疫情处理和植物检疫法的制定与实施。

1. 有害生物风险分析与检疫对象的确定　自然界由于地理因素、气候因素和寄主分布不同所造成的隔离，使地区间有害生物的分布存在明显差异。而这种隔离差异很容易被人为破坏，使有害生物扩散蔓延。一般来说，有害生物经人为传播至新地区后，会出现 3 种结果：一是传入的有害生物不能适应当地的气候和生物环境，无法生存定居，而不造成危害，如小麦腥黑穗病在气候较冷的地区发生严重，而其病菌在年平均气温 20℃以上的地区不能生存；二是当地生态环境与原分布区相近，或因有害生物适应能力较强，在传入区可以生存定居，并造成危害；三是传入地区的生态环境更适宜有害生物，一旦传入，便迅速蔓延，危害成灾。因此，了解有害生物的分布、生物学习性和适生环境，了解其在传入区的危险性，确定检疫性有害生物，是植物检疫的首要任务。

根据《国际植物保护公约》（1979）的定义，检疫性有害生物（quarantine pest）是指一个受威胁国家目前尚未分布，或虽有分布但分布未广，且在官方控制之下，对该国具有潜在经济重要性的有害生物。由于自然界有害生物种类很多，且不少国家又有利用植物检疫设置技术壁垒的趋向，为了保证植物检疫的有效实施和公平贸易，各国在确定检疫对象时，必须对有害生物进行风险分析，并提供足够的科学依据，以增加透明度。

有害生物风险分析的内容主要包括传入可能性、定殖及扩散可能性和经济重要性等。一般来说，传入可能性的评估主要考虑有害生物污染流动商品及运输工具的机会、运输环境下的存活情况、入境时被检测到的难易程度以及可能被感染的物品入境的量与频率。定殖及扩散可能性评估主要考虑气候和寄主等生态环境的适宜性、有害生物的适应性、自然扩散能力及被感染商品的流动性与用途。经济重要性评估包括有害生物的危害程度，寄主植物的重要性，防治或根除的难易程度，防治费用及可能对经济、社会和环境造成的恶劣影响。

经风险分析后，凡符合局部地区发生，能随植物或植物产品人为传播，且传入后危险性大的有害生物均可列为检疫对象。

2. 疫区和非疫区的划分　疫区是指由官方划定，发现有检疫性有害生物危害并由官方控制的地区。而非疫区则是指有科学证据证明未发现某种有害生物，并由官方维持的地区。疫区和非疫区主要根据调查和信息资料，依据有害生物的分布和适生区进行划分，并经官方认定，由政府宣布。一经宣布，就必须采取相应的植物检疫措施加以控制，以阻止检疫性有害生物从疫区向非疫区传播。

随着现代贸易的发展和风险管理水平的提高，商品携带检疫性有害生物的零允许量已被突破，疫区和非疫区也被进一步细化，进而出现了有害生物低度流行区和受威胁地区的概念。低度流行区是指经主管当局认定的，某种检疫性有害生物发生水平低，并已采取有效的监控或根除措施的地区。受威胁地区是指适合某种检疫性有害生物定殖，且定殖后可能造成重大危害的地区，因而是植物检疫和严加保护的重点地区。

3. 植物及植物产品的检验与检测 植物检疫通过对植物及植物产品的检验来检测、鉴定有害生物，确定其中是否携带检疫性有害生物及其种类和数量，以便出证放行或采取相应的检疫措施。植物检疫检验一般包括产地检验、关卡检验和隔离场圃检验等，要求使用的方法必须准确可靠、灵敏度高；快速、简便、易行；有标准化操作规程、重复性好；安全且保证有害生物不会扩散。由于有害生物及被检的植物、植物产品和包装运输器具种类繁多，适用于不同种类的检测方法不同，在不少情况下，需要几种方法配合使用。

产地检验是指在调运农产品的生产基地实施的检验。对于关卡检验较难检测或检测灵敏度不高的检疫对象常采用此法。产地检验一般是在有害生物高发流行期前往生产基地，实地调查应检有害生物及其危害情况，考查其发生历史和防治状况，通过综合分析做出决定。对于田间现场检测未发现检疫对象的，即可签发产地检疫证书；对于发现检疫对象的则必须经过有效的消毒处理后，方可签发产地检疫证书；而对于难以进行消毒处理的，则应停止调运并控制使用。

关卡检验是指货物进出境或过境时对调运或携带物品实施的检验，包括货物进出国境和国内地区间货物调运时的检验。关卡检验的实施通常包括现场直接检测和取样后的实验室检测。

4. 疫情处理 疫情是指某一单位范围内，植物和植物产品被有害生物感染或污染的情况。植物检疫检验发现有检疫性有害生物感染或污染的植物和植物产品时，必须采取适当的措施进行处理，以阻止有害生物的传播蔓延。疫情处理所采取的措施依情况而定。一般在产地或隔离场圃发现有检疫性有害生物，常由官方划定疫区，实施隔离和根除扑灭等控制措施。关卡检验发现检疫性有害生物时，则通常采用退回或销毁货物、除害处理和异地转运等检疫措施。正常调运货物被查出有禁止或限制入境的有害生物，经隔离除害处理后，达到入境标准的也可出证放行。

除害处理是植物检疫处理常用的方法，主要有机械处理、温热处理、微波或射线处理等物理方法和药物熏蒸、浸泡或喷洒处理等化学方法。所采取的处理措施必须能彻底消灭有害生物和完全阻止有害生物的传播和扩展，且安全可靠、不造成中毒事故、无残留、不污染环境等。

5. 植物检疫法的制定与实施 植物检疫法是有关植物检疫的法律、法令、条例、规则和章程等所有法律规范的总称，是实施植物检疫的法律依据，如我国制订的《中华人民共和国进出境动植物检疫法》和《植物检疫条例》等。根据法规涉及的范围，可将植物检疫法规分为国际性法规、区域性法规和国家级法规等。国际性植物检疫法规是国际组织制定的、需要各国共同遵守的行为准则，包括有关公约、协定和协议等。区域性法规是由相近生物地理区域内的不同国家，根据其相互经济往来情况，自愿组成的区域性植物保护专业组织所制定的有关章程和规定，如《亚洲和太平洋区域植物保护协定》。

植物检疫法规的实施通常由法律授权的特定部门负责。目前，各国一般均设有专门的植物检疫机构，具体负责有关法规的制定和实施。我国有关植物检疫法规的立法和管理由农业农村部负责，口岸植物检疫（外检）由国家海关总署负责，国内检疫（内检）由农业农村部植物检疫处和地方检疫部门负责。口岸植物检疫主要负责与动植物检疫有关的国际交往活动，制定国际贸易双边或多边协定中有关植物检疫的条款，处理贸易中出现的检疫问题。国内检疫主要是根据《植物检疫条例》等，制定植物检疫对象和应检物名单，实施产地、调运、邮件及旅行物品检验，签发植物检疫有关证书等。

（二）植物检疫的特点

植物检疫以法律为依据，以先进技术为手段，实施强制性检疫检验，通过对人类农产品经营活动的限制来控制危险性有害生物的传播，因而与其他有害生物防治技术措施具有明显不同。首先，植物检疫具有法律的强制性，植物检疫法不可侵犯，任何集体和个人不得违反。其次，植物检疫具有宏观战略性，不计局部地区当时的利益得失，而主要考虑全局的长远利益。最后，植物检疫的防治策略是对有害生物进行全种群控制，即采取一切必要手段，将危险性有害生物控制在局部地区，并力争彻底消灭。植物检疫是一项根本性的预防措施，是植物保护的主要手段。

二、农业防治

农业防治（agricultural control）是通过适宜的栽培措施降低有害生物种群数量或减少其侵染可能性，培育健壮植物，增强植物抗害、耐害和自身补偿能力，或避免有害生物危害的一种植物保护措施。其最大优点是不需要过多的额外投入，且易与其他措施相配套。此外，推广有效的农业防治措施，常可在大范围内减轻有害生物的发生程度。农业防治也具有很大的局限性，一是农业防治必须服从丰产要求，不能单独从有害生物防治的角度出发考虑问题；二是农业防治措施往往在控制一些病虫害的同时，引发另外一些病虫害的危害；三是农业防治具有较强的地域性和季节性，且多为预防性措施，在病虫害已经大发生时，防治效果不大。

（一）改进耕作制度

耕作制度的改变常可使一些常发性重要有害生物变成次要有害生物，并成为大面积有害生物治理的一项有效措施。其主要内容包括调整作物布局、土壤耕作和土地培肥等。

1. 调整作物布局 作物布局是一个地区或生产单位作物构成、熟制和田间配置的生产部署，主要包括各种作物田块的设置、品种搭配和茬口安排等。合理的作物布局不仅可以充分利用土地资源，发挥作物的生产潜能，增加产量，提高农业生产效益，同时对控制有害生物的发生流行具有重要作用。

1）作物田块的设置 主要依据不同地区或地块所处的生态环境进行设置。生态环境主要是当地的气候、田块所处位置的小气候、土壤及相邻植被状况等，它不仅影响有害生物的发生流行，还可能影响引进天敌生物的定居繁殖。气候直接影响有害生物的分布和发生。因此，选择适宜气候的地区种植特定的作物，不仅有利于作物的生长，同时有利于有害生物的控制。地块的选择也要考虑小气候，一般向阳坡有利于喜温型有害生物的发生，而低洼田块有利于喜湿型有害生物的发生。土壤对有害生物发生的影响比较复杂，一般来说，黏土吸水性强，容易板结，不利于害虫的发生，但对真菌性病害的发生则较有利。相邻植被主要涉及有害生物的寄主、越冬越夏场所及天敌生物的分布等。

2）轮作和间作　在作物品种搭配和茬口安排方面，主要是依据有害生物对寄主和生态环境的要求，采用合理的轮作和间作，切断有害生物的寄主供应，利用作物间天敌的相互转移或土壤生物的竞争关系，恶化发生环境，减少田间有害生物的积累。一般来说，适于某种有害生物的作物或几种作物的连作和间作均是不利的。例如，棉花连作有利于枯、黄萎病的发生和蔓延；玉米和大豆间作有利于蛴螬的发生危害；棉花和大豆间作有利于叶螨的发生。而小麦或越冬绿肥和棉花的间套作，可以较好地控制棉花苗期蚜虫的危害；稻麦、稻棉等水旱轮作可以明显减少多种有害生物的危害。此外，对于迁飞性有害生物，迁出地和迁入地种植相似的敏感作物有利于其大发生；大面积单一种植同一品种的作物，对于病害的暴发流行有利。

3）种植诱集植物　根据有害生物的习性，在作物田内种植诱集植物带，诱集害虫集中消灭，也是一项有效的农业防治措施。例如，在棉田种植玉米带引诱棉铃虫和玉米螟产卵，在茄子田周围种植马铃薯引诱二十八星瓢虫等，并进行集中处理，均能有效地减轻害虫对主要作物的危害。

2. 土壤耕作和土地培肥　土壤是许多有害生物的栖息和活动场所，土壤中的水、气、温、肥和生物环境不仅影响作物的生长发育，同时也影响有害生物的生存繁衍。

1）土壤耕作　土壤耕作通常包括收获后和播种前的耕翻，以及生长季的中耕。土壤耕作对有害生物的影响主要表现在3个方面：一是可以改善土壤中的水、气、温、肥和生物环境，有利于培养健壮的作物，提高作物对有害生物的抵抗和耐受能力；二是可以使土壤表层的有害生物深埋，使土壤深处的暴露在地表，破坏其适生条件；三是还会因机械作用，直接杀伤害虫，或破坏害虫的巢室而使其致死。

2）土地培肥　土地培肥措施，如农田休闲、轮作绿肥等，也可以改变有害生物的生存环境，大幅度降低有害生物的种群数量，尤其对那些寄主范围较窄、活动能力较差的有害生物更为有效。例如，菜田在夏季病虫高发期休闲晒垡，稻田冬耕冻垡及沤田都是土地培肥兼控制病虫害的有效措施；选择适当的绿肥植物品种进行轮作，可以诱发真菌孢子和线虫卵萌发和孵化，随后因找不到适宜的寄主而死亡消解，从而降低这些有害生物在土壤中的种群数量。

（二）使用无毒种苗

某些有害生物以种苗等繁殖材料作为主要传播途径，因此带有病虫害的种苗是这些有害生物的侵染源，如葡萄卷叶病、扇叶病的传播蔓延。此外，品种混杂、籽粒饱满和成熟度不一，或一些种苗被侵染后因生长势降低，播种后往往造成出苗和生育期参差不齐，给田间管理和收获造成不利影响，同时也增加了一些对作物生育期要求较严格的有害生物的侵染机会。所以，生产上使用的种苗等繁殖材料，应该是不携带有害生物的优质纯种。目前生产上利用无毒种苗繁育基地或对种苗无害化处理，以及工厂化组织培养脱毒苗等，都是获得无毒种苗的有效措施。

（三）调整播种方式

调整播种方式主要包括调整播种期和播种密度。由于长期的适应性进化，在特定地区往往形成害虫发生期与其寄主植物的生长发育相吻合的状况。因此在不影响复种指数及其他增产要求的情况下，适当提前或推迟播种期，将害虫发生期与作物的易受害期错开，即可避免或减轻害虫的危害。该措施对那些播种期伸缩范围大、易受害期短的作物和食性专一、发生一致以及危害期集中的害虫具有明显效果。

种植密度主要通过影响农田作物层小气候及作物的生长发育而影响病虫害的发生危害。一般来说，种植密度大，影响通风透光，田间郁蔽、湿度大，有利于大多数病害和喜阴好湿性害虫的发生危害；而种植过稀，植物分蘖分枝多，生育期不一致，也会增加有害生物发生危害的机会。所以合理密植，不仅能充分利用土地、阳光等自然资源，提高单产，同时也有利于抑制病虫害的发生。

（四）加强田间管理

田间管理涉及一系列农业技术措施，可以有效地改善农田小气候和生物环境，使之有利于作物的生长发育，而不利于有害生物的发生危害。

1. 合理排灌 合理排灌不仅可以有效地改善土壤的水、气条件，满足作物生长发育的需要，还可有效地控制病虫害的发生与危害。例如，稻田春耕灌水，可以杀死稻桩内越冬的螟虫；水稻生长季节，在烤田后二化螟化蛹高峰期，灌深水并保持2～3 d，可以杀死大部分二化螟蛹。再如，麦田春灌可以减轻蛴螬和金针虫的危害；棉田适期灌水，可以有效地杀死棉铃虫入土的老熟幼虫和蛹。但灌水有时也会造成局部分布病害的传播；积水或土壤湿度过大，有利于某些病害的发生。

2. 合理施肥 施肥对有害生物的影响是多方面的。首先，作物的生长发育需要多种必需元素的平衡供应，包括氮、磷、钾和其他微量元素。作物的种类和发育期不同，对不同元素的需要量和形式也不同，土壤的酸碱度、温湿度及微生物的活动等，都会影响必需元素供应的有效性。某种元素的缺乏或过量，均会导致作物生长发育异常，形成类似于病虫为害状的缺素症或中毒症。因此，施肥必须合理、适当、均衡。一般来说，氮肥过多，作物生长嫩绿，分支分蘖多，有利于大多数病虫的发生危害。但缺氮时，作物生长瘦弱，有利于叶斑病和叶螨等病虫的发生。磷、钾、钙及微量元素的合理平衡施用，也有显著的抗病虫效果。

施肥在防治病虫害中的作用主要表现在3个方面：一是改善作物的营养条件，提高作物的抗耐害能力，如控制作物的长势、加速保护性木栓组织和保护性物质的形成、提高生长发育速度以缩短对有害生物的敏感期等；二是可以改变土壤的性状和土壤微生物群落结构，恶化土壤中有害生物的生存条件；三是可以直接杀死有害生物，如棉田施用过磷酸钙可以杀死叶螨和蛞蝓，稻田施用石灰可以杀死蓟马、飞虱、叶蝉等害虫，氨对病菌有直接杀伤作用，棉田喷施氨态氮可以减轻各种叶斑病的发生。

3. 田园卫生 主要是借助于农事操作，清除农田内的病虫害及其滋生场所，改善农田生态环境，减少病虫害的发生危害。作物的间苗、打杈、摘顶、脱老叶，果树的修剪、刮老树皮，清除田间的枯枝落叶、落果、遗株等，均可将部分害虫和病残体带出田外，减少田间的病虫害数量。田间杂草往往是病虫害的野生过渡寄主或越冬场所，清除杂草可以减少作物病虫害的侵染源。因此，清理田园，尤其是冬季果园的清理，已成为一项有效的病虫害防治措施。

（五）安全收获

采用适当的方法、机具和后处理措施适时收获作物，对病虫害的防治也有重要作用。一些害虫在作物成熟时即离开寄主，进入越冬场所。例如，取食大豆的大豆食心虫和豆荚螟，在大豆成熟时幼虫脱荚入土越冬，如能及时收割、尽快干燥脱粒，即可阻止幼虫入土，减少次年越冬虫源；桃小食心虫也具有类似习性，因而适时处理果实堆放场所，也可以减少其越冬虫量；对于一些晚发害虫，如果提早收获作物，中断其食物来源就会加速其死亡；水稻螟虫在植株基部茎内越冬，采用高茬收割，可使大部分幼虫留在稻桩内，随后利用耕翻沤田而将其杀死。作物收获后的处理因作物种类不同而异，大田作物的籽实一般经干燥后即可防霉贮藏；而多汁的水果、蔬菜，收获时必须注意避免机械创伤，防止感染致病，必要时还需进行消毒和保鲜处理。

三、抗病（虫）品种的选育利用

具有抗害特性的作物品种在同样灾害条件下，能通过抵抗灾害、耐受灾害及灾后补偿作用，减少灾害损失。作物品种的抗害性包括抗干旱、抗涝抗盐碱、抗倒伏、抗虫、抗病和抗草害等，这里特指对病虫害的抗性。

（一）植物的抗病（虫）性和抗病（虫）机制

植物的抗害性可以涉及多种机制，对于不同品种的抗性，可能是多基因的综合效应，也可能是个别主效基因的作用，因而所表现的抗性程度和类型也不相同。

1. 植物抗病（虫）性的类型 植物抗病（虫）性可根据抗性的表现程度分为免疫、高抗、中抗、中感和高感等类型。免疫是指不受某些病虫害的侵害，而其他类型则是根据不同病虫害的症状和造成损失的程度等，经过相互比较而具体划分的。

抗性也可以根据其对病菌生理小种或害虫生物型的反应，分为垂直抗性和水平抗性。垂直抗性是指作物品种只对一种或某几种病菌生理小种或害虫生物型表现抗性，而对另一些则不表现抗性。垂直抗性常表现出较高水平的抗性，但容易因病菌生理小种或害虫生物型的变化而丧失。在遗传上，一般由1～2个基因控制，又称为主效基因抗性。水平抗性是指作物品种对病菌的各种生理小种或害虫生物型均具有相似的抗性，抗性水平常较低，但不会因病菌生理小种或害虫生物型的变化而丧失。大多数抗性品种的抗性介于两者之间，即对一种或某几种病菌生理小种或害虫生物型表现较高的抗性，而对另一些则表现为较低的抗性。在遗传上，一般由多个基因控制，又称为微效基因抗性。

2. 植物抗病（虫）机制 植物抗病（虫）机制在昆虫学和植物病理上有多种分类，综合起来大致可以分为抗选择性、抗生性、避害性和耐害性。

1）抗选择性 抗选择性主要是由于受植物体内或表面挥发性化学物质、形态结构及植物生长特性所造成的小生态环境的影响，不吸引甚至拒绝害虫取食产卵，不刺激或抑制病菌萌发侵染。例如，菜粉蝶仅在含有芥子苷甲茚的植物上产卵，蚜虫较少在叶面多绒毛的植物上定居。一些抗病品种植株表面缺少病原物的识别因子，无法刺激病菌产生必要的酶、附着胞、侵入钉及吸器，而不能被侵染。

2）抗生性 抗生性是由于植物体内存在有害的化学物质，缺乏必要的可利用的营养物质，以及内部解剖结构的差异和植物的排斥反应，对害虫和病菌造成不利影响，使害虫大量死亡、生长受到抑制、不能完成发育或延迟发育、不能繁殖或繁殖率降低，使病原物不能定殖扩展。例如，含有较多有毒化合物的玉米，可导致玉米螟幼虫大量死亡；含有高浓度棉酚的棉花，对棉铃虫具有抗性。

3）避害性 避害性主要包括两个方面，一是由于植物具有某种特性，害虫和病菌虽能侵染，但不能造成危害和损失。例如，向日葵螟和桃蛀螟在向日葵坚皮品种上产卵，幼虫孵化后取食花粉和花冠，3 龄后待其危害种子时，坚皮品种的种皮内已形成坚硬的木栓层，幼虫无法咬破、蛀入危害。有些小麦品种气孔早晨张开迟，以致叶面结露已干，从而使只能从张开气孔侵入的小麦秆锈病菌夏孢子不能侵入。二是由于作物品种的生长发育特性不同，其易受害期与病虫的发生期错开，一旦作物的易受害期与病虫的发生期吻合，即失去避害能力。因此，也有人称此为“假抗性”。

4）耐害性 耐害性是指有些作物品种在病虫定殖寄生取食后，表现出较强的忍受和补偿能力，不引起明显症状或产量损失。例如，禾谷类耐害品种具有较强的分蘖能力，在主茎受钻蛀性害虫危害枯死后，可以迅速分蘖形成新茎，从而不致显著影响产量；小麦的耐锈品种和十字花科植物的耐肿根病品种，均具有较强的根系再生能力，用以补充体内的水分和养分消耗，从而减轻病害危害。

（二）作物抗病（虫）品种的选育

1. 育种目标的确定 确定抗性育种目标主要是为了提高育种的投入效益，解决生产上的重大问题，减少常规植物保护措施对环境的副作用。因此，抗性育种一是要选择重要的经济作物；二是要选择在相当大范围内持续大发生、已成为某一作物栽培生产限制因素的重要病虫害；三是选择其他植物保护措施难以控制，不能承担较昂贵的植物保护投入或使用现有植物保护措施对环境和农产品安全生产副作用较大的作物病虫害。以解决这类问题为目标育成的抗性品种作用大效益高，易于推广应用。此外，有时还要根据有害生物的分布范围和迁移能力，确定选育垂直抗性品种或水平抗性品种。

2. 抗源材料的搜集 抗源材料主要是指转入作物体内可以遗传，并能产生抗性表现的基因或遗传物质。包括同种或近缘种植物的抗性基因，不同生物体内可以表达产生抗性物质的基因甚至有害生物体内的遗传物质等。采用不同的育种技术可以选用不同的抗源材料。传统抗性育种大多利用同种或近缘种的抗性基因，而现代生物技术育种则可将远缘生物体内的抗性基因和有害生物体内的遗传物质，转入目标作物体内使之产生抗性。例如，将苏云金杆菌的毒素蛋白基因转入植物体内育成作物抗虫品种，将病毒 RNA 反向后或将其卫星 RNA 转入植物体内育成作物抗病品种等。

抗源材料的搜集应考虑如下几个方面：第一，从作物传统种植地，或有害生物大发生田挑选同种作物的抗性植株；第二，从野生同种植物或近缘种的植物中筛选分析抗性基因性状；第三，从致病性天敌体内分离抗性基因；第四，从有害生物体内分离适宜的遗传物质；第五，通过诱变筛选获得抗性种质材料。

3. 抗性育种方法 抗性育种方法包括传统抗性育种、诱变技术、组织培养和分子生物技术等。

1）传统抗性育种　传统抗性育种主要包括选种、系统选育和杂交选育等方法。选种是从有害生物大发生田，选取高抗植株。系统选育是将田间选择的高抗作物种子，隔离繁殖，并人工接种有害生物，对其后代进一步进行筛选。杂交选育是以具有优良农艺性状的作物品种为母本，与抗性品种、野生植株或近缘种进行杂交，从后代中选择有抗性的植株。

2）诱变技术　诱变技术是指在诱变源的作用下，诱导植物产生遗传变异，再从变异个体中筛选抗性个体。这种方法比较随机，但可以获得新的抗源。诱变源包括化学诱变剂和物理诱变因素，生产上使用较多的是辐射诱变，即辐射育种。

3）组织培养　组织培养是在无菌条件下培养植物的离体器官、组织、细胞或原生质体，使其在人工条件下继续生长发育的一种技术。因而可以快速克隆繁殖不易经种子繁殖的抗性植物；可以与诱变技术相结合，分离抗性突变体；可以利用花粉、花药选育单倍体抗性植株，再经染色体加倍形成抗性同源植物；还可通过原生质融合技术将不同抗性品种或种的遗传性状相结合，克服杂交困难，培育高抗和多抗品种。

4）分子生物技术　应用分子生物技术可以将各种生物的抗性基因转入目标作物品种体内，以解决传统育种技术无法克服的远缘杂交问题。例如，将苏云金杆菌的毒素蛋白基因转入植物体内，形成作物抗虫品种；通过对植物基因的改造，创造新抗源等。分子生物技术大大提高了抗性育种的效率，在抗性育种领域将发挥更重要的作用。

（三）抗病（虫）品种的利用

利用作物抗病（虫）品种防治病虫害是一种经济有效的措施。其主要优点表现在：使用方便，潜在效益大；对环境影响小，与其他植物保护措施有很好的相容性；对作物病虫害具有较强的后效应等。但也有较大的局限性：一是受抗性基因资源和有害生物生物学的限制，并非所有病虫害均可利用作物抗病（虫）品种进行防治；二是有害生物具有较强的变异适应能力，可以通过变异适应，使作物抗病（虫）品种丧失抗性；三是由于有害生物种类繁多，抗性品种控制了目标病虫后，常使次要有害生物种群上升，危害加重。

因此，合理利用抗害品种，以最大限度地发挥其应有的作用，避免过早地丧失抗性是十分重要的：①把抗性品种的利用纳入综合防治体系，与其他防治措施相配套，以减缓抗性品种对有害生物的选择压力，延缓有害生物对抗性品种的适应速度；②合理利用主效基因抗性和微效基因抗性；③采取不同抗性机制的品种轮作、镶嵌式种植或利用庇护地措施等，以减轻抗性品种对有害生物的适应选择；④培育多抗性品种，使之同时兼抗多种有害生物，以提高抗性品种在植物保护中的作用。

四、生物防治

生物防治（biological control）是利用有益生物及其产物控制有害生物种群数量的一种防治技术。在自然界中，各种生物通过食物链和生活环境等相互联系，相互制约，形成了复杂的生物群落和生态系统，其中任何一种生物或非生物因素的改变，均会导致不同生物种群数量的变化。生物防治就是根据生物之间的相互关系，人为地增加有益生物的种群数量，从而取得控制有害生物的效果。传统狭义的生物防治主要是利用有益生物活体进行有害生物的种群数量控制。随着科技的发展，人类已从直接利用生物活体防治有害生物，发展到利用生物产物，以致将生物产物进行分子改造和工厂化合成，用来防治有害生物。

（一）生物防治的途径

生物防治的途径主要包括保护有益生物、引进有益生物、人工繁殖与释放有益生物及生物产物的开发利用等。

1. 保护有益生物 自然界有益生物种类尽管很多，但由于受不良环境及人为影响，常不能维持较高的种群数量。要充分发挥其对有害生物的控制作用，常需要采取一定的措施加以保护。保护利用有益生物可以分为直接保护、利用农业措施保护和用药保护等。直接保护是指专门为保护有益生物而采取的措施，如人工采集水稻螟虫的卵，让寄生蜂产卵繁殖；在冬季利用地窖、草把等为天敌提供适宜的越冬场所，使其翌年种群数量快速增长等。农业措施保护主要是结合栽培措施保护有益生物，如在果园中种植藿香、蓟、紫苏、大豆或丝瓜等能为捕食螨提供食料和栖息场所的植物；通过耕作、施肥促进作物根际拮抗微生物的繁殖等。用药保护是指在防治有害生物时，注意合理用药，避免大量杀伤天敌等有益生物，如利用对有益生物毒性小的选择性农药；选择对有益生物较安全的时期施药；选择适当的施药剂量和施药方式等。

2. 引进有益生物 引进有益生物防治害虫在生物防治中也是十分重要的，尤其是对异地引进作物品种上的病虫害，从其原产地引进有益生物进行防治，常可取得明显的效果。但引进有益生物应做充分的调查研究和安全评估，防止盲目引进后演化成有害生物。

3. 人工繁殖与释放有益生物 寄主范围较窄的天敌生物，对有害生物常表现为跟随效应，即在有害生物大发生后才大量出现。人工繁殖与释放不仅可以增加天敌的自然种群数量，而且可以使有害生物在大发生危害之前得到有效的控制。例如，工厂化生产赤眼蜂，用于防治鳞翅目害虫；利用适当的有机物作培养基，发酵生产拮抗菌进行种子或土壤处理防治苗期病害等。

4. 生物产物的开发利用 生物体内产生的次生物质、信号化合物、激素和毒素等天然产物对有害生物具有较高的活性，选择性强，对生态环境影响小，无明显的残留毒性问题，均可被开发用于有害生物的防治。例如，很早人们就使用含有杀虫杀菌活性的巴豆、鱼藤、烟草及除虫菊等植物防治多种病虫害；随着生物学的发展，更多的天然化合物被开发利用，如害虫的性外激素被用于诱捕害虫或迷向干扰交配，害虫激素被用于干扰其正常生长发育，微生物的拮抗物质及内毒素被开发为生物农药等。有些生物产物不仅可以直接用于有害生物的防治，还可以作为母体化合物，进行人工模拟、改造，用于开发新农药。

（二）生物防治的内容

1. 动物天敌的利用 动物天敌种类很多，从节肢动物、线虫和原生动物到高等哺乳类，都可通过捕食或寄生而成为某些有害生物的天敌。

1）动物天敌治虫 许多鸟类如燕子、啄木鸟、灰喜鹊等，两栖类中的青蛙、蟾蜍，捕食性昆虫如瓢虫、步甲、草蛉、螳螂、食蚜蝇、食虫虻、食虫蝽、蚂蚁、胡蜂及捕食螨等，寄生性昆虫如姬蜂、茧蜂、小蜂、小茧蜂等，都是农业害虫的天敌，通过保护、引进和人工繁殖释放，可以有效地控制农作物的虫害。原生动物中的有些微孢子虫，也是害虫较专一的寄生物，其中有的种类已被开发用于大面积防治蝗虫等。此外，养禽治虫、稻田养鸭不

仅可以防治害虫，对草害也有一定的控制作用。

2）动物治草　20 世纪初澳大利亚从美洲原产地引进仙人掌螟蛾防治草原恶性杂草仙人掌，是以虫治草的成功先例。其后，有 100 多种昆虫被用于控制杂草的危害。此外，水田养鱼治草，在生产上也有不少成功的应用，如东欧一些国家从中国引进胖头鱼防治池塘中的水生杂草；我国利用稻田养鱼养蟹防治杂草，均获得了成功。

3）天敌治鼠　鼠类的自然天敌大都是陆生肉食性动物，如猛禽、猛兽、蛇等，如一只长耳枭一个冬季可以捕鼠 360～540 只，一只体重 700 g 的艾鼬一年可捕鼠兔 1543 只、鼢鼠 470 只。

2. 有益微生物的利用

1）微生物治病　目前研究较多的是利用重寄生真菌或病毒防治作物真菌和线虫病害。例如，土壤中的腐生木霉菌可以寄生立枯丝核菌、腐霉、小菌核菌和核盘菌等多种作物病原真菌，其中重要的生防菌种哈茨木霉、康宁木霉和绿色木霉已被开发用于大田作物病害的防治。在自然界，线虫被真菌寄生或捕食也很普遍。病毒寄生植物病原真菌后，常使其致病力降低而成为弱致病菌株。

2）微生物治虫　许多种类的害虫病原微生物已被工厂化生产，制成生物农药。例如，细菌中用于防治鳞翅目、双翅目和鞘翅目害虫的苏云金杆菌；专杀土壤中蛴螬的乳状芽孢杆菌；真菌中用于防治鳞翅目、同翅目、直翅目和鞘翅目害虫的白僵菌、绿僵菌、拟青霉菌、多毛菌、赤座霉菌和虫霉菌等。昆虫病毒由于寄主十分专一，通常只寄生一种或亲缘关系很近的虫种，而且环境适应能力强，一些包涵体病毒在室温下 1～2 年不失活，在土壤中生存数年仍有侵染能力，所以开发利用也十分迅速。

3）微生物治草　杂草和作物一样也受多种病原生物的侵染而发生病害，目前在生物防治中开发利用较多的是病原真菌。例如，山东农业科学院利用寄生菟丝子的炭疽菌研制成"鲁保 1 号"真菌制剂，用于大豆菟丝子的防治，获得了成功。新疆地区利用列当镰刀菌防治埃及列当，云南等地利用黑粉菌防治马唐等，也都取得了明显的成效。

3. 拮抗微生物和弱毒株系的利用　拮抗微生物主要通过产生抗生物质，占领侵染位点，以及通过营养和生态环境的竞争来控制有害生物，因而常被用来防治植物病害和草害。例如，生产上利用诱变技术处理野生型烟草花叶病毒，获得可以侵染但不表现症状的弱毒株系，并通过接种来保护烟草不受致病性野生型烟草花叶病毒的危害。在自然界还存在大量可以产生抗生素的微生物，包括放线菌、真菌和细菌，它们可以杀死和溶解病原生物，对病害具有良好的控制作用。此外，一些拮抗微生物在土壤中大量繁殖，与土壤的理化特性共同作用，形成可以控制病害发生流行的天然"抑菌土"，也被用于植物病害的生物防治。

4. 生物产物的利用　可以用于有害生物防治的生物产物种类很多，主要包括植物次生化合物和信号化合物、微生物抗生素和毒素、昆虫的激素和外激素等，它们大都可以开发成生物农药或制剂，大面积用于有害生物的防治。例如，具有较强杀虫活性的苦皮藤、印楝的天然成分和微生物发酵产物阿维菌素被加工成生物杀虫剂；许多微生物产生的抗生素被用于开发生产杀菌剂，在我国广泛使用的井冈霉素、内疗素、链霉素、多抗霉素、庆丰霉素和放线酮等均属于此类；害虫的性外激素经过分离鉴定后，被开发用于大田诱捕害虫或迷向干扰害虫交配；害虫激素被用于干扰其正常生长发育；一些植物和微生物信号化合物则被开发用于刺激植物启动免疫防卫系统。

五、物理防治

物理防治（physical control）是指利用各种物理因子、人工和器械防治有害生物的植物保护措施。常用方法有人工机械防治、诱杀法、温控法、阻隔法及辐射法等。物理防治见效快，常可把病虫消灭在盛发期前，也可作为害虫大发生时的一种应急措施。但通常比较费工、效率较低，一般只作为辅助措施来使用。

（一）人工机械防治

人工机械防治是利用人工和简单机械，通过汰选或捕杀防治有害生物的一类措施。例如，在播种前对种子进行筛选、水选或风选，可以汰除杂草种子和一些带病虫的种子，减少有害生物传播危害；拔除病株、剪除病枝病叶或刮除茎干溃疡斑等，对于控制种传单循环病害可取得很好的控制效果。对害虫防治常使用捕打、震落、网捕、摘除虫枝、虫果及刮树皮等人工机械方法，如用适当的工具对拍防治缀叶营巢危害的稻苞虫；利用夜间危害后就近入土的习性，人工捕杀小地老虎高龄幼虫；利用细钢钩勾杀树干中的天牛幼虫；利用某些害虫的假死行为，将其震落消灭等。此外，人工机械除草、利用捕鼠器捕鼠等也是有效的防治技术。

（二）诱杀法

诱杀法主要是利用某些有害生物的趋性，配合一定的物理装置、化学毒剂或人工处理的防治方法，通常包括灯光和色板诱杀、食饵诱杀和潜所诱杀等。

1. 灯光和色板诱杀 如利用害虫对光的趋性，用黑光灯、双色灯或高压汞灯结合诱集箱、水坑或高压电网诱杀害虫；用蚜虫对黄色的趋性，用黄色粘胶板或黄色水皿诱杀有翅蚜等。

2. 食饵诱杀 不少害虫和害鼠对食物的某些气味有明显趋性，配制适当的食饵，可以诱杀它们，如配制糖醋液可以诱杀小地老虎和黏虫等夜蛾类成虫，利用新鲜马粪可以诱杀蝼蛄等。

3. 潜所诱杀 许多害虫具有选择特殊环境潜伏的习性，据此可以诱杀它们，如田间插放杨柳枝把，可诱集棉铃虫成虫潜伏其中，次晨再用塑料袋套捕，即可大大减少田间蛾量。

（三）温控法

有害生物对环境温度都有一定的适应范围，温度过高或过低，都会导致其死亡或失活。温控法就是利用高温或低温来控制或杀死有害生物的物理防治技术。例如，播种前温水浸种、暴晒储粮或种子等，能消灭种子携带的多种有害生物；伏天高温季节，通过闷棚、覆膜晒田等，可将地温提高到60～70℃，能杀死多种有害生物；对地下病虫害严重的小面积地块，可在休闲期利用沸水浇灌进行处理。低温也可抑制众多有害生物的繁殖与危害活动，因而常被用来作为蔬菜和水果的保鲜技术；将粮食贮藏温度控制在3～10℃，可抑制大部分有害生物的危害；寒冷地区在冬季翻仓降温可防治储粮害虫；对于少量的种子，可在不影响发芽率的情况下，置于冰箱冷冻室内处理12周进行低温杀虫。

（四）阻隔法

根据有害生物的侵染和扩散行为，设置物理性障碍，也可阻止有害生物的危害或扩散。例如，桃小食心虫主要以幼虫在树干周围附近的土中越冬，于早春化蛹羽化前，地上培土10 cm，可有效地阻止成虫出土；梨尺蠖和枣尺蠖的雌成虫无翅，必须从地面爬到树上才能交配产卵，若在树干上涂胶、绑缠塑料薄膜等障碍，就能阻止其上树；果实套袋可以阻止多种食心虫在果实上产卵。

（五）辐射法

辐射法是利用电波、X射线、红外线、紫外线、激光及超声波等电磁辐射对有害生物进行防治的物理技术，包括直接杀灭和辐射不育等。例如，用Co作为γ射线源，在25.76万R①（伦琴）的剂量下处理黑皮蠹、玉米象、谷蠹等贮粮害虫，经24 h后绝大多数即行死亡，少数存活者也常表现为不育；利用适当剂量放射性同位素衰变产生的粒子或射线处理昆虫，可引起雌性或雄性不育，进而进行害虫种群治理。

六、化学防治

化学防治（chemical control）是利用化学药剂防治有害生物的一种防治技术。主要是通过开发适宜的农药品种并加工成适当的剂型，采用适当的器械和方法处理植株、种子、土壤等，来杀死有害生物或阻止其侵染危害。

（一）农药开发

农药开发包括创制新农药、研制新剂型和制剂，前者主要是寻找或创制可以用于有害生物防治的化合物，后者主要是研制农药化合物适应于不同用途的有效使用剂型和制剂。

1. 创制新农药 新农药的创制一般包括随机合成、类推合成、天然活性化合物改造和农药分子设计。随机合成是指利用化学化工原理合成新化合物，并利用生物测定技术筛选出对有害生物有较高毒杀作用的先导化合物，再经过基团改造和优化开发出高效化合物，进而通过安全评估开发出新农药。类推合成是指以已有的农药分子为模板，通过电子重排，改变其结构、元素及基团，而开发出新的农药品种。天然活性化合物改造是指以自然界动植物和微生物体内存在的天然活性化合物分子为模板，通过分子改造开发新农药化合物。农药分子设计是一种全新的农药化合物创制途径，是以有害生物体内重要生理生化途径中的关键功能生物大分子为对象，以其效应物，如酶的底物和受体的配体分子等为参照分子，设计合成新化合物，并从中筛选出先导化合物开发新农药。

2. 研制新剂型和制剂 农药剂型是将农药原药与辅助剂混合调配，加工成具有一定形态、组分和规格，适合各种用途的商品农药剂型。而农药不同剂型、含量和用途的加工品则称为制剂。

绝大多数农药必须加工成一定剂型的制剂才能进行应用，如10%吡虫啉可湿性粉剂和50%辛硫磷乳油，分别为含有效成分10%和50%的粉状固体和油状液体，均可以用于喷雾。

① 1 R=2.58×10^{-4} C/kg

此外，剂型加工还可改变农药的性能，如粉剂的粒度、可溶性粉剂的悬浮率和液剂的湿润展着性等，可使农药均匀分布、牢固黏着、更好地沉积，充分发挥其毒力。适当的剂型和加入适当的辅助剂，可以提高原药的稳定性，延长农药的商品货架寿命，甚至提高原药的毒力。将高毒农药加工成低毒剂型及其制剂，可以提高农药使用的安全性。将农药加工成特殊的缓释剂剂型，可以延长农药的持效期，减少施药次数。将一种原药加工成多种剂型的制剂，可以扩大农药的使用方式和用途。将农药加工成混合制剂，可以达到一药多治、增效、减少农药用量、延缓抗性发展、降低残留及对环境的影响等多种效果。

任何一种农药均可开发出不同剂型的多种制剂，但具体以何种制剂商品化使用，通常涉及农药、有害生物、环境和成本等。农药开发成功的关键是农药的毒力、毒性、选择性和药效。

毒力是指农药对有害生物毒杀的能力，是衡量和比较农药潜在活性的指标。毒性是指农药对非靶标生物有机体器质性或功能性损害的能力，其中又分为急性毒性、亚急性毒性和慢性毒性等。急性毒性是指生物一次性接触较大剂量的农药，在短时间内迅速作用而发生病理变化，出现中毒症状的特性；亚急性毒性是指生物长期连续接触一定剂量的农药，经过一段时间的累积后表现出中毒症状的特性；慢性毒性是指生物长期接触少量农药，在体内积累，引起机体的机能受损，阻碍正常生理代谢，出现病变的毒性，其主要是农药对生物致癌、致畸和致突变的特性。毒性是农药安全评估的主要内容，也是新农药能否商品化应用的重要依据。一般高毒农药使用会受到许多限制，而具有“三致”作用的农药更不能商品化。选择性是指农药对不同生物的毒性差异。农药开发必须注意其对目标有害生物和非目标生物之间的毒性差异。一般来说，选择性差的农药容易引起作物药害以及蜂、蚕、鱼、畜、禽和人的中毒事故，使用的安全性较低。药效是指农药在特定环境下，对某种有害生物的防治效果，因而是农药的毒力与多种因素综合作用的结果。药效的好坏，是一种农药能否推广应用的重要依据。

（二）农药的种类及作用特点

农药是植物化学保护上使用的化学药剂的总称。但随着植物保护学的发展，农药的概念也在不断扩大。目前广义的农药除包括可以用来防治农业有害生物的各种无机和有机化合物外，还包括植物生长调节剂、家畜体外寄生虫和人类公共卫生有害生物的防治剂。其来源除人工合成外，还包括来源于生物或其他天然的物质。根据农药防治有害生物的种类，可以将其分为杀虫剂、杀菌剂、除草剂和杀鼠剂四大类。

1. 杀虫剂 杀虫剂是用于防治农、林害虫和病媒害虫的农药，其中也包括杀螨剂和杀软体动物剂。杀虫剂按其化学成分可分为无机杀虫剂和有机杀虫剂。无机杀虫剂如砷酸钙、砷酸铝、亚砷酸和氟化钠等，由于残留毒性高、防效较低，目前已较少使用。有机杀虫剂按其来源又分为天然有机杀虫剂和人工合成有机杀虫剂。天然有机杀虫剂包括植物性和矿物性两类，它们分别来源于天然植物和矿物，目前开发的品种较少。人工合成有机杀虫剂种类繁多，按其化学成分又可以分为有机氯类杀虫剂、有机磷类杀虫剂、氨基甲酸酯类杀虫剂、拟除虫菊酯类杀虫剂、沙蚕毒素类杀虫剂和有机氮类杀虫剂等。

杀虫剂的作用方式通常包括触杀、胃毒、内吸、熏蒸、拒食、忌避、引诱、不育和生长调节等。触杀作用是指药剂与虫体接触后，通过穿透作用经体壁进入体内或封闭昆虫的气门，使昆虫中毒或窒息死亡。胃毒作用是指害虫取食时，药剂随同食物进入消化器官，被肠壁细胞吸收后进入虫体内引起中毒死亡。内吸作用是指农药施到植物上或土壤中，可被植物枝叶或根部吸收，传导至植株的各部分，害虫取食后引起中毒死亡。熏蒸作用是指药剂由液体或固体气化为气体，以气体状态通过害虫呼吸系统进入虫体，使之中毒死亡。拒食作用是指农药被取食后，造成害虫正常生理机能的破坏，引起厌食和饥饿死亡。忌避作用是指一些农药挥发的气体分子，在一定范围内刺激害虫的嗅觉器官，使之逃离现场的一种非杀死保护作用。引诱作用与忌避作用相反，通常包括取食引诱、产卵引诱和性引诱。不育作用是指化合物通过破坏生殖系统，形成雄性、雌性或雌雄两性不育，使害虫失去正常繁殖能力。生长调节作用主要是阻碍或抑制害虫的正常生长发育，使之失去危害能力，甚至死亡。因此，根据其相应的作用方式可将杀虫剂分为触杀剂、胃毒剂、内吸剂、熏蒸剂、拒食剂、忌避剂、引诱剂、不育剂和生长调节剂。但有些农药常兼有几种作用方式，如久效磷和敌敌畏等大多数合成有机磷杀虫剂兼具触杀和胃毒作用，有些还具有内吸或熏蒸作用。

2. 杀菌剂 杀菌剂是用于防治植物病害的农药，包括杀真菌剂、杀细菌剂、杀病毒剂和杀线虫剂等，其主要作用是杀死病原生物或抑制病原物的侵染、生长和繁殖，或提高植物的抗病性。杀菌剂按其化学成分可分为无机杀菌剂（如铜制剂、硫制剂等）和有机杀菌剂（如有机硫杀菌剂、有机砷杀菌剂、有机磷杀菌剂、取代苯类杀菌剂、有机杂环类杀菌剂、抗生素类杀菌剂等）；按其使用方式可分为土壤处理剂、种子处理剂和叶面喷洒剂等；按其作用方式可分为保护性杀菌剂、治疗性杀菌剂和铲除性杀菌剂等。

杀菌剂的作用主要是影响孢子萌发、菌丝生长、附着胞和子实体的形成，导致病原物细胞膨胀、原生质体和线粒体的瓦解、细胞壁和细胞膜破坏，以及刺激植物产生抗病反应等。具体表现为抑菌作用、杀菌作用和提高植物的抗病作用等。有时抑菌作用和杀菌作用很难截然分开，不少杀菌剂在低浓度下表现为抑菌作用，而在高浓度时表现为杀菌作用。一般来说，含有铜、汞等重金属的杀菌剂主要是杀菌作用，而许多有机杀菌剂，特别是内吸性杀菌剂，则主要是抑菌性的。

3. 除草剂 除草剂是用来毒杀和消灭农田杂草和非耕地中绿色植物的农药。按其有效成分的化学结构可将除草剂分为无机除草剂和苯氧羧酸类、二苯醚类、酰胺类、均三氮苯类、取代类、苯甲酸类、二硝基苯胺类、氨基甲酸酯类、有机磷类、磺酰脲类、杂环类等有机除草剂；按其对植物作用的性质可分为选择性除草剂和灭生性除草剂；按其在植物体内的输导性可分为内吸导型除草剂和触杀型除草剂；按使用方法可分为土壤处理剂和茎叶处理剂等。除草剂主要是通过抑制杂草的光合作用、破坏植物呼吸作用、抑制生物合成作用、干扰植物激素平衡及抑制植株和组织发育等而发挥杀草效力。由于除草剂的防治对象与保护对象均是植物，因此在使用时需要特别注意对作物的安全性。

4. 杀鼠剂 杀鼠剂是用于防治有害啮齿动物的农药，大都是胃毒剂，主要采用毒饵法。一般将杀鼠剂分为无机杀鼠剂，如磷化锌；抗凝血类杀鼠剂，如大隆、鼠得克等；植物类杀鼠剂，如番木鳖；其他杀鼠剂，如甘氟、毒鼠磷和灭鼠优等。按其作用速度又可分为急性杀鼠剂和慢性杀鼠剂两大类。急性杀鼠剂如磷化锌、毒鼠磷和灭鼠优等，毒杀作用快，潜伏期短，仅1～2 d甚至几小时，即可引起害鼠中毒死亡。该类杀鼠剂在大面积使用时，害鼠一次取食即可致死，且毒饵用量少，容易显效；但此类药剂对人、畜毒性大，使用不安全，且容易引起害鼠的拒食。慢性杀鼠剂主要是抗凝血类杀鼠剂，其毒性作用慢、潜伏期长，一般 2～3 d 后才能引起中毒。但该类药剂适口性好，能使害鼠反复取食，因而能够充分发挥药效；同时由于其作用慢、症状轻，也不会引起鼠类警觉而拒食。

（三）农药剂型

农药剂型种类很多，主要包括干制剂、液制剂和其他制剂。其中有些是供加水或有机溶剂稀释使用的浓缩剂型，有些是直接使用（不稀释）的剂型，还有一些是专供种子处理或特殊用途的剂型。在众多剂型中，乳油、粉剂、可湿性粉剂和粒剂是目前生产上的主要农药剂型。

1. 乳油 乳油是农药原药用溶剂溶解后，加入适当的专用乳化剂混合，制成的均相透明油状液体制剂。乳油加水稀释，可自行乳化，分散成相对稳定的乳状液。该类剂型的有效成分含量高、贮存稳定性好、使用方便、加工工艺简单，但由于其中含有有机溶剂，如管理不严易发生事故，使用不当易发生药害。

2. 粉剂 粉剂是农药原药、填料和少量助剂经混合粉碎至一定细度制成的粉状制剂。根据其有效成分含量和粉粒细度又可分为浓粉剂、田间浓度粉剂、低漂移粉剂和微粉剂等。粉剂具有使用方便、较能均匀分布、撒布效率高、加工费用低等优点，特别适用于供水困难地区和防治暴发性病虫害。但在用量大时，有效成分分布的均匀性和药效的发挥不及液态制剂，而且漂移污染严重。

3. 可湿性粉剂 可湿性粉剂是由原药、填料、表面活性剂和助剂经混合并粉碎制成的、可被水湿润成悬浮液的粉状制剂。可湿性粉剂的形态类似于粉剂，但有效成分含量较高；而在使用上又类似于乳油，可作喷雾用。但由于其对粉粒细度、悬浮性和湿润性要求较高，因而对加工技术和设备要求较高。可湿性粉剂一般不宜用于喷粉。

4. 粒剂 粒剂是用原药、助剂和载体制成的松散颗粒状制剂。按其颗粒的大小又分为大粒剂、颗粒剂和微粒剂。粒剂的加工主要是用包衣法、吸附法和挤出成型法等，将农药与矿物性或植物性载体混合进行造粒。采用适宜的载体、助剂和加工方法，还可以加工成遇水迅速崩解释放的解体性粒剂，或不崩解而缓慢释放的非解体性粒剂，以满足不同的需要。施用粒剂可以避免污染环境和减少操作人员中毒，而且撒施的方向性强，可以方便药剂到达所需要的部位。

5. 可溶性粉剂 可溶性粉剂是将水溶性农药原药、填料和适量的助剂混合制成的可溶解于水中的粉状制剂，可供加水稀释后使用，因此具有使用方便、分解损失小、包装和贮运经济安全、无有机溶剂污染环境等优点。

6. 悬浮剂 悬浮剂又称胶悬剂，是将不溶于水的固体或不混溶的液体原药、辅助剂，在水或油中经湿法超微粉碎后，制成的具有流动性的糊状制剂。使用前用水稀释混合形成稳定的悬浮液，悬浮剂兼有可湿性粉剂和乳油的优点，并为不溶于水和有机溶剂的农药提供了广阔的开发应用前景。

7. 缓释剂 缓释剂是利用控制释放技术，通过物理化学方法，将农药贮存于农药的加工品中，制成可使有效成分缓慢释放的制剂。缓释剂可以减少农药的分解和挥发流失，延长农药持效期，减少农药施用次数，降低农药毒性及漂移对环境的污染。

8. 超低量喷雾 超低量喷雾剂一般是含农药有效成分 20%～50% 的油剂，有的加入少量助溶剂，以提高原药的溶解度；有的加入一些化学稳定剂或降低对植物药害的物质等。

由于超低量喷雾剂不需稀释就可直接喷洒，因此应选择高效、低毒、低残留、相溶性好、挥发性低、密度大、黏度小、闪点高的原药和溶剂，以提高药效和减少环境污染。

9. 种衣剂 种衣剂泛指用于种子包衣的各种制剂。处理种子后，在其表面形成具有一定包覆强度的保护层，以防治有害生物、提供营养、调节种子周围小环境、调节作物生长、调节种子形状，以便于播种操作等。种衣剂可直接用于处理作物种子，具有高效、经济、安全和持效期长等优点。

10. 烟剂 烟剂是用农药原药与定量的助燃剂、氧化剂和发烟剂等均匀混合配制成的，点燃时受热气化，在空气中凝结成固体微粒的粉状制剂。烟剂颗粒细小，扩散性能好，能深入极小的空隙中，充分发挥药效。但受风和气流的影响较大，一般只用于森林、仓库和温室大棚内有害生物的防治。

（四）农药的使用方法及机械

利用农药防治有害生物主要是通过茎叶处理、种子处理和土壤处理等使有害生物接触农药而中毒。施药方法主要依据农药的特性、剂型特点、防治对象和保护对象的生物学特性及环境条件而定，主要有喷雾法、喷粉法、撒施或泼浇法、拌种和种苗浸渍法、毒饵法和熏蒸法等。

1. 喷雾法 喷雾法是将液态农药用机械喷撒成雾状分散体系的施药方法。乳油、可湿性粉剂、可溶性粉剂、悬浮剂及水剂等加水稀释后，均可用喷雾法施药。喷雾法主要用于作物茎叶处理和土壤表面处理，其施药工作效率高，但有一定的漂移污染和浪费。农药的雾化主要采用压力喷雾、弥雾和旋转离心雾化法。喷雾主要使用预压式和背囊压杆式手动喷雾器及东方红 18 型背负机动弥雾喷粉机等。

2. 喷粉法 喷粉法是利用鼓风机械所产生的气流把农药粉剂吹散后沉积到植物上或土壤表面的施药方法。由于较常量喷雾的工效高，速度快，往往可以及时控制有害生物大面积的暴发危害。喷粉防治效果受施药器械、环境因素和粉剂质量影响较大。

3. 撒施或泼浇法 撒施或泼浇法是指将农药拌成毒土撒施或兑水泼浇的人工施药方法。一般是利用具有一定内吸渗透性或熏蒸性的药剂，防治在浓密作物层下部栖息危害的有害生物，如稻田撒施敌敌畏毒土防治稻飞虱等。

4. 拌种和种苗浸渍法 拌种和种苗浸渍法是用来处理种苗的施药方法。通常用粉剂、种衣剂或毒土拌种，或用可用水稀释的药剂兑水浸种，防治种子携带的有害生物、地下害虫、土传病害、害鼠等。该方法用药集中、工效高、效果好，且无漂移污染，但施药效果与用药浓度、浸渍时间和温度等有密切关系，需要严格掌握。

5. 毒饵法 毒饵法是用有害动物喜食的食物为饵料，加入适口性较好的农药配制成毒饵，使有害动物取食中毒的防治方法。该方法用药集中、相对浓度高、对环境污染少，常用于一些其他方法较难防治的有害动物，如害鼠、软体动物和地下害虫等。

6. 熏蒸法 熏蒸法是利用具有熏蒸作用的农药防治有害生物的方法，如利用烟雾剂防治仓库、温室大棚、森林、茂密作物层或密闭容器里的有害生物等。此外，农药的施用还有不少根据药剂特性和有害生物习性设计的针对性防治方法，如利用内吸性杀虫剂涂茎防治棉蚜，利用高浓度农药在树干上涂药环防治爬行上树的有害动物，利用除草剂制成防治草害的含药地膜等。

（五）农药的合理应用

科学合理地使用农药是化学防治的关键。结合农业生产实际和自然环境，进行综合分析，灵活使用不同农药品种、剂型和施药技术，可以有效地提高防效，避免药害及残留污染对非靶标生物和环境的损害，延缓有害生物的抗药性。

1. 药剂种类的选择 各种农药的防治对象均具有一定的范围，且常表现出对不同种的毒力差异，甚至同种农药对不同地区和环境里的同一种有害生物，也会表现出不同的防治效果。因此，必须根据有关资料和田间药效试验结果来选择有效的药剂品种 。

2. 剂型的选择 农药不同的剂型均有其最优使用场合，根据具体情况选择适宜的剂型，可以有效地提高防治效果。例如，防治水稻后期的螟虫和飞虱，采用喷粉或喷雾不及采用粒剂或撒毒土、泼浇的防治效果好。

3. 适期用药 各种有害生物在其生长发育过程中，均存在易受农药攻击的薄弱环节，适期用药不仅可以提高防治效果，同时还可以避免药害和对天敌及其他非靶标生物的影响，减少农药残留。

4. 采用适宜的施药方法 不同的防治对象和保护对象需以不同的施药方法进行处理，选择适宜的施药方法，既可得到满意的效果，又可减少农药用量和漂移污染。一般来说，在可能的情况下，应尽量选择减少漂移污染的集中施药技术，如能以种苗处理防治的病虫害，尽量不要在苗期喷药防治。

5. 注意环境因素的影响 合理用药必须考虑温度、湿度、雨水、光照、风、土壤性质和作物长势等环境因素。温度影响药剂毒力、挥发性、持效期、有害生物的活动和代谢等；湿度影响药剂的附着、吸收、植物的抗性和微生物的活动等；雨水造成对农药的稀释、冲洗和流失等；光照影响农药的活性、分解和持效期等；风影响农药的使用操作、漂移污染等；土壤性质影响农药的稳定性和药效的发挥等；而作物长势则主要影响农药与有害生物的接触。一般通过选择适当的农药剂型、施药方法、施药时间来避免环境因素的不利影响，发挥其有利的一面，达到合理用药的目的。

6. 充分利用农药的选择性 利用农药的选择性（包括选择毒性和时差、位差等生态选择性），可有效地避免或减少对非靶标生物和环境的危害。例如，使用除草剂时常利用选择性除草剂（药剂的选择性）、芽前处理（时差选择）、定向喷雾（位差选择）等，避免作物药害。使用杀虫剂也常利用其选择性，减少对天敌及授粉昆虫等有益生物的杀伤，如利用内吸性杀虫剂进行根区施药，在果园避免花期施药，尽量不采用喷粉施药等，可以减少对蜜蜂的毒害；在桑园内禁止喷施沙蚕毒素类和拟除虫菊酯类杀虫剂，以避免对桑蚕的毒害；棉田利用拌种、涂茎等施药方法，减少前期喷药，可以有效地保护天敌；在鱼塘、水源选择对鱼低毒的农药，水产养殖稻田施药前灌深水尽量使药剂沉积在作物上部，避免农药漂移或流入鱼塘，可以避免对鱼的毒害；使用杀鼠剂更应特别注意利用选择性，避免对人、畜、禽的毒害。

7. 抗药性治理 采取合理的用药策略，可以延缓有害生物抗药性的发生和发展。主要包括尽量采取多种药剂搭配使用，避免长期连续使用一种农药；利用其他防治措施，或选择最佳防治适期，控制农药使用次数，减轻对害虫的选择压力；尽量减少对非靶标生物的影响，保护农田生态平衡；实施镶嵌式施药，为敏感有害生物种群提供庇护所等。

8. 纳入综合防治体系 合理用药还必须与其他防治措施相配套，充分发挥其他措施的作用，以有效控制农药的使用量。此外，合理用药还包括安全用药。因为农药是一类生物毒剂，对高等动物都有一定毒性，若管理或使用不当，就可能造成人、畜中毒。因此，在农药的贮运和使用过程中，都必须严格遵守有关规定和操作规程。

（胡祖庆）

复 习 题

1. 如何构建植物有害生物综合防控体系？有害生物的防控措施有哪些？
2. 化学农药种类、剂型和施用方法有哪些？如何合理使用化学农药？
3. 简述有害生物防治原理和方法。

下篇
葡萄病虫害发生及防治

第七章 葡萄叶部病害

扫码见本章彩图

第一节 葡萄霜霉病

葡萄霜霉病（grape downy mildew）是一种世界性的葡萄专性寄生病害，也是目前葡萄的第一大病害。葡萄霜霉病最早发现于1834年北美洲东部的野生葡萄上。1848年，其病原菌首次被描述。19世纪中期，欧洲葡萄产区发生了葡萄根瘤蚜，1876年前后随着美洲抗葡萄根瘤蚜砧木的引入，霜霉病传入欧洲。1878年首先在法国的西南部发生，1882年传遍法国及整个欧洲大陆。19世纪后期，伴随欧洲种葡萄向全球引种栽培，葡萄霜霉病传遍全世界。目前，世界上几乎所有葡萄产区都有葡萄霜霉病的发生。

该病主要发生在温暖潮湿的葡萄种植区域，如欧洲、南非、阿根廷、巴西、美洲东北部、澳大利亚东部、新西兰、日本及我国的大部分葡萄种植区。生长季节缺少雨水的葡萄种植区域，如阿富汗、美国等地，因缺少适宜的发病条件，霜霉病的发生次数较少。1899年，新疆有了关于葡萄霜霉病的记载，这是该病在我国的最早记录。至于葡萄霜霉病是何时、以何种方式传入我国的尚不清楚，但目前该病在我国各个重要葡萄产区均有发生。在我国重要的葡萄产区大多旱季雨季明显，因此，葡萄生长季节雨水多、雨季持续时间长的产区，霜霉病发生危害严重，这就导致有些地区只能依靠避雨栽培才能避免或减轻霜霉病危害。干旱区域，如新疆吐鲁番地区，葡萄霜霉病几乎不发生，只是在极端年份（连续阴雨）偶尔发生，也不会产生较大危害。

一、症状

葡萄霜霉病菌可为害葡萄的所有绿色幼嫩组织，主要为害叶片，其次是新梢、花序、幼果和卷须等，发病后的主要症状特点是在病部表面产生白色霜霉状物。发病严重时，常造成大量落叶、落果，甚至造成植株死亡。叶片受害，以嫩叶受害最重，被害初期产生不规则形、淡黄色、半透明、边缘不清的小斑点，病斑扩大后成淡黄色至黄褐色多角形病斑（图7-1 A）。病斑大小、性状不一，有时数个病斑连在一起，形成黄褐色干枯的大型病斑。空气潮湿时，在病斑背面产生白色霜状霉层（孢囊梗和孢子囊）（图7-1 B），最后病斑呈褐色，病叶干枯脱落。

花蕾（图7-1 C）及幼穗轴（图7-1 D）受害，初期表面呈淡褐色病变，边缘不明显，而后表面逐渐产生较多的白色霜霉状物，后期花蕾变淡褐色萎蔫。果穗受害，多从穗轴及果柄开始发生，初期穗轴及果柄变淡褐色，其表面逐渐产生较稀疏的白色霜霉状物，幼果粒受害，表面多先产生白色霜霉状物（图7-1 E），而后变浅褐色至褐色，凹陷皱缩，甚至脱落；膨大期果粒受害，多从果柄基部开始发病，初为褐色病斑，后逐渐皱缩凹陷，边缘不明显，病斑表面可产生稀疏的白色霜霉状物，病粒容易脱落；中后期果粒受害，也多从果柄基部开始发生，形成边缘不明显的褐色凹陷病斑，表面一般不产生霜霉状物，病粒容易脱落，或干缩在果穗上（图 7-1 F）。嫩梢受害，初期呈淡黄色水渍状病斑，渐变为黄褐色至黑褐色。病部稍凹陷，潮湿时表面产生稀疏的白色霜霉状物。病梢生长停滞，扭曲变形，甚至枯死。

图 7-1 葡萄霜霉病为害状

A. 叶片为害状（Miles 摄，2011）；B. 病斑背面产生白色霜状霉层（Pertot 摄，2003）；C. 花蕾为害状（Gessler 摄，2011）；D. 穗轴为害状（Gessler 摄，2011）；E. 幼果为害状（Dussert 摄，2020）；F. 果实为害状（Marimuthu 摄，2020）

不同葡萄品种霜霉病症状有一定差异，如刺葡萄易感染霜霉病菌，引起坏死症状（图 7-2 A），而酿酒品种'烟 73'感染霜霉病后罹病处为粉红色（图 7-2 B）。

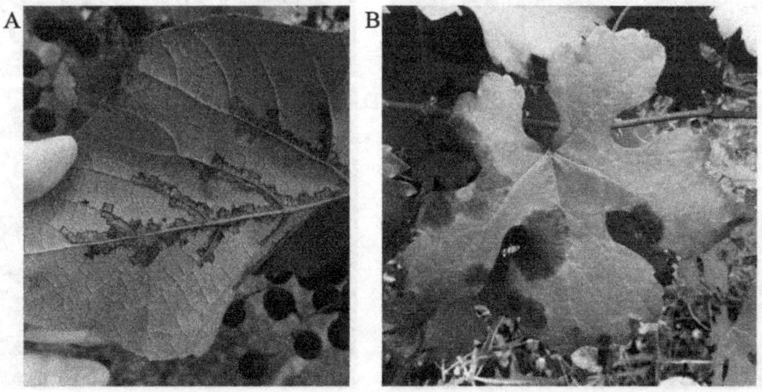

图 7-2 不同葡萄品种霜霉病为害状

A. 刺葡萄霜霉病为害叶片症状；B.'烟 73'感染霜霉病症状

葡萄霜霉病在生长早期发病可使新梢、花穗枯死，中、后期发病可引起早期落叶或大面积枯斑而严重削弱树势，影响下一年产量（图 7-3）。病害引起新梢生长低劣、不充实、易受冻害，引起越冬芽枯死。

图 7-3 葡萄霜霉病后期为害全田症状

二、病原

葡萄霜霉病是由葡萄生单轴霉［*Plasmopara viticola*（Berk et Curtis）Berl et de Toni］寄生引起的，病原菌属卵菌门单轴霉属，是二倍体活体营养性专性寄生卵菌。菌丝在寄主细胞间扩展蔓延，形成球形吸器伸入叶肉细胞吸收养分（图 7-4）。无性态产生孢囊梗，顶生孢子囊，内生游动孢子。孢囊梗从叶背气孔伸出，丛生，无色，大小为（400～780）μm×（6～11）μm，单轴分支 3～6 次，一般 2～3 次，分支处近直角，分支末端有 2～3 个呈圆锥状的小梗，顶端着生孢子囊。孢子囊无色，卵圆形，有乳状突起，大小（13～39）μm×（8～21）μm，萌发产生游动孢子（图 7-5 A 和 B）。游孢子单胞，肾形，侧生双鞭毛，能游动，具双游现象，大小为（7.5～9.0）μm×（6～7）μm（图 7-5 C）。有性态产生卵孢子。卵孢子一般于生长后期在病组织中形成，黄褐色，球形，外壁很厚，表面平滑，略具波纹状起伏，直径 27～36 μm（图 7-5 D～F）。卵孢子在水滴中萌发形成芽管，芽管顶端形成梨形孢子囊，内生并释放 30～60 个游动孢子。

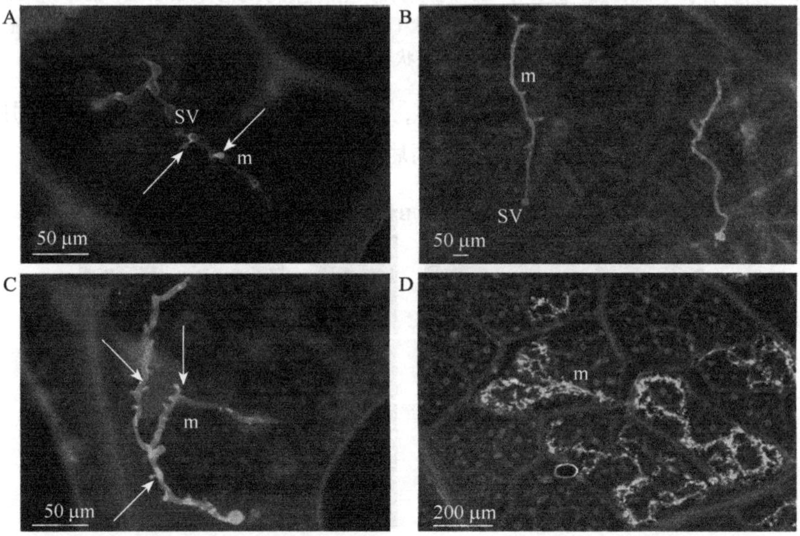

图 7-4 葡萄品种‘红提’接菌后不同时期的菌丝结构（李卓摄，2017）

A. 接菌 24 h 时的初生菌丝；B. 接菌 30 h 时的长菌丝；C. 接菌 36 h 时的分支菌丝；D. 接菌 72 h 时的菌丝体；SV. 泡囊；m. 菌丝；箭头表示吸器

三、病害循环

病菌主要以卵孢子在病组织中或随病叶等在土壤中越冬。气候温暖地区，也能以菌丝在

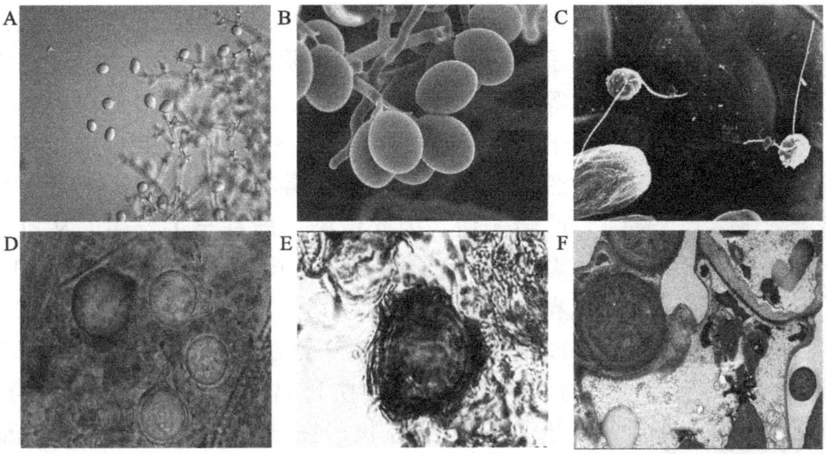

图 7-5　葡萄霜霉病菌

A. 光学显微镜下孢囊梗和孢子囊（Hong 摄，2018）；B. 电镜下的孢囊梗和孢子囊（Miles 摄，2011）；
C. 电镜下的游动孢子（Gindro 摄，2003）；D. 光学显微镜下叶片中的卵孢子形态（ Dussert 摄，2020）；
E. 光学显微镜下悬浮的卵孢子（Ammour 摄，2020）；F. 电镜下叶片中卵孢子形态（张涛摄，2020）

芽鳞或未脱落的叶片内越冬。卵孢子在潮湿的土壤表层存活最好，可长达 2 年。翌年春季，当降雨量达 10 mm 以上，土温 15℃左右时，卵孢子可在水滴或潮湿土壤中萌发，形成孢子囊。孢子囊借气流或雨滴溅洒传播到植株上，在游离水中萌发，并释放出游动孢子。游动孢子在气孔附近萌发，自气孔或皮孔侵入寄主，引起初侵染。病菌以菌丝体在寄主的细胞间扩展蔓延，以球形吸器伸入寄主细胞内吸收营养，经 7～12 d 的潜育期后开始发病，并从气孔中伸出孢囊梗及孢子囊，孢子囊萌发进行再侵染（图 7-6）。只要条件适宜，病菌可不断产生孢子囊进行再侵染。后期病残组织内形成大量的卵孢子，特别是主脉附近的叶肉病组织中的卵孢子数量最多。卵孢子可随病叶等病残组织落入土中越冬，成为次年的初侵染来源。

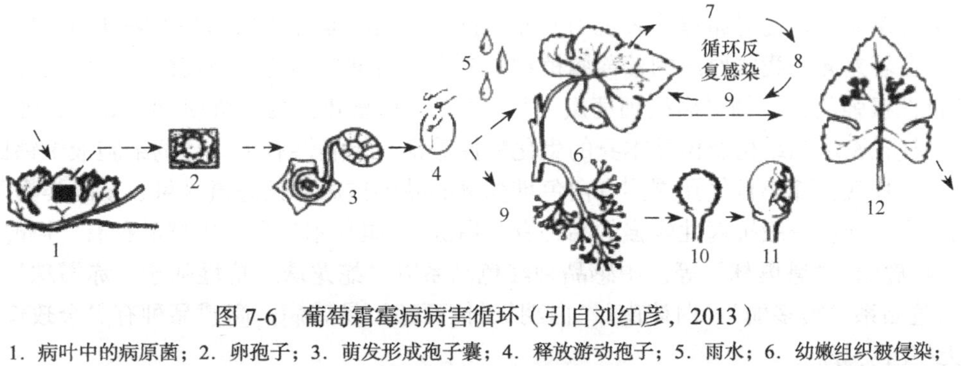

图 7-6　葡萄霜霉病病害循环（引自刘红彦，2013）

1. 病叶中的病原菌；2. 卵孢子；3. 萌发形成孢子囊；4. 释放游动孢子；5. 雨水；6. 幼嫩组织被侵染；
7. 形成子实体；8. 形成孢子囊；9. 游动孢子；10. 霜霉侵染果实；11. 果实腐烂；12. 病叶脱落。
虚线箭头部分代表病菌在这一阶段发育经历的时间长；实线箭头部分代表病菌在这一阶段发育经历的时间短

四、发病条件

葡萄霜霉病的发生流行与气候条件密切相关，其中湿度是主导影响因子，温度、光照

图 7-7　葡萄霜霉病菌室内接种试验

也有一定关系。凡增加土壤、空气和寄主表面湿度的因子和白天无直射光及阴暗的环境，如降雨、大雾、阴天等均有利于病菌侵入，其中降雨最易引起病害流行。孢子囊的产生需要 95%～100% 的相对湿度和至少 4 h 的黑暗条件。孢子囊通常在夜间形成，阳光下暴露几小时就会失活，因此侵染一般在早上发生。从侵染到显症约需 4 d。孢子囊及卵孢子的萌发需要在水滴中进行。孢子囊形成温度范围为 13～28℃，最适温度 15℃；萌发的温度范围为 5～21℃，最适温度 10～15℃（图 7-7）。病菌孢子囊寿命短，在高温干旱条件下，只能存活 4～6 d，低温下可存活 14～16 d。游动孢子萌发的温度为 12～30℃，最适温度 18～24℃。孢子囊的产生、萌发及游动孢子的萌发都离不开高湿，因此高湿冷凉是发病的重要条件。冬、春潮湿，接着是暖和的夏天，加之降雨不断的气候条件最有利于卵孢子越冬、萌发和病害的蔓延传播。在昼夜温差大、持续降雨、雾多露大少风情况下最适宜发病。

果园地势低洼、土壤黏重、种植过密、管理粗放等，使园内通风不良，增加了小气候湿度，也有利于病害的发生与流行。我国北方果园，一般 6 月开始发病，7 月增多，8～9 月进入发病盛期，10 月老叶虽不易感病，但幼叶仍可发病。栽培管理是影响病害发生和流行的重要因素。施肥不当，偏施或迟施氮肥，刺激抽发新梢，造成枝叶徒长、架面郁闭，使秋后枝叶繁茂，组织成熟延迟，都能使病害加重。果园管理不善，棚架过低、架面过密、排水不畅、杂草丛生、枯枝落叶乱堆乱放，不注意田园卫生，使果园通风透光不良，小气候潮湿，都会使病害严重发生和流行。

不同种间葡萄的抗病性有明显差异，总的来说，圆叶葡萄对霜霉病完全免疫，美洲种葡萄和部分东亚种葡萄对霜霉病表现出明显的抗性，而欧亚种葡萄则基本表现出感病且不同品种间存在着差异。我国原产的葡萄属植物中未发现对葡萄霜霉病免疫的种，但发现许多对霜霉病抗性极强的种，如‘瘤枝葡萄岚 -5’‘镇 -3’和复叶葡萄‘留坝 -8’等。另外，葡萄含钙量、气孔密度和结构及植株本身的生化特性等都与抗病性有关。葡萄细胞液中钙比例大则抗病。叶片气孔稀小且气孔周围有白色堆积物的品种抗病。铵态氮含量、多酚类物质等含量高则抗病性强。一般抗病性较强的品种有‘白醇’‘康拜尔’等；中抗品种有‘巨峰’‘玫瑰露’‘梅鹿辄’‘黑奥林’等；中感品种红色品系以‘蛇龙珠’抗性强于‘赤霞珠’‘品丽珠’；白色品系‘霞多丽’‘白诗南’‘白羽’‘佳丽酿’易感病；高感品种有‘金玫瑰’‘大宝’‘无核白’等。

五、防治方法

霜霉病防治以药剂防治为主，及时摘心打杈、促进果园通风透光、降低小气候湿度为辅，且药剂防治时必须喷药及时、均匀（图 7-8）。

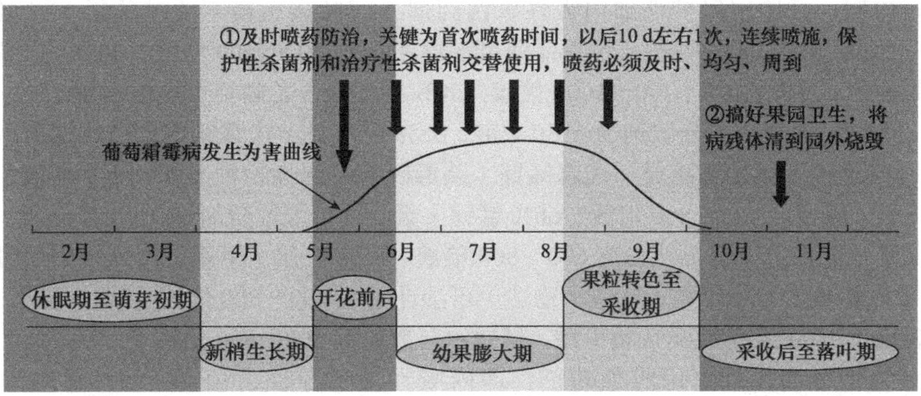

图 7-8 葡萄霜霉病防治年历

不同葡萄产区发育期时间前后有一定差异，各项措施以发育期为准

（一）搞好果园卫生，减少越冬菌源

落叶后（或葡萄修剪后）先树上后树下彻底清扫落叶、落果，集中带到园外烧毁，避免带病落叶及病残体入土越冬。

（二）加强果园管理

果园地势低洼、栽植过密、棚架过低、郁蔽、通风透光不良、寄主表面易结露及偏施氮肥、树势衰弱等均有利于发病。因此，适当放宽行距，合理修剪增强通风透光，降低湿度。及时摘心打杈，清除近地面的枝蔓和叶片，降低田间小气候湿度，低洼果园注意及时排水、通风散湿，创造不利于病害发生的环境条件。增施有机肥，适当增施钙肥及磷肥，少施氮肥，控制钾肥。发病初期，及时摘除发病叶片，减少发病中心，控制病菌传播，延缓病害蔓延。

（三）适时喷药防治

霜霉病是一种典型的流行性病害，病菌从侵入到发病需要 3～5 d。在条件适宜时，从田间出现中心病株到全田普发，仅需 10～15 d。药剂防治是目前霜霉病防治的最主要措施。

葡萄发芽前，可在植株和附近地面喷施 1 次 3～5°Bé 的石硫合剂，或 45% 晶体石硫合剂 30 倍液，或 50% 硫悬浮剂 200～300 倍液，这类药剂可杀菌、杀虫、杀螨，对越冬菌源有较好的铲除效果，减少初侵染源。

预防（5 月中下旬或开花前后）：当昼夜平均气温达 13～15℃，同时又有雨、露等高湿条件出现时，即为第一次喷药时间。可选用保护性杀菌剂：有半量式 / 等量式波尔多液 150～200 倍液、70% 丙森锌（安泰生）可湿性粉剂 500～700 倍液、80% 代森锰锌（喷克）可湿性粉剂 600～800 倍液、78% 波尔 · 锰锌（科博）可湿性粉剂 500～600 倍液、77% 硫酸铜钙（多宁）可湿性粉剂 600～800 倍液、50% 克菌丹（美派安）可湿性粉剂 600～800 倍液、70% 代森联水分散粒剂 600～800 倍液、68.75% 酮 · 锰锌（易保）水分散粒剂 1000～1500 倍液和 75% 百菌清可湿性粉剂 600～800 倍液等。

发病初期，可选用保护性加内吸性杀菌药剂：1.5%多抗霉素（黏菌素）可湿性粉剂300～500倍液、69%烯酰吗啉·代森锰锌可湿性粉剂1000～1500倍液、66.8%丙森锌·缬霉威（霉多克）可湿性粉剂700～1000倍液、50%甲霜灵·乙膦铝可湿性粉剂750～2000倍液、60%唑醚·代森联水分散剂50～80 g/亩、58%甲霜灵·代森锰锌（瑞毒霉）可湿性粉剂300～400倍液、64%恶霜灵·代森锰锌（杀毒矾）可湿性粉剂800～1200倍液、69%烯酰·锰锌水分散粒剂600～800倍液、60%锰锌·氟吗啉可湿性粉剂600～800倍液、85%波尔·霜脲氰（克普定）可湿性粉剂600～800倍液、85%波尔·甲霜灵（异果定）可湿性粉剂600～800倍液、72%甲霜·锰锌（稳达）可湿性粉剂600～800倍液、72%霜脲·锰锌可湿性粉剂600～800倍液和68%精甲霜·锰锌水分散粒剂600～800倍液等。

病害发生中期，可选用应急药剂，即内吸性加治疗性杀菌剂：80%烯酰吗啉水分散剂4500～5000倍液、20%氟吗啉可湿性粉剂800～1000倍液、40%霜脲氰可湿性粉剂800～1000倍液、25%精甲霜灵可湿性粉剂2000～2500倍液、72.2%霜霉威水分散剂500～800倍液、25%嘧菌酯（阿米西达）悬浮剂25～50 mL/亩、50%甲呋酰胺可湿性粉剂800～1000倍液、唑菌胺酯水分散剂1000～2000倍液、25%双炔酰菌胺悬浮剂1500～2000倍液、12.5%噻唑菌胺可湿性粉剂1000倍液、10%氰霜唑悬浮剂2000～2500倍液、25%烯肟菌胺·霜脲氰可湿性粉剂2250～4500倍液等药液。为防治病菌产生抗药性，以上药剂应交替使用。

在防治过程中，应注意以下要点：葡萄霜霉病是葡萄上常发的流行性病害，病害具有潜育期短、再侵染频繁、病原物繁殖率高的特点，因此对于该病害的防治必须以预防为主；各品种在病害发生前应以保护性杀菌剂进行预防，病害发生初期要及时以内吸性杀菌剂进行防治，每次间隔10～15 d，一般连续用药2～3次则可控制病情。具体喷药间隔期视降雨情况或湿度条件而定，多雨潮湿时间隔期宜短，少雨干旱时间隔期可适当延长。另外，雨后需随时补喷药剂，若先喷波尔多液，应在用药7 d后才能用其他药剂。具体用药时，建议保护性杀菌剂和治疗性杀菌剂交替使用，且不同类型治疗性杀菌剂也要交替使用，以免病菌产生耐药性；无论哪种杀菌剂，喷药时都应喷洒均匀、周到，使叶片正面、背面及果穗表面均着药；百菌清对‘红提’葡萄果穗敏感，不能在未套袋‘红提’葡萄上使用。采收前1.5个月尽量不要使用波尔多液或代森锰锌，以免药液污染果面，影响果品质量（图7-9）。

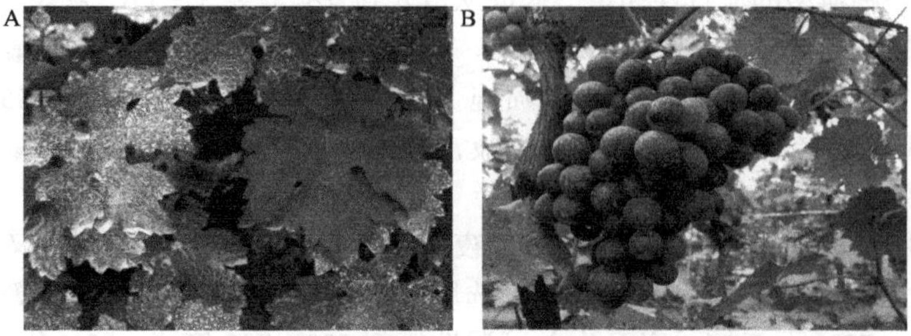

图7-9 波尔多液对葡萄叶面（A）和果面（B）的危害

（顾沛雯 闫思远）

第二节 葡萄白粉病

葡萄白粉病（grape powdery mildew）起源于北美洲，是近年来广泛发生的一种难治的真菌性病害，无论鲜食葡萄还是酿酒葡萄均易受害，最易为害葡萄的叶片、新梢及果实等幼嫩器官。特别是随着鲜食葡萄面积不断增大，黄河以北地区的山东、河北和陕西的秦岭北麓受害尤其严重，不但降低葡萄的品质和产量，还影响葡萄的美观及口感。葡萄白粉病的发生与干旱密切相关，干旱闷热是引起病害流行的主要原因，栽培管理差的果园发病会较重。

一、症状

葡萄白粉病主要为害葡萄的叶片、果穗及幼嫩枝蔓等绿色组织，发病后的主要症状特点是在受害部位表面产生一层白粉状物，后生小黑点（为病菌的闭囊壳）。

叶片受害，初期在叶片正面产生白色粉斑或灰白色斑块，边缘不明显，大小不等（图 7-10 A）；随病情发展，后期白粉可布满全叶，但白粉状物较薄；有时白粉状物较少，病组织呈淡红褐色（图 7-10 B）。严重时，病叶逐渐卷缩、枯萎而脱落（图 7-10 C）。

幼果粒受害，表面初产生白色粉斑或黑褐色星芒状线纹，继而其上覆盖一层白粉状物，病果粒不易增大，小而味酸，后期易枯萎脱落。果粒膨大中后期受害，表面多形成黑褐色网状线纹，病果易开裂；条件适宜时，病果表面也可被白粉状物整个覆盖（图 7-10 D）。受害病果受药剂控制后，果面常遗留下褐色斑块（图 7-10 E）。

嫩蔓及穗轴被害时，表面多产生黑褐色霉斑或网状线纹，有时其表面也可产生稀疏的白色粉状物，严重时，枝蔓不能成熟（图 7-10 F）。

图 7-10 葡萄白粉病症状

A. 发病初期叶片症状；B. 发病后期叶片症状；C. 白粉病导致叶片枯萎凋落；D. 葡萄白粉病为害果实；E. 果实发病被药物控制后症状；F. 穗轴上的黑褐色白斑病病斑

二、病原

病原无性阶段称葡萄粉孢霉（*Oidium tuckeri*），属半知菌。菌丝体表生，分生孢子梗直立，顶部产生菌丝型分生孢子（图 7-11 A 和 a）。分生孢子串生，单胞，无色。分生孢子萌发后，依靠附着胞固着，深入表皮细胞，形成吸器（图 7-11 B），吸收寄主细胞内养分形成大量菌丝体附着于寄主表面，菌丝体肉眼观察为白粉状。

有性阶段为葡萄钩丝壳菌（*Uncinula necator*），属子囊菌门。闭囊壳直径 84～100 μm，附属丝 10～30 根，附属丝顶端卷曲呈钩状，闭囊壳内子囊多个（图 7-11 C 和 b）。一般子囊 4～6 个，椭圆形（图 7-11 D），大小为（50～60）μm×（25～35）μm，子囊孢子 4～6 个，椭圆形（图 7-11 E），大小为（20～25）μm×（10～12）μm。

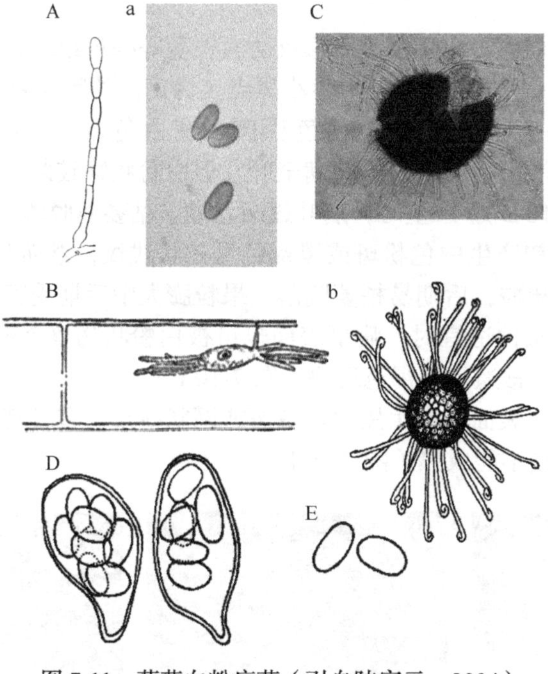

图 7-11　葡萄白粉病菌（引自陆家云，2004）

A. 分生孢子梗和分生孢子（a）；B. 吸器；C. 闭囊壳（b）；D. 子囊；E. 子囊孢子

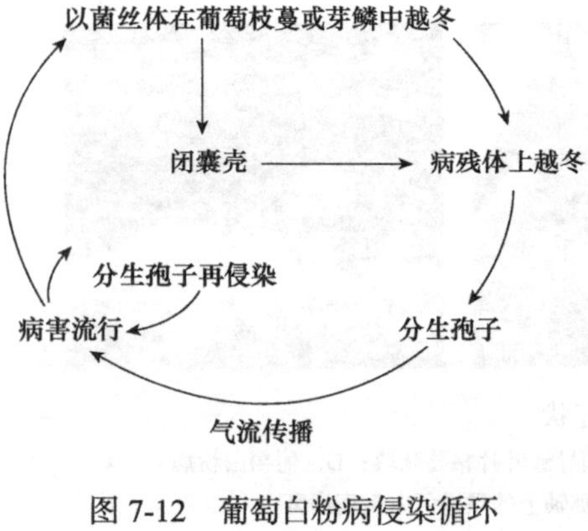

图 7-12　葡萄白粉病侵染循环

三、病害循环

葡萄白粉病是由一种高等专性寄生真菌引起的病害，葡萄白粉病菌以菌丝体的形式在受侵染的枝蔓和芽鳞内越冬，也可以闭囊壳随病残体越冬，分生孢子的寿命短，不能越冬。第二年条件适宜时越冬病菌产生孢子，通过风力（气流）传播，直接侵染危害。病菌潜育期为 14～15 d，田间有多次再侵染（图 7-12）。分生孢子萌发后可直接从表皮侵入寄主组织的表皮细胞，吸取营养。分生孢子的萌发适宜温度是 25～28℃，耐干旱气候，湿度低时也可萌发，夏季闷热多云的天气条件发病最快。

四、发病条件

葡萄白粉病侵染和蔓延的适宜温度是 20～27℃，适宜的湿度是 40% 以上（图 7-13）。高温季节病害发展较快，干旱、多云、闷热天气有利于白粉病发生。一般长江三角洲地带 6 月中旬开始发病，7～8 月为发病盛期，果实成熟期高温多湿的闷热天气常引起流行蔓延，9 月以后逐渐停止发病。西北地区发病始期在 7 月上中旬，8 月上旬进入发病高峰期。白粉病不喜欢高湿，又怕过度干旱。一般干旱的夏季和温暖而潮湿、闷热的天气有利于白粉病的大发生。此外，在干旱的夏季，葡萄园枝叶茂密、氮肥过多、蔓叶徒长、通风透光不良等均有利于白粉病的发生。幼嫩部位或组织易感病，老叶和着色后果粒很少发病。

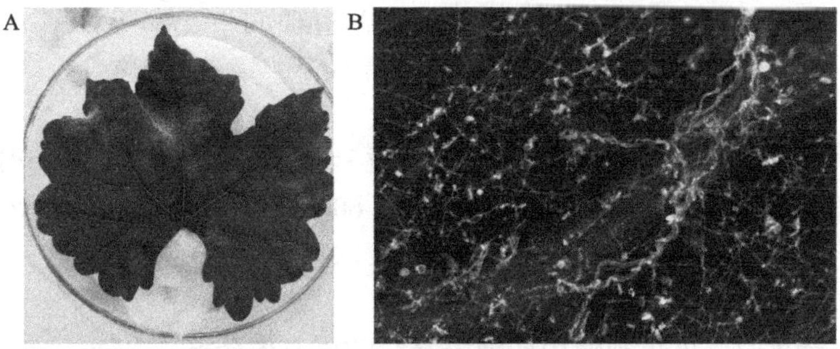

图 7-13 葡萄白粉病菌室内接种试验

A. 接种发病的叶片；B. 接种叶片表面的白粉病菌

品种间抗病性差异显著，一般欧亚种比美洲种感病，如‘佳丽酿’‘霞多丽’感病较重；‘玫瑰香’次之；‘赤霞珠’‘品丽珠’‘蛇龙珠’‘西拉’较少感病。

五、防治方法

葡萄白粉病防治应在葡萄越冬前后防治的基础上，加强栽培管理，紧紧抓住葡萄适期防治，控制病情发生（图 7-14）。

（一）加强栽培管理

增施有机肥，按比例施用氮、磷、钾肥及中微量元素肥料，培育壮树，提高树体抗病能力。及时摘心、绑蔓、打杈，控制副梢生长，促进通风透光，创造不利于病害发生的环境条件，减少病害发生。多雨地区或季节，注意及时排水。

（二）铲除越冬菌源

结合冬剪，剪除病枝，集中销毁。葡萄下架前彻底清扫落叶、落果，集中清到园外烧毁。葡萄上架后、发芽前，喷洒 1 次 3～5°Bé 石硫合剂或 45% 石硫合剂晶体 60～80 倍液或 50% 硫黄悬浮剂 200～300 倍液，杀灭越冬病菌。

（三）生长期药剂防治

防治葡萄白粉病适期应在落花后至果实膨大初期进行。从发病初期开始喷药，10 d 左右

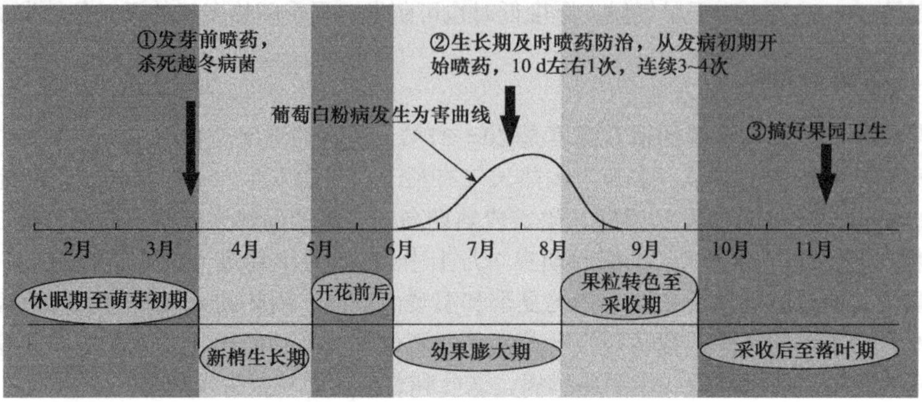

图 7-14　葡萄白粉病防治年历

不同葡萄产区发育期时间前后有一定差异，各项措施以发育期为准

1 次，北方葡萄产区连喷 2～3 次，南方葡萄产区连喷 3～4 次，即可有效控制白粉病的发生危害。

预防或发病初期，可用 0.5% 大黄素甲醚水剂 600～1000 倍液（植物源农药）、45% 硫悬浮剂 200～400 倍液（矿质源农药）、2% 武夷菌素水剂 800～1000 倍液等（生物源农药）进行防治。

当病害发生严重时，可单独使用药液喷雾，常用有效药剂有 25% 乙嘧酚（控白）悬浮剂 1000 倍液、4% 四氟醚唑（朵麦可）水乳剂 1000～2000 倍液、40% 氟硅唑（福星）乳油 8000～10 000 倍液、30% 醚菌酯可湿性粉剂 2000～3000 倍液、25% 吡唑醚菌酯（唑菌胺酯）乳油 2000～3000 倍液、12.5% 腈菌唑乳油 2000～3000 倍液、25% 苯醚甲环唑微乳剂 1500～2500 倍液、40% 双胍三辛烷基苯磺酸盐可湿性粉剂 1000～1500 倍液、43% 戊唑醇悬浮剂 3000～4000 倍液、30% 戊唑・多菌灵悬浮剂 800～1000 倍液、40% 氟硅唑乳油 6000～8000 倍液、10% 苯醚甲环唑（世高）水分散剂 500～800 倍液、20% 三唑酮乳油 2000 倍液、25% 粉锈宁的可湿性粉剂 2000 倍液等。此外，生物制剂大黄素甲醚、小檗碱等对葡萄白粉病也具有很好的防效。在有些耐药性较强的地区，建议不同类型药剂混合喷施，以提高药剂防治效果。

在防治过程中，应注意以下要点：葡萄白粉病应在葡萄越冬前后防治的基础上，抓住落花后至果实膨大初期的防治，连续用药 2～3 次可控制病情，药效间隔期一般 10～15 d。若不及时防治，危害可持续到落叶。因硫制剂对白粉病有良好的效果，所以单独防治白粉病时可用硫黄胶悬剂，但要注意药害的产生。另外，氟硅唑在有些葡萄品种上对果面蜡粉有破坏作用，不套袋果中后期应当慎用（图 7-14）。

（顾沛雯　鞠明岫）

第三节　葡萄褐斑病

葡萄褐斑病（grapevine brown leaf spot）又称斑点病、褐点病、叶斑病及角斑病等。根据病斑大小和病原菌的不同，褐斑病分为大褐斑病和小褐斑病两种。此病分布广泛，我国各葡萄产区均有发生和危害，一般以多雨潮湿的沿海和江南各省（区）发病较多，干旱地区或少雨年份发病较轻，管理不好的果园多雨年份后期可大量发病，引起早期落叶，影响树势造成减产。

一、症状

葡萄褐斑病仅为害叶片。病斑定形后，直径 3～10 mm 的称大褐斑病；直径 2～3 mm 的称小褐斑病。

大褐斑病：初期在叶片表面产生许多近圆形、多角形或不规则的褐色小斑点，以后病斑逐渐扩大，直径达 3～10 mm（图 7-15）。病斑中部呈黑褐色，边缘褐色，病健交界明显。叶背面病斑周缘模糊，淡褐色，后期上生灰色或深褐色的霉状物。病害发展到一定程度时，病叶干枯破裂而早期脱落，严重影响树势和翌年的产量。病斑最初在植株下部叶片发生，特别是隐蔽、遮阴的叶片上发生。其症状特点常因葡萄品种不同而有所差异。

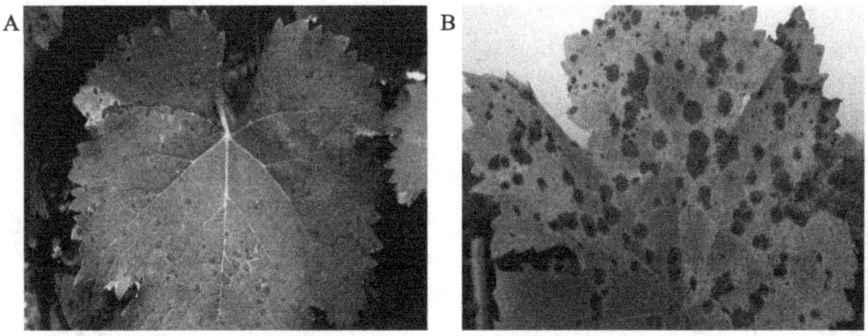

图 7-15　葡萄大褐斑病症状

A．发病初期叶片症状；B．发病后期叶片症状

小褐斑病：病斑较小，直径 2～3 mm，近圆形或不规则形，大小一致，边缘深褐色，中部颜色稍浅（图 7-16 A），中期病斑背面长出一层较明显的黑色霉状物，严重时，许多小病斑相互融合成不规则的大斑，叶片黄化（图 7-16 B）。

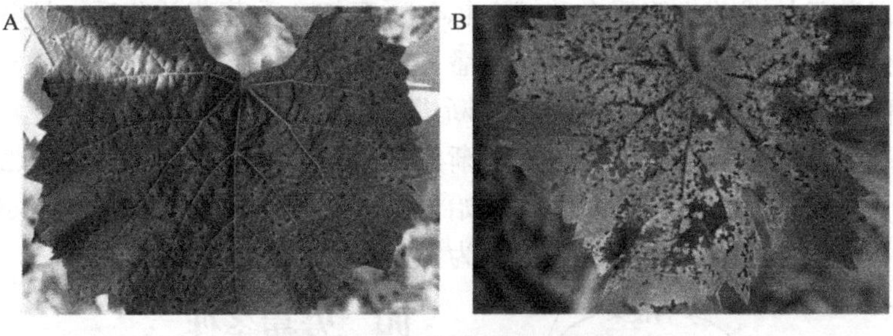

图 7-16　葡萄小褐斑病症状

A．发病初期叶片症状；B．发病后期叶片症状病斑

二、病原

大褐斑病病原为葡萄假尾孢 [*Pseudocercospora vitis*（Lév.）Speg.]，属半知菌假尾孢属。异名有：*Phaeoisariopsis vitis*（Lév.）Saw.、*Isariopsis clavispora* Sacc. 和 *Cercospora viticola*（Ces.）Sacc.。子座小，球形，直径 15.0～40.0 μm。分生孢子梗紧密成束，孢梗束下部紧密，上部散开，高达 400 μm。分生孢子梗暗褐色，不分枝，多个隔膜，屈膝状，具齿突，宽 3.2～5.4 μm。分生孢子顶生，褐色至暗褐色，倒棍棒形，具喙，直立或稍弯曲，基部膨大，上部渐细，有 3～20 个隔膜，大小为（31.0～99.5）μm×（4.8～9.0）μm（图 7-17）。

小褐斑病病原为座束梗尾孢［*Cercospora roesleri*（Catt.）Sacc.］，属半知菌尾孢属。子座无色，半球形，直径 35～50 μm。分生孢子梗由子座中伸出，疏散不成束，暗褐色，直或稍弯曲，隔膜多，近顶端膝曲状，孢痕明显，大小为（46～92）μm×（3.5～4.5）μm。分生孢子圆筒形或椭圆形，直或稍弯曲，暗褐色，有 1～4 个隔膜，大小为（18.5～58.0）μm×（4.0～7.0）μm（图 7-18）。

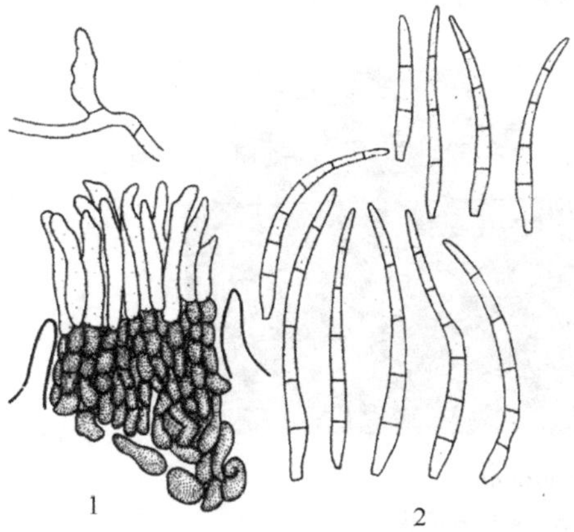

图 7-17　葡萄大褐斑病病菌（引自刘红彦，2013）
1. 孢梗束；2. 分生孢子

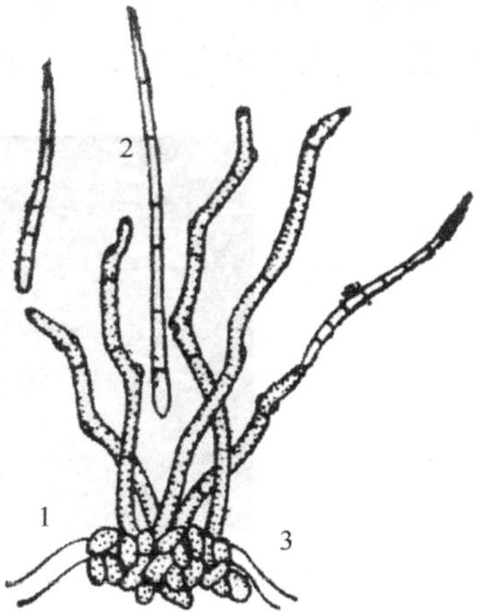

图 7-18　葡萄小褐斑病病菌（引自刘红彦，2013）
1. 分生孢子梗；2. 分生孢子；3. 寄生角质层

三、病害循环

病菌主要以菌丝体或分生孢子在落叶上越冬，翌年春季葡萄开花后，越冬后的病菌产生分生孢子梗和分生孢子。分生孢子借风雨传播，在高湿条件下萌发，由叶背气孔侵入引起初侵染。病菌潜育期 20 d 左右。以分生孢子不断进行再侵染。病害多从下部叶片开始发生，渐渐向上部蔓延（图 7-19）。我国北方多从 6 月开始发病，到葡萄落叶前均可侵染危害，7～9 月为发病盛期。

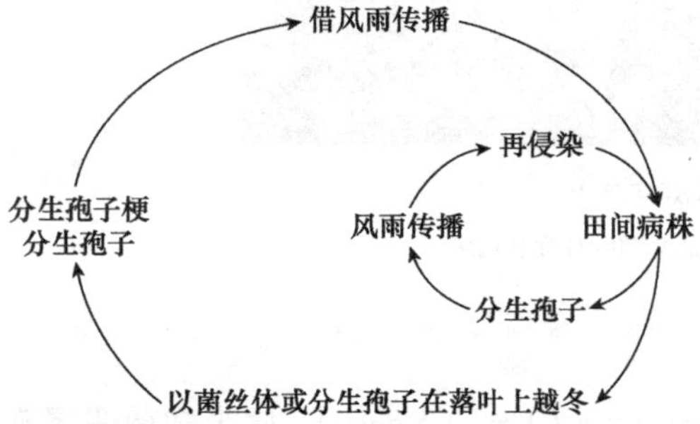

图 7-19　葡萄褐斑病侵染循环

四、发病条件

高温高湿是病害发生和流行的主导因素。因此夏秋多雨的地区或年份发病较重。管理粗放、枝叶过密、施肥不足、果实负载量过大、树势衰弱时也利于发病。品种间感病程度也有差异，一般美洲葡萄易感病，欧洲葡萄发病轻。

五、防治方法

葡萄褐斑病防治应在葡萄越冬前后防治的基础上，加强栽培管理，园内初见病斑时开始喷药防治，控制病情发生（图 7-20）。

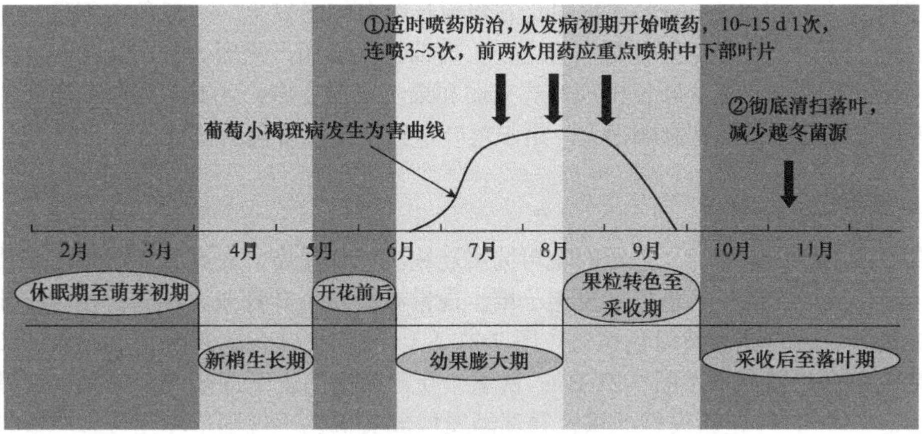

图 7-20　葡萄小褐斑病防治年历

不同葡萄产区发育期时间前后有一定差异，各项措施以发育期为准

（一）搞好果园卫生

落叶后（或修剪后）彻底清扫落叶，集中烧毁，铲除病菌越冬场所，减少园内菌量。

（二）加强栽培管理

增施有机肥及磷、钾、钙肥，控制氮肥，科学结果量，培育壮树，提高树体抗病能力。合理修剪，及时整枝、摘心，使果园通风透光，降低小气候湿度，创造不利于病害发生的环境条件。

（三）适时药剂防治

从病害发生初期或园内初见病斑时开始喷药，10～15 d 1 次，连喷 3～5 次，即可有效控制该病的发生危害。常用有效药剂有：77% 硫酸铜钙可湿性粉剂 600～800 倍液、80% 代森锰锌可湿性粉剂 600～800 倍液、50% 克菌丹可湿性粉剂 600～800 倍液、70% 丙森锌可湿性粉剂 500～600 倍液、70% 代森联水分散粒剂 600～800 倍液、1 :（0.5～0.7）:（160～240）倍波尔多液、50% 福美双可湿性粉剂 600～800 倍液、30% 戊唑 · 多菌灵悬浮剂 800～1000 倍液、70% 甲基托布津可湿性粉剂 800～1000 倍液、90% 三乙磷酸铝可溶性粉剂 600～800 倍液、50% 多菌灵可湿性粉剂 600～800 倍液、10% 苯醚甲环唑水分散粒剂 2000～2500 倍液、25% 戊唑醇水乳剂 2000～2500 倍液、40% 氟硅唑乳油 6000～8000 倍液、68.75% 酮 · 锰锌水分散粒剂 1000～1200 倍液等。喷药时，前两次药应重点喷射植株中下部叶片，并使叶片正反两面都要着药，若在药液中混加有机硅类农药助剂可显著提高病害防治效果。

（顾沛雯　闫思远）

第四节 葡 萄 锈 病

葡萄锈病（grapevine rust）在我国北方葡萄产区多零星发生，一般危害不重。在夏季高温多湿的南方地区，是常见的葡萄病害之一。葡萄锈病发病严重时，影响葡萄叶片光合作用和正常生长，严重时甚至落叶，出现树势衰弱和果实品质变差，尤其对果粒品质和产量以及葡萄植株第二年的生长发育影响很大。由于落叶早致使果粒着色明显推迟，品质下降。

一、症状

葡萄锈病主要为害叶片，严重时也可为害新梢。叶片受害，先在背面散生许多黄色小斑点，后逐渐形成突起的橙黄色疱状夏孢子堆，通常布满整个叶背或大部分；相对应叶片正面初为褪绿黄点，后发展为黄绿色病斑（图 7-21 A）。后期，叶背的夏孢子堆成熟破裂，散出大量橙黄色粉末状夏孢子（图 7-21 B）；秋季，叶背面病部皮下逐渐产生暗褐色至黑褐色小粒点（冬孢子堆），叶正面失绿严重，并逐渐发展成黄褐色不规则形坏死斑。严重时病叶失绿、干枯、脱落，果实着色或成熟不良。新梢受害，表面也可产生孢子堆。

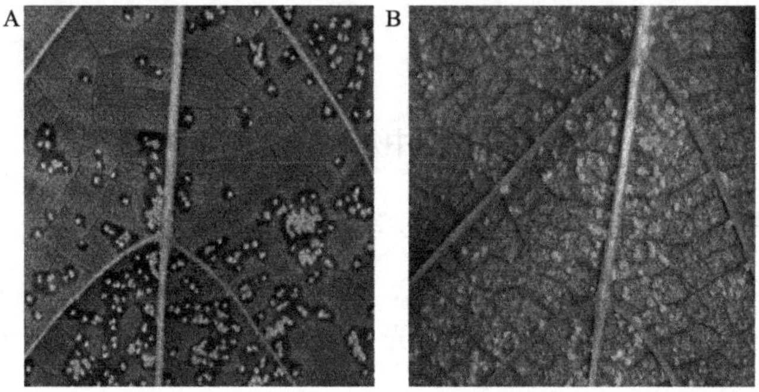

图 7-21 葡萄锈病症状

A. 发病初期叶片症状；B. 发病后期叶片症状病斑

二、病原

葡萄锈病病原为葡萄层锈菌（*Phakopsora ampelopsidis* Diet.et Syd.），属于担子菌门，冬孢子单细胞，无柄，不整齐地排列成数层；夏孢子表面有刺。病菌形成夏孢子堆，通过夏孢子萌发产生芽管，芽管顶端膨大形成附着胞（图 7-22），后者产生侵入钉，以气孔侵入叶组织。

三、病害循环

葡萄锈病是一种高等真菌性病害，病菌具有转主寄生习性。在温带和亚热带地区，病菌主要以夏孢子堆在病残组织上存活越冬，第二年越冬夏孢子通过气流传播，从气孔侵染为害。在北方寒冷地区，病菌主要以冬孢子堆在病残组织上越冬，翌年春季温度升高后，冬孢子萌发产生担孢子，经气流传播，侵染转主寄主泡花树，并逐渐产生锈孢子，锈孢子经气流传播侵染葡萄。葡萄受害后，经 7 d 左右潜育期发病，逐渐产生夏孢子堆和夏孢子，夏孢子

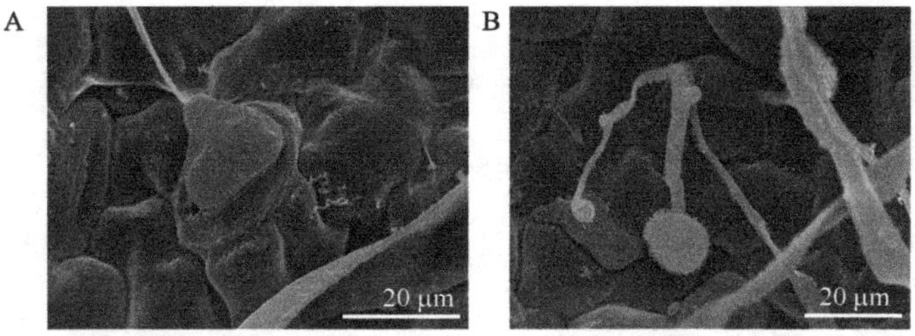

图 7-22　葡萄锈病病原菌（Rasera 摄，2019）

A．葡萄锈菌夏孢子萌发产生芽管；B．夏孢子产生芽管，顶端膨大形成附着胞。粉色为夏孢子；蓝色为附着胞

经气流传播进行再侵染（图 7-23）。

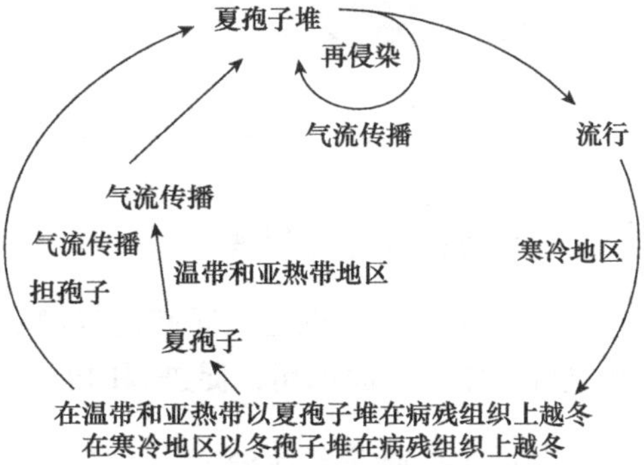

图 7-23　葡萄锈病侵染循环

在我国葡萄锈菌只产生夏孢子和冬孢子，尚未发现性孢子和锈孢子阶段。葡萄锈病菌在寒冷地区以冬孢子越冬，初侵染后产生夏孢子，夏孢子堆裂开散出大量夏孢子，通过气流传播，叶片上有水滴及在适宜温度下，夏孢子长出芽管，通过气孔侵入叶片。菌丝在细胞间蔓延，以吸器刺入细胞吸取营养，后形成夏孢子堆。潜育期约 1 周，在适宜条件下多次进行再侵染，至秋末又形成冬孢子堆。在热带和亚热带，夏孢子堆全年均可发生，周而复始，以夏孢子越夏或越冬。锈病在田间可发生多次再侵染。该病主要为害老叶，葡萄生长中后期发生较多。

四、发病条件

葡萄锈菌夏孢子萌发温度 8～32℃，适温为 24℃，在适温条件下夏孢子经 60 min 即萌发，5 h 达 90%。冬孢子萌发温度为 10～30℃，适温 15～25℃，适宜相对湿度 99%。冬孢子形成担孢子适温 15～25℃，担孢子萌发适温 20～25℃，适宜相对湿度 100%，高湿有利于夏孢子萌发，光线对萌发有抑制作用，因此夜间的高湿成为此病流行的必要条件。在高温季节，若阴雨连绵、夜间多露、枝叶茂密、架面阴暗潮湿，则有利于病害发生。管理粗放、植株生长势弱容易发病；通风透光不良、小气候湿度高发病严重。在上海地区于 8 月发生，9～10 月发生最重。各品种间对锈病抗性差异大，一般山地葡萄较平地发病重，欧亚种葡萄较抗病，欧美杂交种葡萄较感病。

五、防治方法

葡萄锈病防治应在搞好田园卫生，清除越冬菌源的基础上，适期喷药防治（图 7-24）。

（一）清除越冬菌源

落叶后或修剪后彻底清除树上、树下的各种病残体，清到园外销毁，减少越冬菌源。葡萄发芽前，全园喷洒 1 次 3～5°Bé 石硫合剂或 45% 石硫合剂晶体 50～60 倍液或 50% 硫黄悬浮剂 200～300 倍液，铲除枝蔓附带病菌。

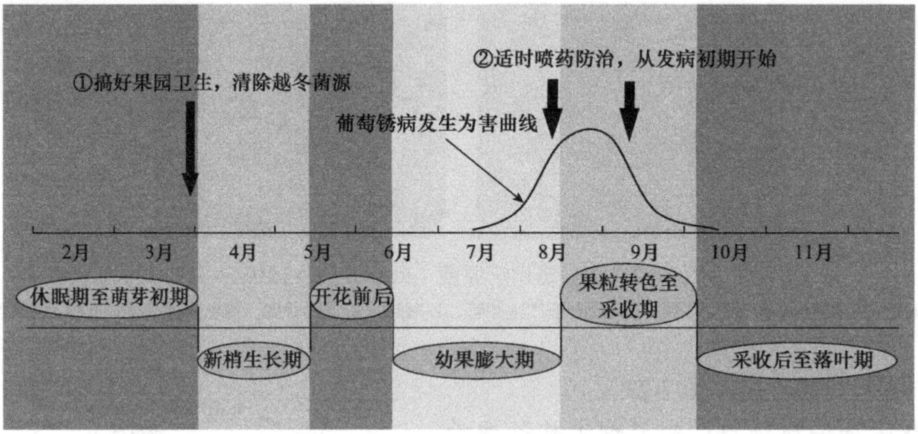

图 7-24　葡萄锈病防治年历

不同葡萄产区发育期时间前后有一定差异，各项措施以发育期为准

（二）加强葡萄园管理

增施农家肥等有机肥，促使树势健壮，提高葡萄抗病能力。合理修剪，及时整枝打杈，防止枝叶茂密、架面郁闭，促进园内通风透光。及时摘除初发病叶片，减少田间发病中心。

（三）生长期药剂防治

该病一般不需单独药剂防治，防治其他病害时考虑兼防即可。往年发病严重果园或地区，从发病初期开始喷药，15～20 d 左右 1 次，连喷 2 次左右即可有效控制锈病的发生为害。常用有效药剂有 40% 腈菌唑可湿性粉剂 6000～8000 倍液、25% 戊唑醇水乳剂 2000～2500 倍液、30% 戊唑 · 多菌灵悬浮剂 800～1000 倍液、40% 氟硅唑乳油 6000～8000 倍液、10% 苯醚甲环唑水分散粒剂 2000～2500 倍液、77% 硫酸铜钙可湿性粉剂 600～800 倍液、80% 代森锰锌可湿性粉剂 600～800 倍液、70% 代森联水分散粒剂 500～700 倍液和 50% 硫黄悬浮剂 600～800 倍液等。锈病是从叶片背面的气孔侵染危害的，所以喷药时应将药剂充分喷洒到叶片背面，以保证防治效果。

（顾沛雯　鞠明岫）

第五节　葡萄其他重要的叶部病害

一、葡萄灰斑病

（一）症状

葡萄灰斑病（grapevine gray leaf spot）又叫轮纹叶斑病，主要为害叶片。发病初期，叶片上产生黄褐色、圆形小斑点，边缘色浅，中央色深，可见轻微环纹；后病斑逐渐扩大，同心轮纹较为明显（图 7-25）。环境干燥时，病斑扩展缓慢，边缘呈暗褐色，中间为淡灰褐色；湿度大时，病斑扩展迅速，多呈灰绿色至灰褐色水渍状大斑。病斑在叶缘及叶片中间均可发生，常多病斑散生，严重时，3～4 d病斑即可扩展至全叶。后期，病斑背面可产生灰白色至灰褐色的霉状物。

图 7-25　葡萄灰斑病症状

（二）病原

病原 *Gristulariella moricola* Redhead 称桑生冠毛菌，属半知菌类真菌。

（三）发生特点

病菌主要以菌核和分生孢子在病落叶内越冬。翌年环境条件适宜时产生病菌孢子，通过雨水传播，从伤口侵染叶片进行危害。低温、冷凉、寡照、多雨、潮湿是病害流行的主要因素。葡萄生长中后期容易受害，此时若遇适宜条件，病害将大量发生。一般意大利品种发病较重。

（四）防治方法

1. 加强果园管理　落叶后彻底清除病叶，集中烧毁，减少病菌越冬场所。生长季节及时打杈、摘心，保持架面通风透光良好，防止果园郁闭，降低环境湿度，创造不利于病害发生的环境条件。

2. 适当药剂防治　该病一般不需单独喷药防治，结合其他病害防治考虑兼防即可。个别往年病害发生较重果园，从发病初期开始喷药，10～15 d 1次，连喷2次左右即可有效控制其发生危害。防治效果较好的药剂有：50%异菌脲可湿性粉剂1000～1500倍液、45%异菌脲悬浮剂1200～1500倍液、50%克菌丹可湿性粉剂600～800倍液、80%代森锰锌可湿性粉剂600～800倍液、30%戊唑·多菌灵悬浮剂800～1000倍液、10%苯醚甲环唑水分散粒剂1500～2000倍液等。

二、葡萄霉斑病

（一）症状

葡萄霉斑病（grapevine leaf spot）主要为害叶片，发病初期叶表产生黄绿色小斑点，扩大后呈近圆形，直径5～7 mm，茶褐色至褐色（图7-26）。后期，病斑表面可产生煤黑色霉状物，常集中于病斑中央部位。严重时，病斑连片，形成不规则状斑块。

（二）病原

病原链格孢菌（*Alternaria alternata*），属半知菌门真菌。

（三）发生特点

病菌主要以菌丝体在病落叶中越冬。翌年环境适宜时，越冬病菌产生分生孢子，通过风雨传播，从气孔侵染为害。多雨潮湿、架面郁闭有利于病害发生。

图 7-26　葡萄霉斑病症状

（四）防治方法

1. 加强果园管理　落叶后或下架前彻底清扫落叶，集中烧毁，消灭病菌越冬场。生长期合理修剪，及时摘心、打杈，使架面通风透光良好，创造不利于病害发生的环境条件。雨季注意及时排水，降低环境湿度。

2. 适当药剂防治　该病一般不需单独药剂防治，结合其他病害防治考虑兼防即可。个别往年病害发生较重果园，从病害发生初期开始喷药，10～15 d 1 次，连喷 2 次左右即可有效控制霉斑病的发生危害。效果较好的有效药剂有：70% 甲基托布津可湿性粉剂或 500 g/L 悬浮剂 800～1000 倍液、30% 戊唑·多菌灵悬浮剂 800～1000 倍液、500 g/L 多菌灵悬浮剂 600～800 倍液、80% 代森锰锌可湿性粉剂 600～800 倍液、50% 克菌丹可湿性粉剂 600～800 倍液、25% 戊唑醇水乳剂 2000～2500 倍液、77% 硫酸铜钙可湿性粉剂 600～800 倍液、10% 苯醚甲环唑水分散粒剂 1500～2000 倍液等。

三、葡萄轮纹病

（一）症状

葡萄轮纹病（grapevine ring spot）在葡萄产区均有发生，管理粗放的果园易发生，气候不同发病轻重不同，多雨地区发病比较严重。葡萄轮纹病只为害叶片。病斑圆形或近圆形，褐色至红褐色，扩大后为黑褐色圆形斑，表面形成深浅不同的同心轮纹，病斑直径在 20～50 mm，背面产生灰褐色的霉层，即病原菌的分生孢子梗及分生孢子（图 7-27）。后期，病斑表面散生出许多不明显的小黑点（子囊壳）。

（二）病原

葡萄轮纹病菌（*Acrospermum viticola* Ikata）属子囊菌门扁棒壳菌属。此病原菌形成分生孢子和子囊孢子。

（三）发生特点

病原菌主要以分生孢子附着在结果母枝上越冬或以子囊壳在落叶上越冬。分生孢子 4～5 月随风雨飞散。子囊孢子 6～7 月成熟后散发出来再行广泛传播。病菌一般从叶背气孔侵入。发病后产生分生孢子进行再侵染。9～10 月发病达盛期。在美洲种上发病重。

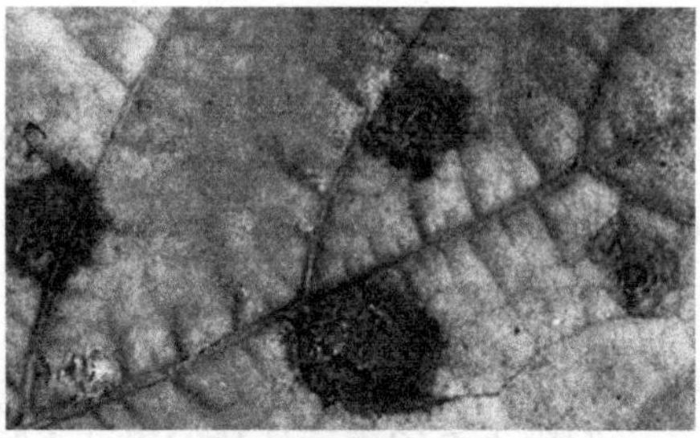
图 7-27　葡萄轮纹病症状

（四）防治方法

1. 加强果园管理　落叶后或下架前彻底清扫落叶，集中烧毁，消灭病菌越冬场所。生长期合理修剪，及时摘心、打杈，使架面通风透光良好，创造不利于病害发生的环境条件。

2. 适当药剂防治 该病一般不需单独药剂防治，结合其他病害防治考虑兼防即可。个别往年病害发生较重果园，在葡萄生长中后期喷药2次左右即可有效控制其发生危害，喷药间隔期一般为10～15 d。效果较好的有效药剂同葡萄霉斑病喷雾用药。

四、葡萄叶斑病

（一）症状

葡萄叶斑病（grapevine brown leaf spot）又叫斑枯病，主要为害叶片，多从葡萄生长中期开始发生。发病时，叶面病斑为不规则形，一般直径3～4 mm，中央灰白色，周边浅褐色，有的则为深褐色，与健康部位有明显分界（图7-28）。有时一个叶片上病斑多达30个以上，使大小病斑相连，天晴时病斑枯脆破碎，多数病斑还会脱落穿孔，孔洞周边留有残痕，最后导致叶片脱落。

图7-28 葡萄叶斑病症状

（二）病原

病原为葡萄壳针孢菌（*Septoria ampelina* Berk & Curt），属半知菌类真菌。

（三）发生特点

病菌主要以菌丝体或分生孢子器在病落叶中越冬。翌年环境适宜时，越冬病菌产生分生孢子，通过风雨传播进行为害。多雨潮湿、树势衰弱是诱发该病发生的主要因素。一般美洲葡萄及圆叶葡萄较易感病，欧亚种葡萄免疫。

（四）防治方法

1. 加强果园管理 落叶后或下架前彻底清扫落叶，集中烧毁，消灭病菌越冬场所。增施肥水，培育壮树，提高树体抗病能力。生长期合理修剪，及时摘心、打杈，使架面通风透光良好，创造不利于病害发生的环境条件。

2. 适当药剂防治 该病一般不需单独药剂防治，结合其他病害防治考虑兼防即可。个别往年病害发生较重的果园，从病害发生初期开始喷药，10～15 d 1次。连喷2次左右即可有效控制其发生危害。效果较好的有效药剂同葡萄霉斑病喷雾用药。

（闫思远 鞠明岫）

复 习 题

1. 简述葡萄霜霉病的症状。
2. 简述葡萄霜霉病的发生条件和防治方法。

3. 目前生产上常用的防治葡萄霜霉病的化学药剂有哪些？在进行葡萄霜霉病药剂防治时应注意哪些事项？

4. 简述葡萄白粉病的发生条件。

5. 简述葡萄白粉病的防治适期和防治方法。

6. 目前生产上常用的防治葡萄白粉病的化学药剂有哪些？在进行葡萄白粉病药剂防治时应注意哪些事项？

7. 简述葡萄大、小褐斑病的症状？其病原有何不同？

8. 简述葡萄大、小褐斑病的发生条件和防治方法。

9. 简述葡萄锈病的症状和病原。

10. 简述葡萄锈病的发生条件和防治方法。

11. 葡萄叶部病害有哪些？举例说明。

12. 简述葡萄叶部病害的发生条件和防治方法。

第八章 葡萄果实病害

第一节 葡萄白腐病

扫码见本章彩图

葡萄白腐病（grapevine white rot）又称腐烂病、水烂病和烂穗病，是葡萄重要的果实病害之一。1878 年首先在意大利发现，随后遍布全球。在我国，葡萄白腐病在何时，通过什么方式传入中国，尚没有文献报道。该病害主要发生在我国东北、华北、西北和华东北部地区。在北方产区，一般年份白腐病导致的葡萄果实年损失率达 15%～20%，病害流行年份损失可达 60% 以上，甚至绝收。在南方高温高湿地区，该病为害也相当严重。

一、症状

葡萄白腐病可为害葡萄的穗轴、果粒、枝蔓和叶片，其中主要为害果穗。穗轴和果粒受害后，往往造成穗轴腐烂，果粒脱落，损失最为严重。

（一）果穗受害

果穗受害，多发生在果实开始着色时期。一般先从近地面的果穗尖端开始发病，然后逐渐向上蔓延。首先在穗轴和果梗上产生淡褐色、水渍状、边缘不明显的病斑，进而病部皮层腐烂，并有土腥味。果粒受害，多从果柄处开始，而后迅速蔓延到果粒，使整个果粒呈淡褐色软腐，严重时全穗腐烂，病果极易受震脱落（图 8-1 A）。发病后期，病穗轴及烂果粒表面密生初为灰白色后为灰褐色的小粒点，此即病菌分生孢子器（图 8-1 B）。天气潮湿时，从小粒点中可溢出灰白色黏液，布满果面，使病果呈灰白色腐烂，所以称为白腐病。天气干热时，病穗的穗轴和果梗萎蔫变褐干枯，未脱落的果粒也迅速失水，干缩成有明显棱角呈猪肝色的僵果，悬挂穗上极难脱落（图 8-1 C）。白腐病病果粒症状和房枯病很相似，但房枯病的病粒在萎缩后产生黑色的小粒点，分布稀疏，病果不易脱落；而白腐病的病粒在干缩前就出现灰白色的小粒点，分布密集，病果易脱落。重病园地面落满一层，这是白腐病发生的最大特点（图 8-1 D）。

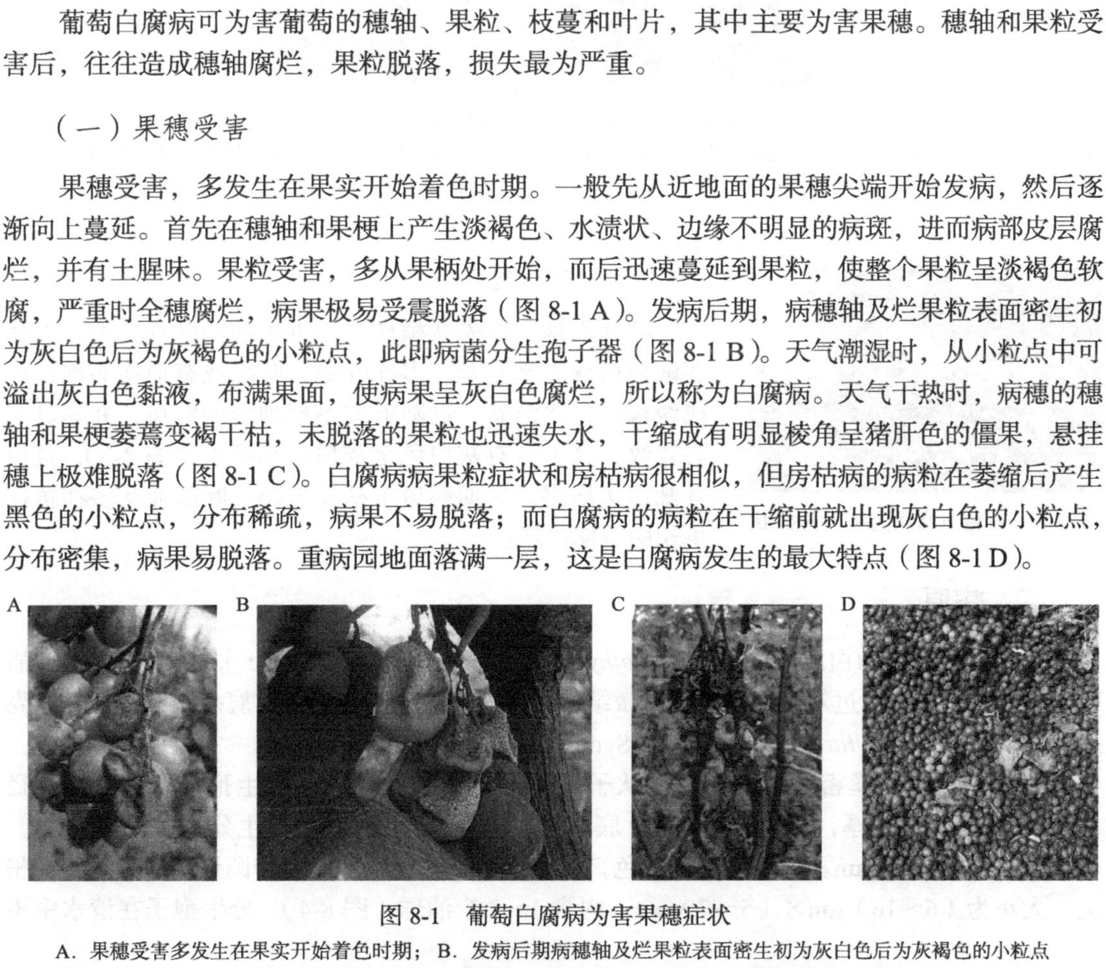

图 8-1 葡萄白腐病为害果穗症状

A. 果穗受害多发生在果实开始着色时期；B. 发病后期病穗轴及烂果粒表面密生初为灰白色后为灰褐色的小粒点（分生孢子器）；C. 病穗穗轴和果梗萎蔫变褐干枯；D. 重病园地面落满一层病果

（二）枝蔓受害

枝蔓或一年生苗受害，多在有机械伤或接近地面的部位发病。最初出现水浸状、红褐色、边缘深褐色病斑（图 8-2 A），以后逐渐扩展成沿纵轴方向发展的长条形病斑，色泽也由浅褐色变为黑褐色，病部稍凹陷，病斑表面密生灰色小粒点（图 8-2 B）。由于病原菌分解纤维的能力很强，以致后期寄主的皮层与木质部分离，纵裂，皮层的肉质腐烂解离，只剩下丝状维管束组织，使病皮呈“披麻状”（图 8-2 C）。病害严重时，病部缢缩，环绕枝干，可使枝蔓枯死或折断，影响植株生长。

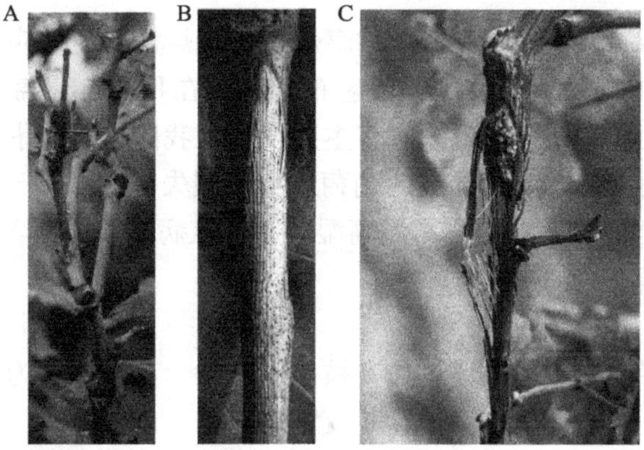

图 8-2　葡萄白腐病为害枝蔓症状

A．枝蔓最初出现水浸状、红褐色、边缘深褐色病斑；B．病斑沿纵轴扩展成长条形病斑，病斑表面密生灰色小粒点（分生孢子器）；C．后期枝蔓皮层与木质部分离纵裂，病皮呈“披麻状”

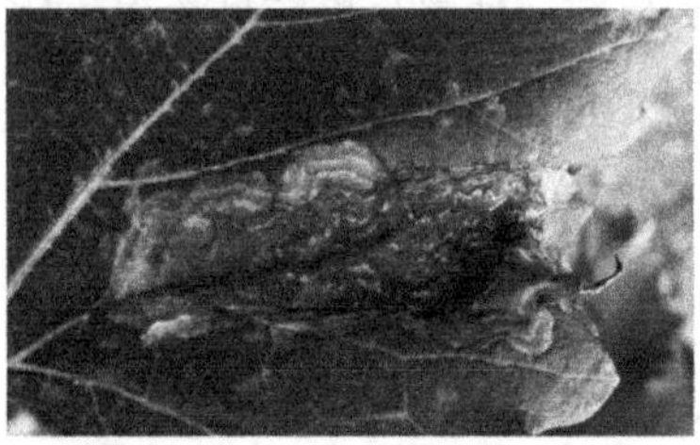

图 8-3　葡萄白腐病为害叶片症状

（三）叶片发病

叶片发病，首先从植株下部近地面的叶片开始，然后逐渐向植株上部蔓延。多在叶尖、叶缘或有损伤的部位形成淡褐色，水渍状、近圆形或不规则形的病斑，并略具同心轮纹，其上生有灰白色至灰黑色小粒点（图 8-3），且以叶脉两边居多。后期病斑干枯易破裂。叶部症状多在植株生长中后期出现。

二、病原

葡萄白腐病菌为白腐盾壳霉［*Coniothyrium diplodiella*（Speg.）Sacc.］，属于半知菌类盾壳霉属。近年来，通过对白腐病菌的超微结构观察研究，认为我国的白腐病菌属于白腐垫壳孢［*Coniella diplodiwlla*（Speg.）Petrk & Sydow.］。

在病组织内菌丝密集形成子座，从子座上产生分生孢子器，分生孢子器球形，直径100～150 μm，壁较厚，灰褐至暗褐色，底部壳壁突起呈丘状，其上着生分生孢子梗，单胞，不分支，长12～22 μm。分生孢子初无色，后渐变为暗褐色，单胞，卵圆形至梨形，一端稍尖，大小为（6～16）μm×（5～7）μm，内含1～2个油球（图 8-4）。分生孢子在清水中不能萌发，在幼果浸汁中也不能萌发。在成熟果汁中萌发率可达 90% 以上，在成熟蔓浸汁中萌发率最高。

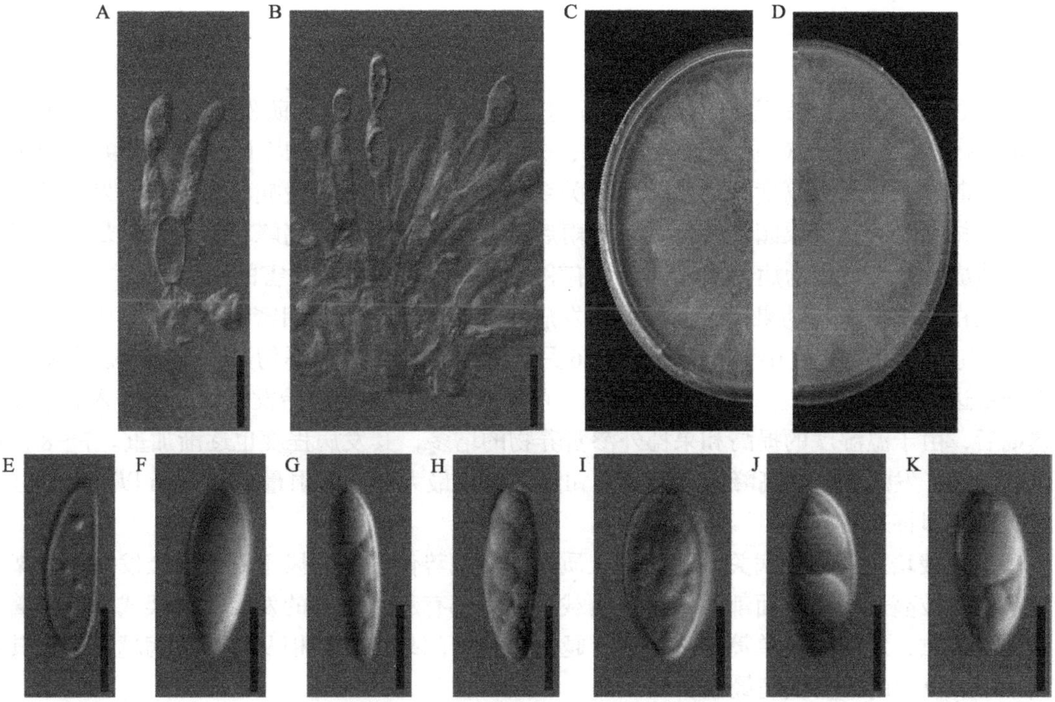

图 8-4 白腐盾壳霉（Chethan 摄，2017）

A．产孢细胞；B．产孢细胞顶端的侧壁加厚；C．正面观察 PDA 上的白腐盾壳霉；D．反面观察 PDA 上的白腐盾壳霉；E～K．孢子的不同形状；A～B 标尺为 10 μm；E～K 标尺为 5 μm

三、病害循环

病菌主要以分生孢子器、分生孢子或菌丝体随病残体在地表和土壤中越冬，其中僵果上的分生孢子器越冬能力最强。散落在地表和土壤中的病残组织是翌年主要的初侵染来源。在各种病残体中，以病果带菌最为重要。病菌在土壤中的病残组织内可存活 4～5 年，残体腐烂分解后，病菌还可在土壤中腐生生活 1～2 年。病菌的分生孢子生活力也很强，分生孢子器释放的大量分生孢子在病组织上可存活 2～3 年，干的分生孢子器经 15 年仍可释放活的分生孢子。病菌在土壤中越冬时，一般以地面和表土 20 cm 以内最多，占总菌量的 80% 左右。越冬后的病菌到第二年夏季遇降雨后，病菌可产生大量的分生孢子，分生孢子或带菌土粒主要借雨水飞溅到伤口引起初侵染，风、昆虫及农事操作也可传播。条件适宜可进行多次再侵染（图 8-5）。病菌主要从伤口侵入，冰雹造成

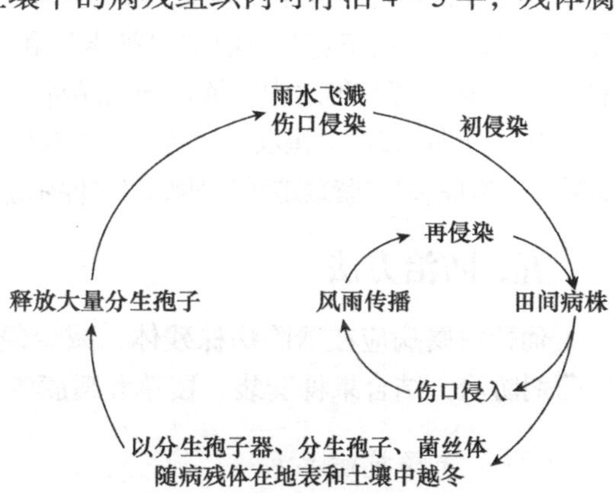

图 8-5 葡萄白腐病侵染循环

的伤口最易引起侵染，但少数也可从表皮较薄处直接侵入，还可从蜜腺、皮孔、水孔等处侵入，病菌一般不侵染无伤口的果粒，但可直接侵入果梗和穗轴。在适宜的条件下，该病的潜育期最短为 3 d，最长 8 d，一般 5～6 d。由于潜育期短，再侵染次数多，因此该病流行性很强。

四、发病条件

高温、高湿和伤口是病害发生和流行的主要因素。分生孢子萌发温度为 13～40℃，最适温度 28～30℃。当相对湿度为 100% 时，分生孢子可萌发 80% 以上，而低于 92% 时分生孢子不能萌发。葡萄白腐病的发生与降雨关系密切，一般雨季早发病早，雨量大发病重，雨季长发病持续时间长。果园发病后，每逢雨后就会出现一个发病高峰。特别是在暴风雨或雹灾后，造成大量伤口，为病菌侵入创造了有利的条件，更易导致病害的流行。

葡萄白腐病一般从幼果期开始发病，发病程度与寄主的生育期密切相关。华中、华东为 6 月上中旬，华北为 6 月中下旬，西北为 6 月下旬，东北为 6 月下旬至 7 月上旬。在幼果期如降雨量达 15 mm，加上 5～6 d 的潜育期，可据此预测白腐病的始发期。穗粒进入着色期及成熟期后，由于温湿度的提高和果穗外渗营养物的增多，其发病程度也逐渐加重。7～8 月随着雨季到来，发病也达到高峰，此时如遇旬降雨量或最大一次降雨量在 60 mm 以上，往往预示发病盛期即将来临。

环境及栽培方式与发病关系密切。土质黏重，地势低洼，通风不良的果园发病重。架下杂草丛生、枝蔓过密、架面郁闭、植株负载量过大都有利于病害的发生。在架式方面，篱架比棚架发病重，双篱架比单篱架发病重。越接近地面的果穗、新梢及叶片发病越重，尤其距地面 40 cm 以下的果穗发病最重。

组织成熟度与发病的轻重也直接相关。病菌孢子的萌发需要补充营养物质，主要是糖。在清水及青果汁中分生孢子不能萌发。组织越幼嫩，表面凝水中外渗的糖类物质也越少，再加上幼嫩组织愈伤能力强，所以不易受病菌侵染；组织越接近老熟，表面凝水中糖类物质也越多，再加上老熟组织愈伤能力差，易受病菌侵染。在自然条件下，该病不能在幼果上发病，而只能在果实开始着色成熟时发生，而且越接近成熟受害越重。

不同的葡萄品种抗病性存在差异。一般中国野生葡萄资源、欧山杂种、美山杂种、欧美杂种、美洲种群以及东亚种群对葡萄白腐病的抗性较强，欧亚种种质资源对葡萄白腐病的抗性最差。在酿酒葡萄品种中发现受白腐病危害严重的有‘长相思’‘雷司令’‘黑比诺’‘梅鹿特’等；‘赤霞珠’‘白玉霓’‘西拉’‘神索’和‘白诗南’等受白腐病危害较轻；‘霞多丽’‘佳利酿’‘品丽珠’等品种居中。鲜食葡萄品种中‘巨峰’‘马福尔多’等最为感病；‘红玫瑰香’‘黄玫瑰香’‘上等玫瑰’‘黑汉’‘龙宝’‘先锋’‘季米亚特’‘吉姆沙’‘龙眼’等次之；感病较轻的品种有‘黑虎香’‘紫玫瑰香’‘柳子’‘保尔加尔’等。

五、防治方法

葡萄白腐病应在清除病株残体，减少侵染来源的基础上，紧抓葡萄果实膨大期至转色期的药剂防治，结合果穗套袋、覆草和覆膜等农艺措施，减少病害发生（图 8-6）。

（一）选择抗病品种

在病害经常流行田块，尽可能避免种植感病品种，尽量选择抗性好、品质好、商品率高

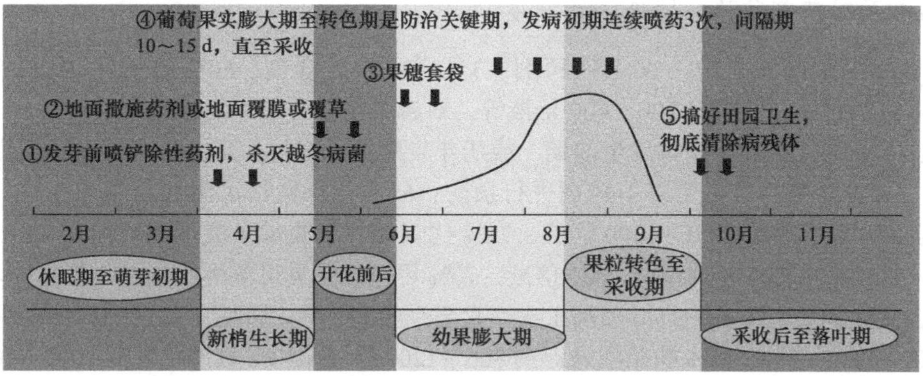

图 8-6 葡萄白腐病防治年历

不同葡萄产区发育期时间前后有一定差异，各项措施以发育期为准

的高抗和中抗品种。

(二) 清除病株残体，减少侵染来源

秋末埋土防寒前结合修剪，彻底剪除病穗、病蔓，扫净病果、病叶，摘净僵果，集中烧毁或运出园外深埋，决不能把病残体埋在葡萄架下。生长季节经常检查果园，发病初期及时剪除病穗、病枝蔓，拣净落地病果。

(三) 加强栽培管理，改善生态条件

果园多施有机肥，增强树势；通过修剪绑蔓提高结果部位，对地面附近果穗可实施套袋管理，发病前在葡萄架下铺草或覆盖薄膜，减少病菌侵染机会（图 8-7）；及时打副梢、摘心，适当疏叶，调节架面枝蔓密度，改善架面通风透光条件；注意果园排水，防止雨后积水；及时中耕除草，降低地面湿度；科学疏花疏果，调节果实负载量；有条件的果园，提倡避雨栽培，避免雨滴飞溅传病。

图 8-7 葡萄架下铺草（A）和覆盖薄膜（B）

（四）及时药剂防治，降低流行程度

在葡萄发芽前，喷施一次下列药剂：3～5°Bé 石硫合剂；50% 硫悬浮剂 200～300 倍液；50% 克菌丹可湿性粉剂 200～400 倍液等，对越冬菌源有较好的铲除效果。

生长季葡萄开花后，病害发生前期，或历年发病前 7 d 左右开始喷药，或从果粒开始着色前 5～7 d 开始喷药，可用以下药剂进行预防：65% 代森锰锌可湿性粉剂 600～800 倍液、50% 福美双可湿性粉剂 500～1000 倍液、78% 代森锰锌·波尔多液可湿性粉剂 400～600 倍液、75% 百菌清可湿性粉剂 700～800 倍液、70% 甲基硫菌灵可湿性粉剂 800 倍液等。

病害发生初期，每 10～15 d 喷药 1 次，直至采收前 1 周，可用下列药剂：25% 戊唑醇水乳剂 2000～3000 倍液、25% 嘧菌酯悬浮剂 800～1200 倍液、40% 氟硅唑乳油 8000～10 000 倍液、35% 丙环唑·多菌灵悬浮剂 1400～2000 倍液、30% 戊唑醇·多菌灵悬浮剂 800～1200 倍液、40% 克菌丹·戊唑醇悬浮剂 1000～1500 倍液、10% 戊菌唑乳油 2500～5000 倍液、10% 苯醚甲环唑水分散剂 2500～3000 倍液等。用药时必须均匀、周到，整个果穗内外均要着药，多雨季节防治 3～4 次。为防止病菌产生抗药性，要注意药剂品种不断更换。不套袋果穗采收前 1 个月内尽量不要使用代森锰锌、多菌灵、福双美、退菌特等药剂，以免污染果面或对幼果造成药害；氟硅唑对果面蜡粉有刷除作用，需要慎重选用。对于套袋葡萄，套袋前必须使用上述药剂均匀、周到喷洒果穗 1 次，套袋后可以不再用药。

为控制来自土壤的病菌，重病果园在发病前应地面撒药灭菌。从历年开始发病前 10 d 左右开始，在地面撒施药剂，10 d 左右 1 次，连施 2 次，防止病菌向上传播。可用 1 份福美双、1 份硫黄粉、2 份碳酸钙，混合均匀，撒在果园土表，撒施量为 15～30 kg/hm^2。

（顾沛雯　闫思远）

第二节　葡萄炭疽病

葡萄炭疽病（grapevine anthracnose）又名晚腐病、苦腐病，是葡萄近成熟期引起葡萄果实腐烂的重要病害之一。我国各葡萄产区均有分布，长江流域及黄河故道各省、市发生普遍，南方高温多雨的地区发生最为普遍。流行年份，病穗率达 50% 以上，一些感病品种的病穗率可高达 70% 左右。多雨年份常引起果实的大量腐烂，严重影响葡萄产量。该病菌除为害葡萄外，也侵染苹果、梨、柿等多种果树。

一、症状

葡萄炭疽病主要为害着色或近成熟的果粒，造成果粒腐烂。也可为害幼果、叶片、叶柄、果柄、穗轴和卷须等，但大多为潜伏侵染，不表现明显症状。着色后的果粒发病，初在果面产生针头大小的淡褐色斑点或雪花状的褐色斑纹（图 8-8 A），其后病斑逐渐扩大成深褐色凹陷的圆形病斑，其上产生呈轮纹状排列的小黑点（图 8-8 B），天气潮湿时，溢出粉红色黏液（图 8-8 C）。发病严重时，病斑可以扩展到半个或整个果面，果粒软腐，易脱落，病果酸而苦，或逐渐干缩成为浆果（图 8-8 D）。果柄、穗轴发病产生暗褐色、长圆形的凹陷病斑，可使果粒

图 8-8 葡萄炭疽病为害果穗症状

A. 初在果面产生针头大小的淡褐色斑点或雪花状的褐色斑纹；B. 病斑逐渐扩大成深褐色凹陷的圆形病斑；C. 潮湿时溢出粉红色黏液；D. 发病后期病斑扩展半个或整个果面干缩成为浆果

干枯脱落。

二、病原

病菌有性态为围小丛壳［*Glomerella cingulata*（Ston.）Spauld et Schrenk］，属子囊菌门小丛壳属。无性态为胶孢炭疽菌［*Colletotrichum gloeosporioides*（Penz）. Sacc］，属半知菌类炭疽菌属。该菌寄主范围广泛，异名有600个。主要异名有：*Gloeosporium fructigenum* Berk，*Gloeosporium rufomaculans*（Berk.）Thüm.，*Vermicularia gloeosporioides* Penz. 等。分生孢子盘黑色。分生孢子梗无色单胞，圆筒形或棍棒形，大小为（12～26）μm×（3.5～4.0）μm。分生孢子为无色单胞，圆筒形或椭圆形，大小为（10.3～15.0）μm×（3.3～4.7）μm（图 8-9）。

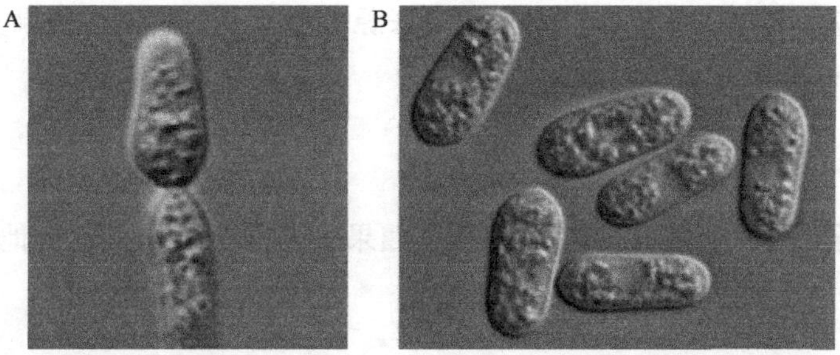

图 8-9 葡萄炭疽病菌产孢细胞（A）和分生孢子（B）（Ji-Ye 摄，2014）

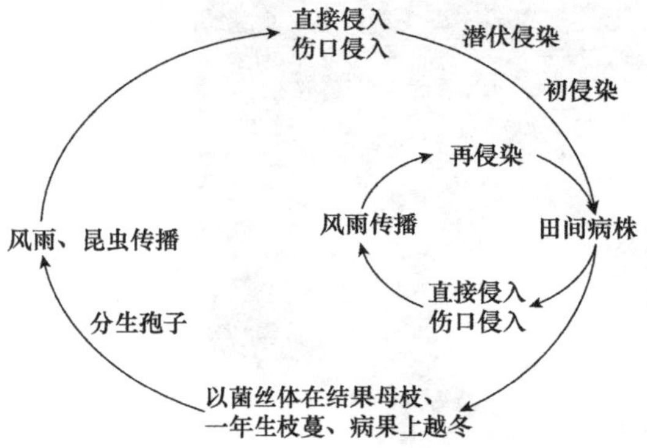

图 8-10　葡萄炭疽病侵染循环

三、病害循环

病菌主要以菌丝体在结果母枝、一年生枝蔓表层组织及病果上越冬，也可在叶痕、穗梗及节部等处越冬，二年生以上的枝条很难找到越冬菌源。翌春环境条件适宜时，产生大量分生孢子，借助风雨、昆虫传到果穗上引起初侵染。分生孢子可直接侵入果皮或通过皮孔、伤口侵入。具有潜伏侵染特点，病菌一般在幼果期侵入。侵染后，由于幼果酸度及其他次生代谢物质含量较高，抗性强，所以幼果期大多不表现症状，到着色期才表现症状。着色期后侵染的病菌，潜育期只有 4～6 d。该病有多次再侵染（图 8-10）。一般年份，病害从 6 月中下旬开始发生，以后逐渐增多，7～8 月果实成熟时，病害进入盛发期。

四、发病条件

降雨、栽培、品种及土壤条件等都与病害流行密切相关。分生孢子产生和萌发需要一定的温度和雨量。孢子产生最适温度为 25～28℃，萌发最适温度为 28～30℃。分生孢子团块只有遇水后才能散开并传播出去；孢子萌发也需较高的湿度，所以高温多雨是病害流行的一个重要条件。从幼果期开始侵染直至果实着色近成熟时发病。一般在果实近成熟期，高温、多雨、湿度大的地区，果穗发病严重。行距过密、架式过低、留枝量过多、通风透光差、田间湿度大、管理粗放、病残体清除不彻底，地势低洼、排水不良、地下水位高、土壤板结严重，发病严重。品种间抗性也有差异，一般欧亚种感病，欧美杂种抗病；果皮薄的品种发病较重；早熟品种可避病，而晚熟品种往往发病较重。感病较重的品种有‘吉丰 8 号’‘吉香’‘白玫瑰’‘无核白’‘牛奶’‘亚历山大’‘鸡心’‘保尔加尔’‘葡萄园皇后’‘沙巴珍珠’‘玫瑰香’和‘龙眼’等；感病较轻的品种有‘黑虎香’‘巨峰’‘意大利’‘烟台紫’‘小红玫瑰’‘巴米特’和‘水晶’等；抗病的品种有‘赛必尔 2007’‘赛必尔 2003’‘康拜尔’‘牡丹红’‘先锋’‘玫瑰露’和刺葡萄等。

五、防治方法

葡萄炭疽病应在清除病株残体，减少侵染来源的基础上，紧抓葡萄果实膨大期至转色期的药剂防治（图 8-11）。

（一）搞好果园卫生

结合修剪清除留在植株上的枝梢、穗梗、僵果、卷须等，并把落于地面的果穗、残蔓、枯叶等彻底清除，集中烧毁，减少果园菌源。

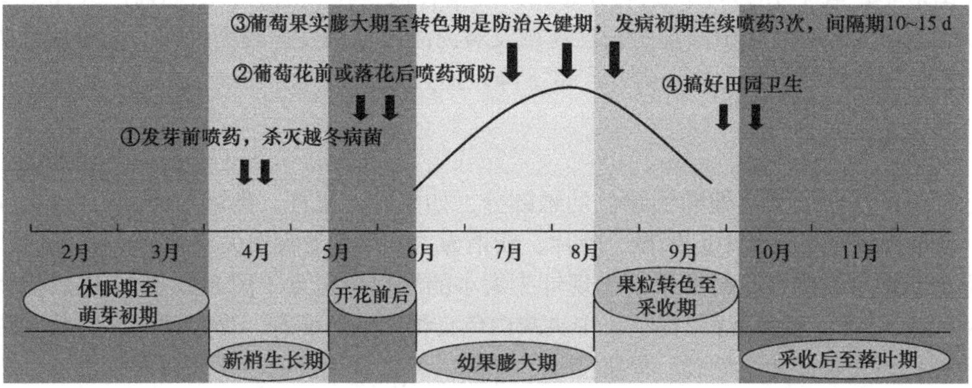

图 8-11　葡萄炭疽病防治年历

不同葡萄产区发育期时间前后有一定差异，各项措施以发育期为准

（二）加强栽培管理

生长期及时摘心和处理副梢，及时绑蔓，使果园通风透光，减轻发病。合理施肥，氮、磷、钾适当配合，增施钾肥，提高植株的抗病力。搞好果园的雨后排水工作，防止园内积水。

（三）及时喷药保护

春天葡萄萌动时（展叶前），喷洒 3～5°Bé 石硫合剂、50% 硫悬浮剂 200～300 倍液；50% 克菌丹可湿性粉剂 200～400 倍液，铲除越冬菌源。

葡萄花前或落花后可喷 1∶0.7∶240 的波尔多液、80% 代森锰锌可湿性粉剂 300～500 倍液、50% 多菌灵可湿性粉剂 600～800 倍液、70% 丙森锌可湿性粉剂 600～800 倍液等进行预防。

葡萄果实膨大期至转色期是防治的关键时期，可用下列药剂：2% 嘧啶核苷类抗生素水剂 200 倍液、1% 中生霉素水剂 250～500 倍液、25% 咪鲜胺乳油 800～1500 倍液、40% 腈菌唑可湿性粉剂 4000～6000 倍液、40% 氟硅唑乳油 8000～10 000 倍液、35% 环丙唑 · 多菌灵悬浮剂 1400～2000 倍液、10% 苯醚甲环唑水分散剂 2000～3000 倍液、25% 苯环唑乳油 2000～2500 倍液、43% 戊唑醇悬浮剂 2000～2500 倍液、60% 噻菌灵可湿性粉剂 1500～2000 倍液、5% 己唑醇悬浮剂 800～1500 倍液等，间隔 10～15 d，连喷 3 次。

（顾沛雯　鞠明岫）

第三节　葡萄黑痘病

葡萄黑痘病（grapevine spot anthracnose）又名疮痂病、鸟眼病，是葡萄重要果实病害之一。我国最早记载于1899年。此病分布广，发生普遍，在我国所有的葡萄产区几乎均有发生。以北方沿海和春夏多雨潮湿的长江流域及黄河故道地区发生最为严重。黑痘病常造成葡萄新梢和叶片枯死，果实品质变劣，产量下降，损失很大。

一、症状

葡萄黑痘病主要为害葡萄的绿色幼嫩部分，如果粒、果梗、穗轴、叶片、叶脉、叶柄、枝蔓、新梢及卷须等，其中以果粒、叶片、新梢为主，果穗受害损失最大。

绿色幼嫩果粒受害，初期果面出现针头大小的淡褐色斑点（图8-12 A），以后扩大，形成直径可达3～8 mm、边缘紫褐色、中央灰白色且稍凹陷的病斑，形似“鸟眼”状（图8-12 B）。后期病斑常常硬化、龟裂，果实变小，味酸，失去食用价值。病斑仅限于表皮，不深入果肉。潮湿时，病斑上出现黑色小点并溢出灰白色黏液（图8-12 C）。果粒后期受害常开裂畸形。成熟果粒受害，只在果皮表面出现木栓化斑，影响品质。

叶片受害，初期为针头大小、红褐色至黑褐色的小斑点，周围有黄色晕圈。以后扩大形成圆形或不规则形病斑，中央灰白色稍凹陷，边缘暗褐色或紫褐色，直径1～4 mm。后期干燥时病斑中央易破裂穿孔，但周围仍保持紫褐色晕圈（图8-12 D）。病斑常沿叶脉发展并形成星芒状空洞，这是此病的一个显著特征。发病严重时，常造成叶片干枯扭曲，甚至早落。幼嫩叶片最易受害，老龄叶片几乎不发病。

穗轴、果梗、叶脉、叶柄、枝蔓、新梢、卷须受害后的共同特点是：病斑初期呈褐色、圆形或近圆形的小斑，后期为中央灰黑色，边缘深褐色或紫色，中部明显凹陷并开裂的近椭圆形病斑，扩大后多呈长条形、梭形或不规则形，中央灰白，似“鸟眼”状（图8-12 E和F）。穗

图8-12 葡萄黑痘病为害状

A. 初在果面产生针头大小的淡褐色斑点；B. 病斑扩大形成边缘紫褐色、中央灰白色且稍凹陷的病斑，形似“鸟眼”状；C. 潮湿时病斑上出现黑色小点并溢出灰白色黏液；D. 叶片受害形成边缘暗褐色或紫褐色病斑；E. 枝蔓受害初期病斑；F. 枝蔓受害后期形成“鸟眼”状病斑

轴受害可使全穗或部分小穗发育不良，甚至干枯死亡。果梗受害可使果粒干枯脱落或僵化。叶脉及叶柄受害，可使叶片干枯或扭曲皱缩。枝蔓、新梢及卷须受害后，可导致生长停滞以至萎缩枯死。

二、病原

该病菌仅为害葡萄。有性态为葡萄痂囊腔菌［*Elsinoe ampelina*（de Bary）Shear］，属子囊菌门痂囊腔属。无性态为葡萄痂圆孢（*Sphaceloma ampelinum* de Bary），属于半知菌类菌物。我国常见其无性阶段。分生孢子盘黑色，直径达 60 μm，半埋生于寄主组织中，突破表皮后长出产孢细胞及分生孢子（图 8-13）。产孢细胞圆筒形，短小密集，无色单胞，大小为（3.5～6.0）μm×（3.0～5.5）μm，顶端着生分生孢子。分生孢子无色单胞，卵形或长圆形，稍弯，中部缢缩，具胶黏的细胞壁，内含 1～2 个油球，大小为（4.0～7.5）μm×（2.0～3.5）μm。子囊着生在子座内梨形的子囊腔内，内含 4～8 个褐色至暗褐色 3 隔的子囊孢子。子囊孢子在温度 2～32℃萌发，侵染组织后生成病斑，并形成分生孢子。病菌在 24～30℃均可以生长，超过 30℃病菌生长受到抑制。

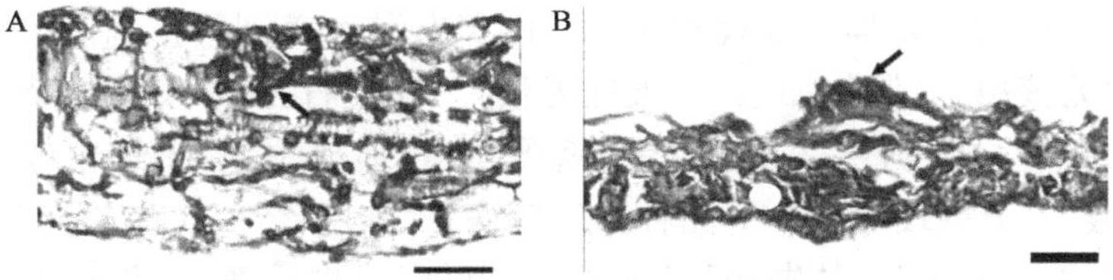

图 8-13　葡萄黑痘病菌（Ci 摄，2019）

A．菌丝及菌丝层（箭头处）；B．分生孢子及分生孢子盘（箭头处）；标尺为 20 μm

三、病害循环

病菌主要以菌丝体潜伏在病组织中越冬，如病枝条、病果、病蔓、病叶、病卷须及叶痕内，其中以病梢和病叶为主。特别是秋天新梢病斑边缘形成的菌丝块，是病菌的主要越冬结构。菌丝体在病组织中可存活 3～5 年。虽然黑痘病菌既可在病植株上越冬，也可在病残体上越冬，但在北方果区，病株上越冬的病菌第二年很少产生孢子，不是主要的初侵染来源，而以病残体越冬为主；在南方果区，病残体则易腐烂，不是主要的初侵染源。翌年春季，越冬的病菌在葡萄开始生长时产生大量分生孢子，借风雨传播到幼嫩的叶片和新梢上，萌发产生芽管直接侵入寄主引起初侵染。侵入后的病菌在寄主细胞间扩展蔓延，有的也能侵入细胞内。初侵染发病的部位经过数日后，在寄主表皮下形成分生孢子盘，并突破表皮，产生新的分生孢子，陆续侵染新抽出的绿色部分，不断进行多次再侵染（图 8-14）。病害的远距离

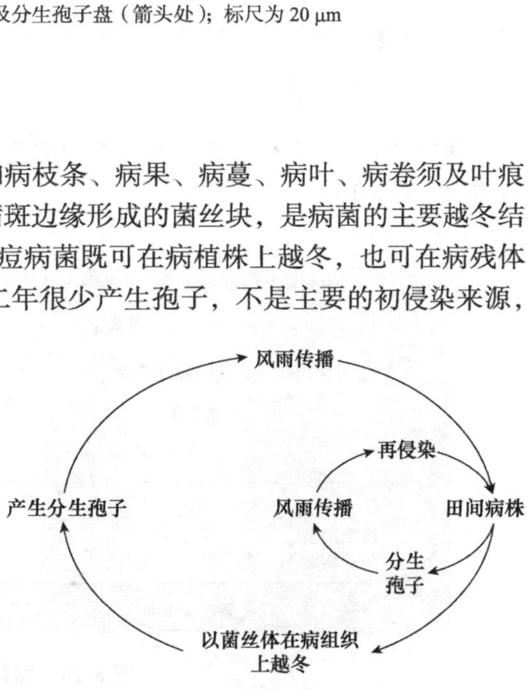

图 8-14　葡萄黑痘病侵染循环

传播主要靠带病苗木与插条的调运。黑痘病的潜伏期与环境温度有关，一般潜育期 6～12 d，在 24～30℃下，潜育期最短，超过 30℃，发病受到抑制。葡萄的花穗、幼果、卷须和新生枝叶易受害。夏季天气干燥时发病缓慢，秋天多雨时病菌又可继续为害嫩叶、副梢和二次幼果等嫩绿器官。长大、老化后的叶片、果实和枝条一般不发病。

四、发病条件

此病的发生与降雨、大气湿度及植株幼嫩情况密切相关。分生孢子形成要求 25℃左右的温度和较高的湿度。菌丝在 10～40℃均能生长，生长最适温度为 30℃。多雨闷热有利于分生孢子的形成、传播及萌发侵入。葡萄生长初期，组织幼嫩，最易感病；生长后期，葡萄穗粒长大及枝叶成熟后，则较抗病。我国长江流域和淮河流域，春夏之间雨水较多，正值葡萄生长初期，组织幼嫩，病害发生严重。华北、东北、西北一带，春夏之间一般干旱少雨，虽然夏季炎热多雨，但此时葡萄已近成熟，抗病力较强，除个别品种外，病害普遍发生较轻。北方果区一般 5 月开始发病，6～7 月为发病盛期，9～10 月病害停止发展。果园地势低洼、排水不良、土壤黏重、管理粗放、架下湿度过大、通风透光不良、施氮肥过多、枝叶过密等，易使病害加重。一般篱架发病重于棚架。

品种间抗病性有明显差异，欧亚种感病，欧美杂种和美洲种抗病。‘早玫瑰香’‘季米亚特’‘龙眼’‘无核白’‘保尔加尔’‘火红无核’‘红宝石无核’‘无核紫’‘意大利’‘大粒白’‘葡萄园皇后’‘牛奶’‘乍娜’等感病严重；‘玫瑰香’‘小红玫瑰’‘新玫瑰’‘马福鲁特’‘佳里酿’‘上等玫瑰香’等品种中度感病；‘沙巴珍珠’‘黑格蓝’‘沙别拉维’等轻微感病；‘巨峰’‘红富士’‘先锋’‘仙索’‘巴柯’‘白香蕉’‘黑虎香’‘8805’‘井川 1075’‘纽约玫瑰香’‘红瑞宝’‘黑奥林’‘黑比诺’‘贵人香’‘水晶’‘龙宝’等抗病。近年大量栽植的‘红地球’葡萄，高度感染黑痘病。

五、防治方法

葡萄黑痘病应在做好埋土和发芽前清除越冬菌源的基础上，紧抓生长期的三个关键期喷药防治（图 8-15）。

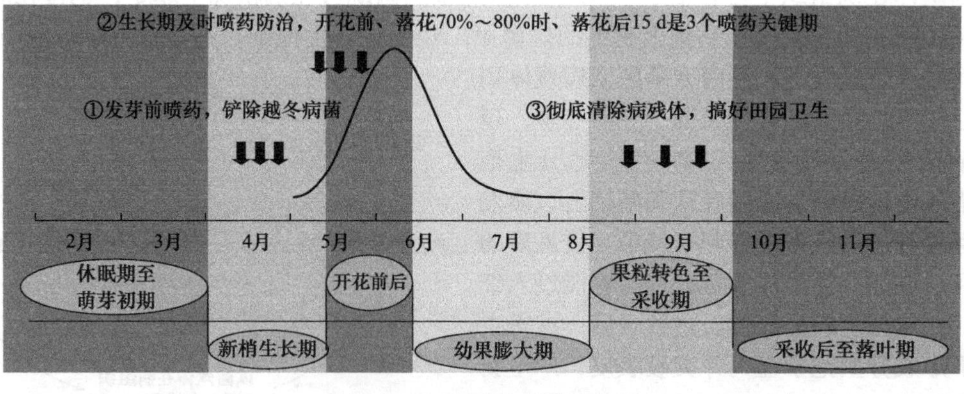

图 8-15　葡萄黑痘病防治年历

不同葡萄产区发育期时间前后有一定差异，各项措施以发育期为准

（一）选用抗病品种

由于品种间抗病性有显著差异，所以在历年发病严重的地区应选用既抗病又具有优良园艺性状的品种。

（二）清除菌源

在生长期，及时摘除不断出现的病叶、病果及病梢。秋季清扫落叶、病穗，冬季修剪时，仔细剪除病梢、僵果，刮除主蔓上的枯皮，清扫地面枯枝落叶、果粒、果皮等残体，集中深埋或烧毁。

（三）加强栽培管理

合理施肥，增施磷钾肥，不偏施氮肥，增强树势。同时加强枝梢管理，结合夏季修剪，及时绑蔓，去除副梢、卷须和过密的叶片，避免架面过于郁闭，改善通风透光条件。及时清除地面杂草和杂物，保持地面清洁。土质黏重的葡萄园，需多施农家肥进行土壤改良，增强土壤的通透性；雨后地势低洼处要及时排水；酸性大的要适量施用石灰。适当疏花疏果，控制果实负载量。

（四）药剂防治

在葡萄发病芽前全面喷布一次铲除剂，消灭枝蔓上潜伏的病菌。常用的铲除剂有：3～5°Bé 石硫合剂、80% 五氯酚钠原药 200～300 倍液、10% 硫酸亚铁加 1% 粗硫酸混合液、80% 二硝基邻甲酚钠盐、40% 福美胂等。

葡萄展叶后开始喷药，以开花前和落花 70%～80%，果实如玉米粒大小时喷药最为重要。可根据降雨及病情决定喷药次数。葡萄开花前，可用药剂：80% 丙森锌 800～1000 倍液、75% 百菌清可湿性粉剂 600～700 倍液、65% 代森锌可湿性粉剂 500～600 倍液、86.2% 氢氧化铜悬浮剂 1000～1500 倍液、70% 代森锰锌可湿性粉剂 600～800 倍液等，喷施。

葡萄开花后病害发生初期，可喷施下列药剂：70% 甲基硫菌灵 800～1000 倍液、3% 中生霉素可湿性粉剂 600～800 倍液、25% 嘧菌酯悬浮剂 800～1000 倍液、32.5% 代森锰锌·烯唑醇可湿性粉剂 400～600 倍液、5% 亚胺唑可湿性粉剂 600～800 倍液、25% 戊唑醇水乳剂 1000～2000 倍液等。

在病害发生中期，可用药剂有：40% 氟硅唑乳油 8000～10 000 倍液、50% 咪鲜胺锰锌可湿性粉剂 1500～2000 倍液、40% 噻菌灵可湿性粉剂 1000～1500 倍液、10% 苯醚甲环唑水分散剂 1500～2000 倍液、12.5% 烯唑醇可湿性粉剂 2000～3000 倍液等。若遇到下雨，及时补喷。控制了春季发病高峰，还应该注意控制秋季发病高峰。

（五）苗木消毒

新建的葡萄园或苗圃，对苗木、插条要严格检验，烧毁重病苗；对可疑苗木进行消毒处理，即在萌芽前，用上述铲除剂或 3%～5% 硫酸铜、15% 硫酸铵整株喷药或浸泡 3～5 min，进行消毒。

（顾沛雯　闫思远）

第四节 葡萄房枯病

葡萄房枯病（grape axle blotch）又名穗枯病、粒枯病，主要为害果粒、果梗及穗轴，发生严重时也能为害叶片。主要分布在河南、安徽、江苏、山东、河北、辽宁和广东等地。

一、症状

穗轴、果柄受害，初期在小果梗基部先产生圆形至椭圆形暗褐色至灰黑色病斑，稍凹陷；扩展后病斑绕果柄或穗轴一周，导致病部以下组织干枯，果实生长受阻，果粒开始变软，继而导致果面产生皱纹（图 8-16 A 和 B）；后期果粒干缩成僵果，残存于植株上不易脱落（图 8-16 C）。果粒受害多发生于果穗生长中后期，初期果蒂端失水萎蔫，产生不规则淡褐色病斑，后逐渐形成暗褐色至紫褐色病斑，并扩展到全果，使果粒腐烂凹陷，表面散生许多小黑点（分生孢子器）（图 8-16 D）。叶片受害，初期产生圆形小斑点，扩大后病斑边缘褐色，中部灰白色，后期病斑中部散生小黑点。

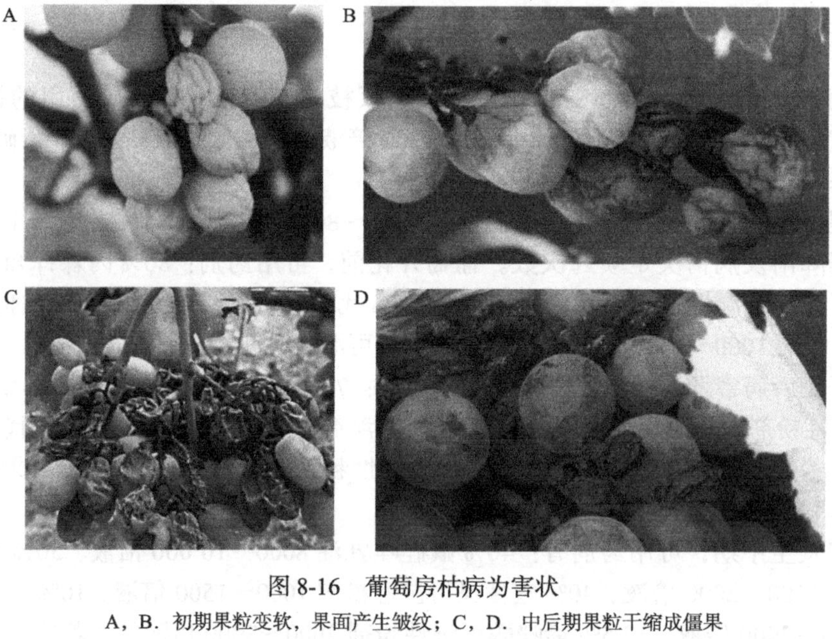

图 8-16 葡萄房枯病为害状

A，B. 初期果粒变软，果面产生皱纹；C，D. 中后期果粒干缩成僵果

房枯病、白腐病与日灼僵果的果粒症状相似，较难区别，但三者的主要不同点为：房枯病的病果在萎缩后产生稀疏的小黑点，颗粒较大，病果不易脱落；而白腐病的病果在干缩前就已产生分布密集的灰白色小粒点，颗粒较小，且病果极易脱落；日灼僵果只是萎蔫干缩，果面没有黑色或灰白色粒点出现，且不具有传染性。

二、病原

有性世代 *Physalospora backae* 称为葡萄囊孢壳菌，属于子囊菌门菌物。无性世代

Macrophoma faocida 称为葡萄房枯大茎点霉，属于半知菌类菌物。子囊壳扁球形，黑褐色。子囊无色，圆柱形，子囊孢子无色，单胞，椭圆形。分生孢子器椭圆形，暗褐色。分生孢子梗短小，圆筒形，单胞，无色。分生孢子椭圆形，单胞，无色（图 8-17）。分生孢子在 24～28℃经 4 h 萌发。子囊孢子在 25℃ 5 h 也可萌发。病菌在 15～35℃都能发病。

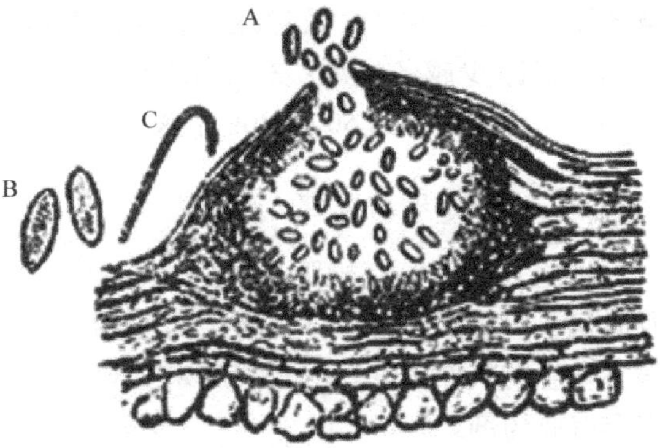

图 8-17　葡萄房枯大茎点霉（引自许志刚，2009）
A. 分生孢子器；B. 分生孢子；C. 侧丝

三、病害循环

房枯病菌主要以分生孢子器、菌丝体及子囊壳在病果穗、病叶等病残组织上越冬。第二年条件适宜时产生分生孢子或子囊孢子，通过风雨传播进行为害。初侵染所致病斑不久即可产生分生孢子，进行再侵染，条件适宜时再侵染可以发生多次。

四、发病条件

该病主要发生在葡萄生长中后期，属于高温、高湿型病害，北方产区一般在 6～7 月开始发生，8～9 月为发病盛期。果实生长后期高温多雨潮湿有利于病害发生，管理粗放、树势衰弱、果园郁蔽等会使病害发生较重。品种间抗病性差异明显，欧亚系统葡萄较感病，如‘龙眼’‘玫瑰香’等，美洲系统葡萄发病轻，如‘黑虎香’等。

五、防治方法

葡萄房枯病的综合防控策略是搞好果园卫生、加强果园管理和生长期药剂防治（图 8-18）。

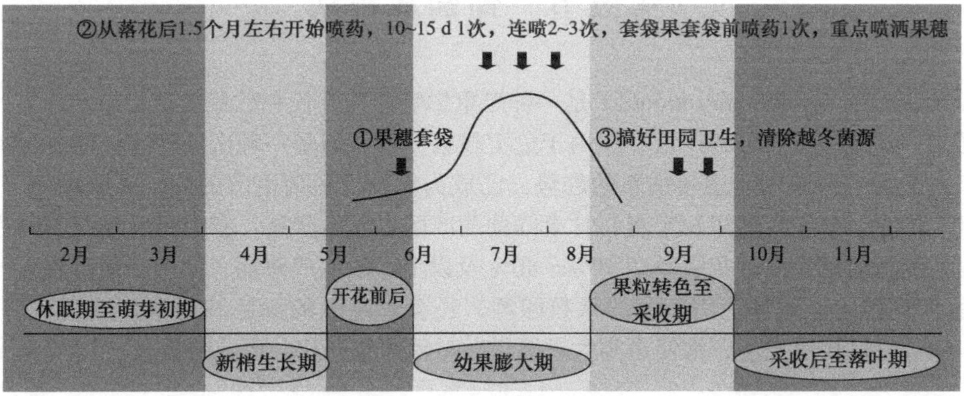

图 8-18　葡萄房枯病防治年历

（一）搞好果园卫生

秋冬落叶后或下架埋土前，彻底清除架上、僵果、病叶等病残体，集中烧毁，消灭病菌越冬场所。生长季节，及时减除病穗，带到园外销毁，减少田间发病中心。葡萄上架前喷洒下列药剂减少越冬病源：3～5°Bé 石硫合剂，75% 百菌清可湿性粉剂 600～800 倍液，70% 代森锰锌可湿性粉剂 600～800 倍液等。

（二）加强果园管理

增施农家肥等有机肥，多施磷、钾、钙肥，培育壮树，提高树体抗病能力。生长季节，及时摘心、整枝、打杈，改善架面通风透光，并注意及时排水，降低环境湿度，创造不利于病害发生的气候条件。尽量实施果实套袋，保护果穗免受为害，但套袋前必须均匀喷施一次安全有效药剂。

（三）生长期药剂防治

展叶后果穗形成期（葡萄落花后 1.5 个月左右）开始防治，10～15 d 1 次，连喷 2～3 次，重点喷洒果穗。对于套袋葡萄，套袋前必须均匀、周到喷药 1 次，套袋后可不再用药。可喷下列药剂：77% 硫酸铜钙可湿性粉剂 600～800 倍液、80% 代森锰锌可湿性粉剂 600～800 倍液、50% 克菌丹可湿性粉剂 600～800 倍液、70% 丙森锌可湿性粉剂 500～600 倍液、70% 代森联水分散粒剂 600～800 倍液、1 :（0.5～0.7）:（160～240）倍波尔多液、30% 戊唑 · 多菌灵悬浮剂 800～1000 倍液、70% 甲基托布津可湿性粉剂或 500 g/L 悬浮剂 800～1000 倍液、10% 苯醚甲环唑水分散粒剂 2000～2500 倍液、25% 戊唑醇水乳剂 2000～2500 倍液等。套袋前喷药，最好选用优质安全内吸性杀菌剂，如甲基托布津、戊唑 · 多菌灵、戊唑醇、苯醚甲环唑等。

（顾沛雯　鞠明岫）

第五节　葡萄灰霉病

葡萄灰霉病（grape gray mould）是一种严重影响葡萄生长和贮藏的重要果实病害。过去该病虽然广泛存在于各葡萄产区，但由于危害较轻，被认为是一种次要病害。随着保护地葡萄生产的发展，灰霉病呈逐年加重的趋势，已成为保护地葡萄生产的一个重要病害。目前，在河北、山东、辽宁、四川、宁夏、甘肃等葡萄产区也发生严重，春季是引起花穗腐烂的主要病害，流行时感病品种花腐率达 70%～80% 及以上。果实成熟期，如遇多雨潮湿天气，烂果率达 50% 以上。此外，用染病的果粒酿酒，还会影响酒的颜色和质量。该病害在贮藏、运输、销售期间严重发生，常使果实大量腐烂，对葡萄生产和贮运威胁极大。

一、症状

葡萄灰霉病主要为害花序、幼果和成熟的果实，也可为害新梢、叶片、果柄等。

（一）花序和幼果期受害

花序、幼果受害，先在花梗和果梗或穗轴上出现水浸状、淡褐色的病斑（图 8-19 A），似热水烫过，很快变黑软腐，并可蔓延为害幼果，以后病斑逐渐环绕果梗及穗轴，使坏死组织以下的果穗枯萎脱落。受害的花序和幼果，在天气干燥时，失水萎蔫，最后干枯脱落，造成大量落花落果（图 8-19 B）。天气潮湿时，其上可长出一层鼠灰色的霉状物（图 8-19 C 和 D）。

（二）叶片受害

叶片受害，叶片上的病斑多从叶缘向中部发展。先从叶尖呈现出淡黄褐色“V”形病斑，逐渐扩大，变为黑褐色（图 8-19 E）。在病叶上有时出现不太明显的轮纹，后期病斑上也产生灰色霉层，病叶一般不脱落（图 8-19 F）。

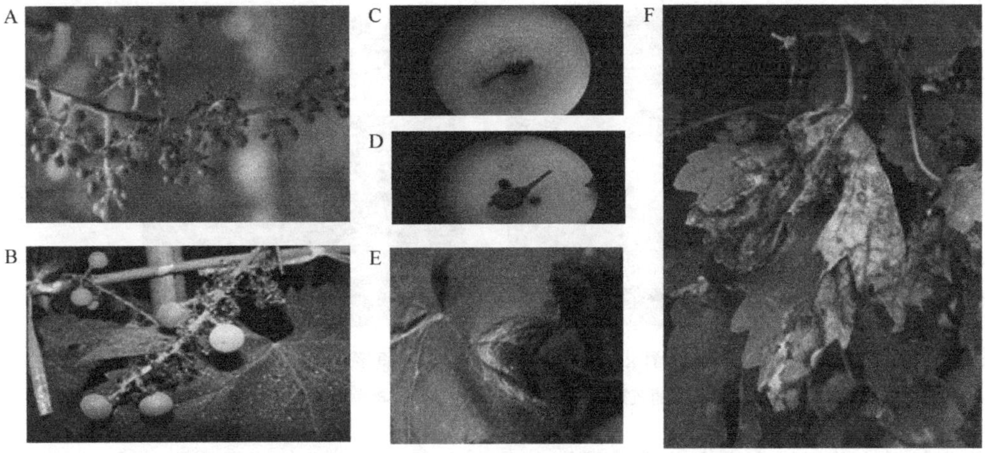

图 8-19 葡萄灰霉病为害花序、幼果和叶片的症状

A. 为害花序症状；B. 为害幼果症状；C，D. 花序和幼果保湿培养产生霉层；E，F. 为害叶片症状

（三）成熟期果实受害

初期果面出现不规则的淡褐色斑点，继而扩大后，在果面上出现褐色凹陷斑，整个果粒很快软腐。由于成熟的果粒相互紧靠、互相挤压，病斑扩展迅速，很快引起全穗果实腐烂（图 8-20 A）。罹病的果粒在干旱时干枯，潮湿时破裂，并产生鼠灰色的霉状物或孢子堆（图 8-20 B 和 C）。贮藏的鲜食葡萄受害后常出现穗轴湿腐，表面布有鼠灰色霉层。一些受害部位有时还产生黑色块状菌核或灰色的菌丝块。

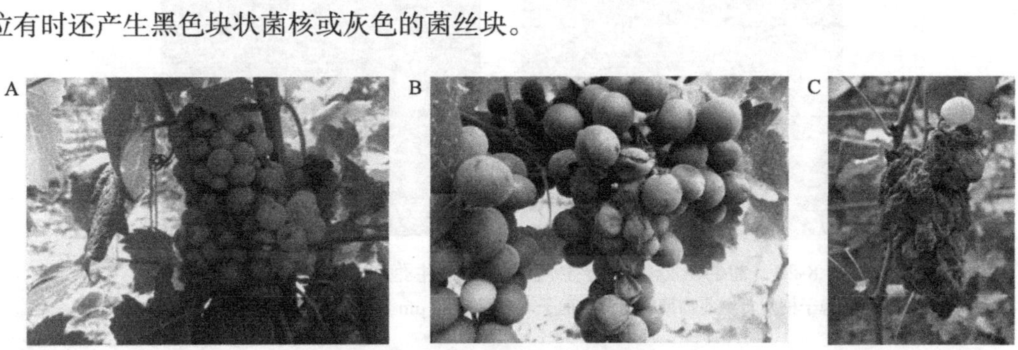

图 8-20 葡萄灰霉病为害果穗症状

A. 成熟的果粒挤压破裂病斑扩展迅速；B，C. 天气潮湿时产生大量鼠灰色霉层

二、病原

葡萄灰霉病是由灰葡萄孢（*Botrytis cinerea* Pers.）引起的一种寄主广泛且危害严重的真菌性病害。其无性态属半知菌类葡萄孢属（*Botrytis*），有性态为富氏葡萄孢盘菌［*Botryotinia fuckeliana*（de Bary）Whetzel］，属子囊菌门葡萄孢盘菌属（*Botryotinia*）。灰葡萄孢的营养体为菌丝体，菌丝褐色、有隔膜，菌落菌丝生长浓密且为灰黑色，生长速度较快（图 8-21 A）。菌丝在环境胁迫下会形成黑色坚硬的菌核（图 8-21 B），菌核萌发产生子囊盘，但葡萄园很少见。

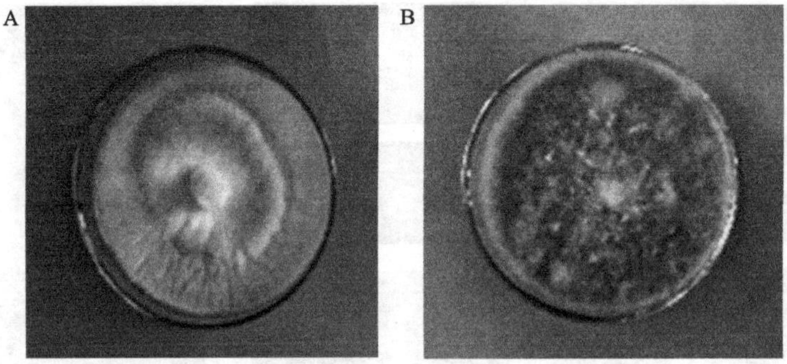

图 8-21　葡萄灰霉病菌病原形态

A. 葡萄灰霉菌菌落形态；B. 葡萄灰霉菌菌核形态

葡萄灰霉病菌无性态产生分生孢子梗和分生孢子，其分生孢子梗形态呈直立、丛生、细长、树状或单枝分枝，孢子梗端部细胞膨大如球形，着生许多小梗，小梗上着生分生孢子，分生孢子聚生在一起，其形状如同葡萄果穗，因此得名灰葡萄孢（图 8-22）。其分生孢子单胞无色，椭圆形或卵圆形，大小为（8～14）μm×（6～9）μm。许多孢子集生时呈灰色。菌核褐色，形状不规则，大小为（2～4）mm ×（1～3）mm。菌核在 5～25℃条件下都可以萌发，产生分生孢子梗和分生孢子。在 5～30℃条件下该菌均能生长，适宜温度 15～25℃，以 20℃最为有利，5～10℃时，菌丝生长缓慢，30℃时，菌丝生长完全受到抑制。

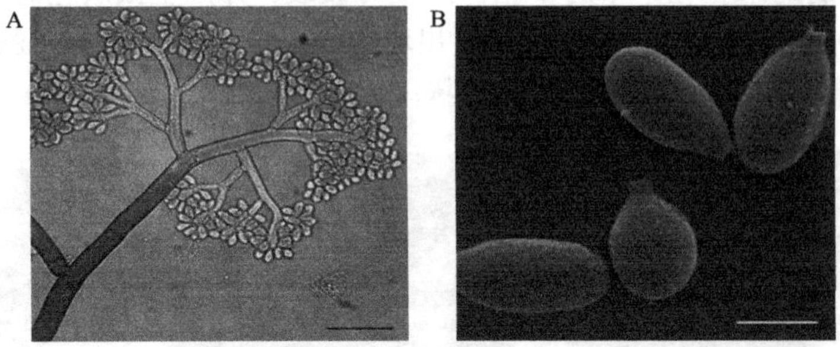

图 8-22　葡萄灰霉病菌分生孢子梗和分生孢子（Saito 摄，2016）

A. 分生孢子梗上着生葡萄穗状的分生孢子（标尺为 40 μm）；B. 分生孢子（标尺为 5 μm）

灰葡萄孢属于复合种，其种内存在不同的产孢类群，且不同产孢类群的生物学特性、抗药性、致病性和遗传基因之间都存在很大差异。目前，对灰葡萄孢产孢类群的划分方法，主要通过比较灰葡萄孢形态学和分子生物学特性差异进行划分。

不同灰葡萄孢产孢类群不仅在生物学形态特征上具有一定的区别，而且在DNA分子水平上也具有一定的差异。传统的灰葡萄孢形态学划分往往通过比较不同灰葡萄孢菌株的菌落培养性状、菌丝生长速率、分生孢子和菌核等形态学特征的差异，将灰葡萄孢产孢类群进行划分。例如，在研究中利用病菌在马铃薯葡萄糖琼脂、燕麦琼脂和麦芽汁琼脂等不同培养基上的菌落表型、菌落质地和菌丝生长速度等生物学性状差异，通过进一步的比较两大类群的菌丝生长速率、菌核大小及数量、孢子表面纹饰等形态学特征和致病性强弱，发现它们的差异。然而，灰葡萄孢的形态学特征有时会伴随着生存环境或培养条件的改变而变化，具有一定的不稳定性，且部分灰葡萄孢菌株不产生分生孢子，从而给利用灰葡萄孢形态学特征划分葡萄灰霉菌产孢类群造成了阻碍。利用分子生物学手段对灰葡萄孢的鉴定及产孢类群的准确划分提供了新的途径。近年来，随着分子生物学的发展，利用转座子类型、随机扩增多态性DNA标记（randomly amplified polymorphic DNA，RAPD）、简单重复序列（simple sequence repeats，SSR）和扩增片段长度多态性（amplified fragment length polymorphism，AFLP）等DNA分子标记技术，使研究灰葡萄孢种群多样性变得越来越便捷，可完全弥补形态学划分的不足。

在植物真菌病理学中，灰葡萄孢对许多农艺作物能造成毁灭性的灾害。但在葡萄酒酿造中，灰葡萄孢还扮演着另一种角色——“贵腐作用”的工程师。贵腐作用（noble rot）代表了灰霉菌在葡萄浆果上的一个状态。灰葡萄孢在不同条件下感染葡萄时，会产生完全不同的效果，它对一些特殊葡萄酒的整体质量具有积极作用。在持续湿润的环境中，灰葡萄孢感染葡萄后会让葡萄腐烂、变质，不能用来酿造葡萄酒。但在世界上一些地区，早晨雾气重，午后阳光灿烂的条件下，被该菌侵染的葡萄由于体积缩小而具有含糖量高的特性，并且由于灰葡萄孢的代谢，其原料成分发生了一系列变化，大部分果粒仅仅干缩，葡萄中的香气和糖分更浓了，可以酿出超级甜美的甜白葡萄酒——贵腐酒。

世界上著名的贵腐葡萄酒有匈牙利的托卡伊产的贵腐葡萄酒、法国苏玳产的贵腐葡萄酒、德国和澳大利亚产的贵腐葡萄酒或颗粒贵腐葡萄酒。这些葡萄酒是特意用经过贵腐作用的葡萄浆果酿制而成，因此被称作贵腐葡萄酒。虽然在成熟葡萄上有灰葡萄孢的孢子分布，但发生贵腐的情况并不多见，能否发生贵腐，与很多因素相关。例如，气候，灰葡萄孢生长要求的温度通常在20℃左右，湿度要求在75%以上，即便是具备这样条件的地区，如法国的索丹、德国的莱茵河流域、匈牙利的多加意等地区也不是年年都有这样合适的气候条件出现，一般10年只有2～3年能成功地获得贵腐葡萄酒。灰葡萄孢对葡萄的侵染力强弱也随菌株而异，侵染力强的菌株更容易使葡萄发生贵腐。另外，葡萄品种及葡萄成熟度等因素都影响着贵腐作用的产生。

三、病害循环

葡萄灰霉病的初侵染源是潜伏在葡萄病残体和土壤表层中越冬的菌核、菌丝体产生的分生孢子。越冬后的病菌，翌春遇适宜环境条件即可萌发产生分生孢子，分生孢子借气流传播到寄主体表，从伤口、自然孔口及幼嫩组织侵入，以伤口侵入为主，进行初侵染。一定条件下，病菌在葡萄开花末期还可穿过柱头和花柱侵入子房，造成潜伏侵染，直到果实成熟后或到贮藏期才开始发病。初侵染发病后，产生大量分生孢子，借气流进行多次再侵染

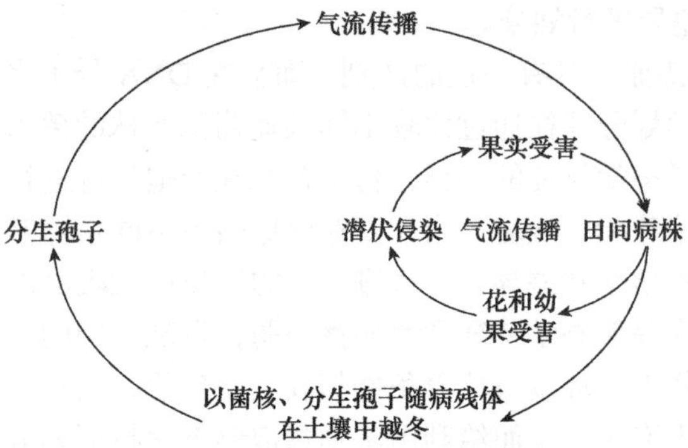

图 8-23 葡萄灰霉病侵染循环

（图 8-23）。在葡萄开花期和果实成熟期伴随田间农艺操作和葡萄行间空气流动传播扩散，造成再侵染。且不同灰霉菌产孢类群的致病性强弱也存在差异，对于致病性较强的灰霉菌菌株，其侵染和发病时间较短，而对于致病性较弱的灰霉菌菌株，则需要很长的时间和较高的发病条件才可造成侵染。

灰霉病菌腐生性强，寄主范围广，已报道的寄主就有 235 种。除为害葡萄外，还能为害苹果、草莓、辣椒、番茄、茄子、黄瓜、西葫芦、棉花、红麻、甘薯、花生、烟草、菜豆等。可侵染其他寄主上的越冬病菌也能成为该病的初侵染来源。

四、发病条件

在葡萄植株生长时期，遇连续的降雨天气，使得葡萄园间的温度在 20～25℃，湿度大于 80% 的条件下时，葡萄灰霉病极易发生，并且当空气湿度大于 90% 时，葡萄灰霉病菌只需 8 h 就能完成对葡萄的侵染与传播。另外，在葡萄植株营养生长过于茂盛、灌水过多和架面透风透光较差的情况下，也容易导致葡萄灰霉病发生。葡萄花穗幼果期和果实近成熟期是果园内发病的两个高峰期。第一次发病在 5 月中旬至 6 月上旬（开花前及幼果期），主要为害花及幼果，造成大量落花落果；第二次发病期在果实着色至成熟期。另外，灰霉病在贮运期也常造成为害。低温、潮湿、寡照有利于灰霉病发生，果实近成熟期果粒受伤（特别是裂果）可加重病害发生，管理粗放、钙磷钾肥使用不足、水分管理失调、机械伤及虫伤较多的果园容易发病，地势低洼、枝梢徒长、通风透光不良的果园发病重。药剂防治不当时，套袋果在袋内发病较多。

此外，不同葡萄品种之间对葡萄灰霉病的抗性也有显著性差异，野生葡萄种质资源中的山葡萄（*Vitis amurensis* Rupr.）、刺葡萄（*Vitis davidii* var. *davidii*）和毛葡萄（*Vitis heyneana* Roem et Schult）对葡萄灰霉病的抗性较强，而欧亚种葡萄抗性较差，在欧亚种中，白色葡萄品种较有色葡萄品种更容易感染灰霉病。

五、防治方法

葡萄灰霉病的防治要依据病害发生特点，重点做好葡萄开花前后、转色至成熟期和贮藏期三个时期的防治工作，主要采用化学防治为主，农业防治和生物防治为辅的综合防控策略（图 8-24）。

（一）农业防治

对葡萄灰霉病的农业防治措施主要从葡萄建园地的选择、品种的引进和田间管理这三方面进行防控，其目的是创造有利于葡萄植株生长而不利于葡萄灰霉病发生的环境条件，减少病原菌的侵染源。具体包括以下防控措施。

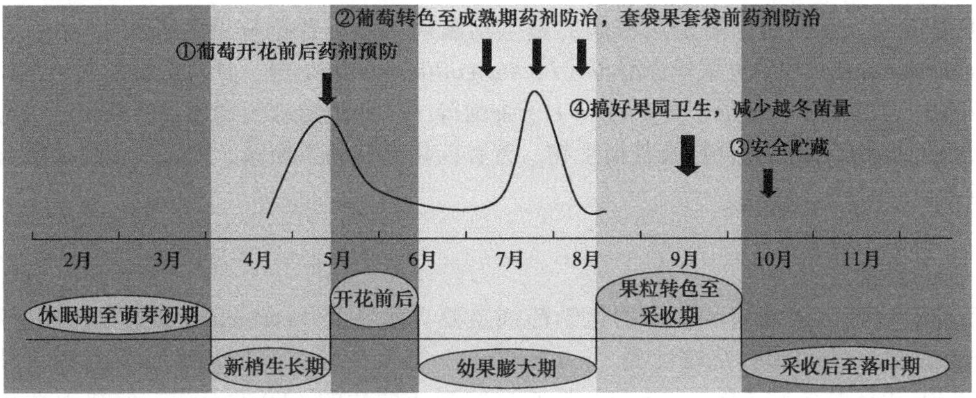

图 8-24　葡萄灰霉病防治年历

不同葡萄产区发育期时间前后有一定差异，各项措施以发育期为准

1. 建园选址　在建园时应选择光照充足、通风性良好和土壤肥沃的向阳地块，以保持葡萄园间的空气流通和较低的湿度，避免选择在光照不充足、通风较差且容易积水的低洼田块。

2. 品种抗性　选用果实品质优良且抗病性较强的葡萄品种进行栽植，酿酒葡萄应选择‘赤霞珠’‘北红’和‘马瑟兰’等酿酒特性较好且抗病的品种，鲜食葡萄可选用‘红提’‘夏黑’和‘巨峰’等适口性较好的有色葡萄品种。

3. 田园卫生　在每年秋冬季葡萄采收结束后，应及时修剪、清除感病的葡萄枝条和落叶，集中焚烧或深埋病枝落叶，减少葡萄灰霉病菌分生孢子和菌核的越冬量。在葡萄生长期应及时摘除感染的病果穗和病叶，减少葡萄园间的病菌源。

4. 合理负载量　合理控制葡萄产量，对于丰产性较好和果穗较紧实的葡萄植株应及时进行疏花疏果，严格控制产量，建议酿酒葡萄每亩控产在 500～700 kg，鲜食葡萄每亩控产在 800～1000 kg。

5. 叶幕管理　加强葡萄生长期的叶幕管理，及时修剪枝条、绑蔓和引蔓，使葡萄架面的叶幕层变薄，叶幕层间空气湿度降低，从而减少病害发生。在葡萄转色后期应及时摘除果穗周围的老叶，保持葡萄果穗周围空气流通，避免果穗感染。

6. 合理控水控肥　在果穗膨大期应及时控水控肥，避免大水大肥使葡萄过度营养生长，造成叶幕层间的湿度过高和果穗过紧。此外，还要及时排除因连续的降雨造成葡萄园内低洼处的积水，在葡萄转色至成熟期应及时清除葡萄栽培行内和行间的杂草，保持葡萄行间整洁干燥。

（二）生物防治

生物防治是利用有益微生物和植物源杀菌剂对葡萄灰霉病菌生长产生抑制的一种病害防治途径，其优点是可避免由化学防治所造成的农药残留和环境污染问题产生。微生物源菌剂和植物源农药对灰霉病的防治机理主要是通过以下两条途径：①抑制灰霉病菌产生分生孢子、破坏菌丝的细胞膜和抑制菌核的产生与萌发，从而导致灰霉病菌的细胞结构和正常代谢受到影响。②通过诱导感病植物产生生理防卫反应，增强植物自身抗性从而抵御灰霉病菌的侵染。目前用于防治灰霉病的微生物菌剂主要有芽孢杆菌（*Bacillus* spp.）、木霉（*Trichoderma* spp.）和季也蒙毕赤酵母（*Pichia guilliermondii*）等。针对灰霉病防治的市售植物源药剂主要有丁子香芹酚、苦参碱和丁子香酚等。这些植物源药剂中的有效抑菌成分主要有脂肪类化合物、烯类化合物及其衍生物、芳香族化合物和生物碱、酰胺及蛋白质等含氮含硫化合物。

（三）化学防治

目前防治葡萄灰霉病所使用的化学药剂主要有酰胺类（carboxamide）、二甲酰亚胺类（dicarboximides ）和苯胺基嘧啶类（pyrimidines）等保护性杀菌剂。酰胺类药剂啶酰菌胺（boscalid）和环酰菌胺（fenhexamid）是通过抑制灰葡萄的 ATP 的合成，使得无性灰葡萄孢分生孢子无法正常生长和分裂。二甲酰亚胺类药剂腐霉利（procymidone）和乙烯菌核利（vinclozolin）是通过抑制灰葡萄孢的甘油三酯合成，造成生理代谢受阻。苯胺基嘧啶类药剂嘧霉胺（pyrimethanil）和嘧菌环胺（cyprodinil）是通过抑制灰葡萄孢蛋氨酸的生物合成，造成灰葡萄孢死亡。

开花前后和果实近成熟期是葡萄灰霉病药剂防治的两个主要时期，套袋果套袋前也非常重要。具体措施如下：春季开花前 5～7 d 喷药 1 次或落花后再喷药 1～2 次（间隔期 10～15 d）。可喷施下列药剂进行预防：80% 代森锰锌可湿性粉剂 600～800 倍液、1.5% 多抗霉素可湿性粉剂 200～500 倍液、65% 代森锌可湿性粉剂 500～600 倍液等。

在发病初期，可用下列药剂：40% 嘧霉胺可湿性粉剂 1000～1200 倍液、50% 腐霉利可湿性粉剂 800～1500 倍液、50% 异菌脲可湿性粉剂 1000～1500 倍液、50% 嘧菌环胺水分散剂 600～1500 倍液、40% 双胍辛胺可湿性粉剂 1000～2000 倍液、40% 双胍三辛烷基苯磺酸盐可湿性粉剂 1000～1200 倍液、60% 噻菌灵可湿性粉剂 500～600 倍液、50% 苯菌灵可湿性粉剂 1000～1500 倍液等喷施，间隔期 10～15 d，连喷 2～3 次。袋果套袋前均匀、周到喷药 1 次。

以上药剂多为防治果蔬灰霉病的专杀药剂，防治效果较好，但长期单独使用某一类化学药剂易使灰葡萄孢产生抗药性，造成防治效果降低。因此，建议在葡萄生产上合理混配或间接交替使用不同化学杀菌剂对葡萄灰霉病进行防治，以达到增效和延缓灰葡萄孢抗药性产生的目的。此外，针对化学防治葡萄灰霉病易造成葡萄果实农药残留过高的问题，建议在葡萄果实采收前一个月内禁止喷施任何化学药剂。若恰在葡萄成熟期发生葡萄灰霉病，可采用生物防治和农业防治的方法进行葡萄灰霉病的防治。

（四）安全贮运

首先要选择无病果穗，并在采收和包装贮运过程中尽量避免造成伤口；其次选用上述低毒低残留药剂在采收前 15～20 d 喷施后，包装贮运；最后尽量采用低温贮运。

（顾沛雯）

第六节 葡萄其他重要的果实病害

一、葡萄黑腐病

（一）症状

葡萄黑腐病（grapevine black rot）在各个葡萄产区都有发生，尤其在东北、华北等地发生较多，一般为害不重，但在比较炎热和潮湿的地区发生较重，如在长江以南地区，如遇连续高温高湿天气，则发病较重，如1991年遇到特大洪涝灾害后，不少葡萄园均发生了程度不一的黑腐病。

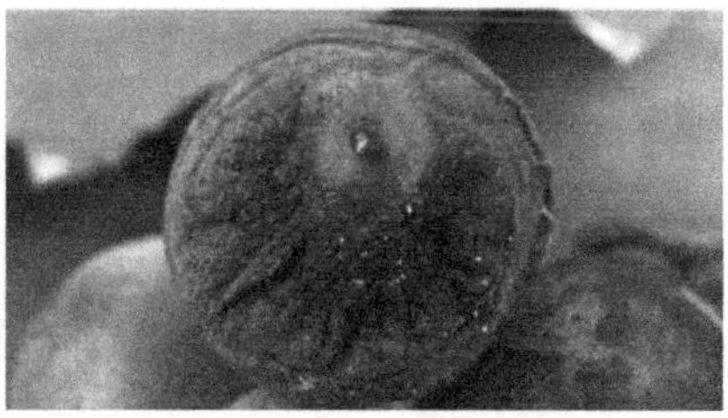

图 8-25 葡萄黑腐病症状

黑腐病主要为害果粒，有时也可侵害叶片、新梢等部位。果实受害，初期产生紫褐色小斑点，很快病斑扩展成淡褐色至黑褐色腐烂病斑，病组织凹陷，导致果实软腐；数天后果粒大部或整个果粒受害，表皮皱缩，并逐渐干缩成有棱角的黑色或灰蓝色僵果。后期病果表面散生许多黑色小粒点（分生孢子器），有时其上可以产生灰白色黏液（分生孢子），病果不易脱落（图 8-25）。

叶片受害，初期在叶脉间形成红褐色近圆形小斑点，直径2～3 mm，后逐渐扩大形成近圆形褐色病斑，中央呈黄褐色或灰白色，外部褐色，边缘黑色；后期病斑上散生许多小黑点。新梢受害，多形成长形褐色凹陷病斑。

（二）病原

有性世代为 *Guignardia bidwellii*，称为葡萄球座菌，属子囊菌门真菌。无性世代为 *Phoma uvicola*，称为葡萄黑腐茎点霉，属半知菌类菌物。子囊壳黑色球形，顶端具扁平或乳凸状开口，中部由拟薄壁组织组成。子囊棍棒形或圆筒形。子囊孢子透明，卵形或椭圆形，直或稍向一侧弯曲，一端呈圆形，无分隔。分生孢子器球形或扁球形，顶端孔口凸出于表皮外。分生孢子单胞，无色，卵圆形或椭圆形（图 8-26）。

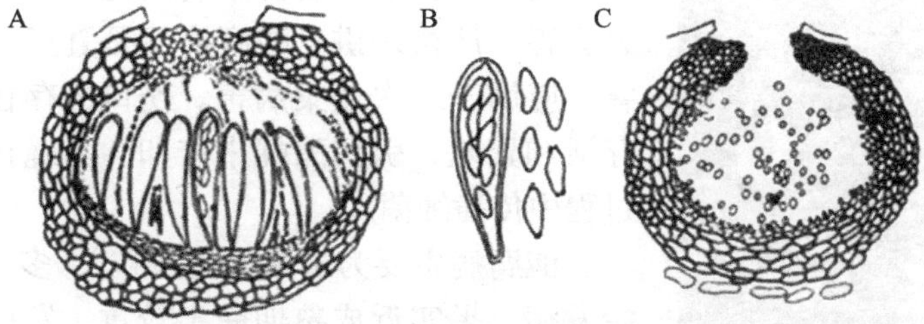

图 8-26 葡萄黑腐病菌（引自董金皋，2016）

A. 子囊壳；B. 子囊和子囊孢子；C. 分生孢子器

（三）发病特点

葡萄黑腐病是一种高等真菌性病害，病菌主要以分生孢子器和子囊壳在病僵果等病残体上越冬。第二年条件适宜时产生病菌孢子，通过风雨传播进行为害。果实上潜育期为 8～10 d，叶片上潜育期为 20 d 左右。初侵染发病后病斑上产生的病菌孢子，经风雨传播，进行再侵染，该病在田间可有多次再侵染。

高温、高湿有利于该病害的发生，果实受害，从落花后（6 月下旬）到成熟采收期均可发生，但以果实膨大后期至成熟采收期发生较重，8～9 月高温多雨适宜于病害流行。果园郁蔽、高温、多雨、潮湿有利于黑腐病的发生为害。管理粗放、肥水不足，虫害发生多的葡萄园易发病。葡萄种间抗病性差异明显，美洲葡萄、掌叶葡萄、沙地葡萄较抗病。

（四）防治方法

1. 搞好果园卫生 生长后期及时剪除病穗，带到园外销毁，减少园内发病中心。落叶后彻底清除树上、树下的病僵果及落叶，并剪除病梢，带到园外销毁，处理病菌越冬场所。

2. 加强葡萄园管理 增施农家肥等有机肥，按比例施用氮、磷、钾、钙肥，培育壮树，提高树体抗病能力。生长季节及时摘心、打杈、整枝，促使架面通风透光，降低小环境湿度，控制病害发生。尽量果穗套袋，防止果实受害。

3. 适时喷药防治 葡萄黑腐病多为零星发生，一般不需单独药剂防治，个别往年受害较重的果园，在落花后及果实生长中后期及时喷药即可，以保护果实、新梢及叶片。常用有效药剂有：50% 多菌灵可湿性粉剂或 500 g/L 多菌灵悬浮剂 600～800 倍液、70% 甲基托布津可湿性粉剂或 500 g/L 悬浮剂 800～1000 倍液、10% 苯醚甲环唑水分散粒剂 2000～2500 倍液、50% 克菌丹可湿性粉剂 600～700 倍液、25% 戊唑醇水乳剂 2000～2500 倍液、70% 丙森锌可湿性粉剂 500～600 倍液、30% 戊唑·多菌灵悬浮剂 800～1000 倍液、60% 唑醚·代森联水分散粒剂 1000～1500 倍液等。

二、葡萄酸腐病

（一）症状

图 8-27 葡萄酸腐病症状

葡萄酸腐病（grapevine acid rot）近几年在我国已成为葡萄重要的病害。酸腐病是真菌、细菌和醋蝇联合为害。严格来讲，酸腐病不是真正的一次性侵染病害，应属于二次侵染病害。伤口的存在使真菌、细菌存活和繁殖，引诱醋蝇来产卵。醋蝇在爬行、产卵的过程中传播细菌。

酸腐病主要为害果穗（果粒），多为果粒伤口处开始发病，果实近成熟期受害较重。发病初期，病果粒变为褐色或红褐色，较软。随病情发展，病果粒软腐，果皮破裂，从果实内流出黏稠状汁液（图 8-27），并产生较浓烈的乙酸味道。病果粒常吸引一些蝇类取食产卵，并携带病菌扩散为害。后期病果粒失水，常仅残留果皮及种子，有时病果粒容易脱落。

（二）病原

酸腐病是一种多种病菌和蝇蛆混合侵染的病害，主要为醋酸细菌、酵母菌、多种致腐微生物、果蝇幼虫等。

（三）发病特点

病菌在自然界广泛生存，没有固定越冬场所。病菌通过气流、雨水及一些媒介昆虫传播，从各种伤口侵染危害，如生长裂伤、雹伤、虫伤（蜂、金龟子等）、鸟伤、机械损伤及其他侵染性病害伤口等。同果穗上的病害蔓延往往是由单个果粒受害后流出的汁液污染到周围果粒而引起果皮污浊、破裂所致；病果粒吸引的蝇类又可携带病菌向周边传播扩散。品种间的发病差异比较大，说明品种对病害的抗性有明显的差异。'美人指'受害最为严重，其次为'里扎马特'酿酒葡萄（如'霞多丽''雷司令'）、'无核白''白牛奶'等，'红地球''龙眼'等较抗病。品种的混合栽植，尤其是不同成熟期的品种混合种植，能增加酸腐病的发生。

（四）防治方法

1. 选用抗病品种　发病重的地区选栽抗病品种，尽量避免在同一果园种植不同成熟期的品种。

2. 尽量减少果粒伤口　要经常检查葡萄园，发现病果粒及时摘除，集中深埋。加强葡萄园管理，增加果园的通透性，葡萄成熟期尽量避免灌溉，合理使用或不使用激素类药物，避免果品伤害和裂果。避免果穗过紧，合理使用肥料，尤其是避免过量使用氮肥等。实施果园精细管理，尽量避免各种机械伤、虫伤、鸟伤及其他病害虫伤等。创造不利于病害发生的自然条件。发生冰雹后，积极喷药保护伤口，促进伤口愈合。有条件的果园，从果实生长后期开始架设防鸟网，有效阻止鸟类为害。

3. 实施果实套袋　果实套袋管理，既可有效降低造成果实伤口的概率，又可有效避免病菌侵染，能够显著减少酸腐病发生。

4. 适当药剂防治　对于不套袋果园，发现有个别果粒受害后开始喷药，重点喷洒果穗。可选用低毒、低残留、分解快的杀虫杀菌剂，如50%多菌灵可湿性粉剂或500 g/L多菌灵悬浮剂600～800倍液、70%甲基托布津可湿性粉剂或500 g/L悬浮剂800～1000倍液、10%苯醚甲环唑水分散粒剂2000～2500倍液、50%克菌丹可湿性粉剂600～700倍液、25%戊唑醇水乳剂2000～2500倍液等。杀虫剂如10%高效氯氰菊酯乳油3000倍液、50%辛硫磷乳油1000倍液、90%敌百虫1000倍液等。注意杀虫杀菌剂混合、交替使用，以保证病虫兼治，减少病菌和醋蝇抗性。

三、葡萄煤污病

（一）症状

葡萄煤污病（grape sooty blotch）又叫作煤烟病，发生较为普遍，主要为害果穗，有时也可为害叶片、嫩梢等，可影响葡萄枝叶的光合作用，严重时造成植株生长衰弱，降低浆果的品质。

煤污病发生初期果面或叶片被害部位呈暗褐色小斑点，病斑不断扩大后连成一片，有时可将整个叶片覆盖，在枝蔓、穗轴、果梗及叶柄部位有时病菌积聚成堆。病部表面密生一层煤烟状黑色霉状物（图 8-28），即病菌的菌丝体和子实体。该霉状物只附着在病组织表面，不进入组织内部，用手很容易将霉状物擦掉。

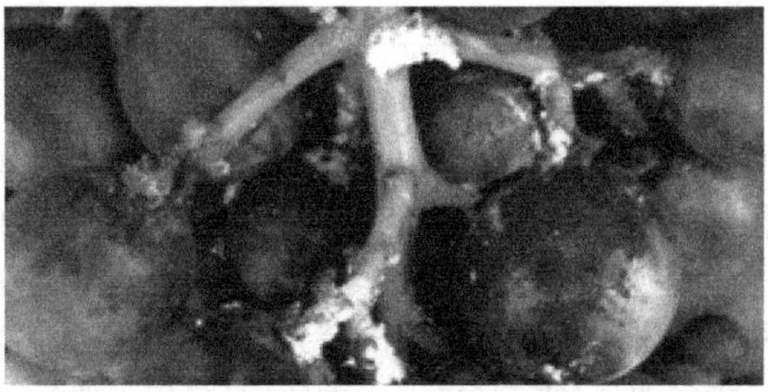

图 8-28　葡萄煤污病症状

（二）病原

葡萄煤污病菌属于半知菌类，称为仁果黏壳孢［*Gloeodes pomigena*（Schw.）Colby］。病菌的菌丝表生，其上产生小黑点，即病菌的分生孢子器。也有报道认为葡萄煤烟病是由腐生的煤炱菌（*Capnodium* sp.）引起的，其病斑是由介壳虫、斑衣蜡蝉及蚜虫在葡萄上残留的分泌物引起煤炱菌滋生蔓延所致。总之，此病的病原菌仍需进一步研究、鉴定。

（三）发病特点

葡萄煤污病多在葡萄开花后发生，直至葡萄收获。病菌的寄主范围较宽，多以菌丝和分生孢子器等在寄主上越冬。翌年，温度适宜时，病菌的分生孢子可借气流、雨水和昆虫等进行传播，在葡萄植株表面寄生，之后病菌可进行重复侵染，不断发病。生长期特别是果实生长中后期，以果穗等组织表面的营养物为基质进行腐生，而导致发病。介壳虫是诱发该病的最直接因素。介壳虫在果穗表面的分泌物为病菌腐生的最主要基质。果穗套袋后，若介壳虫进入袋内，可导致该病严重发生。另外，阴雨潮湿常加重病害发生。

（四）防治方法

1. 发芽前喷药　葡萄上架后或发芽前，全园喷施 1 次 2～3°Bé 石硫合剂或 45% 石硫合剂晶体 60～80 倍液，杀灭在枝蔓上越冬的介壳虫。

2. 生长期治虫防病　在介壳虫若虫发生初期开始喷药，7 d 左右 1 次，连喷 1～2 次，即可有效控制介壳虫类的发生为害，进而达到治虫防病的效果。对介壳虫类害虫效果较好的药剂有：40% 杀扑磷（高毒，柑橘禁用）乳油 1000～1500 倍液、40% 毒死蜱（高毒，蔬菜禁用）可湿性粉剂 1000～1200 倍液、48% 毒死蜱乳油 1000～1500 倍液、20% 甲氰菊酯乳油 1200～1500 倍液、25% 噻嗪酮可湿性粉剂 1000～1200 倍液、70% 吡虫啉水分散粒剂 8000～10 000 倍液、5% 啶虫脒乳油 1500～2000 倍液等。

3. 适当喷药防病 在葡萄生长中后期，适当喷药1～2次，有效防止煤污病发生。效果较好的药剂有：50%克菌丹可湿性粉剂600～800倍液、30%戊唑·多菌灵悬浮剂800～1000倍液、10%苯醚甲环唑水分散粒剂1500～2000倍液、60%唑醚·代森联水分散粒剂1000～1500倍液等。

（闫思远 鞠明岫）

复 习 题

1. 葡萄重要的果实病害有哪些？其发生特点有何不同？
2. 简述葡萄白腐病和炭疽病的症状和病原特征。
3. 简述葡萄白腐病和炭疽病的发生条件和防治方法。
4. 葡萄白腐病和炭疽病发生条件有何不同？简述两者的防治年历。
5. 简述葡萄黑痘病的发生条件和防治方法。
6. 简述葡萄房枯病的发生条件和防治方法。
7. 比较葡萄白腐病、炭疽病及房枯病的症状、病原和发生条件的差别。生产上如何进行有效防治？
8. 简述葡萄灰霉病的症状、病原特征、发生条件和防治方法。
9. 生产上葡萄灰霉病有几个容易发生的时期？各时期为害的特点有什么不同？
10. 简述葡萄主要果实病害的症状，比较它们发生条件和防治上的差异。
11. 简述葡萄酸腐病发病特点及防治措施。

第九章 葡萄根茎部病害

扫码见本章彩图

第一节 葡萄根癌病

根癌病（grapevine crown gall）又称根头癌肿病、冠瘿病，其寄主范围广泛，除为害葡萄外，还为害苹果、梨、桃、李、杏等果树，同时可为害林木、花卉和瓜类等作物。葡萄根癌病既可为害大葡萄树，也可为害幼树和苗圃幼苗。该病害通常会削弱葡萄树势，严重时导致植株死亡，一般造成葡萄减产 20% 左右，严重时减产 50% 以上。该病害在我国各大葡萄产区均有发生。

一、症状

葡萄根癌病主要为害葡萄的根颈部、嫁接口附近、上部枝蔓及主根和侧根等部位，严重时嫩蔓、叶柄也可受害。其主要症状特点是在病部产生球形或椭圆形或不规则形表面粗糙的瘤状物。发病初期病瘤稍带绿色，组织松软，肉质，切开呈嫩白色至淡绿色，有时稍带淡粉红色（图 9-1 A）。随后病瘤逐渐增大，瘤的外层细胞死亡，色泽加深变褐，内部组织木质化，成为坚硬的瘤（图 9-1 B）。病情不断发展，导致根系发育受阻、毛细根减少、树势衰弱、植株矮小、茎蔓短、叶片黄化和提早落叶等症状，严重时可造成全株干枯死亡（图 9-1 C）。

A B C

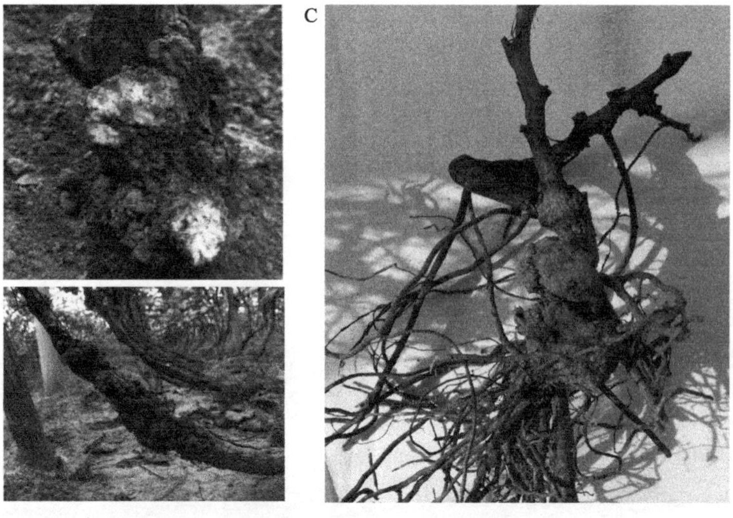

图 9-1 葡萄根癌病症状（王江柱摄，2013）

A. 初期形成的病瘤；B. 后期形成的木质化肿瘤；C. 葡萄根部受害整株枯死

二、病原

葡萄根癌病的病原为土壤杆菌属细菌根癌土壤杆菌（*Agrobacterium tumefaciens*）。该菌为革兰氏阴性菌，无芽孢，短杆状，大小为（0.6～1.0）μm×（1.5～3.0）μm，以 1～6 根周生或侧生鞭毛运动，好气性，代谢为呼吸型，细菌生长温度为 0～37℃，最适生长温度为 25～28℃，致死温度 51℃ 10 min，细菌耐酸碱范围为 pH 5.7～9.2，最适 pH 7.3。菌落通常为圆形、隆起、光滑、白色至灰白色，半透明。侵染葡萄的主要是生物Ⅲ型。

三、病害循环

葡萄根癌病菌通常在肿瘤组织的皮层内越冬，当肿瘤组织腐烂破裂后，病菌也会混入土中，土壤中的癌肿病菌可在土内存活 1 年以上。病菌可通过雨水和灌溉水进行传播（图 9-2），主要通过冻伤口、嫁接口、昆虫或农事操作所造成的伤口侵入寄主。带菌苗木是远距离传播的主要途径。该病具有潜伏侵染的特性，一般从侵入到显瘤需数周到一年，多为 2～3 个月。一般越冬后的病菌在 5 月上旬开始活动，5 月下旬至 8 月下旬为全年的发病高峰期。当病原细菌从寄主伤口侵入后，其染色体外 Ti 质粒中具有编码合成生长素和细胞分裂素及冠瘿碱的基因转移并整合到寄主染色体中进行表达，导致寄主植物细胞不断分裂、组织增生、体积增大，逐渐形成肿瘤。病菌入侵后，癌瘤发展很快，使得短期内可将感染幼株包围。后期病组织内即使没有病菌，致病基因依然在寄主染色体上不断表达，肿瘤仍可继续增大。

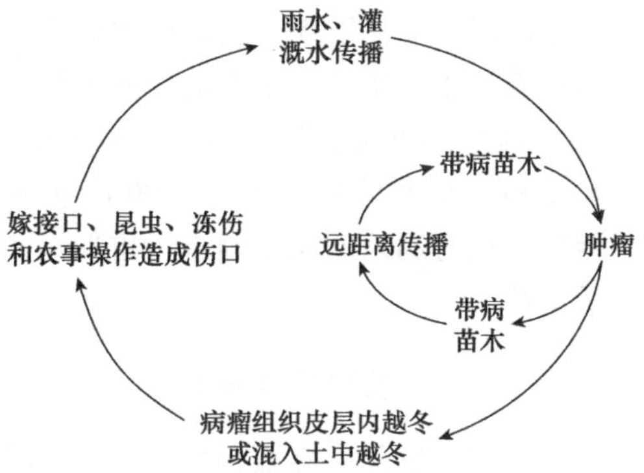

图 9-2 葡萄根癌病侵染循环

四、发病条件

碱性土壤有利于该病的发生，酸性土壤对发病不利，pH 6.2～8.0 尚能保持病菌致病力，pH 6.0 以下发病轻或不发病。土壤黏重、排水不良、管理粗放、枝蔓伤口较多均是加重病害发生的主要因素。耕作不慎或地下害虫为害，冬季压蔓、早霜、修剪等造成的伤口，均有利于病菌侵入，增加发病机会。湿度是根癌细菌侵染的主要条件，病菌侵染与发病随土壤湿度升高而增加，反之则减轻。癌瘤与温度关系密切，28℃时癌瘤长得快且大，高于 31～32℃则不能形成，低于 26℃则形成慢且小。

五、防治方法

葡萄根癌病的防治应以严格检疫和苗木消毒为主，以农事操作管理和药剂防治为辅（图 9-3）。

（一）严格检疫和苗木消毒

选用无病菌砧木，在无病菌葡萄园进行育苗。对引进的葡萄苗或接穗进行严格的检疫

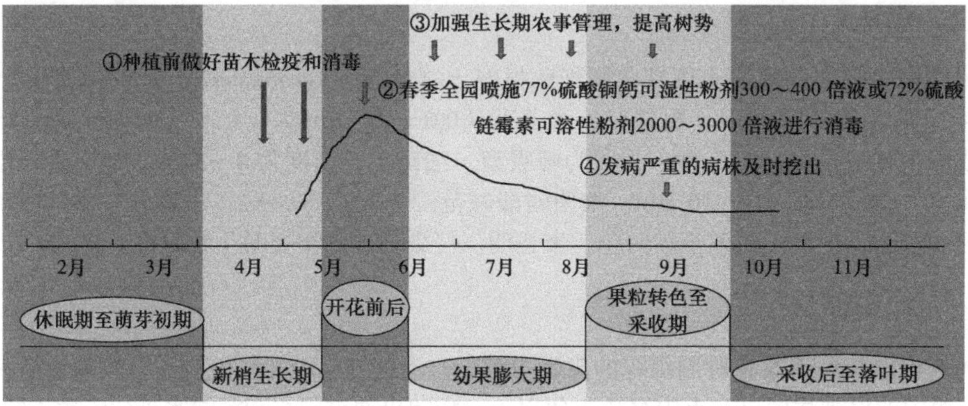

图 9-3　葡萄根癌病防治年历

不同葡萄产区发育期时间前后有一定差异，各项措施以发育期为准

和苗木消毒，一旦发现带病菌苗木或接穗应立即销毁并对剩余苗木或接穗进行消毒。严禁从疫区调运苗木和接穗。苗木消毒时可用 1% 硫酸铜溶液、77% 硫酸铜钙可湿性粉剂 500 倍液或 80% 波尔多液可湿性粉剂 500 倍液浸泡 5 min，也可用 2% 石灰水浸泡 1～2 min，还可用 72% 硫酸链霉素可溶性粉剂 2000 倍液浸泡 5 min。有条件的地方也可用 K84 生物制剂浸根后定植。在有病菌的老果园进行重新定植时，可先用 1% 硫酸铜溶液对定植穴进行灌根消毒后再定植。

（二）加强农事操作管理

注意农事操作，多施有机肥，必要时可适当使用酸性肥料以改善土壤环境。有条件的果园采用滴灌的方式，减少漫灌造成的病菌传播，雨季注意及时排水。防治地下害虫，避免造成伤口，同时农事操作时避免造成各种机械伤口，特别是北方葡萄产区下架、上架时要轻柔适度。嫁接苗适当浅栽，使嫁接口尽量高出地面。北方葡萄产区要严格按要求埋土防寒，避免冻害造成冻伤口，为病菌侵染创造条件。

（三）喷药预防

北方葡萄产区，根癌病发生较重的果园或地区，春季葡萄上架后发芽前，全园喷洒 1 次消毒药剂，对防治病菌侵染、预防病害发生均具有显著作用。一般使用 77% 硫酸铜钙可湿性粉剂 300～400 倍液或 72% 硫酸链霉素可溶性粉剂 2000～3000 倍液进行消毒。

（四）及时治疗病株

果园中发现病株时，对于发病较轻的应及时彻底地将病组织刮除，并将病组织带出葡萄园深埋或集中烧毁，在刮治伤口处涂抹 2～3°Bé 石硫合剂、77% 硫酸铜钙可湿性粉剂 100～200 倍液、80% 波尔多液可湿性粉剂 100～200 倍液或 K84 生物制剂。对于发病较重的应及时整株挖出，并对病株根系及周围土壤进行消毒。

（顾沛雯）

第二节 葡萄白纹羽病

葡萄白纹羽病（grapevine white root rot）又称白根腐病、白根病、白根腐，是世界温带地区常发生的重要根部病害，在我国各地的主要葡萄产区均有发生。可引起葡萄根部腐烂、树势衰弱，严重时整株死亡。病原菌可寄生在葡萄、苹果、梨、桃、樱桃、柿子、柑橘等果树及其他林木、蔬菜和禾本科作物共 34 科 60 余种植物。

一、症状

葡萄白纹羽病主要为害葡萄的根部、根颈部等地下部分，发病后的主要症状特点是在病部表面产生白色菌索或菌丝膜（图 9-4 A）。发病初期，受害部位表面先产生白色菌索，扩展后成白色菌丝层或菌丝膜；后期，菌丝膜上可产生黑色小粒点，有时病根表面也可产生菜籽状茶褐色菌核。病根后期皮层腐烂，木质部腐朽。地上部初期无明显异常，主要表现为树势衰弱，发芽迟，叶片小而黄，新梢短；随病情加重，上部枝蔓有时可产生大量幼嫩气生根；发病后期，当年生幼嫩枝蔓出现萎蔫、枯死；严重时，整个病株逐渐死亡（图 9-4 B）。

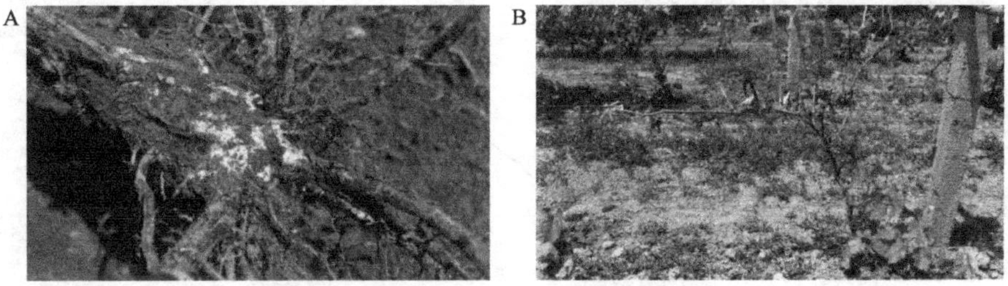

图 9-4 葡萄白纹羽病症状

A. 发病初期受害部位表面产生白色菌索、菌丝层或菌丝膜；B. 发病后期整个病株逐渐死亡

二、病原

葡萄白纹羽病菌为褐座坚壳菌［*Rosellinia necatrix*（Hartig）Berlese］，属子囊菌门座坚壳属。在自然条件下，病菌主要形成菌丝体、菌索、菌核，有时也形成子囊壳。子囊壳黑褐色、炭质、近球形，集生于死根上。子囊圆柱形，内含 8 个子囊孢子。子囊孢子单胞，纺锤形，褐色至黑色。子囊孢子作用较小，主要靠菌丝体及其变态来繁殖和传播。

三、病害循环

葡萄白纹羽病菌主要以菌索、菌丝层（菌膜）、菌核及子囊壳在各种田间病株、病残体及土壤中越冬，病菌在土壤中可长期营腐生生活，且菌索、菌核在土壤中可存活 5 年以上，病菌有时也寄生在寄主植物上，只有当根系衰弱时，树体才会得病。病菌在土壤中可借水流、地下害虫、带菌土壤、园艺工具及病健根接触进行传播，侵染后树体健壮时不会发病，待树势衰弱或感染到一定程度才会发病（图 9-5）。远距离传播通过带菌苗木的调运。一般第 1 年侵染，第

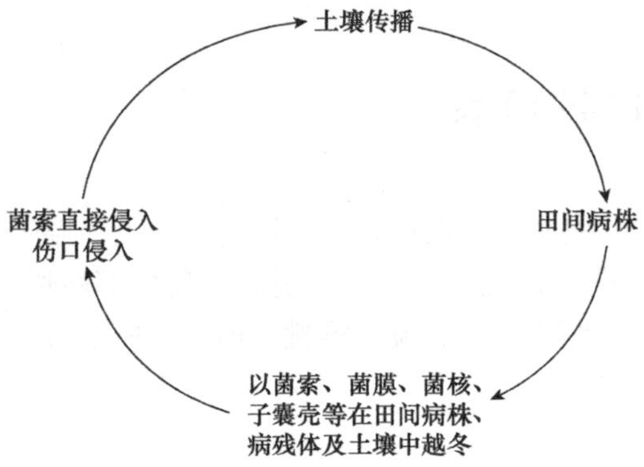

图 9-5　葡萄白纹羽病侵染循环

2～3 年后才表现症状。

四、发病条件

气温在 18～25℃、雨水多、田间湿度大时发病较快。地势低洼、土壤碱性、有冻伤和结果较多时发病较重。管理粗放、土壤黏重、使用未腐熟有机肥、树势衰弱的果园有利于病害发生，用河滩地、旧林地、老果园、苗圃地改建的果园也容易发病，果园内间作花生、甘薯等病菌寄主植物也有利于病害的传播蔓延。

五、防治方法

葡萄白纹羽病的防治应以果园安全选址和培育无病苗木为主，以农事操作管理和药剂防治为辅（图 9-6）。

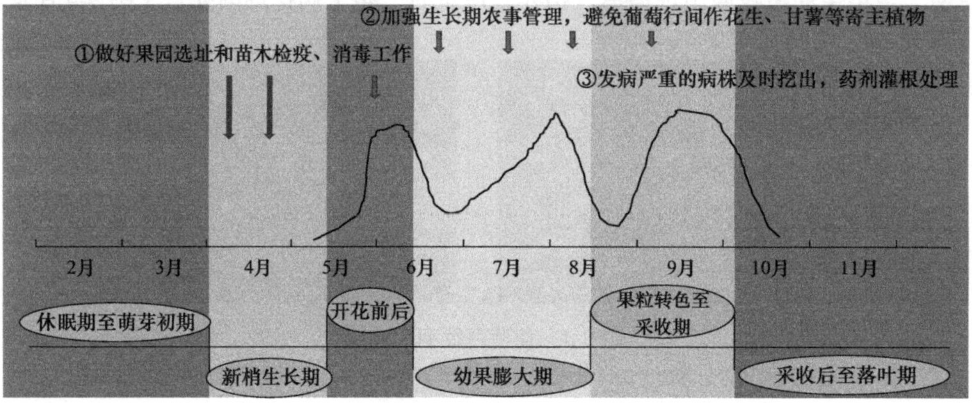

图 9-6　葡萄白纹羽病防治年历

不同葡萄产区发育期时间前后有一定差异，各项措施以发育期为准

（一）培育和选用无病苗木

首先，不要选用旧苗圃、老果园、旧林地改建苗圃；其次，调运苗木前要进行苗圃检查，坚决不用病苗圃的苗木；最后，栽植前要仔细检查，发现病苗彻底淘汰并烧毁，并对剩余苗木进行药剂消毒处理。常用 70% 甲基托布津可湿性粉剂 600～800 倍液、50% 多菌灵可湿性粉剂 500～600 倍液、77% 硫酸铜钙可湿性粉剂 500～600 倍液或 45% 代森铵水剂 400～500 倍液浸苗 3～5 min，即可获得良好的杀菌效果。

（二）注意果园前作

这是预防白纹羽病发生的又一关键措施。不要选择旧林地、古墓坟场、树木较多的河滩地及老果园改建新果园。如果必须在这样的地块建园时，首先要彻底清除树桩、残根、烂皮等树木残体；其次要对土壤进行翻耕、晾晒、灌水、休闲，促进病残体腐烂分解。也可在夏季用塑料薄膜覆盖土壤，利用太阳光杀死病菌；或用福尔马林 200 倍液浇灌土壤进行密闭熏蒸杀菌（地膜覆盖），待福尔马林充分散发后再栽植葡萄。

（三）加强栽培管理

增施有机肥及农家肥，使用充分腐熟的有机肥料，合理灌水，培育壮树，提高树体抗病能力。不要在葡萄行间间作花生、甘薯等病菌寄主植物，避免病害的扩散蔓延。

（四）及时治疗病树

发现病树后，首先挖沟封锁病树，防止病健根接触传播蔓延，然后灌药治疗。治疗时，在病树根区范围内浇灌 70% 甲基托布津可湿性粉剂 800～1000 倍液、50% 多菌灵可湿性粉剂 600～800 倍液、77% 硫酸铜钙可湿性粉剂 500～600 倍液、80% 波尔多液可湿性粉剂 500～600 倍液或 50% 克菌丹可湿性粉剂 500～600 倍液等，灌药液量要以保证将主要根区渗透为原则，一般每株浇灌药液 50～100 kg。灌药治疗时，在药液中混加促进生根类药剂效果更好。较重病树，在 20～30 d 后可再浇灌 1 次。另外，病树治疗后要加强肥水管理，以促进树势恢复。

（赵　磊）

第三节　葡萄根结线虫病

根结线虫（*Meloidogyne* spp.）是世界上为害性最强的植物病原线虫之一，其寄主范围广，种类多，分布广，对作物的危害也极大，一般减产 10% 左右，严重时高达 75% 以上，甚至绝收。目前世界各作物生产地都有根结线虫病的发生与为害的报道，多种作物、果树、花卉等均可被根结线虫侵染为害，造成严重的经济损失。

葡萄根结线虫病（grapevine root-knot nematodes）一般可造成葡萄减产 10% 左右，严重时达 75% 以上，甚至绝收，已成为制约葡萄安全稳定生产的重要因素之一。

一、症状

自 1889 年 Neal 首次报道葡萄根结线虫病以来，葡萄根结线虫病已成为制约葡萄产业的重要病害。该病害扩散速度很快，为害逐年加重。

根结线虫侵染葡萄后，导致整体植株生长势弱，生长迟缓。地上部主要表现出植株矮小、新梢细弱，叶片黄化（图 9-7 A）、易脱落，萌芽期与开花期推迟，花穗稀少、结果较少，且果实的品质差。根系（地下部）上则出现大小、密度不均一的念珠状根结，根结相互连接，形成大根结，病害严重时，根系会形成“块状”或“长条状”的根结瘤（图 9-7 B），导致根段变细变脆，致使根段功能丧失，最后根结连同病根腐烂坏死（图 9-7 C），对葡萄的产量和品质均造成较大影响。

图 9-7　葡萄苗圃根结线虫病症状

A．葡萄苗圃根结线虫病为害地上部症状；B．葡萄品种‘阳光玫瑰’根系受害症状；
C．根结线虫雌虫在葡萄根系根结处的为害状

二、病原

根结线虫属于线虫门（Nematoda）侧尾腺口纲（Secementea）垫刃目（Tylenchida）异皮科（Heterodetidea）的根结线虫属（*Meloidogyne*）。目前世界上根结线虫有 80 多个有效种，在我国记载的根结线虫有 47 种，有效种有 39 种，其他种的异种名和无效种有 8 个。根结线虫（*Meloidogyne* spp.）种类多、分布广泛、寄主范围广，是危害性最强的植物病原线虫之一。为害葡萄的根结线虫主要有 4 种，分别是南方根结线虫（*Meloidogyne incognita*）、花生根结线虫（*M. arenaria*）、爪哇根结线虫（*M. javanica*）和北方根结线虫（*M. hapla*）（图 9-8），它们占根结线虫种群的 90% 以上，这 4 种常见的根结线虫也是我国根结线虫的主要种群。

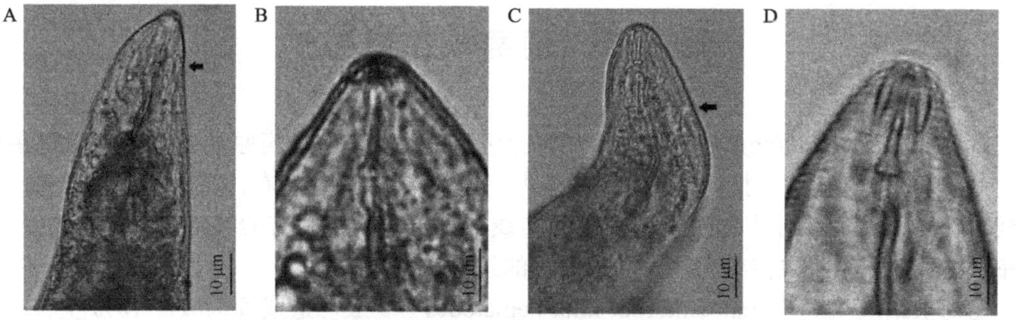

图 9-8　葡萄苗圃根结线虫雌成虫形态特征

A，B．南方根结线虫；A．雌虫体前端（箭头所示位置为排泄孔处）；B．雌虫口针；C，D．花生根结线虫；
C．雌虫体前端（箭头所示位置为排泄孔处）；D．雌虫口针

国内学者普遍认为为害我国葡萄的根结线虫主要为南方根结线虫。刘三军等（2011）认为在黄河故道地区为害葡萄的根结线虫主要为南方根结线虫。刘勇和张浩（2017）也证实在淮海经济区为害葡萄的根结线虫为南方根结线虫。近年来，随着葡萄种植面积的逐年扩大，葡萄苗圃内根结线虫病发生普遍，对葡萄育苗和苗木生产为害较大。

常根据形态测计、头部与口针形态、中食道球特征、食道类型、尾部形状及会阴花纹（图 9-9）等形态特征对根结线虫进行鉴定。例如，赵洪海（2000）根据形态测计、雄虫头部和口针形态、雌虫会阴花纹描述鉴定为害蔬菜作物根系的根结线虫为南方根结线虫、北

方根结线虫和爪哇根结线虫；D'Errico 等（2014）根据 2 龄幼虫和雄虫的口针形态、头部形状、中食道球类型等形态特征鉴定为害意大利阿鲁藤（*Araujia sericifera*）的根结线虫为南方根结线虫。近年来，随着分子生物学技术的发展，聚合酶链反应（polymerase chain reaction，PCR）技术以其高效性和准确性成为根结线虫种类鉴定的有效手段，如万新龙等（2007）通过 rDNA-ITS 序列测定和比对分析，获得了根结线虫的种群类型；Adam 等（2007）和容万韬等（2016）研究发现 MI-F/MI-R、Far/Rar 和 Fjav/Rjav 三对引物可用于南方根结线虫、花生根结线虫和爪哇根结线虫的鉴定；Mattos 等（2019）利用引物 GRA-J17-1F/R 和引物 SALR12-1F/R 鉴定为害水稻的根结线虫是禾本科根结线虫 *M. graminicola* 和萨拉斯根结线虫（*M. salas*）。为确保根结线虫鉴定的准确性，常采用形态学和分子生物学等多种鉴定手段相结合的方法，如孙龙华等（2005）在形态学和同工酶分析的基础上，根据线粒体 DNA-PCR（mitochondrial DNA-PCR，mtDNA-PCR）扩增及酶切方法鉴定出 4 种常见根结线虫；Oliveira 等（2018）采用雌虫会阴花纹描述、各虫龄整体虫态观察、同工酶分析、28S 核糖体 DNA-PCR（28S ribosomal DNA-PCR，28S rDNA-PCR）和 mtDNA-PCR 的方法，鉴定出在巴西高尔夫球场为害草坪草的根结线虫为禾本科根结线虫。

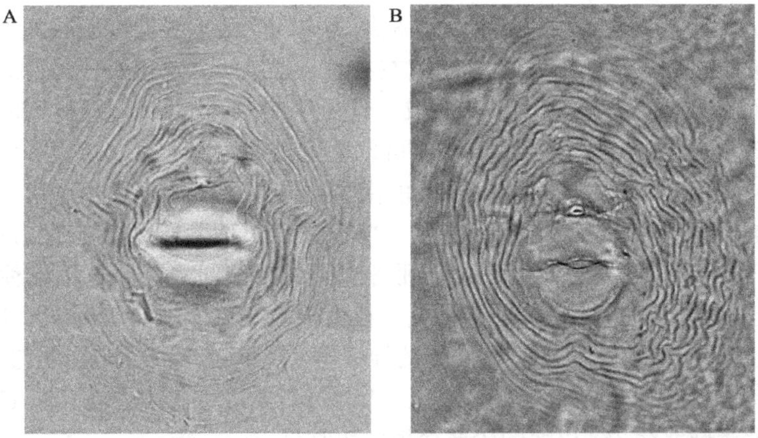

图 9-9　南方根结线虫（A）和花生根结线虫（B）雌虫会阴花纹特征

三、病害循环

葡萄根结线虫在北方寒冷地区，如宁夏、新疆、内蒙古等地无法在露地越冬，只能在温室中越冬。在陕西、甘肃和河南等地以南，葡萄根结线虫的雌成虫、卵和 2 龄幼虫在病株根残体中或根际土壤中越冬。次年春季，温度回升时，以 2 龄幼虫侵染新生幼根，形成新的瘤状根结。自春季侵染开始至秋末落叶期，随后进入休眠期。2 龄幼虫可出现 4 次侵染高峰，第一代幼虫侵染高峰期为 4 月下旬至 5 月上旬、二代幼虫侵染高峰为 7 月上中旬、三代幼虫侵染高峰为 9 月下旬至 10 月上旬、四代幼虫侵染高峰期为 11 月上中旬（图 9-10）。葡萄根结线虫传播的主要途径是通过感病苗木、受害葡萄园的病土、病株残根、人畜作业带病等。

影响葡萄根结线虫发生的主要环境因子是土壤温度、土壤水分和土壤质地。在土质疏松的砂质土壤中，当土壤温度在 22～30℃，含水量为 45%～60% 时，最适合根结线虫侵染葡

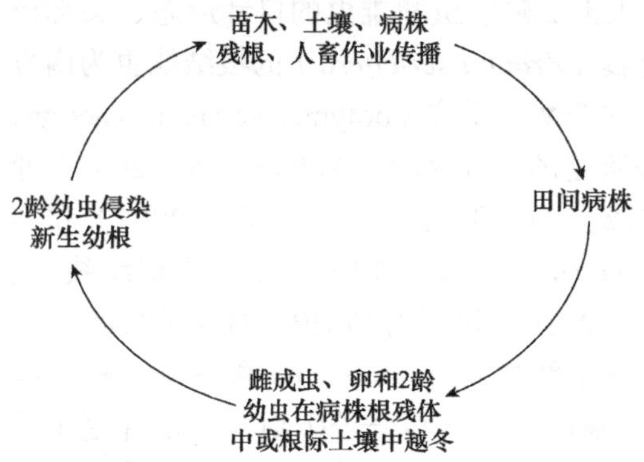

图 9-10　葡萄根结线虫病侵染循环

萄植株，若土壤温度低于 10℃或高于 36℃，土壤含水量高于 60% 时，根结线虫的活动受抑制，并且在黏土地块中根结线虫病的发病较轻。

四、发病条件

根结线虫通常在土壤中越冬，当次年环境条件适宜时（温度 10℃以上），根结线虫卵开始孵化，孵化后的 2 龄幼虫在土壤中寻找新的寄主进行侵染，成为当年的初侵染来源，侵染植物根部进行为害。根结线虫侵染能力很强，一年可进行多轮侵染循环，也具有明显的世代重叠现象。当环境条件不适时，根结线虫的卵和幼虫进入休眠状态。其中南方根结线虫（*M. incognita*）休眠体可存活 3 年，以抵抗外界恶劣的环境。由于根结线虫在土壤中活动范围较小，大多数只在植物根际活动，因此根结线虫主要依靠被动迁移，传播方式为土肥、流水和病残体随人移动等。

根结线虫的发生与气候条件密切相关。根结线虫的生活史受温度影响很大，在温暖环境下，一年可以繁殖 5～10 代，当温度在 27℃左右时，根结线虫繁殖一代需要 25～30 d。不同气候区的根结线虫每年发生的世代数和完成一代所用的时间有明显差异，郭衍银等（2004）调查发现山东省生姜上的南方根结线虫一年可发生完整的 4 代，完成 1 代平均约需 35 d。李树庆等（2004）发现在广西南宁寄生在香蕉的南方根结线虫一年内发生 9 代，完成一代需要 30～54 d。当在低温（低于 10℃）或者高温（高于 36℃）环境下，根结线虫的侵染活动会被抑制，在低温－20℃和高温 55℃下可以杀死各虫龄的根结线虫。此外不同种的根结线虫适应的气候条件也有差异，其中南方根结线虫、花生根结线虫（*M. arenaria*）和爪哇根结线虫（*M. javanica*）适宜在年平均气温 15～30℃的地区寄生繁育，广泛分布在北纬 35° 至南纬 35° 的热带、亚热带和温带地区，北方根结线虫（*M. hapla*）适宜在年平均气温 10～15℃的地区寄生繁育，在北半球北纬 35° 以北的较寒冷地区较常见。

土壤条件也是影响根结线虫发生的重要因素，据调查发现土壤的含水量对根结线虫影响最大。纪春涛等（2016）研究发现土壤含水量在 40%～70% 时，对根结线虫的活动最有利。陈立杰等（2009）研究表明，土壤含水量在 10.2%～31.5%，根结线虫 2 龄幼虫的侵染能力最强，侵染能力随着土壤含水量增加而逐渐减弱。黄文坤等（2018）研究表明根结线虫具有好氧性，长时间淹水隔绝空气，可以减轻根结线虫病的危害。根结线虫通常分布在深度为 5～25 cm 的土层中，在 3～10 cm 深的土层分布最多，随着土层的加深，根结线虫的数量逐渐减少，且在不同质地的土壤中，根结线虫的发生及分布有明显的差异。李长存等（1991）调查发现在土质疏松的壤土、砂土田块中，根结线虫病害严重，在黏土田块中病害较轻。伏召辉（2011）发现根结线虫在轻砂质土或砂壤土环境中发生尤为严重，分布更深，可达到 50 cm 深的土层中，而在黏壤土中一般集中在 0～30 cm 深的土层中。综上所述，影响葡萄根结线虫发病的环境因素主要是土壤水分、土壤温度和土壤质地。土壤 10～20 cm，平均地温 22～30℃最适合侵染危害，低于 10℃或高于 36℃线虫侵染受抑制。土壤田间持水量为

45%～60% 时，最适宜发病，高于 60% 发病轻，多雨年份发病轻，干旱年份发病重。土质疏松的壤土、砂土田块发病重，黏土田块发病较轻。

五、防治方法

葡萄根结线虫病的防治应以苗木检疫和消毒为主，以农事操作管理和药剂防治为辅（图 9-11）。

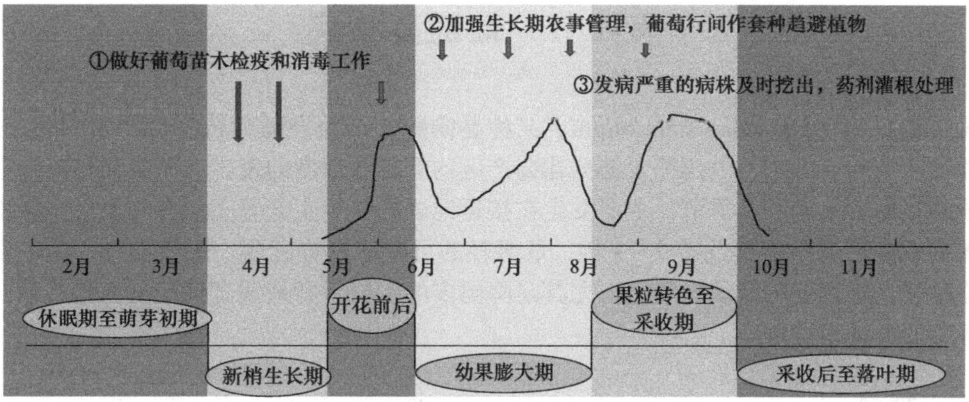

图 9-11　葡萄根结线虫病防治年历

不同葡萄产区发育期时间前后有一定差异，各项措施以发育期为准

（一）加强葡萄苗木检疫

在根结线虫可越冬的地区，根结线虫一旦进入葡萄园土壤，将很难清除。引进葡萄苗时做好检疫工作，避免将线虫引进。

（二）加强栽培管理

栽植砧木具有较好抗性的嫁接苗。选用抗性砧木是预防葡萄根结线虫病最经济有效的途径。目前，大多葡萄栽培品种对根结线虫不具备较好的抗性，部分砧木则具有相对较好的抗性，如 SO4、5BB 和 1103P 等。多施有机肥，促进根系生长和营养吸收，提高葡萄抗性。也可在葡萄园的行间间作套种葱、蒜、茼蒿等趋避植物，对减轻根结线虫病的发病程度也有一定效果。除此之外，在夏季高温季节可把病区的土层浅翻 10～15 cm，在阳光下暴晒，以杀死土壤表层部分线虫和卵。

（三）药剂防治

受害葡萄园在春季 2 龄幼虫开始活动时，用益舒宝 500～700 倍灌根，每株灌 250～500 g，灌根面积应在 20 cm^2 以上。先扒开表层土 8～12 cm，后均匀撒药，再覆盖土，或用 1,3- 二氯丙烷、溴甲烷、棉隆、五氯硝基苯、克线灵等药剂防治。

（四）生物防治

对感染根结线虫病的葡萄植株用淡紫拟青霉、厚孢轮枝菌、巨大芽孢杆菌等微生物菌剂进行灌根处理。灌根时，在病株周围筑一圈土堰，将配制好的菌剂水溶液倒入圈堰中。

（闫思远）

第四节 葡萄蔓枯病

葡萄蔓枯病（grapevine stem blight）又称蔓割病，是为害葡萄枝蔓最严重的病害之一。该病在我国河南、山东、山西等大部分葡萄产区均有不同程度的发生，尤以老葡萄园危害较重。该病害易发生于早春季节，主要发生在接近地表的多年生老蔓上，有时也危害新梢和果实。该病发生后通常持续危害2～3年，危害轻的可造成树势衰弱、生长不良，危害重的造成枝蔓枯死，导致葡萄园缺株断垄，尤其是降雨多的年份常常造成葡萄枝蔓大量枯死，严重影响葡萄的产量和质量。

一、症状

葡萄蔓枯病一般每年6～7月症状表现明显，发病初期植株通常在晴天的下午表现出叶片缺水萎蔫现象，之后逐渐出现整枝或整树严重萎蔫，直到整枝或整树出现叶片青枯、果梗萎蔫等症状。葡萄蔓枯病危害初期，发病部位表现为红褐色病斑、略凹陷，之后病斑逐渐扩大，呈梭形，凹陷部分的组织逐渐腐烂并变成暗褐色至黑褐色（图9-12 A），发病后期在病斑上产生许多黑色小粒点，即病菌的分生孢子器和子囊壳。秋季，发病部位枝蔓表皮表现为纵向撕裂，露出丝状的维管束组织，易折断。若主蔓染病，病部以上枝蔓生长衰弱，节间缩短，叶片、果穗及果粒均变小，果实品质变劣，有时叶片变黄以致萎蔫，严重时枝蔓会枯死（图9-12 B）。

图9-12 葡萄蔓枯病症状（夏声广摄，2013）

A．蔓枯病在枝蔓上的新鲜病斑；B．蔓枯病在老蔓上的老病斑

二、病原

葡萄蔓枯病菌有性世代为子囊菌门真菌葡萄生小隐孢壳［*Cryptosporella viticola*（Red.）Shear］。无性世代为半知菌门真菌葡萄生壳梭孢（*Fusicoccum viticolum* Redd.）。子囊壳埋生于寄主表皮下垫状子座内，呈球形、黑褐色。子囊纺锤形或圆筒形，无色。子囊孢子长椭圆形、单胞、无色。分生孢子器埋生于病部组织内，呈烧瓶状、黑褐色，常常数个聚集在子座中（图 9-13 A）。分生孢子器可产生 2 种不同形态的孢子，均无色、单胞。Ⅰ型为长纺锤形至圆柱形，Ⅱ型为丝状，略弯曲，其中Ⅱ型孢子不能发芽（图 9-13 B 和 C）。

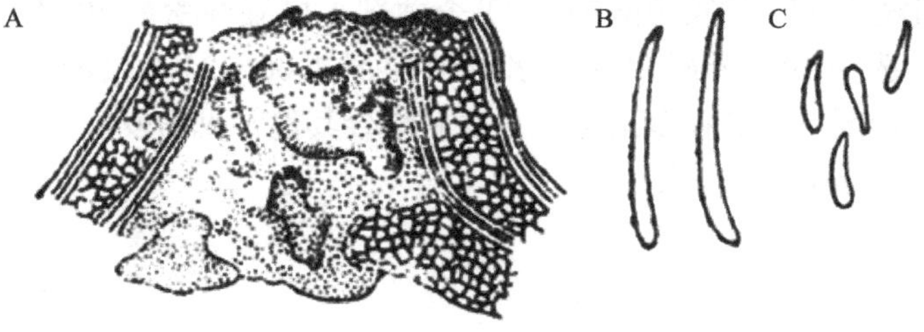

图 9-13　葡萄蔓枯病菌（引自方中达，1998）

A. 分生孢子器；B. 丝状分生孢子；C. 长纺锤形分生孢子

三、侵染循环

葡萄蔓枯病菌通常以分生孢子器和菌丝体在土壤和病蔓上越冬。次年春季 5～6 月释放分生孢子，借风雨传播，由枝蔓的各种损伤产生的伤口或气孔侵入，在韧皮部和木质部形成分生孢子器并沿维管束蔓延引起发病（图 9-14）。地势低洼、土质黏重、排水不良、土层薄、肥水不足、冻害严重、管理粗放、负载量过大及虫伤多或患有其他根部病害的葡萄树发病严重。

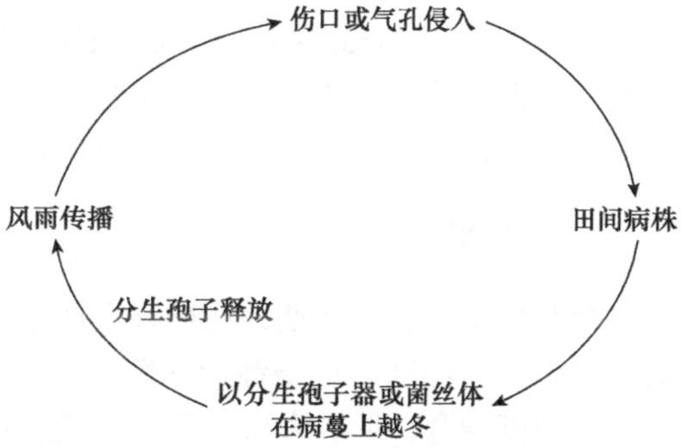

图 9-14　葡萄蔓枯病侵染循环

四、防治方法

（一）加强葡萄园栽培管理

新建园时选择抗病品种。加强肥水管理，增施有机肥，合理挂果，疏松或改良土壤，雨后及时排水。在土壤耕作及田间操作时尽量避免对葡萄根及枝蔓基部造成伤口，同时注意防治地下害虫，减少害虫造成的伤口，避免病菌从伤口入侵。冬季做好埋土防寒工作，防止枝蔓受冻。在埋土和出土时注意轻压轻放，避免扭伤枝蔓。注意及时培养新蔓，更新老蔓，保持植株旺盛的生长力。

（二）及时清除田间病组织

及时检查枝蔓，发现病蔓及时剪除，在主蔓上发现病斑后，轻者用刀刮除病斑，重者剪掉或锯除，并带出葡萄园深埋或烧毁，伤口用5°Bé石硫合剂或45%晶体石硫合剂30倍液涂抹消毒。

（三）药剂防治

可结合防治葡萄其他病害，在发芽前喷一次5°Bé石硫合剂，杀灭在枝蔓上存活的越冬病菌。在5～6月及时喷施下列药剂：1∶0.7∶200倍式波尔多液2～3次或77%可杀得可湿性微粒粉剂500倍液、50%琥胶肥酸铜（DT杀菌剂）可湿性粉剂500倍液、14%络氨铜水剂350倍液，也可选用10%苯醚甲环唑水分散粒剂2000～2500倍液、25%戊唑醇水乳剂2000～2500倍液等药剂。尤其在多雨时节，雨后结合其他常见易发病害喷施多菌灵800倍液等杀菌剂，以减少葡萄枝蔓病的发生。

（鞠明岫　闫思远）

第五节　葡萄枝枯病

葡萄枝枯病（grapevine shoot blight）是近年来发现的主要为害葡萄枝干的病害之一，有时也可为害穗轴和叶片，由葡萄座腔菌属真菌侵染引起。发病后常引起枝条溃疡，严重时导致裂果烂果和枝干枯死，严重影响葡萄的产量和品质。

一、症状

葡萄枝枯病发病初期，在枝蔓上产生褐色至黑褐色小斑点，稍隆起，之后逐渐扩展成黑褐色长条形、椭圆形或纺锤形凹陷病斑，表面常开裂，多呈溃疡状（图9-15 A）。危害严重时多个病斑融合，形成大斑。后期病斑连片干枯，形成褐色长条形病斑，表面常有纵裂，严重时导致上部枝条枯死。当年生枝条染病多见于叶痕处，病斑呈暗褐色至黑色，向枝条深处扩展，直至髓部，导致病枝条枯死（图9-15 B）。邻近健康组织仍可生长并形成不规则瘤状物。穗轴发病时，初期发病部位呈褐色斑点，随后迅速扩展成长椭圆形黑褐色凹陷病斑，严重时造成全穗干枯（图9-15 C）。果实发病时，初期发病部位呈褐色斑点，随后迅速扩展成椭圆形黑褐色凹陷病斑（图9-15 D）。叶片在展叶后不久即可发生该病害。发病初期在叶片上形成许多黄绿色小斑点，扩展后斑点中部呈黑褐色，后期斑点常脱落形成穿孔，有时在叶脉上会形成暗褐色至黑色坏死斑，使叶脉坏死、皱缩，严重时造成早期落叶。

二、病原

葡萄枝枯病主要是由半知菌门真菌葡萄生拟茎点霉（*Phomopsis viticda*）侵染引起。其分生孢子器单腔，生于子座表面，子座不明显，分生孢子梗短小。分生孢子有椭圆形和丝状两种形态。

图 9-15　葡萄枝枯病症状

A．葡萄枝枯病为害枝蔓初期症状；B．葡萄枝枯病为害枝蔓后期症状；C．穗轴出现黑褐色凹陷病斑；D．果实出现黑褐色凹陷病斑

三、侵染循环

葡萄枝枯病菌主要以分生孢子器或菌丝体在感病枝蔓等病残体上越冬。次年 5～6 月，条件适宜时释放出分生孢子，借风雨传播，在具水滴或雨露条件下，分生孢子经 4～8 h 即可萌发，经伤口或由气孔侵入，造成发病（图 9-16）。该病菌在叶片上的潜伏期为 2～5 d，在枝蔓上的潜伏期为 20～30 d。该病一经发生，常连续危害 2～3 年。多雨或湿度大的地区、植株衰弱、冻害严重、氮肥使用过多、枝蔓幼嫩、架面郁闭的葡萄园发病重。

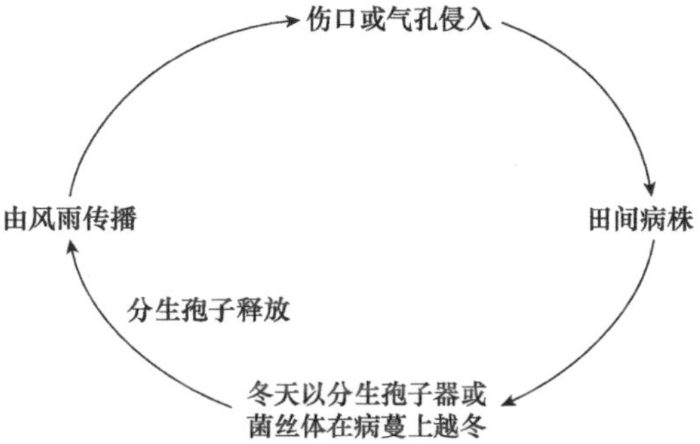

图 9-16　葡萄枝枯病侵染循环

四、防治方法

（一）加强葡萄园栽培管理

参照葡萄蔓枯病加强葡萄园栽培管理的具体方法。

（二）及时清除田间病组织

及时检查枝条、叶片、穗轴等病菌易于危害的部位，发现病枝、病叶及病穗轴时要及时剪除，带出葡萄园深埋或烧毁，同时伤口用 5°Bé 石硫合剂或 45% 晶体石硫合剂 30 倍液涂抹消毒。

（三）药剂防治

参照葡萄蔓枯病药剂防治的具体方法。

（赵 磊）

复 习 题

1. 简述葡萄根癌病的症状、发生条件和防治方法。
2. 简述葡萄根结线虫病的症状、病原种类、发生条件和防治方法。
3. 简述葡萄白纹羽病、蔓枯病和枝枯病的症状、发生特点和防治方法。

第十章 葡萄病毒病

第一节 葡萄病毒病概述

扫码见本章彩图

葡萄病毒病是影响葡萄产业优质、高效发展的重要因素，目前世界上已报道葡萄病毒种类多达 80 余种，包括 DNA 病毒（图 10-1）和 RNA 病毒（图 10-2 和图 10-3）。我国已报道的葡萄病毒有 21 种，包括葡萄卷叶相关病毒（*Grapevine leafroll-associated virus*，GLRaV-1、GLRaV-2、GLRaV-3、GLRaV-4、GLRa-7 和 GLRaV-13）、葡萄病毒 A（*Grapevine virus* A，GVA）、病毒 B（GVB）、病毒 E（GVE）、病毒 T（GVT）、沙地葡萄茎痘相关病毒（*Grapevine rupestris stem pitting associated virus*，GRSPaV）、葡萄扇叶病毒（*Grapevine fan leaf virus*，GFLV）、葡萄斑点病毒（*Grapevine fleck virus*，GFkV）、葡萄灰比诺病毒（*Grapevine pinot gris virus*，GPGV）、葡萄浆果内坏死病毒（*Grapevine berry inner necrosis virus*，GINV）、葡萄蚕豆萎蔫病毒（*Grapevine fabavirus*，GFabV）、葡萄羽脉病毒（*Grapevine rupestris vein feathering virus*，GRVFV）、葡萄红地球病毒（*Grapevine red globe virus*，GRGV）、葡萄西拉病毒 1（*Grapevine syralz virus 1*，GSyV-1）、葡萄豌豆耳突花叶病毒 1（*Grapevine enamovirus 1*，GEV1）和葡萄双生病毒 A（*Grapevine geminivirus* A，GGVA）。葡萄感染病毒后，引起树势衰退，产量降低，品质变劣，经济寿命缩短，甚至树体死亡。

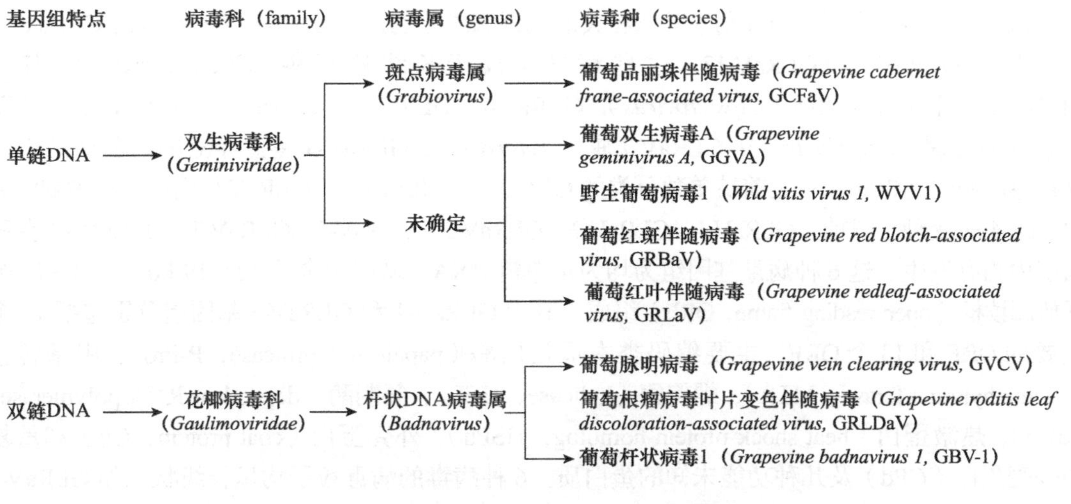

图 10-1 侵染葡萄的 DNA 病毒（引自张梦妍，2020）

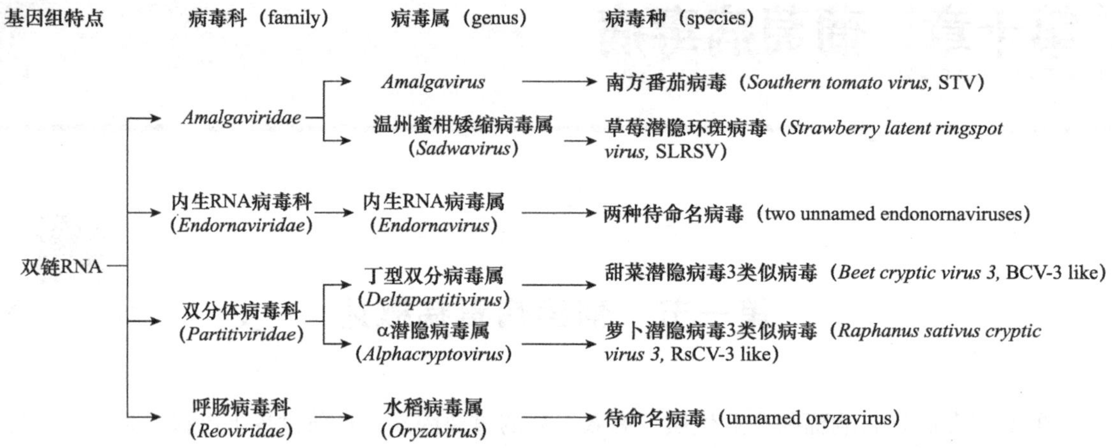

图 10-2　侵染葡萄的双链 RNA 病毒（引自张梦妍，2020）

一、葡萄卷叶病

（一）症状

葡萄卷叶病（grapevine leafroll-associated disease，GLRD）是世界范围内分布最广，造成损失最大的一种葡萄病毒病，已成为世界葡萄栽培地区生产中的严重问题。在田间，酿酒葡萄红色品种感染卷叶病毒后，发病初期下部叶片叶肉呈现红色斑块（图 10-4 A），以后逐渐扩大并连接成片，仅叶脉保持绿色（图 10-4B 和 C）。白色品种感病后，叶片褪绿黄化，症状也从下部叶片开始。无论红色品种还是白色品种，变色的叶片叶缘均向后反卷、增厚、变脆。受害葡萄树果穗变小，果粒发育不整齐，着色不良，糖度降低。

（二）病原

截至目前研究表明，与葡萄卷叶病相关的病毒病原分别是 GLRaV-1、GLRaV-2、GLRaV-3、GLRaV-4、GLRaV-7 和 GLRaV-13，这些病毒均属于长线病毒科（*Closteroviridae*），其中 GLRaV-2 属于长线病毒属（*Closterovirus*）；GLRaV-1、GLRaV-3、GLRaV-4、GLRaV-13 属于葡萄卷叶病毒属（*Ampelovirus*）；GLRaV-7 属于 *Velarivirus*。GLRaV-3 是世界范围内公认的引起葡萄卷叶病的病毒病原；之前被单独分类的 GLRaV-5、GLRaV-6、GLRaV-9 现在已经被划定为 GLRaV-4 的变种。目前，GLRaV-1、GLRaV-2、GLRaV-3、GLRaV-4、GLRaV-7、GLRaV-13 在我国境内均有发生。这 6 种病毒基因组为均为正单链 RNA，基因组全长 12～19 kb，由 8～13 个开放阅读框（open reading frame，ORF）组成，其中 GLRaV-1 和 GLRaV-3 基因组分别包括 10 个主要的 ORF 和 13 个 ORF，主要编码类木瓜蛋白酶（papain-like protease，P-Pro）、甲基转移酶（methyltrans ferase，MTR）、螺旋酶（helicase，HEL）、复制酶（dependent RNA polymerase，RdRp）、热激蛋白（heat shock protein homolog，HSPh）、外壳蛋白（coat protein，CP）和重复的外壳蛋白（CPd）及几种功能未知的蛋白质。6 种病毒的病毒粒子均呈长线状，如 GLRaV-3 病毒粒子长度在 1400～2200 nm，宽度在 10～12 nm（图 10-5）。

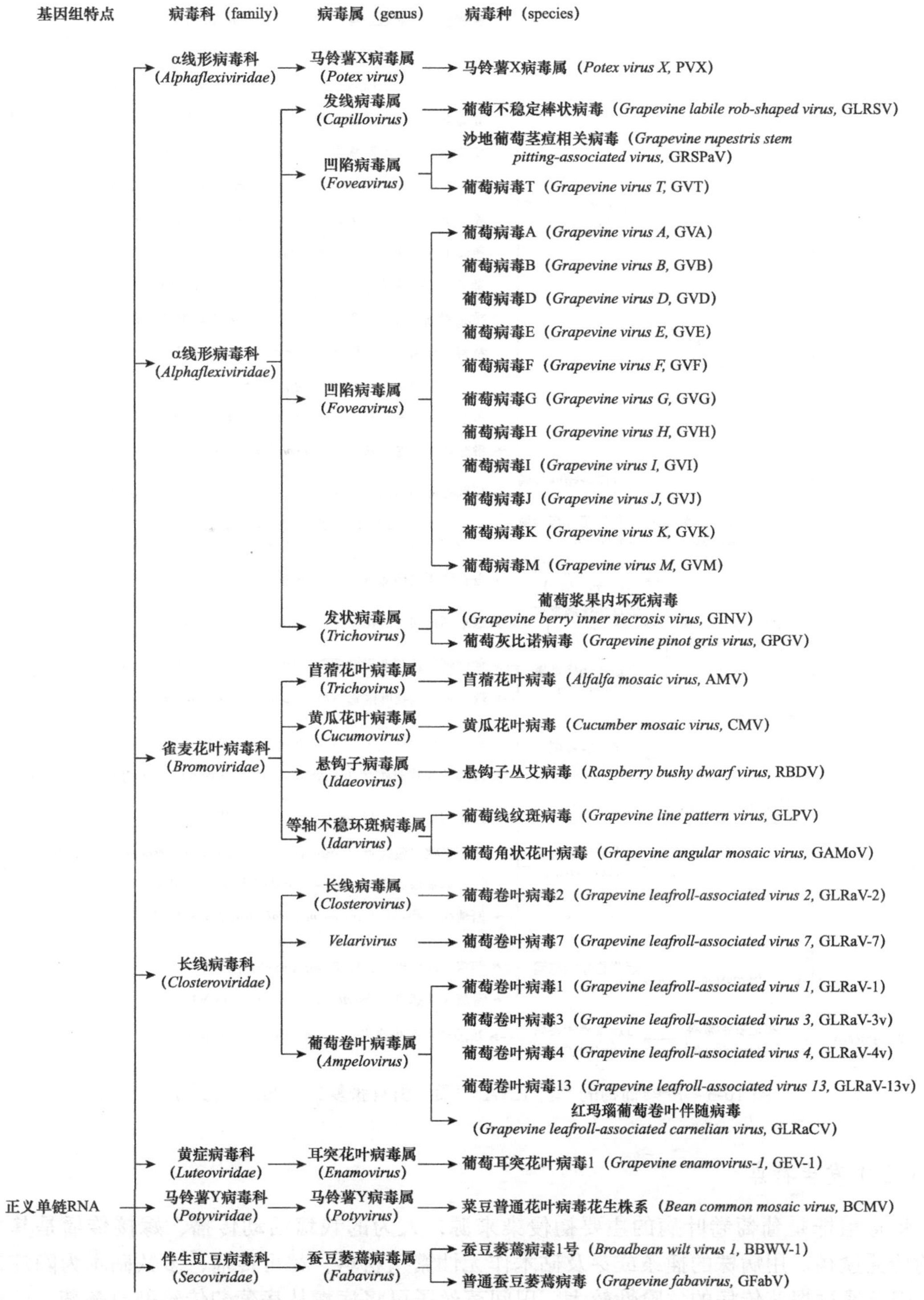

图 10-3 侵染葡萄的单链 RNA 病毒（引自张梦妍，2020）

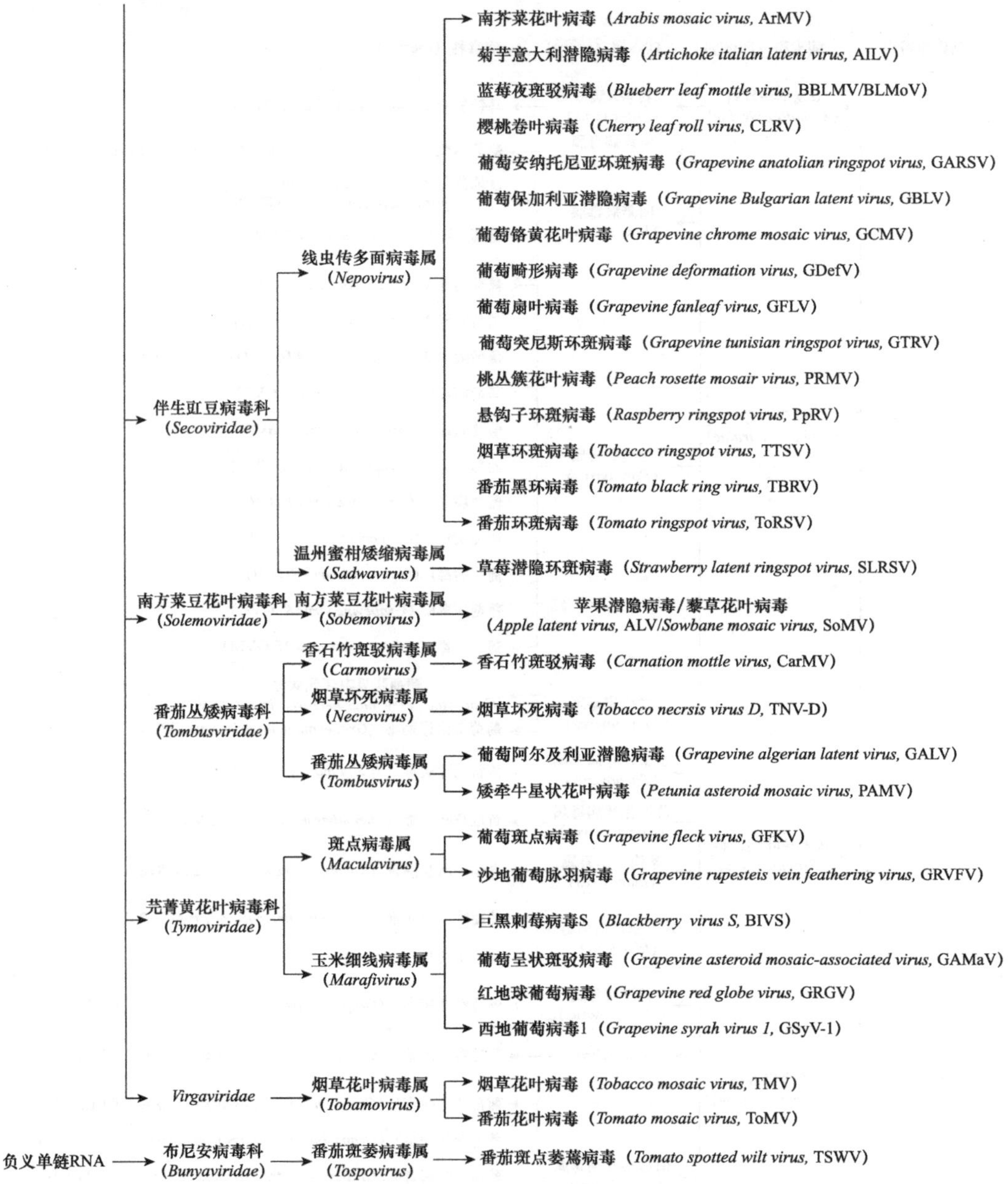

图 10-3 侵染葡萄的单链 RNA 病毒（引自张梦妍，2020）（续）

（三）发生特点

带毒植株是葡萄卷叶病的主要初侵染来源，人为的栽培活动传播、嫁接传播是其主要的传播途径。用病株的插条或芽及砧木作无性繁殖材料，都可传播，多数砧木为隐症带毒，因此通过根茎传病的危险性较大。田间菟丝子可将病毒从病葡萄传给健康葡萄，汁液接种不能从葡萄传播到葡萄，但可通过葡萄传到草本寄主上。远距离传播主要是带毒繁殖材料（接穗、插条等）的调运。同时，介体昆虫也可以传播病毒，如 GLRaV-1 由粉蚧科

图 10-4 酿酒葡萄品种‘蛇龙珠’感染 GLRaV-3 症状

A. 感染 GLRaV-3 初期症状；B. 感染 GLRaV-3 中期症状；C. 感染 GLRaV-3 后期症状

（Pseudococcidae）和蚧总科（Coccoidae）昆虫传播。已经报道可以传播 GLRaV-1 的粉蚧科昆虫主要有波希米亚粉蚧（Bohemian mealybug）、苹果粉蚧（apple mealybug）、葡萄粉蚧（grape mealybug）和康斯托克粉蚧（Comstock mealybug），已经报道可以传播 GLRaV-1 的蚧总科昆虫主要有葡萄绵蜡蚧（*Pulvinaria vitis*）、混合扁平球坚蚧（*Parthenolecanium corni*）。GLRaV-2、GLRaV-7 和 GLRaV-13 的昆虫传播介体目前还没有报道；GLRaV-3 及 GLRaV-4 的部分株系可通过粉蚧科和蚧总科昆虫传播。

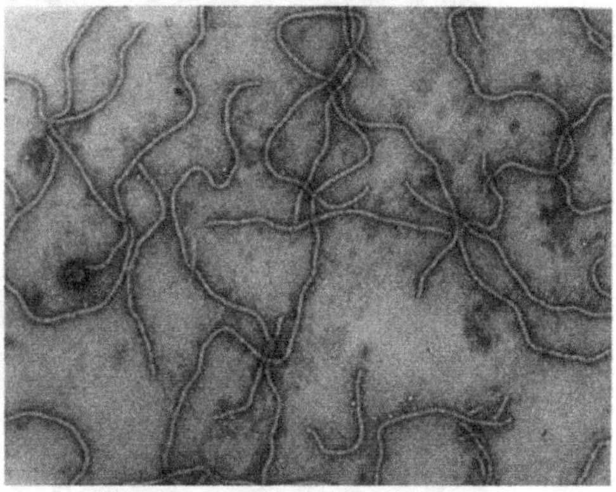

图 10-5 GLRaV-3 粒子形态

（引自 Burger et al.，2017）

二、葡萄扇叶病

（一）症状

葡萄扇叶病（grapevine fan leaf disease）又名葡萄扇叶退化病，是世界范围内对葡萄危害比较严重的病毒病害之一。主要在叶片上表现明显症状，且症状较为复杂，根据其症状特点大致分为三种类型。

1. 扇叶型 又称畸叶型，典型特点是叶片严重变形，叶片基本平展，呈扇叶状（图 10-6 A）。叶缘锯齿增多，尖锐，长短不齐；叶片变小，叶裂变深，多不对称。新梢不正常分枝，节间缩短，枝条变细。病叶上常伴随有褪绿斑驳。果穗发病，坐果不良，果粒小，大小不一，落果现象严重。

2. 花叶型 叶片上有许多边缘不明显、形状不规则的黄色斑或斑块，颜色浓淡不均，透光观察更加明显。有时有黄色网纹（图 10-6 B）、环状线纹、褪绿环斑（图 10-6 C）等，有时叶片黄化。

3. 脉带型 叶脉部分呈现黄色至白色的褪绿斑纹，并逐渐向脉间扩展，使叶脉成褪绿的宽带状（图 10-6 D），有时伴有轻微畸形。

（二）病原

葡萄扇叶病毒（*Grapevine fanleaf virus*，GFLV）是引起葡萄扇叶病的 15 种病毒病原之一，属于伴生豇豆病毒科（*Secoviridae*）线虫传多面体病毒属（*Nepovirus*）的成员。除了 GFLV 外，线虫传多面体病毒属的其他病毒也可以感染葡萄，并引起与 GFLV 相似的症状，如南芥菜花叶病毒（*Arabis mosaic virus*，ArMV）和葡萄铬黄花叶病毒（*Grapevine chrome mosaic virus*，GCMV）。

图 10-6　葡萄扇叶病症状

A．葡萄畸叶型扇叶病症状；B．葡萄花叶型扇叶病症状（黄色网纹）；C．葡萄花叶型扇叶病症状（褪绿环斑）；D．葡萄脉带型扇叶病症状

葡萄扇叶病毒颗粒为等轴对称二十面体，直径 28 nm。超速离心分析，可分成上（T）、中（M）、下（B）三种，血清学无法区分沉降组分，沉降系数分别为 50S、86S 和 120S，核酸含量分别为 0、30% 和 42%。M 组分含有 RNA2，B 组分含有 RNA1 和 RNA2。GFLV 基因组包括两条单链正义 RNA，核酸分子质量分别为 2.4×10^6Da（RNA1）和 1.4×10^6Da（RNA2），侵染需要 RNA1 和 RNA2 两者共同作用。

（三）发生特点

GFLV 在活体病株内越冬，带毒病株是该病的主要侵染来源。可通过汁液摩擦、嫁接和线虫传播，葡萄种子不能传毒，实验证明剑线虫（*Xiphinema index*）是 GFLV 唯一的传播介体。葡萄园内的近距离传播主要通过修剪工具、株间的汁液摩擦和土壤线虫等，传毒线虫生活在葡萄根际周围的土壤中，通过刺吸病树根部组织几分钟内即可获毒，剑线虫成虫获毒后可保持传毒能力几个月。远距离传播主要通过带毒苗木、接穗、砧木、插条等繁殖材料的调运。

三、葡萄茎痘病

（一）症状

葡萄茎痘病（grape stem pitting disease）又称衰退病，主要为害美洲砧木，在欧洲许多品种上是隐性传染。该病毒可以引起指示植物沙地葡萄（*Vitis rupestris* St. George）的木质部凹陷。该病毒在生产上的危害主要是引起砧木与接穗愈合处以上茎蔓肿大，接穗比砧木直径显著增粗，皮层粗糙或增厚；剥开皮层，木质部射线开裂，排列紊乱，皮层表面形成齿状或脊状突起，嫁接口表面呈现典型的症状凹陷或长条形槽沟，与树皮形成层内表而狭长的隆起部分相对应（图 10-7）。病株叶片无症状，但果穗少，果粒小，表现明显衰退现象，砧穗生长失调，有时不能结实，甚至死亡。

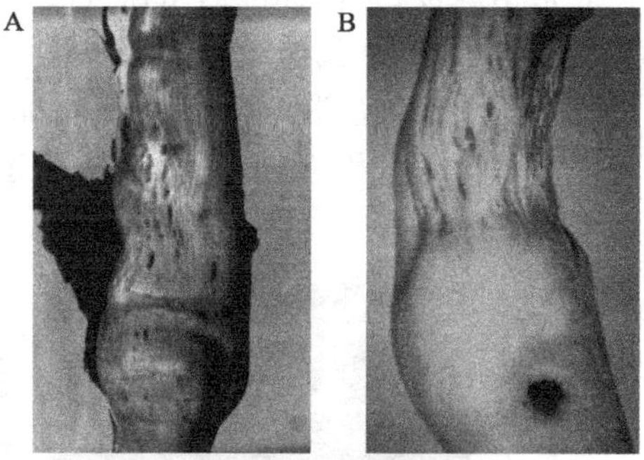

图 10-7 葡萄扇叶病症状

A．茎痘病在接穗木质部表面形成的症状凹陷；B．茎痘病在接穗木质部表面的凹陷槽沟

（二）病原

研究证明沙地葡萄茎痘相关病毒（*Grapevine rupestris stem pitting-associated virus*，GRSPaV）是葡萄茎痘病的相关病原，它属于 α 线形病毒科（*Alphaflexi viridae*）凹陷病毒属（*Foveavirus*），病毒粒子呈弯曲线状（图 10-8）。该病毒基因组为正义单链 RNA 分子，基因组大小约 9 kb，编码 5 个 ORF，ORF1 编码 RdRp；ORF2、ORF3、ORF4 编码一个三基因块（triple gene block，TGB），它们参与病毒移动；ORF5 编码 CP。目前，GRSPaV 的传播介体和草本寄主均还没有被发现，这也极大地限制了该病毒致病机理的研究进展。因此，关于该病毒还需要深入研究。

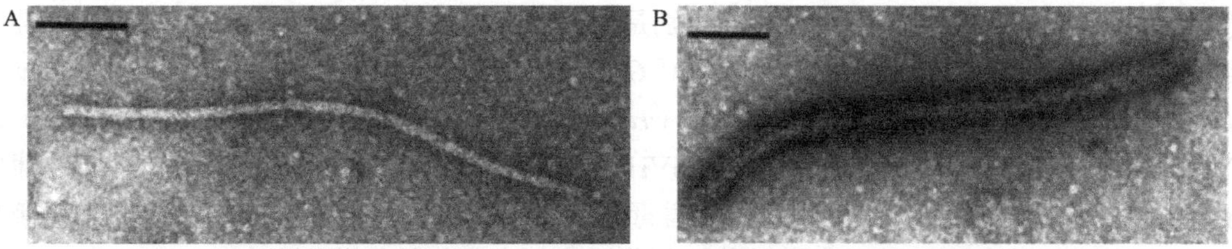

图 10-8 GRSPaV 粒子形态（引自 Meng and Rowhani，2017）

A．复染法观察的 GRSPaV 粒子形态；B．免疫电镜法观察到的粒子形态。标尺为 100 nm

（三）发生特点

葡萄茎痘病毒在病植株体内越冬，主要通过嫁接传播，无论砧木还是接穗带毒均可导致发病。苗木、插条、接穗或砧木带毒是该病远距离传播的主要方式。有人认为葡萄花粉可以

传病，也有人认为该病具有自然传播媒介，但均未得到证实。

四、葡萄皱木复合病

（一）症状

葡萄皱木复合病（Rugose wood disease）又称葡萄粗皮综合征，是葡萄上一类通过嫁接传播的严重的综合病症。最早由 Graniti 于 1966 年报道，迄今在世界各国葡萄种植区域均有发生。其症状包括茎沟、茎痘及砧木或幼芽木质部的扭曲，受感染葡萄易造成藤的早期死亡。根据嫁接到指示植物上的症状，可以将皱木复合病分为三种类型：茎沟型、茎痘型和栓皮型（图 10-9）。我国最早于 1989 年在辽宁发现皱木复合病，随后王国平等在辽宁和山东省首次报道了葡萄茎沟型和栓皮型，2003 年在四川省也发现葡萄茎沟型和栓皮型。此后，在河南、湖北、四川及新疆等地也相继报道了该病害的发生。

图 10-9　葡萄栓皮型皱木复合病症状

（二）病原

截至目前研究表明，与皱木复合病相关的病毒病原均为 α 线形病毒科成员，目前为止，侵染葡萄的葡萄病毒属共有 12 种成员，分别是葡萄病毒 A（*Grapevine virus A*，GVA）、葡萄病毒 B（*Grapevine virus B*，GVB）、葡萄病毒 D（*Grapevine virus D*，GVD）、葡萄病毒 E（*Grapevine virus E*，GVE）、葡萄病毒 F（*Grapevine virus F*，GVF）、葡萄病毒 G（*Grapevine virus G*，GVG）、葡萄病毒 H（*Grapevine virus H*，GVH）、葡萄病毒 I（*Grapevine virus I*，GVI）、葡萄病毒 J（*Grapevine virus J*，GVJ）、葡萄病毒 K（*Grapevine virus K*，GVK）和葡萄病毒 M（*Grapevine virus M*，GVM）。已经报道与葡萄皱木复合病相关的分别是 GVA、GVB、GVE、GVF。GVA、GVB、GVE 和 GVF 具有相似的分子特性，其中病毒粒子均为易弯曲的杆状或线条状，长约 800 nm，直径 12 nm，螺旋对称结构（图 10-10）。基因组为单链正义单链 RNA 分子。基因组全长 7.4～7.6 kb，5′ 端为帽子结构，3′ 端有 poly（A）尾巴。基因组编码 5 个 ORF，ORF1 编码 RdRp；ORF2 编码一个功能未知蛋白；ORF3 编码运动蛋白（movement protein，MP）；ORF4 编码 CP；ORF5 编码的是 RNA 结合蛋白（nucleic acid-binding protein，NabP）。

（三）发生特点

GVA、GVB、GVE和GVF在活体病株内越冬，带毒病株是该病的主要侵染来源。嫁接和繁殖材料是病毒传播的主要途径，病毒也可以通过机械接种或昆虫介体如粉蚧进行传播。葡萄园内的近距离传播主要通过修剪工具、株间的汁液摩擦等。远距离传播主要通过带毒苗木、接穗、砧木、插条等繁殖材料的调运。

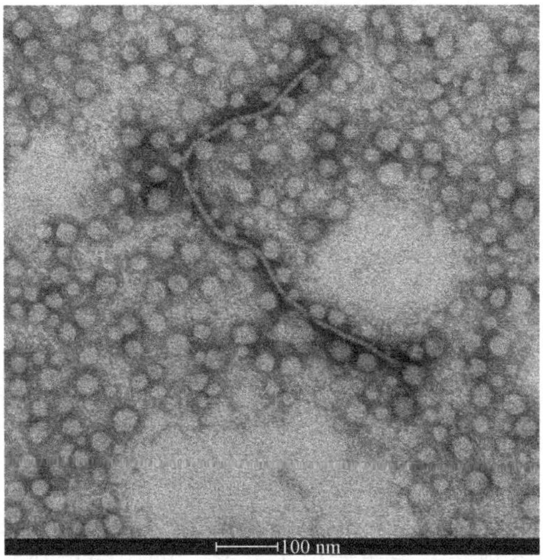

图 10-10 GVB粒子形态（750 nm×12 nm）
（引自谢联辉，2008）

五、葡萄金黄化病

（一）症状

野生和栽培葡萄上的植原体病害由于引起叶片黄化而称为葡萄金黄化病（flavescence dorée，FD）。最初，FD曾被认为是生理性病害，后来发现FD可由嫁接传染和由葡萄带叶蝉（*Scaphoideus titanus* Ball）传播。1971年，Caudwell等证明FD是由植原体（phytoplasma）引起的。FD可以引起葡萄叶片褪色向下翻卷、花凋萎、果实皱缩等症状，从而导致葡萄产量和品质下降（酸度升高，含糖量下降）。目前，所有的栽培葡萄品种都对FD敏感，只是程度有所不同，如‘雷司令’‘霞多丽’‘解百纳’和‘黑比诺’等。FD在法国和意大利广泛分布，而且已经扩展到西班牙、葡萄牙、塞尔维亚、罗马尼亚、阿尔巴尼亚、美国、澳大利亚、新西兰、希腊、以色列、黎巴嫩、瑞士、摩尔多瓦、匈牙利、斯洛文尼亚、克罗地亚、突尼斯、智利和南非。目前我国还没有该病害的发生，但应该提高警惕，加强检疫。

（二）病原

引起FD的病原植原体属于16Sr V组，而且存在不同的类型。用16S rDNA引物扩增再进行RFLP分析很容易将FD植原体与16Sr V组各亚组植原体区别开，RFLP可以将已知的FD植原体分为16Sr V-C亚组和16Sr V-D亚组两种类型，即FD-C和FD-D。研究证明，所有FD株系之间都比与同组的其他植原体更加相似。其中法国的一个FD株系（FD92）与意大利一个FD株系（FD-D）在各种特性方面都是相同的。而且，该株系是最常见、分布最广的FD株系。FD92在西班牙也有发现。另外一个FD-C株系在FD株系中是偏离较大的一个，在意大利的一些地区都发现了FD-C株系，并且可由*S. titanus*成功传播，但在法国并没有发现该株系。在塞尔维亚的葡萄上检测到FD-C，但在当地的*S. titanus*上并没有检测到FD-C。

FD植原体危害十分严重，可导致葡萄大量减产，甚至毁灭整个葡萄园，对全球的葡萄种植业和葡萄酒酿造业是一个巨大威胁。因此，FD植原体及其传播介体是欧洲地中海地区的重要检疫性有害生物。

（三）发生特点

带毒病株是该病的主要侵染来源。嫁接和繁殖材料是该病害传播的一般途径，也可由葡萄带叶蝉进行传播。葡萄园内的近距离传播主要通过葡萄带叶蝉等。远距离传播主要通过带毒苗木、接穗、砧木、插条等繁殖材料的调运。

（李正男）

第二节 葡萄病毒的检测

葡萄病毒检测技术研究和应用是葡萄无毒化生产和病毒病防控的基础和保障。葡萄病毒检测技术主要有以下几类，即田间症状观察、电镜观察、生物学检测、血清学检测和分子生物学检测等。

一、田间症状观察

田间症状观察是识别葡萄病毒病最基本的方法，如葡萄扇叶病毒一年中最适合观察症状的时期为展叶期，病叶上常伴随有褪绿斑驳，典型特点是叶片严重变形，呈扇叶状。葡萄卷叶病毒观察在葡萄生长后期，即 8 月底至 9 月初表现症状最明显，红色品种感病后下部叶片叶肉呈现红色斑块，叶脉保持绿色。白色品种感病后，叶片褪绿黄化，变色的叶片叶缘均向后反卷、增厚、变脆。但是葡萄病毒病的田间症状常受病毒株系、葡萄品种、砧木及气候等诸多因素的影响，以及存在潜伏侵染和复合侵染等现象的存在。因此，借助其他方法进行进一步的鉴定非常必要。

二、电镜观察

葡萄病毒可以通过电子显微镜观察粒体形态初步鉴定病毒的种类，如葡萄扇叶病毒为等轴对称十二面体，直径 28 nm。另外，GFLV 侵染葡萄后可形成特殊细胞内管状结构，可作为鉴定是否受 GFLV 侵染的标志。日本的 Shigetonamba 和美国的 Namba 分别对 GLRaVs 进行高精度的电镜观察研究，发现 GLRaVs 为一种长而曲的线状病毒。

三、生物学检测

指示植物鉴定是利用某些植物对不同病毒的特异性症状反应来确定病毒存在。指示植物包括木本指示植物和草本指示植物。两者相比，草本指示植物以其显症时间短而占据优势，但真正能够用于病毒检测的相对较少。该检测方法需要利用汁液摩擦和嫁接传染两种方法进行病毒接种试验，其中嫁接传染被广泛应用。

木本指示植物鉴定是最可靠的葡萄病毒病鉴定方法，其优点是能检测几乎所有的已知的葡萄病毒病害，灵敏度高，且操作简单，大多数实验室均可以开展。目前最常用的木本指示植物鉴定的嫁接方法是绿枝嫁接快速鉴定法。春季选择生长健壮的指示植物扦插生根的新梢，剪去上端，仅留下 10～15 cm 长，待检接穗（带 1～2 个节）去掉叶片，留下叶柄，劈接于指示植物，然后用蜡或薄膜保护接穗顶端，减少水分蒸发，在 20～60 d 后，扇叶病即可显症。嫁接检测葡萄扇叶病的木本植物是沙地葡萄‘圣乔治’，表现明显的扇叶和黄斑症状。2010 年，张尊平等运用绿枝嫁接新技术将 18 个葡萄样品嫁接在多种指示植物上，分别观察到葡萄斑点病、葡萄扇叶病、葡萄脉斑驳病、葡萄脉坏死病和葡萄卷叶病。Wang 等（2003）首次采用试管内微嫁接的方法进行葡萄栓皮病病毒组织培养，结果表明 8～12 周就可以观察到该病毒的为害状。马云霞（1999）采用该方法将葡萄扇叶病毒嫁接到沙地葡萄‘圣乔治’的组培苗上，经检测发现，该病毒的检出率高达 79.5%。

许多葡萄病毒都可以通过人工摩擦接种到草本指示植物上。人们可根据其症状反应做出初步鉴定，但因其症状反应规律难以掌握，故该方法主要用于病毒的繁殖与分离。昆诺黎、黄瓜、千日红、菜豆、苋色黎等均可作为 GFLV 的草本指示植物，其中昆诺黎摩擦接种 GFLV 后，叶片产生局部褪绿斑，系统症状为脉明和畸形；苋色黎上的症状同昆诺黎，但症状表现略迟；千日红在接种叶上产生紫色不规则斑点，系统感染后，少数几片叶表现花叶和扭曲。

四、血清学检测

血清学检测方法是 20 世纪六七十年代发展起来的，其原理是利用特异性的抗体与相应的抗原结合，使抗原失去活力。该方法具有灵敏度高、快速简便、成本低、适合大量样品检测等优点而被广泛运用于葡萄病毒检测中，但该方法需要有病毒特异性较高的抗体，且病毒必须具备外壳蛋白才能与特异性抗体结合，否则检测无效（图 10-11）。目前，最常用的血清学检测方法是酶联免疫吸附测定法（enzyme linked immunosorbent assay，ELISA）、电化学酶联免疫检测法（electrochemical enzyme-linked immunoassay，ECEIA）、斑点免疫检测技术（dot immuno binding assay，DIBA）、免疫荧光技术（immuno fluorescence）、快速免疫滤纸测定技术（rapid immune-filter paper assay，RIPA）。

酶联免疫吸附测定法（ELISA）（图 10-11）是通过生物化学的方法，将酶与抗体或抗原结合起来形成酶标记物，具有活性的酶标记物与相应的抗原或抗体反应，形成更大的复合体，在酶反应底物的作用下呈颜色反应，以此达到对病毒检测的目的。ELISA 主要包括直接 ELISA（direct ELISA）、间接 ELISA（indirect ELISA）、双抗体夹心 ELISA（DAS-ELISA）、A 蛋白双抗夹心 ELISA 法（PAS-ELISA）、三抗夹心 ELISA（TAS-ELISA）、单克隆捕获 ELISA（mac-ELISA）等。1977 年，Clark 等首次报道了利用 ELISA 法检测植物病毒的研究，推动了 ELISA 方法在植物病毒检测方面的应用。在国内，1998 年，蔡文启等先后利用 PAS-ELISA 方法对感染葡萄扇叶病的植株和葡萄试管苗进行 GFLV 和 GLRaVs 的检测，取得较好

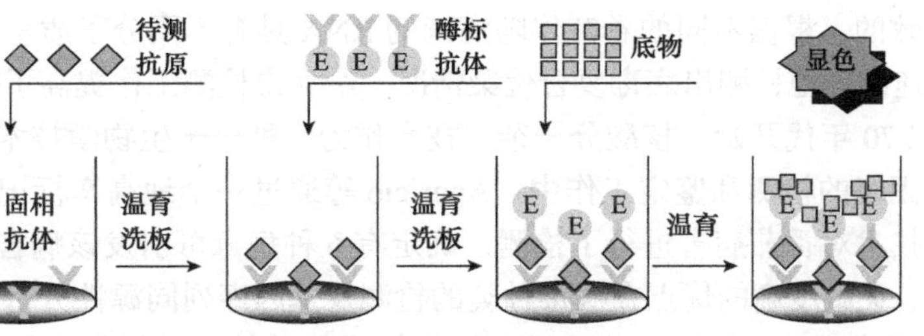

图 10-11　酶联免疫吸附测定法原理

的效果。2006年，刘晓等分别采用DAS-ELISA和PAS-ELISA两种方法对四川省内葡萄种植园的34个葡萄品种进行病毒病检测，结果显示GLRaV-3的感染率为25.5%～56.3%，其次为GVA、GVB和GLRaV-2，检出率分别为0%～25.5%、0%～12.5%和0%～4.5%。2011年，周莹等采用DAS-ELISA对胶东半岛44个葡萄样品进行GLRaV-3、GLRaV-1和GFLV的检测，检出率分别为40.9%、2.27%和6.82%。

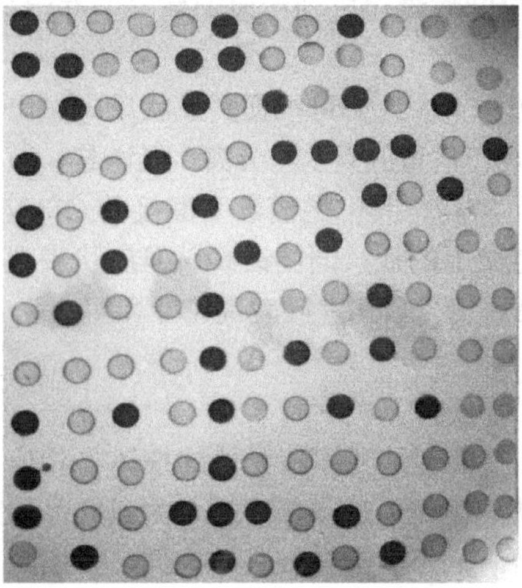

图10-12　斑点免疫检测技术

电化学酶联免疫检测法（ECEIA）是将电化学传感器技术和酶联免疫吸附法相结合的综合技术。1999年，焦奎等利用邻联茴香胺（ODA）-H_2O_2辣根过氧化物酶（HRP）偶合反应伏安酶联免疫法，分别对GFLV、TAV和马铃薯Y病毒进行检测，发现该方法具有较宽的检测范围。

斑点免疫检测技术（DIBA）于1982年由Hawkes等建立。其基本原理是将硝酸纤维膜（NC膜）代替酶标板与抗原发生特异性结合，产生酶标记的免疫复合体，当加入相应的酶反应底物后，产生不溶性的产物，在NC膜上表现出来。根据膜上表现的情况，如是否有斑点及其斑点的颜色深浅，来判断有无相应的免疫反应及抗原含量的多少，该法操作简便，结果直观，待测样品用量较少（图10-12）。

五、分子生物学检测

分子生物学检测法以其快速方便、精确度高、特异性强、检测范围广和可大量检测病毒样品的优点，逐渐受到病毒研究者的青睐。目前，该方法主要有双链RNA（double stranded RNA，dsRNA）电泳技术、核酸分子杂交技术（technique of nucleic acid hybridization）和聚合酶链反应（polymerase chain reaction，PCR）。

由于一般植物病毒基因组为单链RNA，双链RNA（dsRNA）电泳技术是利用健康植物体内的碱基与感病植物体内的ssRNA经碱基互补配对进行复制的一种检测技术，而产生健康植株体内不存在的dsRNA，经过进一步的纯化和电泳，最终会在凝胶上呈现出不同的带谱，带谱的差异也反映了病毒组群的变异性，从而检测出病毒的类型。例如，葡萄卷叶病的复合侵染现象复杂，对于准确鉴定病毒种类较为困难，Rezaian等利用该技术对葡萄卷叶病进行研究，发现了一系列较大的dsRNA，由此推断该样品可能是由多种葡萄卷叶伴随病毒类型复合侵染导致的。根据不同的卷叶伴随病毒的RNA具有不同分子质量的特点，dsRNA检测技术可以快速准确地检测出病毒复合侵染情况，给病毒检测工作提高了效率。

从20世纪70年代开始，核酸分子杂交技术作为一种分子生物学技术应用于病毒整个基因组或部分基因组的检测和鉴定工作中。Aparicio等通过一个地高辛标记的多价复合型探针利用分子杂交技术对番茄病害进行了检测，确定有6种病毒可引发该病害。此法以其快速简便、特异性强、灵敏度高的优点在病毒种类的检测及基因序列同源性分析方面广泛应用。

聚合酶链反应（PCR）是一种选择性体外扩增核酸技术。根据已知病毒的核苷酸序列或同组病毒的相似序列来设计特异性引物，以一定体系一定条件进行DNA无限扩增，扩增后的产物可根据阴阳性的电泳结果进行分析判断。而对于RNA病毒，则需先反转录再进行PCR扩增。由于在葡萄树中病毒含量通常较低，且多为RNA病毒，因此灵敏度高、特异性强的逆转录-聚合酶链反应（reverse transcription polymerase chain reaction，RT-PCR）在葡萄病毒检测中应用广泛。Goszczynski等根据设计的寡核苷酸保守引物对葡萄病毒A（GVA）种群内的变异株系进行RT-PCR特异性检测。但是由于传统单一RT-PCR一次仅检测一种病毒，若同时检测多种病毒，需进行多次单一RT-PCR，操作烦琐，易污染，而多重RT-PCR可弥补这一缺憾，因此被广泛应用。多重RT-PCR是在同一反应中加入多种病毒基因的扩增引物，从而达到同时检测多个目的基因的一种检测手段。葡萄中多种病毒复合侵染的情况普遍，利用多重RT-PCR可提高病毒的检测效率。裴光前等通过利用RT-PCR技术在我国部分葡萄感病植株中初次检测到GLRaV-4和GLRaV-5的存在，并建立了可同时检测GLRaV-1、GLRaV-3、GLRaV-4和GLRaV-5的多重RT-PCR检测体系。

六、生物信息学检测

目前对于未知新病毒的检测发展出了更多的新方法，如宏基因组测序、下一代测序（next generation sequencing）、小RNA深度测序（deep sequencing of small RNA）。对于植物RNA病毒，下一代测序是对样品RNA打断后建立cDNA文库，对文库进行拼接，找出其中的病毒序列。小RNA深度测序与下一代测序类似，可以节约测序成本，测得的小RNA经过拼接后与数据库中已知序列进行比对，可以见到已知病毒，也可以发现新的未知病毒。

（赵　磊）

第三节　葡萄病毒病的防治

一、培育和栽植无病毒葡萄苗

葡萄一旦被病毒侵染，便会终生带毒，抗病毒药剂只能在短期内对葡萄病毒起到一定的防治效果，无法长期有效控制。而且，病毒会在葡萄体内不断积累，随着时间的推移对葡萄的危害会越来越严重。关于葡萄病毒病的防治，目前主要通过使用脱毒苗、防治传毒介体和加强栽培管理等方法。其中，使用脱毒苗是最经济有效的方法，严禁使用带毒植株上的枝蔓繁育幼苗，新建葡萄园，尤其要注意严格选用无毒苗。

二、葡萄病毒脱除技术

（一）茎尖培养脱毒

由于植物病毒在寄主体内是不均匀分布的，感病植株的茎尖越靠近顶端，病毒含量越低。茎尖在不断往上生长，病毒也在不断地向上侵染，有的病毒始终不能侵染茎尖顶端的分生区，对于这部分病毒可通过茎尖培养的方式进行脱毒（图10-13）。有的病毒可侵染到寄主植物的顶端分生区，对于这部分病毒便不能通过茎尖培养的方式进行脱毒。茎尖无毒区范围很小，通常小于0.5 mm，采用此方法脱毒时需要在显微镜下切取0.5 mm以下的茎尖，操作较为困难。

图 10-13 葡萄砧木茎尖脱毒（徐美隆摄，2019）

（二）热处理与茎尖培养相结合脱毒

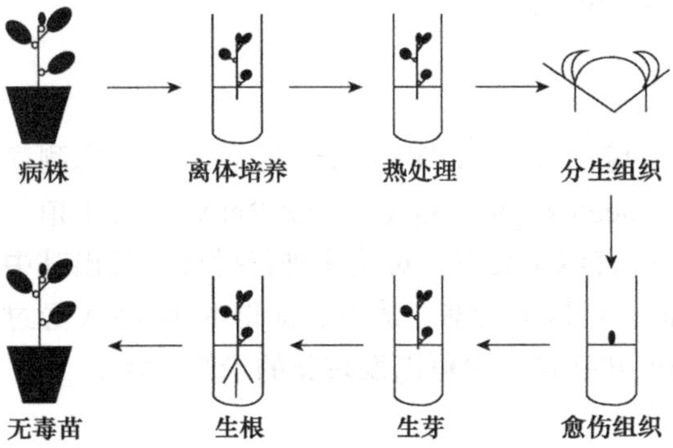

图 10-14 葡萄热处理脱毒原理

热处理脱毒技术原理是根据病毒在高温条件下被钝化，繁殖速度降低，而高温条件下植物的生长速度较快，顶端分生区无毒区域会显著扩大，此时切取茎尖较容易获得无毒的茎尖。无论是可侵染到顶端分生区的病毒还是不能侵染到顶端分生区的病毒均可使用该方法实现病毒脱除（图 10-14）。该方法通常是将刚继代正常培养 2 周左右的组培苗置于 35～40℃的恒温箱内培养 4～6 周，然后切取 0.1～1.0 mm 的茎尖进行再生培养，以实现病毒的脱除。

（三）化学疗法与茎尖培养相结合脱毒

化学疗法脱毒主要是利用抗病毒药剂来抑制病毒的复制，降低病毒在植物体内的含量，然后通过茎尖培养实现病毒的脱除。目前已知有助于病毒脱除的化学药剂有病毒唑、褪黑素等。其具体使用方法是，在植物组织培养过程中将化学药剂加入培养基中，经过一段时间的培养，组培苗体内的病毒含量会显著降低，此时切取茎尖进行再生培养，以实现病毒的脱除。

（四）茎尖超低温疗法脱毒

茎尖超低温疗法脱毒同样是根据病毒在植物体内不均匀分布的原理，有的病毒不能侵染到寄主植物的顶端分生区，切取植物茎尖后经过超低温处理，然后进行茎尖再生可实现病毒的脱除。超低温疗法可对茎尖的成熟细胞和顶端分生区的细胞进行选择，将成熟细胞杀死，保留下顶端分生区的无毒细胞，经过茎尖再生后获得无毒苗。具体原理是，顶端分生区的细胞体积较小、排列紧密，细胞内的液泡很小，而液泡中的主要成分为水，所以顶端分生区的细胞水分含量相对少，而成熟细胞体积大，细胞内的液泡较大，水分含量很高，此时经过超低温处理，水分含量多的细胞会结冰形成冰晶将细胞胀破，水分含量少的细胞则不会胀破而会存活下来（图 10-15）。该方法可实现不能侵染到顶端分生区细胞病毒的脱除。利用该方法脱毒时，通常茎尖可取 1.5～2.0 mm，茎尖经过添加一定浓度蔗糖和甘油的培养基培养后，

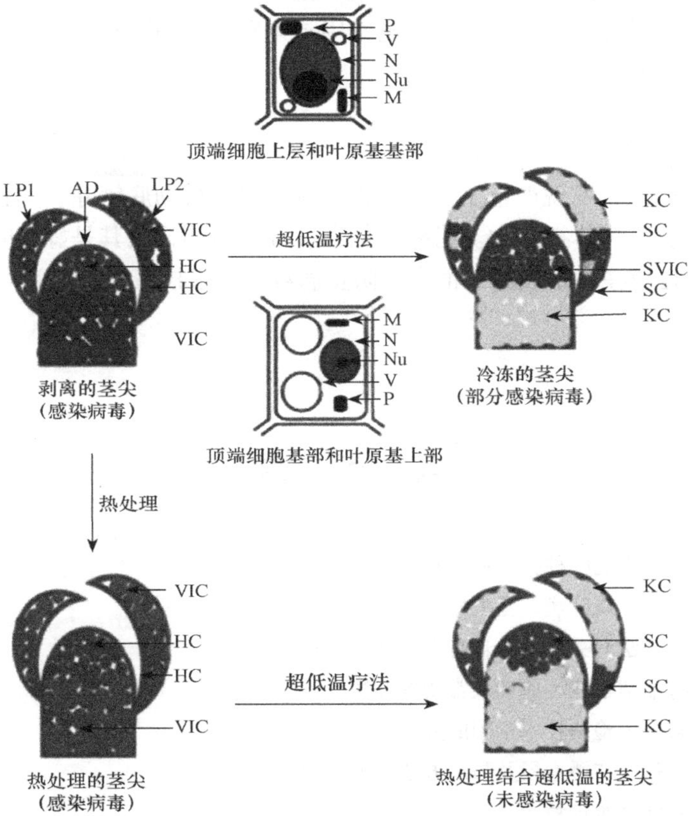

图 10-15　茎尖超低温疗法脱毒技术原理（引自颜克如，2019）

AD. 顶端区域（含顶端细胞上层的顶端分生组织）；HC. 健康细胞；KC. 死亡细胞；LP1. 叶原基（最初的叶原基）；LP2. 叶原基 2；M. 线粒体；N. 细胞核；Nu. 核仁；P. 原生质体；SC. 存活细胞；V. 液泡；SVIC. 幸存的感染病毒细胞；VIC. 感染病毒的细胞

再用 PVS2 进行脱水保护，然后浸入液氮中进行超低温处理，再冻后复苏、再生，最终获得无毒苗。该方法具有脱毒率高、脱毒周期相对热处理脱毒周期短、取材方便等优点。

（五）热处理与茎尖超低温疗法相结合脱除

该方法分别利用了热处理和茎尖超低温疗法脱毒的技术原理。对于可侵染到寄主植物茎尖顶端分生区的病毒可利用该方法实现病毒的脱除。首先将刚继代后正常培养 2 周左右的组培苗经过 35～40℃的恒温箱内培养 4～6 周，然后切取 1.5～2.0 mm 的茎尖进行超低温疗法脱除，具体方法参照茎尖超低温疗法脱毒方法。

三、防治传毒介体

葡萄园里的粉蚧、蚜虫和蓟马等昆虫可传播葡萄病毒，应抓住这些传毒介体的关键防治时期，加强传毒介体的防治，防止病毒的传播。对于粉蚧，冬季或早春可刮除老翘皮，或用硬毛刷子刷除越冬卵，集中烧毁或深埋；葡萄萌动前，全树喷布 5°Bé 石硫合剂或 5% 柴油乳剂；在各代若虫孵化盛期，喷 25% 溴氰菊酯乳油 3000 倍液；也可利用瓢虫类、草蛉类等天敌防治康氏粉蚧，对其发生有一定的抑制作用。当发现葡萄园有蚜虫和蓟马时，应及时喷 40% 吡虫啉水溶剂 1500～2000 倍液进行防治。

四、加强栽培管理

每年夏秋调查两次，发现严重发病的病株，应及时进行彻底刨除。加强水肥管理、合理负载，增强树势，提高树体抵抗力。另外，加强病毒的检测，尤其是嫁接时应采用无毒的砧木和接穗，修剪时也应注意果枝剪的消毒，防止病毒通过果枝剪残留的汁液进行传播。

（李正男　赵　磊）

复　习　题

1. 简述葡萄主要病毒病的种类、症状和病原。
2. 描述葡萄卷叶病、扇叶病、茎痘病的症状。
3. 葡萄病毒检测方法有哪些？各自有哪些优缺点？
4. 简述葡萄病毒血清学检测原理及常用的方法。
5. 简述葡萄病毒分子检测技术常用的方法。
6. 简述葡萄病毒病害传播途径及防治方法。
7. 简述葡萄病毒病的脱毒技术。

第十一章　葡萄叶部虫害

第一节　葡萄斑叶蝉

扫码见本章彩图

葡萄斑叶蝉（*Erythroneura apicalis* Nawa）又称葡萄二星叶蝉、葡萄二点叶蝉、葡萄二星浮尘子、葡萄二点浮尘子、葡萄小叶蝉。属半翅目叶蝉科。寄主有葡萄、苹果、梨、桃、山楂、李、樱桃、桑等果树，以及小麦、爬山虎和毛叶苕子等绿色植物。全国各地均有分布。在各葡萄产区普遍发生，尤其是管理较差的园区。

一、形态特征

（一）成虫

成虫体长 3～4 mm，淡黄白色。复眼黑色，头顶有 2 个圆形黑斑。前胸背板前缘有几个淡褐色的小斑点，中央有暗褐色纵纹。小盾片前缘左右各有一个大的三角形黑纹。翅半透明，黄白色，有淡褐色条纹。前翅后缘各具两块黄白色半圆形斑，两翅合拢形成两块近圆形黄斑（图 11-1 A）。

（二）卵

卵黄白色，长椭圆形，长约 0.6 mm。

（三）若虫

若虫初孵时白色，老熟时黄白色，末龄体长 2.5 mm，胸部可见明显的翅芽（图 11-1 B）。

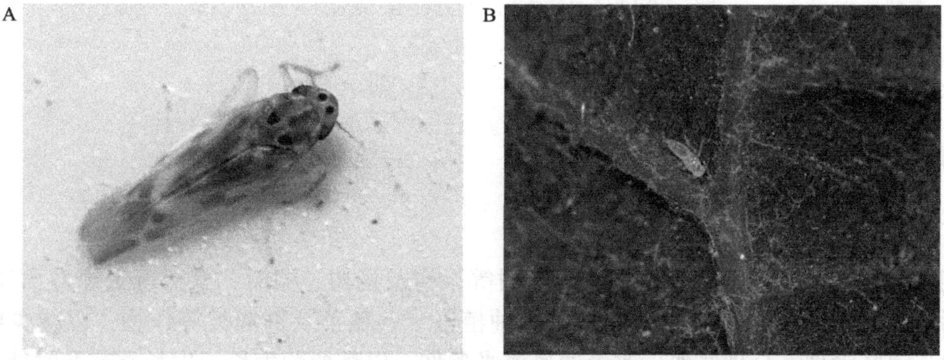

图 11-1　葡萄斑叶蝉成虫（A）和若虫（B）

二、生物学特性

（一）发生规律

一年发生2～3代。以深色型成虫在葡萄园的枯枝落叶下、杂草丛中、地面土（石）缝内，或在葡萄下部的老蔓皮层下随枝蔓埋入土中越冬；或葡萄园附近的林带（杨树、榆树等）、果园（苹果、桃、梨、杏、桑等）树干老翘皮下、基部裂缝中和杂草上及设施温室葡萄上、居民点墙缝中等处越冬。其中，在树干越冬多在树体的背阴面。翌年春天，在葡萄发芽前，出蛰后的越冬成虫先在桃、梨、樱桃、山楂等果树上为害。5月上旬葡萄展叶后，成虫迁移到葡萄上为害，产卵于叶背面叶脉组织内或绒毛中，产卵部位呈现淡褐色。5月下旬出现若虫，集中为害叶背，6月上中旬发生1代成虫。8月中旬和9～10月分别为2代和3代成虫盛发期，10月中下旬陆续越冬。

（二）为害状

葡萄斑叶蝉在葡萄整个生长季节都有为害，主要为害已长成的叶片，随时间增加为害逐渐加重。成虫、若虫聚集在叶背面吸食汁液，被害处形成针头大小的白色失绿斑点；严重时，白点连成片呈白斑（图11-2），整个叶片失绿苍白或焦枯，受害重的叶片上覆盖有黑褐色的排泄物，易引起早期落叶，影响葡萄枝条的生长和花芽分化，从而影响果实着色，降低含糖量。虫粪污染果实。通风透光的园区发生较轻，而通风不良、杂草多的葡萄园发生严重。

A

B

图11-2　葡萄斑叶蝉为害葡萄

A. 若虫、成虫取食叶片造成连片白斑；B. 取食叶片造成小白斑

三、防治方法

葡萄斑叶蝉防治年历见图11-3。

（一）农业防治

葡萄园远离梨树、桃树、樱桃、山楂树等果树及杨树、榆树、桑树等常绿乔木和灌木。建园后合理套种、邻作，园内和周围避免种植玉米、蔬菜及匍匐类等作物，以减少中间寄主。加强园区管理：合理修剪，改善通风透光条件，以利葡萄生长；生长季节及时抹芽、摘副梢、整枝打杈、铲除杂草等，使葡萄枝叶分布均匀，保持葡萄架面通风透光良好及植株合

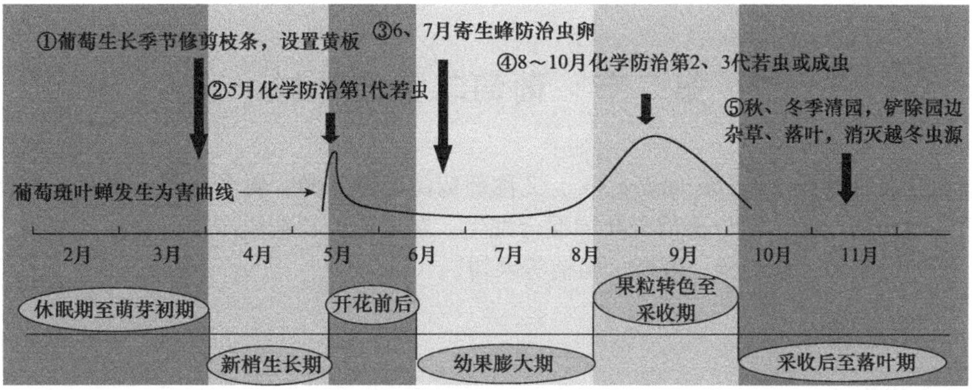

图 11-3 葡萄斑叶蝉防治年历

不同葡萄产区发育期时间前后有一定差异，各项措施以发育期为准

理负载；成虫产卵盛期，结合田间管理摘除中下部虫量较大的老叶，并带出园外集中销毁或深埋；秋、冬季清园，铲除园区杂草、落叶，狠抓越冬寄主梨树、枣树等刮皮工作，降低越冬虫口基数。

（二）物理防治

生长季节，园区设置黄板，20～30 块/亩，挂在架中下部，及时更换或补胶。

（三）生物防治

保护和利用天敌，葡萄园各季节常见天敌主要有寄生螨、蜘蛛、瓢虫、姬猎蝽和塔六点蓟马等。其中优势天敌纤赤螨的幼螨主要体外寄生葡萄斑叶蝉 1～2 低龄若虫；成螨则直接捕食若虫。蜘蛛的主要类群是球腹蛛科（八斑球腹蛛）、蟹蛛科、园蛛科、狼蛛科（以丁纹豹蛛为主）。也可利用天敌寄生蜂对其天然控制，被寄生的卵粒呈黑色，6 月以前寄生率较低，7 月以后增高，有时可达 60%。注意保护天敌，果园药剂防治应集中在前期进行，并尽量少用广谱性杀虫剂。

（四）药剂防治

全年重点抓住 4 次防治关键时期：抓好早春越冬代防治（4 月底至 5 月初）；狠抓第 1 代若虫防治（5 月下旬至 6 月上旬）；注重第 2 代若虫防治（7 月中下旬）；采收后及时做好秋季防治（9 月中下旬）。若虫第 1 代和秋季防治是关键，早春越冬代防治视虫情而定。

在叶片背面喷洒药剂。5 月中下旬是第 1 代若虫发生期，可选用 25% 噻虫嗪水分散粒剂 7500～10 000 倍液、10% 吡虫啉可湿性粉剂 1500～3000 倍液或 70% 吡虫啉水分散粒剂 7500～10 000 倍液、25% 吡蚜酮可湿性粉剂 3000 倍液、50% 杀螟松乳油 1000 倍液、3% 啶虫脒乳油 1500～2000 倍液等定向喷雾。不仅可杀灭成虫、幼虫，还有一定杀卵作用，残效期可达 30 d 以上。后期各个虫态混合发生，可用 20% 康福多 8000 倍液。

（辛　明）

第二节　葡萄二黄斑叶蝉

葡萄二黄斑叶蝉（*Erythroneura* sp.）又称葡萄黄星斑叶蝉。属半翅目叶蝉科。广泛发生于我国各地葡萄产区，常与葡萄斑叶蝉混合发生，对葡萄生长造成严重危害。该虫除为害葡萄外，还为害苹果、李、梨、樱桃、山楂等果树。

一、形态特征

（一）成虫

成虫体长约 3 mm，头前部有 2 个黑点，前胸背面前缘有 3 个黑褐色小斑点，体大部分为淡黄色（图 11-4 A）。

（二）老熟若虫

老熟若虫体长约 1.6 mm，体紫红色（图 11-4 B）。

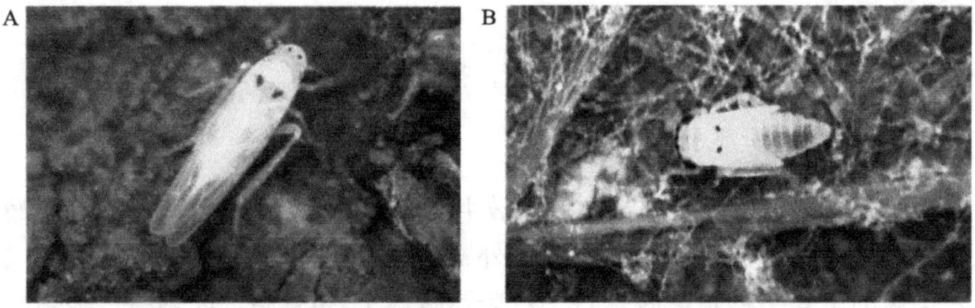

图 11-4　葡萄二黄斑叶蝉成虫（A）和若虫（B）

二、生物学特性

（一）发生规律

山东 1 年发生 3～4 代，以成虫在葡萄园的落叶杂草中越冬。新梢生长开始食害，直至秋季。成虫性活泼，趋光性较强。

图 11-5　受二黄斑叶蝉为害的叶片正面表现

（二）为害状

成虫、若虫聚集在叶片背面吸食汁液，受害叶片正面呈现密集的白色小斑点，受害严重叶片苍白或焦枯，引起早落叶，影响果实膨大、新梢成熟及花芽分化（图 11-5）。

三、防治方法

参看葡萄斑叶蝉防治方法。

（靖湘峰）

第三节　葡萄斑衣蜡蝉

葡萄斑衣蜡蝉［*Lycorma delicatula*（White）］又称斑衣蜡蝉、斑衣、椿皮蜡蝉、红娘子等，属半翅目蜡蝉科。广泛分布于我国陕西、辽宁、山东、山西、河南、河北、江苏、浙江、四川、广东及台湾等地。果树中以葡萄受害较重，还为害梨、杏、桃、樱桃、石榴、猕猴桃、李等；树木中最喜食臭椿、苦楝树，还为害香椿、刺槐、杨、柳、榆、栎、合欢、女贞、珍珠梅、海棠等乔灌木。

一、形态特征

（一）成虫

体长 15～22 mm，翅展 40～56 mm，雄虫略小。体灰黑色，附有较厚的白色蜡粉层。触角 3 节，红色，歪锥状，基部膨大。前翅革质，基部 2/3 呈淡灰黄色，表面有黑色斑点 20 多个，端部 1/3 淡黑色，脉纹网状灰黄色；后翅膜质，基半部红色，上面散生黑点，中部白色，翅端黑蓝色（图 11-6 A）。成虫具有红色型和蓝色型两种色斑型。

（二）卵

圆柱形，长 3 mm，宽 2 mm，卵粒平行排列形成卵块，上覆有白色或灰色的蜡质分泌物，少数卵块无覆盖物，每个卵块有 12～50 粒卵（图 11-6 B）。卵背面两侧有凹线，使中部条状隆起。

（三）若虫

初孵时白色，头部呈突角状；蜕皮后 1～3 龄，体黑色，上有许多白色斑点；末龄（4 龄后）体呈红色，体表有黑色和白色斑点，翅芽大而显露，后足发达（图 11-6 C 和 D）。

二、生物学特性

（一）发生规律

北方一年发生 1 代。以卵块在寄主树干及枝蔓分叉的隐蔽处越冬。产卵寄主主要为椿树和杨树，还有葡萄、刺槐、柳、榆、沙枣、白蜡、桑等，以及水泥柱、建筑物墙面。翌年 4～5 月孵化为若虫。若虫期约 40 d，经 4 次蜕皮变为成虫，6 月中旬至 7 月下旬羽化为成虫。若虫和成虫都有群集习性，弹跳能力很强，受惊扰后成虫借弹跳力而飞逃转移。7～8 月发生较多，成虫 8 月下旬后多在夜间交尾，并将卵产在枝蔓或架材的背阴面，以卵块越冬。10 月下旬陆续死亡。

图 11-6 斑衣蜡蝉形态特征

A. 成虫；B. 卵；C. 低龄若虫；D. 4 龄若虫

（二）为害状

若虫和成虫刺吸葡萄枝蔓和叶片的汁液，若虫常群集在幼枝和嫩叶背面为害；葡萄被害后，不仅影响枝条当年的成熟，且影响翌年的生长发育和产量。叶片被害后，形成淡黄色斑点，严重时叶片穿孔、破裂，随着葡萄蔓的继续生长，被害叶片的叶肉逐渐变厚并向背面弯曲。枝条受害后，变黑，嫩梢萎缩畸形，严重时表皮枯裂，枯死。排泄物落于枝叶和果实上，易引起霉菌寄生变黑而产生煤污病，影响光合作用和外观，降低果品质量（图 11-7）。

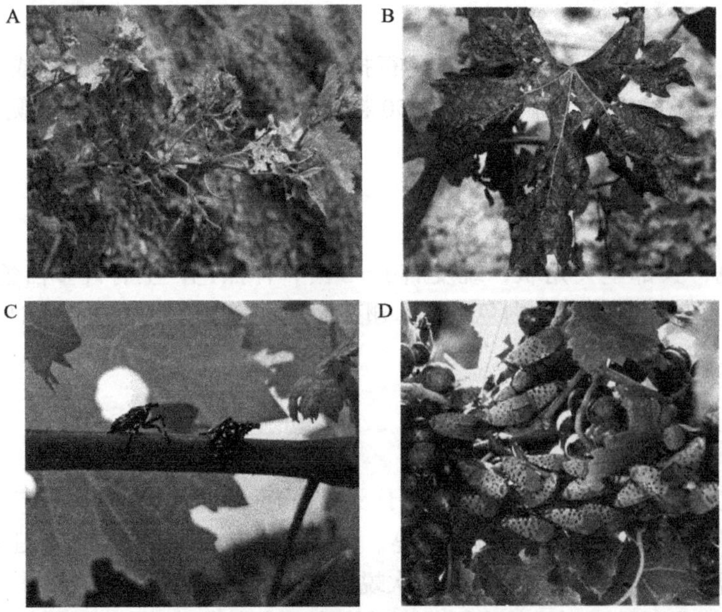

图 11-7 葡萄斑衣蜡蝉为害状

A. 斑衣蜡蝉为害新梢症状；B. 斑衣蜡蝉为害叶片症状；

C. 斑衣蜡蝉若虫为害枝蔓症状；D. 斑衣蜡蝉为害葡萄果粒

三、防治方法

葡萄斑衣蜡蝉防治年历见图 11-8。

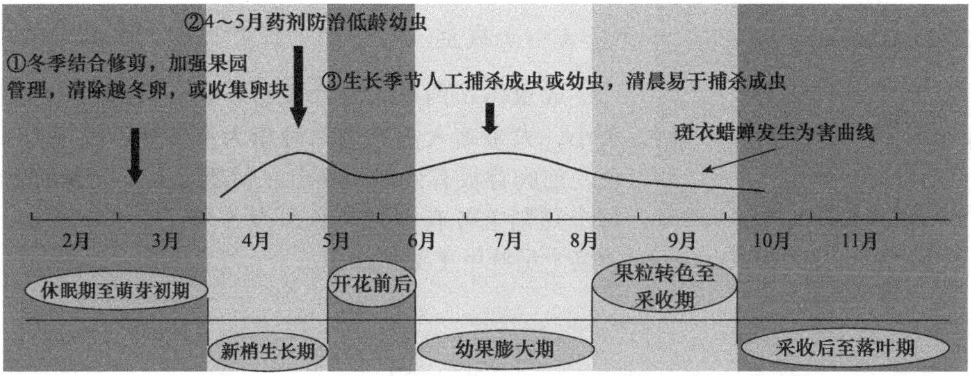

图 11-8 葡萄斑衣蜡蝉防治年历

不同葡萄产区发育期时间前后有一定差异，各项措施以发育期为准

（一）农业防治

葡萄建园时，远离臭椿、苦楝等斑衣蜡蝉喜食的植物，减少虫源。冬季结合修剪和果园管理，刮除枝蔓、架材上的越冬卵块。将卵块压碎，消灭越冬卵。或收集卵块放入寄生蜂饲养器中，待寄生蜂羽化飞离后再将卵处理。

（二）物理防治

利用成虫行动较迟缓的特性，生长季节人工捕杀成虫；清晨气温较低时易于捕杀成虫。

（三）化学防治

4～5 月若虫孵化后是防治的关键时期。此时害虫龄期小（1 龄若虫），抗药性不强，而且若虫喜欢集聚在嫩梢上取食为害，非常容易防治。故针对若虫聚集于嫩梢上尚未分散时进行局部集中喷药防治，药剂可选用 30% 高渗苯氧威 3000 倍液、1.2% 苦烟乳油、烟碱乳油 1000 倍液、5% 吡虫啉可湿性粉剂 2000～2500 倍液、5% 啶虫脒乳油 5000～6000 倍液、90% 万灵可湿性粉剂 3000 倍液，或 10% 吡虫啉可湿性粉剂 1000 倍液，或 2000 倍溴氰菊酯、功夫菊酯、速灭杀丁、灭扫利、天王星、菊马乳油等。

（辛 明）

第四节 葡萄十星叶甲

葡萄十星叶甲［*Oides decempunctata*（Billberg）］又称葡萄金花虫、葡萄十星叶虫、葡萄花叶。属鞘翅目叶甲科。寄主主要为葡萄、爬墙虎、黄荆树等。分布于我国河北、河南、山东、陕西、辽宁、湖南、浙江、福建、广东等地。

一、形态特征

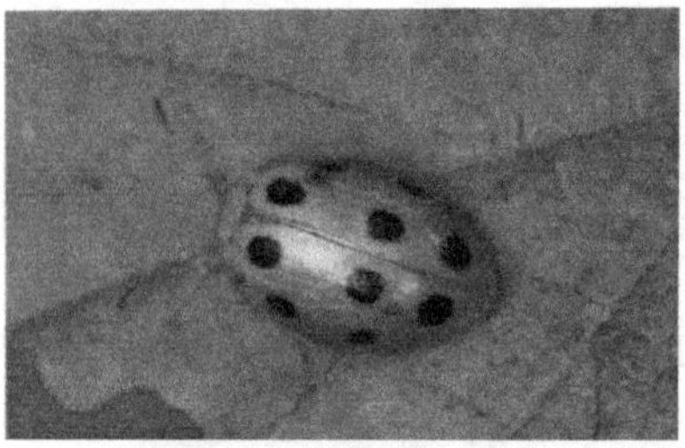

图 11-9 葡萄十星叶甲成虫

（一）成虫

成虫体长约 12 mm，宽约 8 mm，黄褐色，椭圆形。头小，大半缩入前胸内。触角为淡黄色，末端 3 节黑褐色。前胸背板有许多小刻点。鞘翅宽大，上布细密刻点，每个翅鞘上各有圆形黑色斑点 5 个，两个翅鞘共 10 个，故名十星叶甲（图 11-9）。

（二）卵

卵长约 1 mm，椭圆形，初为黄绿色，后变为黄褐色。

（三）幼虫

幼虫共 5 龄。老熟幼虫体长约 12 mm，略扁平，近梭形；头小，黄褐色；体淡黄色。除尾节外，每节背面有褐色突起 2 行，每行 4 个，胸足 3 对，腹部无足。

（四）蛹

蛹金黄色，长 9～12 mm，腹部两侧有齿状突起，为裸蛹。

二、生物学特性

（一）发生规律

大部分地区 1 年发生 1 代，少数地区发生 2 代。均以卵在枯枝落叶下或根部附近土中越冬，在南方温暖地区以成虫潜入石块、篱笆、墙壁或树皮缝里越冬。发生 1 代的地区，翌年 4～5 月孵化，初孵幼虫先集中在近地面的叶上为害，3 龄以后分散到上部叶片上。6 月下旬幼虫老熟入土化蛹。7 月上中旬蛹陆续羽化为成虫，继续为害叶片，8 月上旬交尾产卵，8 月中旬至 9 月中旬为产卵盛期，并以此卵越冬。

发生 2 代地区，如南昌，第一代成虫 8 月产卵，8 月中旬至 9 月中旬孵化，9 月上旬至 10 月中旬化蛹，9 月下旬至 10 月下旬羽化，并产卵越冬。以成虫越冬的于 3 月下旬至 4 月上旬出蛰活动，交尾产卵。雌虫产卵成块，每头雌虫可产卵 700～1000 粒。成虫寿命较长，可达 2 个月以上。

成虫有假死性，在叶背静止，一触动即分泌黄色具恶臭的液体。

（二）为害状

成虫及幼虫咬食芽和叶片，叶片常被咬成孔洞、缺刻，严重时叶肉全被食尽，仅留一层薄薄的绒毛及叶脉。幼芽被啃食，植株生长受到阻碍。该虫在部分葡萄产区发生严重（图 11-10）。

三、防治方法

葡萄十星叶甲防治年历见图 11-11。

（一）农业防治

结合冬季清园，清除枯枝落叶及根附近的杂草，集中烧毁，消灭越冬卵。摘除接近地面且幼虫密集的叶片，集中处理。化蛹盛期，结合中耕松土施肥，土壤翻整，铲除虫蛹，降低化蛹率。

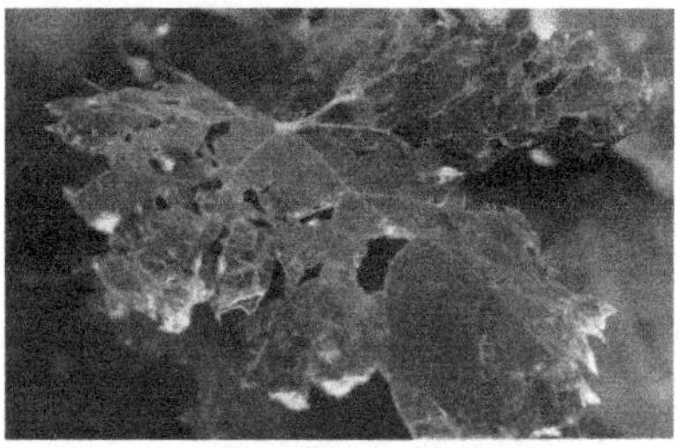

图 11-10 葡萄十星叶甲为害叶片症状

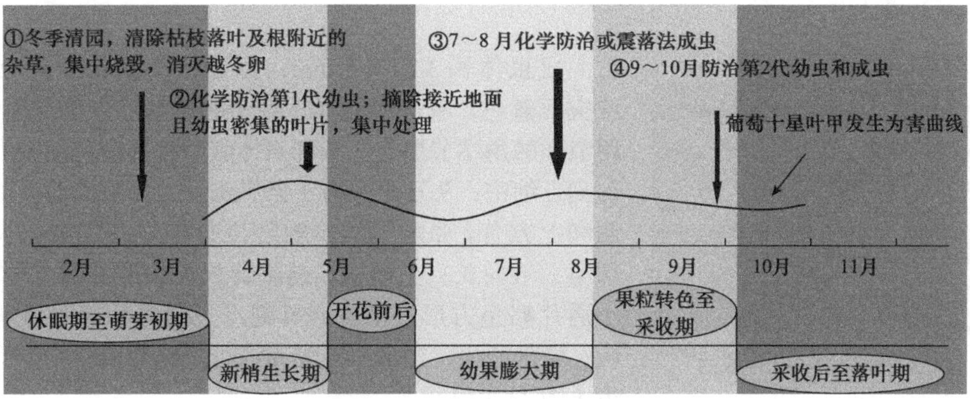

图 11-11 葡萄十星叶甲防治年历

不同葡萄产区发育期时间前后有一定差异，各项措施以发育期为准

（二）物理防治

利用该虫的假死性，清晨震动葡萄架，使成虫和幼虫落下集中消灭，或人工捕杀。

（三）生物防治

保护和利用天敌。捕食性天敌有草蛉类、瓢虫类、蜘蛛类、螳螂类等，可捕杀各个虫态的害虫；寄生性天敌主要是寄生蜂类。

（四）化学防治

幼虫期和成虫发生期，可喷布敌百虫乳油 1000 倍液，50% 辛硫磷乳油 1000～1500 倍液，或选用 20% 氰戊 · 马拉松乳油、4.5% 高效氯氰菊酯乳油、3% 高氯 · 甲维盐微乳剂、15% 阿维 · 毒死蜱乳油、2% 甲氨基阿维菌素苯甲酸盐乳油等。

（胡祖庆）

第五节 葡萄沟顶叶甲

葡萄沟顶叶甲（*Scelodontalewisii* Baly）又叫彩艳猿金花虫、葡萄铜绿色叶甲，属鞘翅目叶甲科。分布于我国河北、陕西、湖北、湖南、广东、广西、贵州、云南、台湾等地。寄主除葡萄外，还有油菜等蔬菜，柳、臭椿、五叶地锦等绿化植物，以及拉拉秧、牛舌稞、絮棉秧、引风菜等杂草。

一、形态特征

（一）成虫

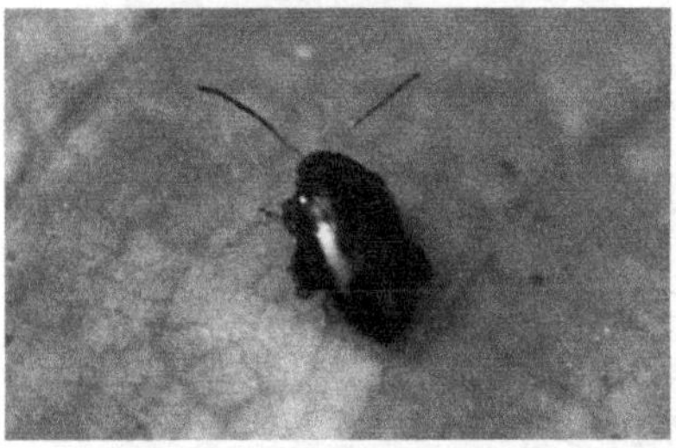

图 11-12　葡萄沟顶叶甲成虫

成虫体长 3.2～4.5 mm，宽 1.5～2.0 mm，体紫铜色或宝石蓝色，有金属光泽。足和触角基部数节与体同色，跗节和触角端节黑色。头和身体腹面有灰白色细短毛。头部刻点细密，头顶中央有 1 条纵沟纹，复眼大而突出，内侧和上方有 1 条斜深沟。触角共 11 节，基部节粗大，端部第一节较长，呈棒状。前胸背板近圆形，密布小刻点，小盾片略呈方形，横宽，具刻点。鞘翅基部明显宽于前胸，背部凸出，翅面刻点密布成行。腿节粗壮，无明显的齿（图 11-12）。

（二）卵

卵长椭圆形，稍弯曲，长约 1.2 mm，初产时淡黄色，半透明，后变深。

（三）幼虫

幼虫初孵时体长 2 mm，体扁平，头部微褐色，前胸背板黄色，腹部淡黄色，疏生细毛。

（四）蛹

裸蛹，初黄白色，近羽化时浅蓝黑色。

二、生物学特性

（一）发生规律

1 年发生 1 代，以成虫在土内潜伏越冬。翌年 4 月葡萄发芽时开始出蛰为害，4 月中旬葡萄展叶期为出蛰高峰。5 月上旬开始交尾，5 月中下旬产卵。5 月下旬至 6 月上旬孵化为幼虫，在土壤中生活，6 月下旬筑土室化蛹，越冬代成虫陆续死亡。6 月底至 7 月初当年成虫开始羽化，取食为害至秋末落叶时入土越冬。全年中 5 月上旬和 8 月下旬为两个成虫高峰期。6 月后陆续产卵于树皮下，幼虫孵化后入土为害细根，秋季化蛹，羽化为成虫后潜伏土中越冬。成虫白天在枝上活动为害，有假死习性。

（二）为害状

成虫啃食葡萄嫩芽、叶、新梢皮部、花穗梗及茎和叶柄、果梗的表皮，影响新梢和花、叶的生长，重者枯死；叶片被咬成许多长条形孔洞，重者全叶呈筛孔状而干枯；取食花梗、穗轴和幼果造成伤痕而引起大量落花、落果，造成树势衰弱，使产量和品质降低，葡萄在整个生长期均可受害；幼虫生活于土中，为害葡萄根部，取食须根和腐殖质。

三、防治方法

葡萄沟顶叶甲防治年历见图 11-13。

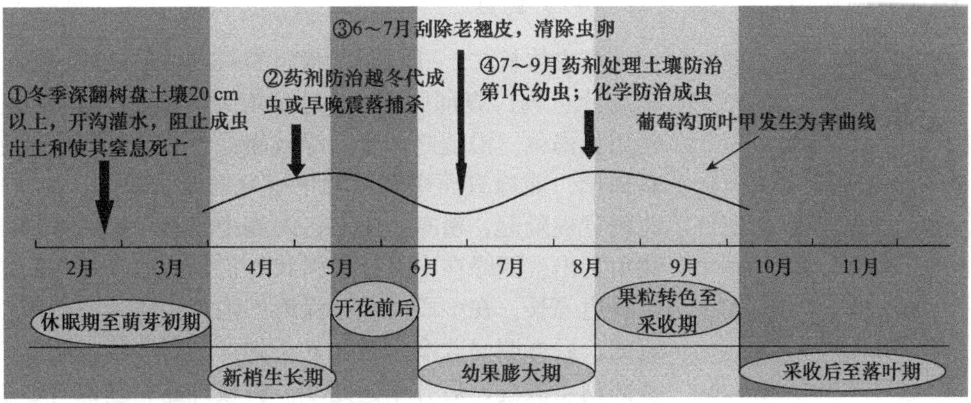

图 11-13　葡萄沟顶叶甲防治年历

不同葡萄产区发育期时间前后有一定差异，各项措施以发育期为准

（一）农业防治

6～7 月刮除老翘皮，清除虫卵。冬季深翻树盘土壤 20 cm 以上，开沟灌水，阻止成虫出土和使其窒息死亡。

（二）物理防治

成虫发生期于早晚震落人工捕杀。

（三）化学防治

成虫为害期喷布 50% 杀螟松乳油 1000 倍液、50% 马拉硫磷乳油 1000 倍液、50% 辛硫磷 1000 倍液、48% 毒死蜱乳油 1000 倍液、2.5% 功夫乳油 3000 倍和 5% 氰戊菊酯乳油 2000 倍液等防治。

药剂处理土壤防治幼虫，可于地面施 1.5% 对硫磷粉或 2.5% 敌百虫粉，施后将药浅耙入土。

（辛　明）

第六节　葡萄四斑丽金龟

葡萄四斑丽金龟（*Popillia quadriguttata* Fabricius）又名中华弧丽金龟、四斑丽金龟、日本金龟、豆金龟。属鞘翅目丽金龟科。该害虫食性较杂，可为害葡萄、苹果、梨、杏、桃、榆、杨、紫穗槐等果树和林木及大豆、棉花、花生、玉米、牧草等多种植物。全国除西藏和新疆未见报道外，其余各地区均有发生。

一、形态特征

（一）成虫

成虫体长 7.5～12 mm，宽 4.5～6.5 mm。头、前胸背板、小盾片、胸、腹部腹面、3 对足均为青铜色，具金属光泽。鞘翅黄褐色，沿翅缝部分为绿或墨绿色。头部刻点细密，唇基梯形，前缘直而弯翘。触角鳃片部雌虫粗短，雄虫长大。前胸背板隆起，密布小刻点，两侧中段具 1 小圆形凹陷，前侧角突出，侧缘在中点处呈弧状外扩，后段平直，后缘沟线与斜边等长，在中段向前呈弧形凹陷。小盾片三角形。鞘翅短宽，后方明显收窄，背面 6 条刻点沟近平行，第 2 刻点沟基部刻点散乱，后方不达翅端。臀板外露，基部有 2 个白色毛斑。腹部 1～5 节侧面具白毛斑。前足胫节外缘 2 齿，中胸腹突短阔，端部钝（图 11-14）。

图 11-14　葡萄四斑丽金龟成虫
（引自王新谱和杨贵军，2010）

（二）卵

卵椭圆形，乳白色，长约 1.5 mm。

（三）幼虫

老熟幼虫体长 8～10 mm，宽 2.9～3.1 mm。乳白色。肛背片后部有由细缝围成的心圆形臀板，后边敞开大而宽。覆毛区刺毛列呈“八”字形岔开，每列多为 6～8 根锥状刺毛。

（四）蛹

黄褐色，体长 9～13 mm、宽 5～6 mm。腹部第 1～7 节背板中间具 6 对发音器。腹部第 2 节两侧呈锥状突起。尾近三角形，端部双峰状，峰顶生褐色细毛。

二、生物学特性

（一）发生规律

每年发生 1 代，以幼虫在深层土壤中越冬。春季，土温升高后，幼虫向上迁移，在土表内化蛹。夏季，成虫羽化，出土取食。成虫夜伏昼出，多在上午 9～11 时取食。有假死习性，无趋光性。雌成虫出土后 2～3 d 即开始交尾。在 2～5 cm 深的土表中产卵，多散产。卵期 8～18 d。初孵幼虫以土中腐殖质及植物细根为食。6 月中旬出现成虫，6 月下旬至 8 月初为害最严重，主要为害葡萄叶片，将叶片咬食残缺或孔洞。8 月中下旬幼虫开始在土中下迁，逐渐进入越冬状态。近山坡地、杂草丛生的荒地葡萄园内发生较多。

（二）为害状

成虫为害葡萄等寄主的叶片，幼虫为害各种植物的地下根及根茎。成虫为害葡萄叶片时，使叶片呈孔洞或缺刻，有时只取食叶肉而残留叶脉。成虫咬食成熟果粒，造成烂果。

三、防治方法

葡萄四斑丽金龟防治年历见图 11-15。

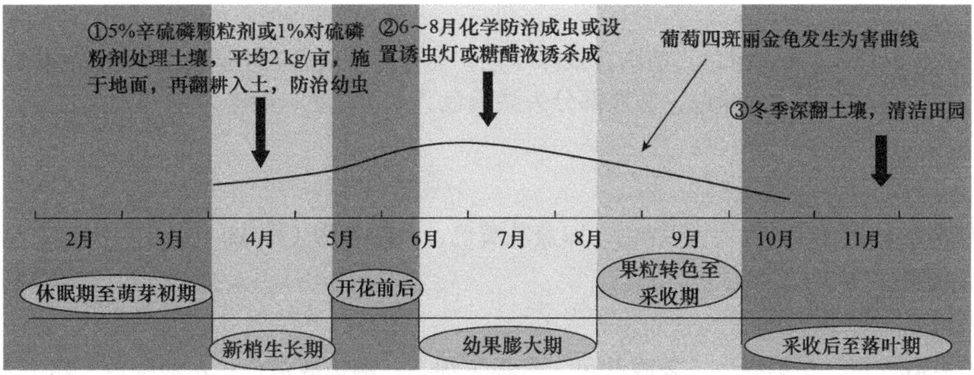

图 11-15 葡萄四斑丽金龟防治年历

不同葡萄产区发育期时间前后有一定差异，各项措施以发育期为准

（一）生物防治

保护天敌。常见天敌有土蜂、蚂蚁、线虫和白僵菌等。

（二）物理防治

采用网捕法或震落法人工捕杀成虫。

（三）药剂防治

在严重发生的葡萄园，必要时可于成虫盛发期喷洒农药防治。果园或间作农田幼虫多时，可用 5% 辛硫磷颗粒剂或 1% 对硫磷粉剂处理土壤，平均每亩 2 kg，施于地面，再翻耕入土，可防治幼虫并兼治其他地下害虫。成虫发生期，喷洒 90% 敌百虫 1500 倍液，或 50% 马拉硫磷 1000 倍液，或 50% 对硫磷 2000 倍液。

（辛 明）

第七节 葡萄绿盲蝽

葡萄绿盲蝽［*Lygocoris lucorum*（Meyer-Dür）］属半翅目盲蝽科。分布广泛。为害多种北方果树，如葡萄、苹果、梨、桃、杏、枣等，以葡萄受害最重。除果树外，还为害棉花、豆类、玉米、马铃薯、瓜类、苜蓿、桑、麻类、药用植物、花卉、蒿类、十字花科蔬菜等。葡萄集中产区被害株率达10%～30%，严重可达60%～80%，并有加重为害的趋势。

一、形态特征

（一）成虫

成虫体长约5 mm，绿色。前胸背板深绿色，上有黑色刻点。小盾片黄绿色，中央具1条纵纹。前翅革片大部分为绿色，膜质部分为淡褐色。足黄绿色，胫节末端和跗节色深。

（二）卵

卵约1 mm，长口袋形，黄绿色，卵盖乳黄色，无附着物（图11-16 A）。

（三）若虫

若虫似成虫，初孵绿色，复眼红色，有黑色细毛；触角淡黄色；足淡绿色，跗节末端与爪黑褐色。翅芽末端黑色。2龄黄褐色，3龄后全体绿色（图11-16 B～D）。

图11-16 绿盲蝽形态特征

A. 卵；B. 初孵幼虫；C. 2龄若虫；D. 3龄若虫

二、生物学特性

（一）发生规律

一年发生 4～5 代，但以第一代为害葡萄最严重。以卵在葡萄茎蔓皮缝和芽眼间，或在园边蓖麻残茬内或附近苹果、海棠、桃树等果树的断枝上越冬。翌年 4 月上中旬平均气温达 20℃，相对湿度在 60% 以上时，越冬卵孵化为若虫。以成虫或若虫为害葡萄嫩芽、幼叶，随着芽的生长，为害逐渐加重。5 月底至 6 月初葡萄新梢展叶期进入为害高峰，6 月后成虫从树上迁飞到园内外杂草或其他果树及棉花、豆类、玉米、蔬菜等上为害繁殖，对叶片破坏极大，直接影响葡萄正常生长。8 月下旬出现第 4 代或第 5 代成虫，9 月下旬至 10 月上旬产卵越冬。

绿盲蝽有白天潜伏、夜间活动、喜迁飞、食性杂等特点。具有趋光性。产卵趋嫩性，卵多产于嫩芽、嫩叶、花蕾和幼果等组织内，越冬卵产于枯枝、干草等处。喜温暖潮湿的环境，高湿下幼虫活跃，生长发育快，雨水多的年份发生较重。气温 20～30℃，相对湿度 80%～90%，适宜绿盲蝽为害活动。

（二）为害状

以若虫、成虫刺吸为害嫩芽、嫩叶、花序和幼果。幼叶受害，被害处形成红褐色、针头大小的坏死点。随着叶片伸展长大，以小点为中心，拉成圆形或不规则的孔洞，严重时形成多处刺伤孔，致使叶片发生皱缩、畸形或破裂；新梢受害严重时，生长缓慢或停止生长；花蕾、花梗受害后则干枯脱落；幼果受害后，初期表面呈不明显的黄褐色小点，随果粒长大，小点扩大为黑褐色斑块，受害处皮下组织发育受阻碍，渐凹陷，严重时果面龟裂，严重影响葡萄产量和品质。因虫体小，发生早，日藏夜出，为害初期症状不明显，易被忽视，常因防治不及时造成叶片破碎不堪，影响葡萄正常生长，造成一定的损失（图 11-17）。

A　B

图 11-17　葡萄绿盲蝽为害状（引自刘红彦，2014）

A. 绿盲蝽为害嫩叶形成的褐色斑点；B. 受绿盲蝽为害嫩梢生长缓慢（左），右为正常新梢

三、防治方法

葡萄绿盲蝽防治年历见图 11-18。

（一）农业防治

越冬前防治：经常清除枝蔓上的老皮、枯枝和园内外杂草等，消灭虫源。

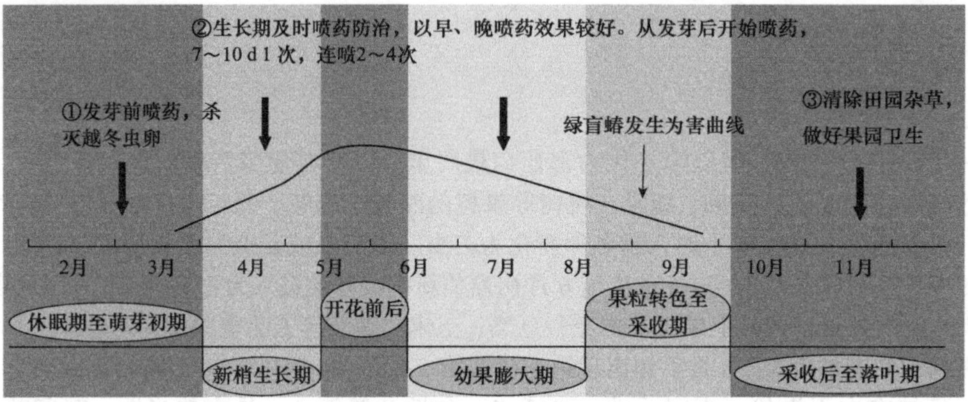

图 11-18 葡萄绿盲蝽防治年历

不同葡萄产区发育期时间前后有一定差异，各项措施以发育期为准

（二）生物防治

保护和利用天敌，主要有卵寄生蜂、蜘蛛、草蛉、花蝽、姬猎蝽、瓢虫类等。还可利用病原微生物进行防治，如白僵菌。

（三）物理防治

利用绿盲蝽的趋光性，葡萄萌芽前后园区悬挂频振式杀虫灯，1 hm^2 悬挂 1 台，可有效控制其为害。还可悬挂绿色、蓝色、黄色粘虫板，高度约 1.6 m，诱集效果较好。

（四）化学防治

由于最后一代多在杂草中生活，因此应于 9 月下旬，彻底铲除果园内和果园周围的杂草，并喷药防治杂草上的若虫。可使用 10% 吡虫啉可湿性粉剂 4000 倍液等。

生长季节防治：葡萄萌芽前，全园喷洒 1 次 3°Bé 石硫合剂，消灭越冬虫卵及初孵幼虫。葡萄发芽后或葡萄展叶后，发现若虫为害，要立即喷药防治。应在葡萄发芽后 5～7 d 喷药防治，7～10 d 1 次，连续 2～4 次。可使用 10% 吡虫啉可湿性粉剂 2000 倍液，或 3% 莫比朗乳油 1500 倍液，或 1.8% 阿维菌素乳油 5000 倍液，或 0.5% 藜芦碱乳油 1000 倍液，或复合烟碱杀虫剂乳油 700 倍液，或 10% 氯氰菊酯乳油 1500 倍液，或 50% 三硫磷乳剂 2000 倍液等。

（辛　明）

第八节　葡萄缺节瘿螨

葡萄缺节瘿螨［*Colomerus*（*Eriophyes*）*vitis* Pagenstecher］又名葡萄瘿螨、葡萄锈壁虱、毛瘿螨、蚜螨、卷叶螨等。属蛛形纲蜱螨目瘿螨科生瘿螨亚科缺节瘿螨属。主要分布于法国、西班牙、葡萄牙、意大利、德国、中欧等几乎所有的欧洲葡萄产区以及美国、以色列、伊朗、智利、巴西等国家；国内主要分布在宁夏、辽宁、河北、山东、山西、陕西和新疆等地。我国北方葡萄产区经常受害。

一、形态特征

（一）雌成螨

雌成螨体蛆形，长 0.1～0.3 mm，呈淡黄或浅灰色。虫体有 70～80 个环纹，喙弯成直角下伸。背盾板似三角形，长约 50 μm，宽约 54 μm，背盾板上有数条纵纹，背瘤位于盾板后缘的略前方，有纵轴，背毛向前斜伸，体两侧各有刚毛 4 根，尾部细长刚毛 2 根。近头部有 2 对足，爪呈羽状。雄成螨体形与雌螨相似，仅体略小（图 11-19）。

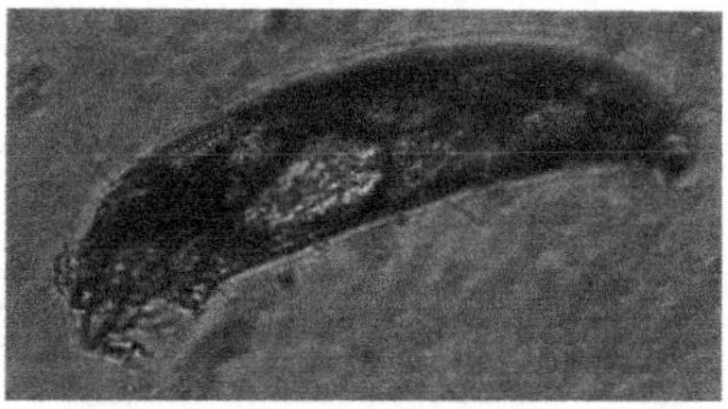

图 11-19 葡萄缺节瘿螨雌成螨
（引自夏声广，2013）

（二）幼螨

幼螨体小，与成螨无明显区别。

（三）卵

卵椭圆形，淡黄色，极微小，长约 0.03 mm。无蛹期。

二、生物学特性

（一）发生规律

每年发生 3 代。以雌成螨在葡萄芽鳞下或芽鳞绒毛间群集过冬，每芽上越冬成螨数量相差很大，最多者近千头；也有的在枝条翘皮下、裂缝、叶片基部、病叶或土壤中越冬。80%～90% 的越冬个体在一年生枝的芽鳞片内。翌年春天 4 月随着葡萄枝条出土，鳞芽的开放，瘿螨由芽内爬出，钻入叶背绒毛基部刺吸汁液，受害部位由于虫体为害刺激，形成毡状绒毛，即“毛毡”症状，潜在绒毛下取食为害，产卵繁殖。叶片 3～4 cm^2 时，出现被害状。一般喜在新梢先端嫩叶上为害，严重时能扩展到卷须、花序和幼果上；随着新梢生长，由下向上蔓延。春秋季为害严重，夏季高温多雨对其生长发育不利，主要为害期在 6～8 月；为害期很长，春季新梢叶片均可受害，秋季新副梢的嫩叶仍有被害状发生。10 月后入芽越冬。

螨体为半自由生活，既能在毛毡斑中生活，也能裸露生活，但大部分个体生活在毛毡斑中。繁殖方式主要是孤雌生殖，也可两性生殖。成螨在被害部绒毛里产卵繁殖。雄螨无阳茎，仅将精球产落在叶面上，再由雌螨拾起送入自己体内。秋季越冬雌成螨开始转移到越冬场所。缺节瘿螨种群在田间分布呈聚集分布。

（二）为害状

主要为害叶片，也为害嫩梢、芽、卷须、幼果和花穗等。且具有趋嫩性，当嫩叶老化后，会转移至临近嫩叶上继续为害。以刺吸式口器吸取汁液。葡萄缺节瘿螨唾液中存在类似于生长调节剂的物质，当这些物质进入叶片组织后，会导致叶片组织细胞增生，并抑制其发育形成毛毡。受害初期叶背发生苍白色斑点或斑块，叶表面隆起，叶背密生毛毡状绒毛，初为白色，后变黄褐色或红褐色，最后干枯呈黑褐色。毛毡状物是葡萄叶片上的表皮组织受瘿螨刺激后肥大变形而成，对瘿螨有保护作用。叶背生毡状毛的部位向叶正面隆起，背面凹陷，呈瘤状突起，叶片皱缩，凸凹不平，甚至干枯破裂，导致叶片早期脱落。后期受害部位先坏死。严重时，嫩梢、幼果、卷须、花梗等部位均受害。因其为害状与病害症状非常相似，故称“毛毡病”。可通过毡毛颜色及覆盖范围初步判断葡萄受害情况。缺节瘿螨的危害使葡萄叶片失去水分和营养，再加上绒毛覆盖，影响了光合作用，使叶子变硬、皱缩、干枯脱落等，影响植株长势和产量，并导致果实品质下降。还可传播植物病毒，如葡萄灰比诺病毒（GPGV）。

缺节瘿螨严重发生时，葡萄的芽和新梢也会受害。一般数量达100～500头/芽时，能阻碍芽的正常萌发。瘿螨高密度下能导致芽轴坏死、嫩芽基部节间短小和嫩芽细小呈锯齿形及果穗缺失等症状。受到感染后的新梢也较短小，呈灌丛状。有时叶柄、果穗柄及卷须好像被覆盖一个虫瘿套。

多年严重危害的葡萄园，在春季葡萄出土后未使用硫制剂防治或没有经过白粉病防治的品种，花序同样受害。受害部位多集中在花序轴、花序侧轴和小花柄上，表现出典型的毡毛，有时也会在小果柄、花萼、花冠（花瓣）、雄蕊、子房、幼果上形成毡毛（图11-20）。

图11-20 葡萄缺节瘿螨为害葡萄

A. 中期叶片正面受害状；B. 中期叶片背面受害状；C. 后期叶片受害正面；D. 后期叶片受害背面

三、防治方法

葡萄缺节瘿螨防治年历见图11-21。

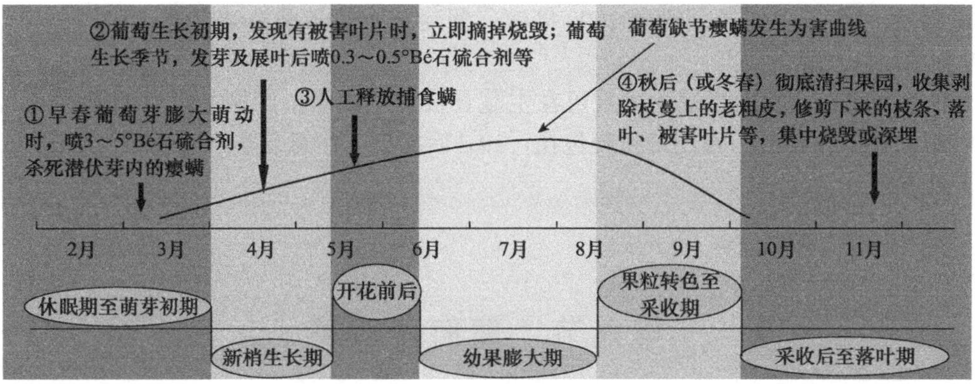

图 11-21 葡萄缺节瘿螨防治年历

不同葡萄产区发育期时间前后有一定差异，各项措施以发育期为准

（一）农业防治

春季及时抹芽，以降低瘿螨种群基数，抹去的芽要带出葡萄园深埋。抹芽时间以葡萄芽伸长到 1 cm 为宜。抹芽 10～15 d 之后，及时定梢，去掉的新梢也要带出田间销毁。在葡萄生长初期，发现有被害叶片时，立即摘掉烧毁。秋后（或冬春）彻底清扫果园，收集剥除枝蔓上的老粗皮、修剪下来的枝条、落叶、被害叶片等，集中烧毁或深埋。合理灌水，增施有机肥，适当增施磷钾肥，对酸性土壤施用石灰，以促进枝条老化成熟，增强树势，提高植株自身抗虫能力。

（二）植物检疫

疫区插条、苗木等向外地调运时，应注意检查，防止把瘿螨传到新区。无瘿螨地区从外地，特别是有瘿螨地区引入苗木时，在定植前，最好用温汤消毒。具体方法是把插条或苗木先放入 30～40℃热水中，浸 5～7 min，然后移入 50℃热水中，再浸 5～7 min，即可杀死潜伏的瘿螨。或在 3～5°Bé 石硫合剂中浸 2 min（避免浸泡苗木根部）。

（三）生物防治

葡萄瘿螨天敌种类较多，如瘿蚊、镰螯螨、草蛉、七星瓢虫、多异瓢虫、深点食螨瓢虫、智利小植绥螨等，人工释放捕食螨，如植绥螨，可有效降低瘿螨虫口数。也可选用 40% 或 50% 仿生胶，或 10% 浏阳霉素乳油 1000 倍和 99% 矿物油 200 倍，田间连续喷洒 2 次。

（四）化学防治

早春葡萄芽膨大萌动时（4 月上旬），喷 3～5°Bé 石硫合剂，以杀死潜伏芽内的瘿螨。这次喷药是防治的关键时期。如果历年发生严重，在葡萄生长季节，发芽及展叶（3～4 片叶最适合）后喷 0.3～0.5°Bé 石硫合剂加 0.3% 洗衣粉的混合液，或 2.5% 氯氟氰菊酯乳油 3000～4000 倍液，或 15% 扫螨净乳油 3000～4000 倍液，或 20% 螨克乳油 1000 倍液，或 73% 克螨特乳油 2500～3000 倍液，或 5% 尼索朗乳油 1500～2000 倍液，或 50% 马拉硫磷乳油 1000 倍液，或 20% 三氯杀螨醇 1000 倍液。葡萄埋土越冬前，结合清洁田园，均匀、细致喷施波尔多液或硫悬浮剂。

药剂涂蔓包扎，发现瘿螨为害后可在主蔓分枝部位以下，涂刷 50% 甲胺磷乳油原液或 2～5 倍液，宽度约 5 cm，再用塑料膜包扎，30 d 后拆膜。注意夏季不宜暴晒，可提早拆膜。

（辛 明 张 怡）

第九节 葡萄短须螨

葡萄短须螨（*Brevipalpus lewisi* Mc Gregor）又名葡萄红蜘蛛、刘氏短须螨、葡萄铁丝蔓，属蛛形纲蜱螨目细须螨科短须螨属。国内分布在北京、河北、山东、辽宁、江苏、安徽、浙江、河南和台湾等地；国外分布于欧洲、美洲和非洲等。该螨为害葡萄、柑橘、核桃、爬山虎、连翘、紫丁香、紫花地丁和水杉等多种果树和观赏植物。在北方葡萄产区普遍发生，为害较重，南方葡萄新产区也偶有发生。受害果穗的果粒变黑，果面龟裂，失去商品价值。

长期以来葡萄短须螨在生产上没有形成危害，果农几乎完全不认识。葡萄短须螨个体微小，仅凭肉眼很难观察到。果农在为害状大量出现后，仍不清楚是该螨造成的，误以为是病害，因此不能采取相应的有效防治措施，客观上为该螨暴发成灾创造了有利条件。近年来，其在葡萄上的危害逐年加重，如河北昌黎葡萄受害达 40% 以上。

一、形态特征

（一）雌成螨

雌成螨体长约 0.32 mm，宽约 0.11 mm，扁卵圆形，赭褐色，眼点红色，腹部中央红色，背面体壁有网状花纹，无背刚毛。4 对足短粗多皱，各节胫节末端有一条特别长的刚毛。

（二）雄螨

外形似雌螨，略小，末体与足体之间有一收窄的横缝，末体较雌螨狭窄。

（三）卵

卵椭圆形，长约 0.04 mm，宽 0.028 mm，鲜红色，有光泽。

（四）幼虫

幼虫体鲜红色，长 0.13～0.15 mm，宽 0.06～0.08 mm，足 3 对，白色，体两侧各有两条叶片状刚毛，腹部末端周缘有 8 条刚毛，其中第 3 对刚毛较长，针状，其余为叶片状。

（五）若螨

若螨体淡红色或灰白色，体长 0.24～0.30 mm，宽约 0.1 mm，足 4 对，体后部较扁平，末端钝圆，腹部末端体缘上生有 4 对叶片状刚毛。

二、生物学特性

（一）发生规律

一年发生 5～10 代。以雌成虫在枝蔓翘皮下、老皮缝、根颈处、松散的芽鳞绒毛内和叶腋处等隐蔽环境群集越冬。在我国南方无明显休眠现象。每年 4 月上中旬葡萄萌芽时，越冬雌螨出蛰上芽为害，有的先在尚未露出地面的根蘖上为害，随气温升高新梢长大，不断向上蔓延为害嫩芽嫩梢，初期多在靠近主蔓的嫩梢基部为害。4 月底至 5 月初开始产卵，以后随着新梢的长大，逐渐向上蔓延，6 月大量上叶，为害叶柄和叶片。在叶片上多集中在叶背的基部和叶脉两侧。7 月大量为害果穗，8 月上中旬为果穗受害高峰，10 月转移到叶柄基部和叶腋间，11 月全部进入越冬期。

在棚架栽培条件下，葡萄植株下部的穗受害率和叶片活动态螨量均明显高于上部。分析原因，可能是该螨群集在老枝皮裂缝下越冬，其危害由基部开始，逐渐向上蔓延；也可能是葡萄棚架下部通风和光照条件均较差，湿度大，有利于该螨的发生。

成螨有拉丝习性，但丝量较少，幼螨有群集脱皮的习性。品种间受害程度有差异，叶片绒毛密而短的品种受害重，如‘玫瑰香’‘金后’‘黄金钟’‘佳利酿’；绒毛少而光滑或绒毛密而长的品种受害轻，如‘龙眼’‘白马拉加’。高温、干旱有利于其生长发育。土壤含水量少，管理粗放的受害较重。均温 29℃，相对湿度 80%～85%，适宜该螨发生。

（二）为害状

若螨、成螨随葡萄新梢的抽出，由基部开始先后为害嫩梢、叶片、果穗和果粒等。叶片受害后，由绿色变成淡黄色然后变红至黑褐色斑块，最后焦枯脱落。为害叶柄、穗轴、新梢后，表面变为黑褐色，质地变脆，极易折断。嫩梢受害后，基部呈现黑色斑块，严重时龟裂，俗称“铁丝蔓”。果实受害，果面呈铁锈色，表皮粗糙，龟裂，果实含糖量大减、酸度很高，影响果实生长、着色和品质。受害叶片早期脱落，造成树势衰弱，影响下一年结果（图 11-22）。

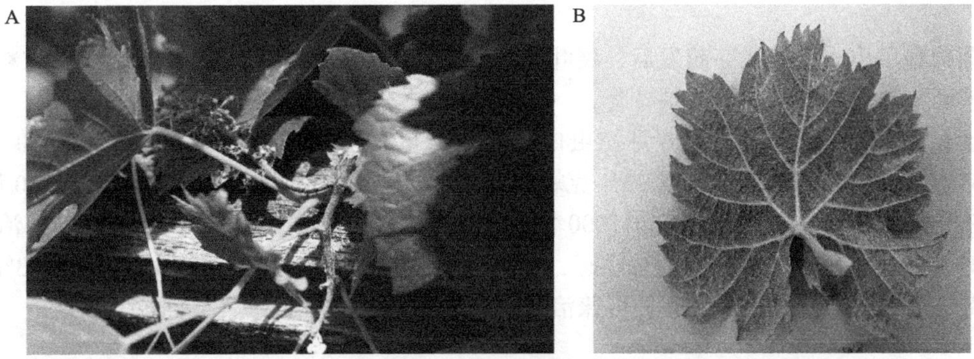

图 11-22　葡萄短须螨危害

A．为害葡萄嫩梢；B．为害葡萄叶片

三、防治方法

葡萄短须螨防治年历见图 11-23。

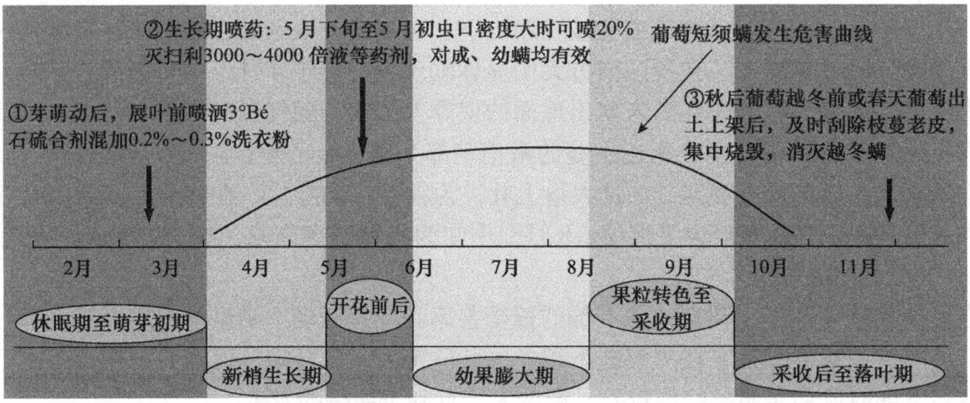

图 11-23　葡萄短须螨防治年历

不同葡萄产区发育期时间前后有一定差异，各项措施以发育期为准

（一）农业防治

秋后葡萄越冬前或春天葡萄出土上架后，及时清洁田园，刮除枝蔓老皮，集中烧毁，消灭越冬螨。改善葡萄园通风透光条件，降低温湿度，可以有效抑制该螨的发生。

（二）生物防治

人工释放捕食螨，如胡瓜钝绥螨。

（三）化学防治

从外地引进苗木，一定要在定植前用 3°Bé 石硫合剂加洗衣粉浸泡 3～5 min，晾干后再定植。

葡萄春季出土上架或芽萌发后，展叶前喷洒 3°Bé 石硫合剂混加 0.2%～0.3% 洗衣粉，淋洗式喷洒，防治出蛰雌成螨效果显著。

生长期喷药：5 月下旬至 6 月初虫口密度大时可喷一次 20% 灭扫利 3000～4000 倍液，或 2.5% 功夫乳油 6000 倍液，或 73% 克螨特乳油 3000 倍液，或 10% 浏阳素乳油 1000 倍液，或 1% 甲氨基阿维菌素乳油 3000～5000 倍液或 5% 哒螨灵乳油 1000～1500 倍液，防治效果都很好。另外，短须螨对硫制剂很敏感，可喷硫黄胶悬剂 300～400 倍液，或 0.2～0.3°Bé 石硫合剂，对成螨、幼螨均有效，并可兼治白粉病。

（靖湘峰）

第十节　葡萄茶黄螨

葡萄茶黄螨［*Polyphagotar sonemus latus*（Banks）］属蛛形纲蜱螨目跗线螨科茶黄螨属，又称侧多食跗线螨、茶半跗线螨、茶嫩叶螨、阔体螨、白蜘蛛。是为害蔬菜较重的害螨之一，近年来各地葡萄受茶黄螨为害的情况日益严重。寄主植物广泛，已知寄主达70余种。主要为害黄瓜、茄子、辣椒、马铃薯、番茄、瓜类、豆类、芹菜、木耳菜、萝卜等蔬菜。在我国主要分布在北京、江苏、浙江、湖北、四川、贵州、台湾等地。葡萄产区局部分布，是南方重要害螨。

一、形态特征

（一）雌成螨

雌成螨长0.21～0.25 mm，宽0.10～0.15 mm，卵圆，背面隆起，淡黄至黄绿色，半透明有光泽。足4对，沿背中线有1白色条纹，腹部末端平截。

（二）雄成螨

雄成螨体长约0.19 mm，体躯近六角形，淡黄至黄绿色，末端为圆锥形，足较长且粗壮。未成熟的雄成螨为淡黄色，半透明。

（三）卵

卵椭圆形，长0.1 mm。卵体灰白色、半透明，卵面纵向排列6行白色瘤状突起。贴在叶表的卵面，为扁平形。

（四）幼螨

幼螨椭圆形，淡绿色，3对足。头、胸部与成螨相似，但没有假气门器。腹部明显分为2节，近若螨阶段分节逐渐消失。腹部末端呈圆锥形，具有1对刚毛。

（五）若螨

若螨长椭圆稍呈梭形，是一个静止的生长发育阶段，在幼螨的表皮内完成其发育，两对前足向前伸，两对后足向后伸。

二、生物学特性

（一）发生规律

1年发生10多代。以雌成螨在芽鳞片间、蔓裂缝和杂草处越冬。温室大棚也是其主要越冬场所。雄螨行动迅速，雌若螨有向嫩叶转移的习性。

在热带及温带的温室条件下，全年均可发生。北京、天津以北地区的冬季，茶黄螨不能露地越冬，主要虫源来自保护地中。春季从4月上旬开始缓慢扩散，5月上中旬出现1个明显为害期，6月下旬至9月中旬为盛发期。露地蔬菜栽培，于6、7月开始发生，7月多雨的年份种群增殖迅速，7～8月种群增殖速度快，危害高峰期主要集中在8月。10月以后种群数量迅速减少。

茶黄螨生长繁殖的最适温度为22～28℃，相对湿度为80%～90%。春季温暖多雨有利其发生。高温对其繁殖不利，当气温达34～35℃，持续2～3 h后，若螨死亡率可达80%，成螨死亡率高达60%以上。

（二）为害状

成螨和幼螨集中在植株幼嫩部位刺吸汁液，致使嫩叶受害时皱缩、纵卷，正面绿色，背面发亮呈茶褐色，具油渍状光泽或油浸状，叶片变挺、变脆，叶片从叶缘变褐，叶缘向上或向下卷曲。嫩茎受害时表皮木质化，呈黄褐色，扭曲畸形。生长点受害时不发新叶，萎缩，形成秃顶，变为黄褐色，植株矮小。花蕾、幼果受害后逐渐萎缩，不能开花、结果，严重时可导致落花、落蕾。植株茎部和叶柄表皮木质化失去光泽。果实受害时果柄、萼片及果皮表面木质化，变为黄褐色，生长受到抑制，果实受害后变小、僵化、变硬，丧失光泽成锈壁果，后期致使果实开裂。圆茄果实受害后果面形成典型木栓化网纹，果实开裂，种子外露，呈开花馒头状。

三、防治方法

（一）农业防治

1. 清洁田园　成龄树进行剥除老皮，彻底烧毁。铲除田间杂草，残枝落叶。

2. 轮作　调整种植结构，将嗜食寄主与非嗜食寄主轮作，切断食物链，如百合科与茄果类和瓜类轮作，十字花科与茄果类和瓜类轮作，对茶黄螨种群均有抑制作用。

3. 控制温湿度　根据茶黄螨生长发育对温湿度的要求，结合田间管理，进行大温差防治。白天将棚温升高至34～35℃，控制2～3 h，夜间降低温度至11～12℃，加强通风，降低棚室内湿度。

4. 清除虫源　冬季育苗温室和生产棚室在育苗和定植前，采用硫黄粉熏蒸消灭虫源。每1000 m^2 温室用硫黄粉5 kg拌入一倍量的干锯末，在阴、雨、雪天的无风夜晚，分置2～3堆点燃，次日早晨开口放风，5～7 d后育苗或定植幼苗。

5. 培育无螨壮苗　育苗期若有茶黄螨发生，在移栽前全面施药防治2次。不能从已发生茶黄螨的地区引进寄主秧苗。

（二）化学防治

葡萄花前花后及时喷布农药防止幼螨为害幼果，首选生物和矿物源农药，如10%浏阳霉素乳油500倍液，或1.8%阿维菌素乳油3000倍液，或2.5%羊金花生物碱水剂500倍液，或45%硫黄胶悬剂300倍液，或99%机油（矿物油）乳剂200～300倍液。再选择高效低毒化学农药，如5%噻螨酮（尼索朗）乳油1500～2000倍液，或73%炔螨特（克螨特）乳油2000倍液，或25%苯丁锡（托克尔）可湿性粉剂1000～1500倍液，或25%三唑锡（倍乐霸）可湿性粉剂1000～1500倍液。在点片发生阶段防治1～2次，每次间隔7～10 d。注意轮换用药，重点喷布幼果、嫩叶等幼嫩部分。

（胡祖庆）

第十一节 雀纹天蛾

雀纹天蛾（*Theretra japonica* Orwa）别名葡萄绿褐天蛾、葡萄叶褐天蛾、爬山虎天蛾和葡萄斜条天蛾等。属鳞翅目天蛾科。全国大部分地区均有分布。可为害葡萄、常春藤、爬山虎、白粉藤、紫藤、刺槐、榆树、虎耳草和绣球等植物。

一、形态特征

（一）成虫

体长 27～38 mm，翅展 68～72 mm。体绿褐色，头、胸部两侧及背中央有灰白绒毛，背线两侧有橙黄色纵条；腹部背线棕褐色，两侧有数条不甚明显的暗褐色条纹，各节间有褐色横纹，两侧橙黄色。前翅黄褐色，后缘中部白色，顶角达后缘方向有 6 条暗色条纹，上面一条最为明显，第三条与第四色较淡，中室端有 1 小黑点。后翅黑褐色，后角附近有橙灰色三角斑，外缘灰褐色（图 11-24 A）。

（二）卵

卵近球形，淡黄绿色，直径 1.1 mm。

（三）幼虫

幼虫分绿色型和褐色型。老熟幼虫体长 75～80 mm。褐色型幼虫头褐色，背线浓褐色，亚背线灰褐色，腹部斜纹前缘深褐色，腹部第 1、2 节亚线上各有 1 对黄色大眼斑。绿色型头部黄绿色，背线明显，腹部背面青绿色，体侧黄绿色，斜纹不明显，淡黄色。尾角表面有明显的白色颗粒状突起（图 11-24 B）。

A B
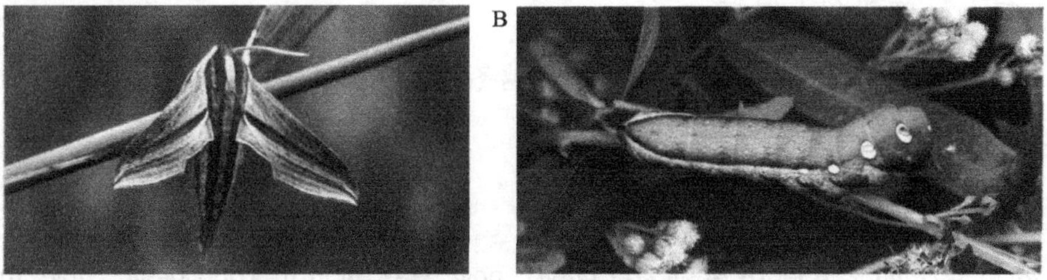
图 11-24 雀纹天蛾成虫（A）和幼虫（B）

（四）蛹

蛹灰褐色。长 36～38 mm。

二、生物学特性

（一）发生规律

1 年发生 1 代，以蛹在表土内越冬。6～7 月羽化，成虫昼伏夜出，有趋光性。卵单粒散产于叶背，每次产卵 400 粒左右。幼虫 8～9 月发生，10 月老熟幼虫入土化蛹越冬。

（二）为害状

主要以幼虫为害，取食叶片，从叶缘向内啃食叶片，经常将整个叶片取食吃尽，才向其他叶片转移，继续为害。很少有从叶片中部取食叶肉造成孔洞的情况。

三、防治方法

葡萄雀纹天蛾防治年历见图 11-25。

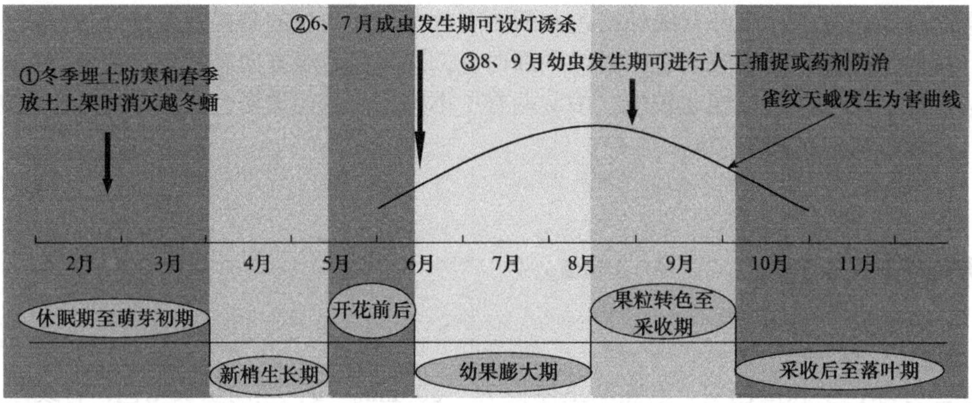

图 11-25　葡萄雀纹天蛾防治年历

不同葡萄产区发育期时间前后有一定差异，各项措施以发育期为准

（一）灯诱和人工捕杀

冬季埋土防寒和春季放土上架时消灭越冬蛹。成虫发生期可设灯诱杀。幼虫发生期可根据食量大、排粪多的特点，进行人工捕捉。

（二）药剂防治

幼虫发生期，喷洒 Bt 乳油 600 倍液、90% 晶体敌百虫 1000 倍液、20% 虫酰肼悬浮剂 1500～2000 倍液、25% 灭幼脲 3 号悬浮剂 500～600 倍液、50% 啶虫脒 3000～5000 倍液、50% 辛硫磷乳油 1000～1500 倍液。

（辛　明）

复 习 题

1. 以葡萄斑叶蝉为例，简述叶蝉类害虫的为害状和防治方法。
2. 以十星叶甲为例，简述叶甲类害虫的为害状和防治方法。
3. 以四斑丽金龟为例，描述金龟子类害虫的为害状和防治方法。
4. 简述绿盲蝽的为害状和防治方法。
5. 以葡萄缺节瘿螨为例，简述瘿螨类害虫的为害状和防治方法。

第十二章 葡萄果实虫害

扫码见本章彩图

第一节 葡萄东方盔蚧

东方盔蚧（*Parthenolecaniu mcorni* Bouché）又称远东盔蚧、水木坚蚧、扁平球坚蚧、糖槭蚧、刺槐蚧，属同翅目蚧总科蚧科坚蚧属。为害葡萄、梨、苹果、山楂、桃、李、杏等果树及醋栗、刺槐、糖槭、美国白蜡等百余种植物，其中以葡萄、桃、刺槐发生较重。在我国发生于东北、华北、西北、华东和华南等地区。

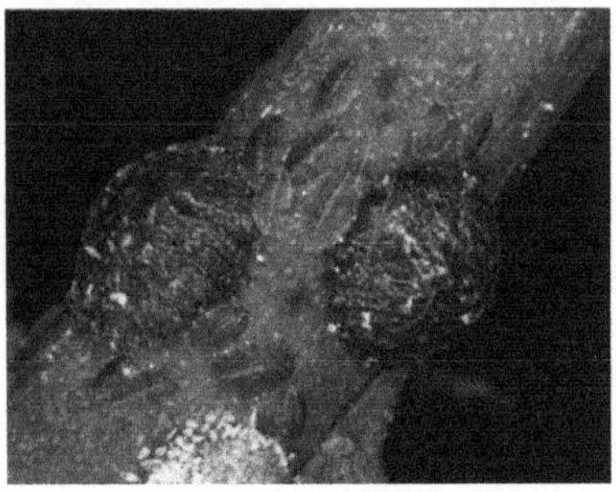

图 12-1 葡萄东方盔蚧雌成虫（引自赵奎华，2006）

一、形态特征

（一）雌成虫

成虫体长 3.5～6.0 mm，宽 3.5～4.5 mm，红褐色或黄褐色，椭圆形。成熟后背部体壁硬化，体背中央有四列纵排断续的凹陷，中间两排较大，凹陷内外具 5 条隆脊。体背周缘有横列的皱折，较规则。体背近边缘部位生有 15～19 个发达的双筒腺。可分泌细长玻璃纤维状的蜡丝，呈放射状（图 12-1）。

（二）卵

卵长 0.5～0.6 mm，长椭圆形，淡黄白色，孵化前呈粉红色，卵上覆盖蜡质白粉。

（三）若虫

初孵为黄白色，长大逐渐加深呈黄褐色。体扁平，椭圆形，触角、足有活动能力。越冬若虫体赭褐色，体外有一层极薄的蜡层。

二、生物学特性

（一）发生规律

一年发生 2 代，以 2 龄若虫在枝蔓的老皮下、干枝裂缝、剪锯口处越冬。翌年 3 月出蛰，爬到枝条上后固着为害，此期间往往有多次迁移现象。4 月上旬虫体开始膨大，以后逐渐硬化，5 月初前后开始产卵，5 月末为第一代若虫孵化盛期，若虫先在叶背为害，在 6 月中旬蜕皮为 2 龄虫又转移到当年生枝蔓、穗轴、颗粒上为害。7 月中旬变为成虫并产卵。第

2代若虫8月间孵化，中旬为盛期，10月间迁回枝蔓上越冬，多以孤雌卵生殖繁殖后代。'金后''龙眼''红玫瑰'等品种发生较重。

（二）为害状

一般以刺槐做防风林的果园常发生此虫。若虫和成虫为害枝叶和果实，经常排出无色黏液，黏附在叶面和果实上，阻碍叶的生理作用，也招致蝇类吸食和霉菌寄生，表面呈现污黑的煤烟状，使枝条枯死，树势衰弱，降低产量和品质（图12-2）。

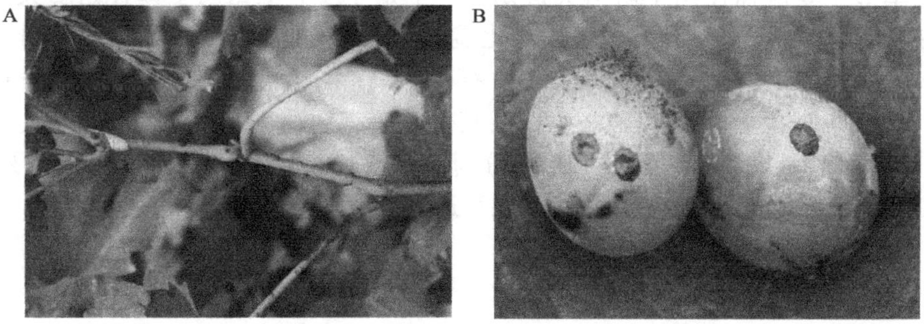

图12-2　葡萄东方盔蚧为害状（引自赵世杰，2011）

A．东方盔蚧为害枝条症状；B．东方盔蚧为害果实症状

三、防治方法

葡萄东方盔蚧防治年历见图12-3。

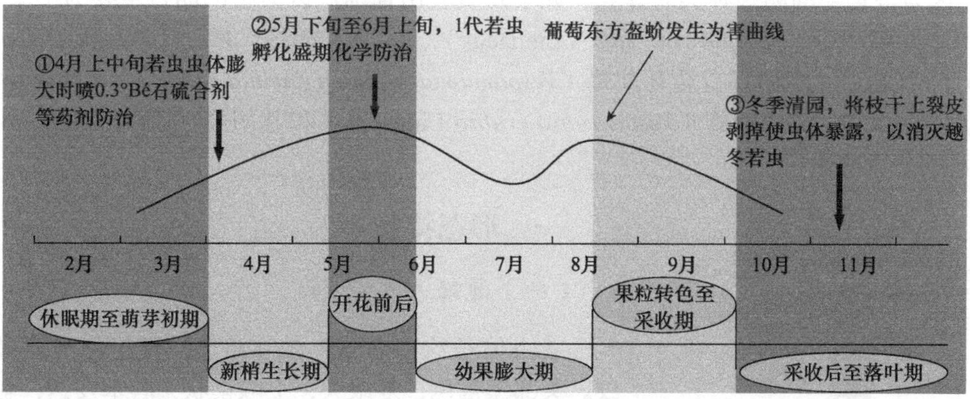

图12-3　葡萄东方盔蚧防治年历

不同葡萄产区发育期时间前后有一定差异，各项措施以发育期为准

（一）农业防治

葡萄园周围不宜用刺槐做防护林，以免该虫向葡萄上转移为害。如刺槐上有该虫发生，

应同时防治。冬季清园，将枝干上裂皮剥掉，使虫体暴露，以消灭越冬若虫。

（二）生物防治

保护和繁殖天敌黑缘红瓢虫、红点唇瓢虫和寄生蜂等进行生物防治，寄生率达10%～25%。

（三）化学防治

生长季节主要应抓住两个防治关键期：一个是4月上中旬的虫体开始膨大时期；一个是5月下旬至6月上旬的第1代若虫孵化盛期。害虫发生严重的果园，在6月下旬可再喷药1次。春天葡萄出土上架后，喷5°Bé石硫合剂；4月上中旬虫体膨大时喷0.3°Bé石硫合剂，或50%马拉松1000倍液。生长期其他常用有效药剂有：48%毒死蜱乳油或水乳剂1200～1500倍液、25%噻嗪酮可湿性粉剂1000～1200倍液、52.25%氯氰毒死蜱乳油1500～2000倍液等。喷药时若在药液中加入渗透助剂，可显著提高防治效果。

（靖湘峰）

第二节 葡 萄 胡 蜂

中华马蜂（*Polistes chinesis antennalis* Perez）又名二纹长脚蜂、普通长足胡蜂、中华长脚胡蜂，俗称马蜂、胡蜂、草蜂。属膜翅目细腰亚目胡蜂科。我国大部分地区都有分布。各葡萄产区为害葡萄的胡蜂种类有差异，如宁夏贺兰山葡萄产区为害的胡蜂主要为中华马蜂，其次为北方黄胡蜂［*Vespula ruta ruta*（Linnaeus）］、朝鲜黄胡蜂［*Vespulakoreensis koreensis*（Radoszkowski）］。国内还有金环胡蜂（*Vespamandariniaman darinia* Smith）、大胡蜂（*Vespa magnifica* Smith）、黄边胡蜂（*Vespacrabro crabro* Linnaeus）和基胡蜂（*Vespa basalis* Smith）等13种胡蜂为害果树。

一、形态特征

（一）雌蜂

成虫体长约17 mm，体基色黑，具黄色或微褐色花纹。头部黑褐色，复眼大，上颚楔状，唇基发达，触角黄色。中胸背板具有棕色斑，胸部骨片多呈棕黑色，足细长，第10腹节宽，端部为一黄色横带，中部两侧各有1个棕色大圆斑，因而得名二纹蜂（图12-4）。

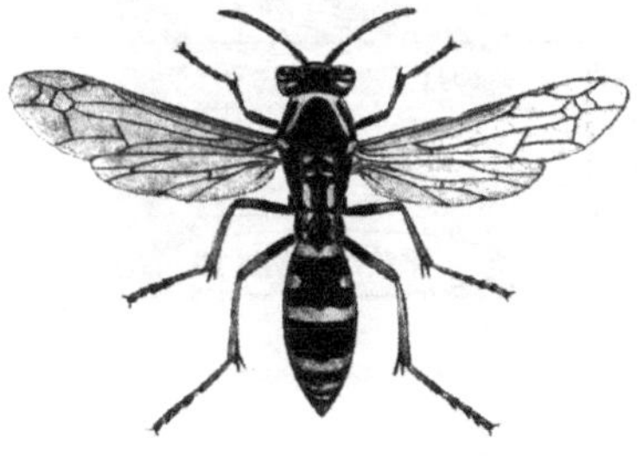

图12-4 中华马蜂成虫

（二）卵

卵呈椭圆形，比小米粒还小，刚产后色淡，逐渐呈乳白色，孵化前呈黄白色。

（三）幼虫

幼虫为蛆状，13 节，各节皱纹明显，全体乳白色，5 龄幼虫体长 9～14 mm，足不明显。

（四）蛹

蛹体长 13 mm，裸蛹，体形与成虫略相似。

二、生物学特性

（一）发生规律

北方 1 年 1 代，以受精雌蜂越冬。翌年 4 月下旬出来活动。先开始营巢，一般在避风向阳处的岩石下、植物的小枝上营巢。筑巢材料是朽木纤维，经口器咀嚼加工而成，巢室六角形。当室壁高达 2 mm 左右时，产卵 1 粒，室壁在卵和幼虫的发育过程中不断加高。雌蜂边营巢边饲育幼虫。6 月下旬当第 1 批成虫羽化后，雌蜂不再筑巢和饲育幼虫，专为产卵，产卵期延长，直到 7～8 月。在 8 月以前产的卵为受精卵，全部发育为工蜂，其中有一部分受精卵孵化的幼虫，得到充足营养，最后发育成新的母蜂，而未受精卵全部发育为雌蜂，为害葡萄的主要是工蜂。

中华马蜂在春季筑巢时，有沿沟取水和喝水的习性。5 月中下旬是筑巢盛期，也正是取水盛期，此时中华马蜂整天成群成伙，频繁取水。营巢时间为每天 9～16 时；工蜂一般在晨露干后，即 7～8 时飞出，17 时左右回巢；于 9 月下旬在晴朗的天气 13～15 时，新母蜂和雄蜂飞集在温暖向阳处追逐交尾之后，雄蜂、工蜂相继死亡，只剩下受精雌蜂越冬，越冬场所多在向阳、背风、温暖的石缝、树洞、房檐等处。

（二）为害状

成虫食性广泛，因其嗜食甜性物质，主要咬食熟透的葡萄、苹果、桃等的果实，还为害棉花、柞蚕等（图 12-5）。

胡蜂多以成虫从伤口特别是鸟啄的伤口处啮食而为害水果，果实成熟时也可直接啮食。危害严重时，整株果粒被食。胡蜂首先为害成熟度好、含糖量高的葡萄果粒，先蛀食一个直径约 1 cm 的孔洞，逐渐向内啮食果肉吸取汁液，吐出残渣，受害严重时把果肉啮食空，只残留果皮和种子等挂在树上，最后干瘪枯死。有时一个果穗上常群集 10 余头胡蜂，吸食果汁残留果皮、种子，而且受伤的部位，还可以引来蚂蚁、蝇类等昆虫，加剧危害。在整个葡萄成熟季节，产量损失较大。

葡萄成熟期，酸甜多汁的葡萄对其吸引力很大，尤其是‘红富士’‘玫瑰香’等芳香味浓的品种，诱惑力更大。据观察，1 只成年蜂中午 20 min 内将一穗 38 粒‘巨峰’葡萄咬坏 24 粒，随后而至的马蜂 1 h 左右将整穗葡萄几乎吃完，足见其破坏性。

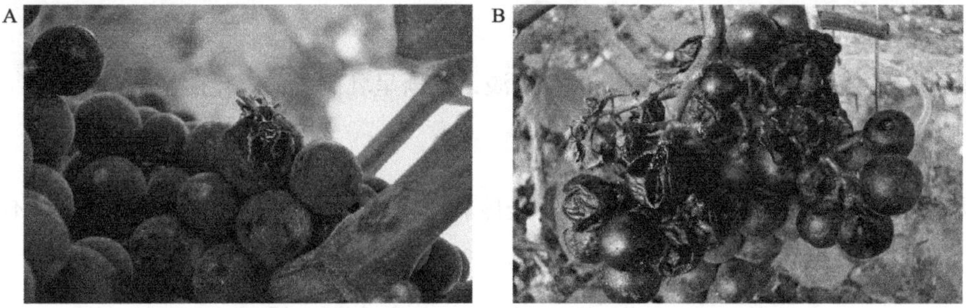

图 12-5 中华马蜂为害葡萄

A. 中华马蜂正在取食葡萄果实；B. 中华马蜂为害严重时，上层果粒都被取食

三、防治方法

中华马蜂防治年历见图 12-6。

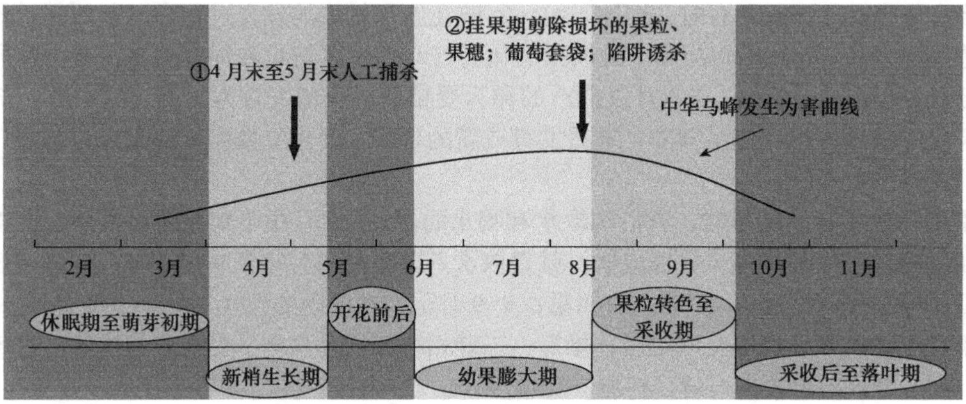

图 12-6 中华马蜂防治年历

不同葡萄产区发育期时间前后有一定差异，各项措施以发育期为准

（一）农业防治

剪除损坏的果粒果穗。损坏的葡萄伤口不但易腐烂，还会招引马蜂取食，应尽快剪除损坏的果粒果穗。还应加强病虫害防治，防止金龟子等害虫刺伤、咬坏果实后，吸引马蜂吸食果汁，造成更大的损失。

葡萄套袋。可提高果实外观品质，预防和减少马蜂的危害。应尽量选用透气性较好的葡萄专用袋，或用旧报纸缝制长 35～40 cm、宽 20～25 cm 的纸袋，效果虽差些，但同样可阻止马蜂危害。套袋时间在开花后 30～40 d 比较合适，将纸袋捻开鼓胀，小心地将果穗套进袋内，袋口用铁丝系在穗柄上。套袋后不要碰纸袋，以防影响果穗和果粒。成熟前，青绿色葡萄可不解袋；红色、紫黑色、黑色品种要在采收前 10～15 d 解袋。为防止马蜂危害，可将果袋分 2 次摘除，先将底部打开，撑起呈伞状，待采收前几天，再解开促进着色。

（二）物理防治

人工捕杀：在清理葡萄园时，寻找蜂巢，进行捕杀。在春季4月末至5月末，雌蜂有在水沟取水和喝水的习性，故可选择晴朗无风的天气，在10～14时，到葡萄园附近的水沟旁等候，当其落下喝水时，拿帚把将其打死，此时均为雌蜂，防治效率高。

（三）药剂防治

诱杀：蜂类喜食糖蜜，可用糖蜜为饵进行诱杀。配制比例为杀虫剂：白糖：水＝1：6：10；或红糖：蜂蜜：药剂：水＝1：1：0.5：15。杀虫剂效果较好的有4.5%诺普信和50 g/L s-氰戊菊酯。在贺兰山葡萄产区的诱杀实验中，4.5%诺普信每诱杯平均可以诱杀21头中华马蜂。

在雾天的早晨和雨天，趁蜂未出巢活动前，将杀虫剂撒在蜂巢上。或水坑药杀，利用自然水坑或人造水坑，加入敌百虫，使药剂浓度达到1%。投药时间可在越冬雌蜂筑巢盛期，蜂的活动范围多在350～400 m，一般不超过600 m，设置水坑时不能超过此范围，否则影响药杀效果。

（辛　明）

第三节　烟　蓟　马

烟蓟马（*Thrips tabaci* Lindeman），别名葱蓟马、棉蓟马，属于缨翅目蓟马科。是一种世界性的害虫，寄主植物多达300余种，除为害葡萄外，还为害苹果、李、杏、柑橘等果树，以及韭菜、大蒜、大葱、洋葱、烟草、甘蓝、豌豆、甜瓜、生菜、土豆、番茄、芦笋和棉花等重要的经济作物。全国各地均有分布。

一、形态特征

（一）成虫

成虫体长1.2～1.8 mm，深褐色或黑褐色；头方形，锉吸式口器；触角7节，鞭节连珠状；3单眼红色，三角形排列；翅2对淡褐色，每条翅脉上着生2排脉鬃，前排脉鬃短，后排脉鬃较长。雄虫无翅。

（二）卵

卵圆形，乳白色至黄白色，长约0.3 mm。

（三）若虫

体长0.6～1.0 mm，黄色或褐色，1、2龄若虫无翅，3、4龄若虫具翅芽。

二、生物学特性

（一）发生规律

烟蓟马一年多代，每代历期 9～23 d。以蛹、若虫或成虫在葡萄、杂草及土中越冬，在葡萄初花期开始发现有烟蓟马为害葡萄子房和幼果，第一次为害高峰是在 5 月末至 6 月初（开花初、盛期）。6 月下旬至 7 月上旬在副梢、花序上有烟蓟马若虫和成虫为害花蕾、幼果，是为害葡萄的第二次高峰。该虫畏光，故晴朗的白天，成虫和幼虫多在叶背面的叶脉附近取食。这两次为害高峰是影响葡萄质量和减产的关键时期。7～8 月成虫将卵产在叶背组织内。9 月虫量明显减少，10 月至初霜来临前，只在未摘心的新梢上发现烟蓟马成虫。此时大量的烟蓟马迁移至葡萄园附近的大葱、萝卜、白菜等植物的心叶上为害。

（二）为害状

烟蓟马可为害葡萄幼果、花蕾、嫩叶和枝蔓。若虫和成虫取食汁液。幼果被害后，果皮出现小黑点或黑色斑块，被害部位随着果粒的增大而扩大并形成黄褐色或暗褐色木栓化斑，严重时变成裂果，成熟期易霉烂。嫩叶被害部位略呈水渍状黄点或黄斑，以后变成不规则穿孔或破碎，有时沿叶脉吸食最后造成叶脉呈黑色坏死（图 12-7）。

图 12-7　烟蓟马为害葡萄

A．烟蓟马在葡萄叶片上的群集状；B．取食造成整片叶受害失绿；C．烟蓟马在葡萄幼果粒上为害的初期表现；D．果粒膨大后，烟蓟马为害处产生的愈伤组织

三、防治方法

烟蓟马防治年历见图 12-8。

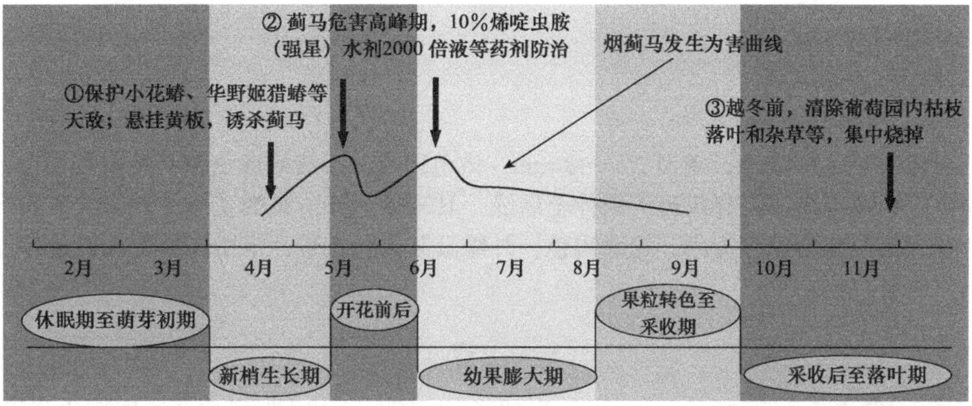

图 12-8 烟蓟马防治年历

不同葡萄产区发育期时间前后有一定差异，各项措施以发育期为准

（一）减少越冬虫源

越冬前，清除葡萄园内枯枝落叶和杂草等，集中烧掉。园内及附近不种葱、萝卜、白菜等蔬菜作物。

（二）保护天敌

烟蓟马常见天敌有小花蝽、华野姬猎蝽、横纹蓟马等。

（三）物理防治

悬挂黄板，诱杀蓟马。

（四）化学防治

蓟马危害严重时，药剂防治。蓟马主要为害葡萄果实，在开花前 1～2 d 或初花期进行喷药。对‘巨峰’品种第一次喷药时期在 5 月末或 6 月初，如留二茬果时在 6 月下旬至 7 月初喷第二次药。药剂可选用 10% 烯啶虫胺（强星）水剂 2000 倍液，还可选用 2.5% 高效氯氟氰菊酯、10% 虫螨腈、60 g/L 乙基多杀菌素、印楝素和苦参碱等。

（辛　明）

第四节 棉 铃 虫

棉铃虫（*Helicoverpa armigera* Hubner）别名青虫、番茄蛀虫、玉米穗虫、棉铃实夜蛾。属鳞翅目夜蛾科。全国均有分布。食性较杂，寄主范围广，除为害葡萄外，还可为害苹果、无花果、草莓、柑橘等果树及茄果类蔬菜、粮食作物、花卉等，而棉花是其主要为害对象。

一、形态特征

（一）成虫

成虫体长 15～18 mm，翅展 27～38 mm，体色多变，一般雌成虫黄褐色或灰褐色，雄成虫灰绿色。前翅中横线由肾状斑下斜伸至后缘，其末端达环形斑的正下方。肾状斑和环形斑及外横线深褐色。后翅灰黄色，翅脉褐色，外缘具茶褐色宽带，带中间有 2 个白色斑点，宽带上具月形斑。

（二）卵

半球形，0.5 mm，初生时乳白色，卵孵化前灰紫色，表面具网状花纹。

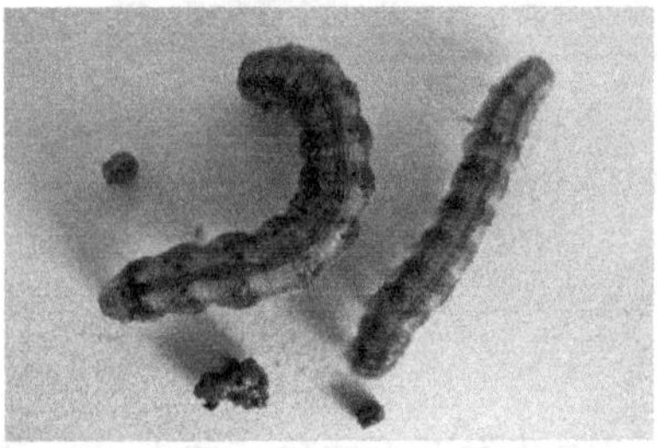

图 12-9　棉铃虫幼虫（张怡摄，2018）

（三）幼虫

老熟幼虫体长 30～45 mm，体色常见淡绿、绿、黄白、淡红、红褐或黑紫色。头部具黄色网状斑，生褐色小刺，体侧横线白色，背线 2～4 条，气门多为白色（图 12-9）。

（四）蛹

体纺锤形，黄褐色，长 17～21 mm，腹部第 5～7 节的背面和腹面具 7～8 排半圆形刻点，腹末端有 1 对臀刺。滞育蛹在化蛹后 3～4 d 头部后方呈现 4 个小黑点，排成一斜行。

二、生物学特性

（一）发生规律

棉铃虫在辽宁、河北北部、内蒙古、新疆每年发生 3 代，向南其世代增多。以蛹在寄主植物根际土室中越冬。越冬蛹于 4 月下旬开始羽化，5 月上中旬为羽化盛期。成虫昼伏夜出，具有较强的趋光性和趋化性。1、2 代卵盛期在 6 月中下旬，3 代卵盛期为 7 月下旬。卵期 5～6 d。幼虫共 6 龄，7～9 月幼虫可对葡萄造成为害。初孵化幼虫先啃食葡萄嫩叶，之后啃食葡萄花穗和果实。幼虫具有假死和转移为害习性。10 月幼虫老熟后在土中化蛹越冬。

（二）为害状

棉铃虫主要以幼虫蛀食为害葡萄。棉铃虫幼虫可取食葡萄浆果，蛀成孔洞，引起浆果腐烂，为害葡萄花蕾引起凋落，啃食叶片形成孔洞和缺刻（图 12-10）。

三、防治方法

在葡萄上，棉铃虫一般不进行专门防治，发生稍多时可结合其他主要害虫的防治进行。

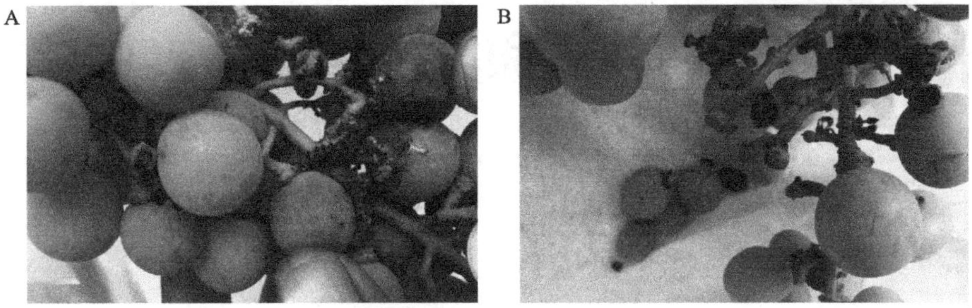

图 12-10　棉铃虫为害葡萄

A. 正在为害葡萄枝蔓和果粒；B. 葡萄果粒受害

（一）诱杀成虫

布置频振式杀虫灯或杨树把诱杀成虫。

（二）药剂防治

当幼虫大发生时，可采用千虫克（Bt＋阿维菌素）1000～2000 倍液喷雾。

（三）保护天敌

常见天敌有赤眼蜂、黄足绒茧蜂、螳螂和益鸟等。

（辛　明）

复　习　题

1. 葡萄重要的果实虫害有哪些？其危害特点有何不同？
2. 简述东方盔蚧的危害特征和防治方法。
3. 简述中华马蜂的危害特征和防治方法。

第十三章 葡萄枝干和根部虫害

扫码见本章彩图

第一节 葡萄透翅蛾

葡萄透翅蛾（*Paranthrene regale* Butler）又名葡萄钻心虫、葡萄透羽蛾，属鳞翅目透翅蛾科。主要为害葡萄，也为害苹果、梨、桃、樱桃等果树。分布比较普遍，在我国北方、南方葡萄产区均有发生。

一、形态特征

（一）成虫

成虫体长 18～20 mm，翅展 30～36 mm，体黑褐色。头顶、颈部两侧及腹部各环节联络处为橙黄色。前翅红褐色，前缘及翅脉黑色，后翅半透明。腹部有 3 条黄色横带，以第 4 节中央的一条最宽，第 6 节次之，第 5 节最细。雄蛾腹部末端左右各有长毛丛一束。成虫静止时，外形似马蜂（图 13-1 A）。

（二）卵

卵长约 1.1 mm，长椭圆形，略扁平，红褐色。

（三）幼虫

初孵幼虫体长不足 2 mm，老熟幼虫体长约 38 mm，共 5 龄。幼虫体略呈圆筒状。头部红褐色，口器黑色，胸腹部淡黄白色，老熟时带紫红色，前胸背板上有倒“八”字形纹，前方色淡，体疏生细毛（图 13-1 B）。

（四）蛹

蛹长约 18 mm，红褐色，圆筒形。各节背面有刺列（图 13-1 C）。

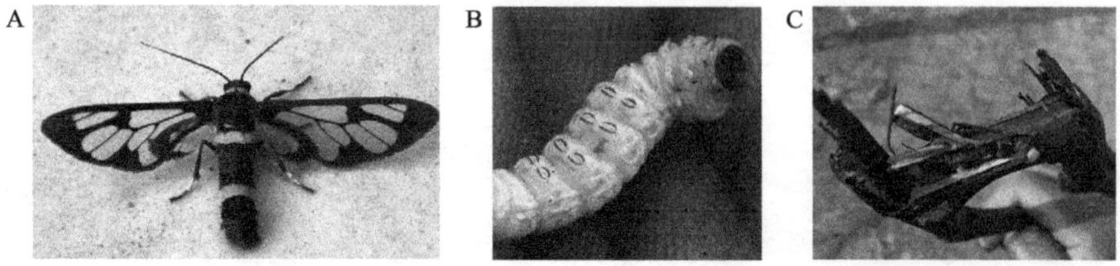

图 13-1 葡萄透翅蛾成虫（A）、幼虫（B）和蛹（C）（许领军摄，2018）

二、生物学特性

（一）发生规律

一年发生 1 代，以老熟幼虫在葡萄被害枝蔓内越冬。我国中部地区 4 月开始化蛹，化蛹前先在被害枝蔓侧面咬一圆形羽化孔，以丝封闭，5 月化蛹，蛹期 10 d。成虫于 5～6 月羽化，羽化时蛹壳常露出孔外一部分。一般葡萄开花盛期（6 月上旬至 7 月上旬）为成虫羽化盛期，约 20 d。羽化后即交尾产卵，雌雄成虫一生只交尾 1 次，白天产卵，每雌平均产卵 100 粒，寿命 6～7 d。卵散产于葡萄枝蔓上的叶腋、芽的缝隙、叶片、新梢、果穗、卷须处，以叶腋和叶片最多。卵期 8～13 d。7 月中旬后，幼虫长大到 20 mm 左右时，蛀入 2 年生以上老蔓，此时幼虫食量大，为害重，使较大枝蔓枯死或折断。7～8 月幼虫为害最重，9～10 月老熟幼虫在 1～2 年生枝蔓里越冬。

（二）为害状

初孵幼虫先取食嫩叶、茎蔓，然后幼虫由新梢叶柄基部蛀入嫩茎内，为害髓部，蛀孔附近常堆积大量虫粪，这是该虫为害的最大特征。幼虫蛀入枝蔓后，先向嫩蔓先端方向蛀食，致使蔓梢很快枯死，幼虫则又转向新蔓基部方向蛀食；幼虫为害嫩茎髓部形成蛀食孔道，使上部叶片枯萎死亡；当幼虫把嫩茎食空后，又转到其他枝条或粗茎中为害。幼虫常转蔓为害。受害部分膨大成瘤状，新蔓逐渐枯死，枝蔓易折，叶片变黄，果实脱落，影响结果。节间被蛀害变成紫褐色，易于识别（图 13-2）。

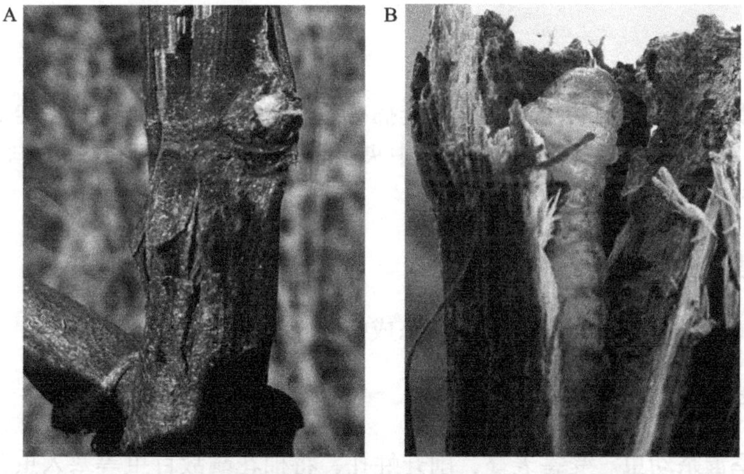

图 13-2　葡萄透翅蛾为害状（许领军，2018）

A. 幼虫蛀食被害处间节膨大；B. 幼虫孵化后转移到粗髓部蛀食

三、防治方法

葡萄透翅蛾防治年历见图 13-3。

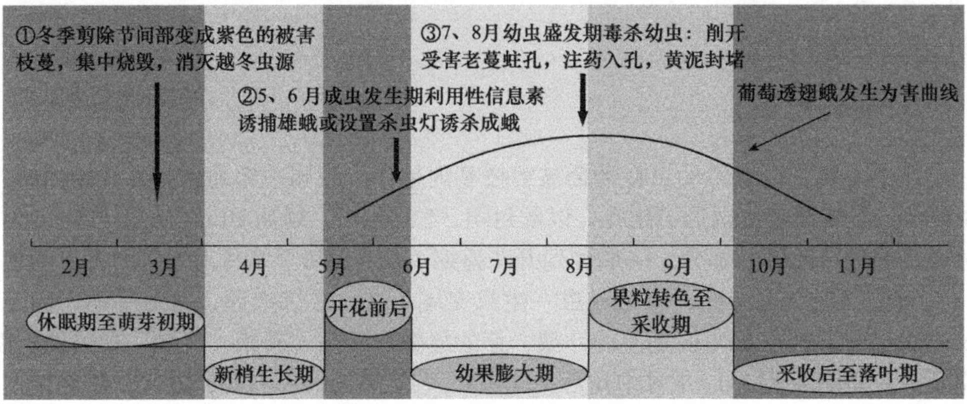

图 13-3　葡萄透翅蛾防治年历

不同葡萄产区发育期时间前后有一定差异，各项措施以发育期为准

（一）农业防治

新建葡萄园远离桃树、樱桃、山楂树及常绿灌木等。

冬季剪除被害枝蔓。冬季修剪时注意剪除节间部变成紫色的被害枝蔓，集中烧毁，消灭越冬虫源。注意越冬幼虫多在枝蔓断口的下方，务必剪到虫子为止。大的枝蔓被害后，外观不易发现，可以用力拉动枝蔓，发现折断的地方，即被害处。为防止遗漏，到发芽时再检查一遍，将未发芽的被害枝蔓剪除，剪下的枝条烧毁。6～7 月发现被害枯死枝蔓及时剪除烧毁。此项措施应在一个葡萄种植区内全面开展，如能防治彻底，即可控制为害。

（二）生物防治

葡萄透翅蛾成虫发生期利用性信息素诱捕雄蛾。每 0.33～0.67 hm^2 悬挂 1 个诱捕器。诱捕器制作方法：容器内盛洗衣粉水，容器中央挂诱芯，距离水面 0.5 cm。容器挂在葡萄架上，距离地面约 1.5 m。

（三）物理防治

6～7 月成蛾羽化盛期，设置杀虫灯诱杀成蛾。

（四）化学防治

葡萄生长季毒杀幼虫。受害老蔓，削开蛀孔，将棉花蘸敌百虫等塞入虫孔内，或用高压注射器将 20% 晶体敌百虫 1000 倍药液注入虫孔内，然后用黄泥封堵。

花期前后可以选用辛硫磷、高效菊酯、三伏氯氰菊酯等进行防治。

幼虫初孵期可喷 0.3% 苦参碱 1500 倍液、5.7% 甲维盐 3000 倍液等。

（靖湘峰）

第二节　巨 膜 长 蝽

巨膜长蝽［*Jakovleffia setulosa*（Jakovlev）］属半翅目长蝽科。在我国分布于宁夏、甘肃、内蒙古、新疆等地。主要为害白茎盐生草、猪毛菜、骆驼蓬、红砂、禾本科牧草等，也可为害葡萄、压砂瓜、玉米、枸杞等作物。

一、形态特征

（一）成虫

成虫体长 27～30 mm，雌虫较大，长圆形，黄褐色。触角 4 节，末端黑褐色，基部色淡。复眼黑色，两眼间距宽于前胸前缘，头、胸、小盾片背面及腹面密附白色鳞毛。前胸背板前区淡黄褐色，4 条纵脉呈棱状突起，各脉上有黑色条点，脉间散布淡灰褐色斑纹；内侧两脉于近末端处汇合。前爪片狭尖，几与末端平齐，革片形状与爪片相似，表面及后缘均列有白色鳞毛。雌虫腹面淡黄色，雄虫为黑褐色（图 13-4）。

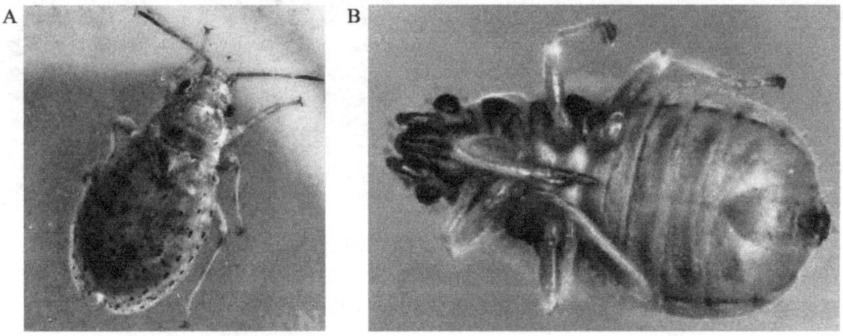

图 13-4　巨膜长蝽成虫背面观（A）和腹面观（B）（何嘉摄，2014）

（二）卵

初产乳白色，椭圆形，长约 0.3 m，卵面具微细网纹，产后 3 d 呈淡黄色至红色，近孵化时，出现两个深红色眼点（图 13-5）。

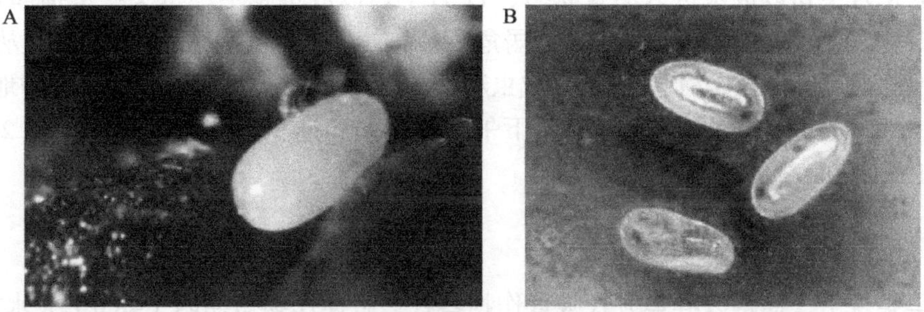

图 13-5　巨膜长蝽卵（引自何嘉，2014）

A. 巨膜长蝽初产的卵；B. 巨膜长蝽近孵化的卵，卵的一端出现两个深红色眼点

（三）若虫

若虫共3龄。头呈尖形，胸部较细，腹部宽圆（图13-6）。

图13-6 巨膜长蝽若虫（何嘉摄，2014）

A. 巨膜长蝽1龄若虫（背面观）；B. 巨膜长蝽1龄若虫（腹面观）；C. 巨膜长蝽2龄若虫（背面观）；D. 巨膜长蝽2龄若虫（腹面观）；E. 巨膜长蝽3龄若虫（背面观）；F. 巨膜长蝽3龄若虫（腹面观）

二、生物学特性

（一）发生规律

巨膜长蝽在宁夏中部干旱带一年发生2代，5月中旬和10月中下旬是两个发生高峰期，6月中旬至8月中旬以成虫进入滞育状态，11月下旬以成虫越冬；每头雌虫抱卵量10粒左右，平均产卵量10～15粒；食性杂，群居危害。该虫一般栖居于荒漠沙生植被丛下和土缝中，白天地面温度升高至10℃左右时，成虫和幼虫开始四处爬行，最适宜活动的地面温度是10～25℃，活动时间一般在早晨10时至下午4时。产卵期10～30 d，卵孵化期2～7 d，若虫期4～11 d，完成一个世代需2～36 d。

（二）为害状

在干旱条件下，通常以群集方式吸食作物茎秆，致使作物短期内（48 h）失水枯萎死亡。该种迁移性较强，分布不均匀（图13-7）。

三、防治方法

（一）生物防治

保护天敌。天敌有土小鳖甲［*Microdera*（*Falsomicrodera*）*turkestanica* Schuster］、蒙古小鳖甲（*Microdera mongolica*）、哈小鳖甲（*Micro-dera habahensisren*）、七星瓢虫（*Coccine llase-ptem punctata*）及蜘蛛、蚂蚁等，拟步甲类天敌对不同虫态巨膜长蝽的捕食率为：卵 15%～20%，1 龄若虫 7%～16%，2 龄若虫 1%～7%，3 龄若虫 1%。

图 13-7 巨膜长蝽若虫为害枝蔓

（二）化学防治

参考绿盲蝽。

（辛 明）

第三节 葡萄根瘤蚜

葡萄根瘤蚜［*Daktulosphaira vitifoliae*（Fitch）］属同翅目根瘤蚜科。对葡萄是一种毁灭性害虫，只为害葡萄，是国内外重要的检疫对象之一。该虫原产于北美，1892 年传入我国。在辽宁、山东、陕西、上海、湖南等葡萄产区发生。

一、形态特征

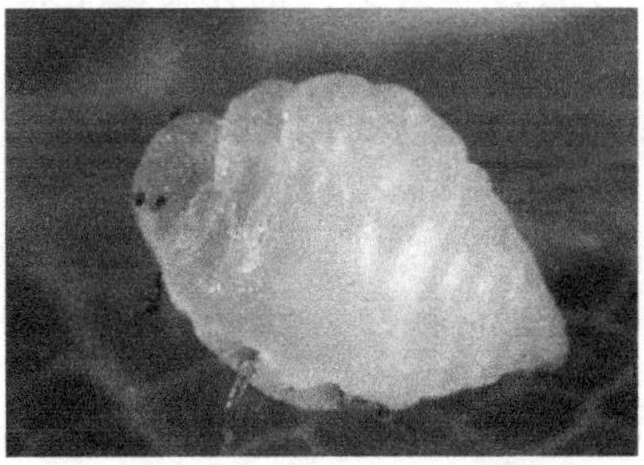

图 13-8 葡萄根瘤蚜成虫

（一）根瘤型

1. 成虫 成虫体长卵形，长 1.2～1.5 mm，鲜黄色至黄褐色，有时稍带绿色。触角、足黑色。腹面较平，体背有多个黑色瘤状突，其上具 1～2 条刚毛（图 13-8）。

2. 卵 卵长椭圆形，淡黄至黄色。

3. 若虫 若虫椭圆形，淡黄色。

（二）叶瘿型

1. 成虫 成虫体近圆形，体长约 1 mm，黄色。体背高度隆起，体背面无瘤，表面可见微细颗粒状突起。腹末具数根长毛。

2. 卵 卵长椭圆形，淡黄色。

3. 若虫 若虫浅黄色。

（三）有翅型

1. 成虫 成虫长椭圆形，体长 0.9 mm，淡黄至橙黄色。有翅，灰白透明，翅面有不明显的半圆形小斑点。前翅具翅痣，后翅前缘具翅钩。

2. 卵　卵似根瘤型。

3. 若虫　若虫淡黄色，体背有黑色瘤，具灰黑色翅芽。

（四）有性型

有性型是由有翅型蚜虫的卵孵化出来的，大型卵孵化成雌虫，小型卵孵化成雄虫。

1. 成虫　雌蚜体长 0.38～0.50 mm，雄蚜略小；体长椭圆形，淡黄至黄褐色；无翅；有黑色背瘤。

2. 卵　卵长椭圆形，深绿色。

3. 若虫　若虫在卵中发育，孵化后不再脱皮。

二、生物学特性

（一）发生规律

主要进行孤雌生殖，繁殖速度快，代数多，生活史复杂。例如，根瘤型蚜寄生于葡萄根部，以幼龄蚜在根部裂缝过冬，以无翅雌蚜孤雌产卵繁殖，成虫和若虫在细根为害，形成根瘤。叶瘿型蚜以卵在树上越冬，若蚜、成蚜在叶上为害，刺激形成虫瘿，成蚜在瘿内产卵繁殖。根瘤型蚜还可变为有翅型蚜，有翅型蚜产卵可孵出有性型蚜。

该虫在美洲种葡萄上具有完整的生活周期，既有叶瘿型，又有根瘤型，极少发生叶瘿型。在欧洲种上，其生活周期是不完整的，只有根瘤型，极少发生叶瘿型。

我国山东、辽宁葡萄产区，主要发生根瘤型蚜，每年发生 8 代，1 龄若虫在二年生以上粗根根杈处及缝隙内越冬。翌年 4 月为害粗根，行孤雌生殖。全年以 5 月中旬至 6 月中旬和 9 月繁殖量较多，为害细根形成根瘤，并扩散转移为害，被害部变褐腐烂，直到秋末进入越冬。根瘤型蚜从 6 月开始产生有翅型蚜，从土里爬出上树，8～9 月发生较多，但在枝蔓上很难找到其所产的卵。

葡萄根瘤蚜对外界环境条件适应性强，卵和若虫在－14～－13℃才被冻死，干旱易造成大发生，多雨不利于其繁殖，土壤疏松便于蚜虫迁移、繁殖，土壤板结时发生为害较轻。

（二）为害状

分为根瘤型和叶瘿型。葡萄被害后，因品种不同症状有所差异。在某些美洲种葡萄上两型都能发生，在欧洲种葡萄上多发生根瘤型。

1. 根瘤型　在根的表面刺吸汁液进行为害，被害的粗根表面常形成木瘤，细根形成结节状根瘤，引起根部腐烂（图 13-9 A）。

2. 叶瘿型　在寄主叶片表面定居为害，受害处向叶背面凹陷，在叶片背面形成虫瘿，被害植株发育不良，产量显著下降（图 13-9 B）。

三、防治方法

葡萄根瘤蚜防治年历见图 13-10。

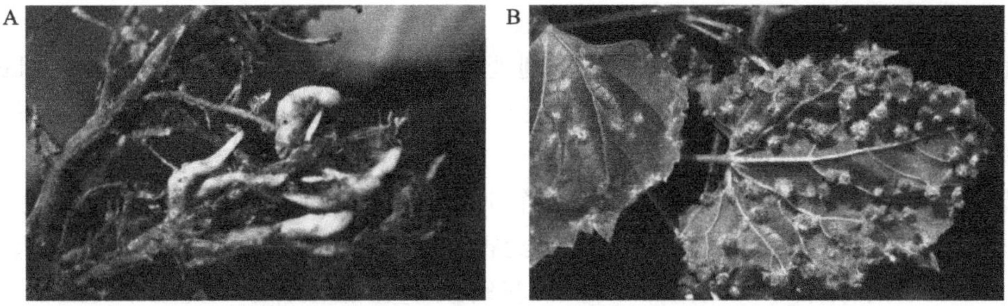

图 13-9　葡萄根瘤蚜为害状（引自赵奎华，2006）

A．葡萄根瘤蚜为害根部症状（根瘤型）；B．葡萄根瘤蚜为害叶片症状（叶瘿型）

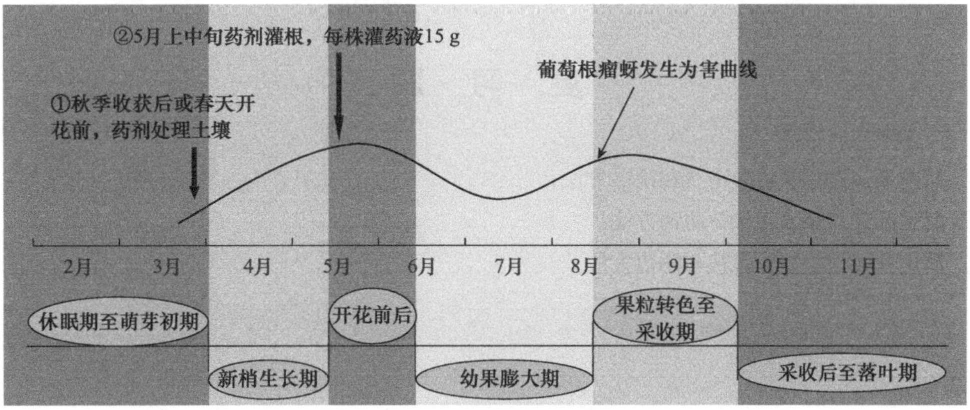

图 13-10　葡萄根瘤蚜防治年历

不同葡萄产区发育期时间前后有一定差异，各项措施以发育期为准

（一）植物检疫

严格执行检疫制度。该虫多由苗木、插条传播，调运苗木时应仔细检查，特别从国外引进苗木时，要严格进行检疫，避免将该虫传入。

对可疑苗木、插条或从疫区引进的苗木，必须进行处理。处理方法：将苗木或插条先放入 30～40℃热水中浸 5～7 min，然后移入 50～52℃热水中浸 7 min。也可用 50% 辛硫磷 1500 倍液浸泡 1 min 后，取出晾干后用草袋包装，包装物也须药液处理。还可用溴甲烷熏蒸苗木和插条，即在 18～26℃下，用药量 32 g/m^3，密闭熏蒸 3 h。

施行沙地育苗。选择不适于葡萄根瘤蚜发生的沙荒地开发建立苗圃或果园，生产无根瘤蚜苗木。

选种抗根瘤蚜品种和以抗蚜品种作砧木。用免疫性砧木嫁接葡萄，培育抗根瘤蚜苗木，并培育适合当地栽培的优质、高产、抗蚜的新品种。

（二）化学防治

彻底根除疫区：对虫株刨除更新，用敌百虫粉每株撒 0.75～1 kg，几年后重新建园。或收获后砍去所有植株地上部分，将根摇动，造成根和土壤间空隙，灌入二氯乙烷或二氯乙烷副产品，并在虫株附近挖 6 个注药孔，灌药液，每孔灌 50 mL，用土覆盖。

对已感染根瘤蚜的葡萄，选用以下药剂处理土壤：50% 辛硫磷乳油每亩 0.5 kg，加水 30 倍后与细土 50 kg 拌和，撒施于树体周围并深锄覆土。还可用二硫化碳消灭在根上的根瘤蚜，处理时土壤含水量以 30% 为宜，土壤温度在 12～18℃，温度过高易发生药害，过低杀虫效果低。注药方法：每平方米土壤打 9 个 10～15 cm 深的孔，每孔注药 6～8 g，将孔踏实，注孔距植株不能小于 25 cm，以防发生药害。施药时间应在秋季收获后或春天开花前。也可用 48% 乐斯本乳油 2000 倍液，或 50% 抗蚜威 2000 倍液，于 5 月上中旬灌根，每株灌药液 15 g，都能取得较好效果。

（胡祖庆）

复 习 题

1. 简述葡萄透翅蛾的为害状和防治方法。
2. 简述巨膜长蝽为害状与防治方法。
3. 简述葡萄根瘤蚜为害状与防治方法。

第十四章 葡萄园其他有害生物

第一节 葡萄园杂草

扫码见本章彩图

广义地说，杂草是指农田中人们非有意识栽培的“长错了地方”的植物，或者说凡害大于益的植物都是杂草。伴随农业技术的发展和改进，作物的种植结构、栽培方式发生了相应变化，人们对杂草危害的认识进一步加强，杂草科学也已成为一门重要学科，其主要研究内容包括杂草的分类、杂草的生物学、生态学及杂草的防除等。

一、杂草的作用

杂草既不同于作物，也不同于野生植物，对农业生产和人类活动均有多种影响。杂草既然是在各种选择压力下演化而来的植物，就不会“除尽”，而且除尽杂草也是无益的；由于杂草介于野生植物与栽培植物之间，因而是引种和育种的良好原始材料；杂草在生态系中起着有害、有益两种作用，应当避其害而用其利。

（一）杂草的有害方面

杂草的有害作用表现在许多方面，其中最主要的是与作物争夺养分、水分和阳光，影响作物生长，降低作物产量与品质。杂草与作物一样都需要从土壤中吸收大量的营养物质，并能迅速形成地上组织，因而很快地抢占地盘（图 14-1）。许多杂草比小麦消耗的氮多 4～32 倍，每平方米有 1 年生阔叶杂草 100～200 株时，可使作物减产 50～100 kg/ 亩，即每亩田中的杂草将夺去氮 4～9 kg、磷 1.2～2 kg、钾 6.5～9 kg。具有发达根系的杂草还掠夺了土壤中的大量水分。在作物幼苗期，一些早出土的杂草严重遮挡着阳光，使作物幼苗黄化、矮小。

图 14-1 葡萄园草害

此外，许多杂草还是多种病虫害的栖息、越冬场所和寄主。例如，夏枯草、通泉草和紫花地丁是蚜虫等的越冬寄主；鹅冠草、狗牙根等禾本科杂草是麦类赤霉病、锈病的越冬寄主。许多杂草是作物病虫害的传播媒介，如棉蚜先在夏枯草、小蓟、紫花地丁上栖息越冬，待春天棉花出苗后，再转移到棉花上危害。黏虫发生初期先是取食杂草，然后再转移到禾本科作物上危害。禾本科杂草感染麦角病、大麦黄矮病毒和小麦丛矮病毒，再通过昆虫传播给麦类作物使其发病。玉米田中大量生长的葎草，小麦田生长的猪殃殃，花生田生长的狗牙根、马唐，大豆田生长的菟丝子等，都严重影响作物的产量。由于杂草对其他植物具有化感作用，其释放的化感化合物，通过土壤、水分传播等严重影响其周边植物根系营养吸收，而阻碍其正常生长，甚至造成死亡，如匍匐冰草根系的分泌物能抑制小麦的发芽和生长；母菊根系分泌物能抑制大麦生长等。一些杂草植株和种子被人畜误食后还会引起中毒或死亡，如莨菪是菜地常见杂草，若混在蔬菜中被人畜食用后，就会引起中毒；毒麦种子若混入小麦中，人吃了含有 4% 毒麦的面粉就有中毒甚至致死的危险；豚草花粉可引起人的“花粉过敏症”。

杂草竞争力强，使草原、草场退化，牧草品质下降、优良品种减少，使得草场产生退化演替，不适于牲畜取食，而使载畜量下降，如狼毒等；牲畜食用某些杂草后，其肉质会带有特殊气味，食用性变差。

杂草使农产品品质下降。部分杂草籽实不宜食用而混杂于农产品中，且不易分离，使农产品失去食用价值，部分杂草籽实会染色农产品，使之品相降低，不宜于售卖，杂草茎秆混杂于作物中不便于集中收获甚至损坏农用机械。杂草大量生长于河道中可阻碍水流正常流通，甚至使泥沙大量沉积而使阻塞河道，影响灌溉甚至加速引发洪灾。同时，由于杂草的发生具有隐蔽性，往往容易被人们忽视，而会蔓延发展，造成无法挽回的损失。

（二）杂草的有益方面

杂草和作物对人类的影响，有的已变换位置，如早期人类种植的苋菜、藜和田白芥，后来却被淘汰了，这些“作物”就变成了杂草。同样，人们又把早期的杂草燕麦、冬黑麦草、大豆驯化成了今天的作物。向日葵在其故乡北美洲原是一种野生植物，西班牙人 1510 年把它带到欧洲后培育了 200 多年，才形成了今天含油率高的大颗粒种子作物。因此，人类在关注杂草有害性的同时，也不能忽视它的益处。

杂草对人类的益处还表现在其他许多方面，如防止水土流失或沙漠化、肥田养地等（图 14-2）。例如，合萌的固氮能力是大豆的 2.8～5.8 倍，是良好的绿肥；每 5 t 浮萍绿肥可提高稻谷产量 52%、稻草产量 50%，与尿素效果相同；大量杂草通过沤制后可作为重要有机肥用于农田，提高作物产量。一些杂草体内含有防病治虫的物质，如菖蒲根茎浸出液对棉蚜的防治效果可达 50%～60%，其粉碎根茎后可用来防治仓储害虫绿豆象和米螟等。某些杂草产生的他感化合物可以抑制其他植物的生长发育与繁殖，如水葫芦是一种水生恶性杂草，在其生长的环境中加入水车前以后，其生长发育就会受到抑制。许多野生杂草可以作为人类的食品，如荠菜、苋菜、独行菜的幼苗是营养极好而味美的蔬菜；稗草种子可以作为食物，也可酿酒；一些杂草经过驯化可转变成作物；许多杂草可作为牲畜的饲料；还有一些杂草可作为中草药材。此外，许多杂草还具有消除污染和美化环境的作用，如一些水生杂草可吸收水中的重金属，脱去过量的 N、P、K，净化灌溉水；一些杂草，如虞美人、凤眼莲、石竹等已培育成观赏性花草。

图 14-2　葡萄园生草

杂草本身遗传变异丰富，抗逆性形成速度快，在研究物种的进化关系及利用其抗逆性基因为作物所用等方面都具有积极的意义。

二、农田杂草的分类

农田杂草的分类方法很多，除根据植物系统学分类外，在生产实践中多根据其生态学或生物学特性分类。

根据植物生物学特性，可将杂草分为一年生、二年生、多年生杂草三大类。一年生杂草是指在 1 年内完成从出苗、生长、开花结实到死亡的杂草，如反枝苋、藜、稗、金狗尾草及苍耳等；二年生杂草是指在两个生长季节内或跨两个日历年度完成从出苗、生长到开花结实生活史的杂草，这类通常是在冬季出苗，翌年春末夏初开花结实、死亡，如荠菜、播娘蒿、看麦娘等；多年生杂草是指在多个生长季节生长并开花结实的杂草，以种子与营养器官繁殖，冬季地上部死亡，营养器官存活，次年萌发新株，如白茅、芦苇、香附子、慈姑等。按照生长习性可分为草本类、木本类、藤本类和寄生性杂草。前 3 类根据茎秆是否木质化以及是否借助其他支持物缠绕或攀缘划分，寄生性杂草是指不能独立进行光合作用和制造养分，必须寄生在其他植物上，靠特殊的器官吸取寄主的养分而生活的杂草，如菟丝子、列当等。

根据杂草的形态特征，可将其分为禾本科杂草、阔叶杂草和莎草类杂草三大类。该分类方法对于化学除草具有重要实践意义，因为许多除草剂是通过杂草的形态结构获得选择性的。禾本科杂草是指茎圆或略扁，节间明显，茎中空，叶鞘开张，常有叶舌，胚具 1 个子叶，叶片狭窄而长，叶脉平行，叶无柄；阔叶杂草包括所有双子叶植物杂草及部分单子叶植物杂草，茎圆形或四棱形，叶片宽阔，具网状叶脉，叶有柄，胚常具 2 子叶；莎草类主要为莎草科杂草，茎三棱形或扁三棱形，无节与节间的区别，茎常实心，叶鞘不开张，无叶舌，胚具 1 子叶，叶片狭窄而长，平行叶脉，叶无柄。

根据杂草的生态学特性即所生长环境中水分含量的不同，可将农田杂草分为旱田杂草和水田杂草两类。旱田杂草绝大多数属中生类型，而水田杂草又可分为湿生型、沼生型、浮水型和沉水型 4 类。湿生型杂草喜充分湿润的土壤，也能在旱田中生长，水层保持 15 cm 就会抑制其生长，幼苗长期淹水便死亡，该类杂草在稻田分布广泛，危害严重，如稗草等；沼生型杂草的根生于土中，茎叶部分在水中，部分露出水面，无水层时发育不良或死亡，但水层深浅对其生育影响不大，如雨久花、鸭舌草等；浮水型杂草植株或叶飘浮于水面或部分沉没于水中，根不入土或入土，如浮萍等；沉水型杂草植株体全部沉没于水中，根生于土中或仅有不定根生长于水中，如菹草、小茨藻等。

三、杂草的生物学特性

（一）多实性、连续结实性和落粒性

在杂草的生活环境中，种子所起的作用很大。多实性是杂草的重要生物学特性之一，尽可能多地结实，能帮助杂草维持乃至扩大其种群数量，也是造成其传播、蔓延和危害的基本途径。大多数杂草的结实数高于作物数十倍乃至数百倍，如藜、苋、香薷等的每株结实粒数可达 10 000 粒以上；酸模叶蓼、绿狗尾草、稗等的结实数在 1000 粒以上。

杂草的种子成熟不同于作物，其种子成熟延续时间长，且时间不整齐，同种杂草，部分植株已开始结实，而有些仅仅刚出苗；甚至同一株杂草的发育进度也有很大差别，一部分已开花，另一部分仍处于生长状态。不同植株的杂草种子成熟期自始至终可延续数月之久。一年生杂草的营养生长和繁殖生长往往是同时进行的，其结实期可从其伴生作物的生育中期一直持续到生长季节末期，如麦田杂草荠菜和玉米田杂草反枝苋、马唐、稗草等。杂草种子成熟后，经风吹草动即脱落入土中，或随风、水流传播到其他地方，而不会因收获作物被清除田外。由于杂草种子成熟期不一致，来年其萌发期也不整齐，而成熟期与萌发期的参差不齐也造成杂草种子清除的困难。

（二）杂草种子的长寿性

杂草种子的寿命一般都很长，具有关考古资料证明，藜和大爪草的种子可在土壤中存活 1700 年之久，繁缕和匍枝毛茛的种子寿命可达 600 年左右，狗尾草和野燕麦的种子寿命在土壤中可分别维持 9 年和 3 年以上。一般情况下，草籽的种皮透水性、透气性越差，机械强度越高，其寿命就越长。甚至部分种类的杂草种子经过动物的胃肠消化、低温乃至高温堆肥后，仍有部分能够正常萌发。由于杂草种子能够长期保持生命力而不丧失发芽能力，因而也就能长期滞留在土壤中，成为农田草害源源不断的再感染源。

（三）种子的多途径传播

不同地区同种农作物的田间恶性杂草常大同小异，如稻田中的稗草；豆田中的马唐、狗尾草、反枝苋、苍耳等；麦田中的播娘蒿、看麦娘等。但这些杂草并非分别起源于上述各地，而是通过作物的引种从一地传播到另一地。杂草的传播途径多种多样，其中人类的活动在杂草的远距离传播方面起着重要作用，如引种、播种、灌水、施肥、耕作、整地、移土和包装运输等，都有可能直接或间接地将杂草传播到其他地区。杂草种子本身也具有多种传播方式，而且大部分杂草或其果实都具有特殊的传播种子的结构，如列当种子质量仅 6～10 g，易被风吹走；蒲公英、苣荬菜、黄鹌菜等的果实有冠毛，可借风力传播数十乃至数百米以外；酸模及遏兰菜的果实上有气囊，便于随风传播；猪毛菜等成熟后，全株与根部脱离，被风吹得很远，称为“风卷球”；泽泻、慈姑等种子有贮气装置，可漂浮水面，借水流传播；苍耳、鬼针草、狼把草、鹤虱等果实有倒钩刺或锚状刺，可附着于人、畜体上带到远处；牻牛儿苗、猫眼草等果实成熟时，果荚开裂或果皮干时收缩，能将种子弹出；稗、荠、碎米荠等可借助自身重力散落到地面；马唐和苔属杂草的种子长有秤毛，易随水传播；荠菜、车前、早熟禾、繁缕的种子经动物消化后仍有发芽能力，可通过动物的粪便传播蔓延。

（四）杂草的多途径授粉

杂草一般既能异花授粉，又能自花授粉，且对传粉媒介要求不严格，其花粉均可通过风、水、动物或人从一株传到另一株上。杂草多具有远缘亲和性和自交亲和性，如早雀麦、紫羊茅等，自交可育，而栽培泽兰则自交败育。异花授粉有利于为杂草种群创造新的变异和生命力更强的变种，自花授粉则可保证某株杂草在其单独存在时仍可正常受精结实，保持种的世代延续。杂草这种灵活的授粉途径为其适应多种环境提供了便利，同时也造就了其遗传变异复杂，而化学控制措施难以长期有效维持。

（五）出苗的时间持续不一

作物种子出苗多整齐一致，杂草则不然，其出苗期可自作物播种期一直持续到作物的成熟收获期。这主要是由于不同种杂草种子的形态和生理机构差异，或是种子产生的不同部位和时期，抑或是杂草种间基因型的多样性等，导致草籽对环境的适应性差异及对萌发所需的环境条件不一致，因而在适宜的萌发条件下，随着各草籽休眠的陆续解除，田间不断出现新的杂草；不同草籽对萌发条件的要求和反应不同，对发芽条件要求不严格的草籽一般萌发出土较早；受土壤耕作的干扰，许多作物苗期需要中耕，中耕在铲除已出苗的杂草的同时，又常把处于土壤深层的草籽翻至表层，为其萌发出苗创造了条件，致使田间多次出现杂草出苗高峰。

（六）杂草的可塑性

可塑性是指植物在不同时期生境下对其大小、个数和生长量的自我调节能力，多数杂草都具有不同程度的可塑性，如藜和苋的株高最低的仅有 1 cm，最高的可达 300 cm；结实数最少的仅有不到 5 粒，而多的可达百万粒以上。可塑性使得杂草能在多变的农田生态条件下，自我调节其群体结构，尤其是在其密度较低的情况下能通过其个体结实量的提高来生产出可观数量的种子。例如，稗草的群体生长量起初随密度的增大而增大，而其个体分蘖数和干物重随着密度的增大而减少。草密度为 1 株/盆时，其分蘖数为 3.3 个/株，单株干重为 13.3 g，而当密度增加到 20 株/盆时，其分蘖数为 0，单株干重降低到 1.2 g，群体重增加到 23.4 g/ 盆。此外，杂草种子的发芽也有可塑性，当土壤中草籽密度很大时，草籽的发芽率大大下降，从而防止了由于群体过大而引起个体死亡率的增加。

（七）杂草多具 C_4 光合途径

许多重要杂草都属于 C_4 植物，杂草中 C_4 植物的占比远高于作物中 C_4 植物的占比。C_4 植物净光合速率、光合/呼吸比例、对水分和氮的利用率等都较高，抗逆性强，因而在田间具有较强的竞争优势，尤其是在高光强和高温条件及低 CO_2 浓度下更为明显。例如，草和水稻在同样的稻田生态环境中，由于草是 C_4 植物，其净光合速率高，生长迅速，因而严重抑制了作为 C_3 植物水稻的正常生长。

（八）杂草对作物的拟态性

几乎凡是有作物的地方就有杂草，某些杂草总是与作物形影不离，如稗草与水稻，谷子与狗尾草，亚麻与亚麻荠等，它们在形态、生育规律及对环境条件的要求上都有很多相似之处。杂草对作物的这种拟态使其在农田中经常鱼目混珠，给除草特别是人工除草，带来了极大困难。例如，印度有一种野稻遍布稻田，花前其幼苗形态与当地推广的水稻品种极为相似，以致无法将其与水稻分开，花后虽易区分，但除草已为时太晚，致使给水稻生产造成了巨大损失。在我国，狗尾草经常混杂在谷子中，被一起播种、管理和收获，甚至在脱壳后的小米中仍可找到许多草籽。

四、杂草的化学防除

杂草的防除方法很多，常采用的有农业措施防除、物理防除、生物防除及化学防除等。其中农业措施包括轮作、精选种子、施用腐熟的肥料、清除田边、路旁和沟边杂草及合理密植等；物理防除包括人工拔草、人工或动力锄草、焚烧杂草等；生物防除包括以昆虫、病原菌和养殖动物灭草等。化学防除是目前最为有效的方法之一，具有见效快、持效期长等优点。

化学除草剂依据作用方式、在植物体内的移动情况、化学结构和使用方法分为不同类型。

（一）根据作用方式分类

1. 选择性除草剂 这类除草剂对不同种类的苗木抗性程度不同，一定剂量范围内此类药剂可以杀死杂草，而对苗木无害。其除草剂原理是依据不同植物对同一浓度生长素（或农药）溶液的敏感性不同来除草。一般双子叶植物比单子叶植物对生长素（或农药）作用敏感，而杂草主要是双子叶植物，常用的药剂有盖草能、氟乐灵、扑草净、西玛津、果尔等。

2. 灭生性除草剂 除草剂对所有植物都有毒性，只要接触绿色部分，不分苗木和杂草，都会受害或被杀死。其除草剂原理是农药被植物吸收后，破坏它的生长点细胞而造成植物死亡。这类除草剂主要在播种前、播种后出苗前、苗圃主副道上使用，常用的药剂有百草枯、草甘膦等。

（二）根据除草剂在植物体内的移动情况分类

1. 触杀型除草剂 药剂与杂草接触时，只杀死与药剂接触的部分，起到局部的杀伤作用，植物体内不能传导。一般这类除草剂只能杀死杂草的地上部分，对杂草的地下部分或有地下茎的多年生深根性杂草则效果较差，如除草醚、百草枯等。

2. 内吸传导型除草剂 药剂被根系或叶片、芽鞘或茎部吸收后，传导到植物体内，使植物死亡，如草甘膦、扑草净等。

3. 内吸传导、触杀综合型除草剂 具有内吸传导、触杀型双重功能，如杀草胺等。

（三）根据化学结构分类

1. 无机化合物除草剂 由天然矿物原料组成，不含有碳素的化合物，如氯酸钾、硫酸铜等。

2. 有机化合物除草剂 主要由苯、醇、脂肪酸、有机胺等有机化合物合成，如醚类（如果尔）、均三氮苯类（如扑草净）、取代脲类（如除草剂一号）、苯氧乙酸类（如2甲4氯）、吡啶类（如盖草能）、二硝基苯胺类（如氟乐灵）、酰胺类（如拉索、甲草胺）、有机磷类（如草甘膦）、酚类（如五氯酚钠）等。

（四）按使用方法分类

1. 茎叶处理剂　将除草剂药液兑水，以细小的雾滴均匀地喷洒在植株上，这种喷洒法使用的除草剂叫茎叶处理剂，通过形态结构和生理生化选择达到除草的目的，如盖草能、草甘膦等。

2. 土壤处理剂　将除草剂均匀地喷洒到土壤上形在一定厚度的药层或通过混土将除草剂拌入土壤，形成除草剂封闭层，当杂草种子的幼芽、幼苗及其根系被接触吸收而起到杀草作用，这种作用的除草剂，叫作土壤处理剂，如西玛津、扑草净、氟乐灵等，可采用喷雾法、浇洒法、毒土法施用。根据处理的具体时间又可分为：种植前土壤处理、播后苗前土壤处理和作物苗后土壤处理。

3. 茎叶、土壤处理剂　可做茎叶处理，也可做土壤处理，如阿特拉津等。

五、葡萄园杂草的防除

葡萄园中常见杂草有马唐、牛筋草、稗草、狗尾草、狗牙根、芦苇、白茅、狐尾草、野燕麦、看麦娘苋、藜、小藜、繁缕、牛繁缕、龙葵、铁苋菜、马齿苋、苍耳及香附子等。葡萄园化学除草可选用的除草剂种类较多，因为成年果树根系较深，利用位差选择性可以避免多种药剂所引起的药害。

（一）人工除草

主要通过人工拔除、刈割等方式除草，该种除草方式安全、方便，除用人工外，不需其他投入，主要适用于杂草总量少和生长慢的季节或辅助于其他除草方法。此方法要求抓住时机，尽量除小、除尽。

（二）机械除草

在适宜的生长阶段，根据杂草的发生、危害状况，运用除草机械进行除草的方法。此法可提高除草效率，省工、省力、经济效益好。可结合冬翻和春耕进行除草，同时能起到改善土壤理化性状、提高肥力及减少病虫害侵染源的作用。此方法主要用于行间除草，且要求种植密度合适。

（三）覆盖治草

分为秸秆覆盖和薄膜覆盖两种方法。秸秆覆盖主要使用秸秆于冬季杂草未出土前，覆盖20 cm于行间，用于抑制杂草生长，同时有利于提高土壤有机质，提高树势及抗寒能力；薄膜覆盖主要采用地膜覆盖压草的措施，此法对防治株间杂草效果好。

（四）葡萄苗圃田化学除草

1. 播后苗前土壤处理　常用的药剂有：48%氟乐灵乳油1.50～2.25 L/hm^2、72%都尔乳油1.50～2.25 L/hm^2、25%恶草灵乳油1.50～2.25 L/hm^{2}或50%扑草净可湿性粉剂1.50～2.25 kg/hm^2。

2. 生育期处理　在果树苗长至5 cm后，若此时杂草尚未出土或刚刚出土，可将上述药剂拌细土或细砂均匀撒施，最好再浇一遍小水。在禾本科杂草3～5叶期，可选用5%精喹禾灵乳油1.2～1.5 L/hm^2、10.8%高效盖草能乳油0.375～0.450 L/hm^2、15%精稳杀得乳油1.2～5.0 L/hm^2、12.5%拿捕净机油乳剂1.65～2.00 L/hm^{2}或7.5%威霸乳油0.8～1.0 L/hm^{2}等，进行茎叶喷雾处理。

（五）定植果园化学除草

1. 杂草出苗前土壤处理　可选用的药剂有：38%莠去津悬浮剂2.25～5.25 kg/hm^2、50%西玛津可湿性粉剂2.25～5.25 kg/hm^2（但严禁用于桃树等核果类果园）、50%扑草净可湿性粉剂3.00～3.75 kg/hm^{2}或24%果尔乳油用量为0.75～0.90 L/hm^{2}等。

2. 杂草苗后茎叶处理　防除禾本科杂草时，可选用5%精喹禾灵乳油1.2～1.5 L/hm^2、0.8%高效盖草能乳油0.375～0.450 L/hm^2、15%精稳杀得乳油1.2～1.5 L/hm^2、12.5%拿捕净机油乳剂1.65～2.0 L/hm^{2}及7.5%威霸乳油0.8～1.0 L/hm^{2}等。防除阔叶杂草时，可选21.4%杂草焚水剂1.0～1.5 L/hm^2、25%虎威水剂1.0～1.5 L/hm^2、24%克阔乐乳油0.45～0.53 L/hm^{2}等。防除多类杂草时，可选用41%草甘膦水剂3.00～3.75 L/hm^2、20%百草枯水剂3.0～6.0 L/hm^2、61.6%盖灌能乳油3.0～6.0 L/hm^{2}等。

此外，还可以通过种植绿肥，如种植三叶草、苜蓿等占据杂草会生长的空间和土地达到抑制杂草生长目的。另外，也可通过农业措施，如施用充分腐熟的农家肥，及时消除果园四周的杂草等杜绝杂草种子的传播、扩散。

（贾　龙）

第二节　葡萄园鼠害和鸟害

一、葡萄园鼠害

鼠害为患，是当今世界上十分严重的生态学问题。由于害鼠种类多、数量大、繁殖快、分布广，几乎存在于人们生活生产的各个场所，对人类的危害极大。鼠类通常是指哺乳纲啮齿目的动物，也称啮齿类。其主要特征是上下颌各有1～2对门齿，无齿根，能终生不断地生长，常借咬噬杂物而磨损牙齿，缺犬齿，性成熟早，生殖力强，分布几乎遍及全球，在各种生境中都有它们的踪迹。

鼠类与人类关系极为密切，除少数种类外，绝大多数除对农林牧业危害十分严重外，还传播危险的自然疫源性疾病。在农业上，几乎所有农作物都受到害鼠的危害，无论是粮食作物，还是经济作物，都无一例外。

（一）鼠类的形态特性

鼠类隶属于脊索动物门脊椎动物亚门哺乳纲啮齿目。大多为小型或中型，其外形由于不同的生活环境及生活习性有所不同，总体上分为头部、颈部及躯干、尾部、四肢。

1. 头部　略长圆形，眼位于两侧，一般较小。头前端为唇，唇的最前段为吻。口周围有触须，是其重要的嗅觉器官。眼前部称为颜面，眼后部称为脑颅部。脑颅部两侧有1对耳壳。眼、耳壳发达程度与栖息环境有关。

2. 颈部及躯干　头后方为颈，颈使头部活动更灵活，地下生活鼠种颈部肌肉发达，使颈部外观不明显。

躯干长，微曲呈弓形，内含全部脏器，雌体腹面有3～6对乳头，最前1对和最后1对乳头分别位于前肢同一水平线和腹股基部。腹部后端有生殖器官和肛门，它们之间的距离用以判断幼鼠的性别，距离远者为雄性，距离近者为雌性。

3. 尾部　尾部紧接躯干，以肛门为界。尾的形态各异，有圆形、棒状、侧扁等。有些被有毛、鳞片等，常用作分类依据。

4. 四肢　分前肢、后肢，均位于躯干两侧。因不同的生境及习性差异很大。鼠的前肢多具有4趾，后肢具有5趾。许多种类趾底有肉质垫也称胼胝，用以保护四肢在跳跃式免受伤害。有些半水栖种趾间具蹼，如河狸、麝鼠等。

5. 体色和体毛　具有哺乳动物的特征，全身被毛。春、秋季换毛。体毛分为针毛、绒毛、须毛3种。针毛坚韧，具有一定毛向，有一定的保护作用。绒毛常短于针毛，位于针毛下层，保暖性好。须毛为特化的针毛，有触觉作用。

6. 牙齿　门齿发达，无齿根，能终身生长；无犬齿，门齿与颊齿间有宽阔的空隙，称为犬齿虚位置。

（二）鼠类的生物学特性

鼠类为杂食性动物，繁殖力、适应性均极强，在各种恶劣甚至极端条件下均能生存，这也是鼠类能对人类生产生活造成严重影响的重要原因，体现在生物学特性上主要有以下几个方面。

1. 广泛的适应性　鼠类的适应性非常强，其不仅能适应各种恶劣的生存环境，还具有迁徙的本能，以维系其生存和繁衍的需求，目前已分布于除南极以外的世界各地。且多数鼠种对环境的适应性处于中等水平，能适应大多数生存环境。

2. 种类多，数量大　鼠类在哺乳动物中种类和数量最多。在全世界4700多种哺乳动物中，鼠类就有1700余种，占总数的1/3以上。在我国的450多种哺乳动物中，鼠类有160余种。其总数在21世纪初已达到170亿只，约为全球人口数的2.2倍。

3. 食性杂　多数鼠类的活动都是为了满足其对食物的需求，而据其取食的对象可将其分为狭食性和广食性。狭食性鼠只取食一种或少数几种食物；广食性鼠类能取食多数类型的食物，而自然界中多数鼠种为广食性种，且广食性鼠的取食对象仍以植物性食物为主。同时，其食性也并非一成不变，受到季节、栖息地、地理位置、鼠的性别和年龄、作物品种和生育期等的影响也会发生改变，以适应具体环境。

4. 繁殖力强　繁殖力非常强。鼠类总体上个体小、性成熟速度快、怀孕期短、每胎产仔量大。多数种每年产仔数次，属于多性周期鼠类，1年可进行多次繁殖。繁殖强度受到其自生因素，如雌雄性比、雌性繁殖强度、鼠龄、寿命体积等影响；外部因素如食物、气候、季节、自然环境也影响其繁殖强度。

（三）果园鼠害及其危害特点

果园内的生态环境比较稳定，适宜害鼠的栖息、繁殖和生存，因此果园内鼠洞较多，鼠的种群密度较高，危害程度也较一般农田严重。果园内的害鼠种类与农田基本一致，主要有褐家鼠、大仓鼠、小家鼠及岩松鼠等。

害鼠啃食过的果实上留有门齿的齿痕，有的将果实咬成伤疤或孔洞，有的咬断果柄，使果实落地，失去经济价值。

（四）果园常见的害鼠

1. 褐家鼠 褐家鼠又称大家鼠、沟鼠、家耗子，属啮齿目鼠科。为世界性分布鼠种，我国除西藏外各地均有分布，是最常见的家栖害鼠及农田主要害鼠之一。在居民区内主要取食各种食物，咬噬家具、书籍、衣物和建筑物等，在野外主要取食各种农作物、水果，以及咬食幼小畜禽等。体形较粗大，成体长 180～225 mm。尾稍短于体长，尾毛稀少，尾环明显，耳短而厚，向前折不及眼部。后足粗大，长于 30 mm。乳头 6 对。背毛棕褐至灰褐色，间有黑色长毛，腹毛灰白色，与体侧毛色有明显分界。尾背面灰褐色，腹面灰白色，前后足背面均为污白色。幼体毛色较成体深。

褐家鼠是家、野两栖的人类伴生种。栖息地十分广泛，森林、草地、农田、菜地、果园、荒地、沟渠、路旁、仓库、厨房、垃圾堆、厕所及下水道等都有栖息。该鼠喜在水源附近栖息，洞系结构多样，一般有 2～4 个洞口，巢内以杂草、碎纸铺垫。洞内常有大量贮存食物。昼夜活动，以晨昏最为频繁。食性杂，嗜食肉类物品及含水较多的果品。可周年繁殖，5～10 月为盛期，每胎 8～10 仔，多的达 15 只。

2. 大仓鼠 大仓鼠又称大腮鼠、搬仓鼠、灰仓鼠，属啮齿目仓鼠科。在我国主要分布于东北、华北、西北和江淮地区。为害豆类、花生、小麦、玉米、向日葵、马铃薯及苹果等水果，初春季节多取食植物的叶、芽等绿色部分。

体形较大，体长 120～180 mm。外形似褐家鼠，但尾短，长度不超过体长的一半。头部钝圆耳短圆，有颊囊。乳头 4 对。背毛深灰色，体侧较淡，腹部及四肢内侧污白色。尾上下均灰暗色，尾尖白色。后足背面白色。幼鼠毛色黑灰色。

广泛栖息于农田、沟渠、草荒山坡及灌丛中，最喜在土质疏松且干燥的农田、菜园、田埂等处挖洞栖居。洞穴复杂，洞道深长，有洞口 6～8 个，粮仓 2～4 个，每个粮仓可贮存粮食 12 kg；窝巢位于洞穴最深处，垫以植物茎叶。通常夜间活动，秋季活动频繁，甚至白天也常到地面搬运粮食。活动范围大，有时可达 1～2 km，常远距离搬运冬粮。主要取食植物性食物（特别是种子），危害很大。繁殖力强，一般 3～10 月都可繁殖，年产 3～5 胎，每胎 7～9 仔。

3. 小家鼠 小家鼠又称小耗子、鼷鼠、米仔鼠，属啮齿目鼠科。为世界性分布的鼠种，我国各地均有分布。主要为害各种农作物的青苗、果实、种子和室内的食品、粮食、衣物及家具等。

体形小，体长 60～80 mm。尾长与体长相近或稍短。后足长 14～17 mm，乳头 5 对。背毛灰褐至黑褐色，腹面灰白色，前后足背面与体背毛色相同。

小家鼠为家野两栖种。室内常于家具角落、物品堆放处做窝，以破布、烂棉、纸屑等铺垫；野外于田埂、草垛下作窝。洞穴简单，洞口 1～2 个，洞长 60～100 cm。多夜间活动，密度高时白天也活动，有季节性迁移现象。食性杂，以盗食粮食作物为主。初春食源短缺时啃食青苗、树皮，夏季也食昆虫与瓜果蔬菜。繁殖力强，年产 5～7 胎，每胎 6～8 仔。母鼠产后不久又可受孕，幼鼠 2 个月即达性成熟。若条件适宜，短期内可暴发成灾。

4. 岩松鼠　岩松鼠又称松鼠、石老鼠，属啮齿目松鼠科。分布于河北、山东、内蒙古、甘肃及宁夏等省区。主要为害玉米、谷子、豆类等农作物和核桃、松子、杏、桃等的果实，是山区农林业的主要害鼠。

体长 200～250 mm。尾长约为体长的 2/3，静止时上翘，尾毛蓬松而稀疏。耳短且无簇毛有颊囊。乳头 3 对。背面多为黄褐或黑棕色，腹部黄灰色，尾毛同体色，但针毛尖端白色。眼周具黄白圈，耳背面有灰斑。

岩松鼠为半树半地栖种类，栖息于山地沟坡或丘陵多岩石的地方及附近的树林果园。白天活动，善攀树，行动敏捷，活动路线较固定。洞穴多建于岩石缝隙中，结构简单。不冬眠。体毛有季节性更换，夏季毛灰色，冬季偏黄色。

（五）鼠害的防治

鼠类体躯小而灵活，只需少量食物就可生存，只要不大的缝隙就能隐藏逃避敌害，而且其繁殖能力强，一旦占领新的生活环境，数量就会迅速增加，很快占据优势。因此，必须采取生态防治、生物防治、器械防治和化学防治等综合措施，控制害鼠危害。

1. 生态防治　主要通过破坏鼠类的适生环境，使其生长繁殖受到抑制，增加其死亡率，从而控制害鼠种群数量。具体措施有翻耕土地、清除杂草；兴修水利、整治农田周边环境；搭配种植，合理农作物布局；及时收获、颗粒归仓。

2. 生物防治　对害鼠的生物防治，主要是利用天敌动物、病原微生物和外激素等杀灭或抑制鼠类种群数量的上升。鼠类的天敌主要有猫头鹰、鹰隼类等鸟类和黄鼬、豹猫、狐、獾等哺乳动物及蛇类等。从维持生态平衡和预防为主的观点出发，应积极保护这些天敌。

3. 器械防治　或称物理防治，即使用捕鼠器械捕杀鼠类，如捕鼠夹、捕鼠笼、捕鼠箭、电子捕鼠器和超声波灭鼠器等。

4. 化学防治

1）毒饵灭鼠　毒饵灭鼠是目前广泛使用的一种利用胃毒剂灭鼠的方法，具有效果好、见效快、使用方便、效益高等优点，但也有很多副作用和不够安全。毒饵的配制方法主要有黏附法、浸泡法、混合法、湿润法等。黏附法适用于不溶于水的杀鼠剂，所用诱饵为粮食。浸泡法适用于水溶性的杀鼠剂，使药剂水溶液渗入诱饵，对喜饮水的害鼠适口性较好。混合法适用于粉状诱饵，与杀鼠剂混合均匀制成面块或面丸等，可机械化加工，大批量生产，但不宜久存。湿润法是先用少量水将杀鼠剂溶解，然后喷洒在诱饵上，使药液浸透后即可使用。

2）熏蒸灭鼠　熏蒸灭鼠是指在密闭的环境中，使用熏蒸药剂释放毒气，使害鼠呼吸中毒而死。该方法的优点是具有强制性，可兼顾杀虫，不受鼠类取食行为的影响，灭效高、作用快、使用安全，无二次中毒现象，对环境无持续影响。常用药剂有磷化氢类熏蒸剂、磷化钙、氯化苦、氰化氢、溴甲烷等。

3）化学驱鼠　化学驱鼠是用驱鼠剂涂抹保护对象，当害鼠的唇、舌接触到药剂后感到不适，不愿再次危害的防鼠方法。化学驱鼠并非灭鼠，只是一种预防性措施。主要用于保护电缆、苗木、食品包装及家具等。其对非靶标生物极少伤害。常用于喷涂的药剂有放线菌酮、福美双多功能防啃剂、多效抗旱剂等。

4）化学绝育　化学绝育是使害鼠取食绝育剂，导致其终生不育，从而达到控制害鼠种群的目的。但目前国内外尚未研究开发出理想的绝育剂。

二、葡萄园鸟害

目前，各地果园内鸟类猖獗的问题越来越重，鸟害对葡萄的质量和产量造成严重的影响，已成为当前果业生产上亟待解决的难题。

（一）葡萄园鸟害症状

葡萄园鸟害主要是在葡萄生长期，鸟类对葡萄嫩叶、嫩枝、花序和成熟的果粒进行啄食的现象。尤其在葡萄成熟期，成群鸟雀飞临果园，常常集体行动为害葡萄，啄食熟透的葡萄果粒，造成葡萄果粒破皮流汁，商品率下降，并诱发蜂、蝇、葡萄酸腐病等次生病虫害的发生，严重影响了葡萄的产量和品质（图 14-3）。

A

B

图 14-3　葡萄园鸟害

A．鸟为害的葡萄果粒；B．鸟严重为害的葡萄果穗

（二）葡萄园常见鸟的种类

为害葡萄园的鸟类种类繁多。常年在我国南北方葡萄园中活动的鸟类有 20 余种，主要有大嘴乌鸦、小太平鸟、雉鸡、八哥、相思鸟、山麻雀、画眉、灰喜鹊、灰树鹊、斑鸠、野鸽、黄莺、灰椋鸟、喜鹊、山雀、麻雀、乌鸦、云雀、啄木鸟、白头翁、水老鸹等。南方地区为害葡萄的鸟类主要是山雀、白头翁等，北方地区则主要是麻雀、灰喜鹊等。在葡萄园的一年中，鸟类活动最多的时节是在果实着色至成熟期，其次是葡萄发芽初期至开花期，而在幼果发育至着色期前，鸟类活动较少。在一天中，黎明后和傍晚前是鸟类活动的高峰期，麻雀、山雀等以早晨活动较多，而灰喜鹊、白头翁等则在傍晚前活动较为猖獗。鸟害严重地区，常常呈现成群鸟类侵害葡萄园的情况。有些鸟类如灰喜鹊有明显的“报复”行为，当群体中一只遭受捕杀后，会招致成群灰喜鹊为害果园。

（三）葡萄园鸟害发生特点

葡萄园鸟害发生与栽培品种、栽培方式和栽培地区的自然条件密切相关，综合分析主要有以下几个特点：①鲜食葡萄品种鸟害要比酿酒葡萄品种严重。尤其在鲜食品种中，早熟和晚熟品种中红色、大粒、皮薄的品种受害明显较重，如‘京秀’‘乍娜’‘凤凰51’等早熟品种果实受害率在60%～70%，晚熟品种如‘红地球’果实受害率为35%以上，酿酒葡萄主要是晚熟的如‘维戴尔’等品种。分析原因可能是当地葡萄成熟时，农作物尚未成熟或已经收获，已无其他农作物可成为鸟类的食源，这时葡萄就成为鸟类主要的觅食对象。②栽培方式对鸟害的轻重程度有很大的影响。篱架栽培的受害程度重于棚架，如目前西北地区酿酒葡萄采用的“厂”字形栽培受害程度重于龙干形栽培，原因是过于外露的果穗容易遭受鸟儿的袭击。此外，套袋栽培的葡萄园鸟害发生程度较轻，但是必须选择质量较好的果袋才能防止鸟类危害。③树林旁、河水旁及土木建筑为主的村舍旁，鸟害较为严重。城市郊区和周围高大绿化树木较多的葡萄园，或靠近山林、河水旁的葡萄园，为鸟类的栖息提供了良好条件，因此鸟害严重。

（四）葡萄园鸟害的防御措施

在保护鸟类的前提下防治或减轻鸟类活动对葡萄生产的影响是防御鸟害最根本的指导方针。近年来，欧美一些国家已将先进的超声波、微型音响系统、自控机器人等趋避鸟类的新技术用于果园鸟害的防御，根据我国的实际情况和多年的实践总结，当前适于我国葡萄园采用的防鸟措施主要有如下几种。

1. 改进葡萄园立地和栽培方式 研究发现在鸟害常发区，采用棚架栽培方式，适当多留叶片，遮蔽果穗。避开森林、村庄等区域栽培葡萄，可以使鸟的危害减轻5%～10%。

2. 果穗套袋防鸟 果穗套袋作为葡萄一种常规技术已在葡萄主产区广泛使用，对防病防虫和减少农药、尘埃等对果穗的污染具有很好的效果，同时对体形较小的鸟类具有很好防护作用，各地应根据情况选用木浆纸袋、棕色塑料袋等，同时扎紧袋口，不留空隙。但像灰喜鹊、乌鸦等体形较大的鸟类，常能啄破纸袋为害葡萄，应另选其他方法。

3. 架设防鸟网 防鸟网既适用于大面积的果园，也适用于小面积的果园。由于鸟类对光色辨识能力差，最好使用白色及红色材料的防鸟网，让鸟儿清晰地看到有网而自动退却。此外，在冰雹频发的地区，调整网格大小，将防雹网与防鸟网结合设置，是一件事半功倍的好措施。同时注意围网四周应距离地面20 cm，以防鼠类咬损围网，宜采用聚乙烯材料，网孔不大于6 cm，可有效防止小型及以上鸟类为害。自发现鸟类开始为害果粒至收获结束，需保持网罩状态。

4. 人工驱鸟或置物驱鸟 一般在清晨、中午、黄昏三个时段鸟类啄食果实较为严重，果农可在此时前到达果园，及时把鸟儿驱赶到园外。在园中放置假人、假鹰，或在果园上空悬浮画有鹰、猫等图形的气球，可短期内防止害鸟入侵。

5. 音响驱鸟 将鞭炮声、鹰叫声、敲打声等用录音机录下来，不定时放大音量驱鸟，也可以购买专业智能语音驱鸟器。鸟类的视觉很好，会敏锐地发现天敌存在，所以声音驱鸟和置物驱鸟最好结合起来，可起到更好的防治效果。同时，使用这两种方法应及早进行，一般在鸟类开始啄食果实前开始实施，以使一些鸟类迁移到其他地方筑巢觅食。

6. 反光膜驱鸟 果园地面铺盖反光膜或树上挂废旧光盘，反射的光线可使鸟短期内不敢靠近果树，也利于果实着色。

7. 超声波驱鸟 利用超声波设备播放频率在2万赫兹以上的声波，此频段的脉冲声波可干扰鸟类的听觉，驱赶保护区内的鸟类。此方法的优点在于一次投入成本低，无污染，见效快等。已广泛应用于机场、高压电区域等，也逐渐被广大葡萄种植园所接受。

（贾　龙）

复　习　题

1. 杂草有益和有害的方面有哪些？杂草的生物学特性是什么？
2. 杂草的防除方法有哪些？如何进行葡萄园杂草的防除？
3. 果园常见的害鼠有哪些？如何进行防治？
4. 葡萄园鸟害的防御措施有哪些？

第十五章　葡萄生理性病害及抗逆性生理

第一节　矿质营养元素失调症

扫码见本章彩图

葡萄在正常生长发育过程中，需要多种营养元素的协调供应。目前，已确定植物必需的元素共有 17 种。其中碳（C）、氢（H）、氧（O）、氮（N）、磷（P）和钾（K）钙（Ca）、镁（Mg）、硫（S）等 9 种元素植物需要量相对较大，占植物干重的 0.01%～10%，称为大量元素；铁（Fe）、锰（Mn）、铜（Cu）、锌（Zn）、硼（B）、钼（Mo）、氯（Cl）和镍（Ni）等 8 种必需元素，需要量极微，占植物干重的 0.001% 以下，量稍多反而对植物有害，甚至致其死亡，称为微量元素。除 C、H、O 来源于水和二氧化碳外，其余的 14 种元素来源于土壤，称为植物必需矿质元素。

如果土壤内某种矿质营养元素缺乏或过量，会导致一系列物质代谢和运转发生障碍，从而在植物形态上表现出某些专一的特殊症状，这就是植物营养的失调症。植物营养失调症包括营养缺乏症和营养过剩（中毒）症两种情况。在缺少时出现的症状称为植物营养缺素症；在过多时出现的症状则为植物营养毒害症。在农业生产中出现最多的是植物营养缺乏，缺素后通常表现为：叶片失绿、黄化、发红或发紫；组织坏死，出现黑心、枯斑、生长点萎缩或死亡；株型异常，器官畸形，生长发育进程出现延迟或提前等。大部分缺素症都有叶部症状，最易出现的形态症状是叶色变异。不同症状的出现，与所缺营养元素的功能有关。

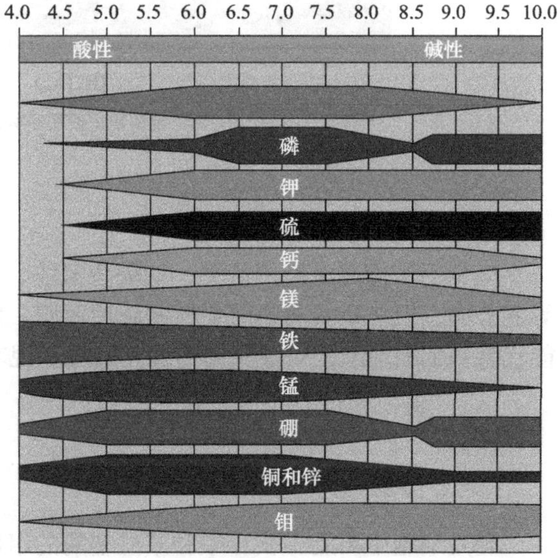

图 15-1　土壤不同 pH 下营养元素的利用率

植物生长在土壤中，土壤的 pH 也会影响植株对营养元素的吸收（图 15-1），适宜葡萄生长土壤的 pH 在 4.5～8.5，如磷、镁、铁、锌、锰、硼等元素在 pH＞8.0 的碱性土壤区极易被固定；而钼在 pH＜5.5 酸性土壤中吸收几乎为零。如果土壤 pH 不适，土壤中虽含有该元素，因其被固定，仍然不能被植物吸收而造成缺素症。

因此，植物营养失调症是生理病害，它可以通过合理施肥或改变土壤酸碱度来解决。由于营养缺素症是植物体内营养失调的外部表现，缺乏不同元素时有不同的表现，首先根据症状的部位是老组织还是新组织来确定元素种类，如 N、P、K、Mg 的缺素症状首先表现在老组织上，其余元素则先表现在新组织上。诊断植株缺素最常用的方法是看症状，实际上，外观表现缺素症前，也可用叶柄、叶片营养成分分析作为诊断方法，以制订合理的施肥方案，防止缺素症的发生。

一、氮

（一）功能

氮元素在果树生命活动中占首要地位，是磷脂、蛋白质和核酸的主要成分，构成了生物膜、原生质和细胞核；氮也是叶绿素、辅酶及某些激素（如吲哚乙酸、细胞分裂素）、维生素（如维生素 B_1、维生素 B_2、维生素 B_6 和烟酸）等的组成成分，而体内各种酶是蛋白质和辅酶构成的，所以氮元素又称为“生命元素”。

（二）症状

氮元素在植株体内可以运转，所以缺氮时，主要是老叶先表现病状。氮素缺乏影响细胞生长和分裂，则叶片呈黄绿色，薄而小，新梢生长缓慢，节间短；花序纤细，落花落果严重，花芽分化不良（图 15-2 A）。严重不足时，新梢下部叶片黄化，甚至早期落叶（图 15-2 B）。

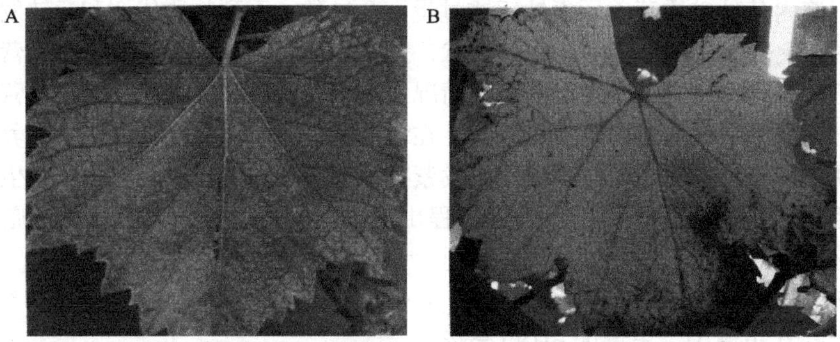

图 15-2　葡萄缺氮症

A．葡萄缺氮前期症状；B．葡萄缺氮后期症状

（三）防治

应全年均衡适量施用氮肥；如碳酸氢铵、尿素、硝酸铵等氮肥，或磷酸一铵、磷酸二铵等复合肥，但在果实成熟前要控制施用氮肥。叶面喷施能较快纠正氮素营养的不足，但决不能代替基肥和追肥，对缺氮葡萄园尤其要重视基肥的施用。

二、磷

（一）功能

磷是细胞中磷脂、核苷酸和某些辅酶的组成成分，其中核糖核酸（RNA）和脱氧核糖核酸（DNA）是果树生命的基础。磷脂是细胞膜的重要成分。磷酸直接参与呼吸作用和光合作用，担负能量传递作用的三磷酸腺苷（ATP）和二磷酸腺苷（ADP），以及起氢传递作用的辅酶Ⅰ（NAD）和辅酶Ⅱ（NADP），都含有磷，并起着主要作用。此外，磷与果树的碳水化合物代谢、脂肪代谢和蛋白质代谢都有密切关系。

（二）症状

磷素不足，延迟葡萄萌芽、开花物候期，降低萌芽率，新梢和细根生长减弱，叶片小（图 15-3 A）。严重缺磷时，葡萄叶片呈紫红色，叶缘出现半月形坏死斑，基部叶片早期脱落，花芽分化不良，果实含糖量降低，着色差，种子发育不良，抗寒、抗旱能力降低（图 15-3 B）。

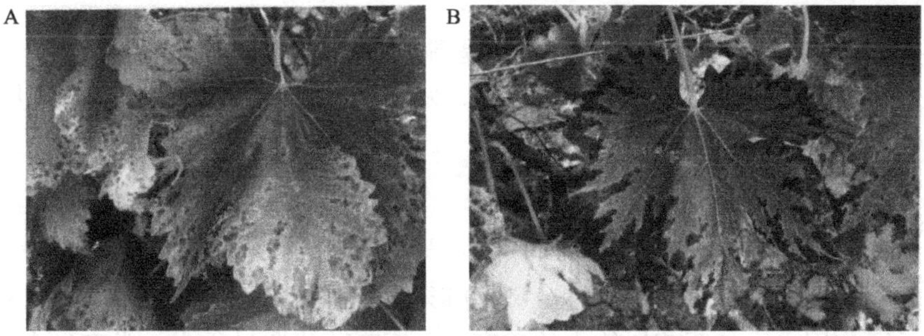

图 15-3　葡萄缺磷症

A．葡萄缺磷前期症状；B．葡萄缺磷后期症状

（三）防治

每年除施基肥外，生长季也要施用一定磷肥。

三、钾

（一）功能

钾在植物体内呈离子状态，不参与植物体内有机分子的组成。是许多酶或辅酶的活化剂。缺钾时一些与蛋白质合成有关的酶不能有效地合成蛋白质，所以钾的含量影响着氮的循环和蛋白质的合成速率；钾对碳水化合物的合成和运转，特别是对淀粉的形成，是必不可少的；钾离子可以调节细胞的渗透势，在叶片气孔保卫细胞里 K^+ 的进出，调节着保卫细胞的膨压和气孔的开闭，积累时气孔开放，释放时气孔关闭。缺钾时引起碳水化合物和氮代谢紊乱，蛋白质合成受阻，植株抗病力降低。

（二）症状

钾元素在植株体内易运转，所以缺钾时首先是老叶先表现病状。葡萄缺钾，碳水化合物合成减少，养分消耗增加，表现为枝条中部有的叶片扭曲，叶缘和叶脉间失绿，并逐渐发黄，由边缘向中间枯焦，叶片质脆易脱落。果梗变褐，果粒萎缩变小，着色不好，产量降低、品质变劣（图 15-4）。

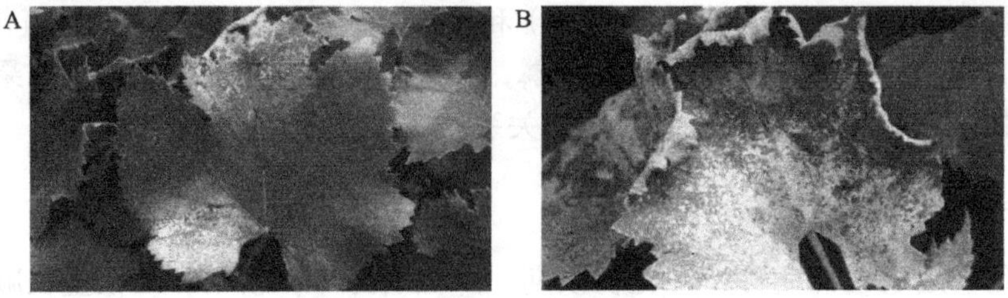

图 15-4 葡萄缺钾症

A. 葡萄缺钾初期症状；B. 葡萄缺钾后期症状

（三）防治

主要是增施有机肥，改变土壤结构以提高土壤肥力和含钾量，在转色期后追施适量钾肥。但钾过多可抑制镁的吸收，发生缺镁症。另外，葡萄为忌氯植物，禁止施用氯化钾。

四、钙

（一）功能

钙在树体内一部分呈离子状态，一部分形成难溶的草酸钙，还有一部分和果胶酸相结合。钙的重要作用之一是调节树体内的酸度，由于新陈代谢过程中，常产生大量有机酸（如草酸等），如酸度过大，对果树有害，钙可与之形成草酸钙、柠檬酸钙等难溶性盐，使果树免受伤害；此外，钙是细胞壁和细胞间层的组成成分，它使原生质水解程度降低，和钾、镁配合，保持原生质的正常状态，并调节其活力；其存在于细胞壁中，与中胶层的果胶酸形成较难溶解的果胶钙，将相邻细胞的初生壁黏合起来，细胞膜中磷脂酸的钙盐是维持膜结构和膜性质的重要物质之一。钙还参与细胞核和线粒体的代谢和形成。钙是少数酶或其辅酶的活化剂，如 ATP 水解酶和磷脂酶等。最重要的是，Ca^{2+}与可溶性蛋白结合形成钙调蛋白在植物细胞信号传导时作为第二信使作用，调控细胞的生理活动。

（二）症状

缺钙影响氮的代谢和营养物质的运输，新根短粗、弯曲，尖端不久变褐枯死；叶片较小，严重时枝条枯死和花朵萎缩。钙主要积累在葡萄老熟器官中，尤其是在老叶片之中。但钙过多时会引起叶片黄化（图 15-5）。

图 15-5 葡萄缺钙症

A. 葡萄缺钙叶片边缘褪绿；B. 葡萄缺钙叶脉间褪绿，形成褐色枯斑

（三）防治

每年施基肥时要在有机肥料中拌入适量过磷酸钙，以防缺钙。

五、镁

（一）功能

镁是叶绿素的成分，缺镁即不能合成叶绿素。另外在维持核糖、核蛋白结构，决定原生质的物理化学性状方面，都是不可缺少的。镁主要在 RNA 和 DNA 的合成、磷酸代谢、蛋白质代谢和碳素代谢中，能活化许多激酶，起到活化剂的作用。

（二）症状

缺镁（magnesium deficiency）时葡萄植株停止生长，镁元素在植株体内可以运转，所以最初从植株基部的老叶片开始。症状是老叶脉间褪绿变成白绿色，接着脉间发展成带状黄化斑块，大多数由叶片中间向叶缘扩展，逐渐黄化，最后叶肉组织黄褐坏死，仅剩下叶脉仍保持绿色，黄褐坏死的叶肉组织与绿色的叶脉界限分明（图 15-6）。缺镁一般在生长季初期症状不明显，从果实膨大期才开始显现并逐渐加重，尤其是坐果量过多的植株，果实尚未成熟便出现大量黄叶，病叶一般不早落。缺镁对果粒大小和产量影响不明显，但浆果着色不良，成熟期推迟，含糖量低，品质差。

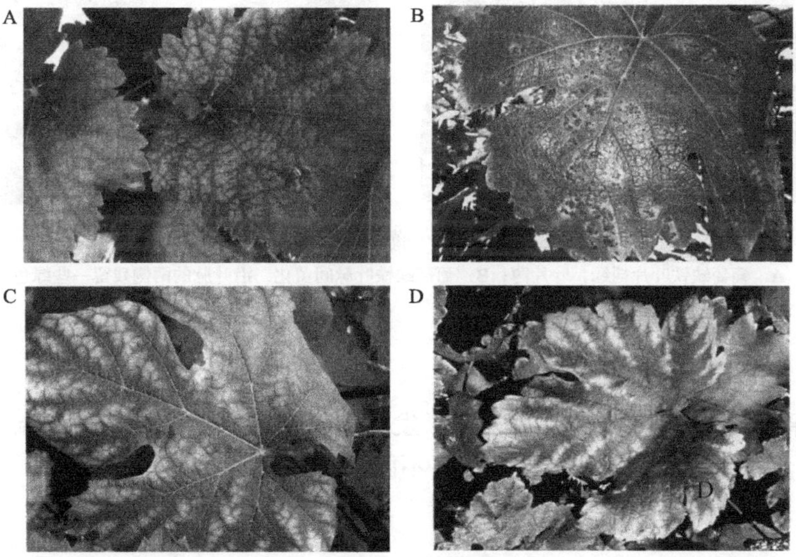

图 15-6　葡萄缺镁症

A．葡萄缺镁老叶脉间褪绿；B．葡萄缺镁叶肉组织黄褐坏死；C．葡萄缺镁叶脉间发展成带状黄化斑驳（前期）；D．葡萄缺镁叶脉间发展成带状黄化斑驳（后期）

（三）防治

发病原因是土壤中镁元素供应不足。在酸性土壤中镁元素较易流失。在碱性土壤中易被固定，常发生缺镁症。缺镁严重的葡萄园应在秋季增施优质有机肥料时，每亩施入硫酸镁10～15 kg从根本上解决；夏季发现缺乏，在5～6月灌施0.3%～0.5%硫酸镁3～4次进行补救。另外，镁与钾、钙有一定的拮抗作用，土壤施钾肥过多会影响对镁的吸收，镁多时能消除钙过剩现象。

六、铁

（一）功能

铁作为血红素蛋白和铁硫蛋白的组成元素，细胞色素氧化酶、氧还原蛋白、细胞色素等酶类的辅基，起到电子传递的作用；铁是叶绿素合成时的必需元素，缺铁时叶绿素不能合成；铁为合成膜蛋白所需，细胞分裂时需要很高的铁营养水平。

（二）症状

铁元素在植株体内不易移动，所以缺铁时首先幼叶先表现病状。缺铁时叶绿素不能形成，幼叶叶脉呈淡绿色或黄色，仅叶脉呈绿色，产生失绿病，出现典型的缺铁性黄化（grape yellow leaf disease）。严重时叶片由上而下逐渐干枯脱落（图15-7）。

A B

图15-7 葡萄缺铁症

A. 葡萄缺铁叶片褪绿，叶片薄；B. 葡萄缺铁叶脉间黄化，沿叶脉的两侧残留一些绿色

（三）防治

每年采果后施一定量的有机肥作基肥。发现症状后及时叶面喷布0.2%硫酸亚铁，并在土壤中浇灌，铁主要是以Fe^{2+}形式吸收的，不能吸收Fe^{3+}。

七、硼

（一）功能

硼不是树体的结构成分，在树体内呈硼酸盐形态，其是细胞壁合成和构建的必需元素。硼对碳水化合物的运转、生殖器官的发育都有重要作用，硼参与分生组织的细胞分化过程，在花粉管生长时，硼对细胞壁果胶物质的合成有影响。

（二）症状

缺硼（boron deficiency）对植物的影响主要是“花而不实”，最早在幼嫩组织出现。轻度缺硼的植株开花时，花序大小和形状与正常植株无异；严重缺硼时，花芽分化不良，花序小、花蕾数少，最后果穗变小。花粉的发芽率降低，授粉作用受阻，影响受精引起落花严重。后期缺硼，果肉内部分裂组织枯死变褐，硬核期缺硼，果实周围维管束和果皮外壁枯死变褐，成为石葡萄。种子发育不良并条形变弯曲（图 15-8）。

图 15-8　葡萄缺硼症（引自刘红彦，2014）

A．葡萄缺硼叶片明显变小，增厚，发皱，皱缩；B．葡萄缺硼幼叶生长点变黑坏死，叶缘变黑；C．花期缺硼，花冠不易脱落；D．葡萄缺硼引起幼果结实不良；E．葡萄缺硼果皮外壁变褐；F．葡萄缺硼果实周围维管束变褐（下排）

（三）防治

据测定叶片含硼量低于 10 mg/kg 即显病。土壤 pH 在 7.5～8.5 或易干燥的砂性土容易发生缺硼症。缺硼严重的葡萄园，秋施基肥或春天追肥时，每亩施用硼砂 1 kg，表现缺素症后，在开花前叶面立即追施 1～2 次 0.2% 硼砂。

八、锌

（一）功能

锌是一些重要酶如乳酸酶、谷氨酸酶、乙醇酶和嘧啶核苷酸脱氢酶的专一性激活剂，是核酸酐酶的组成成分。缺锌时影响树体氮素代谢，色氨酸的含量降低。色氨酸是合成吲哚乙酸的原料，所以缺锌则降低吲哚乙酸的合成，从而使树的生长受抑制，表现出小叶或簇叶。

（二）症状

锌在植株体内不易运转，所以缺锌（zinc deficiency）主要是幼叶先表现病状。缺锌典型症状为“小叶病”。主要表现在枝条下部叶片常有斑驳或黄化现象，新梢顶端叶狭小失绿，枝条纤细，节间短，果实小、畸形、果穗松散并形成大量的无籽小果（图 15-9）。

图 15-9　葡萄缺锌症（引自夏声广，2013）

A. 发病初期，脉间叶肉变黄绿色；B. 脉间变黄，呈典型的“虎叶”状；C. 严重时，从叶缘黄色部分开始向内枯死；D. 缺锌导致新梢顶端叶狭小失绿；E. 缺锌导致的葡萄大小粒（幼果期）；F. 缺锌导致‘白牛奶’葡萄果粒小而不整齐（中间为健康）

（三）防治

明确发病原因，缺锌可能是土壤中锌元素缺乏，或呈难溶状态不能为植物吸收利用所引起。砂砾土或碱性地常因养分流失或锌元素转化为不溶性状态，不能为植物吸收利用，故发生较普遍。酸性土及有机质丰富的土壤发病少。发现症状后，迅速叶面喷洒 3%～5% 硫酸锌，虽然当年可恢复，但药效时间短，所以通过改良土壤，增施有机肥料或锌肥才能解决。

九、锰

（一）功能

锰是一些呼吸酶类和氮素代谢反应、光合作用及核糖核酸、脱氧核糖核酸合成酶的活化剂，直接参与光合作用中光系统Ⅱ的电子传递反应，在硝酸还原酶和吲哚乙酸代谢作用中也需要锰。其也是叶绿体的组成物质，缺锰时，叶绿体的结构即消失。

图 15-10 葡萄缺锰症（引自吕佩珂等，2008）

（二）症状

锰元素在植株体内不易运转，所以缺锰主要是幼叶先表现病状，叶脉间的组织褪绿黄化，与缺镁症不同的是褪绿部分与绿色部分界限不清晰，也不出现变褐枯死现象（图 15-10）。

（三）防治

增施有机肥，缺素葡萄园在开花前喷 2 次 0.2% 硫酸锰。

（孙 磊）

第二节 温 度 不 适

一、葡萄日灼病

葡萄日灼病（sun scorching of grape）为生理性病害，主要是树体缺水，供应果实水分不足引起。当根系吸水不足，叶蒸发量大，渗透压升高，当叶内含水量低于果实时，果实里的水分容易被叶片夺走，致果实水分失衡，出现障碍，则发生日灼。

症状：受害果粒最初在果面上出现淡褐色小斑块，后逐渐扩大成直径 7～8 mm 的椭圆形凹陷坏死斑，受害处易遭受炭疽病或其他病菌的侵染而引起果实腐烂，或病斑继续扩大，整个果实呈棕黑色，并有酒臭味，最后落粒或成僵果（图 15-11）。

A

B

图 15-11 葡萄日灼病

A. 葡萄日灼病果实最初受害症状；B. 葡萄日灼病果实后期受害症状

葡萄日灼病主要与气候环境条件有关，气候反常，花后雨水少、气温高，易发病，如南方梅雨过后或北方连阴雨过后的高温晴天天气。高温、低湿的天气所引起的蒸发量增大、失水严重的现象就会导致此病的发生。除此之外，还受多种因素影响，如品种不同，日灼病发生的程度差异很大；同一品种不同时期也不相同，在硬核期的浆果较易发生此病。架式不同，发病程度有差异。棚架葡萄发病最轻，双十字、“V”形架次之，单篱架最重，并以朝西向南的无叶遮阴果粒表面为多。篱架行向也影响发病，东西行向的南边发病严重；树势强弱、负载量大小以及叶片质量等因素也有影响，树势徒长，幼嫩叶多的易发病。

防治：建园时注意行向。冬春季要增施充分腐熟的有机肥，以提高植株的抗病能力。避免过多施用速效氮肥，以培养稳健的树势。做好排水及灌溉工作，最好是滴灌，使果园土壤经常保持湿润。夏季修剪时，在果穗附近要适当多留叶片，以防果穗受暴晒，采前摘叶不能太早，最早在8月中旬后。

二、葡萄冻害

冻害（freezing injury）是指冰点以下低温使植物体内结冰引起的伤害，主要有冬季低温冻害和霜冻。这两种冻害在我国北方葡萄栽培区时常发生，因我国属温带大陆性气候，冬季极限低温远低于欧亚种葡萄枝芽所能耐的限度，低温冻害常给葡萄生产带来不可估量的损失。霜冻按时间分早霜冻和晚霜冻，早霜冻又称秋霜冻，秋季最早出现的一次霜冻称初霜冻；晚霜冻又称春霜冻，春季最晚的一次霜冻称终霜冻。按照霜冻的成因又可分为平流霜冻、辐射霜冻和平流辐射霜冻。

平流霜冻：北方低于0℃的冷空气爆发南下，呈水平流动，在广大地面上形成的霜冻。平流霜冻日夜均可出现，可连续几天。

辐射霜冻：在寒冷、晴朗无风（或微风）的夜间或早晨，地面和作物表面强烈地向外辐射热能，使地面空气冷却到0℃以下的霜冻。辐射霜冻出现在夜晚至清晨，每次可持续4～6 h，可连续几个夜晚。

平流辐射霜冻（混合霜冻）：冷空气从北方袭击过来，地面温度降低，再加上夜间上面散热冷却而形成的霜冻。混合霜冻发生在夜晚，每次可延续几小时，可连续1～2个夜晚。

因此，埋土防寒区种植葡萄时，防止冻害应作为一项重要技术措施，并做到常备不懈，才能防治冻害的发生。另外，把生长季植物遇到0℃上的伤害称为冷害（chilling），以和冻害区分开来。

（一）冬季低温冻害

冬季低温冻害发生在12月至翌年1月，冻害部位为根系、芽及枝蔓；因为根系冬季不休眠，特别是欧亚种葡萄，当根际温度低于－5℃时，就会出现冻害，因此冻害以根系发生最多。另外，如果芽眼和枝蔓分别在温度低于－15℃和－20℃时也会出现冻害。

1．症状　依据受冻程度不同，植株表现症状也有差异。

1）轻微冻害　根断面呈浅褐色，但木质部仍有存活的白色组织，木质部与韧皮部结合较紧密；枝蔓发生轻微冻害后，形成层仍为绿色，木质部和髓部变为褐色，枝新剪口有少量伤流，滴水极慢，芽内主芽受伤不能萌发，而副芽和芽垫层还可萌发出新梢，主蔓下部能正常萌芽，可恢复生长，但生长势会较弱，坐果率降低。

2）严重冻害　根断面全部呈褐色，但形成层部位变色较浅，手捏感到组织坚实，仍有少量恢复生长能力；枝条形成层变为褐色，造成枝条枯死。新剪口有极少量伤流。受冻严重导致芽垫层受冻，芽变为褐色，整个芽眼将会死亡，脱落，不能萌发长出新枝，但主蔓基部可萌发枝条。

3）受冻死亡 根断面全部变黑褐色，并呈水渍状，用手捏木质部与韧皮部软而易分离，说明根系无恢复生长能力；枝蔓既没有伤流，芽眼也不萌发，枝条干缩皱皮，剪口断面全部变黑褐色。

2. 受冻植株判断 及时识别受冻植株，并采取有效的补救措施，可使受冻植株再生，并可获得一定的产量。受冻植株的识别：葡萄出土上架后，将一年生枝剪下一小段检查。如果枝条剪口断面为绿色，出现伤流，且速度越来越快，说明无冻害。如果伤流量少或没有，应立即挖土验根。伤流极慢且枝条及根系断面部分浅褐色，说明植株发生了轻微冻害。如果只有少量伤流，枝条及根系断面均呈褐色，则为严重冻害。如无伤流且枝条及根系断面褐变，根系木质部与韧皮部易分离，说明已受冻害致死。轻微受冻的植株可立即上架，只要加强管理，可逐渐恢复生长。根系冻死量在40%以下时，可采取措施补救。根系冻死量达50%以上时，一般很难恢复活力，必须从基部平茬催根或重新移栽。

3. 防冻的技术要点

（1）选择抗寒品种或选用抗寒砧木的嫁接苗。

（2）增加树体贮藏营养的积累：适当控产，适时采收；采后及时防治病虫害保叶，加强肥水管理，促进后期营养积累，尽量延长叶光合作用时间，增加入冬前的养分积累，提高抗寒性。

（3）加强田间管理：采取前促后控方法，促进枝条成熟，提高枝条抗寒能力。7月中旬前加强肥水，保证供应氮肥、水分，促进多长枝叶，而7月中旬后不施氮肥，多施磷、钾肥，并控制水分，及早摘心，促进枝条成熟，使枝条在入冬前成熟，抗寒能力提高。

（4）埋土防寒：采取深沟栽植，在土壤结冻前，将枝蔓沿行压倒于沟面上，然后埋土，春季再撤除培土，栽植沟深和埋土深度取决于当地极限最低温。历史极限最低温在−20℃的区域，种植沟不少于0.1 m，枝蔓表面土层不少于0.2 m，宽0.6 m；极限最低温在−30℃的区域种植沟不少于0.2 m，枝蔓上埋土高度不少于0.4 m，宽1.2 m；极限最低温在−40℃的区域种植沟不少于0.4 m，枝蔓上埋土高度不少于0.6 m，宽1.5 m。

4. 冻后补救措施

1）清沟排水 开好四周排水沟，降低地下水位，促进地温回升。

2）催根 发现葡萄受冻后可进行催根措施，促进恢复。在日常管理上对受害植株要加强肥水管理，疏花疏果少留果穗，适当控制营养生长，减少养分消耗，促进树势恢复。

3）及时修剪 遭受严重冻害后，进行回剪，从好芽以上1个节处剪去。若整个枝蔓上无明显萌动的芽眼，则从基部疏掉。集中树体营养，促进好芽、健康枝条恢复生长，有利于树势快速恢复。先用专用剪口涂抹剂涂抹剪口。地上部枝条发生冻害后，基部会萌发许多萌蘖。根据树的实际情况，一般每个主蔓保留1～2个萌蘖，多余者疏掉。如果树株较大，可适当多留，待长势恢复后，再根据架面调整。选留的萌蘖长至1.0 m左右时摘心，作为预备枝。

4）根外追肥 施叶面肥可促进根系和植株恢复。葡萄上架后，新梢叶片长至成熟叶2/3大小时可叶面喷肥。用0.3%尿素＋0.3%磷酸二氢钾溶液喷施叶片背面，隔5～7 d 1次，连续喷到6月下旬至7月初。也可喷施高效光合微肥，促进受冻葡萄恢复。

5）加强管理 受过冻害的葡萄在整个生长季中都要加强肥水管理，并于6月上中旬地下追施复合肥，促进植株恢复。受冻后的葡萄园要及时浅锄松土，切断地下毛细管，增加土壤的通气性，防止水分蒸发，并有利于土壤升温，防止土壤板结，改善根系的生长环境，有利于根系恢复生长。

（二）早霜冻害

早霜冻害多发生在秋天，冻害部位为根颈处（地面以上 0～10 cm 处）及根系，使葡萄生长期缩短、早期落叶，新梢或浆果不能充分成熟（图 15-12）。

A B C D

图 15-12　葡萄冻害

A. 休眠期冻害，树体发芽晚，叶片小而黄；B. 根系受冻，新生枝条逐渐枯死；C. 老枝蔓冻死，基部萌生出新枝条；D. 冻害造成葡萄园缺株断行

预防早霜冻害的方法：葡萄生长后期严格控制施氮肥和灌水，防止徒长，促进枝芽木质化。没充分成熟枝蔓提前下架，防寒物提早进地，依据预报，如果有霜冻发生，提前将葡萄枝蔓用防寒物覆盖。待霜冻解除后再撤除防寒物，使枝芽得到抗寒锻炼。在埋土防寒区，往往在第一次早霜冻后，有 2～3 周的相对应高温时期，此时高温极有利于养分回流到根系和多年生枝蔓内贮存。

预防：秋季于 7 月底至 8 月初提早控水、控肥，促进枝条、根系成熟；对于幼树可在 9 月中旬实行人工落叶，使幼树提早进入休眠；或根颈培土，于霜前 1～2 d，于根颈部位培土 20 cm；或提前修剪，浅埋土。

（三）晚霜冻害

晚霜冻害是指发生在春末有较强寒潮天气活动时的晚霜，对已萌发的葡萄嫩梢、芽、幼叶和花序造成危害。

预防措施：晚出土。对于地势较低，气流不畅，经常出现晚霜冻的地块，适期晚撤防寒土，出土后连续多次灌水降低地温，延迟萌发。

熏烟防霜冻。提前在葡萄园里均匀、分散堆放葡萄枝或用柴草等作为烟雾剂，依据当地天气预报，在降霜前 1～2 h 点火熏烟，防止降霜。注意不能让柴草完全燃烧，只让其冒烟，让烟雾笼罩在果园上方，可以提高大气逆辐射，减少地面失热速度，烟雾最好能保持至太阳升起。熏烟时，如果没有逆温层，烟雾直升天空而不进果园时，可利用鼓风机吹风，将烟吹进果园，以免气温下降过快。

另外，还可采用寒流来的当夜灌水的方法缓解霜冻危害。

（徐国前）

第三节　水分和湿度不适

一、葡萄裂果病

（一）症状

葡萄裂果（grape fruit split）是指葡萄果皮连同果肉开裂，严重时露出种子的现象，裂口处易感染霉菌腐烂，失去经济价值（图 15-13）。主要有环裂、纵裂和纵环裂 3 种类型。环裂易发生在果蒂部位；纵裂易发生在果粒接触部位及果顶附近；纵环裂易发生在果蒂、果粒接触部位。

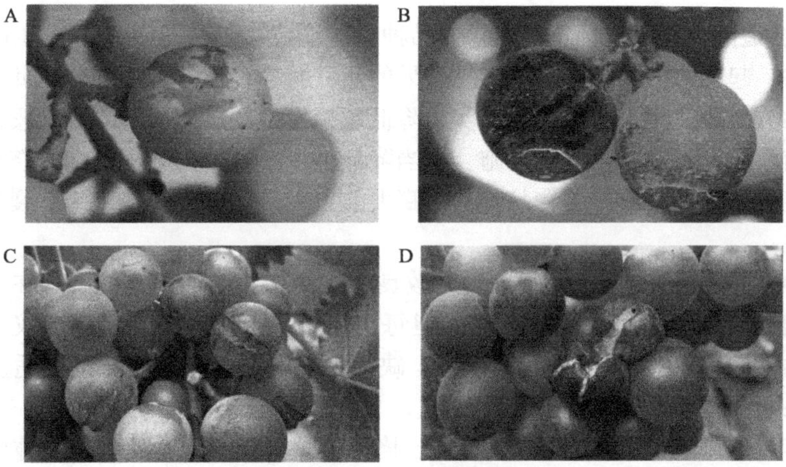

图 15-13　葡萄裂果病（引自夏声广，2013）

A. 葡萄裂果初期症状；B. 葡萄裂果后期症状；C. 葡萄近成熟期的裂果；D. 裂果诱发酸腐病的发生

（二）原因

葡萄裂果是生理性病害，多发生在转色后。主要由品种特性、水分调控不当、施肥不当、管理不当、用药不当和病虫害影响等引起。

1. 品种特性　不同品种果皮和果肉厚度不同，抗挤压、抗裂果能力差异较大，一般欧亚种葡萄比欧美杂种葡萄裂果严重；欧美杂种小果粒葡萄品种更容易裂果。有些裂果是因果粒过密，后期膨大后，粒与粒间挤压过甚造成。如红地球、克伦生无核、赤霞珠等不易裂果，里扎马特、乍娜、巨峰、西拉、贵人香等果皮薄果肉软易裂果。

2．水分调控不当 主要是果实生长后期土壤水分含量不均，变化过大所致。例如，生长前期比较干旱，接近成熟期突遇大雨或大水漫灌，土壤含水量迅速上升，根从土壤中吸收水分，通过果梗输送到果粒，果肉细胞生理活动和分裂加快，而靠近果皮的细胞活动缓慢，果实内膨压增大，致使果粒裂开。这类裂果在葡萄成熟期遇到大雨则表现得尤为严重。

3．施肥不当 葡萄在生长时需要不同的营养物质，如果施肥过于单一或施肥不当，会导致土壤养分不协调。如果施用氮、磷、钾过多，施钙、镁等较少，或者比例不协调，易产生裂果现象。钙元素缺乏则会造成葡萄细胞壁硬度不够，容易破裂产生裂果现象。

4．管理不当 修剪时留副梢或叶过多，造成郁闭度高，光照不足；负载量过高，导致果实营养供应不足，细胞内可溶性固体物质含量过低，使细胞中的渗透压大幅低于正常值，增加了葡萄裂果的概率，且发生的程度也更加严重。

5．用药不当 在葡萄种植过程中，不管是防治病虫还是无核化处理时，特别是幼果期用药或使用生长调节剂会刺激到葡萄，使果面受伤，到生长后期极易导致裂果。

6．病虫害影响 病虫害也是造成葡萄裂果的主要原因之一，蓟马、绿盲蝽、白粉病为害后易发生裂果，特别是设施内种植的葡萄发生较重。

（三）预防

1．选择合适品种 选择不易裂果的品种，适地栽培，前期做好避雨和排灌设施建设，如搭棚、开沟、起垄、覆膜等，栽培容易裂果的品种时应该避开多雨地区。此外，也可通过给果穗套袋的方式避免雨水直接接触果实，降低裂果发生的概率。对于果穗紧密且易裂果品种，采取花前灌水、不摘心等管理措施，适当降低坐果率，减少膨大期相互挤压，既可减轻病虫害，又能提高葡萄品质。鲜食品种果粒膨大前人工疏除部分果粒，降低裂果可能性，也可提高商品性。

2．加强水肥管理 增施有机肥料，改良土壤结构，增加保水能力。在气候干旱的情况下，及时浇水，保证树体的正常生长，但每次浇水量不宜过多，当雨水较多时，及时排水，将土壤含水量维持在65%左右；缺钙、缺钾也能引起裂果，生长期可适量喷钾肥预防裂果，在幼果期和果实膨大期不间断补钙。

3．加强叶幕管理 通过疏穗、疏粒、掐穗尖，调整结果量，提高树体营养水平，同时抬高棚架，使果穗高离地面，有利于减少裂果。同时，及时除萌、绑蔓、摘心和打副梢，能够防止养分无谓的消耗，并且有利于田间的通风透光，减少果穗和枝叶的摩擦。

4．加强病害防治 秋末冬初冬剪后，彻底清除病叶、病果、枯枝，将其集中烧毁或深埋，减少菌源。生长季加强病虫害防治裂果。

二、葡萄叶缘干枯

葡萄叶缘干枯（withered grape leaves），是一种生理病害，叶片受损会直接影响光合产物的积累和转运，导致果实营养不良，转色差，有患“水罐子病”的危险，轻则减产，重则绝收。

图 15-14　葡萄叶缘干枯典型叶片

（一）症状

叶缘干枯是从叶片的边缘逐渐向叶内变褐焦枯，初期仅发生在叶缘局部，后逐渐扩展至整个叶缘，严重时叶片大部分干枯。在冷棚或避雨棚中下部的叶片，脉间失绿变褐枯，叶脉仍然是绿色，而且绿色叶脉清晰可见。发病严重的叶片，已经失去光合功能，成为只消耗营养不能制造营养的无效叶片（图 15-14）。

（二）病因

叶缘干枯或叶片脉间干枯现象，是葡萄叶片生理性异常，多发于夏季高温多雨的季节。主要是根系发育不良，上下供需不平衡引起的。

根系遭遇涝害或土壤长期处于板结不透气状态，使葡萄根系处于氧亏缺状态，直接导致根系无氧呼吸，营养和水分的吸收与转运受阻，上部又处于高温环境，导致植株上下营养供需不平衡，这种情况引起的称为“憋黄症”。

有机肥及农家肥使用量过少，速效化肥使用过多，未浇水或降雨，根系有氧呼吸受阻，葡萄又处在高温环境下，此种情况引起的称为“肥害”。

土壤盐分含量过高或灌溉水含盐量高也会导致根系伤害。

（三）预防

在土壤板结不透气状态下，及时中耕松土，增加土壤透气性，这是最直接有效的措施之一。发现叶片有轻微枯焦时应及时浇水，但次数不要过多，但浇水时一定要浇透，浇后及时松土保墒。

建议施腐熟的农家肥及有机肥，科学使用化肥，及时排水、浇水，加强根部病害及落叶病害的防治，促进根系发育和营养积累，提高树体抗性。

进行土壤改良，多施有机肥，增加土壤缓冲盐碱的能力；灌溉水，不要使用含盐分的水；采用地膜覆盖，防止土壤返碱；盐碱地块，可采用大水漫灌进行洗盐。

（姜建福）

第四节　机械损伤及药害

一、葡萄伤流

当春季葡萄萌芽前伤口流出的树液即称为伤流（图 15-15），发生伤流后，营养流失，影响葡萄生长势。减少伤流的方法是尽量减少伤口产生，非埋土区要适时修剪，冬季修剪必须

图 15-15 葡萄伤流症状

在伤流发生前完成；北方埋土防寒区埋土前压蔓时压蔓不要偏离中心线太多，出土时注意不要对枝蔓造成损伤。

二、葡萄雹害

冰雹灾害是由强对流天气系统引起的一种剧烈的气象灾害。葡萄生长季节遇到冰雹天气时，受到冰雹的机械伤害，常常伴随着狂风、强降水、急剧降温等阵发性灾害性天气过程，会加重伤害程度。

雹灾主要为害表现在枝蔓折断、劈裂，叶片破损、脱落，果粒破伤、脱落，架面歪斜、倒塌等，严重影响当年葡萄产量和品质，进一步影响植株光合作用，导致树势衰弱（图 15-16）。

图 15-16 葡萄雹害（引自夏声广，2013）

A. 葡萄幼果粒受雹害伤口及愈合状；B. 近成熟果受雹灾伤害；C. 穗轴上的雹害伤口；D. 葡萄园内架设防雹网

目前防止雹灾的最有效方法是在树冠上方设置防雹网，在冰雹频发地带，可以通过搭建冰雹防护网来降低冰雹带来的损失，同时防护网还可以降低鸟害。如果面积过大无法覆盖防雹网，只能采用人工防雹，用火箭、高炮或飞机向暖云部分撒凝结核，使云形成降水，这需要政府的重视和支持。另外，在多雹地带，种植牧草和树木等农业措施，增加森林面积，改善地貌环境，破坏雹云条件，也可达到减少雹灾目的。对于发生雹灾的葡萄园，应及时进行补救工作。

（一）及时清园

冰雹灾后，及时清除园中的断枝、落叶、落果，以减少病害的侵染。对于受损较轻，还有一定产量的田块，在做好肥水管理和病虫害防治的基础上，要加强现有枝梢和幼果的管理，合理修剪，疏除或短截残伤枝蔓，已折断、劈裂的新梢，应在伤口处剪平，有利于伤口愈合；促发和培养新生枝蔓，新发的嫩梢多留功能叶，满足幼果、枝梢的生长需要，促进花芽分化，同时疏除带伤果、小果、僵果，防止烂果危及其他健康果粒，将产量损失降低到最低限度。对于受损严重、绝产的田块，也不能放弃管理，相反更应注重枝梢的培养和保护。方法是上部新发的嫩梢多留功能叶，增加营养积累，促进枝条生长和花芽分化，确保来年能正常挂果。

（二）加强病虫害预防

雹灾后，葡萄叶片、茎秆和果实上有较多伤口，应防止病菌从伤口侵入，造成二次为害。首先要全面喷施一次保护剂和叶面肥，增强植株抗性；3～4 d后再全园喷施一次治疗剂和叶面肥，杀灭植株上存在的病菌；可用保护剂（如保倍福美双、万保露等）+40% 氟硅唑8000 倍液全园喷施，3 d 后再单用一次 37% 苯醚甲环唑 3000 倍。待树势恢复后再喷等量式波尔多液 2～3 次。

（三）加强肥水管理

为进一步增强植株抗性，尽快恢复树势，对低洼田块应及时清沟排水，中耕松土，增强葡萄根系活力。同时，适量追施化学肥料，促进副梢生长，增加功能叶片。一般挂果葡萄亩增施尿素 10 kg，普钙 20～30 kg，硫酸钾 10 kg。新植葡萄要采取勤施薄施、少量多次的办法，适当增加浇肥和叶面喷肥次数，促进葡萄枝叶、根系生长和花芽分化。浇肥和喷肥时，应注意用肥浓度，避免一次性补肥量过多而产生肥害。

三、风灾

风灾是指当风速和风力超过一定限度时带来的灾害，通常包括直接灾害与衍生灾害两种。幼龄葡萄苗在遇大风时，叶片可能被风吹掉或干枯，多数情况下是被风吹起的扬沙打穿孔以至埋没；对于成龄葡萄园来说，如果在春天刚出土后遇干热风，会引起葡萄抽条；已经发出新梢而未及时绑蔓的，新梢会从基部折断；夏秋天在大风下吹落叶片和果实，甚至吹倒葡萄架（图 15-17）。

图 15-17 风后断秆折叶

首先在葡萄园周围营建合格的防护林。对于沙荒地新植葡萄园栽植的幼苗，采用深沟栽培，行间为垄，保留自然植被，防沙压苗，或采用防风罩来保护幼苗。西北是我国干热风危害最严重的地区之一，加之春天空气湿度小，在出土后立即浇水，防止抽条；在新梢达到可以绑缚时，立即绑缚。

对于已经吹倒的葡萄架，一般情况下，只是秆从基部折断，对葡萄蔓损伤不大，要及时换秆将葡萄蔓复位，防止因受地表高热高湿环境的影响，而引起病害蔓延，并在复位后进行一次杀菌消毒。

四、葡萄药害

在防治葡萄园病虫害、杂草过程中施药量过大或浓度过高，或周围使用除草剂漂移会导致药害现象时常发生，特别是受除草剂危害较多。

（一）药害症状

目前，使用的农药较多，除了杀虫剂、杀菌剂、除草剂外，还有生产无核葡萄的生长调节剂。因此，发生药害症状、原因也因药物不同而各不相同，一般是造成斑点、坏死和畸形。例如，百草枯形成坏死斑点，敌草隆、草甘膦使嫩梢叶片严重变形。赤霉素使用过量会影响花芽形成，造成果实大小粒，影响第二年产量和质量。细胞分裂素类产品使用不当往往会造成叶片畸形。所有三唑类杀菌剂在葡萄上使用几乎都会存在药害风险，最严重的药害是抑制果实、新梢、叶片生长（图 15-18）。

果粒药害发生部位均在果粒靠近地面的部分，是打完药后药滴受重力的影响滞留在果粒底部，随着水分的蒸发，此处药液浓度过高或者药液停留时间太长造成的药害。

（二）药害发生原因

1. 用药时间不当 主要是用药时间不准，未能按时喷药。例如，石硫合剂是清除葡萄园内菌虫源的高效矿物农药，但需要在萌芽透绿之前使用，展叶以后可以喷地面，如喷叶易发生药害。葡萄无核化处理时，用药时间不准，导致僵果。

代森锰锌是葡萄上比较好的保护剂，属于复配药剂，原药杂质高或者质量不好，如果前期使用的是非络合态代森锰锌就容易造成药害，因此不要在套袋前使用，在套袋后及采收后均可使用。使用代森锰锌混配制剂，一定要控制原药质量，在‘红提’等果皮较薄的欧亚种中存在较大的药害风险，不建议使用。

2. 药环境不适 施用药物时周围环境温度过高、日照过强或雨水等对药效有影响。嘧霉胺防治灰霉效果较好，但在超过 30℃时用药害风险增大，使用时请注意。在温度高于30℃时也不宜使用石硫合剂。

葡萄园内喷除草剂除草时飞溅到叶片上，或者周围使用除草剂，通过风漂移均可造成药害。

3. 用药浓度不适 葡萄发生药害的原因有施用药物的浓度过高或喷洒过于频繁。

4. 用错药物 葡萄对不同农药敏感性不同，葡萄品种众多，有些药剂对不同品种产生的效果是不一样的。例如，部分三唑类农药对其生长有抑制作用，在葡萄幼叶期尤其在2～5 叶期，如果使用丙环唑、氟硅唑、戊唑醇等则容易出现节间短、叶片小、生长缓慢等症状，以及造成叶片早衰。当然，部分地区在开花前 10 d 左右，可用丙环唑等唑类药剂控旺。有的是用错了农药，如把除草剂当作防病虫害的药物使用；更多的是不恰当地混合药液，把多种农药混合使用以期提高用药效果；还有施用药物的器械清洗不干净，上面残留有药液。

图 15-18　葡萄药害（引自刘红彦，2014）

A. 嫩梢生长期发生的有机磷类杀虫剂药害；B. 代森锰锌在叶背的药害表现；C. 百草枯药害，形成坏死斑点；D. 激素类药害，导致新梢叶片严重变形；E. 葡萄幼果期的克菌丹加有机磷类杀虫剂药害；F. 激素类药害，导致穗轴异常增粗，不能坐果；G. 激素类药害，导致穗轴、果柄增粗、僵硬；H. 2,4-D 丁酯药害，致使叶片呈扇叶状；I. 乙烯利药害，导致叶片衰老干枯

（三）预防

首先要严格按说明要求使用农药；田间没有恶性杂草时尽量不用，可以采用葡萄园生草、使用除草布等方法，如果不得不用，建议使用安全性好的草甘膦；喷除草剂类农药时，防止喷洒到葡萄上，葡萄园四围有玉米等作物需要喷药时，要尽量沟通，减少潜在的风险；打药的药桶尽量和除草剂的药桶分开。

当发生药害时，要及时喷水或稍带碱性的水清洗，以便稀释或冲洗掉残留在葡萄植株上的尚未吸收的农药。也可喷洒缓药物中和药害药物，如乐果药害，可喷 0.2% 硼砂或硼酸溶液；对于多效唑、2,4-D 丁酯类除草剂产生的药害，可喷 0.05% 赤霉素溶液（商业名称 920）；对于退菌特药害，可喷 0.2% 硫酸锌溶液。同时对地表进行大水漫灌，然后再灌些流动水，以冲洗掉土壤中残留的药物。

（孙 磊）

第五节 葡萄抗逆性生理

逆境（stress）也称为环境胁迫，指对植物生存生长不利的各种环境因素的总称。根据造成逆境的因子可分为生物逆境和非生物逆境，受细菌、病毒、杂草、害虫寄生、取食等生物因子胁迫产生的逆境称生物逆境；受低温、高温、霜冻、旱涝、盐碱、大风、营养缺乏、离子毒害、大气污染和辐射等非生物因子产生的逆境称非生物逆境。在各种逆境下植物的生理过程称逆境生理，逆境生理与植物生产密切相关。葡萄较其他果树更能耐旱、盐碱、涝等逆境环境，这也使其栽培地域更为广泛。因此，从多方面进行抗逆生理和育种研究，为培育抗逆种质资源，确定生产优质葡萄的最佳逆境条件提供理论支撑。

一、葡萄抗逆育种方法

抗逆育种是指采用选种、有性杂交及基因工程等育种方法培育高抗逆性新品种的方法。利用各种手段把野生资源的高抗性基因与栽培品种优质基因相结合，使新品种既获得野生资源中的重要抗性基因又能拥有栽培品种的优良品质。对于葡萄而言，主要是利用野生种葡萄与欧亚种进行组合，获得具有高抗性且优质的种间杂种。世界上许多国家已开始选育或已获得适合本国环境条件的葡萄品种。

葡萄品种选育包括资源调查、引种、选种和育种四种途径。资源调查、引种和选种都是对现有资源和自然变异的选择和利用，而育种则是人工创造出新品种和类型的方法。目前人们主要针对不同地区进行育种，如我国南方热量足，生长季降雨多，葡萄病害发生严重，且质量差，主要进行抗病育种；我国北方产区冬季严寒，春天空气湿度低，葡萄不能自然越冬，目标是培育优质、抗寒，冬季不埋土或适度埋土即可安全越冬的品种；还可以针对不同地区寒、盐碱、湿、根瘤蚜等不同的逆境条件，培育抗寒、抗盐碱、抗湿、抗根瘤蚜及其他土壤病虫的高抗逆性砧木品种。

（一）资源调查

资源调查是对现有资源的普查，筛选利用对自然条件具有很强适应性和抗逆性的野生种类或地方品种。我国现有葡萄属野生种和类型很多，而且栽培欧洲葡萄历史悠久，有些品种内变异也很大，已经形成的这些类型对当地的自然条件具有很强的适应性和抗逆性。因此，通过资源调查可以发掘潜在的良种、良株，进而选育成为抗逆的新品种。

葡萄属植物种质资源极其丰富，野生资源遍布欧亚和北美的温带及亚热带地区。1982年，国际葡萄与葡萄酒组织（OIV）提出在世界范围内收集和保存葡萄种质资源的决议，这一决议的提出标志着葡萄种质的收集与保存受到国际葡萄界的广泛关注和重视，使得葡萄种质收集保存工作在各国普遍开展起来。1983～1989年，意大利建立了两个葡萄属野生种资源圃保存产于该国的欧洲种野生葡萄达400多份。20世纪70年代日本和美国分别对本国的野生葡萄进行了收集和保存。

我国是葡萄属植物的重要原产地，葡萄属目前70多种中，我国约有42种和7变种，其中有少量种用于生产或作为砧木。但长期以来，受历史性原因的影响，我国对葡萄属野生种的调查和研究一直未能全面深入进行，直到1949年，人们才认识到葡萄种质资源的重要性。20世纪50～70年代，我国开始进行全国范围的野生山葡萄资源调查，在进行葡萄种质资源调查的同时，各地通过当地或异地方式进行种质资源保存工作，并开始了品种选育工作。1954年，中国科学院植物研究所北京植物园建立葡萄品种圃，开始收集保存葡萄野生资源材料。1960年，中国农业科学院果树研究所郑州分所建立葡萄原始材料圃，保存有300余个品种，目前保存葡萄品种近2000份。1961年，中国农业科学院特产研究所建立了山葡萄品种资源圃，结合山葡萄研究选育出山葡萄优良品种‘左山一’（1984年通过品种鉴定）和‘左山二’。1978年，西北农业大学（现为西北农林科技大学）开始系统搜集、研究中国葡萄属野生种，建立了收集保存中国野生葡萄种类最多的野生葡萄种质资源圃，保存我国野生葡萄20余种和变种的100余份材料。目前国内有三个国家级的葡萄种质资源圃（郑州葡萄圃、太谷葡萄圃和左家山葡萄圃）专业从事葡萄种质资源的收集保存与鉴定评价工作。另外，其他一些省区的果树和葡萄科研单位也搜集保存了部分葡萄野生种种质材料，为开展葡萄品种选育奠定了材料基础。

（二）引种

引种则是把国内外其他地区的种或优良品种引到本地条件下进行试栽，选其表现优良者繁殖推广或作为育种材料的育种方法。它具有时间短、收效快的特点，所以世界各地都在广泛地进行品种引进工作，并取得了极大的成功。目前，世界各产区，包括我国在内栽培的优良品种分别是不同时期引种栽培成功的，澳大利亚、新西兰和阿根廷引种欧洲的‘西拉’‘长相思’和‘马尔贝克’后，成为产区的代表性品种，反而比原产地有更高的知名度。

我国葡萄引种最早可以追溯到2000多年前，当时张骞出使西域带回一些葡萄品种。1892年，随着张裕葡萄酿酒公司的建立，从法国、德国、美国先后引入120多个酿酒葡萄品种进行试栽。20世纪80年代，随着我国经济的发展，人民生活水平的提高，在大力发展葡萄的形式下，不仅引进‘赤霞珠’‘美乐’‘霞多丽’等优质酿酒葡萄品种，还引进了‘巨峰’‘红地球’‘克伦生无核’‘红宝石无核’‘火焰无核’等鲜食葡萄品种。这些引入的品种，已成为我国酿酒和鲜食葡萄的主栽品种，在生产上发挥了重要作用。21 世纪以来，引进的‘夏黑’‘阳光玫瑰’在我国各产区得到大面积种植。随着对知识产权保护力度的加大，今后在引种的同时，更要注重品种选育，培养具有自主知识产权的品种。

（三）选种

选种是选择现有资源中性状优良的个体，淘汰不良个体的方法，包括实生选种、营养系选种等方法。利用实生苗作为选种材料选育品种的方法称为实生选种，目前从杂交育种后期选出优良品种的方法属此类型，如鲜食品种‘户太八号’是‘奥林匹亚’实生苗中选育出的。利用无性繁殖后代的群体为选种材料选育品种的方法称营养系选种，包括芽变选种。原理是无性繁殖的葡萄在生长时顶端分生组织细胞在分裂过程中有可能发生变异，如果继续生长成枝条，繁殖成植株，人们可通过对这些自然变异单株、枝条的选择，获得优良品种。自然界中葡萄苗木的芽变是经常发生的，其突变性状是多种多样的，芽变可以变好（优变），也可以变坏（劣变），且劣变概率远远大于优变，但只要在田间仔细观察，就有可能选育出优变。目前芽变选种成为葡萄育种的重要途径，我国选育的葡萄新品种中有 20% 左右是用该途径选育的，如酿酒葡萄‘灰比诺’就是从‘黑比诺’的芽变中选出来；鲜食‘日光无核’和‘宫岛无核’等品种从‘先锋’中选育而出，‘早夏无核’等从‘夏黑’中选育而出。因选种方法简单，只要果树科技人员或者广大果农对此重视，熟悉选种过程，及时发现田间芽变，均有可能选育出一个适合当地的品种，使自然变异资源得到充分的利用。

通常情况下，芽变只是植株中某一个性状的变化，如大粒、色美、质优、抗虫、抗病、抗霜冻、耐贮、早熟或晚熟等性状，可依据需要进行选择。生产上可利用盐碱、低温、霜冻、流行性病虫害等不利的环境条件或灾害性天气，筛选出相应的抗性品种。实际上芽变在葡萄生长中普遍存在，而芽变中优变概率极小，更多的是劣变，也可能是环境变化引起的饰变（彷徨变异），所以需要掌握科学的方法对选出的变异植株（枝条）进行分析，看其是遗传上的变异（芽变），还是饰变。这可以通过高接、异地栽植等方法进行去伪存真的鉴定，如果在高接或异地栽植后仍然保存有变异的性状，即可以进行分子鉴定、区域试验等新品种鉴定申报工作。

（四）育种

育种是指利用各种人工的方法创造变异以获得新种质，包括有性杂交育种、诱变育种、细胞杂交、基因工程，这样可以进行定向育种，培育抗性品种。正常情况下，依靠自然突变概率较低，突变中的优良变异则是更少，为了加速育种进程，人们通过杂交或用物理、化学方法诱导植物发生变异从中选择新的变异类型，这是现代葡萄育种中最常用的方法。

1. 杂交育种 杂交育种是指在人工控制下，使两个不同基因型亲本配子结合长成杂种，通过选择培育而获得新品种的一种育种方法。杂交育种是培育新品种的主要途径，是近代育种工作最重要的方法，目前获得的品种大部分是通过这种方法选育出来的。例如，酿酒品种‘威代尔’是‘白玉霓’和‘Seyval Blanc’杂交培育而成，‘马瑟蓝’是‘赤霞珠’和‘黑歌海娜’杂交培育而成，而 DNA 指纹图谱技术研究则发现‘赤霞珠’由‘品丽珠’和‘长相思’自然杂交而成；鲜食的‘巨峰’品种则以‘石原早生’和‘森田尼’杂交育成。

杂交育种原理是通过基因重组产生多种新的基因型，后代有可能出现双亲优良性状组合的基因型，从中选育出优良性状集中在一起的植株，再通过培育、鉴定、选择等步骤，获得优良单系（品系），再经过无性繁殖就形成新品种。杂交育种过程中有染色体的重新组合，并没有改变染色体上的基因。优点是可以将同一物种里两个或多个优良性状集中在一个新品种中，还可以产生杂种优势，获得比亲本品种更强或表现更好的新品种。缺点是育种过程复杂，占地面积大，需要时间长，费工费时；杂交只能在同一物种的不同品种或品系内进行，也可以在同一属不同种间进行远缘杂交，但不能跨物种进行。

2. 诱变育种　诱变育种指利用各种物理、化学等因素，诱发植物遗传物质产生变异，从变异群体中选择符合人们某种要求的单株（品系），进而培育成新的品种或种质的育种方法。它是继选择育种和杂交育种之后发展起来的一项育种技术。应用较多的是使用 α 射线、β 射线、γ 射线、X 射线、中子和其他粒子、紫外辐射及微波辐射等各种射线诱发细胞内遗传物质变异的辐射诱变育种，其次是使用秋水仙素使染色体加倍的倍性育种。

辐射诱变育种原理是在高能射线下引起生物体内遗传物质，特别是 DNA 分子结构的改变，即 DNA 分子结构中碱基的变化（缺失、增添、替换），从而造成基因突变，或造成染色体断裂和重接而产生的染色体结构和数目的变异（染色体突变）。倍性育种指通过改变染色体的数量，产生不同的变异个体，进而选择优良变异个体培育新品种的育种方法。目前主要是用秋水仙素，原理是其可阻止细胞有丝分裂过程中纺锤丝的形成，造成细胞内染色体复制加倍而未分裂，最终形成多倍体。这些可遗传变异的细胞经过不停地分裂，最终在外观上表现出来，然后通过人为选择，即可培育出新品种，如‘早黑宝’是由山西省农业科学院果树研究所用‘瑰宝’和‘早玫瑰’的杂交种子经诱变加倍而培育成的四倍体鲜食葡萄品种。

另外，目前常说的太空育种实质是诱变育种的一种方式，主要利用太空中多种高能射线。诱变育种存在的主要问题是有益突变频率仍然较低，变异的方向和性质尚难控制。因此提高诱变效率、迅速鉴定和筛选突变体及探索定向诱变的途径是当前研究的重要课题。

3. 基因工程　基因工程育种是用基因工程方法导入目标基因，从而培育出满足一定要求新品种的育种方法。杂交、诱变等传统育种方法人为的控制因素都是有限的，变异的方向不确定，也就是说在得到优异抗性品质的同时，也得到了一些低劣品质的基因，需要在培育的大量后代里进行筛选来完成，消耗大量的人力和物力。而转基因技术可以成功地避免这一点，将某个优良基因直接转化到一个选择好的栽培品种中而不降低其商品特性。

随着生物学技术的发展，除传统杂交育种以外，一种新的育种理念——分子设计育种在世界范围内迅速兴起，并成为国际上引领作物遗传改良的前沿技术。其后，Varshney 于 2005 年又把基因组学和设计育种结合起来，提出了基因组学辅助育种，即在获得全基因组序列的基础上，根据事先进行的虚拟基因组设计方案，通过一系列的育种手段和过程，获得一个聚集大量有利基因、基因组组配合理、基因互作网络协调、基因组结构最为优化的优良品种。尤其自 2012 年起，CRISPR- Cas9 基因编辑技术加快了基因工程产业的发展，将植物的基因修饰过程变得简单与廉价，可以预测，只要了解了某一个基因的功能，人类就可以有目的地对该基因进行编辑和改造，使其表现优良性状。

与传统育种技术相比，分子设计育种能够实现从“经验育种”到定向高效“精确育种”的转化，为作物改良提供了新的技术途径，具有重大的科学和现实意义。例如，欧亚种葡萄品质优良，但抗寒、抗病、抗虫力较弱，如何将存在于其他种中的抗性基因引入欧亚种中，以获得优质抗逆新品种，一直是很多葡萄育种家努力的方向。目前，虽然没有转基因葡萄品种问世，但许多国家正在开展作物分子设计育种相关基础研究工作，积极为进入分子设计育种时代奠定基础。

二、葡萄抗逆育种理论及研究进展

与其他农作物生产一样，各种逆境时刻为害葡萄生产，利用抗逆品种栽培是最经济、有效和安全的措施，人们在生产实践过程中便通过引种、选种或杂交育种等手段，选育出高产抗逆的新品种，降低生产成本。在现代农业科学中，随着对遗传学研究的深入及农业生物技术的开发，抗逆育种具有广阔的发展前景。

首先，从生理生化角度来看，细胞的抗逆性和植物抗逆性与原生质膜稳定性密切相关。在逆境下植物的原生质膜透性迅速改变，细胞内的可溶性物质渗漏到细胞外，使细胞内的离子失去平衡而产生代谢紊乱，造成植物生理过程受到严重干扰，最终死亡。目前，已知原生质膜透性的改变与原生质膜的主动运输酶系统的钝化有关，同时已知植物体内的渗透调节物质、膜脂结构、还原型物质和钙调蛋白都与原生质膜的稳定性有关，因而原生质膜的透性在逆境下的稳定性已成为鉴定抗逆性的指标。另外，增强抗氧化作用能增加植物的抗逆性。由于在逆境下植物生物膜系统内会积累自由基，从而发生膜脂脱脂化作用和膜脂脂肪酸过氧化作用，因而膜系统的功能减弱或丧失，蛋白质也能与自由基作用形成蛋白质聚合物而丧失活性，如逆境下植物体内的超氧物歧化酶、过氧化物酶和过氧化氢酶的活性高或活性明显增强，自由基的过氧化作用即被阻抑，植物的抗逆性随之增强。同时植物体内清除自由基的物质都有抑制膜脂过氧化的作用。其次，膜脂结构功能与植物抗逆性有关。膜脂种类及膜脂脂肪酸组成直接影响膜的流动性及膜结合酶对逆境的适应性，因而改变膜脂结构便能提高植物的抗逆性。不同抗逆性植物种或品种间存在着膜脂结构与功能上的差异。最后，渗透调节作用物质与植物的抗逆性有关。多元醇、中性氨基酸及四价氮化物能增强植物的抗逆性，这些物质中以脯氨酸和甜菜碱的效果最佳，它们除起到渗透调节作用外，其疏水键与蛋白质连接后形成一层水膜，在逆境下起着稳定蛋白质（酶）活性的作用。目前渗透调节作用的研究已在逆境生理研究的基础上进入分子水平。

进行抗逆育种的最有效途径是在自然逆境条件下进行选育，也可通过人工模拟环境条件或根据间接指标进行选择。无论哪一种途径，其最终评价指标是直接种植在逆境条件下的表现，特别是产量的高低、品质的好坏等。但是，由于不同年份和地点的环境条件变化，以及基因型与环境条件之间的互作，一时一地所得到的绝对产量往往不能作为决定取舍的依据，而是依据多年多地数据来决定。下面简要介绍世界范围内广泛进行的抗病虫育种和抗寒育种。

（一）抗病虫育种

病害是为害葡萄生产的十分重要的因素。特别是在全世界广为栽培的欧亚种葡萄品种，虽然品质优良，但抗病力低，生产上只能依靠化学防治，化学防治不仅增加生产成本，且造成农药残留引起环境污染。此外，化学防治也会使病原发生变异，产生新的抗药类型，使原来的农药失去效力。世界上有根瘤蚜的地方需要以培养抗虫砧木或品种进行嫁接栽培，增加了生产成本。所以，如何将存在于葡萄属其他种中的抗病虫基因引入欧亚种中，以获得优质抗病新品种一直是很多葡萄育种家努力的目标。

19 世纪葡萄霜霉病、白粉病、根瘤蚜的传播对育种提出了挑战，法国育种家 A. Seibel、

M. Coudere、F. Baco、B. Seyve 等利用抗病性强的美洲种或杂种与欧亚种葡萄杂交，育成了一批抗真菌病害能力强的品种，同时也培育了一些抗根瘤蚜砧木。

我国南方气温高、雨量多、湿度大、光照差，葡萄极易感病，因此抗病育种是我国南方产区的目标。经过多年研究，我国利用野生葡萄作为亲本进行杂交抗病育种也取得了一定的成就，如中国农业科学院果树研究所利用野葡萄与欧亚种杂交育出了‘黑山’‘山玫瑰’‘北丰’‘北紫’等抗病性较强的品种。江西农业大学以葡萄科植物‘葛藟’为父本与‘玫瑰香’杂交，育成‘玫野黑’酿酒葡萄品种，其能抗黑痘病和其他真菌性病害，适应南方高温多湿的环境。

葡萄根瘤蚜和根结线虫严重威胁着我国葡萄的安全生产，嫁接是目前唯一经济有效的栽培防治措施。自 20 世纪 90 年代开始，中国农业科学院郑州果树研究所以抗葡萄根瘤蚜、抗根结线虫和耐盐碱为主要育种目标，科学选配亲本，经过多年的系统选育工作，从‘河岸580’×‘SO4’和‘贝达’×‘420A’杂交组合中选育出极耐盐碱、高抗葡萄根瘤蚜、高抗根结线虫的多抗砧木新品种——‘抗砧 3 号’和‘抗砧 5 号’，并在产业中进行推广和应用。

（二）抗寒育种

抗寒育种指以提高果树安全越冬性为目标，研究果树的遗传变异，创造、培育果树抗寒品种和砧木的一门科学技术。世界上有些国家与地区，由于冬季气候严寒，一些具有经济价值的果树越冬困难，几乎不可能进行栽培。另一些地区即便能种植，但常由于周期性冻害而减产，甚至大量果树被冻死，给生产带来重大损失。因此，在这些国家中果树的抗寒育种受到特别的重视，最早从美洲开始。

17 世纪初，随着欧洲移民涌入美洲的东北部地区，欧亚种葡萄的种植和酿酒技术也传到了美国。但这一地区冬季寒冷，病虫害严重，欧亚种葡萄的栽培虽几经努力，但都失败了。于是，人们利用当地的野生种如‘美洲葡萄’‘河岸葡萄’‘沙地葡萄’等为亲本，通过实生选种或种间杂交，选育抗逆性强的品种，开始了美国葡萄抗寒育种的历史。19 世纪上半叶，美国选育出了一批葡萄品种，如‘伊莎贝拉’（1818）、‘卡托巴’（1823）、‘康可’（1849）等。20 世纪以来，以纽约州农业试验站、阿肯色州立大学为代表的美国东部各州的农业科研单位，在前人基础上，在葡萄抗逆育种方面做了大量且富有成效的工作。40 多年来已培育出 13 个抗−40～−28℃的葡萄品种，包括 5 个鲜食品种、4 个酿酒品种、3 个鲜食和酿酒兼用品种、1 个鲜食和制汁兼用品种。明尼苏达大学育成的酿酒品种‘Frontenac’和‘La Crescent’分别可抗−30℃和−38℃低温；密苏里州果树试验站培育的鲜食无核品种‘Challenger’和酿酒品种‘Norton’，其中‘Norton’抗寒性也达到−35℃，且抗各种真菌性病害和根瘤蚜，是唯一一种能酿制出优质葡萄酒的美洲葡萄，无美洲种的“麝香味”，目前在美国栽培面积日益扩大。

另外，以米丘林为首的一批俄罗斯葡萄育种家，20 世纪积极利用优良山葡萄培育出许多抗寒的优质葡萄新品种，其中有些抗寒品种已在生产中利用。这些抗寒品种的推广，保证了生产需要，也使俄罗斯的葡萄栽培界限越来越北移。

我国的酿酒葡萄抗寒育种于 1952 年由吉林省农业科学院果树研究所开始进行，随后中国科学院植物研究所北京植物园、中国农业科学院果树研究所、中国农业科学院特产研究所等科研单位也先后开展了这方面的研究，主要用抗寒性极强的山葡萄作抗寒亲本与欧亚种进行种间杂交，从杂交一代中选育出品种，实验证明以山葡萄为母本杂交后代的抗寒力明显强于以山葡萄为父本的后代。经过半个多世纪的努力，已选育出‘左山一’‘双丰’‘双红’‘双优’‘左红一’‘左优红’‘北醇’‘北红’‘北玫’和‘北冰红’等抗寒能力强的品种。

纵观葡萄品种选育史，世界各国选育的高抗性品种，均针对其本地逆境条件而选育，各产区以抗寒、抗病育种为主，我国也是如此，以抗寒和抗病育种为目标培育了不少品种，忽视了抗抽条（果树失水干枯死亡现象）育种。实际上，对于我国北方产区而言，葡萄抗寒越冬是其中一部分，而抽条也极大地为害葡萄生产，土壤盐碱化危害倾向也逐年增加。

我国是温带大陆性季风气候，冬季寒冷干燥，目前国内外培育的抗寒品种，可以在－30℃以下的低温自然越冬，但抗抽条能力差，不适宜我国北方葡萄产区。例如，这些抗寒品种在我国东北可以自然越冬，而在河北、山西、新疆、宁夏、甘肃等产区冬季极限低温高于－30℃的地方栽培，仍然不能自然越冬，会因抽条而死亡，而以上产区不仅是中国葡萄栽培集中区，也是优质产区。因此，针对中国产区特殊的气候条件，育种目标是培育抗冬季低温、抗抽条、抗早春晚霜的优质葡萄品种。

我国有大量的盐碱地，主要集中在西北、黄河故道和沿海地区，人们想在低盐碱地区发展葡萄产业，带动地区经济发展。北方产区生产者开始时利用‘贝达’强的抗寒性作砧化栽培，以达到免埋土，降低生产成本的目的，但该砧木对盐碱化的土壤适应性差，又没有进行引种试栽研究，直接大面积种植，几年后逐渐黄化死亡，造成巨大经济损失。因此，这种惨痛的教训提示人们砧木不是万能的。而选育抗盐碱优质新品种（包括砧木），则是北方盐碱地产区的远景育种目标之一。

综上所述，进行抗逆育种，首先要根据当地逆境条件制订相应的育种目标，并分清主次。其次是搜集和筛选抗性种质资源。应特别着重从当地或条件相似地区的古老地方品种中筛选，也要利用世界各国独特的抗性材料。例如，我国南方以抗病为主，需要用抗病种类作亲本；我国北方葡萄越冬是主要问题，培育抗寒、抗抽品种是其目标，收集相应的种质资源作亲本，更容易取得成功。目前无论传统的选种、育种技术，还是现代生物技术都日臻成熟，运用多学科技术培育抗性品种已成为众多葡萄育种家的目标且付诸实施，最终会培育出适应不同产地环境的优质葡萄品种，降低生产成本，实现优质、高效、绿色、生态的栽培目的。

（徐国前）

复　习　题

1. 葡萄园常见的缺素症有哪些？如何诊断？
2. 造成葡萄园冻害的原因有哪些？如何有效防治？
3. 造成葡萄园裂果的原因有哪些？如何有效防治？
4. 葡萄园灌水不当会引起哪些生理性病害？
5. 葡萄园发生药害的原因有哪些？如何有效防治？
6. 葡萄园常见机械损伤有哪些？如何预防？
7. 简述葡萄抗逆育种的方法。
8. 简述葡萄抗逆育种进展情况。

主要参考文献

卜文俊，郑乐怡，宋大祥．2007．国际动物命名法规［M］．4 版．北京：科学出版社．

彩万志，庞雄飞，花保祯，等．2011．普通昆虫学［M］．2 版．北京：中国农业大学出版社．

蔡邦华．1973．昆虫分类学（中册）［M］．北京：科学出版社．

蔡邦华．1985．昆虫分类学（下册）［M］．北京：科学出版社．

蔡文启，徐绍华，莽克强，等．1997．葡萄卷叶病毒的纯化、血清学研究及其在脱毒组培苗检测中的应用［J］．微生物学报，（5）：385-392．

陈立杰，魏峰，陈井生，等．2009．土壤温湿度对南方根结线虫侵染能力的影响［J］．湖北农业科学，48（6）：1375-1377．

楚燕杰．2011．葡萄病虫害诊治原色图谱［M］．北京：科学技术文献出版社．

崔志婧．2012．灰霉菌产孢类群的划分及其遗传多态性分析［D］．上海：华东师范大学硕士学位论文．

董金皋，康振生，周雪平．2016．植物病理学［M］．北京：科学出版社．

范滋德．1965．中国常见蝇类检索表［M］．北京：科学出版社．

方中达．1979．植病研究方法［M］．北京：农业出版社．

方中达．1980．普通植物病理学（上）［M］．北京：农业出版社．

方中达．1984．普通植物病理学（下）［M］．北京：农业出版社．

方中达．1998a．普通植物病理学［M］．北京：农业出版社．

方中达．1998b．植物研究方法［M］．北京：中国农业出版社．

冯纪年．2010．鼠害防治［M］．北京：中国农业出版社．

冯永红，许实波．1996．白藜芦醇药理作用研究进展［J］．国外医药（植物药分册），（4）：155-157．

伏召辉．2011．设施蔬菜根结线虫的种类鉴定及生物学特性研究［D］．杨凌：西北农林科技大学硕士学位论文．

高凯，常春燕，秦伟春，等．2017．柠条重要害虫白斑新灰蝶的生物学特性［J］．应用昆虫学报，54（5）：845-850．

顾沛雯，辛明．2018．葡萄病理与昆虫学［M］．银川：黄河出版传媒集团阳光出版社．

郭德银，李知行，蔡文启．1991．间接酶联免疫吸附试验检测葡萄扇叶病毒的研究和应用［J］．果树科学，（4）：215-218．

郭金英，李华，袁春龙，等．2005．红葡萄酒大鼠在体内的抗氧化作用研究［J］．中国农学通报，（11）：64-66，95．

郭衍银，徐坤，王秀峰，等．2004．生姜根结线虫病原鉴定及发生规律［J］．植物保护学报，（3）：241-246．

韩召军．2001．植物保护学通论［M］．北京：高等教育出版社．

何嘉，高立原，张蓉，等．2014．巨膜长蝽的形态特征和生物学特性［J］．应用昆虫学报，51（2）：534-539．

贺普超．1999．葡萄学［M］．北京：中国农业出版社．

胡伟群，陈杰．2002．灰霉病的化学防治进展［J］．现代农药，（4）：8-11．

花蕾．2009．植物保护学［M］．北京：科学出版社．

黄蓉，胡建坤，黄瑞荣，等．2019．环境条件对灰葡萄孢菌菌核萌发的影响［J］．植物病理学报，49（1）：134-140．

黄文坤，向超，刘莹，等．2018．水稻拟禾本科根结线虫发生与防治［J］．植物病理学报，48（3）：289-296．

纪春涛，王全明，刘帅，等．2016．红河烟区烤烟根结线虫病防治药剂的田间筛选［J］．安徽农业科学，44（6）：145-148．

贾倩，顾沛雯，周星辰，等．2014．宁夏贺兰山东麓葡萄园胡蜂防治初探［J］．北方园艺，（17）：117-120．

江崎．1952．日本昆虫图鉴双翅目（1952 版）［M］．上海：上海忠良书店．

姜彩鸽，王国珍，张怡，等．2017．不同葡萄品种对灰霉病菌胁迫的响应［J］．西北农业学报，26（2）：262-273．

焦奎，韦璐，张书圣，等．1998．ODA-H_2O_2-HRP 偶合反应伏安酶联免疫分析检测植物病毒 GFV、TAV 和 PVY［J］．分析测试学报，（2）：3-6．

雷世俊，赵兰英．2013．葡萄栽培详尽典范读本［M］．北京：中国农业出版社．

李华，张予林，袁春龙，等．2005a．葡萄与葡萄酒中白藜芦醇分析方法的研究现状［J］．中国食品学报，（1）：107-111．

李华，王华，袁春龙，等．2005b．葡萄酒化学［M］．北京：科学出版社．

李华，王华，袁春龙，等．2007．葡萄酒工艺学［M］．北京：科学出版社．

李华．2002．走近葡萄酒［M］．北京：农村读物出版社．

李怀芳，刘凤权，郭小密．2004．园艺植物病理学［M］．北京：中国农业大学出版社．

李嘉泓，徐国前，任苗苗，等. 2020. 宁夏葡萄苗圃根结线虫病发病症状、为害程度及种类［J］. 植物保护学报，47（3）：666-678.
李树庆，韦刚，刘志明. 2004. 香蕉品种对根结线虫病的抗性鉴定［J］. 植物保护，30（2）：84-86.
李英梅，陈志杰，张淑莲，等. 2008. 蔬菜根结线虫病无公害防治技术研究的新进展［J］. 中国农学通报，24（7）：369-374.
李长存，王万信，张云山，等. 1991. 葡萄根结线虫病的发生规律与防治研究［J］. 山东农业科学，（4）：37-38.
李照会. 2004. 园艺植物昆虫学［M］. 北京：中国农业出版社.
李卓，周婷婷，杨超，等. 2017. 葡萄霜霉病菌侵染抗病和感病品种过程的组织学观察［J］. 园艺学报，44（5）：861-870.
刘捍中，刘凤之. 2004. 葡萄无公害高效栽培［M］. 北京：金盾出版社.
刘红彦. 2014. 果树病虫害诊治原色图鉴［M］. 北京：中国农业科学技术出版社.
刘三军，于巧丽，李洪连. 2011. 黄河故道地区葡萄根结线虫 rDNA-ITS-PCR 研究［J］. 果树学报，28（6）：1104-1106.
刘晓，陈建，王建辉，等. 2006. 部分葡萄品种的病毒病鉴定及健康状况评价［J］. 果树学报，（6）：846-849.
刘勇，张浩. 2017. 葡萄根结线虫病在淮海经济区的发生现状与防治策略［J］. 安徽农学通报，23（12）：76-79.
陆家云. 2004. 植物病原真菌学［M］. 北京：中国农业出版社.
吕佩珂，高振江，苏慧兰. 2018. 葡萄病虫害诊断与防治原色图鉴［M］. 北京：化学工业出版社.
吕中伟，吴文莹，郭红光，等. 2021. 不同品种葡萄伤流研究初探［J］. 中国南方果树，50（1）：110-114.
马云霞. 1999. 葡萄扇叶病毒病试管内微嫁接快速检测研究［J］. 河北果树，（3）：12＋15.
苗翠香. 2009. 葡萄蔓割病的发生与防治［J］. 河北果树，（4）：46.
裴光前，董雅凤，张尊平，等. 2010. 4 种葡萄卷叶伴随病毒多重 RT-PCR 检测［J］. 植物病理学报，40（1）：21-26.
强胜. 2014. 杂草学［M］. 北京：中国农业出版社.
邱强. 2013. 果树病虫害诊断与防治彩色图谱［M］. 北京：中国农业科学技术出版社.
容万韬，王金成，林宇，等. 2016. 南方、花生和爪哇根结线虫 PCR 检测方法［J］. 植物检疫，30（3）：42-47.
沙月霞，樊仲庆，王国珍，等. 2011. 贺兰山东麓葡萄主要病虫害发生情况调查［J］. 中国果树，（1）：58-60.
石宝才，宫亚军，朱亮，等. 2014. 茶黄螨的识别与防治［J］. 中国蔬菜，（4）：66-67.
孙龙华，廖金铃，李迅东，等. 2005. 根结线虫种群的线粒体 DNA 分析［J］. 植物病理学报，（2）：134-140.
孙益知. 2006. 果园害虫胡蜂的发生与防治［J］. 西北园艺（果树），（4）：27.
万新龙，李建洪，彭德良. 2007. 根结线虫 rDNA-ITS 片段的克隆与序列分析［J］. 华中农业大学学报，（5）：624-628.
王江柱，仇贵生. 2013. 葡萄病虫害诊断与防治原色图鉴［M］. 北京：化学工业出版社.
王心丽，万霞，鲍荣等. 2004. 蚁蛉亚科电子图文链接式分族检索表［J］. 昆虫知识，41（2）：174-177.
王新谱，杨贵军. 2010. 宁夏贺兰山昆虫［M］. 银川：宁夏人民出版社：472.
王忠跃. 2017. 葡萄健康栽培与病虫害防控［M］. 北京：中国农业科学技术出版社.
吴云锋. 1999. 植物病毒学原理与方法［M］. 北京：科学出版社.
夏声广. 2013. 葡萄病虫害防治原色生态图谱［M］. 北京：中国农业科学技术出版社.
谢联辉. 2008. 植物病原病毒学［M］. 北京：中国农业出版社.
谢联辉. 2013. 普通植物病理学［M］. 北京：科学出版社.
徐洪富. 2003. 植物保护学［M］. 北京：高等教育出版社.
许领军. 2018. 葡萄透翅蛾的发生与防治［J］. 果农之友，6：35.
许荣满，王遵明. 1993. 中国虻科名录. 吸血双翅目昆虫调查集刊［M］. 上海：上海科学技术出版社.
许志刚. 2008. 普通植物病理学实验实习指导［M］. 2 版. 北京：高等教育出版社.
许志刚. 2009. 普通植物病理学［M］. 4 版. 北京：高等教育出版社.
薛万琦，杜晶，佟艳丰. 2009. 蝇类概论［M］. 北京：科学出版社.
颜克如，毛碧增. 2019. 植物病毒脱毒技术进展与展望［J］. 分子植物育种，17（23）：7861-7870.
杨定，李竹，刘启飞，等. 2020. 中国生物物种名录（第二卷）动物昆虫（Ⅴ）双翅目（1）长角亚目［M］. 北京：科学出版社.
杨定，王孟卿，李文亮，等. 2021. 中国生物物种名录（第二卷）动物昆虫（Ⅵ）双翅目（3）短角亚目蝇类［M］. 北京：科学出版社.
杨定，杨集昆. 1990. 短柄大蚊属六新种及一中国新纪录种（双翅目：大蚊科）［J］. 昆虫学报，33（4）：476-483.
杨定，张莉莉，张魁艳. 2018. 中国生物物种名录（第二卷）动物昆虫（Ⅵ）双翅目（2）短角亚目虻类［M］. 北京：科学出版社.
杨治元. 2003. 葡萄无公害栽培［M］. 上海：上海科学技术出版社.
杨治元，王其松，应宵. 2016. 彩图版 222 种葡萄病虫害识别与防治［M］. 北京：中国农业出版社.
袁峰，张雅林，冯纪年，等. 2016. 昆虫分类学［M］. 2 版. 北京：中国农业出版社.